W0391558

LES 1001 IDÉES QUI ONT CHANGÉ LE MONDE

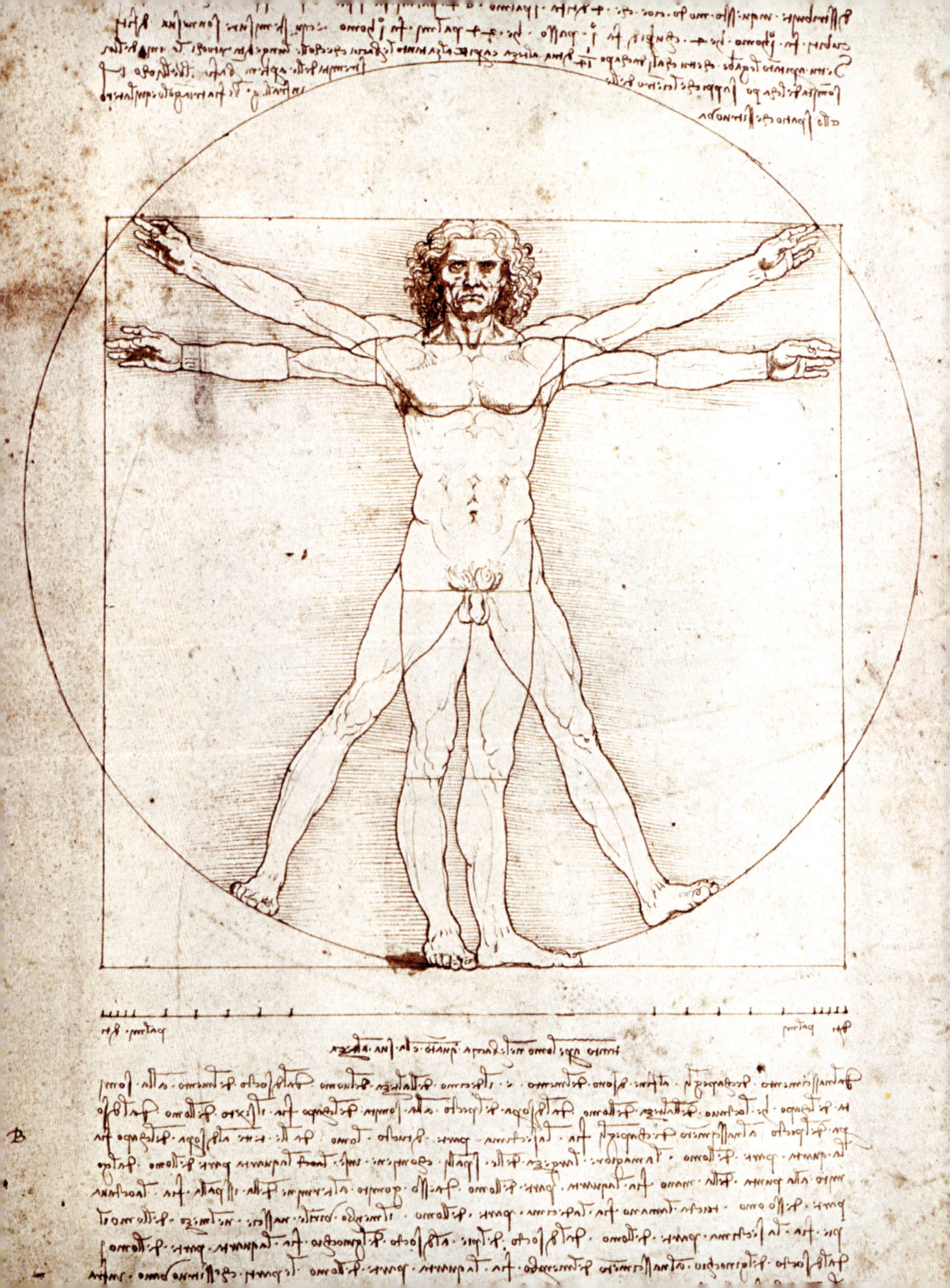

LES 1001 IDÉES QUI ONT CHANGÉ LE MONDE

PRÉFACE D'ÉTIENNE KLEIN

OUVRAGE RÉALISÉ SOUS LA DIRECTION DE ROBERT ARP

Flammarion

p.2 : *L'Homme de Vitruve*, dessin à la plume, encre et lavis, Léonard de Vinci, vers 1492.

Copyright © 2013 Quintessence
Tous droits réservés
Titre original : *1001 Ideas that Changed the Way We Think*

Publié sous la direction de Mark Fletcher
Direction éditoriale : Jane Laing
Production : Anna Pauletti
Design : Isabel Eeles, Tean Aganovic et Tom Howey
Iconographe : Julia Harris-Voss

Direction de l'édition française : Ghislaine Bavoillot
Traduit de l'anglais par William Audureau, Cécile Giroldi, Jacques Guiod, François Landon, Anne Marcy-Bénitez, Amandine Mathieu, Benjamin Peylet et Bruno Provezza
Adaptation de la maquette : David Fourré
Suivi éditorial : Marie-Laure Miranda
Assistant d'édition : Boris Guilbert
Relecture scientifique : Valentin Schmite
Couverture : Isabelle Ducat

© Editions Flammarion 2014 pour l'édition française
ISBN : 9782081341548
Dépôt légal : octobre 2014
Imprimé en Chine en juin 2015

Sommaire

Préface | Étienne Klein

La beauté des images est logée à l'arrière des choses, celle des idées à l'avant.
Marcel Proust

Paul Valéry et Albert Einstein, qui s'admiraient mutuellement, se rencontrèrent à plusieurs reprises, à Paris ou à Genève, au cours des années 1920. Un jour, le poète, persuadé que le père de la relativité produisait des idées à une cadence d'essuie-glace, lui posa la question qui lui brûlait les lèvres depuis longtemps : « Lorsqu'une idée vous vient, comment faites-vous pour la recueillir ? Un carnet de notes, un bout de papier... ? » La réponse le déçut sans doute, le physicien se contentant de lancer : « Oh ! Une idée, vous savez, c'est si rare[1] ! »

Rares sont en effet les idées originales qu'un cerveau, même bien fait, est capable d'engendrer. Mais les cerveaux humains existant en grand nombre et cogitant depuis fort longtemps, ils sont devenus capables au fil du temps de produire toutes sortes d'idées, par exemple Dieu, le mariage, le gradualisme, la séparation des pouvoirs, le théorème du point fixe, les jeux Olympiques, le téléphone, la Déclaration universelle des droits de l'homme, le rêve américain, la thalassothérapie, le boson de Higgs, les multivers et même le style rococo, sans compter les neuf cent quatre-vingt-treize autres idées qui vous attendent impatiemment dans ce livre.

Certaines idées renvoient à des objets, plus ou moins concrets, d'autres à des idéalités ou à des abstractions, d'autres encore à des découvertes, d'autres enfin à des intentions ou à des façons de concevoir le monde. Leur diversité et la variété de leur statut constituent une mesure de la puissance de l'intellect lorsqu'il se combine à l'imagination et à l'esprit d'invention. La dynamique de cette triade semble ne jamais pouvoir s'interrompre, comme si elle était mue par une libido inextinguible : toute idée nouvelle en laisse entrevoir d'autres, qui elles-mêmes, une fois développées, reconfigurent le paysage des possibles de la pensée.

Mais d'où viennent les idées ? D'où sortent les concepts ? D'aucuns considèrent qu'ils sont librement inventés, autrement dit que l'intelligence n'est contrainte ni par les lois de la psychologie ni par celles du fonctionnement de notre encéphale. Aux antipodes de ce courant de pensée, d'autres

1. Cité par S. Speziali dans son édition de la *Correspondance Einstein-Besso*, Hermann, 1972, p. 541.

considèrent que c'est le cerveau qui donne sa structure et ses propriétés aux créations de l'esprit, et qui formate ainsi directement l'ensemble de nos idées. Et, bien sûr, il y a le mythe de l'Eurêka : cherchant la germination fulgurante d'une idée, nous adhérons volontiers à une « esthétique de l'instant » qui nous pousse à vouloir saisir le moment précis où un esprit est passé de l'incompris au compris, de l'obscurité à la lumière, du confus au configuré. Les témoignages en la matière sont toujours intéressants, mais ils livrent rarement la clé. Ils font surtout état d'une chronologie au sein de laquelle se sont produites une rupture, une illumination subite (l'ampoule qui s'allume), résultat d'un long travail inconscient antérieur : il y a eu un avant et un après, séparés par une transition qui n'est jamais vraiment explicitée. Sans doute est-ce l'indice qu'il y a plus de mille et une façons d'avoir une idée, qui accordent plus ou moins de place au hasard, aux événements vécus par ceux qui les trouvent, à leur imaginaire, à la courbure de leur tempérament, aux rencontres qu'ils font. Tous ces facteurs s'entremêlent même tellement qu'il n'existe probablement pas une méthode simple qu'il suffirait d'appliquer pour produire des idées de façon automatique, ce qui constitue plutôt une bonne nouvelle.

La réflexion philosophique à propos de la source originaire des idées a eu tôt fait, quant à elle, de proposer de multiples explications situées entre deux thèses extrêmes : la première consiste à penser que cette genèse ne serait que le résultat de l'enregistrement dans le sujet d'informations déjà organisées dans le monde extérieur ; la seconde qu'elle serait intégralement produite par le sujet. Platon, Descartes, Locke, Leibniz, Hume et Kant sont les grands protagonistes des débats ouverts par cette alternative devenue canonique. Il nous importe peu ici de savoir quelle thèse est la meilleure. Car ce qui compte, c'est de prendre acte qu'une idée, d'où qu'elle vienne, que nous l'aimions ou la combattions, fait retour sur l'esprit humain et déplace les contours de notre être. Se construit ainsi une mystérieuse dialectique entre l'univers de nos idées et notre façon de considérer l'intelligence que nous avons du monde qui nous entoure.

Les idées, même les plus abstraites, ne lévitent pas au-dessus de nos têtes. Elles agissent à l'intérieur de nous, tel un chauffage continu. C'est toujours par elles que nous comprenons et modifions ce qui est.

Introduction | Robert Arp

Les philosophes sont naturellement attirés par les idées de toutes sortes et, parce que je suis philosophe de formation, je me suis chargé de la coordination de l'ouvrage que vous avez entre les mains.

Le mot « philosophie » nous vient du grec ; *philein*, « aimer », et *sophia*, « sagesse » ou « savoir ». La philosophie est ainsi « l'amour de la sagesse » ; or, une façon décisive d'atteindre à la connaissance est de s'exposer à un grand nombre d'idées.

Mais, qu'appelle-t-on vraiment une idée ? Ce mot français est le rejeton direct du latin *idea*, issu du grec *idea*, lui-même dérivé du verbe grec *idein*, « voir ». Platon utilisait *idea* pour parler des « formes intelligibles », ces objets idéaux, immuables et parfaits, dont tous les autres ne seraient que de pâles copies. Il y aurait ainsi une forme de l'homme, une forme du chat, une forme de l'arbre, et même des formes du juste, du bon et du beau. Les formes seraient, selon lui, des objets existants, auxquels l'esprit devrait accéder afin de les analyser et de les comprendre, particulièrement lorsqu'il est philosophe.

La définition platonicienne de l'idée peut nous paraître étrange : des objets extra-mentaux, présents « en réalité », invisibles à l'œil mais reconnus par l'esprit. De nos jours, les idées sont plutôt identifiées à des concepts et des images qui existeraient, au mieux, dans l'esprit de qui les pense. Malgré tout, la théorie platonicienne des idées a eu beaucoup d'influence en Occident pendant des siècles. Au Moyen Âge, les philosophes et théologiens chrétiens, qui devaient beaucoup aux théories de Platon mais plus encore à celles de son plus brillant élève, Aristote, utilisèrent le terme « idée » pour décrire l'archétype d'une chose présente dans l'esprit de Dieu. Selon eux, avant que Dieu ne crée l'Univers et tout ce qu'il contient, Il avait à l'esprit l'idée de l'Univers et de son contenu. C'est à cette époque que le terme latin « *idea* » est devenu pratiquement interchangeable avec « *conceptio* », conception, « *conceptus mentis* », concept, « *notio* », notion, « *verbum mentale* », langage mental, et « *species intelligibilis* », idée intelligible.

Au XVIIe siècle, c'est-à-dire à la naissance de ce que nous appelons la philosophie moderne, « *idea* » ne désignait plus les formes platoniciennes existant hors de l'esprit ; il avait repris son sens grec originel de « voir ». Par exemple, René Descartes notait : « Entre mes pensées, quelques-unes sont comme les images des choses, et c'est à celles-là seules que convient proprement le nom d'idée. » Ainsi, les idées sont « les images des choses ». Lorsque John Locke était en pleine écriture de son *Essai sur l'entendement humain* en 1690, le mot « idée » était entièrement associé à l'esprit : « Je [me] suis servi [du terme "idée"] pour exprimer tout ce qu'on entend par *fantôme, notion, espèce*, ou quoi que ce puisse être qui occupe notre Esprit lorsqu'il pense.»

Locke envisageait les idées comme des objets de pensée, une définition qui sera reprise au XXe siècle par le philosophe et éducateur américain Mortimer Adler (cofondateur du Center for the Study of the Great Ideas de Chicago, en 1990). Toutefois, Adler ajoute une condition : une idée doit être un objet commun «considéré et discuté par deux individus ou plus». Dans son court article, «Qu'est-ce qu'une idée ?» (1958), Adler affirme que «la liberté et la justice, la guerre et la paix, le gouvernement et la démocratie peuvent être considérés comme des idées ou des objets de pensée». Il met en opposition cette définition «objective» de l'idée avec une autre, «subjective», qui désigne par «idée» les pensées conscientes ou les perceptions particulières d'un individu. Cette notion d'idée objective est exprimée très clairement dans son célèbre ouvrage *The Idea of Freedom* (*L'Idée de liberté*, 1958), où il décrit cinq conceptions différentes de la liberté et suit la trace des discussions qui animèrent à travers l'histoire les philosophes à ce sujet.

Aujourd'hui, le mot «idée» connaît plusieurs connotations et dénotations, dont la plupart sont les fruits de ce genre de débats. Par exemple, les deux premières définitions de l'idée données par le *Robert* sont : «essence éternelle et purement intelligible des choses sensibles» et «représentation intellectuelle, distinguée des phénomènes d'affectivité (émotions, sentiments…) ou d'activité (mouvements, actes volontaires…)». Ces définitions reprennent successivement les conceptions de Platon et d'Adler.

En accord avec la description cartésienne de l'idée comme «image des choses», une idée pourrait également désigner une perception, l'image présente dans l'esprit de quelqu'un, et donc en particulier une sensation «rappelée à l'esprit» par la mémoire. Imaginez la tour Eiffel : «l'image» qui se forme alors en votre esprit est une idée. Ces images mentales n'ont pas à être complètes : une idée peut très bien, après tout, n'être qu'une «impression». Un bon exemple d'idée de ce type est la théorie de la relativité restreinte d'Einstein. À moins que vous ne disposiez de solides connaissances en physique, vous n'avez à l'esprit qu'une vague notion de cette théorie, un amalgame impliquant probablement l'équation $E = mc^2$, la relativité du mouvement et la vitesse de la lumière. Vous avez donc une idée de la théorie de la relativité, mais elle est mal définie, rudimentaire, et très certainement moins complète que la même idée transposée dans l'esprit d'un docteur en astrophysique.

Une autre manière d'envisager ce qu'est une idée est sous l'angle du concept. Les mots « idée » et « pensée » sont souvent interchangeables dans l'esprit humain, tout comme « idée » et « opinion ». Ces concepts, idées et opinions désignent souvent des processus entièrement compris et correctement formulés, des idées parfaitement claires dans l'esprit de celui qui les énonce. Citons comme exemples de ce type d'idées « la digestion », « l'analyse coût-bénéfice » ou encore « la gravité affecte tous les corps matériels dans l'atmosphère terrestre ». Il existe un lien indissoluble entre la compréhension d'un concept, la capacité à formuler une pensée et la connaissance. Les personnes les plus savantes sur un sujet donné comprennent en profondeur la plupart des idées qui le composent.

« Idée » peut également être compris comme un synonyme de « but », « fin » ou « objectif », comme dans l'expression « j'ai accepté ce travail dans l'idée de gagner plus d'argent ». Cela peut également désigner un concept abstrait au point qu'il serait impossible de se le représenter en image, comme l'idée de ce qui constitue un processus de pensée.

Dans les pages qui suivent, vous trouverez 1 001 idées parmi les plus importantes jamais imaginées, conçues ou articulées au cours de l'Histoire. Ce sont 1 001 idées qui ont à jamais changé notre façon de penser. Les dictionnaires définissent toujours la pensée comme un processus maniant des idées d'une manière ou d'une autre : planifier, prédire, énoncer, produire... C'est, de la sorte, une notion simple et bien comprise. Pas de pensée sans idée, c'est une évidence ! Tant d'idées ont modifié la façon de penser, que ce soit d'un petit groupe d'individus, de sociétés bien définies ou du monde entier. Vous ne liriez pas ce livre à ce moment précis si Johannes Gutenberg n'avait pas eu l'idée du caractère mobile d'imprimerie et de la presse qui permettait « de répandre le trésor commun de la parole sacrée » au XVe siècle. Et vous ne liriez rien du tout si les Sumériens de l'Antiquité n'avaient eu l'idée de dessiner des pictogrammes et un alphabet cinq mille ans avant notre ère.

Les idées peuvent être organisées et classées de bien des façons. Dans ce livre, pour des raisons à la fois logiques et pratiques, elles ont toutes été placées dans l'une des catégories suivantes : Philosophie, Religion, Psychologie, Science et Technique (ce qui comprend les idées mathématiques et les inventions), Politique et Société (où nous trouvons la pédagogie, le droit et l'économie), et enfin, Art et Architecture (incluant la musique et la littérature). Pour chacune, vous trouverez sa description précise, le récit de ses origines (où et par qui l'idée est née), une citation qui s'y rapporte ou l'utilise, et une brève explication de son importance.

1 001 idées qui ont changé le monde est organisé chronologiquement, même s'il n'a pas toujours été facile d'établir une date incontestée de première apparition pour telle ou telle idée. Nous avons généralement tranché pour sa première trace connue ou pour la date de publication de la première œuvre la contenant. Les périodes historiques formant les chapitres ont été simplifiées ainsi : l'ancien monde (avant l'an 500), le Moyen Âge (500-1449), l'époque moderne (1450-1779), l'âge industriel (1780-1899), le début du xxe siècle (1900-1949), et le monde contemporain (de 1950 à nos jours).

Vous remarquerez sûrement que bien des titres d'entrée paraissent plutôt désigner des inventions, des mécanismes, des machines ou même des procédés, des activités ou des systèmes (comme le kinétoscope, une machine des années 1890 servant à grossir les images d'une pellicule diffusée en boucle au spectateur, le téléphone, la carte, le magazine, l'encyclopédie ou encore l'énergie hydraulique, la pensée de groupe, la fusion nucléaire…). Il peut sembler compliqué de séparer ces idées de leurs utilisations, mais les auteurs ont toujours essayé de mettre en évidence l'idée qui se cache derrière l'invention, celle qui a vu naître le procédé ou servi de catalyseur au système, plutôt que de décrire platement l'usage qui en est fait.

Vous noterez aussi la présence de nombreux principes, lois, règles, théories et hypothèses. Dans ce cas, les principes, lois et assimilés sont en eux-mêmes « l'idée ». Parmi eux, nous trouvons le principe d'incertitude, la seconde loi de la thermodynamique, l'effet de serre, la présomption d'innocence, les Dix Commandements et, l'un de mes favoris, la loi de Godwin (découverte par Mike Godwin en 1990), qui énonce que, si une discussion en ligne se poursuit suffisamment, quel qu'en soit le sujet, la probabilité que quelqu'un établisse une comparaison avec Adolf Hitler ou le nazisme tend vers 1.

J'espère que vous éprouverez à la lecture de ces *1 001 idées* autant de plaisir que j'en ai eu à recevoir et éditer toutes les contributions des auteurs. En guise de dernière pensée, je souhaite vous livrer une citation tirée d'un discours de 1963 prononcé par le 35e président des États-Unis, John F. Kennedy, que j'ai apprise en classe durant mon adolescence : « Un homme peut mourir, une nation peut s'élever et s'effondrer, mais une idée est éternelle. Les idées résistent et ne connaissent pas la mort. »

Index des idées par catégories

Politique et société

Psychologie

Religion

Science et technologie

l'ancien monde
Avant l'an 500

Voici 30 000 ans, selon la théorie de l'archéologue Steven Mithen, les modules mentaux de nos ancêtres se sont ouverts, si bien qu'un flux d'idées et d'informations s'est mis à circuler librement entre eux. Mithen nomme ce processus la « fluidité cognitive ». Il est probable que les premières idées humaines furent d'ordre pratique : ainsi la méthode Levallois, qui permit d'affiner la taille des outils de silex. L'homme utilisa ensuite sa pensée créative pour mettre en œuvre de nouvelles idées, du vêtement au bijou, de l'anthropomorphisme à l'art pariétal. Plus tard, lorsque s'épanouirent les antiques civilisations égyptienne, grecque et romaine, ce fut une avalanche de concepts abstraits qui enrichit de nouveaux domaines, comme les mathématiques et la philosophie.

← Peinture de la tombe de Ramsès Ier, montrant le pharaon et les dieux Harsiesis et Anubis. De telles représentations étaient courantes dans les sépultures égyptiennes.

v. 1 600 000 av. J.-C.

Maîtrise du feu

Homo erectus

Domestiquer le feu pour le transformer en outil pratique

Avant l'apparition d'*Homo sapiens*, la maîtrise du feu fut l'un des grands jalons de la culture humaine. Après l'avoir obtenu de sources naturelles, nos lointains ancêtres apprirent à le faire naître par une grande variété de techniques. La capacité de créer, de maîtriser et d'utiliser le feu demeure un pilier de nos civilisations.

Ce furent sans doute des incendies de brousse ou de forêt, déclenchés par la foudre, qui mirent les premiers hommes au contact du feu. Si ces dangereux brasiers leur permirent de s'emparer de la flamme, celle-ci représentait une force que personne alors ne pouvait contrôler, et encore moins créer à volonté. On estime que voici 1,6 million d'années, des groupes humains commencèrent à maîtriser le feu ; il est avéré qu'entre 400 000 et 250 000 av. J.-C., *Homo erectus* apprit à le dominer, et peut-être à le faire naître. Autour de 125 000 av. J.-C. – alors qu'*Homo sapiens* avait déjà étendu son règne – le contrôle, l'utilisation et la production du feu s'étaient banalisés.

« On peut éteindre un feu, mais ceci ne le refroidit pas. »

Ovide, poète romain du Ier siècle avant notre ère

Cette maîtrise eut un impact profond et immédiat sur l'évolution humaine. Le feu garantit nos ancêtres des bêtes sauvages et du froid, leur permit d'éclairer les ténèbres et améliora les performances de leurs outils tout en les protégeant des insectes et des petits nuisibles.

Enfin, les capacités culinaires du feu firent de l'homme le seul animal capable de prospérer en consommant des nutriments cuits. L'importance prise par le feu dans nos cultures est si cruciale qu'il peut aussi bien symboliser l'amour romantique, le conflit et la destruction que le désir ardent. **MT**

v. 80 000 av. J.-C.

Anthropophagie

Inconnu

Pratique humaine consistant à manger la chair d'autres êtres humains

Les plus anciennes preuves de cannibalisme ont été découvertes en Espagne, sur le site de Gran Dolina : il s'agit d'os humains fracassés, vieux de 800 000 ans. Ils font supposer que l'anthropophagie était déjà pratiquée par *Homo antecessor*, la plus ancienne espèce humaine connue ayant peuplé l'Europe occidentale. D'autres découvertes, plus récentes, indiquent que le cannibalisme se perpétua après l'apparition d'*Homo sapiens*. Parmi les hypothèses expliquant cette pratique, figurent une réponse à la pénurie de nourriture, et également une possible technique de lutte contre les prédateurs : limiter l'accès de ceux-ci à la chair humaine évitait qu'ils y prennent goût.

L'anthropophagie a subsisté jusqu'à l'ère moderne en Afrique, dans les îles du Pacifique, en Australie, à Sumatra, en Amérique du Nord et du Sud. Pour certaines cultures, la chair humaine n'était qu'un aliment de plus. D'autres en réservaient la consommation aux circonstances cérémonielles. Les Maoris de Nouvelle-Zélande se régalaient de leurs ennemis tués au combat. En Afrique, on cuisinait tel ou tel organe : les sorciers croyaient que les forces et les vertus du mort bénéficieraient à celui qui les mangerait. On suppose que les Aztèques d'Amérique centrale dévoraient leurs prisonniers de guerre après les avoir sacrifiés aux dieux. Et c'est par respect que les Aborigènes australiens pratiquaient l'endocannibalisme, en mangeant leurs parents disparus.

« J'ai dégusté son foie avec quelques fèves et un agréable chianti. »

Thomas Harris, *Le Silence des agneaux* (1988)

Avec la colonisation de ces régions par l'Europe chrétienne, entre le XVe et le XIXe siècle, l'anthropophagie devint taboue… ce qui n'interdit pas sa réapparition occasionnelle, lors de circonstances extrêmes. **GL**

Vieux de 12 000 ans, ces os humains portent des marques suggérant des actes de cannibalisme. ➔

E 1596

v. 650 000 av. J.-C.

Vêtement

Inconnu

Textile, cuir ou autre, tout ce que l'homme a utilisé pour couvrir son corps

Disponibles à portée de main, ce furent certainement des herbes souples, des feuilles et des peaux de bêtes qui permirent aux humains de créer leurs premiers vêtements – mais la décomposition rapide de ces tissus rend difficile leur datation. L'étude des parasites humains a permis d'estimer l'apparition de la pratique à 650 000 av. J.-C., quand d'autres hypothèses ne lui imputent qu'une ancienneté de 170 000 ans. Ces périodes correspondant au début et à la fin d'une ère glaciaire, on peut supposer que la volonté de résister au froid fut la cause de l'apparition du vêtement.

Retenus au corps par des lianes ou des tendons, ces premiers costumes tenaient sans doute plus de l'accoutrement que de l'atour. Il fallut qu'*Homo sapiens*, voici 35 000 ans, invente et perfectionne l'aiguille pour que le vêtement puisse évoluer : la couture autorisa son ajustement aux diverses parties du corps, ainsi que la superposition de plusieurs épaisseurs. Une hypothèse veut que cette percée ait permis à *Homo sapiens* de l'emporter, en tant qu'espèce, sur son contemporain l'homme de Néandertal qui, mieux adapté biologiquement pour résister au froid, aurait moins ressenti le besoin de développer ses techniques de coupe et de couture, essentielles pour la production de vêtements chauds.

« Le vêtement suggère, persuade, connote, insinue et sait même mentir. »

Anne Hollander, *Seeing Through Clothes* (1975)

Né ou non de la nécessité de s'adapter aux rigueurs du climat, le vêtement ne tarda pas à jouer des rôles plus subtils. Si, au cours de l'histoire, il a permis à son porteur de faire face aux éléments, il a aussi été un puissant vecteur d'information non verbale, signalant une position sociale, une caste, une identité sexuelle, voire l'appartenance à un groupe particulier. **MT**

v. 600 000 av. J.-C.

Hommage aux morts

Homo heidelbergensis

Pratique consistant à honorer un disparu par des rituels spécifiques

Le moment précis où s'imposa l'idée de rendre hommage aux morts est délicat à déterminer. Des indices laissent supposer que le protohumain *Homo heidelbergensis*, qui vécut de 600 000 à 400 000 av. J.-C., fut le premier à pratiquer l'inhumation – mais on ignore si cette pratique s'accompagnait de rituels particuliers, voire d'une dimension spirituelle. Sur des sites plus récents – vieux de 130 000 ans – certains éléments, tels la position particulière du corps, l'ajout autour de celui-ci d'outils et d'os d'animaux ou la décoration de la sépulture, semblent indiquer que nos ancêtres, en enterrant l'un des leurs, entendaient l'honorer et en conserver le souvenir. Ceci donne à penser que les premières pratiques funéraires furent aussi les premières manifestations religieuses.

« Nos morts ne meurent jamais, tant que nous en conservons le souvenir. »

George Eliot, écrivain britannique

Pour nombre de cultures, les morts que l'on honore restent présents auprès des vivants qu'ils accompagnent. Chez certains, les rites traditionnels se déroulent après le décès de l'intéressé – ou se répètent en divers moments précis de l'année. La pratique n'est pas nécessairement religieuse, même si la plupart des religions imposent à leurs fidèles des rituels le plus souvent contraignants.

Quasi universel, l'hommage aux morts ne connaît pas de frontières. Il transcende la géographie, les cultures, les croyances. Le rituel a valeur de ciment social dans l'espace, entre les vivants, et dans le temps, reliant ceux-ci aux disparus des générations passées. Rien d'étonnant à ce que le rite funéraire se retrouve, sous des formes variées, dans la quasi-totalité des traditions religieuses : c'est un socle identitaire puissant, tant pour le groupe que pour l'individu. **MT**

Sépulture d'un homme de Néandertal, vieille de 600 000 ans, découverte à Chapelle-aux-Saints. ➔

Projectiles perforants

Homo heidelbergensis

Conception d'armes et d'outils dotés d'une extrémité pointue

Deux exemples de javelots à pointe solutréenne. Cette culture industrielle fut active entre 20 000 ans et 16 000 ans av. J.-C. Elle se caractérise par la finesse d'exécution de ses lames de pierre en forme de feuille.

« Il est plus aisé d'éviter le javelot lancé vers sa poitrine que la flèche décochée dans son dos. »

Proverbe chinois

L'utilisation d'engins de jet acérés est bien antérieure à l'histoire, comme l'attestent les trois javelots de bois découverts à Schöningen (en Allemagne) : ils furent taillés et lancés par *Homo heidelbergensis* 400 000 ans – sinon 500 000 ans – avant notre ère. Le plus long mesurait 2,3 mètres. Tous présentaient, comme les javelots modernes, un renflement du côté de leur pointe, ce qui montre bien que leur usage spécifique était le jet et non, comme pour l'épieu, la frappe. Dès 300 000 ans avant notre ère, les hommes de Néandertal utilisaient des javelots garnis d'une pierre taillée. En 64 000 avant notre ère, les pointes de flèche en pierre firent leur apparition en Afrique du Sud.

Avant cette percée technique, les hommes devaient s'en remettre à des armes contondantes – pierres brutes, bâtons, poings et pieds. Or, l'intérêt du projectile perforant est double : sa capacité létale est bien plus grande que celle de l'arme contondante, et ce, à une distance largement supérieure. Les hommes purent donc se mettre en chasse de proies massives et dangereuses, en conservant une sécurité relative. À son tour, le projectile perforant accéléra le progrès technique : il suscita de nouvelles méthodes de taille ou de polissage des pierres et stimula le développement du travail du bois puis la fonte et la forge du métal. Il y a peu, au Sénégal, on a observé des groupes de chimpanzés sauvages en train de fabriquer leurs propres javelots de chasse à l'aide de branchages. Ces armes semblant avoir surtout la faveur des chimpanzés femelles, les chercheurs en ont déduit que les femmes avaient pu jouer un rôle clé dans la mise au point des premiers outils.

Simples et mortellement efficaces, les projectiles perforants ont été améliorés par toutes les cultures humaines, au fil de leur histoire. Essentiels à la guerre et à la survie, ils furent surpassés voici à peine quelques siècles par les armes à feu, lorsque celles-ci devinrent à la fois fonctionnelles et communes. **MT**

v. 250 000 av. J.-C.

Méthode Levallois

Hommes de Néandertal

L'homme de Néandertal améliore les performances de l'outil de silex

Vieille d'un quart de millions d'années, la méthode Levallois désigne une taille du silex mise au point par les hommes de Néandertal et d'autres précurseurs de l'humain moderne. Son nom vient de la ville de Levallois-Perret, près de Paris, où des outils fabriqués selon cette technique furent découverts lors de fouilles archéologiques, au XIXe siècle.

Plus raffinée que les techniques de taille antérieures, la méthode Levallois permettait à l'artisan de contrôler parfaitement la forme et la taille de l'outil qu'il façonnait. Tout commençait par le choix d'une pierre ayant la dimension d'une main. À l'une de ses extrémités était ménagée une surface, dite plan de frappe.

En levant des éclats à la périphérie de la pierre, l'artisan donnait à celle-ci la silhouette de l'outil qu'il désirait obtenir. Frappant alors la base de la pierre, il obtenait une crête dorsale : les coups portés sur le plan de frappe dégageaient un éclat plan-convexe, à la périphérie déjà acérée par les frappes précédentes. L'éclat pouvait aussitôt servir de couteau ou de pointe de javelot.

Sur une vaste zone courant de l'Afrique à l'Europe du Nord, nombre de groupes préhumains recoururent à la méthode Levallois. Celle-ci permit aux hommes de Néandertal d'affiner la fabrication de leurs pointes de lances et de javelots, donc de rendre plus aisée la chasse au gros gibier. Des proies de taille supérieure leur permirent de nourrir des populations plus importantes, ce qui contribua à la formation de groupes sociaux stables, tendant davantage à la sédentarité. La méthode Levallois autorisa aussi la fabrication de projectiles perforants adaptés à une toute nouvelle technique, celle de l'arc et de la flèche. Que cette façon inédite, élégante et efficace de tailler les silex ait été portée à son apogée par les hommes de Néandertal fournit un sanglant démenti à l'image brutale et simiesque de ces précurseurs de l'humain moderne. **APT**

↑ Outil de silex façonné selon la technique Levallois, découvert à Montières, en France. Sur ce spécimen, l'arête dorsale est bien visible. Les éclats levalloisiens sont souvent comparés à des carapaces de tortue.

« Des couteaux aux projectiles, la technique Levallois produisit des instruments supérieurement efficaces. »

Brian Patrick Kooyman, professeur d'archéologie

v. 150 000 av. J.-C.

Commerce

Inconnu

Échange de biens, de services ou de produits de valeur

Les premiers échanges marchands eurent lieu bien avant l'aube de l'histoire écrite. Des routes commerciales existaient déjà voici 150 000 ans. Lorsque l'humanité sortit de la période néolithique (10 000-2000 av. J.-C.) pour entreprendre l'édification de villes et la création de communautés agricoles, le commerce faisait partie intégrante de la vie. Sédentarisation et agriculture transformèrent la nature des sociétés : l'abondance de la nourriture permit aux humains de se consacrer davantage à la fabrication d'outils et au tissage. Cette production, à son tour abondante, autorisa les artisans à en troquer une partie contre d'autres biens. Certains villages se spécialisèrent dans la fabrication d'articles demandés par des groupes humains éloignés. Aux alentours de 3000 av. J.-C., les Mésopotamiens établirent des routes commerciales avec les centres urbains de la civilisation de la vallée de l'Indus – créant peut-être les toutes premières liaisons intercités.

« Tout homme vit donc d'échange, ou devient une manière de négociant… »

Adam Smith, *La Richesse des nations* (1776)

Le commerce est un moteur. Il fait tourner les économies, facilite les interactions sociales, aiguillonne le changement politique, contribue à répandre les idées, les langues, les cultures, les religions, les peuples et les maladies. Il a permis aux hommes de bénéficier de denrées venues de terres lointaines, d'échanger des nouvelles et les a poussés à explorer le vaste monde. Le commerce a stabilisé les relations d'ennemis potentiels. Il a aussi déclenché des conflits et causé la mort, ou la perte de liberté, de millions d'êtres. Au cours de l'histoire, les désirs humains et la satisfaction que le commerce pouvait leur apporter ont souvent causé la naissance, l'effondrement et la renaissance des empires. **MT**

v. 135 000 av. J.-C.

Bijoux

Paléolithique moyen-oriental

Ornements personnels, souvent fabriqués à partir de matériaux plus ou moins précieux

Les bijoux les plus anciens que nous connaissons proviennent du paléolithique moyen-oriental, dont les populations, voici 135 000 ans, fabriquaient des perles à partir de coquilles d'escargots de mer. Mais la bijouterie ne fut pas un art réservé à *Homo sapiens* : en Espagne, *Homo neanderthalensis* créait et portait des bijoux voici 50 000 ans. On peut penser que ces premières formes d'ornement servaient de protection contre les forces maléfiques, et étaient un signe extérieur de statut social.

Au fil des millénaires, les humains ont créé des bijoux à partir d'os, de pierres, de bois, de coquillages, de plume, de dents, et autres matériaux naturels. En bijouterie, le travail du métal apparaît vers 5000 av. J.-C. Deux millénaires plus tard, les Égyptiens commencèrent à travailler l'or et l'argent, ornant parfois ceux-ci de verre et de gemmes. Les Égyptiens croyaient que les pierres – précieuses ou semi-précieuses – étaient chargées d'un pouvoir surnaturel particulier. Cette association du bijou avec les univers surnaturels ou mystiques amena logiquement à inhumer les morts sans les séparer de leurs ornements, afin que ceux-ci les protègent dans l'au-delà ; la pratique fut courante dans nombre de civilisations antiques, si bien que la plupart des bijoux appartenant actuellement à des collections archéologiques ont été découverts dans des tombes.

« Riches et rares étaient les gemmes qu'elle portait / Et un cercle d'or brillait à son doigt… » Thomas Moore,« Rich and rare… » (1808)

Grâce au bijou, l'humanité développa son sens esthétique et découvrit un nouvel outil de communication. Aujourd'hui encore, cet art permet à tout un chacun de s'embellir, tout en signifiant de façon symbolique sa piété, sa richesse, son importance sociale… voire sa disponibilité – ou son indisponibilité – sentimentale. **MT**

Bijoux vieux de 25 000 ans découverts sur le site funéraire de Balzi Rossi en Ligurie (Italie).

v. 40 000 av. J.-C.

Chamanisme

Inconnu

Tradition magico-religieuse dont le vecteur est un individu entrant en relation avec les esprits

Figurine de bois représentant un chamane associé à l'esprit inuit Taqhisim. Le chamane dépend de la force des esprits à laquelle ses rituels l'associent.

Le chamanisme, tradition magico-religieuse construite autour de la personnalité du chamane, est un phénomène ancien (au moins 40 milliers d'années) et global. L'essentiel des plus vieilles œuvres d'art au monde en procède : par exemple, le fameux « sorcier » de la grotte des Trois-Frères en Ariège (25 000 ans av. J.-C.).

De même, la plupart des plus anciens textes qui nous sont parvenus font référence à des pratiques chamaniques : la nécromancie (le fait d'entrer en relation avec les esprits des morts) figure dans les récits bibliques et mésopotamiens. Quant au mot lui-même, il dérive du toungouse *saman* qui désigne un « prêtre », en l'occurrence un être de sexe mâle ou femelle qui, sous l'emprise de drogues ou dans un état d'hallucination, entre en relation avec les esprits pour solliciter leur aide.

Si les caractères spécifiques du chamanisme varient selon la culture où il se pratique, cette tradition conserve partout quatre grands principes de base. D'abord, le chamane est perçu comme l'intermédiaire entre le monde des hommes et le monde des esprits. Ensuite, il ne conquiert son statut d'intermédiaire qu'après avoir été choisi par les esprits et s'être livré à certains rituels. De plus, le chamane peut demander aux esprits comment guérir certains maux, ou les interroger sur ce que l'avenir réserve. Enfin, il incombe au chamane de transmettre sa tradition magico-religieuse.

Quelques religions plus récentes s'opposèrent à ces pratiques. Pas tant à cause de ses rituels proprement dits, car la figure du chamane ne diffère guère de celle du prophète ou du prêtre, mais parce que l'intercesseur était réputé obtenir sa connaissance par le biais d'esprits de toutes sortes, autant mauvais que bons. Ce qui n'empêche pas le chamanisme de perdurer aujourd'hui, lui donnant ainsi le rang de plus vieille religion du monde encore en activité. **AB**

« Ce n'était pas moi qui soignais. C'était le pouvoir de l'autre monde. Les visions et les rites avaient fait de moi un trou, par lequel le pouvoir pouvait transiter et venir soigner les êtres à deux jambes. »

Élan noir, chamane des Sioux Oglala

Anthropomorphisme

Inconnu

Attribuer des caractères humains à des entités non humaines

L'anthropomorphisme – de *anthropos* (« homme ») et *morphè* (« forme »), deux mots grecs – désigne la pratique consistant à attribuer des caractères humains à des entités non humaines, dieux, animaux, végétaux, éléments. L'art le plus ancien dépeint des animaux dotés de caractères humains : c'est le cas de l'homme-lion de Hohlenstein Stadel, en Allemagne. La tradition chamanique, liée à ce type d'art, considère que l'univers grouille littéralement d'esprits. Pour elle, ce sont les esprits habitant un arbre – les « dryades » de la mythologie grecque – qui permettront à celui-ci de grandir, voire d'agir à l'instar d'un homme. La règle s'applique quasiment à l'ensemble de la nature.

Sous-catégorie de l'anthropomorphisme, l'anthropothéisme décrit les entités supérieures – dieux multiples ou dieu unique – à la ressemblance de l'homme. Certains passages de la Bible où figure, par exemple, la « main droite de Dieu » ont souvent été considérés comme des manifestations du même phénomène.

En termes de psychologie, l'anthropomorphisme a de nombreuses implications. Attribuer des caractères humains à une entité non humaine va modifier notre perception de celle-ci – et peut-être la rendre, par exemple, plus digne d'attention morale et de considération. Mais le processus peut aussi être considéré comme une façon, pour l'esprit, de simplifier un concept religieux touffu pour le rendre plus compréhensible.

Aujourd'hui, l'anthropomorphisme constitue une donnée importante des religions chamaniques, tels le taoïsme et le shintoïsme. Et il maintient son rang d'élément clé de la culture populaire, depuis le Bugs Bunny de la Warner aux personnages de *La ferme des animaux* de George Orwell. **AB**

↑ Cette figurine à tête de lion, découverte dans la grotte de Hohlenstein Stadel, en Allemagne, est l'une des plus vieilles sculptures du monde. Taillée dans de l'ivoire de mammouth, elle date de 28 000 av. J.-C.

« Nous nous formons certaines idées du caractère de chacun des animaux : les uns nous semblent des esprits de rois, d'autres des intelligences vulgaires ; à d'autres encore, nous attribuons de l'esprit ou de la candeur. »

Philostratus, *Vie d'Apollonios de Tyane* (v. 200)

v. 40 000 av. J.-C.

Art pariétal paléolithique

Inconnu

Œuvres picturales puissantes créées par nos premiers ancêtres

L'art pariétal – c'est-à-dire réalisé sur une paroi – est une forme de création ancienne d'au moins 40 000 ans, présente de l'Europe aux Amériques en passant par l'Inde. Comme dans la grotte de Lascaux, la plupart des peintures mettent en scène de grands ongulés, aurochs, bovins, chevaux, cervidés, ainsi que des silhouettes de mains. Bizarrement, les représentations intégrales d'humains sont absentes des œuvres européennes, mais bien présentes en Afrique. Les cavernes elles-mêmes se situent dans des sites difficilement accessibles.

Les théories sur l'origine de cet art abondent. L'abbé Henri Breuil (1877-1961), pionnier des études préhistoriques et expert international de cette forme d'expression, a supposé qu'étant donné le nombre de grands animaux représentés par les peintures, celles-ci jouaient un rôle dans des rituels magiques destinés à assurer aux chasseurs paléolithiques des proies en grand nombre. Une autre théorie rapproche l'art pariétal des rituels chamaniques primitifs. Certains chercheurs jettent même un pont entre ces dessins d'animaux et une volonté de représenter le mouvement.

« Découvrir [les peintures] me sidéra… Il y en avait tant… »

Gregory Curtis, *The Cave Painters* (2006)

L'art pariétal semble être apparu en même temps que l'*Homo sapiens* moderne. Néanmoins, il serait téméraire de voir là une relation de cause à effet : à l'évidence, certaines cavernes d'Europe ont été décorées par des hommes de Néandertal. Comme le notait Pablo Picasso, ces représentations nous disent quelque chose de ce que furent l'art et la vie d'une culture protohumaine particulièrement libérée : tel était l'art que produisaient les humains, avant que les traditions et les règles de représentation ne viennent le juguler. **APT**

v. 40 000 av. J.-C.

Médiumnité

Inconnu

Communication nécromantique entre un humain de ce monde et un humain disparu

Le médium est une sous-catégorie du chamane. Alors que ce dernier – individu capable d'entrer en relation avec le monde des esprits – ne cherche à contacter l'au-delà que globalement et pour des raisons très variées, la fonction la plus fréquente du médium est de faciliter la communication entre deux esprits spécifiques. Le chamanisme apparut vers 40 000 av. J.-C. Il est probable que la médiumnité vit le jour à la même époque.

Au Moyen-Orient, durant l'Antiquité, les médiums, ou nécromanciens puisqu'ils s'adressaient aux morts (le mot vient du grec *nekros*, « cadavre »), constituaient une source de conseils fort recherchée : les esprits prodiguaient aux vivants des avis sur les sujets d'importance. Néanmoins, au cours du XXe siècle, les médiums jouèrent en Occident un rôle différent : suite aux carnages des deux Guerres mondiales, on fit surtout appel à eux pour trouver la consolation en établissant une communication avec des êtres chers tragiquement disparus.

« Saül et deux hommes allèrent chez la femme. "Prédis-moi l'avenir en évoquant un mort", dit-il… » **Bible, Samuel XXVIII, 8**

La théorie et la pratique de la médiumnité sont à la fois très anciennes et très ancrées – ce qui n'a pas empêché la science et la religion de les considérer sous un jour négatif. Ainsi, les religions abrahamiques reconnaissent que le pouvoir d'un médium peut parfois être authentique, et admettent que la connaissance obtenue par son biais peut s'avérer bénéfique. Mais ces religions déconseillent d'y recourir, car la pratique en question n'a pas l'approbation de Dieu. Les scientifiques parlent à son propos d'imposture, puisque les méthodes employées sont aussi difficiles à valider que la réalité de leurs résultats. Ce qui n'empêche pas les médiums de continuer à fasciner, et d'être fréquemment sollicités. **AB**

On estime que les peintures de Lascaux (en Dordogne) sont vieilles de 16 000 ans.

v. 40 000 av. J.-C.

Âme

Inconnu

Croyance en un principe vital non-physique possédant des caractères spécifiques

La croyance en l'existence des âmes accompagne l'humanité depuis les temps les plus anciens. Ce concept est sans doute apparu avec le chamanisme – que l'on considère aujourd'hui comme la première forme de religion – voici environ 40 000 ans. La présence, sur certains sites funéraires, d'objets utilisés lors de rituels donne à penser que les exécutants croyaient en une vie après la mort. Ce qui implique également de croire en la présence, chez chaque individu, d'une entité susceptible de survivre à son trépas, et pouvant se définir comme l'essence immatérielle de sa vie individuelle. Le plus souvent considérée comme séparée du corps, l'âme est réputée pouvoir penser, agir, et éprouver des émotions.

Les plus anciennes traditions religieuses se rejoignent pour admettre que l'âme détermine l'identité d'un être, et possède un principe vital régulant celui-ci. Ainsi, la vie végétative et l'identité d'une rose sont détenues par son âme. Ainsi, la vie sensible d'un zèbre est réglée par son âme. Selon certaines traditions religieuses, comme le chamanisme, l'âme d'une rose, celle d'un zèbre ou celle d'un humain ne sont pas clairement différenciées – ce qui donne voie à une notion d'égalité de valeur entre tous les êtres doués d'une âme. D'autres traditions soutiennent que l'âme humaine, étant immortelle et rationnelle, n'a, en termes de valeur, aucune commune mesure avec celles d'une rose ou d'un zèbre, toutes deux mortelles et non rationnelles.

La croyance largement répandue en l'immortalité de l'âme humaine a donné jour à une autre croyance, aussi répandue : il existerait, d'une part, un monde souterrain où errent les âmes des morts coupables de mauvaises actions et d'autre part, un monde céleste où se réjouissent les âmes méritantes. Les premières, souvent privées de corps, mènent une existence misérable alors que les secondes, munies de leur enveloppe charnelle, goûtent un bonheur parfait. **AB**

Ce papyrus égyptien illustre le voyage de l'âme dans le monde des morts (v. 1600-1100 av. J.-C.).

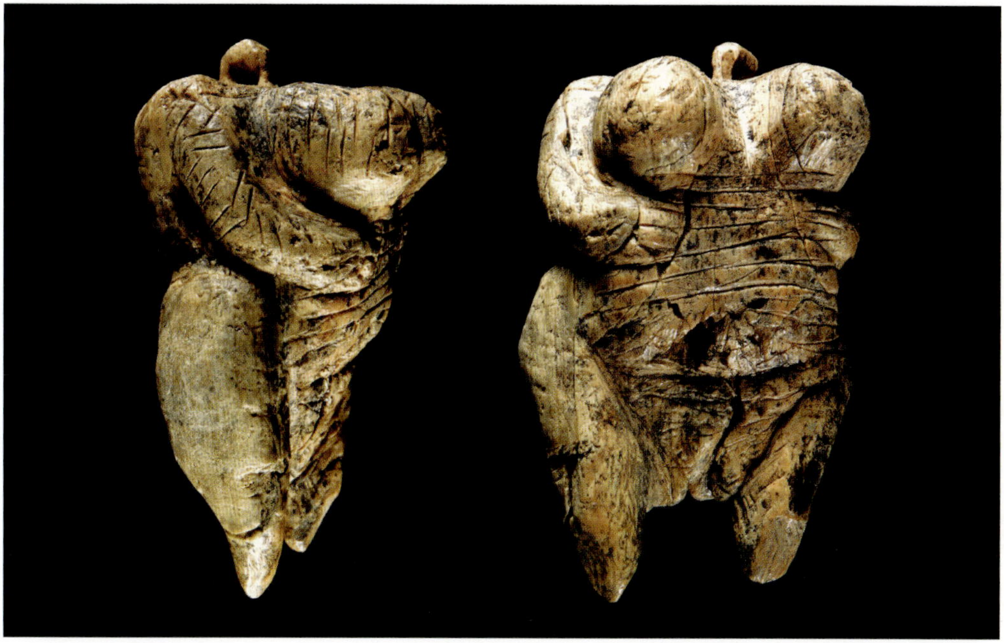

v. 33 000 ans av. J.-C.

Symboles

Paléolithique allemand

Représentation visuelle ou matérielle d'un concept

L'utilisation de symboles pour représenter les idées remonte à la préhistoire. Les plus anciennes peintures pariétales que nous connaissons ont été réalisées voici environ 40 000 ans – mais ces représentations de mains humaines ne semblent pas porteuses de valeur symbolique.

L'artefact le plus ancien inscrit dans cette catégorie est la vénus de Hohle Fels, découverte en Allemagne méridionale : il y a 35 000 ans, quelqu'un sculpta dans une défense de mammouth une figurine à l'effigie d'une femme aux seins, au ventre et aux cuisses hypertrophiés. Cette vénus pourrait avoir figuré une déesse ou un esprit de la fertilité – un symbole de la fécondité et de la reproduction humaine.

Les premiers pétroglyphes – figures et motifs gravés dans la pierre – sont sans doute apparus voici 30 000 ans. Leur production se multiplia vers 10 000 av. J.-C. Nombre de théories tentent d'expliquer la fonction symbolique des divers pétroglyphes découverts à la surface de la planète : repères temporels, indicateurs de distances parcourues, bornes frontières, voire témoignages d'une forme de langage rituel. Depuis lors, les symboles ont été largement utilisés dans la totalité des cultures humaines, et ceux propres aux sociétés modernes sont devenus majoritairement internationaux.

En lisant ces lignes, vous utilisez des symboles. Vos yeux identifient les symboles que sont les lettres, votre cerveau transforme celles-ci en sons qui, assemblés, forment des mots que vous comprenez. C'est ce processus qui vous permet de lire. Telle est la puissance des symboles : presque instantanément, ils sont capables de transmettre du sens et de l'information bien au-delà de leur forme. Les symboles sautent la barrière des langues et des cultures pour faire comprendre en un clin d'œil un mode d'emploi, une mise en garde, un conseil, voire un message complexe. **MT**

↑ Peut-être symbole de fertilité, la vénus de Hohle Fels est le plus ancien exemple d'art figuratif.

v. 25 000 ans av. J.-C.

Sédentarisation

Inconnu

Processus par lequel des nomades adoptent un habitat fixe

Anthropologues et archéologues s'accordent à affirmer que les premiers humains étaient des chasseurs, se déplaçant au gré des saisons ou des migrations du gibier. Pourtant, nos lointains ancêtres découvrirent progressivement des endroits dont les ressources naturelles étaient assez abondantes, et le climat suffisamment favorable, pour qu'ils puissent s'y installer et y demeurer définitivement. Ils furent les premiers à adopter le mode de vie sédentaire.

Les plus anciennes cultures sédentaires connues se développèrent en Moravie (dans l'actuelle République tchèque) et dans les plaines occidentales de la Russie, entre 25 000 et 17 000 av. J.-C. Leurs populations – chasseurs et pêcheurs – y entretenaient des bases permanentes. Vers 10 000 av. J.-C., les Natoufiens – qui, depuis deux millénaires, s'étaient établis sur les territoires de l'actuel Israël, de la Jordanie et de la Syrie – commencèrent à cultiver des végétaux. C'est au même moment qu'au Japon, les Jomons entreprirent la culture du riz. Vers 5000 av. J.-C., les premiers Scandinaves avaient établi des sites sédentaires. Ils y produisaient de l'orge et élevaient du bétail pour le lait, la viande et les peaux.

« Les chercheurs comprirent vite que la sédentarisation n'avait rien de simple… »

Bill Bryson, *At Home: A Short History of Private Life* (2010)

Pour l'esprit moderne, il peut sembler naturel de préférer un habitat fixe à une vie d'errance perpétuelle. Mais ce changement majeur du comportement humain n'est pas encore entièrement expliqué. Les nomades se sont-ils fixés dans le but de devenir fermiers ? Ou bien parce qu'ils avaient déjà entrepris de cultiver la terre et d'élever du bétail ? Autrement dit, l'agriculture est-elle la conséquence de la sédentarisation, ou est-ce le contraire ? Le débat se poursuit encore aujourd'hui… **GL**

v. 20 000 av. J.-C.

Dôme

Inconnu

Structure architecturale stable de forme hémisphérique

Le dôme est la plus stable des constructions simples et des vestiges de ces structures datent de dizaines de milliers d'années. Ce furent des dômes qu'érigèrent les populations préhistoriques, à l'aide de branchages, de peaux de bêtes, de défenses de mammouths. Sur un plan architectural, le dôme est très séduisant. Il doit sa grande stabilité à la répartition parfaite des tensions et des charges : son poids se distribue de façon égale sur toute sa surface, jusqu'à sa base.

Dévolu, dès le temps des premières civilisations, à un usage permanent, il devint ensuite édifice religieux ou sépulture. Ce furent les Romains qui en tirèrent le meilleur parti, en inventant la méthode de la brique trapézoïdale. Elle leur permit d'édifier des dômes géométriquement parfaits, dont ils dotèrent temples et bâtiments publics. Le dôme du Panthéon de Rome, construit en 126, demeura 1 700 ans durant le plus grand du monde connu – et son diamètre intérieur de 43,3 mètres reste impressionnant. Les dômes furent aussi mis à l'honneur par les architectes byzantins (du début du IVe siècle à 1453). Parallèlement, ces constructions caractérisèrent l'architecture du monde musulman durant tout le Moyen Âge (v. 500-1450).

« Donnez-moi une maison sous un dôme, où tensions et charges sont à l'aise. »

R. Buckminster Fuller, architecte

L'importance du dôme ne s'est pas démentie au fil des siècles et sa forme hémisphérique inspire toujours les architectes, particulièrement lorsqu'ils conçoivent de grands édifices publics ou des palais gouvernementaux. Une forme contemporaine très intéressante est le dôme géodésique mis au point par R. Buckminster Fuller : sa structure formée d'une multitude de triangles permet même d'édifier des sphères complètes. **TD**

Construit au IIIe siècle, le grand stupa de Sânchi est la structure de pierre la plus ancienne de l'Inde. ➔

STUPA 3

v. 12 000 av. J.-C.

Monnaie

Peuples d'Anatolie

Utilisation de l'argent pour échanger biens et services

Bas-relief néo-hittite (xe-viiie siècle av. J.-C.) découvert à Carchemish (Turquie) et représentant deux commerçants concluant un marché.

C'est d'abord par le troc que les premières cultures humaines pratiquèrent le négoce de biens et de services. Au douzième millénaire av. J.-C. apparut en Turquie une première forme de monnaie : les Anatoliens commencèrent à utiliser l'obsidienne comme moyen d'échange.

Cette pierre dure devint l'intermédiaire de leurs transactions. Entre 9000 et 6000 av. J.-C., le bétail servit à son tour de monnaie. Vers le vie siècle av. J.-C., les peuples de l'actuelle Turquie occidentale créèrent le premier vrai numéraire, en fondant des pièces d'or frappées d'une image.

Quant au papier monnaie, il apparut en Chine au xie siècle : il s'agissait de billets à ordre échangeables en espèces métalliques. Ainsi, la monnaie abandonna son statut d'objet de valeur pour devenir fiduciaire, du mot latin *fiducia* qui signifie « confiance ».

Si, au cours de l'histoire, la plupart des papiers monnaies ont été associés à un étalon de référence, comme l'or ou l'argent, les économies modernes ne reposent plus que sur des systèmes purement fiduciaires : la valeur d'un billet de dix euros provient du fait qu'il peut à tout instant être échangé contre un bien ou un service d'un prix de dix euros.

Sans monnaie, le commerce reposerait sur le seul troc – fort mal pratique, puisqu'il suppose que vendeur et acheteur aient mutuellement besoin du bien ou du service proposé par l'autre…

La monnaie, facilitant les transactions, permit au négoce de tresser des liens entre des groupes humains parfois fort éloignés. On lui doit l'épanouissement des villes, dont l'activité économique encouragea le progrès technique, intellectuel et culturel. **MT**

« La monnaie […] n'est pas l'une des roues du négoce, mais l'huile qui facilite et régule le mouvement de celles-ci. »

David Hume, *Essais moraux et politiques* (1741-1742)

v. 12 000 av. J.-C.

Conservation des aliments

Mésopotamie

Techniques permettant de retarder la dégradation des comestibles

Des découvertes archéologiques permettent de faire remonter les techniques de conservation des aliments à 12 000 av. J.-C. La pratique s'est depuis étendue à toutes les civilisations.

Si le séchage au soleil fut sans doute la première méthode, nombre d'autres ont depuis été mises au point : réfrigération, congélation, fumage, salage, fermentation, saumure, marinade, confiserie au sucre, enrobage de gelée et, enfin, stérilisation dans des récipients hermétiques : cette dernière méthode, née au début du XIXe siècle et baptisée tout simplement « conserve », a connu une remarquable expansion.

Il est impossible de sous-estimer l'importance historique de la conservation des aliments. Elle permit à nos ancêtres de quitter le statut de chasseurs-cueilleurs pour celui d'agriculteurs.

Ayant la capacité de stocker leurs comestibles, ces populations purent se dégager partiellement de la servitude qu'impliquait la quête journalière de nourriture – et se consacrer, par exemple, à la fabrication d'outils. Il en résulta, pour la civilisation, un progrès énorme – qui sema, bien sûr, les premières graines du clivage social et de l'inégalité.

Plus tard, les progrès réalisés dans la conservation des aliments autorisèrent les premières grandes expéditions, guerrières ou exploratrices. En outre, ce désir de conserver les comestibles fit naître des goûts nouveaux, comme ceux du fromage et du vin et rendit même délicieux des fruits naturellement immangeables, comme les olives.

Ces techniques sont toujours en usage. La chimie moderne y a ajouté les conservateurs artificiels et la physique, les procédés d'irradiation. **GB**

Séchés par le soleil et le vent, des poissons sur un marché de Phuket (Thaïlande). Le séchage est l'un des plus anciens modes de conservation alimentaire.

« Nos aliments sont presque toujours traités [...] pour retarder leur dégradation et les rendre transportables, commercialisables et stockables. »

Sue Shephard, *Potted, Pickled, and Canned* (2000)

Figurines sculptées du mésolithique

Inconnu

Développement de la sculpture et de la représentation de concepts abstraits

↑ Vieille de 8 000 ans, cette figurine est un des nombreux spécimens mésolithiques découverts à Lepenski Vir, en Serbie. On suppose qu'elle avait valeur d'objet de culte.

Durant la période mésolithique (v. 10 000-4000 av. J.-C.), les figurines à l'effigie d'humains ou d'animaux proliférèrent. Si la sculpture figurative précède le début de la période – la vénus de Willendorf, une figurine de calcaire de 11 cm découverte en Autriche en 1908, est vieille d'environ 24 000 ans –, la plupart des œuvres sculptées antérieurement étaient purement utilitaires (récipients et vases à boire dépourvus d'ornementation).

Les plus anciennes de ces effigies furent réalisées au Japon, durant la période Jomon, à peu près contemporaine du mésolithique. Le tour de potier ne devant apparaître qu'ultérieurement, au milieu du Vᵉ millénaire, les poteries *jomon* étaient donc constituées de minces boudins d'argile humide – les colombins – disposés en anneaux, et collés les uns sur les autres. L'œuvre était ensuite cuite dans un four à basse température. Le mot *jomon* signifie « motifs cordés ». Aux poteries de cette culture, d'abord limitées à des cruches et à des bols, s'ajoutèrent ensuite des statuettes, les *dogu*.

On a découvert à ce jour environ 15 000 *dogu*. Faites d'argile, elles sont creuses et leur couleur dominante est l'ocre rouge. La plupart mesurent de 10 à 30 cm. Elles représentent des femmes avec une silhouette de sablier, une face large et des yeux écarquillés. Certaines sont enceintes et leur abdomen proéminent est couvert de motifs vermillon. Il s'agit probablement de symboles de fertilité. En 1986, les vestiges d'un temple mésolithique datant environ de 10 000 av. J.-C. ont été découverts près de Sanliurfa, au sud-est de la Turquie. Il recélait des figurines fabriquées au VIIIᵉ millénaire av. J.-C. Elles représentaient des humains sans tête, avec des organes génitaux surdimensionnés, ainsi que des effigies de faons, de renards, de porcs, de scorpions, de serpents, de cigognes et de loups. Les chercheurs qui se sont penchés sur ces figurines ont suggéré qu'il pouvait s'agir non de symboles culturels ou religieux, mais tout simplement de jouets. **GL**

« La production accrue de figurines féminines et de phallus de pierre […] évoque l'intensification des pratiques rituelles. »

Chronologie Heilbrunn de l'histoire de l'art, Metropolitan Museum of Art

Esclavage

Inconnu

Système faisant d'une personne la propriété exploitable et négociable d'une autre

On suppute que l'esclavage apparut avec le développement de l'agriculture, vers 10 000 av. J.-C. Les travaux des champs exigeant une main-d'œuvre nombreuse, les prisonniers de guerre réduits en esclavage y furent affectés.

L'esclavage fut légal dans une grande partie du monde antique. Les esclaves, pris lors de guerres ou achetés à l'étranger, n'y avaient pas toujours une vie difficile : en Grèce et à Rome, ils pouvaient posséder des biens et mener leurs affaires. Jouissant de libertés semblables à celles des hommes libres, ils étaient cependant exclus de la vie des armes et des activités politiques. Sans l'esclavage, nombre de civilisations se seraient effondrées. L'Empire romain (27 av. J.-C.-500) dépendait de ses esclaves sur presque tous les registres, depuis la construction d'édifices jusqu'à la copie de manuscrits.

L'esclavage fleurit en Europe jusqu'au IVe siècle, pour être ensuite remplacé par le servage. Il réapparut au XVe siècle avec l'ouverture sur l'Afrique et la découverte du Nouveau Monde. Les Européens embarquèrent alors dans leurs navires un grand nombre d'Africains à destination des mines et des plantations des Indes occidentales et des Amériques.

L'attitude envers l'esclavage commença à évoluer au XVIIIe siècle. Un mouvement abolitionniste naquit, attisé par tous ceux que la cruauté et l'injustice de cette pratique révoltaient. En 1792, le Danemark abolit l'esclavage et, au cours du siècle suivant, nombre de nations l'imitèrent. Mais cette prise de conscience ne marqua pas la fin de l'esclavage. Durant la période soviétique, la pratique sévit sous la forme du goulag et de ses camps de travail forcé. L'esclavage réapparaît fréquemment en temps de guerre. À la fin du XXe siècle, s'est beaucoup développée la pratique (millénaire) de la servitude pour dettes, où l'employeur exige pour le gîte et le couvert de ses travailleurs débiteurs des sommes si exorbitantes qu'ils ne peuvent le rembourser et restent à sa merci. **GL**

Bas-relief égyptien (v. 1332-1323 av. J.-C.) représentant le comptage de prisonniers. Pris sur le champ de bataille, les esclaves fournissaient une main-d'œuvre bon marché.

« L'esclavage ? On le trouve partout. C'est une mauvaise herbe qui pousse sur n'importe quel sol. »

Edmund Burke, politicien et philosophe

v. 10 000 av. J.-C.

Agriculture

Inconnu

Activités de culture et d'élevage menées à des fins essentiellement alimentaires

Les premières tentatives agricoles durables eurent lieu vers 10 000 av. J.-C. dans le Croissant fertile, zone du Moyen-Orient incluant la Mésopotamie, le Levant, et le delta du Nil. En Chine, les initiatives analogues remontent à 8 000 av. J.-C. et en Amérique à 3 000 av. J.-C. Les premiers agriculteurs apprirent à domestiquer des végétaux sauvages – seigle, pois chiche, lin –, c'est-à-dire à les planter pour les récolter, réduisant ainsi leur besoin de se déplacer pour trouver de nouvelles ressources. La domestication des animaux leur fournit une seconde source d'aliments, de matières premières et de force motrice.

Pourquoi l'humain a-t-il pris la voie de l'agriculture ? Diverses théories existent. L'une veut qu'il se soit agi d'une réponse à la surpopulation due au développement de la sédentarisation. Une autre de ces théories pose que le changement climatique suivant la fin d'une glaciation ait provoqué l'extension des forêts, segmentant des espaces jusque-là ouverts : une situation à même d'encourager la sédentarisation, la territorialité et, donc, la production alimentaire à l'échelon local.

« J'aime mieux me trouver dans ma ferme qu'être empereur du monde. »

George Washington, président des États-Unis

L'agriculture a changé à jamais la façon dont l'humanité se procure sa nourriture. À l'âge du bronze (v. 3500-1000 av. J.-C.), c'étaient les produits d'origine agricole qui assouvissaient en majorité les besoins alimentaires des civilisations moyen-orientales. Si la confiance placée dans la production agricole a provoqué parfois des famines désastreuses et a eu également des conséquences malencontreuses sur le plan environnemental, elle a aussi permis à la population humaine de s'accroître prodigieusement. **MT**

v. 10 000 av. J.-C.

Fabrication de la bière

Inconnu

Art de brasser le plus populaire et le plus ancien des breuvages alcoolisés

Pour beaucoup de chercheurs, la fabrication de la bière aurait débuté vers 9000 av. J.-C., avec l'apparition des premières cultures de céréales. En Chine, la préparation du *kui*, une sorte de bière de riz, commença vers 7000 av. J.-C. En Occident, les Mésopotamiens du site de Godin Tepe brassèrent la bière dès le début de l'âge du bronze (v. 3000-1000 av. J.-C.). Et c'est de Mésopotamie que proviennent les plus anciennes références écrites à la fabrication de cette boisson : *L'Épopée de Gilgamesh* (v. 2150 av. J.-C.), *L'Hymne à Ninkasi* (v. 1800 av. J.-C.) et le *Code de Hammurabi* (v. 1772 av. J.-C.) font des références explicites à la bière, dont la consommation était partie intégrante de la vie quotidienne.

Au cours de sa longue histoire, la bière a joué un rôle à la fois mineur et constant dans l'aventure humaine. Pour les anciens Égyptiens, les dieux et les élus savouraient la « bière de l'éternité ». Les Mésopotamiens célébraient Ninkasi, la déesse de l'alcool, et son précieux breuvage. Certains historiens vont jusqu'à imaginer que le goût de la bière et des autres boissons alcooliques fut l'un des facteurs de l'abandon de la chasse et de la cueillette en faveur de la société agricole qui permettait leur production.

« Lorsque tu verses la bière filtrée, c'est comme la ruée des flots du Tigre et de l'Euphrate… » **Hymne à Ninkasi (v. 1800 av. J.-C.)**

L'élaboration de la bière se divise en quatre phases. D'abord le brassage, c'est-à-dire le mélange d'une source d'amidon, comme l'orge maltée, avec de l'eau chaude. Le moût obtenu est chauffé dans un récipient de cuivre, où l'on ajoute du houblon après évaporation partielle de l'eau. On laisse refroidir la mixture, dans laquelle on mélange alors de la levure. La bière doit ensuite reposer dans un fût avant d'être dégustée. **AB**

Vieille de 7 000 ans, cette peinture de la caverne de l'Araignée (Espagne) représente la récolte du miel. L'apiculture, branche de l'agriculture, serait née vers 9 000 avant J.-C.

v. 7500 av. J.-C.

Teinture des textiles

Inconnu

Modifier la couleur d'un tissu à l'aide de pigments

Voici des millénaires que les teintures sont partie intégrante de l'aventure humaine. Elles semblent avoir été mises en œuvre indépendamment par nombre de cultures diverses. Leur première utilisation connue remonte aux environs de 30 000 av. J.-C., lorsque l'ocre rouge servit à décorer les tumulus funéraires de l'Italie du nord. Quant à la teinture textile, elle apparaît en Turquie, sur le site néolithique de Çatal Höyük (v. 7500-5700 av. J.-C.). Vers 3000 av. J.-C., des méthodes plus élaborées se firent jour en Inde avec l'utilisation de fixateurs assurant une meilleure tenue du pigment. Les premiers pigments provenaient de sources naturelles : baies, racines, écorces ou insectes.

On ignore si les premiers textiles teints portaient une signification autre que décorative, mais au fil du temps

« L'âme est teinte aux couleurs de ses pensées. »

Héraclite, philosophe grec

ces couleurs devinrent pour qui les arborait l'expression de la fortune et d'un certain statut social. Aux alentours de 1500 av. J.-C., les Phéniciens mirent au point la pourpre de Tyr, teinture tirée d'un coquillage, le murex, qui durant des siècles fut réservée aux rois, aux empereurs, aux grands prêtres.

Lorsqu'Alexandre conquit la Perse en 331 av. J.-C., il découvrit dans le trésor de la capitale des robes teintées de pourpre dont la valeur se compterait aujourd'hui en millions d'euros.

Avant l'invention des teintures, l'humanité en était réduite à utiliser les couleurs naturelles des fibres. Reproduire le nuancier de l'univers visible lui était interdit. Grâce à la maîtrise des pigments, c'est une explosion de couleurs qui a pu orner les fabrications des hommes, décuplant leur beauté et leur valeur. **MT**

v. 7000 av. J.-C.

Machines simples

Inconnu

Dispositifs mécaniques élémentaires modifiant un mouvement ou une force

Les Grecs anciens furent les premiers à définir les machines simples, ces dispositifs à même de modifier la direction d'un mouvement ou l'amplitude d'une force. Pourtant, la plupart existaient depuis des millénaires. Historiquement, on en dénombre six : le levier, la roue, la poulie, le plan incliné, le coin, la vis.

On peut supposer que le plan incliné fut le premier de ces agencements, servant aux protohumains à déplacer de lourdes charges par glissement. Ensuite vint le coin : transformant la force appliquée en force perpendiculaire plus importante, il permit de fendre pierres et troncs d'arbre.

Les premiers exemples documentés de l'utilisation du coin datent d'environ 7000 av. J.-C., en Inde et en Mésopotamie. Quant à la roue, elle était utilisée dans

« Donnez-moi un levier et je soulèverai le monde. »

Archimède, ingénieur et mathématicien grec

la cité-État sumérienne d'Ur vers 3500 av. J.-C., certainement comme machine élévatrice d'eau, avant de permettre la création du char attelé. La poulie, cette roue entourée d'une courroie, en découla. Servant à soulever ou descendre des charges, il est probable qu'elle participa, vers 2560 av. J.-C., à la construction de la grande pyramide de Gizeh. Le levier, sans doute utilisé lui-aussi durant l'antiquité égyptienne, vit son principe défini par Archimède (v. 290-212 av. J.-C.). La vis, qui permet de convertir un mouvement circulaire en mouvement linéaire vit le jour dans la Grèce antique. Son invention, parfois attribuée à Archytas (v. 428-350 av. J.-C.), servit – et sert toujours – à presser le raisin et l'olive. Repoussant d'un cran nos capacités naturelles, ces machines intelligentes sont le socle de toutes les percées techniques ultérieures. **GL**

La roue permit la création du char de guerre sumérien, représenté ici dans l'*Étendard d'Ur* (v. 2500 av. J.-C.). ➔

v. 6000 av. J.-C.

Sacrifice humain

Mésopotamie

Échange rituel entre une civilisation et une ou plusieurs divinités

Le sacrifice humain implique la mise à mort d'un ou plusieurs individus afin de remplir des desseins religieux ou rituels particuliers. Les preuves les plus anciennes de cette pratique remontent aux alentours de 6000 av. J.-C. chez les peuples de Mésopotamie. Ceux-ci comptèrent parmi les premiers adeptes du sacrifice d'accompagnement, où les esclaves, les domestiques et les suivants d'un grand personnage décédé le suivaient dans la tombe. On pensait qu'ainsi les sacrifiés continueraient à servir leur maître dans l'au-delà. À la même époque, on sait qu'une pratique identique avait cours en Égypte.

Sans doute plus fréquemment, le sacrifice humain a servi au cours de l'histoire de moyen d'échange, voire de négoce, entre une communauté humaine et son (ou ses) dieu(x). Dans ce contexte, la vie humaine est offerte afin d'apaiser la divinité et de s'assurer sa protection – qu'il s'agisse de garantir le succès d'une récolte ou celui d'une opération militaire. Les récits grecs anciens, par exemple, relatent l'intention du roi Agamemnon de sacrifier sa fille Iphigénie afin que se lèvent les vents qui pousseraient sa flotte de guerre jusqu'à la ville ennemie de Troie.

En outre, le sacrifice humain a sinistrement célébré l'achèvement de grands édifices religieux. Au Mexique, en 1487, la consécration du grand temple de Tenochtitlan, capitale des Aztèques, coûta la vie à un nombre effarant de victimes – entre 10 000 et 80 000.

Avec le passage du temps, le sacrifice humain perdit de son importance. Sa pratique est devenue extrêmement rare dans le monde moderne – où il est baptisé « meurtre rituel » par le langage légal. Néanmoins, l'étude de plus en plus poussée de cette tradition, jointe à la masse sans cesse accrue d'informations que dévoile l'archéologie, continue de révéler des aspects ignorés des comportements et des coutumes de nos ancêtres – et par là, des codes moraux et religieux qui sont aujourd'hui les nôtres. **LWa**

Cérémonie sacrificielle aztèque en l'honneur de Huitzilopochtli, dieu de la Guerre (*Codex Magliabechiano*, XVIe siècle).

v. 6000 av. J.-C.

Vinification

Géorgie

Élaboration d'une boisson fermentée à partir des fruits d'une vigne cultivée

À l'inverse d'autres végétaux convenant à la fabrication de boissons alcoolisées, le raisin n'a pas besoin d'additifs pour entrer en fermentation. Si l'on ajoute des levures à du jus de raisin ou si des levures sont naturellement présentes dans l'environnement de la vigne, elles provoqueront la fermentation et transformeront les sucres contenus dans les grains en alcool.

Les chasseurs-cueilleurs avaient à leur disposition raisin et fruits sauvages, mais les preuves les plus anciennes de vinification mises à jour par les archéologues sur des sites néolithiques de Géorgie datent environ de 6000 av. J.-C. Les habitants de ces lieux cultivaient la vigne *vitis vinifera* et faisaient fermenter le jus de leurs raisins pour en tirer du vin, auquel ils mêlaient diverses substances pour augmenter son temps de conservation. Des archives cunéiformes montrent que les Sumériens de la cité-État d'Ur avaient considérablement raffiné, vers 2750 av. J.-C., la pratique de la vinification. Si bien qu'aux alentours de 2500 av. J.-C., l'art de la vigne et du vin avait gagné les cultures de la Méditerranée occidentale. Dans ces antiques sociétés, l'accès à ce breuvage se confinait encore à l'élite, mais vers 500 av. J.-C., à l'aube de la Grèce classique, la popularité du vin connut un véritable essor et le peuple dans son ensemble put à son tour le consommer. Sous l'Empire romain, les techniques d'élaboration firent un bond, avec l'amélioration du pressoir et l'utilisation du tonneau, facilitant le stockage et le transport maritime ou fluvial.

Depuis toujours, le vin est plus qu'une simple boisson fermentée. Il figure dans les cérémonies religieuses, on célèbre ses vertus médicinales, il a rang de marchandise de valeur. Il a longtemps permis d'assainir l'eau : couper celle-ci de vin permettait d'en éliminer les agents pathogènes. Aujourd'hui, il tient fermement sa place dans le monde : en 2010, sa consommation mondiale excédait les 23 millions de litres. **MT**

↑ Peinture murale égyptienne (v. 1400-1390 av. J.-C.) illustrant le foulage au pied du raisin.

v. 5000 av. J.-C.

Fantômes

Mésopotamie

Croyance en la manifestation surnaturelle des personnes décédées

Depuis les premiers jours de la civilisation – en Mésopotamie, vers 5000 av. J.-C. –, l'être humain croit aux fantômes. Si la plupart des religions se gardent de préciser le lien exact unissant l'âme au corps, le fait qu'il existe un rapport entre ces deux entités a rarement été remis en doute. Bien que « fantôme » et « âme humaine » soient souvent considérés comme semblables, ils ne sont pas synonymes. Si l'« âme humaine » a des connotations largement positives, le « fantôme » est en général perçu négativement : il exprime l'état non naturel de l'âme humaine désincarnée.

Or, de la Mésopotamie au Japon, un consensus veut que l'âme humaine ne soit pas faite pour être désincarnée. C'est pourquoi l'idée de cette désincarnation a déclenché une horreur universelle. Certes, Dieu et les anges fonctionnent sans relation à un corps – du moins, à un corps tel que nous l'entendons –, mais tel n'est pas le lot des hommes. *L'Odyssée* d'Homère (v. 850 av. J.-C.) en fournit un bon exemple, avec ses fantômes errant dans le monde inférieur, littéralement affamés de sang – le sang étant, avec la chair, le propre des humains vivants. Faute de se les approprier, les fantômes demeurent des êtres nébuleux et incomplets.

« Alors les âmes des morts montèrent en nombre du monde inférieur… »

Homère, *Odyssée* (v. 850 av. J.-C.)

Par ailleurs, dans l'histoire de la tradition chamanique, les fantômes ont souvent été consultés par le biais de la nécromancie, afin de révéler une information ou de prodiguer un avis. Pour les religions abrahamiques, il s'agit là d'une pratique mauvaise, sans doute parce que le fantôme – ou l'âme désincarnée –, prisonnier du monde inférieur, ne pouvait être contacté que par le truchement des esprits infernaux et les démons. **AB**

v. 5000 av. J.-C.

Mythes de création

Inconnu

Récits expliquant l'origine de l'univers, de la vie et de l'humanité

Les mythes de création proposent une explication à l'origine de l'univers. Ils ignorent les barrières culturelles et se présentent sous une infinité de formes. Ils décrivent par le menu la naissance de l'homme, des animaux et l'apparition des phénomènes naturels. Leur palette est vaste : intervention d'un « créateur tout-puissant » (comme celui des religions abrahamiques), accouplement de deux entités (narré par le mythe babylonien Enuma Elish), éclosion d'un œuf cosmique immémorial (présent dans la tradition hindouiste), voire plongeur extrayant des boues de l'eau primordiale pour fabriquer la terre (très répandu dans les folklores amérindiens), etc.

Lorsque les protohumains cédèrent la place à *Homo sapiens*, celui-ci, doté de capacités intellectuelles supérieures, se posa la question de ses origines et de celles du monde. Impossible de dire quand prit forme son premier récit, car tous ceux qui nous sont parvenus émanent des temps préhistoriques et se sont transmis d'abord par voie orale. Le plus ancien mythe connu se fit jour en Mésopotamie, vers 5000 av. J.-C. La plupart de ces récits partagent nombre de thèmes, comme l'existence d'êtres divins et d'esprits. Mais ils reflètent aussi la façon dont l'humanité perçoit et comprend la nature. Qu'il s'agisse de naissance, de destruction ou de mort, les péripéties qu'ils chantent se rattachent à un fonds d'expériences universelles proprement humaines.

« Les mythes de création sont les plus profonds et les plus importants de tous. »

Marie-Louise Von Franz, *Les Mythes de création* (1972)

Avant que la science n'éclaire son univers, l'homme trouva dans ces mythes des réponses à ses questions et des assises culturelles. Ils permirent aux sociétés et aux religions de s'identifier. Leur influence perdure, à la fois unificatrice et destructrice. **MT**

« Le grand fantôme et sa suite » (v. 3000-2000 av. J.-C.), peinture sur paroi rocheuse, Canyonlands National Park, Utah, États-Unis.

v. 5000 av. J.-C.

Miracles

Mésopotamie

Événements hors du commun attribués à une puissance divine

C'est depuis l'apparition des religions structurées, aux alentours de 5000 av. J.-C., que l'humanité croit aux miracles. Quelques traditions sacrées, tel le chamanisme, ne font pas de distinction stricte entre le naturel et le surnaturel, si bien que tout effet extraordinaire causé par le second et observé dans le monde naturel demeure dénué d'importance. De même, pour l'hindouisme, religion panthéiste, le monde naturel n'est qu'illusion. Dans un tel cadre, la notion de miracle reste vide de sens. Néanmoins, les religions théistes ou polythéistes, qui professent l'existence d'un ou de plusieurs dieux, admettent la réalité des miracles : l'homme n'est pas en mesure de comprendre toutes les voies de la divinité.

Les pensées matérialiste et naturaliste, pour leur part, refusent la notion de miracle. Elles adoptent le matérialisme méthodologique, qui exclut la prise en compte de tout agent surnaturel lors de l'examen d'un phénomène inexpliqué. Les théistes répondent à ceci par une question : avons-nous de bonnes raisons de croire en l'existence d'un dieu et de créatures surnaturelles ? Dans l'affirmative, l'univers n'est pas un système clos et la raison nous pousse à accepter la possibilité du miracle – ce qui pour autant ne nous aide pas, face au phénomène en question, à faire la part du naturel et du surnaturel.

« Et voyant les prodiges et les grands miracles, il était étonné… »

Bible, Actes VIII, 13

Aujourd'hui, le terme « miracle » s'est vidé de son sens primitif : il ne qualifie plus qu'un fait survenant en dépit de toute probabilité. Mais pour nombre de théistes contemporains, les miracles expriment l'intérêt que Dieu porte aux humains et leur rappellent l'existence de créatures invisibles, tant angéliques que démoniaques. **AB**

v. 5000 av. J.-C.

Mal

Mésopotamie

Qualité d'un acte perpétré dans l'intention délibérée de nuire

Dès que l'humain saisit le fonctionnement du monde, il comprit la réalité de la douleur, de la souffrance et de la destruction. Chaque langue décrit ce qui est désirable, moral, « bon » – et ce qui est indésirable, immoral, « mal ». Dans la religion mésopotamienne, apparue vers 5000 av. J.-C. – la plus ancienne dont nous ayons une trace –, le concept de « mal » est précis, incarné par des démons maléfiques provoquant conflits et souffrances, desquels on se protégeait par des rites et des exorcismes. L'idée que l'on serait châtié dans l'au-delà pour les méfaits commis ici-bas se fit jour au IIe millénaire av. J.-C., chez les zoroastriens : selon leur religion, les pêcheurs seraient confinés jusqu'à la fin des temps dans la Maison du mal. Les justes, eux, goûteraient les charmes de la Maison des chants.

« Le mal doit exister pour que le bien prouve sa pureté supérieure. »

Siddhartha Gautama, dit le Bouddha

Typiquement, le mal définit un comportement malfaisant et immoral. Dans nombre de cultures, comprendre le mal permet de saisir la nature de la dualité que celui-ci compose avec le bien. La notion de mal sous-tend les jugements moraux et les doctrines religieuses. Elle joue un rôle clé dans la construction et la mise en application de la loi et de la justice. Quelques cultures et traditions religieuses personnifient le mal sous l'aspect d'un esprit ou d'une entité nuisible. D'autres l'envisagent sous la forme de sa conséquence, la souffrance, ou voient en lui le résultat du rejet, par l'humanité, de la loi divine. Dans toutes les cultures de la terre, les réflexions menées sur l'immoralité, la méchanceté et le mal déterminent la façon dont les peuples conçoivent leur monde en termes de divinité, de moralité et de nature humaine. **MT**

Bas-relief représentant des guerriers assyriens empalant des prisonniers durant le siège de Lakish (701 av. J.-C.). ➔

v. 5000 av. J.-C.

Loisirs

Égypte ancienne

Repos et détente considérés comme partie intégrante d'un ordre social

Impossible de concevoir les loisirs si l'on n'a pas opéré une distinction claire entre le travail et le jeu. Quelques-unes des premières indications de l'existence des loisirs s'observent parmi les sociétés préhistoriques. Pour nos ancêtres, l'abandon d'une vie de chasseur-cueilleur nomade au profit d'une vie sédentaire, consacrée à l'agriculture et à l'élevage, favorisa rapidement le partage et la possession de la terre, qui finit par entraîner l'apparition d'une hiérarchie. Ce fut au sommet de cet ordre social nouvellement structuré que naquit l'idée de loisirs.

Mais des preuves plus concrètes de l'ancienneté des loisirs nous sont fournies par d'antiques civilisations, telle l'Égypte : les loisirs y jouèrent un rôle capital, car des activités variées, musique, théâtre ou danse servaient à la religion et à la distraction.

Ce mélange des genres, ce saut opéré entre le sacré et le profane, voire entre le rituel et le politique, est typique de l'histoire des loisirs et de leur développement. Un rôle analogue joué par ces activités s'observe au sein de civilisations ultérieures, de Babylone à la Grèce antique. La boxe, la lutte, le tir à l'arc tenaient le premier rang dans le catalogue des exercices plaisants et récréatifs.

Au tournant du XXe siècle, le concept de loisir s'est fermement ancré dans les sociétés occidentales, servi par une économie qui faisait la part belle à la distraction et à la détente et par un État disposé à financer des parcs et des infrastructures aménagés en conséquence. La notion de temps libre et d'accès gratuit, après les heures de travail ou durant le week-end, s'est également développée. Mais la possibilité de bénéficier de ces loisirs – en termes de temps disponible et de possibilité matérielle – n'est pas équitablement partagée entre les hommes, qu'ils soient riches ou pauvres. Aujourd'hui, les loisirs sont encore un indicateur d'inégalité. **LWa**

Sur cette fresque du tombeau d'Anherka (v. 1187-1064 av. J.-C.), un couple d'aristocrates égyptiens assiste à un concert de harpe.

v. 5000 av. J.-C.

Mariage arrangé

Chine

Union légitime renforçant la cohésion socioculturelle d'un groupe

Voici plus de 7 000 ans qu'est née, en Extrême-Orient, l'idée d'arranger le mariage de deux êtres pour renforcer l'homogénéité religieuse et culturelle de familles et de communautés. En règle générale, les modalités étaient fixées par les parents des futurs mariés, ou par des membres influents de la communauté, chefs religieux et notables. Ils négociaient, au sens propre du terme, le mariage puisque celui-ci s'accompagnait d'un échange de biens et d'argent entre les familles des deux promis. La pratique fleurit également sur le sous-continent indien, au Proche-Orient et, de façon plus épisodique, en Afrique et en Amérique du Sud – démontrant, si besoin était, l'universalité au sein des sociétés humaines du conservatisme culturel et du souci d'homogénéité.

Certes beaucoup plus fréquents dans les cultures orientales et asiatiques, les mariages arrangés connurent également un grand succès dans l'Europe des XVIe et XVIIe siècles. Les familles de la noblesse et de la grande bourgeoisie n'hésitaient pas à arranger la future union de deux rejetons dont les statuts sociaux et financiers s'accorderaient harmonieusement. Et les cours royales ont, des siècles durant, pratiqué le mariage arrangé – souvent pour étendre ou consolider un pouvoir monarchique. La tradition s'en perpétue jusqu'à notre époque : à l'évidence, l'union de Charles, prince de Galles, et de lady Diana Spencer, célébrée à la cathédrale Saint-Paul de Londres le 29 juillet 1981, ne procédait pas exclusivement d'une passion romantique.

L'Inde, le Pakistan et l'Afghanistan pratiquent encore couramment le mariage arrangé, et les grandes migrations mondiales ont étendu l'usage de celui-ci jusqu'aux États-Unis. Sur Internet, fleurissent les sites permettant de faire en connaissance de cause le choix de partenaires potentiels, webcam et dialogue en temps réel à la clé. Car ses origines millénaires n'empêchent pas le mariage arrangé de prospérer dans notre monde contemporain. **Lwa**

↑ Détail d'une illustration (XVIIIe siècle) dépeignant une cérémonie de mariage hindou.

Danse du ventre

Inconnu

Chorégraphie caractérisée par l'oscillation des hanches et de l'abdomen

Détail d'une fresque découverte dans la tombe du noble Nabamun (v. 1350 av. J.-C.) : des danseuses divertissent les hôtes d'un banquet.

« C'est la plus explicite des danses femelles : lyrique, ensorcelante, incendiaire, ses mouvements sensuels s'enchaînent en un kaléidoscope sans cesse renouvelé. »

Wendy Buonaventura, *Serpent of the Nile: Women and Dance in the Arab World* (1989)

Il s'agit ici d'un type de danse populaire, née en Asie, en Égypte, au Moyen-Orient ou en Inde. L'exercice implique des mouvements complexes du torse, des ondulations ou des rotations des hanches et la coordination des déplacements de celles-ci avec ceux de la poitrine, des bras et des jambes. Même si des hommes pratiquent parfois la danse du ventre, il s'agit ici essentiellement d'un exercice féminin.

Difficile, sinon impossible, de déterminer l'origine historique de cet art populaire dont les figures ont été transmises de génération en génération. Peut-être la danse du ventre remonte-t-elle à ces sociétés préhistoriques qui vouaient un culte aux déesses-mères et dont les danses rituelles accompagnaient les cérémonies religieuses. Tout donne à penser que la danse du ventre existait en Égypte ancienne, car des peintures murales représentant des jeunes femmes se livrant à l'exercice ont été retrouvées dans des sépultures de grands personnages.

En Occident, l'appellation *danse du ventre* (en français dans le texte) serait née aux États-Unis, lors de l'exposition mondiale de Chicago, en 1893. Saul Bloom, responsable des spectacles et distractions de l'événement, l'aurait imaginée pour baptiser les exercices rythmiques auxquels se livraient devant le public des jeunes femmes venues d'Égypte et du Moyen-Orient. Avant l'apparition de cette expression, les Européens avaient déjà pu goûter des spectacles du même ordre, dont les mythes entourant l'« Orient mystérieux », alors fort vivaces, pimentaient l'attrait. Hautement érotique, alternant l'excitation et la séduction, la danse du ventre exerce sur les publics modernes une fascination encore très puissante, doublement nourrie de fertilité et de sexualité. **MT**

Gymnastique

Égypte ancienne

Pratique de l'exercice physique pour développer le tonus et la coordination

Le terme « Gymnastique » vient du grec *gymnos*, qui signifie « nu » : en effet, les athlètes hellènes concourraient dans le plus simple appareil. Ce lien linguistique, et le fait que la gymnastique ait figuré parmi les premières disciplines olympiques, ont donné à croire que ce sport était un produit de l'antiquité grecque. Or, sa pratique est bien antérieure. Des peintures murales égyptiennes vieilles d'environ 5 000 ans montrent des acrobates effectuant leurs prouesses devant un public de hauts personnages. Plus récente, une œuvre datant de 1300 à 1200 av. J.-C. représente une jeune gymnaste, pieds et mains au sol et ventre vers le ciel, arquant son dos comme un pont. En Crète, les fresques minoennes (2700 av. J.-C.) dépeignent des acrobates pirouettant par-dessus le dos de taureaux, sans doute dans le cadre d'une célébration religieuse. En Chine, deux millénaires avant la création des Olympiades (776 av. J.-C.) la pratique du *wushu*, un art martial, s'accompagnait d'exercices physiques collectifs.

On attribue la paternité de la gymnastique moderne à l'Allemand Johann Friedrich Guts Muths (1759-1839). Il mit au point un programme complet d'exercices physiques destinés à améliorer l'équilibre, la souplesse et la force musculaire, en se fondant sur l'expérience acquise alors qu'il travaillait dans un établissement d'enseignement progressiste. La discipline gagna l'Europe et fut adaptée à l'entraînement des soldats.

Aujourd'hui, le sport se divise en gymnastique artistique (exigeant un équipement particulier : poutre, barres, etc.), gymnastique rythmique (requérant des accessoires spécifiques : rubans, cerceaux, massues), pratique du trampoline, gymnastique aérobique et enfin gymnastique acrobatique. La gymnastique conjugue l'art de la contorsion et le sens de la grâce à l'exercice de la force. La souplesse et la puissance que confère ce sport à ses adeptes révèlent l'extraordinaire potentiel du corps humain. **KBJ**

↑ Figurine grecque représentant un gymnaste, datant du IXe siècle av. J.-C. Pilier de l'éducation des jeunes Hellènes, la gymnastique faisait obligatoirement partie du cursus.

« Tout repose sur les mouvements, sur la précision, sur le timing. C'est ça, la gymnastique. »

Shawn Johnson, gymnaste artistique américaine

v. 4500 av. J.-C.

Monuments mégalithiques

Inconnu

Structures de pierres dressées au néolithique et à l'âge du bronze

On ignore la chronologie exacte et la façon dont se sont répandues ces constructions de monuments de pierres, mais on situe l'érection des plus anciens – les dolmens du littoral méditerranéen – aux alentours de 4500 av. J.-C. Le dolmen – à l'origine un site funéraire – se compose d'une pierre horizontale soutenue par plusieurs autres, verticales. La structure achevée était recouverte de terre. L'érosion ayant eu raison de celle-ci, ne demeure plus qu'un imposant vestige.

Ensuite vinrent les menhirs, pierres dressées disposées en cercle, en demi-cercle, en ellipse, en rangées parallèles. La Bretagne en recèle en très grand nombre – c'est du breton que leur nom provient : *men* (« pierre ») et *hir* (« longue »). La palme de la célébrité va sans doute aux menhirs britanniques d'Avebury et de Stonehenge.

« Ces monuments [...] sont des moyens de communication efficaces et durables. »

E. DeMarrais, J. M. Castillo, T. Earle, anthropologues

Comment ces rocs titanesques ont-ils été dégagés, transportés et érigés ? C'est l'une des énigmes de la préhistoire. Les éléments les plus importants de Stonehenge mesurent 10 mètres de haut et pèsent 45 tonnes. Certains ont été extraits à 260 kilomètres du site. Leur fonction demeure obscure, mais la constance des symboles gravés sur leurs flancs suggère une utilisation religieuse. Peut-être servaient-ils aussi à célébrer une victoire, ou à satisfaire l'ego d'un chef.

En Europe septentrionale, au début de l'âge du bronze (v. 2000 av. J.-C.), les peuples de la culture campaniforme perpétuèrent la tradition des mégalithes, mais à une échelle réduite. Ils édifièrent des monticules de pierres pour servir de sépulture à une seule personne. Des monuments analogues ont été découverts en Afrique, en Asie, en Amérique et en Mélanésie. **GL**

v. 4000 av. J.-C.

Ciel et enfer

Inconnu

Lieux accueillant respectivement les élus et les damnés après leur vie terrestre

L'idée qu'après leur mort, les justes seront récompensés par l'accès aux cieux et les méchants condamnés à souffrir en enfer (du latin *infernus*, « ce qui est en bas ») est aussi ancienne qu'universelle. Les Mésopotamiens – dont la civilisation débuta vers 5000 av. J.-C. – révéraient des dieux habitant un monde supérieur, les cieux, tandis que les âmes des morts descendaient vers un monde inférieur – obscur, étouffant, plein de larmes et de lamentations. Les âmes des morts égyptiens descendaient aux « enfers ». Elles y étaient jugées selon leurs actes : si leur vie avait été juste, elles pouvaient gravir les degrés des cieux. Si leur vie avait été mauvaise, elles étaient livrées à Ammout, un monstre dévoreur.

Il est étonnant de constater que, pour l'essentiel, les anciens polythéismes et les monothéismes des religions abrahamiques qui leur ont succédé partagent une double notion de « cieux » et d'« enfer ». Mais ces termes sont souvent mal compris, surtout dans le contexte chrétien. Selon la Bible, Dieu est partout. Si le texte attribue souvent à Dieu un habitat céleste, les cieux eux-mêmes sont d'abord l'endroit où résident les élus et les bons anges. Ce lieu de délices s'oppose à l'enfer, où souffrent les damnés et les anges déchus. À en croire l'Apocalypse de Jean, Dieu détruira à terme l'enfer dans un « lac de feu », et créera « de nouveaux cieux et une nouvelle terre ». Les premiers seront réservés aux anges, et la seconde aux humains. Qu'après la mort, l'âme séparée du corps soit jugée et dirigée inéluctablement vers l'une de ces deux destinations finales et antagonistes est un concept qui alimente toujours les croyances, les actes et les arts. **AB**

« Puis je vis des cieux nouveaux, une terre nouvelle [...] descendant de Dieu. »

Bible, Apocalypse XX, 14, XXI, 1-2

Illustration du *Paradis perdu* de Milton par William Blake (1808).

v. 4000 av. J.-C.

Calendrier

Égypte ancienne

Mesure officielle du temps par sa division en années, mois et jours

Le mot « calendrier » vient du latin *calendarium* signifiant « livre de compte », lui-même dérivé de *calendae*, les « calendes », les Romains nommaient ainsi le premier jour du mois. Un calendrier est un système de division et d'organisation du temps. Il fonctionne habituellement sur une base annuelle, celle du temps mis par la terre à accomplir une révolution autour du soleil. Il prend en compte la suite des saisons et le cycle de la lune.

Au-delà de la distinction entre le jour et la nuit, c'est en effet le mois lunaire, durant environ 29,5 jours terrestres, qui a fourni leur base aux premiers calendriers, et sert encore de référence pour calculer la date des fêtes de nombreuses religions. Toutes les grandes sociétés anciennes ont établi des calendriers, depuis la Mésopotamie jusqu'aux vallées de l'Indus et du Nil, en passant par la Chine orientale et l'Amérique précolombienne.

Parmi les premiers calendriers figurent ceux des Égyptiens (qui remonte au moins à 4000 av. J.-C.), des Chinois (sa création mythique date de 2637 av. J.-C., mais dont l'archéologie situe l'origine au XIVe siècle av. J.-C.), des Précolombiens (apparu sans doute vers 1000-900 av. J.-C.), des Indiens (les principes du calendrier védique datent du Ier millénaire av. J.-C.) et des Japonais (dont l'utilisation remonte environ à 660 av. J.-C). L'expansion coloniale européenne a répandu de par le monde le calendrier grégorien. Dérivé du calendrier julien, né au Ier siècle av. J.-C., il tire son nom de celui du pape Grégoire XIII. Ce pontife avait compris la nécessité de moderniser l'ancien mode de division du temps, lui-même découlant du vieux calendrier romain. Depuis le XVIe siècle, le calendrier grégorien a été adopté par de nombreuses cultures.

Civilisation, religion, agriculture, politique, vie sociale… Le calendrier, aussi vieux que l'histoire, reste un outil essentiel à la gestion des affaires humaines. **JE**

Ce calendrier aztèque (v. 1479) représente le temps et l'espace par une suite de roues concentriques.

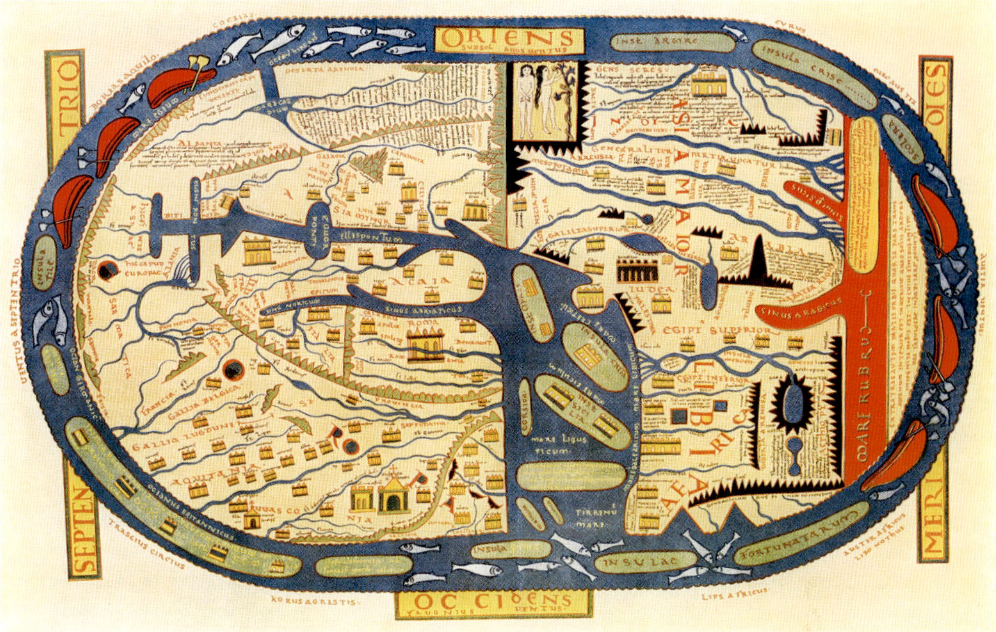

v. 4000 av. J.-C.

Mythe de la terre plate

Égypte ancienne

Croyance aussi ancienne qu'erronée en la planéité de la terre

Les Mésopotamiens et les Égyptiens de l'Antiquité furent certainement les premiers à croire, vers 4000 av. J.-C., à une terre en forme de disque plat. Le concept prévalait à l'époque, puisque les sciences permettant la mesure de notre planète restaient encore à inventer. En Occident, des évocations de cette conception se retrouvent chez Homère (v. 850 av. J.-C.) – le poète grec chante le disque terrestre entouré du fleuve Océan – et dans la Bible, où le prophète Isaïe loue Dieu « trônant au-dessus du cercle de la terre ». En Orient, hindous, jaïnistes, bouddhistes et shintoïstes professaient la même croyance, se représentant le plus souvent la terre flottant sur une masse d'eau et surplombée par la coupole du ciel.

Si l'Ancien Monde partageait cette notion d'une terre plate et circulaire, ce furent les Grecs – peut-être avec Pythagore (v. 570-495 av. J.-C.), plus sûrement, six siècles plus tard, avec Ptolémée (v. 100-170) – qui établirent les méthodes permettant de mesurer la latitude, la longitude et de diviser la terre en zones climatiques. Avec ces percées, la théorie de la terre plate commença à reculer en Occident. Ainsi, le philosophe chrétien Boèce (v. 470-524), dans sa *Consolation de la philosophie* affirmait la rotondité de la terre. Pourquoi donc certains estiment-ils encore que l'Occident continua de croire à sa planéité jusqu'au siècle de Christophe Colomb ?

Il faut comprendre que, de la Renaissance aux Lumières, des penseurs hostiles à la Bible et à sa vérité proclamée n'eurent de cesse de la renvoyer au rang de mythe – car après tout, la science avait disqualifié ses poétiques évocations d'une terre plate. Sous l'influence de ces intellectuels, se répandit l'idée erronée que la majorité des Occidentaux chrétiens refusaient la notion de terre ronde… Pour les incrédules, il existe encore à ce jour une Société de la terre plate. **AB**

↑ La terre plate entourée d'eau : carte imprimée par Beathus Rhenanus, au début du XVIe siècle.

Feng shui

Chine

Amélioration de la qualité de vie par l'harmonisation de l'environnement

Boussole feng shui ou *lo-pan* (période chinoise des Printemps et des Automnes, 770-476 av. J.-C.), utilisé pour définir le *bagua*, la carte de l'énergie d'un lieu.

« La terre et le ciel influent sur tous les êtres vivants. Il vous appartient de tirer le meilleur parti possible de cette influence. »

Ernest Eitel, *Feng Shui* (1878)

Le feng shui est un art chinois visant à disposer les éléments artificiels d'un environnement – des jardins aux bâtiments en passant par le mobilier et son contenu – afin d'en parfaire l'harmonie et l'équilibre. Ceci optimiserait le flux d'énergie (le *qi* ou *chi)* entourant et traversant l'environnement en question. Le feng shui découle des concepts chinois du yin (forces positives) et du yang (forces négatives).

Son extrême ancienneté est avérée : des indices (sépultures et bâtiments disposés en vertu de certains principes astronomiques) permettent de situer le début de sa pratique vers 4000 av. J.-C.

L'une des premières tentatives de localisation du *qi* se fonda sur les *wuxing*, ou « cinq phases ». Celles-ci attribuent au *qi* la capacité de se déplacer alternativement du yin au yang alors qu'il circule dans les cinq éléments de notre monde – le métal, la terre, le feu, le bois et l'eau. Le système fait correspondre à chaque année calendaire et à chaque point de la boussole un élément particulier. En conséquence, tout individu peut harmoniser son *qi* personnel en orientant son logis, son lieu de travail, et même sa sépulture selon des directions compatibles avec son année de naissance.

Un grand nombre de règles annexes gouverne la disposition et l'orientation bénéfiques des objets. Fondamentalement, l'application des lois du feng shui vise à augmenter la prospérité, à encourager la créativité, à améliorer la qualité des relations interpersonnelles, à faciliter la contemplation et à réduire le stress.

En Occident, les principes du feng shui demeurèrent quasiment inconnus jusqu'à la fin du XIXe siècle. L'Allemand Ernest Eitel (1838-1908), un missionnaire protestant, publia dès 1878 une étude à son sujet : *Le feng shui, ou les principes des sciences naturelles en Chine.* Mais il fallut attendre le dernier quart du XXe siècle pour que le grand public se familiarise avec cette ancienne discipline. **JE**

Énergie éolienne

Égypte ancienne

Transformer la force du vent en une énergie aux utilisations multiples

C'est en Égypte, vers 3500 av. J.-C., que l'homme parvint pour la première fois à domestiquer la force du vent, en munissant ses bateaux de voiles. Auparavant, seuls les muscles des rameurs permettaient de propulser les embarcations, ce qui limitait la vitesse et la distance des déplacements.

Grâce à des voiles carrées en papyrus, on put ainsi naviguer plus loin et plus rapidement, avec un équipage moins nombreux. L'innovation eut sur le commerce un impact considérable : les marchandises purent arriver plus vite à destination et l'on put accroître la taille des bateaux, si bien que dès 1200 av. J.-C., les Phéniciens naviguaient à bord de navires de transport de près de 24 mètres de long, équipés de voiles tissées.

On attribue généralement au savant grec Héron d'Alexandrie (v. 10-70) la paternité de l'utilisation du vent pour mouvoir un dispositif mécanique. Dans son traité *Pneumatica*, Héron décrit comment il améliora l'hydraule, orgue hydraulique inventé par Ctésibios d'Alexandrie (actif vers 270 av. J.-C.), où l'air d'un réservoir étanche, que de l'eau maintenait à pression constante, était forcé dans un tuyau, où il produisait des sons lorsque l'on enfonçait les touches de l'instrument. Héron améliora la soupape qui libérait l'air dans le tuyau et remplaça l'eau assurant la pression de l'air dans le réservoir par l'action d'une turbine éolienne orientable, qui plus est, en fonction de la direction du vent.

Les origines du moulin, sans doute le dispositif mécanique utilisant le vent qui nous est le plus familier, sont très discutées, mais il est quasi certain que les Perses l'utilisaient très largement dès le VIIe siècle.

De l'Europe à l'Asie, le moulin à vent servit jusqu'au XIXe siècle à moudre les céréales et à pomper l'eau. Au XXe siècle, l'énergie éolienne devint une source importante d'électricité. Par nature renouvelable, elle offre aujourd'hui une solution alternative aux combustibles fossiles. **DM**

↑ Tiré du *Livre des Morts des Anciens Égyptiens*, ce dessin sur papyrus (X^e-XIe siècle av. J.-C.) montre le défunt navigant à la voile dans l'au-delà.

« Mis en mouvement, l'air devient du vent (car le vent n'est que de l'air en mouvement)… »

Héron d'Alexandrie, *Pneumatica* (Ier siècle)

v. 3500 av. J.-C.

Cadran solaire

Égypte ancienne

Utiliser l'ombre du soleil pour connaître le moment de la journée

Le cadran solaire est le plus ancien instrument connu permettant de déterminer l'heure diurne. On sait que l'ombre des obélisques égyptiens – si celles qui nous sont parvenues ne datent que du XIIIe siècle av. J.-C., l'érection des premières est attestée vers 3500 av. J.-C. – servait déjà à mesurer le temps.

La pièce maîtresse d'un cadran solaire est le gnomon, colonne ou tige verticale dont l'ombre se déplace en fonction du mouvement du soleil. Sous le gnomon est disposée une surface plane, le cadran proprement dit, où sont généralement portés des repères chiffrés correspondant aux heures du jour. C'est l'ombre du gnomon sur cette surface qui indique le passage du temps.

À mesure que les cadrans solaires se répandirent dans le monde antique, ils devinrent de plus en plus sophistiqués. Ils comportèrent ainsi plusieurs séries de chiffres correspondant pour chaque saison à la durée du jour, qui se voyait néanmoins toujours divisé en douze heures. Or, le jour étant plus court en hiver qu'en été, une heure estivale était donc trois ou quatre fois plus longue qu'une heure hivernale. La paternité de ce type particulier d'instrument est attribuée à l'astronome grec Aristarque de Samos (v. 310-230 av. J.-C.)

« Les heures passent, la science aura progressé. » **Devise du cadran solaire du naturaliste français Cuvier (1769-1832)**

Durant l'ère médiévale, les musulmans adoptèrent avec enthousiasme le cadran solaire, où ils inscrivirent les moments prescrits pour leurs prières quotidiennes, négligeant même, parfois, d'y faire figurer les repères des heures du jour. À partir du XIVe siècle, avec l'apparition de l'horloge, les cadrans solaires tombèrent en désuétude… mais ils permirent jusqu'au XIXe siècle le réglage précis des garde-temps mécaniques. **GL**

v. 3200 av. J.-C.

Pictogrammes et alphabets

Sumer

Les briques qui bâtirent la communication écrite

Les pictogrammes – dessins stylisés conçus pour porter une signification – représentent la forme connue la plus ancienne de communication écrite. L'un des premiers systèmes pictographiques, le cunéiforme, apparut vers 3200 av. J.-C. au Proche-Orient, parmi les peuples sumériens. Comportant plus de 1 000 signes, le cunéiforme fut utilisé durant plus de trois millénaires et inspira le développement de nombreux systèmes pictographiques du monde antique.

Malgré ce succès, le cunéiforme fut néanmoins supplanté par l'alphabet phénicien (v. 1100 av. J.-C.), plus efficace. Celui-ci ne comportait que deux douzaines de caractères distincts correspondant aux consonnes de base. L'alphabet, véhiculé par les marchands phéniciens, essaima dans toute la Méditerranée. La Grèce antique l'adopta, le modifiant pour y incorporer les voyelles, créant ainsi ce que l'on considère généralement comme le premier alphabet complet.

« (Avant l'écriture) l'homme vivait dans un espace acoustique sans limites… »

Marshall McLuhan, *Message et massage* (1968)

Ce premier alphabet grec (v. 1000 av. J.-C.) est le plus lointain ancêtre de l'alphabet latin (v. 600 av. J.-C.), dont la version contemporaine est majoritairement utilisée par l'humanité. Comme l'alphabet grec, l'alphabet latin se fonde sur la symbolisation écrite d'un nombre donné de sons de la langue parlée, les consonnes et les voyelles, ou phonèmes. Malgré leurs avantages indéniables – par exemple, ils rendent la traduction de textes bien plus aisée que les autres modes d'écriture, servant ainsi la communication moderne –, les systèmes alphabétiques n'ont pas détrôné les pictogrammes, au contraire : ceux-ci fleurissent plus que jamais au long des routes ou dans les halls d'aéroports. **LWa**

Tablette portant une inscription cunéiforme découverte dans la ville sumérienne d'Uruk (v. 3200 av. J.-C.). ➔

v. 3000 av. J.-C.

Crémation

Inconnu

Pratique consistant à réduire en cendre le corps d'une personne

La crémation ou incinération – au sens propre la réduction en cendres d'un cadavre – apparurent vers 3000 av. J.-C., en Europe et au Moyen-Orient. Volontiers associées à la culture hindouiste, ces pratiques ne gagnèrent pourtant pas l'Inde avant 1900 av. J.-C.

Vers 1000 av. J.-C., les Grecs entreprirent d'incinérer leurs soldats tombés en terre étrangère, afin de rapatrier plus facilement leurs restes. Ainsi associée à l'héroïsme, la crémation prit progressivement le statut de conclusion la plus digne d'une vie admirable. À Rome, elle fut un signe de rang social jusqu'à l'expansion du christianisme, au Ier siècle : la nouvelle doctrine enseignant que les morts ressusciteraient à la fin des temps, ses fidèles préférèrent inhumer leurs défunts, pour préserver leurs corps en attente du jugement dernier.

« Il a brûlé [...] le cygne de son âme s'envole, demandant son chemin. »

Guru Grant Sahib **(livre saint des sikhs)**

En conséquence, la crémation fut ensuite méprisée, sinon interdite. C'est sur la fin du XIXe siècle que les attitudes se modifièrent, grâce entre autres à la publication par Sir Henry Thompson, chirurgien de la reine Victoria, d'un ouvrage consacré à ce traitement post-mortem particulier (1878). Au Japon, la crémation fut légalisée en 1875 ; le premier crématorium des États-Unis ouvrit ses portes en 1876 ; et en 1884, la justice britannique décréta que disposer ainsi d'un corps humain n'enfreignait pas la loi.

Aujourd'hui, la crémation s'est fermement ancrée dans la plupart des cultures nationales : au Japon, elle est quasiment de règle ; en Grande-Bretagne et en Allemagne, plus de 50 % des défunts sont incinérés. Seuls les États-Unis la boudent : plus de 90 % de leurs citoyens sont inhumés. **GL**

v. 3000 av. J.-C.

Jugement dernier

Égypte ancienne

Jour où chaque humain devra répondre devant la divinité de la rectitude de sa vie

Pour le sens commun, le jour du jugement surviendra à la fin des temps, lorsque chaque individu comparaîtra devant Dieu pour être puni ou récompensé selon la moralité de ses actions. Le concept semble avoir vu le jour en Égypte, au IIIe millénaire av. J.-C. La religion enseignait alors que l'âme du défunt, descendue au monde inférieur, comparaissait dans la salle du jugement des deux vérités. Après la décision divine, le juste goûtait une immortalité pleine de félicité, alors que l'âme du méchant était jetée en pâture à un monstre dévoreur.

Le concept fut repris par des religions plus récentes et garde sa place dans les fois contemporaines. Néanmoins, alors que le jugement égyptien était individuel et suivait de peu la mort de la personne, c'est désormais ensemble, et au même jour, que tous les humains ayant vécu depuis l'aube des temps seront jugés. C'est la religion zoroastrienne, apparue vers 1500 av. J.-C., qui porte les prémices de cette croyance : le jour du jugement y est le précurseur d'un monde parfait, d'où tout mal aura été éradiqué.

« Le jour du jugement est une notion clé, mais ce jour est toujours en nous. »

Alfred North Whitehead,

La notion d'un monde paradisiaque faisant suite au jugement dernier est l'un des piliers des grandes religions abrahamiques. Le judaïsme parle de la « fin des jours » : celle-ci sera suivie par un âge de paix messianique. Le Coran consacre nombre de versets au *Yawm al-Qiyāmah* – le jour de la résurrection – et au sort que connaîtra ensuite chacun, en enfer ou au paradis. Le concept de jugement dernier a débordé les religions pour intéresser la société séculière, ancré qu'il est, au-delà des croyances et des époques, au plus profond de la psyché humaine. **Lwa**

Bûcher funéraire du Mahatma Gandhi, leader politique et spirituel indien (New Dehli, 1948)

Parfum

Civilisation de la vallée de l'Indus

Substance d'odeur agréable destinée à imprégner le corps ou l'environnement

Brûle-parfum assyrien du XIIIe siècle av. J.-C. Une flamme vive disposée dans le brûleur chauffait l'encens placé dans la coupe supérieure, faisant monter une fumée odorante.

« [...] Prends avec toi de suaves aromates : storax, onyx et galbanum ; aromates et pur encens, chacun en quantité égale, et tu en feras un parfum à brûler, une préparation comme en opère le parfumeur, un parfum salé, pur, et saint [...] »

Bible, Exode XXX, 34-36

Les êtres humains exhalent des odeurs – plus ou moins plaisantes. Or, la nature est riche en senteurs agréables, produites par des végétaux et par certains animaux. Il ne fallut pas longtemps aux hommes et aux femmes pour s'approprier ces fragrances présentes dans leur environnement, afin d'améliorer leur propre odeur. De nos jours, chaque parfum est un assemblage de composés synthétiques et naturels, d'huiles et d'additifs. Mais longtemps, ce furent des substances exclusivement naturelles que les parfumeurs récoltèrent et raffinèrent à l'usage des deux sexes.

Les parfums les plus anciens qui nous soient connus ont été utilisés par la civilisation de la vallée de l'Indus, dès le début du IIIe millénaire av. J.-C. On y conservait les substances odoriférantes dans des poteries. Dès le début du IIe millénaire av. J.-C., les Mésopotamiens avaient mis au point des techniques de parfumerie sophistiquées. Au VIIe siècle av. J.-C., les parfums des Grecs n'avaient pas pour seul objet de conférer une agréable odeur à ceux qui les portaient : ils servaient aussi à guérir des maladies spécifiques, à enflammer un partenaire, voire à mettre de l'ordre dans des pensées confuses. Au Ier siècle, la ville de Rome importait chaque année 2 800 tonnes d'encens et 550 tonnes de myrrhe, deux parfums qui jouèrent un rôle clé dans la pratique religieuse, brûlés dans des cassolettes au cours des cérémonies.

De tous les sens, celui de l'odorat est chez l'homme l'un des plus puissants. Il est capable de rappeler des souvenirs enfouis, de susciter des associations d'idées fortes, de modifier une humeur, une émotion, d'entraîner de fortes réactions physiologiques. En créant les parfums, l'humanité put cadrer et stimuler l'odorat, pour l'utiliser à ses fins. Les parfums, maîtres de l'environnement, gouvernent aussi les émotions. Notre monde moderne n'a pas renoncé à ces anciens outils d'expression dont l'industrie, en ce début de IIIe millénaire, représente une valeur supérieure à sept milliards d'euros. **MT**

Maât

Égypte ancienne

Incarnation du principe universel du droit et de la vérité

La première mention connue de Maât – incarnation égyptienne des vieux principes de vérité, de justice et d'équilibre de l'univers – figure dans les plus anciens écrits religieux connus à ce jour, les textes des Pyramides (v. 2375-2345 av. J.-C.). Mais la conceptualisation des valeurs qu'elle personnifie est bien antérieure. Maât est la norme divine, le principe ordonnant la création, s'opposant au chaos tant physique que spirituel. *Isfet*, le chaos égyptien, est semblable aux «eaux» présentes dans les traditions bibliques et mésopotamiennes – ces eaux que Dieu sépare et retient afin de créer le monde. Et tout comme la Bible utilise le féminin pour parler de *la* sagesse divine, le panthéon égyptien a fait de Maât une déesse, chargée de veiller à l'ordre et à la justice de l'univers. Selon la mythologie égyptienne, il lui incombait de régler la course des étoiles et la suite des saisons, comme les actes des dieux et des hommes.

Si l'empire de Maât est universel, c'est sur le trône du jugement qu'on l'a le plus souvent représentée. Principe de vérité et de justice, elle assistait dans ses verdicts le juge du monde inférieur. Il lui appartenait de déterminer si le défunt comparaissant devant elle avait mené ou non une vie juste, en comparant le poids de son cœur à celui d'une plume. Si le cœur s'avérait plus léger que la plume, le défunt pouvait continuer à exister dans l'au-delà. Mais si le cœur pesait plus lourd que la plume, il était patent que le défunt n'avait pas, durant ses jours terrestres, respecté les préceptes de Maât. Son cœur était alors jeté à un monstre dévoreur.

Chef religieux et politique, le pharaon était souvent dénommé «seigneur de Maât», car son rôle consistait à entretenir l'ordre de la société, tâche dont il avait à répondre devant les dieux. Si le nom de Maât n'a guère franchi les frontières de la vieille Égypte, le concept qu'elle incarne se retrouve sous des appellations diverses dans toutes les sociétés, synonyme d'ordre – au premier chef moral – et d'équilibre. **AB**

Représentation ancienne de Maât (v. 1600-1100 av. J.-C.). La déesse égyptienne arbore, comme à l'accoutumée, une plume d'autruche. Celle-ci symbolisait la vérité.

« Je n'ai commis ni péchés ni injustices. Je ne me suis pas élevé contre Maât. »

***Livre des Morts des Anciens Égyptiens*, papyrus d'Ani (v. 1250 av. J.-C.)**

v. 3000 av. J.-C.

Numérologie
Égypte ancienne

Lien mystique unissant les nombres à l'univers

Relevant d'un ordre mystique, voire divin, la numérologie en appelle à une connexion surnaturelle entre les propriétés des nombres et les aspects de l'existence humaine. Le désir de percer les énigmes de la numération s'est fait jour parmi les cultures anciennes, en particulier celle de l'Égypte à partir du début du IIIe millénaire av. J.-C. Des représentations de Seshat, déesse des mathématiques et de l'astrologie, ont survécu dans tout le pays. Elles nous permettent d'entrevoir l'interaction qui existait alors dans la culture égyptienne entre la science des nombres et la mystique. L'étude des mathématiques et de leur rapport au monde fut pratiquée par des civilisations ultérieures. Elle fut l'un des fleurons de la philosophie grecque, dès sa naissance. Le philosophe Pythagore (v. 570-495 av. J.-C.), qui formula plusieurs principes mathématique, eut en la matière une influence notable. Les fondements de ces principes semblent en appeler à la numérologie : en effet, pour les établir, le philosophe portait sur les propriétés des nombres un regard indéniablement mystique.

« Les nombres sont le langage universel, offert par Dieu aux hommes… »
Saint Augustin d'Hippone, philosophe chrétien

La numérologie moderne emprunte beaucoup à ce type de regard, afin de prévoir un événement ou d'analyser une personnalité. Élaborée dans les années 1970, la numérologie pythagoricienne postule ainsi, à la suite du philosophe éponyme, que « tout est nombre ». Bien que cette pratique soit aujourd'hui discréditée au vu de sa nature pseudo-scientifique, son ancienneté lui permet d'entretenir chez certains de vivaces superstitions. Que dire des Chinois, pour qui un nombre impair sera néfaste et un nombre pair, favorable, ou des vertus que l'Occident attache au nombre 13 ? **LWa**

v. 3000 av. J.-C.

Mathématiques
Égypte ancienne

Représentation symbolique de concepts numériques abstraits

Bien avant que l'histoire n'en conserve les traces, l'humanité fut sans doute capable de formuler et d'utiliser des concepts mathématiques : les questions de mesure, de taille, de quantité ont toujours revêtu une grande importance pratique, comme la faculté de compter. Certains objets préhistoriques fabriqués vers 30 000 av. J.-C. montrent, par les entailles qu'ils portent, le souci qu'avaient leurs utilisateurs de compter et de quantifier.

Comme le révèlent leurs hiéroglyphes, les Égyptiens du IIIe millénaire av. J.-C. utilisaient les chiffres et les nombres. Plus récents d'un millénaire, des papyrus font état des premières réflexions mathématiques qui nous soient parvenues. Si rien ne demeure pour nous dévoiler la façon selon laquelle cette civilisation envisageait les concepts mathématiques, on sait que les plus anciennes cultures amérindiennes maîtrisaient les structures géométriques dès 2600 av. J.-C. Quant à la Chine, les mathématiques s'y développèrent de manière autonome. Les plus anciens écrits chinois relatifs à cette matière qui nous soient parvenus datent de 300 av. J.-C.

« Les mathématiques, justement comprises, portent la vérité et la suprême beauté. » **Bertrand Russell, philosophe**

Les mathématiques, élément clé du progrès humain, sont d'une nature paradoxale. En effet, tout concept mathématique se limite à une abstraction. Ainsi, les mathématiques – à la fois discipline, science et langage – permettent-elles d'obtenir des résultats et des déductions échappant aux contraintes du monde sensible. Si bien que les mathématiques lancent un pont entre le monde des idées et celui de la réalité quotidienne. C'est ce pont que nous passons sans répit, afin de résoudre par le calcul et la mesure nombre des problèmes que nous rencontrons. **MT**

Le papyrus de Rhind (v. 1650 av. J.-C.) est l'un des plus anciens écrits mathématiques du monde.

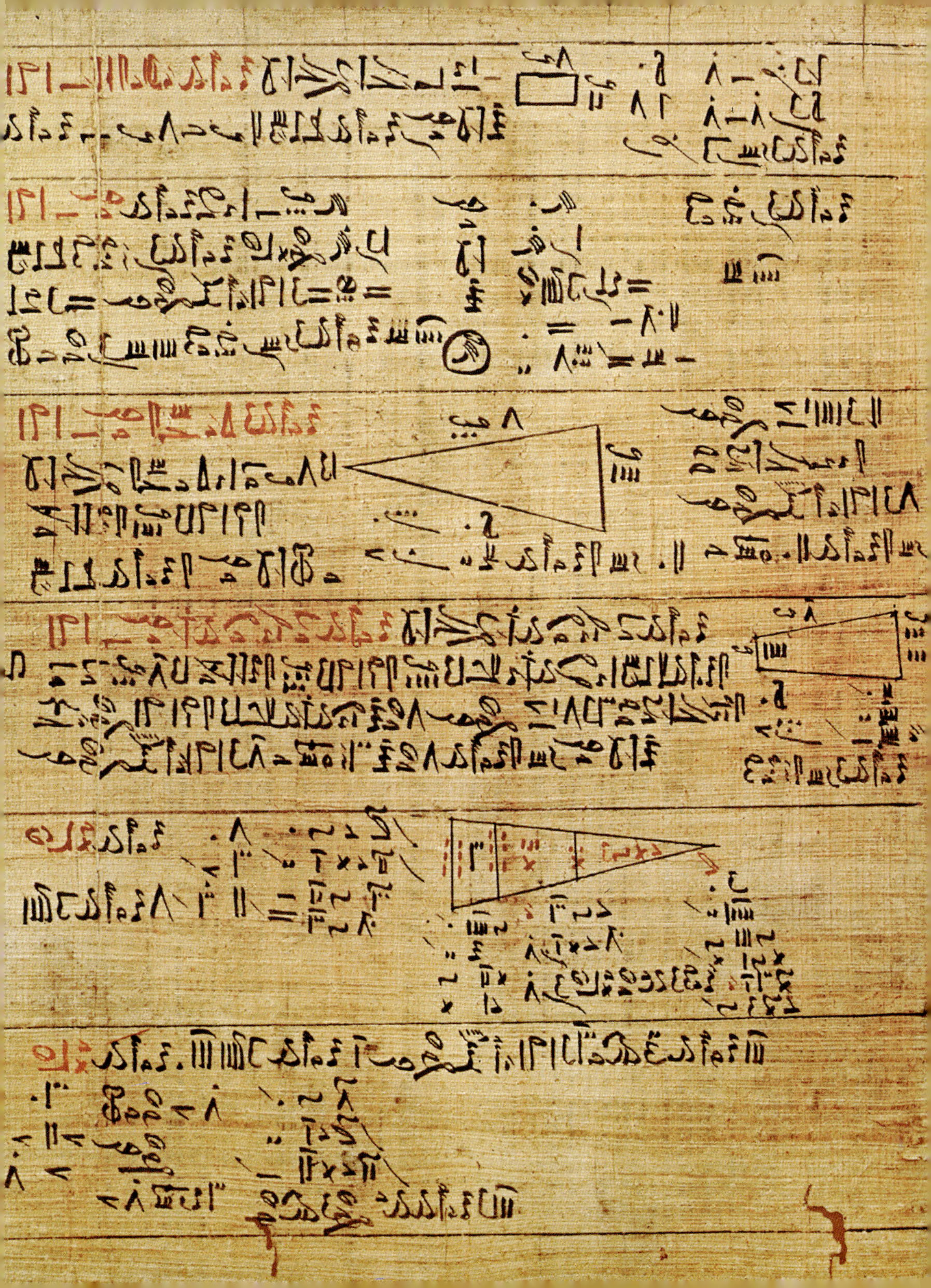

v. 3000 av. J.-C.

Techniques d'embaumement

Égypte ancienne

Conservation du corps d'un défunt, pour assurer son passage dans l'au-delà

En Égypte, l'art de l'embaumement découlait d'une importante certitude religieuse et culturelle : la vie se poursuivait après la mort. Le concept trouve ses origines vers le début du IIIe millénaire av. J.-C. La pratique de la momification, l'invention du sarcophage, l'édification des pyramides et le percement des tombes visaient à la conservation et à la protection du corps du défunt, afin de faciliter son passage dans l'au-delà. En outre, une variété d'objets soigneusement choisis était souvent disposée auprès du mort – articles quotidiens ou véritables trésors, selon le rang qu'avait occupé la personne durant sa vie.

Pour les archéologues attachés à reconstituer l'architecture sociale et les usages de l'ancienne civilisation égyptienne, l'étude de cet art funéraire s'est avérée inestimable. Ainsi, le complexe et délicat processus de conservation des entrailles dans des réceptacles particuliers – les vases canopes – effectué durant la momification, a permis de mieux comprendre la nature subtile des croyances alors en vigueur, comme de mieux évaluer l'importance revêtue, pour les hommes de l'époque, par la certitude d'une vie dans l'au-delà.

« Des funérailles grandioses étaient alors le premier désir d'un noble égyptien. »

Abeer el-Shahawy, *The Funerary Art of Ancient Egypt* (2005)

Les plus grands exemples de cet art funéraire – à tout le moins, ceux qui nous sont parvenus – sont les trois grandes pyramides du plateau de Gizeh, à quelques kilomètres du Caire. Elles sont désormais inscrites au Patrimoine mondial de l'UNESCO. Si leur valeur mystique et spirituelle s'est largement effacée au profit de l'intérêt touristique, ces trois monuments de pierre continuent de symboliser l'espérance en une vie après la mort, qui anime encore aujourd'hui nombre de croyants. **LWa**

v. 3000 av. J.-C.

Autopsie

Égypte ancienne

Examen minutieux d'un corps pour déterminer les causes du décès

Le mot « autopsie » vient du grec *autopsia*, qui signifie « voir de ses propres yeux ». Il désigne l'examen post-mortem d'un individu afin de préciser les causes de la mort. Si les anciens Égyptiens élaborèrent cette procédure vers le début du IIIe millénaire, leur but n'était pas alors de déterminer ce qui avait présidé aux derniers moments du défunt, mais bien de préparer son corps à l'immortalité. Au IIIe siècle av. J.-C., ce furent des médecins anatomistes grecs, Erasistrate et Hérophile, qui firent progresser la pratique consistant à ouvrir un cadavre pour percer les secrets de ses organes et leur fonctionnement. Cinq siècles après eux, le médecin romain Galien (v. 129-200/216) put, par ses observations personnelles, établir le lien entre les symptômes présentés par une personne et les anomalies physiologiques révélées par l'autopsie. C'est ce travail qui donna le coup d'envoi du véritable diagnostic médical, fiable et scientifique.

« L'histoire de l'autopsie est longue et fut parfois ignoble… »

The Hospital Autopsy (2010)

Au début du XIXe siècle, le développement rapide de la profession médicale et le nombre accru d'étudiants provoquèrent une pénurie de corps destinés aux cours d'anatomie. Cet état de fait entraîna une vague de viols de sépultures, d'achats clandestins de cadavres auprès des hospices, et même de meurtres. L'exemple le plus connu est celui de Burke et Hare, qui assassinèrent 30 personnes en 1828 afin de fournir les écoles médicales d'Édimbourg. L'autopsie moderne apporte toute sa rigueur scientifique aux enquêtes policières et permet d'identifier les dérives criminelles dont certains praticiens, travailleurs sociaux ou autres professionnels assistant des personnes vulnérables peuvent se rendre coupables. **JF**

◄ Les momies égyptiennes étaient desséchées, embaumées, et ceintes de bandelettes de lin.

v. 2800 av. J.-C.

Savon

Babylone

Substance à base de sels métalliques et d'acides gras qui, dissoute dans l'eau, extrait les salissures d'une grande variété de supports

Les premiers savons furent utilisés pour la préparation du coton et de la laine dans les manufactures textiles – l'une de celles-ci est représentée sur cette fresque de Pompéi, datant du Ier siècle.

Personne ne connaît la date de fabrication du premier savon, mais l'existence de celui-ci est attestée depuis le début du IIIe millénaire av. J.-C. : des archéologues ont découvert, lors d'une fouille à Babylone, des cylindres d'argile enduits d'une substance savonneuse. D'autres recherches ont révélé les plus anciennes recettes connues à ce jour de fabrication du savon. Des tablettes d'argile couvertes d'écriture cunéiforme portent des formules où l'eau se mêle à la cendre et à l'huile de cannelle.

Le papyrus égyptien Ebers, rédigé vers 1550 av. J.-C., ne décrit pas seulement la manière de mêler des sels animaux et alcalins à des huiles végétales pour obtenir du savon, il explique également comment utiliser celui-ci. Tous les savons ont la même structure moléculaire : une tête hydrophile (attirant l'eau) et une queue hydrophobe (repoussant l'eau) formée d'hydrocarbure. Cet assemblage permet au savon de réaliser une action dont la simplicité n'est qu'apparente : le lavage. D'abord, le savon interagit avec l'eau, réduisant les tensions superficielles des molécules de celle-ci. Ensuite, tandis que les têtes hydrophiles attirent l'eau, ses queues hydrophobes la repoussent, mais s'ancrent dans les graisses. Lorsqu'assez de queues se sont logées dans une particule de saleté, celle-ci se détache du support et se laisse porter par l'eau. Résultat, les graisses sont efficacement éliminées.

Le premier usage du savon fut de nettoyer les laines et les cotons utilisés par les manufactures textiles, ainsi que de traiter certaines pathologies dermatologiques. Il fallut attendre le IIe siècle pour que le savon soit employé à des fins corporelles. Quant au nom lui-même de cet irremplaçable auxiliaire ménager, une légende romaine fait référence au mont Sapo, où des animaux étaient sacrifiés rituellement. Lorsque les pluies balayaient leurs graisses et les cendres des brasiers jusqu'aux flots du Tibre, l'assemblage de ces deux éléments ne produisait rien d'autre que du savon… **JH**

« Si je m'en frotte les mains, le savon écume, jubile… / Plus il les rend complaisantes, souples / liantes, ductiles, plus il bave, plus / sa rage devient volumineuse et nacrée… »

Francis Ponge, *Le Savon* (1967)

v. 2600 av. J.-C.

Littérature

Sumer

Partage par l'écriture d'idées, d'expériences et de narrations romanesques

Il est complexe de différencier la littérature des autres formes d'expression écrite. Si les textes techniques, scientifiques ou descriptifs sont parfois englobés dans le vaste domaine de la littérature, ce terme ne définit généralement que les œuvres créatives, narratives ou expressives. Ainsi, par la littérature, un auteur partage ses idées, ses sentiments, ses expériences.

Si la littérature est indissociable de l'expression écrite, l'écriture en elle-même n'est pas obligatoirement synonyme de littérature. L'écriture est apparue vers 3000 av. J.-C. dans les cultures de l'âge du bronze de l'ancienne Mésopotamie. La littérature écrite n'a vu le jour que quatre siècles plus tard, à Sumer. Avant l'invention de l'écriture, des récits étaient véhiculés sous forme orale. Les contes et ses mythes se transmettaient de bouche à oreille. *L'Epopée de Gilgamesh*, l'une des plus anciennes et des plus célèbres de ces œuvres, exista oralement en langue akkadienne avant d'être fixée par écrit vers 2150 av. J.-C. ». Le récit narre les hauts faits de Gilgamesh, roi de la cité-État d'Uruk. Les formes les plus variées de littérature se sont développées au sein de diverses civilisations. Au fil du temps, elles ont englobé la poésie, le drame, la fiction narrative – et depuis peu le roman graphique.

C'est tout un spectre d'émotions et de relations qu'a mis en place la littérature. Elle autorise l'évasion, permet l'étude austère, construit des communautés de passionnés autour d'une même œuvre. Un ouvrage littéraire peut exprimer les craintes, les désirs et les émotions de toute une nation. Il peut porter un sens historique ou affectif de grande ampleur. La littérature assure la transmission des idées dans l'espace et dans le temps. Elle n'est pas seulement un lien entre les cultures : elle opère la jonction du passé et du présent, des générations enfuies et des générations à venir, des civilisations et des peuples. **MT**

v. 2500 av. J.-C.

Abaque

Sumer

Père fondateur de la dynastie des calculatrices et des ordinateurs

Élaboré au milieu du IIIe millénaire av. J.-C. par les peuples sumériens de Mésopotamie, l'abaque est un dispositif permettant de compter et d'effectuer des calculs mathématiques. Étymologiquement, son nom vient du mot *abaq* qui, dans les langues sémitiques, signifie « poussière » – d'où la théorie selon laquelle les premiers abaques furent des plaques couvertes de sable, où des marques pouvaient être rapidement portées et effacées.

L'abaque gagna ensuite la Grèce. Le plus ancien spécimen connu de l'instrument émanant de la culture hellène est une plaque de marbre, découverte sur l'île de Salamis. Mesurant 150 sur 75 cm, il fut fabriqué vers 300 av. J.-C. Puis l'abaque conquit Rome et apparut en Chine. Au fil du temps, il a quitté son aspect initial de planche

« Utiliser l'abaque permet d'améliorer la concentration et la mémoire. »

Paul Green, *How to Use a Chinese Abacus* (2007)

couverte de sable pour adopter sa forme aujourd'hui familière, celle d'un cadre tendu de tiges rangées parallèlement sur lesquelles sont glissées des boules percées que l'on peut déplacer. Chaque rangée de boules représente un niveau de valeur : dans le système décimal qui est le nôtre, la première figure les unités, la seconde les dizaines, la troisième les centaines, etc.

Vers 700, les hindous mirent au point un système numérique innovant, imputant aux chiffres une valeur différente selon leur emplacement et introduisant le concept du zéro. L'invention séduisit les Arabes, qui en firent profiter l'Europe aux alentours de l'an mil. Dès lors, l'usage de l'abaque déclina en Occident, mais il continue de faire les beaux jours des comptables asiatiques – capables, en manipulant leurs boules, de rivaliser avec les utilisateurs d'une calculatrice de poche. **GL**

v. 2300 av. J.-C.

Carte

Babylone

Représentation graphique d'une aire géographique

Découverte à Babylone, cette tablette cunéiforme datant de 700-500 av. J.-C. comporte une carte de la Mésopotamie. Babylone, au centre, est flanquée de l'Assyrie et du pays d'Elam.

« Ils se promènent par le monde entier en regardant une carte géographique, sans dépenser une obole, sans souffrir le froid et le chaud, la soif et la faim. »

Miguel de Cervantes, *Don Quixote* (1605)

C'est peut-être dans le sud-ouest de la France – sur les parois des grottes de Lascaux, voici 30 000 ans – que l'homme traça la première représentation de la relation spatiale entre plusieurs objets : en l'occurrence, les étoiles du ciel nocturne. Mais ce furent les Babyloniens de la fin du IIIe millénaire av. J.-C. qui esquissèrent les premiers schémas dignes du nom de carte. Portées sur des tablettes d'argile, les cartes babyloniennes montrent les villes et les reliefs de la zone concernée, ainsi que des indications relatives aux lieux et aux itinéraires.

Au Ier millénaire av. J.-C., Grecs et Romains firent progresser l'art de la cartographie. Les Chinois, à partir du IVe siècle av. J.-C., élaborèrent leurs propres cartes. Depuis, l'humanité ne cesse d'améliorer cette technique.

Une carte est la représentation visuelle des relations spatiales entre divers éléments. Généralement dressées à l'échelle, les cartes indiquent les accidents de terrain, les cours d'eau, les frontières politiques, les populations, les déclivités, les différences culturelles, et un grand nombre d'autres informations. Les cartes sont parfois réalisées en perspective ce qui leur permet de traduire sur une surface bidimensionnelle des espaces tridimensionnels. Généralement tracées sur des surfaces planes (mur, toile ou papier), elles n'ignorent pas le volume : un globe terrestre n'est rien d'autre qu'une carte sphérique. De leur côté, les planisphères s'acharnent à résoudre un casse-tête : il est impossible de traduire fidèlement sur une surface plane les aires et les distances observées sur notre planète ronde.

Les cartes sont des images. Elles transcendent les langages écrits et oraux. Utilisant les symboles, elles peuvent être comprises par des cultures radicalement différentes. Une carte grossière et irréaliste, traduisant imparfaitement le territoire qu'elle représente, permettra toujours aux humains de visualiser des lieux qu'ils n'auront peut-être jamais la possibilité de voir de leurs propres yeux. **MT**

v. 2300 av. J.-C.

Dictionnaire

Mésopotamie

Recueil des mots d'une langue ou d'une activité présentés sous une forme logique

Le plus ancien dictionnaire du monde a été composé vers 2300 av. J.-C. Il s'agit d'une tablette cunéiforme bilingue rédigée sous le règne de Sargon IV (v. 2334-2279 av. J.-C.), unificateur des cités-États sumériennes et fondateur de l'empire akkadien de Mésopotamie. Le document contient des termes sumériens et leurs équivalents akkadiens. Vers 300 av. J.-C., les Chinois élaborèrent le premier dictionnaire où les mots, regroupés par synonymes, se répartissaient en 19 catégories. Au Moyen Âge (v. 500-1450), les dictionnaires multilingues et les glossaires de termes spécialisés étaient courants en Europe, mais ce fut l'Anglais Samuel Johnson (1709-1784) qui composa le premier dictionnaire réellement moderne, avec son *Dictionary of the English Language*. Paru en 1755, l'ouvrage avait exigé neuf ans de labeur. Il entendait présenter tous les mots de la langue anglaise, sans se limiter aux moins connus.

Aujourd'hui, il existe une myriade de dictionnaires de langue expliquant le lexique de tel ou tel idiome, et autant de dictionnaires de traduction ou de glossaires spécialisés couvrant à peu près tous les sujets. Certains ouvrages établissent la liste des termes propres à un thème ou à un sujet d'étude particulier – c'est le cas des dictionnaires médicaux ou juridiques.

Dans des sociétés où la transmission orale dominait, les premiers dictionnaires n'avaient qu'une utilité réduite. Ce fut après l'invention de l'écriture qu'ils devinrent nécessaires, et après celle de l'imprimerie qu'ils prirent une forme réellement pratique. Mais il fallut attendre que l'alphabétisation ait gagné toutes les couches de la société pour qu'ils trouvent leur entière utilité. Le dictionnaire a offert à l'homme de lettres un gabarit lui permettant d'étalonner sa maîtrise personnelle de la langue et du lexique. Arbitre des jeux familiaux autant que des joutes d'intellectuels, le dictionnaire normalise le langage, facilite la communication… et évite les fautes d'orthographe. **MT**

Le dictionnaire que Samuel Johnson publia en 1755 lui valut un diplôme de l'université d'Oxford. Dans son ouvrage, l'auteur illustrait l'usage des mots par de nombreuses citations littéraires.

« Avant d'écrire un mot, considérez toujours son orthographe et, si le souvenir vous en échappe, recourez à un dictionnaire. »

Thomas Jefferson, président des États-Unis

v. 2280 av. J.-C. Φ

Consolation de la philosophie

Égypte ancienne

Comment un raisonnement rigoureux peut à lui seul réconforter l'âme

L'humain a mis sa raison au service de nombreux objets, y compris la spéculation philosophique – ou, pour l'exprimer simplement, la recherche ordonnée de réponses à des problèmes complexes, au premier chef desquels on trouve la question de la mort et de la souffrance. Bien qu'ils ne fussent certainement pas les premiers en la matière, les Égyptiens et leur *Dispute sur le suicide* (v. 2280 av. J.-C.) ont très tôt couché par écrit de telles spéculations. À leur tour, les Mésopotamiens rédigèrent des traités semi-philosophiques, comme la *Théodicée babylonienne* (v. 1000 av. J.-C.).

Les exemples les plus connus du genre sont l'*Apologie* (399 av. J.-C.) et le *Phédon* (360 av. J.-C.) de Platon (v. 424-348 av. J.-C.), mais l'auteur de la formule « consolation de la philosophie » fut un philosophe chrétien, le néoplatonicien Boèce (v. 470-524). Son œuvre éponyme fut rédigée en prison alors que Boèce attendait son exécution. Privé de sa gloire et de son influence, Boèce s'abandonne au désespoir – mais Dame Philosophie se présente à lui. Elle l'encourage à réfléchir rigoureusement aux raisons de ses souffrances, et à conclure que ces dernières sont au fond dénuées d'importance.

> *« Je [...] me résolus à coucher par écrit ma pitoyable complainte. »*
>
> **Boèce, *Consolation de la philosophie* (524)**

La consolation apportée par Dame Philosophie n'a pas pour moteur, ainsi que des humanistes profanes l'affirment parfois, le refus de la religion. En fait, Boèce a trois options : ne trouver nulle part le réconfort, trouver le réconfort en refusant la pensée spéculative ou trouver le réconfort par la pensée philosophique. Cette dernière possibilité implique que le sujet soit capable d'utiliser tous les éléments à sa disposition, y compris ceux issus de sources religieuses. **AB**

v. 2150 av. J.-C.

Poésie

Sumer

Forme littéraire mettant les mots et leur sonorité au service de l'expressivité

Chez l'humain, le langage a précédé de longtemps l'écriture, et il en va sans doute de même de la poésie : lorsque les premières cultures voulurent relater des événements ou conter des histoires, peut-être recoururent-elles à des formes et à des styles littéraires, telles la rime ou la versification. Dans un sens plus moderne, la poésie est une utilisation du langage visant à produire des œuvres d'art. Distincte de la prose, la poésie s'appuie sur la qualité des mots. Écrits, formatés, structurés, ceux-ci ne portent plus seulement un sens, mais aussi une esthétique stylisée.

Le plus ancien poème connu, *L'Épopée de Gilgamesh*, est né dans la culture de l'ancienne Sumer vers 2150 av. J.-C. La poésie franchit rapidement les barrières sociales et les frontières politiques. Très vite, des chefs-d'œuvre fleurirent dans les sociétés indienne, chinoise, ou grecque. Au fil des millénaires, les poètes se sont approprié nombre d'outils formels, comme l'allitération et la scansion. La poésie écrite a utilisé une quantité de jeux et d'arrangements typographiques. Plus récents, le vers blanc et l'expression libre ont permis aux poètes d'échapper aux carcans structurels qui bridaient jusque-là leur inspiration.

> *« La poésie est plus philosophique et plus élevée que l'histoire... »*
>
> **Aristote, philosophe et savant grec**

L'humanité a créé les mots dans le but premier de nommer l'univers réel. Mais ces mots ne sont pas seulement des indicateurs, puisque les entendre prononcer peut suffire à émouvoir. C'est cette expérience que la poésie organise. Elle s'empare des images et des émotions provoquées par ces mots, lus ou entendus, et confère à ceux-ci un sens – ou une âme – supplémentaire. **MT**

Cette tablette cunéiforme porte un fragment de *L'Épopée de Gilgamesh*, le plus ancien poème écrit connu. ➔

موخرا يعود الى الترتيب ولا بأس نحو ولا يكره اذان العبد والاعرابي والاعمى
وولد الزنا ولكن غيرهم اولى ويكره التنحنح عند الاذان والاقامة الكلام عذر لتحصيل

v. 2150 av. J.-C.

Mythe du déluge

Mésopotamie

Très ancienne inondation déclenchée pour châtier les hommes

Les plus vieilles civilisations comportent souvent un mythe du déluge. Il narre comment la divinité déclencha une colossale submersion du monde afin de détruire l'essentiel de l'espèce humaine. Le premier de ces récits écrits, daté de 2150 av. J.-C., vient de Sumer. Dans chacun de ces mythes, les dieux sont irrités par les actions des humains. Ils font donc pleuvoir des cataractes sur la terre pour noyer les ingrats qui ont mérité leur châtiment. Néanmoins, tous ces mythes mettent en scène un homme d'exception qui, averti de la catastrophe, se voit conseiller de bâtir un navire pour en réchapper. Dans la plupart des récits, cet élu fait monter sa famille à bord du navire, en compagnie d'un couple de chacune des espèces d'animaux que le fléau risque d'exterminer. Lorsque le courroux divin s'est calmé, lorsque les eaux se sont retirées, les survivants rendent grâce et commencent à repeupler la terre.

« Le fracas du déluge
Épouvantait même les dieux… »

Atrahasis (tablette d'argile mésopotamienne)

Si certains lisent en ces récits le souvenir d'un événement ayant affecté le monde entier, leur interprétation n'est pas forcément la bonne. Des phrases du type « et les eaux couvrirent jusqu'au sommet des montagnes » relèvent sans doute de l'hyperbole. Si la convergence globale des mythes peut indiquer la réalité d'un événement historique partagé, mieux vaut considérer le déluge comme une catastrophe locale, et pourquoi pas purement moyen-orientale.

Quoi qu'il en soit, ce mythe ancien a profondément marqué de son empreinte les croyances, quelle que soit l'élévation de celles-ci. Et l'arc-en-ciel succédant au déluge en appelle heureusement, après le dieu vengeur, à un dieu d'amour acceptant les repentirs. **AB**

v. 2150 av. J.-C.

Catastrophisme

Inde ancienne

Théorie selon laquelle des événements très violents ont jadis affecté la terre

La théorie du catastrophisme suppose que des événements d'une rare intensité sont à l'origine des grands reliefs de l'écorce terrestre. Ces événements n'auraient pu trouver leur cause dans les processus géologiques classiques : il fallait en chercher le moteur parmi les forces surnaturelles. Cette vision prévaut dans nombre de mythologies premières et dans leurs récits de déluges extraordinaires : il en va ainsi du récit figurant dans *L'Épopée de Gilgamesh* (v. 2150 av. J.-C.), du livre biblique de la Genèse, et plus tard de divers textes de Platon (v. 424-348 av. J.-C.), dont trois dialogues écrits vers 360 av. J.-C. – *Timée, Critias* et *Les lois* – relatent le déluge d'Ogygès.

Au début du XIXe siècle, le grand tenant du catastrophisme fut l'anatomiste et paléontologue français Georges Cuvier (1769-1832). Sa théorie se combina plus tard à celle de l'uniformitarisme – selon lequel les changements subis par la terre se sont produits au cours de longues périodes – grâce aux travaux du paléontologue spécialiste des dinosaures Walter Alvarez (né en 1940). La synthèse moderne des deux écoles de pensée reconnaît à la fois l'existence de processus de changements géologiques longs et l'occurrence de changements massifs (provoqués en particulier par des pluies de météorites) correspondant au passage d'une ère géologique à la suivante. Imputer l'origine de ces bouleversements à l'action de la main divine n'est évidemment plus nécessaire. Mais si les premiers partisans du catastrophisme ont invoqué, faute de connaissances, des interventions surnaturelles, leur regard a permis de mieux comprendre aujourd'hui les processus et les changements géologiques. **JE**

« Les grands dieux prirent la décision
de faire le déluge… »

***Épopée de Gilgamesh* (v. 2150 av. J.-C.), tablette XI, 2**

← Miniature ottomane du XIIIe siècle, représentant l'arche de Noé.

v. 2150 av. J.-C.

Immortalité

Sumer

Croyance en la survie éternelle d'un être, par son corps ou son esprit

Il existe deux types d'immortalité : celle de l'esprit et celle du corps. La première postule qu'un être vivant possède une âme ou un élément surnaturel qui continue de vivre après que son corps soit retourné en poussière. L'immortalité du corps, elle, postule que l'enveloppe matérielle d'un être ne peut disparaître – autrement dit, que la mort n'a pas de prise sur lui.

Depuis qu'il existe des hommes et des femmes, presque tous ont fait l'expérience de la mort, celle de leurs congénères ou d'autres créatures. Que toute vie s'achève par la mort est patent, et néanmoins l'humanité a fait sien le concept d'immortalité, qui laisse entrevoir une vie sans fin. Les anthropologues ont identifié la présence de cette notion parmi les cultures connues les plus reculées. Chez les Sumériens, *L'Épopée de Gilgamesh* (v. 2150 av. J.-C.) est considérée comme l'un des premiers contes narratifs jamais écrits. Le héros éponyme, roi d'Uruk, y part en quête de l'immortalité. Certaines traditions religieuses tiennent pour acquis le lien étroit de l'immortalité spirituelle et de la rectitude des actions menées durant leur vie terrestre par les humains. D'autres croyances n'établissent aucun rapport entre la moralité d'une personne et sa capacité à gagner, après son trépas, le droit à une vie éternelle.

La mort est-elle la fin ? Notre conscience survit-elle à la disparition de notre corps ? Notre esprit subsistera-t-il jusqu'à la fin des temps ? Croire en l'immortalité, c'est fournir une réponse à ces interrogations bien humaines – qu'une telle certitude soit fondée ou non. Pour un croyant, la perspective d'une vie éternelle, que celle-ci prenne le visage de la félicité d'un élu ou des souffrances d'un damné, sert souvent de moteur : elle fournit une excellente raison d'opter pour un comportement moral ou éthique. Néanmoins, les progrès de la science contemporaine font qu'un jour, la question risque de ne plus se poser, les méthodes retardant le vieillissement devenant de plus en plus sophistiquées. **MT**

Arbre de vie sumérien (v. 2500 av. J.-C.) : manger ses fruits garantissait la longévité.

v. 2100 av. J.-C.

Héritage
Sumer

Transmission des biens d'un défunt à un nouveau propriétaire

Dans une société où l'individu peut détenir des biens, ce qu'il adviendra de ceux-ci au jour où cet individu disparaîtra pose une question fondamentale. La notion d'héritage fournit une solution au problème : à l'intérieur d'un cadre précis, elle détermine comment sera choisi le nouveau propriétaire des biens concernés.

L'histoire a connu bien des modalités d'héritage. Il est arrivé que la propriété parentale soit intégralement transmise au premier hériter mâle, ou à l'héritier mâle le plus jeune, qu'elle soit répartie entre les héritiers mâles, ou bien également partagée entre la totalité des enfants, ou encore inégalement distribuée entre les enfants en fonction de leur âge, à moins qu'elle ne fût transmise exclusivement du père à ses fils ou de la mère à ses filles… En outre, l'héritage peut s'assortir de droits (comme celui de devenir roi) et d'obligations (comme celle de devoir rembourser une dette impayée).

La référence écrite la plus ancienne à l'héritage qui nous soit parvenue vient de Sumer. Le *Code d'Ur-Nammu* (v. 2100-2050 av. J.-C.), le plus vieux recueil de textes juridiques, contient des textes de loi relatifs à cette transmission. Postérieur, le *Code de Hammurabi* – apparu à Babylone vers 1772 av. J.-C. – comporte de minutieux articles relatifs à la question : il détermine comment diviser les biens du disparu, quels sont les droits d'une femme à répartir les biens qui lui ont été donnés, et répertorie les cas où un fils peut être déshérité.

La plupart des systèmes d'héritage sont très pragmatiques, précisant sans ambiguïté la répartition des biens à effectuer lorsque le propriétaire de ceux-ci disparaît. Néanmoins, ce cadre juridique ne manque pas d'avoir un impact psychologique sur la famille et les proches du défunt. Les enfants savent que, par l'héritage, ils prendront le relais de leurs parents. Qu'il s'agisse de récolter une fortune, de monter sur un trône, ou de réparer des fautes, la transmission des géniteurs aux rejetons ne se limite pas à quelques traits physiques particuliers. **MT**

Sur cette tablette assyrienne (v. 300 av. J.-C.), un texte de loi régit les modalités de l'héritage.

v. 2000 av. J.-C.

Oracle

Chine

Personne délivrant des prophéties sous l'influence de la divinité

Dans l'Ancien Monde, les oracles étaient des êtres à qui l'inspiration divine conférait la capacité de prédire l'avenir. Le mot lui-même dérive du verbe latin *orare*, qui signifie «parler». Car l'oracle délivrait oralement ses messages reçus des dieux. Ayant conseillé les personnalités les plus puissantes de l'histoire, les oracles jouissaient d'une forte aura.

Nombre de cultures antiques ont cru à la valeur de leurs prophéties. Ce fut le cas en Chine et en Inde, où la présence des oracles est avérée à partir du IIe millénaire av. J.-C. En Europe, la civilisation grecque en fournit les exemples les plus anciens et les mieux documentés, le plus célèbre étant l'oracle de Delphes, réputé dès les VIIe et VIe siècles av. J.-C. pour ses communications avec le dieu Apollon. La fonction était traditionnellement tenue par une prêtresse ; celle-ci avisait les grands personnages de l'issue d'une guerre, des pièges d'une rivalité, des traquenards d'une loi.

« L'ancien oracle a assuré que j'étais le plus sage de tous les Grecs. »

Socrates, dans *L'Apologie* de Platon (399 av. J.-C.)

Que des hommes de pouvoir, dans la société masculine qui était alors celle de la Grèce, aient cherché à connaître leur destin auprès d'une femme montre bien le degré de confiance que l'on accordait aux oracles.

Aujourd'hui, les oracles ne sont plus des éléments de la vie quotidienne. Mais la notion de prophétie a perduré et s'exprime aujourd'hui dans une variété de contextes divers. L'un des exemples les plus forts et les mieux ancrés de cette survivance est le Yi Jing, méthode de divination chinoise toujours en vigueur dans les cultures asiatiques, et désormais très implantée dans leurs contreparties occidentales. **LWa**

v. 2000 av. J.-C.

Astrologie

Mésopotamie/Chine

Comment l'humanité scrute le ciel pour y chercher du sens

L'astrologie est un système de croyances et de traditions selon lequel la position des corps célestes peut expliquer certains traits de l'existence humaine et prédire des événements à venir. Très ancienne, l'astrologie trouve ses origines au IIe millénaire av. J.-C., à la fois en Mésopotamie et en Chine. L'astrologie chinoise se caractérise par l'utilisation d'animaux pour symboliser chacune des douze années de son zodiaque. À chaque animal est associé un ensemble de traits de personnalité, attribués aux natifs de l'année qu'il incarne.

Fort différents, les systèmes astrologiques qui se développèrent en Inde et en Asie du sud se concentraient plus directement sur la prédiction du sort – ou de la destinée – d'une personne. Une spécificité qui se retrouve aussi dans l'astrologie occidentale et caractérise ses manifestations les plus modernes : ici, les positions relatives des planètes et du soleil expliquent ou déterminent les événements survenant au cours d'une existence humaine. Cette version de l'astrologie utilise les symboles du zodiaque tropical.

« Nous sommes les balles de jeu des étoiles, frappées et échangées à leur gré. »

John Webster, *La duchesse d'Amalfi* (1613)

L'astrologie occidentale est aujourd'hui largement discréditée au nom de son caractère pseudo-scientifique. Certains astrologues affirment même que son but vise moins la prédiction de l'avenir que l'accès au développement personnel. Cependant, par le biais des horoscopes, elle joue un rôle certes mineur, mais néanmoins actif dans la vie quotidienne de beaucoup, depuis l'anonyme jusqu'au leader politique. Quant à sa version orientale, dont les vestiges sont discernables au sein des sociétés indiennes, chinoises et japonaises contemporaines, elle continue à peser d'un grand poids. **LWa**

Figurines d'argile (fin du IVe siècle) représentant le cheval et le tigre du zodiaque chinois

Colonialisme

Égypte ancienne et Phénicie

Soumission par la force d'un territoire, de ses ressources et de ses habitants

Illustration d'une expédition coloniale à Madagascar en 1895. Déclarée colonie française en 1896, l'île conserva ce statut jusqu'en 1960.

Le colonialisme désigne le processus d'assujettissement politique, économique et culturel d'une nation par une autre nation de puissance supérieure, généralement par des moyens militaires. Les exemples les plus anciens nous en sont donnés par les empires d'Égypte et de Phénicie. Dès le IIe millénaire av. J.-C., ceux-ci recoururent au colonialisme afin de protéger leurs routes commerciales. Plus récemment, l'expansion de l'Empire grec puis de l'Empire romain (du Ier au Ve siècle) obéit à la même loi. Le second, qui connut son apogée au IIe siècle, englobait alors une grande fraction de l'Europe moderne. Il introduisit dans ses territoires colonisés nombre d'innovations techniques, du chauffage central aux égouts – et eut donc une incidence durable sur le développement de notre continent.

Encore plus près de nous, l'ère coloniale européenne – qui débuta au XVIe siècle pour durer environ 500 ans – donna naissance à de vastes empires, dont les métropoles furent le Portugal, l'Espagne, la Grande-Bretagne et la France. D'abord appâtés par les avantages économiques que la conquête de l'Asie, de l'Afrique et des Amériques faisait miroiter, les Européens s'assurèrent la maîtrise des ressources indigènes et des routes commerciales en usant de leur puissance militaire. Émaillée d'actes brutaux, cette domination fut souvent justifiée par le devoir de « civiliser les sauvages » des territoires en question.

Durant cette ère, les mainmises coloniales de ces pays d'Europe furent souvent exercées au nom de la foi : il importait de convertir les indigènes à la religion chrétienne et de remplacer leurs dieux par celui des colons. Les conséquences de ces actions sont encore sensibles aujourd'hui : ayant conquis leur indépendance, beaucoup d'anciennes colonies conservent le christianisme comme religion d'État. L'influence des anciens colonisateurs continue de s'exercer également dans les domaines sociaux, culturels et parfois politiques. **LWa**

« Nous rendre aveugles à notre propre passé a été la pire action du colonialisme. »

Barack Obama, *Les Rêves de mon père* (1995)

Incarnation

Égypte ancienne

Faculté de la divinité de prendre la forme d'un humain ou d'un animal

Il y a incarnation lorsqu'un être divin emprunte ici-bas la forme charnelle d'un humain ou d'un animal. L'origine de cet ancien concept remonte au moins à l'Égypte du IIe millénaire av. J.-C. Les pharaons régnant alors sur le pays étaient unanimement considérés comme les incarnations des dieux Rê et Horus. L'idée fut ensuite reprise par nombre de grandes religions. Elle représente encore aujourd'hui l'un des aspects les plus sensibles, et les plus disputés, de la foi.

L'incarnation divine la plus connue de l'histoire des religions est sans doute celle de Jésus-Christ, fils de Dieu fait homme selon la doctrine chrétienne. Cette alliance de la divinité et de l'humain revêt pour les fidèles chrétiens une importance cardinale : les chrétiens estiment que c'est afin d'assurer le salut des hommes que Jésus s'est fait chair. Mais ni l'islam ni le judaïsme n'acceptent la notion d'une incarnation de Dieu en un homme. Les musulmans orthodoxes considèrent au contraire Jésus comme un prophète, au même titre qu'Adam, Noé, Abraham, Moïse et Mahomet. Le judaïsme, pour sa part, refuse à Jésus tout statut de prophète. Ce désaccord dogmatique a marqué l'éloignement de la foi chrétienne et de la foi juive, dès les premiers temps suivant la mort du Christ, au Ier siècle de notre ère.

Dans notre monde moderne, le concept d'incarnation revêt toujours une signification importante pour nombre de croyants. Il joue un rôle fondamental dans le système de la foi bouddhiste qui repose sur la notion d'un très long et douloureux cycle de naissances et de renaissances, auquel on ne peut mettre fin qu'en atteignant le nirvana, l'illumination : pour le bouddhiste, une nouvelle incarnation est signe qu'il n'a pas atteint ce stade ultime. Ce concept continue de diviser les grandes religions monothéistes. À ce titre, c'est un concept qui compte parmi les plus grandes sources de discorde – et les notions les plus profondes – de toute l'histoire humaine. **LWa**

Stèle égyptienne dédiée à la divinité taurine Apis (v. 1000 av. J.-C.). Apis, taureau vivant, était adoré comme incarnation du dieu Ptah.

« Et le Verbe s'est fait chair, et il a habité parmi nous, et nous avons vu sa gloire, gloire comme celle qu'un fils unique tient de son Père. »

Bible, Jean I, 14

v. 2000 av. J.-C.

Prêt

Babylone

Fournir des biens ou de l'argent à autrui contre leur remboursement futur

S'il est impossible de dater le premier prêt de l'histoire, on sait que les Babyloniens, vers 2000 av. J.-C., avaient établi un système dans lequel les temples prêtaient des semences aux cultivateurs au début de la saison des semailles. Les fermiers repartaient avec leurs graines, les plantaient et remboursaient le temple après avoir vendu leur moisson. Dès le IVe siècle av. J.-C., Grecs et Romains utilisèrent le prêt sur une vaste échelle et banalisèrent le principe du taux d'intérêt. Au cours des temps modernes, et surtout depuis le début du XXe siècle, le prêt est devenu un pilier de l'économie mondiale.

Historiquement, la pratique du prêt d'argent est considérée comme négative : le prêteur joue souvent le rôle du méchant dans la littérature – le personnage de Shylock, dans *Le marchand de Venise* de William Shakespeare (v. 1596), en est un exemple célèbre. Au cours de l'histoire, exiger la perception d'un intérêt contre un prêt d'argent a été condamné par nombre de traditions religieuses, y compris l'hindouisme, le bouddhisme, le judaïsme, le christianisme et l'islam.

« Ne sois ni emprunteur ni prêteur, car le prêt fait perdre souvent argent et amis. »

William Shakespeare, *Hamlet* (1603)

Aujourd'hui, le prêt est partout pratiqué. Le particulier emprunte à un prêteur, les banques empruntent à d'autres banques et les États empruntent parfois à eux-mêmes. Sans le prêt, les achats effectués par une personne, un établissement ou une institution ne pourraient dépasser le montant de la somme qu'ils détiennent concrètement. Le remboursement différé a permis d'acheter des biens immobiliers ou des structures de production et ainsi de faire fonctionner l'économie. Il a aussi permis à des pays d'alimenter leur effort de guerre mais peut aussi conduire à des catastrophes financières. **MT**

v. 1772 av. J.-C.

Polygamie

Babylone

Pratique consistant à disposer au même moment de plusieurs conjoints

Le terme « polygamie » s'applique au mariage d'un seul homme et de plusieurs femmes (polygynie) ou d'une seule femme et de plusieurs hommes (polyandrie). Il désigne également le mariage de plusieurs individus des deux sexes (polyamour). En termes démographiques, la propension des mammifères mâles à entretenir plusieurs partenaires au même moment est en corrélation directe avec l'importance relative des populations mâles et femelles. Aux temps préhistoriques, le nombre de femmes ayant considérablement excédé celui des hommes, on peut en déduire que nos ancêtres étaient polygames. C'est le *Code de Hammurabi*, recueil de lois babyloniennes rédigé vers 1772 av. J.-C., qui atteste pour la première fois de l'existence de la polygamie en tant que pratique sociale : à moins que l'épouse d'un homme ne soit stérile ou malade, ou se soit rendue coupable d'adultère, il appartient à celle-ci d'autoriser ou non son mari à prendre une deuxième épouse.

« Une pensée m'est venue en tête, prendre une seconde épouse... »

Bernardino Ochino, *Dialogo sulla poligamia* (1563)

Plus de 90 % des sociétés étudiées par les chercheurs – qu'elles soient contemporaines ou historiques – ont admis « de droit » la polygamie, sous une forme ou sous une autre – et c'est la polygynie qui s'avère la plus fréquente. Les pratiques polygames possèdent plusieurs avantages : dans le cas de la polygynie, elles peuvent refléter l'importance d'un statut social ; elles peuvent accélérer la production de main-d'œuvre familiale, et donc la richesse ; elles peuvent aussi avoir un effet bénéfique sur la santé des enfants et celle des mères. Néanmoins, si le mariage est de règle dans le monde moderne, tel n'est plus le cas de la polygamie – peu répandue, même au sein des sociétés qui l'admettent. **MT**

Miniature du XVIIIe siècle représentant l'empereur moghol Jahangir dans son harem. ➔

v. 1772 av. J.-C.

Code de Hammurabi

Babylone

Soumission à une loi commune de peuples fidèles à des croyances diverses

Si le *Code d'Ur-Nammu* (v. 2100-2050 av. J.-C.) peut prétendre au titre du recueil de lois le plus ancien qui nous soit parvenu, le *Code de Hammurabi*, rédigé vers 1772 av. J.-C., l'emporte par son exhaustivité et sa célébrité. Hammurabi, qui régna de 1792 à 1750, fut le 6e roi de Babylone. Son empire englobait les peuples les plus divers, et son *Code*, formant un ensemble de lois transculturelles, visait à établir l'autorité du souverain sur tous ses sujets. Le texte se divise en 282 lois spécifiques, traitant de points de justice relatifs à la religion, au commerce, à l'esclavage, etc.

Dans l'introduction de son *Code*, Hammurabi invoque nombre de divinités mésopotamiennes, au premier chef desquelles Shamash, le dieu solaire, rappelant ainsi l'ancienne relation entretenue par la justice humaine et l'illumination divine. Ce travail juridique en inspira d'autres : « Si un homme a crevé l'œil d'un homme libre, on lui crèvera un œil », écrit Hammurabi. Or, la Bible (Exode XXI, 23-25) reprendra le concept avec la célèbre formule, « Œil pour œil, dent pour dent ».

> *« Si un homme a crevé l'œil d'un homme libre, on lui crèvera un œil. »*
>
> ***Code de Hammurabi*, article 196**

L'importance du *Code de Hammurabi* tient d'abord à son existence. Avant lui, personne n'avait tenté d'unifier par la loi une mosaïque de peuples. Certaines de ses initiatives juridiques ressurgirent des millénaires plus tard : ce *Code* imposait de jeter l'accusé d'un méfait dans les flots, pour éprouver son innocence, mais aussi pour permettre à son accusateur de faire preuve de miséricorde. On peut penser aux effroyables « jugements par l'eau » infligés aux femmes réputées sorcières, au cours des XVIe et XVIIe siècles. Attachées et immergées, les innocentes étaient censées couler et les coupables, flotter. **AB**

v. 1772 av. J.-C.

Adoption

Babylone

Prise de responsabilité parentale d'un humain sur un autre, en général un enfant

La pratique de l'adoption, prise de responsabilité parentale par une personne sur une autre qui n'est pas son rejeton génétique, remonte à la Haute Antiquité, mais c'est le *Code de Hammurabi*, rédigé par le souverain assyrien du même nom (empereur de 1792 av. J.-C. à 1750 av. J.-C. environ) qui le premier détailla les responsabilités des adoptants et les droits des adoptés. Si l'adoption d'un enfant par un adulte est le cas le plus fréquent, il s'en rencontre d'autres : au cours de l'histoire, des hommes d'âge très variés ont été adoptés afin d'assurer la continuation d'une lignée mâle.

L'acception aujourd'hui courante du mot « adoption », procédure par laquelle un adulte s'engage à élever et éduquer un enfant né d'autres personnes, fut primitivement fixée par la loi de l'État américain du Massachusetts en 1851. En Grande-Bretagne, la législation régissant la pratique fut votée en 1926 pour fournir un foyer aux nombreux orphelins du premier conflit mondial, et aussi pour régler le problème des naissances illégitimes, alors en expansion.

> *« Dans ce monde brisé, l'adoption est une réponse rédemptrice à la tragédie. »*
>
> **Katie J. Davis, auteur chrétien**

Après la Seconde Guerre mondiale, l'adoption internationale se développa, les enfants nés dans un pays pauvre devenant les fils et filles de citoyens de nations plus favorisées. Mais l'adoption interraciale mit du temps à s'imposer, de nombreux pays, les États-Unis en tête, peinant à l'accepter. Dans les années 1970, les naissances hors mariage furent de moins en moins stigmatisées, si bien que le nombre d'enfants disponibles pour l'adoption s'amenuisa. Les règles gouvernant la pratique ont beaucoup évolué, incluant désormais les familles monoparentales, voire les couples homosexuels. **GL**

Stèle babylonienne (v. 1750 av. J.-C.) portant le *Code de Hammurabi* (musée du Louvre, Paris).

v. 1600 av. J.-C.

Brossage des dents

Afrique

Exercice hygiénique permettant d'assurer la propreté de sa dentition

↑ Au Kenya, cette Massaï utilise un bâtonnet pour se curer les dents. Voici des millénaires que les humains nettoient leurs dents à l'aide de tiges de bois.

« Un diamant n'est pas aussi précieux qu'une dent. »

Miguel de Cervantes, *Don Quichotte* (1605)

L'idée que l'on peut maintenir la bonne santé de la bouche et des dents en respectant certaines habitudes hygiéniques n'est pas récente. La petite corvée consistant à débarrasser ses dents des bribes de nourriture est depuis longtemps familière à l'humanité : même les hommes de Néandertal s'y livraient comme l'atteste la présence, sur les dents de vestiges appartenant à cette famille humaine, de marques spécifiques. Des indices relevés lors de fouilles archéologiques donnent également à penser que nos lointains ancêtres utilisaient des bâtonnets à mâcher, des rameaux arrachés à des arbres d'espèces déterminées, et même des plumes ou des aiguilles d'os pour nettoyer leurs espaces interdentaires… On ignore cependant s'ils avaient conscience de retarder l'apparition des caries en agissant ainsi. Aujourd'hui certains bâtons à mâcher, tel le *mefaka* éthiopien, sont toujours recommandés : leur efficacité égale celle d'une brosse à dents classique.

L'ancêtre de celle-ci a été découverte en Afrique, dans la strate d'un site datant environ de 1600 av. J.-C. Les Mésopotamiens possédaient toute une palette de pratiques bucco-dentaires. Les archéologues ont découvert nombre de recettes de bains de bouche, ainsi que des conseils pour se frotter les dents à l'aide d'un morceau d'étoffe enroulé autour de l'index – méthode qui évoque la moderne « brosse à dents de doigt » qui s'enfile sur la dernière phalange, et que les parents utilisent pour nettoyer les quenottes des petits enfants.

Aujourd'hui, la pratique de ces soins quotidiens, accompagnée de visites régulières chez le dentiste, est passée dans les mœurs. Ces comportements ont fortement réduit le nombre des problèmes buccaux graves. Si l'hygiène dentaire rigoureuse demeure difficile à diffuser parmi les classes pauvres et dans les pays en voie de développement, il est avéré que leur acceptation par ces populations s'accompagne d'une amélioration immédiate de la santé dentaire. **MT**

v. 1600 av. J.-C.

Expérience mystique

Grèce ancienne

Accession à un autre niveau de conscience par la transcendance du réel

Lors d'une expérience mystique, l'individu prend profondément conscience d'une vérité transcendante qui lui est interdite dans son état de conscience ordinaire – on parle parfois dans ce cas d'un état de conscience altéré. Ces pratiques trouvent leur origine dans les cultes à mystère, dont les plus fameux étaient ceux de la ville grecque d'Éleusis, près d'Athènes. Ces rites initiatiques et parfaitement ésotériques débutèrent vers 1600 av. J.-C. Ils étaient placés sous l'invocation de deux déesses, Déméter et Perséphone. Bien loin de s'éteindre, ces cérémonies secrètes se poursuivirent durant deux millénaires, pendant la période hellénistique et jusqu'à la fin de l'Empire romain (476).

Au xxe siècle, le psychologue et philosophe américain William James (1842-1910) définit les quatre caractères de l'expérience mystique : celle-ci est brève, indescriptible, instructive et passive. En effet, l'expérience mystique entraîne le sujet hors du champ de ses perceptions habituelles durant un temps limité. Lorsque le sujet revient à son état premier, il a du mal à expliquer ce qui s'est passé, puisque la réalité transcendante se laisse difficilement traduire en mots. Malgré cet écueil, l'expérience enrichit le sujet ou le modifie profondément, d'une façon ou d'une autre. Enfin, le sujet n'a pas la maîtrise de l'expérience mystique, celle-ci opérant – au moins partiellement – hors de la volonté du sujet en question.

Toutes les expériences religieuses intimes sont liées aux expériences mystiques. Qu'elles surviennent implique l'existence d'une réalité différente et inconnue, hors du champ ordinaire de la compréhension et de la conscience humaines. Elles confrontent donc celui qui les rencontre à un constat : la réalité humaine n'est pas la seule réalité, et notre connaissance comporte des limites fondamentales. L'expérience mystique offre des preuves de la transcendance humaine, dont elle manifeste directement la réalité. **TD**

↑ Un *sadhu* (« saint homme ») d'Inde septentrionale. Par la méditation et la contemplation, les *sadhus* se consacrent à la quête d'un état transcendantal, le *moksha* (« libération »).

« Je n'aurais pas pu douter davantage de SA présence que de la mienne. »

William James, *Les Formes multiples de l'expérience religieuse* (1902)

v. 1550 av. J.-C.

Avortement

Égypte ancienne

Interruption volontaire d'une gestation humaine

La conséquence délibérée d'un avortement est d'interrompre la grossesse en expulsant le fœtus ou l'embryon – vivant ou mort – de la matrice. Alors que la fausse couche a des causes naturelles, physiologiques ou accidentelles, l'avortement est un acte spécifique visant à mettre fin à une grossesse.

Il est difficile d'affirmer quand eut lieu le premier avortement. La tradition chinoise relate que, dès le début du IIIe millénaire av. J.-C., l'empereur Shen Nong faisait prendre du mercure à ses concubines pour provoquer leur avortement. Dans ses articles de loi, le *Code de Hammurabi* (v. 1772 av. J.-C.) sanctionne les brutalités ayant entraîné la fausse couche d'une femme. Mais c'est vers 1550 av. J.-C. qu'apparaissent les premières mentions indiscutables de l'avortement, dans le texte du papyrus Ebers. Cet ancien traité médical égyptien fournit, parmi d'autres recettes thérapeutiques, celle d'une potion supposée interrompre une grossesse à n'importe quel stade. Vers 500 av. J.-C., au temps des Grecs et des Romains, l'avortement s'était répandu au point que, selon certains, sa fréquence aurait provoqué l'extinction du silphium, plante fort utilisée pour le déclencher.

« Semblablement, je ne remettrai à aucune femme un pessaire abortif. »

Serment d'Hippocrate

La médecine moderne a rendu l'avortement plus sûr et des lois désormais l'autorisent, au moins dans la majorité des pays développés. Mais les questions qu'il pose continuent d'alimenter un débat tumultueux : d'un point de vue moral ou éthique, l'avortement est-il acceptable ? Jusqu'à quel stade du développement de l'embryon ? Qui en décide ? Ces questions très actuelles sont aussi vieilles que la pratique elle-même. **MT**

Statue d'un enfant mort suite à un avortement ou à une fausse couche, temple Hase Dera de Kamakura, Japon.

v. 1550 av. J.-C.

Régulation des naissances

Égypte ancienne

Maîtrise de la fertilité humaine afin d'éviter les grossesses

Un grand nombre de méthodes éliminent ou réduisent la probabilité d'une fécondation suite à un rapport sexuel : abstinence totale ou périodique, *coitus interruptus*, contraception, avortement ou stérilisation. Ces pratiques sont anciennes, mais c'est l'infirmière américaine Margaret Sanger (1879-1966) qui leur donna le nom global de contrôle des naissances. Elle fonda la première clinique des États-Unis dédiée à la question et fut à l'origine du planning familial.

Les plus anciennes descriptions de méthodes contraceptives remontent à l'Égypte du XVIe siècle av. J.-C. : le papyrus Ebers explique comment mélanger des dattes, de l'acacia et du miel, pour étendre la pâte obtenue sur de la laine afin d'en faire un pessaire contraceptif. Une autre méthode, celle du condom (préservatif) date de la même période. Jusqu'en 1839, les condoms furent fabriqués à partir d'intestins d'animaux. Le caoutchouc vulcanisé prit ensuite le relais.

« La contraception est le premier pas d'une femme vers la conquête de sa liberté. »

Margaret Sanger, pionnière sociale américaine

Parmi les modes de contraception apparus au XIXe siècle figurent aussi le diaphragme et la cape cervicale. La stérilisation, vasectomie pour les hommes et occlusion des trompes pour les femmes, date de la même époque. Répandu à partir des années 1960, le contraceptif oral (la « pilule ») libéra la sexualité.

La contraception repose essentiellement sur des motivations personnelles, depuis la santé de la femme jusqu'à l'assouvissement sans entraves du désir sexuel en passant par le choix d'un mode de vie sans enfants. Comptons aussi les inquiétudes concernant l'avenir de notre planète qui, selon certains démographes, comptera en 2100 seize milliards d'habitants. **GL**

v. 1550 av. J.-C.

Anesthésie

Moyen-Orient

Méthode réduisant efficacement la douleur durant une intervention chirurgicale

L'usage des anesthésiques remonte aux environs du XVe siècle av. J.-C., avec l'utilisation de l'opium tiré du pavot, au Moyen-Orient et sur les côtes orientales de la Méditerranée. Les manuscrits de l'Empire arabe relatent abondamment l'utilisation de préparations narcotiques – avalées ou inhalées – permettant d'endormir le patient durant une opération chirurgicale.

Au début du XVIIIe siècle, le chimiste britannique Humphry Davy (1778-1829) décrivit le premier les vertus anesthésiantes du protoxyde d'azote, observant que son inhalation déclenchait l'euphorie. Il fallut encore 40 ans pour que ce gaz trouve une utilisation généralisée dans les salles de chirurgie, mais les jours de certaines vieilles conceptions – la souffrance fait partie intégrante de la vie, elle est la punition divine infligée aux femmes durant l'enfantement, elle purifie les cœurs mauvais, etc. – étaient comptés.

« Cet état doit être nommé anesthésie, du mot signifiant "insensibilité". »

William T. G. Morton, pionnier de l'usage de l'éther

Si le protoxyde d'azote a été découvert par le savant britannique Joseph Priestly en 1772, ce fut bien Davy qui suggéra de l'utiliser pour soulager la douleur et le traumatisme des patients couchés sur la table d'opération. Il écrit : « Comme le protoxyde d'azote, envisagé dans ses effets les plus vastes, semble capable d'annihiler la douleur physique, il peut sans doute être avantageusement utilisé durant les opérations chirurgicales… » Si les autres travaux qui captivaient cet esprit curieux (de la pile voltaïque à l'invention d'une lampe de sécurité destinée aux mineurs) le détournèrent ensuite de cette voie, sa recherche fructueuse d'un anesthésique chirurgical d'usage universel marqua d'une pierre blanche le long et ardu chemin menant à la médecine moderne. **BS**

v. 1500 av. J.-C.

Régicide

Babylone

Mise à mort d'un souverain pour des motifs politiques, sociaux ou personnels

Le régicide est illustré, tout au long de l'histoire, par une cohorte de souverains (rois, empereurs, pharaons) mis à mort par un assassin, une conjuration ou un peuple. À Babylone vers 1500 av. J.-C., lors de la fête annuelle des Sacaea, un roi fantoche choisi parmi les condamnés régnait cinq jours, usant des prérogatives et du harem royaux. Puis il était exécuté. Sa mort, symbolique de celle du roi censé périr et renaître chaque année, était offerte en sacrifice au dieu sumérien Tammouz.

Le régicide a souvent servi à faire changer le pouvoir de mains. L'histoire de l'Empire romain (27 av. J.-C.-476 ap. J.-C.) en offre maints exemples, tel le meurtre de l'empereur Caligula en 41, assassiné par sa garde prétorienne. Au moins 50 empereurs romains connurent un sort semblable. Le nom et l'adjectif « régicide » commencèrent d'être utilisés au XVIe siècle, lorsque le pape Sixte V en affubla Élisabeth Ire, après que celle-ci eut fait exécuter Marie Stuart, reine d'Écosse. Moins d'un siècle plus tard, à la suite de la Première révolution anglaise (1642-1646), la décapitation de Charles Ier fit de celui-ci la victime d'un des plus fameux régicides de l'histoire.

« J'ai peur de penser à ce que j'ai fait. Regarder cela encore ! Je n'ose pas ! »

William Shakespeare, *Macbeth* (1606)

Les régicides ne se réduisent pas au passé lointain. Ceux du XXe siècle concernent Alexandre Ier de Yougoslavie, assassiné en 1934 par un membre d'une organisation révolutionnaire, et Faisal II d'Irak, exécuté en 1958 avec sa famille sur ordre du colonel Abdul Karim Qasim.

Les conflits idéologiques incarnés par ces actions sanglantes, et les jeux de pouvoir qui les sous-tendent, ne sont pas moins significatifs des fonctionnements du monde moderne qu'ils ne le furent dans l'histoire. **LWa**

Enluminure du XIIe siècle dépeignant le massacre d'un roi et de sa suite.

Vne chose ne
weul ie mie
laissier adire

v. 1500 av. J.-C.

Exorcisme

Babylone

Rituel destiné à chasser les forces maléfiques du corps d'une personne possédée

L'exorcisme est une pratique réputée chasser les esprits malins, les démons ou le Diable lui-même hors d'une personne, d'un objet ou d'un endroit. La possession démoniaque est un concept ancien, et des pratiques de même ordre que les exorcismes chrétiens ont été identifiées dès le IIe millénaire av. J.-C., chez les Babyloniens de Mésopotamie. Depuis lors, la plupart des religions du monde ont développé leurs propres rituels spécialisés. Bien que ceux-ci diffèrent en fonction des méthodes et des croyances, ils visent tous à débarrasser une personne, un lieu ou un objet d'un mal religieux ou métaphysique.

En Occident, cette notion est très fortement associée à l'Église catholique romaine. Les instructions relatives aux exorcismes de cette confession sont consignées dans la section XIII du *Rituale romanum* : l'ouvrage détaille les actions d'exorcisme que pouvaient entreprendre un diacre ou un prêtre catholique, et c'est dans le monde entier que de tels rituels se sont déroulés. Ces pratiques fleurirent surtout aux XVe et XVIe siècles, généralement associées aux procès en sorcellerie. Aujourd'hui, seul un prêtre catholique ayant obtenu l'autorisation de l'évêque local peut les effectuer. L'Église soutient d'ailleurs que les cas authentiques de possession sont très rares. Avant de pratiquer un exorcisme, le prêtre doit se livrer à un examen rigoureux de la personne prétendument possédée, afin de déterminer si celle-ci ne présente pas des symptômes de maladie mentale, schizophrénie, psychose ou trouble de la personnalité multiple.

D'un point de vue scientifique, il est admis que tous les exemples de possession démoniaque relèvent de l'un des cas susmentionnés. Néanmoins, au cours des années 1960-1970, le nombre d'exorcismes effectués a crû de 50 %. Si *L'exorciste*, film américain de William Friedkin (1973), a encouragé cette multiplication, elle témoigne aussi de la survivance, dans notre monde moderne, de croyances millénaires. **LWa**

Scène d'exorcisme ornant les fonts baptismaux de la cathédrale de Modène, Italie (XIIIe siècle).

v. 1500 av. J.-C.

Zéro
Babylone

Le symbole qui a révolutionné la pratique et la recherche mathématiquess

« Zéro », représenté par le symbole « 0 », est devenu si quotidien que nous avons du mal à imaginer un monde d'où il aurait été absent. Pourtant, il ne figure que depuis peu de temps parmi les outils de l'humanité.

Si l'utilisation d'un symbole du néant n'a rien de neuf, ce fut une autre affaire que de le représenter de façon satisfaisante. Au IIe millénaire av. J.-C., les Babyloniens décidèrent que pour écrire ce « rien », il leur suffisait de ménager un espace vide. Mais la méthode laissait place aux erreurs et aux mauvaises interprétations, aussi prirent-ils ensuite l'habitude de représenter zéro par deux traits en diagonale sur leurs tablettes d'argiles – soit pour indiquer une quantité nulle, soit pour leur faire tenir le rôle de marque substitutive : c'est ainsi qu'aujourd'hui, lorsque nous écrivons « cent » sous la forme « 100 », les deux zéros indiquent que la quantité représentée ne comporte ni dizaines ni unités.

Au VIIe siècle, le mathématicien indien Brahmagupta (v. 598-665) définit des règles permettant d'utiliser le zéro comme un nombre, et plus seulement comme une marque substitutive. Les Indiens inclurent l'innovation dans leur système numérique binaire originel et en conservèrent l'usage lorsqu'ils passèrent au système numérique décimal, aujourd'hui universellement utilisé.

Le système décimal et le rôle qu'y jouait le zéro, comme nombre et comme marque substitutive, furent empruntés aux Indiens par les Arabes. Il pénétra en Occident vers le XIIe siècle, par une traduction – celle d'un traité d'arithmétique rédigé par le mathématicien persan Al-Khwarizmi. L'utilisation du zéro souleva des controverses au sein des églises : les clercs se demandaient s'il était recevable d'attribuer une valeur à quelque chose d'inexistant et s'en tinrent aux chiffres romains (I, II, III, IV, V, etc.) d'où le zéro était absent.

Dans le monde moderne, le zéro est devenu universel. Mais curieusement, il ne figure pas au calendrier occidental qui, passe de l'an 1 av. J.-C. à l'an 1… **GL**

↑ Tablette d'argile de Dilmun (v. 1450 av. J.-C.) utilisée pour calculer le salaire des travailleurs forcés.

v. 1500 av. J.-C.

Fin du monde

Religion zoroastrienne

Théorie conférant à l'ordre actuel de notre monde un statut éphémère

Le concept de fin du monde ne concerne généralement pas la disparition de l'univers, mais plutôt celle de l'ordre du monde tel que nous le connaissons. Il émane à l'origine de la religion zoroastrienne, née vers 1500 av. J.-C., mais son expression la plus riche de conséquences pour le monde occidental fut l'Apocalypse de Jean de Patmos, rédigée vers la fin du Ier siècle.

Le concept de fin du monde, fondamentalement d'essence religieuse, a suscité une branche de la théologie nommée eschatologie. Il se retrouve dans nombre de traditions religieuses, hindouisme, mythologie nordique, judaïsme, islam et christianisme. Ces traditions divergent quant aux événements qui adviendront après la fin du monde. Celle-ci préludera soit à un nouveau cycle de l'histoire (mythologie nordique), soit à l'établissement d'un ordre parfait et stable sur la terre comme au ciel (annoncé par l'Apocalypse). Ces croyances associent en général la fin du monde au jugement et à la rédemption ; l'événement sera annoncé par des prophéties et des révélations, et il appartiendra aux sages soucieux de leur destin de faire pénitence et de régler leurs actes en fonction des attentes de leur juge divin.

> *« Dieu nous envahira… à cet instant, ce sera la fin du monde. »*
>
> **C. S. Lewis, *Les Fondements du christianisme* (1942)**

Encore répandues, les formes religieuses de l'eschatologie reçoivent toute l'attention des médias dès qu'un groupe de croyants clame que les temps sont proches. L'eschatologie imprègne la pensée séculière, essentiellement socio-économique : l'œuvre de Karl Marx prédisant l'effondrement du capitalisme et celle de Francis Fukuyama, la fin de l'histoire, en procède. Et le concept demeure une véritable mine pour la littérature et les arts, au premier rang desquels le cinéma. **GB**

Les sept anges de l'Apocalypse annonçant la fin du monde, gravure colorisée d'Albrecht Dürer (v. 1490).

v. 1500 av. J.-C.

Expiation

Ancien Israël

Repentance pour une mauvaise action manifestée par un sacrifice

Demander le pardon de fautes commises envers la morale ou la loi est une pratique présente dans toutes les sociétés connues, passées ou présentes. Son expression la plus significative est sans doute l'expiation, concept ancien qui figure déjà dans les versions orales de la bible hébraïque, la Torah (v. 1500 av. J.-C.). L'expiation désigne un sacrifice marqué par le repentir et destiné à obtenir de la divinité le pardon des péchés.

La pratique fut institutionnalisée par le Lévitique, le troisième des cinq livres de la Torah. Dans le calendrier religieux juif, son moment fort est Yom Kippour, le jour de l'expiation, que Yahvé ordonna à Moïse d'instituer. Certains exégètes affirment que Yom Kippour célèbre le retour de Moïse, chargé des Tables de la Loi, du sommet du mont Sinaï et glorifie le pardon accordé par Dieu à son peuple après que celui-ci ait sombré dans l'idolâtrie en adorant le Veau d'or. Dans les traditions hébraïques, puis juives, l'expiation est associée à tout sacrifice destiné à obtenir le pardon de fautes commises envers Dieu, mais non envers les hommes. La crucifixion de Jésus-Christ fit entrer ce second aspect de l'expiation dans la tradition chrétienne : les théologiens associèrent la mort de Jésus aux sacrifices institués par le Lévitique, en particulier celui de la Pâque.

> *« Si un* kofer *[rançon, argent de l'expiation] lui est imposé, il devra donner… »*
>
> **Torah (bible hébraïque), Chemot (Exode) XXI, 30**

À mesure que la tradition chrétienne gagna l'Occident, le concept d'expiation modela la perception théologique et philosophique du péché et de la faute. À terme, « expiation » commença de désigner toute mortification spirituelle ou physique, toute peine ou toute repentance ayant une valeur compensatoire et visant à en obtenir le pardon. **JW**

v. 1500 av. J.-C.

Athéisme

Inde ancienne

Opinion selon laquelle Dieu, sous quelque forme qu'on le conçoive, n'existe pas

On peut définir l'athéisme comme l'ensemble des idées et des théories, voire des opinions, professant la non-existence de toute divinité. Ce refus de croire en Dieu – ou aux dieux – s'accompagne souvent d'un refus égal du surnaturel. L'être humain qui aurait le premier formulé la notion d'athéisme reste encore à identifier. Néanmoins, ce sont les *Védas*, les plus anciens textes sacrés de l'hindouisme (rédigés en Inde entre 1500 et 500 av. J.-C.) qui les premiers font référence au rejet de la notion de divinité. Dans le monde occidental, c'est un disciple de Démocrite, le philosophe et poète grec Diagoras de Mélos (actif au ve siècle av. J.-C.), qui fut sans doute le premier athée à exprimer ses opinions sans ambages : sa franchise le contraignit à fuir Athènes. Le terme « athée » fut également appliqué aux premiers chrétiens, qui refusaient de croire aux dieux et aux déesses peuplant le Panthéon romain. Néanmoins, les affirmations publiques de la non-existence de toute divinité ne purent se généraliser sans danger pour qui les professait, qu'après la Révolution française (1789-1799). Aujourd'hui, l'athéisme est banalisé par de nombreuses nations, même si le pourcentage représenté par ses disciples au sein d'une population donnée est délicat à estimer précisément.

« L'homme est-il une erreur de Dieu ou Dieu, une erreur de l'homme ? »

Friedrich Nietzsche, philosophe

L'existence supposée d'agents surnaturels est souvent liée à des interrogations fondamentales. Qui a créé l'univers ? Comment y sommes-nous apparus ? L'athéisme n'a rien d'homogène, mais l'ensemble hétéroclite de doctrines et d'opinions rangées sous sa bannière cherche à répondre à ces questions sans invoquer l'intervention initiale d'une divinité. **MT**

v. 1500 av. J.-C.

Agnosticisme

Inde ancienne

Opinion selon laquelle il est impossible de s'assurer de l'existence de Dieu

L'agnosticisme professe que l'humanité est incapable de déterminer l'existence ou la non-existence de Dieu ainsi que celle des phénomènes surnaturels supposés accompagner ceux-ci. Si les croyants admettent cette existence et si les athées la refusent, les agnostiques estiment qu'il est impossible de se prononcer à son sujet. Selon le biologiste britannique Thomas Huxley (1825-1895), qui en précisa le concept et le nomma en 1869, l'agnosticisme désigne au sens large la méthode par laquelle l'humain utilise son intellect pour adhérer à, ou rejeter, toute croyance particulière. Mais dès avant le xixe siècle, l'idée elle-même existait depuis plusieurs millénaires. Le premier texte connu à le présenter est celui des *Védas*, composé entre 1500 et 500 av. J.-C. : il aborde avec scepticisme la capacité humaine de trancher les questions fondamentales relatives à l'existence. Les philosophes de la Grèce antique émirent des opinions similaires. Le terme inventé par Huxley utilise le *a* privatif du grec, accolé à *gnosis*, « la connaissance ». Le savant, pensant que Dieu est par nature inconnaissable, en inférait qu'aucune personne douée de raison ne pouvait entretenir à son sujet la moindre croyance.

« Qui peut l'assurer ? [...] Personne ne connaît le moment de la création [...] »

***Rig-Véda*, hymnes sacrés de l'Inde ancienne**

À l'époque moderne, l'épithète « agnostique » est souvent utilisée pour qualifier ceux qui se disent incertains de l'existence divine. Mais déterminer cette existence n'est pas un point que l'agnosticisme entend éclairer. Face aux capacités de la compréhension humaine, l'agnosticisme est sceptique. Il pose en corollaire qu'il est immoral de croire en une chose dénuée de fondements, ou de proposer une solution à une question à laquelle il est impossible de répondre. **MT**

Le biologiste agnostique Thomas Huxley (photographié ici en 1895). ➔

Samsara

Inde ancienne

Cycle continu des réincarnations auquel chaque humain prend part

Le *samsara* fut d'abord conceptualisé dans les *Védas*, les premiers chants sacrés de l'Hindouisme, composés en Inde vers 1500-500 av. J.-C. Si le *samsara* est associé à l'hindouisme et au bouddhisme, il figure dans d'autres religions – sikhisme, jaïnisme – et occupe une belle place dans la culture populaire.

Samsara signifie «ensemble de ce qui circule», et le terme se réfère au cycle des renaissances et des réincarnations auquel chaque personne est soumise. Cette succession de vies est régie par le karma de l'individu, somme de ses bonnes ou mauvaises actions. Or, cette suite de renaissances tient de la malédiction, puisque le but ultime de l'homme est d'échapper au cycle, mais elle offre des possibilités d'avancement spirituel qui hâteront le dénouement. L'hindouisme associe ce concept au

« Le plaisir samsarique est comme l'eau salée : plus on en boit, plus on a soif. »

Geshe Sonam Rinchen, *Thirty-Seven Practices of Bodhisattvas* (1997)

système des castes, le *varna,* car vivre selon son propre *dharma* («devoir») influe sur le karma et peut faire renaître la personne au sein d'une caste supérieure, où il lui sera plus facile d'atteindre le *moksha*, état où se réalisent la sortie du cycle et l'union avec Brahman, la réalité ultime.

Pour le bouddhisme, le karma entraîne la réincarnation de l'individu sous l'espèce de six catégories d'êtres : humains, dieux, demi-dieux, animaux, esprits et créatures infernales. Seuls les humains atteignent le nirvana, l'état dans lequel l'ignorance est vaincue et le karma, éliminé : à sa mort, la personne échappera donc au cycle des renaissances. Postulat métaphysique fondamental de l'hindouisme, la réincarnation est la première justification du système des castes qui structure la société indienne depuis des millénaires. **JM**

◧ *Dharmachakra* (« roue de la loi ») symbolisant les six domaines de l'existence dans le samsara (v. 900).

Système des castes

Inde ancienne

Division de la société en quatre catégories héréditaires

Les castes (*varnas*) composent une structure sociale hiérarchisée qui prévaut dans les sociétés hindouistes d'Inde et du Népal. Leur origine remonte aux *Védas*, les plus anciens textes sacrés de l'hindouisme, composés en Inde vers 1500-500 av. J.-C. Les *varnas* forment un thème central de la *Bhagavadgita* (v. 100).

Ce système divise la société en quatre castes héréditaires. Au sommet, les *brahmanes*, ou prêtres. Puis les *kshatriyas*, chefs politiques ou guerriers. Ensuite les *vaishya*, agriculteurs et commerçants. Au bas de l'échelle les *shudras*, serviteurs des autres castes. Ceux qui sont chassés du système deviennent des *dalits*, des intouchables. Le système se fonde sur la notion de karma et de renaissance. Les actions d'une personne durant une vie déterminent ses *gunas* («qualités») dans la suivante :

« Je n'ai plus de caste, plus de croyance, je ne suis plus ce que je suis ! »

Kabîr, poète mystique indien

les *brahmanes* sont caractérisés par l'intellect, les *kshatriyas* par l'action, les *vaishya* par l'action et la dévotion, les *shudras* par la seule dévotion. Ces *gunas* prédisposent une personne à l'exercice d'un type de travail particulier ; or, une société fonctionne bien lorsque les individus qui la composent exercent l'activité qui leur convient. Chaque caste observe sa propre discipline spirituelle : aux *brahmanes* celle de la connaissance, aux *kshatriyas* celle de l'action, aux *vaishya* l'action et la dévotion, et aux *shudras* uniquement cette dernière. Au milieu du XXe siècle, le Mahatma Gandhi s'est élevé contre l'injustice sociale qu'entretenait le système des castes, obtenant la réforme de celui-ci. Mais si la constitution indienne interdit les discriminations fondées sur ce vieil ordre, il joue encore un rôle majeur dans la société. **JM**

Dharma

Inde ancienne

Croyance en l'ordre intrinsèque de l'univers

Sculpture indienne du Ier siècle av. J.-C. représentant les pieds du Bouddha, où sont figurés deux dharmachakras, ou « roues de la connaissance ».

« Le dharma conduit au bonheur, mais le bonheur ne conduit pas au dharma. »

Ramayana **(500-100 av. J.-C.)**

Le concept de *dharma* remonte aux *Védas*, les plus anciens textes sacrés de l'hindouisme, composés vers 1500-500 av. J.-C. On le retrouve dans des œuvres ultérieures, telles l'épopée du *Ramayana* (500-100 av. J.-C.) et la *Bhagavadgita* (v. 100), et d'autres traditions asiatiques le prennent en compte.

Dharma vient de la racine sanskrite signifiant « porter » ou « soutenir ». Pour l'hindouisme, il réfère à l'ordre intrinsèque des choses, tant en termes de lois naturelles que de normes sociales et éthiques. Le karma est la force causale reliant tous les éléments de l'univers, si bien que les actions d'une personne affectent, outre son propre avenir, l'avenir de ses congénères. Il incombe à tous les êtres humains de maintenir l'ordre naturel, manifesté par exemple dans le système des castes régissant la société hindoue. Les actes d'une personne déterminent ses *gunas* (« qualités ») et son *varna* (« caste »). Ceux-ci, à leur tour, conditionnent les obligations morales que cette personne doit remplir face aux autres (*dharma*). Ainsi, dans la *Bhagavadgita,* le *dharma* de *kshatriya* (« guerrier ») qui caractérise Arjuna l'oblige à combattre dans une guerre qu'il ne veut pas livrer.

Pour les bouddhistes, le *dharma* ne réfère pas qu'à l'ordre naturel et moral. Un lien étroit l'unit aux enseignements du Bouddha. Le *dharma* conditionne les tâches que doit effectuer une personne aux stades successifs de sa vie (*ashrama*) : durant sa jeunesse, le devoir de l'étudiant est d'apprendre. Le chef de famille doit travailler au bien de la société. Au soir de leur vie, l'ermite et l'homme ayant renoncé à toutes choses sont censés se concentrer sur leur perfectionnement spirituel. En Inde, le *dharma* est l'un des piliers les plus importants du système hindou des castes. La représentation symbolique du concept, le *dharmachakra* ou « roue du dharma » est frappée au centre du drapeau national. Elle exprime l'importance de la vérité et de la justice, principes fondamentaux dans le gouvernement de la nation. **JM**

v. 1500 av. J.-C.

Méditation

Inde ancienne

Maîtrise spirituelle débouchant sur un nouvel état de conscience

La pratique de la méditation englobe une palette de techniques grâce auxquelles il est possible d'atteindre un autre niveau de connaissance. La méditation peut se focaliser sur nombre de buts différents : conquête de l'équilibre, expérience religieuse, révélation de l'énergie interne, ou relaxation. La méditation consiste en un entraînement de l'esprit et vise à concentrer celui-ci sur un unique point de référence. Dans certaines traditions, la méditation tend à isoler l'esprit de l'influence du corps. D'autres intègrent à la méditation un élément physique, encourageant une action répétitive ou une expression vocale.

Beaucoup de traditions religieuses ont mis au point des pratiques tendant à détacher la personne de son moi immédiat : toutes peuvent être considérées comme relevant de la méditation. Les plus anciennes règles connues concernant la méditation sont consignées dans les *Védas*, le plus vieux texte sacré de l'Inde, composé vers 1500-500 av. J.-C., et dans des écrits bouddhistes anciens, qui présentent cet exercice comme un appui essentiel sur le chemin de l'illumination. Pour le bouddhisme tibétain, la méditation est à la fois la voie de la réflexion intérieure permettant de mieux se connaître et le sentier ultime conduisant à dépasser les limites du moi.

Selon plusieurs traditions, la méditation vise à rasséréner l'esprit, c'est pourquoi ce terme est fréquemment utilisé de nos jours pour désigner un éventail de techniques douces et relaxantes, n'entretenant pas forcément de relation avec la religion. Mais même dans notre monde moderne, la notion de méditation dépasse le plus souvent celle de simple méthode de relaxation. Communiquer avec une réalité outrepassant largement les limites étroites de la conscience exige en bonne logique la transformation de cette dernière. C'est pourquoi, dans la plupart des religions, on trouve certains types de prières dont la pratique se rapproche d'une forme de méditation. **TD**

↑ Bouddha en *dhyani mudra* (posture de méditation). Sculpture du temple de Gal Vihara à Polonnaruwa, Sri Lanka, édifié durant le règne de Parakramabahu (1153-1186), le plus grand des rois cinghalais.

« La méditation est la dissolution de la pensée dans l'éveil éternel. »

Swami Sivananda, maître spirituel indien

v. 1500 av. J.-C.

Chakras

Inde ancienne

Collecteurs d'énergie du corps humain et clés de l'équilibre

Dans les traditions hindouistes et bouddhistes, les *chakras* sont des centres d'énergie correspondant à certains points du corps. Une force non physique étant réputée circuler dans l'organisme, les *chakras* sont situés sur le chemin de cette force. Disposés sur un canal central, les *chakras* sont associés aux fonctions vitales : conscience, vision, communication, santé, digestion, reproduction, instinct de conservation. Selon la version dominante de la théorie, chaque *chakra* correspond à une divinité, à une couleur, à un organe, à un ensemble d'organes et à un mantra (formule qui, répétée, favorise la méditation).

C'est les mantras qui permettent de mettre en phase l'énergie du corps avec le canal central et les *chakras*. Le processus facilite l'accomplissement et l'illumination. Le concept ancien du *chakra* est présent dans les textes et les traditions orales du bouddhisme comme de l'hindouisme : les *Védas* hindous, composés vers 1500-500 av. J.-C., y font référence. La hiérarchie des *chakras* fut introduite au VIIIe siècle par le bouddhisme. Le système, non figé, ne connaît pas d'interprétation dogmatique. À l'intérieur d'une même tradition religieuse, chaque maître peut en professer une vision différente.

> *« L'énergie corporelle s'éveille toujours pour purifier les chakras. »*
>
> **Shri Mataji Nirmala Devi, créatrice du Sahaja Yoga**

Si l'on admet que le corps est un système énergétique, les *chakras* sont essentiels. Deux des cinq plus grandes religions mondiales professent que l'être humain peut faire la paix avec lui-même en prêtant attention aux énergies circulant dans son corps et en s'efforçant de les maîtriser. Les *chakras* sont la clé ouvrant la porte de la force intérieure. **TD**

v. 1500 av. J.-C.

Karma

Inde ancienne

Chaque action humaine porte des conséquences dépassant le cadre d'une vie

Concept clé de l'hindouisme, du bouddhisme et du jaïnisme, le karma est la loi des causalités. Il apparut initialement dans les *Upanishads*, série de textes éclairant les *Védas* (plus anciennes écritures sacrées de l'hindouisme vers 1500-500 av. J.-C.).

Karma signifie « action » en sanskrit et ce concept repose sur un principe : toute action s'entoure d'un ensemble spécifique de causes et d'effets. On peut considérer le karma comme l'archive métaphysique de la qualité morale d'une personne. Le karma est lié au *samsara*, le cycle des réincarnations : en effet, à la mort d'une personne, le karma détermine la nature de sa vie suivante. Le principe est étroitement lié au système hindouiste des castes, car une existence vertueuse garantit la renaissance dans une caste supérieure, d'où il sera plus aisé d'atteindre le *moksha*, la libération finale du cycle des réincarnations. Dans le bouddhisme, où la vie se caractérise par la souffrance, l'élévation spirituelle vise à éradiquer le karma afin d'atteindre le nirvana, état d'annulation totale du karma qui permet d'échapper au cycle des renaissances. Pour le jaïnisme, l'élimination du karma conduit également au *moksha :* échappant au *samsara*, l'être jouit d'une félicité parfaite. Selon l'hindouisme et le bouddhisme, l'accumulation du karma n'est due qu'aux actions délibérées. Selon le jaïnisme, un acte involontaire suffit à l'augmenter.

> *« Fidèle à la loi divine, le karma ne manque jamais de produire ses effets. »*
>
> **Mahatma Gandhi, leader nationaliste indien**

L'importance en Asie de l'hindouisme et du bouddhisme a fait du karma un paradigme fondamental. La doctrine karmique a modelé les croyances spirituelles de nombreuses traditions, dont le sikhisme, le Falun Gong et la théosophie. **JM**

Un *thangka* (peinture sur toile tibétaine) représentant les sept grands *chakras* du corps.

v. 1500 av. J.-C.

Mantra

Inde ancienne

Des mots, des syllabes et des sons pour déclencher l'évolution spirituelle

Pour les pratiquants de l'hindouisme et du bouddhisme, l'un des objectifs prioritaires est la transformation de la conscience par le truchement d'opérations impliquant le corps et l'esprit. Un mantra est la répétition (vocale ou écrite) de syllabes, de mots ou de phrases qui facilitent le processus de cette métamorphose psychique et somatique. Dans certains mantras, les mots eux-mêmes deviennent des agents du processus. Les sons et les mots d'un mantra reflètent une réalité ultime, porteuse d'un sens dépassant l'entendement de la personne qui les prononce. En accomplissant la récitation d'un mantra, l'être humain a la possibilité d'aligner son esprit et sa volonté avec cette réalité ultime. Le mantra le plus connu – et le plus facilement reconnaissable – est la syllabe « Om ». Selon les *Upanishads*, textes philosophiques faisant partie des *Védas* hindous, composés vers 1500-500 av. J.-C., la syllabe « Om » représente la totalité de la création. Tandis qu'il médite, le sujet prononçant cette syllabe peut mieux comprendre à quel point tous les éléments de l'univers sont liés. Les mantras sont aussi très importants dans la tradition bouddhiste, où ils ont dépassé le stade vocal pour investir le langage et les caractères écrits. À mesure que le bouddhisme gagna la Chine, le rôle des mantras écrits dans l'aide à la méditation se fit plus important. Mais, que les mantras soient écrits ou vocalisés, leur répétition permet toujours de s'approcher de la vérité fondamentale qu'ils contiennent.

Le concept de mantra permet de comprendre comment l'esprit d'un individu peut se concentrer délibérément et intégralement sur un objet déterminé. Les mantras jouent un rôle essentiel dans les pratiques religieuses visant à pousser le moi hors des limites de sa propre conscience. Au-delà de ces traditions, le terme s'applique désormais aux phrases ou aux mots répétés à l'envi, surtout s'ils portent un principe directeur ou une vérité essentielle. **TD**

Sur cette pierre *Mani* (Thaïlande) est gravé le mantra bouddhiste d'Avalokiteshvara.

v. 1500 av. J.-C.

Zoroastrisme

Zoroastre (Zarathoustra)

Ancienne religion perse posant le principe de la dualité cosmique

Il est délicat de préciser le moment auquel apparut le zoroastrisme. Au mieux, les chercheurs s'accordent à dater la naissance de cette ancienne religion, sans doute issue du polythéisme perse, à la fin de l'âge du bronze (1500-800 av. J.-C.). La sacralisation du taureau, par exemple, s'est ainsi intégrée au zoroastrisme (et ultérieurement à l'hindouisme). Il en va de même de l'importance accordée aux rituels de purification et à la sanctification du feu – raison pour laquelle les zoroastriens ne brûlent pas leurs morts, mais les font dévorer par des oiseaux.

Zoroastriens et Perses anciens révéraient *asha* (le *rta* de l'hindouisme), dont le concept correspond à celui de vérité ou de loi universelle, essentiellement dans son acception morale. *Asha* était soutenue par trois *ahuras*, « les divinités bénéfiques » : Varuna, Mithra et, la plus importante, Mazda, le seigneur de sagesse.

Se présentant comme le prophète de Mazda, Zoroastre/Zarathoustra – pour lequel il est également impossible d'indiquer des dates et des lieux précis – enseigna une forme de dualisme cosmique régi par l'opposition de deux dieux suprêmes : Ahura Mazda (le bien) et Angra Mainyu (le mal). Ahura Mazda et les deux *ahuras* subalternes livraient une guerre acharnée à Angra Mainyu et à ses *devas* (divinités maléfiques). L'humanité, prise entre les deux adversaires, devait s'allier à Ahura Mazda – non seulement à cause de sa bonté, mais aussi à cause de la certitude de sa victoire finale.

Le zoroastrisme est l'une des plus anciennes religions encore pratiquées. En outre, le zoroastrisme a transmis à l'Islam son rituel de cinq prières quotidiennes, et au bouddhisme tibétain sa pratique de l'exposition des cadavres. Le bouddhisme mahayana lui doit son concept du sauveur universel (Saoshyant ou Maitreya), le gnosticisme et le manichéisme leur conception de la création du monde par un esprit maléfique. Mais l'incidence du zoroastrisme sur les eschatologies juive et chrétienne est plus ardue à documenter. **AB**

↑ Vestiges d'un temple du feu (élément sacré des zoroastriens) à Yazd, en Iran.

v. 1500 av. J.-C.

Anges

Ancien Israël

Êtres immortels ayant statut d'intermédiaires entre Dieu et les hommes

Un être éternel n'a par essence ni commencement ni fin. Dans l'histoire des croyances, seul le dieu des religions abrahamiques peut sans doute prétendre au titre. En effet, nombre de divinités (masculines et féminines) ont une origine, une naissance souvent extraordinaire. Et si, à la différence des humains, leur immortalité les protège du trépas par vieillesse et maladie, elle ne les prémunit pas contre la destruction.

Si l'on se réfère à la tradition orale de la Torah hébraïque (v. 1500 av. J.-C.) et à la Bible chrétienne, les anges jouissent d'un statut analogue à ces divinités : ils sont probablement sexués (si la plupart des anges bibliques ont une apparence mâle, ceux évoqués dans Zacharie V, 9 se présentent comme des « femmes portant des ailes de cigogne »). Ils peuvent être bons ou mauvais

« Un ange de Dieu m'est apparu cette nuit et m'a dit : Paul, ne crains point… »

Bible, Actes XXVII, 23-24

– « ange » désignant communément l'être bénéfique et « démon » l'être maléfique. Surtout, ils jouent un rôle clé, même s'il demeure souvent invisible, dans l'histoire humaine : Satan, un ange déchu, prend la forme d'un serpent pour causer la chute de l'homme, mais le bon ange Gabriel est l'annonceur de la venue du messie.

Entités spirituelles, les anges sont dénués de corps physique, mais ils empruntent une apparence sensible pour se présenter aux humains. Jésus assure que ces derniers seront « comme les anges de Dieu dans le ciel ». Saint Paul, pour sa part, promet aux humains qui rejoindront Dieu un « corps spirituel », suggérant ainsi que dans l'autre vie, le hiatus entre humains et anges sera plus mince que certains – tel le grand angélologue italien Thomas d'Aquin (1225-1274) – se sont plu à l'imaginer. **AB**

v. 1500 av. J.-C.

Adam et Ève

Ancien Israël

Les premiers humains créés par Dieu selon la tradition abrahamique

La tradition orale de la Torah hébraïque (v. 1500 av. J.-C.) et la Bible chrétienne affirment qu'Adam et Ève furent le premier homme et la première femme. La Genèse expose en premier lieu la création du monde, puis s'attache à celle de l'humain : d'abord Adam, que Dieu modèle à partir de la poussière (*adamah* signifie « terre rouge » en hébreu) avant de lui insuffler la vie. Ensuite Ève, formée par Dieu à partir d'une côte d'Adam. Tous deux sont à l'image de leur créateur.

Le consensus veut que le « souffle » et « l'image » divins expriment la nature rationnelle de l'esprit ou de l'âme de ces premiers humains. Comme les anges, les hommes et les femmes sont doués de raison : ils peuvent penser de façon ordonnée. En outre, ils possèdent un libre arbitre, peuvent éprouver des émotions, etc. Ce

« À l'image de Dieu il les créa : il les créa mâle et femelle. »

Bible, Genèse I, 27

sont ces traits (cette « image ») qui distinguent Adam et Ève des animaux, avec qui ils partagent pourtant une enveloppe corporelle de même nature. Égaux sur le plan de ces capacités, Adam et Ève ne le sont pas sur celui des responsabilités. Principe masculin, Adam partage avec Dieu la prérogative du commandement, car il lui incombe de diriger et de protéger Ève, principe féminin.

Les fidèles les plus orthodoxes des religions abrahamiques ne remettant pas en cause l'existence historique d'Adam et Ève, car l'importance de ceux-ci est évidente : en tant que premiers parents, ils représentent les modèles sur lesquels doit se calquer toute l'humanité. Et pourtant – à tout le moins selon la tradition chrétienne –, leur destin personnel préfigure tristement celui de leurs descendants, avec sa cohorte de péchés, d'iniquité et de déchéance, et le grand besoin d'une rédemption. **AB**

← *Saint Mathieu et l'Ange* (1602), tableau du Caravage.

v. 1500 av. J.-C.

Diable

Ancien Israël

Si Dieu incarne le bien, le diable incarne l'absence de bien : le mal

Tiré du grec *diabolos*, le mot « diable » est synonyme de l'hébreu *satan*, « l'adversaire », au premier chef celui de Dieu. Ce concept est évoqué dans les écritures hébraïques, mais les juifs n'assimilent pas le serpent dont la ruse fait chasser Adam et Ève du jardin d'Éden avec l'adversaire de Job ou le tentateur du roi David. Néanmoins, pour les chrétiens, l'Apocalypse XII, 3 et XX, 2 révèle clairement que ce serpent, ou ce « dragon » sont bien le diable. Autorisé par Dieu à se livrer à ses actes maléfiques, il est le « prince de ce monde » (Jean XII, 31) ou le « dieu de ce monde » (Paul II, Corinthiens IV, 4). Les musulmans partagent globalement cette vision.

Que le diable étende son empire sur la terre a probablement à voir avec son statut : il s'agit d'un ange apparemment puissant, déchu après sa rébellion contre Dieu, ayant choisi notre monde comme théâtre de ses actions. Si la Bible évoque rarement son statut d'ange déchu (« Lucifer » n'a probablement rien à voir avec lui), certaines phrases sont explicites. Ainsi, ces anges « qui ont quitté leur propre demeure » dans Jude I, 6 ou dans l'Apocalypse XII, 7-9, « le grand dragon et ses anges » que Dieu a chassés du ciel.

« Le diable est descendu vers vous en grande fureur, sachant qu'il a peu de temps. »

Bible, Apocalypse XII, 12

Le diable est incapable de soumettre à la tentation un grand nombre de personnes à la fois (c'est à tort qu'on lui attribue la faculté d'omniprésence, dont Dieu a l'exclusivité), mais son influence globale est difficile à mettre en doute. Pour des milliards d'humains, il est le symbole du mal – comme le reflètent les expressions du type « c'est diabolique » – en dépit d'un point de vue théologique selon lequel le mal absolu n'existe pas, n'étant que la privation de la bonté naturelle. **AB**

v. 1500 av. J.-C.

Réincarnation

Inconnu

Doctrine selon laquelle tout humain a connu et connaîtra des vies successives

Aussi ancien que répandu, le concept de réincarnation suppose que l'être humain possède une âme capable de s'associer, au fil du temps, à une suite de corps différents. Certaines croyances, tels le bouddhisme et l'hindouisme, affirment qu'il est possible d'échapper à ce cycle par un processus d'illumination. Depuis des millénaires, la notion a joué un rôle clé dans l'hindouisme. Car pour cette religion comme pour le bouddhisme, son dérivé plus récent, la suite continue des naissances, des morts et des renaissances, connue sous le nom de *samsara*, n'a rien d'une bénédiction. Le but ultime des croyants hindouistes et bouddhistes est donc d'échapper au *samsara* par un processus de libération appelé *moksha*. Chez les Grecs de l'Antiquité, la réincarnation apparaît au VIe siècle av. J.-C. dans les travaux de Pythagore puis, au IVe siècle av. J.-C., dans la philosophie de Platon. Quant à l'évangile des chrétiens, on y voit Jésus-Christ affirmer que Jean le Baptiste est bel et bien la réincarnation du prophète Élie (Matthieu XI, 14). Et plusieurs rameaux de l'islam ont également adopté cette notion, particulièrement en Asie du Sud-Est.

« Ne pleure pas. Tout ce que tu perds te reviendra sous une autre forme. »

Djalal-al-Din Rumi, poète et mystique perse

À partir du XIXe siècle, la réincarnation – comme la totalité de la culture asiatique – connut en Occident une popularité considérable. Les ouvrages et les conférences de nombreux maîtres, tels Helena Blavatsky, qui fonda à New York en 1875 la société théosophique, ou Edgar Cayce, ont fait essaimer l'idée que nous avions chacun déjà vécu plusieurs vies. Le général George S. Patton, haute figure de la Seconde Guerre mondiale, répétait à l'envi qu'il avait combattu durant les plus grands conflits de l'histoire. **APT**

La *Kalachakra* (« roue du temps ») symbolise les six étapes du cycle bouddhiste de la réincarnation.

v. 1500 av. J.-C.

Avatar

Inde ancienne

Manifestation ou incarnation d'une divinité sous une forme humaine ou animale

🡅 Miniature indienne du XVIIe siècle montrant Vishnou dans son avatar initial, le poisson. Sous cette forme, le dieu permit au premier homme de survivre au Déluge.

Ce sont les *Védas*, les plus anciens textes sacrés de l'Hindouisme, composés en Inde vers 1500-500 av. J.-C., qui évoquent les premiers le concept « d'avatar ». Plus tard, la *Bhagavadgita* (v. 100) s'attachera en détail à l'*Avataravada* (processus de l'incarnation selon la croyance hindouiste), mais le terme *avatar* proprement dit n'apparaîtra que postérieurement.

Fondamentalement, l'avatar correspond à l'incarnation d'une divinité, mais le terme porte un sens plus général : car les dieux ont la faculté de prendre une forme, quelle qu'elle soit, afin de descendre sur terre pour y combattre le mal. D'ailleurs, le mot sanskrit *avatara* se traduit en français par « descente ». Vishnou, ce dieu hindou si complexe à cerner, est tout particulièrement associé au concept d'avatar et ses incarnations sont innombrables.

Il existe dix avatars majeurs de Vishnou, qui figurent dans tout le corpus des écritures sacrées hindouistes, parmi lesquels le poisson, la tortue, le nain et le sanglier. Mais les deux plus grands avatars de Vishnou sont de forme humaine. Il s'agit de Rama et de Krishna, dont les vies et les aventures sont narrées dans deux textes essentiels, le *Ramayana* (500-100 av. J.-C.) et la *Bhagavad-Purana* (v. 950). Le neuvième avatar de Vishnou serait le Bouddha et le dixième, Kalki. Si celui-ci ne s'est encore jamais manifesté, son apparition est promise pour la fin du Kali Yuga, la présente ère du monde : Kalki restaurera alors, au profit de l'humanité, l'équilibre et la justice.

Comme l'illustre cette attente de la venue de Vishnou sous la forme de Kalki, la notion d'avatar est encore pertinente et significative pour les hindous d'aujourd'hui. Croire à la future manifestation d'un dieu, revenant vers les humains sous un aspect semblable au leur, est un trait commun à nombre de religions du monde, grandes ou petites. Ainsi, l'*Avataravada* aide-t-elle une importante fraction de l'humanité à garder espoir en un avenir meilleur et plus vertueux. **LWa**

« Quelle que soit la forme plaisant à ses dévots, Il l'adopte de bon cœur. »

Vedanta Desika, Sri Vaishnava guru (1269-1370)

v. 1500 av. J.-C.

Égouts

Civilisation minoenne

Infrastructure permettant d'évacuer les déchets humains hors des zones habitées

À l'aube de l'humanité, alors que nos ancêtres menaient une vie de chasseurs-cueilleurs nomades, la gestion de leurs déchets physiologiques posait peu de problèmes, dans la simple mesure où leurs groupes étaient peu fournis, et ne séjournaient guère longtemps sur le même site. Mais au fil du temps, l'abandon du nomadisme au profit de la sédentarité entraîna la formation de villages, de villes, et à terme de cités. Inévitablement, l'accumulation permanente, au même endroit, d'un grand nombre de personnes se traduisit soit par l'accumulation de leurs déchets, soit par la contamination des cours d'eau environnants.

Entre 2500 et 1500 av. J.-C., les populations urbaines de la vallée de l'Indus conçurent et réalisèrent les premières installations sanitaires connues, comprenant des toilettes munies de chasses d'eau, des conteneurs à déchets, et des égouts. Mais c'est à partir de 1500 av. J.-C. que la civilisation minoenne de Crète, et plus largement celles de Méditerranée orientale, se dotèrent de toilettes et établirent des systèmes complets d'évacuation des déchets, en utilisant des tuyaux de terre cuite alimentant de grands collecteurs en pierre. Pourtant, ce furent les Romains qui se dotèrent du plus impressionnant système d'égouts de l'Antiquité. Leur réseau d'aqueducs assurait la distribution de l'eau, celle-ci servant (avec l'eau de pluie) à entraîner le flux des déchets au long des larges égouts couverts de pierre. Après la chute de l'Empire romain en 476, le monde oublia cette technique efficace pour ne la retrouver qu'au XIXe siècle, avec l'établissement d'unités centralisées de traitement des déchets.

L'expansion des établissements humains permanents n'aurait pu survenir sans la création et l'évolution des réseaux d'égouts. Les agglomérations où ceux-ci demeurent embryonnaires s'exposent dangereusement aux épidémies. L'hygiène (parfois relative…) des grandes villes aurait été impossible sans cette idée. **MT**

↑ Vestiges d'un réseau d'égouts de pierre du site minoen d'Aghia Triada, en Crète. Sa ville et sa résidence royale furent édifiées de 1600 à 1100 av. J.-C.

« Les services sanitaires [sont] essentiels à la vie et à la croissance des villes. »

Martin V. Melosi, *The Sanitary City* (2000)

v. 1500 av. J.-C.

Messie

Ancien Israël

Monarque consacré et envoyé par Dieu afin de sauver l'humanité

Le mot hébreu *mashiac* et le mot grec *christos* se traduisent respectivement par « messie » et « christ ». Mais tous deux réfèrent au même concept, celui d'un roi sauveur, d'un grand monarque qui viendra mettre fin aux souffrances des humains. Ainsi, le roi perse Cyrus le Grand est-il qualifié de messie dans la bible hébraïque parce qu'il a autorisé les juifs à quitter Babylone pour retrouver leur patrie.

Si leurs textes respectifs abondent en « messies » et en « christs » de petite carrure, les théologiens des fois juive et chrétienne distinguent ceux-ci du Messie et du Christ. Une ancienne prophétie hébraïque annonce que le Messie sera un roi. Il régnera jusqu'à la fin de l'histoire et établira, pour ceux qu'emplit la crainte de Dieu, une paix durable. Jésus s'est identifié à ce messie, et c'est ainsi que ses fidèles, au lieu de parler de lui comme d'un christ parmi d'autres, le nomment « Jésus, le Christ » ou « Jésus-Christ ». En effet, pour les chrétiens, Jésus possède le profil de l'emploi grâce à sa double qualité de roi terrestre (descendant de David) et de souverain céleste (fils de Dieu) auxquelles se joint son rôle de vainqueur de la mort et de sauveur ultime, puisqu'il a assuré la rédemption de l'humanité.

La notion de messie est cruciale pour les juifs et les chrétiens. Si les premiers attendent toujours sa venue, les seconds sont persuadés qu'après son premier passage terrestre, son retour adviendra à la fin des temps historiques. Selon la foi chrétienne, le Messie est indispensable pour renouer l'alliance des hommes avec Dieu : seul lui a la prérogative royale de représenter tous les peuples et de prendre sur lui, par le biais de son sacrifice, leurs violations de la loi divine.

La notion de messie a inspiré à la culture populaire nombre de types christiques, d'Aragorn dans *Le Seigneur des anneaux* de J. R. R. Tolkien (1954) à Superman. Il a suscité des types antéchristiques, comme Johnny Rotten, chanteur des Sex Pistols… et Satan. **AB**

Peinture du IIe siècle montrant le prophète Samuel sacrant David roi d'Israël.

v. 1500 av. J.-C.

Bouc émissaire

Ancien Israël

Individu choisi pour porter au nom de tous la responsabilité d'une faute commune

Depuis que s'écrit l'histoire, l'homme a offert des sacrifices à sa divinité – que celle-ci soit multiple ou unique. Il s'agissait la plupart du temps de rituels d'apaisement : par leur sacrifice, les humains favorisaient la réconciliation avec la divinité, dont ils pouvaient à nouveau espérer les faveurs. À partir de 1500 av. J.-C., les anciennes populations juives adoptèrent le rituel du bouc émissaire. Autrement dit, ils chargeaient symboliquement un bouc de tous les péchés de la communauté et le chassaient ensuite hors du campement pour exprimer à Dieu à quel point ses fidèles regrettaient leur mauvaise conduite. Ce faisant, ils s'intégraient à l'ensemble des nombreux peuples versés dans cette pratique, qui fleurirent au fil de l'histoire.

En effet, si le nom et la pratique sont typiques des anciens Hébreux, ceux-ci n'en ont pas eu l'exclusivité. Les Grecs de l'Antiquité, par exemple, parlaient de *pharmakos* à propos d'une personne choisie pour prendre sur elle les désordres de la cité. On l'en chassait – ou on la tuait – afin de plaire aux dieux. Autre différence des deux pratiques, celle de la qualité des victimes. Les Hébreux choisissaient les plus beaux animaux pour en tenir le rôle. Les Grecs, eux, tiraient du lot des éclopés, des esclaves ou des condamnés.

Les écritures chrétiennes, qui dénomment Jésus « l'agneau de Dieu » – c'est-à-dire l'innocent mourant pour racheter les péchés de la multitude – offrent encore un exemple de cette riche tradition d'apaisement et d'expiation dont le bouc émissaire est un pilier. Néanmoins, alors que l'animal ne peut pas laver littéralement les péchés du groupe humain, alors qu'aucun infirme ni aucun condamné ne s'est jamais porté volontaire pour assumer le rôle, Jésus est aux yeux des chrétiens la parfaite victime : lui-même d'essence divine, il s'offre à Dieu délibérément. C'est sans doute la tradition chrétienne qui a contribué le plus à la perpétuation dans les cultures contemporaines de l'idée de bouc émissaire. **AB**

↑ *Le bouc émissaire* (1854), de W. H. Hunt, s'est inspiré de l'étude de la Bible.

v. 1500 av. J.-C.

Millénarisme

Religion zoroastrienne

Attente des bouleversements du monde prévus à l'issue d'un millénaire

Au sens strict, le terme « millénarisme » désigne une croyance partagée par une communauté humaine, selon laquelle la fin des temps surviendra au tournant du prochain millénaire et sera suivie par une période particulière que marqueront la paix, l'abondance et la concorde. Mais au sens large, ce nom peut parfaitement désigner une croyance commune en l'imminence de la fin du monde. Dans la tradition chrétienne, le millénarisme est sous-tendu par la croyance en un jugement universel, où Dieu récompensera les bons et punira les méchants.

Les convictions millénaristes accompagnent l'humanité depuis l'aube de l'histoire. Leur concept est apparu dans les enseignements de la religion zoroastrienne, née vers 1500 av. J.-C. ; depuis, elles se sont intégrées à des systèmes de croyances aussi divers que le bahaïsme et le mormonisme. C'est souvent à ses débuts qu'une nouvelle religion voue au millénarisme le culte le plus fort. Celui-ci se tempère ensuite, à mesure que la religion en question trouve dans la société des assises plus stables.

« Il jeta [Satan] dans l'abîme jusqu'à l'accomplissement des mille ans. »

Bible, Apocalypse XX, 3

Le millénarisme assouvit sans doute un besoin psychologique particulier de l'espèce humaine : l'exigence d'une justice punitive. Il permet également de concentrer l'attention du groupe sur les sujets consensuels, et sert peut-être aussi à frapper de terreur les cœurs de ses membres qui, sans la perspective d'un tel jugement, se laisseraient aller à commettre des actes immoraux ou criminels. Point plus important, néanmoins, le millénarisme peut être compris comme une forme extrême de changement révolutionnaire : une sorte d'impulsion progressiste capable de vaincre ce conservatisme qui marque l'essentiel de l'histoire humaine. **JS**

v. 1350 av. J.-C.

Monothéisme

Égypte ancienne

Croyance en un dieu éternel, maître et créateur de la totalité de l'univers

Le monothéisme est une idée selon laquelle il n'existe qu'un dieu unique et éternel. Le concept est apparu vers 1350 av. J.-C., lorsque le pharaon Akhenaton décréta que le peuple égyptien réserverait désormais son culte au soleil, au détriment de la cohorte de divinités qu'il adorait jusqu'alors.

Il existe aujourd'hui deux formes de monothéismes : le théisme, qui considère le dieu unique et suprême comme totalement impliqué dans sa création et entretenant une relation privilégiée avec le genre humain ; et le déisme, qui attribue au dieu une attitude moins personnelle et plus distanciée. La plupart des monothéistes sont théistes, en particulier s'ils adhèrent aux religions abrahamiques. Selon les traditions de celles-ci, les premières fois humaines étaient monothéistes. Au fil de l'histoire, elles se sont dégradées, morcelant l'identité et la puissance du dieu unique en une myriade de fragments, chacun attribué à une divinité particulière. Ainsi serait né le polythéisme, qui suppose la multiplicité des dieux. Durant leur phase de structuration, ces monothéismes ne niaient pas l'existence d'autres divinités : simplement, celles-ci étant inférieures au dieu adoré par leur peuple, aucun culte ne devait leur être rendu. Aujourd'hui, les trois monothéismes abrahamiques sont divisés quant à la nature du dieu : le judaïsme et l'islam considèrent qu'il s'agit d'« une personne et une substance » alors que le credo du christianisme porte sur « trois personnes et une substance ». De ses balbutiements au Proche-Orient et en Égypte jusqu'à son développement actuel, le monothéisme a pesé d'un poids considérable sur l'évolution des religions et des philosophies. **AB**

« Au commencement, Dieu créa le ciel et la terre. »

Bible, Genèse I, 1

L'archange saint Michel pesant les âmes au jugement dernier. Retable de Beaune (France, v. 1449).

v. 1300 av. J.-C.

Héros

Grèce antique

Être valeureux accomplissant de hauts faits au service du bien

🅐 Sur cette mosaïque romaine, le héros grec Thésée affronte le Minotaure, un féroce monstre humain à tête de taureau.

Le terme « héros » est la transcription d'un mot grec désignant un combattant valeureux, mais l'idée est plus ancienne que ce terme dont l'une des premières apparitions figure dans *L'Iliade* et *L'Odyssée* d'Homère, probablement composés au VIIIe siècle av. J.-C. Ces poèmes s'inspirent d'événements survenus vers 1300-1150 av. J.-C.

En Grèce comme dans la plupart des autres cultures, les premiers héros de l'Antiquité furent des dieux ou des demi-dieux confrontés à des ennemis invincibles ou à des tâches colossales. Le dieu babylonien Mardouk combat Tiamat, la déesse primordiale, et le dragon devient son animal sacré. Le demi-dieu grec Héraclès (Hercule chez les Romains) effectue douze travaux extraordinaires : ainsi, il tue l'Hydre de Lerne, dont les têtes tranchées repoussaient sans cesse, et s'empare de la ceinture d'Hippolyte, reine des Amazones. Ces exploits lui valent le titre de héros.

Dans toutes les cultures, le héros est un guerrier paré d'une vertu, le courage. Mardouk et Hercule – dont l'intrépidité n'est pas toujours mise au service de causes morales – la partagent, mais leurs visées sont différentes : Hercule cherche la gloire et Mardouk, le pouvoir. Au fil du temps, une idée s'imposa. Outre la bravoure, un héros véritable devait posséder le sens de la justice, voire celui de l'amour sacrificiel. À terme, il fut admis qu'un vrai guerrier ne devait pas être contraint de toujours livrer des combats concrets. Pour le christianisme, Jésus doit certes son statut de héros à ses batailles spirituelles contre le diable et la mort, mais surtout au fait qu'il ait combattu au nom du droit et de l'amour.

Des chevaliers de la Table ronde à Superman ou Batman, les héros occidentaux ont suivi ce chemin. En Chine, Yue Fei (1103-1142), un général invincible, fut un exemple de loyauté. Il paya celle-ci de sa vie. On édifia un temple en son honneur et Yue Fei est toujours un modèle de vertu dans la culture chinoise. **AB**

« Qu'est-ce qui fait un héros ?
Le courage, la force, la morale,
la résistance face à l'adversité ? »

Fédor Dostoïevski, *Les Carnets du sous-sol* (1864)

Pâque

Moïse

Un épisode biblique chargé de symboles pour les juifs comme les chrétiens

Vers la fin de l'âge de bronze (1500-800 av. J.-C.), les Hébreux (le «peuple élu» de la Bible) étaient réduits en esclavage en Égypte. L'«exode», leur fuite hors du pays, a probablement eu lieu aux alentours de l'an – 1250.

Selon le Livre de l'Exode, Dieu infligea successivement dix «plaies» de plus en plus sévères aux Égyptiens, afin de persuader Pharaon de libérer les Hébreux. La dixième, la plus terrible, consistait en la mort de tous les premiers-nés mâles, humains et animaux, qui ne seraient pas à l'abri derrière une porte ornée d'une marque spécifique.

Ceux qui, en revanche, auraient badigeonné leur porte du sang d'un agneau selon la prescription divine verraient leur enfant épargné. Lorsque le fils aîné du pharaon périt, celui-ci consentit à libérer les Hébreux.

La Pâque juive est également appelée «fête des azymes» car, la nuit précédant cette dixième plaie (entre le 14e et le 15e jour du mois de *nissan*, au début du printemps), les Israélites avaient reçu instruction, en prévision du départ, de rôtir un agneau et de cuire du pain azyme (sans levain).

La fête des azymes, qui dure entre sept et huit jours et est aujourd'hui encore la plus célébrée du calendrier juif, commémore ces événements. Après la destruction du temple de Jérusalem, en 70, les Hébreux cessèrent toutefois de sacrifier l'agneau pascal pour *Pessah* (Pâque, en hébreu).

Les chrétiens fêtent également Pâques (au pluriel), qui marquent pour eux la délivrance du péché par le sacrifice de Jésus, l'«agneau immolé». Selon les évangiles synoptiques (Matthieu, Marc et Luc), Jésus et les apôtres fêtaient la Pâque lors de la Cène, le dernier repas. Les célébrations eucharistiques sont ainsi très riches en signification. **AB**

↑ Des Juifs orthodoxes de Jérusalem choisissent le *matzoth*, le pain azyme, qui sera mangé pour la Pâque. On le consomme traditionnellement le premier jour de la fête.

« On prendra de son sang, et on en mettra sur les deux montants et le linteau de la porte des maisons où on le mangera. »

Bible, Exode, XII, 7

v. 1250 av. J.-C.

Code alimentaire

Moïse

Directives religieuses pour la préparation et la consommation de nourriture

Les règles de préparation et de consommation des aliments occupent une grande place dans bien des traditions religieuses. Chez les juifs, les commandements alimentaires divins, transmis par les prophètes (comme Moïse sur le mont Sinaï), constituent une partie essentielle des enseignements de la Torah. C'est sur la base de cette tradition que chrétiens et musulmans ont à leur tour élevé leurs propres édifices de règles édictant ce que les croyants avaient le droit de manger, et comment.

Dans la tradition juive, le code alimentaire est appelé le *cacherout* ; toute préparation qui s'y conforme est *cachère*. Comme chez les chrétiens et les musulmans, ce code contient à la fois des règles d'hygiène et des interdictions portant typiquement sur « les animaux impurs »,

« Ceux qui sont dépourvus de nageoires et d'écailles : vous les regarderez comme impurs. » **La Bible, Deutéronome 14:10**

le porc, les fruits de mer et les animaux qui n'ont pas été tués pour la consommation. Dans les traditions juive et musulmane, aux lois issues des textes religieux s'ajoutent d'autres instructions.

Les traditions religieuses orientales ont également leurs codes. L'hindouisme prône un régime végétarien et prohibe la consommation de bœuf, animal sacré. Le jaïnisme adopte aussi le végétarianisme en raison de son credo fondamental, la non-violence.

Des découvertes récentes en matière de diététique peuvent permettre de donner une justification à ces codifications religieuses. Celles-ci ont, en effet, mis en évidence de nombreux liens entre la salubrité des modes de consommation et les règles alimentaires éditées par les religions. **TD**

v. 1250 av. J.-C.

Dix commandements

Moïse

Une liste de principes éthiques donnés par Dieu à l'humanité

Les dix commandements, qu'on appelle aussi « le décalogue », sont un ensemble de principes éthiques que Dieu aurait transmis à Moïse sur le mont Sinaï au XIIIe siècle av. J.-C. Ils tiennent une place à part parmi les 613 autres commandements des premiers livres de la Bible, d'une part par la façon dont ils ont été transmis (directement écrits par Dieu), et d'autre part, par leur caractère intemporel. Rapidement résumés, ils s'énoncent ainsi : 1) Tu n'auras pas d'autres dieux, 2) Tu ne vénéreras pas d'idoles, 3) Tu ne prononceras pas le nom de Dieu en vain, 4) Souviens-toi du jour de repos, 5) Honore tes parents, 6) Tu ne tueras point, 7) Tu ne commettras pas d'adultère, 8) Tu ne voleras point, 9) Tu ne donneras pas de faux témoignage, 10) Tu ne convoiteras point. Dans les Évangiles, Jésus affirme qu'on peut

« En dix phrases, les dix commandements expriment l'essentiel de la vie. »
Krzysztof Kieslowski, réalisateur

les résumer à ces deux-là : aime Dieu par-dessus tout, et aime ton prochain comme toi-même ; mais certains les résument encore ainsi : sois juste, c'est-à-dire traite ton supérieur comme tel (Dieu), ton égal comme un égal (les humains), et tes subordonnés comme des subordonnés.

Quelle qu'en soit la version, aucun des dix commandements n'est spécifique aux anciens israélites et on en trouve des variantes dans la plupart des religions. On invoque parfois la loi naturelle pour expliquer leur présence universelle, ou bien quelques principes généraux de justice, connus de tous, si bien que certains y voient les dons d'une divinité. Cette universalité du message montre l'importance des dix commandements parmi les règles de vie de tout un chacun. **AB**

Tableau du XVIIe siècle peint par Jacques de Létin représentant Moïse et les dix commandements. ➔

ESCOVTE,
ISRAEL
TON DIEV QVI
DE LA TERRE
DÆGIPTE DE LA
DE SERVITVDE
TV NAVRAS POINT
DAVTRE DIEVX DEVANT MOY
TV NE TE FERAS
IDOLLE TAILLEE NE SEMBLANCE
QVELCONQVE DES CHOSES
QVI SONT LA SVS AV CIEL,
NI EN LA TERRE ICY BAS, NY ES
EAVX DESSOVS LA TERRE, TV
NE LES ADORERAS POINT
ET NE LES SERVIRAS: CAR IE
SVIS LE SEIGNEVR TON DIEV,
FORT IALOVX, VISITANT
LINIQVITE DES PERES SVR
HONORE
TON PERE, ET
TE DONNERA
TV NE TVERAS POINT
TV NE FERAS POINT
ADVLTERE
TV NE DESROBERAS
POINT
TV NE DIRAS POINT
FAVX TESMOIGNAGE
CONTRE TON PROCHAIN
TV NE CONVOITERAS
POINT LA MAISON DE TON
PROCHAIN NE SA FEMME
NE SON SERVITEVR NE SA
SERVANTE NE, SON BŒVF
NE SON ASNE NAVCVNE
CHOSE QVI SOIT A LVY
EXOD·XX·
CES PAROLES
QVE IE TE COMMANDE
AVIOVRDVY SERONT
EN TON COEVR ET TV
LES RECITERAS A TES
ENFANS ET I PENSERAS
QVAND TV DEMEVRERAS
EN TA MAISON ET QVAND
TV CHEMINERAS EN
LA VOIE QVAND TV
TE COVCHERAS ET
QVAND TV TE LEVERAS
ET LES LIERAS POVR
SIGNES SVR TES MAINS, ET
SERONT ET SE MOVVERONT
ENTRE TES YEVX ET
AVSSY TV LES ESCRIRAS
SVR LES ENTREES DE TA

v. 1200 av. J.-C.

Cheval de Troie

Ulysse

Un élément subversif introduit involontairement par sa cible

L'expression « cheval de Troie » prend source dans le récit mythique de la guerre de Troie (que des auteurs grecs ont daté du XIIe ou XIIIe siècle av. J.-C.), conflit qui aurait opposé les premiers Grecs aux Troyens, peuple d'Asie Mineure. Selon ce récit, Pâris, fils de Priam et prince de Troie, enleva Hélène à son mari, Ménélas, roi de Sparte. Agamemnon, frère de Ménélas, lança en représailles une expédition punitive contre Troie. La guerre dura dix ans, jusqu'à ce qu'Ulysse conçoive un plan machiavélique : il proposa d'offrir aux Troyens un gigantesque cheval de bois qui dissimulerait un groupe de soldats. Le cheval fut laissé aux portes de la ville et les Grecs firent mine d'abandonner le siège. Les Troyens crurent que le cheval était une offrande à Athéna qui rendrait leur cité inexpugnable. Malgré plusieurs avertissements, on le fit entrer dans l'enceinte de la ville. La nuit même, les guerriers dissimulés en émergèrent et ouvrirent les portes de la cité. L'armée grecque, revenue entre-temps, put ainsi mettre la ville à sac.

« Troyens, ne vous fiez pas au cheval. Je crains les Grecs, même porteurs de présents. » **Virgile, *L'Énéide* (v. 20 av. J.-C.)**

Un « cheval de Troie » peut ainsi désigner toute manœuvre de subversion. De nos jours, l'utilisation la plus commune de l'expression est réservée aux virus informatiques qui procèdent en incitant les utilisateurs à les installer sur leur machine, avant d'ouvrir, à l'intention du pirate qui l'a développé, un accès à l'ordinateur infecté. Un cheval de Troie peut ainsi entraîner bien des désagréments, comme le vol de données personnelles, de mots de passe, de numéros de compte et de cartes de crédit. Ils sont fréquemment utilisés pour l'espionnage, le vol d'identité, le chantage et les fraudes en tout genre. **BC**

Enluminure du XIVe siècle représentant la prise de Troie.

v. 1000 av. J.-C.

Divinités olympiennes

Grèce ancienne

Les divinités principales du panthéon grec

Les douze Olympiens, que les Grecs appelaient le *Dodekatheon*, constituaient les dieux et déesses les plus importants de leur culte. Censés habiter le mont Olympe, ils étaient au centre de la mythologie qui se développea 1 000 ans avant notre ère. Selon le premier écrit mythologique connu, la *Théogonie* d'Hésiode, datée du VIIIe siècle av. J.-C., ces dieux constituaient les troisième et quatrième générations issues de l'union d'Ouranos et Gaia, puis de Cronos et Rhéa. Zeus, Héra, Poséidon et Déméter formaient la troisième génération, tandis que Dionysos, Apollon, Artémis, Hermès, Athéna, Arès, Aphrodite et Héphaïstos composaient la quatrième. Ces derniers étaient tous fils de Zeus, le roi des douze.

Bien que les Olympiens soient plus connus sous leurs noms grecs (ou romains), la plupart n'étaient pas d'origine grecque. Les Grecs appartenaient à une culture plus vaste, indo-européenne, qui disposait de sa propre mythologie, elle-même largement empruntée à des sources plus anciennes, principalement nées en Mésopotamie. Par exemple, le nom de « Zeus » est étymologiquement lié au nom hittite désignant le dieu situé à la tête du panthéon hittite : « Sius ». De plus, la guerre qui opposa les divinités de l'Olympe aux Titans est probablement tirée d'un mythe mésopotamien qui, sous sa forme biblique, décrit une guerre entre anges et démons au paradis.

« Les dieux grecs n'aimaient pas les humains, et ne leur demandaient pas de les aimer. » **Barry B. Powell, *Classical Myth* (1994)**

De nos jours, les personnes vouant un culte aux Olympiens sont certes rares, mais l'influence de ces douze divinités demeure. On l'observe tout particulièrement dans le domaine des arts en Occident, où les Olympiens et leurs hauts faits sont une référence constante. **AB**

v. 1000 av. J.-C.

Yi Jing

Chine

Un antique manuscrit chinois comprenant un système de divination taoïste

Le *Yi Jing* est connu en Occident sous le nom de *Livre des changements*. Il compte parmi les plus vieux textes de la Chine et comprend un système de divination tiré de la géomancie chinoise et de la philosophie du Tao. Il fut probablement écrit entre le Ve et le IIIe siècle av. J.-C., mais ses origines sont à chercher autour de l'an 1000 av. J.-C.

Le *Yi Jing* se veut un guide visant à aider à comprendre et à maîtriser les changements. Le Tao (la voie) se manifeste dans la nature à travers les échanges constants entre deux forces complémentaires, le *yin* (négatif ou sombre) et le *yang* (positif ou clair). Si vous pouvez déterminer, à un moment donné, la proportion de *yin* et de *yang*, vous saurez mettre vos actions en harmonie avec le Tao. Le texte du *Yi Jing* est constitué de leçons sibyllines associées à 64 hexagrammes, chacun composé de deux trigrammes formés de trois traits. Ces traits sont pleins lorsqu'ils représentent le *yang* (—), et brisés pour le *yin* (– –). Pour les tirer, on lance des tiges d'achillée, ou bien l'on jette une pièce, qui détermine la nature des traits, *yin* ou *yang*. On obtient ainsi deux trigrammes, soit un hexagramme. On se reporte alors au *Yi Jing* pour déterminer la meilleure façon d'agir selon les circonstances.

« Connaître les autres, c'est de l'intelligence ; la véritable sagesse est de se connaître soi-même. » ***Yi Jing*** **(Le Livre des changements)**

Le *Yi Jing* est un texte séminal : il influença un grand nombre de penseurs orientaux. Il est étudié au Japon depuis l'ère Tokugawa (1603-1867), et le drapeau de la Corée est constitué du symbole taoïste du *taijitu* entouré de quatre trigrammes. Certains penseurs occidentaux, tels Leibniz et Jung, ont étudié les théories du changement structurel qu'il propose. **JM**

v. 1000 av. J.-C.

Halloween

Grande-Bretagne et Irlande

Nuit où le voile qui sépare la vie de la mort est le plus ténu

L'origine d'Halloween est à chercher du côté de la fête celtique de Samain. On estime qu'elle est apparue autour de l'an 1000 av. J.-C. en Irlande et en Grande-Bretagne. Associée aux fêtes gaéliques puis, plus tard, aux fêtes romaines de Pomone et aux Féralies, Samain marquait la fin de la saison des moissons et le début d'une nouvelle année.

Sous l'ère chrétienne, le 31 octobre était appelé la « veille de tous les saints », *All Hallows Eve*, déformé en *Hallowe'en*. On croyait alors que le voile séparant notre monde de celui des morts était au plus fin durant cette nuit, rendant possible le contact avec les esprits.

Afin d'effrayer ou de tromper ceux-ci, on sculptait ou on peignait d'effrayants visages dans des navets ou des courges, et on allumait de grands feux. Les citrouilles, plus communes, remplacèrent plus tard les navets, et cette tradition perdura jusqu'à nos jours, même si leur rôle est devenu plus esthétique qu'ecto-prophylactique.

Selon la tradition catholique, Halloween tombe la veille de la Toussaint, une fête honorant les martyres de la foi. Les enfants, costumés comme le saint de leur choix, allaient de maison en maison demander des dons pour les pauvres et des prières pour leurs âmes. Après que Martin Luther placarda ses 95 thèses sur la porte de l'église de la Toussaint de Wittenberg le 31 octobre 1517, et remit en question le culte des saints, Halloween ne fut plus célébrée que par les catholiques et les anglicans, et ignorée ou bannie par les protestants durant 300 ans.

Une arrivée d'immigrants écossais et irlandais catholiques aux États-Unis au XIXe siècle provoqua sa résurgence. Elle est maintenant presque entièrement laïque, et de plus en plus célébrée. **PBr**

Dieu tout-puissant

Ancien Israël

L'idée d'un Dieu unique, tout-puissant, omniscient, infiniment bon et partout présent

Un dieu tout-puissant ne se contente pas de tout voir et de tout savoir : rien ne lui est impossible. Il règne sur l'univers, sachant tout (omniscience), pouvant tout (omnipotence), imposant sa divine justice. Il est omniprésent, ne dit que la vérité, et aime infiniment : c'est un être parfait, à nul autre pareil.

Les religions polythéistes de l'Antiquité vénéraient plusieurs dieux, fréquemment dotés de facultés importantes, mais limitées. Les religions monolâtres admettaient de même plusieurs dieux, l'un d'eux régnant en maître sur les autres. L'idée d'un dieu unique omnipotent est probablement apparue dans l'Israël antique, autour de 800 av. J.-C. La religion israélite était à l'origine un polythéisme ; les écrits des Hébreux en conservent d'ailleurs la trace.

Au cours d'une période de conflits avec les peuples voisins, ils concentrèrent leur culte autour du dieu Yahvé, qui fut considéré comme le dieu principal. Après leur défaite contre les Assyriens et les Babyloniens, la croyance en Yahvé s'intensifia et, autour du IXe siècle av. J.-C., il devint le dieu suprême. Aujourd'hui, la majorité de la population mondiale appartient à une religion prônant l'existence d'un dieu unique.

Pour ces croyants, la foi est une nécessité, et une épée de Damoclès permanente. Rien de ce qu'ils disent, font, pensent ou sentent n'échappe à la vigilance divine. Nul châtiment, nulle récompense ne serait hors de son pouvoir. Le monde créé par Dieu est exactement celui qu'Il voulait, les œuvres humaines ne sont que le reflet de sa gloire. La croyance en un tel dieu, en un tel monde, a inspiré des artistes et poussé des guerriers à tuer et à conquérir. Des hommes pieux se sont pliés pour elle à une discipline de fer, et les croyants ont voué chaque moment de leur vie à la gloire de cet être que rien ne surpasse. **MT**

↑ Cet ostracon, fragment de poterie du VIIIe siècle av. J.-C. dont l'authenticité est sujette à caution, porte le reçu d'une donation de trois sicles au temple de Yahvé.Yahweh.

« Dieu est le Tout illimité, l'homme n'est qu'une manifestation limitée de Dieu… Dieu est amour et plus il y a d'amour, plus l'homme manifeste la présence de Dieu. »

Léon Tolstoï

v. 776 av. J.-C.

Jeux Olympiques antiques

Grèce ancienne

Une série d'épreuves athlétiques organisées près d'Olympie, en Grèce

Les premiers jeux Olympiques antiques se déroulèrent en 776 av. J.-C., en Grèce, mais leur origine mythique est bien antérieure. Il y avait à l'époque trois compétitions panhelléniques, dont la plus importante se déroulait à Élis, près d'Olympie, partie d'un festival en l'honneur de Zeus, roi des dieux. Les guerres entre cités grecques étaient fréquentes, mais une trêve était déclarée à l'occasion des Jeux, afin de permettre à tous les athlètes de participer. L'olympiade (période de quatre ans séparant deux éditions des Jeux) était alors la base du calendrier.

Les premiers Jeux ne comportaient qu'une épreuve, le stadion, une course de 600 pieds (190 m). S'y ajoutèrent plus tard lutte, pugilat et épreuves d'équitation (dont des courses de char). À compter de 720 av. J.-C., les athlètes coururent souvent nus, depuis qu'un coureur aurait perdu sa tenue lors du stadion. Malgré l'absence de sports d'équipe, les participants défendaient l'honneur de leur cité. Seuls les citoyens pouvaient participer, ce qui excluait femmes et esclaves. Les femmes eurent toutefois droit à leurs propres Jeux, les Heraia, dès le VIe siècle av. J.-C. Les Jeux se tinrent ainsi tous les quatre ans durant douze siècles, jusqu'en 394, quand l'empereur romain Théodose Ier les interdit, les accusant de propager le paganisme.

> *« Heureux est le mortel à qui la victoire a souri ! »*
>
> **Pindare, Olympiques (v. 500 av. J.-C.)**

Les jeux Olympiques véhiculaient l'idée du sport comme un facteur de paix et d'harmonie entre les nations. Le caractère amateur était encouragé par la remise d'une simple couronne de laurier ou d'un rameau d'olivier au vainqueur. La gloire et la joie de participer étaient des récompenses suffisantes. **JF**

v. 700 av. J.-C.

Progrès perpétuel

Grèce ancienne

La croyance selon laquelle l'humanité s'améliore de génération en génération

Le progressisme est aussi vieux que l'Antiquité. De nombreuses civilisations ont, dès leur naissance, cru que notre nature curieuse et ambitieuse entraînerait une amélioration continue dans tous les domaines, moral, religieux et matériel.

Si dans la Grèce classique, de nombreux auteurs parlent du déclin de l'humanité, [comme Hésiode dans *Les Travaux et les jours* (v. 700 av. J.-C.)], Eschyle, dans sa pièce *Prométhée* enchaîné écrite au Ve siècle, décrit Prométhée livré au châtiment éternel de Zeus pour avoir transmis le feu aux hommes afin de les libérer de leur ignorance et de leur permettre de progresser en accédant aux royaumes supérieurs des arts, de la culture et du savoir. Au Ve siècle, saint Augustin vante le génie des hommes dans *La Cité de Dieu*, et décrit les étapes supposées de notre développement. Au XVIIe siècle, la querelle des Anciens et des Modernes, en France, remit au centre des débats l'idée du progrès constant de l'Occident.

> *« Par leurs propres travaux, les hommes trouvent avec le temps ce qui est mieux. »*
>
> **Xénophon, poète grec (v. 500 av. J.-C.)**

D'un côté de la querelle se trouvaient ceux qui tenaient pour indépassables les civilisations classiques de l'Antiquité. De l'autre, on pensait, à l'instar de Bernard le Bouyer de Fontenelle (1657-1757), que l'esprit humain de ce siècle était tout aussi riche et créatif qu'aux temps d'Homère et d'Aristote. La progression économique et matérielle de la civilisation est encore présente chez Adam Smith dans *La Richesse des nations* (1776), ainsi que chez Hegel, qui décrit dans ses *Leçons sur la philosophie de l'histoire* (1831) notre « aspiration à la perfection ». **BS**

◄ Vase grec du Ve siècle av. J.-C. décoré d'athlètes participant à une course à pied.

v. 700 av. J.-C.

Aqueduc

Assyrie

Une construction destinée à transporter l'eau d'un point à un autre

Les aqueducs furent inventés durant l'Antiquité dans le but d'apporter de l'eau dans un lieu précis. L'un des premiers, parmi les plus importants, fut bâti en 691 av. J.-C. Il acheminait de l'eau sur 80 km et alimentait la capitale de l'Empire assyrien, Ninive.

Les Romains améliorèrent le concept en construisant des aqueducs en hauteur, capables de supporter de grandes quantités d'eau. Certains sont toujours debout, comme le pont du Gard, près de Nîmes, ou le plus long d'entre eux (132 km), à Carthage dans l'actuelle Tunisie.

Parmi les exemples médiévaux remarquables, citons le système de canaux d'irrigation portugais, les *levadas*, dans lesquels l'eau du nord de Madère, région humide, circulait à travers la chaîne de montagnes au centre du pays pour alimenter le sud, sec et très peuplé.

« Un torrent dans le ciel, la plus belle œuvre d'art que j'aie vue. » **Walter Scott, à propos du pont-canal de Pontcysyllte**

Les aqueducs furent également utilisés dans le système de canaux anglais de la révolution industrielle (1760-1840) pour convoyer les denrées. Le réseau comprenait des structures telles que le pont-canal de Pontcysyllte, long de 305 m, construit en 1805 dans le but de faire passer le canal de Llangollen 38 m au-dessus de la vallée de Dee. C'est encore de nos jours le plus haut aqueduc du monde, bien que les constructions d'aqueducs n'aient jamais cessé. Le North Bay Aqueduct en Californie, par exemple, date de 1988.

L'aqueduc tire parti de la propension de l'eau à s'écouler dans les tranchées et les gouttières. Le génie des Assyriens fut de construire ses édifices dans le but d'amener l'eau là où ils désiraient vivre, plutôt que de dépendre de l'emplacement des sources naturelles. **JF**

v. 600 av. J.-C.

Tout est eau

Thalès de Milet

Toutes les matières sont composées à la base d'eau

C'est au philosophe grec Thalès de Milet (v. 624-546 av. J.-C.) que l'on doit le postulat « tout est eau », une tentative d'expliquer de façon abstraite l'origine de la matière. Tout comme l'idée abstraite de « bâtiment » désigne tout : maisons, arènes ou temples, « tout est eau » propose d'unifier toute la matière du monde en une substance unique.

Au temps de Thalès, il était convenu que toute matière était constituée de l'un des quatre éléments primordiaux : eau, air, terre, feu. Mais lui considérait cette théorie comme incomplète. Grâce à ses observations, il conclut que tout était au moins en partie constitué d'eau. Les océans le sont, évidemment, mais aussi les animaux, chez lesquels on trouve de l'eau, les végétaux, les nuages, et jusqu'aux rochers, qui, s'ils ne paraissent pas humides à première vue, le sont pourtant à un certain degré.

« Si la magie existe sur cette terre, il faut la chercher dans l'eau. »

Loran Eisley, anthropologue et philosophe

Selon Thalès, cela signifiait que l'eau devait être le plus important des quatre éléments. Si l'eau est présente partout, concluait-il, alors il s'agit de la substance fondamentale de toute chose.

Bien que cette façon de décomposer le monde en quatre éléments dont un primordial n'ait plus guère de crédit, sa renommée est à chercher dans ce qu'elle laissait de côté plutôt que dans sa validité. Avant Thalès et sa thèse aquatique, les Grecs ne se posaient la question des origines qu'en termes divins et mythologiques. Thalès la ramena sur terre, loin du surnaturel, au moyen d'une notion abstraite capable de tout expliquer. De là naquirent la philosophie grecque, la science, le naturalisme et tout ce qui en découla. **MT**

Thalès pensait que tout contenait de l'eau, même les rochers entourant cette cascade.

v. 600 av. J.-C.

Arche
Étrurie

Une structure supportant de lourdes charges qui ouvrit littéralement l'architecture

Les premières arches naquirent chez les Étrusques, vers 600 av. J.-C, qui s'en servirent pour bâtir des portes, des ponts et des égouts. Popularisées par les Romains, elles furent ensuite adoptées par les Arabes et les architectes du Moyen Âge dans le nord de l'Europe. Les arches sont constituées de blocs en forme de coins, les voussoirs, qu'on superpose pour obtenir toutes sortes de formes dont la plus commune est le demi-cercle. Les arches peuvent toutefois être segmentaires (dessinant moins d'un demi-cercle), en ogive (voûte formée par l'intersection de deux arches), et même non circulaires. La forme des arches a longtemps défini les styles architecturaux, comme dans le cas des arches romanes, arrondies, qui laissèrent place aux arcs gothiques, en ogive.

Le voussoir central, au sommet de l'arche, est appelé la clé de voûte. Il s'agit d'un composant fondamental : tant qu'il n'est pas en place, l'arche doit être étayée.

L'attrait esthétique de l'arche est évident, mais son aspect pratique l'est moins. Pourtant, l'arche est structurellement supérieure au linteau (support horizontal), puisqu'elle est composée de petits blocs plutôt que d'une seule longue traverse. Ainsi, les forces exercées sur les voussoirs les pressent les uns contre les autres, ce qui leur permet de supporter une charge bien supérieure à celle que peut supporter le linteau, bien qu'une arche seule requière le soutien d'un contrefort de chaque côté afin de résister aux pressions diagonales qui, autrement, feraient s'écarter les montants, disloquant la structure. Mais lorsqu'on aligne plusieurs arches, la poussée de chacune contrebalance celle de ses voisines, si bien que le tout ne nécessite qu'un léger renfort. C'est la technique utilisée dans les aqueducs romains, et dans bien des ponts bâtis entre le Moyen Âge (476 - v. 1450) et l'ère industrielle. Les arches sont encore très employées en architecture contemporaine, car les matériaux tels que l'acier et le béton réduisent le poids total, ce qui augmente encore la stabilité. **GL**

Fenêtres en arche de la forteresse d'Al-Ukhaidir en Irak, construite en 775. ↑

v. 580 av. J.-C.

Infini

Anaximandre

Une quantité ou un nombre indéfiniment grand

L'idée d'infini a longtemps posé problème. Au VIe siècle av. J.-C., le philosophe grec Anaximandre (v. 610-546 av. J.-C.) suggéra que les quatre éléments (air, feu, terre, eau) étaient issus d'une substance primitive, illimitée, qu'il appela l'*apeiron* : l'« infini ». Dans sa *Physique* (350 av. J.-C.), Aristote (384-322 av. J.-C.) proposa deux manières de comprendre l'infini : en puissance et en acte. Selon lui, l'infini en acte était impossible, sauf dans le cas du temps. Hors de lui, seuls des infinis potentiels étaient concevables, par addition ou par division, car « à une quantité donnée on peut toujours et sans fin ajouter une quantité quelconque ».

La conception de l'infini d'Anaximandre comme le « grand tout » a malgré tout une portée qualitative qui manque dans cette énumération discrète d'une quantité. En effet, Aristote ne fait allusion qu'à une quantité de parties : « L'infini n'est pas du tout [...] ce en dehors de quoi il n'y a rien ; loin de là ; c'est ce qui a perpétuellement quelque chose en dehors ».

Cette façon quantitative d'aborder le problème a longtemps tenu lieu de standard pour l'étude du concept. Les conclusions d'Aristote furent ainsi respectées jusqu'à la découverte du calcul intégral, qui exigea qu'on pousse plus loin l'analyse. Gottfried Leibniz (1646-1716) et Isaac Newton (1642-1727) développèrent cette forme de calcul indépendamment et se disputèrent sur le rôle qu'y jouaient les infinitésimaux, ces quantités infiniment petites intervenant dans la définition des intégrales.

Newton ne les utilisa qu'avec beaucoup de parcimonie, quand Leibniz en fit un généreux usage. Mais le défi d'Aristote demeura ouvert jusqu'à ce que les mathématiciens allemands Richard Dedekind (1831-1916) et Georg Cantor (1845-1918) prouvent la possibilité logique d'un ensemble infini. Les diverses conceptions de l'infini sont encore débattues de nos jours, en mathématiques comme en philosophie. **JW**

↑ Symbole de l'infini, également appelé lemniscate, gravée dans la pierre.

Fables

Ésope

Présenter un conseil ou une critique de manière indirecte, dans un contexte fictif et simplifié

Cette statue en bronze, datée entre 330 et 100 av. J.-C., est supposée représenter Ésope tenant un rouleau de papyrus. Selon les descriptions traditionnelles, Ésope était d'une grande laideur.

« Les fables ont plus d'intérêt historique que les faits, car les faits ne nous parlent que d'un homme, quand les fables nous les décrivent par millions. »

G. K. Chesterton, *Alfred the Great* (1908)

Une fable est un récit en prose ou en vers, généralement court et simple, qui transmet une morale. Les fables mettent souvent en scène des animaux, des plantes, des objets, des forces de la nature, etc., dotés d'attributs humains. C'est une forme commune de littérature populaire, dont le premier exemple nous viendrait d'Ésope, un personnage mythique qui aurait été esclave en Grèce aux alentours de 580 av. J.-C.

Dans le monde classique, les fables n'étaient pas réservées aux enfants, mais n'étaient pas considérées non plus comme de la littérature. Elles étaient plutôt utilisées comme moyens de persuasion indirects, ou de critiques, toujours prudemment polies. Par exemple, Xénophon (v. 460-354 av. J.-C.) dans ses *Mémorables* (v. 371 av. J.-C) nous décrit Aristarque abritant chez lui des parentes ingrates à qui il fournit de la laine pour qu'elles tricotent et ainsi contribuent à leur subsistance mais qui lui reprochent alors de ne rien faire lui-même. « Va donc dire à tes parentes que tu les gardes et que tu les surveilles comme le chien de la fable », lui conseille alors Socrate.

L'intérêt pour les fables ne se démentit pas durant toute l'Antiquité classique, puis traversa intact Moyen Âge et Renaissance durant lesquels des recueils de fables très souvent imputées à Ésope servaient de base aux manuels de rhétorique et à divers travaux littéraires. Au XVIIe siècle, Jean de La Fontaine (1621-1695) écrivit les plus célèbres fables des temps modernes.

Cependant, les goûts littéraires de plus en plus sophistiqués de la population lettrée enfermèrent peu à peu les fables dans les domaines de l'humour et de la littérature enfantine.

Toutefois, le décalage qu'elles introduisent dans un univers familier et la perception nouvelle qui en découle sont toujours utilisés, par exemple dans *La Ferme des animaux* (1945), la fameuse critique du stalinisme par George Orwell. **GB**

Guerre bactériologique

Assyrie

L'usage d'organismes vivants pour tuer, paralyser ou blesser un ennemi

Les armes bactériologiques sont conçues pour tirer parti des propriétés létales des toxines et autres germes pathogènes naturels. Comme l'agent impliqué a la propriété de se reproduire, parfois au sein même de sa victime humaine ou animale, ces armes peuvent se révéler redoutablement efficaces, et leurs conséquences dévastatrices.

Leur première utilisation répertoriée remonte au VIe siècle av. J.-C., lorsque des guerriers assyriens empoisonnèrent le puits de leurs ennemis avec de l'ergot de seigle. En 190 av. J.-C., Hannibal, commandant l'armée carthaginoise, fit catapulter des serpents venimeux sur les navires ennemis afin d'y provoquer la panique. Au XIVe siècle, des Tartares se servirent des corps de leurs camarades morts de la peste pour contaminer des villes assiégées.

Après la découverte de la microbiologie et l'identification des organismes responsables, c'est-à-dire une fois que les scientifiques eurent le pouvoir de créer des armes bactériologiques de plus en plus puissantes, la communauté internationale les déclara illégales dans le protocole de Genève, en 1925. Malgré cela, les Japonais utilisèrent avec succès des armes bactériologiques durant la guerre sino-japonaise (1937-1945) et la Seconde Guerre mondiale.

En 2011, les armes bactériologiques ont été bannies par 165 pays. Elles sont aujourd'hui considérées avant tout comme une menace terroriste. Des accidents isolés en impliquant ont eu lieu, mais sans portée significative. Néanmoins, les dangers potentiels qu'elles représentent demeurent une source d'inquiétude pour les gouvernements.

La plupart des États nient disposer d'un arsenal biologique à visée offensive, bien que l'étude des germes pathogènes, agents bactériens et viraux, soit toujours présente dans de nombreux programmes de défense nationale. **MT**

↑ Bas-relief du IXe siècle av. J.-C. du palais d'Assurnazirpal II à Kalkhu, en Mésopotamie, représentant un soldat assyrien coupant la corde d'un seau au-dessus du puits d'une cité assiégée.

« Le monde n'est qu'un village. Notre tolérance pour la maladie, où qu'elle soit, nous fait courir un grand risque. »

Joshua Lederberg, biologiste moléculaire

v. 550 av. J.-C.

Hédonisme philosophique

Inde

Les actions humaines devraient être motivées par la recherche du plaisir

Comment devrions-nous mener nos vies ? Nous faisons des études afin de faire carrière, ce qui nous procurera de l'argent, ce qui nous permettra d'acheter des choses, ce qui... ce qui quoi ? *A priori*, ni la carrière ni l'argent ne sont recherchés pour eux-mêmes, mais parce qu'ils nous rendent heureux. L'idée selon laquelle la bonne raison d'agir résiderait dans la recherche du plaisir et l'évitement de la douleur s'appelle l'hédonisme.

L'hédonisme en tant que philosophie est apparu pour la première fois au VIe siècle av. J.-C. en Inde, chez Chârvâka, mais ses penseurs les plus influents sont grecs. Il s'agit d'Aristippe de Cyrène (v. 435-356 av. J.-C.) et d'Épicure (341-270 av. J.-C.). Cette façon de considérer le plaisir comme seule motivation valable est en opposition avec d'autres morales largement tenues pour bonnes, comme de penser qu'une personne doit agir d'une certaine façon sans se préoccuper de son bonheur (le déontologisme), ou pour complaire à des commandements divins quelles qu'en soient les conséquences (le volontarisme théologique).

> *« N'est-il pas vrai que le but de toutes nos actions, c'est de fuir la douleur et l'inquiétude ? »* **Épicure, *Lettre à Ménécée***

Cependant, l'hédonisme philosophique ne se confond pas tout à fait avec la seule poursuite du plaisir. Les hédonistes se défendent d'ailleurs des accusations d'incitation à la débauche. Épicure avançait que, bien que tout plaisir soit bon, « il ne s'ensuit pas que tout plaisir serait le meilleur choix dans tous les cas ». Il louait les vertus traditionnelles de prudence et de frugalité, et même d'une bonne hygiène alimentaire. L'hédonisme fut rejeté par de nombreux moralistes (tels que Thomas d'Aquin et Emmanuel Kant), mais il continue à peser sur les débats aussi bien moraux que politiques. **JW**

v. 550 av. J.-C.

Taoïsme

Lao-tseu

L'accès à la sérénité grâce à la vie en harmonie avec la nature

Le taoïsme est une tradition philosophique et religieuse née avec Lao-tseu (VIe siècle av. J.-C.) et popularisée par Tchouang-tseu (v. 369-286 av. J.-C.). C'est un naturalisme, qui vise à encourager les hommes à vivre en harmonie avec le Tao, le fondement de toute existence.

Le Tao se manifeste au monde par le *Te*, les choses que nous voyons, qui toutes contiennent une certaine proportion de *yin* (forces négatives, destructives) et de *yang* (forces positives, créatives) : par exemple, les formes sont le produit de l'ombre et de la lumière, la musique une combinaison de notes et de silences.

S'il y a trop de *yin* ou trop de *yang*, le Tao a une tendance naturelle à contrebalancer cet excès en versant dans l'excès opposé. Aussi les taoïstes pratiquent-ils le *Wu-wei*, le non-agir, qui consiste à tourner le cours naturel des choses à leur avantage plutôt que de lutter, comme un surfeur se laisse porter par la vague, en harmonie. Cela se traduit politiquement par une approche minimaliste de l'art de gouverner : un bon dirigeant doit éduquer son peuple de façon à rendre inutile toute loi trop sévère.

> *« Le sage n'ose pas agir afin d'aider tous les êtres à suivre leur nature. »*
> **Lao-tseu, *Tao Te King* (VIe siècle av. J.-C.)**

Le taoïsme a eu une énorme influence en Extrême-Orient, et plus particulièrement en Chine et à Taïwan. Comme le confucianisme, cette philosophie est profondément ancrée dans la culture de ces pays. La métaphysique du Tao a influencé le bouddhisme mahayana, d'où naquit le courant Chan (Zen) du bouddhisme. Ses principes de base sont également la pierre angulaire des arts martiaux (par exemple le Tao du Jeet kune do de Bruce Lee). **JM**

Illustration (v. 1700) des trois sages du tai-chi, un art martial dérivé du taoïsme. ➔

v. 550 av. J.-C.

Ju

Lao-tseu

La véritable force consiste à céder plutôt qu'à résister

Le principe du Ju apparaît au VIe siècle av. J.-C. sous la plume du philosophe taoïste Lao-tseu dans le *Tao Te King*. *Ju* peut se traduire par « souplesse », ou « adaptation ». Ce terme désigne la faculté de s'adapter de manière dynamique à la pression afin de la renverser.

Le Tao (monde naturel) peut être représenté sous la forme d'un élastique tendu entre deux doigts. Toute tentative de tirer dessus d'un côté entraîne la création d'une énergie potentielle dirigée vers l'autre côté, qui le fera violemment revenir en place à un moment ou à un autre. Afin d'éviter ce retour, le taoïste doit éviter d'agir en opposition. Il doit au contraire accompagner le mouvement, et le détourner à son avantage. Deux exemples classiques permettent d'illustrer cette idée : le roseau, et l'eau. Soumises aux vents forts et à la pluie glaciale d'une tempête, les branches rigides des arbres cassent, tandis que le roseau, plus souple, survit en ployant avant de reprendre sa position. De même, l'eau contourne le rocher sur son chemin et l'érode lentement.

Le Ju est un principe fondamental des arts martiaux chinois et japonais, particulièrement du judo et du ju-jitsu, dont il compose d'ailleurs les noms. Ces deux disciplines exigent de leurs adeptes de savoir s'adapter à la manœuvre d'approche de leur adversaire. Lorsqu'un judoka est poussé par un autre plus lourd que lui, il ne doit pas pousser en sens inverse, mais au contraire tirer son adversaire à lui, utilisant la force de l'autre pour le projeter au sol.

Ce n'est qu'en cédant à la force de l'autre que le judoka triomphe. Bruce Lee appliquait également le concept de Ju à sa philosophie du Jeet kune do, dans laquelle il encourageait les combattants à s'adapter à chaque adversaire en adoptant la « voie de l'absence de voie », qui rejette les formes établies d'arts martiaux. **JM**

À Quanzhou, en Chine, la statue de Lao-tseu, maître philosophe et père du taoïsme.

v. 550 av. J.-C.

Wu-wei
Lao-tseu

L'efficacité maximale est atteinte quand l'action est minimale

Le concept de Wu-wei est dû au philosophe taoïste Lao-tseu, qui le formalisa au VIe siècle av. J.-C. dans son traité du *Tao Te King*. Il fut ensuite popularisé par Tchouang-tseu (v. 369-286 av. J.-C.). *Wu-wei* pourrait se traduire par « non-agir », c'est-à-dire laisser les choses suivre leur cours en intervenant le moins possible.

Wu-wei ne signifie pas pour autant « inaction totale » : c'est un moyen d'atteindre l'efficacité maximale en diminuant autant que possible les interférences. La finalité du taoïsme est de se fondre dans le cours naturel du monde, et le Wu-wei est la méthode à suivre pour atteindre cette harmonie. Tchouang-tseu prend comme exemple un cuisinier, Ding, si talentueux qu'il est capable de découper un bœuf entier sans émousser la lame de son couteau. De même que la connaissance de l'anatomie permet à Ding de découper sa viande, la compréhension de la nature permet au taoïste d'agir en harmonie avec le monde. Comme le *Te* (la proportion des forces positives et négatives – *yang* et *yin* – dans un contexte donné) est changeant, le taoïste doit apprendre à naviguer sur le Tao comme le kayakiste évite de s'écraser sur les rochers en suivant la trajectoire la plus calme au sein d'eaux turbulentes.

Le concept de Wu-wei a eu beaucoup d'influence sur la politique, l'écologie et les arts martiaux. Politiquement, un bon dirigeant soit se concentrer sur l'éducation de son peuple plutôt que sur la coercition : une société fonctionne mieux quand les vertus et les désirs de ceux qui la composent sont en harmonie avec la nature. De même, le Wu-wei tend à rejeter le consumérisme et à minimiser l'impact de l'homme sur l'environnement. Enfin, les pratiquants des arts martiaux savent utiliser la force de leur adversaire et la retourner contre lui, plutôt que de lutter directement. **JM**

↑ Séance de tai-chi devant le Temple du ciel à Pékin.

v. 534 av. J.-C.

Art dramatique

Thespis

Un spectacle consistant à jouer une histoire dans le but de divertir

Le « drame » est un art du spectacle, mais le terme désigne également l'œuvre littéraire qui lui donne naissance. Certaines de ses caractéristiques, comme l'interprétation ou les costumes, sont présentes dans toutes les cultures antiques, mais selon Aristote (384-322 av. J.-C.), ce serait Thespis, un chanteur de poèmes liturgiques du VIe siècle av. J.-C., qui aurait le premier joué plusieurs personnages à l'aide de différents masques, et mis en scène la première tragédie, et donc le premier drame, autour de l'année 534 av. J.-C.

Le drame s'est rapidement propagé en Occident. On doit à Eschyle (v. 525-456 av. J.-C.) l'introduction d'un deuxième acteur, ainsi que la plus ancienne pièce qui nous soit parvenue, *Les Perses*. Son rival Sophocle (v. 496-406 av. J.-C.) alla le premier jusqu'au troisième acteur. D'autres traditions d'art dramatique fleurirent plus tard un peu partout, avec Christopher Marlowe, William Shakespeare et Ben Jonson dans l'Angleterre élisabéthaine et jacobine, Pierre Corneille, Molière et Jean Racine dans la France du XVIIe siècle, ou encore Henrik Ibsen, August Strindberg et Anton Tchekhov ailleurs en Europe au XIXe siècle.

Différents genres de drames, techniques d'interprétation ou de mise en scène, conventions en matière de costumes ou de décors, ainsi que différentes façons d'introduire la musique, la danse ou la poésie, évoluèrent en même temps que l'écriture dramaturgique. Il y eut même des drames écrits pour ne pas être joués. En Orient, une tradition indépendante s'est développée avec le nô et le kabuki japonais, l'opéra chinois ou encore le kathakali en Inde.

Le lieu du drame a longtemps été le théâtre. Pourtant, aux XXe et XXIe siècles, il s'étend à d'autres royaumes, dans les nouveaux médias que sont la radio, le cinéma, la télévision et Internet. Son adaptabilité et sa présence désormais universelle dénotent sa vitalité sans cesse renouvelée. **GB**

Le théâtre d'Épidaure, en Grèce, construit au IIIe siècle av. J.-C.

v. 534 av. J.-C.

Tragédie

Thespis

Un drame sur la souffrance permettant de se libérer de ses propres émotions

Une tragédie est un drame ou, par extension, un récit, qui s'achève en désastre pour le protagoniste, généralement admirable, mais faillible. La succession des événements découle directement de ses actes ou de son caractère, et le tout est présenté de manière sérieuse et solennelle, comme il sied à une description de la splendeur et de la misère de la condition humaine. Le Grec Thespis (VIe siècle av. J.-C.) est souvent présenté comme l'inventeur du genre, et même l'inventeur du drame en général, en raison de sa représentation d'une tragédie en 534 av. J.-C., la première répertoriée.

Dans la Grèce antique, la tragédie était un art majeur. Les œuvres d'Eschyle, d'Euripide et de Sophocle sont encore de nos jours des canons du genre. Les écrits d'Aristote sur la tragédie, qu'on trouve rassemblés dans sa *Poétique* (v. 335 av. J.-C.), ont aussi conservé beaucoup de leur influence. Mais les pièces romaines, telles que celles de Sénèque, ont eu davantage de retentissement dans l'Europe de la Renaissance. Parmi les auteurs modernes de tragédies, citons William Shakespeare, ainsi que Jean Racine.

Certains ont cherché à transposer les caractéristiques de la tragédie dans d'autres formes d'art, comme en poésie sous la plume de Lord Byron (*Manfred*, 1816-1817), ou en littérature romanesque avec Thomas Hardy (*Jude l'Obscur*, 1895).

À partir du XVIIIe siècle, la tragédie perdit du terrain dans les théâtres, au profit de ses cousins moins exigeants, le mélodrame, la tragédie domestique ou la tragicomédie.

Il y eut toutefois quelques notables exceptions, comme chez Arthur Miller ou Eugene O'Neill, au XXe siècle. Selon le critique littéraire George Steiner, après Racine et Shakespeare, « la voix tragique au théâtre est devenue confuse ou s'est tue » (*La Mort de la tragédie*, 1961). Steiner explique cet effacement par la montée de l'optimisme au siècle des Lumières. **GB**

↑ Ce bas-relief en marbre daté du Ier siècle av. J.-C. montre le dramaturge Euripide tenant un masque d'Héraclès.

v. 530 av. J.-C.

Théorème de Pythagore

Pythagore

Une équation reliant les longueurs des côtés d'un triangle rectangle

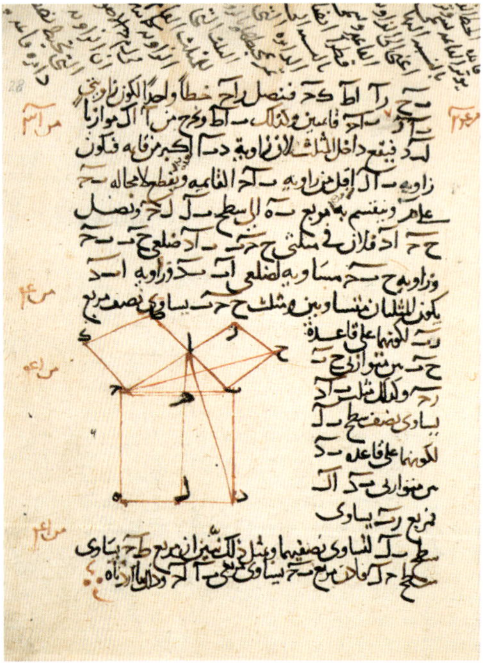

Manuscrit en arabe de 1258 du philosophe, mathématicien et scientifique persan Nasir ad-Din at-Tusi, évoquant le théorème de Pythagore.al-Tusi.

« Le nombre gouverne la forme et les idées. Il est la raison des dieux et des démons. »

Pythagore

Exprimé par l'équation $A^2 + B^2 = C^2$, le théorème de Pythagore démontre une relation existant entre les côtés de tout triangle rectangle, soit un triangle doté d'un angle droit (90°).

Dans un tel triangle, le carré de la longueur du plus grand des côtés sera toujours égal à la somme des carrés des longueurs des deux autres.

Bien qu'on ait découvert des tablettes babyloniennes exprimant une relation entre les longueurs des côtés d'un triangle rectangle, le mathématicien grec Pythagore de Samos (v. 580-495 av. J.-C.) est largement considéré comme le père de cette équation. Cependant, Pythagore n'ayant laissé aucun écrit, ce n'est qu'une conjecture, et il demeure impossible de déterminer si l'équation est bien de son seul fait. Selon la légende, après avoir trouvé son équation, Pythagore aurait offert une hécatombe aux dieux (le sacrifice de 100 bœufs).

Lui et nombre de ses contemporains tenaient les mathématiques pour divines, et un mouvement religieux naquit autour de sa découverte.

Accompagné de ses disciples, les pythagoriciens, il déplaça son académie à Crotone, une colonie grecque du sud de l'Italie, mais là leurs croyances controversées créèrent un esclandre et ils durent s'enfuir pour sauver leur vie.

Le théorème de Pythagore n'est pas qu'une simple déduction concernant les triangles rectangles et leurs côtés. C'est devenu un élément fondateur des mathématiques, une partie indélébile du monde moderne. À travers lui, Pythagore a démontré que les mathématiques et plus particulièrement la notion abstraite de nombre correspondaient parfaitement à notre perception quotidienne. La nature est dotée d'une structure, structure composée d'équations, équations que l'humanité peut appréhender, mesurer et utiliser à son profit. **MT**

Gamme pythagoricienne

Pythagore

Un système harmonique construit sur des intervalles de quintes pures.

La gamme pythagoricienne est la fille spirituelle du philosophe et mathématicien grec Pythagore (v. 580-495 av. J.-C.), qui formalisa une théorie musicale dans laquelle les intervalles étaient dérivés de rapports simples entre des longueurs de corde. La gamme est construite sur des intervalles de quinte (3/2), le plus simple après l'octave (2/1). Malheureusement, une succession de quinte ne tombera jamais sur une octave juste : après douze quintes successives, on tombe sur un intervalle légèrement supérieur à sept octaves, d'un huitième de ton (524 288/531 441). Cette différence, minime mais sensible à l'oreille, est appelée « comma pythagoricien ».

En dépit de ses origines entièrement théoriques et des problèmes pratiques qu'elle pose (tout accord contenant des tierces sonnera faux, par exemple), la gamme pythagoricienne a été largement utilisée au Moyen Âge. Elle peut l'être encore aujourd'hui sur certains instruments comme le violon. Pour bien des musiciens, le ton entier de la gamme pythagoricienne, plus grand, et son demi-ton, plus petit, sonnent mieux que leurs équivalents tempérés (la gamme du piano et son octave divisée en douze parties égales, qui rend possible les harmonies quelle que soit la tonalité).

L'obsession des premiers musicologues pour la taille des intervalles de la gamme a eu une influence déterminante sur la musique, inspirant d'innombrables tentatives d'aboutir à un système parfait : depuis les compromis permettant d'obtenir des harmonies pures dans un nombre limité de tonalités, jusqu'aux systèmes contemporains utilisant tensions et dissonances pour leur expressivité. L'utilisation du comma syntonique, c'est-à-dire l'écart entre une tierce pure et une tierce pythagoricienne, par le compositeur américain Ben Johnston, est un bon exemple de ce dernier cas. Parmi les autres tentatives, citons également l'existence de claviers disposant de touches distinctes pour les dièses et les bémols, ce qui permet d'ajuster le jeu selon les harmonies. **PB**

↑ Gravure sur bois de 1492 donnant Jubal, figure biblique, comme l'inventeur de la musique et montrant Pythagore à l'étude des relations entre les intervalles sur différents instruments.

« Ôtez la subordination, mettez cette corde hors de l'unisson, et écoutez quelle dissonance va suivre. »

William Shakespeare, *Troïlus et Cressida* (1602)

v. 530 av. J.-C.

Végétarisme

Pythagore

La décision de ne pas manger de viande et autres produits d'origine animale

Le végétarisme est le refus de manger de la viande. Le philosophe grec Pythagore (v. 580-495 av. J.-C.), qui exigea des membres de son école qu'ils s'abstiennent d'en consommer, est souvent considéré comme le premier grand adepte.

Avant la naissance du terme « végétarien » dans les années 1840, les adeptes du végétarisme étaient d'ailleurs appelés « pythagoriciens ».

En quoi consommer de la viande est-il un problème ? Les végétariens ont plusieurs réponses. Manger de la viande est cruel (ils citent les méthodes industrielles de production, notamment depuis le XXe siècle), immoral (d'après de récents travaux sur les questions d'éthique, comme ceux de Peter Singer), mauvais pour la santé (facteur d'obésité et d'ischémie myocardique), contre nature (ils pensent parfois, à tort, que les hommes préhistoriques avaient une alimentation végétarienne), néfaste pour l'environnement (par l'inefficacité relative de la production de viande), et contraire à des préceptes religieux (les pythagoriciens et les membres de plusieurs sectes hindoues actuelles croyant à la réincarnation). Il existe différents degrés de végétarisme : les ovo-végétariens consomment des œufs, les lacto-végétariens des produits laitiers, les ovo-lacto-végétariens des œufs et du lait, tandis que les végétaliens renoncent à tout produit d'origine animale. Les fruitariens vont au-delà, bannissant en sus toute nourriture qui implique la mort d'une plante. Ils se nourrissent donc de fruits, de noix et de graines. Le végétarisme est parfois associé à un refus d'utiliser les produits dérivés des animaux tels que cuir et laine.

Le mouvement végétarien moderne date de 1847, avec la création en Grande-Bretagne de la Vegetarian Society. Dans les pays occidentaux, la tendance s'est développée depuis les années 1960 et devrait croître dans le futur en même temps que les préoccupations éthiques et environnementales liées s'intensifient. **GB**

Pythagore prônant le végétarisme (v. 1618-1630), par Paul Rubens.

v. 530 av. J.-C.

Nirvana

Siddhartha Gautama (Bouddha)

L'état d'illumination atteint au moment de l'extinction du karma et du désir

Le concept de *nirvana* remonte à l'époque du Bouddha historique, Siddhartha Gautama (v. 563-483 av. J.-C.). Bien que le bouddhisme trouve ses racines dans l'hindouisme, il en constitue une approche hétérodoxe, rejetant certains de ses préceptes fondamentaux. La croyance au nirvana illustre parfaitement cet écart.

Le terme sanskrit *nirvana* signifie littéralement « extinction » et renvoie à l'extinction du *karma* (une force générée par nos actions) et du désir qui emprisonnaient l'individu dans le cycle de la réincarnation (le *samsara*).

L'une des idées centrales du bouddhisme, *anatman*, est un rejet de la notion hindoue de l'*atman*, l'âme, un « soi » permanent et essentiel : ainsi, le karma ne dispose d'aucun soi où s'attacher. Le bouddhisme explique donc le transfert du karma par la métaphore de la bougie : tout comme une vieille bougie (un corps mourant) faiblit, sa flamme (le karma) allume la mèche d'une seconde bougie (le corps d'un nourrisson).

Ainsi, le karma se déplace sans être attaché à une âme. Le nirvana se produit lorsqu'une personne atteint l'illumination et se libère de l'attachement stérile à de faux idéaux, ce qui éteint le karma, permettant à l'éveillé de quitter le cycle de la réincarnation.

Le bouddhisme theravada divise le nirvana en deux étapes, l'éveil de l'*arhat* (le « méritant ») et le *parinirvana* (la libération hors du *samsara* lors de la mort). Dans la tradition mahayana, au contraire, les praticiens forment le vœu de ne pas entrer dans le nirvana tant que tous les êtres conscients ne seront pas éveillés. C'est le *bodhisattva*.

Bien qu'il constitue une rupture fondamentale avec lui, le nirvana a influencé l'hindouisme. On le retrouve ainsi dans la *Bhagavad-Gita*, texte sacré de 700 versets. Krishna l'y reprend, sous la forme de *brahama nirvana*, pour décrire l'état de libération où, le karma éliminé, est atteinte l'union avec Brahman (la réalité ultime). **JM**

↑ Peinture du XVIIIe siècle représentant un bouddha allongé pendant la transition entre son monde et le nirvana.

v. 530 av. J.-C.

Les quatre nobles vérités

Siddhartha Gautama (Bouddha)

La voie de l'éveil passe par la délivrance du désir

Selon ses biographies traditionnelles, Siddhartha Gautama (v. 563-483 av. J.-C.) était un prince du nord de l'Inde qui renonça à sa vie privilégiée pour rechercher l'éveil spirituel. Il commença par suivre la tradition des ascètes indiens, mortifiant sa chair dans des jeûnes draconiens et autres privations. Après sept ans de lutte, d'une maigreur extrême, il vint s'asseoir sous l'arbre de la Bodhi (un figuier des pagodes), à Bodhgaya. Un soir, il accepta un peu d'une nourriture roborative, puis se détendit et sentit un grand changement se faire en lui. Il passa la nuit ainsi, et à l'aube, il atteignit l'éveil, la compréhension parfaite. Il était devenu un *bouddha* (un éveillé).

Les illuminations de Siddhartha concernant la nature de la réalité furent plus tard nommées « les quatre nobles vérités ». La première est que la vie ordinaire n'est

« La naissance est souffrance, la vieillesse est souffrance, la maladie est souffrance, la mort est souffrance. » **Canon bouddhique**

que souffrance (*dukkha*), frustration, perte de ce que nous voulons et obligation de prendre ce que nous ne voulons pas. La deuxième est que la souffrance résulte de notre façon de nous lier à des illusions par le désir et la haine, recherchant l'un et fuyant l'autre. La troisième énonce la solution : l'accession au nirvana, l'état d'éveil qui permet de voir le monde pour ce qu'il est. Être libéré des illusions nous dégage du désir et de la haine. La dernière vérité énonce le chemin vers l'éveil, le sentier octuple, qui contient entre autres la parole juste, l'action juste et l'attention juste.

Dans le contexte de la tradition indienne, qui croit à la réincarnation, le nirvana est considéré comme le moyen d'échapper au cycle éternel de la mort et de la renaissance. La liberté est à trouver dans la prise de conscience que le soi lui-même est une illusion. **RG**

v. 530 av. J.-C.

Musique des sphères

Pythagore

Les orbites des planètes émettent des notes en harmonie

L'idée de la musique des sphères, attribuée à Pythagore (v. 580-495 av. J.-C.), consiste à attribuer aux planètes une valeur acoustique en fonction de leur distance à la Terre et de leur vitesse de rotation. Platon (v. 424-348 av. J.-C.) parlait des huit sirènes (une pour chaque corps céleste) orbitant autour d'un fuseau en rotation, chacune chantant une note différente en harmonie. Près de 900 ans plus tard, le philosophe Boèce (v. 470-524 av. J.-C.) retrouva ces idées avec sa *musica mundana*, la musique des sphères et du monde, à laquelle il ajouta la *musica humana*, musique du corps et de l'esprit.

Cette relation unissant la musique, les mathématiques et l'astronomie eut une grande postérité. C'est par exemple la raison pour laquelle la musique fit partie du

« L'harmonie [...] résulte de l'impulsion et du mouvement des sphères. »

Cicéron, *Le Songe de Scipion* (v. 50 av. J.-C.)

quadrivium, le corpus mathématique médiéval, aux côtés de l'arithmétique, de la géométrie et de l'astronomie. Accolé au *trivium* (grammaire, logique et rhétorique), l'ensemble formait les sept arts libéraux, qui seraient enseignés dans les universités. L'expression « musique des sphères » réapparut au XIXe siècle en lien avec la psychanalyse, qui l'utilisait comme une métaphore pour comprendre la relation unissant le « moi » et le monde.

La physique moderne a également utilisé cette idée de manière métaphorique, dans la théorie des cordes. Brian Green (né en 1963) compare ainsi la résonance de certaines particules aux différentes notes que peut produire une corde de violon. Très récemment, le télescope spatial à rayons X Chandra a détecté des ondes sonores aux environs d'un trou noir, dont la fréquence se situait 57 octaves sous le *do* du milieu d'un piano. **PB**

Gravure de 1496 par Franchino Gaffurio : Apollon présidant à la musique des sphères. ➔

MENTIS APOLLINEAE VIS HAS MOVET VNDIQUE MVSAS
APOLLO
EUPHROSINE
AGLAIA
THALIA
VRANIA
POLIHYMNIA
EVTERPE
ERATHO
MELPOMENE
TERPSICORE
CALLIOPE
CLIO
MESE
HIPERMIXOLYDIUS
Tonus.
LYCHANOSMESON
MIXOLYDIUS
Tonus.
PARHYPATEMESON
LYDIUS
Semitonium.
HYPATEMESON
PHRYGIUS
Tonus.
LYCHANOSHYPATON
DORIUS
Tonus.
PARHYPATEHYPATO
HYPOLYDIUS
Semitonium.
HYPATEHYPATON
HYPOPHRIGIUS
Tonus.
PROSLAMBANOMENE
HYPODORIUS
IGNIS
AER
AQUA
TERRA
THALIA
CELUM STELLATUM
SATURNUS
IUPITER
MARS
SOL
VENUS
MERCURIUS
LUNA

Arhat

Siddhartha Gautama (Bouddha)

Un être parvenu à l'éveil, doté d'une grande sagesse et d'une profonde compassion

Portrait d'un *ahrat* assis et lisant par Guanxiu, moine bouddhiste, peintre, poète et calligraphe vénéré du IXe siècle.

« Un ahrat peut-il penser : "Suis-je sur le chemin de l'ahrat ?" »

Sûtra du diamant

La notion d'*arhat* est due à Siddharta Gautama (v. 563-483 av. J.-C.), le Bouddha historique. Elle est reprise dans les *sûtras* du diamant, du lotus et du cœur et demeure au cœur de la philosophie bouddhiste.

Arhat signifie littéralement « méritant » et désigne une personne parvenue à l'éveil par des pratiques rigoureuses. Le Bouddha enseignait que le monde n'était que *dukkha*, douleur, chagrin ou insatisfaction. Notre attachement naïf à de faux idéaux nous pousse vers l'égoïsme, si bien que le *karma* (la force générée par nos actes) nous enchaîne au *samsara*, le cycle de la réincarnation. Toutefois, si nous nous élevons en sagesse et en compassion par la méditation, nous pouvons balayer l'ignorance et voir la réalité comme un processus transitoire où toute chose est fondamentalement dépendante des autres.

Une fois cette vérité perçue, il est possible d'atteindre l'éveil et d'éradiquer le karma, c'est-à-dire de devenir un *arhat*. Lorsque meurt un *arhat*, aucun karma ne le relie plus au *samsara*. Il entre alors dans un état d'oubli bienheureux, libéré du tourment des réincarnations perpétuelles. Avant leur mort et leur sortie du cycle de la renaissance, les *ahrat* transmettent généralement leurs enseignements.

Dans la tradition theravada, le statut d'*arhat* est considéré comme le but de l'élévation de l'âme. Le terme est également utilisé dans le jaïnisme pour désigner un être spirituel symbolisant la pureté. Selon le bouddhisme mahayana, en revanche, le statut d'*arhat* n'est pas la dernière étape : l'être éveillé est supposé formuler le vœux du *bodhisattva*, par lequel il s'engage à demeurer au sein du *samsara* tant que tous les êtres sensibles n'auront pas atteint l'éveil. Cette divergence d'opinion demeure le principal point de désaccord entre les deux traditions. **JM**

v. 510 av. J.-C.

Comédie

Grèce antique

Un récit léger destiné à amuser plutôt qu'à édifier le public

Une comédie est un drame, un récit, destiné à amuser ou ravir. Il comporte généralement une fin heureuse pour son protagoniste, est situé dans un contexte familier et utilise un langage populaire. Il flatte souvent le public, qui ressent un sentiment de supériorité vis-à-vis des personnages impliqués. La tradition de la comédie est née vers 510 av. J.-C. dans la Grèce antique, à peu près en même temps qu'étaient posées les bases de la démocratie. La satire était présente d'emblée dans les premières comédies, de même que l'humour bouffon, sexuel ou scatologique.

Les plus grands auteurs de comédie de la Grèce antique étaient Aristophane (v. 445-385 av. J.-C.), dont les pièces mélangeaient la satire politique et la spéculation philosophique, et Ménandre (v. 342-292 av. J.-C.), dont le style « comédie nouvelle » influença beaucoup les dramaturges romains, dont Plaute et Térence, et plus tard William Shakespeare et Molière aux XVIe et XVIIe siècles. Dans le spectacle moderne, la comédie a proliféré et s'est diversifiée de manière extraordinaire. Parmi les genres apparus, on compte la comédie romantique, où des amoureux surmontent obstacles et malentendus pour s'unir dans le bonheur, la comédie satirique, où l'humour naît de la critique de personnes ou de comportements précis, la comédie de mœurs, dotée de dialogues spirituels et se déroulant dans un milieu sophistiqué, et enfin la farce et ses sous-entendus sexuels, ses calembours et sa bouffonnerie. Cette liste n'est bien sûr pas exhaustive. Avec l'avènement du cinéma naquit la comédie loufoque, tandis que la télévision entraîna l'apparition des *sitcoms*, les « comédies de situation ». La comédie a également colonisé d'autres arts et on la trouve dans bien des romans, et même des essais.

Contrairement à la tragédie, son opposé, la comédie est florissante au XXIe siècle, et ne cesse de se renouveler, par exemple dans l'art du *stand-up*. **GB**

v. 508 av. J.-C.

Liberté d'expression

Grèce antique

Le droit de s'exprimer librement sans crainte de représailles

La liberté d'expression, c'est-à-dire la liberté d'exprimer des idées sans crainte, a précédé bien des droits « naturels ». Elle était au centre du débat politique dans l'antique Athènes dès 508 av. J.-C., alors qu'on se demandait quelle structure devait avoir une démocratie. Depuis ce temps, les pays occidentaux ont discuté et légiféré à son propos à chaque génération ou presque. La lutte pour la liberté de parole existera tant que les humains auront des cordes vocales, et que les technologies de communication les autoriseront à faire entendre leur voix.

La démocratie repose sur le pluralisme des idées et la possibilité de leur transmission. C'est pourquoi les Athéniens voulaient s'assurer que chaque citoyen (à l'époque les aristocrates mâles) pût s'exprimer sans craindre les représailles de ses voisins en désaccord.

« Ôtez-moi toute liberté, mais laissez-moi celle de parler et d'écrire selon ma consicence. » **John Milton, *Areopagitica* (1644)**

Les sociétés qui naquirent et moururent après Athènes appliquèrent cette liberté à des degrés variés. Des déclarations, comme les *Bill of rights* (Déclaration des droits) anglaise (1689) et américaine (1789), assurent la liberté d'expression de tous les citoyens. La censure des voix dissidentes s'est avérée dangereuse, et la persistance de ses effets négatifs a entraîné l'inscription de la liberté d'expression dans la Déclaration universelle des droits de l'homme de 1948.

Aujourd'hui encore, la liberté d'expression en Occident est limitée par les lois contre l'injure, la diffamation, l'obscénité ou par la protection de la propriété intellectuelle.

Dans un monde de plus en plus connecté, les débats sur ce sujet ont conservé leur pertinence. **MK**

v. 508 av. J.-C.

Démocratie

Grèce antique

Un régime où les citoyens désignent leurs politiques, lois et dirigeants par le vote

Une démocratie est un régime qui confère le droit de vote à ses citoyens, afin qu'ils décident eux-mêmes de leurs lois, qu'ils élisent leurs responsables et que, de manière générale, ils pèsent sur l'action du gouvernement. Cette définition convient ainsi à plusieurs formes de gouvernement : les citoyens peuvent directement agir sur les politiques, lois et élections, ou bien peuvent désigner des représentants.

Les racines de la démocratie se situent dans l'Athènes antique, où, en 508 av. J.-C., un tel gouvernement apparut sous la direction de Clisthène (v. 570 - apr. 508 av. J.-C.). La démocratie athénienne s'est éteinte aux alentours du IVe siècle av. J.-C., mais ses principes se transmirent à la République romaine (509-27 av. J.-C.). À sa chute, il fallut attendre l'apparition des premières démocraties modernes pour que renaisse cette forme de gouvernement. La république de Corse fut la première, en 1755, quand elle adopta une Constitution démocratique. Elle cessa d'exister en 1769 mais fut bientôt suivie par les États-Unis (1776) et la Ire République française.

« Les élections appartiennent au peuple. C'est sa décision. »

Abraham Lincoln, président des États-Unis (1861-1865)

Avant que naissent les démocraties, le pouvoir du gouvernement était réservé à un petit nombre : les nobles, les clercs, les riches, ou tout autre groupe dirigeant le peuple sans qu'il ait son mot à dire. En démocratie, tous les membres éligibles de la communauté peuvent voter et disposent ainsi d'une petite influence sur le gouvernement. Depuis sa réintroduction à la fin du XVIIIe siècle, la démocratie n'a cessé de se propager à travers le monde. **MT**

La *bêma* de Pnyx à Athènes, tribune des orateurs dans les assemblées démocratiques à partir de 508 av. J.-C.

v. 500 av. J.-C.

Éternel devenir

Héraclite

L'idée d'un monde en changement perpétuel

L'éternel devenir est un état dans lequel rien ne demeure ni n'est permanent. L'apparition du concept est traditionnellement attribuée à Héraclite (v. 540-480 av. J.-C.), surnommé « l'Obscur », de la plume duquel seuls quelques fragments nous sont parvenus. Selon l'interprétation classique de sa pensée, Héraclite croyait en une forme radicale de devenir éternel : tout change tout le temps. Dans le *Cratyle* (v. 360 av. J.-C.), Platon fait dire à Socrate : « Héraclite dit que tout passe, que rien ne subsiste [...] Jamais, dit-il, vous ne pourrez entrer deux fois dans le même fleuve. » Socrate remarque ensuite que, si tout objet de savoir change constamment, alors le savoir lui-même est impossible. Les spécialistes contemporains, bien qu'ils ne soient pas unanimes, pensent cependant que la vision d'Héraclite était plus nuancée, admettant une stabilité, mais insistant sur le fait qu'elle dissimulait toujours un flux. Une rivière est ainsi la même rivière d'instant en instant mais elle est composée d'eau courante.

« Tout est en état de devenir, même le statu quo. »

Robert Byrne, écrivain

Sous sa forme radicale, l'idée de l'éternel devenir a directement influencé Platon (v. 428-348 av. J.-C.), qui considérait le monde ordinaire comme un devenir, un flux qu'il convenait de dépasser pour atteindre les idées, objets d'un monde immuable. L'idée d'un monde en perpétuel changement irrigua ainsi toute l'histoire de la philosophie, et les obscurs fragments d'Héraclite furent mis à contribution de bien des manières. Parmi les philosophes reconnaissant leur dette envers Héraclite, on compte Friedrich Hegel, Friedrich Nietzsche, et Alfred N. Whitehead. **GB**

Nombres rationnels/irrationnels

Grèce antique

Les nombres qui peuvent s'écrire sous forme de fractions et ceux qui ne le peuvent pas

Le mot latin *ratio* dérive du grec *logos*, « parole » ou « raison ». Ici, le sens de ratio, rapport entre deux nombres, est toutefois plus proche de « proportion ». Les rapports entre nombres s'expriment sous forme de fractions (½ ; ¼) ou d'échelle (1:2 ; 1:120). Un nombre rationnel peut toujours s'exprimer comme le rapport de deux nombres entiers, qu'il soit entier lui-même (2 est le quotient de 2/1 ou 6/3, par exemple), ou la fraction formée par deux entiers (1/3 ; 2/5). Tout nombre entier (– 1 ; 3), de même que tout nombre dont le développement décimal est limité (0,5) ou périodique (0,3333…), est rationnel.

Mais tous les nombres ne sont pas rationnels, ce qui troubla beaucoup les mathématiciens de l'Antiquité. Les pythagoriciens du Ve siècle av. J.-C. croyaient en la nature divine des nombres. Ils devaient donc être complets,

« Dieu a créé les entiers ; tout le reste est dû aux hommes. »

Leopold Kronecker, mathématicien

intelligibles. L'existence de $\sqrt{2}$ et de π, dont les développements décimaux ne sont ni finis ni périodiques, constituaient ainsi un véritable scandale. Les Grecs les disaient *alogos* (déraisonnables). Le mathématicien persan Al-Khwarizmi (v. 783-850) organisa plus tard les nombres en deux classes distinctes, « audibles » et « inaudibles ».

Ces nombres controversés se sont avérés déterminants pour les mathématiques et se trouvèrent au centre des discussions sur l'infini ou le calcul intégral. Le terme « rationnel » remonte au moins à 1585 ; certains avancent même une date antérieure. Leur étude poussée attendit toutefois le XIXe siècle et les mathématiques du « transfini ». Les travaux de Richard Dedekind (1831-1916) permirent de construire l'ensemble des réels (rationnels et irrationnels) par une méthode appelée « coupure de Dedekind ». **JW**

Vertus confucéennes

Confucius

La société idéale passe par le développement de cinq vertus morales

Le confucianisme est une tradition philosophique chinoise du VIe siècle av. J.-C. Le chaos de la dynastie Zhou (1122-256 av. J.-C.) poussa Confucius (551-479 av. J.-C.) à se demander comment la Chine pouvait retrouver les jours glorieux de la dynastie Shang (1766-1122 av. J.-C.). Il avança que les vertus morales étaient les fondations d'un bon État.

Les vertus confucéennes sont nombreuses, mais les plus importantes sont au nombre de cinq : *Ren*, *Yi*, *Li*, *Xiao* et *Xin*. *Ren* peut se traduire par « bienveillance » ou « humanité ». C'est par le *Ren* que nous sommes sensibles à la détresse d'autrui. Le *Yi* désigne les principes éthiques généraux qui guident l'action vertueuse et résolvent les conflits moraux. Le *Li* concerne le respect des coutumes et rituels qui facilitent l'harmonie

« La vertu d'humanité, c'est élever autrui comme on souhaiterait l'être soi-même. »

Confucius, *Analectes*

en société. Le *Xiao* encourage la piété filiale et le respect de la hiérarchie. Le *Xin* comprend l'honnêteté, la fidélité, l'intégrité et la loyauté. Chacun doit cultiver ces cinq vertus afin de devenir un *junzi*, une personne exemplaire. Dans un État gouverné par de telles personnes et dont les citoyens s'efforcent de cultiver ces vertus, l'harmonie et la prospérité régneront. Les dirigeants devraient guider par l'exemple et éduquer leurs citoyens afin que des lois sévères ne soient pas nécessaires.

Confucius est sans doute le penseur le plus influent de l'histoire de la Chine. Sa philosophie politique y domina jusqu'à la révolution culturelle, au XXe siècle. Le néoconfucianisme fut également de grande influence dans le Japon de l'âge des samouraïs. De nos jours, les cinq vertus confucéennes sont encore omniprésentes dans tout l'Extrême-Orient. **JM**

Le philosophe chinois Confucius, gouache sur papier exécutée vers 1770. ➔

至聖孔子
名丘字仲尼山東
兗州府曲阜縣人

v. 500 av. J.-C.

Innéisme

Grèce antique

Doctrine selon laquelle certaines idées sont présentes dès la naissance

Comment parvenons-nous à voir les objets comme indépendants de nous et distincts les uns des autres ? Il se pourrait qu'ils s'impriment ou s'imposent à nos sens. Les atomistes, tel Démocrite (v. 460-370 av. J.-C.), croyaient ainsi les objets composés d'amas de petites particules, et nous les percevrions parce que d'autres atomes rebondissent à leur surface et nous atteignent. L'innéisme propose une autre explication : des idées des objets préexistent dans nos esprits à la naissance et se révèlent à nous par la raison et l'expérience.

L'innéisme remonte aux pythagoriciens de la fin du VIe siècle av. J.-C., et Socrate le défendit en démontrant qu'un enfant sans éducation pouvait utiliser le théorème de Pythagore pourvu qu'on lui pose les bonnes questions. Dans ses *Méditations métaphysiques*, René Descartes (1596-1650) usa d'un morceau de cire pour prouver que nos sens ne convoient que des propriétés, et non des objets. Après l'avoir tenu près de la flamme, nous constatons en effet que ses propriétés changent. Il n'a plus la même forme, ni la même taille qu'avant. C'est pourtant toujours de la cire, et même le même morceau !

> *« Nous n'apprenons rien, et [...] ce qu'on appelle apprendre, n'est autre chose que se ressouvenir. »* **Platon, *Ménon* (IVe siècle av. J.-C.)**

L'innéisme a beaucoup influencé la pédagogie et la psychologie. La « méthode socratique » d'enseignement, par exemple, cherche à révéler aux étudiants leur savoir inné. Mais, malgré la popularité de l'innéisme, le philosophe John Locke montra au XVIIe siècle qu'il était plus probable que nos idées s'impriment au fur et à mesure de l'expérience sur un esprit vierge au départ, une « table rase ». Les psychologues s'en tiennent aujourd'hui largement à cette hypothèse. **JW**

v. 500 av. J.-C.

Propriété intellectuelle

Grèce antique

Posséder un bien immatériel comme on possède une chose

La propriété intellectuelle concerne des biens immatériels créés ou inventés. Ce concept existe depuis l'âge classique, quand, vers 500 av. J.-C., des chefs grecs de l'Italie du Sud se virent octroyer le droit exclusif de cuisiner un plat populaire. Il fallut toutefois attendre 1474 pour que la république de Venise adopte un droit de la propriété intellectuelle similaire à celui que nous connaissons. En plus de reconnaître les droits d'un inventeur sur sa création, cette loi prévoyait des pénalités pour sa violation et des incitations à déposer des brevets dont la durée était limitée. En 1867, la Confédération de l'Allemagne du Nord introduisit le terme « propriété intellectuelle » dans sa Constitution.

Avec la création de la propriété intellectuelle, la notion de propriété transcenda le matériel, le tangible. Les personnes pouvaient posséder des idées, des pensées, des créations.

Par extension, cette protection apportée à la créativité intellectuelle incita les personnes à la rechercher, avec l'assurance que, si elle portait ses fruits, ils en seraient récompensés, comme ils l'auraient été dans le cas d'une création physique. Simultanément, les limitations posées à la propriété intellectuelle équilibraient les droits du créateur sur sa création avec ceux de la société qui pourrait en bénéficier également.

La propriété intellectuelle moderne embrasse plusieurs domaines, dont les droits d'auteur, les brevets d'invention, les marques déposées et le secret industriel. En 1967, l'Organisation mondiale de la propriété intellectuelle fut créée afin de promouvoir sa protection à travers le monde.

Elle est devenue une institution spécialisée des Nations unies en 1974 et compte aujourd'hui plus de 180 pays membres. **MT**

Dieux romains

Rome antique

Les dieux et déesses vénérés par les Romains de l'Antiquité, qui chacun présidaient à différents aspects de la vie

La Rome antique, de la république à l'empire, a existé durant près de 1 000 ans, depuis sa fondation vers 500 av. J.-C. à la chute de l'empire d'Occident en 476. Durant cette période, les Romains vénérèrent une grande variété de dieux, la plupart ayant été empruntés aux religions des pays conquis.

Certains étaient ainsi issus du culte des premières tribus latines et de la civilisation étrusque, mais le plus grand nombre émanait des colonies grecques de l'Italie du Sud. En adoptant le panthéon grec, les Romains remplacèrent les noms d'origine par des noms latins. C'est ainsi qu'Hermès, le messager des dieux, devint Mercure, et que Zeus se changea en Jupiter.

La religion romaine était polythéiste et à chaque dieu étaient assignés des responsabilités et des pouvoirs différents : Mars était le dieu de la guerre et Vénus, la déesse de l'amour et de la beauté, par exemple. Les dieux avaient forme humaine, et la mythologie romaine les faisait tous appartenir à une même famille.

Les dieux avaient un impact direct et pratique sur la vie des Romains. Un voyage par mer nécessitait d'honorer Neptune, dieu des océans, tandis qu'un déménagement ou la naissance d'un enfant donnaient lieu à d'autres rituels, d'autres sacrifices en l'honneur d'autres dieux. Cette relation quotidienne, presque commerciale, entre les Romains et leurs dieux était moins un exercice spirituel qu'une réelle tentative de les influencer en leur faveur.

Le christianisme, apparu dans l'empire au premier siècle, consistait en un ensemble très différent de croyances et d'hypothèses sur la relation entre l'homme et le divin, si bien que les Romains l'accueillirent avec scepticisme, et même une franche hostilité. **MT**

↑ Statue du IIe siècle du dieu Jupiter. Divinité principale de la mythologie romaine, Jupiter était aussi le dieu du ciel, de la foudre et du tonnerre.

« Il importe qu'il y ait des dieux : ouvrons donc notre âme à cette utile croyance. »

Ovide, poète latin, *L'Art d'aimer* (v. 1 apr. J.-C.)

v. 500 av. J.-C.

Nombre d'or

Inconnu

Un nombre présent dans les œuvres plaisantes en art et en architecture

Le nombre d'or est un nombre irrationnel qui fascina mathématiciens, physiciens, architectes et philosophes depuis sa découverte.

Le développement décimal d'un nombre irrationnel n'est ni fini, ni périodique. Le nombre d'or (1,618 033 988…) était connu par les anciens Grecs comme le rapport idéal entre longueur et largeur. Il a ainsi fourni la formule fondamentale pour la fondation de la plupart des constructions de cette civilisation, dont le Parthénon (447-438 av. J.-C.).

Ce rapport était probablement utilisé avant les Grecs. Certains proposent ainsi que les architectes égyptiens des pyramides de Gizeh (2520-2472 av. J.-C.) se reposèrent dessus pour déterminer leurs dimensions finales. Ce sont toutefois les Grecs qui le décrivirent et l'étudièrent les premiers.

En tant que nombre, on l'arrondit généralement à 1,618. Pour l'exprimer simplement, il suffit de diviser un segment en deux parties telles que, si l'on divise la longueur du segment par la longueur de sa plus grande partie, on trouve le même nombre que si l'on divise la longueur de la grande partie par celle de la petite. C'était aussi, selon les Grecs, la base du « rectangle d'or » : le plus plaisant, esthétiquement, de tous les rectangles.

On lui donna le nom *phi*, peut-être en l'honneur de l'architecte Phidias (v. 480-430 av. J.-C.) qui l'employait beaucoup dans ses travaux.

Léonard de Vinci appelait le nombre d'or la « divine proportion », d'après l'expression de son ami Luca Pacioli. Il l'employa dans ses peintures, dont *La Cène* (1495-1498). Il ne semble pas y avoir de limite à ses utilisations possibles. Même au XXIe siècle, des chirurgiens esthétiques l'utiliseraient pour obtenir des visages parfaits, tout comme Vinci l'avait fait pour reproduire celui de Lisa Gherardini, le modèle de la Joconde (1503-1506). **BS**

Le Parthénon (447-438 av. J.-C.) à Athènes, en Grèce, a été conçu à l'aide du nombre d'or.

v. 500 av. J.-C.

Pluralisme religieux

Rome antique

La tolérance envers diverses croyances et pratique religieuses

En termes généraux, le pluralisme religieux est une attitude de tolérance envers toutes les religions. En termes politiques, c'est la structure d'un État admettant toutes croyances et pratiques religieuses tant qu'elles n'interfèrent pas avec ses lois. La liberté de croyance est ainsi inscrite dans le premier amendement de la Constitution des États-Unis (1791), la Charte canadienne des droits et libertés (1982) et la Déclaration universelle des droits de l'homme (1948).

La Rome antique (v. – 500 - v. 500 apr. J.-C.) est souvent donnée comme le premier exemple d'un État adoptant le pluralisme religieux. Étant polythéiste, cette société y était prédisposée. Bien que ses lois et procédures de gouvernement de même que sa jurisprudence incorporaient certains préceptes de la religion romaine traditionnelle, les autres religions y étaient tolérées, excepté lorsque leur pratique était assimilée à un acte de rébellion.

Le pluralisme religieux exista aussi en Espagne sous la dynastie des Omeyyades. Après avoir échappé aux troubles politiques et religieux de Damas en 750, Abd al-Rahman Ier (731-788) gouverna les régions espagnoles occupées. En dépit d'altercations entre chrétiens et musulmans, les populations juives et chrétiennes y disposaient des mêmes droits et des mêmes libertés que les musulmans sous le règne d'Abd al-Rahman, ce qui perdura au cours de la dynastie suivante.

Le théoricien contemporain John Hick (1922-2012) était un grand défenseur du pluralisme religieux. Il avançait que toute assertion sur Dieu ne concernait pas Dieu mais l'expérience subjective de Dieu de qui la formulait. Selon lui, le monde était ambigu, religieusement parlant. Il est ainsi possible d'y vivre religieusement, ou pas, et en accord ou en désaccord avec un nombre quelconque de traditions religieuses, la réalité n'offrant de preuve à l'appui d'aucune d'entre elles. Pour cette raison, toute religion devrait être tolérée, à défaut d'être suivie. **DM**

↑ Le Temple de toutes les religions à Kazan, en Russie, réunit les architectures des grandes religions du monde.

v. 500 av. J.-C.

Démons

Grèce antique

Des esprits agissant dans le monde en tant que force maligne

Les démons sont des êtres surnaturels qu'on trouve dans la plupart des religions du monde, communément liés à une force mauvaise telle que le diable. Leur origine peut se trouver en Grèce antique, bien que le mot grec correspondant, *daimon*, n'ait pas porté les connotations négatives actuelles. Il était plutôt utilisé pour décrire des esprits à la fois bons et mauvais. Toutefois, sa transposition dans les religions abrahamiques l'a déchu de sa neutralité, aussi le mot « démon » ne se réfère-t-il plus qu'à des êtres malveillants.

Les démons des différentes religions prennent de multiples formes et de multiples noms évoquant bien souvent leurs caractéristiques distinctives, telles les « idoles à forme de bouc » de la Bible hébraïque. Selon bien des traditions, les démons sont capables de « posséder » les êtres, les lieux ou les objets. C'est ce qui donna lieu à l'apparition des pratiques d'exorcisme, qui consistent à expulser une présence démoniaque de la personne ou du lieu qu'elle occupe, à travers une série de rituels accomplis par un prêtre ou toute autre personne spirituellement qualifiée.

> *« Ne jamais se fier à un démon. Il agit toujours pour cent raisons différentes. »*
>
> **Neil Gaiman, *The Sandman* (1988)**

L'exorcisme est, encore aujourd'hui, une pratique officielle de l'Église catholique, et la croyance aux démons continue d'être présente dans de nombreuses doctrines religieuses à travers le monde. Parmi les exceptions, notons le bahaïsme, qui explique le développement de caractéristiques démoniaques en l'homme comme manifestations psychologiques de leurs échecs à suivre la voie divine. Les traditions occultes comme la Wicca considèrent à l'opposé les démons comme des êtres réels, qu'il est possible de manipuler et de contrôler. **LWa**

v. 480 av. J.-C.

Être éternel

Parménide

L'idée d'un monde où rien ne change jamais

L'Être éternel est un état dans lequel rien n'a changé, rien ne change et rien ne changera. Le premier exposé de cette idée se trouve dans une œuvre en vers intitulée *De la nature* que l'on doit au philosophe grec Parménide d'Élée, au début du Vᵉ siècle. Parménide croyait à une forme de monisme : l'idée qu'il n'y avait qu'une chose au monde. Cette chose, disait-il, est unique, non générée, indestructible et incapable de mouvement. Le multiple et le changement ne sont qu'illusions.

Parménide modifia à jamais la cosmologie grecque. Avant lui, la réalité du changement n'était pas mise en doute ; après, la chose fut plus compliquée. Quelques philosophes lui donnèrent raison, tel Zénon (v. 495-430 av. J.-C.), dont les arguments subtils démontraient l'impossibilité du changement. D'autres le contredirent : en acceptant la multiplicité des éléments (comme Empédocle) ou des atomes (comme Démocrite), ils embrassaient le changement. Toutefois, l'idée parménidienne de l'immobilité préférable au changement persista. Elle se retrouve dans la théorie des idées de Platon (v. 428-348 av. J.-C.), selon laquelle les objets du monde changeant sont d'imparfaites approximations d'idées immuables. Elle influença également l'astronomie, avec la conception de la « sphère des fixes », qui dut attendre Copernic, Kepler et Galilée pour être bouleversée, aux XVIᵉ et XVIIᵉ siècles.

> *« Car il est formé tout d'une pièce, exempt de tremblement et dépourvu de fin. »*
>
> **Parménide d'Élée, *De la nature* (v. 480 av. J.-C.)**

En philosophie, des arguments contre la réalité du changement ressurgirent brièvement au tournant du XXᵉ siècle sous les plumes de F. H. Bradley et John McTaggart. L'idée d'un royaume supérieur imperméable au changement persiste, généralement en lien avec la théologie, les mathématiques et l'éthique. **GB**

Gravure du XVᵉ siècle de Martin Schongauer : saint Antoine tourmenté par des démons.

Espace intersidéral

Leucippe

L'univers physique au-delà de l'atmosphère terrestre

Gravure tirée de *Experimenta Nova Magdeburgica de Vacuo Spatio* (1672) d'Otto von Guericke, illustrant ses expériences avec les aspirateurs.

« L'espace n'est qu'à 100 km de chaque personne sur Terre. Pour la plupart, c'est bien plus près que leur propre capitale. »

Daniel Deudney, *Space: The High Frontier in Perspective* (1982)

L'espace intersidéral est le vide (ou le quasi-vide) qu'on trouve entre les corps célestes. On considère qu'il débute 100 km au-dessus de la surface de la mer. Le premier penseur qui le conçut était probablement Leucippe, au début du Ve siècle av. J.-C. Père de la théorie atomiste, Leucippe estimait que n'existaient que deux choses : les atomes et le vide. Sa théorie avançait que la Terre s'était formée quand un groupe d'atomes se retrouvèrent isolés dans le vide, commencèrent à se tourner autour et à s'agencer selon leurs formes et masses, les plus gros formant une sphère. Ce n'était pas un processus unique et les atomistes pensaient qu'un nombre incalculable de tels corps existaient, séparés par le vide.

L'idée d'un tel vide était problématique pour les philosophes de la Grèce antique. Au IVe siècle av. J.-C., Aristote (384-322 av. J.-C.) voulut montrer qu'elle était inconsistante, absurde et incapable d'expliquer les phénomènes physiques. Ses arguments furent décisifs durant tout le Moyen Âge.

À la Renaissance, en revanche, grâce à la redécouverte des textes tels que le *De Natura Rerum* de Lucrèce, écrit autour de 50 av. J.-C., ainsi qu'à des expériences de physique, l'idée regagna du terrain. En 1672, Otto von Guericke soutint l'existence du vide et dit : « au-delà ou au-dessus des régions emplies d'air s'étend un pur espace dénué de tout corps ».

Tandis que s'empilaient les découvertes astronomiques, la taille estimée de l'espace intersidéral augmenta. Son exploration débuta dans les années 1950. Des humains le traversèrent pour se poser sur la Lune pour la première fois en 1969.

De telles avancées technologiques et scientifiques ont entraîné l'adoption de lois internationales visant à s'assurer que l'exploitation humaine de l'espace resterait pacifique. **GB**

Néant

Parménide

L'idée d'une non-existence

Le néant, la propriété ou l'état de ce qui n'existe pas, est tout sauf une idée simple. Le philosophe grec Parménide, qui l'introduisit au début du Ve siècle av. J.-C., la jugeait impensable. Il en tirait diverses conclusions étonnantes, et en particulier son monisme radical : ne peut exister qu'une chose et une seule.

Après Parménide, l'idée du néant, ainsi que d'autres, connexes, telles que le vide, prirent plusieurs virages. En physique, bien que les atomistes estimassent que le monde consistait en atomes circulant dans le vide, Aristote (384-322 av. J.-C.) en récusait la possibilité, et ses vues dominèrent jusqu'à ce que la révolution scientifique (v. 1550-1700) rétablisse l'idée d'espace vide. Que l'espace soit réellement vide n'est pas acquis, selon la physique moderne : une région de l'espace dénuée de matière aura toujours quelques propriétés mesurables. En Occident, les théologiens chrétiens développèrent l'idée d'une création divine *ex nihilo*, sortie de rien, sans matériau préexistant. Au XVIIIe siècle, le philosophe Leibniz (1646-1716) formula la fameuse question : « Pourquoi y a-t-il quelque chose plutôt que rien ? », à laquelle il répondait en invoquant Dieu. Le néant fut associé aux sentiments d'insignifiance et d'inutilité et à la peur de la mort par les philosophes existentialistes du XXe siècle.

Les calculs impliquant le néant, le rien, posèrent des problèmes, qui furent surmontés par l'invention d'une notation positionnelle incluant le zéro dans l'Inde du IXe siècle. Les raisonnements à propos du néant également, avant qu'on ne réalise que « rien » n'est pas un substantif, mais un pronom indéfini à valeur négative. Dire que « rien n'existe » n'est pas affirmer l'existence de quelque chose appelé « rien », mais dénier l'existence à quoi que ce soit. **GB**

↑ Parménide, gravure du XVIIe siècle. Parménide est célèbre pour son poème métaphysique et cosmologique *De la nature* (v. 480 av. J.-C.).

« LEAR : Parlez.
CORDELIA : Rien, monseigneur.
LEAR : Rien ?
CORDELIA : Rien.
LEAR : De rien rien ne peut venir : parlez encore. »

William Shakespeare, *Le Roi Lear* (1606)

v. 450 av. J.-C.

Fontaine de jouvence

Hérodote

Une source mythique conférant l'éternelle jeunesse

La fontaine de jouvence est une source mythique supposée conférer jeunesse éternelle à qui en boira l'eau ou s'y baignera. On la retrouve dans bien des cultures, en particulier au Moyen-Orient. Sa première mention connue est due à l'historien grec Hérodote (v. 484-435 av. J.-C.), qui rapporte un récit lui prêtant existence en Éthiopie.

Au Moyen Âge, des histoires de fontaines de jouvence circulaient dans le monde musulman qui se propagèrent en Europe à travers des récits comme *Le Livre des merveilles du monde* (v. 1356) de Jean de Mandeville. Au XVIe siècle, l'historien espagnol Pierre Martyr d'Anghiera, qui transmit les premiers récits de l'exploration européenne du nouveau monde, rapporta la légende indigène d'une fontaine miraculeuse située sur une île du golfe du Honduras, une crique de la mer des Caraïbes, et, si l'explorateur Juan Ponce de León avait bel et bien reçu l'ordre d'explorer et coloniser les îles Bimini, l'idée populaire selon laquelle il y cherchait la fontaine de Jouvence paraît avoir été inventée par l'historien Gonzalo Fernández de Oviedo, qui ajouta, non sans malice, que Ponce de León désirait y guérir son impuissance. Le récit de sa quête est devenu un mythe historique.

« […] le seul bain de Jouvence, […. ce serait] d'avoir d'autres yeux. »

Marcel Proust, *La Prisonnière* (1923)

Peu de gens prennent aujourd'hui au sérieux ces histoires, mais la fontaine de jouvence demeure un thème chéri des arts et lettres (le film américain *The Fountain* en étant le plus récent exemple, en 2006). Elle est de plus une métaphore inévitable pour discuter des problématiques contemporaines de prolongement de la vie et de lutte contre les effets du vieillissement. **GB**

La fontaine de jouvence sur une fresque murale (v. 1400) du Castello della Manta, près de Saluces en Italie.

v. 450 av. J.-C.

Fatalisme

Grèce antique

La croyance en un destin déjà écrit que rien ne pourra changer

Le fatalisme, selon lequel les faits sont destinés à se produire, est né en Grèce antique. L'exemple le plus fameux est celui d'Œdipe dans la pièce de Sophocle *Œdipe roi* (v. 429 av. J.-C.), qui cherche à punir l'assassin de Laïos, roi de Thèbes et précédent époux de sa femme, et qui découvre que Laïos et sa femme, en réalité ses parents, l'avaient abandonné à la naissance pour échapper à l'oracle qui prédisait que leur fils tuerait son père et épouserait sa mère. En dépit de leur tentative, l'oracle s'était réalisé : Œdipe avait tué Laïos et épousé sa mère.

Le fatalisme doit être distingué du déterminisme, qui voudrait que chaque événement découle de ceux qui l'ont précédé ; ainsi, si le passé avait été différent, le présent serait tout autre. Le fatalisme n'implique pas le déterminisme, pas plus qu'il n'est impliqué par lui.

« Ta vie doit à présent suivre le cours qu'on lui a fixé. »

Kazuo Ishiguro, *Auprès de moi toujours* (2005)

Le stoïcisme, une philosophie née en Grèce antique, est souvent relié au fatalisme, bien qu'il soit difficile de le déclarer plus fataliste que déterministe. Certains stoïques pensaient ainsi que l'univers participait d'un dessein divin, qui se réalise sans que comptent les actions humaines. D'autres estimaient nécessaire d'apprendre à se laisser guider par la nature et à se libérer des passions ; or ces idées d'apprentissage et de libération suggèrent que certaines choses dépendent d'actions individuelles. Les experts débattent pour savoir si ce problème est inhérent au stoïcisme ou bien au fatalisme. Le fatalisme, particulièrement par les attitudes qu'il implique face à la morale et au bonheur, conserve aujourd'hui de l'influence, par exemple dans l'entraînement militaire. **JW**

Histoire

Hérodote

Une branche du savoir qui enregistre et relate les événements passés

HERODOTI HISTORICI INCIPIT.
Laurentii Vallen. conuersio de Græco in Latinum.

h
ERODOTI Halicarnasei historiæ explicatio hæc est: ut neq; ea quæ gesta sunt: ex rebus humanis obliterentur ex æuo: neq; ingentia & admiranda opera: uel a Græcis edita: uel a Barbaris gloria fraudétur: cum alias: tum uero: qua de re isti inter se belligerauerút. Persarú eximii memorát dissensionú auctores extitisse Phoenices qui a mari quod Rubrum uocatur [illegible] proficiscentes: & hanc incolentes regionem: quam nunc quoq; incolunt: longinquis continuo nauigationibus incubuerunt: faciendisq; Aegyptiarum & Assyriarum merciú uecturis in alias plagas: præcipueq; Argos traiecerunt. Argos & enim ea tempestate omni-

↑ Frontispice d'une édition latine des Histoires d'Hérodote, imprimée par Gregorius de Gregoriis à Venise en 1494, plus de 2000 ans après sa rédaction.

« L'histoire est une maîtresse insatiable. Elle n'a pas de présent, juste un passé se précipitant dans le futur. »

John F. Kennedy, président des États-Unis (1961-1963)

Avant l'invention de l'écriture, l'histoire était entièrement orale. Les premiers documents écrits, qui marquent la frontière entre histoire et préhistoire, nous viennent des Sumériens, en 3200 av. J.-C. Il fallut attendre bien longtemps toutefois pour que les Grecs considèrent l'histoire comme un domaine d'étude, quelque chose à examiner, à peser, à évaluer, et comme un outil. Hérodote (v. 484-435 av. J.-C.) est largement considéré comme l'auteur du premier ouvrage historique, *Histoires*, écrit au Ve siècle av. J.-C.

Dans cet ouvrage, Hérodote relate les guerres qui opposèrent les Grecs à l'Empire perse entre 499 et 449 av. J.-C. Il cherche en particulier à comprendre les causes de ces conflits en les examinant, ainsi que les événements qui les avaient précédés, pour les deux côtés. Hérodote voyagea beaucoup dans la région et interrogea un grand nombre de personnes alors qu'il compilait ses travaux. Son style narratif est très proche du récit. *Histoires* n'est pas impartial toutefois, et les penseurs grecs ultérieurs le considéraient comme un tissu de mensonges. Néanmoins, il procure un aperçu approfondi des cultures méditerranéennes de l'époque, aussi est-il toujours une source importante pour les travaux historiques.

L'homme s'est probablement posé des questions sur son passé dès qu'il a cessé de voir le monde comme une réalité statique. En considérant que le passé lui était compréhensible, il s'est doté d'un moyen d'élargir sa connaissance de lui-même et du monde, et d'une conception plus large du temps. L'histoire donne la possibilité de vivre, en seconde main, des événements qui sans elle seraient pour toujours inconnaissables. Le discernement que procure l'histoire est bien souvent le miroir de nos attentes, nos jugements, nos émotions et nos actions. **MT**

Je sais que je ne sais rien

Socrate

L'argument selon lequel le savoir est toujours limité

La célèbre phrase « Je sais que je ne sais rien » est attribuée, à tort selon certains, au philosophe grec Socrate (v. 470-399 av. J.-C.), sur la base de deux dialogues écrit par son disciple Platon (v. 424-348 av. J.-C.). Dans *La République* (v. 360 av. J.-C.), Socrate conclut sa discussion avec Thrasymaque portant sur la justice par ces mots : « le résultat de notre conversation est que je ne sais rien ; car, ne sachant pas ce qu'est la justice, encore moins saurai-je si elle est vertu ou non, et si celui qui la possède est heureux ou malheureux. » Dans l'*Apologie de Socrate* (399 av. J.-C.), le même dit d'un politicien respecté : « il croit savoir, quoiqu'il ne sache rien ; et que moi, si je ne sais rien, je ne crois pas non plus savoir. »

Ce véritable slogan fut adopté par ses successeurs de l'Académie, et incorporé à la tradition que l'on baptisa du nom de « scepticisme ». Mais, pour l'Académie, le scepticisme ne consistait pas à croire tout savoir impossible. Ils insistaient simplement sur le caractère très limité de toute connaissance de la réalité, qui devait ne porter que sur les vérités de la logique et des mathématiques, en opposition avec le scepticisme des pyrrhoniens, qui remettait en cause tout jugement positif, y compris en logique et en mathématiques.

Un sérieux problème de cohérence se pose toutefois : si Socrate ne sait vraiment rien, alors il ne peut pas savoir qu'il ne sait rien, tandis que, s'il sait effectivement qu'il ne sait rien, alors il sait quelque chose. Sa phrase contient sa propre négation : c'est un paradoxe. Les spécialistes la défendent en disant qu'il s'agit là d'une lecture bien peu charitable de Platon. Socrate s'exprimait dans un contexte particulier et ne se référait qu'à des concepts limités et non au savoir en général (à la justice dans *La République*, au beau et au bon dans l'*Apologie*). **JW**

Statue de Socrate datée entre – 200 et 100. Selon ses disciples Platon et Xénophon, Socrate avait un visage porcin, un nez retroussé et une bouche lippue qui le faisaient ressembler à un satyre.

« Le résultat de notre conversation est que je ne sais rien. »

Socrate, cité par Platon dans *La République*

v. 450 av. J.-C.

Φ

Maïeutique

Socrate

Une pédagogie qui consiste à poser des questions en continu

La maïeutique est la méthode employée par Socrate (v. 470-399 av. J.-C.) pour faire avancer la réflexion. Contrairement aux orateurs sophistes de son temps ou aux professeurs scolastiques et aristotéliciens qui lui succédèrent, Socrate ne donnait pas de cours magistraux minutieusement planifiés : il interpellait directement son public en posant à chacun une série de questions, destiné à alimenter la réflexion personnelle et menant le plus souvent à un certain scepticisme sur les sujets abordés, philosophiques, politiques et religieux. Dans le cas le plus fameux, relaté par Platon dans le *Ménon* (v. 380 av. J.-C.), Socrate « apprend » ainsi à un jeune esclave dépourvu d'éducation un ensemble de propositions euclidiennes, dont le théorème de Pythagore. L'hypothèse centrale de la méthode socratique est l'innéisme : nous n'apprenons rien de nouveau, l'éducation se contente de nous rappeler ce que nous savons déjà.

La maïeutique fut éclipsée au Moyen Âge par la popularité d'autres orateurs classiques, dont Aristote et Cicéron, qui entraîna la propagation d'une pédagogie centrée sur le cours magistral, que l'on nomme « modèle scolastique », pour laquelle la connaissance se « dépose » dans l'étudiant, un peu comme l'argent dans une banque. Un autre coup fut porté à la méthode socratique par le développement de l'empirisme au XVIIe siècle, qui considérait que le savoir ne pouvait qu'être acquis par expérience. L'empirisme est ainsi une réfutation de l'innéisme, et de la pédagogie qu'il impliquait.

Le débat sur la maïeutique est toujours ouvert parmi les chercheurs en sciences de l'éducation. Certains estiment qu'elle limite l'apprentissage et favorise l'agressivité. D'autres répondent que, bien qu'on puisse en abuser, comme toute méthode, elle peut être efficace lorsque correctement utilisée. Elle est toujours employée dans les études de droit, comme l'a mémorablement illustré le film *La Chasse aux diplômes* (1973). **JW**

Socrate et ses disciples. Peinture de Gustav Adolph Spangenberg, XIXe siècle. ↑

v. 450 av. J.-C.

Quatre éléments

Empédocle

La théorie selon laquelle l'univers est constitué de quatre éléments naturels

Dans son poème *De la nature* (v. 450 av. J.-C.), le philosophe grec Empédocle invoque des dieux, un pour chaque élément de sa cosmologie.

La notion qui voudrait que tout ce qui existe soit composé d'eau, de terre, d'air et de feu, ou d'une combinaison de ces quatre éléments, est empruntée à un mythe babylonien de la création, *Enuma Elish* (v. 1800 av. J.-C.), dans lequel l'univers émerge d'un conflit entre dieux représentant chacun un élément ou une force de la nature.

Empédocle recherchait ce que l'on appellerait aujourd'hui une « théorie des champs unifiés », un système capable de fournir une explication pour tous les phénomènes naturels. Sa stratégie, qu'il hérita de prédécesseurs eux-mêmes influencés par le mythe babylonien, tels que Thalès et Anaximène, était d'identifier le ou les ingrédients de base de l'univers. Thalès pensait, à la fin du VIe siècle av. J.-C., que cet ingrédient était l'eau. Plus tard, Anaximène estima que l'eau était trop différente de certains phénomènes (tels que le feu) pour se trouver à la base de tout. Il proposa donc l'air. Empédocle, quant à lui, ne vit aucun moyen de rendre compte d'un ensemble de phénomènes si vaste sans introduire la somme de quatre ingrédients primordiaux : terre, air, feu et eau, ce qu'il appelait la « quadruple racine ».

Aristote (384-322 av. J.-C.) ajouta un cinquième élément : l'éther, et c'est par les écrits d'Aristote que les scolastiques du Moyen Âge connurent la théorie d'Empédocle, qui devint la cosmologie dominante jusqu'au XVIIe siècle.

Bien que des formes d'atomisme aient émergé dès le Ve siècle av. J.-C., il fallut attendre les travaux d'Isaac Newton (1642-1727) et de Robert Boyle (1627-1691) pour que les quatre éléments soient remplacés par des atomes (ou quelque chose d'approchant) à la racine de l'univers. **DM**

Une représentation du XVe siècle montrant le Christ entouré des quatre éléments.

v. 450 av. J.-C.

Classicisme

Grèce antique

Une œuvre d'art créée selon les principes de symétrie, d'ordre et de proportions

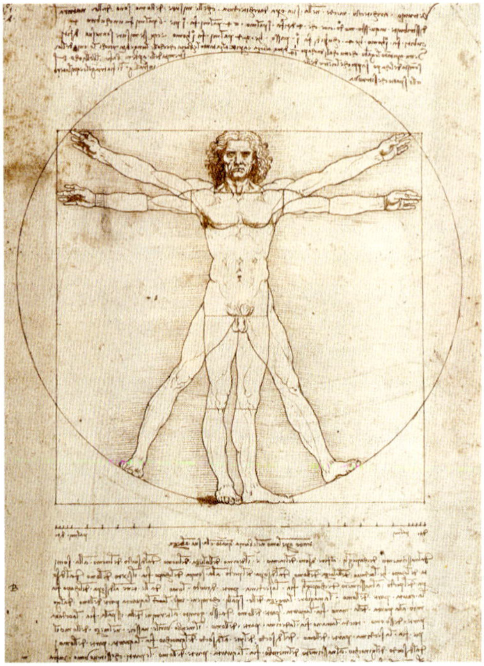

L'*Homme de Vitruve* (v. 1490) de Léonard de Vinci. Le dessin s'accompagne de notes tirées des travaux de l'architecte romain Vitruve, qui puisa amplement dans le style classique.

« Le classicisme n'est pas une manière propre à telle époque ou à tel pays donnés : c'est un sentiment caractérisé par l'assurance, la satisfaction, la patience. »

James Joyce, *Ulysse* (1922)

Il est fréquent d'entendre qualifier une œuvre de « classique ». En art, ce terme désigne un style né en Grèce au Ve siècle av. J.-C. qui met en valeur les principes de symétrie, d'ordre et de proportions.

Ainsi, le sculpteur Polyclète, après avoir rédigé le *Canon* (450 av. J.-C.), conçut une sculpture en bronze, le *Doryphore*, dont la tête servait d'unité de mesure au reste du corps. Sa hauteur était ainsi de sept têtes. À peu près en même temps, les architectes du Parthénon d'Athènes (447-438 av. J.-C.) utilisèrent le nombre d'or pour créer un système de proportions et de corrections optiques propres à créer une harmonie et à engendrer un sentiment de perfection. En 350 av. J.-C., le philosophe grec Aristote (384-322 av. J.-C.), dans son traité *Poétique*, décrivit la forme et la structure de la tragédie idéale en se fondant sur la pièce de Sophocle Œdipe *roi* (v. 429 av. J.-C.) comme exemple principal. L'architecte romain Vitruve, dans son traité *De Architectura* (v. 15 av. J.-C.), opéra un retour à ces classiques grecs afin de développer une taxonomie et une collection de patrons architecturaux qui eut grande influence.

Quand les auteurs, les artistes et les architectes de la Renaissance italienne (du XIVe au XVIe siècle) regardèrent autour d'eux, persuadés que « l'homme [était] la mesure de toute chose », ce sont les monuments de l'art gréco-romain qui les inspirèrent et les poussèrent à abandonner l'élan gothique du Moyen Âge pour embrasser de nouveau le classicisme. Le fameux dessin de Léonard de Vinci l'*Homme de Vitruve* (v. 1490) s'inspirait d'un passage sur la géométrie et les proportions humaines dans le livre de Vitruve. Le dôme de Brunelleschi, construit entre 1439 et 1461 pour la cathédrale de Florence, était directement inspiré du Panthéon construit par les Romains. Le *David* de Michel-Ange, enfin, daté entre 1501 et 1504, était un retour au classicisme, qui continue d'être un standard pour les artistes et les architectes d'aujourd'hui. **PBr**

L'homme est la mesure de toute chose

Protagoras

Une façon de nier l'objectivité

« L'homme est la mesure de toute chose » est une devise qui joue un rôle central dans un certain argument contre l'existence du savoir objectif. Cette phrase est attribuée au philosophe grec Protagoras (v. 490-420 av. J.-C.), le plus éminent des sophistes (un groupe d'intellectuels grecs), prédécesseur de Platon dont seuls quelques fragments nous sont parvenus.

Dans le *Théétète* (v. 360 av. J.-C.), Platon nous dépeint Protagoras arguant que la valeur de vérité d'une assertion à propos d'une perception dépend de celui qui perçoit.

Supposons ainsi deux personnes se disputant pour savoir si le vent est chaud. Il paraît chaud à la personne A et froid à la personne B. C'est là que « l'homme est la mesure de toute chose » entre en jeu : il n'existe aucun moyen pour que ces personnes dépassent leurs perceptions respectives et confrontent leur jugement à la réalité des faits. Le mieux que l'on puisse dire est que le vent paraît chaud à A, et froid à B. Le vent n'est ni chaud ni froid en lui-même, aussi leur désaccord n'est-il qu'apparent.

Le relativisme, l'idée d'un savoir subjectif, dépendant de la perception, qui découle de cette doctrine, peut s'étendre aux jugements moraux et esthétiques, par exemple à la beauté ou la justice. Bien qu'il soit tout sauf certain que Protagoras prônât ce relativisme extensif, Socrate, et Aristote après lui, considéraient que ses arguments devaient l'y contraindre, et qu'ils étaient ainsi autocontradictoires.

Des arguments similaires à celui de Protagoras, au sein de diverses formes de relativisme et de scepticisme appliquées à un nombre vertigineux de sujets, apparurent régulièrement dans l'histoire de la philosophie et furent le sujet de débats enlevés. Hors de la philosophie, cette devise fut utilisée en lien avec le changement d'orientation qui s'opéra à la Renaissance, du divin à l'humain. **GB**

Portrait du philosophe grec Protagoras peint en 1637 par Jusepe de Ribera. Le style de Ribera était très influencé par les travaux du Caravage.

« Aussi, aucune impression n'étant formée hors de circonstances particulières, il faut accorder confiance à chacun concernant les impression formées dans les circonstances qui lui sont propres. »

Sextus Empiricus, *Contre les géomètres* (IIe ou IIIe siècle)

v. 450 av. J.-C.

Sophistique
Grèce antique

Un mouvement de pensée associé au scepticisme et aux raisonnements spécieux

La définition du « sophisme » a énormément varié au cours du temps. Dans la Grèce antique, le sophiste était d'abord un sage, tel qu'Homère ou Hésiode. Autour du ve siècle av. J.-C., il s'agissait plutôt d'un habile rhéteur, peu digne de foi, un politicien ou un orateur dont la philosophie se limitait aux considérations pratiques. Les sophistes de cette époque, parmi lesquels Protagoras, Gorgias ou encore Thrasymaque, rejetaient en effet les théories abstraites des présocratiques et adoptaient une attitude sceptique vis-à-vis des sujets philosophiques traditionnels.

Selon eux, l'esprit humain n'était taillé que pour des activités prosaïques, comme la politique, le loisir ou le commerce. Cette emphase mise sur la pratique les rendait très efficaces pour régler les questions légales ou

« Certains tissent leur sophisme jusqu'à s'empêtrer la raison. »

Samuel Johnson, écrivain

politiques, à tel point qu'ils monnayaient leurs enseignements. Aristophane ridiculisa les sophistes, n'y voyant qu'escrocs et vantards, mais il serait risqué de se fier à lui car il leur incluait Socrate. Or Socrate, s'il accordait aux sophistes une grande habileté, les critiquait vivement, les accusant de poser des distinctions sans fondement et de construire des arguments fautifs.

Au Moyen Âge, le « sophisme » acquit une dimension plus neutre, désignant le paradoxe. Bien qu'il conservât beaucoup de ses mauvaises connotations, un genre littéraire naquit, qu'on appela les *sophismata*, des textes destinés à clarifier des assertions problématiques. Thomas Bradwardine et Richard Kilvington étaient deux auteurs célèbres de *sophismata*. Malgré ce bref répit, le sophisme est redevenu, de nos jours, un raisonnement fautif et trompeur. **JW**

v. 450 av. J.-C.

Nihilisme existentiel
Empédocle

La vie n'a pas de sens en dehors de celui qu'on lui donne

Le nihilisme existentiel avance que la vie n'a aucune valeur intrinsèque. Elle n'est qu'un phénomène parmi d'autres dans l'univers, gouverné par des lois impartiales et arbitraires. Aucun phénomène n'a davantage de signification qu'un autre. Le nihilisme existentiel charge l'homme de la lourde tâche de donner du sens à sa vie par lui-même. La première expression de cette doctrine est à chercher dans la poésie d'Empédocle (v. 490-430 av. J.-C.). Toutefois, on la trouve bien plus développée dans les travaux de Friedrich Nietzsche (1844-1900), de Søren Kierkegaard (1813-1855) ou encore de Jean-Paul Sartre (1905-1980). Nietzsche était très critique des paradigmes et des institutions d'où sont tirées les valeurs morales. Il reprochait aux philosophes d'idolâtrer la « Raison », dénonçait les religions, et déclarait « Dieu est mort ». Ces

« Courte est la part de vie laissée à notre vie : voués à la prompte mort, nous partons en fumée. » **Empédocle**

attaques portées contre les fondations traditionnelles de la morale renforçaient son argument sous-jacent d'une nécessaire et constante refondation des valeurs qui seule éviterait de renverser la créativité humaine.

Selon Sartre, l'absence de valeur intrinsèque de la vie est ce qui permettrait à chaque individu de définir et d'affirmer sa propre signification à travers ses actions. Il déclarait que « l'existence précède l'essence », c'est-à-dire que la vie n'avait de sens que lorsqu'une personne agissait de manière à lui en conférer. De plus, il serait selon lui immoral de vivre dans l'ignorance des ramifications existentielles de ses propres actions, et pire encore de le faire en connaissance de cause. Le nihilisme existentiel a laissé une impression profonde sur la culture occidentale. Il renforce l'individualisme et le relativisme moral aujourd'hui prévalant, surtout en Amérique du Nord. **DM**

v. 450 av. J.-C.

Relativisme moral

Grèce antique

La vérité objective n'existe pas ; tout n'est qu'opinion

Le relativisme moral est apparu en Grèce antique au ve siècle av. J.-C. Il pose que la vérité morale objective n'existe pas, et que les vérités morales ne sont qu'opinions individuelles. On distingue trois formes de relativisme moral : le subjectivisme, le conventionnalisme et le volontarisme théologique.

Le subjectivisme affirme que la morale est relative aux opinions des individus. Il se confond souvent avec les préférences esthétiques (« Tous les goûts sont dans la nature ») et est souvent considéré, à tort, comme la seule façon de résoudre les dilemmes éthiques.

Pour le conventionnalisme, la morale est relative à un groupe de personnes. Sous sa forme la plus pragmatique, la bonne action est celle qui conserve la stabilité de la société. Dans sa version utilitariste, c'est celle qui maximalise le bonheur du plus grand nombre. Considérant la morale comme une construction conventionnelle, non objective, c'est bien un relativisme.

> *« C'est de l'abdication de la raison que naît le relativisme moral. »*
>
> **Peter Kreeft, professeur de philosophie**

Le volontarisme théologique pense, lui, la morale relative à l'opinion d'un dieu ou d'un groupe de dieux. Ce qui le distingue d'autres théories de la morale objective incluant Dieu (telles que la théorie de la loi naturelle) est que, selon le volontarisme théologique, Dieu n'est pas l'équivalent d'un bien moral objectif.

Le relativisme moral est issu du fait incontestable du relativisme culturel (différentes cultures expriment différentes valeurs), duquel serait tiré, à tort, que les vérités morales seraient elles-mêmes relatives. Cependant, quoi qu'on puisse en penser, ses racines anciennes tout comme ses fervents adeptes actuels font du relativisme moral une idée importante. **AB**

v. 450 av. J.-C.

Paradoxes de Zénon

Zénon d'Élée

Un philosophe grec démontre que le mouvement est une illusion

Élève du philosophe grec Parménide, Zénon d'Élée (v. 495-430 av. J.-C.) vivait dans une colonie de la côte italienne. Bien qu'il ne nous soit connu que par propos rapportés, ses paradoxes malicieux sont restés célèbres.

Le paradoxe de la flèche est une expérience de pensée qui défie les notions communes de temps et de mouvement. Lorsqu'une flèche est tirée, il paraît évident qu'elle bouge. Mais Zénon affirme que non. Il nous invite à regarder la flèche à tout instant de son vol comme si nous figions le film. Nous verrions alors, à cet instant, la flèche immobile, occupant un espace donné, ni plus, ni moins. Or, le vol de la flèche n'est qu'une succession de tels instants. Et comme à tout instant la flèche est immobile, il s'ensuit que n'existe aucun instant durant lequel elle serait en mouvement.

> *« Zénon a [des] raisonnements qui ne laissent pas que d'embarrasser ceux qui tentent de les réfuter. »*
>
> **Aristote, *Physique* (v. 330 av. J.-C.)**

Les implications de ce paradoxe sont pour le moins radicales. Si le temps n'est qu'une compilation d'instants statiques, déconnectés, alors le monde est en réalité éternel et immuable, sans futur ni passé. Une personne sensée aura bien du mal à accepter de telles notions. Une solution au paradoxe paraissait évidente à Aristote, qui avançait que « le temps ne se compose pas plus d'instants que la ligne ne se compose de points ». En d'autres termes, le temps est continu, comme un courant reliant le passé au futur, ce qui autorise la flèche à suivre son trajet. Le philosophe britannique Bertrand Russell assura pourtant, au début du xxe siècle, que le paradoxe de l'archer était « l'énoncé limpide d'un fait élémentaire ». **RG**

v. 450 av. J.-C.

L'Art de la guerre

Sun Tzu

Le savoir, la discipline et la tromperie permettent de gagner la bataille

Le *Sun Wu Bingfa* (*L'Art de la guerre*) fut probablement écrit durant la période de transition séparant la période des Printemps et des Automnes (722-481 av. J.-C.) de celle des Royaumes combattants (403-211 av. J.-C.). C'est un traité philosophique concernant la manière de gérer les conflits et de remporter les batailles, écrit, estime-t-on, par un général chinois nommé Sun Tzu.

Toute guerre implique la perte d'hommes et de ressources, aussi est-elle toujours une défaite. La plus grande victoire est de vaincre l'ennemi sans le rencontrer sur le champ de bataille. La guerre est un dernier recours, quand toutes les solutions pacifiques sont épuisées. Malgré tout, lorsqu'on est engagé sur la voie de la violence, il faut vaincre le plus rapidement possible et au moindre coût. Un bon général ne résiste pas au changement, il s'adapte à la nature dynamique de la situation et l'exploite à son avantage grâce à la connaissance du terrain, par laquelle le général place ses troupes sur des positions leur permettant d'exploiter les points faibles de l'ennemi. Un bon général doit connaître son ennemi et engranger les renseignements avant la bataille. L'art de la guerre se confond avec celui de la tromperie : la discipline et le savoir servent à exposer les faiblesses de l'adversaire.

> *« La meilleure conduite consiste à vaincre sans combattre. »*
>
> **Sun Tzu, *L'Art de la guerre***

L'Art de la guerre est un des travaux les plus influents de son domaine. C'est une lecture obligatoire pour les aspirants officiers dans bien des pays d'Extrême-Orient, et recommandée par l'armée américaine à son personnel. Les cadres dirigeants, les avocats et les coachs s'en servent fréquemment comme guide stratégique. **JM**

v. 450 av. J.-C.

Casuistique

Sophistes grecs

Une forme d'argumentation centrée sur les précédents

La casuistique est probablement née chez les sophistes, ces maîtres grecs de rhétorique et de persuasion qui vécurent au ve siècle av. J.-C. C'est une méthode qui consiste à former des arguments inédits par analogie avec d'autres, victorieux en leur temps et qui fondèrent ainsi un précédent. Elle est à la base de la *common law* anglaise, source de la jurisprudence de nombreux pays occidentaux. L'idée que la loi se développe par degrés suivant les changements de conventions sociales est centrale dans ce type de raisonnement moral.

Des groupes religieux, dont les jésuites, ont également utilisé la casuistique dans leurs examens des questions de morale individuelle, cherchant dans les Écritures le meilleur précédent afin de déterminer les codes sociaux. Cette manière de créer un paradigme est aussi à l'œuvre dans les domaines médicaux et bioéthiques, les docteurs fondant leurs pratiques sur l'échec ou le succès des thérapies appliquées.

> *« Des cages pour les cousins,*
> *des chaînes pour les puces,*
> *et tous les volumes des Casuistes. »*
>
> **Alexander Pope, *La Boucle de cheveux enlevée* (1712)**

Pour les journalistes, le terme « casuistique » est souvent synonyme de généralisation abusive ou bien de l'application trop subtile de principes universels pour la défense d'un cas particulier, les circonstances spécifiques à un cas rendant spécieuse ou même nuisible l'analogie avec les précédents. Les dangers que posent les jugements imparfaits ou biaisés de l'opinion publique sur la situation originale demeurent une menace pour la validité d'un raisonnement casuistique. Dans le pire des cas, on peut le considérer comme un type de relativisme moral, une éthique dépendante de la situation où des actes immoraux pourraient en justifier de nouveaux. **PBr**

← Porcelaine chinoise de la dynastie Qing, période Kangxi (1654-1722), décorée d'une scène de bataille.

v. 450 av. J.-C.

Volontarisme théologique

Socrate

L'idée d'obligations morales issues de Dieu plutôt que de nous-mêmes

Selon la théorie du volontarisme théologique, antérieure au christianisme, les questions et les concepts éthiques et moraux sont dépendants de Dieu, supposé la source de toute bonté.

La moralité trouve ainsi son origine dans les commandements divins, et la cohérence morale de nos actions est inexorablement liée à la foi que nous mettons à les suivre dans toutes situations.

Le volontarisme théologique a été critiqué et débattu par les intellectuels et les philosophes depuis que Socrate (v. 470-399 av. J.-C.) posa sa fameuse question : Le saint est-il aimé des dieux parce qu'il est saint, ou est-il saint parce qu'il est aimé des dieux ? En d'autres termes, Dieu commande-t-il telle action parce qu'elle est bonne, ou est-elle bonne parce qu'elle est un commandement divin ?

Des philosophes tels qu'Emmanuel Kant (1724-1804) affirment qu'il est dans notre intérêt de croire en Dieu, et donc aussi en la morale divine, car le poids de la morale sur nos épaules serait trop lourd à porter. Cette théorie comporte cependant un dilemme immédiat : si Dieu nous ordonnait de blesser quelqu'un ou d'infliger de la souffrance, il serait moral de s'exécuter. La moralité devient ainsi arbitraire, tout comme elle le serait si elle consistait à se plier à une autorité terrestre sans se poser de question. Les partisans du volontarisme théologique se trouvent ainsi face à la proposition selon laquelle la cruauté serait morale, et même nécessaire, si elle plaisait à Dieu.

C'est certainement l'argument de Thomas d'Aquin (1225-1274) qui offrit le meilleur espoir d'un possible fondement à la morale. Dieu nous a créés, écrit-il, en possession d'un semblant de Sa nature, et c'est en écoutant notre nature que nous trouverons la voie étroite permettant de vaincre le démon. **JS**

Les 24 vieillards de l'Apocalypse se prosternant devant Dieu. Peinture de Henry John Stock, 1911.

v. 425 av. J.-C.

Satire

Aristophane

L'usage divertissant du ridicule pour exprimer des vues sociales ou politiques

Exposer les errements des hommes par l'humour est probablement aussi vieux que l'humour lui-même. Il existe ainsi des exemples d'écrits ou d'œuvres d'art tournant des personnes en ridicule sur des papyrus égyptiens. En tant que forme littéraire, la satire désigne l'usage de la parodie, du sarcasme et de l'ironie pour mettre en lumière les fautes et les défauts d'individus ou de la société. Son but est souvent d'amener le public à modifier son comportement social ou politique.

Le dramaturge grec Aristophane (v. 450-388 av. J.-C.) est l'un des satiristes les plus connus. Ses contemporains, amis comme ennemis, considéraient qu'il avait élevé la satire au rang d'art. La plus vieille pièce que nous lui connaissons, *Les Acharniens* (v. 425 av. J.-C.), est souvent citée comme le premier exemple de satire comique.

Après Aristophane, la satire devint un puissant outil de réforme sociale et politique dans l'Empire romain. Souvent écrites pour les masses, les satires présentaient des arguments politiques de façon divertissante, ce qui les rendait aussi efficaces que n'importe quelle autre forme d'arguments. Parmi ces satiristes romains, Horace (65-8 av. J.-C.) et Juvénal (v. 55-127) prêtèrent leur nom à deux catégories de satires. La satire horacienne en désigne une forme douce et humoristique insistant sur l'absurde et le ridicule. La satire juvénalienne est plus agressive, moins tournée vers l'humour que vers l'outrage que soulèvent injustice et immoralité.

La satire est une des formes les plus banales de communication politique. Ridiculiser son adversaire est souvent un moyen très efficace d'avancer son point de vue, et l'effet produit sur le public peut être de longue durée. La satire humoristique est devenue une industrie dans les milieux culturels et de divertissement, dans l'édition, à la télévision ou dans d'autres médias. La popularité croissante des parodies d'émissions d'actualité en est un bon exemple. **TD**

↑ Illustration tirée d'un papyrus égyptien (v. 1100 av. J.-C.) parodiant des scènes de la vie quotidienne.

Cynisme

Antisthène

Une école de philosophie rejetant l'ambition personnelle et prônant l'ascétisme

Diogène peint par Jean-Léon Gérôme. Le chien, symbole d'austérité de l'existence, est l'emblème des cyniques, dont ils tirent leur nom.

Quand nous disons de quelqu'un qu'il est « cynique », nous l'accusons souvent de nourrir une suspicion systématique à l'encontre des actes et des paroles de ses semblables. Cette acception populaire du terme « cynique » nous vient probablement du philosophe grec Diogène (mort vers 327 av. J.-C.), qui, selon la légende, vivait en vagabond, déambulant à travers les rues d'Athènes une lanterne à la main même en plein jour, car, disait-il, il cherchait « un homme ». Cependant, il y a plus dans le cynisme que de tenir la nature humaine en mauvaise opinion.

Le cynisme est une philosophie éthique née avec Antisthène (v. 445-365 av. J.-C.), un des élèves les plus méconnus de Socrate. Elle enseigne que l'unique voie du bonheur consiste à abandonner les illusions des conventions sociales, telles que la richesse, le conformisme, le désir de gloire et de pouvoir, et de vivre en accord avec la nature.

Si nous nous abstenions de fonder nos jugements sur les valeurs communes, et donc fausses, nous dit le cynique, nous parviendrons à l'*arété*, mot grec désignant la « vertu » ou l'« excellence ». Le cynisme est donc moins une école de pensée au sens traditionnel qu'un mode de vie.

On attribue aussi aux anciens cyniques, et à Diogène en particulier, l'invention du concept de « cosmopolitisme ». Une histoire voudrait ainsi que Diogène répondît, lorsqu'on lui demandait quelle était son allégeance, qu'il était « citoyen du monde ».

Cette notion fut reprise bien plus tard par Emmanuel Kant (1724-1804) et développée par Martha Nussbaum (née en 1947). Selon elle, des normes légitimes de justice gouvernent partout les relations interpersonnelles, et non seulement au sein de frontières politiques arbitraires. Cette interprétation découle du cynisme de l'Antiquité. **DM**

> *« Cynique, n. m. Fripouille voyant les choses telles qu'elles sont, et non telles qu'elles devraient être. »*
>
> Ambrose Bierce, *Dictionnaire du diable* (1906)

v. 400 av. J.-C.

Théorie des humeurs

Polybe de Cos

Système de diagnostic et de traitement médical fondé sur quatre fluides organiques

La théorie des humeurs prétendait que la bonne santé physique et mentale dépendait de l'équilibre de quatre fluides corporels : la bile jaune, la bile noire, la lymphe (ou phlegme) et le sang. Elle est parfois attribuée à Polybe de Cos, gendre d'Hippocrate, père de la médecine.

Selon cette théorie, chacun de ces fluides dispose de caractéristiques propres : le sang et la bile jaune sont chauds, les biles jaune et noire sont sèches, la bile noire et la lymphe sont froides, la lymphe et le sang sont humides. Ces correspondances servaient à la fois pour le diagnostic et pour la cure qui visait à restaurer leur équilibre. Par exemple, une fièvre sèche pouvait être attribuée à un excès de bile, et se traitait par des vomissements forcés afin d'en réduire la quantité, ou par des bains glacés chargés d'augmenter la quantité de lymphe, froide et humide.

D'autres correspondances étaient établies avec des systèmes naturels variés, comme le cycle des saisons, afin de compléter la théorie. Elle mena également à une théorie des tempéraments, qui nous légua les adjectifs « flegmatique », « sanguin », « bilieux » et « atrabilaire » pour qualifier nos caractères.

La théorie des humeurs domina la médecine occidentale durant 2 000 ans. Parmi ses partisans, on compte ainsi le romain Galien et le médecin persan du XIe siècle Avicenne. Sans surprise, elle eut également une influence sur les arts, comme le reflètent la chapelle Sixtine de Michel-Ange et les pièces de Shakespeare et de Ben Johnson.

Il fallut attendre l'essor de la médecine moderne, au XVIIe siècle, pour voir rejeter ses principes. Les quatre tempéraments ne furent pas abandonnés pour autant, des penseurs tels Emmanuel Kant et Hans Eysenck y discernant une parcelle de vérité. **GB**

v. 400 av. J.-C.

Atomes

Démocrite

Les composants fondamentaux de la matière et de l'univers

Les atomes composent tout ce qui existe. Ce sont les plus petites parcelles de matière possible, qu'on trouve dans toute chose. De cette brique élémentaire de matière sont nés tous les gaz, les solides et les liquides de la création. Cette vision du monde était déjà celle de Démocrite (v. 460-370 av. J.-C.), qui expliquait les propriétés des différents états de la matière par différentes caractéristiques des atomes : leur taille, leur forme et leur poids.

La théorie atomiste de Démocrite n'était que pure spéculation. Il n'avait en effet aucun moyen d'observer les phénomènes atomiques. Des idées similaires apparurent en Inde à peu près à la même époque, mais c'est bien Démocrite qui nous légua le terme « atome ». Il fallut toutefois attendre la fin du XVIIIe siècle, début du XIXe, pour que des scientifiques comme Antoine Lavoisier (1743-1794) et John Dalton (1766-1844) commencent à tester les idées de la théorie atomiste. Les travaux des scientifiques qui leur succédèrent menèrent à la compréhension moderne des mondes atomiques et subatomiques.

> *« Convention que le chaud, convention que le froid […] ; en réalité : les atomes et le vide. »* **Sextus Empiricus citant Démocrite, *Contre les géomètres* (IIe ou IIIe siècle)**

La théorie atomiste avait beau n'être à l'origine guère plus qu'une rêverie philosophique, elle n'en devint pas moins un concept scientifique fondamental. Munis de cet outil, nous parvenons non seulement à mesurer la matière mais aussi à émettre des prédictions vérifiables sur son comportement et sa composition à l'échelle élémentaire. Les développements tant théoriques que pratiques de la théorie atomiste sont inestimables. **MT**

v. 400 av. J.-C.

La fin justifie les moyens

Grèce antique

La justification d'actions immorales par leur but souhaitable

Bien des philosophes affirment qu'une bonne raison d'agir est nécessaire à tout acte qui se voudrait moral, raison qui se fondera sur quelque principe abstrait (« traite chacun comme une fin et non comme un moyen » ou bien « agis envers autrui comme tu voudrais qu'on agisse envers toi » dira Kant). Afin de déterminer ce principe, certains se tournent vers la raison pure (des vérités morales universelles), tandis que d'autres le tirent des conséquences de l'action. Chez ces derniers, le raisonnement est de ce type : si le but Y est préférable, alors l'action X (qui produirait Y) est acceptable. En d'autres mots : « la fin justifie les moyens ». Si le but d'une action est souhaitable, elle est justifiée quoi qu'elle implique (même si ce qu'elle implique paraîtrait immoral en d'autres circonstances).

« Un prince qui veut se maintenir est souvent obligé de n'être pas bon. »

Nicolas Machiavel, *Le Prince*

L'origine de la phrase « la fin justifie les moyens » peut se trouver dans la littérature antique, par exemple chez le dramaturge grec Sophocle (v. 496-406 av. J.-C.) et le poète romain Ovide (– 43 - 17 apr. J.-C.). Un autre candidat est l'Italien Nicolas Machiavel (1469-1527). Son chef-d'œuvre, *Le Prince* (1532), est un guide pratique de la décision, tendu vers un seul but : se maintenir au pouvoir le plus longtemps possible. Cette fin peut nécessiter de mentir, de forcer, de tuer, mais, si les principes sont sains, ces actes seront justifiés.

Il y a pourtant peu de raisons de penser que la fin ait quoi que ce soit de commun avec la bonté morale. Par exemple, des génocides et des viols peuvent paraître souhaitables à certains. Cette fameuse maxime est d'ailleurs invalide pour la plupart, et toute opinion qui paraîtra l'impliquer sera largement critiquée. **JW**

← Stèle mésopotamienne (v. 2230 av. J.-C.) célébrant la victoire de Naram-Sin, roi d'Akkad, qu'on voit ici piétinant ses ennemis.

v. 400 av. J.-C.

Suicide assisté

Grèce antique

Moralité d'un docteur aidant un patient à trouver la mort

Le suicide assisté consiste pour un docteur à fournir à son patient les moyens de se donner la mort. Une expression de cette idée peut déjà se lire dans le serment d'Hippocrate, composé autour de 400 av. J.-C., que les nouveaux médecins devaient prononcer à la fin de leur formation (certains le font toujours). Celui-ci comprend ces mots : « Je ne remettrai à personne du poison, si on m'en demande, ni ne prendrai l'initiative d'une pareille suggestion. » C'est là la première apparition de l'idée de suicide assisté et de ses implications en éthique médicale.

Le suicide assisté doit être distingué de l'euthanasie, qui implique de donner la mort plutôt que simplement les moyens de la trouver. Les débats contemporains tournent toutefois dans les deux cas autour des mêmes problèmes, la valeur de la vie et le droit à la mort. Dans les années 1990, le suicide assisté est arrivé sur le devant de la scène aux États-Unis sous les traits du docteur Jack Kevorkian, qui affirmait avoir aidé plus de 130 patients à mourir.

« Aider un homme à abréger ses souffrance serait-il un crime ? »

Jack Kevorkian, médecin

Kevorkian fut jugé quatre fois avant d'être condamné à une peine de 25 ans de prison. La campagne qu'il mena pour la légalisation du suicide assisté perdure malgré cela.

La pratique est légale dans plusieurs pays d'Europe dont les Pays-Bas, ainsi que dans trois États des États-Unis. Malgré ses origines ancestrales, le débat sur le suicide assisté est resté très vif et n'a jamais perdu de son actualité. **LWa**

Perspective

Grèce antique

Une technique permettant de représenter volume et profondeur sur une surface à deux dimensions

Saint Jérôme en son étude, peint vers 1475 par l'Italien Antonello de Messine, présente une grande maîtrise de la perspective.

En art, la perspective est une technique permettant à l'artiste de représenter une scène ou un objet en trois dimensions sur une surface bidimensionnelle. Ses premières utilisations connues remontent à 400 av. J.-C., en Grèce antique. La perspective s'inspirait alors des décors de théâtre composés de panneaux espacés et disposés les uns derrière les autres afin de donner au public l'impression de profondeur. Les philosophes grecs Anaxagore (v. 500-428 av. J.-C.) et Démocrite (v. 460-370 av. J.-C.) ainsi que le mathématicien Euclide (v. IVe siècle av. J.-C.) tirèrent de cela un ensemble de principes géométriques gouvernant la perspective en deux dimensions.

Au XIVe siècle, les techniques de base, comme de représenter en plus petit les objets plus distants, étaient déjà bien maîtrisées, mais c'est à la Renaissance que l'art de la perspective se développa de manière extraordinaire. Les représentations si réalistes qu'elles en paraissent vivantes devinrent alors la norme. L'artiste italien Leon Battista Alberti (1404-1472) rédigea, parmi les premiers, les règles de l'imitation de la nature et de la perspective linéaire, tandis que Léonard de Vinci (1452-1519) définissait la perspective atmosphérique, où le travail sur les tons et la lumière aide à obtenir un réalisme saisissant.

À notre époque, les techniques de perspective nées à la Renaissance trouvent des applications nouvelles dans les médias numériques. L'Infographie comme les images générées par ordinateur sont toujours plus réalistes, plus convaincantes. Les principes de la perspective pourraient aussi s'appliquer à effacer les limites séparant les mondes réel et virtuel. En ce sens, l'idée de la perspective peut être considérée comme jouant de nos jours un rôle fondamental dans l'appréhension quotidienne de la réalité. **LWa**

« Dès la première ligne, à la première tache de couleur, rien ne peut plus empêcher l'image d'acquérir trois dimensions. »

Sheldon Cheney, écrivain et critique d'art

v. 400 av. J.-C.

Matérialisme

Démocrite

L'idée que rien n'existe indépendamment du monde matériel ou physique

Parmi les penseurs antiques, beaucoup font appel à des être surnaturels pour expliquer certaines propriétés du monde naturel. Pas les matérialistes, qui nient l'existence du surnaturel, faits, forces ou créatures. Parmi eux se comptent les atomistes grecs, Démocrite (v. 460-370 av. J.-C.) et Leucippe (v. 460-370 av. J.-C.), selon lesquels tout, même l'âme, ne serait composé que d'atomes et de vide, et Épicure (341-270 av. J.-C.), qui postula que les atomes ne se déplaçaient que du haut vers le bas.

Le matérialisme apparaît souvent dans les discussions autour de certaines questions philosophiques, comme lorsqu'on cherche à expliquer les propriétés des objets, ou bien la conscience.

Par exemple, tandis que Platon (v. 424-348 av. J.-C.) expliquait pourquoi deux objets se ressemblaient en avançant qu'ils participaient tous deux au même universel qui leur préexistait (*ante rem*), Aristote (384-348 av. J.-C.) pensait, lui, que tous les universaux étaient déjà présents dans les objets (*in re*) : il était donc matérialiste sur cette question des propriétés. Les deux évoquaient en revanche un divin immatériel à l'origine du monde, et une âme immatérielle d'où naîtrait la conscience. Il est ainsi possible d'être matérialiste à propos de certaines choses seulement.

Mais le matérialisme extensif, celui des atomistes, gagna beaucoup en popularité à la fin du XIXe et au début du XXe siècle, à mesure que les progrès scientifiques faisaient reculer les explications surnaturelles et que de nouvelles mathématiques battaient en brèche la conception platonicienne d'une réalité des formes mathématiques. Plus récemment, les avancées de la neurologie ont sapé la vieille nécessité de substances ou de propriétés immatérielles pour expliquer la conscience. Mais elles ont aussi souligné les limites du matérialisme. **JW**

v. 400 av. J.-C.

Déterminisme

Leucippe

Les événements comme résultat des précédents et des lois gouvernant la réalité

Bien que le déterminisme ne présuppose pas le naturalisme (l'idée d'un monde dénué de causes surnaturelles), il est habituellement défini en termes de lois et d'événements naturels. Il doit être distingué du fatalisme, qui voudrait que les événements futurs adviennent, quoi qu'il se passe d'ici là. Le déterminisme est fataliste dans le sens où l'état actuel des choses et les lois de la nature entraînent certains événements plutôt que d'autres. Mais il ne se confond pas avec le fatalisme, selon lequel ces événements arriveront même si les circonstances venaient à changer.

La version la plus primitive du déterminisme est probablement celle des atomistes grecs, Démocrite (v. 460-370 av. J.-C.) et Leucippe (v. 460-370 av. J.-C.). Toutefois, Leucippe admettait que les atomes puissent «dévier» à l'occasion, sans cause apparente. Le déterminisme était très populaire chez les stoïques romains. Il fut aussi renforcé par la physique d'Isaac Newton.

> *« Tu peux faire ce que tu veux [...] Peux-tu aussi vouloir ce que tu veux ? »*
>
> **Arthur Schopenhauer, *Essai sur le libre arbitre***

Le déterminisme est particulièrement important en histoire des idées sur la question du libre arbitre, c'est-à-dire de la forme de liberté nécessaire pour que nous puissions nous considérer comme des personnes morales responsables de leurs actes. Si la responsabilité morale réclame des agents libres de choisir parmi une variété de possibles, alors le déterminisme n'est pas compatible avec elle. Même les «déviations» occasionnelles des atomes de Leucippe pourraient ne pas l'être. Cependant, si la responsabilité était plutôt une question de dispositions internes présidant à l'action, d'attitude réactive, alors déterminisme et responsabilité morale pourraient se concilier. **JW**

v. 400 av. J.-C.

Serment d'Hippocrate

Hippocrate

L'énoncé originel des responsabilités du médecin

Le serment d'Hippocrate traite des devoirs du médecin. La tradition lui donne pour auteur Hippocrate (v. 460-375 av. J.-C.), qui aurait élevé la médecine au rang de profession. Il est contenu, sous sa forme originelle, dans le *Canon d'Hippocrate*, ensemble de textes attribués à Hippocrate et ses élèves.

Le serment initial était prêté devant Apollon, son fils Asclépios et les filles d'Asclépios, Hygie et Panacée, figures de la mythologique grecque associées à la santé, au soin, à la médecine et aux cures. Il commence par énoncer les devoirs du médecin envers ses confrères, puis envers ses patients.

En résumé, il exige des praticiens de traiter les malades au mieux de leurs capacités, avec leur meilleur jugement. Selon certains, ses clauses interdisent de pratiquer l'avortement, l'euthanasie et la chirurgie, mais d'autres les interprètent simplement comme l'obligation de se passer de certains moyens d'avortement particuliers, de s'abstenir d'empoisonner les patients, et de laisser la chirurgie aux spécialistes.

« Je n'oublierai pas que la prévention est la meilleure des médecines. »

***Nouveau serment des médecins*, Canada, 1982**

Des versions modernisées et mises à jour circulent dans bien des pays, dont celle de l'Association médicale mondiale de 1948, celle de l'Ordre des médecins français de 1996 et une traduction littérale due à Émile Littré. Il existe diverses descriptions des devoirs du médecin dans d'autres traditions éthiques et religieuses, telles que le serment de Maimonide. Certains médecins y voient d'utiles guides éthiques, quand d'autres les classent au rang de déclarations d'intention. **GB**

v. 387 av. J.-C.

Université

Platon

Une institution pédagogique où les plus cultivés enseignent aux autres

La première université du monde, une école consacrée à la recherche, la pensée et la découverte, est née dans un bosquet d'oliviers sacré des environs d'Athènes. Dédiée à Athéna, déesse de la sagesse, l'académie du philosophe grec Platon (v. 424-348 av. J.-C.) a été fondée autour de l'an 387 av. J.-C. C'était un lieu d'étude où Platon et ses successeurs enseignaient des sujets tels que la philosophie et la politique.

De nombreuses académies fleurirent à sa suite dans les mondes grec, romain et byzantin. La première université moderne est cependant celle de Bologne. Elle fut fondée en 1088 et dotée d'une charte par l'empereur romain germanique Frédéric Barberousse en 1158, qui autorisa ses professeurs à voyager librement. À l'origine, les enseignements religieux dominaient l'éducation universitaire, mais, à compter des XVIIIe et XIXe siècles, le cursus des universités mit plutôt l'accent sur les humanités et les sciences, à mesure que diminuait l'influence des hommes d'Église dans la société.

« Peu de choses terrestres sont plus belles qu'une université. »

John Masefield, poète

L'idée centrale de l'université est de créer un lieu où étudiants et professeurs peuvent librement s'informer, chercher et découvrir.

Chacun apprend de sa vie quotidienne, bien sûr, mais disposer d'un endroit ayant pour unique but l'éducation supérieure a permis bien des avancées. Aucun domaine de la connaissance n'est vierge de découvertes d'étudiants ou de professeurs poursuivant le savoir dans leur université. **MT**

Amphithéâtre d'anatomie au palais de l'Archiginnasio, ex-bâtiment principal de l'université de Bologne.

Théorie

Platon

Un processus synthétique de compréhension et de prévisions pouvant être appuyé par les faits

Buste en marbre de Platon. Les dialogues de Platon contiennent des discussions esthétiques, politiques, cosmologiques, théologiques, épistémologiques et linguistiques.

« Plus on possède la faculté de contempler, plus aussi on est heureux. »

Aristote, *Éthique à Nicomaque*

« Théorie » vient du grec *theoria*, « contemplation », vision métaphorique associée à la sagesse pour les Grecs de l'Antiquité, qui s'en servaient également pour désigner une large gamme d'activités intellectuelles. Platon (v. 424-348 av. J.-C.) l'associait à toutes les étapes du processus de compréhension. Philippe d'Oponte, disciple de Platon du IVe siècle, le réservait à la contemplation des étoiles dans le but d'acquérir la perspective divine et d'atteindre ainsi la sérénité. Aristote (384-322 av. J.-C.), un autre disciple, en faisait plus simplement un synonyme de l'acte de contempler.

L'idée d'acquérir une vision de la réalité sous-tend la conception contemporaine de théorie comme ensemble d'explications d'une partie de la réalité obtenues par une recherche assidue. Ainsi, la théorie de la relativité restreinte d'Einstein lui est venue après un examen méticuleux de la relativité galiléenne et des limites de la physique de Newton. De la même façon, la théorie de l'évolution de Charles Darwin est née de considérations précises sur le développement des organismes dans toute une variété d'environnements.

Comme toute affirmation scientifique, les théories sont à la merci de nouvelles découvertes qui exigeraient qu'on les amende ou les réfute. La théorie géocentrique de Ptolémée, très bien acceptée des siècles durant, fut ainsi renversée par celle, héliocentrique, de Copernic. Et, bien que sa théorie de la chute des corps soit restée la même durant 200 ans, la gravité de Newton dut être complétée par la théorie de la relativité générale d'Einstein.

Dans la langue courante, une théorie désigne souvent quelque chose de purement hypothétique, mais dans les cercles académiques, ce sont des visions de la réalité bien établies, maintes fois vérifiées mais pour autant faillibles, qui expliquent les phénomènes naturels et orientent les recherches futures. **JW**

v. 360 av. J.-C.

Réalisme philosophique

Platon

L'idée que la réalité (même abstraite), existe indépendamment de son observateur

Si un philosophe défend l'idée qu'un objet ou un événement existe, au sens ontologique, sa position à propos de cet objet ou de cet événement est dite « réaliste ». Par exemple, s'il soutient l'existence des nombres, comme le fait Platon (v. 424-348 av. J.-C.), il est réaliste à propos des nombres.

S'il considère au contraire que les nombres et les objets abstraits n'ont pas d'existence propre, comme Guillaume d'Occam (v. 1285 - v. 1349), il est antiréaliste, ou « nominaliste ». Un nominaliste est défini traditionnellement comme un antiréaliste vis-à-vis des objets abstraits et des universaux : il soutient que n'existe que la réalité concrète. Cette définition est toutefois source de confusion dans le cas de certains philosophes médiévaux comme d'Occam ou Pierre Abélard (1079-1142), qui défendaient l'existence d'un être divin immatériel. Toutefois, en philosophie, le terme « nominaliste » est communément considéré comme synonyme d'« antiréaliste ».

Il est important de noter que le réalisme ne se limite pas à l'existence objective ; un événement ou un objet peut exister même s'il n'est que subjectif, comme dans le cas d'une construction sociale ou mentale. C'est la position conceptualiste (certains conceptualistes refusent toutefois leur assimilation au nominalisme). Le statut ontologique de l'existence se décline sur une large gamme d'interprétations au sein du réalisme.

Les débats populaires liés au réalisme tournent autour de l'existence de Dieu, de la nature des valeurs morales et de la conscience. L'un des plus vieux sujets de controverses entre réalistes et antiréalistes concerne la nature des propriétés (la rondeur, la « bleuité »). Un courant puissant de l'antiréalisme contemporain affirme que la science ne nous fournit pas de vérités approximatives sur la réalité, seulement un ensemble de fictions puissantes à son propos. **JW**

v. 360 av. J.-C.

Universaux et particuliers

Platon

Les objets « particuliers » incarnent des qualités « universelles » de nombre d'objets

Les intellectuels tentent de se dépêtrer de l'idée des universaux, des particuliers et de leurs relations communes depuis que Platon (v. 424-348 av. J.-C.) l'a introduite vers 390 av. J.-C. Les particuliers sont les objets : un extincteur, une fraise. Mais un extincteur et une fraise sont tous les deux rouges. Ils partagent donc un universel : la rougeur. Quel est le plus important, le plus signifiant : un particulier, ou l'universel qu'il incarne ? Est-ce l'orange, ou sa couleur ? le zèbre ou ses rayures ? une balle ou la rondeur ? Les universaux sont, littéralement, partout, tandis que les particuliers sont limités à une entité spécifique ancrée dans le temps et dans l'espace.

Les tenants de la suprématie des universaux arguent qu'ils possèdent une réalité (la couleur rouge, une forme géométrique) distincte de celles des particuliers qu'ils habitent. Il n'existe pas seulement des objets rayés, mais également l'universalité de la rayure. L'existence des universaux est un vieux débat métaphysique. On y trouve des nominalistes, qui leur refusent toute existence, et des réalistes, qui la leur accordent volontiers. Les réalistes de tradition platonicienne avancent que les universaux sont des entités réelles, indépendantes des particuliers, suggérant ainsi que les universaux sont même indispensables afin que les mots aient un sens et les phrases, une valeur de vérité. Les nominalistes, de leur côté, constatent que seuls les individus, les particuliers, sont réels, et que les universaux n'existent tout simplement pas. Selon eux, le nombre de types distincts d'entités est très limité dans l'univers ; éliminer les complications superflues nous permettrait d'aboutir à une explication plus simple du monde qui nous entoure. **JS**

> *« Les idées sont comme des modèles ; les autres objets leur ressemblent et sont des copies. »* **Platon, *Parménide* (IVe siècle av. J.-C.)**

v. 360 av. J.-C.

Obéissance à la loi

Platon

Il est immoral de ne pas se soumettre à la loi

Les lois, ces ensembles de règles édictant le code de conduite d'une communauté humaine, existent depuis des milliers d'années. Leur désobéir est, partout, vu comme un délit ou un crime méritant châtiment : à la fois punition et incitation à se plier aux lois d'une société. Toutefois, selon Platon (v. 424-348 av. J.-C.), nous devrions obéir à la loi non pour éviter le châtiment, mais par obligation morale.

Écrit vers 360 av. J.-C., le *Criton* de Platon explique pourquoi Socrate, condamné à mort, refusa de s'évader de prison malgré les mesures prises par ses amis pour assurer sa fuite. Socrate, parlant pour Platon, y énonce les raisons d'obéir à la loi plutôt qu'à son désir égoïste ou aux sentiments moraux des masses. Après avoir établi qu'il n'est jamais moralement admissible de nuire, Socrate déclare que désobéir à la loi nuit à l'État en sapant le système légal qui le fonde. Or, selon Socrate, c'est grâce aux lois que les citoyens jouissent de la sécurité, de l'éducation et d'un grand nombre d'autres avantages de ce genre.

De plus, la loi est ce qui encadre les mariages et donc l'existence même des citoyens. Pour ces raisons, la loi est comme un parent, ou un maître. Il serait donc inacceptable, pour quiconque, de nuire à la loi par sa désobéissance.

Les arguments de Platon conservent aujourd'hui toute leur force. Le plus intéressant parmi eux est certainement cette ligne tracée entre préceptes légaux et préceptes moraux, et les raisons pour lesquelles cette distinction est à la fois rationnelle et pragmatique. C'est ce que nous appelons aujourd'hui la « thèse de la séparation ».

Des penseurs modernes comme Joseph Raz marchent dans les pas de Platon lorsqu'ils affirment que la légitimité de la loi et, par extension, les institutions sociales qu'elle protège, sont contingentes au maintien de cette distinction entre loi et morale. **DM**

La Mort de Socrate, peint en 1787 par Jacques-Louis David.

v. 360 av. J.-C.

Philosophe roi

Platon

L'idée d'un gouvernement de philosophes

Dans *La République*, écrit vers 360 av. J.-C., Platon (v. 424-348 av. J.-C.) théorise le gouvernement idéal. Dans le meilleur des mondes possibles, celui d'une humanité capable de former une nation ou un État fondé sur la poursuite des idéaux utopiques de justice, de savoir et de vérité, une telle nation ne pourrait avoir à sa tête qu'un type bien précis de dirigeant selon Platon : le « philosophe roi », dont le but premier serait la recherche de la sagesse par les moyens de la philosophie.

Platon nous décrit ainsi la cité idéale dirigée par ses sages gardiens, les philosophes rois. Le philosophe recherche la vérité et se détache de tout ce qui n'a pas trait à cette recherche : un philosophe roi ne se concentrerait ainsi que sur l'essentiel. Les chefs politiques développeraient une compréhension des vérités fondamentales, des formes intelligibles inaltérables, et ne se soumettraient jamais aux caprices changeants de l'opinion publique. Tout comme le capitaine d'un navire possédant la connaissance de la navigation astronomique ne doit pas se laisser influencer par les remarques de ses marins incultes, le philosophe roi tiendrait le cap de la justice et de la sagesse tandis qu'il piloterait le navire de l'État.

Parmi les multiples travaux sur la théorie politique et la justice, *La République* fait partie des plus influents du monde occidental. L'idée du philosophe roi a largement façonné notre vision du politique, du rôle du gouvernement et de la manière d'agir, de penser et de gouverner du chef idéal.

Toutefois, certains, comme le Britannique Karl Popper (1902-1994), ont critiqué l'idée de chefs politiques encouragés à ignorer les opinions et désirs du peuple. Le concept de philosophe roi ne contient pas de garde-fou contre les personnalités tyranniques ; il est ainsi incompatible avec l'idée d'une société ouverte. **MT**

↑ Fragment de *La République* (v. 360 av. J.-C.), la pièce maîtresse de la théorie politique de Platon.

EGO SVM ALPHA ET O PRINCIPIVM ET FINIS ET PRETER ME NON EST DEVS QVE OMNES DILIGENTIA DEMONIA
F·DIDACVS

v. 360 av. J.-C.

Échelle des êtres

Platon

L'idée d'une hiérarchie de toutes les choses de la création

Dans *La République*, écrit vers 360 av. J.-C., Platon (v. 424-348 av. J.-C.) introduit l'idée d'une ligne verticale représentant toute l'existence. Il la divise en quatre : le quart supérieur contient les idées, les concepts tels que la justice ou la piété. Le suivant est dévolu aux relations mathématiques. Le troisième est celui des choses tangibles. Le dernier renferme les imitations. L'échelle de Platon est une hiérarchie. Les idées, selon lui, sont éternelles et immuables. Elles ne dépendent de rien d'autre qu'elles-mêmes pour exister, ce qui est la forme d'existence la plus complète. À l'inverse, les imitations sont délimitées et altérables. Leur existence dépend de choses hors d'elles : elles sont donc la forme d'être la plus basse.

Aristote (384-322 av. J.-C.), élève de Platon, a encore développé cette idée. Il a proposé une hiérarchie des êtres vivants, plaçant au-dessus les êtres doués des

> *« Du moment qu'ils possèdent la sensation, nous les appelons des animaux. »*
>
> **Aristote, *De l'âme* (IVe siècle av. J.-C.)**

facultés de penser, de sentir, de se mouvoir et de se nourrir, et au-dessous ceux ne possédant qu'une partie, ou aucun, de ces « principes vitaux ». Les humains occupent ainsi le haut de l'échelle, les plantes le bas.

Les penseurs médiévaux ajoutèrent les êtres divins à cette hiérarchie, plaçant Dieu au pinacle et une théorie d'anges et d'archanges entre Lui et les hommes. Ainsi, partie d'une simple ligne verticale, l'échelle de Platon devint la « grande chaîne de la vie ».

La théorie contemporaine de l'évolution a adopté et adapté cette idée. Ce qu'Aristote appelait les « principes vitaux » a été sérieusement remis en question, et de là naquirent les mouvements de défense des droits des animaux et de l'environnement, et la réévaluation du rôle de l'homme dans l'univers. **DM**

Représentation allégorique de l'ordre du monde chrétien, tirée de *Rhetorica Christiana* (1579) de Didacus Valades.

v. 360 av. J.-C.

Croyance vraie justifiée

Platon

La connaissance est un ensemble de croyances objectivement vraies et justifiables

Selon une définition commune, la connaissance est l'assentiment mental donné à une proposition vraie sur la base de preuves suffisantes pour la considérer telle. Ici, l'« assentiment mental » désigne l'attitude psychologique de « croyance », et les « preuves suffisantes » la « justification ». Ainsi, la connaissance est une croyance vraie justifiée.

Cette définition trouve son origine dans le *Théétète* (v. 360 av. J.-C.) de Platon (v. 424-348 av. J.-C.), où Socrate la refuse s'agissant de la connaissance obtenue au moyen des sens. Elle fonctionne en effet avec la connaissance propositionnelle (« Je sais que Mozart était un compositeur »), mais sa relation avec le savoir-faire (« Je sais jouer l'*Adagio en ut* de Mozart ») et la connaissance indirecte (« J'ai entendu parler de l'*Adagio en ut* de Mozart. ») n'est pas très claire.

> *« Le jugement qu'on ne peut expliquer est en dehors de la science. »*
>
> **Platon, *Théétète***

Un grand défi posé à cette théorie est le « problème de Gettier ». On le doit à Bertrand Russell (1872-1970), mais c'est d'Edmund Gettier (né en 1927) qu'il tire sa popularité. Russell et Gettier ont construit des exemples où quelqu'un se trouve doté d'une croyance vraie justifiée sans qu'aucune connaissance réelle n'en dérive. Imaginons par exemple une personne S regardant sa montre, qui indique midi, mais qui a cessé de fonctionner il y a douze heures exactement à l'insu de S. Bien qu'il soit midi, que S ait de bonnes raisons de le croire et qu'il le croie en effet, S ne « sait » pas qu'il est midi. Ce genre d'exemples a généré un grand nombre de révisions et d'additions apportées à la théorie classique de la connaissance. La quête d'une définition satisfaisante continue. **JW**

Le pouvoir absolu corrompt absolument

Platon

La croyance en l'effet inévitablement corrupteur du pouvoir absolu

Détail d'une fresque murale d'Ambrogio Lorenzetti, *Les Effets du bon et du mauvais gouvernement* (1337-1339), au palazzo Pubblico de Sienne en Italie.

La plus ancienne allusion à l'effet corrupteur du pouvoir se trouve certainement dans la parabole de l'anneau de Gygès citée par Platon (v. 424-348 av. J.-C.) dans *La République* (v. 360 av. J.-C.) : Gigès, homme vertueux, se vautre dans le vice après avoir trouvé un anneau lui permettant de devenir invisible.

La maxime « le pouvoir absolu corrompt absolument » est bien plus tardive cependant. Elle est la paraphrase d'une lettre à l'évêque Mandell Creighton écrite en 1887 par Sir John Dalberg-Acton (1834-1902), un historien britannique catholique plus connu sous le nom de Lord Acton.

Acton y fustige une suggestion de Creighton, tirée de leur correspondance : selon l'évêque, nous devrions juger les rois, les papes ou toute autre personne occupant une place aussi élevée dans la société selon des critères différents de ceux appliqués au commun. Acton avance au contraire que : « La responsabilité historique doit compenser la responsabilité légale. Le pouvoir tend à corrompre, et le pouvoir absolu corrompt absolument. »

Acton suivait lui-même quelqu'un en associant ainsi pouvoir et corruption : dans un discours délivré à la Chambre des communes en 1770, le Premier ministre anglais William Pitt l'Ancien, premier comte de Chatham (1708-1778), déclarait : « Un pouvoir illimité corrompt qui le possède ; et voilà ce que je sais, chers lords : là où finit la loi, commence la tyrannie. »

Acton pensait de même que peu étaient capables de résister à la corruption du pouvoir, ajoutant dans sa lettre : « Les grands hommes sont presque toujours des hommes méchants. » **DM**

« Le pouvoir tend à corrompre, et le pouvoir absolu corrompt absolument. Dire que l'office sanctifie l'officier est la pire des hérésies. »

Sir John Dalberg-Acton, lettre à l'évêque Mandell Creighton (1887)

Instruction obligatoire

Platon

Un système d'éducation commence à la naissance et identifie les futurs dirigeants

L'instruction obligatoire désigne une période d'apprentissage exigée par la loi ou toute autre autorité semblable. Une tentative de codifier le contenu d'une telle instruction se trouve dans le Talmud, qui regroupe l'ensemble de la loi juive. Le Talmud recommande une forme d'éducation privée, organisée au sein du foyer, mettant l'accent sur les aspects religieux en plus des pratiques nécessaires à la perpétuation de la vocation familiale.

Platon (v. 424-348 av. J.-C.) fut l'un des premiers penseurs à proposer un cursus complet d'instruction publique. Dans *La République* (v. 360 av. J.-C.), il décrit un système éducatif destiné à créer une stratification sociale sans laquelle la justice ne pourrait pas régner au sein de la cité. Ce système commence à la naissance : les enfants sont retirés à leurs familles et élevés par une collectivité. Les éducateurs sont chargés d'identifier les enfants présentant les qualités d'un chef. Ceux-ci devront être entraînés à assumer les charges de l'État, dont la plus haute est celle du philosophe roi.

Dans *Les Lois* (v. 360 av. J.-C.), texte plus tardif, Platon présente un système d'éducation plus modéré et plus semblable à nos systèmes contemporains. Les enfants ne sont plus enlevés à leurs parents, et il n'y a plus de philosophes rois. Toutefois, la stratification sociale est toujours l'objectif. L'école proprement dite commence à 6 ans, et se concentre alors sur l'arithmétique et la lecture.

À 13 ans, la musique est introduite, et à 18 ans débute l'entraînement militaire. Ceux qui, à 21 ans, ont démontré qu'ils avaient les aptitudes nécessaires, recevront une éducation supérieure les préparant aux plus hautes positions. Des systèmes d'éducation très proches de ce modèle antique sont aujourd'hui présents dans tous les pays développés. **DM**

↑ Garçon lisant à son professeur, bas-relief d'un tombeau romain du IIe siècle. Seuls les garçons recevaient une éducation chez les Romains.

« [L'éducation] consiste à former le corps par la gymnastique et l'âme par la musique. »

Platon, *La République*

v. 360 av. J.-C. Φ

Idéalisme

Platon

Le monde existe en tant qu'il est perçu, nos esprits seuls sont réels

Pour un philosophe idéaliste, l'esprit humain est le lieu de la réalité. Rien n'existe hors de ce que nous percevons, sentons, connaissons. L'idéalisme a connu bien des incarnations, mais toutes peuvent être classées selon deux catégories. Il y a d'abord l'idéalisme épistémologique, selon lequel la connaissance du monde n'existe que dans l'esprit de qui la conçoit. L'autre est l'idéalisme métaphysique, pour lequel l'idée d'une réalité physique indépendante est absurde : la réalité dépend de nos esprits et de nos perceptions.

Dans *La République*, écrit vers 360 av. J.-C., Platon (v. 424-348 av. J.-C.) construit l'allégorie de la caverne pour illustrer le rôle de l'éducation dans le développement de l'esprit et de sa compréhension graduelle de la réalité des idées. Au cœur de l'allégorie se tient la théorie de Platon des formes intelligibles : ces entités immatérielles, abstraites, qui constituent selon lui le plus haut niveau de réalité.

« *Tous ces corps qui composent l'ordre puissant du monde ne subsistent point hors d'un esprit.* » **Évêque George Berkeley, *Les Principes de la connaissance humaine* (1710)**

Des penseurs plus tardifs ont réintroduit l'idéalisme, comme l'évêque irlandais George Berkeley (1685-1753). Selon lui, les objets que nous percevons n'existent pas ; seule existe notre perception de ces objets. Berkeley résumait cela ainsi : « *Esse est percipi* » : être, c'est être perçu.

L'idéalisme connut sa période de gloire au début du XIXe siècle. Il était alors si populaire, et si débattu, qu'il suscita de fortes réactions et poussa des penseurs à bâtir des systèmes opposés. Il joua ainsi un large rôle dans le développement du positivisme logique, de la philosophie analytique et du marxisme. **MT**

v. 360 av. J.-C. Φ

Allégorie de la caverne

Platon

La métaphore platonicienne de la condition humaine et du besoin d'éducation

L'allégorie de la caverne apparaît dans *La République* (v. 360 av. J.-C.) de Platon (v. 424-348 av. J.-C.). Elle décrit une caverne habitée par des prisonniers, enchaînés là depuis l'enfance. Ils ne peuvent regarder que dans une direction, face au mur, où dansent quelques ombres qu'ils prennent pour la seule réalité existante. Toutefois, si un prisonnier venait à se libérer et pouvait ainsi déterminer l'origine de ces ombres (des personnes se déplaçant à proximité d'un feu), sa conception de la réalité s'en trouverait bouleversée.

Plus encore s'il pouvait s'échapper, sortir de la caverne, et contempler la réalité supérieure du soleil qui illumine le monde. Pourtant, si cet homme libre retournait ensuite dans la caverne afin d'expliquer à ses camarades ce qu'il avait découvert, il ne serait plus habitué à l'obscurité commune, et passerait pour un fou aux yeux des ignorants.

« *Imagine un antre souterrain [...] et dedans des hommes retenus, depuis leur enfance, par des chaînes...* » **Platon, *La République***

Cette allégorie a eu beaucoup de retentissement en philosophie par sa manière très succincte de résumer les positions de Platon sur l'épistémologie, l'éthique, la métaphysique et la pédagogie. La caverne représente notre monde. Nous, humains, sommes les prisonniers qui nous imaginons que le sexe, l'argent et le pouvoir ont beaucoup d'importance quand ils ne sont en réalité que les ombres de choses plus fondamentales que nous pourrions connaître.

Le feu est l'inspiration qui nous pousse à nous élever et à contempler enfin la réalité. Le prisonnier libéré de retour dans la caverne représente, lui, le devoir moral du philosophe, qui, une fois qu'il a découvert la vérité, se doit de la transmettre aux autres. **AB**

Illustration de l'allégorie de la caverne de Platon parue en 1855 dans la revue du *Magasin Pittoresque*.

v. 360 av. J.-C.

Amour platonique

Platon

Un type d'amour entre deux êtres qui transcende les obsessions physiques

L'amour platonique désigne pour nous un amour tendre, chaste, libéré du désir sexuel. Cette expression trouve son origine chez Platon (v. 424-348 av. J.-C.), et plus précisément dans *Le Banquet*, écrit autour de 360 av. J.-C. Dans ce texte, Platon propose une série de discours tenus par les invités d'une grande réception, dans la villa athénienne du poète Agathon, l'hôte du banquet. Les discours, rapportés sous forme de dialogue, sont des « odes à l'amour ». Parmi les orateurs, nous trouvons un aristocrate, un homme de loi, un médecin, un dramaturge, un homme d'État, et Socrate (v. 470-399 av. J.-C.), maître de Platon et l'un des pères de la pensée philosophique occidentale.

C'est dans le discours de Socrate que nous trouvons les ferments du concept d'amour platonique.

« Nous aurions dû vivre en communion mentale, et rien de plus. »

Thomas Hardy, *Jude l'Obscur* (1895)

Socrate commence par déclarer que les autres discours étaient splendides, mais exagérément louangeurs, et se propose de parler, lui, de l'amour tel qu'il est vraiment. Il expose alors les idées d'une philosophe et prophétesse, Diotime de Mantinée, pour qui l'amour est le véhicule par lequel nous parvenons à contempler le divin, et grâce auquel nous possédons ce qu'elle appelle le « Bien ». Selon Diotime, qui pour une fois joue ici le rôle de professeur face au « naïf » Socrate, la beauté physique nous élève et nous pousse à rechercher des biens spirituels au-delà d'elle-même. En d'autres termes, l'amour nous guide vers la recherche du Bien. La conception de l'amour de Diotime n'exclut pas l'amour physique, toutefois. C'est la construction occidentale ultérieure de l'amour platonique qui opposa les deux, de façon erronée si l'on s'en tient au texte de Platon. **BS**

v. 360 av. J.-C.

Formalisme artistique

Platon

L'idée que la valeur artistique d'une œuvre est entièrement dans sa forme

Platon (v. 424-348 av. J.-C.) croyait que l'identité, l'utilité et la signification profonde de chaque chose leur étaient conférées par l'idée de cette chose, ou plutôt par sa forme.

Selon lui, les constituants matériels des choses étant périssables, fluctuants et remplaçables, ils ne sauraient relever de leur nature essentielle. Si Christophe Colomb remplaçait une planche de la *Pinta*, cela n'en ferait pas, selon Platon, un navire différent.

Appliqué à l'art, ce principe platonicien voudrait que seule la forme procure à l'œuvre sa signification. C'est cette philosophie de l'art que désigne le terme « formalisme ».

On trouve une analyse poussée du formalisme platonicien en art dans les travaux de Roman Ingarden (1893-1970). Par exemple, l'« œuvre musicale », selon Ingarden, s'identifie aux notes et à leur succession temporelle telles que définies par le compositeur, en d'autres termes à la forme de la musique, plutôt qu'à son interprétation ou à la partition écrite.

L'interprétation, nous dit Ingarden, est guidée par la forme restituée sur la partition, mais les sensations physiologiques et psychologiques du public seront largement dépendantes de l'arrangement temporel des notes. Après tout, jouer toutes les notes de la *Cinquième Symphonie* de Beethoven, tant qu'elles ne seront pas jouées dans l'ordre précis et séparées dans le temps par les intervalles prévus, ne transmettra pas la même émotion, ni le même sens : ce ne sera pas la *Cinquième Symphonie* de Beethoven.

Les formalistes contemporains comme Clement Greenberg (1904-1994) ont embrassé pleinement ces principes platoniciens en défendant des œuvres où la création et la restitution de la forme prennent le pas sur la représentation de sujets identifiables. **DM**

Espace

Platon

L'entité qui contient toute chose et qui, avec le temps, est la condition de toute pensée et de toute compréhension

Si l'on en croit le *Timée* (v. 360 av. J.-C.) de Platon (v. 424-348 av. J.-C.), l'espace est le réceptacle dans lequel toute chose existe. Il est éternel, et nous ne le percevons pas en lui-même, mais nous en avons l'intuition par le biais d'une « intelligence bâtarde ».

Notre vision conventionnelle de l'espace comme d'une étendue en trois dimensions nous vient cependant d'un mathématicien grec de la génération suivante, Euclide (v. 300 av. J.-C.). Avec l'ajout des coordonnées « cartésiennes » (permettant de localiser un point dans l'espace au moyen de trois nombres), la conception de l'espace d'Euclide est ce qui permet à la physique classique de s'exprimer au moyen de l'algèbre et du calcul intégral.

Le philosophe allemand Emmanuel Kant (1724-1804) pensait l'espace comme l'une des deux « formes *a priori* » de l'intuition, et donc de toute expérience possible. Ainsi, la connaissance, et même la pensée en général, présupposent l'existence de l'espace, qui, avec le temps, rend possibles tout concept et toute proposition. Pour cette raison, l'espace ne peut pas être une projection de l'esprit. C'est une intuition transcendantale qui précède pensée et cognition.

Au XXe siècle, Albert Einstein (1879-1955) introduisit de puissantes innovations dans notre conception de l'espace. Sa théorie de la relativité restreinte relie le temps à l'espace et montre que la vitesse d'un déplacement spatial affecte inversement le déplacement dans le temps (et vice versa). Un humain ne ressentirait cet effet que lors de voyages proches de la vitesse de la lumière, mais il est malgré tout possible de le mesurer au moyen d'un appareillage sophistiqué. La relativité générale, quant à elle, suggère que l'espace est doué de forme, et que cette forme dépend de la présence de masses. **DM**

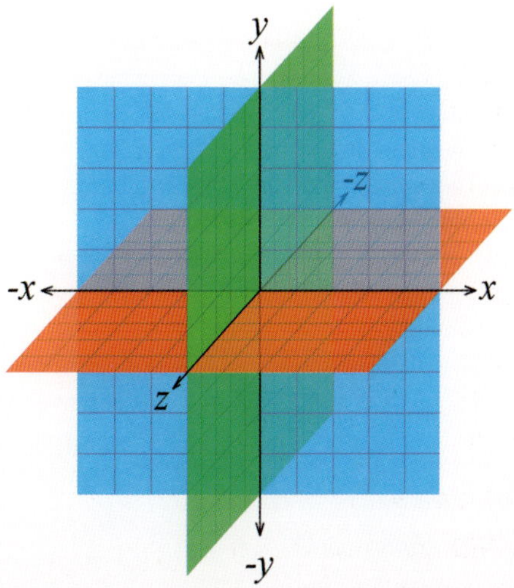

↑ Diagramme d'un espace euclidien tridimensionnel. Chaque point est déterminé par trois coordonnées le repérant sur l'axe correspondant.

« La troisième espèce [d'êtres] est le lieu éternel, ne périssant jamais et servant de théâtre à tout ce qui commence d'être. »

Platon, *Timée*

v. 360 av. J.-C.

Absolutisme moral

Platon

Les principes moraux sont universels, toute action est soit bonne, soit mauvaise

Qu'est-ce qu'une bonne personne ? Qu'est-ce qui définit la bonne action ? Pour un absolutiste moral, il existe une moralité universelle, applicable à toutes nos actions, qui dicte à chacun la bonne manière d'agir en toute situation. Toute déviation est immorale. Ce code moral est, selon l'absolutiste, l'aune à laquelle mesurer la valeur de nos pensées et de nos actions. Les intentions, les croyances, tout comme les conséquences, volontaires ou non, n'entrent pas en ligne de compte.

Les absolus moraux sont probablement aussi vieux que l'homme lui-même. Ceux de la Torah peuvent être datés entre le VIe et le IVe siècle av. J.-C. Le philosophe grec Platon (v. 424-348 av. J.-C.), dans le *Théétète* (v. 360 av. J.-C.), relève une contradiction du relativisme moral : le

« Agis uniquement d'après la maxime qui fait que tu peux [la] vouloir [...] universelle. » **Emmanuel Kant, *Fondements de la métaphysique des mœurs* (1785)**

relativiste ne peut prétendre que n'existe aucune vérité universelle, puisque ce faisant, il en énoncerait une. Cette critique du relativisme posa les bases de l'absolutisme moral. Le philosophe allemand Emmanuel Kant (1724-1804) croyait que la morale se déduisait de droits et de principes ou de devoirs éthiques absolus. Mentir, par exemple, est toujours immoral selon Kant.

L'absolutisme est une approche très commune des questions de morale et d'éthique. Muni d'un absolu moral, juger bon ou mauvais les actes d'une personne est bien souvent très simple. Pourtant, ces maximes concrètes peuvent entraîner, et ont entraîné, de terribles conséquences. Aussi les effets pratiques de ces absolus ont-ils mené certains à s'interroger sur la nature de la morale, et sur ce qu'être moral veut dire. **MT**

v. 350 av. J.-C.

Géocentrisme

Grèce antique

La théorie qui fait orbiter l'univers autour de la Terre

Le géocentrisme, appelé parfois « modèle géocentrique » ou « modèle de l'univers de Ptolémée », place la Terre au centre de l'univers, tous les corps célestes tournant autour d'elle. Les déplacements observables de la Lune, des planètes et des étoiles s'y expliquent au moyen de sphères célestes gouvernant leurs mouvements. Ce fut la théorie astronomique dominante jusqu'au XVIe siècle.

Les premiers astronomes grecs croyaient de même que la Terre était au centre de l'univers. Au IVe siècle av. J.-C., Platon et Aristote pensaient les corps célestes fixés sur des sphères stellaires solides en rotation autour de la Terre, elle aussi sphérique. Au IIe siècle, le philosophe hellène Claude Ptolémée construisit un système autour de ce modèle qui parvenait à expliquer les mouvements

« De la sorte, [la Terre] est seule immobile, tandis que tout se meut autour d'elle. »

Pline l'Ancien, Histoire naturelle (Ier siècle)

des planètes en emboîtant ainsi de multiples sphères responsables des mouvements des corps célestes.

Aujourd'hui, ce système paraît presque ridicule, mais il eut longtemps une grande influence en vertu de sa très bonne adéquation avec les mouvements astronomiques observables. Les anciens astronomes n'avaient pas de télescopes ni d'instruments capables d'effectuer des mesures très précises, et le modèle géocentrique ne se contentait pas d'expliquer les mouvements célestes avec précision, il confortait également la notion d'une humanité placée au centre de la création.

Le modèle héliocentrique (centré sur le Soleil) qui lui succéda serait plus précis encore, mais le géocentrisme avait fourni aux premiers penseurs une explication et une description rationnelles du fonctionnement de l'univers. **MT**

Le monde selon Aristote, planche du *Philosophia Mundi* (XIIe siècle) de Guillaume de Conches. ➔

SATVRNUS
IVPITER

ΑΡΙΣΤΟΤΕΛΟΥΣ ΠΕΡΙ ΟΥΡΑΝΟΥ, ΤΟ Α.

Η ΠΕΡΙ φύσεως ἐπιστήμη σχεδὸν α ἡ πλείστη φαίνεται περί τε σώματα καὶ μεγέθη, καὶ τὰ τούτων οὖσα πάθη, καὶ τὰς κινήσεις. ἔτι δὲ περὶ τὰς ἀρχάς, ὅσαι τῆς τοιαύτης οὐσίας εἰσί· τῶν γὰρ φύσει συνεστώτων, τὰ μέν ἐστι σώματα καὶ μεγέθη, τὰ δ' ἔχει σῶμα καὶ μέγεθος, τὰ δ' ἀρχαὶ τῶν ἐχόντων εἰσί. συνεχὲς μὲν οὖν ἐστι τὸ διαιρετὸν εἰς ἀεὶ διαιρετά· σῶμα δὲ, τὸ πάντη διαιρετόν. μεγέθους δὲ, τὸ μὲν ἐφ' ἕν, γραμμή· τὸ δ' ἐπὶ δύο, ἐπίπεδον· τὸ δ' ἐπὶ τρία, σῶμα· καὶ παρὰ ταῦτα οὐκ ἔστιν ἄλλο μέγεθος, διὰ τὸ τὰ τρία πάντα εἶναι, καὶ τὸ τρὶς πάντη. καθάπερ γάρ φασι καὶ οἱ πυθαγόρειοι, τὸ πᾶν καὶ τὰ πάντα τοῖς τρισὶν ὥρισται· τελευτὴ γὰρ καὶ μέσον καὶ ἀρχὴ τὸν ἀριθμὸν ἔχει τὸν τοῦ παντός· ταῦτα δὲ τὸν τῆς τριάδος. διὸ παρὰ τῆς φύσεως εἰληφότες ὥσπερ νόμους ἐκείνης, καὶ πρὸς τὰς ἁγιστείας τῶν θεῶν χρώμεθα τῷ ἀριθμῷ τούτῳ. ἀποδίδομεν δὲ καὶ τὰς προσηγορίας τὸν τρόπον τοῦτον· τὰ γὰρ δύο, ἄμφω μὲν λέ-

v. 350 av. J.-C.

Quintessence

Aristote

Un élément inobservable, l'éther, fait partie des cinq qui composent l'univers

Le cinquième élément, la « quintessence », appelé aussi l'éther, était un des cinq composants de base de la nature dans la Grèce antique. Avec le feu, l'eau, la terre et l'air, ils formaient les fondations de l'univers.

Pour les Grecs de l'Antiquité, l'univers était un ensemble de sphères célestes ayant la Terre pour centre. La Terre était immobile, et les astres se déplaçaient autour d'elle en fonction du mouvement de leur sphère. Dans le *Timée* (v. 360 av. J.-C.), Platon (v. 424-348 av. J.-C.) parle des éléments et de leur type. Il identifie alors l'éther comme la partie la plus brillante de l'air. Aristote (384-322 av. J.-C.), dans son traité *Du ciel* (v. 350 av. J.-C.), posa l'hypothèse de l'éther comme le cinquième élément occupant l'espace compris entre les sphères célestes.

« Outre les composés d'ici-bas, il y a quelqu'autre substance plus divine et antérieure à toutes. » **Aristote, *Du ciel***

Après Aristote, l'explication classique des cinq éléments comme constituants fondamentaux de la nature domina jusqu'à la Renaissance. L'éther, cependant, était différent des quatre autres éléments. Les scientifiques pouvaient observer les autres dans la nature, mais l'éther, lui, demeurait caché. Aristote avait observé le monde, puis émis l'hypothèse d'un élément qui restait à observer.

La science moderne a depuis longtemps répudié l'idée des éléments, mais le fait que l'éther n'existe pas et n'ait jamais été observé ne diminua pas l'importance de ce concept. Le postulat d'Aristote d'une particule non encore observée expliquant les phénomènes anticipait en effet la conception moderne de l'hypothèse scientifique : une proposition capable de prédire les comportements ou les observations. **MT**

v. 350 av. J.-C.

Hypothèse

Aristote

Une explication des phénomènes qui pourra être vérifiée

Une hypothèse est une proposition visant à expliquer un phénomène. Sous la plume d'Aristote (384-322 av. J.-C.), c'est une phrase qui énonce qu'une chose est ou n'est pas, et qu'il nous faut démontrer. Il l'oppose au « postulat illégitime », une proposition supposée vraie et utilisée sans démonstration, et à la « définition », qui est l'expression du sens d'un terme ou d'une phrase sans présupposer de l'existence de son référent.

Prenons un exemple : Pourquoi un adolescent a-t-il de l'acné ? Afin de mener nos recherches, nous pouvons formuler plusieurs hypothèses, par exemple : l'acné est causée par un excès de sucre dans l'alimentation, par un manque d'hygiène ou par l'apparition de la puberté. Si nous voulons déterminer laquelle est le mieux à même d'expliquer le phénomène, nous devons toutes les soumettre à des tests. Il nous faut donc identifier certains événements que nous observerions si l'hypothèse s'avérait, et contrôler leur apparition. Par exemple, si l'acné est due au sucre, ôter le sucre du régime de notre adolescent devrait entraîner une nette réduction de son acné.

« Grande tragédie de la science : mise à mort d'une belle hypothèse par un fait hideux. » **Thomas Huxley, biologiste**

Les hypothèses au sens moderne sont utilisées en science depuis les travaux de Francis Bacon (1561-1626) et Isaac Newton (1642-1727), bien que ni l'un ni l'autre ne les ait tenues en grande estime. Bacon voyait les hypothèses comme points de départ non scientifiques, et Newton rejetait explicitement leur usage. Néanmoins, en pratique, ils en firent tous deux une riche utilisation. Pour les scientifiques contemporains, les hypothèses sont une composante essentielle du processus scientifique. **JW**

← Première page du traité d'Aristote *Du ciel* (v. 350 av. J.-C.).

Paradoxe de l'œuf et de la poule

Aristote

Une question vieille comme le monde : si l'œuf vient de la poule et vice versa, lequel est arrivé en premier ?

Buste d'Aristote daté du Ier siècle, copie romaine d'après un original grec de Lysippe sculpté au IVe siècle av. J.-C. Lysippe est réputé avoir produit 1 500 statues en bronze. Aucune ne nous est parvenue.

« Quelle chance d'être face à un paradoxe. Nous avons maintenant bon espoir d'avancer. »

Niels Bohr, physicien

Lorsqu'une poule pond un œuf fécondé, elle le couve jusqu'à ce qu'il éclose et que naisse un poussin, poussin qui grandira, deviendra poule et pondra d'autres œufs, en un cycle éternel. Quand cela a-t-il commencé ? Qui était le premier : l'œuf ou la poule ? Cette question célèbre pose un problème de causalité : nul ne peut exister sans l'autre bien qu'il faille malgré tout que l'un fût le premier.

Qu'existait-il au commencement ? Comment les objets, le monde, les animaux et les hommes sont-ils venus à l'existence ? Telles sont les questions que soulève ce paradoxe. Lorsque le philosophe grec Aristote (384-322 av. J.-C.) le formula, il croyait que les deux devaient de tout temps avoir existé simultanément. Il continua néanmoins à représenter un défi philosophique pendant des siècles, ne perdant de son importance qu'avec la théorie de l'évolution du naturaliste anglais Charles Darwin (1809-1882), qui expliquait le développement de tout organisme comme une lente progression à travers le temps.

En 2010, des chercheurs britanniques publièrent les résultats d'une étude prouvant définitivement, selon eux, que la poule était la première. Mais leurs conclusions ne furent pas unanimement acceptées. De plus, l'importance de la question ne se réduit pas à l'histoire de la biologie, car elle nous pousse à considérer ce qu'est un départ, et ce que notre expérience nous en apprend.

Ainsi, selon certains théologiens, la création de l'univers implique que la poule soit la première, mais d'autres traditions insistent pour dire que le temps n'a pas nécessairement de début clair, ni de fin définie, et que l'idée entière de « premier venu » est absurde, toute chose ayant existé de toute éternité. **MT**

v. 350 av. J.-C.

Génération spontanée
Aristote

Certains organismes naissent spontanément à partir de matière inanimée

Certains penseurs occidentaux de l'Antiquité croyaient que la vie avait émergé d'un « limon primordial », activé par le soleil et l'air, ou fertilisé par les graines qu'ils transmettaient. Aristote (384-322 av. J.-C.) fut le premier à articuler l'idée d'une émergence spontanée de la vie sous l'action d'un principe élémentaire semblable à la germination.

Aristote affirmait que la reproduction mettait en jeu un principe actif, la semence du mâle, agissant sur un principe passif, le substrat matériel de l'organisme, qu'on trouve en puissance chez la femelle. La forme est conférée par la semence au substrat, ce qui donne naissance au nouvel organisme. Lors de la génération spontanée, cependant, le substrat est un mélange d'eau de mer et de terre, pas un organisme vivant. Le principe actif est alors le *pneuma*, ou « souffle vital », qu'on trouve en toute chose à des degrés divers. Ce pneuma stimule une forme de fermentation, et de là naîtra un nouvel organisme.

Selon Aristote, seul un nombre limité d'organismes sont produits de cette façon : certains poissons, les huîtres et les anguilles. Ces animaux lui fournissaient la preuve de la génération spontanée : ainsi les huîtres, par exemple, ne se multiplient pas quand on les transporte. De plus, les « œufs » qu'elles contiennent n'éclosent jamais. Quant aux anguilles, Aristote niait qu'elles possédassent les organes que la procréation requiert, et même qu'elles produisissent des œufs.

Les spéculations sur la génération spontanée alimentèrent bon nombre de théories biologiques, dont celle des homuncules (petits hommes). Il fallut attendre le XIXe siècle et Louis Pasteur pour la voir réfutée définitivement. **DM**

v. 350 av. J.-C.

Argument du troisième homme Aristote

La critique de la théorie platonicienne des formes par Aristote

Aristote (384-322 av. J.-C.) était à la fois le meilleur élève de Platon (v. 424-348 av. J.-C.) et son meilleur critique. Leur point de désaccord principal est résumé par l'« argument du troisième homme ».

Platon distinguait l'essence des choses (leur « forme », ou « idée »), d'une part, des choses que nous percevons, d'autre part. Selon lui, l'« idée », éternelle et inaltérable, existait indépendamment de la chose perçue. Ainsi, disposant par exemple d'un savoir sur les canidés, nous pourrions déterminer ce qui caractérise l'espèce, mais nous ne saurions rien concernant un chien particulier. Platon défendait cette position métaphysique en avançant, entre autres arguments, que les choses changent en permanence et qu'il serait pour cette raison impossible de les connaître réellement.

« De tous les arguments dont on se sert pour établir l'existence des idées, aucun ne la démontre. » **Aristote, *Métaphysique***

Platon lui-même admettait une inconsistance logique dans l'existence d'idées indépendantes des choses. Il suggérait en effet que, par extension, il nous fallait introduire une troisième entité : l'idée de l'idée de la chose. Or, le même raisonnement nous amène à postuler l'existence d'une quatrième idée, puis d'une cinquième, etc. Aristote estimait que cette régression à l'infini devait nous forcer à rejeter la théorie platonicienne. Il avançait quant à lui que l'essence de la chose se trouve dans la chose même et, simultanément, dans toutes les autres de la même classe.

Cette confrontation est au cœur d'un débat ancestral et multiforme de la philosophie occidentale : l'opposition réalisme/idéalisme, qui ne met en jeu rien de moins que les fondements de la science et la nature de la connaissance. **DM**

v. 350 av. J.-C.

Perfection

Aristote

L'idée d'une chose complète et sans défaut

La perfection, au sens de l'absence de défaut, est née chez Aristote (384-322 av. J.-C.) de ses réflexions concernant le manque et la privation. Il y dit qu'un docteur ou un musicien sont parfaits « lorsqu'il ne leur manque aucune des qualités propres à leur art ». En d'autres termes, un spécimen « parfait » est sans défaut, sans manque, relativement à sa profession, son espèce, etc. Toutefois, il ne s'agit là que d'une facette de ce concept dans la philosophie aristotélicienne.

Le mot « parfait » est la traduction du grec *teleion*, dérivé d'une racine hautement polysémique, *telos*. Dans ce contexte, son sens serait « fin », ou « but ». C'est pourquoi cette traduction française, « parfait », doit être comprise comme contenant l'idée d'achèvement, de complétude, d'objectif rempli. Cela était très important pour Aristote, qui pensait, par principe, que toute chose existe pour une raison, autrement dit qu'à chaque chose correspond un *telos* qu'elle tend naturellement à accomplir. Ainsi, pour lui, la perfection est le but, du brin d'herbe à l'humain.

> *« Ne craignez pas la perfection. Vous ne l'atteindrez jamais. »*
>
> **Salvador Dalí**

En biologie, Aristote emploie cette notion pour expliquer (en partie) les différents stades de développement des organismes comme autant de pas vers son *telos*.

En cosmologie, il suggère que le *telos* des corps lourds les entraîne vers un état de repos autour d'un centre cosmique.

Or, comme les corps lourds tombent sur terre, c'est que notre planète doit être ce centre cosmique. Le concept de perfection, de ce point de vue, est fortement teinté de géocentrisme. **DM**

v. 350 av. J.-C.

Méthode scientifique

Aristote

Le développement d'un système de recherches scientifiques

Dans les *Seconds analytiques* (v. 350 av. J.-C.) d'Aristote (384-322 av. J.-C.) se trouve la première tentative d'analyse et de systématisation de la démarche scientifique. La science était alors, selon lui, la recherche de vérités universelles concernant les causes, causes censées se révéler non par l'expérimentation et l'observation empirique, mais par l'application rigoureuse d'un solide raisonnement déductif.

L'expérimentation telle qu'on l'entend de nos jours est, elle, née plus à l'est, au XIe siècle, dans les travaux d'Alhazen, Al-Biruni et Avicenne. Leur notion d'un cycle observations-hypothèses-expériences s'est transmise à l'Occident au XIIIe siècle grâce au philosophe Roger Bacon, qui offrait explication et critique de ce cette nouvelle approche de la science (et, en fin de compte, de la théologie) dans son Œuvre majeure.

> *« La méthode scientifique est la potentialisation du bon sens. »*
>
> **Peter Medawar, biologiste**

Le philosophe des sciences Karl Popper améliora la définition de la méthode scientifique au XXe siècle en introduisant le critère de réfutabilité. Selon lui, les hypothèses véritablement scientifiques sont réfutables, c'est-à-dire qu'il doit être possible de concevoir une expérience, un contexte permettant de les invalider. C'est pourquoi les scientifiques s'ingénient à mener des expériences capables de réfuter leurs hypothèses. Si l'expérience échoue, l'hypothèse est renforcée. Popper disait aussi qu'une théorie scientifique doit produire des prédictions vérifiables qu'aucune autre théorie ne contient. Ainsi, l'une des principales critiques menées de nos jours contre la théorie des cordes consiste à dire qu'elle n'a pour l'instant produit aucune prédiction vérifiable. **DM**

 Diagramme tiré de l'*Œuvre majeure* de Roger Bacon (v. 1268), illustrant son étude scientifique de l'œil. →

corpus uitreum replet nam partem maiorem uuee continet ad cuius medium perueniunt uirtutes et distancia est inter
c. et d. et h distancia et lata illius repletur humore uitreo usque ad medium eius in superficie celi sic

et pars consolidatiue etc

hic figura debet precedere illam litteram figura et de spera tale figuram

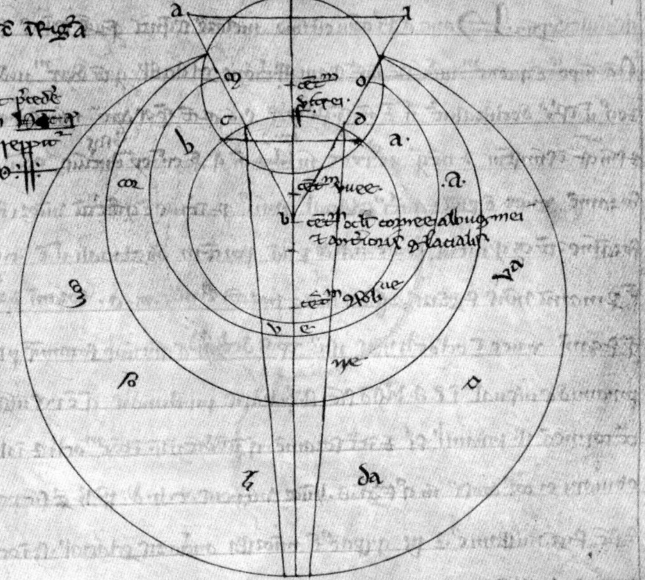

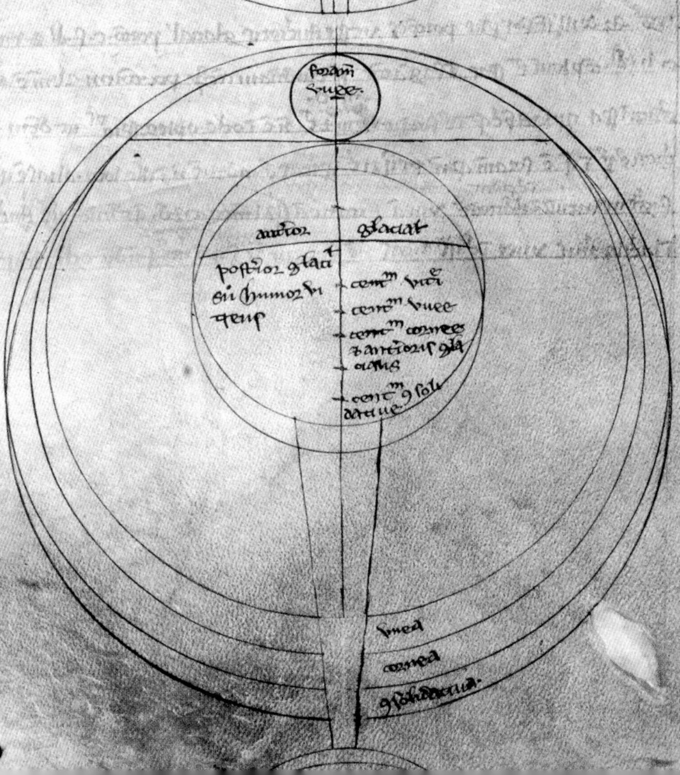

ΑΡΙΣΤΟΤΕΛΟΥΣ 334

ΤΩΝ ΜΕΤΑ ΤΑ ΦΥΣΙΚΑ

ΑΛΦΑ ΤΟ ΜΕΙΖΟΝ.

ΠΑΝΤΕΣ ἄνθρωποι τοῦ εἰδέναι ὀρέγονται φύσει. σημεῖον δ' ἡ τῶν αἰσθήσεων ἀγάπησις. καὶ γὰρ χωρὶς τῆς χρείας ἀγαπῶνται δι' ἑαυτάς, καὶ μάλιστα τῶν ἄλλων ἡ διὰ τῶν ὀμμάτων. οὐ γὰρ μόνον ἵνα πράττωμεν, ἀλλὰ καὶ μηθὲν μέλλοντες πράττειν, τὸ ὁρᾶν αἱρούμεθα ἀντὶ πάντων, ὡς εἰπεῖν, τῶν ἄλλων. αἴτιον δ' ὅτι μάλιστα ποιεῖ γνωρίζειν τι ἡμᾶς αὕτη τῶν αἰσθήσεων, καὶ πολλὰς δηλοῖ διαφοράς. φύσει μὲν οὖν αἴσθησιν ἔχοντα γίνεται τὰ ζῶα. ἐκ δὲ τῆς αἰσθήσεως, τοῖς μὲν αὐτῶν οὐκ ἐγγίγνεται μνήμη, τοῖς δὲ γίγνεται. καὶ διὰ τοῦτο τὰ μὲν φρόνιμα, τὰ δὲ μαθηματικώτερα τῶν μὴ δυναμένων μνημονεύειν ἐστίν. φρόνιμα μὲν, ἄνευ τοῦ μανθάνειν, ὅσα μὴ δυνατὰ τῶν ψόφων ἀκούειν· οἷον μέλιττα, καὶ εἴ τι τοιοῦτον ἄλλο γένος ζώων ἐστί. μανθάνει δ', ὅσα πρὸς τῇ μνήμῃ καὶ ταύτην ἔχει τὴν αἴσθησιν. τὰ μὲν οὖν ἄλλα ταῖς φαντασίαις ζῇ, καὶ ταῖς μνήμαις, ἐμπειρίας δὲ μετέχει μι- a

Principe de non-contradiction

Aristote

Rien ne peut exister et ne pas exister en même temps

Les règles de la logique dictent les manipulations valables des éléments d'un système sémantique. La plus ancienne et la plus connue de toutes est peut-être la non-contradiction : rien ne peut être et ne pas être à la fois. Aristote (384-322 av. J.-C.) en exprime le premier le principe dans sa *Métaphysique* (v. 350 av. J.-C.) : « Il est impossible que le même attribut appartienne et n'appartienne pas au même sujet, dans le même temps. » Ainsi, ce principe universel encadre toute recherche. Toutefois, les logiciens actuels restreignent son usage aux seules propositions (pour toute proposition *p*, on ne peut pas avoir à la fois *p* et non-*p*).

L'universalité de ce principe a également été attaquée par une petite minorité de chercheurs depuis le XIXe siècle. Par exemple, Friedrich Engels avance la

> *« Il est impossible que deux assertions contraires sur le même objet soient vraies en même temps »* **Aristote, *Métaphysique***

présence de contradictions dans la nature : « le simple changement mécanique de lieu [...] ne peut s'accomplir que parce qu'à un seul et même moment, un corps est à la fois dans un lieu et dans un autre lieu ». De la même manière, Graham Priest soutient que les intuitions à la base de ce principe sont mises en échec dans des cas bien connus, tels que le paradoxe du menteur (si « Cette phrase est fausse » est vraie, alors elle est fausse ; si elle est fausse, elle est vraie).

Cependant, selon la majorité, ces critiques ne servent qu'à clarifier et renforcer la vision classique du principe et de son fonctionnement. Ainsi, dans le cas du paradoxe du menteur, il peut servir à dénier un sens quelconque à une affirmation renfermant une contradiction en son sein, comme pour la phrase : « Ce cercle est carré. » **JW**

← Page de titre de la *Métaphysique* (v. 350 av. J.-C.) d'Aristote.

Indéterminisme

Aristote

Certains événements ne sont pas déterminés par ceux qui les ont précédés

La manière correcte de caractériser deux événements pris dans une relation de cause à effet est complexe. D'un côté, les événements passés et les lois de la nature exercent parfois un contrôle complet. Ainsi, lorsqu'une boule de billard en percute une autre : l'angle et la vitesse de la première, la surface, les lois de la gravité et de l'inertie déterminent entièrement la trajectoire de la seconde. Cette causalité est « déterministe ». D'un autre côté, le contrôle des lois et des événements passés ne sont pas toujours aussi absolus. Ainsi, si nous prenons un paquet d'atomes radioactifs, nous n'aurons aucun moyen de prédire l'ordre exact de leur décomposition, même si nous savons qu'ils se décomposeront tous à un moment donné. Les physiciens voient dans les phénomènes quantiques une part de hasard à l'œuvre,

> *« L'accident n'a jamais une cause déterminée. »*
> **Aristote, *Métaphysique***

et parlent dans ce cas de relation « indéterministe ». L'indéterminisme est un terme récent pour désigner une vieille idée. Aristote admettait la possibilité d'accidents de la nature, et selon Épicure et Leucippe les atomes se comportent parfois de manière imprévisible. Les stoïciens rejetèrent plus tard cet indéterminisme pour adopter le déterminisme (ou le fatalisme). Mais se poser la question de la nature d'une causalité reste pertinent. En physique, nous avons la preuve que certains phénomènes quantiques sont indéterministes, même si tous les autres domaines de la physique sont totalement déterministes. En philosophie, la question de savoir si l'existence d'agents moralement responsables requiert une causalité indéterministe n'est pas tranchée. Aucune réponse satisfaisante n'existe pour ce genre de problèmes. **JW**

v. 350 av. J.-C.

Repos

Aristote

Les objets cherchent à rejoindre un état de repos déterminé par l'élément qui les compose

Jésus-Christ tient un globe contenant les quatre éléments d'Aristote au repos : sous les cieux, le feu, l'air, l'eau puis la terre. Enluminure du XVe siècle.

Avant la théorie de la gravité et les lois du mouvement de Newton, la science était dominée par l'idée que toute chose était composée de certains éléments fondamentaux.

Empédocle (v. 490-430 av. J.-C.), philosophe grec, pensait par exemple que la terre, l'air, l'eau et le feu constituaient toute chose ; il offrait même la genèse détaillée de ces éléments, leur mélange et leur séparation qui formèrent les planètes, les étoiles et tous les autres objets de l'univers. Il conférait une grande importance aux propriétés distinctes de chaque élément.

Chacun, disait Empédocle, tend à occuper une position relative à ses poids et densité : les éléments lourds et denses peuplent les régions basses du cosmos, les autres, plus légers, plus « fins », les régions hautes.

Aristote (384-322 av. J.-C.) généralisa ce dernier principe en affirmant que le repos était l'état naturel des choses, fonction de l'élément principal entrant dans leur composition.

Ainsi, une chose principalement composée de terre tombera naturellement vers le sol, où elle se trouvera au repos. À l'inverse, un objet composé de feu en majorité montera trouver son repos dans le ciel. C'est pourquoi Aristote pensait que les corps plus lourds tombaient plus rapidement, une idée fausse qui devra attendre les expériences de Galilée pour être réfutée, au XVIe siècle.

Parmi toutes les conclusions qu'Aristote tira de ce principe du repos, celle qui eut le plus de retentissement énonçait que la terre devait être le centre immobile de l'univers. Il la faisait dériver de l'observation selon laquelle les corps lourds tombaient vers la terre. Cela, ajouté au système de Claude Ptolémée, au IIe siècle, fit que le géocentrisme domina le monde jusqu'au XVIIe siècle. **DM**

« Une plus grande quantité d'or se porte toujours plus vite en bas, de même encore que le plomb. »

Aristote, *Du ciel* (v. 350 av. J.-C.)

v. 350 av. J.-C.

Catégories logiques

Aristote

Le premier système de logique formelle

D'après Aristote (v. 384-322 av. J.-C.), l'analyse des mécanismes logiques à l'œuvre dans le langage devait être une partie (et même la première) de toute science se voulant complète.

Dans son *Organon* (v. 350 av. J.-C.), le philosophe a ainsi construit un système logique qui allait dominer la science près de 2 000 ans.

La logique d'Aristote concerne deux types d'objets : les objets individuels, et les catégories d'objets, c'est-à-dire les caractéristiques communes des membres d'une même classe. Son instrument fondamental, pour l'analyse de ces deux types, est le syllogisme. Sous sa forme la plus simple, un syllogisme est un raisonnement composé de deux propositions menant à une conclusion donnée pour vraie du moment que les deux premières le sont.

Selon l'exemple le plus classique, les deux propositions «Tous les hommes sont mortels» et «Socrate est un homme» mènent ainsi à la conclusion «Donc, Socrate est mortel». Aristote disait ainsi du syllogisme qu'il est «une énonciation dans laquelle, certaines propositions étant posées, on en conclut nécessairement quelque autre proposition différente de celles-là, par cela seul que celles-là sont posées.»

Un système logique rival fut développé par le stoïque grec Chrysippe (v. 280-206 av. J.-C.), mais les idées d'Aristote s'imposèrent malgré tout. Son système fut ainsi au centre des débats monastiques sur la nature de Dieu, de même qu'il servit à connaître le nombre d'anges capables de danser sur une tête d'épingle. En biologie, Aristote lui-même s'en inspira pour définir les différentes espèces d'organismes (les catégories), et les tentatives ultérieures en portèrent longtemps la trace. Ce n'est qu'au XIXe siècle que le mathématicien allemand Gottlob Frege remit au goût du jour la logique propositionnelle initialement promue par les stoïciens. **DM**

v. 350 av. J.-C.

Gamme tempérée

Aristoxène

Un système de division de l'octave en intervalles égaux

Attribué au philosophe grec Aristoxène (v. 350 av. J.-C.), la gamme tempérée (GT) est aujourd'hui le système musical le plus répandu dans le monde occidental. On l'utilise pour l'accordage des pianos, des guitares et autres instruments à intonations fixes. La caractéristique principale de la GT est de diviser l'octave en parties égales.

Les prédécesseurs de la GT, comme la gamme pythagoricienne, divisaient l'octave selon différents rapports de fréquence exprimés en nombres entiers. La gamme pythagoricienne est ainsi construite à partir de la quinte (rapport de 3/2), puis par montées successives de quintes jusqu'à retrouver l'octave complète. Mais l'octave obtenue n'est pas tout à fait juste (il faut «allonger» la dernière quinte pour tomber dessus), la tierce majeure, pourtant très intuitive (le *mi* et le *do* étant harmoniques d'une même fondamentale) sonne très faux, et dièse et bémol ne se valent pas tout à fait, tout cela interdisant les transpositions : une fois accordé dans cette gamme, un instrument ne peut plus jouer que dans une seule tonalité.

« Un harpiste passe 90 % de sa vie à accorder son instrument, et 10 % à jouer faux. » **Igor Stravinsky, compositeur**

Dans la GT, la fréquence de chaque demi-ton ne s'exprime plus en nombre entiers : elle est exactement $\sqrt[12]{2}$ (à peu près 1,06) fois plus haute que le demi-ton précédent. Cela garantit que l'intervalle entre deux notes consécutives sera toujours égal, dans toutes les transpositions. Toutes les colorations des tonalités deviennent ainsi équivalentes, ce qui permet de transposer facilement les œuvres, sans avoir à réaccorder. Malgré ses origines ancestrales, la GT ne s'est imposée en musique qu'à partir du XVIe siècle. **DM**

v. 350 av. J.-C.

Hylémorphisme

Aristote

Un cadre conceptuel pour l'analyse de toute chose ou de tout processus

Selon la théorie de l'hylémorphisme d'Aristote (384-322 av. J.-C.), toute substance (c'est-à-dire toute chose) est composée de matière et d'une forme. La matière désigne le matériau physique, mais aussi ce que la substance pourrait être « en puissance ». La forme s'entend quant à elle comme sa structure et plus encore : ce que la substance est « en acte ». Tout comme son maître Platon (424-348 av. J.-C.), Aristote pensait que la forme des choses était ce qui leur donnait un sens, une identité.

L'hylémorphisme est au centre des explications aristotéliciennes sur les divers processus à l'œuvre dans l'univers. La reproduction, par exemple, a lieu lorsque la forme de l'animal, portée par la semence du mâle, s'impose à la matière fournie par la femelle pour donner une nouvelle substance, l'enfant. Pour Aristote, une compréhension complète des substances et des phénomènes nécessite de déterminer correctement leurs forme et matière, ce qu'ils sont en puissance comme en acte, et les nuances et ramifications de leur unité.

« Par matière j'entends l'airain [...] ; la forme, c'est la figure idéale ; l'ensemble, c'est la statue réalisée. » **Aristote, *Métaphysique***

Malgré son caractère abstrait, l'hylémorphisme eu beaucoup d'influence et se retrouve dans les fondations mêmes des sciences médiévales et jusqu'au XVIIIe siècle, quand l'atomisme le supplanta. On le remarque aussi dans certaines tentatives contemporaines pour résoudre l'énigme de la conscience. Le philosophe américain Hilary Putnam y fait par exemple référence dans ses premiers travaux sur le fonctionnalisme. L'application de l'hylémorphisme à la conscience continue ainsi d'orienter les recherches contemporaines en philosophie de l'esprit. **DM**

v. 350 av. J.-C.

Amitié

Aristote

Toute amitié se range dans une des trois catégories, classées par ordre de perfection

Aristote (384-322 av. J.-C.) distinguait trois différentes sortes de choses que peuvent aimer les hommes, et trois types d'amitié correspondants. Une personne aime ce qui lui est utile, aussi une amitié peut-elle être fondée sur l'utilité.

Mais elle aime aussi ce qui lui procure du plaisir : son amitié est d'agrément. Enfin, certaines choses sont intrinsèquement plaisantes parce qu'elles sont intrinsèquement bonnes, et de même, certaines amitiés entre bonnes personnes naissent naturellement de leurs seuls caractères vertueux.

L'amitié fondée sur l'utilité est fréquente lorsque des personnes s'associent pour leur bénéfice mutuel. C'est l'amitié des hommes d'affaires et des politiciens. C'est aussi, selon Aristote, la forme d'amitié la plus faible, car « [elle] ne dure ordinairement qu'autant que la cause qui l'a fait naître ». L'amitié d'agrément se retrouve surtout chez les jeunes, les enfants. Elle aussi est ténue, car les plaisirs changent avec l'âge.

« Les hommes vertueux et qui ont la bonté absolue, sont utiles les uns aux autres.» **Aristote, *Éthique à Nicomaque***

L'amitié parfaite est ainsi fondée sur la vertu de ce qu'on aime. Selon les mots d'Aristote : « l'amitié parfaite est celle des hommes vertueux, et qui se ressemblent par la vertu ». De telles amitiés se créent car il est fondamentalement souhaitable de se trouver en compagnie de personnes bonnes. Elles sont les plus durables, les plus solides, et les seules par lesquelles chaque participant retire le même bénéfice. Malheureusement, c'est un type d'amitié qu'on ne croise que chez les vieilles personnes, car, selon Aristote, la vertu doit s'élever durant bien des années pour atteindre le degré de raffinement nécessaire à l'amitié parfaite. **DM**

Platon et Aristote, détail de la fresque de Raphaël *L'École d'Athènes* (1510-1511).

v. 350 av. J.-C.

Sophisme

Aristote

Un argument frappant mais qui contient une erreur logique

Un sophisme est un syllogisme erroné. Un syllogisme ou un raisonnement peut être erroné de bien des façons, aussi y a-t-il plusieurs types de sophismes. Aristote (384-322 av. J.-C.) fut le premier à rassembler et à expliquer les plus communs d'entre eux, tels que l'équivoque, la pétition de principe et le raisonnement *post hoc*. Durant les siècles de débat philosophique qui suivirent, de nouvelles catégories virent le jour. Guillaume d'Occam (v. 1287-1347) et Jean Buridan (v. 1300 - apr. 1358) en ont compilé un grand nombre sous des dénominations latines, comme *argumentum ad populum* (la raison de la majorité) ou *argumentum ad baculum* (la raison du plus fort).

Il en existe aujourd'hui plus de deux cents, communément répartis en sophismes (ou paralogismes) formels et informels. Un sophisme formel contient une erreur

« Parmi les syllogismes, les uns en sont de véritables, et que les autres le paraissent sans en être. » **Aristote, *Réfutation des sophistes***

logique, indépendante de son contenu sémantique. Par exemple, le raisonnement (juste) *modus ponens* consiste à tirer une déduction correcte d'une prémisse au conditionnel et d'un antécédent vrai, quel que soit son contenu. Dans le cas du sophisme correspondant, appelé « affirmation du conséquent », une déduction fausse est tirée de la même prémisse conditionnelle, mais d'un antécédent faux. Ainsi, au moins certaines instances de la déduction seront fausses, même si les prémisses paraissent correctes une à une.

Un sophisme informel porte son erreur dans son contenu ou l'organisation de ses prémisses, comme lorsqu'un locuteur change de sujet (ce qu'on appellerait un « faux-fuyant », en langage courant) ou utilise un argument d'autorité inapproprié (*argumentum ad verecundiam*). **JW**

v. 350 av. J.-C.

Rasoir d'Occam

Inconnu

L'explication la plus simple est souvent la meilleure

« Lorsque deux théories différentes donnent les mêmes prédictions, la plus simple est la meilleure. » Tel est le principe de parcimonie, l'axiome du « pourquoi faire compliqué quand on peut faire simple » ou encore le principe de pluralité, selon lequel la multiplication des hypothèses ne doit se faire qu'en cas d'absolue nécessité. L'attrait de l'explication la plus simple a toujours guidé l'humanité dans ses choix, ses problèmes et ses dilemmes.

Nous savons qu'un chien aboie parce que nous l'entendons. Nous savons qu'un grain de raisin est acide parce que nous le goûtons. Ce principe a un nom : c'est le rasoir d'Occam.

Le rasoir d'Occam accorde la priorité à la simplicité, synonyme de perfection. Son nom lui vient d'un philosophe anglais, un moine franciscain nommé Guillaume d'Occam (v. 187-1347). Bien qu'il n'ait jamais formulé ce principe dans ses nombreux écrits, ceux-ci portent nettement la trace de la disposition très favorable qu'il avait à son endroit.

En réalité, le principe était connu bien avant, entre autres dans la Grèce antique d'Aristote (384-322 av. J.-C.), qui écrivait en substance que plus une nature est parfaite, moins elle nécessite de moyens pour fonctionner. Le rasoir d'Occam conserva toute sa force à travers les siècles. Ainsi, le physicien autrichien Ernst Mach (1838-1916), à qui l'on doit l'unité de vitesse supersonique, affirmait que les méthodes scientifiques devaient être les plus simples possible. Aujourd'hui, la réduction du nombre d'hypothèses au strict nécessaire est une composante essentielle des modèles théoriques. Elle aide à négliger les variables qui troublent le résultat de l'enquête ou introduisent ambiguïtés et inconsistances. Le rasoir d'Occam est devenu une brique fondamentale de l'œuvre scientifique, son outil quotidien. **BS**

Homuncule

Aristote

La théorie qui voudrait que les créatures vivantes naissent d'une version miniature de leurs formes adultes, grandissant jusqu'à maturité

Le terme « homuncule » vient du latin *homunculus*, diminutif de *homo*, l'homme. Il signifie donc littéralement « petit homme », mais désigne en réalité un organisme de proportions microscopiques, quoique complètement formé.

Les homuncules étaient la pièce maîtresse de la théorie de la préformation, une vieille conception du développement embryonnaire selon laquelle les organismes vivants naîtraient à partir d'une copie miniature de leur forme adulte ; leur maturation se résumant à une croissance simple. Le préformationnisme s'oppose généralement aux théories épigénétiques, pour lesquelles la maturation d'un organisme implique un processus de changements entre ses formes infantile et adulte.

L'explication d'Aristote (384-322 av. J.-C.) du développement animal était plutôt épigénétique, mais il est malgré tout très souvent associé aux homuncules en raison du rôle dominant qu'il attribuait à la semence mâle dans la reproduction. Sa théorie épigénétique résista malgré tout durant près de 2 000 ans, avant que Nicolas Hartsoeker (1656-1725), muni d'un des premiers microscopes de l'histoire, crût voir des hommes miniatures dans une goutte de sperme, qu'il appela des homuncules. Son image bien connue d'un homuncule occupant la tête d'un spermatozoïde devint de ce jour l'étendard de la version « spermiste » du préformationnisme, très populaire vers la fin du XVIIe siècle.

La forme la plus poussée de préformationnisme est sans doute celle de Philippus Theophrastus Aureolus Bombastus von Hohenheim (1493-1541), plus connu sous le nom de Paracelse. Dans son *Traité de l'homuncule* (1537), il affirme qu'en laissant du sperme humain se putréfier dans l'utérus d'une jument qu'on nourrirait avec le sang d'un homme, on obtiendrait un enfant humain. Ainsi, concluait-il, les femmes sont parfaitement inutiles pour notre reproduction. **DM**

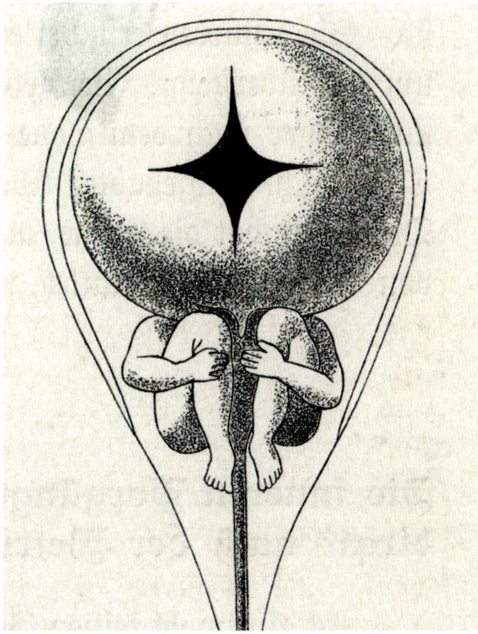

Illustration d'un homuncule (v. 1700) par Nicolas Hartsoeker. Ses recherches au microscope l'avaient conduit à croire qu'il s'en trouvait dans la tête des spermatozoïdes.

« … il devient dès lors un enfant vivant, doté de tous les membres d'un enfant né d'une femme, mais bien plus petit. Nous appelons ceci homuncule… »

Paracelse, *Traité de l'homuncule* (1537)

v. 350 av. J.-C. Φ

Paradoxe du menteur

Aristote

Une proposition paradoxale qui met en lumière les limites d'un système logique

Le paradoxe du menteur, bien connu en philosophie, illustre les limites d'un système binaire. Sous sa forme la plus classique, il s'énonce ainsi : « Cette phrase est fausse. » Le problème est que si nous considérons que toute phrase est soit vraie soit fausse, sans troisième voie possible, alors cette phrase, qui a toutes les apparences d'une phrase sensée, doit être soit fausse, soit vraie. Or, si elle est vraie, elle est fausse, car c'est ce qu'elle nous dit, ce qui est contradictoire. Cependant, si elle est fausse, alors elle est vraie : c'est ce qu'elle nous dit aussi.

Bien qu'aucune solution n'ait recueilli l'assentiment général, beaucoup d'encre a coulé à son propos. Selon certains, le problème vient de notre façon de rendre compte d'une vérité, qu'on peut faire remonter à Aristote (384-322 av. J.-C.), et qui voudrait qu'une affirmation P

« Un homme dit qu'il ment. Est-ce vrai ou faux ? »

Eubulide de Milet, philosophe

soit vraie si, et seulement si, un état de fait réel lui correspond parfaitement. Par exemple, « le chat est sur le toit » est vrai si, et seulement si, le chat est sur le toit.

Selon le logicien Alfred Tarski (1901-1983), le paradoxe du menteur montre que ce genre d'affirmation autoréférente ne peut pas appartenir au langage formel. D'autres, tels que Graham Priest, en déduisent que les systèmes binaires ne sont pas adéquats, qu'il nous faut recourir à des systèmes plurivalents pour résoudre ce genre de problème.

D'autres encore, parmi lesquels Arthur Prior, Jon Barwise et John Etchemendy, ont décidé de l'affronter dans le cadre classique de la logique binaire dotée de ce genre d'affirmations, et concluent que le paradoxe est tout simplement faux. Pour autant, la théorie logique n'en a pas fini avec lui ! **JW**

v. 350 av. J.-C. Φ

Les quatre causes

Aristote

Toute chose peut être définie de quatre manières différentes et complémentaires

Aristote (384-322 av. J.-C.) pensait que nous pouvons définir toute chose de quatre façons différentes correspondant à quatre « facteurs explicatifs » ou « causes » différentes.

La première est la cause matérielle, qui traite du contenu ou des ingrédients de la chose en question. Ainsi, la cause matérielle d'une fenêtre pourrait être un cadre en bois et un panneau de verre ; celle du beurre salé sera le beurre et le sel.

La seconde est la cause efficiente ou motrice, qui nous indique ce qui a produit la chose. Une éclipse de Soleil est par exemple causée par le passage de la Lune entre la Terre et le Soleil, sa cause efficiente ; plus simplement, une grossesse est la conséquence d'une activité sexuelle ou d'une insémination artificielle.

« On ne pense jamais connaître une chose que quand on en connaît les causes premières. » **Aristote, *Physique***

La troisième est la cause formelle, l'essence de la chose, celle qui la définit au sens propre et sert à la nommer, en ses genre et espèce (c'est, sinon la plus importante, du moins la plus précise des définitions). Par exemple, Aristote définissait l'homme comme un « animal rationnel », où « animal » désigne le genre immédiat, et « rationnel » l'espèce.

La quatrième, la cause finale, s'attache au but, à la destination de la chose. Ainsi, l'œil sert à voir, et l'homme, si l'on en croit la Confession de foi de Westminster (1646), est fait pour « glorifier Dieu et s'En réjouir pour l'éternité ». Aristote fut le premier à distinguer ces quatre causes, mais les concepts qu'elles renferment sont si essentiels à la vie en général (et à la science en particulier) qu'on ne pourra jamais trop insister sur leur importance. **AB**

Le mécanisme d'une éclipse, représenté ici dans un manuscrit de 1410, illustre la deuxième cause d'Aristote. ➔

شود و را استقامت و اما ماه را قوس تعدیل اندکست و قدر یک درجه دیگری حرکت افتد و باضافت
با سیر و حرکت ماه سیر او پیدا نیاید و اگر او را رجوعت ممکن بودی بر نیمهٔ بالای فلک تدویر توانستی
بودن خلاف این ستارگان پنج گانه و اما چون رجوعت در یک نیمه افتد و استقامت در نیمهٔ دیگر
واجب چنان کردی که ستاره در نیمهٔ دور خویش راجع بودی و نیم دوم مستقیم و رجوعت قرب جها[ت] ماه
همی بوده علویان را بدانک سبب آنست که آن قاعده که بصر ما بر گذرد کمتر از آن قاعده دایره تدویر است
و چون بدو پیوندد کمتر از یک نیمه باشد **مساله ۱۸۱** اجتماع و استقبال چگونه است و فزونی

نور ماه و نقصان از چه سبب همی افتد **جواب** روشنی ماه از آفتابست چه جمله تنه او سیاه هست
بی نور و روشنائی پذیرنده است پس هر گاه که آفتاب نزدیک شود و با او راست گردد
نور بر آن یک نیمه افتد که ما نبینیم که شمس بر سمت او بود و آنرا اجتماع خوانند تا چون
قدری دوری یابد نور بر او تافته شود و هم چنین دو اندازه نور همی فزاید تا بمقابلهٔ
شمس رسد صد و هشتاد درجه پس یک نیمه بسیط از جرم خویش که سوی ما بود روشن نماید و این نیمه
زیرا باشد بر حال خویش سیاه ماند و این را استقبال خوانند و بخلاف اجتماع بود و بر مثال این از دو
گوی یکی یاقوت سرخ و یکی بلور صافی چون برابر یکدیگر بدارید آن نیمه از بلور که سوی یاقوت
بود سرخ نماید و آن نیمهٔ دیگر بر رنگ خویش بپیوسته بدین جمله زیادت و نقصان همی شود

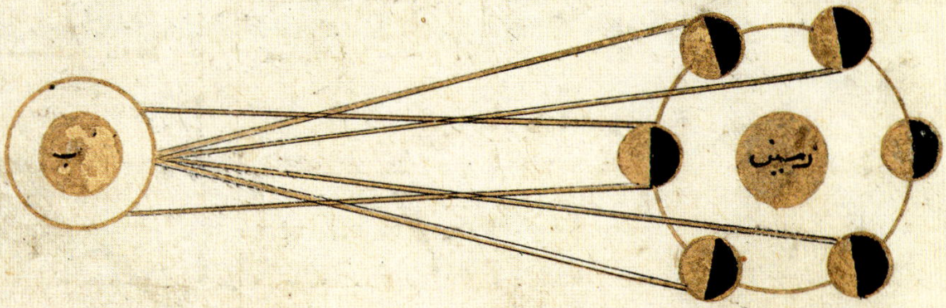

مساله کسوف شمس و خسوف قمر چگونه باشد و چرا مدت گرفتن ماه بیشتر تواند
بودن از آفتاب **جواب** بدانک گرفتن ماه با استقبال تواند بودن و گرفتن آفتاب با اجتماع
اما کسوف آفتاب آنست که بماه متواری گردد و راس و یا ذنب با ایشان مجتمع بود و یا نزدیک و عرض
ندارد که بدان جهت از راه آفتاب دور گردد پس چون نور ماه بر آفتاب تابد و گفتیم که تنه او سیاست

v. 350 av. J.-C.

Généralisation hâtive

Aristote

Une généralisation bâtie sur un faible échantillon peut se révéler fausse

Une généralisation fausse, ou hâtive, *secundum quid* en latin, est un sophisme qui consiste à tirer une conclusion d'un échantillon trop étroit. Par exemple, imaginons que nous visitions une nouvelle école, et que nous rencontrions trois élèves, toutes des filles. Si nous en déduisons qu'il s'agit d'une école de filles, ce serait certainement une généralisation hâtive, car rien ne nous dit que notre échantillon était représentatif.

Un échantillon peut être non représentatif de deux façons : il peut être trop petit, ou biaisé. Dans notre exemple d'école, si celle-ci ne comprenait que douze élèves, notre échantillon serait représentatif, considérant qu'il couvre 25 % des effectifs. Mais si elle en comprenait 300, il ne le serait plus. De plus, si l'échantillon était choisi au hasard, il pourrait être valide, mais si nous nous étions postés devant les toilettes des filles pour le constituer, il serait biaisé.

« D'une goutte de faits, nous tirons des généralités qui rempliraient des baignoires. »

Gordon W. Allport, *The Nature of Prejudice* (1954)

Nous trouvons chez Aristote, dans ses *Premiers analytiques* (v. 350 av. J.-C.) une forme primitive de ce sophisme, également discuté par Guillaume d'Occam dans sa *Somme de logique* (v. 1323). Il joue un grand rôle en science, où il sert d'avertissement, car les disciplines scientifiques reposent en grande partie sur le principe d'inférence. Ainsi, les chercheurs en médecine tirent des conclusions sur l'efficacité d'un traitement à partir d'échantillons de personnes qui y ont été soumises. Ils tentent de conduire des séries entières d'expériences pour éviter que l'échantillon soit trop faible, et introduisent des groupes de contrôle (administration d'un placebo, choix aléatoire, régime, etc.) pour éviter les biais. **JW**

v. 350 av. J.-C.

Téléologie

Aristote

Une théorie voulant que tout ce qui compose l'univers a été créé dans un certain but

Télos signifie en grec « fin » ou « achèvement ». Son sens contemporain lui vient d'Aristote (384-322 av. J.-C.), pour qui il désigne la cause finale d'un événement, ce pour quoi il est, la téléologie étant l'étude de ces causes. Le *télos* a longtemps été associé à l'idée d'un esprit créateur ; aujourd'hui encore, un débat considérable entre penseurs anciens et modernes cherche à statuer sur l'existence objective d'un tel esprit.

Les anciens atomistes, par exemple, refusent que la nature ait un but, et Socrate est très déçu d'apprendre que leur explication entièrement matérielle du mouvement n'inclut ni esprit ni aucun autre principe d'ordre. Aristote associe lui aussi le *télos* à un esprit : l'esprit de l'artiste est ainsi selon lui la cause finale de l'œuvre, qui dirige toutes les autres. Le *télos* a beaucoup d'importance dans ses théories, tant biologiques qu'éthiques. Il catégorise ainsi les animaux selon leurs signes les plus distinctifs et note que, étant donné que rien ne se crée tout seul et que tout état potentiel se réalisera, il faut qu'il y ait un principe d'organisation extérieur à l'animal qui puisse en diriger la réalisation. Il étend même cet essentialisme à l'éthique, proposant que la vertu soit le *télos* de l'homme.

« … la première de toutes les causes est celle que nous nommons la cause finale. »

Aristote, *Parties des animaux* (v. 350 av. J.-C.)

La téléologie d'Aristote eut une grande influence sur les pensées médiévales, islamiques et chrétiennes, particulièrement chez Al-Kindi et Thomas d'Aquin, qui se servent tous deux de l'apparente présence d'un but, d'un ordre, dans la nature, pour prouver l'existence de Dieu.

La téléologie d'Aristote est restée très populaire en biologie jusqu'à l'arrivée de Charles Darwin. **JW**

v. 350 av. J.-C.

La Nature a horreur du vide

Aristote

Le mouvement des objets implique l'impossibilité du vide

Un point central de la doctrine physique d'Aristote (384-322 av. J.-C.) est que les lois de la nature n'autorisent pas le vide. C'est la fameuse *horror vacui*, qu'on retrouve dans la phrase « la nature a horreur du vide ».

Si l'on en croit Aristote, la notion même de vide est absurde, car il devrait se définir comme un néant indéfini. Mais, même en écartant cet aspect purement sémantique, Aristote observait que toute chose en mouvement finissait par s'arrêter. Or, s'il y avait du vide, pensait-il, les choses auraient dû continuer à se mouvoir éternellement.

De plus, dans le vide, aucune direction privilégiée n'existerait qui, plutôt qu'une autre, pourrait attirer les objets, ce qui était tout à fait contraire à ses observations. Il concluait donc que l'univers devait être rempli, et que le mouvement des choses devait être déterminé, au moins en partie, par la densité relative de ses parties.

« Si tout corps est dans un lieu qu'il occupe, il faut aussi que le corps soit dans l'espace tout entier. » **Aristote, *Physique* (v. 350 av. J.-C.)**

Pour cette raison (et pour d'autres), Aristote enseignait qu'une substance, l'éther, un cinquième élément à ajouter aux quatre autres identifiés par Empédocle, baignait tout l'univers. Cette idée persista à travers le Moyen Âge et jusqu'au XVIIe siècle. Elle se trouvait d'ailleurs parmi les principaux arguments opposés avec succès à l'atomisme, qui supposait, lui, l'existence du vide.

Aux alentours du XVIIe siècle, des conceptions plus sophistiquées (mais toujours vagues) de cette substance naquirent. On l'appela alors le phlogiston. Mais en 1643, Evangelista Torricelli, physicien italien, prouva sans ambiguïté que le vide existait. **DM**

v. 350 av. J.-C.

Cosmopolis

Alexandre le Grand

L'idée de différents peuples vivant dans la même cité

Le mot grec *cosmopolis* signifie littéralement « ville-univers ». Il désigne une grande cité très importante dont les habitants appartiennent à de nombreuses ethnies. Après la chute de la Grèce classique et l'ascension d'Alexandre le Grand (356-323 av. J.-C.), les antiques *polis* (cités-États) glissèrent vers la *cosmopolis*. Les cités qui se formaient dans l'empire d'Alexandre étaient de grands pôles commerciaux et multiculturels. Elles ne pouvaient plus se plier au modèle classique où chaque citoyen tient un rôle direct dans la vie politique, sociale, économique et spirituelle de la cité. La mort d'Alexandre marqua pourtant le début de l'hellénisation du bassin méditerranéen. Bien des cultures étrangères à la Grèce adoptèrent alors des comportements grecs. Plus que jamais, les *cosmopolis* remplaçaient les *polis*.

« Différentes gens, différentes croyances, différentes aspirations, différents rêves. »
Jimmy Carter, président des États-Unis (1977-1981)

Ce changement est aussi sensible en philosophie. Les philosophes classiques, Socrate et Platon, accordaient beaucoup d'attention à la relation intime et importante que tissaient un citoyen et sa cité, tandis que pour les hellénistiques, comme Épicure ou Antisthène, les vertus devaient valoir au-delà des murs. Les gens sentaient naître alors une proximité avec tout un chacun, et leurs responsabilités morales s'étendaient : elles ne s'appliquaient plus uniquement à leurs concitoyens. La fierté de la ville natale s'affadit aussi, et avec elle un peu d'identité.

Le terme *cosmopolis* peut de nos jours faire référence à beaucoup de choses : un roman de Paul Bourget (1892), un autre de Don DeLillo (2003) et l'adaptation cinématographique qu'en tira David Cronenberg en 2012, une ville des États-Unis ou une pièce musicale d'Elias Breeskin, par exemple. **KBJ**

v. 323 av. J.-C.

Hellénisme

Alexandre le Grand

Style artistique plus dynamique et ornementé que celui de la période grecque classique

La période hellénistique (323-31 av. J.-C.) est située entre la période grecque classique et l'ascension de l'Empire romain. L'art et l'architecture qu'elle recouvre sont différents de leurs homologues classiques et romains, surtout plus dynamiques, plus vastes et plus ornementés que les classiques.

On date le début de la période hellénistique de la mort d'Alexandre le Grand (356-323 av. J.-C.), le bâtisseur d'un des plus grands empires de l'Antiquité. Ses conquêtes avaient apporté la science, l'art, l'architecture et la philosophie grecs dans de nombreuses parties du monde. L'art classique se caractérisait par sa simplicité et son réalisme ; le nouveau style hellénistique était plus expressif, il s'attachait à décrire des émotions violentes, des décors dramatiques, des mouvements amples.

« Le goût du petit, du délicat, s'y combinait avec l'amour du grandiose… »

H. Honour et J. Fleming, ***A World History of Art*** **(1984)**

L'architecture hellénistique était aussi plus élaborée : les frises et les colonnes corinthiennes tiraient parti d'espaces plus vastes afin de susciter l'émerveillement, le sens de la grandeur et du spectacle.

La Grèce classique s'ingéniait à représenter l'anatomie humaine de la manière la plus réaliste possible. L'art hellénistique légua aux artistes une plus grande liberté.

Après l'absorption du monde grec par l'Empire romain, scellée par la bataille d'Actium en 31 av. J.-C., les artistes romains perpétuèrent la tradition hellénistique, sa démesure et ses représentations grandioses. Lorsque les artistes et les architectes de la Renaissance voulurent revisiter le classicisme, ils se tournèrent souvent vers l'art hellénistique pour y trouver l'inspiration. **MT**

v. 300 av. J.-C.

Éternel retour

Zénon de Cition

La notion d'un temps cyclique où chaque moment est revécu à l'infini

Si l'espace et le temps sont infinis, la probabilité que notre monde se reproduira à l'identique est infinie également.

Bien que le mythe de la recréation de l'univers soit présent dans des religions ou des philosophies antérieures, on attribue au philosophe grec Zénon de Cition (v. 334-262 av. J.-C.) cette idée d'un cycle régulier de création et de destruction de l'univers, dont le destin seul détermine s'il se reproduira à l'identique ou non.

L'éternel retour est la description mathématique et philosophique d'un univers infini soumis à des variations infinies. Son infinitude entraîne que toutes les variations particulières qui ont abouti à notre réalité produiront de même une infinité d'autres réalités qui, occasionnellement, reproduiront tout ce qui est déjà arrivé dans le moindre détail. La plupart des religions et des philosophies tenant pour l'éternel retour contiennent aussi l'idée de destin : comme l'univers retourne éternellement au même point, il est inconcevable qu'il soit différent de ce qu'il est à présent.

« Tout va, tout revient, la roue de l'existence tourne éternellement. »

Friedrich Nietzsche, ***Ainsi parlait Zarathoustra***

Ces conceptions de la liberté et du destin enracinées dans l'éternel retour impressionnaient vivement le philosophe Friedrich Nietzsche (1844-1900). L'éternel retour est également à la base de plusieurs théories physiques d'un univers cyclique, dont celle qui considère le big bang comme partie d'une série infinie de tels événements qui, continuellement, créent des univers. Il est également cohérent avec les modèles théoriques de « multivers » selon lesquels une infinité d'univers et de dimensions existent simultanément. **TD**

Victoire de Samothrace, statue en marbre de la déesse Nikê, datée entre 220 et 185 av. J.-C.

Énergie hydraulique

Grèce antique

Utiliser l'énergie de l'eau pour le fonctionnement des machines

La roue de Laxey, 22 m de diamètre, a été construite en 1854 sur l'île de Man afin de pomper l'eau d'un puits de mine. C'est de nos jours la plus grande roue hydraulique en fonctionnement.

« L'eau est la force motrice de toute nature. »

Léonard de Vinci, artiste et inventeur

En vertu de la force de gravité, l'eau occupe toujours le point le plus bas qui lui soit accessible : c'est ce qui la fait couler. De ce mouvement naturel naît l'énergie hydraulique, utilisée entre autres pour l'alimentation de centrales électriques, de moulins, d'horloges, et même pour les dispositifs animés d'un jardin japonais.

Comme toute vie connue, l'humanité a besoin d'eau. Pourtant, contrôler et diriger ce précieux liquide est une avancée plutôt récente de l'espèce. Dès le VIIe siècle av. J.-C., les Égyptiens avaient appris à fertiliser leurs champs en élevant des digues le long du Nil, qui retenaient l'eau des crues annuelles pour bénéficier des limons. Mais il fallut attendre la Grèce hellénistique pour savoir convertir l'énergie hydraulique en énergie mécanique. Les Hellènes bâtirent les premiers moulins à eau quelque part entre le IIIe siècle et le IIe siècle av. J.-C. Leurs grandes roues, qui tournaient grâce au courant d'une rivière, entraînaient une meule qui dans son mouvement écrasait les grains contre une autre meule, fixe, elle.

L'énergie hydraulique prit beaucoup d'importance à l'aube de la révolution industrielle (1760-1840) en Grande-Bretagne. Dans l'industrie textile, par exemple, les moulins à eau servaient à enrouler les fils, actionner les métiers à tisser, fouler les tissus et dégraisser les laines. Pour le travail du fer, ils abattaient les marteaux et alimentaient les forges. Au XXe siècle, on commença à se servir de l'énergie hydraulique pour produire de l'électricité.

Que l'eau ait été présente par excès soudains ou bien mortellement rare, l'humanité a toujours dépendu d'elle. Mais du jour où son énergie fut convertie en énergie mécanique, le statut de cette grande force naturelle, source de tant de souffrances et de tant de bienfaits, changea à jamais. Elle devint alors un puissant levier à disposition de l'homme, qui put la canaliser à sa guise. **MT**

Connaissances *a priori* et *a posteriori*

Grèce antique

Savoir si la connaissance est le fruit de l'expérience ou du raisonnement

Les sciences et la philosophie s'interrogent beaucoup sur la source de nos connaissances. Pour les empiristes, c'est l'expérience seule qui nous permet d'acquérir un savoir, qui serait donc *a posteriori* (abréviation de la locution latine *a posteriori ratione* : « par une raison venant après »).

Les rationalistes, en revanche, avancent que certaines de nos connaissances au moins sont obtenues hors de toute expérience, par la raison seule, *a priori* (« venant avant »).

L'origine de ces deux termes est controversée. On a parlé des traductions latines médiévales des Éléments d'Euclide (v. 300 av. J.-C.) et des écrits d'Albert de Saxe, datés du XIVe siècle. Il est très clair en revanche que le débat lui-même est né chez Platon (v. 424-348 av. J.-C.) et Euclide (IIIe siècle av. J.-C.). La première tentative de défense et de description complète de la connaissance *a priori* nous a été offerte par Emmanuel Kant (1724-1804) au XVIIIe siècle, qui pose, dans *Critique de la raison pure* (1781), les termes du débat contemporain à ce sujet.

Il paraît certain que ce que nous comprenons de la réalité nous vient en majorité de l'expérience. Mais notre expérience est contingente (elle aurait pu être tout autre) et localisée (nous n'expérimentons qu'un petit bout de réalité) et pourtant, nous détenons des vérités qui semblent nécessaires et universelles. Que 2 et 2 fassent 4, qu'aucun célibataire ne soit marié, ou qu'il n'existe pas de rond carré, tout cela reste vrai indépendamment de toute expérience. La source de ces affirmations ne serait donc pas expérimentale. Certains critiques avancent toutefois que des preuves empiriques peuvent expliquer leur caractère spécifique. Le débat est toujours ouvert et continue à motiver de nouvelles recherches en philosophie, en psychologie et en mathématiques. **JW**

↑ Portrait du mathématicien grec Euclide. Son livre le plus connu, les *Éléments* (v. 300 av. J.-C.), traite d'arithmétique, de géométrie et de théorie musicale.

> « *Toute vérité nécessaire, qu'elle soit* a priori *ou* a posteriori, *n'aurait pu être autre.* »

Saul Kripke, philosophe et logicien

v. 300 av. J.-C.

Antisémitisme

Manéthon de Sebennytos

L'hostilité ou la discrimination envers les Juifs en tant que groupe ethnique ou religieux

C'est à l'agitateur allemand Wilhelm Marr (1819-1904) que l'on doit le terme « antisémitisme », qui apparut pour la première fois dans sa diatribe intitulée *Chemin vers la victoire de la germanité sur le judaïsme* (1879). Il dénote une attitude méprisante envers tout peuple sémite, mais plus particulièrement envers les Juifs, qui se matérialise sous forme de discrimination. Des manifestations d'antisémitisme parsèment toute l'histoire.

Le prêtre et historien égyptien Manéthon a répandu l'antisémitisme égyptien dans le monde grec au IIIe siècle. Il considérait les Juifs comme des ennemis de la race humaine qu'il fallait extirper de la société. L'empereur romain Tibère a banni le judaïsme et expulsé les Juifs de Rome. Constantin Ier a imposé de nombreuses règles et prohibitions aux pratiques religieuses juives et interdit la conversion au judaïsme. L'hostilité envers les Juifs persista encore à travers le Moyen Âge, particulièrement durant la période des croisades (1095-1291).

« Un juif n'a-t-il pas des yeux ? [...] si vous nous piquez, ne saignons-nous pas ? »

William Shakespeare, *Le Marchand de Venise* (1598)

La montée du fascisme dans les années 1920 et 1930 vit fleurir un antisémitisme exacerbé. La culture et la religion juives étaient dénigrées, les Juifs accusés de rébellion, de conspiration antigouvernementale, du sabotage de leurs nations respectives, et tout cela culmina dans l'extermination de 6 millions de Juifs, ce qu'on appelle aujourd'hui l'Holocauste. L'antisémitisme existe toujours sous bien des formes : le conflit israélo-palestinien a fait émerger un sentiment anti-juif, les conspirationnistes continuent d'en propager un autre, de même que des hommes politiques religieux, et les marchands de haine en général. **DM**

v. 300 av. J.-C.

Scepticisme

Pyrrhon d'Élis

La croyance dans l'impossibilité de toute certitude

Une question centrale de l'histoire des idées : « Peut-on savoir quoi que ce soit ? », a reçu un jour cette réponse déconcertante : « Rien n'est moins sûr. » C'est la réponse sceptique (du grec *skepsikos*, « qui examine »), d'une école philosophique née en Grèce avec Pyrrhon d'Élis (v. 360-272 av. J.-C.) si l'on en croit les fragments transmis par son disciple Timon de Phlionte. Elle fut rendue célèbre par le Romain Sextus Empiricus (v. 160-210 av. J.-C.) puis, plus tard, par Michel de Montaigne (1533-1592).

Empiricus voyait dans le scepticisme l'attitude mentale consistant à opposer les jugements aux apparences. En la définissant ainsi, comme un comportement plutôt que comme une position bien définie, il évitait l'écueil de l'incohérence (« nous savons que nous ne savons rien » est contradictoire). De cette opposition des apparences (ce que la réalité semble être) aux jugements (ce que nous croyons qu'elle est) les sceptiques tirent ceci : à chaque raison de croire vraie une affirmation correspond une raison équivalente d'en douter.

« Le scepticisme est la chasteté de l'esprit ; il est regrettable d'y succomber trop jeune. »

George Santayana, philosophe

Ce genre de scepticisme, appelé « pyrrhonisme », fut très critiqué aux XVIIe et XVIIIe siècles. René Descartes a affirmé, de manière très convaincante, qu'il savait au moins une chose : qu'il existait, lui. Isaac Newton et John Locke ont de leur côté fourni de bonnes raisons de penser que les découvertes de la physique ont plus de chance d'être vraies que leurs alternatives sceptiques. Néanmoins, certains problèmes au sein de l'épistémologie cartésienne, de même que la chute de la physique newtonienne, font que le scepticisme conserve aujourd'hui son influence. **JW**

Détail de l'arc de triomphe de Titus, à Rome, construit pour célébrer une victoire de la Première Guerre judéo-romaine (66-73 av. J.-C.), parfois appelée la Grande Révolte.

v. 300 av. J.-C.

Les *Éléments*

Euclide

Une collection de définitions, d'axiomes, de théorèmes et de preuves qui détermina les attitudes logique et scientifique

Page de titre d'une traduction anglaise des *Éléments* d'Euclide imprimée à Londres par John Day en 1570-1571.

« Pour beaucoup, la découverte de la géométrie euclidienne a été d'une grande portée philosophique et religieuse car elle montrait que la pensée humaine pouvait atteindre une partie de la vérité ultime sur la réalité. »

John Barrow, professeur de mathématiques appliquées et de physique théorique

On sait peu de choses de la vie d'Euclide, un Grec érudit. Des centaines d'années après sa mort, au ve siècle, le philosophe grec Proclus écrivait qu'Euclide enseignait à Alexandrie alors que Ptolémée Ier régnait sur l'Égypte, ce qui nous le situe entre 322 et 285 av. J.-C. Les historiens estiment qu'il était l'aîné d'Archimède.

En dépit du manque d'informations fiables, la mémoire d'Euclide a survécu à travers les travaux qu'il coucha par écrit dans les treize livres des Éléments (v. 300 av. J.-C.), qui lui vaudront le surnom de « père de la géométrie » et exerceront une influence sur l'esprit humain que seule la Bible pourrait prétendre égaler.

Les Éléments portent sur une grande variété de sujets mathématiques. Le livre V étudie les rapports et les proportions, les VII et IX la théorie des nombres (le livre IX contient ainsi la célèbre preuve de l'infinité de la série des nombres premiers) et les XI et XIII se focalisent sur les figures en trois dimensions. Il est cependant mieux connu pour son impact dans le domaine de la géométrie (livres I à IV), les cinq postulats d'Euclide pouvant en effet se lire comme ce qui en constitue les lois : une structure décrivant le monde réel tel que nous le voyons.

La première traduction latine des Éléments, datée de 1120, est due à Abélard de Bath, philosophe anglais. Elle compta parmi les tout premiers livres imprimés et, alors que se multipliaient les créations d'université, elle devint le manuel fondamental dans toute l'Europe.

Sa suprématie sur la géométrie est demeurée incontestée jusqu'en 1899, date à laquelle David Hilbert, mathématicien allemand, publia ses très acclamés *Fondements de la géométrie*. « Géométrie » est ainsi resté synonyme de « géométrie euclidienne » durant plus de 2 000 ans. **JH**

v. 300 av. J.-C.

Preuve mathématique

Euclide

La méthode centrale de justification des propositions en mathématiques

Une preuve mathématique est, traditionnellement, la déduction d'une proposition (un théorème) à partir d'axiomes (des propositions supposées vraies) et de la définition de leurs termes. Bien que d'autres aient démontré des théorèmes avant lui, Euclide est considéré comme le premier mathématicien à avoir présenté ses preuves de manière systématique. Dans son œuvre séminale, *Les Éléments* (v. 300 av. J.-C.), les théorèmes sont tous prouvés sur la base des définitions et des axiomes. Cet usage de la déduction logique est la base des mathématiques depuis plus de 2 000 ans.

À quoi sert une preuve ? On prête certaines qualités aux axiomes et définitions : ils sont *a priori* (indépendants de toute expérience), certains et nécessaires. Ce sont ces qualités que la preuve cherche à préserver grâce à la déduction logique. Aussi les théorèmes, lorsque correctement prouvés, sont-ils également *a priori*, certains et nécessaires. La preuve permet ainsi d'établir sur la base des axiomes et des définitions de vastes structures qui ne s'effondreront que si ces derniers, mal exprimés ou mal construits, s'effondraient avant eux.

Pour autant, les débats sur la nature de la preuve ne manquent pas, comme l'illustrent trois exemples connus. Tout d'abord, Euclide considérait l'un de ses axiomes, le postulat des parallèles, comme nécessaire ; or, des géométries alternatives le rejetèrent. Ensuite, l'intuitionnisme, philosophie particulière des mathématiques, soutient une autre conception de la dérivation logique valide, et donc de la preuve.

Enfin, en 1976, une démonstration du théorème des quatre couleurs en théorie des graphes a eu recours au calcul informatique, la preuve étant trop longue pour être vérifiée par d'autres moyens. La nature de cette preuve est ainsi sujette à controverse. Malgré tout, la preuve traditionnelle demeure au centre des mathématiques. **GB**

v. 300 av. J.-C.

Nombres premiers

Euclide

Des entiers positifs ayant exactement deux diviseurs entiers positifs

Les nombres premiers sont souvent présentés comme les briques élémentaires des mathématiques. Un nombre est premier à condition d'être strictement supérieur à 1 et de n'être divisible que par 1 et lui-même. Les autres nombres sont dits « composés ».

Nous ne savons pas de quand date la découverte des nombres premiers. Le papyrus Rhind, daté de 1650 av. J.-C., fournit quelques raisons de les croire connus des anciens Égyptiens. Ce rouleau comporte l'essentiel du savoir mathématique identifié de l'époque, dont les fractions unitaires. Mais leur première trace explicite parvenue jusqu'à nous remonte à la Grèce antique. Dans les treize livres de ses Éléments (v. 300 av. J.-C.), le mathématicien Euclide présente quelques propriétés clés des nombres premiers, parmi lesquelles le théorème fondamental de l'arithmétique (livre VII) et la première preuve connue de leur infinité (livre IX). Cette dernière représente pour beaucoup la consécration des mathématiques.

> *« Les nombres premiers sont les atomes de l'arithmétique, l'hydrogène et l'oxygène des nombres. »*
>
> **Marcus du Sautoy, professeur de mathématiques**

Des milliers d'années après Euclide et malgré l'intérêt qu'ils ont suscité chez les plus grands esprits, un aspect des nombres premiers demeure cependant mystérieux : ils ne présentent aucun ordre précis, si bien que n'existe aucun moyen efficace de les débusquer. Toutefois, depuis la fin du XXe siècle et l'apparition des ordinateurs, des nombres premiers de plusieurs millions de chiffres ont été découverts. Cela aurait pu n'avoir aucune importance pour le monde en dehors des mathématiques, si ce n'est que les cryptographes s'en servent pour créer des codes virtuellement impossibles à casser. **JH**

v. 300 av. J.-C.

Quadrature du cercle

Euclide

La construction d'un carré de même superficie qu'un cercle donné

L'expression « la quadrature du cercle » désigne une tâche impossible. Elle nous vient d'un des trois problèmes classiques de la géométrie, les deux autres étant la duplication du cube et la trisection de l'angle. Tous trois sont impossibles, comme l'ont démontré René Descartes pour la duplication (1637), Pierre Wantzel pour la trisection (1836), et Ferdinand Lindemann pour la quadrature (1882).

Ces problèmes sont nés des axiomes géométriques d'Euclide (v. 300 av. J.-C.), selon lesquels il est possible de construire certaines figures géométriques de proportions données à l'aide des seuls règle et compas. Pour ce qui est de la quadrature du cercle, la géométrie euclidienne nous enseigne qu'il est aisé de construire un carré dont la superficie est exactement le double de celle d'un carré donné. Mieux encore, tel est le cas pour n'importe quel facteur polynomial (combinaison de puissances entières).

« ... ce géomètre qui s'efforce de mesurer le cercle, et cherche en vain dans sa pensée le principe qui lui manque. » **Dante**

À la suite d'Euclide, Archimède (v. 290-212 av. J.-C.) a démontré la possibilité de la quadrature de tout segment de parabole. Il était alors évident que la quadrature du cercle suivrait. La recherche de la procédure correcte pour y parvenir a accaparé de nombreux géomètres aux Ier et IIe siècles.

Pour que la quadrature du cercle soit possible, il faudrait que le nombre π puisse être dérivé d'une construction à la règle et au compas. Mais en 1882, Lindemann a prouvé que π est un nombre « transcendant » : il n'est racine d'aucun polynôme. Le glas de la quadrature du cercle était sonné. **DM**

v. 300 av. J.-C.

Alchimie

Égypte hellénistique

La manipulation des composés chimiques pour obtenir des formes parachevées

L'alchimie était une quête mêlant philosophie, religion et chimie, une tentative de manipuler les objets physiques et leurs propriétés. Les alchimistes étaient des proto-scientifiques pour lesquels l'étude du monde physique devait reposer sur des principes métaphysiques et spirituels. Ils poursuivaient des buts variés, dont les plus connus étaient la découverte du solvant universel, l'élixir de longue vie et la transmutation du plomb en or.

L'alchimie trouve probablement sa source dans l'Égypte hellénistique (v. 300 av. J.-C.), lorsque la tradition philosophique de la Grèce se combina aux techniques égyptiennes avancées en matière de métallurgie, de travail du verre ou autres. Des penseurs indiens et chinois la pratiquèrent aussi, de façon indépendante, dans leur tentative d'améliorer la santé et l'espérance de vie.

« La médecine repose sur quatre piliers : philosophie, astronomie, alchimie, éthique. »

Paracelse, médecin et alchimiste

En Europe, le Moyen Âge et la Renaissance furent des âges d'or pour les alchimistes, qui attirèrent alors d'éminents scientifiques. Isaac Newton (1642-1726), figure centrale de la physique moderne, poursuivit la quête alchimique de la transmutation des dizaines d'années durant.

L'alchimie s'est éteinte avec les exigences modernes de quantification et d'analyse sceptique, mais sa propension à sonder l'inconnu nous reste en héritage. Les alchimistes étaient un peu scientifiques, un peu médecins, philosophes et prêtres, poursuivant les mystères pour gagner en savoir et en sagesse. La science moderne s'est délivrée des considérations métaphysiques si importantes à leurs yeux, mais le désir d'exploration et de quantification des processus à l'œuvre repose toujours au cœur des nouvelles découvertes. **MT**

Illustration de la coagulation, septième et dernière étape d'une opération alchimique.

IN UNO OMNIA
AB UNO OMNIA
PER UNUM OMNIA
ANNUS VENTORUM — ANNUS SOLARIS — ANNUS STELLATUS
Mercurius Philosophorum
Mercurius Corporis
Sulphur Fixum
Sulphur Æthereum
Sal Centrale
Sal Elementorum
Ignes
Quatuor
Mercurius Vulgaris
Sulphur Combustibile
Sal Terrenum
ARBOR VITÆ
SAPIENS DOMINABITUR ASTRIS
LONGITUDO DIERUM ET SANITAS GLORIA ET DIVITIÆ INFINITÆ

v. 300 av. J.-C.

Problème du mal
Épicure

Si Dieu est omnipotent et suprêmement bienveillant, pourquoi le mal existe-t-il ?

Pour bien des croyants, Dieu n'est pas seulement le créateur omnipotent de l'univers. Il est aussi aimant, et omniscient. Pourtant le monde est empli de cruauté, de souffrance, de mal. Comment un être aux pouvoirs divins pourrait-il laisser faire cela ?

Des questions concernant la nature de la divinité ou les explications possibles de Dieu ou des dieux à la lumière du réel sont posées depuis des millénaires. C'est au philosophe grec Épicure (341-270 av. J.-C.) que l'on accorde d'avoir le premier formulé le problème du mal (d'ailleurs parfois nommé « énigme d'Épicure »). Mais aucune solution satisfaisante n'est née depuis. Dans certaines traditions religieuses, comme celle de la Mésopotamie, les éléments destructeurs du monde sont attribués à un conflit opposant les dieux, chacun détenteur d'un pouvoir particulier. Du côté des religions monothéistes, de multiples réponses ont été proposées. Les philosophes des XVIIe et XVIIIe siècles David Hume, Emmanuel Kant et Gottfried Leibniz ont par exemple chacun avancé la leur.

« [Dieu] a-t-il la volonté d'empêcher le mal, sans en avoir le pouvoir ? [...] A-t-il le pouvoir sans avoir la volonté ? » **Épicure**

Le problème du mal tourmente aujourd'hui encore les théologiens comme les simples croyants. Son cœur ne se situe pas tant dans la nature du divin que dans les limites de l'entendement humain. Malgré toutes les solutions proposées, il demeure et pousse l'homme de foi à l'introspection, vers une réconciliation possible, mais aussi hors de lui-même, jusqu'à questionner la nature de Dieu. Pour lui, c'est une quête vaine. Pour l'athée, c'est une preuve supplémentaire de l'inexistence de Dieu. **MT**

v. 300 av. J.-C.

Liberté de choix
Épicure

L'idée que la responsabilité morale exige qu'existent plusieurs manières d'agir

Les philosophes discutent de bien des formes de liberté, mais celle qui les occupe le plus est celle qui autorise la responsabilité morale : lorsqu'une personne opte pour une action en particulier, il lui a été possible de choisir parmi plusieurs possibilités.

Cette possibilité est ce qu'on appelle la « liberté de choix ». Elle s'oppose à l'idée du compatibilisme selon laquelle déterminisme et responsabilité morale seraient compatibles et il serait ainsi possible d'être moralement responsable de ses actions dans un monde entièrement déterministe.

Cette question de savoir si la liberté de choix est indispensable à l'existence de la responsabilité morale remonte à Épicure (341-270 av. J.-C.), ou au moins à Lucrèce (v. 99-55 av. J.-C.), mais les avancées les plus significatives sur cette question datent des XVIIIe et XXe siècles. La physique mécanique d'Isaac Newton a obligé les philosophes à envisager la possibilité que nos actions soient entièrement déterminées par des processus naturels, et que la liberté de choix ne soit qu'une illusion. Peu désireux d'abandonner la possibilité d'une forme de responsabilité morale, des philosophes tels que David Hume (1711-1776) et Emmanuel Kant (1724-1804) ont défendu des versions du compatibilisme. Mais certains paradoxes de cette théorie mis en évidence par Roderick Chisholm en 1964 et Peter van Inwagen en 1975, ont permis à l'idée que la responsabilité morale requérait la liberté de choix de regagner de l'influence. Néanmoins, le philosophe Harry Frankfurt construisit en 1969 un contre-exemple qui pèse encore sur le débat aujourd'hui. **JW**

« Nier l'existence du libre arbitre, c'est dire que coïncident toujours ce qu'on fait et ce qu'on peut faire. » **Peter van Inwagen, philosophe**

◄ *La Justice et la Vengeance divine pourchassant le crime*, dessin de Pierre-Paul Prud'hon (1804).

Yoga-Vasishtha

Valmiki

Un texte hindou résumant la nature de la vie : le monde matériel et le corps sont des illusions dont il faut se débarrasser pour prétendre à l'éveil

↑ Le sage hindou Bharadvaja et ses disciples, miniature de l'école du raja Sansar Chand (v. 1780) illustrant le poème épique *Yoga-Vasishtha* de Valmiki.

« L'arbre de la méditation projette une ombre fraîche où tout désir et toute envie cessent et où guérissent les brûlures de la détresse. »

Valmiki, *Yoga-Vasishtha* (v. 300 av. J.-C.)

Le *Yoga-Vasishtha* est un texte écrit en sanskrit et présenté sous la forme d'une conversation entre le jeune prince Rama et son maître, Vasishtha Maharshi, parlant en paraboles. Il est composé de 32 000 versets de deux lignes, un pour chaque question du disciple à son maître, ce qui en fait, avec 64 000 lignes, le texte sanskrit le plus volumineux après l'énorme *Mahabharata* (v. 400 av. J.-C.). Krishna lui-même, dans la *Bhagavad-Gita* (v. 100), ne prononce que 18 maigres versets. La légende voudrait d'ailleurs que quiconque achève la lecture du *Yoga-Vasishtha* verra son éveil considérablement accéléré. Il est généralement attribué au fameux sage et poète indien Valmiki, qui vécut aux alentours de l'an 300 av. J.-C.

Le texte est divisé en six sections : renoncement au monde, aspiration à la délivrance, création, existence, paix de l'esprit, libération. C'est avant tout une mise en garde sur la vacuité de notre conception de la réalité du monde : nous vivons dans un rêve, et notre éveil dépend de notre capacité à nous en extraire, à nous réveiller et à nous séparer des désirs matériels, à devenir indifférent aux choses autour de nous et à nous libérer afin de nous consacrer à notre seule élévation spirituelle. Le *Yoga-Vasishtha* nous rappelle constamment que tout ce que nous voyons et savons n'est que rêve, et donc mensonge.

Le but est toujours de s'éveiller ; lorsque nous y parviendrons, si nous éliminons tout désir et que notre esprit parvient à l'état de non-esprit, nous atteindrons le merveilleux *moksha*, l'extinction pure et simple de nos pensées matérielles et la libération totale du soi.

Mais, outre qu'il est un traité sur l'illumination, le *Yoga-Vasishtha* délivre des conseils sur la vie politique, sur le jeu, même sur l'art de tromper. Il incorpore des éléments de jaïnisme, de yoga et de bouddhisme mahayana. **BS**

v. 300 av. J.-C.

Axiome des parallèles

Euclide

Le cinquième axiome, improuvable, de la géométrie d'Euclide

Les Éléments d'Euclide (v. 300 av. J.-C.) ont posé les lois de la géométrie sous forme de cinq axiomes ou postulats. Les quatre premiers sont relativement intuitifs, mais pas le cinquième. Il s'énonce ainsi : « Si une droite tombant sur deux droites fait les angles intérieurs du même côté plus petits que deux droits, ces droites, prolongées à l'infini, se rencontreront du côté où les angles sont plus petits que deux droits. » Pendant plus de 2 000 ans, cet axiome a résisté à toute tentative d'en faire un théorème : il était peut-être moins intuitif, mais les mathématiciens pensaient qu'il pourrait se déduire des quatre autres.

Toutefois, en 1829, les recherches ont cessé : les mathématiciens avaient conclu qu'il était improuvable et devait être écarté. Ils ont alors exploré des géométries nouvelles, qui ne le contenaient pas. Le mathématicien hongrois János Bolyai (1802-1860) avait vu son père lutter contre le cinquième axiome et il décida de l'affronter à son tour, à tel point que son père le supplia d'abandonner. Bolyai finit par conclure à l'impossibilité de la preuve et se lança dans le développement d'une de ces nouvelles géométries.

Lorsqu'il la publia, en 1831, le plus grand mathématicien de l'époque, Carl Friedrich Gauss (1777-1855) écrivit : « En vanter les mérites reviendrait à me louanger moi-même. Tout son contenu coïncide presque exactement avec mes propres méditations. » Qui plus est, Bolyai découvrit en 1848 qu'un Russe nommé Nicolas Lobatchevski avait publié presque la même géométrie dès 1829.

Ces intuitions aboutirent à une manière radicalement nouvelle de décrire les formes de l'univers physique. La platitude du monde euclidien était dépassée, et les nouvelles géométries créaient un monde étrange, un espace-temps courbe : comme Bolyai le disait lui-même, « un autre monde, neuf, né du néant ». **JH**

v. 300 av. J.-C.

Matrices

Chine antique

Des diagrammes rectangulaires permettant d'accélérer les corvées calculatoires

Une matrice est n'importe quel tableau rectangulaire de nombres, de symboles ou d'expressions mathématiques arrangé en lignes et en colonnes. La plus ancienne connue servait à résoudre un système d'équations : on la trouve dans un texte connu sous le titre des *Neuf chapitres*, daté entre – 300 et 200 apr. J.-C.

Le mot « matrice », dérivé du latin *mater*, la « mère », signifie littéralement « utérus ». Il a été introduit dans les mathématiques modernes par le mathématicien anglais James Sylvester (1814-1897), qui démontra que toute matrice pouvait donner naissance à des déterminants, ou « mineurs », lorsqu'on la réduit à ses sous-parties.

Arthur Cayley (1821-1895), collègue de Sylvester, a élargi le domaine d'application des matrices au cas

« Le calcul matriciel est bâti sur une hiérarchie d'opérations d'algèbre linéaire. »

G. H. Golub et C. F. Van Loan, *Matrix Computations* (2013)

de systèmes d'équations algébriques. Leur manipulation ne se soumet toutefois pas aux lois habituelles de l'arithmétique, et certaines des règles de base, comme la commutativité (la permutation des positions) de la multiplication, ne s'appliquent en général pas aux matrices, même si l'associativité et la distributivité sont conservées.

Les matrices les plus simples ne sont guère plus que des abréviations accélérant les calculs. Les plus compliquées, en revanche, disposent d'une grande gamme d'applications possibles, non seulement en mathématiques mais également en économie, ingénierie, physique et statistique. Dernièrement, elles servent beaucoup en Infographie, permettant aux ordinateurs d'afficher les résultats de rotations ou autre transformation d'images. **GL**

v. 250 av. J.-C.

Élixir de longue vie

Chine antique

Une potion garantissant la vie éternelle à qui la boira

L'élixir de longue vie est une potion hypothétique censée conférer la vie éternelle à qui l'aura bue. C'est une légende présente dans bien des cultures antiques, tout particulièrement en Extrême-Orient depuis au moins le IIIe siècle av. J.-C. L'empereur Qin Shi Huang (259-210 av. J.-C.) est ainsi connu pour avoir, au crépuscule de sa vie, ordonné à 1 000 hommes et femmes de partir à la recherche de l'élixir. Plusieurs empereurs de cette époque ont d'ailleurs péri d'avoir ingurgité des breuvages rapportés de telles expéditions. Des textes hindous de l'Antiquité contiennent également des descriptions de l'élixir qu'ils nomment *Amrita*, et sa recherche fut une constante de l'Inde antique.

La tâche de découvrir ou de créer l'élixir a été confiée aux alchimistes, et l'idée qu'il pourrait être obtenu à partir de la fonte et du mélange de métaux, en particulier de l'or et du mercure, était partagée par l'Occident et l'Orient. La nature imputrescible et inoxydable de ces métaux était censée se transmettre par cette voie, mais leur consommation est en réalité hautement toxique et souvent fatale.

« L'eau que je lui donnerai deviendra une source qui jaillira jusque dans la vie éternelle. » **Bible, Évangile selon Jean, IV, 14**

Dans l'histoire plus récente, la recherche de l'immortalité a été remplacée par une quête plus modeste de la santé et de l'allongement de la vie. Toutefois, les sciences contemporaines n'ont pas tout à fait baissé les bras.

Au XXIe siècle, les recherches sur les cultures microbiologiques et probiotiques sont à la pointe du combat pour la vie éternelle. L'élixir de longue vie sera peut-être révélé aux générations futures, qui se demanderont certainement s'il est si désirable que cela. **LWa**

v. 250 av. J.-C.

Logique des propositions

Chrysippe

Une logique révolutionnaire qui a débloqué notre connaissance du langage

La logique des propositions est un formalisme logique utilisé pour étudier la forme et la fonction des propositions du langage. Le premier système complet de logique des propositions a émergé dans l'Athènes antique sous la plume du philosophe Chrysippe (v. 280-206 av. J.-C.). Cette manière alors révolutionnaire de faire de la logique opère sur des phrases entières, ainsi que sur les relations entre phrases. Par exemple, une proposition telle que « Athènes est la capitale de la Grèce » est traitée, en logique des propositions, comme un tout indivisible, qui peut se combiner à d'autres, comme « le soleil brille » au moyen des connecteurs « et » et « ou ».

Ce système diffère de la logique syllogistique qu'Aristote avait développée cent ans plus tôt et qui s'attache, elle, à des termes individuels. Il fallut toutefois attendre que se développe la logique symbolique du XIXe siècle pour que naisse une axiomatisation rigoureuse de la logique des propositions. Cette axiomatisation est due à Gottlob Frege (1848-1925), philosophe et logicien, qui, pour la première fois, a formulé la logique en termes modernes.

« La logique, j'insiste, ne devrait pas admettre de licornes, non plus que la zoologie. » **Bertrand Russell, philosophe**

Un des aspects les plus marquants du travail de Frege était sa certitude que la logique constituait une méthode d'étude systématique plus fondamentale encore que les mathématiques. Cette idée hardie est source de controverses au sein des études logiques. Elle a suscité d'importants développements, dont les concepts de valeur de vérité et de table de vérité, qui partent du principe que toute proposition est soit vraie soit fausse. **LWa**

← Statue d'Amitayus (le bouddha de la longévité) tenant un vase rempli de l'élixir de longue vie.

v. 250 av. J.-C.

Poussée d'Archimède

Archimède de Syracuse

Une explication de la flottabilité des objets dans l'eau

Archimède (v. 290-212 av. J.-C.) est certainement l'inventeur le plus connu de la Grèce antique et peut-être le plus grand mathématicien de tous les temps. On lui doit une myriade d'inventions connues, de la vis pour puiser un liquide à la catapulte qui lui a permis de défendre sa ville de Syracuse contre les Romains. L'histoire qui lui valut sa découverte de la poussée des liquides est également célèbre. Selon le principe d'Archimède, tout corps plongé dans un liquide reçoit une poussée verticale égale au poids de liquide déplacé. Si ce corps pèse plus que ce volume de liquide déplacé, il coulera donc. Sinon il flottera.

Cette observation, immortalisée dans les deux volumes de son livre *Des corps flottants* (v. 250 av. J.-C.), est la première étude connue de la flottabilité, ce qui fait d'Archimède le père de la mécanique des fluides.

« C'est dans une salle de bains que Archimède trouva la solution de son problème. » **Vitruve, *De l'architecture* (Ier s. av. J.-C.)**

Selon la légende, Archimède aurait découvert son principe car Hiéron le Jeune, tyran de Syracuse, soupçonnait l'orfèvre qui avait forgé sa couronne de lui avoir dérobé de l'or. Il fallait donc trouver un moyen de mesurer sa densité. C'est l'architecte romain Vitruve qui nous conte la suite dans son traité *De l'architecture* (Ier siècle av. J.-C.) : Archimède emporta la couronne dans une salle de bains et « s'aperçut par hasard qu'à mesure que son corps s'enfonçait dans la baignoire, l'eau passait par-dessus les bords ». Il s'élança immédiatement hors du bain, et sans songer à s'habiller criait dans les rues de Syracuse « *Eurêka !* » (« J'ai trouvé ! ») Mais Galilée et d'autres ont douté de la véracité du récit de Vitruve, écrit 200 ans après les faits. **JM**

v. 150 av. J.-C.

Trigonométrie

Hipparque

La branche mathématique qui traite de la mesure des angles

La trigonométrie, du grec *trigonon* (triangle) et *métron* (mesure), a commencé avec l'étude des angles géométriques et des informations qu'ils livrent. Bien vite, elle devint indispensable en astronomie, topographie, cartographie et jusqu'en architecture (comme pour le cas des pyramides). Désormais, son emprise s'est étendue à des technologies aussi variées que le radar et l'énergie atomique.

Le premier homme connu pour l'avoir employée est le Grec Hipparque (v. 190-120 av. J.-C.), mathématicien et astronome, qui en a dressé les tables pour ses travaux astronomiques. Avant lui, la trigonométrie n'était pas une branche identifiée des mathématiques. Pythagore (v. 570-495 av. J.-C.) parlait ainsi d'arithmétique, de géométrie, d'astronomie et d'harmonie, pas de trigonométrie. Le plus vieux livre de trigonométrie à nous être parvenu est l'œuvre d'un astronome grec d'Alexandrie et citoyen romain, Claude Ptolémée (v. 90-168). Il s'agit de l'*Almageste*, également le plus vieux traité complet d'astronomie.

« Les formules mathématiques sont plus sages que nous. Plus sages même que leurs découvreurs. » **Heinrich Hertz, physicien**

Au XVIe siècle, le développement de l'algèbre symbolique et de la géométrie analytique a fourni à la trigonométrie de nouveaux domaines d'application : la construction des horloges de précision, d'équipement nautique et d'instruments de musique de haute volée. Un point crucial fut soulevé grâce à elle par Galilée, lorsqu'il démontra que tout objet en chute libre se déplaçait aussi bien horizontalement que verticalement. C'était une découverte capitale pour la nouvelle science balistique, qui détermine les trajectoires des projectiles (alors surtout des boulets de canon). **GL**

Les pyramides de Gizeh, en Égypte, ont été bâties 2 500 ans avant notre ère grâce à une forme primitive de trigonométri. ➔

v. 150 av. J.-C.

Yoga-sûtras de Patañjali

Patañjali

Une compilation de textes anciens contenant les fondations de la pratique du raja yoga, qui vise la conscience universelle au travers de la méditation

Un adepte pratique le pranayama, « extension de la force de vie », la discipline respiratoire du yoga. Miniature peinte à Jodhpur, en Inde, au XIXe siècle.

« Le yoga est la maîtrise des fluctuations mentales. »

Yoga-sûtras de Patañjali (v. 150 av. J.-C.)

La pratique du yoga est antérieure à Patañjali (IIe siècle av. J.-C.), qui est cependant l'auteur et le compilateur des textes canoniques du raja yoga (yoga royal). Écrit en sanskrit, cet ouvrage contient 196 *sûtras* (règles) organisés en quatre *padas* (chapitres) délivrant les fondations théoriques de cette discipline.

Chaque *sûtra* est un aphorisme énonçant en tout ou en partie un principe philosophique à l'œuvre dans le raja yoga. Ils nous enseignent ainsi que le yoga consiste à entraîner son esprit à dépasser ce qui le dérange ou le perturbe par la méditation et la contemplation. L'entraînement se divise en huit membres correspondant aux disciplines à adopter afin de parvenir au *moksha* (la libération), but ultime du yoga.

Le *moksha* se produit lorsque l'adepte du yoga est libéré de son sens du soi. Patañjali affirme que l'union du soi avec l'être suprême est le résultat d'une maîtrise des fluctuations de l'ego et du contrôle de la cognition aboutissant à l'annihilation de l'ego.

Autrement dit, l'adepte cesse alors de se considérer comme un individu singulier et s'identifie enfin à la conscience universelle.

Le yoga est l'une des six écoles orthodoxes de la philosophie hindoue, ce qui en fait une pratique et une philosophie très ancienne. En effet, de nombreux concepts apparentés au terme « yoga » se retrouvent dans les religions orientales telles que le bouddhisme et le jaïnisme.

Les différents yogas partagent des racines communes, mais ils se divisent tout de même en deux écoles dominantes : le raja yoga, décrit dans les *Yoga-sûtras* de Patañjali, et le hatha yoga du yogi Swatmarama (XVe-XVIe siècle).

Ce dernier, qui insiste sur le rôle du corps dans la méditation, est le plus communément enseigné aujourd'hui dans les clubs et les écoles. **DM**

v. 131 av. J.-C.

Journal

Rome antique

Transmettre l'information rapidement au plus grand nombre

Avant l'invention de l'écriture, l'information ne se diffusait que par voie orale, de personne à personne, ou d'un orateur à une foule. Il fallut attendre l'avènement de la République romaine pour que naisse le premier proto-journal : l'*Acta Diurna*. Apparu autour de 131 av. J.-C., *Acta Diurna* (« actes du jour ») compilait les avis publics. Les Romains gravaient ces nouvelles sur des tablettes de pierre ou des feuilles de métal qu'ils affichaient dans les lieux publics. Ceux capables de les lire partageaient alors leurs découvertes avec ceux qui ne l'étaient pas.

Le premier journal au sens moderne dut toutefois attendre la presse à imprimer, que Gutenberg inventa à Mayence en 1450. En 1605, Johann Carolus publia ainsi à Strasbourg les *Relation aller Fürnemmen und gedenckwürdigen Historien* (Communication de toutes les histoires importantes et mémorables), une publication hebdomadaire, épaisse comme un livre.

Bien des journaux le suivirent de près en Europe, puis ailleurs dans le monde. Le premier magazine parut un siècle plus tard, à Londres, en 1731. Il était intitulé *Gentleman's Magazine*, première utilisation de ce mot pour désigner une publication au contenu varié. La presse est demeurée la principale source d'information jusqu'à l'apparition de la radio, qui la supplanta en partie, avant d'être rejointe par la télévision puis, plus tard, par Internet.

Les journaux servent à satisfaire notre besoin d'informations, s'agissant en particulier d'histoires se déroulant dans des parties du monde que nous ne voyons pas. Ils nous enseignent, nous distraient, rassasient notre curiosité et étanchent notre soif de ragots. Le journal était le premier moyen de répandre une information rapidement, pour un prix modique, en touchant un grand nombre de gens : en d'autres termes, le premier média de masse. **MT**

v. 100 av. J.-C.

Bodhisattva

Bouddhisme mahayana

Des bouddhistes vouant leur vie à l'aide de tous les êtres à parvenir à l'illumination

L'idée de bodhisattva est née avec l'expansion du bouddhisme mahayana au Ier siècle av. J.-C. La tradition mahayana, qui signifie « grand véhicule », se considère elle-même comme supérieure au bouddhisme theravada en raison de sa doctrine du bodhisattva.

Un bodhisattva, « être éveillé », désigne un bouddhiste voué à l'aide de tous les êtres vivants à atteindre l'illumination. Selon l'école theravada, le but du bouddhisme est de devenir un *arhat*, autrement dit d'atteindre le nirvana afin de sortir du cycle de la réincarnation (le *samsara*).

Le bouddhisme mahayana va plus loin : une fois devenu *arhat*, un adepte peut choisir de demeurer dans le *samsara* afin d'enseigner à autrui, et ce jusqu'à ce que tous les êtres pensants soient illuminés. C'est le *bodhicitta*, la compassion universelle pour tous les êtres provoquée par l'illumination, qui pousse à prononcer ce vœu.

« J'ai formé le vœu de sauver tous les êtres. Tous les êtres je libérerai. »

Le Bouddha

L'éthique des bodhisattvas implique ainsi un « échange de soi et des autres » (*paratmaparivartana*) : le bien-être des autres devient supérieur au leur. C'est une suprême expression de l'*anatman* (non-soi), puisqu'elle abolit la distinction entre le bien de soi et le bien de tous.

Cela requiert parfois l'usage d'*upaya* (moyens ingénieux), des actions violant les préceptes moraux conventionnels mais qui favorisent toutefois l'illumination.

L'idéal bodhisattva imprègne toute la tradition mahayana. Les plus impliqués des pratiquants forment le vœu du bodhisattva, jurant de devenir bouddhas afin d'amener tout être vivant à l'illumination. **JM**

v. 100 av. J.-C.

Memento mori

Rome antique

Une phrase latine nous rappelant notre fin inévitable

Memento mori est une phrase latine qu'on traduit par « souviens-toi que tu vas mourir ». C'était probablement un proverbe à l'origine, mais une légende populaire date son apparition du Ier siècle av. J.-C. Un esclave dont le maître, victorieux, venait d'être porté en triomphe dans Rome, aurait prononcé cette phrase à son intention afin de lui rappeler sa mortalité.

Quelle que soit la véracité de ce conte, l'expression fut employée avec enthousiasme par la religion chrétienne, car elle paraît exalter le jugement divin et le caractère éphémère des biens de ce monde. Elle fournissait ainsi à la religion le contrepoint moral d'une autre sentence latine bien connue, *nunc est bibendum* (« il est temps de boire », autrement dit : la gratification n'attend pas). *Memento mori* résume bien cette idée qui voudrait que nos actions dans cette vie soient récompensées ou punies dans la suivante.

Par extension, *memento mori* est devenu l'étiquette attribuée à tout art funéraire qui, en plus de rendre hommage au mort, rappelle aux vivants que l'existence terrestre est transitoire. Ainsi des têtes de mort sculptées sur les tombes, ou des anges soufflant une bougie. On l'emploie aussi pour désigner les paroles réprobatrices qui les accompagnent parfois, comme dans la chapelle des os à Évora, au Portugal, ornée de la maxime *Nós ossos que aqui estamos pelos vossos esperamos* (« Nous, os, qui sommes ici attendons les vôtres »).

En peinture, un genre de natures mortes appelé « vanités » s'attache à représenter les symboles de la mortalité, le plus souvent le crâne ; un rappel quotidien à méditer, en quelque sorte.

La tradition du *memento mori* est également vivace en littérature, et tout particulièrement en poésie. Les exemples les plus connus sont peut-être l'*Élégie écrite dans un cimetière de campagne* de Thomas Gray, écrite en Angleterre au XVIIIe siècle, ou l'*Horloge* de Baudelaire (1861). **GL**

Memento mori du XVIIe siècle, peint par Philippe de Champaigne.

v. 100 av. J.-C.

Societas publicanorum

Rome antique

Le premier exemple de corporations privées dotées d'actions publiques

La British East India Company, fondée en 1707 mais dont les premières incarnations remontent à 1600 et au règne d'Elizabeth Ire, est souvent citée comme le plus vieil ancêtre des sociétés par actions. Pourtant, de récentes études suggèrent qu'elles seraient apparues au Ier siècle av. J.-C. à Rome. On les nommait alors *Societas publicanorum*.

L'expansion géographique de la sphère d'influence de Rome avait entraîné l'apparition de vastes marchés, dopés par certaines avancées technologiques : les nouvelles techniques minières et agricoles avaient entraîné une augmentation des taux et volumes d'extraction du minerai comme de la production alimentaire. Cela entraînait une augmentation des revenus, donc des impôts, et aussi de l'utilisation des biens publics, ce qui entraîna une hausse de la demande pour les travaux publics en général. C'est pour répondre à cette demande que les autorités romaines sous-traitèrent certaines responsabilités administratives, à travers un contrat passé avec une nouvelle sorte d'institution, les *societas publicanorum*.

La loi romaine autorisa les individus à créer des associations (*societas*) avec un ou plusieurs *socii*, dans le but d'émettre et de remplir des contrats. Ces associations pouvaient se financer en émettant des actions (*partes*). Comme les actionnaires actuels, les investisseurs ne partageaient pas les obligations contractuelles et les responsabilités de l'association. Et, tout comme les actions des sociétés modernes, les *partes* pouvaient être achetées, vendues et échangées.

La portée historique des *societas publicanorum* est énorme. Elles étaient non seulement le prototype du modèle de société qui de nos jours domine le monde des affaires, mais également le premier exemple d'entreprise privée remplissant des missions de service public, autrement dit de privatisation… Pratique qui se répandra plus de 2 000 ans après. **DM**

Enseigne de forgeron. Bas-relief en marbre du Ier siècle, trouvé à Pompéi.

v. 27 av. J.-C.

Langage universel

Rome antique

L'idée d'une langue pouvant être comprise et parlée partout dans le monde

Gravure latine sur la pierre tombale du soldat Publius Cornelius, qui participa à l'expédition d'Aelius Gallus au Yémen en 26-25 av. J.-C., au sein de la cavalerie.

« Il serait très difficile de former un tel langage, mais très facile de le comprendre. »

Gottfried Leibniz, mathématicien et philosophe

Le « langage universel » désigne une langue hypothétique ou historique parlée par toute ou presque toute la population du globe. Certaines traditions mythologiques ou religieuses évoquent un temps où tout le monde parlait la même langue, mais aucune preuve n'existe à ce sujet. Le latin fut la première langue à pouvoir prétendre à un semblant d'universalité, grâce à l'expansion de l'Empire romain, fondé en 27 av. J.-C. Le latin était devenu, en actes, la langue officielle des gouvernements, des affaires, des religions, de l'éducation et du droit de toute l'Europe occidentale ou presque, ce qu'elle demeura jusqu'au XVIe siècle (en partie grâce à la tradition latine de l'Église catholique).

Avec l'effondrement de l'empire au Ve siècle, des régions anciennement sous contrôle s'émancipèrent du pouvoir central, et les dialectes latins utilisés dans la vie quotidienne dérivèrent en plusieurs langues distinctes (les langues romanes). Lorsque le commerce s'accrut, malgré le déclin du latin, le désir de disposer d'une langue commune pour le commerce international réapparut, de même que les tentatives de construire un langage universel. Gottfried Leibniz (1646-1716) entreprit de créer ce qu'il appelait la « caractéristique universelle ». Leibniz avait été vivement impressionné par la capacité des langues chinoise et égyptienne à utiliser des expressions graphiques pour désigner des concepts ; il proposa donc à son tour un système universel d'écriture fait de symboles. Inspiré par Leibniz, Giuseppe Peano (1858-1932) développa en 1903 le « latin sans flexion », une forme simplifiée de latin.

La quête d'un langage universel se poursuit. Les langages construits existants (l'espéranto bien sûr, mais aussi l'ido, moins connu) pourraient y aboutir un jour. Tous sont conçus pour être des langues auxiliaires internationales, autrement dit, des deuxièmes langues universelles. **JE**

v. 50

Parousie

Premiers chrétiens

La foi en un retour du Christ sur terre

La croyance en un retour sur terre de Jésus-Christ, fils de Dieu, et en l'annonce de sa venue, est centrale dans la foi chrétienne. Cette « parousie », « seconde venue » ou « second avènement », apporterait de plus le paradis sur terre. La croyance en la parousie émerge de plusieurs prophéties bibliques canoniques qui, prises ensemble, confortent cette interprétation d'un retour du Christ.

Les chrétiens ne s'attendent pas à ce que la transition du monde terrestre au paradis soit douce, bien au contraire : la période précédant la parousie sera dominée par les faux prophètes ainsi que par l'Antéchrist, que le Christ devra affronter dans une bataille finale pour l'avenir de l'humanité.

À la lecture des Évangiles et des écrits de saint Paul (dont la rédaction tourne autour de l'an 50), il paraît évident que le retour du Christ semblait imminent à tous ces rédacteurs. L'époque de ce retour est censée correspondre à l'effondrement des empires existants, suivie par la domination d'un royaume terrestre pendant 1 000 ans.

À travers l'histoire, la majorité des théologiens chrétiens a toujours cru que la réapparition de Jésus pouvait arriver bientôt, aussi ont-ils toujours conseillé aux croyants de s'y préparer.

Aux temps modernes, l'idée de la parousie a influencé beaucoup d'œuvres de fiction, tout comme la figure de l'Antéchrist censée s'y opposer : ainsi de la série de films d'horreur surnaturelle *La Malédiction* (*The Omen*, 1976), reprenant le roman homonyme de David Seltzer, ou le roman *Le Fléau* de Stephen King (1978). De nombreuses personnes ont aussi assuré être le Christ réincarné, dont Sun Myung Moon (de l'Église de l'Unification), Jim Jones (instigateur du suicide collectif de Jonestown en 1978), David Koresh (suicide collectif de Waco en 1993) et Marshall Applewhite (suicide collectif de Heaven's Gate en 1997). **JE**

v. 50

Grâce

Premiers chrétiens

La croyance selon laquelle l'aide de Dieu est nécessaire pour aller au paradis

La grâce, un concept central dans la pensée des premiers chrétiens, est l'idée selon laquelle l'aide de Dieu nous est nécessaire pour vivre une bonne vie (qui consiste à obéir à la volonté divine) afin de retourner à Dieu après notre mort, au paradis. La grâce, en son sens purement métaphysique, est comprise comme un acte divin, une manifestation de son amour et de sa bienveillance que Dieu nous accorderait. Dans la pensée chrétienne, la grâce ultime de Dieu est le sacrifice de son fils, Jésus, pour le salut de l'humanité.

Qui vit dans la grâce est supposé baigner dans les faveurs divines, et doit consacrer sa vie au service actif de Dieu, à obéir à ses commandements. Avec le développement de la doctrine chrétienne, la grâce en est venue à signifier le salut, la libération du péché, le moyen par lequel les croyants soignent les effets du mal. La notion est ainsi associée au péché originel : le péché d'Adam engage toute l'humanité, qui, à travers lui, a été déchue de sa grâce. Elle restera dans cet état à moins d'être sauvée par Jésus-Christ, et par sa propre croyance en Jésus-Christ, fils de Dieu, et manifestation du seul vrai Dieu sur terre.

> *« Avec le secours de cette grâce, [la nature humaine] devient juste et heureuse. »*
>
> **Augustin d'Hippone (ve siècle)**

C'est parce que le salut de l'humanité ne pouvait avoir lieu sans le sacrifice de Jésus que cet acte est devenu la suprême manifestation de la grâce divine dans la théologie chrétienne. L'idée de la grâce comme une action divine imméritée liée à l'acceptation de Jésus comme fils de Dieu, et à la consécration de sa vie à son service et à la conversion des âmes, est un élément central du christianisme depuis son origine, peut-être même sa principale doctrine. **JE**

v. 50.

Plain-chant

Premiers chrétiens

L'idée d'un chœur sans accompagnement, à l'unisson, pour le chant liturgique

Le plain-chant est né au Iᵉʳ siècle, à l'âge apostolique, mais le terme n'est apparu qu'au XIIIᵉ siècle, dérivé du latin *cantus planus* (chant plat), pour désigner ce chant liturgique en chœur, à l'unisson et sans accompagnement. On l'assimile souvent au chant grégorien, la liturgie chantée de l'Église catholique romaine attribuée par erreur au pape Grégoire Iᵉʳ (540-604). Le répertoire du plain-chant s'est perfectionné à la suite du concile de Trente (1545-1563), lorsque le désir de créer une pratique liturgique commune a mené à sa standardisation. Des siècles plus tard, le concile de Vatican II y a remplacé le latin par les langues vernaculaires et introduit une nouvelle musique liturgique. L'harmonisation de la liturgie de l'Église, pensée comme une aide à l'évangélisation, a été déterminante dans le développement de la notation musicale, ce que les sources de l'époque minimisent. La version primitive de cette notation remonte au IXᵉ siècle. Elle représentait les notes ou groupes de notes au moyen de neumes, et elle se développa peu à peu en un système très précis de symboles rendant compte des hauteurs, des rythmes et de la dynamique encore utilisés aujourd'hui.

Cette nouvelle notation a été cruciale dans le passage de lignes mélodiques uniques à des polyphonies dans les compositions. Au Moyen Âge, les mélodies de plain-chant ont parfois donné des polyphonies très complexes.

Le plain-chant a toujours été et reste d'une importance capitale pour l'Église. Il a connu un regain de popularité au milieu des années 1990 avec la sortie de l'album *Canto live* des bénédictins de l'abbaye Saint-Dominique de Silos, vendu à trois millions d'exemplaires aux États-Unis. La popularité des compositions d'Hildegard von Bingen (1098-1179), proches du plain-chant, a contribué à faire de cet art le véhicule de l'esthétique new age, et généré un certain engouement pour d'autres compositrices médiévales. **PB**

Homme jouant le troisième ton du plain-chant sur une cithare. Bas-relief, abbaye de Cluny, v. 1118-1120.

V. 55

Vertus théologales

Premiers chrétiens

Trois qualités particulières associées au salut

Le philosophe grec Aristote (384-322 av. J.-C.) définissait la vertu comme une « disposition acquise ». Les Anciens croyaient en quatre vertus cardinales : sagesse, justice, tempérance, courage. Comme toutes visaient au bien de l'humanité, ils les pensaient inséparables. Les Pères de l'Église, se fondant sur la Première Épître aux Corinthiens de Paul (écrite vers 55), ajoutèrent trois autres vertus, liées à la nature du divin et à la perfection des vertus cardinales. Il s'agit de la foi, de l'espérance et de la charité.

Les croyants définiraient la foi comme le fait de s'accrocher à ce que l'on tient pour vrai, même lorsque en proie à des émotions contraires. La foi est l'élan émotionnel qui préserve leur confiance en Dieu (dont ils ont de bonnes raisons de croire qu'il existe, et qu'il est bon) même en son apparente absence. La foi les aide à agir rationnellement y compris dans l'adversité.

L'espérance est le désir rationnel d'être avec Dieu et d'atteindre le vrai bonheur intérieur. Dans la mesure où la raison aide les croyants à discerner l'existence et la bonté divine, l'espérance est le désir juste de se trouver à ses côtés. L'espérance, désir fondé en raison, s'oppose ainsi au « souhait », désir irrationnel d'un impossible bonheur futur.

La charité, amour inconditionnel de Dieu, *agapê*, dispose les croyants à se sacrifier aux autres afin de parfaire la justice, sans pour autant la contredire. La justice requiert que nous traitions autrui correctement, que nous pourvoyions aux besoins de notre famille, par exemple ; la charité va au-delà.

Elle peut ainsi obliger le père à donner sa vie pour sa famille. Les vertus théologales ont joué un rôle immense dans la formation des idées occidentales, et particulièrement chrétiennes, sur la rationalité et le développement de nos tempéraments. Leur importance ne s'est jamais démentie. **AB**

↑ Les trois vertus théologales dans une aquarelle de William Blake (v. 1827) venant illustrer *La Divine Comédie* de Dantevirtues.

V. 70

Terrorisme
Zélotes

Faire régner la terreur pour des intérêts religieux, politiques ou idéologiques

Le terrorisme, climat de terreur volontaire créé par des attaques ciblées sur des personnes ou des bâtiments, est né aux alentours de l'an 70 chez les sicaires, des extrémistes juifs qui assassinaient à la dague (*sica*) ceux qu'ils accusaient de collaboration avec l'occupant romain.

Dans les exemples plus tardifs, citons les Assassins, une secte persane shiite des XIe et XIIe siècles déterminée à tuer pour s'opposer aux sunnites et à leurs efforts pour interdire leurs croyances religieuses. Au XIIIe siècle, en Inde, les Thugs comptaient nourrir la déesse Kali avec le sang de leurs meurtres. Ils menacèrent toute la société indienne jusqu'à l'ère coloniale.

Le concept de terrorisme d'État est plus controversé. Il entraîne des désaccords sur le caractère approprié de l'attribution de l'étiquette « terroriste » à des actions ou des campagnes coordonnées par des États-nations poursuivant des objectifs précis dans des conditions où leur seul recours est la guérilla. Le terrorisme d'État (à supposer que soit établi le consensus qualifiant ces campagnes de « terroristes ») est un sujet d'analyse important, qui pourrait caractériser certaines actions des dictatures de droite (l'Allemagne d'Hitler, l'Indonésie de Suharto), des régimes totalitaires de gauche (l'URSS de Staline, la Chine de Mao), et même des démocraties libérales contemporaines (parfois indirectement, comme dans le cas du soutien américain de Pinochet ou du coup d'État au Guatemala en 1954, parfois directement, comme dans l'affaire des assassinats ciblés d'étrangers au moyen des drones). **JE**

« Comment pourrait-on être en guerre contre le terrorisme alors que la guerre est un terrorisme ? »

Howard Zinn, historien et activiste

Le palais d'Hérode à Masada, en Israël, où les zélotes se suicidèrent après leur défaite contre les Romains en 73.

V. 77

Encyclopédie
Pline l'Ancien

Une compilation exhaustive de la connaissance, souvent sous forme de livre

Le naturaliste et écrivain romain Gaius Plinius Secundus, ou Pline l'Ancien (23-79), a compilé la première encyclopédie autour de l'an 77 lorsqu'il écrivit son *Histoire naturelle*. Cette œuvre ambitieuse était une tentative de rassembler toute la connaissance sur tous les sujets du monde naturel, de la zoologie à l'astronomie en passant par les arts. L'ouvrage était aussi exhaustif que possible, organisé en chapitres, par disciplines plutôt que par entrées individuelles. Les érudits européens, musulmans et chinois ont créé d'autres encyclopédies dans les siècles suivants, mais la première version moderne a attendu le XVIIIe siècle pour naître sous la direction de Denis Diderot (1713-1784) et Jean Le Rond d'Alembert (1717-1783). De nombreuses encyclopédies, comme celle de Pline, contenaient des informations sur une myriade de sujets et de disciplines, organisées afin d'en rendre la consultation plus facile. Les entrées individuelles, accompagnées de schémas, d'illustrations, de références croisées et de listes bibliographiques devinrent bientôt la référence.

Quelle est la somme du savoir humain ? Telle est la question au cœur du projet encyclopédique. Qu'elles se restreignent à une certaine discipline ou qu'elles cherchent à couvrir toute l'étendue de la connaissance, les encyclopédies offrent à leur lecteur la promesse de pouvoir répondre à toute question possible pourvu qu'il se munisse du bon volume. Avec les avancées technologiques et la recherche textuelle, la possibilité de disposer du savoir total à portée de main est devenue réalité. **MT**

« Pour moi, tout le charme de l'encyclopédie est qu'elle sait – et m'en dispense. »

Francis Yeats-Brown, officier britannique et écrivain

Aide sociale

Empereur Trajan

Les services d'aide qu'un gouvernement procure à ses citoyens

L'aide sociale est l'incarnation de l'idée voulant que le gouvernement d'un État garantisse un niveau minimum de bien-être à ses citoyens. Tandis que la charité est un principe éthique et religieux visant à guider les comportements, l'aide sociale se place sur le plan politique, promouvant une responsabilité élargie. Les premiers programmes d'aide sociale à grande échelle sont apparus dans l'Empire romain, particulièrement sous le règne de Trajan (53-117).

Les justifications de l'aide sociale sont à rechercher dans les croyances religieuses, les commandements de l'éthique et le calcul politique. La plupart des grandes religions s'accordent sur l'importance de l'aide apportée aux démunis et, historiquement, les gouvernements capables de garantir la subsistance de leurs populations sont mieux parvenus à éviter les troubles que cause la pauvreté, dont l'instabilité sociale. Le calife Omar Ier (579-644) avait perçu l'aspect public de l'obligation morale de charité, un pilier de l'islam, et leva à cet effet des taxes pour la financer. Autre exemple bien connu de programme d'aide sociale : en Chine, la dynastie Song (960-1279) créa une aide publique à la santé et au logement.

« Le seul devoir de la puissance, c'est d'assurer le bien-être social du peuple. »

Benjamin Disraeli, Premier ministre britannique

Aujourd'hui, toutes les démocraties du monde contiennent une forme ou une autre d'aide sociale, et la plupart de leurs citoyens pensent qu'il est nécessaire de fournir des ressources à ceux qui ne peuvent s'en assurer par eux-mêmes. Ces programmes, toutefois, sont souvent controversés. Les débats portent sur l'identité des bénéficiaires, le niveau des aides, et le pourcentage de la richesse publique qu'il faudrait leur allouer. **TD**

Nombres parfaits

Nicomaque de Gérase

Un nombre entier égal à la somme de ses diviseurs autres que lui-même

Le concept de « nombre parfait », un nombre entier positif égal à la somme de ses diviseurs sauf lui-même, est né avec Euclide, mais fut popularisé par le philosophe et mathématicien néo-pythagoricien Nicomaque de Gérase (v. 60-120), auteur d'une *Introduction à l'arithmétique* qui posa le standard de la discipline durant 1 000 ans. Le premier nombre parfait est 6 (1 + 2+ 3). Suivent 28 (1 + 2+ 4 + 7 + 14), 496 et 8 128. C'est ce dernier que découvrit Nicomaque autour de l'an 100. Nicomaque classait les nombres en trois catégories : déficients, parfaits, et surabondants, selon que la somme de leurs diviseurs leur était inférieure, égale ou supérieure.

L'étude des nombres était fondamentale (même sur le plan spirituel) pour les penseurs pythagoriciens et néo-pythagoriciens. Nicomaque a ainsi écrit *La Théologie des nombres*, ouvrage consacré à leurs propriétés mystiques (seuls des fragments ont été conservés). C'est ce travail qui entraîna la découverte précoce des nombres parfaits, ainsi que d'autres propriétés mathématiques.

« La nature paraît déterminée et ordonnée par les nombres. »

Nicomachus, *Introduction à l'arithmétique* (v. 100)

Les nombres parfaits sont insaisissables. En 2007, nous n'en connaissions que 44. Grâce à une démonstration de Leonhard Euler (1707-1783), nous savons tout de même que tout nombre parfait pair peut se décomposer selon une formule déjà connue d'Euclide : $2^{p-1}(2^p - 1)$, où p est un nombre premier. Les nombres premiers de la forme $2^p - 1$ sont les nombres de Mersenne, d'après le moine français Marin Mersenne (1588-1648). Nous ignorons s'il existe des nombres parfaits impairs. **JE**

◄ Peinture sur soie (v. 1178), montrant des lohans (disciples illuminés de Bouddha) donnant l'aumône.

V. 125

Gnosticisme

Valentin

La croyance au salut de l'âme à travers la gnose, savoir intuitif et ésotérique

Le gnosticisme, du grec *gnôsis* (savoir), est une manière contemporaine de décrire de nombreuses écoles de pensée spirituelles dont le point commun est de croire que la connaissance révélée du divin est le moyen du salut. On peut identifier des tendances gnostiques dans bien des religions, mais le terme se contente habituellement de décrire un ensemble d'écoles gnostiques chrétiennes des IIe et IIIe siècles, période où l'orthodoxie chrétienne n'était pas encore bien établie. Valentin (100-160), une grande figure du mouvement, a fondé une secte gnostique à Rome.

Le gnosticisme de Valentin présuppose un être suprême parfait, Bythos, de qui émaneraient trois paires d'« éons », des êtres représentant des opposés cosmologiques. De ces trois paires en émanent encore d'autres, pour un total de trente éons formant le royaume idéal des êtres spirituels ou « plérôme ».

« Dieu coopère, invisible, avec ce qui fut modelé pour lui accorder foi. »

Valentin

Mais le dernier éon, Sophia, a péché en se donnant descendance sous la forme d'Achamoth, créateur d'un royaume rival (*kenoma*, « vide » en grec). Un imitateur rival, le Démiurge (identifié au Dieu de l'Ancien Testament) généra alors l'univers physique. La gnose chrétienne, liée à l'Ancien Testament comme à la figure de Jésus, incorporait ainsi des éléments païens et platoniciens. Nos connaissances sur Valentin et les gnostiques progressèrent en 1945 lorsque fut découverte la bibliothèque de Nag Hammadi, un ensemble de treize codex chrétiens gnostiques primitifs, retrouvés enterrés en haute Égypte. **JE**

V. 150

Pâques

Méliton de Sardes

Une période commémorant la mort et la résurrection de Jésus-Christ

La fête de Pâques, qui célèbre la mort et la résurrection de Jésus-Christ, est parmi les plus importantes de la foi chrétienne. Elle est mentionnée pour la première fois dans une homélie pascale qu'on attribue à Méliton de Sardes (mort v. 180), qui l'a lue à haute voix le matin de Pascha, son nom original. Elle était alors fêtée en même temps que la Pâque juive, mais il fut déclaré au premier concile de Nicée en 325 qu'elle devrait toujours être célébrée le dimanche, jour de la Résurrection. La date est cependant mobile, puisqu'il s'agit du premier dimanche suivant la première pleine lune après l'équinoxe de printemps.

Les deux symboles les plus célèbres de la fête de Pâques sont l'œuf et le lapin. L'œuf symbolise la nouvelle vie perçant sous la mort apparente de la coquille, une interprétation probablement antérieure à l'apparition du christianisme, mais qui convient tout à fait à l'image de Jésus ressuscité. L'utilisation symbolique du lapin est connue, elle aussi, chez des cultures plus ancestrales, qui lisaient dans son apparition l'arrivée du printemps, lui-même symbolisé par la fertilité bien connue de l'animal. Les différentes cultures chrétiennes se le sont ainsi approprié sans toutefois lui donner un sens spécifique, comme dans le cas de l'œuf.

« Pâques est Dieu démontrant que la vie est spirituelle et éternelle. »

Révérend Charles M. Crowe, pasteur

En Allemagne et en Alsace, les symboles de Pâques se sont unis sous la forme d'une hase déposant des œufs dans les jardins. La coutume s'étendit à partir du XVIIIe siècle pour le plus grand régal des enfants du monde entier. **JE**

Christ portant sa croix (v. 1500) par Jérôme Bosch.

v. 180

Argument du libre cours

Irénée de Lyon

L'argument chrétien qui rend compatible l'existence du mal avec les lois naturelles

Portrait de saint Irénée (v. 202), évêque de Lyon. Son œuvre principale, Contre les hérésies (v. 180), comme la plupart de ses œuvres, était une réfutation du gnosticisme.

« Car lorsque la puissance s'accomplit dans la faiblesse, elle dévoile alors la bienveillance de Dieu et S on admirable pouvoir. »

Irénée de Lyon, *Contre les hérésies* (v. 180)

Pour les théologiens, l'existence du mal est un défi car il contredit les attributs divins classiques : omniscience, omnipotence et miséricorde. Le problème, que l'on appelle « théodicée », s'énonce ainsi : Dieu est omniscient, il sait donc que le mal existe. Soit il est incapable de l'éradiquer, ce qui contredit son omnipotence, soit il le tolère, et il n'est pas miséricordieux. En d'autres termes, l'existence du mal paraît incompatible avec les conceptions habituelles de Dieu des religions monothéistes.

Deux approches distinctes ont tenté de le résoudre : la première inspirée d'Augustin d'Hippone (354-430), l'autre d'Irénée (v. 140-200), évêque de Lugdunum, nom romain de Lyon. L'argument du libre cours (ALC) est le plus proche du discours d'Irénée, dont la théodicée soutient que le mal est utile car il pousse les hommes à se développer en agents moraux. Selon l'ALC, l'univers opère selon des lois naturelles (les lois de la physique classique). Si ce n'était pas le cas, la cause et l'effet disparaîtraient et il serait impossible de prédire, même à peu près, l'effet de causes données, si bien que toute action serait impossible.

En d'autres termes, si les lois de l'univers n'avaient pas le loisir de se déployer, les êtres humains et avec eux toutes les créatures ne seraient guère plus que des marionnettes dans les mains de Dieu, et ainsi s'effondreraient les idées de volonté, d'intention, de piété, de péché, de bien comme de mal. Pour cette raison, Dieu laisse se dévider la chaîne complexe des causes et des effets sans intervenir.

Si bien que les lois naturelles donnent inévitablement naissance au mal et à la souffrance. Aujourd'hui, l'ALC et les principes qui le sous-tendent sont la cible de nombreuses attaques issues de la sphère séculière et du nihilisme existentiel, pour qui le sens de la vie est du ressort de l'humanité. **DM**

Création *ex nihilo*

Irénée de Lyon

La croyance en un Dieu tout-puissant ayant créé l'univers à partir de rien

Construite à rebours des cosmogonies précédentes qui faisaient naître l'univers du chaos, la doctrine chrétienne de la création *ex nihilo*, c'est-à-dire à partir de rien, est née au début de l'histoire de la chrétienté, alors que les dogmes de l'Église n'étaient pas encore consolidés. Elle trouva un ardent défenseur en la personne d'Irénée de Lyon (v. 140-200).

Irénée a développé cette doctrine afin de réfuter les enseignements gnostiques, alors populaires, selon lesquels le monde matériel n'est pas l'œuvre de Dieu mais d'une divinité inférieure l'ayant façonné à partir d'un matériau préexistant.

L'idée gnostique du monde était platonicienne d'inspiration : un dualisme opposant la réalité ultime (celle de Dieu) au monde empirique, de statut inférieur, un monde illusoire et un obstacle nous empêchant d'atteindre la connaissance du monde « réel », et de nous élever jusqu'à lui.

Les gnostiques considéraient le monde empirique comme mauvais, car il se tient entre le croyant et Dieu. Irénée, au contraire, soutenait que le monde créé était bien réel, d'une part, plutôt qu'une fausse apparence masquant la réalité, et qu'il était créé par le vrai Dieu, d'autre part, et non par une autre divinité subordonnée. Il pensait aussi qu'il l'avait créé à partir de rien, et non d'une matière chaotique et imparfaite préexistante. Irénée attribuait ainsi tout ce qui existe à une seule entité, parfaite, contrant ainsi l'idée d'une création mauvaise en son cœur.

La notion de création *ex nihilo* sous-tend toute la cosmogonie chrétienne et ses nombreux préceptes concernant la création. Elle est aussi l'illustration parfaite de la notion métaphysique judéo-chrétienne d'un Dieu unique, fondamentalement au-dessus et au-delà de sa création et de tout ce qu'elle contient. **JE**

L'Ancien des jours, illustration de William Blake pour son livre *Europe : une prophétie* (1794). Il ne subsiste que neuf exemplaires connus de ce livre, à l'origine gravé sur dix-huit plaques.

« [Dieu] étant le seul Dieu, le seul Seigneur, le seul Créateur, le seul Père, le seul qui contienne tout et donne l'être à tout. »

Irénée de Lyon, *Contre les hérésies* (v. 180)

v. 180

Péché originel

Irénée de Lyon

Croyance selon laquelle le péché d'Adam avec Ève dans le jardin d'Éden rejaillirait sur toute l'humanité

La notion de péché originel, à savoir la transmission héréditaire de la faute d'Adam à toute sa descendance, n'est pas développée explicitement dans l'Ancien Testament, même si elle reste cohérente avec lui, et avec la Genèse en particulier. Elle apparaît en réalité dans les travaux d'Irénée (v. 140-200), qui estimait que le mal était venu sur terre à travers le péché d'Adam. Irénée avait conçu cette doctrine pour combattre les sectes gnostiques et leurs croyances voulant que le monde, irrémédiablement mauvais, soit le fruit d'une divinité inférieure, plutôt que la création du seul vrai Dieu miséricordieux (qui ne contient le mal que parce que l'homme lui a désobéi).

C'est à Tertullien (v. 155-220), saint Cyprien (200-258) et saint Ambroise (339-397) que l'on doit l'articulation précise de ce concept forgé par Irénée. Ce sont eux qui dégagèrent son aspect essentiel, qui est la transmission héréditaire du péché d'Adam à toute l'humanité. Après eux, saint Augustin (354-430) et saint Anselme (v. 1033-1109) l'ont encore perfectionné, aboutissant au dogme aujourd'hui au cœur des fois catholique et chrétienne.

> *« Le péché originel est une corruption et une malignité héréditaire de notre nature. »*
>
> **Jean Calvin, *Institution de la religion chrétienne* (1536)**

Le « péché originel » procure sa raison d'être à l'Église, nécessaire à la promotion de la vraie voie dans un monde déchu, et même une motivation supplémentaire pour la rejoindre : l'humanité a besoin de son intervention pour trouver le salut. La doctrine du péché originel, qui fut si longue à développer, est ainsi devenue un élément fondamental de la foi chrétienne, qui joua un grand rôle pour assurer la présence de l'Église dans la vie des croyants. **JE**

v. 180

Vitalisme

Galien

Croyance selon laquelle on trouve, au-delà de leurs parties, une qualité particulière chez les êtres vivants

Le vitalisme est une doctrine métaphysique qui conçoit les êtres vivants comme fondamentalement différents du reste, en vertu d'une « essence » spécifique à la vie qui ne peut se réduire à la somme de parties inanimées.

Le médecin grec Galien (v. 130 - v. 210) pensait que l'esprit (*pneuma*) était le principe essentiel de la vie. Il en distinguait trois formes : l'esprit animal, situé dans le cerveau, l'esprit vital, dans le cœur, et l'esprit naturel, dans le foie. Après sa mort, ses idées ont conservé une grande influence durant 1 400 ans.

Une forme primitive de vitalisme était présente chez Aristote (384-322 av. J.-C.), et ses traités *De l'âme* et *De la génération des animaux* (tous deux v. 350 av. J.-C.) font partie du canon du vitalisme. Pour Aristote, l'âme (*psychê*) est ce qui confère unité et volonté à l'être vivant. Plus tard, d'autres penseurs perfectionnèrent la théorie, comme le philosophe et biologiste Hans Driesch (1867-1941). Driesch a ainsi élaboré une philosophie axée sur une essence autonome, non spatiale, reliant les êtres vivants, une forme de « psychoïde » selon lui mise en évidence par ses expériences sur les embryons d'oursins, au cours desquelles deux moitiés d'embryon séparées se développèrent pour donner deux organismes complets.

> *« Il semble que le principe se trouvant dans les plantes soit aussi une sorte d'âme. »* **Aristote (v. 350)**

Galien est également responsable d'erreurs conceptuelles graves dont les conséquences persistèrent longtemps après sa mort, et le vitalisme, en tant que théorie de la vie, n'a que peu d'adeptes dans la biologie contemporaine. Néanmoins, l'influence de Galien et du vitalisme sur la pensée occidentale est énorme. **JE**

← *La Chute de l'homme*, panneau gauche d'un diptyque (v. 1468) de Hugo Van der Goes.

v. 180

Saignée

Galien

Théorie qui voudrait qu'on puisse soigner les malades en leur retirant du sang en excès

La saignée est une pratique médicale consistant à tirer le sang d'un patient afin de prévenir ou de guérir les maladies. Elle était déjà pratiquée dans l'Égypte et la Grèce antique, mais c'est à Galien (v. 130 - v. 210), médecin grec qui élabora un traitement systématique par saignées au IIe siècle – responsable de bien des morts dans les siècles qui suivirent.

En accord avec l'école de médecine hippocratique, Galien concevait la santé comme l'équilibre des quatre humeurs – sanguine, flegmatique, biliaire et atrabilaire. Il s'intéressait particulièrement à l'humeur sanguine, dont il démontra qu'elle coulait dans les artères des animaux vivants. Il croyait que la maladie naissait de la surabondance du sang et recommandait donc d'y remédier au moyen de la saignée par phlébotomie (incision ou ponction d'une veine), une procédure facile à maîtriser. Il précisait quand, où et comment saigner, selon l'état de santé du malade et le développement de la maladie. Plus tard, de nouvelles méthodes de saignée sont apparues, par ventouse (en apposant des ventouses chauffées sur une incision qui aspiraient le sang à mesure qu'elles refroidissaient) ou par sangsues (de l'espèce *Hirudo medicinalis*), des parasites suçant le sang de leur hôte.

Convaincu de la valeur de ses découvertes, Galien a écrit trois livres exposant ses vues sur la saignée. Son entreprise de systématisation de la médecine grecque était si puissante qu'elle a dominé la médecine occidentale durant 1 400 ans.

Ce n'est qu'à la Renaissance que des savants, dont André Vésale (1514-1564), ont commencé à remettre son autorité en question. Néanmoins, la pratique de la saignée a perduré, entourée d'une controverse grandissante, jusqu'à la fin du XIXe siècle. Sauf dans des cas très particuliers, elle est aujourd'hui considérée comme inutile, voire dangereuse. **GB**

Illustration d'une saignée et des soins d'une maladie de peau dans un traité de médecine de 1519.

V. 200

Sainte Trinité

Tertullien

Croyance selon laquelle Dieu est constitué de trois êtres habitant une même substance

Jusqu'à la première moitié du Iᵉʳ siècle, le monothéisme juif considérait que Dieu n'avait qu'un « caractère », qu'une « personnalité ». L'apparition de Jésus changea la donne car, par certains de ses actes (comme le pardon des péchés), prérogatives exclusivement divines selon les juifs de l'époque, Jésus semblait prétendre à une forme d'identité avec Dieu. Pourtant, malgré cela, Jésus disait très clairement qu'il n'était pas Dieu le père. L'identité de Dieu se compliqua encore lorsque Jésus annonça que le Père allait envoyer le « Saint-Esprit », encore un autre aspect de Dieu, afin d'aider à l'élévation spirituelle des chrétiens.

Durant les quatre siècles qui suivirent, les chrétiens discutèrent de la façon précise dont pouvaient se concilier l'unité de Dieu et cette pluralité revendiquée par Jésus. Les premiers chrétiens étaient très attachés à l'intelligibilité de leur dogme, à sa rationalité. Ils pouvaient admettre que l'usage de la raison aboutisse à un mystère compréhensible de Dieu seul, mais ils ne supportaient pas la contradiction logique. Différentes « hérésies » ont proposé leur interprétation, dont le modalisme (selon lequel le Père, le Fils et le Saint-Esprit sont des modes ou des apparences d'un même Dieu) et l'arianisme (qui affirme que le Fils est la création du Père). Toutefois, Tertullien (v. 160-225), un des Pères de l'Église, a été le premier à parler de Dieu comme d'une seule « substance » et du Père, du Fils et du Saint-Esprit comme de « personnes » distinctes au sein de cette substance unique.

Un siècle plus tard, au concile de Nicée, la formule rudimentaire « trois personnes dans une substance » devint la clé d'interprétation orthodoxe de l'unité et de la pluralité de la divinité. Étant donné l'omniprésence du christianisme dans le monde, l'idée d'un Dieu tripersonnel est maintenant la conception dominante du monothéisme. **AB**

↑ *La Trinité*, peinture du XVIᵉ siècle du Tintoret (Jacopo Robusti, dit il Tintoretto).

V. 200

Métanoïa

Tertullien

Changement d'état esprit assez puissant pour modifier les avis et les comportements

Le terme de « métanoïa » est dérivé du grec, du préfixe *méta*, « sur », « avec » ou « après », et de *nous*, l'« esprit ». Littéralement, il signifie le changement d'avis ou de but. Il est utilisé dans deux contextes différents, mais chacun conserve en partie ce sens littéral. Dans la Bible, on le traduit généralement par « pénitence » ou « repentance ». Il apparaît également en bonne place dans les travaux de Carl Jung (1875-1961) en psychologie.

L'érudit chrétien Tertullien (v. 160-225) avançait que, pour la théologie chrétienne, la métanoïa devrait se traduire par « changement d'avis », notamment lorsqu'il désigne la conversion du non-croyant. Ce changement d'avis bien particulier suppose, chez celui qui le vit, une révolution de ses comportements et de ses dispositions.

« Ne reconnais[-tu] pas que la bonté de Dieu te pousse à la repentance ? »

Bible, Épître aux Romains, II, 4

Il doit alors non seulement devenir pieux, mais agir en conséquence. Ainsi, la « pénitence » s'interprète comme la renonciation au péché en paroles et en actes.

Dans la psychologie jungienne, la métanoïa survient lors d'une phase qu'il appelle le « milieu de la vie » dans le développement personnel. Selon lui, à la fin de notre troisième décennie, nous ressentirions le besoin urgent de réévaluer nos valeurs, ce qui nous plongerait dans une introversion intense.

C'est ce qu'il appelle la « métanoïa », en raison de la destruction-reconstruction qu'elle implique de nos systèmes de valeurs et de nos visions du monde. Du processus de métanoïa, dit-il, naît une plus grande réalisation de soi. Aujourd'hui, cette idée est employée dans certaines thérapies qui provoquent une crise pour aboutir à la guérison émotionnelle. **DM**

V. 200

Fidéisme

Tertullien

Il serait raisonnable de croire en Dieu, même si son existence ne peut être confirmée

Les relations entre foi et raison ont longtemps miné les croyances chrétiennes, portées par le double héritage culturel de l'Occident, qui naquit à Athènes, patrie de la raison, comme à Jérusalem, patrie de la foi. Le fidéisme, qui considère la foi comme (relativement) indépendante de la raison, qui n'a donc pas à justifier la croyance en Dieu, remonte à Tertullien (v. 160-225). Il le tire de la Première Épître aux Corinthiens, où Paul affirme que la vérité du christianisme ne peut être atteinte que par la révélation.

Le fidéisme a influencé, à des degrés divers, des figures prééminentes de l'histoire de la philosophie, telles que Blaise Pascal (1623-1662), Søren Kierkegaard (1813-1855), William James (1842-1910) et Ludwig Wittgenstein (1889-1951). Ainsi, Pascal, dans sa défense de la foi, critique l'utilisation d'arguments apologétiques dans le but de convertir.

« Qui blâmera donc les chrétiens de ne pouvoir rendre raison de leur créance ? »

Blaise Pascal (1669)

Kierkegaard avance que la croyance est, précisément, un acte de foi, qui ne doit rien aux preuves ou à la raison. James, un pragmatiste américain qui s'intéressa à la psychologie et à la religion, énonce un ensemble de critères sous lesquels il est rationnel de croire sans preuve. Wittgenstein voit, lui, la religion comme une occurrence expressive autocontenue dotée de sa logique interne et de ses propres critères autoréférents, donc hors du champ de la raison ou de toute critique externe. Il n'est pas certain que ces quatre-là, ni d'ailleurs Tertullien lui-même, aient été fidéistes à proprement parler, mais le fidéisme a néanmoins fourni une ligne de défense commune à la foi en l'absence de preuves de l'existence de Dieu. **JE**

Saint Pierre en pénitence (v. 1600-1605), par le Greco (Dhominikos Theotokópoulos).

Midrash

Rabbi Juda le Prince

L'interprétation comparée et partagée de passages de la Bible

Manuscrit juif enluminé du XIVe siècle, venant de France, montrant un enfant recevant sa leçon sur les enseignements de la Torah.

« La vérité tantôt nous apparaît de manière à nous sembler (claire comme) le jour, tantôt elle est cachée par les choses matérielles et usuelles, de sorte que nous retombons dans une nuit profonde. »

Maïmonide, rabbin et philosophe

Dans la tradition juive, le midrash est une méthode d'interprétation de la Bible dans un but de clarification, de complétion et de dissipation des contradictions. Depuis le temps de ses origines, on demandait aux rabbins de tirer de la Torah des histoires compréhensibles et édifiantes pour tout un chacun. Ces enseignements étaient transmis par voie orale, jusqu'aux environs de l'an 200, lorsque rabbi Juda Hanassi (135-219), dit le Prince, coucha par écrit un ensemble de midrashim, la Mishna. Les commentaires de la Mishna que produisirent d'autres rabbins, sur les trois siècles qui suivirent, furent compilés dans la Gemara. L'ensemble des deux forme le Talmud.

Le midrash est une obligation du rabbin lorsqu'il raconte une histoire biblique, car les leçons qu'elle contient ne se perçoivent pas toujours d'emblée. Au sein de la Bible, certains principes paraissent contradictoires ou bien opposés à un enseignement légal ou moral plus récent. C'est pourquoi le croyant, afin de comprendre le sens du texte, doit se trouver un maître capable de lui en expliquer le contenu, d'établir des connexions, de clarifier les leçons à en tirer et de le relier à un contexte moral et littéraire plus large.

Ces explications bibliques sont généralement transmises oralement, mais la tradition ainsi formée peut se coucher par écrit, prétexte supplémentaire à la compréhension de la source primaire. Aussi le terme « midrash » peut-il désigner l'ensemble complet des enseignements bibliques.

L'existence du midrash revient à admettre la nécessité d'interpréter les textes religieux. Dans la tradition juive, des maîtres cultivés, experts de la langue et de la tradition, se chargent de ces interprétations, et les transmettent aux autres. Elles seront à leur tour étudiées et interprétées, promouvant ainsi l'idée que les textes religieux font partie d'une conversation continue entre les croyants. **TD**

Manichéisme

Mani

Une philosophie religieuse dualiste divisant le monde en deux principes, bon et mauvais

Le prophète Mani (v. 216-276), né au sud de la Mésopotamie, était le fondateur du manichéisme, une des religions les plus influentes du monde ancien. Cette religion tenait pour fondamentale la croyance selon laquelle bien et mal devaient avoir des origines distinctes. Le bien et le mal y sont perçus comme indépendants, et l'humanité ne peut échapper au mal qu'en reconnaissant cette dualité et en suivant les préceptes du bien.

Le royaume du mal est celui de la matière, opposé au royaume de Dieu. L'existence s'est formée avec deux principes primordiaux, noirceur et lumière, chacun dans son royaume ; elle commença avec la guerre que noirceur mena contre lumière. Le manichéisme se distingue de bien des gnosticismes, pour lesquels la matière est également perçue comme mauvaise, par le fait qu'il considère le dualisme comme inhérent à l'existence, avec cette indépendance stricte de la noirceur et du mal vis-à-vis du bien.

Un temps, le manichéisme constitua un sérieux concurrent au christianisme. Après la mort de Mani, la doctrine se répandit, de la Syrie jusqu'à l'Occident, et à l'est jusqu'en Asie centrale. Son message, la nécessaire poursuite active du bien et l'opposition aux tendances mauvaises, poussait ses adeptes à rejeter le monde matériel, et donc leur propre corps. Il était très différent des gnosticismes qu'il côtoyait, dont il se distinguait complètement.

Le manichéisme finit par laisser place au christianisme, mais la vision du monde de Mani et ses enseignements ont survécu ; bien des penseurs s'y sont ainsi intéressés, comme Pierre Bayle (1647-1706), un Français protestant, David Hume (1711-1776), philosophe empiriste écossais, et même Voltaire (1694-1778), ce qui en fait un système philosophique important en Occident. **JE**

↑ Miniature présentant des prêtres manichéens. Ce fragment vieux d'environ 1 000 ans a été retrouvé lors d'une expédition archéologique près de Tourfan, dans le Xinjiang (Chine).

« Ceux qui me suivent et placent leurs espoirs dans les mains d'Ohrmizd seront sauvés ; ils sortiront du cycle des renaissances et atteindrons l'éternelle rédemption. »

Mani, épître apocryphe à Mar Ammo

v. 240

Universalisme chrétien

Origène

La croyance au salut final de toute âme, l'enfer n'étant que temporaire

L'humanité entière trouvera-t-elle le salut, ou Dieu ne le réserve-t-il qu'à qui saura le saisir ? Théologien chrétien, Origène (185-254) pensait que les souffrances édifiantes administrées dans l'au-delà pousseraient toutes les âmes, même celle du diable, à accepter Jésus. Cet universalisme a été déclaré hérétique, et catholiques et protestants s'entendent aujourd'hui pour promettre aux athées une éternité de souffrance en enfer. Toutefois, des anabaptistes allemands du XVIIe siècle, ainsi que les ranters anglais, ont redécouvert l'universalisme. En 1820, Friedrich Schleiermacher (1768-1834) est devenu le premier théologien moderne à défendre cette doctrine.

L'Église universaliste américaine existe depuis 1793. Parmi les grandes figures du mouvement, on compte John Murray (1741-1815), qui a prêché sa doctrine malgré l'opposition des chrétiens qui estimaient qu'elle menait à l'immoralité, et Hosea Ballou (1771-1852), qui insistait sur l'usage de la raison dans la pensée religieuse et estimait que la punition du péché se limitait à la vie terrestre.

> *« Si la damnation éternelle existe, la béatitude éternelle ne peut plus exister. »*
>
> **Friedrich Schleiermacher, théologien**

Les arguments de l'universalisme sont dérivés de l'amour de Dieu pour l'humanité. Si l'amour de Dieu l'emporte, le tourment éternel est impossible ; seule la souffrance en vue d'un bien ultime a du sens. La béatitude qu'on éprouve au paradis est amoindrie par la connaissance des tourments infernaux. L'amour rédempteur de Dieu implique que, par les encouragements divins, toutes les âmes finiront par adopter librement la foi. Enfin, la bonté suprême de Dieu ne peut accepter le mal permanent : Dieu n'aura pas vaincu tant que l'enfer existera. **JSh**

v. 268

Arbre de Porphyre

Porphyre

Un diagramme de classification du savoir organisé par niveaux

L'arbre de Porphyre, *arbor porphyriana* en latin, est un ancien système de classification qui organisait une hiérarchie des êtres selon un diagramme à cinq niveaux. Chaque niveau se divisait en deux catégories : matériel ou immatériel, sensible ou insensible, rationnel ou irrationnel… Ainsi, lorsqu'on l'applique à un concept, l'arbre de Porphyre en crée une représentation sur trois colonnes. La colonne centrale décrit les cinq niveaux, tandis que les deux colonnes de chaque côté représentent les deux choix possibles à chaque niveau. Sa forme d'arbre lui vient de sa structure verticale et de son système d'embranchements.

Dans ses *Catégories*, Aristote (384-322 av. J.-C.) a classé toutes les idées, émotions ou connaissances humaines en dix catégories. Autour de 268, le philosophe néoplatonicien Porphyre (v. 234-305) a écrit son *Isagogè*, une introduction aux *Catégories* d'Aristote dans laquelle il les réorganise selon son propre système binaire.

Six siècles plus tard, le philosophe Boèce l'ayant traduit en latin, le texte de Porphyre gagna rapidement son statut de canon de la logique occidentale. L'*Isagogè* devint une lecture obligatoire pour quiconque souhaitait étudier la philosophie, et ce jusqu'à la fin du XIXe siècle. Traduite dans de nombreuses langues, elle a constitué l'un des travaux philosophiques les plus connus du monde.

Avec l'arbre de Porphyre, l'humanité avait un moyen de catégoriser toute idée selon une description visuelle unique. L'arbre créait une véritable taxinomie de la pensée, favorisant les regroupements de concepts et révélant d'un coup d'œil leurs différences. Bien que l'arbre de Porphyre ne soit plus utilisé, cette façon de grouper les phénomènes grâce à un diagramme en forme d'arbre est aujourd'hui le standard en tout, de la logique à la grammaire en passant par la zoologie. **MT**

Père Noël

Saint Nicolas

Un personnage légendaire, saint patron de Noël, bien connu pour apporter des cadeaux aux enfants

Le personnage du Père Noël, vieux bonhomme sympathique traversant le monde la veille de Noël pour apporter des cadeaux aux enfants (mais uniquement s'ils ont été sages, si l'on en croit les parents), est issu de la légende entourant saint Nicolas (270-346), évêque catholique romain de Myre, en Lycie, dans la Turquie actuelle.

Nous ne connaissons pas les détails de sa vie, mais il avait la réputation d'être bon et généreux. Il aurait lui-même versé les dots de trois filles pauvres, et rappelé à la vie trois garçons découpés par un boucher et plongés dans la saumure.

Avec le temps, l'histoire des dots, combinée à celle d'un magicien du folklore nordique qui punissait les enfants méchants et récompensait les bons, ainsi qu'au dieu viking Odin, a abouti à la figure de saint Nicolas telle que nous la connaissons.

Le Père Noël est invariablement représenté comme un vieillard débonnaire à barbe blanche, portant un manteau rouge doublé de fourrure blanche, avec un bonnet assorti, une ceinture et de grosses bottes de cuir noir. Cette image nous vient du dessinateur Thomas Nast, qui le dessina ainsi pour *Harper's Weekly* en 1863. Selon une tradition née en 1822 dans un poème de Clement Clarke Morre, *Une visite de saint Nicolas*, le Père Noël vit au pôle Nord. On dit aussi qu'il est accompagné de lutins (assimilés aux elfes de la mythologie nordique, plutôt des esprits ancestraux), qui toute l'année confectionnent les jouets.

La popularité du Père Noël ne s'est jamais démentie. Il est le sujet de nombreux films, chansons ou publicités de Noël. Sur Internet, le Commandement de la défense aérospatiale d'Amérique du Nord se fait fort de surveiller sa route tous les ans, tandis que la poste française achemine et répond à toutes les lettres que lui adressent les enfants. **JE**

↑ Saint Nicolas, huile de l'école grecque datée du XVIIe siècle. Nicolas est le saint patron de la Grèce, des enfants, des marins, des filles non mariées, des marchands et des prêteurs sur gages.

« Hélas ! Que le monde serait morne si le Père Noël n'existait pas ! »

Francis P. Church, éditeur

Noël

Rome

La commémoration chrétienne de la naissance de Jésus-Christ

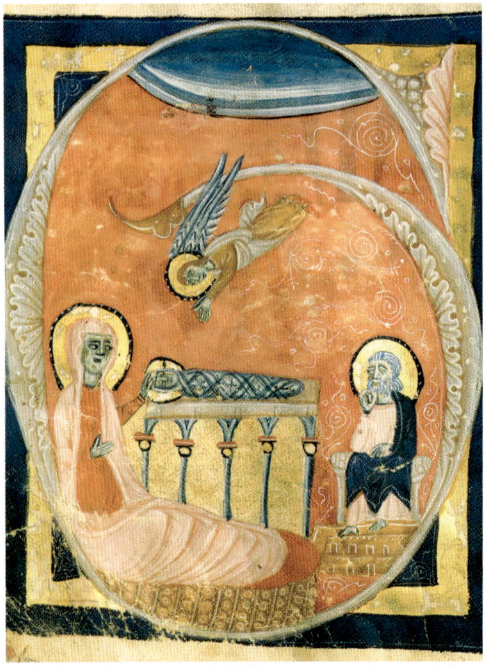

Enluminure d'une lettrine dans un manuscrit italien du XIVe siècle représentant la Nativité : l'enfant Jésus, Marie, Joseph et un ange, dans la lettre G.

La naissance de Jésus-Christ est commémorée en décembre depuis le IIe siècle, mais ce n'est qu'en 354 que l'évêque de Rome, Libère, a posé le 25 décembre comme date officielle. Le mot français « noël » viendrait de la déformation du latin *natalis*, « naissance ».

Il existe deux théories pour expliquer cette date. Tout d'abord, il se serait agi de la substituer à la fête romaine du Soleil invaincu (*Sol invictus*), célébrée le 25, date originelle du solstice d'hiver. Ou bien la date de naissance de Jésus se situerait exactement neuf mois après le 25 mars, que les chrétiens primitifs considéraient comme le jour de la conception. Quelle que soit son origine, le 25 décembre est la date retenue par toute la chrétienté depuis la fin du IVe siècle. Noël est devenu un jour férié à Rome au début du VIe siècle, sur ordre de l'empereur d'Orient Justinien Ier.

La plupart des églises protestantes ont conservé cette célébration après la Réforme au XVIe siècle, même si les puritains ont essayé de l'abolir au XVIIe. La restauration de la monarchie anglaise en 1660 a rendu cette fête plus séculière.

Le sapin de Noël est une tradition plus récente, qui trouve ses origines en Allemagne au XVIe siècle, où les sapins étaient décorés de fruits, de chandelles et de guirlandes. Les cartes de Noël sont apparues en Angleterre au XIXe siècle, mais les cadeaux seraient issus des échanges de présents de la nouvelle année dans la Rome païenne.

Le Père Noël est, lui, un amalgame entre un saint chrétien, Nicolas de Myre, et des éléments nordiques liés à Odin, qui habitait le centre du monde. Noël est une des fêtes les plus importantes du monde chrétien, et ses effets sur le calendrier culturel occidental sont considérables. **JE**

« La naissance surnaturelle du Christ, ses miracles, sa résurrection et son ascension au ciel, demeurent d'éternelles vérités, à quelque doute que soit soumise la réalité de ces choses en tant que faits historiques. »

David Friedrich Strauss, théologien, *Vie de Jésus*

Canonisation de la Bible

Pères de l'Église

La version officielle des écrits de l'Ancien et du Nouveau Testament

Les 200 premières années du christianisme ont été marquées par la volonté de constituer un ensemble canonique des textes. Les Pères de l'Église catholique devaient pour cela en considérer de nombreux, issus d'écoles de pensée différentes et souvent contradictoires, tous prétendant renfermer la bonne interprétation des Écritures.

La collection de textes qui constituent à présent le Nouveau Testament a été établie après bien des conciles (notamment les conciles ou synodes de Carthage, aux IIIe, IVe et Ve siècles). Le philosophe et théologien Augustin d'Hippone (354-430) eut un rôle déterminant dans l'établissement du canon chrétien officiel, qui fut proclamé au concile de Carthage de 397, et dont les décisions d'inclure ou d'exclure tel ou tel texte ont été inévitablement controversées.

L'établissement de ce canon officiel par l'Église catholique romaine n'empêcherait pas la Réforme protestante du XVIe siècle de le modifier. Martin Luther (1483-1546), prêtre et théologien allemand, publia un canon différent, connu aujourd'hui comme le canon officiel de l'Église luthérienne, dans lequel n'apparaissent pas l'Épître aux Hébreux, l'Épître de Jacques, l'Épître de Jude, ni l'Apocalypse.

Ces textes furent exclus car ils contredisaient des doctrines protestantes essentielles, dont la *sola gratia* (le salut n'arrive que par la grâce divine) et la *sola fide* (les bonnes œuvres ne contribuent pas au salut, seule importe la foi).

La création d'un canon biblique était un élément central de l'unification et de la consolidation de l'orthodoxie chrétienne, de même qu'un mécanisme permettant d'exclure les textes, traditions et mouvements hétérodoxes. **JE**

Gravure allemande du début du XXe siècle montrant le Christ tenant la Genèse, premier livre de l'Ancien Testament, et l'Apocalypse, dernier livre du Nouveau.Testament.

« Le canon entier des Écritures, toutefois, qui selon nous doit être pris en considération, est contenu dans ces livres par l'autorité qu'on leur accorde à raison. »

Augustin d'Hippone (v. 397)

397

Confessions
Augustin d'Hippone

Un texte fondamental de l'apologétique chrétienne

Écrites autour de 397, les *Confessions* d'Augustin d'Hippone sont un texte fondamental de l'apologétique chrétienne. Elles constituent également la première autobiographie identifiée, puisqu'elles sont principalement le compte-rendu, sous forme d'aveux, du retour de leur auteur vers Dieu après une vie de péchés (essentiellement sexuels). La perspective augustinienne, une sorte de fusion des philosophies et idéaux néoplatoniciens dans le moule du christianisme primitif, se résume ainsi : Jésus-Christ, Dieu fait homme, est le pont reliant l'humanité pécheresse à la perfection divine.

Les *Confessions* sont avant tout l'histoire d'une conversion, où les derniers livres, ou parties, contiennent en plus des réflexions philosophiques et théologiques. Pour Augustin, le « péché » consiste en la poursuite des plaisirs séculiers, quand la rédemption et le retour à Dieu s'accomplissent dans le libre exercice de la volonté au service de biens éternels, comme la sagesse ou l'obéissance à Dieu. Plus tard dans sa vie, Augustin mit de plus en plus l'accent sur la grâce divine, que le Christ a rendue accessible à l'humanité, et qui renforce la volonté dans le choix de Dieu et du refus des tentations.

> *« Or je péchais ; car ce n'était point en lui, mais dans ses créatures, les autres et moi, que je cherchais plaisirs. »*
>
> **Augustin d'Hippone, *Confessions* (397)**

Les *Confessions* ont eu une influence profonde sur la théologie et la philosophie occidentale, de même que dans l'établissement des croyances et interprétations canoniques du christianisme, comme l'association des plaisirs séculiers au péché, et de la vertu au rejet des plaisirs charnels, que l'on retrouve de manière caractéristique dans le célibat qu'exige de ses prêtres l'Église catholique. **JE**

v. 400

Guerre juste
Augustin d'Hippone

Une guerre est moralement justifiée si elle remplit certains critères spécifiques

Une guerre est-elle jamais juste ou moralement défendable ? Les lois de la guerre sont aussi vieilles que la guerre elle-même, mais c'est Augustin d'Hippone (354-430) qui a ouvert la voie conceptuelle à bien des conflits futurs en posant la notion de guerre « juste ».

Avant lui, Aristote et Cicéron avaient écrit sur les guerres, leurs lois et leur moralité, mais Augustin est le premier à avoir avancé le concept de « guerre juste » au sein de la tradition chrétienne. Augustin estimait que les hommes pouvaient à raison déclencher une guerre sous l'autorité de Dieu, même si cela devait entraîner morts, violences et destructions, ce qui aurait été immoral en d'autres circonstances. Augustin adoptait ainsi une position morale directement opposée aux enseignements pacifistes de nombreuses figures éminentes de l'Église.

> *« Une guerre juste profite, sur le long terme, bien plus à l'âme qu'une paix prospère. »*
>
> **Theodore Roosevelt, président des États-Unis**

Augustin s'était contenté d'avancer qu'une autorité légitime pouvait déclencher la guerre sur des bases morales sous certaines conditions, laissant à des penseurs ultérieurs, dont Thomas d'Aquin (1225-1274), le soin de les identifier. Ces conditions, à l'origine, incluaient les actes commis sous l'ordre d'une autorité légitime, les actes accomplis dans une bonne intention, et les actes motivés par une cause juste. D'autres les ont depuis étendues et affinées.

Après Augustin, les chefs politiques n'eurent plus à choisir entre un pacifisme restreint et un réalisme moralement neutre. Le concept de guerre juste impliquait que l'organisation d'un conflit, avec toutes les horreurs qu'il comporte, pouvait être pour le bien, et même constituer un acte moral. **MT**

◄ Frontispice d'un manuscrit du XIXe siècle des Confessions de saint Augustin, écrites en 397.

V. 400

Contre le péché originel

Pélage

Thèse hétérodoxe selon laquelle les chrétiens ne sont pas touchés par le péché d'Adam

La thèse chrétienne du péché originel veut que le péché d'Adam dans le jardin d'Éden se soit transmis à toutes les générations, si bien que tout humain est un pécheur par naissance que seule la grâce divine pourra sauver. Le moine Pélage (354-420), lui, croyait la volonté humaine entièrement libre et donc capable de s'orienter d'elle-même vers le bien ou le mal. La grâce divine, selon lui, n'était qu'une aide, un guide, et le salut pouvait être atteint sans elle, par la seule volonté.

Les arguments de Pélage le menèrent à une série de conclusions radicales. Ainsi, le péché d'Adam n'était que le sien, et il serait injuste pour Dieu de tenir toute l'humanité responsable. Comme tout un chacun naissait vierge de péché, le baptême ne servait aucun but, et tout enfant mourant avant ce sacrement irait au Paradis. De plus, le sacrifice de Jésus, pierre angulaire de la foi chrétienne, était sans effet direct. Sa fonction n'était que de fournir un exemple de vie exemplaire menée selon les préceptes de Dieu.

« Nous pouvons faire le bien grâce à Dieu, mais nous le faisons par nous-mêmes. »

Pélage

Les arguments de Pélage secouaient l'orthodoxie chrétienne, aussi les apologues les attaquèrent-ils. Il fut accusé d'hérésie au concile de Carthage en 411. Cependant, il proposa des interprétations orthodoxes de ses travaux et fut innocenté au concile de Diospolis en 415. Mais, après une succession de controverses, l'empereur Honorius finit par bannir Pélage et ses disciples de Rome, en 418. Les travaux de Pélage posaient d'intéressants problèmes, mais c'est principalement par la force que l'Église les a affrontés, si bien qu'ils sont aujourd'hui largement oubliés. **JE**

V. 400

Kâmasûtra

Vâtsyâyana

Un manuel hindou fournissant des conseils sur la vie, l'amour et le sexe

Le *Kâmasûtra* est un ancien texte sanskrit contenant des enseignements sur la recherche du plaisir dans la vie, et tout particulièrement du plaisir sexuel. Texte compilé par le philosophe hindou Vâtsyâyana, il est destiné à fournir des conseils pour mener une vie bonne, trouver et pratiquer l'amour, et se rendre heureux ainsi que son partenaire.

Selon les enseignements traditionnels hindous, la vie a trois buts principaux, qui sont la vertu, la prospérité et le plaisir. Le *Kâmasûtra* se concentre explicitement sur le troisième, bien que les deux premiers soient considérés comme plus importants. Écrit sous la forme d'un manuel, le *Kâmasûtra* décrit les façons dont le plaisir devrait être recherché, et considère que les plus grands plaisirs se trouvent dans les relations et les pratiques sexuelles. Mais le *Kâmasûtra* nous renseigne également sur l'amour au sens large, sur le mariage, les devoirs d'une épouse, et les manières de se comporter avec nos amants passés.

« La variété étant nécessaire en amour, l'amour doit être produit par des moyens variés. » **Vâtsyâyana, *Kâmasûtra* (v. 400)**

La libération sexuelle est souvent considérée comme une idée moderne, mais le *Kâmasûtra* prouve que de penser et d'écrire librement sur le sexe est vieux comme l'écriture.

Le *Kâmasûtra* soutient que le plaisir est une expérience humaine fondamentalement bonne, et il s'attache à fournir permissions et avis pour le rendre encore meilleur. Au croisement de la tradition religieuse et des pulsions sexuelles, le *Kâmasûtra* nous encourage à nous préoccuper du plaisir que nous donnons, aux autres et à nous-mêmes. **TD**

Bas-reliefs érotiques du temple de Khajurâho, en Inde, bâti entre 950 et 1050.

v. 400

Intellect et volonté

Augustin d'Hippone

Deux qualités nécessaires à la rédemption du pécheur

Augustin d'Hippone (354-430) a développé une théorie très influente de l'intellect et de la volonté, en réponse à la contradiction apparente, dans la doctrine chrétienne, que représente un Dieu créateur et gouverneur du monde, mais qui ne porterait pas la responsabilité du mal. Augustin proposa donc que l'intellect et la volonté soient à la fois les sources du péché et les moyens de la rédemption. Selon lui, la volonté est toujours libre et ainsi capable de choix entre le péché et le Christ ; de plus, la nature humaine contient les sens et les désirs, mais également l'intellect et la volonté.

Pour Augustin, le mal réside dans la poursuite de choses temporelles, comme le plaisir charnel, plutôt qu'éternelles, comme la sagesse ou l'union avec Dieu à travers le Christ. Les sens perçoivent les éléments du monde extérieur et traduisent ces données pour l'intellect, qui identifie alors ces options potentielles, avant que la volonté ne fasse un choix. Les travaux tardifs d'Augustin ajouteront à ce processus l'importance de la grâce, qui éclaire la volonté et l'aide à s'éloigner du péché.

> *« L'esprit est esprit, la main est corps. L'esprit commande de vouloir à l'esprit. »*
>
> **Augustin d'Hippone, *Confessions* (397)**

Les idées d'Augustin sur la nature humaine et sur la place de la volonté et de l'intellect ont été déterminantes jusqu'au siècle des Lumières, qui passa de l'idée de l'humain formé de trois éléments – une âme divine mais déchue (qui place l'humanité au-dessus de la nature), une raison capable de connaître la vérité, et une volonté libre – à celle d'un être entièrement naturel, doté d'une raison limitée (de même que son intellect), et dénué de volonté libre (du moins dont le degré de liberté est sujet à débats). **JE**

v. 400

Argument du libre arbitre

Augustin d'Hippone

Dieu tolère le mal car l'interdire reviendrait à ôter le moyen d'agir librement à l'humanité

Le « problème du mal », où le « mal » désigne l'injustice et la souffrance, est l'un des arguments contestant l'existence de Dieu. Si un être est omnipotent, il peut éliminer le mal. S'il est omniscient, il saura le localiser et le prédire. S'il est miséricordieux, enfin, il devra l'éliminer. Comme il y a de la souffrance dans le monde, il s'ensuit que Dieu n'existe pas. Cet argument a beaucoup compté pour les chrétiens des débuts, qui défendaient leur religion naissante contre, entre autres, les manichéens et les gnostiques. Augustin d'Hippone (354-430) en a fourni la première réfutation, par l'« argument du libre arbitre ».

Selon Augustin, le mal vient de deux sources : les individus libres, qui le choisissent volontairement, et Dieu, dont la justice consiste à punir les pécheurs. Il refuse de considérer que Dieu devrait éliminer tout mal, car cela supposerait qu'il n'ait aucune bonne raison de laisser ses créatures agir librement.

> *« [La mauvaise volonté] encourt les rigueurs de la justice. »*
>
> **Augustin d'Hippone, *La Cité de Dieu* (début du ve s.)**

Or, si Dieu veut qu'elles saisissent d'elles-mêmes la grâce qu'il leur tend, il lui est impossible de les empêcher d'aller à l'encontre de ses vœux, car cela leur ôterait toute liberté. C'est aussi conforme à la vision d'Augustin du péché originel, selon laquelle l'humanité a sciemment péché envers Dieu, ce qui mérite punition (car Dieu est juste).

L'argument du libre arbitre appartient à une famille de raisonnements appelée « théodicée », qui s'attache à absoudre Dieu du problème du mal. Toujours populaire, sa validité est, néanmoins, encore débattue de nos jours, par des philosophes tels qu'Alvin Plantinga, William Rowe et Stephen Wykstra. **JW**

← Portrait de saint Augustin par Cecco del Caravaggio, peint entre 1610 et 1620.

aquesta carauana es
de sarra p anar
singui

le Moyen Âge
500-1449

Les historiens ont autrefois considéré cette période comme l'âge sombre de l'Occident, en raison de l'apparente stagnation économique et culturelle qu'on y constate, mais également d'une supposée pénurie d'idées. De nos jours, ils estiment au contraire qu'un grand nombre d'idées neuves ont émergé au Moyen Âge, certaines cruciales pour le développement des mathématiques, de la cosmologie, de la philosophie et des droits naturels. Dieu peut-il créer un rocher si lourd que lui-même ne pourrait le soulever ? La réponse à cette question posée par le Pseudo-Denys l'Aréopagite vers 500 est terriblement importante pour l'idée judéo-islamico-chrétienne de Dieu. Le débat à son sujet est encore vif aujourd'hui.

Un atlas catalan (vers 1375) montrant des marchands en route pour Cathay. C'est autour de cette date que les marchands commencèrent à s'organiser en guildes.

Paradoxe de l'omnipotence

Pseudo-Denys l'Aréopagite

Dieu peut-il créer une pierre si lourde que lui-même ne pourrait pas la soulever ?

Statue en marbre d'Atlas à genoux portant la sphère céleste. C'est une copie romaine du IIe siècle, d'après un original grec, connue sous le nom d'« Atlas Farnèse ».

« Car, se renier soi-même, c'est sortir du vrai [...] et déchoir de la vérité, c'est déchoir de l'être. [...] Dieu ne saurait renoncer à l'être. »

Pseudo-Denys l'Aréopagite, *Traité des noms divins*

Les « paradoxes de l'omnipotence » sont une famille de paradoxes jouant avec le concept d'un Dieu tout-puissant. La forme générale de ces paradoxes repose sur l'idée qu'un être omnipotent peut par définition tout faire, et donc en particulier créer quelque chose d'impossible pour lui. La conclusion est qu'il existe quelque chose qui lui est impossible. De même, s'il ne pouvait rien créer d'impossible pour lui, alors il ne pourrait pas tout.

Le premier exemple identifié de cet argument remonte au Pseudo-Denys l'Aréopagite, un théologien chrétien qui vécut autour du VIe siècle, ainsi nommé car ses travaux ont longtemps été attribué par erreur à Denys l'Aréopagite, un Athénien converti par un discours de saint Paul et nommé dans la Bible. Dans ses recherches, Pseudo-Denys se demandait avant tout si Dieu pouvait se renier lui-même.

Une version célèbre du paradoxe de l'omnipotence est le paradoxe de la pierre lourde, qui s'énonce ainsi : Dieu peut-il créer une pierre si lourde que lui-même ne pourrait pas la soulever ? Les réponses à ce paradoxe tournent autour de la définition nécessaire de l'omnipotence. Par exemple, « Dieu est omnipotent » ne veut pas dire qu'il est capable de tout, en réalité, mais plutôt qu'il est capable de tout ce qui est en accord avec sa nature. Ainsi, les absurdités logiques sont hors de son pouvoir, et il ne pourra jamais créer de cercle carré. Quand deux concepts sont incompatibles, il est par définition impossible à Dieu de les réaliser ensemble. En tant qu'impossibilité logique, la création d'une pierre trop lourde pour être portée se situe hors de la définition de l'omnipotence. Le paradoxe de la pierre est parmi les plus connus des paradoxes de l'omnipotence, en plus d'être une des plus anciennes critiques adressées au concept du Dieu judéo-chrétien. **JE**

Vol humain

Empereur Kao-yang

La recherche d'une méthode permettant aux humains de voler

Les mythes et légendes sont remplis d'histoires d'hommes volants, et l'envie de voler remonte probablement au premier regard jeté par un humain sur un oiseau. Le plus vieux vol humain répertorié l'a été en Chine, quand l'empereur Kao-yang (qui régna de 550 à 559) condamna, dit-on, des prisonniers ennemis à être attachés à des cerfs-volants lancés dans les airs du haut d'une tour. Leurs proches étaient autorisés à contrôler les lignes. Au moins un de ces infortunés en est ressorti vivant. Auparavant, Kao-yang avait essayé de fixer plutôt des ailes de bambou aux bras des captifs, mais aucun de ceux-là n'en avait réchappé. À l'époque où Marco Polo atteignit la Chine (XIIIe siècle), il aurait observé une coutume consistant, avant le départ d'un bateau, à lancer un homme attaché à un cerf-volant afin d'étudier son vol. S'il partait droit vers le ciel, le voyage serait un succès.

En 1250, le philosophe Francis Bacon décrivit une machine volante mécanique théorique, et, plus tard, l'inventeur italien Léonard de Vinci traça plusieurs plans de sa conception.

Enfin, en 1783, deux Français, François Laurent, marquis d'Arlandes, et Jean-François Pilâtre de Rozier, prennent les airs à bord d'un ballon à air chaud. À peine 120 ans plus tard, Orville et Wilbur Wright seront les premiers à s'envoler à bord d'un engin à moteur.

L'idée de voler, même quand elle était bien loin de pouvoir se réaliser, a captivé l'humanité comme aucune autre.

Les anciens contes regorgent de tapis volants, de dragons ailés et de créatures s'élevant dans les airs ; tous attestent la force de ce fantasme dont la réalisation effective n'a rien fait pour diminuer la vigueur. Le vol en avion est aujourd'hui commun, une façon de voyager à portée de mains qui a transformé le monde en un village, et pourtant, l'idée de voler sans aucune aide inspire encore bien des rêves éveillé. **MT**

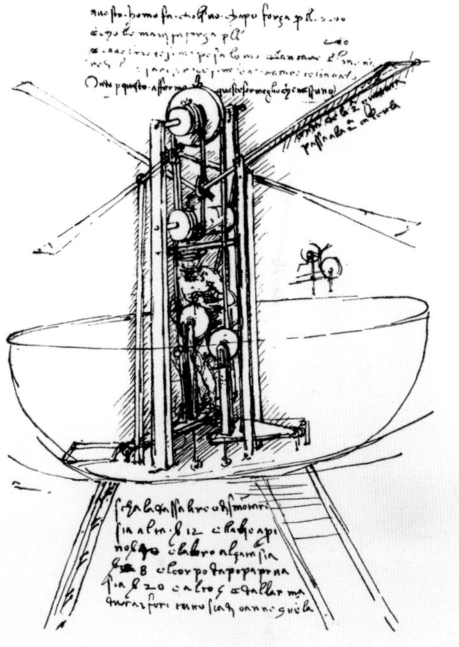

Dessin d'une machine volante (v. 1490-1516) par Léonard de Vinci. Léonard avait dessiné de nombreux plans de ce genre, mais rien n'atteste qu'il ait jamais essayé de construire une telle machine.

« Dès lors que vous aurez goûté au vol, vous marcherez à jamais sur terre les yeux levés vers le ciel, car vous y étiez et n'aurez de cesse d'y retourner. »

Léonard de Vinci

v. 600

Échelle sainte

Jean Climaque

La méthode par laquelle les moines et les ermites peuvent s'élever à la sainteté

Les églises byzantines traditionnelles sont souvent décorées d'icônes représentant l'« échelle sainte » ou « échelle du paradis ». Ces œuvres sont inspirées d'un texte de Jean Climaque, un moine ayant vécu au VIIe siècle dans un monastère du Sinaï, en Égypte, intitulé *L'Échelle sainte ou les Degrés pour monter au ciel*. Il décrit les 30 étapes du développement spirituel menant le croyant au salut, ou « théosis », but de la lutte spirituelle.

Ces 30 étapes sont symbolisées par une échelle, et chaque chapitre de l'œuvre de Jean Climaque correspond à un barreau. Les ensembles de barreaux représentent soit des vertus à acquérir, soit des vices à éviter, que remplaceront des vertus si les efforts du croyant se trouvent couronnés de succès.

Le livre de Climaque était destiné à ses compagnons moines et autres saints hommes, et les 30 étapes,

> *« [Feriez-vous] des fautes tous les jours, gardez-vous bien de perdre courage, [...] persévérez généreusement et fortement dans le service de Dieu. »* **Jean Climaque**

supposées être franchies une à une et dans l'ordre. Il conseille la prudence à ses lecteurs, car à chaque étape, des forces maléfiques tenteront de le faire choir. Lorsqu'il aura atteint le 30e barreau, « foi, espérance et charité », le moine recevra la couronne de gloire des mains du Christ.

On retrouve dans l'ouvrage les idées de certains ascètes antérieurs, mais l'ensemble reflète celles de Climaque. Cette façon de considérer qu'atteindre le salut revient à gravir une échelle en évitant les agents du mal eut beaucoup de retentissement chez les auteurs ascètes grecs qui lui succédèrent, ainsi que dans les pays slaves durant des siècles. L'échelle sainte demeure un classique de la littérature ascétique chrétienne. **JE**

v. 610

Djihad

Mahomet

Une lutte menée par les musulmans pour soutenir la cause de Dieu

Djihad est un mot arabe signifiant « exercer une force » ou « s'efforcer », généralement utilisé pour qualifier un effort louable. Il apparaît 41 fois dans le Coran, révélé à Mahomet autour de l'an 610. Dans le contexte religieux, le djihad peut désigner la lutte individuelle contre le péché ou les mauvaises inclinations, les efforts pour améliorer moralement la société, ou les actes visant à répandre l'islam. Le djihad peut être pacifique (par les écrits, par exemple) ou guerrier (le « djihad par l'épée »). L'islam mystique met l'accent sur les formes pacifiques ; la lutte spirituelle et intime y est appelée « djihad majeur », tandis que le djihad par l'épée est le « djihad mineur ».

Ainsi, le djihad n'est pas synonyme de « guerre sainte » : le champ de ses buts et de ses moyens est plus étendu. Toutefois, à peu près deux tiers de ses occurrences dans le Coran se réfèrent à la guerre, une guerre dont l'objectif est la subordination des non-croyants à l'islam, au sens politique d'une extension de la loi islamique dans le monde plutôt que par la conversion forcée des peuples conquis. De plus, les passages du Coran traitant du djihad suggèrent que le commandement de combattre les infidèles n'avait rien d'inconditionnel, et qu'il était contingent à une provocation de leur part, ou à une agression. La compréhension du djihad en tant qu'impératif religieux, dans toute sa complexité, est essentielle pour comprendre les réactions des musulmans pratiquants face à l'expansion du capitalisme dans le Moyen-Orient, et au pouvoir des États occidentaux sur le monde en général. **JE**

> *« Combattre les infidèles est un djihad ; combattre le mal en toi est un djihad plus grand. »*
> **Abu Bakr, compagnon de Mahomet**

◀ Icône de *L'Échelle sainte* (XIIe siècle), conservée au monastère Sainte-Catherine, au Sinaï.

v. 610

Cinq piliers de l'islam

Mahomet

Les cinq devoirs de base que doit accomplir tout musulman

Les cinq piliers de l'islam remonteraient à Mahomet (v. 570-632), qui les aurait reçus de l'archange Gabriel. Couchés par écrit après sa mort, ils ont acquis le statut de *hadith* (paroles ou actes prononcées ou accomplis par Mahomet lui-même).

Le premier et le plus important est la *chahada*, profession de foi musulmane. Tout musulman doit déclarer « qu'il n'y a qu'un seul Dieu » et que « Mahomet est son prophète ».

Ce credo sépare tout d'abord monothéistes et non-monothéistes, puis divise encore les monothéistes entre ceux qui considèrent que Mahomet est le prophète de Dieu et les autres (juifs et chrétiens). Le second pilier est le *salat*, la prière islamique. L'islam, probablement inspiré par le zoroastrisme persan, exige des croyants cinq prières quotidiennes (à l'aube, à midi, dans l'après-midi, le soir et la nuit). Le troisième pilier est la *zakat*, l'aumône au pauvre. Les musulmans aisés doivent donner le quart de leur richesse aux pauvres, particulièrement aux pauvres musulmans (la *zakat* est souvent comprise dans le système fiscal des pays islamiques).

« La salat demeure, pour les croyants, une prescription, à des temps déterminés. »

Coran, sourate des femmes (4, 103)

Le quatrième est le *saoum*, le jeûne du mois de ramadan (ni eau ni nourriture, de l'aube au coucher du soleil). Le cinquième et dernier pilier est le *hadj*, le pèlerinage à La Mecque, qui doit être entrepris au moins une fois du moment que le croyant dispose de moyens physiques et matériels suffisants. Certaines sectes islamiques, comme les duodécimains et les ismaéliens, en ajoutent d'autres, mais toutes s'accordent sur ces cinq piliers, ce qui dénote leur importance. **AB**

v. 618

Koan

Bouddhisme chan, dynastie Tang

L'étude de paradoxes favorisant l'illumination

Le terme *koan* désigne littéralement les « arrêts officiels », en réalité les enseignements transmis par les maîtres zen afin de mener leur disciple à l'éveil. Le *koan* était à l'origine l'étude du *gong'àn*, sous la dynastie Tang (618-907) dans l'*école du bouddhisme chan chinois. Lorsque le chan, après son importation au Japon, est devenu le zen, le gong'àn* s'est transformé en *koan*.

Un *koan* est une énigme, une phrase, une question ou une anecdote qui servira d'objet de méditation. Il peut paraître paradoxal, voire dénué de sens, comme dans les exemples connus : « Quel est le son d'une seule main qui applaudit ? » et « Si tu croises le Bouddha sur la route, tue-le ! » ; un autre *koan* décrit le maître zen Nansen coupant un chat en deux parce que deux moines se disputaient l'animal. Un *koan* doit révéler les failles des méthodes de raisonnement du disciple, objectives et discursives, et le pousser vers un nouveau schéma mental, une conscience accrue, plus proche de l'éveil.

« Nous sommes perdus là où l'esprit ne peut nous trouver, tout à fait perdus. »

Ikkyu Sojun, moine et poète bouddhiste zen

Le maître zen Hakuin, de l'école Rinzai, pensait qu'un *koan* devait amener le disciple au « grand doute » (*daigi*) quant aux paradigmes qu'il utilise pour interpréter le monde, et qu'il en résultait une « grande mort » (*daishi*), la chute des vieilles croyances. Le *koan* est alors résolu à la faveur de l'accession à un nouveau niveau de conscience. Ainsi, l'étude des *koan* est un genre de métacognition : elle pousse le disciple à s'interroger sur sa façon de penser et d'être au monde. Elle était autrefois pratiquée dans toutes les écoles zen, mais l'école Rinzai insiste dessus désormais beaucoup plus que l'école Soto. **JM**

← Détail d'un vase de l'Alhambra (v. 1300), décoré d'une main de Fatima. Les cinq doigts représentent les piliers de l'islam.

622

État islamique

Mahomet

Le concept d'un gouvernement islamique guidé par le divin, avec Allah à sa tête

L'idée qu'un État pourrait être organisé et gouverné selon les principes de l'islam est née avec Mahomet (v. 570-632), qui établit en 622 le premier califat (communauté religieuse musulmane guidée par un chef religieux). Un État islamique est, par nature, idéologique, et ses citoyens sont divisés en deux catégories : les musulmans et les autres.

Actuellement, la Mauritanie depuis 1958, l'Iran depuis la révolution islamique de 1979, le Pakistan, l'Afghanistan et l'Arabie Saoudite suivent le modèle du califat. Tous les musulmans ne sont pas partisans des États islamiques, et certains imams affirment qu'ils violent un des principes fondateurs de l'islam, selon lequel Dieu ne doit jamais être mêlée à la politique. Il s'agit cependant d'une minorité, et la plupart des musulmans jugeraient que la défiance envers l'idée d'État islamique relève du péché.

« Une société islamique [qui refuse la charia] rompt son contrat avec Dieu. »

Sayyid Abul Ala Maududi, théologien musulman

Dans l'État islamique, l'écriture comme l'application des lois sont le fait des seuls musulmans. Les musulmans ne doivent pas imiter les polythéistes (ceux qui ne croient pas à l'unicité de Dieu) par leur habillement ou leur comportement ni les aider d'une quelconque manière qui leur conférerait plus d'importance qu'à leurs frères musulmans. Les États islamiques tiennent leur légitimité d'Allah lui-même, qui règne sur toute chose, et dont la loi, la charia, est la loi suprême autour de laquelle l'État se structure pour développer la société civile et les organisations et institutions qu'elle requiert, ainsi que pour formuler les objectifs usuels des gouvernements : administration, coercition, défense, bien-être matériel de ses citoyens. **BS**

V. 710

Shintoïsme

Japon

Une religion qui voit de la spiritualité en toute chose

Le shintoïsme, religion née au Japon, apparaît pour la première fois dans les chroniques historiques que sont le *Nihon Shoki* et le *Kojiki*, tous deux datés du VIIIe siècle. Ses croyances et ses pratiques ont été formalisées durant les périodes Nara et Heian (710-1185).

Le shinto est littéralement la « voie des *kamis* », les *kamis* désignant les esprits divins de l'archipel, qui peuvent se manifester comme des forces naturelles, les esprits mystiques des sites sacrés ou des êtres humains vivants hautement développés. La nature dans son ensemble, humains compris, a été créée par les dieux Izanagi et Izanami, aussi toute chose contient-elle une parcelle de divinité, qu'il convient de cultiver et d'apprécier. Les empereurs du Japon font remonter leur lignée au premier d'entre eux, Jimmu Tenno, qui descendait directement de la déesse du soleil, Amaterasu. Les sanctuaires shinto sont la plupart du temps construits en l'honneur d'un ancêtre mort ou d'un phénomène naturel manifestant la présence d'un *kami*. L'éthique shintoïste prône la purification individuelle à travers la culture des vertus de *michi* (intégrité), *harai* (pureté), *makoto* (sincérité), *wa* (harmonie), *akai* (gaieté), *kansha* (gratitude), *kenshin* (renoncement spirituel), et *meiyo* (honneur). Les rituels ont lieu dans les sanctuaires. Ils consistent à purifier l'adepte de tout *kegare* (impureté) ou *tsumi* (iniquité).

« Une grande partie des bontés du monde résident dans sa beauté, souvent indicible. »

Yukitaka Yamamoto, prêtre gardien d'un sanctuaire

La plupart des Japonais se disent shintoïstes, même si seule une minorité le pratique. La Jinja Honcho supervise plus de 80 000 temples au Japon, le plus sain étant le sanctuaire d'Ise. Les croyances shinto sont omniprésentes au Japon, où elles ont envahi la culture, l'art, la philosophie et la version locale du bouddhisme. **JM**

Illustration du XVIe siècle représentant Naiku, une partie du sanctuaire shinto d'Ise, au Japon.

v. 726

Iconoclasme

Empereur Léon III

L'idée que les images empêchent la relation avec Dieu et qu'elles devraient être détruites

L'iconoclasme peut être décrit comme la destruction volontaire d'œuvres d'art, en particulier celles liées aux croyances religieuses ou aux personnages qu'on leur associe, motivée par l'idée que de telles images, par le culte qu'on risquerait de leur rendre, empêchent que s'établisse une relation directe entre Dieu et le croyant.

L'iconoclasme est souvent vu de manière simpliste : destruction pure ou même vandalisme (tel l'acte de destruction lui-même), ou bien destruction motivée par la haine ou la crainte des images, ou encore expression monolithique de la volonté de tous les croyants d'une religion. L'iconoclasme est en réalité plus complexe que cela. Dans le christianisme, l'interdit biblique du culte des idoles a fourni de puissants arguments aux mouvements iconoclastes à travers l'histoire, tout spécialement sur les territoires conquis par les armées croisées.

L'iconoclasme byzantin est né avec l'empereur Léon III l'Isaurien (v. 685-741), qui avait banni toute image religieuse. Son édit avait entraîné une campagne de destruction de grande ampleur dirigée contre les images et les objets désignés.

Ce « premier iconoclasme » avait duré de 730 à 787. Il y eut ensuite une pause, après laquelle Léon V l'Arménien (775-820) s'alarma du désamour apparent de Dieu pour l'empire, manifesté dans les défaites militaires répétées que celui-ci avait subi. En conséquence, il déclencha le « second iconoclasme », qui dura de 814 à 842.

L'iconoclasme a persisté à travers les âges, dans différentes cultures. L'exemple récent le plus célèbre est très certainement celui des talibans d'Afghanistan, qui usèrent d'explosifs pour détruire les deux Bouddhas de Bamiyan, des VIe et VIIe siècles, qui étaient à l'époque les plus hautes statues de Bouddha debout du monde. **JE**

Monastère du XIIe siècle en Cappadoce (Turquie), où trouvèrent refuge des chrétiens attachés à leurs icônes.

v. 750

Mouvement perpétuel

Bavière

Mouvement pouvant se perpétuer indéfiniment, sans apport d'énergie extérieure

Les lois de la physique affirment qu'une « machine à mouvement perpétuel », c'est-à-dire capable de produire au moins autant d'énergie que celle qu'elle reçoit, est une impossibilité. Malgré cela, à travers l'histoire, les tentatives de créer une telle machine dont le mouvement continuerait indéfiniment, sans apport d'énergie, furent innombrables. Bien sûr, toutes ont échoué.

Le premier essai connu est la « roue magique », inventée au VIIIe siècle en Bavière, dont le mécanisme, fondé sur le magnétisme, était supposé la faire tourner indéfiniment. Mais les frottements eurent raison de son mouvement, et elle cessa de tourner. Aucune tentative ne rencontra plus de succès, mais certains cas très rares donnèrent lieu à des découvertes scientifiques ou à des inventions encore utiles de nos jours.

Ainsi, c'est au cours de ses recherches sur le mouvement perpétuel que Blaise Pascal (1623-1662) inventa par accident ce qui devait donner naissance au jeu de la roulette.

En 1775, exaspérée par la somme des contributions sur le mouvement perpétuel qu'elle recevait, l'Académie royale des sciences déclara qu'elle n'en admettrait plus aucune à ce sujet. Étrangement, cette déclaration d'échec officielle provoqua un regain d'intérêt pour le domaine. L'invention des générateurs électriques au XIXe siècle eut le même effet revigorant.

Parmi les tentatives contemporaines, certaines se fondent sur le principe de la « roue à contrepoids », qu'on trouve représentée sur un dessin de l'artiste Villard de Honnecourt daté de 1235.

Dans l'espoir de s'affranchir de la gravité, ce principe consiste à créer un mouvement perpétuel par le contrôle très précis des mouvements et interactions de contrepoids disposés à l'intérieur de la roue et censés entraîner sa rotation continue. **JE**

↑ Plan d'une machine magnétique à mouvement perpétuel (v. 1670) par John Wilkins, évêque de Chester.

v. 800

Féodalisme

Europe

Une organisation de la société fondée sur le droit de propriété des terres accordé aux seigneurs

Le féodalisme était le système économique caractéristique de l'Europe entre les IXe et XVe siècles, fondé sur la propriété des terres accordée aux seigneurs, qui y exerçaient le pouvoir du gouverneur. Les paysans, sans terre, qu'on appelait alors « serfs », avaient autorisation de travailler la terre pour eux-mêmes. En échange de ce « privilège », leur « surplus » leur était arraché et donné au seigneur, une sorte de loyer qui pouvait également prendre la forme de travaux sur les terres seigneuriales. Le seigneur, en retour, garantissait une protection contre les maraudeurs et exerçait la justice en cas de plainte. Les seigneurs étaient souvent eux-mêmes les sujets d'un roi ou d'une reine, à qui ils devaient loyauté ; en cas de guerre, ils devaient envoyer des vassaux pour combattre.

« Les propriétaires [...] aiment à recueillir où ils n'ont pas semé. »

Adam Smith, *La Richesse des nations* (1776)

Le terme « féodalisme » vient du « fief », qui désignait la terre « donnée » sous certaines conditions par le seigneur à son vassal, qui lui devait loyauté. Les conditions consistaient en une série d'obligations, de privilèges et de devoirs. Un grand nombre de facteurs contribuèrent au déclin du féodalisme, dont l'épidémie de peste noire du milieu du XIVe siècle, les révoltes paysannes, le développement d'une classe de marchands de plus en plus puissante, et la capacité grandissante des rois à lever des armées de mercenaires plutôt qu'à recourir aux armées de ses seigneurs. Le féodalisme, avec ses relations simples et aisément compréhensibles entre roi, seigneurs et serfs, a grandement influencé les romans, films, séries et jeux vidéo du genre « fantasy ». **JE**

v. 800

Bushido

Guerriers japonais

Un ensemble de règles, d'idéaux et de principes éthiques guidant l'action des samouraïs au Japon

Le mot japonais *bushido* pourrait se traduire par « voie du guerrier », un code de conduite qui a guidé les actes de la classe combattante, les samouraïs, qui, à partir de l'an 800 environ, ont apporté leur soutien armé aux riches propriétaires terriens exclus de la cour impériale par le clan Fujiwara. Le bushido ne s'attache pas qu'à la science du combat, mais aussi à la vie quotidienne du samouraï. Il lui enseigne à cultiver son caractère martial, à devenir efficace avec une grande variété d'armes, et à se tenir prêt à sacrifier sa vie par loyauté envers son maître.

Il fallut toutefois attendre le shogunat de Kamakura (1192-1333) pour que le bushido devienne le moteur des actions de certaines figures éminentes de l'histoire japonaise. Ses principes ont été formellement reconnus et codifiés par la loi autour de la période Tokugawa (1600-1868). La classe des samouraïs fut par la suite abolie durant l'ère Meiji, du milieu à la fin du XIXe siècle, mais le code du bushido survécut, quoique sous une forme différente.

« La voie du samouraï est à trouver dans la mort. Prépare-toi, et avance. »

Yamamoto Tsunetomo, samouraï

Les samouraïs n'existaient plus lors de la Seconde Guerre mondiale, mais ces principes de loyauté, d'honneur, de devoir et de sacrifice avaient de fervents adeptes dans l'armée japonaise. Dans les années d'après-guerre, ils sont restés enracinés dans la culture et la société japonaise tandis qu'elle devenait une puissance industrielle et commerciale. Le bushido des samouraïs d'antan reste ainsi présent dans le Japon actuel et dans bien des aspects de la vie de ce pays, notamment dans les arts martiaux tels que le judo et le karaté. **MT**

Portrait du guerrier Yoshio Oishi, qui vivait au XVIIe siècle. Il est souvent cité comme le samouraï idéal.

Architecture romane

Europe

Un style architectural inspiré des bâtiments de la Rome antique, reconnaissable à ses arcs semi-circulaires

↑ La chapelle palatine de la cathédrale d'Aix-la-Chapelle, en Allemagne, construite autour de l'an 800. Elle contient les restes de Charlemagne et fut un site de couronnement durant 600 ans.

« Au tournant du millénaire, l'Italie a été le berceau de l'architecture romane, qui s'est répandue en Europe : des structures souvent audacieuses mais d'une grande sobriété apparente. »

Harry Seidler, architecte

L'idée de puiser de nouveau l'inspiration dans l'architecture romaine, avec ses fenêtres et ses portes aux arcs arrondis, remonte aux alentours de l'an 800, date de construction du palais de Charlemagne à Aix-la-Chapelle, dans l'Allemagne actuelle. De ce palais, seule la chapelle palatine, maintenant incorporée à la cathédrale, est encore debout, mais on y reconnaît les arcs en berceaux et les voûtes d'arêtes caractéristiques de l'art romain, ce qui montre bien le désir d'imitation délibérée des architectes carolingiens.

À son apogée en Europe médiévale, entre 950 et 1150, le style roman tirait ses attributs des structures protoromanes qui avaient dominé les deux siècles précédents.

Les historiens de l'architecture considèrent toutefois que la période 950-1050 est encore une période de développement, et que les monuments les plus caractéristiques de l'art roman apparaîtront entre 1050 et 1150. C'était un style très influencé par le féodalisme et le monachisme, les deux pôles de stabilité de la culture médiévale.

Les bâtiments romans sont très variés, même s'ils partagent certains traits particuliers, car, selon les régions, les architectes ont trouvé des solutions différentes aux mêmes problèmes structuraux. En tenant compte de ces variations régionales complexes et de l'étendue de la période protoromane, les historiens débattent toujours de la date exacte d'apparition du roman. Sa fin, en revanche, est bien déterminée : au XIIe siècle, à l'apparition du style gothique.

Bien plus tard, durant la période néogothique du XIXe siècle, le style roman est revenu, lui aussi, partiellement. Le Muséum d'histoire naturelle de Londres, de l'architecte Alfred Waterhouse, est un bon exemple de ce retour. **JE**

v. 803

Restaurant

Moines autrichiens

L'idée d'un établissement dédié uniquement à servir des repas

L'idée d'un établissement réservé au service des repas remonte à la Rome antique et à la dynastie Sung en Chine, et de nombreux historiens estiment que c'est en France, au XVIIIe siècle, qu'apparurent les premiers restaurants de l'ère moderne (le mot « restaurant » est d'ailleurs largement employé dans le monde). Mais le plus vieux restaurant d'Europe serait toutefois le Stiftskeller St Peter, sis dans les murs du monastère bénédictin de Saint-Pierre de Salzbourg, en Autriche. Il est en effet mentionné dans un document de 803, ce qui fait de lui le plus vieux restaurant toujours en activité ; les repas sont toujours servis sur fond de musique de Mozart, jouée par des musiciens présents.

Les prédécesseurs de ce que nous appelons des restaurants, c'est-à-dire des endroits où trouver nourriture, alcool et autres boissons, étaient souvent des auberges (destinées aux voyageurs plutôt qu'aux gens du cru) ou des échoppes de rue.

Les premiers restaurants français étaient très encadrés ; on y servait des « restaurants », qui désignaient au départ des plats roboratifs, souvent des bouillons à base de viande.

À Paris, le premier restaurant était probablement celui d'un certain Boulanger, qui ouvrit en 1765. C'est durant la Révolution que l'industrie de la restauration se développa, lorsque se desserra l'emprise que les guildes exerçaient sur certains produits, et que s'élargit la clientèle potentielle.

Plus de 200 ans plus tard, le restaurant est devenu un élément de base de la culture humaine. Avec l'augmentation de la richesse vient le désir de déléguer la corvée de courses et de préparation des repas, et, dans un monde de plus en plus fasciné par la gastronomie, il est peu probable que le concept de restaurant passe de mode un jour. **JE**

831

Transsubstantiation

Paschase Radbert

Conversion du pain et du vin de la messe en corps et sang du Christ

L'eucharistie est une cérémonie qui reproduit la Cène, où les participants boivent une gorgée de vin consacré et mangent un morceau de pain bénit. Elle est centrale dans le christianisme depuis ses débuts. La transsubstantiation, en revanche, n'est apparue qu'au IXe siècle : c'est la croyance selon laquelle le pain et le vin de l'eucharistie se changent miraculeusement en le corps et le sang du Christ au moment de leur consécration par le prêtre.

En 831, l'abbé bénédictin Paschase Radbert (v. 790-865) a écrit un traité intitulé *De Corpore et Sanguine Domini* (« Du corps et du sang du Seigneur »), où il affirme que « les substances du pain et du vin se changent en celles de la chair et du sang du Christ, de telle façon que, après la consécration, les véritables chair et sang du Christ y sont réellement présents ». L'idée de Radbert a rencontré une certaine résistance au début, notamment chez Ratramne de Corbie (l'abbaye de Radbert) qui a écrit en réaction son propre *De Corpore et Sanguine Domini* vers 850. Cependant, en 1079, elle est devenue doctrine officielle de l'Église lors du concile de Rome tenu par le pape Grégoire VII. Le terme de « transsubstantiation » est apparu à peu près en même temps sous la plume d'Hildebert de Lavardin (v. 1055-1133), archevêque de Tours.

> *« Jésus prit du pain ; et, après avoir rendu grâces, il le rompit […] en disant : Prenez, ceci est mon corps. »* **Bible, XIV, 22**

En tant qu'article de foi, la transsubstantiation nous fascine par sa créativité et son étrangeté indéniable (pour un esprit moderne, du moins). Le sacrement de l'eucharistie est conçu pour engendrer une proximité avec Dieu ; à travers la transsubstantiation, Dieu est réellement présent dans la bouche des croyants. **JS**

129

HƿÆT ƿE GARDE

na in gear dagum . þeod cyninga
þrym ge frunon hu ða æþelingas elle(n)
fremedon . oft scyld scefing sceaþe(na)
þreatum monegu(m) mægþum meodo setl(a)
of teah egsode eorl syððan ærest wear(ð)
fea sceaft funden he þæs frofre geba(d)
ƿeox under ƿolcnum ƿeorð myndum þah
oð þ him æghƿylc þara ymb sittendra
ofer hron rade hyran scolde gomban
gyldan þ ƿæs god cyning . ðæm eafera ƿæs
æfter cenned geong in geardum þone god
sende folce to frofre fyren ðearfe on
geat þ hie ær drugon aldor(le)ase . lange
hƿile him þæs lif frea ƿuldres ƿealdend
ƿorold are for geaf . beoƿulf ƿæs breme
blæd ƿide sprang scyldes [illegible]

v. 850

Beowulf

Angleterre

La première œuvre littéraire européenne écrite ni en latin ni en grec

L'histoire de Beowulf serait née au Ve siècle, racontée oralement, puis couchée par écrit entre les VIIIe et XIe siècles. Elle nous est parvenue par l'entremise d'un unique manuscrit rescapé, probablement composé des centaines d'années après, et n'a pas attiré beaucoup d'attention avant le XIXe siècle, lorsqu'on finit par trouver un intérêt historique à l'aperçu qu'elle donne de la vie des premiers Anglo-Saxons. Sa valeur littéraire n'a été signalée pour la première fois qu'en 1936, dans un article écrit par un certain J. R. R. Tolkien (1892-1973).

La plupart des œuvres les plus acclamées de la littérature anglaise, celles de Geoffrey Chaucer, de William Shakespeare et de John Keats, avaient connu plusieurs alternances de gloire et d'oubli avant que l'existence de Beowulf ne soit simplement remarquée, sans parler de provoquer un impact quelconque. Pourtant, ce poème épique ne se contente pas de donner quelques renseignements sur la vie en Angleterre avant la conquête normande, c'est également la première œuvre littéraire européenne écrite ni en latin ni en grec. Elle illustre les idéaux héroïques qui animaient le peuple anglo-saxon et ses thèmes ont fini par inspirer des poètes, des artistes et des écrivains dans le monde entier.

« Que celui qui le peut se couvre de gloire avant sa fin ! La gloire est la meilleure récompense. » **Beowulf (v.850)**

Beowulf nous conte l'histoire du guerrier nordique éponyme qui défendit la maison d'un roi danois contre un monstrueux intrus.

Après avoir vaincu le monstre et sa mère, Beowulf retourne chez lui pour y être couronné roi, et trouver la mort face à un dragon. Il est écrit en vieil anglais, langue germanique qui a donné naissance à l'anglais d'aujourd'hui. **MT**

v. 850

Poudre à canon

Chine

Un explosif artisanal composé de nitrate de potassium, de carbone et de soufre

La date exacte de l'invention de la poudre reste un mystère, mais nous savons qu'en 850 les alchimistes chinois disposaient de sa formule de base. Découverte par accident lors de recherches sur l'élixir de longue vie, la poudre à canon était une combinaison de salpêtre, de charbon et de soufre. La poudre explose au contact d'une source de chaleur suffisante, relâchant une énorme quantité d'énergie ainsi que des gaz en violente décompression, des propriétés utilisées pour développer la pyrotechnie, la fracturation des roches, et les armes à feu.

Nous savons que les armées de la dynastie Song (960-1279) ont utilisé la poudre lors de batailles contre les Tang du Sud. Elle est apparue dans le Moyen-Orient vers le milieu du XIIIe siècle, et son usage s'est répandu en Europe peu après.

« Ils découvrirent par hasard une étrange mixture qui brûlait et explosait… »

Clive Ponting, *Gunpowder: An Explosive History* (2006)

Lors du siège de Constantinople, en 1453, les Ottomans ont employé des canons. La poudre était alors devenue partie intégrante de l'art de la guerre.

La poudre à canon à bouleverser l'histoire. Les armes modernes en utilisent des formules différentes, mais c'est bien cette poudre explosive qui changea pour toujours les pratiques.

Sa capacité de destruction a été partout prise en compte, depuis la forme des fortifications militaires à l'architecture navale et l'ingénierie civile. Son invention a également transformé l'idéal du guerrier ou du soldat. Après elle, nul besoin d'être plus grand, plus fort et plus courageux que son ennemi. Il suffisait de disposer d'une arme à feu, d'un bon œil, et de savoir appuyer sur la queue de détente. **MT**

◄ La première page du seul manuscrit conservé de *Beowulf* (v. 850).

v. 900

Polyphonie

Europe

Un genre musical consistant en deux ou plusieurs voix mélodiques

Dans la tradition occidentale, on distingue souvent la polyphonie du contrepoint ou musique contrapuntique, telle que les fugues de Bach. Le style polyphonique formel, né aux alentours de l'an 900, était alors très associé aux thèmes religieux, mais il est probable qu'une version informelle ait précédé de très loin cette forme musicale hautement stylisée de la culture européenne. « Polyphonie » est un terme polysémique dans le contexte de la théorie musicale.

Il peut désigner pour un instrument la capacité de jouer plusieurs notes à la fois, comme dans le cas des claviers, mais, le plus souvent, il s'emploie à propos d'une pièce musicale exigeant que se jouent au moins deux tonalités simultanées, voire des mélodies complètes.

« La polyphonie était pour l'essentiel réservée aux occasions particulières. »

Studies in the Performance of Late Medieval Music **(1983)**

La stratification et la structuration d'une mélodie s'apparentent à la condition humaine, à une tapisserie qu'il serait difficile de décomposer fil à fil sans en altérer le sens. La polyphonie épouse l'esprit à la manière de la motivation : un ensemble complexe de phénomènes fragmentaires formant soudain un tout cohérent qui demande à être entendu. La polyphonie peut ainsi se considérer comme une contribution au pluralisme, car elle accorde de la valeur aux différences complémentaires.

La joie et la ferveur que procure souvent la musique aux musiciens s'accroissent incontestablement quand, à leur répertoire, vient s'ajouter un instrument polyphonique. La polyphonie excite les sens, et la complexité tonale de ses pièces ajoute certainement pour l'auditeur un bénéfice esthétique incomparable. **JS**

v. 1000

Vaccination

Chine

L'administration d'un échantillon inoffensif afin de favoriser l'immunité

C'est en Asie qu'on a d'abord réalisé qu'une personne risquait moins d'attraper certaines maladies si elle avait auparavant été exposée à une de ses formes moins dangereuses. En Inde, on donnait aux enfants des pustules sèches et pilées de victimes de la variole, ce qui favorisait le développement de leurs anticorps. En Chine, vers l'an 1000, les médecins soufflaient une poudre de pustules varioliques dans les narines de leurs patients, moyen encore meilleur de développer leur immunité. Toutefois, tant qu'étaient utilisées des pustules infectées par la variole humaine, le risque que le patient la contracte plutôt que de se renforcer contre elle était élevé.

La pratique de l'inoculation s'est répandue en Afrique, en Turquie, en Europe et en Amérique, mais le pionnier de la vaccination sans risque est le médecin anglais Edward Jenner (1749-1823). En 1796, il a introduit le pus d'une vache atteinte de vaccine (la « variole de la vache ») dans une incision pratiquée sur le bras d'un enfant de 8 ans, James Phipps. Jenner a prouvé par la suite que Phipps était immunisé contre la variole. Un an plus tard, il soumettait sa découverte à la Royal Society, qui lui répondait vouloir plus de preuves. Jenner continua, et publia lui-même ses résultats en 1798, qui furent jugés ridicules. La pratique s'est répandue peu après.

En 1885, Louis Pasteur (1822-1895) inventa le vaccin contre la rage, après quoi la recherche progressa de manière fulgurante au XXᵉ siècle, produisant des vaccins contre la varicelle, la diphtérie, le tétanos, l'anthrax, le choléra, la typhoïde, la tuberculose, les oreillons, la rougeole, la poliomyélite, la grippe, les hépatites A et B, et la méningite. Dans le même temps apparaissaient des lois régulant leur production et rendant obligatoire la vaccination. L'éradication de la variole est la conséquence directe de ces programmes. **CK**

Guilde

Europe

L'association de marchands ou d'artisans en vue de constituer un front commun contre les intervenants extérieurs

La guilde est généralement considérée comme une institution médiévale et européenne, bien que des organisations semblables aient vu le jour sous différentes latitudes, qu'on a pareillement décrites comme des guildes. Une « guilde » désigne un groupe auto-organisé de marchands ou d'artisans qui travaille à promouvoir les intérêts professionnels et économiques de ses membres. Au Moyen Âge (du Vᵉ au XVᵉ siècle), les guildes sont apparues progressivement à partir de groupes religieux organisant la charité ou certaines actions sociales ; il est donc difficile de les dater précisément. En Angleterre, les guildes de marchands sont actives dès le début du XIᵉ siècle, celles d'artisans attendant la fin du XIIᵉ pour naître.

Les deux types de guildes ont tenté d'établir des monopoles. Les membres de la guilde des marchands détenaient ainsi le droit exclusif de vendre quoi que ce soit dans les limites de la ville, ainsi que l'infrastructure mercantile nécessaire, telle que poids et mesures. Aussi devenaient-ils bien souvent les seuls gouverneurs du lieu. Les guildes d'artisans tentaient à la fois de se réserver leur art, en requérant des artisans qu'ils les rejoignent, en s'entendant sur les tarifs, etc., et de le réguler. La hiérarchie apprenti, ouvrier, maître, est ainsi caractéristique d'une guilde médiévale. Elles établissaient de même des standards de qualité, une liste des bonnes pratiques et un barème des prix, afin de garantir une certaine qualité de vie à leurs membres.

Le système a entamé son déclin au XVIᵉ siècle avec l'apparition de nouveaux paradigmes économiques. Des tentatives de le faire renaître, telles que le « socialisme des guildes » au début du XXᵉ siècle en Angleterre, ont échoué. Le système existe toujours cependant, d'une certaine manière, dans les arts traditionnels et spécialisés que sont la médecine, le droit, le notariat, etc. **GB**

🅰 Illustration de 1602 présentant les insignes de nombreuses guildes présentes à Ombrie, en Italie. Ces insignes étaient souvent incorporés aux enseignes des boutiques correspondantes.relevant trade.

> *« L'esprit de la guilde médiévale en Occident se trouve le mieux exprimé par la proposition : la politique de la guilde est la politique du gagne-pain. »*

Max Weber, *Histoire économique générale* (1927)

Amour courtois

Europe

Une refonte des idées chrétiennes d'amour, de mariage et de vertu

Illustration d'un poème épique de Boccace, la *Teseida* (1340-1341), où l'on voit le scribe dédier son œuvre à une jeune inconnue.

« L'amour courtois est un amour hautement spécialisé, dont les caractéristiques pourraient être Humilité, Courtoisie, Adultère, et Religion de l'Amour. »

C. S. Lewis, *The Allegory of Love* (1936)

Tandis que l'atmosphère religieuse du haut Moyen Âge imposait un engagement strict contre l'adultère et pour la fidélité mariale en tout aspect de la vie, le Moyen Âge central, période de la chevalerie, entamée autour de l'an 1000, a vu s'opérer un véritable changement dans les attitudes de la noblesse envers le mariage et les relations tendres. Le code de la chevalerie s'occupait ainsi de liaisons extraconjugales, hautement ritualisées et tout à fait secrètes, ce qui a bouleversé les relations entre hommes et femmes nobles en rendant possible une intimité inconcevable dans le cadre des rôles obligatoires et souvent étouffants prescrits aux personnes mariées.

Entre les XIe et XIIIe siècles, l'amour courtois est ainsi devenu le thème favori des troubadours. Ces poètes lyriques ambulants, parfois musiciens, grâce à qui les principes de ce nouvel amour sont passés à la postérité, ont également contribué à modeler les idées de leurs contemporains à ce propos, élevant l'amour courtois à des hauteurs fabuleuses.

L'amour courtois est probablement le plus grand responsable de la dissociation de l'amour et du mariage en tant qu'institution, un fait social qui a fait son chemin dans la culture séculaire et transformé les regards modernes sur la nature des relations entre époux. Maris et femmes ne sont plus censés se plier aux conventions sociales standards d'obéissance et de devoir familial, toutes choses qui pourraient convenir à un mariage arrangé. L'accent est mis à la place sur l'amour romantique, devenu l'horizon d'attente de toutes relations intimes entre un homme et une femme et dans lequel chaque amoureux s'engage à adorer l'autre d'une manière historiquement associée à la conviction religieuse. Cette nouvelle intimité dans les couples, introduite par l'amour courtois, est un élément fondateur de la distinction moderne entre les sphères publique et privée. **JS**

1047

Consubstantiation

Bérenger de Tours

La croyance en la coexistence de la chair et du sang du Christ avec le pain et le vin bénits

La doctrine de la consubstantiation prône la présence simultanée de la chair et du sang du Christ d'une part, et du vin et du pain bénits de l'autre, durant la communion. Tous sont présents, rien n'est perdu ; la chair et le sang de Jésus, le pain et le vin, ne font qu'un. C'est une théorie théologique difficile à envisager, d'autant qu'elle ne trouve aucun fondement dans le Bible, pas plus que n'en trouve la doctrine catholique de la transsubstantiation, pour laquelle le pain et le vin de la messe changent de nature métaphysique au moment de la consécration pour devenir, intégralement, les véritables chair et sang du Christ. Mais la transsubstantiation fait partie des enseignements de l'Église depuis des siècles, et la théologie de la messe était au centre de l'univers catholique. Il ne pouvait y avoir coexistence des doctrines.

En 1047, Bérenger de Tours (v. 999-1088), archidiacre d'Angers, a formulé la théorie de la consubstantiation pour expliquer pourquoi le pain et le vin paraissaient demeurer pain et vin après la consécration. Selon lui, « le pain consacré, conservant sa substance, est le corps du Christ ; sans rien perdre de ce qu'il était, il y ajoute quelque chose qu'il n'était pas ».

Par ce « sans rien perdre », Bérenger rejetait clairement l'ancestrale transsubstantiation, si bien que son interprétation fut condamnée par les conciles de 1050, 1059, 1078 et 1079. Mais il s'y attacha avec passion, traitant même le pape Léon IX d'ignorant. Seules ses relations haut placées lui évitèrent de périr sur le bûcher en tant qu'hérétique.

Malgré tout, l'idée de la consubstantiation hanta l'Église durant des siècles. Elle fut ressuscitée par le moine théologien Martin Luther (1483-1546), en dépit de l'opposition de l'Église catholique comme des autres chapelles protestantes, qui l'ont toujours considéré comme une hérésie. **JS**

Détail d'un autel à Torslunde, au Danemark, datant de 1561, montrant Martin Luther donnant la communion aux fidèles lors d'un baptême.

> *« L'idée de consubstantiation tente d'exprimer de manière tangible (pour le croyant) la notion de l'infini dans le fini, sans réduire les deux termes à un dénominateur commun. »*
>
> Brian Schroeder, *Altared Ground* (1996)

Idéal gothique

Suger de Saint-Denis

Un style architectural mettant l'accent sur la hauteur et les élancées

Du XIIe au XVIe siècle en Europe, l'idéal gothique a régné en maître sur l'architecture, la sculpture, la peinture, l'enluminure et les arts décoratifs. Son nom lui a pourtant été donné, de manière péjorative, par les néoclassiques, qui se tournaient vers l'Antiquité gréco-romaine pour leur inspiration.

Les motifs architecturaux nés avec la basilique Saint-Denis, reconstruite en 1140 par l'abbé Suger (1081-1151), et les grandes cathédrales à arcs brisés, arcs-boutants, croisées d'ogives et vitraux, étaient considérés à la Renaissance comme barbares et excessifs comparés à la pureté des lignes d'un temple grec tel que le Parthénon.

Au XIXe siècle, le gothique est revenu à la mode en Europe, en particulier en Angleterre. On le jugeait alors approprié aux bâtiments publics, comme le palais de Westminster, reconstruit à cette époque, ou même privés, comme le démontrent les maisons de Strawberry Hill. Les motifs gothiques se retrouvèrent en architecture, en ameublement, en céramique, en joaillerie… Au même moment apparaissait le « roman gothique », branche du mouvement romantique. Se déroulant souvent dans un château médiéval, peuplé de héros et de demoiselles en détresse, ces œuvres mêlaient horreur, suspense et mystère, avec souvent une pointe de surnaturel dans le scénario ou les personnages, habituellement chez les méchants. Le canon du genre est le *Frankenstein* de Mary Shelley (1818) ou, côté américain, *La Légende de Sleepy Hollow* (1820) de Washington Irving. *La Communauté du Sud* de Charlaine Harris est une variation plus récente sur le même thème. **PBr**

« Le principe de l'architecture gothique est de rendre imaginable l'infini. »

Samuel Taylor Coleridge, poète et philosophe

V. 1100

Arc-boutant

France

Un élément de construction qui a révolutionné l'architecture

L'arc-boutant est un type d'étai, un système de support en arc très utilisé en architecture dans la période gothique à partir du XIIe siècle, tout particulièrement pour les églises hautes de plafond. Il est appelé ainsi car son arc contrebute la poussée horizontale des voûtes. Un haut plafond génère en effet de grandes forces capables d'écarter les murs sur lesquels il s'appuie, à moins qu'elles ne soient redirigées vers le sol. Sans arc-boutant, les murs s'effondreraient.

La cathédrale de Notre-Dame à Paris est un exemple bien connu d'église à arcs-boutants, mais des prototypes du principe général d'ingénierie matérialisé par ces arcs existaient bien avant elle, dans l'architecture romaine et même byzantine. Un des avantages de l'utilisation d'arcs-boutants était de minimiser la quantité de pierres nécessaires aux murs, si bien qu'il devenait possible d'y pratiquer de plus grandes ouvertures, souvent ornées de vitraux. Ainsi, les yeux des fidèles pouvaient s'attarder sur plus de beauté lorsqu'ils les levaient au ciel, et la contemplation de Dieu devenait plus immédiate.

Les arcs-boutants eux-mêmes, depuis leur rôle de simples étais, sont devenus des objets d'art que les sculpteurs décoraient de figures et de dessins complexes. Ces structures ont ainsi permis à des sociétés dotées de techniques limitées, rudimentaires, de bâtir de vastes édifices. Les architectes étaient alors en mesure de renforcer la ferveur des croyants et leur amour pour les pouvoirs infinis du Créateur, sentiments qu'ils n'auraient pu inspirer avec des bâtiments d'une échelle moindre. **JS**

« Comme l'aube blanchissait les arcs-boutants, il vit […] une figure qui marchait. » **Victor Hugo, *Notre-Dame de Paris***

La cathédrale de Bourges, construite entre 1200 et 1300, chef-d'œuvre de l'art gothique. →

Argument ontologique de l'existence de Dieu

Anselme de Cantorbéry

L'argument d'un ecclésiastique chrétien cherchant à prouver logiquement l'existence de Dieu

Saint Anselme, moine bénédictin, gravure sur cuivre (1584) de l'explorateur français André Thevet. La couleur est un ajout tardif.

« Il existe donc sans aucun doute, et dans l'intelligence et dans la réalité, un être au-dessus duquel la pensée ne peut rien concevoir. »

Anselme de Cantorbéry, *Proslogion* (1077-1078)

La formulation originale la plus rigoureuse de l'argument ontologique de l'existence de Dieu nous vient d'Anselme de Cantorbéry, saint Anselme (1033-1109). Selon cet argument, l'existence dérive nécessairement du seul concept de Dieu.

L'argument pourrait se formuler ainsi. Prémisse 1 (P1) : Dieu est cet être tel que rien de plus grand ne puisse se penser. Prémisse 2 (P2) : Il est possible que Dieu n'existe qu'en pensées. Prémisse 3 (P3) : Si c'est le cas, pourrait exister un être plus grand, c'est-à-dire un être existant en réalité. Déduction : P3 contredit P1, et comme P3 repose sur P2 et que P1 est plus certain que P2, nous devons rejeter P2. Nous pouvons conclure que Dieu existe en pensées et en réalité.

Cet argument a subi bien des traitements sophistiqués, à la fois pour et contre, administrés par des philosophes de traditions diverses. Dans ses *Méditations métaphysiques*, René Descartes propose une autre version de la preuve ontologique dans son effort pour créer un socle à la connaissance humaine qui soit invulnérable au scepticisme.

Emmanuel Kant l'a, lui, amoindri dans un texte célèbre, où il juge sa formulation fautive car elle traite Dieu comme un prédicat. Très récemment, Alvin Plantinga en a créé une version mise à jour, toutefois moins convaincante que l'originale.

Le plus intéressant, dans l'argument ontologique, c'est sa fragilité. Que ce passage de l'analyse conceptuelle à l'assertion ontologique ait pu paraître convaincant un jour en dit long sur l'empressement désespéré de l'esprit humain dans son approche des problèmes métaphysiques comme l'existence de Dieu. Mais il montre aussi combien l'esprit devient créatif quand il est confronté à des problèmes aussi entêtants que de prouver l'existence d'un pouvoir suprême et transcendant. **JS**

V. 1100

Scolastique

Anselme de Cantorbéry

Une méthode d'apprentissage fondée sur l'analyse conceptuelle

La rigueur théologique des penseurs médiévaux, pour la plupart des moines de la première moitié du Moyen Âge, a ouvert la voie en sa seconde moitié à des intellectuels académiques chrétiens, capables de déployer des méthodes de raisonnement dialectique et d'analyse conceptuelle issues de la philosophie antique. Ces académiciens sont dits « scolastiques », « hommes d'école », du fait des postes qu'ils occupaient souvent au sein des universités européennes.

Les scolastiques ont tout d'abord travaillé à réconcilier penseurs chrétiens et philosophes antiques, Aristote et Platon en premier lieu, avant de se consacrer à la défense et à l'explication de l'orthodoxie chrétienne face à la pluralité des opinions. C'est ainsi qu'Anselme de Cantorbéry (1033-1109), Thomas d'Aquin (1225-1274), Jean Duns Scots (v. 1266-1308) et Guillaume d'Occam (v. 1287-1347) ont adopté un ensemble de prémisses métaphysiques et religieuses capables de rendre compte de toutes les philosophies. Ils se sont intéressés de près au libre arbitre, au nominalisme et au réalisme, ainsi qu'à l'existence de Dieu.

L'approche philosophique et le corpus que les scolastiques nous ont légués demeurent une source de réflexions très riche pour qui s'intéresse à l'ontologie ou à la nature de la réalité.

Ainsi, la pensée occidentale leur doit un ensemble de thèses provocatrices contre lesquelles bien des penseurs modernes se sont élevés, produisant à leur tour un travail philosophique fructueux. L'œuvre de René Descartes, par exemple, peut être vue comme une réaction aux méthodes et aux conclusions des scolastiques, ce qu'elle était explicitement. Mais leur contribution essentielle à l'histoire des idées reste leurs efforts communs pour ressusciter l'analyse conceptuelle de la philosophie antique. Ils l'ont même parfois surpassée. **JS**

V. 1150

Wabi-sabi

Fujiwara no Shunzei

Il y a de la beauté dans l'éphémère et dans l'imperfection

Le wabi-sabi est un modèle esthétique prévalant dans tous les arts japonais. L'expression regroupe deux termes liés, *wabi* et *sabi*. Le wabi-sabi a connu son essor en même temps que celui de la cérémonie du thé, durant la période Tokugawa (1603-1867), mais ses origines sont plus anciennes. Elles remontent à l'usage original du *sabi* par Fujiwara no Shunzei (1114-1204), aristocrate et poète.

Seul, *wabi* signifie la beauté dans la simplicité. La litote est toujours plus forte que l'exagération, comme l'illustrent la subtilité des couleurs et des lignes et l'usage de l'espace vide dans l'architecture et l'art japonais. Des imperfections mineures rendent l'objet plus beau encore. Le *sabi* est l'esthétique de la désolation (surtout dans les paysages) et de l'apparence usée, vieillie, des objets d'artisanat, qui illustrent non seulement l'importance du vide, mais aussi de l'éphémère dans la philosophie Zen. Les objets à la patine rustique ont mûri, par expérience.

« Solitude : couleur essentielle d'une beauté à ne pas définir. »

Jakuren, prêtre bouddhiste et poète

Le concept qui les combine, *wabi-sabi*, célèbre donc la nature incomplète et transitoire des choses. Le bol à thé Kizaemon, né au XVIe siècle, en est l'un des grands exemples : son apparence fatiguée, asymétrique, accentue l'attrait que lui procure son charme désolé. Les pièces classiques de l'architecture japonaise, telles que le temple au pavillon d'argent ou le jardin des pierres du Ryoan-ji, tous deux à Kyoto, illustrent à merveille la beauté dépouillée du wabi-sabi.

Wabi-sabi est le concept central de l'esthétique japonaise. Très influencé par le Zen, il règne sur toutes les formes d'art au Japon. **JM**

v. 1181

Saint-Graal

Chrétien de Troyes

Une coupe mystique à laquelle les chrétiens prêtaient des propriétés curatives

Le Saint-Graal est mentionné pour la première fois dans le roman arthurien *Perceval ou le Conte du Graal* (v. 1181), de Chrétien de Troyes (v. 1135-1183). Le Graal n'est alors qu'un calice décoré, une coupe qui, durant la messe, accueille les hosties que les catholiques reçoivent littéralement comme le corps du Christ.

Dans le roman, le roi pêcheur, blessé, ne vit que de cette hostie, qui suffit à sa subsistance. Dans cette première version, le Graal est ainsi une métaphore médiévale et romantique de l'eucharistie, qui soigne ceux qui la reçoivent.

Un poète du XIIIe siècle, Robert de Boron, a étoffé la légende du Graal en le décrivant comme la coupe de Jésus lors de la Cène, dans laquelle Joseph d'Arimathie aurait ensuite recueilli le sang du Christ durant la crucifixion. De cette manière, Joseph d'Arimathie serait devenu le premier gardien du Graal, chargé de le garder jusqu'à ce que celui-ci puisse aider à soigner les croyants. Dans les romans arthuriens plus tardifs, la « quête du Graal » est entreprise par les chevaliers du roi Arthur qui veulent ainsi rétablir l'ordre à Camelot, un royaume terrestre presque paradisiaque alors déchiré par le péché.

« Ils regardèrent et virent un homme sortir de la coupe sacrée… »

Sir Thomas Malory, *Le Morte d'Arthur* (1485)

Le Graal a ainsi dépassé la métaphore de l'eucharistie, mais il incarne toujours cette notion très chrétienne du sacrifice de Jésus ouvrant la voie à la rédemption, spirituelle (le pardon des péchés) et physique (restauration des corps brisés, des terres asséchées, etc.).

La légende du Graal est l'illustration de la quête par l'humanité de la rédemption, à laquelle elle donne un visage. **AB**

1191

Zen

Myoan Eisai

L'idée d'atteindre l'illumination par la méditation silencieuse

Le Zen est une tradition philosophique et religieuse fondée par Myoan Eisai (1141-1215), qui avait étudié le bouddhisme Chan en Chine et qui fonda le premier temple Zen au Japon en 1191. L'école Chan remonte à Bodhidharma, moine indien légendaire qui importa le bouddhisme mahayana en Chine et bâtit le monastère Shaolin. Le mahayana a d'abord incorporé des éléments du taoïsme, avant d'aboutir à l'approche simplifiée, pratique, du Chan, puis du Zen.

Comme le mahayana indien, le Zen affirme que la souffrance est le résultat de notre attachement naïf à de faux idéaux, en particulier à l'idée du moi. La véritable nature de la réalité est l'*engi*, l'interdépendance : tout est partie du même réseau dynamique de l'être. Les objets sont éphémères et rien n'existe que le contexte naturel et social qui les entoure. Grâce à la méditation, il est possible de parvenir à la vérité de l'*engi* et d'atteindre le *satori* (l'éveil spirituel), caractérisé par le *mushin*, un état dénué de pensée dans lequel les choses sont perçues comme elles sont réellement, sans passage par l'abstraction.

« Le Zen transforme une vie banale en une forme d'art, authentique et créative. »

D. T. Suzuki, auteur et professeur

Le Zen demande de cultiver deux vertus : le *chi* (sagesse, connaissance de la vraie nature de la réalité) et le *jihi* (compassion pour tous les êtres sensibles). Les deux principales écoles Zen sont l'école Soto, centrée sur la méditation assise, et l'école Rinzai, qui s'attache à l'étude des *koan*, énigmes paradoxales. L'accès au *mushin* aboutit à une forme d'« hyperpraxie », une amélioration colossale des performances, aussi de nombreux artistes depuis l'ère des samouraïs ont-ils étudié le Zen pour parfaire leur pratique. **JM**

Le Saint-Graal, eau-forte colorisée tirée d'un livret de Parsifal (1882), l'opéra de Richard Wagner.

v. 1200

Satanisme théiste

Europe

Voir Satan comme une divinité méritant qu'on la révère, à l'image d'un héros

Pour les satanistes athées, tels qu'Anton Lavey (1930-1997), Satan n'existe pas, il n'est que le symbole de l'individualisme absolu. À l'inverse, le satanisme théiste accorde à Satan l'existence, comme les religions abrahamiques, mais lui, en revanche, le juge digne de vénération.

Les origines du satanisme sont difficiles à cerner. Il serait apparu en Europe autour des XIIe et XIIIe siècles. Il est difficile de le dater plus précisément en raison du grand nombre de personnes accusées de pratiquer une forme ou une autre de satanisme dans l'histoire, comme lors des procès en sorcellerie au XVIe et au XVIIe siècle. Or, que tous ces gens aient participé à un véritable culte du démon est en définitive très improbable. Le satanisme est devenu un thème populaire dans la littérature à partir du XVIIIe siècle. En 1891, Joris-Karl Huysmans décrit en détail une messe noire dans son roman *Là-bas*. La messe noire est une cérémonie centrale du satanisme, souvent décrite comme mêlant une forme inversée d'eucharistie avec des éléments de magie.

> *« Mieux vaut régner dans l'Enfer que servir dans le Ciel. »*
>
> **John Milton, *Le Paradis perdu* (1667)**

De nos jours, le satanisme théiste est considéré comme une religion explicitement satanique, dans laquelle les fidèles passent des pactes avec les démons, célèbrent des messes noires, offrent des animaux en sacrifice, etc.

Cette religion existe sous de nombreux noms et de nombreuses formes aux caractéristiques différentes, mais toutes s'accordent pour dire que Satan a raison de se rebeller contre Dieu, qui serait un tyran (ce qui est, en partie, une réponse aux poètes comme John Milton, et aux théologiens tel Jean Calvin). **AB**

v. 1200

Robin des bois

Angleterre

Le hors-la-loi légendaire qui volait les riches pour donner aux pauvres

Selon la légende populaire, Robin des bois était un archer de talent qui vivait dans la forêt de Sherwood avec ses « joyeux compagnons » (parmi lesquels Petit Jean et frère Tuck). Ensemble, ils volaient les riches et reversaient leur butin aux pauvres. Le gouvernement de l'époque jugeait Robin et ses hommes comme de dangereux criminels, mais les poètes et les romanciers l'ont décrit comme un héroïque hors-la-loi (des siècles plus tard, Jesse James aux États-Unis sera perçu de la même façon).

Nous ignorons si Robin des bois a vraiment existé, même si nous disposons de quelques indices convaincants. Les plus anciens proviennent de documents légaux anglais de la première moitié du XIIIe siècle. Ils ont entraîné chez beaucoup la conviction que Robin des bois est un personnage historique, et bel et bien un hors-la-loi. Il devait en tout cas être unique en son genre car, très peu de temps après cette époque, la légende l'entourant, lui et ses exploits, est née et a prospéré, de façon certes hétérogène, mais donnant tout de même lieu à de nombreuses chansons et poèmes d'écrivains célèbres comme William Langland et William Shakespeare.

> *« C'était un bon bandit qui, pour les pauvres, fit beaucoup de bien. »*
>
> ***A Gest of Robyn Hode* « La Geste de Robin des bois »**

La légende et l'héritage de Robin des bois sont moins politiques (une révolte paysanne face à un gouvernement corrompu) que moraux. Robin est une figure mythique car il incarne un dilemme : commettre une injustice (le vol) pour un acte d'amour (le don aux pauvres). Aujourd'hui, cependant, le monde entier l'admire non pas sous la forme d'un voleur, mais plutôt de celui qui restitue aux faibles ce que les forts leur avaient injustement pris. **AB**

Le Sabbat des sorcières (1797) de Goya. Le bouc est le démon sous sa forme animale.

1202

Suite de Fibonacci

Leonardo Fibonacci

Une suite de nombres où chaque terme est la somme des deux précédents

La suite de Fibonacci est une suite de nombres où le troisième terme, et chaque terme après lui, est la somme des deux précédents (0, 1, 1, 2, 3, 5, 8, 13, 21, 34...). La suite peut commencer par 0 et 1, avec 1 pour troisième terme, puis 2, etc. ; ou bien par 1 et 1, avec 2 pour troisième terme, puis 3, etc.

La suite doit son nom à Leonardo Fibonacci (v. 1170-1240), parfois appelé Leonardo Pisano (Léonard de Pise) ou encore Leonardo Bigollo (« voyageur »), l'un des plus grands mathématiciens du Moyen Âge.

Il a introduit la suite en Occident dans son *Liber abaci* (« Livre de l'abaque ») en 1202, mais elle a été identifiée bien plus tôt, en Inde, dans une tradition orale sanskrite datant de 200 av. J.-C. Dans le *Liber abaci*, Fibonacci présente sa suite croissante comme la représentation

« Aucun nombre n'est aussi présent que ceux de Fibonacci. »

***The Fabulous Fibonacci Numbers* (2007)**

d'une population de lapins. Il l'utilise pour calculer combien de lapins seront nés en une année en partant d'un couple, la femelle étant féconde à l'âge d'un mois seulement. Elle donnera ainsi immédiatement naissance, au bout d'un mois seulement, à un couple mâle et femelle qui se reproduira à son tour, reproduisant le même cycle.

Cette suite s'observe en biologie, où le nombre de pétales de la plupart des fleurs s'y conforme : les lys en ont 3, les boutons d'or 5, la marguerite souvent 34 ou 55. S'il vous prend l'envie de dessiner une pomme de pin selon des principes mathématiques exacts, partez de 5 spirales qui vont dans un sens, et 8 qui vont dans l'autre. Vous êtes-vous déjà demandé pourquoi il était si dur de trouver un trèfle à 4 feuilles **?** Eh bien, 4 n'est pas un nombre de Fibonacci. **BS**

1215

Trial by Jury

Angleterre

Un procès dans lequel le verdict est déterminé par des membres de la communauté

Bien qu'il y ait eu des procès jugés par un jury à Athènes et à Rome dans l'Antiquité, les procédures de ce genre descendent plutôt de la *common law* anglaise, qui contient le droit à un « procès par jury » (*trial by jury*) depuis la *Magna Carta*, la Grande Charte arrachée au roi Jean sans Terre par ses barons en 1215. En effet, l'article 39 de la charte précise qu'un « homme libre » ne pourra pas être emprisonné, déclaré hors-la-loi ou exilé sans « le jugement légitime de ses pairs ».

Le *trial by jury* est un procès dans lequel les membres d'un jury, les jurés, sont responsables du jugement sur les faits (par exemple, de la culpabilité de l'accusé dans un procès criminel).

La procédure exacte varie selon les juridictions ; elle est plus souvent employée dans les affaires criminelles

« Messieurs les jurés, un tribunal ne vaut pas mieux que chacun de vous. »

Harper Lee, *Ne tirez pas sur l'oiseau moqueur* (1960)

que dans les affaires civiles. Les jurés sont généralement tirés au sort parmi les citoyens, le jury est ainsi présumé impartial. Les partisans du « procès par jury » affirment qu'il constitue un contre-pouvoir essentiel, qu'il permet à la communauté de faire entendre sa voix au sein du système légal et qu'il prouve que le pouvoir de l'État est bien aux mains du peuple.

Les critiques, en revanche, objectent que les jurys peuvent être, et ont été, influencés par des sentiments personnels ou des préjugés et qu'ils ne sont pas capables de comprendre les preuves scientifiques ou statistiques de plus en plus communes dans les procès. L'alternative est souvent la règle dans les affaires civiles : un juge, ou un panel de juges, est alors responsable du jugement sur les faits (parfois en collaboration avec un jury). **GB**

Carreau du campanile de la cathédrale de Florence, v. 1300, montrant Phoroneus, la loi personnifiée. ➔

1215

Magna Carta

Angleterre

Une charte limitant les pouvoirs du roi et spécifiant les droits de ses citoyens

La Magna Carta, « grande charte » en latin, est un document signé en juin 1215 par le roi Jean d'Angleterre (1166-1216). Cette charte limite les pouvoirs du roi et protège, en partie, les citoyens de l'arbitraire du souverain, en assurant qu'ils devront être traités conformément à la loi anglaise précédant la conquête normande de 1066.

Le règne du roi Jean, au début du XIIIe siècle, n'était déjà pas bien engagé avant que ses barons le forcent à signer la charte et à abandonner certains de ses pouvoirs. Conformément au système féodal en vigueur, les barons devaient payer un impôt au roi et lui procurer des hommes en cas de conflit. Lorsque le roi perdit ses territoires en France et commença à lever des taxes sans consulter ses barons au préalable, ceux-ci, ainsi que l'archevêque Stephen Langton, se rebellèrent. La chute de Londres entre leurs mains décida le roi à signer la Magna Carta.

« Nous ne vendrons, refuserons ou différerons le droit d'obtenir justice à personne. » **Magna Carta (1215)**

Limitant les pouvoirs du trône et reconnaissant les droits de ses citoyens, la Magna Carta est une des premières étapes de l'établissement de la loi constitutionnelle anglaise, que les colons anglais introduisirent en Nouvelle-Angleterre. Ainsi, les principes de la Magna Carta se retrouvent à la fois dans la Déclaration d'indépendance américaine (1776) et dans la Constitution des États-Unis (1787). La plupart des droits individuels qu'elle contenait furent pourtant abolis, et les pouvoirs du souverain anglais redevinrent absolus en pratique, mais l'importance symbolique de la Magna Carta a joué un rôle déterminant dans le développement des démocraties modernes. **MT**

1225

Théosophie

Inconnu

Un système philosophique ésotérique qui questionne la nature de la divinité

D'abord considérée comme proche de la théologie depuis son apparition au IIIe siècle, il faut attendre jusqu'au XIIIe siècle pour que la théosophie soit complètement différenciée de la théologie et de la philosophie classique. Dans *Summa philosophiae* publié en 1225, l'auteur, scientifique et évêque de Lincoln Robert Grossetête (1175-1253) décrit les théosophes comme des « auteurs inspirés par les livres saints », une appellation qui se démarque de celle des théologiens chargés d'enseigner les vérités spirituelles.

La théosophie – du grec *theosophia*, qui signifie « sagesse divine » – encourage à remettre en question les croyances établies en pensant de façon critique. Son objectif pour l'individu est l'illumination et la réalisation de soi à travers la réincarnation et le karma. Il ne s'agit pas, cependant, d'une religion autonome qui possède sa propre hiérarchie. Il n'existe aucun clergé, et des sessions d'étude informelles remplacent les rencontres officielles des congrégations. La Société théosophique, fondée à New York en 1875, combine les traditions des religions orientales avec les croyances ésotériques occidentales, dans le but de réaliser ce que sa cofondatrice – Helena Blavatsky (1831-1891), chercheuse d'origine russe spécialisée dans la littérature antique – qualifie de « syncrétisme » des croyances, appelé aussi la Religion éternelle. Blavatsky affirmait avoir acquis son savoir personnel auprès d'enseignants et de moines, même si quelques voix dissonantes ont affirmé qu'elle se contentait de restituer ce qu'elle avait appris dans les livres.

Aujourd'hui, la théosophie continue de favoriser la compréhension entre religions concurrentes et requiert pour ce faire le service désintéressé de ses adhérents. D'après l'auteur théosophique Charles Webster Leadbeater : « Le chemin aboutit uniquement pour celui qui le désire, non dans son propre intérêt, mais pour se mettre au service de l'intérêt général. » **BS**

Asile psychiatrique

Europe

Une institution qui offre des soins et des traitements pour les personnes souffrant de maladie mentale

Familièrement appelé asile de fous, l'asile psychiatrique est un hôpital où les malades reçoivent des soins et un traitement en cas d'affection mentale aiguë ou chronique. Le Bethlem Royal Hospital de Londres, en Angleterre, serait le plus ancien asile psychiatrique encore en activité, puisqu'il a ouvert ses portes il y a plus de 600 ans. Il fut à l'origine fondé par les chrétiens en 1247 comme simple demeure pour les sans-abri, mais peu à peu, ses activités se sont concentrées spécifiquement sur le traitement de la «folie».

Les endroits pour loger et protéger les fous se sont par la suite multipliés, parallèlement au passage significatif de l'asile d'aliénés à l'hôpital psychiatrique, ce qui coïncide avec la montée en puissance de la psychiatrie institutionnelle au XIXe siècle. Avant cela, la folie était essentiellement traitée comme un problème interne : c'était aux familles et à leurs autorités paroissiales qu'incombait la charge de soigner les malades mentaux. Des maisons de fous privées existaient pour ceux considérés comme extrêmement violents ou ne pouvant pas être pris en charge par des proches, mais ces lieux étaient seulement accessibles aux plus riches. Par conséquent, les fous étaient souvent envoyés dans des hospices ou des établissements correctionnels. Des asiles publics ou caritatifs apparurent en Angleterre au cours des XVIIe et XVIIIe siècles, mais ils étaient rares et souvent pleins.

Avec l'émergence de la psychiatrie institutionnelle est venu le financement national des hôpitaux, l'accessibilité pour tous et le traitement moral obligatoire de tous les patients. Le XIXe siècle a vu le développement de traitements ne se basant plus uniquement sur des restrictions ou des méthodes coercitives, tandis que le XXe siècle a connu l'essor des thérapies physiques et médicamenteuses. Aujourd'hui, plutôt que d'enfermer les malades mentaux, les asiles apprennent au patient à mieux s'intégrer dans la société. **KBJ**

↑ Une gravure de William Hogarth, issue d'une série intitulée *La Carrière d'un libertin* (1735), et conservée au Bethlem Royal Hospital.

« Il n'est pas nécessaire de visiter une maison de fous pour trouver des esprits désordonnés. »

Johann Wolfgang von Goethe, écrivain

Lunettes

Inconnu

L'utilisation de lentilles pour corriger les défauts de vision du porteur

Virgil avec des lunettes, une peinture de Tom Rink. Surtout utilisées par les moines et les érudits, les premières lunettes se portaient devant les yeux ou en équilibre sur le nez.

« Je pense toujours à ce que cela signifie de porter des lunettes. Je pense aussi à tous ces gens avant l'invention des lunettes… cela a dû être bizarre parce que le monde voyait de différentes façons. »

Andy Warhol, artiste

Les dispositifs de grossissement qui permettent de mieux voir existent depuis l'Antiquité. En effet, Sénèque le Jeune (4 av. J.-C.-65) aurait utilisé un globe de verre rempli d'eau pour lire durant ses dernières années. Puis, en l'an 1000, la pierre de lecture, semblable à une loupe, a fait son apparition. Quant aux lunettes, si on ne connaît pas le nom de leur inventeur, elles furent pour la première fois mentionnées en 1268 dans les écrits du philosophe anglais Roger Bacon (v. 1220-1294).

Les lunettes offrent un moyen pratique de corriger la vision. D'abord conçues à l'aide de lentilles de quartz, les progrès de la verrerie vont permettre aux inventeurs de coupler l'optique avec des montures plus légères. Il faudra cependant attendre jusqu'en 1604 pour que le principe de fonctionnement des lunettes soit mis en avant dans le traité d'optique du mathématicien allemand Johannes Kepler. Les personnes ayant une vision floue ont un défaut d'optique, ce qui signifie que les rayons lumineux sont concentrés soit devant ou immédiatement derrière la rétine, un problème que les lentilles corrigent en redirigeant la lumière. En 1780, Benjamin Franklin, imprimeur de métier, crée les lunettes à double foyer pour permettre à celui qui souffre de plusieurs problèmes de vision de s'appuyer sur un ensemble unique de lunettes.

Les premières lunettes étaient surtout utiles suite au développement d'une hypermétropie ou d'une myopie. Par ailleurs, les savants anciens comptaient probablement sur leurs lunettes pour maintenir une capacité à lire et à écrire, ce qui contribua à la propagation des idées. À mesure que leur coût de production baissait, les lunettes permirent à des millions de gens de s'engager dans des activités parfois difficilement compatibles avec un problème de vision. En outre, elles sont devenues le premier dispositif médical largement disponible utilisant la technologie afin de surmonter un handicap physique. **MT**

Doctrine du double effet

Saint Thomas d'Aquin

Un ensemble de critères éthiques pour la réalisation d'un acte moralement répréhensible

Aussi connue sous le nom de « principe du double effet », la doctrine du double effet est une distinction conceptuelle faite par des théologiens catholiques au Moyen Âge pour expliquer et justifier un aspect très spécifique des règles d'engagement de la guerre. Elle a depuis été utilisée dans l'analyse d'une variété de problèmes moraux contemporains, comme l'euthanasie et l'avortement.

Le théologien saint Thomas d'Aquin (1225-1274) présente « la doctrine du double effet dans la pensée catholique » dans son œuvre inachevée *Somme théologique* (1265-1274). Ainsi, il fait valoir que le meurtre d'un agresseur est admissible si l'agressé n'a pas l'intention de tuer et entend seulement se défendre. Ceci, en partie, a permis d'établir la primauté de l'autodéfense comme seule justification pour déclarer la guerre. Une interprétation plus généralisée de la doctrine est qu'elle légitime un acte dont les inconvénients sont prévisibles, mais non intentionnels, à condition que l'intention finale soit plus importante. Dans de tels cas, l'effet néfaste de l'action est vu comme un effet secondaire (son objectif principal étant que les conséquences finales soient davantage positives), même s'il est encore nécessaire de réduire au minimum les inconvénients prévisibles où et quand cela est possible.

La doctrine du double effet a contribué à établir le cadre de la « guerre juste » parmi les nations occidentales. Plus important encore, elle sert de position non absolutiste essentielle à travers laquelle les différentes parties doivent examiner et minimiser les dommages potentiels qui pourraient résulter de leurs actions, ce qui confère plus d'autonomie dans la prise de décisions à l'intérieur de situations qui ne se prêtent pas à des solutions simples. En bref, la doctrine du double effet reconnaît et reflète l'inadéquation de règles et de formules simples pour déterminer les mesures justifiées à l'intérieur de situations complexes. **JS**

Un ancien manuscrit de la *Somme théologique* (1265-1274) de saint Thomas d'Aquin. Les travaux de Thomas d'Aquin ont été conçus comme un manuel pour débutants en théologie.

« Rien n'empêche un acte d'avoir deux effets, dont un seul est destiné. »

Saint Thomas d'Aquin, Somme théologique (1265-1274)

1274

Preuves de l'existence de Dieu

Saint Thomas d'Aquin

Des arguments en faveur de l'existence de Dieu, fondés sur la raison et l'observation

Parmi les nombreuses tentatives afin de prouver l'existence de Dieu figurent les cinq preuves, ou les cinq voies, établies par saint Thomas d'Aquin (1225-1274) dans son œuvre inachevée *Somme théologique* (1265-1274), et dictées comme suit : le mouvement (il existe un moteur immobile) ; le lien de causalité (la séquence des causes à l'origine de l'Univers doit avoir une cause première) ; la contingence de la création (toutes choses dépendent d'autres choses pour leur création, il demeure un être à l'origine de la création initiale) ; les degrés de perfection (si divers degrés de beauté cohabitent, il règne une norme parfaite – Dieu – à laquelle toutes les choses sont comparées) ; et l'intelligente conception (l'Univers se réfère à des lois qui semblent avoir un ordre, ce qui implique l'existence d'un grand ordonnateur).

« Mieux vaut fournir des vérités envisagées que de simplement les envisager. »

Saint Thomas d'Aquin, *Somme théologique* (1265-1274)

Plus qu'une tentative de clarifier la façon dont les gens conceptualisent le créateur, les cinq preuves sont généralement considérées comme des arguments sérieux en faveur de la réalité de Dieu. Ainsi, à l'instar de nombreuses thèses philosophiques, les cinq preuves ont acquis une signification différente de celle prévue au départ par leur auteur. Après tout, Thomas d'Aquin, qui est un catholique romain, était déjà convaincu de l'existence de Dieu par la foi.

La suffisance, ou l'insuffisance, des cinq preuves soulève la question de la relation entre le divin et la rationalité. En effet, les cinq preuves mettent en évidence la relation tendue entre ce qui est connu *a posteriori* (par l'expérience) et ce qui est connu *a priori* (par la raison), ce qui remet en question la priorité de l'enquête philosophique sur la recherche scientifique, et vice versa. **JS**

◧ Saint Thomas d'Aquin recevant l'Esprit saint sous la forme d'une colombe, par Andrea di Bartolo (v. 1368-1428).

1274

Dieu et le lien de causalité

Saint Thomas d'Aquin

Dieu n'influe pas directement sur le monde, mais au travers de causes secondaires

Dans son œuvre inachevée *Somme théologique* (1265-1274), saint Thomas d'Aquin (1225-1274) se réfère à Dieu comme étant la « cause principale » de toute création, soutenue ensuite par sa présence. Pourtant, l'idée de « causalité » n'est pas toujours aussi linéaire que celle du créateur suivie de sa création. Par exemple, le dilemme de causalité « l'œuf et la poule » (qui est venu en premier, l'œuf ou la poule ?) peut être résolu de diverses manières selon le profil des personnes. Ainsi, il apparaît clairement dans une lecture littérale de la Genèse que le poulet (Dieu) est venu en premier, tandis qu'en des termes évolutionnistes, l'œuf est apparu en premier.

Selon René Descartes (1596-1650), une cause primaire est capable de se « provoquer d'elle-même » et ne dépend donc pas forcément de quelque chose avant son existence. Aux yeux de Thomas d'Aquin, la création se confond avec la « causalité » radicale de l'Univers : il ne s'agit pas d'une modification de l'Univers, de l'espace ou du temps, ni d'une altération des matériaux existants. Si une chose existe déjà pour aider ou être ajoutée à la cause de l'Univers, Dieu n'en serait pas le créateur. En tant qu'initiateur de la cause première, Dieu est responsable des moyens par lesquels toutes les causes secondaires suivantes sont activées et soutenues. Ces causes secondaires sont vraiment ordinaires, variables et arbitraires selon les caprices de ses divers agents, qu'ils soient humains ou conformes aux lois de la nature, de la mécanique ou de la physique. Pour Thomas d'Aquin, les humains sont responsables de leurs propres actions, et si Dieu influe sur leurs agissements, il n'empiète jamais sur leur liberté. **BS**

« Les causes intermédiaires sont inférieures en puissance à la cause première. »

Saint Thomas d'Aquin, *Somme théologique* (1265-1274)

v. 1280

Horloge mécanique

Inconnu

Un dispositif mécanique qui permet la mesure précise du temps

L'horloge mécanique – un dispositif autonome capable de mesurer le temps sans avoir besoin d'une source d'alimentation externe une fois la mise en place d'un cycle de fonctionnement limité – est apparue en Europe au XIIIe siècle, bien qu'aucun exemplaire n'ait survécu jusqu'à nous. À partir de 1280, les horloges mécaniques sont de plus en plus fréquemment mentionnées dans les registres paroissiaux indiquant que les communautés religieuses, en particulier, s'en servaient.

Depuis la préhistoire, l'humanité s'échine à mesurer le passage du temps de multiples façons, que ce soit à l'aide d'un cadran solaire, d'un sablier ou d'une horloge à eau. Cependant, il faudra attendre l'invention d'un dispositif d'équilibrage, connu sous le nom de mécanisme d'échappement, pour que l'horloge mécanique soit considérée comme une véritable proposition pratique. L'ingénieur chinois Su Song (1020-1101) avait conçu un mécanisme d'échappement dès le XIe siècle, mais son système s'appuyant sur le mouvement de l'eau, il ne pouvait pas être qualifié d'entièrement mécanique.

« En avançant les aiguilles de l'horloge, vous ne pouvez pas avancer l'heure. »

Victor Hugo, poète, romancier et dramaturge

Les premières horloges mécaniques utilisaient le mouvement régulier des pendules pour déplacer leurs rouages. Elles étaient imprécises et souffraient parfois d'un décalage d'une demi-heure par jour, alors qu'il faudrait aujourd'hui 138 millions d'années à une horloge atomique pour perdre ou gagner une seconde. Malgré tout, l'horloge mécanique participa à la marchandisation du temps en l'encapsulant. Les horloges fourniront aux scientifiques la possibilité de mesurer le temps pendant de brefs instants, et contribuèrent à la formation d'industries et d'économies entières. **MT**

v. 1280

Kabbale

Religion juive

Une tradition juive d'interprétation mystique de la Torah

La Kabbale (qui signifie « tradition ») incarne la forme dominante de la théologie mystique juive. Bien que ses adeptes rattachent la Kabbale à Moïse, ou même à Adam, les chercheurs s'accordent généralement pour dire qu'elle se développa entre le XIe et le XIIe siècle. En 1280, le rabbin espagnol Moïse de León (1250-1305) publie le *Zohar*, devenu l'ouvrage fondamental de la Kabbale. Le *Zohar* a subi une réinterprétation au XVIe siècle par Isaac Louria (1534-1572), dont le kabbalisme se distingue parfois du *Zohar*.

La Kabbale opère la distinction entre Dieu tel qu'il est en lui-même et ses manifestations. Comme il est en lui-même, Dieu est au-delà de la compréhension. Dieu se manifeste au moyen d'un processus d'émanation, à travers dix pouvoirs – ou puissances – connus sous le nom de Sephiroth. C'est grâce aux Sephiroth que Dieu se révèle et soutient l'existence de l'Univers. Les éléments de la psyché humaine, dont la moralité affecte l'harmonie ou la dysharmonie de l'Univers, correspondent aux Sephiroth. Les humains sont donc au cœur du système universel. La Kabbale propose aussi des lectures ésotériques de la Torah et des textes environnants.

« La Kabbale, apparue il y a plus de 800 ans, est toujours d'actualité. »

Joseph Dan, *La Kabbale* (2006)

La popularité de la Kabbale varie à l'intérieur même du judaïsme. Elle a été entachée par la découverte d'un faux messie au XVIIe siècle, et fut souvent rejetée au XIXe siècle pour ses enseignements jugés païens et superstitieux. Mais certaines sectes la considèrent comme sacrée, et les éléments de la Kabbale ont fini par être largement adoptés par le judaïsme. La Kabbale attire également des non-juifs curieux, surtout lorsqu'elle est incorporée à des traditions mystiques ou new age. **GB**

Soleil et symboles kabbalistiques, issus d'un codex grec du XVIIe siècle *Astrologicae fabulae et cabalisticae*.

ἄρης
ἥλιος
κρόνος
σελήνη
ἑρμῆς

v. 1400

Nunchi

Corée

L'art subtil de l'écoute de l'humeur d'autrui

Nunchi est un terme coréen décrivant la capacité d'écouter et de voir dans le *gibun* (état d'esprit) des autres, afin de réagir en conséquence. En Occident, il est synonyme d'« instinct », mais dans une société où on enseigne dès l'enfance à faire preuve d'un certain mutisme, le *nunchi* apparaît comme l'aide indispensable pour communiquer avec ceux qui vous entourent. Les origines du concept proviennent du confucianisme, dont la version révisée, dite néoconfucianisme, est devenue prépondérante dans la Corée du XVe siècle.

Le *nunchi*, que l'on pourrait traduire par « l'instinct de l'œil », est un outil primordial dans la culture contextuelle de la Corée, où le choix des mots est considéré comme moins important dans la transmission de messages complexes qu'en Occident. En Corée, la communication est moins explicite verbalement. Par exemple, quand un Coréen demande à quelqu'un « Avez-vous soif ? », il est plus enclin à dire : « J'ai soif, voulez-vous boire un verre avec moi ? » Si on est à l'écoute de son *nunchi*, il ne s'agit pas de répondre par oui ou non, ce qui est susceptible de perturber le *kibun* de l'autre personne, mais simplement de répondre : « Que voulez-vous boire ? » Le *nunchi* est une sorte de sixième sens dans l'art de chercher des indices visuels et verbaux, afin de déchiffrer et donc de comprendre ce qui est réellement signifié.

> *« Le* nunchi *est utilisé pour découvrir l'agenda caché de quelqu'un. »*
>
> **Theresa Youn-ja Shim, *Changing Korea* (2008)**

Les étrangers ne doivent pas désespérer. N'importe qui est capable de développer le *nunchi* grâce à une observation attentive de son interlocuteur, à une pause avant de répondre à une question, ou en allant simplement en Corée pour se plonger dans les subtilités verbales et visuelles de la vie quotidienne. **JMa**

1405

La Cité des dames

Christine de Pizan

Une défense des vertus et des accomplissements de la femme

La Cité des dames (1405) est considérée comme le premier roman féministe écrit par une femme occidentale. Son auteur, Christine de Pizan (1364-1430), a vécu à Venise et est à l'origine d'une quarantaine d'œuvres littéraires. Veuve dès l'âge de 25 ans, ses écrits lui ont fourni des revenus qui contribuèrent à l'éducation de ses trois enfants. Elle écrivait donc davantage par obligation que par privilège.

Dans *La Cité des dames*, Pizan crée une ville mythique dans laquelle elle installe trois aïeules allégoriques prénommées Justice, Droiture et Raison, qui président à une population où les femmes sont appréciées et respectées. L'auteur entame alors un dialogue avec les trois femmes qui, ensemble, l'extirpent du « bourbier de découragement » que représente la misogynie rampante de son époque. Le livre est en partie une réponse aux textes sexistes et populaires de l'auteur français Jean de Meung (1240-1305), qui dépeint les femmes comme des êtres vicieux et amoraux. Toutefois, le traité de Pizan valait bien plus que sa nature défensive initiale, car elle prit grand soin d'en démontrer aussi les effets positifs sur la médiation des affaires des hommes, ce qui encouragea les femmes à utiliser la rhétorique comme moyen de s'affirmer et de résoudre les conflits sociaux et familiaux.

> *« Ni la hauteur ni la bassesse d'une personne ne se trouve dans son corps selon le sexe. »*
>
> **Christine de Pizan, *La Cité des dames* (1405)**

Les femmes de Pizan sont fortes et éloquentes. On y trouve des savantes, des prophètes, des inventrices, des peintres, des épouses solides et des filles fières, qui ensemble offrent un portrait de la femme allant à l'encontre des vues biaisées et paternalistes des nombreux historiens masculins. *La Cité des dames* transmet également une vision rare de la féminité médiévale. **BS**

Une illustration issue d'une édition française (v. 1411-1412) de *La Cité des dames* (1405). ➔

Perpective linéaire

Leon Battista Alberti

Une technique qui permet de créer l'illusion de l'espace et de la distance sur une surface

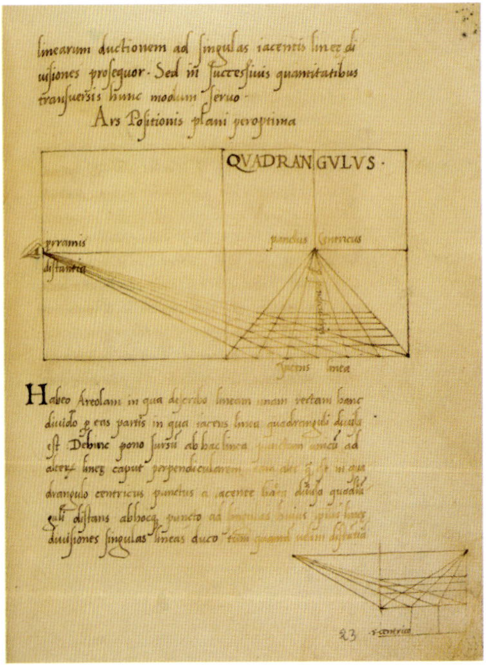

Une illustration issue de *De pictura* de Leon Battista Alberti, qui expose sa technique pour créer un dessin en perspective.

« La beauté, ou l'ajustement proportionnel de toutes les parties de telle façon que l'on ne peut ni ajouter, ni soustraire, ni modifier un élément sans nuire à l'harmonie de l'ensemble. »

Leon Battista Alberti

La perspective linéaire est générée lorsque dans une image en deux dimensions, les lignes convergent en un seul point de fuite : les objets de la scène deviennent de plus en plus petits à mesure qu'ils s'éloignent dans le fond de l'image selon une échelle. Cette technique a d'abord été décrite par l'architecte, auteur et prêtre italien Leon Battista Alberti (1404-1472) dans son livre *De pictura* (« Les Éléments de peinture », 1435), considéré comme le premier traité moderne sur la manière de représenter avec précision des images tridimensionnelles sur une surface en deux dimensions, comme un mur ou une toile.

Après des centaines d'années consacrées aux figures célestes et aux courants d'art ouvertement religieux, les artistes de la Renaissance s'intéressèrent soudainement au monde environnant. Des bâtiments, des villes et des objets du quotidien sont apparus sur les peintures, et chaque artiste essayant de dépeindre avec réalisme la vie ordinaire tentait de reproduire avec précision des paysages et des rues afin que son œuvre puisse se rapprocher au mieux de la vie quotidienne.

La plupart des artistes européens du XVe siècle connaissaient les travaux fondateurs d'Alberti. Démarrant par une zone « étape » située à l'avant-plan, il dessinait ensuite une sorte de grille décroissante sur laquelle tous les autres éléments de la peinture étaient disposés, utilisant la hauteur de l'œil du spectateur comme guide. Pour autant, il ne s'agissait par de la première tentative de normalisation de la perspective. En effet, l'architecte Filippo Brunelleschi (1377-1446) avait suggéré une solution quelques années plus tôt, mais les détails de son approche n'ont jamais été bien compris, *a contrario* de la grille d'Alberti qui démontre une bonne compréhension de la perspective et de la façon d'y parvenir. Son travail eut un impact profond sur la peinture de la Renaissance (v. 1450-1600), et ses principes forment aujourd'hui la base de la perspective linéaire. **BS**

La presse typographique

Johannes Gutenberg

Une machine qui facilite la reproduction de documents imprimés

Inventée vers 1440, la presse typographique de Johannes Gutenberg (1398-1468) est considérée comme l'une des inventions les plus importantes de l'histoire. Elle se sert de formes personnalisables afin d'imprimer des textes et des images identiques sur différents morceaux de papier ou d'autres matériaux. La presse a permis de fabriquer des copies de livres et de documents de manière rapide, efficace et peu coûteuse.

Si le Chinois Bi Sheng (990-1051) est crédité en tant qu'inventeur de la typographie au XIe siècle, Gutenberg a affiné le processus d'utilisation des blocs d'impression et des caractères mobiles en mécanisant l'impression, ce qui ouvrit la voie à la production de masse. Utilisant ses connaissances et son expérience en orfèvrerie, il développa une méthode de création de lettres en plomb individuelles capables d'être assemblées rapidement à l'intérieur de blocs de texte, avant de les refondre lorsque suffisamment de copies avaient été imprimées. Combinant la presse à vis, le papier facilement disponible et une remarquable facilité d'utilisation, la presse typographique de Gutenberg révolutionna la transmission du savoir.

Avant l'invention de l'imprimerie, les documents écrits étaient copiés individuellement au cours d'un laborieux processus manuel. Après son introduction, même les livres reliés pouvaient être produits en masse, comme la Bible, qui fut le premier ouvrage imprimé par Gutenberg. Quelques décennies plus tard, la presse typographique était utilisée dans tous les pays d'Europe occidentale, avec un nombre croissant de livres imprimés chaque année. Au XVe siècle, on estime le nombre de livres fabriqués en Europe à 25 millions. Au XVIe siècle, ce chiffre a grimpé à plus de 200 millions. L'adoption généralisée de l'imprimerie a non seulement conduit à une forte augmentation du taux d'alphabétisation, mais a également permis aux scientifiques, philosophes et autres penseurs de partager et de diffuser leurs idées. **MT**

↑ Une gravure (1754) de l'imprimeur allemand Johannes Gutenberg dans son atelier, vérifiant une page lors de l'impression de sa première Bible sur sa presse typographique nouvellement inventée.

« Cela doit dissiper les ténèbres de l'ignorance, et provoquer une lumière qui brillera parmi les hommes. »

Johannes Gutenberg, imprimeur

l'époque moderne

1450-1779

Ce fut un moment exaltant de l'histoire, la rencontre entre le premier tour du monde et la naissance des prémices de la compréhension scientifique des merveilles de la nature. Les idées philosophiques significatives de cette période appartiennent autant au *Prince*, le traité politique de Nicolas Machiavel, qu'à la déclaration de René Descartes « Je pense, donc je suis » et aux arguments de John Locke affirmant que l'esprit à la naissance est comme une ardoise vierge. Les importantes avancées pratiques incluent également celles à l'origine du moteur à combustion interne ou de la programmation mécanique, précurseur de la programmation informatique. Galilée révolutionna la science occidentale – et l'histoire – en affirmant que l'état naturel des choses est le mouvement, mettant alors fin à près de 2 000 ans de règne de la physique aristotélicienne.

L'École d'Athènes (1509-1511), une fresque de l'artiste de la Renaissance Raphaël, qui use intelligemment de la perspective pour représenter l'ancien philosophe grec Platon et son élève Aristote.

v. 1450

Homophonie

Europe

Une texture musicale dans laquelle plusieurs parties se répondent en harmonie

L'homophonie en musique est une texture dans laquelle au moins deux parties se répondent en harmonie sur le principe des accords, et qui se caractérise par une partie (souvent la plus haute) prédominante, avec une faible différence rythmique. Elle se distingue de la polyphonie qui implique des combinaisons de mélodies relativement indépendantes, et dont le caractère distinctif de la rythmique renforce l'autonomie de la mélodie.

La musique du Moyen Âge accompagna le développement de la monophonie qui se résume essentiellement à une ligne mélodique, une particularité manifeste de la musique sacrée de l'Église catholique romaine marquée par des chants vocaux à l'unisson. Puis le développement progressif du contrepoint mena à l'intégration ultérieure de la polyphonie dans cette période de la musique. Enfin, l'homophonie apparue à la Renaissance (v. 1450-1600) a permis de construire des morceaux pouvant être joués par des chanteurs et des instruments différents. Toutefois, le terme n'existera pas en tant que tel avant son emploi par le compositeur et historien Charles Burney (1726-1814) dans *A General History of Music* («L'Histoire générale de la musique», 1776). JE

« Ce que la plupart entendent par harmonie provient de la texture homophonique. »

***Worlds of Music* (2006), Jeff Todd Titon**

Vers le milieu de la période baroque (v. 1600-1760), les théoriciens de la musique établirent les quatre voix de l'arrangement homophonique comme la texture de base de la musique occidentale. L'expansion de l'homophonie conduira également au développement de nouvelles formes mélodiques comme la sonate, très populaires au cours des périodes classique (v. 1730-1820) et romantique (v. 1815-1910). **JE**

v. 1450

Musique de la Renaissance

Europe

Une période stylistique dans l'histoire de la musique, située entre 1450 et 1600

La Renaissance est un mouvement dans l'histoire qui s'étend de 1450 à 1600. Les récits traditionnels de l'époque soulignent la «redécouverte de l'homme» dans un regain d'intérêt pour l'Antiquité et la science, en réaction à la culture médiévale qualifiée de «barbare».

Mais contrairement aux arts visuels et à l'architecture, les musiciens de l'époque ne pouvaient pas directement s'inspirer de la musique de l'Antiquité, dont l'influence s'exerçait davantage à travers les écrits théoriques de Platon sur la relation entre la musique et le texte : le rôle de la musique était de souligner le sens du texte, qui avait un impact direct sur l'âme. Ainsi, la musique vocale fut privilégiée par rapport à la musique instrumentale. La conséquence stylistique fut l'apparition de motifs mélodiques illustrant l'émotion ou l'action contenues dans le texte, et qui finiront par devenir des figures de style répandues tant dans la musique profane que sacrée.

« La Renaissance mit fin à l'un des plus durs hivers de la civilisation. »

John Fowles, *Sarah et le lieutenant français* (1969)

Les progrès de l'imprimerie au cours du XVIe siècle permirent également de diffuser plus largement les partitions. De son côté, la musique instrumentale se développa d'une manière plus spécifique, grâce à des artistes qui ont consacré leur vie à des ensembles composés d'instruments homogènes et de différentes tailles, une pratique se perpétuant de nos jours dans les orchestres hautement spécialisés. Pendant la Renaissance, l'exercice de la composition polyphonique pratiquée par des musiciens comme Pierluigi da Palestrina et Josquin des Prés en Italie et en Europe du Nord, façonna des œuvres vocales très complexes encore enseignées aujourd'hui aux étudiants en musique à l'université. **PB**

Trois musiciennes (1520), par le Maître des demi-figures féminines, artiste-peintre anonyme.

Bibliothèque publique

Novello Malatesta

Une collection de livres consultables librement par le grand public

La salle de lecture de la bibliothèque Malatestiana à Césène, en Italie, qui fut la première bibliothèque publique dans le monde. L'intérieur n'a pas changé depuis son ouverture en 1452.

« J'ai toujours imaginé le paradis comme une sorte de bibliothèque. »

Jorge Luis Borges, écrivain

Une bibliothèque publique requiert non seulement des livres et des manuscrits sur des étagères, mais aussi un organisme public et une population alphabétisée. Ce concours de circonstances eut lieu pour la première fois en Italie pendant la Renaissance, bien que le concept de bibliothèque soit lui-même beaucoup plus ancien.

Les premières bibliothèques qui contenaient des archives gravées sur des tablettes en argile sont apparues dans les temples sumériens vers 2600 av. J.-C. À leur tour, les Égyptiens édifièrent une bibliothèque remarquable à Alexandrie en 300 av. J.-C., tandis que les riches Romains disposaient déjà de leurs propres bibliothèques au Ier siècle av. J.-C. Les chrétiens et les moines bouddhistes entretenaient des chambres de manuscrits, et des bibliothèques de référence furent fondées dans quelques villes islamiques au cours du IXe siècle. Ces dernières, connues sous le nom de « hall des sciences », appartenaient à des sectes islamiques qui s'en servaient pour promouvoir leurs croyances. Ces bibliothèques étaient des propriétés privées fréquentées seulement par quelques amateurs érudits et capables de lire. Ce n'est qu'en 1452 que la première bibliothèque publique ouvre ses portes à Césène, en Italie. Commandée par Novello Malatesta (1418-1456), seigneur de Césène, et connue sous le nom de bibliothèque Malatestiana, elle appartenait directement à la ville et contenait 340 manuscrits sur des sujets aussi variés que la littérature classique, la médecine et la science.

L'idée d'une bibliothèque financée par des fonds publics et ouverte à tous se répandit bientôt dans toute l'Europe, à l'instar de la Librairie royale de France fondée en 1368 et qui ouvrit ses portes au public en 1692. Des bibliothèques publiques furent créées dans les villes américaines pendant le XIXe siècle. Aujourd'hui, les bibliothèques publiques font désormais partie du paysage local des collectivités, permettant à tout un chacun d'améliorer ses connaissances. **SA**

Discours sur la dignité de l'homme

Jean Pic de la Mirandole

Un discours qui incarne les concepts clés de la Renaissance

Souvent considéré comme le « Manifeste de la Renaissance », le *Discours sur la dignité de l'homme* est une allocution écrite en 1486 par Jean Pic de la Mirandole (1463-1494), qui à l'âge de 23 ans était déjà considéré comme l'un des plus grands philosophes et humanistes de son époque. Mirandole abandonna l'étude du droit canonique en 1480 pour s'intéresser à la philosophie après la mort de sa mère. Son discours fut conçu en introduction des *900 Thèses*, une sélection de traités théologiques en provenance de diverses sources.

Le discours était de « Renaissance pure », et incarnait tous les préceptes de la Renaissance (v. 1450-1600) comme la croyance en la primauté de l'homme et en sa capacité à remodeler l'environnement ou à créer. Mirandole affirmait que l'homme se « révèle lui-même comme un être céleste » et soulignait la domination de l'humanité sur la création, les humains ayant été dotés des dons de Dieu, ce qui les distingue de toutes les autres créatures. Il voyait l'homme comme le sommet de la créativité de Dieu, mais ne plaçait pas le christianisme par-dessus tout, citant plusieurs intellectuels et philosophes d'autres religions pour soutenir son idée que tous les êtres humains peuvent méditer sur les mystères de l'existence. Il encourageait également ses auditeurs à suivre leur propre voie et à ne pas être intimidés par la hiérarchie ou les doctrines de l'Église, et offrait de payer les frais de déplacement des chercheurs prêts à se rendre à Rome afin de débattre de ses idées dans un forum public.

Suite à la publication des *900 Thèses*, un certain nombre d'entre elles furent condamnées pour hérésie par le pape Innocent VIII, qui fit brièvement emprisonner Mirandole. Ce dernier souhaitait faire de son discours le précurseur d'un recueil d'autorité sur les réalisations intellectuelles, pratiques et philosophiques de l'humanité, mais son livre ne fut jamais achevé en raison d'une mort prématurée. **BS**

Un détail de *L'Adoration des mages* (1475-1476) du peintre florentin Sandro Botticelli, montrant Jean Pic de la Mirandole (avec le chapeau rouge) en compagnie du savant Ange Politien (qui porte l'épée).

« Tels sont certainement les ordres de Moïse ; et ces ordres nous appellent, nous incitent, nous exhortent à nous frayer par la philosophie, tant que nous le pouvons, un chemin vers la gloire céleste à venir. »

Mirandola, *Discours sur la dignité de l'homme* (1486)

1499

Sikhisme

Guru Nanak

Une religion qui combine les bonnes actions et la croyance de Dieu

Le sikhisme fut fondé en 1499 dans la région pakistanaise du Pendjab par Guru Nanak (1469-1539) qui, selon la tradition, versa dans la spiritualité dès l'âge de cinq ans. Cependant, 25 années devaient s'écouler avant qu'il ne fût témoin d'une extraordinaire vision qui changea sa vie. En 1499, trois jours après une supposée noyade alors que ses vêtements avaient été retrouvés près d'un ruisseau, il réapparut miraculeusement, refusant de parler à qui que ce soit.

Le lendemain, il déclara : « Il n'existe ni hindou ni musulman, donc quel chemin dois-je suivre ? Je suivrai celui de Dieu. Dieu n'est ni hindou ni musulman, et le chemin que je suis est la volonté de Dieu. » Par ces mots, il fonda le sikhisme.

Le mot *sikh* signifie « étudiant », et les premiers disciples de la tradition étaient en quête de conseils spirituels. Après la mort de Guru Nanak, le sikhisme fut dirigé par une succession de neuf gourous qui prétendaient être habités par le même esprit. À la mort du dixième, le Guru Gobind Singh (1666-1708), l'esprit fut transféré dans les écritures saintes du sikhisme, le *Guru Granth Sahib* (le livre sacré). Depuis, le *Guru Granth Sahib* est considéré comme l'unique gourou.

Le sikhisme est une religion monothéiste. Ses adeptes affirment qu'il existe un seul Dieu, sans forme ni sexe. Tous les hommes sont égaux, ont un accès direct à Dieu, et doivent vivre honnêtement à l'intérieur de la communauté. Les observances rituelles n'ont aucune pertinence – elles sont considérées comme des gestes vides – et il n'y a pas de place pour les traditions et les pratiques superstitieuses.

La vie est un cycle sans fin de mort et de renaissance, dont la qualité est déterminée par la façon dont nous avons vécu auparavant, autrement appelée la loi du karma. Aujourd'hui, on trouve environ 20 millions de sikhs dans le monde, dont la majorité vit dans la province du Pendjab, en Inde. **BS**

Une peinture miniature indienne du XVIe siècle qui représente Guru Nanak écoutant un joueur de sitar.

v. 1500

Le café (établissement)

Empire ottoman

Un espace public pour boire du café, jouer et débattre de politique et de ragots

Le café servait initialement de comptoir public de vente de café, mais il est rapidement devenu un lieu où les amis et les voisins se croisent pour discuter des potins de la journée. Samuel Johnson le définit dans son antique *Dictionary* (1755) comme suit : « Une maison de divertissement où le café est vendu et où les clients achètent le journal. »

Ainsi, consommer du café est une expérience sociale, et l'endroit où il est servi devient un important lieu de rassemblement.

Les cafés ont ouvert leurs portes dès l'introduction du café dans l'Empire ottoman au début du XVIe siècle, avant de s'étendre à toute l'Europe au XVIIe siècle. Les commerçants aménagèrent des places dans leurs magasins afin que les clients puissent s'asseoir librement pendant qu'ils buvaient leur achat. Cet espace social s'est alors transformé en un lieu d'échange d'idées, où les gens pouvaient discuter de politique, partager des histoires et jouer. Les autorités n'appréciaient guère la liberté de discussion offerte par ces nouveaux espaces publics et ont souvent entrepris de les supprimer, comme à La Mecque au début du XVIe siècle ou à Londres au milieu du XVIIe siècle.

Rien de semblable à un café n'existait auparavant, et ce mélange entre vie sociale et monde des affaires à l'intérieur d'un cadre agréable s'est avéré extrêmement populaire. Le café est devenu un forum public influent, dont l'héritage s'est répandu à travers toutes les couches de la société, de la philosophie à la science, en passant par la littérature. Il était aussi considéré comme un « niveleur social », puisque ouvert à tous les hommes, indépendamment de leur statut et à la seule condition de pouvoir se payer une tasse de café. Les cafés sont désormais omniprésents dans le monde et on estime que 1,6 milliard de cafés y sont consommés chaque jour, la popularité de cet établissement ne montrant aucun signe de ralentissement. **TD**

↑ Une miniature turque de 1582, montrant un chariot de café dans un défilé de carnaval.

Éloge de la folie

Erasme

Un essai satirique sur l'égotisme et l'absence de spiritualité devient l'un des textes les plus influents de la Renaissance

Un portrait d'Érasme, peint en 1517 par l'artiste flamand Quentin Metsys.

En 1509, l'érudit humaniste Érasme de Rotterdam (1469-1536) rédigea un essai intitulé *L'Éloge de la folie* (*Moriae Encomium*). Après sa publication en 1511, il devint l'un des textes les plus populaires et les plus influents de la Renaissance (v. 1450-1600) : lu par les papes, largement traduit et vigoureusement discuté. Érasme l'avait pourtant écrit sur un mode mineur, le remplissant de jeux de mots et de blagues à l'intention de son ami Thomas More. Toutefois, cette satire amusante va jeter de l'huile sur le feu de la Réforme protestante au XVIe siècle.

Folie est une déesse – progéniture de la Richesse et de la Jeunesse – accompagnée de Misoponie (la Paresse), Anoia (l'Étourderie) ou encore Léthé (l'Oubli). Folie possède une haute opinion d'elle-même, déclarant que la vie serait terne et désagréable sans elle. Puis, à travers son propre éloge et celui de ses amis, Folie critique les excès et les superstitions des pratiques inutilement obscures du clergé catholique. La pièce se termine par un exposé clair des idéaux chrétiens.

Érasme était un humaniste de la Renaissance, mais aussi un fidèle catholique. *L'Éloge de la folie* reflète le passage progressif dans l'Europe occidentale du monde médiéval, davantage centré sur l'Église catholique romaine, vers un égotisme spirituel et intellectuel de l'individu.

Les précédents travaux d'Érasme critiquaient déjà l'idée d'un obscurantisme religieux, mais dans *L'Éloge de la folie*, le ton enjoué de Folie communique un message savoureux à destination d'un public de plus en plus alphabétisé.

Bien qu'Érasme eût pris ses distances avec la politique de la Réforme protestante, son œuvre diffusa les idéaux de l'Europe humaniste à travers le monde occidental. **MK**

« Applaudissez, prospérez et buvez, illustres initiés de la Folie ! »

Erasme, *L'Éloge de la folie* (1511)

1513

Le Prince

Nicolas Machiavel

Un traité politique qui établit la poursuite cynique du pouvoir

Premier politologue moderne, Nicolas Machiavel (1469-1527) publie en 1513 un texte intitulé *Le Prince* (*Il Principe*). Il s'agit d'un guide sur l'acquisition du pouvoir, la création d'un État et sa conservation. Pour cela, il puise dans son expérience en tant que secrétaire diplomatique du gouvernement de Florence, mais aussi dans les enseignements de l'histoire politique. Scandalisés par la dépravation morale apparente d'un tel système, les lecteurs font rapidement de l'adjectif *machiavélisme* le synonyme d'une stratégie politique caractérisée par la ruse, la mauvaise foi et la duplicité. Malgré tout, l'œuvre de Machiavel ouvre la voie à un certain réalisme politique qui facilite les descriptions des puissances nationales et internationales.

Le Prince souligne la conviction de Machiavel pour qui le réalisme, débarrassé d'un idéalisme moral abstrait, est l'approche nécessaire pour les questions politiques. Il reconnaît que la plupart des dirigeants politiques ne sont pas intrinsèquement vertueux, puisqu'ils développent une aspiration particulière pour la gloire. S'il désire profiter de son tempérament et de son plein potentiel, un leader politique doit savoir prendre des risques, quitte à façonner un nouvel ordre social. Le rejet de la philosophie politique de l'époque créa un engouement autour du livre de Machiavel, qui influencera les pratiques politiques du monde entier.

Des générations après lui, des réalistes politiques de la stature de Francis Bacon, David Hume, John Locke et Adam Smith citent Machiavel en tant qu'influence directe sur leur façon de penser, tout comme les Pères fondateurs de la Révolution américaine Thomas Jefferson, John Adams et Benjamin Franklin. Cependant, les travaux de Machiavel ne mènent pas toujours à une révolution politique positive, en témoignent les gangsters John Gotti et Roy DeMeo qui comparèrent *Le Prince* à une véritable « Bible de la mafia ». **MK**

1513

État

Nicolas Machiavel

Le pouvoir politique suprême confiné dans une zone géographique

Bien que le concept de nation ait toujours existé à travers l'histoire, l'idée moderne d'un État est largement attribuée à Nicolas Machiavel (1469-1527), qui, dans *Le Prince* (1513), évoque l'État comme la seule organisation incarnant l'autorité ultime, et dont les intérêts l'emportent sur ceux des individus, de l'Église ou de la morale elle-même. Plus tard, des théoriciens politiques à l'image de Max Weber (1864-1920) ont affiné l'idée de l'État comme d'un gouvernement qui se sert de son autorité dans les limites de la loi, ou à des fins légitimes et acceptables. Aujourd'hui, presque toutes les zones de la Terre sont revendiquées par un État particulier, y compris les espaces aériens et côtiers environnants. Les États sont généralement gouvernés par une forme politique, comme la dictature ou la démocratie républicaine.

« L'État, c'est moi. »
Louis XIV

L'État n'existe pas sous une forme physique, mais sa puissance est omniprésente et imprègne chaque recoin de la vie quotidienne.

L'État a le pouvoir de contrôler, mais on ne peut pas le toucher. Il a la capacité de faire la guerre, mais ne donne jamais d'ordre. Il a le pouvoir de détenir, d'emprisonner et d'exécuter. Bien que les travaux de Machiavel aient souvent été critiqués à cause de ses tactiques douteuses et amorales dans le but de servir les intérêts de l'État, l'idée d'un pouvoir ultime est devenue le concept de base sur lequel tous les gouvernements modernes se sont construits. Derrière les contrôles et les limites autoritaires du gouvernement, la force finale de toute nation repose toujours sur ceux qui poursuivent les intérêts de l'État, et sur leur capacité à user de la violence. **MT**

Ciuitas amaurotũ
Fons anydri
Ostiũ anydri

1516

Utopie

Thomas More

Une société apparemment parfaite, souvent construite de manière délibérée

Le terme «utopie», apparu dans le livre du même nom écrit en 1516 par Thomas More (1478-1535), est dérivé d'une racine grecque dont la traduction littérale signifie «lieu qui n'est nulle part». Dans son livre intitulé *Libellus de optimo reipublicae statu, deque nova insula Utopia*, Thomas More, humaniste et philosophe de la Renaissance, homme d'État, et conseiller du roi Henry VIII, plaide pour la création d'une société gouvernée par la raison, le pouvoir communal et la propriété.

Bien que Thomas More ait inventé le mot, le concept de l'utopie était déjà assez répandu parmi quelques auteurs qui ont décrit une société «parfaite». L'exemple le plus ancien d'une société utopique se retrouve dans la *République* de Platon (360 av. J.-C.), mais plus tard, l'idée sera reprise dans *La Nouvelle Atlantide* de Francis Bacon (1624) et *A Modern Utopia* («Une utopie moderne», 1905) de H. G. Wells. Le concept d'utopie fonctionne mieux sur le papier que dans la pratique, même si quelques communautés politiques et religieuses sont parvenues à observer des idéaux utopiques. Mais bien souvent, une fois que l'auteur ou le dirigeant d'une société utopique disparaît, la structure sociale elle-même s'écroule.

> *« Les nations seront heureuses lorsque les rois se transformeront en philosophes. »*
>
> **Thomas More, *L'Utopie* (1516)**

Parallèlement au concept d'utopie fut créé celui de la dystopie, une idée qui tend à se répandre dans la culture populaire des deux derniers siècles. Des exemples connus de dystopies peuvent être trouvés dans *Le Meilleur des mondes* d'Aldous Huxley (1932) et *1984* de George Orwell (1949). Les sociétés dystopiques sont des utopies qui ont mal tourné à cause du dévoiement de leurs préceptes fondateurs et bien intentionnés. **MK**

1517

Anticléricalisme

Martin Luther

Une idéologie critique envers les hommes d'Église, qui admet l'exercice de la raison

Les mouvements anticléricaux sont et demeurent profondément préoccupés par la question de la pertinence de la religion. La Réforme protestante du XVIe siècle, un moment charnière dans le développement politique, social, artistique et religieux du monde occidental, constitue un exemple frappant de la façon dont l'anticléricalisme est capable de réformer à la fois la culture et la religion.

Les protestations contre l'Église catholique romaine détaillées dans les *95 Thèses* que Martin Luther (1483-1546) avait clouées à la porte de l'église de Wittemberg à la veille de la Toussaint, brocardaient les doctrines, les rituels et la structure ecclésiastique du catholicisme. Martin Luther accordait une attention particulière aux membres du clergé qui affirmaient que sans l'intervention directe d'un prêtre – et le paiement qui s'ensuivait en retour –, un paroissien serait incapable de communiquer avec Dieu. Cette préoccupation majeure de Luther alimenta les travaux des philosophes des Lumières, à l'instar de Voltaire qui plaçait l'exercice de la raison par-dessus tout. Ainsi, de son point de vue, les ecclésiastiques qui ne cultivaient pas le principe de la raison entravaient le progrès sociétal.

> *« Chaque homme doit affronter seul ses propres croyances et sa propre mort. »*
>
> **Martin Luther**

L'anticléricalisme et ses partisans défrichèrent le chemin de l'humanisme, de la science et de l'épanouissement personnel, ce qui encouragea inévitablement une certaine forme de tolérance religieuse. La pensée humaniste situe le pouvoir d'accéder à Dieu en chaque individu, plutôt que dans l'église d'un prêtre, affaiblissant l'emprise de la religion sur les affaires séculières et personnelles. **MK**

Gravure sur bois pour la page titre de la première édition de *L'Utopie* de Thomas More (1516).

Art de la Réforme

Martin Luther

Une attitude critique envers l'art religieux, dans le cadre de la Réforme

Le Jugement de Pâris (v. 1528) par Lucas Cranach l'Ancien. La peinture montre Pâris offrant une pomme d'or (ici transformée en globe de verre) à la plus belle des trois déesses.

L'amour de l'iconographie religieuse dans l'Église catholique fut contesté en 1517 lorsque Martin Luther (1483-1546) afficha les *95 Thèses* sur la porte de l'église de Wittemberg.

Luther abhorrait ce qu'il considérait comme de l'idolâtrie envers le style riche et élaboré de l'architecture, des peintures et des sculptures religieuses. L'art de la Réforme encourageait les satires visuelles de la papauté, produites en masse sur les nouvelles presses typographiques de Gutenberg et distribuées à travers toute l'Europe, Luther utilisant lui-même cette technologie afin d'imprimer ses tracts illustrés.

Marchant sur les pas de Luther, les protestants du Nord créèrent un nouveau mode d'expression naturaliste dans les arts. Les figures catholiques habituelles, à l'instar du martyre de saint Laurent (brûlé vif), furent remplacées par le Christ enseignant à des enfants, un thème aperçu notamment dans l'œuvre du peintre allemand Lucas Cranach l'Ancien (1472-1553). Cela permit d'offrir une représentation plus réaliste des scènes bibliques, les personnages se comportant comme des gens ordinaires qui évoluent dans un contexte réel, plutôt que de les idéaliser en usant de symbolisme. Dès lors, l'ornementation et la représentation des saints dans les églises apparaissaient comme dépouillées, parallèlement à la libération en Allemagne – et ailleurs – des anciens avoirs fonciers papaux à la faveur des barons locaux, ce qui mena au déclin de l'art religieux, les seigneurs commandant plutôt des portraits d'eux-mêmes et de leurs biens, ainsi que des paysages et des natures mortes.

Au cours de la Contre-Réforme (1545-1648) lancée par l'Église catholique romaine afin de combattre le protestantisme, des artistes catholiques comme El Greco représentèrent de nouveau la souffrance des martyrs, la confession et la pénitence, des sacrements alors banalisés par les protestants. **PBr**

« Ces trésors ne sont certes pas des biens temporels ; car loin de distribuer des biens temporels, les prédicateurs des indulgences en amassent plutôt. »

Martin Luther, *95 Thèses* (1517)

V.1520

Maniérisme

Italie

Un style d'art caractérisé par une distorsion de l'échelle et de la perspective

Période d'une richesse inégalée dans le monde de l'art, la Haute Renaissance (fin du XVe siècle, début du XVIe siècle) commença à décliner avec la mort de Léonard de Vinci en 1519, celle de Raphaël en 1520, et le sac de Rome en 1527. Si la dynamique de la Haute Renaissance calait un peu partout en Europe, elle fut remplacée par la « Renaissance tardive », qui marqua les décennies jusqu'au début de la période baroque vers 1600. C'est pendant cette période que le maniérisme, ainsi appelé quatre siècles plus tard, fit son apparition.

Le maniérisme – et ses thèmes religieux harmonieux, son naturalisme modéré et ses accents sur la complexité – vit le jour à Florence et à Rome. Pour la première fois dans l'histoire de l'art, les artistes s'appuyaient sur les fouilles archéologiques pour dépeindre les civilisations classiques avec précision, en lieu et place de leur propre imagination.

Cependant, elle se déchaînerait également après des décennies de conformisme : les couleurs étaient plus vives et variées, les thèmes étaient déconcertants, associant souvent le christianisme et la mythologie, tandis que la composition des nus s'improvisait avec des idées bien ancrées sur ce qui constituait une bonne posture.

Le maniérisme perdura pendant près de 80 ans, soit beaucoup plus que la période de la Haute Renaissance qui dura une trentaine d'années. Les maniéristes notables sont Giorgio Vasari, Daniele da Volterra, Francesco Salviati, Domenico Beccafumi, Federigo Zuccaro, Pellegrino Tibaldi et Bronzino. Son représentant le plus illustre est Giuseppe Arcimboldo (v. 1527-1593), dont le portrait de Rodolphe II montre un homme entièrement composé de fruits, de fleurs et de légumes.

Par ailleurs, certains le verront plus tard comme le précurseur du surréalisme. **BS**

↑ *Vertumne-Rodolphe II* (v. 1590) de Giuseppe Arcimboldo, dévoile l'empereur romain germanique Rodolphe II en Vertumne, le dieu romain des saisons qui régnait sur les jardins et les vergers.

« Le maniérisme est l'art de la contorsion intellectuelle, les artistes confrontés aux œuvres impressionnantes de Michel-Ange ont dès lors trouvé refuge dans la caricature et l'exagération. »

The New Yorker (1987)

1525

Anabaptisme
Conrad Grebel

La doctrine qui prône le baptême volontaire de ceux en âge de choisir

L'anabaptisme se caractérise par la pratique du baptême à l'âge adulte. Il s'agit à l'origine d'une émanation radicale du protestantisme, ses principes étant toujours observés aujourd'hui parmi les communautés amish, huttérite, mennonite et celle des Frères de Schwarzenau. Les baptistes puritains anglo-américains ne sont pas les descendants directs du mouvement anabaptiste, mais ont été influencés par sa présence, les idées des anabaptistes ayant modifié l'ordre social.

Le mouvement de la Réforme bat son plein en Suisse lorsque des réformateurs mécontents, réunis sous la bannière de Conrad Grebel (v. 1498-1526), baptisent le premier adulte en 1525. Ils affirment qu'on ne peut pas punir un nourrisson pour un péché avant qu'il soit en âge de comprendre raisonnablement les notions de bien et de mal. Par conséquent, le nourrisson ne peut pas être baptisé à moins d'appréhender la portée de ce sacrement. Forts de cet argument, les anabaptistes cherchèrent un lieu où s'installer en Europe, mais à cause de la violence de leur prosélytisme, ils furent chassés de ville en ville. C'est pourquoi de nombreux dirigeants anabaptistes sont morts en prison.

« Le meilleur des baptêmes laisse l'homme propre à l'intérieur. »

H. Ward Beecher, *Proverbs from Plymouth Pulpit* (1887)

Les anabaptistes cautionnent non seulement le baptême des adultes, mais aussi l'intransigeance civile. Ainsi, ils ont longtemps prôné la séparation de l'Église et de l'État, dont les mesures coercitives utilisées pour maintenir l'ordre, comme la violence physique, devaient être abjurées. Ces principes guident encore aujourd'hui les descendants spirituels des anabaptistes européens et sont décelables jusque dans la Constitution des États-Unis (1787) et la Déclaration des droits (1791. **MK**

1534

Église d'Angleterre
Henri VIII d'Angleterre

L'Église chrétienne officiellement établie en Angleterre

Après deux siècles de présence du christianisme sur les îles Britanniques, le catholicisme romain est la seule religion d'État approuvée en Angleterre. Mais, l'agitation liée à la Réforme protestante et un roi mécontent des limites que la papauté exerce sur son pouvoir sont à l'origine d'une branche du christianisme intimement rattachée à l'endroit où elle est pratiquée : l'Église d'Angleterre.

Parallèlement aux coreligionnaires de Martin Luther qui fulminent contre les excès du catholicisme romain et son exclusivité sur le continent, le roi Henri VIII d'Angleterre (1491-1547) réitère sa demande d'annulation de son mariage avec Catherine d'Aragon, refusée à plusieurs reprises par le pape régnant Clément VII. Furieux, Henry VIII dépose alors plusieurs actes au Parlement britannique en 1534 afin de séparer officiellement l'Église anglicane de celle de Rome, devenant par la même occasion le chef de l'Église d'Angleterre. Au cours des années suivantes, l'anglicanisme alterne entre le catholicisme et les pratiques protestantes, en raison de la nature changeante de la monarchie.

« Le roi est le seul chef suprême sur la terre de l'Église d'Angleterre. »

L'Acte de suprématie (1534)

L'Église d'Angleterre conserve malgré tout nombre de ses atours catholiques, par l'intermédiaire notamment de textes uniques qui marquèrent l'imaginaire populaire contemporain. Ainsi, un ouvrage comme le *Livre de la prière commune* contient les célèbres phrases « jusqu'à ce que la mort nous sépare » ou « la terre retourne à la terre, les cendres aux cendres, la poussière à la poussière ». La musique de l'Église anglicane inspirera également le canon occidental dans les œuvres des compositeurs séminaux Edward Elgar, Ralph Vaughan Williams, Gustav Holst, Benjamin Britten et Leonard Bernstein. **MK**

Un portrait de Henry VIII âgé de 49 ans, peint en 1540 par Hans Holbein le Jeune.

NO · ÆTATIS ·
· SVÆ · XLIX

1536

Calvinisme

Jean Calvin

Une doctrine protestante qui prédétermine la grâce de Dieu et le salut de l'homme

Les enseignements de Jean Calvin (1509-1564), une figure clé de la Réforme protestante, comptent parmi les plus importants de la tradition réformée dans le protestantisme. En 1536, Calvin publie *Institution de la religion chrétienne*, une œuvre contribuant à éloigner le mouvement réformé de la plupart des positions exprimées par Martin Luther. Bien qu'il s'agisse d'un enseignement inspiré du travail de Luther, les églises ayant adhéré à la foi réformée sont qualifiées de calvinistes.

Le calvinisme s'articule autour de cinq doctrines religieuses. Le premier principe, la « corruption totale », affirme que l'humanité est pécheresse et sans espoir de salut en dehors de l'intervention de Dieu. Le deuxième principe, l'« élection inconditionnelle », soutient que Dieu est souverain et prédétermine inconditionnellement en toutes choses. Le troisième, la « grâce irrésistible », dit que Dieu a choisi certaines personnes pour recevoir le salut avant même la création de l'Univers. Quatrièmement, l'« expiation limitée », avance que la mort du Christ n'a de sens que pour ceux qui ont choisi de recevoir le salut. Le cinquième, lapersévérance des saints », considère que toute personne qui choisit d'être sauvée le restera toujours.

> *« Dieu prédestine une partie de la race humaine au salut éternel. »*
>
> **Jean Calvin**

L'impact du calvinisme fut surtout notable en Écosse, en Irlande, en Angleterre, en France et dans les colonies de l'Amérique du Nord. Les premiers colons américains étaient calvinistes, à l'instar des puritains britanniques, des huguenots français et des presbytériens écossais-irlandais. Les idéaux calvinistes, tels le travail, le courage et le respect du libre marché, forment un ensemble de croyances éloignées de celles de leurs églises. **MT**

1543

Héliocentrisme

Nicolas Copernic

La théorie qui place le Soleil au centre de l'Univers

L'héliocentrisme, ou modèle du cosmos où le Soleil constitue le point central autour duquel gravitent les autres corps, fut envisagé dès le IIIe siècle av. J.-C. par l'astronome grec Aristarque de Samos. Mais sa théorie ne remporta pas l'adhésion de ses pairs en raison de la position statique des étoiles, ce qui défiait toute logique à cause du mouvement permanent de la Terre. Au IIe siècle, Claude Ptolémée proposa une solution pour résoudre cette incohérence, soutenant que la Terre était au centre du Système solaire. Ce modèle géocentrique régna pendant 1 400 ans.

Peu avant sa mort, le Polonais Nicolas Copernic (1473-1543) publie une série de six livres intitulée *De revoluntionibus orbium coelestium* (« Des révolutions des sphères célestes »), qui plaident en faveur du système héliocentrique. Copernic est un ecclésiastique catholique qui minimise soigneusement toute connotation hérétique dans son argumentation. En outre, ses livres sont précédés d'un avertissement indiquant que ses théories sont utiles pour le calcul, même si certaines d'entre elles se révèlent fausses. En conséquence, son travail est passé largement inaperçu pendant près de 100 ans.

> *« Cependant, au milieu de tout, se trouve le Soleil. »*
>
> **Nicolas Copernic**

Par la suite, l'astronome et physicien italien Galilée (1564-1642) reprend l'argument de l'héliocentrisme lorsqu'il observe à travers son télescope que la Terre tourne bien autour du Soleil. Les affirmations de Galilée sont jugées hérétiques, et le Vatican en 1616 interdit de « défendre » le modèle héliocentrique. L'« affaire Galilée », cependant, aura comme effet imprévu de propager l'idée de l'héliocentrisme, un modèle qui sera rapidement accepté comme une vérité scientifique. **MK**

Une illustration du système de Copernic, issue de *Harmonia Macrocosmica* d'Andreas Cellarius (1660). ➔

ZODIACVS ET SPHÆRA STELLARVM FIXARVM IMMOBILIS ET CONSISTENS
CAN CER
GEMI NI
TAV RVS
ARI ES
SEMITA SATVRNI QVI TRIGINTA ANNIS REVOLVITVR. SATVRNVS
IVPITER
VIA IOVIS SPATIO DVODECIM ANNORVM SE REVOLVENTIS
CIRCVLVS MARTIS DVORVM ANNORVM INTERVALLO SOLEM CIRCVM EVNTIS
MARS
SOLSTI TIVM BRV MALE
SOLSTI TIVM ÆSTI VVM
ÆQVI NOC AVTV
SCOR PIVS
SAGIT TARIVS
CAPRI CORNVS

V. 1550

Capoeira

Brésil

Un art martial brésilien qui combine la musique et la danse

Si la richesse de la culture brésilienne donna naissance à de nombreux arts, aucun n'est plus chargé de sens que la capoeira. L'origine probable du nom, dérivé de la langue des Indiens tupi, fait référence aux clairières situées dans les terres intérieures du Brésil, où s'entraînaient les pratiquants de la capoeira.

Lorsque le Portugal colonise le Brésil au début du XVIe siècle, l'importation d'esclaves d'Afrique permet de remédier à la pénurie de travailleurs autochtones. Ils résident dans des grandes exploitations dites *engenhos*, où les conditions de vie sont difficiles, voire inhumaines. Certains esclaves qui parviennent à s'échapper pratiquent alors un mode de survie et une culture marquant les débuts de la capoeira. Rassemblés hors de portée des troupes coloniales au sein de refuges isolés appelés *quilombos*, les évadés développent la capoeira qui devient un art martial sans armes.

Puis, au cours du XVIIIe siècle, certains esclaves retournent dans les villes, rapportant avec eux la culture de la capoeira. Le gouvernement colonial tentera de la supprimer en arrêtant ses adeptes à la recherche d'un travail de garde du corps, de tueur à gages ou de mercenaire. En 1890, le nouveau gouvernement républicain du Brésil interdit la pratique de la capoeira.

En 1932, Mestra Bimba (1899-1974), un combattant né à Salvador, fonde une école de capoeira qu'il nomme Luta Regional Bahia (lutte régionale de Bahia), afin d'échapper à l'interdiction. Dès lors, la capoeira va se répandre à travers l'élite culturelle avant de perdre ses liens criminels et se verra retirée du code pénal en 1940.

Aujourd'hui, la capoeira est un phénomène mondial, une forme d'art martial brésilien symbolisant la résistance à l'oppression. Théâtrale et acrobatique, la capoeira comporte encore quelques éléments subtils qui évoquent ses origines coloniales sauvages. **SA**

Capoeira ou *La Danse de la guerre*, une gravure de Johann Moritz Rugendas (1835).

1556

Unitarisme

Peter Gonesius

Refus d'un triumvirat divin et la désignation du Christ comme simple prophète

L'unitarisme est une doctrine religieuse dont le nom est issu de son principe fondamental : la compréhension de Dieu comme une seule personne au lieu de la Trinité du Père, du Fils et du Saint-Esprit. De fait, la plupart des dénominations chrétiennes ne sont pas conformes aux principes unitariens car elles soutiennent que Jésus-Christ est une manifestation de Dieu, et non un simple prophète comme l'affirment les unitariens. L'unitarisme favorise également la raison comme moyen d'interpréter les Écritures et la religion.

Peter Gonesius (v. 1525-1573), un étudiant polonais, se prononce en 1556 contre la doctrine de la Trinité – les trois êtres divins coexistant à l'unisson. Ses propos vont susciter un débat de neuf ans qui aboutira à la création des Frères polonais, les ancêtres de l'unitarisme. Lorsque les membres des Frères polonais reçurent l'ordre de se reconvertir au catholicisme ou de quitter la Pologne, ils se sont d'abord dispersés à travers la Transylvanie et la Hollande, avant de rejoindre ensuite l'Angleterre et les États-Unis. Des églises unitariennes sont alors apparues dans les grandes villes américaines et britanniques, tandis que des unitariens occupèrent des sièges influents au sein des grandes universités comme Harvard, où ils contestèrent la théologie puritaine qui prévalait. Les unitariens ont continué à interroger l'univers religieux au cours du XXe siècle, grâce notamment à l'adoption des nombreuses idées de l'humanisme religieux, une doctrine centrée sur les besoins humains, ses aptitudes et ses intérêts.

Le rejet unitarien de la Trinité s'accompagne d'un point de vue libéral sur Dieu, tempéré par une incursion dans la science, la philosophie et la raison. En effet, les unitariens affirment que la science et la religion ne se contredisent pas. Au contraire, la science et la religion doivent être considérées comme complémentaires, éclairant l'une et l'autre des facettes autrement impénétrables. **MK**

↑ Une gravure du XIXe siècle par J. Smith d'une chapelle unitarienne à Liverpool, en Angleterre.

1557

Signe égal

Robert Recorde

Les deux lignes parallèles qui révolutionnèrent les mathématiques

En 1557, le mathématicien gallois Robert Recorde (v. 1510-1558), lassé d'écrire « est égal à » dans son traité sur les mathématiques avancées *The Whetstone of Witte*, élabore un symbole de raccourci à l'aide de deux lignes parallèles aisément interprétables : le signe égal. Ce symbole, qui représente la notion d'égalité de deux expressions distinctes, facilita l'usage des mathématiques.

Si l'ancien papyrus Rhind égyptien (v. 1650 av. J.-C.) contient bien la première équation linéaire de l'histoire, les chercheurs ne savent pas encore si les anciens concepts d'équivalence égyptiens sont comparables à ceux mis au point par Recorde au XVIe siècle. En revanche, de nombreuses années seront nécessaires pour que le signe égal soit adopté dans l'ensemble des textes mathématiques, les mathématiciens du XVIIe siècle se référant également au signe æ, représentant le *aequalis* (égal) latin.

« Pour éviter la répétition fastidieuse : je vais utiliser une paire de lignes parallèles. »

Robert Recorde

Par ailleurs, l'état d'égalité indiqué par la présence du signe égal est un concept désormais indispensable en mathématiques et en algèbre, puisque l'équation est la notion la plus fondamentale de toute la pensée mathématique : les chiffres de chaque côté du signe égal sont de même valeur. Les deux côtés de l'équation peuvent être manipulés simultanément (par exemple en divisant, en soustrayant ou en ajoutant) avec l'intention de « résoudre » des inconnues dans l'équation. La plupart des lois de la physique et de l'économie autour desquelles s'articule la vie quotidienne s'expriment à l'aide d'équations, à l'instar de la loi universelle de la gravitation de Newton. **MK**

v. 1570

Architecture baroque

Italie

Style architectural caractérisé par ses courbes fluides et ses riches ornements

L'architecture baroque naît en Italie vers 1570, des suites de la Contre-Réforme (1545-1648). Cherchant à reconquérir des congrégations appauvries par des décennies de réforme protestante, l'Église catholique convoque les fidèles en édifiant des églises qui inspirent un sentiment de crainte.

Les bâtiments baroques sont célèbres pour leur apparence flamboyante, caractérisée par des courbes gracieuses, des formes ovales et un enjolivement sauvage : les façades extérieures sont souvent ornées de fer forgé, de colonnes torses et de sculptures en pierre élaborées, tandis que les intérieurs sont opulents. L'utilisation judicieuse de l'éclairage et des effets illusoires en trompe-l'œil leur confèrent une allure presque théâtrale.

« Le baroque est une période architecturale de pointe dans la civilisation occidentale. »

Harry Seidler, architecte

En 1656, le pape Alexandre VII confie à l'architecte et sculpteur italien Gian Lorenzo Bernini (1598-1680) la rénovation de la place Saint-Pierre de Rome. Bernini travaille sur ce projet pendant onze ans. Il résout notamment l'alignement erroné d'éléments architecturaux préexistants par la création d'une place ovale entourée d'une colonnade de 284 colonnes de marbre, couronnées par 140 statues de saints. D'autres architectes italiens, tels que Francesco Borromini (1599-1667) et Guarino Guarini (1624-1683), créèront des structures baroques d'élégance et de grandeur similaires.

L'architecture baroque en Amérique latine, dont le style est encore plus extravagant et hardiment ornementé que son antécédent européen, fut introduite par les colons du Nouveau Monde et les missionnaires jésuites. **CK**

Le baldaquin de la basilique Saint-Pierre de Rome, conçu par Gian Lorenzo Bernini en 1633.

NC VNA FIDE
VNDO REFVLG
AGNOS ET OVES

1572

Nombre imaginaire pur

Rafael Bombelli

Un nombre dont le carré est inférieur ou égal à zéro

Les nombres imaginaires purs ne sont pas vraiment imaginaires. Le terme «imaginaire» est un vestige de l'époque où les mathématiciens n'avaient pas défini de système de numération apte à accueillir un nombre dont le carré est inférieur ou égal à zéro. Les nombres imaginaires purs sont importants pour la compréhension des quantités et des phénomènes du monde réel. Des chercheurs ont fait valoir que les fractions, les nombres négatifs, et le «zéro» semblent aussi irrationnels que les nombres imaginaires purs. Pourtant, ils appartiennent tout autant à la vie quotidienne.

Si l'ingénieur et mathématicien grec Héron d'Alexandrie (v. 10-70) est l'inventeur des nombres imaginaires purs, Rafael Bombelli (v. 1526-1572) va codifier et décrire minutieusement leurs propriétés dans son traité *L'Algebra* (1572). Il définit le nombre imaginaire pur comme un élément dont le carré vaut moins un et lui donne le symbole *i*. Par la suite, les mathématiciens et théoriciens vont se servir des nombres imaginaires purs afin de comprendre des phénomènes physiques tels que les champs magnétiques ou les circuits électriques.

« Le nombre imaginaire pur est une superbe ressource de l'esprit humain. »

Gottfried Leibniz, mathématicien et philosophe

Les mathématiciens admettent que les nombres imaginaires purs sont difficiles à appréhender. Cependant, à la différence des nombres réels, ils ne font pas partie de formules, mais sont des liens fonctionnant comme une «mise à jour» des systèmes mathématiques classiques, grâce à leurs propriétés expansives. La mécanique quantique, par exemple, repose sur une dimension uniquement interprétable par les nombres imaginaires purs, devenus dès lors indispensables pour tenter de percer l'origine de l'Univers. **MK**

1581

Ballet

Balthasar de Beaujoyeulx

Une forme dramatique de danse musicale exécutée dans un cadre décoré

Le mot «ballet» est l'adaptation française du mot italien *balleto*, qui décrit les danses théâtrales organisées à la cour au début du XVe siècle, sous la direction du maître à danser Domenico da Piacenza (v. 1400-1470). Quand, en 1533, Catherine de Médicis (1519-1589) épouse le futur roi de France Henri II (1519-1559), elle invite le chorégraphe et musicien

Balthasar de Beaujoyeulx à élaborer les divertissements de la cour française. En 1581, il met en scène le premier ballet de cour, le *Ballet comique de la reine* au palais du Petit-Bourbon du Louvre à Paris. Le spectacle chorégraphié, d'une durée de cinq heures, illustre à travers la danse, la musique et la poésie l'ancien mythe grec de Circé. Un an plus tard, un livre qui contient des gravures immortalisant la performance est distribué à toute l'aristocratie européenne : le ballet est devenu un moyen de faire connaître le pouvoir, la culture et la richesse royaux.

« Le Ballet comique de la reine est un miroir politique, philosophique et éthique de son époque. » **Carol Lee, *Ballet in Western Culture***

Le ballet se professionnalise sous le patronage du roi Louis XIV (1638-1715) quand en 1681, il crée la première école de ballet, l'Académie royale de danse, devenue plus tard le Ballet de l'Opéra national de Paris. En 1700, les termes «chassé» et «pirouette» sont utilisés pour décrire les mouvements de ballet alors que des compagnies ouvrent leurs portes à travers toute l'Europe.

Il faut cependant attendre jusqu'au XIXe siècle pour que la célèbre technique du travail sur pointes – où les danseurs dansent sur la pointe des pieds grâce à des chaussures spécialement renforcées – fasse partie intégrante de l'esthétique du ballet. **CK**

Deux danseuses sur scène (v. 1874) d'Edgar Degas, célèbre pour ses peintures sur le thème du ballet.

Pluralité des mondes habités

Giordano Bruno

La théorie selon laquelle l'Univers étant infini et en expansion, il contient une pluralité de mondes habités

Un relief en bronze daté de 1887, du sculpteur italien Ettore Ferrari, représentant Giordano Bruno brûlé vif sur le bûcher par l'Inquisition vénitienne pour ses théories hérétiques.

La théorie d'une pluralité de mondes habités postule que l'Univers est infini, et qu'il contient par conséquent un nombre de mondes lui aussi infini. Le philosophe, astronome et mathématicien Giordano Bruno (1548-1600) publie cette théorie en 1584, créant un choc au sein d'une société profondément attachée aux principes structurels de l'Univers édictés par Aristote et Socrate.

Mais si les idées hérétiques de Bruno s'étaient limitées au domaine de la physique, l'Église catholique romaine n'aurait peut-être pas été contrainte de l'envoyer sur le bûcher. Ancien prêtre excommunié, Bruno est également intrigué par la compréhension de la réalité la plus intime, et s'intéresse à tous les aspects de la science et de la pensée. Il donne de nombreuses conférences sur la théorie héliocentrique de Copernic, et émet l'hypothèse que le cosmos observable n'est pas statique, mais infini et toujours en expansion. Pendant ses conférences et dans ses écrits, il se montre critique envers la physique aristotélicienne et promeut une relation – jugée hérétique – entre la philosophie et la religion. Dès lors, les principes chrétiens de la Création divine et du Jugement dernier n'avaient plus voix au chapitre.

La forme et la matière font « un » affirme Bruno, anticipant la science moderne, mais bouleversant considérablement l'Église, qui l'emprisonne et le soumet à l'épreuve pour le contenu « hérétique » de ses publications et conférences. Malgré les protestations de Bruno dont les allégations tiennent davantage de la philosophie que de la religion, les inquisiteurs catholiques le pressent de se rétracter. Le philosophe refuse avant d'être brûlé vif. Les idées de Bruno ont persisté, cependant, à travers son refus de limiter l'Univers à une structure géométrique et dans son plaidoyer en faveur d'un « tout » indivisible unissant les matières. De fait, elles sont aujourd'hui considérées comme les précurseurs de la mécanique quantique. **MK**

« Nous déclarons cet espace infini, étant donné qu'il n'est point de raison, convenance, possibilité, sens ou nature qui lui assigne une limite. »

Giordano Bruno

1588

Danse de salon

Jehan Tabourot

Un style de danse pratiquée à l'origine par les membres de la haute société

La danse de salon était une forme de danse sociale destinée au départ aux privilégiés, par opposition aux danses folkloriques des pauvres. En 1588, l'ecclésiastique français Jehan Tabourot (1519-1595) publie sous le pseudonyme de Thoinot Arbeau *Orchésographie*, un traité sur les danses françaises officielles évoquant notamment la pavane, la gaillarde, la basse danse, la volte et la gavotte. Il fournit également des indications sur les interactions entre les danseurs et les musiciens, ainsi que des exemples de musique dans lesquels les pas de danse sont placés à côté de chaque note, ce qui constitua une innovation majeure.

En 1669, Louis XIV de France (1638-1715) crée l'Académie royale de musique et de danse, qui établit des règles spécifiques pour chaque danse. Des nouvelles danses sont ajoutées au programme régulièrement, comme le menuet en 1650, que Louis XIV pratiquait lui-même en public, signalant par la même occasion son approbation officielle.

En 1819, Carl Maria von Weber (1786-1826) compose *Invitation à la danse*, une œuvre de concert pour piano qu'il décrit comme un « rondo brillant ». Inspirée par la valse, elle heurte la bonne société puisqu'elle rapproche dans un contact étroit les danseurs masculin et féminin.

Aujourd'hui, les danses de salon modernes sont classées dans les danses internationales standard (la valse, le tango, la valse viennoise, le slow fox et le quickstep) et dans les danses latines internationales (la samba, le cha-cha-cha, la rumba, le paso doble et le jive). En Amérique du Nord, le quickstep, la samba, le paso-doble et le jive sont peu à peu remplacés par le swing, le boléro et le mambo. Ce qui représentait autrefois un divertissement de la haute société est devenu un loisir de masse alimentant nos écrans de télévision et de cinéma, doublé d'un passe-temps agréable et sociable pour des millions de personnes. **SA**

1596

Dérive des continents

Abraham Ortell

La proposition selon laquelle les continents se déplacent sur la surface de la Terre

Dans la troisième édition de son livre *Thesaurus geographicus* publié en 1596, le cartographe néerlandais Abraham Ortell (1527-1598) présente une nouvelle théorie remarquable. Grâce à la sophistication croissante des cartes du monde qui dévoilent des continents avec des côtes semblant se correspondre, il suggère que le continent des Amériques fut, à la suite d'un tremblement de terre, « arraché à l'Europe et à l'Afrique ». Cependant, l'étude de la topographie est encore une science émergente à la fin du XVIe siècle, ce qui signifie que les théories d'Ortell ne furent débattues que superficiellement.

Il faudra attendre 316 ans pour que l'expression « dérive des continents », définie par le météorologue allemand Alfred Wegener (1880-1930) dans le cadre de sa « réinvention » de la théorie de la translation continentale, soit admise dans le lexique de la science. Il y a des millions d'années, une terre antique, la Pangée (du grec « toutes les terres »), se fractionne en deux supercontinents appelés Laurasie et Gondwana, qui à leur tour se brisent pour former les continents que nous connaissons aujourd'hui.

> *« Les vestiges de la rupture se révèlent sur la carte du monde. »*
>
> **Abraham Ortell**

Les conclusions de Wegener ne seront pas accueillies favorablement par ses collègues universitaires, la quasi-totalité d'entre eux étant convaincue de la théorie des continents statiques. Son article, qui ne contient aucune interprétation sur la façon dont les continents avaient pu éventuellement se déplacer – en dehors d'indices physiques –, ne contribura guère à modifier l'opinion générale. Huit ans plus tard, Wegener sera en mesure de fournir une explication, lors de la présentation de sa théorie de la tectonique des plaques. **BS**

1597

Droit divin

Jacques Ier d'Angleterre

La justification du pouvoir royal soumis au choix de Dieu

La théorie du droit divin postule que Dieu conférant à un monarque le droit de statuer, ce dernier ne peut pas être soumis à l'autorité de toute autre entité. Dieu seul peut accorder à un monarque le droit de porter une couronne, et Lui seul a la capacité de le juger. Ainsi, les tentatives de censure ou de renversement d'un monarque ne sont pas seulement considérées comme une trahison, mais comme un sacrilège.

Cette idée, qui germa dans l'Europe médiévale, est une réinterprétation de l'ancien droit romain. Par conséquent, il est difficile d'en cerner précisément l'origine. Cependant, en 1597, Jacques Ier, alors roi d'Écosse et bientôt roi d'Angleterre, rédige le traité *The True Law of Free Monarchies*, dans lequel il plaide pour une monarchie absolutiste. Il ne s'agit pas d'un hasard puisque Jacques Ier est aussi protestant, et comme de nombreux partisans de la monarchie de droit divin, il cherche à échapper à l'influence de l'Église catholique romaine. Toutefois, de nombreux penseurs politiques, parmi lesquels John Locke et John Milton, protestent contre la tyrannie du pouvoir absolu des monarques, affirmant que concentrer cette immense force politique entre les mains d'une seule personne revient simplement à remplacer un oppresseur, en l'occurrence l'Église catholique, par un autre.

> *« Je vais gouverner selon le bien commun, et non la volonté commune. »*
>
> **Jacques Ier d'Angleterre**

Les débats sur le droit divin évoquaient des considérations sur la séparation de l'Église et de l'État, mais influencèrent également le texte politique de la Déclaration d'indépendance des États-Unis (1776) de Thomas Jefferson, qui affirme que « tous les hommes sont créés égaux ». **MK**

1598

Opéra

Jacopo Peri

Une œuvre chantée sur scène et souvent accompagnée d'un orchestre

Nouvelle forme d'art qui se propage rapidement à travers l'Europe, l'opéra réinvente le drame antique grec après sa création par la Camerata fiorentina, un groupe d'intellectuels, musiciens et poètes apparu à Florence à la fin du XVIe siècle. Le premier opéra connu, *Dafne* (1598) de Jacopo Peri (1561-1633), est une adaptation des *Métamorphoses* d'Ovide. Les fragments retrouvés de cette production forment un petit ensemble qui révèle l'opéra tel que nous le connaissons aujourd'hui : des airs chantés, entrecoupés de sections narratives composées de récitatifs chantés. Le premier opéra majeur inscrit dans le répertoire est *L'Orfeo* de Claudio Monteverdi (1607).

Si pendant des siècles, les compositeurs s'échinèrent à adapter le genre à travers des thèmes et des styles musicaux contemporains, les opéras n'abandonnèrent pas pour autant les sujets allégoriques, comme en témoignent les adaptations de drames shakespeariens par Henry Purcell, les mythes nordiques de la *Tétralogie* de Wagner, ou les allégories des opéras du cycle *Licht* de Stockhausen. Même une œuvre telle que *Nixon in China* de John Adams peut être appréciée en des termes allégoriques, qui illustrent la façon dont les mythes sont perçus au travers des événements contemporains.

> *« Si la musique est une imitation de l'histoire, l'opéra est une imitation de l'obstination de l'homme. »* **W. H. Auden, *Essais critiques* (1962)**

L'opéra traditionnel visait plutôt les classes supérieures et les cours, tandis que les formes populaires qui en ont émergé (l'opérette et les comédies musicales du XXe et XIXe siècle) s'intéressent davantage à des mythes comme *Orphée aux Enfers*, à la fiction comme *Les Misérables* de Victor Hugo (1862) et à des sujets contemporains comme le sida (*Rent*, 1994), la guerre froide (*Chess*, 1984) ou la révolution sexuelle (*Hair*, 1967). **PB**

In the Loge (1879) de Mary Cassatt montre une femme regardant un spectacle à Paris.

Éléctricité

William Gilbert

Une forme fondamentale d'énergie résultant de l'interaction des particules chargées

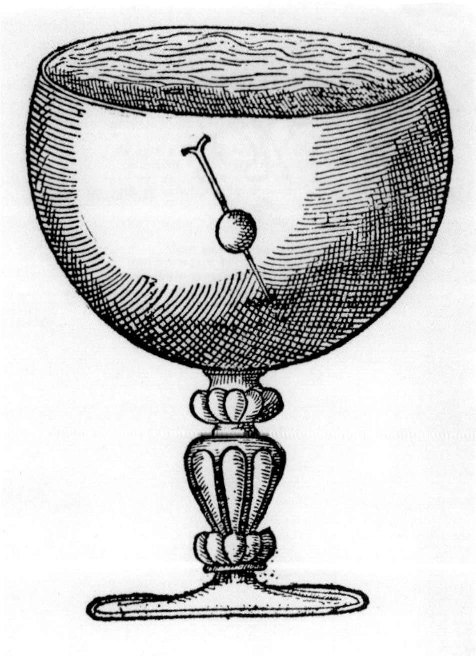

Une illustration issue de *De magnete* (1600) de William Gilbert, qui montre comment une aiguille aimantée piquée dans une boule de liège immergée, pointe vers le pôle magnétique.

« Est-ce un fait – ou ai-je rêvé – qu'au moyen de l'électricité, le monde de la matière est devenu comme un grand nerf vibrant et haletant sur des milliers de kilomètres ? »

Nathaniel Hawthorne, *La Maison aux sept pignons* (1851)

Le médecin, physicien et philosophe anglais William Gilbert (1544-1603) a inventé le terme « électricité » afin de décrire des phénomènes liés à la présence et au déplacement d'une charge électrique. Dans son livre *De magnete, magneticisque corporibus, et de magno magnete tellure* (« Du magnétisme, des corps magnétiques, et du grand aimant Terre ») publié en 1600, il emploie ce dérivé du mot *élektron* qui signifie en grec « ambre jaune », un matériau connu pour produire un phénomène électrique après avoir été frotté. Ce que les Grecs anciens, et Gilbert après eux, ont observé est provoqué par une charge à l'origine d'un champ électromagnétique affectant une autre charge, et dont les propriétés résultent de l'interaction des particules subatomiques.

L'observation de l'électricité d'origine naturelle est décrite dans des textes de l'ancienne Égypte, de l'Arabie, de la Grèce antique et de Rome, mais la quantification et l'exploitation de la puissance électrique ne débuteront qu'au cours du XVIIe et XVIIIe siècle. En 1821, Michael Faraday conçoit le moteur électrique, tandis qu'en 1827, Georg Ohm analyse avec succès les propriétés du circuit électrique, générant moult discussions scientifiques.

Les inventeurs et autres scientifiques novateurs Nikola Tesla, Thomas Edison, Joseph Swan, George Westinghouse, Alexander Graham Bell et lord Kelvin, adaptèrent leurs découvertes aux nécessités de la vie quotidienne. Les progrès de la médecine, de l'éclairage électrique, les poêles, les ordinateurs personnels, les machines à laver, les radios, les télévisions et les systèmes de propulsion électrique sont tous issus de leurs travaux. Sans la forte demande pour les produits électriques et l'amélioration des commodités soutenue par l'électricité, la deuxième révolution industrielle (v. 1860-1914) n'aurait jamais eu lieu, et la vie telle que nous la connaissons aujourd'hui serait méconnaissable. **MK**

Musique baroque

Europe

Une période stylistique de l'histoire de la musique originaire d'Italie et qui dura 150 ans

Le terme « baroque » est vraisemblablement dérivé de *barroco* en portugais, « une perle déformée », ce qui implique le déséquilibre et l'imperfection d'une forme et d'un style, à la différence des idéaux bien équilibrés de l'Antiquité. Sa première utilisation, d'abord considérée comme péjorative, provient d'une critique de l'opéra *Hippolyte et Aricie* de Rameau (1733). Mais plus généralement, le terme « baroque » décrit un courant artistique somptueux illustré par Pierre Paul Rubens, Gian Lorenzo Bernini et Rembrandt, où se mêlent réponses émotionnelle et rationnelle vis-à-vis d'une œuvre.

Dans l'histoire de la musique, la période baroque coïncide avec l'introduction de la tonalité – les modes majeur et mineur utilisés aujourd'hui – et la simplification de la texture musicale à travers une monodie, ici une ligne mélodique avec *basso continuo*, c'est-à-dire accompagnée d'accords et d'une ligne de basse proéminente. Au cours du XVIIIe siècle, le style baroque devient plus complexe et s'illustre dans des genres polyphoniques différents, allant de l'opéra à la musique sacrée en passant par la musique de chambre. Il culmine dans les œuvres de Georg Friedrich Haendel et Jean-Sébastien Bach.

Si la musique baroque, en particulier les œuvres de Bach, Haendel et Vivaldi, est désormais incontournable sur les programmes de concerts contemporains, elle eut également une conséquence importante : elle ouvrit une période dite de « pratique commune », qui se définit par des notions élémentaires comparables dans la musique baroque, classique et romantique, malgré leurs différents idéaux esthétiques. Plusieurs traits stylistiques semblables transparaissent aussi dans les nombreux genres apparus au cours du XXe et XIXe siècle, comme la comédie musicale, le jazz et le rock. La base de l'accompagnement harmonique – le clavier et un instrument de basse – est actuellement (avec l'ajout d'une batterie) l'ensemble prédominant dans la musique populaire. **PB**

Un portrait de Georg Friedrich Haendel par T. Hudson, peint en 1749. L'œuvre la plus connue de Haendel est son oratorio *Le Messie*, qu'il composa en 1741.

« Toujours triste alors qu'elle pourrait être tendre, cette musique singulière était baroque. »

Anonyme, *Mercure de France* (mai 1734)

Poésie métaphysique

Europe

La poésie abordée comme une réflexion sérieuse sous la forme d'une métaphore filée

Un portrait anonyme du poète métaphysique John Donne (v. 1595). Donne est souvent considéré comme le plus grand compositeur anglais de poèmes d'amour.

« Donne affecte la métaphysique dans ses vers amoureux, où seule la nature devrait régner ; et embarrasse l'esprit du beau sexe avec de belles spéculations philosophiques, quand il devrait engager leurs cœurs. »

John Dryden, critique

« Métaphysique » était à l'origine un terme péjoratif utilisé par les critiques anglais John Dryden (1631-1700) et Samuel Johnson (1709-1784) pour décrire une école de poètes lyriques britanniques du XVIIe siècle. Maniant l'analyse psychologique et le paradoxe, leurs poèmes contiennent une juxtaposition de concepts sans rapport, qui invitent le lecteur à en examiner attentivement la signification. L'emploi du *conceit* (en tant que figure de rhétorique) et l'usage de la métaphore filée leur ont permis d'élaborer des poèmes complexes sur des sujets traitant autant de sexualité que de politique contemporaine.

Le poète métaphysique le plus influent, John Donne (1572-1631), rédigea ses 19 *Sonnets religieux*, dont le poème « Ne sois pas fière, ô Mort », à la suite du décès de sa femme. Ses méditations spirituelles sur le sens de la mort et sur la place de Dieu et de l'amour dans la vie sont les témoins privilégiés de son deuil.

Andrew Marvell (1621-1678), autre poète métaphysique célèbre, a écrit le poème « À sa timide maîtresse Coy » comme *conceit* du *carpe diem* sur la futilité de la virginité au regard de la brièveté de la vie : « La tombe est un fort bel enclos, nul onc n'y baille un baiser chaud. » Les autres poètes métaphysiques notables sont Henry Vaughan, John Cleveland et Abraham Cowley, ainsi que, dans une moindre mesure, George Herbert et Richard Crashaw.

Les poètes du XXe siècle, à l'image de T. S. Eliot dans son essai *The Metaphysical Poets* (« Les Poètes métaphysiques », 1921), saluèrent les poètes métaphysiques pour leur maniement adroit de la langue et de l'humour ; leurs thèmes différaient de ceux traités traditionnellement à la même période, au profit de questions complexes portant sur la politique, la religion, la science et l'éthique. Aujourd'hui, leurs œuvres sont minutieusement décortiquées et vantées comme un modèle de poésie moderne. **PBr**

Chute des corps

Galilée

La théorie selon laquelle la chute des corps est soumise à l'influence de la gravité seule

Au IVe siècle av. J.-C., Aristote affirmait qu'un corps tombe selon une vitesse proportionnelle à son poids. Cette idée, acceptée jusqu'au XVIe siècle, fut remise en question en 1576 lorsque le mathématicien italien Giuseppe Moletti signale que des corps de même matière, mais de poids différents, ont touché le sol en même temps. En 1586, le mathématicien flamand Simon Stevin démontre que deux objets de poids différents tombent avec la même accélération. Puis, en 1597, le philosophe italien Jacopo Mazzoni observe que des grands et des petits fragments chutent à la même vitesse.

Dans un récit apocryphe, le physicien et astronome italien Galilée (1564-1642) aurait jeté des boules en fer de poids inégal du haut de la tour penchée de Pise. En réalité, Galilée a tenté dès 1604 de déterminer la vitesse à laquelle elles accéléraient lorsqu'elles chutaient en les faisant rouler sur une pente. Galilée fut cependant crédité des expériences définitives sur le sujet puisqu'à la différence des autres, il mesura le temps et se servit des mathématiques pour établir ses théories.

Le fait qu'un morceau de plomb tombe plus vite qu'une feuille semble contredire la règle selon laquelle tous les corps chutent à la même vitesse. En fait, les deux objets tombent à des vitesses différentes à cause de la résistance de l'air. Cela fut démontré par l'astronaute américain David Scott (né en 1932) lors d'une expérience sur la Lune – qui n'a pas d'atmosphère – à l'aide d'un marteau et d'une plume jetés de la même hauteur : les deux ont heurté la surface de la Lune en même temps.

Galilée utilisa aussi l'observation expérimentale et le raisonnement mathématique pour expliquer le mouvement uniformément accéléré, l'accélération due à la gravité, le comportement des projectiles, la vitesse de la lumière, la nature de l'infini, la physique de la musique et la résistance des matériaux. Ses diverses théories contribuèrent à ouvrir la voie aux lois du mouvement et de la gravité formulées par Isaac Newton (1642-1726). **BC**

↑ Un croquis qui montre Galilée mener ses expériences du haut de la tour penchée de Pise, bien qu'il s'agisse probablement d'une légende, Galilée n'ayant jamais pratiqué cette méthode pour prouver sa théorie.

« Dans un milieu totalement dépourvu de résistance, tous les corps tomberaient à la même vitesse. »

Galilée

1605

Droit international public

Hugo Grotius

Un ensemble de règles souscrites par toutes les nations pour la résolution pacifique des conflits

Le droit international (public) comprend les règles acceptées et approuvées afin de réguler les interactions entre les nations. Le philosophe et juriste hollandais Hugo Grotius (1583-1645) posa les fondements du droit international, qui est lui-même une extension du droit naturel. Parallèlement aux échanges croissants entre les nations, les penseurs ont voulu instaurer une structure de règlement des conflits compréhensible et acceptable par toutes les populations concernées.

L'implication de Grotius dans la codification des normes du droit international débuta avec un cas juridique découlant de la saisie par les marchands hollandais d'un navire portugais dans le détroit de Singapour en 1603. Les Pays-Bas et le Portugal étaient alors en guerre, et un marchand hollandais, sans la permission de son gouvernement, en avait profité pour capturer le cargo portugais, remis ensuite aux actionnaires de sa société. L'affaire fit grand bruit parmi les Portugais et les mennonites pacifistes néerlandais. Ce scandale et les débats éthiques et juridiques qui ont suivi inspirèrent le mémoire séminal de Grotius *Sur le droit de prise* achevé en 1605, mais publié des siècles plus tard, en 1864.

« Dans la mesure où le droit international est respecté, il offre la stabilité et l'ordre. »

J. William Fulbright, sénateur américain

Au XXe siècle, des entités telles que la Cour européenne des droits de l'homme et la Cour pénale internationale furent créées pour constater les violations du droit international. Les pays soumis à ces organes juridictionnels supranationaux consentent également à accepter leur gouvernance. Ainsi, la souveraineté de la nation elle-même est protégée tout en lui permettant de rendre des comptes au reste du monde. **MK**

1605

Don Quichotte

Miguel de Cervantès

Le premier roman moderne et l'une des fictions les plus enrichissantes de tous les temps

Don Quichotte figure parmi les classiques les plus lus de la littérature occidentale. Il fut publié en deux volumes en 1605 et 1615, par le romancier, poète et dramaturge espagnol Miguel de Cervantès (1547-1616), dont l'intention était de rédiger une satire comique des romans de chevalerie alors en vogue dans son pays. Le roman décrit les mésaventures de son protagoniste, Alonso Quichano – un pauvre *hidalgo* qui s'affuble du pseudo-chevaleresque de Don Quichotte –, accompagné de son cheval Rossinante et de l'écuyer paysan Sancho Panza.

Don Quichotte est considéré comme le précurseur du roman moderne car, pour la première fois, la caractérisation des personnages prenait le pas sur l'évolution de leurs actions. Là où les romans antérieurs se contentent de narrer les événements, Cervantès préfère regarder au-delà du récit afin d'explorer la juxtaposition des différentes personnalités de ses protagonistes, en particulier celles de l'idéaliste Don Quichotte et du cynique Sancho Panza, dont les échanges sont teintés dans une égale mesure de comédie et de tragédie. Cependant, les intentions de Cervantès quant au rapport réalité-fiction ne sont jamais très explicites pour le lecteur.

« Et le plus fou, c'est de voir la vie telle qu'elle est et non telle qu'elle devrait être. »

Miguel de Cervantès, *Don Quichotte* (1605)

Le personnage de Don Quichotte est devenu l'archétype de la notion d'idéalisme, dont le terme dérivé « don quichottisme » immortalise la caractérisation. L'expression « se battre contre des moulins à vent » puise son origine dans un épisode du roman où Don Quichotte attaque une rangée de moulins à vent, qu'il prend pour des chevaliers démoniaques. Elle souligne une tendance à poursuivre un objectif inatteignable. **BC**

Peinture du XIXe siècle illustrant Don Quichotte et Sancho, par Alexandre Gabriel Decamps.

ORIENS
COLLEGIVM FRATERNITATIS
16
18
S S
FA MA
VIDEAMINI 1604
ad fratres
Fratri
Nostro T S
SEPTENTRIO
CAVETE!
Iul. di Campi
IESVS NOBIS OMNIA
C.R.F.
IVVA PATER
AGNOSCO
Per multa discrimina rerum
NOTA
VENITE DIGNI
SI DIIS PLACET
IGNORANTIAM MEAM
MOVEAMVR
PVTEVS OPINIONVM
OCCIDENS

1607

Rosicrucianisme

Christian Rosenkreuz

Une pratique dédiée à la connaissance des arcanes pour le bénéfice de l'humanité

Le rosicrucianisme se réfère à l'appartenance à une société secrète – appelée l'ordre rosicrucien ou l'ordre de la Rose-Croix – ou à son étude. Selon la mythologie de l'ordre, elle fut fondée en Allemagne par Christian Rosenkreuz. La philosophie de l'ordre se base sur les «vérités ésotériques du passé antique» offrant un aperçu sur les mondes physique et spirituel. D'autres sociétés secrètes, à l'instar de la franc-maçonnerie, sont inspirées de la Rose-Croix.

Les premiers manifestes – anonymes – qui décrivent l'ordre rosicrucien sont apparus entre 1607 et 1616. Les documents, alignés sur le mouvement protestant, évoquent une «réforme universelle de l'humanité» en narrant à la manière d'un conte fantastique le voyage spirituel de Christian Rosenkreuz, alors âgé de 106 ans, au Moyen-Orient. De retour en Allemagne, Rosenkreuz découvre qu'il n'est pas en mesure de divulguer ses secrets aux dirigeants européens. Il regroupe donc ses proches amis, au nombre de huit, et fonde l'ordre. Ses membres, tous médecins et célibataires assermentés, jurent de guérir les malades sans contrepartie financière et de garder le secret de l'ordre.

> «Summa scientia nihil scire – *La grandeur de la connaissance est de ne rien savoir.*»
>
> **Christian Rosenkreuz**

Les intellectuels européens furent intrigués par la pensée mystique et alchimique du rosicrucianisme. L'ordre est considéré comme le précurseur de la Royal Society (l'Académie des sciences anglaise), qui réunit des scientifiques partageant régulièrement les connaissances empiriques acquises lors de leurs expérimentations. En outre, des fraternités ésotériques, comme les francs-maçons, se sont formées en Europe et aux États-Unis afin de renforcer les alliances sociales. **MK**

1608

Télescope

Pays-Bas

L'élaboration d'un instrument capable de révéler l'Univers à l'humanité

Le premier télescope est conçu aux Pays-Bas en 1608. La nouvelle de son invention est alors parvenue jusqu'aux oreilles du physicien et astronome italien Galilée (1564-1642), qui construisit son propre télescope – de qualité supérieure – afin de poursuivre son étude des cieux. Bien que le télescope de Galilée puisse être considéré comme rudimentaire par rapport aux normes du XXIe siècle, cela lui permit d'observer des vallées et des montagnes sur la surface de la Lune, quatre lunes de Jupiter, ainsi que les phases de la planète Vénus. Isaac Newton (1642-1726) suivra l'exemple de Galilée en fabriquant son propre télescope en 1668, et des télescopes assez puissants pour pouvoir scruter la Voie lactée seront mis en circulation dès le XVIIIe siècle.

Le panthéon des télescopes comprend désormais les télescopes à réflexion, mais aussi les lunettes astronomiques, ainsi que les télescopes de Schmidt qui intègrent simultanément la technologie de la réflexion et de la réfraction. Les télescopes à miroirs multiples sont utilisés pour observer en profondeur l'Univers, tandis que les télescopes solaires ont été conçus spécifiquement pour scruter le Soleil. Les scientifiques envoyèrent également des télescopes directement dans l'espace à l'aide d'engins spatiaux, afin de capturer des images autrement inaccessibles depuis la Terre grâce à des caméras et aux nouveaux systèmes de diffusion. L'immense télescope spatial Hubble, en orbite autour de la Terre depuis 1990, est aussi capable de capturer des images d'objets cosmiques qui, contrairement à celles des télescopes restés sur Terre, ne sont pas soumises aux distorsions engendrées par l'atmosphère terrestre. **MK**

> «*Mesurer ce qui est mesurable, et rendre mesurable ce qui ne l'est pas.*»
>
> **Galilée**

Frontispice du *Collegium Fama Fraternitatis* (1618), manifeste de la Rose-Croix, par Théophile Schweighardt.

1614

Logarithme

John Napier

Un concept mathématique qui permet de réduire le temps de calcul et accélère le progrès scientifique

MIRIFICI

Logarithmorum

Canonis deſcriptio,

Ejuſque uſus, in utraque *Trigonometria; ut etiam in* omni Logiſtica Mathematica, *Amplißimi, Facillimi, & expeditißimi explicatio.*

Authore ac Inventore, IOANNE NEPERO, Barone Merchiſtonii, *&c. Scoto.*

EDINBURGI, Ex officinâ ANDREÆ HART *Bibliopōlæ,* CIↃ. DC. XIV.

La page titre de *Mirifici logarithmorum canonis descriptio*, publié en 1614. Le livre aborde les théorèmes de trigonométrie sphérique et introduit les logarithmes naturels.

« Le logarithme est un artifice admirable qui, en réduisant à quelques jours le travail de plusieurs mois, double la durée de vie de l'astronome, et lui évite les erreurs et le dégoût inséparables des longs calculs. »

Pierre-Simon de Laplace, mathématicien

Dans *Mirifici logarithmorum canonis descriptio* (« Description de la merveilleuse règle des logarithmes ») publié en 1614, le mathématicien écossais John Napier (1550-1617) introduit un nouveau concept qui allait faire exploser les limites de la recherche en physique, mathématique, géographie et astronomie : le logarithme.

Les logarithmes permettent aux mathématiciens, scientifiques, ingénieurs et navigateurs d'effectuer des calculs mathématiques plus efficacement ; au lieu de poser manuellement une suite de multiplications monotones, un chercheur pouvait désormais utiliser les tables de logarithmes et les règles à calcul pour résoudre plus rapidement un problème mathématique. Des mathématiciens tels que Nicolaus Mercator, John Speidell et Leonhard Euler ont élargi les concepts de Napier en développant une forme logarithmique dont les règles sont encore en vigueur à travers le monde aujourd'hui.

Les applications des tables de logarithmes sont profondes et déterminantes. Elles ont simplifié les mathématiques dans des domaines tels que l'astronomie, l'arpentage, la navigation et la physique, permettant ainsi à la découverte et à l'innovation scientifique de progresser bien plus rapidement que prévu. Les chercheurs et praticiens contemporains continuent d'exprimer leurs idées à l'aide d'échelles logarithmiques, comme dans les tons et les intervalles musicaux, ou dans l'usage de la loi de Hick qui propose une relation logarithmique décrivant le temps nécessaire à un utilisateur pour prendre une décision en fonction du nombre de choix à sa disposition. Même s'ils n'en connaissent pas toujours l'origine, les humains utilisent également le raisonnement logarithmique pour évaluer les risques relatifs, ce qui a permis par exemple d'établir des mesures statistiques en épidémiologie. Les logarithmes servent aussi dans la recherche entropique et la théorie de l'information. **MK**

Fausse théorie des marées

Galilée

La théorie selon laquelle la rotation quotidienne de la Terre et l'orbite annuelle autour du Soleil provoquent les marées

La fausse théorie des marées postule que le « double mouvement » de la Terre, à la fois quotidien sur son axe et annuel autour du Soleil, est responsable du phénomène des marées. Galilée (1564-1642) proposa cette théorie en 1616, attestant du même coup le modèle copernicien d'un Système solaire au sein duquel la Terre et les autres corps gravitent autour du Soleil.

L'inspiration de Galilée pour cette théorie de la causalité lui est venue à bord d'un chaland transportant de l'eau fraîche entre Padoue et Venise, en Italie. En effet, chaque fois que la barge change de direction ou de vitesse, il note que l'eau douce contenue dans les barils s'agite en réponse. Il avance ensuite que, même si nous ne pouvons pas le percevoir, la Terre se déplace à différentes vitesses et directions en tournant sur son axe et autour du Soleil. Un autre grand scientifique de l'époque, Johannes Kepler (1571-1630), plaide plutôt en faveur d'une théorie des marées liée aux effets gravitationnels de la Lune, mais Galilée évoque l'absence de preuve empirique, une telle idée lui semblant en outre étrangement occulte. Quand il transposera finalement sa théorie des marées dans *Dialogue sur les deux grands systèmes du monde* (1632), les inquisiteurs catholiques jugeront la défense du système copernicien, incluant la théorie des marées, blasphématoire. Galilée est alors placé en résidence surveillée tandis que son livre est frappé d'interdiction.

C'est finalement la théorie de Kepler qui l'emportera, le phénomène des marées étant aujourd'hui attribué à l'attraction de la Lune. Cependant, la foi inébranlable de Galilée envers sa théorie erronée inspirera de nombreux scientifiques – dont Albert Einstein – qui continueront de chercher une relation entre les mathématiques, l'astronomie et la physique, conduisant sans doute aux progrès de la mécanique quantique. Si les conclusions de Galilée étaient fausses, sa méthode fut la source d'interrogations inédites. **MK**

Portrait de Galilée peint par l'artiste russe Ivan Petrovitch Keler-Viliandi, 1858. Galilée étudia d'abord la médecine avant de se consacrer à la philosophie et aux mathématiques.

« L'objectif de Galilée était de substituer à un système pétrifié et stérile d'idées la quête impartiale et intense d'une compréhension plus profonde et plus cohérente des faits physiques et astronomiques. »

Albert Einstein, physicien théoricien

1620

Naturalisme

Francis Bacon

L'idée selon laquelle la marche de l'Univers s'explique par l'étude des causes naturelles

Le naturalisme est la conviction que nous pouvons acquérir des connaissances sur la façon dont le monde fonctionne par l'étude des phénomènes naturels. Tout dans l'Univers est obligatoirement gouverné et régi par des lois naturelles. Le naturalisme affirme qu'il n'existe que des phénomènes naturels, tant dans l'existence que dans la façon dont la connaissance est obtenue.

Les questions liées à l'origine de l'univers sont aussi vieilles que l'humanité elle-même. Dès le VIe siècle av. J.-C., des penseurs comme Thalès de Milet proposent des solutions naturalistes à ces questions fondamentales. Pendant la Renaissance (v. 1450-1600), les explications naturalistes abondent de plus en plus. En 1620, le philosophe anglais Francis Bacon (1561-1626) publie *Novum organum scientiarum* («Nouvel outil de science»), dans lequel il expose une méthode d'apprentissage inédite intitulée le «raisonnement inductif», où l'expérimentateur tire des conclusions à partir de données observées, au lieu de sous-entendre des principes présumés. Le raisonnement inductif – et implicitement la méthode d'investigation sur laquelle il repose – est devenu indispensable à la recherche scientifique.

> *« La subtilité de la nature est supérieure à celle des sens et à la compréhension. »*
>
> **Francis Bacon, *Novum Organum Scientiarum* (1620)**

Le monde naturel est, pour l'essentiel, connaissable, mesurable, quantifiable et prévisible. Le naturalisme suppose que le monde tel que nous le voyons *est* ce qu'il est. En revanche, la croyance en des phénomènes surnaturels interfère dans la façon de comprendre le monde ; l'humanité ne peut pas exercer de contrôle sur ces phénomènes, et pire encore, elle ne peut fournir aucune explication ni raison de leurs actions. **MT**

1621

Thanksgiving (Action de grâce)

Les pèlerins américains

Une fête traditionnelle pour marquer un événement de bon augure

Aux États-Unis, la fête traditionnelle de Thanksgiving – qui se déroule le quatrième jeudi de novembre – est traditionnellement associée aux colons pèlerins de la colonie de Plymouth, située aujourd'hui dans le Massachusetts.

Les récits habituels relatent le premier Thanksgiving en 1621, lorsque les pèlerins de Plymouth invitèrent les populations autochtones à rendre grâce à Dieu après de bonnes récoltes, au terme d'une année difficile au sein de la colonie. Plusieurs autres comptoirs dans les Amériques en revendiquaient également la célébration.

L'idée d'un événement intitulé Thanksgiving puise son origine dans l'Angleterre de la Réforme protestante, les réformateurs se montrant impatients de remplacer les jours fériés catholiques par des fêtes qui leur sont propres. La tradition exige alors de célébrer des événements fortuits avec un repas spécial de Thanksgiving, quand à l'inverse, les événements indésirables sont marqués par un jour de jeûne. On espère que rendre grâce à Dieu peut apporter davantage de bonheur, tandis que le jeûne est censé prévenir les catastrophes supplémentaires.

Même si la plupart des symboles et des traditions liés à Thanksgiving sont issus de l'histoire des pèlerins de la colonie de Plymouth, elle est désormais considérée comme une célébration de l'esprit de gratitude plutôt que comme la commémoration d'un événement particulier.

En tant que fête religieuse, Thanksgiving est destinée à rappeler à ceux qui la célèbrent que Dieu pourvoit en toutes bonnes choses. En tant que fête laïque, Thanksgiving salue également l'éthique du travail et la persévérance des premiers colons américains. **TD**

The First Thanksgiving par Jean Leon Gerome Ferris, peint entre 1912 et 1915.

Propagande

Pape Grégoire XV

La propagation du catholicisme par les missionnaires, présenté subrepticement et visant à modifier les comportements et la pensée

Portrait du pape Grégoire XV et son neveu le cardinal Ludovico Ludovisi (XVIIe siècle) par Le Dominiquin (Domenico Zampieri). Ludovisi, neveu du pape, est nommé cardinal afin d'épauler son oncle vieillissant.

« Le terme "propagande" est décrié et souvent mal compris. Le profane l'utilise pour signifier quelque chose d'inférieur, voire de méprisable. Le mot "propagande" possède un arrière-goût amer. »

Josef Goebbels, ministre du Reich à l'Éducation du peuple et à la Propagande

Considéré comme péjoratif, le terme « propagande », évoque souvent la désinformation et la manipulation, avec une intention perverse de tromper. Pourtant, l'objectif initial de la propagande était plus bénin.

La Réforme protestante ayant sérieusement affaibli l'Église catholique romaine, le pape Grégoire XV (1554-1623) décide, dans le cadre de la réforme des pratiques catholiques et pour éradiquer toute dissidence, que l'Église a besoin d'un organisme unique chargé de lutter contre le protestantisme. Le 22 juin 1622, il crée la Sacra Congregatio de Propaganda Fide (la Sacrée Congrégation pour la propagation de la foi). Ce nouveau comité formé de missionnaires – ou propagandistes – a pour but de raviver la foi catholique à travers l'Europe et de la renforcer dans les colonies de l'autre côté de l'Atlantique. Les missionnaires sont donc chargés de propager les doctrines de l'Église de manière volontaire, la force n'étant aucunement autorisée. En conséquence, ils ont parfois recours à des moyens détournés afin de transformer l'opinion religieuse et c'est sans surprise que la propagande – qui verra l'hostilité envers son concept général traverser l'histoire – est honnie par ses adversaires protestants en tant qu'instrument de l'Église catholique.

Le mot « propagande » concernait à l'origine toutes les organisations qui visent à répandre une doctrine particulière ou un ensemble de croyances. Cependant, il ne tarda pas à définir la doctrine elle-même, ainsi que les techniques utilisées pour modifier l'opinion. La propagande peut agir sous de nombreuses formes, à la fois ouvertes et secrètes, mais en réalité, elle n'est ni bonne ni mauvaise. Il s'agit simplement d'un processus de manipulation du comportement d'une personne au bénéfice d'une autre. La seule façon de juger la propagande, donc, est de déterminer si oui ou non elle a atteint son but. **SA**

1622

Règle à calcul
William Oughtred

Un calculateur analogique manuel conçu pour accélérer les longs calculs

C'est l'introduction du logarithme par John Napier (1550-1617) en 1614 qui a rendu la règle à calcul possible. À l'instar du logarithme, la règle à calcul sert à simplifier les opérations mathématiques fastidieuses. La première règle ajustable à calcul logarithmique, de conception circulaire, fut créée en 1622 par le mathématicien britannique William Oughtred (1574-1660).

L'évolution de la règle à calcul accompagna le développement technologique, parallèlement à l'explosion de la demande en calculs détaillés. Par exemple, des améliorations lui ont été apportées par l'industriel Matthew Boulton (1728-1809) et l'ingénieur James Watt (1736-1819), afin d'aider à la conception d'une machine à vapeur, tandis qu'en 1814, le médecin Peter Roget (1779-1869) inventa une règle à calcul qui lui permettait de déterminer les puissances et les racines des nombres. Dans certains domaines comme l'aviation, les règles à calcul personnalisées furent nécessaires pour faciliter les opérations mathématiques spécialisées. Ainsi, la règle à calcul simplifia grandement ce qui demandait auparavant beaucoup de temps, si bien qu'elle est aujourd'hui considérée comme un calculateur analogique.

L'avènement de la calculatrice scientifique rendit la règle à calcul obsolète, mais cette dernière présente l'avantage de n'avoir pas besoin d'électricité ni de piles pour fonctionner. En outre, les opérations et le résultat sont affichés simultanément. En contrepartie, la règle à calcul est plus lente que la calculatrice ou l'ordinateur, d'autant que sa précision peut être affectée par la qualité de sa gravure, ce qui est potentiellement source d'erreur. Quoi qu'il en soit, les aviateurs et les marins continuent d'emporter avec eux une règle à calcul en cas de défaillance de leurs instruments. Par ailleurs, l'existence sur Internet de l'International Slide Rule Museum (Musée international de la règle à calcul) témoigne encore de son importance et de son utilité. **MK**

1624

Déisme
Lord Herbert de Cherbury

La croyance en l'existence d'un créateur qui n'intervient pas dans la marche de l'Univers

Le déisme est une philosophie religieuse qui écarte le surnaturel, le dogme religieux et l'idée de textes religieux s'autoproclamant infaillibles et totalement exempts d'erreurs de toutes sortes. Le déiste estime que la capacité de raisonnement de l'être humain est une preuve en soi de la présence d'un créateur divin, mais qui n'interagit pas avec l'Univers créé.

La doctrine déiste existe depuis le monde antique, puisque ses principes étaient déjà présents dans une variété de cultures européennes avant le XVIIe siècle. En Angleterre, le terme « déiste » est apparu pour la première fois dans *L'Anatomie de la mélancolie* (1621) de Robert Burton. Le philosophe anglais lord Herbert de Cherbury (1583-1648) est souvent cité comme l'un des premiers partisans du déisme, après la publication de *De veritate* en 1624. Cette croyance attira également de nombreux penseurs influents du siècle des Lumières, dont Jean-Jacques Rousseau et Voltaire, et une partie des Pères fondateurs des États-Unis, comme Benjamin Franklin, Thomas Jefferson et George Washington.

> *« La religion est un domaine qui se trouve uniquement entre l'homme et son Dieu. »*
>
> **Thomas Jefferson, Père fondateur américain**

L'influence du déisme commença à diminuer après les attaques des penseurs John Locke et David Hume, si bien qu'au XIXe siècle, quelques personnes seulement prétendent encore être déistes. L'absence de relation personnelle avec le divin conduit certains croyants vers d'autres mouvements religieux, d'autres vers l'athéisme. L'idée, cependant, qu'il existe une position modérée entre les deux extrêmes – athéisme et dogme religieux – est toujours vivace, ce qui permet de croire en un Dieu créateur tout en acceptant les notions scientifiques antithéistes. **MT**

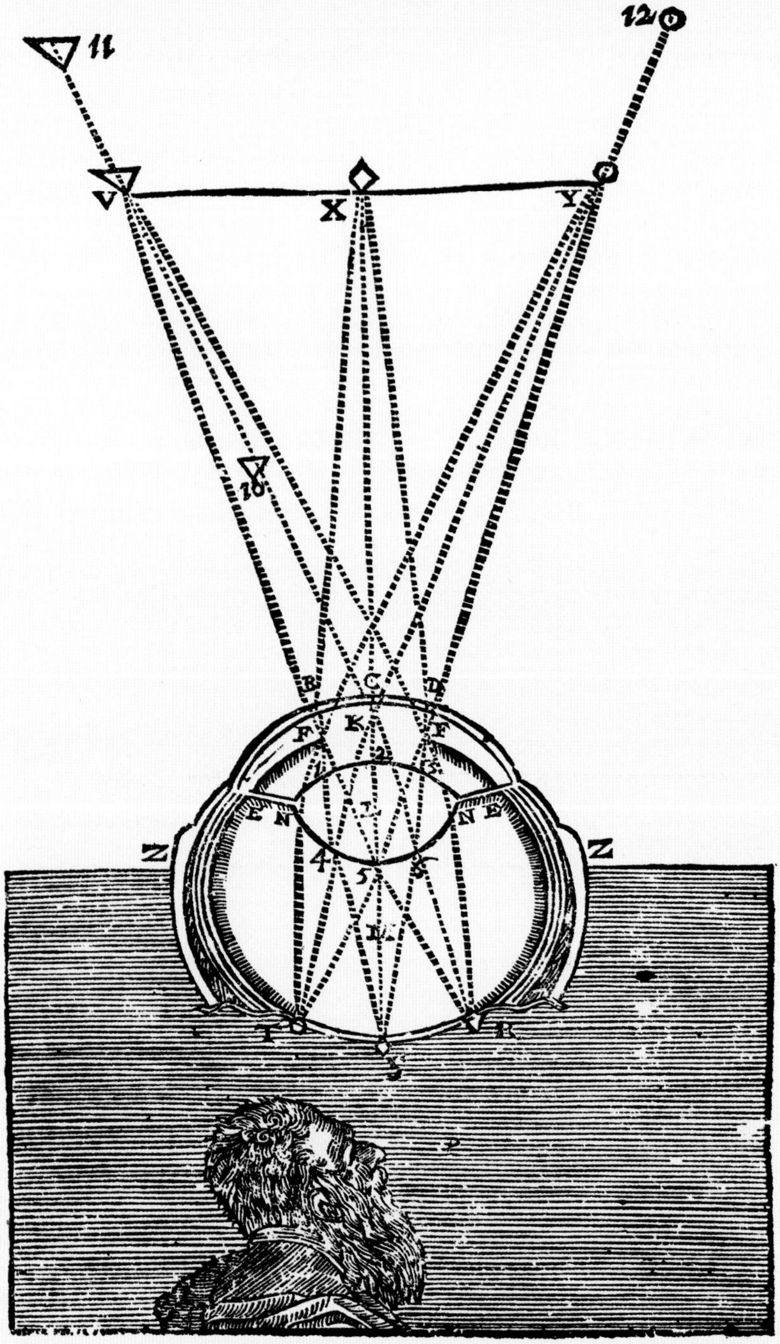
11
12
V
X
Y
10
B
C
D
K
F
F
2
1
3
L
E N
N E
Z
Z
4
5
6
M
T
R
S

1636

Lentilles de contact
René Descartes

La théorie de l'utilisation d'un tube de verre rempli d'eau pour corriger la vision défectueuse

En 1508, Léonard de Vinci (1452-1519) rédige *Codex de l'œil, manuel D*, où il décrit comment la perception de l'œil se modifie lorsqu'il est ouvert dans l'eau. Vinci ne désire pas corriger les problèmes liés à une vision défectueuse. Il se préoccupe plus des mécanismes d'accommodation de l'œil pour maintenir la clarté de la vision lors de la visualisation d'un objet à des distances variables. Pour l'artiste, l'œil est la clé de tout, mais il n'eut pas l'idée de concevoir un système de lentille. Ce concept devra attendre 128 ans, lorsqu'en 1636, le penseur français René Descartes (1596-1650) réfléchit au problème suivant : si une personne remplit un tube de verre avec de l'eau, puis le place sur la cornée de son œil, cela aura pour effet de modifier sa vision. L'idée de Descartes est novatrice, mais peu pratique, car le tube de verre – trop épais – empêche l'œil de cligner.

« Si je retire la lentille biconvexe, mon œil devient immédiatement presbyte. »

Thomas Young, *Œuvres ophtalmologiques* (1800)

En 1801, le savant anglais et fondateur de l'optique physiologique Thomas Young (1773-1829) décrit l'« astigmatisme », et élabore un ensemble rudimentaire de lentilles de contact en se basant sur les travaux de Descartes. Toutefois, ce n'est qu'en 1887 que la première lentille de contact fonctionnelle est construite et montée à Zurich, en Suisse, par l'ophtalmologiste d'origine allemande Adolf Fick (1829-1901). Fabriquées à partir de verre soufflé et lourd, les lentilles de Fick, dont le diamètre mesure de 19 mm à 21 mm, furent façonnées à l'aide de moulages provenant d'yeux de lapins et d'humains décédés. Au lieu de reposer directement sur la cornée, les lentilles étaient placées sur les tissus périphériques moins sensibles. **BS**

1637

Tournant épistémologique
René Descartes

Un changement d'approche philosophique, de « Que savons-nous ? » à « Comment le savons-nous ? »

Le tournant épistémologique est un changement de paradigme philosophique dont l'origine remonte au XVIIe siècle avec l'émergence de la philosophie moderne. Les questions à propos de ce qui définit la *connaissance* elle-même (l'épistémologie) deviennent plus fondamentales que la connaissance *de ce qui est* (l'ontologie). La tradition scolastique qui domina la période médiévale consistait à « mettre la charrue avant les bœufs », puisque les penseurs avaient pris pour acquis l'existence de certaines choses – Dieu, les anges et l'âme –, sans sérieusement réfléchir sur les raisons d'y croire.

Le tournant épistémologique est initié par le philosophe rationaliste René Descartes (1596-1650) dans sa procédure de douter de tout ce qui n'est pas connu avec une certitude absolue, d'abord décrite dans le *Discours de la méthode* (1637), puis développée à travers les travaux des philosophes George Berkeley (1685-1753), David Hume (1711-1776) et surtout Emmanuel Kant (1724-1804). Le « connaisseur » constitue le point de départ de l'enquête, et assure également l'objectivité des objets possibles : il ne suffit pas d'affirmer que la pomme existe sur l'arbre uniquement parce que je la vois ; il s'agit plutôt de dire que la pomme apparaît sur l'arbre parce que mon esprit est capable de traduire des données sensorielles afin de les assembler en une seule image. Conséquence importante du tournant épistémologique, les penseurs examineront dorénavant leurs croyances sur le monde, sur la réalité et sur eux-mêmes – ainsi que la justification de ces croyances – avant de proclamer des revendications existentielles sur de telles choses . **KBJ**

« Je cherche le visage que j'avais avant la création du monde. »

William Butler Yeats, « Blood and the Moon » (1928)

Un croquis illustrant le principe de la vision (édition de 1692 d'*Opera philosophica* de Descartes).

1637 Φ

Rationalisme

René Descartes

Croyance selon laquelle la nature du monde se découvre par l'exercice de la raison

Le rationalisme, du latin *ratio*, « raison », est un point de vue philosophique qui détermine la raison en tant que moteur principal dans l'acquisition des connaissances. Les canons de base du rationalisme se résument ainsi : nous affirmons un savoir *a priori*, c'est-à-dire des idées indépendantes de l'expérience ; nous possédons des idées innées présentes dès la naissance ; et il existe des lois sur la nécessité logique, ce qui signifie l'expression d'idées qui ne peuvent être pensées autrement. Le rationalisme est souvent en contradiction avec l'empirisme, qui voit dans l'expérience la source de nos connaissances.

Le courant rationaliste a dominé le XVIIe siècle, et est souvent décrit comme commençant avec Galilée (1564-1642) pour se terminer avec Gottfried Leibniz (1646-1716). La théorie fut exposée dans le *Discours de la méthode* (1637) rédigé par le philosophe René Descartes (1596-1650), dont la plupart des idées ont été considérées comme fondamentales dans la philosophie des Lumières au XVIIIe siècle. La naissance et l'influence du rationalisme sont liées à plusieurs découvertes et événements historiques importants : l'affaiblissement du système de l'Église médiévale, la séparation de l'Église et de l'État dans de nombreux pays en raison de l'oppression, la découverte du Nouveau Monde à l'aide du compas magnétique, les nouvelles méthodes de conquête grâce à la poudre à canon et aux armes, la mise en pratique de la méthode scientifique, etc.

« Je réputais presque pour faux tout ce qui n'était que vraisemblable. »

René Descartes, *Discours de la méthode* (1637)

Le rationalisme permit de démontrer que l'humanité était née avec les outils et les compétences nécessaires pour résoudre les mystères de l'Univers. Avec ou sans Dieu, le monde *est* le savoir de l'humanité. **KBJ**

1637 Φ

Dualisme

René Descartes

L'idée selon laquelle l'âme et la substance mentale sont distinctes du corps physique

En métaphysique, une « substance » se réfère généralement à ce qu'il y a de permanent dans un état changeant. La substance est la détentrice et l'unificatrice de ses propriétés, à la fois essentielles et accidentelles, et possède en elle-même l'impulsion qui permet de développer ou d'actualiser ses capacités potentielles. La substance est souvent considérée comme non physique chez les êtres vivants, car elle est capable de maintenir une exacte similitude malgré des changements.

Aristote (384-322 av. J.-C.) et saint Thomas d'Aquin (1225-1274) ont soutenu le concept d'essence, affirmant que des substances telles que Dieu, les humains, les animaux et les arbres possédaient tous une âme, dont les propriétés varient en fonction du type. Par exemple, Dieu détient une substance immatérielle, éternelle et rationnelle ; l'être humain possède une substance matérielle, conditionnellement immortelle et rationnelle ; un animal a une substance matérielle, mortelle et sensible. La plupart des religions et des philosophies s'accordent sur une certaine forme de dualisme de substance, opérant une véritable distinction entre la substance (l'âme ou l'esprit) et le physique ou la matière.

« [Le corps et l'esprit] peuvent exister dans la séparation… grâce à la toute-puissance de Dieu. » **René Descartes, *Discours de la méthode***

Aristote pensait que l'âme forme le corps qu'elle possède, ce qui rendait l'interaction entre les deux entités assez intelligible. En revanche, le philosophe rationaliste René Descartes (1596-1650) estimait dans le *Discours de la méthode* (1637) que la substance mentale (l'âme rationnelle) et la substance physique (la matière) coexistent, bien qu'elles ne partagent pas de connexion intime. Une affirmation à l'origine de la « problématique esprit-matière », qui continue de diviser les philosophes. **AB**

La page titre du *Discours de la méthode* (1637), du philosophe rationaliste René Descartes.

DISCOVRS
DE LA METHODE
POVR BIEN CONDVIRE SA RAISON, ET CHERCHER LA VERITE' DANS LES SCIENCES.

PLVS

LA DIOPTRIQVE ET LES METEORES,

Qui ſont des eſſais de cette METHODE.

PAR RENE' DESCARTES.

Reueuë, & corrigée en cette derniere Edition.

A PARIS,
Chez MICHEL BOBIN & NICOLAS LE GRAS, au troiſiéme Pilier de la Grand'Salle du Palais, à l'Eſperance, & à L, Couronnée.

M. DC. LXVIII.

Problématique esprit-matière

René Descartes

Une proposition de réponse à des questions philosophiques sur la nature de l'esprit et sa relation avec le corps

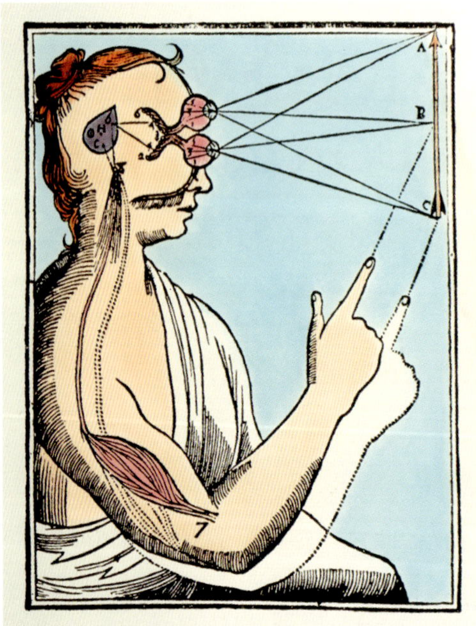

Une illustration issue du *Traité de l'homme* de René Descartes, publié à titre posthume en 1662, et considéré comme le premier manuel de physiologie.

Quel est le lien entre un événement physique et un événement mental ? Comment l'esprit, une substance incorporelle et insondable, communique avec l'organisme, qui est une chose corporelle et définie ? Telles sont les questions centrales de la problématique esprit-matière, l'une des plus vieilles interrogations de la métaphysique.

Si la version la plus populaire de cette problématique est apparue dans le *Discours de la méthode* (1637) de René Descartes (1596-1650), sous l'égide du dualisme cartésien, elle puisait ses racines dans la Grèce antique (Platon et Aristote) et chez saint Augustin, pour qui la notion d'âme remplaçait celle de l'esprit.

Descartes affirmait que l'esprit immatériel habite et s'exprime à travers un corps actionné mécaniquement. Il s'interrogeait sur le mode d'action et de communication entre ces deux choses dissemblables, imaginant pour cela un point d'interaction appelé la glande pinéale et dont les échanges sont de nature bidirectionnelle : la perception des sens et les sensations physiques sont ressenties par le corps avant d'être relayés à l'esprit. Donc, « Je pense » et « Je suis » sont des produits de l'esprit conscient, tandis que « Aïe, je me suis cogné l'orteil ! » et « J'ai froid » sont une réponse de l'organisme, par l'intermédiaire de la glande pinéale. Mais la substance physique peut-elle être totalement séparée de la substance mentale ? Pas vraiment. Une épineuse question sur laquelle se sont penchées diverses conceptions philosophiques à l'instar du dualisme, du matérialisme, du monisme ou encore de l'épiphénoménisme.

Les interrogations suscitées par la problématique esprit-matière posèrent les bases de la psychologie, de la physiologie, de la neurobiologie et des neurosciences. Elles éclairent notre façon de nous percevoir et les concepts de liberté correspondants, comme l'identité et l'individualité. **KBJ**

« En sorte que ce moi, c'est-à-dire l'âme par laquelle je suis ce que je suis, est entièrement distincte du corps, et même qu'elle est plus aisée à connaître que lui. »

René Descartes, *Discours de la méthode* (1637)

1637

Maîtres de la nature

René Descartes

L'objectif de la science serait de permettre à l'homme de maîtriser la nature

D'après Francis Bacon (1561-1626) et René Descartes (1596-1650), la finalité de la philosophie naturelle – la science – est de permettre à l'homme de maîtriser la nature afin de l'exploiter selon ses propres besoins. Pour le maître, ou le possesseur, de la nature (l'Univers), la science est une entreprise pratique au service de la prospérité humaine. *Les Méditations métaphysiques* (1641) de Descartes visaient à fournir aux individus les connaissances nécessaires pour modifier et contrôler efficacement la nature. Avant le XVIIe siècle, une telle réflexion aurait été qualifiée d'absurde, voire considérée comme impie, dès lors que la science se rapportait à une discipline spirituelle encourageant la méditation et le recueillement. Ainsi, il était possible d'atteindre un sens de l'ordre moral plus élevé en réalisant une union avec les dieux grecs ou, plus tard, le Dieu chrétien, l'être humain n'étant qu'un maillon de la création, et non le maître de tout. Cependant, Bacon et Descartes considéraient cette approche comme infructueuse, puisque la science n'était pas capable d'améliorer les conditions de vie. Se concentrer uniquement sur les objectifs moraux favorisait une sorte de savoir stérile, improductif et biaisé. Ils parvinrent donc à la conclusion qu'il était nécessaire de sortir du cadre moral afin de laisser place à une quête humaine pour une domination efficace de la nature.

Il s'agissait de la victoire de la connaissance sur le mystère et l'émerveillement, la nature étant désormais considérée comme une machine sans âme dont les causes et les lois devaient être comprises et utilisées. La science entamait sa lente mutation en discipline pratique, l'être humain devenant par la même occasion le garant moral des découvertes scientifiques pour le bien commun, tant dans les domaines de la médecine que de la météorologie, passant du statut d'esclave incompréhensif à celui de maître de la nature. **KBJ**

1637

Dernier théorème de Fermat

Pierre de Fermat

Un défi pour les grands mathématiciens du monde pendant plus de 300 ans

Le dernier théorème de Fermat, aussi appelé la conjecture de Fermat, postule qu'aucun des trois entiers positifs a, b, et c ne peuvent être adaptés à l'équation $a^n + b^n = c^n$ où n a une valeur supérieure à deux. Il fut finalement résolu 358 ans plus tard et est connu pour être l'un des problèmes mathématiques les plus difficiles au monde.

En 1637, Pierre de Fermat (v. 1607-1665), un avocat et mathématicien amateur français, griffonnait dans la marge de sa copie d'*Arithmétique* de Diophante (IIIe siècle) qu'il avait « trouvé une merveilleuse démonstration de la proposition » $a^n + b^n = c^n$ mais que « cette marge est trop étroite pour la contenir ». Si Fermat n'a jamais rédigé de démonstration complète, il laissa cependant une trace pour le cas particulier où $n = 4$.

« Pierre de Fermat a créé l'énigme la plus profonde de l'histoire des mathématiques. »

Simon Singh, *Le Dernier Théorème de Fermat* (1997)

C'est pourquoi les mathématiciens tentèrent par la suite de démontrer le théorème pour les cas où n représenterait un nombre premier. Des résultats furent publiés pour n égal à 3, 5 et 7 au cours des siècles qui suivirent, mais il faudra attendre jusqu'au milieu du XIXe siècle pour connaître la solution d'Ernst Kummer (1810-1893) au théorème des nombres premiers réguliers. La totalité de n ne sera toutefois pas résolue avant 1995.

Le mathématicien britannique Andrew Wiles (né en 1953) parvint finalement à le démontrer en 1995, son exploit se propageant alors à travers la culture populaire et les milieux universitaires. Ainsi, il est fait référence au dernier théorème de Fermat dans la série télévisée *Star Trek : La Nouvelle Génération* (1987-1995), et dans le deuxième tome de la trilogie *Millénium* (2006) de Stieg Larsson. **MK**

1641

Malin génie

René Descartes

Tout ce que nous pensons, savons, a été créé par un malin génie et est en réalité faux

Supposons, avance le philosophe René Descartes (1596-1650), que tout ce que vous avez perçu, que tous vos souvenirs, connaissances, observations et expériences sensorielles soient faux. Votre existence entière serait le résultat d'un être puissant et maléfique connu sous le nom de « malin génie ». Ce malin génie a créé tout ce que vous savez simplement pour vous tromper.

Descartes a émis l'hypothèse du malin génie dans ses *Méditations métaphysiques* (1641), œuvre dans laquelle il souhaite démontrer que les notions scientifiques peuvent non seulement coexister de façon rationnelle avec l'existence de Dieu, mais aussi fournir une base méthodique à la connaissance elle-même. Le concept du malin génie l'a incité à douter de tout ce qu'il savait, et de tout ce qu'il n'avait jamais connu.

« Si tu veux être un disciple de la vérité, doute, dans la mesure du possible, de toutes choses. » René Descartes, *Méditations*

Ainsi, il tenta de se débarrasser de ses préjugés et des nombreux obstacles historiquement imprimés en lui. Face à la possibilité d'un tel doute systématique et généralisé qui résulterait du travail d'un esprit malveillant, que savait donc vraiment Descartes ?

L'hypothèse du malin génie jeta les bases de ce qui allait devenir le scepticisme cartésien. Ce doute universel est à l'origine de la philosophie moderne, qui préfère mettre l'accent sur l'utilisation de la logique et de la raison, indépendamment de l'influence du monde matériel. Ainsi, au lieu d'étudier les textes philosophiques classiques des Grecs et des Romains pour comprendre le monde, les philosophes cartésiens employèrent leurs propres capacités de raisonnement afin de tester les limites de leur connaissance et de leur expérience, dans une quête de la vérité. **MT**

1641

Je pense, donc je suis

René Descartes

Nous sommes certains de notre existence quand nous comprenons que nous pensons

Dans la quête qui permet de déterminer ce qui est réel, vrai et juste, nous pouvons commencer par l'affirmation que nous existons. Nous arrivons à cette conclusion parce que nous sommes capables de comprendre nos propres pensées, et nous savons que pour penser, nous devons exister.

Dans ses *Méditations métaphysiques* (1641), René Descartes (1596-1650) s'est interrogé sur ce que nous savons réellement. Si nous supposons que toutes nos perceptions sensorielles sont fausses ou potentiellement erronées, comment pouvons-nous parvenir à en tirer des conclusions ?

Pour Descartes, la réponse se trouvait en lui-même et dans sa pensée. Ainsi, pour pouvoir penser, un individu doit exister. Même si tous nos sens et nos souvenirs s'avèrent faux, résultant d'une tromperie universelle, nous ne pouvons pas douter de notre propre existence, parce que nous sommes en mesure de nous poser cette question en premier lieu. En résumé, *Cogito, ergo sum* : « Je pense, donc je suis. »

Descartes est considéré comme la figure fondamentale de la philosophie occidentale moderne. À partir de son doute méthodique, Descartes a construit un système épistémologique – l'étude de la connaissance – qui a façonné la philosophie pour les siècles à venir.

De nombreux philosophes – David Hume, Baruch Spinoza, Locke, Kant – ont été influencés par son travail. Son insistance sur l'utilisation de la raison elle-même, sans l'influence de la perception, et sur l'objectivité que cela nécessite dans l'acquisition des connaissances, eut un impact durable, tant sur ceux qui en acceptèrent la démarche que sur ses détracteurs. **MT**

Une aquarelle de William Blake (1808) qui montre Satan entraînant les anges rebelles.

1641

Isolationnisme
Shogunat Tokugawa

Une politique à travers laquelle une nation s'isole du reste du monde

L'isolationnisme est une doctrine politique visant à isoler un pays diplomatiquement, militairement, économiquement et culturellement, du monde qui l'entoure. Un pays avec un gouvernement isolationniste écarte la concurrence étrangère afin de protéger sa propre base économique par le biais de droits de douane et d'autres formes de protectionnisme. Il refuse souvent les accords commerciaux, s'oppose à faire partie de toute alliance politique ou militaire, et cherche généralement à maintenir la paix et la sécurité à l'intérieur de ses frontières, en évitant d'être entraîné dans des conflits étrangers grâce à une politique de non-intervention. La détermination du gouvernement des États-Unis – du moins au départ – de ne pas se préoccuper de la guerre en Europe en 1939 et 1940 constitue l'un des exemples les plus frappants d'une approche isolationniste au cours du xxe siècle. Mais l'isolationnisme n'est en aucun cas un phénomène politique moderne, car l'histoire des nations souhaitant se couper des affaires étrangères est âgée de plusieurs centaines d'années.

Le shogunat Tokugawa, un régime féodal parmi les plus introvertis, a gouverné le Japon de 1600 à 1868. De 1641 à 1832, le shogunat appliqua une politique isolationniste extrême appelée *kaikin*, synonyme de restriction ou littéralement « interdiction maritime » : tout homme ou femme japonais tentant de quitter le pays, et tout étranger osant y pénétrer, risquait la peine de mort. Les échanges commerciaux étaient généralement limités à la Chine, bien qu'une usine hollandaise fût autorisée à Nagasaki sous stricte supervision. Sauf exception, il s'agissait de la politique en vigueur jusqu'à l'arrivée en juillet 1853 dans la baie d'Edo (Tokyo) de quatre navires de guerre américains appartenant aux « navires noirs », la flotte du commodore Matthew Perry. Le shogunat fut alors contraint d'ouvrir son commerce afin d'éviter la guerre avec une puissance technologiquement supérieure. **JS**

Une gravure (v. 1901) qui montre un négociant néerlandais discutant avec Ieyasu, le fondateur du shogunat Tokugawa.

1647

Quakerisme

George Fox

La croyance selon laquelle Dieu existe en chacun de nous

Le quakerisme est un mouvement religieux protestant mettant en avant une relation directe entre le croyant et Dieu, et dont les praticiens aspirent à vivre en accord avec la « lumière intérieure ». Le quakerisme, également appelé Société religieuse des Amis, rejette les diverses formes ecclésiastiques codées comme le clergé ou le credo. Le culte quaker se caractérise par sa nature non structurée, les chefs religieux encourageant les croyants à parvenir à une certaine forme de pureté spirituelle et émotionnelle à travers la sphère individuelle.

Au milieu du XVIIe siècle, des petits groupes de protestants anglais qui ne se reconnaissaient plus dans la doctrine puritaine se sont alors rassemblés pour s'organiser et s'évangéliser. Ils étaient dirigés par un prédicateur charismatique, George Fox (1624-1691), qui commença à prêcher en 1647 et créa une structure d'adhésion, le quakerisme. Le nombre d'adeptes augmentant à la fois en Angleterre et en Nouvelle-Angleterre, des communautés quakers fleurirent bientôt tout le long de la côte Est américaine, et plus particulièrement dans l'actuelle Pennsylvanie, où William Penn (1644-1718) gouverna l'État selon les principes de tolérance religieuse du quakerisme. Bien que Penn ne fût pas considéré comme un solide gouverneur, l'influence politique du quakerisme s'affirma au cours des siècles suivants des deux côtés de l'Atlantique, les quakers prônant l'abolition de la traite négrière, la justice sociale, la réforme des prisons et la résolution pacifique des conflits.

L'influence du quakerisme persista dans la culture occidentale, en particulier dans les secteurs de l'éducation et de la finance. De nombreuses écoles furent fondées par des quakers, ainsi que des banques, comme la Barclays. « Quaker » représente également une entreprise agroalimentaire dont le nom et l'image ne sont cependant pas connectés à l'organisation religieuse. **MK**

↑ Lithographie du XIXe siècle d'Edward Henry Wehnert, montrant George Fox en pleine prédication.

Non est potestas Super Terram quæ Comparetur ei Iob. 41 24
LEVIATHAN
Or
THE MATTER, FORME
and POWER of A COMMON-
WEALTH ECCLESIASTICALL
and CIVIL
By THOMAS HOBBES
of MALMESBVRY.

1651

Léviathan
Thomas Hobbes

Un gouvernement dont l'autorité absolue est nécessaire à la survie de l'humanité

Selon *Léviathan* (1651) écrit par le philosophe anglais Thomas Hobbes (1588-1679), l'humanité est naturellement égoïste, hédoniste et condamnée à poursuivre des intérêts autodestructeurs. La nature profonde de l'homme conduit inévitablement aux conflits et à la guerre, mais elle constitue aussi l'impulsion contradictoire qui lui permet de se dépasser dans la recherche de la sécurité. Pour tempérer et équilibrer ces deux tendances qui s'affrontent, Hobbes estime que l'autorité doit exister, à la fois pour freiner les penchants destructeurs naturels de l'homme et pour lui permettre de prospérer. Cet État, qualifié de « Léviathan », doit posséder le monopole sur la dérive ultime de l'autorité : la violence.

Hobbes publia *Léviathan* après avoir vécu en exil à Paris pendant les années tumultueuses de la guerre civile anglaise (1642-1651). En tant que royaliste, Hobbes voyait en *Léviathan* le moyen d'affirmer ses croyances, tout en apportant son soutien à la monarchie anglaise. Cependant, sa pensée était considérée à l'époque comme l'antithèse de la notion traditionnelle de droit divin, puisqu'elle favorisait l'existence d'un contrat social entre le gouvernant et le gouverné afin de maintenir la paix dans la société civile.

« ... la condition de l'homme est d'être dans un état de guerre, de chacun contre chacun. » **Thomas Hobbes, *Léviathan* (1651)**

Si l'idée d'une humanité intrinsèquement destructrice ayant besoin d'une autorité absolue ne fut pas universellement partagée, cela n'empêcha pas *Léviathan* d'avoir un impact sur de nombreux philosophes, politiciens et théoriciens sociaux. Il ouvrit la voie de l'utilitarisme hédoniste, tandis qu'Adam Smith et de nombreux autres économistes reconnurent les avantages à trouver un équilibre entre des intérêts contradictoires. **MT**

1651

La connaissance est le pouvoir
Thomas Hobbes

Le savoir contribue à la prospérité matérielle et à la paix de l'humanité

L'expression « La connaissance est le pouvoir » implique que, armé d'informations, un individu est susceptible d'avoir davantage d'influence sur les autres, et donc d'obtenir le pouvoir.

Bien que son origine fût attribuée au philosophe et scientifique anglais Francis Bacon (1561-1626), elle n'apparaissait dans aucune de ses œuvres, contrairement au *Traité de l'homme* (1658) du philosophe anglais Thomas Hobbes (1588-1679). Hobbes ayant travaillé avec Bacon lorsqu'il était jeune, l'expression pourrait provenir de leurs discussions.

Hobbes exposa sa philosophie politique dans *Léviathan, ou Traité de la matière, de la forme et du pouvoir d'une république ecclésiastique et civile* (1651), dans lequel il soutenait que l'histoire est la connaissance des faits, alors que la science est la connaissance des conséquences. Sympathisant royaliste, Hobbes écrivit dans le contexte de la guerre civile anglaise (1642-1651), et bien que ses œuvres traitent avant tout de philosophie politique, il tenta également de convaincre ses lecteurs de l'utilité de la seule puissance souveraine afin de maintenir la république.

« Le pouvoir naturel est l'excellence des facultés du corps ou de l'esprit. »

Thomas Hobbes, *Léviathan* (1651)

La doctrine de Hobbes – un État légitime et central où chacun transfère le droit de se gouverner lui-même à un souverain, qui en retour assure le bien-être et la sécurité – était à la fois louée et critiquée. Ses détracteurs considérant sa philosophie comme laïque, il fut accusé d'hérésie tandis que ses travaux relatifs à la nature humaine furent frappés d'interdiction en Angleterre à partir de 1666. Néanmoins, les écrits de Hobbes posèrent les bases de la théorie du contrat social. **CK**

Le frontispice de *Léviathan* de Thomas Hobbes, publié pour la première fois en 1651.

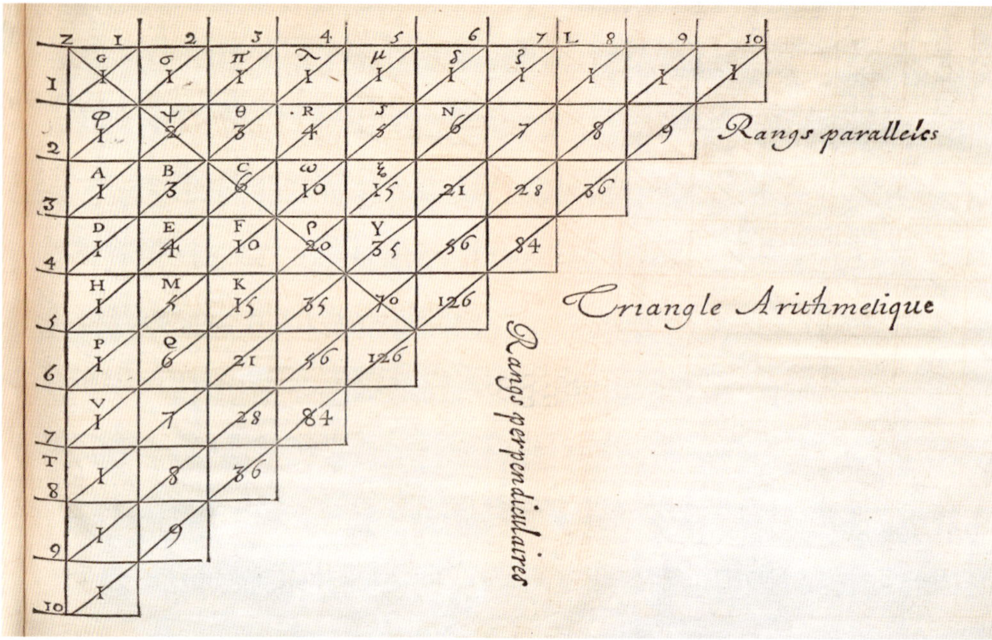

1653

Triangle de Pascal

Blaise Pascal

Tableau présentant, dans un triangle, les coefficients binominaux

En mathématiques, ce qui est connu comme le triangle de Pascal est une présentation sous forme de tableau de nombres disposés en quinconce. L'agencement triangulaire donne les coefficients de l'expression binomiale, tel $(x + y)^n$, de sorte que la somme de chaque ligne suivante est obtenue par l'addition des deux nombres du dessus.

Le concept du triangle de Pascal puise ses origines dans l'arithmétique pythagoricienne et l'algèbre arabe. Bien qu'il fût initialement décrit par le mathématicien chinois Jia Xian (v. 1010-1070), il a été nommé d'après le mathématicien, physicien et philosophe français Blaise Pascal (1623-1662), qui fut le premier à découvrir l'importance des motifs qu'il contient. Pascal décrivit la table triangulaire de numéros dans son *Traité du triangle arithmétique*, rédigé en 1653 et publié à titre posthume en 1665. Le triangle de Pascal possède de nombreuses propriétés mathématiques : si on trace par exemple des diagonales parallèles, et que l'on additionne les nombres situés sous chaque ligne, on obtient la suite de Fibonacci, une suite d'entiers dans laquelle chaque terme est la somme des deux termes qui le précèdent (1, 1, 2, 3, 5, 8, 13, 21, et ainsi de suite). Pascal utilisa le triangle pour résoudre les problèmes liés à la théorie des probabilités.

Son travail mena à la découverte par le physicien et mathématicien anglais Isaac Newton (1643-1727) de la formule du binôme sur les indices fractionnaires et négatifs, et à l'élaboration d'un théorème mathématique sur le calcul infinitésimal par le mathématicien et philosophe allemand Gottfried Wilhelm Leibniz (1646-1716). Au XXe siècle, le mathématicien polonais Waclaw Sierpiński (1882-1969) démontra que si les positions des nombres pairs et impairs contenues dans un triangle sont contrastées, on obtient alors une fractale géométrique ressemblant à une mosaïque et connue désormais sous le nom de triangle de Sierpiński. **CK**

Une illustration du triangle de Pascal dans le *Traité du triangle arithmétique* de Blaise Pascal (1665).

(86)

XLII.

The outward and inward Senſes. | *Senſus externi & interni.*

There are five outward Senſes; | *Senſus* externi ſunt quinque;
The Eye 1. ſeeth colours, what is white or black, green or blew, red or yellow. | *Oculus* 1. videt *Colores*, quid album vel atrum, viride vel cœruleum, rubrum aut luteum, ſit.
The Ear 2. heareth Sounds, both natural, Voices and Words; and artificial, muſical Tunes. | *Auris* 2. audit *Sonos*, tum naturales, Voces & Verba; tum artificiales, Tonos Muſicos.

The

(87)

The Noſe 3. ſenteth ſmels and ſtinks. | *Naſus* 3. *olfacit* Odores, & Fœtores.
The Tongue 4. with the roof of the mouth taſteth ſavours, what is ſweet or bitter, keen or biting, ſowr or harſh. | *Lingua* 4. cum Palato *guſtat* Sapores, quid dulce aut amarum, acre aut acidum, acerbum aut auſterum.
The Hand 5. by touching diſcerneth the quantity and quality of things, the hot and cold, the moiſt and dry, the hard and ſoft, the ſmooth and rough, the heavy and light. | *Manus* 5. *dignoſcit* tangendo rerum Quantitatem & Qualitatem, calidum & frigidum, humidum & ſiccum, durum & molle, læve & aſperum, grave & leve.
The inward Senſes are three. | *Senſus* interni ſunt tres.
The Common-ſenſe 7. under the forepart of the head, apprehendeth things taken from the outward Senſes. | *Senſus communis* 7. ſub *ſincipite*, apprehendit à Senſibus externis perceptas res.
The Phantaſie 6. under the crown of the head judgeth of thoſe things, thinketh and dreameth. | *Phantaſia* 6. ſub *vertice*, dijudicat res iſtas, cogitat, ſomniat.
The Memory 8. under the hinder part of the head, layeth up every thing and fetcheth them out: it loſeth ſome, and this is forgetfulneſs. | *Memoria* 8. ſub *occipitio*, ſingula recondit & depromit: quædam deperdit, & hoc eſt *Oblivio*.
Sleep, is the Reſt of the Senſes. | *Somnus*, eſt Senſuum requies.

G 4 *Anima*

1658

Orbis Pictus

Comenius

Le premier livre écrit principalement pour les enfants

Depuis des siècles, les enfants étaient considérés comme des adultes et partaient travailler dès que possible, tout en appréciant sans doute aussi les contes, les fables, les mythes et la littérature. Le professeur, éducateur et écrivain tchèque Comenius (1592-1670) a été le premier à publier avec succès un livre illustré destiné spécifiquement aux enfants, *Orbis Pictus*, sorti en 1658. Semblable à une encyclopédie, le livre fut conçu pour enseigner le latin aux enfants au moyen d'images et de phrases mémorables à la fois en latin et dans la langue maternelle de l'enfant. *Orbis Pictus* a d'abord été publié en Allemagne en latin et en allemand, puis en anglais, italien, français, tchèque et hongrois, et devint pendant un siècle le manuel le plus populaire d'Europe. *Orbis Pictus* est considéré comme le précurseur des manuels audiovisuels contemporains dans l'apprentissage des langues.

Vers la fin du XVIIe siècle, le philosophe anglais John Locke (1632-1704) a fait valoir que l'esprit à la naissance était comme une « table rase » en attente d'être dressée. Son affirmation changea la vision des enfants, et donna lieu à des livres d'instruction morale leur étant destinés. L'éditeur anglais John Newbery (1713-1767) produisit en 1744 un petit livre de poche pour enfants, qui fut le premier du genre et revendiqué comme tel. Puis sont apparus au cours du XIXe siècle de nombreux contes de fées, romans et poèmes pouvant être lus uniquement pour le plaisir.

Aujourd'hui, il existe un débat sur la définition de la littérature pour enfants puisque l'adulte est aussi capable d'en apprécier le contenu, tout comme l'inverse dans une moindre mesure, en témoignent les nombreux ouvrages hybrides à succès. Les historiens soulignent également que la notion de littérature pour enfants nécessita d'abord que le concept de « l'enfance » soit reconnu en philosophie, ce qui fut le cas à partir du XVIIIe siècle. **CK**

Un extrait d'*Orbis Pictus* (1658) à propos des organes des cinq sens.

1661

Substance chimique

Robert Boyle

Un matériau à l'état solide, liquide ou gazeux, a une composition chimique définie

Dès le IVe siècle av. J.-C., le philosophe grec Démocrite supposa l'existence de substances invisibles, des « atomes » incassables de différents types, dont les combinaisons diverses seraient à l'origine de toutes les choses naturelles. Les scientifiques du XVIIe siècle parvinrent à isoler des produits chimiques aux propriétés stables, changeant radicalement lorsqu'elles étaient mélangées avec d'autres produits. Les premiers chimistes ont vu dans ces substances chimiques les éléments de base de la matière, mais certains scientifiques philosophiques comme Robert Boyle (1627-1691) ont alors suggéré de suivre le point de vue des atomistes grecs : les substances chimiques de base seraient composées elles-mêmes d'atomes accrochés ensemble dans un certain ordre. Le livre de Boyle *The Sceptical Chymist* (« Le Chimiste sceptique ») (1661) inaugura la chimie moderne. Les lois mathématiques de la chimie furent établies lorsque Antoine Laurent de Lavoisier (1743-1794) énonça la loi de la conservation de la matière en 1783 et que John Dalton (1766-1844) exposa sa théorie des poids atomiques en 1805. Puis, vers le milieu du XIXe siècle, les chimistes isolèrent des dizaines d'« éléments » ne pouvant pas encore être réduits grâce aux méthodes de laboratoire. Le tableau périodique des éléments fut élaboré par Dmitri Mendeleev (1834-1907) en 1869.

« Pour libérer l'énergie chimique du charbon, une autre substance est requise : l'oxygène. » **Wilhelm Ostwald, chimiste**

Une substance chimique est composée de plusieurs atomes élémentaires dans un ratio défini, liés pour former une composition stable. Une substance chimique peut être brisée (par analyse) et réarrangée dans de nouvelles compositions (par synthèse), un processus qui entraîne le rejet ou l'addition d'énergie. **JSh**

1663

Magazine

Johann Rist

Une publication régulière qui contient des articles sur des thèmes communs

Erbauliche Monaths-Unterredungen (« Discussions mensuelles édifiantes »), considéré comme le premier magazine au monde, fut publié en allemand en 1663 par Johann Rist (1606-1667), théologien et poète de Hambourg. Il fut bientôt rejoint en 1668 par la revue française *Journal des sçavans*, première revue universitaire. Ces publications, par nature spécialisées, contenaient des synthèses sur l'évolution de l'art, de la littérature, de la philosophie et de la science. Ainsi, elles permettaient aux progrès académiques de se propager beaucoup plus rapidement, en particulier en ce qui concerne les œuvres publiées dans des langues inconnues. En outre, l'accent mis sur les nouvelles découvertes imposa un changement de paradigme intellectuel, s'éloignant des autorités établies en la matière.

« Éphémère : c'est le destin générique du petit magazine. »

Frederick C. Crews, *The New York Review* (1978)

Cependant, ce n'est qu'en 1731 que le premier magazine généraliste – et le terme lui-même – fit son apparition. Edward Cave (1691-1754), fils de cordonnier, avait été expulsé de l'école après avoir été accusé de vol. Il conçut alors l'idée de fabriquer un journal périodique couvrant des sujets d'intérêt général. Il appela cette invention « magazine », un terme dérivé du mot arabe *makhazin*, qui désigne un entrepôt de matériel militaire. Cave publia le premier numéro de *The Gentleman's Magazine* en janvier 1731 à Londres, sous un nom de plume, Sylvanus Urban. Condensé mensuel d'informations et d'articles sur des sujets aussi divers que le prix des matières premières ou la poésie latine, *The Gentleman's Magazine* rencontra un énorme succès et fut publié presque sans interruption jusqu'en 1922. **SA**

Illustrations issues de *The Gentleman's Magazine*, février 1785.

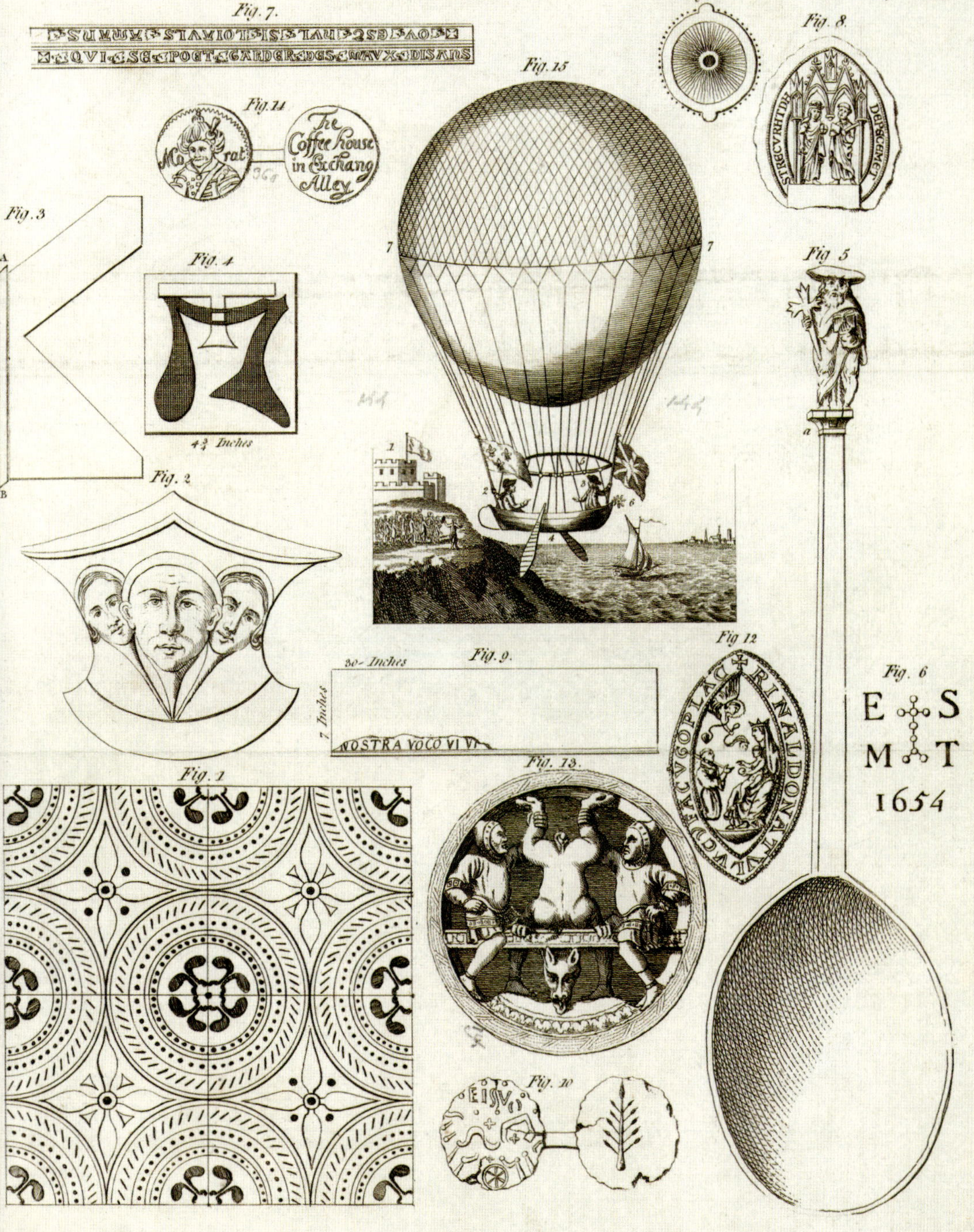

Blanchard + Jefferies

1665

Cellule biologique

Robert Hooke

L'unité microscopique de structure, fonctionnelle et reproductrice, qui constitue tous les organismes vivants

↑ Une illustration de cellules de liège vues sous un microscope issue de *Micrographia* de Robert Hooke (1665), considéré comme le premier traité scientifique majeur sur la microscopie.

Tous les êtres vivants sont composés de cellules biologiques, qui contiennent l'information héréditaire. Toutes les cellules sont de composition chimique identique dans les organismes d'une espèce similaire. Les animaux, les plantes et les champignons sont constitués de cellules eucaryotes, qui ont une membrane externe et un noyau contenant l'ADN. Les procaryotes sont des cellules sans noyau contenues dans les bactéries.

L'idée de la cellule biologique émergea en 1665, lorsque le naturaliste anglais Robert Hooke (1635-1703) observa à travers de fines tranches de liège ce qu'il appelait des petites chambres, qui lui évoquèrent une vue aérienne de chambres de moines dans une abbaye. Ainsi, dans *Micrographia* (« Micrographie ») (1665) où il décrivit ses observations microscopiques, Hooke les nomma « cellules », un terme dérivé du latin *cellula*, qui signifie « petite chambre ».

Les observations de Hooke ont conduit à l'élaboration de la théorie cellulaire, qui évolua grâce aux efforts conjugués de microscopistes comme le Néerlandais Antonie Van Leeuwenhoek, qui découvrit les cellules sanguines en 1684. En 1833, le botaniste écossais Robert Brown observa à son tour le premier noyau de cellule végétale. En 1839, Theodor Schwann et Matthias Schleiden, physiologiste et biologiste allemands, désignèrent les cellules comme les particules élémentaires des animaux et des plantes, dont les organismes sont unicellulaires ou multicellulaires. Le pathologiste allemand Rudolf Virchow confirma le principe de la division cellulaire, essentiel à la croissance et à la reproduction, en 1855.

La théorie cellulaire constitua une avancée conceptuelle importante en biologie, jetant les bases des percées scientifiques majeures du XXe siècle, comme la découverte de l'ADN par James Watson et Francis Crick en 1953. **CK**

« Ce sont les cellules qui créent et maintiennent notre volonté de vivre et de survivre. »

Albert Claude, prix Nobel (1974)

Système décimal

John Wilkins

La première proposition de mesures universelles, utilisant la base de dix

Le système décimal est un système numérique utilisant une base de dix chiffres différents : de 1 à 9, plus 0. Si de nombreuses cultures anciennes procédaient déjà à des calculs sur la base de dix (qui correspond au nombre de doigts sur les deux mains), les grandes lignes de la notation décimale européenne moderne furent introduites en 1668 par le scientifique, philosophe et ecclésiastique anglais John Wilkins (1614-1672) lorsque la Royal Society de Londres publia *An Essay towards a Real Character and a Philosophical Language* (« Essai d'un caractère réel, et d'un langage philosophique »). Dans son livre, Wilkins proposa un système innovant qui reposait sur une seule « mesure universelle » conçue pour quantifier toutes choses. L'adoption d'une norme internationale aiderait « les différentes nations à traiter ensemble » puisqu'elle faciliterait les échanges commerciaux. Wilkins plaida alors pour un système basé sur le principe d'un pendule battant une seconde, et conçut un système décimal avec une unité standard équivalant pratiquement au mètre, qui devait être utilisée à l'aide de multiples et de sous-multiples décimaux. Il suggéra également l'utilisation d'unités décimales pour mesurer une surface, un volume et un poids.

La proposition de Wilkins a été débattue pendant des décennies. La première application pratique de son idée fut mise en œuvre au XVIIIe siècle, lorsqu'il devint politiquement souhaitable d'adopter un système commun de poids et mesures. La France a introduit le système métrique en 1799, adopté ensuite par la communauté scientifique internationale au début du XIXe siècle.

Le système métrique moderne, connu sous le nom de Système international d'unités (abrégé en SI), a été créé en 1960. Pratique et facile à utiliser, le SI contient certaines des propositions formulées par Wilkins et constitue désormais le système de mesure le plus employé dans le monde. **CK**

↑ Une illustration française datée de 1799, qui dévoile des mesures décimales comme le litre, le kilogramme, le mètre, le stère (unité de volume), le franc (monnaie décimale) et l'are (unité de surface).

« … à cet effet, il était plus que souhaitable de trouver une norme naturelle, ou une mesure universelle, laquelle serait aussi estimée par les hommes savants que le desideratum en philosophie. »

John Wilkins, *An Essay towards a Real Character, and a Philosophical Language* (1668)

CIRCULUS ÆTERNI MOTUS
RATIO
SYMETRIA
EXPERIENTIA
PHYSICA SUBTERRANEA
ΤΟ ΞΥΜΠΑΝ

1669

Théorie du phlogistique

Johann Joachim Becher

La théorie selon laquelle la combustion exige la libération de l'hypothétique phlogiston

De la fin du XVIIe au milieu du XVIIIe siècle, les théoriciens chimiques utilisaient la théorie du phlogistique afin d'expliquer les phénomènes de combustion et de corrosion. Ils croyaient que chaque substance combustible contenait du phlogiston, un fluide élastique hypothétique à l'origine du processus de combustion.

L'alchimiste et médecin allemand Johann Joachim Becher (1635-1682) exposa la théorie de la combustion associée au phlogiston dans son livre *Physica subterranea* publié en 1669, où il suggérait de remplacer les éléments terrestres classiques que sont la terre, l'air, l'eau et le feu, par trois espèces : la *terra lapidea* (vitreux), la *terra mercurialis* (mercuriel) et la *terra pinguis* (gras). Il pensait alors que les substances combustibles étaient riches en *terra pinguis*, libérée lors de la combustion.

> « *Nous ne pouvons pas déterminer le poids du phlogiston, ou du principe de l'oxygène.* » **Joseph Priestley, théologien**

Pour lui, le bois était une combinaison de *terra pinguis* et de cendres de bois.

La théorie de Becher influença le chimiste allemand Georg Ernst Stahl (1660-1734), qui donna à la substance hypothétique *terra pinguis* le nom de « phlogiston », dérivé du mot grec *phlogizein*, qui signifie « mettre le feu ». Selon lui, il existait un lien entre les processus de combustion et de corrosion. Et en effet, Stahl ne se trompait pas puisque ces processus dépendent d'une réaction chimique liée à l'oxygène et appelée oxydation. Cependant, des problèmes surgirent lorsqu'il fut constaté que le fer rouillé pesait plus que le fer en bon état, contrairement aux cendres, plus légères que l'objet d'origine. La théorie du phlogistique fut réfutée par le chimiste français Antoine Laurent de Lavoisier (1743-1794). **CK**

1670

Pari de Pascal

Blaise Pascal

Un argument en faveur de la croyance en Dieu, fondé sur un bénéfice pratique

Le Pari de Pascal est un argument logique démontrant que les avantages potentiels de croire en Dieu l'emportent sur les risques potentiels de ne pas le faire. L'argument est apparu dans les *Pensées* publiées à titre posthume (1670), du mathématicien, scientifique et philosophe français Blaise Pascal (1623-1662). Pascal partait du principe que, si Dieu n'existe pas, croire ou ne pas croire en lui se traduira par le même résultat, mais le croyant bénéficiera d'une qualité de vie plus heureuse que le non-croyant, du fait du confort spirituel de la religion. En revanche, si Dieu existe, alors croire en lui accorde la possibilité de la vie éternelle, tandis que ne pas croire en lui mènera à la damnation éternelle.

Si des penseurs antérieurs, comme saint Thomas d'Aquin et René Descartes, tentèrent déjà de prouver

> « *Si vous gagnez, vous gagnez tout ; si vous perdez, vous ne perdez rien. Gagez donc qu'Il est, sans hésiter.* » **Blaise Pascal**

l'existence de Dieu à travers des indices logiques et rationnels, Pascal adopta une autre tactique. Il se concentra sur l'obtention du meilleur résultat possible qui, même s'il se faisait l'écho de certains textes classiques, permettait d'éviter les justifications métaphysiques liées au christianisme, préférant plutôt une méthode pratique basée sur les résultats potentiels.

Le Pari de Pascal était à la fois un argument logique et l'esquisse de ce qui allait devenir la théorie de la décision. Il ne tentait pas de convaincre les croyants potentiels de l'existence de Dieu. Au lieu de cela, le Pari choisissait une approche pragmatique. L'argument de Pascal a ouvert la voie à d'autres systèmes de croyance, comme l'existentialisme, qui se concentrent moins sur les questions métaphysiques ou spirituelles que sur les avantages pratiques. **MT**

Une illustration de l'édition 1738 de *Physica subterranea* par Johann Joachim Becher.

1673

Fonction mathématique

Gottfried Wilhelm Leibniz

Le concept mathématique de la fonction est une relation entre deux variables

En mathématiques, une fonction est une relation entre les valeurs. Chaque valeur d'entrée donne une valeur de sortie. Souvent, il est noté *f(x)*, où *x* est la valeur donnée. Par exemple, lorsque le nombre *x* se rapporte à son carré x^2, la sortie de la fonction *f* correspond à l'entrée *x* et s'écrit *f(x)*. Donc, si la variable d'entrée est de - 4 et la sortie est de 16, on écrit que $f(-4) = 16$. Le concept de fonction est fondamental en mathématiques modernes et indispensable à la science, où il est utilisé pour la formulation des relations physiques.

Le physicien, mathématicien et astronome italien Galilée (1564-1642) fut le premier à formuler la dépendance d'une quantité à une autre en mathématiques. Cependant, le mathématicien et philosophe allemand Gottfried Wilhelm Leibniz (1646-1716) était à l'origine du terme de « fonction » en mathématiques. Dans son manuscrit *Methodus tangentium inversa, seu de functionibus* (« Méthode inverse des tangentes, ou sur les fonctions », 1673), Leibniz utilisa la fonction pour décrire toute quantité variant d'un point à l'autre sur une courbe, comme la longueur de la tangente.

« [...] d'autres types de lignes qui, dans une figure donnée, ont une fonction. »

Gottfried Wilhelm Leibniz

Entre 1692 et 1694, Leibniz publia plusieurs articles dans lesquels il désigna la ligne droite comme un ensemble de fonctions. En 1694, dans un article pour le journal scientifique *Acta Eruditorum* (« Actes d'érudits »), le mathématicien suisse Jacob Bernoulli (1654-1705) utilisa le mot « fonction » à son tour. La notation *f(x)* fut introduite en 1734 par le mathématicien et physicien suisse Leonhard Euler (1707-1783). Le mathématicien allemand Peter Dirichlet (1805-1859) a établi la définition moderne de la « fonction » en 1837. **CK**

1674

Microbiologie

Antonie van Leeuwenhoek

Une branche de la science qui se concentre sur l'étude des micro-organismes

La microbiologie est une science consacrée à l'étude des minuscules formes de vie qui s'est développée en incluant la bactériologie, l'immunologie, la mycologie, la parasitologie, la virologie, et possède de multiples applications. En 1674, le scientifique néerlandais Antonie Van Leeuwenhoek (1632-1723) fut le premier à observer des bactéries et des protozoaires quand il remarqua des « animalcules », ou petits animaux, dans l'eau grâce à un microscope à lentille unique de sa propre conception. Van Leeuwenhoek s'intéressa de près à la microscopie après s'être procuré un exemplaire de *Micrographia* (« Micrographie ») du scientifique anglais Robert Hooke (1665), dans lequel le terme de « cellule » était pour la première fois utilisé, avant qu'elle soit reconnue comme unité fondamentale de tous les êtres vivants.

« J'observe certains micro-organismes ouvrir leur bouche et se déplacer. »

Antonie van Leeuwenhoek

En 1676, Van Leeuwenhoek écrivit à la Royal Society de Londres afin d'annoncer la découverte des « animalcules ». Bien qu'au départ, ses membres eussent douté de leur existence, en 1680, la Royal Society vérifia finalement les expériences de Van Leeuwenhoek avant de lui accorder une bourse. Il révéla ensuite l'existence des globules rouges et des spermatozoïdes, parvenant à la conclusion radicale que la fécondation se produit lorsqu'un spermatozoïde pénètre dans l'ovule.

La découverte des micro-organismes était révolutionnaire, puisqu'elle prouvait la relation particulièrement importante entre leur existence, la décomposition et la maladie. Le travail du chimiste et microbiologiste français Louis Pasteur (1822-1895) dans ce domaine a conduit à la théorie des germes et au développement du vaccin et de la pasteurisation. **CK**

Un portrait du XXe siècle d'Antonie Van Leeuwenhoek, « père de la microbiologie », par Ned M. Seidler.

fig: A
D
fig: B C
fig: G
fig: E
fig: F

Évangélisme

Philipp Jacob Spener

Un mouvement protestant qui maintient la seule autorité de la Bible en matière de doctrine

Portrait de Philipp Jacob Spener (1683), par le graveur allemand Philipp Kilian. Spener s'était consacré à la pratique de la réforme luthérienne lorsqu'il étudiait à Strasbourg.

« Ce qu'ils pensent être la foi n'est en aucun cas la vraie foi, qui s'éveille à travers la parole de Dieu par l'illumination et la révélation du Saint-Esprit, mais une fantaisie humaine. »

Philipp Jacob Spener, *Pia Desideria* (1675)

L'évangélisme est un mouvement chrétien qui met l'accent sur la piété de l'individu, et sa relation avec Dieu et le Sauveur. Les évangéliques croient que l'individu est sauvé par sa foi en la mort du Christ et que l'humanité est pécheresse à cause de la chute d'Adam dans le jardin d'Eden. Les praticiens doivent « renaître » à travers un processus de conversion individuelle qui les sauve de la damnation éternelle par la rédemption, après quoi ils accèdent au salut céleste. Les évangéliques ont désacralisé les rituels : ils voient les bonnes œuvres et leurs sacrements comme des symboles, et estiment que l'ordination ne confère aucun don surnaturel. Ils considèrent que la Bible constitue la seule autorité en matière de doctrine théologique.

Le courant évangélique est né dans les idées du réformateur luthérien allemand Philipp Jacob Spener (1635-1705). Son livre influent, *Pia Desideria* (« Désirs pieux », 1675), attaquait frontalement le clergé, préconisant l'exégèse biblique pour les individus et les groupes, et exhortant à cultiver la piété intérieure. Son ami, le luthérien allemand August Hermann Francke (1663-1727), jeta les bases pratiques du mouvement en cofondant le *Collegium philobiblicum*, une assemblée consacrée aux études savantes des Écritures. Les préceptes de Francke se sont alors répandus parmi les étudiants de l'université de Halle.

Le terme « évangélique » est entré dans l'usage général en Europe avec les prêches du fondateur du méthodisme, John Wesley (1703-1791), accompagné de l'itinérant évangélique anglais George Whitefield (1715-1770). Puis il se propagea en Amérique du Nord grâce aux travaux du théologien américain Jonathan Edwards (1703-1758). Au début du XIXe siècle, le protestantisme évangélique constituait déjà l'expression la plus populaire du christianisme aux États-Unis et au Royaume-Uni, les évangéliques s'étant fortement associés aux travaux missionnaires et aux réformes sociales. **CK**

Exégèse biblique féministe

Divers

Une analyse critique des Écritures judéo-chrétiennes à travers une perspective féministe

L'exégèse biblique féministe s'est intéressée à la représentation des femmes dans la Bible, en remettant en cause les interprétations des textes proposées par les hommes œuvrant dans les sociétés patriarcales. La critique féministe de la Bible examina la construction sociale du genre, la représentation des figures féminines, et se lança dans la réinterprétation des versets jugés problématiques, en abordant les questions misogynes.

L'exégèse biblique féministe puisait ses racines dans les écrits théologiques des femmes protestantes du XVIIe siècle, à l'instar des inspiratrices du quakerisme Margaret Fell (1614-1702) et Elizabeth Bathurst (morte en 1690), des guides du mouvement des Philadelphes Jane Lead (1624-1704) et Ann Bathurst (v. 1638-v. 1704), de l'écrivaine Mary Astell (1668-1731) et de la visionnaire M. Marsin (v. 1694-1701). Toutes prônaient l'égalité des sexes dans le mariage, la société et la religion, faisant valoir que leur croyance radicale dans l'universalisme fut instituée par Dieu lors de la création. Depuis des siècles, la Vierge Marie était considérée dans la Bible comme un instrument du salut allant à l'encontre d'Ève, une idée réintroduite par des écrivaines qui s'attelèrent à défendre les droits des femmes afin de créer un précédent scripturaire à l'usage des prédicatrices.

Si les enseignements de Mary Astell à propos de l'éducation religieuse des femmes ont été ridiculisés par ses contemporains, elle fut célébrée en tant que « première féministe anglaise », en parallèle du développement du mouvement féministe qui devint de plus en plus populaire vers la fin du XIXe siècle. En 1895 et 1898, Elisabeth Cady Stanton (1815-1902), accompagnée d'un comité de 26 femmes, publia en deux parties le best-seller controversé *The Woman's Bible* (« La Bible de la femme »), en réponse à l'exclusion des femmes des études bibliques et pour défier l'orthodoxie religieuse traditionnelle qui affirmait que la femme devait être au service de l'hommes. **CK**

↑ Un vitrail restauré du XIIIe siècle qui représente la Vierge Marie, dans l'église Sainte-Marie-Madeleine à Chewton Mendip, au Royaume-Uni.

« Si tous les hommes naissent libres, comment se fait-il que les femmes naissent esclaves ? »

Mary Astell, *Some Reflections on Marriage* (1700)

1677

Panthéisme

Baruch Spinoza

La doctrine selon laquelle Dieu et l'Univers forment un tout infini, éternel et intelligible pour l'homme

L'énoncé classique du panthéisme par le philosophe Baruch Spinoza (1632-1677) est contenu dans *Éthique* (1677), bien que le terme de « panthéisme » lui-même ne fût inventé qu'après sa mort. Dans *Éthique*, Spinoza affirmait : « Tout ce qui est, est en Dieu, et rien ne peut être, ni être conçu sans Dieu… Dieu est la cause immanente, et non transitive, de toutes choses. » Pour paraphraser, Dieu est la seule substance, la seule chose qui existe en soi. Tout le reste n'existe que dans Dieu.

Spinoza rejetait l'idée que Dieu est une personne ; c'est une erreur, soutenait-il, de penser que Dieu agit librement, prévoit le sort du monde, ou est invoqué par la prière. Il rejetait également l'idée que Dieu est extérieur et distinct de l'Univers, célébrant par conséquent l'expression *Deus, sive Natura* (« Dieu, ou la Nature »). Ces deux positions caractéristiques des versions ultérieures du panthéisme ont été détectées chez les précurseurs de Spinoza, comme les philosophes stoïciens de la Grèce et de la Rome antique, ainsi que dans le taoïsme philosophique. Le panthéisme était souvent associé à un respect religieux pour le monde naturel, ce qui ne fut pas le cas de Spinoza pour autant.

Historiquement, le panthéisme était controversé, car souvent considéré comme l'équivalent de l'athéisme, mais il fut aussi influent. Le panthéisme atteignit son apogée aux XVIIIe et XIXe siècles, lorsqu'il séduisit des penseurs tels que le poète et philosophe anglais Samuel Taylor Coleridge (1772-1834), le poète et essayiste américain Ralph Waldo Emerson (1803-1882) et le philosophe allemand G. W. F. Hegel (1770-1831). En effet, le panthéisme semblait offrir une voie médiane entre le théisme et à l'athéisme, sorte de compromis entre la superstition religieuse et la science, tout en reconnaissant la spiritualité. Moins présent dans l'esprit du public aujourd'hui, le panthéisme continue d'influencer la pensée philosophique et religieuse. **GB**

Paysage de paradis avec la création de l'homme (1594), peint par Jan Brueghel l'Ancien.

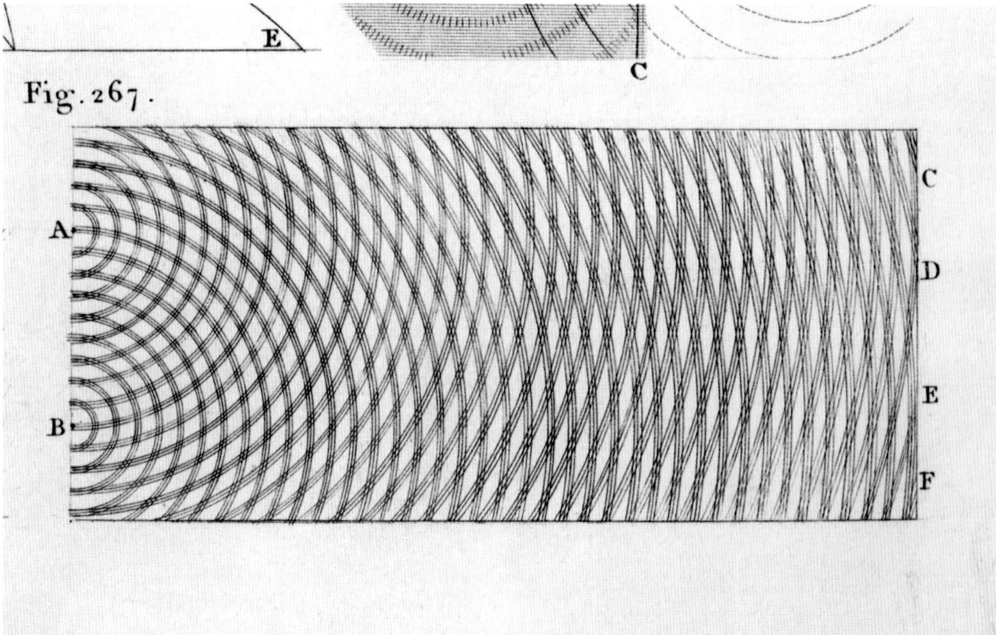

1678

Théorie ondulatoire de la lumière Christiaan Huygens

L'idée selon laquelle la lumière est émise par vagues dans toutes les directions

La théorie de la réfraction et de la réflexion de la lumière, formulée en 1676 et 1677 par le mathématicien, astronome, physicien et horloger néerlandais Christian Huygens (1629-1695), se basait sur le concept inédit de lumière ondulatoire. La théorie postule que la vitesse de la lumière dans toute substance est inversement proportionnelle à son indice de réfraction.

En 1678, Huygens a terminé son *Traité de la lumière*, qu'il dévoila en partie à l'Académie royale des sciences, avant sa publication en 1690. Huygens pensait que plus la lumière était réfractée par l'éther luminifère, un milieu fluide contenu dans tout l'Univers, plus lentement elle se déplaçait à travers lui. Ce qui suggère que l'éther serait composé d'un ensemble uniforme de particules élastiques compressées et rapprochées, générant de la lumière à travers leur oscillation. Cependant, la théorie ondulatoire de la lumière de Huygens différait de celle proposée par le physicien, mathématicien, astronome, alchimiste et théologien anglais Isaac Newton (1642-1727) dans *Optiques* (1704), son traité sur l'optique et la réfraction de la lumière. La théorie de Newton se fondait sur la proposition de Pierre Gassendi (1592-1655), affirmant que la lumière voyage comme une pluie de particules, appelées aussi corpuscules. Mais comme Newton était considéré comme un grand savant par de nombreux partisans zélés, la théorie de Huygens fut rejetée et négligée jusqu'au XIXe siècle.

La théorie de Huygens fut pourtant confirmée par des expériences menées par le scientifique anglais Thomas Young (1773-1829) en 1801 et l'ingénieur français Augustin Fresnel (1788-1827) en 1816. Le principe de Huygens-Fresnel, nommé d'après les deux hommes, est désormais une base reconnue pour comprendre et prédire la propagation des ondes de lumière. Enfin, lorsque la technologie permit de mesurer la vitesse de la lumière avec précision, la théorie de Huygens fut prouvée à la même occasion. **CK**

↑ Un schéma du principe de l'interférence de la lumière, publié par Thomas Young en 1806.

Calcul infinitésimal

Isaac Newton et Gottfried Wilhelm Leibniz

Un théorème mathématique conçu pour calculer le mouvement et le changement

Un portrait du XVIIe siècle d'Isaac Newton. *Principia* (1687) de Newton est considéré comme l'une des œuvres les plus importantes de l'histoire de la science moderne.

« Et que sont ces fluxions ? En vérité, il faut une merveilleuse finesse de discernement pour être capable de faire la distinction entre des incréments évanouissants et des différences infinitésimales. »

George Berkeley, *L'Analyste* (1734)

Le calcul infinitésimal est un théorème mathématique utilisé pour calculer la tangente à une courbe, l'aire sous-tendue, les minima et maxima, ainsi que d'autres valeurs géométriques et analytiques. Il se compose de calculs différentiel et intégral, utilisés respectivement pour les techniques de différenciation et d'intégration. Le calcul infinitésimal possède de nombreuses applications.

L'invention des techniques utilisées pour appliquer le théorème fondamental de l'analyse est attribuée indépendamment à deux hommes : le physicien et mathématicien anglais Isaac Newton (1643-1727), et le mathématicien et philosophe allemand Gottfried Wilhelm Leibniz (1646-1716). Leibniz publia ses recherches dans la revue *Acta Eruditorum* en 1684 et Newton dans son traité *Principia, principes mathématiques de la philosophie naturelle* en 1687, bien que Newton ait commencé à travailler sur cette théorie en premier. Leur nouveau système mathématique permettait de calculer le mouvement et le changement, malgré l'existence d'une nuance dans la notion de ce dernier : pour Newton, le changement était une quantité variable dans le temps, alors que pour Leibniz, il s'agissait de la différence variant au cours d'une séquence de valeurs infiniment proches.

Bien que l'utilité du calcul infinitésimal pour expliquer les phénomènes physiques fût reconnue, il provoqua l'inquiétude. En 1734, l'évêque anglican, philosophe et scientifique anglo-irlandais George Berkeley (1685-1753) publia une brochure, *L'Analyste*, soulignant des failles dans le théorème. En 1960, le mathématicien juif allemand Abraham Robinson (1918-1974) créa l'analyse non standard, un système mathématique rigoureux sur l'usage des infiniment petits et des infiniment grands. Sa théorie des nombres minuscules, ou des « nombres hyperréels », simplifia les estimations d'approximation. **CK**

Principe d'identité des indiscernables

Gottfried Wilhelm Leibniz

Idée selon laquelle des entités distincts ne peuvent pas avoir toutes leurs propriétés en commun

Le « principe d'identité des indiscernables » est un principe d'ontologie analytique. Il déclare qu'il est impossible pour deux objets ou entités numériquement distincts d'avoir les mêmes propriétés, car deux choses distinctes ne se ressemblent pas exactement. En revanche, le principe de « l'indiscernabilité des identiques » (aussi connu sous le nom de loi de Leibniz) affirme que si A est identique à B, par conséquent les caractéristiques de A sont celles de B, et vice versa.

La première formulation explicite de ce principe fut décrite en 1686 par le mathématicien et philosophe allemand Gottfried Wilhelm Leibniz (1646-1716) dans son *Discours de métaphysique*, publié au XVIIe siècle. Il s'en servit pour commenter les diverses doctrines métaphysiques, comme celle de l'impossibilité de l'espace absolu newtonien.

Dans une correspondance célèbre entretenue avec le religieux et philosophe anglais Samuel Clarke (1675-1729), Leibniz plaida en faveur de la théorie relationnelle, où l'espace est composé de relations entre les objets, ce qui implique par conséquent que l'espace ne peut exister en l'absence de matière. Clarke, lui-même un partisan d'Isaac Newton, publia les lettres en 1717, soit un an après la mort de Leibniz, sous le titre de *Correspondance Leibniz-Clarke*. Le recueil de lettres devint ensuite l'un des livres philosophiques les plus lus du XVIIIe siècle.

Le principe d'identité des indiscernables est connu pour proposer des solutions aux questions philosophiques sur la nature de l'espace et du temps. Il est désormais accepté comme un principe métaphysique, bien que les philosophes continuent d'en débattre la validité. **CK**

Un portrait anonyme de Gottfried Wilhelm Leibniz de 1710. Leibniz a étudié dans plusieurs domaines comme les mathématiques, la philosophie, la politique et la logique.

« Poser deux choses indiscernables, est poser la même chose sous deux noms. »

Gottfried Wilhelm Leibniz,
Correspondance Leibniz-Clarke (1717)

Mouvement comme l'état naturel des choses

Isaac Newton

La théorie selon laquelle tout dans l'Univers est toujours en mouvement

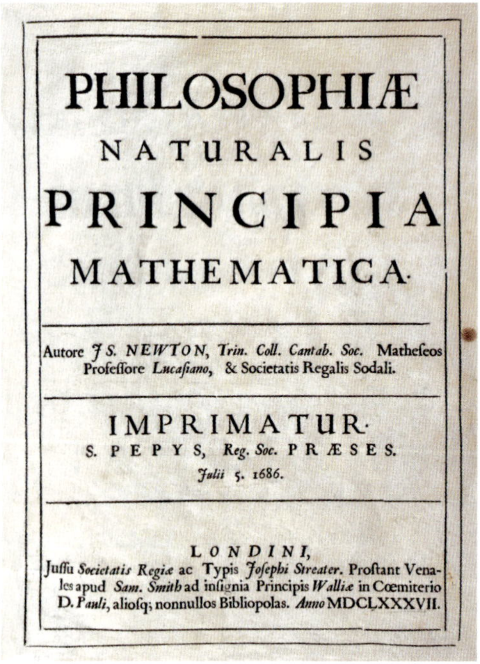
PHILOSOPHIÆ
NATURALIS
PRINCIPIA
MATHEMATICA.

Autore *J S. NEWTON*, *Trin. Coll. Cantab. Soc.* Matheſeos Profeſſore *Lucaſiano*, & Societatis Regalis Sodali.

IMPRIMATUR.
S. PEPYS, *Reg. Soc.* PRÆSES.
Julii 5. 1686.

LONDINI,
Juſſu *Societatis Regiæ* ac Typis *Joſephi Streater*. Proſtant Venales apud *Sam. Smith* ad inſignia Principis *Walliæ* in Cœmiterio D. *Pauli*, alioſq; nonnullos Bibliopolas. *Anno* MDCLXXXVII.

La page titre de la première édition de *Principia*, publiée en 1687.

Le mouvement dans sa plus simple expression se définit comme un changement dans l'agencement d'un système physique. L'affirmation que tout dans l'Univers est en mouvement semble contredire les données empiriques, mais il s'agit pourtant d'une revendication qui interrogea les plus grands esprits de l'histoire de l'humanité, d'Aristote à Albert Einstein. Le mouvement, en dépit de son omniprésence, est un processus complexe et un phénomène souvent impénétrable.

Si Aristote est à l'origine de l'exploration systématique du mouvement physique, il faut attendre la publication en 1687 par Isaac Newton (1643-1727) de *Principia, principes mathématiques de la philosophie naturelle*, pour que les observations sur le mouvement soient codifiées sous forme de « lois ». Dans la préface, Newton reliait le mouvement à tous les phénomènes naturels : « Nous proposons ce que nous donnons ici comme les principes mathématiques de la philosophie naturelle. En effet toute la difficulté de la philosophie paraît consister à trouver les forces qu'emploie la nature, par les phénomènes du mouvement que nous connaissons, et à démontrer ensuite, par-là, les autres phénomènes. »

Newton estimait qu'il était difficile de reconnaître l'état d'un objet réellement au repos à cause du phénomène d'inertie nous empêchant de sentir la masse en mouvement qu'est la Terre. En outre, il manque un cadre immuable de référence qui permettrait de voir les déplacements. C'est pourquoi Newton affirmait que le mouvement était « l'état naturel des choses ».

De ce postulat se développa la mécanique classique, qui décrit le mouvement des grands corps (les planètes et les humains), et la mécanique quantique, qui décrit le mouvement des corps atomiques et subatomiques (les neutrons, protons, électrons et quarks). Puisque la notion de mouvement s'applique à toutes les matières et énergies, ses diverses implications ne doivent pas être sous-estimées. **MK**

« Le temps est défini de telle sorte que le mouvement a l'air simple. »

Misner, Thorne et Wheeler, *Gravitation* (1973)

Gravité

Isaac Newton

La force qui attire un corps vers un autre corps physique ayant une masse

Conformément à la loi de la gravitation universelle énoncée par le physicien et mathématicien anglais Isaac Newton (1643-1727), deux corps s'attirent avec une force proportionnelle au produit de leurs masses et inversement proportionnelle au carré de la distance qui les sépare. La gravitation est un phénomène naturel : elle maintient la Terre en orbite autour du Soleil, la Lune en orbite autour de la Terre, et intervient également dans la montée et la chute du niveau de la mer, à l'origine du phénomène des marées.

Il existe des théories sur la gravitation depuis l'Antiquité. Le physicien, mathématicien et astronome italien Galilée (1564-1642) fut parmi les premiers à examiner le processus de la chute des corps. Cependant, il revient à Newton d'avoir démontré comment une force universelle, nommée la gravitation, s'applique à tous les objets dans toutes les parties de l'Univers. La loi de la gravitation universelle, exprimée dans *Principia, principes mathématiques de la philosophie naturelle* (1687), renversa les théories classiques précédentes, annonçant la science quantitative moderne de la gravitation.

Les applications de la loi de Newton ont été nombreuses et variées. Newton lui-même l'utilisa dans *Principia* afin de démontrer que les comètes se déplaçaient sur des orbites paraboliques sous l'attraction gravitationnelle du Soleil. Au XIXe siècle, les astronomes utilisèrent la loi pour prédire l'existence de la planète Neptune. Des années plus tard, cependant, la théorie de Newton fut incapable de déterminer avec précision l'orbite de Mercure, source de contradictions.

En 1915, Albert Einstein (1879-1955) résolvait ces divergences à l'aide de sa théorie de la relativité générale, fournissant une description unifiée de la gravitation comme propriété géométrique de l'espace et du temps, ou de l'espace-temps. Mais la théorie de Newton reste parfaitement adaptée pour décrire le phénomène de gravité dans la plupart des applications. **CK**

↑ Une gravure (v. 1880) d'Isaac Newton s'interrogeant sur la gravité, après la chute d'une pomme dans le verger de son domicile.

« La mécanique théorique sera la science démonstrative des mouvements qui résultent des forces quelconques, des forces nécessaires pour engendrer des mouvements quelconques. »

Isaac Newton, *Principia* (1687)

1689

Tabula rasa

John Locke

L'homme naît avec un esprit qui ne contient aucune idée préconçue

Le terme latin *tabula rasa* fait référence à une ardoise vierge, ou littéralement à une table rase. En philosophie, *tabula rasa* exprime l'idée que l'homme naît avec un esprit vierge, capable d'acquérir des croyances à travers l'expérience, les sensations et la réflexion. Ainsi, l'idée que l'esprit est capable de développer ses propres pensées, des plus simples aux plus complexes, s'oppose au concept de l'innéisme. Tous les hommes, à cet égard, naissent donc égaux.

En 1689, John Locke (1632-1704) publia *Essai sur l'entendement humain*, dans lequel il déclarait que l'esprit est comme une ardoise débarrassée de ses inscriptions, semblable à une *tabula rasa,* « vide de tout caractère, sans aucune idée, quelle qu'elle soit ». Mais la question fut débattue dès 350 av. J.-C. par des penseurs tels qu'Aristote, qui évoquait déjà des concepts similaires. Locke lui-même fut influencé par le travail de l'écrivain arabe et philosophe Ibn Tufayl (v. 1105-1185), qui écrivit l'histoire d'un enfant isolé sur une île, s'éveillant seul à la philosophie et à la connaissance de Dieu. Le concept de *tabula rasa* préfigura l'école empiriste de la philosophie, qui postule que la connaissance découle de l'expérience.

L'idée d'un esprit identique à une feuille de papier vierge en attente d'être noircie est un concept puissant. L'hypothèse selon laquelle la connaissance est acquise, puisque l'homme est libre de créer ses propres croyances et de faire ses propres choix, a permis de justifier divers phénomènes sociaux tels que des systèmes juridiques basés sur la responsabilité individuelle, ou des structures politiques reconnaissant l'égalité juridique, indépendamment de leur statut. Pourtant, nous savons désormais que des facteurs génétiques et environnementaux influencent également nos idées. Ainsi, la notion de *tabula rasa* est encore débattue aujourd'hui. **MT**

1689

Empirisme

John Locke

L'idée selon laquelle ce qui est perçu par les sens est le fondement de la connaissance

Opposé à la notion de connaissance acquise par l'innéisme, l'empirisme souligne le rôle de l'expérience, celle des sens en particulier, dans la formation des idées. Les empiristes affirment que les idées innées proviennent d'une précédente expérience sensorielle, et que les perceptions du monde physique sont soutenues par l'expérience. Cependant, cette vision du monde s'est rapidement heurtée au savoir ne pouvant pas être acquis de cette manière, comme par exemple la connaissance mathématique.

Le philosophe anglais John Locke (1632-1704) affirmait que l'esprit était comme une *tabula rasa* (table rase) à la naissance, l'individu n'étant pas sous le seul joug des us et coutumes de son espèce. Cette idée fut exposée dans *Essai sur l'entendement humain* (1689).

> *« Qu'importe de savoir ce que sont les fantaisies des hommes, ce n'est que la connaissance des choses que l'on doit estimer. »*
>
> **John Locke, *Essai sur l'entendement humain* (1689)**

L'empirisme de Locke s'opposait à la philosophie rationaliste (le cartésianisme) du philosophe et mathématicien français René Descartes (1596-1650).

Si l'essai de Locke fut critiqué par les philosophes de son temps, son travail posa néanmoins les bases de l'empirisme dans la philosophie moderne, inspirant d'autres célèbres empiristes comme David Hume (1711-1776). Finalement, il sera éclipsé par le cartésianisme, malgré la tentative de l'empirisme logique des années 1920 de synthétiser les théories empiristes grâce à la méthodologie scientifique de la logique et des mathématiques. **CK**

Allégorie de l'ouïe, du toucher et du goût (v. 1618) de Jan Brueghel l'Ancien.

Tolérance religieuse

John Locke

Personne ne devrait se voir refuser l'égalité des droits en raison de sa religion

Portrait de John Locke (1697) de Godfrey Kneller, portraitiste en vogue en Angleterre durant la fin du XVIIe et le début du XVIIIe siècle.

« L'on ne saurait être chrétien sans la charité et sans cette foi qui agit par la charité. »

John Locke, *Lettre sur la tolérance* (1689)

L'idée de la tolérance religieuse est de permettre la liberté religieuse, soit, en termes civils, de ne pas inquiéter les adeptes d'une religion particulière, que ce soit en privé ou en public. Au sens politique, cela signifie accorder des droits égaux aux individus indépendamment de leurs croyances religieuses.

En 1689, le philosophe et médecin anglais John Locke (1632-1704) prôna la tolérance religieuse dans *Lettre sur la tolérance*.

Cette lettre était adressée à un anonyme « monsieur » en exil en Hollande, un État alors reconnu comme laïc. Le destinataire de la lettre, le théologien néerlandais Philipp Van Limborch (1633-1712) et ami proche de Locke, la publia sans son autorisation. S'il existait des craintes à cette époque sur l'emprise du catholicisme en Angleterre, Locke, impliqué dans la rédaction de la Déclaration des droits de 1689, regrettait de ne pas être allé aussi loin qu'il le désirait sur la question de la tolérance religieuse. La même année, le Parlement adopta la loi de tolérance, accordant la liberté de culte aux non-conformistes comme les baptistes et les congrégationalistes, au contraire des catholiques et des unitariens.

Locke suggéra la tolérance religieuse comme solution aux problèmes rencontrés par le gouvernement et les chefs religieux, et préconisa une séparation entre l'Église et l'État.

La lettre de Locke sema le trouble parmi les membres de la Haute Église anglicane. L'écrivain et ecclésiastique Thomas Long voyait dans cette lettre un complot jésuite visant à permettre à l'Église catholique d'étendre sa domination en provoquant le chaos. Il s'ensuivit également une correspondance prolongée entre Locke et l'ecclésiastique universitaire Jonas Proast (v. 1640-1710), qui prônait l'utilisation de la force par l'État afin de convaincre les dissidents du bien-fondé de l'anglicanisme. **CK**

Qualités premières et secondes
John Locke

Notre perception des objets repose en partie sur eux et en partie sur nos propres sens

Grâce à la stimulation de nos sens, des idées naissent dans notre esprit. Par exemple, une tasse blanche deviendrait jaune aux yeux d'une personne atteinte de jaunisse ; si on échangeait ses tympans contre le système d'écholocation d'une chauve-souris, les images mentales produites seraient incompréhensibles. Et pourtant, nous n'imaginons pas que les objets puissent être capables de se transformer simplement parce que les instruments utilisés pour les percevoir changent également. Contrairement aux idées reçues, une grande partie de ce que nous percevons dépend de nos organes sensoriels et non de la réalité du monde.

Dans *Essai sur l'entendement humain* (1689), le philosophe et médecin anglais John Locke (1632-1704) considérait les propriétés d'un objet (telles que sa forme, son volume, son odeur, etc.) comme des « qualités », chacune ayant le « pouvoir de produire des idées dans notre esprit ». Locke distinguait deux types de qualités : les « premières » qui ne dépendent pas de nos sens (le nombre, la forme, le volume, la vitesse), et les « secondes » qui y sont liées (la couleur, le son, l'odeur, le goût, la texture). Par qualité première, il entend donc la « puissance » inhérente de l'objet capable de produire des idées dans notre esprit, et par qualité seconde, il entend la « puissance » qu'a ce même objet de produire dans notre esprit des sensations *à travers* ses qualités premières. Cette distinction a permis à Locke d'expliquer les variations de perceptions sensorielles chez un même sujet dans des circonstances différentes, tout en explicitant également la source des désaccords.

La distinction entre qualités premières et secondes fait partie de l'épistémologie empiriste de Locke (l'étude de la connaissance) et est au centre de la théorie de la représentation de la perception. Les vestiges épistémologiques de Locke, partiellement discrédités, continuent aujourd'hui de jouer un rôle dans les explications psychologiques liées à la perception. **JW**

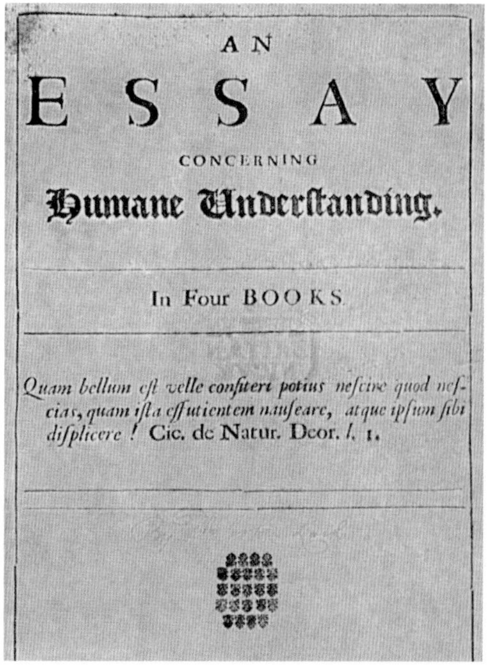
AN
ESSAY
CONCERNING
Humane Understanding.
In Four BOOKS.
Quam bellum est velle confiteri potius nescire quod nescias, quam ista effutientem nauseare, atque ipsum sibi displicere ! Cic. de Natur. Deor. *l.* 1.

↑ La page titre d'*Essai sur l'entendement humain* (1689), première formulation explicite et influente de la philosophie empiriste.

> *« Les idées dont nos idées complexes des substances sont composées, et sur quoi roule presque toute la connaissance que nous avons des substances, sont celles des secondes qualités. Et toutes ces secondes qualités dépendent des premières qualités des particules insensibles des substances. »*

John Locke, *Essai sur l'entendement humain* (1689)

1689

Nature de l'identité personnelle John Locke

La seule constante dans l'identité personnelle est la conscience sans cesse renouvelée

John Locke (1632-1704) fut le premier penseur à théoriser que l'identité personnelle, autrement dit la notion de soi, dépend de la conscience plutôt que de la substance matérielle ou de l'âme. Locke a fait valoir que la conscience de ses propres pensées et actions constitue l'identité qui, au moyen de la mémoire, se maintient dans le temps.

Locke exposa sa théorie dans *Essai sur l'entendement humain* (1689), affirmant que l'identité personnelle ne pouvait se fonder sur la substance, puisque si des changements physiques interviennent tout au long de la vie, l'individu, lui, reste le même. Pour l'illustrer, il utilisa l'exemple d'un homme ayant perdu un doigt : dès lors qu'il n'a pas conscience de ce qu'il advient de ce doigt, cela signifie que la conscience ne peut résider dans la substance. Locke déclarait par ailleurs que deux choses de même nature ne peuvent pas exister dans le même temps, puisque l'identité personnelle est fondée sur l'acte répété de la conscience. Il soutint également qu'un individu ne peut connaître que sa propre conscience, et doit de fait se garder de juger la conscience d'une autre personne.

> « *L'identité personnelle consiste [...] dans l'identité de conscience.* »
>
> **John Locke, *Essai sur l'entendement humain* (1689)**

La théorie de Locke était révolutionnaire pour l'époque. Depuis, d'autres philosophes tentèrent de théoriser ce qui constitue le « soi ». Le philosophe écossais David Hume (1711-1776) examina la question dans son *Traité de la nature humaine* (1739), faisant valoir que la notion de « soi » est une fiction. Plus proche de nous, l'universitaire canadien James Giles proposa une théorie de « non-soi », éliminant totalement le concept d'identité personnelle. **CK**

v. 1690

Libéralisme
Divers penseurs

L'idée selon laquelle il est préférable de laisser la société s'équilibrer d'elle-même, avec un minimum d'intervention de l'État

Longtemps, les hommes ont crû en la perspicacité d'une seule personne, ou d'un petit groupe de personnes, à diriger la vie des individus. La tradition libérale (du latin *liber*, ou « libre ») est née après le siècle des Lumières, des opinions philosophiques de John Locke (1632-1704), Jean-Jacques Rousseau (1712-1778) et Adam Smith (1723-1790).

Le libéralisme est une description du rôle de l'État dans une société qui contraste avec le socialisme et la monarchie. La théorie postule que si les individus sont libres de poursuivre leurs intérêts – à condition que le gouvernement fournisse une protection contre la fraude et la coercition –, ils seront plus efficaces. Cette notion de « main invisible » évoque implicitement l'idée que chacun peut contribuer à la richesse et au bien-être de tous, et est liée pour certains économistes à la forte augmentation de la qualité de la vie en Occident depuis la révolution industrielle (1760-1840).

> « *Nul ne doit nuire à un autre, par rapport à sa vie, à sa santé, à sa liberté, à son bien.* »
>
> **John Locke, *Le Traité du gouvernement civil* (1690)**

Les antilibéraux affirment que le libéralisme est à l'origine de biens ou de services objectivement stériles, tels que la restauration rapide, la pornographie, la drogue ou encore l'argent. Certains d'entre eux ont conclu qu'une intervention gouvernementale apparaissait dès lors nécessaire. Des libéraux comme Ludwig von Mises (1881-1973) montrèrent leur désaccord, affirmant qu'il ne doit exister aucun « jugement de valeur, mais seulement une valorisation se manifestant à travers le désir des individus d'acheter ou de ne pas acheter ». Ainsi, le libéralisme se heurte aux gouvernements désirant promouvoir des valeurs, augmenter les impôts, ou interdire des produits « nocifs ». **JW**

Vue sur la Chambre des communes, gravure du XVIIIe siècle par B. Cole.

1695

Parallélisme

Gottfried Wilhelm Leibniz

L'idée selon laquelle les événements mentaux et physiques sont parfaitement coordonnés par Dieu

Dans la philosophie spirituelle, le parallélisme est une théorie métaphysique qui postule que les événements se produisent en raison de l'action de Dieu. L'esprit et le corps sont comme deux systèmes fonctionnant en parallèle, sans lien de causalité.

Selon la théorie du parallélisme, si un individu émet une intention (dans son esprit), puis agit (avec son corps), l'action appropriée à l'intention se produit grâce à Dieu.

Le parallélisme est souvent associé au mathématicien et philosophe allemand Gottfried Wilhelm Leibniz (1646-1716), qui le décrit dans une série de traités : *Specimen dynamicum* (1695), *Essais de Théodicée sur la bonté de Dieu, la liberté de l'homme et l'origine du mal* (1710) et *Monadologie*, 1714. Leibniz affirmait qu'il existe une « harmonie préétablie » assurée par Dieu, issue de la corrélation parfaite entre l'esprit et le corps. Par conséquent, rien dans l'Univers n'influe sur tout le reste.

La théorie est en accord avec sa doctrine monadologique, selon laquelle le monde est constitué d'entités incorporelles qu'il appelle des monades. Leibniz estimait que Dieu avait créé l'esprit (une seule monade) et le corps (une multitude de monades) en parfaite harmonie. Ainsi, les états mentaux et physiques correspondraient toujours de manière appropriée.

La théorie du parallélisme ne fit jamais recette auprès des autres philosophes. Elle fut critiquée en raison de ses contradictions avec les procédures empiriques de la science moderne (l'expérience semble offrir suffisamment de preuves que le corps et l'esprit s'influencent mutuellement).

Cependant, certains croyants continuent de défendre cette théorie, car elle consacre Dieu – concerné par le bonheur de ses sujets – comme souverain de l'Univers. **CK**

Un détail du triptyque de Saint-Aignan du trésor de la cathédrale de Chartres, montrant la main de Dieu.

v. 1700

Vaudou

Esclaves africains à Saint-Domingue

Une combinaison occulte entre la religion chamanique et le catholicisme

Le vaudou est une religion des Caraïbes qui mélange les pratiques chamaniques de l'Afrique de l'Ouest avec certains éléments du catholicisme romain. Le panthéon vaudou, tel qu'il est pratiqué en Afrique, est constitué de dieux ou d'esprits, comme le Dieu-Créateur (Mawu), les acteurs-dieux (les *lwas*) et les esprits ancestraux (les *vudus*). Comme le veut la tradition chamanique, le vaudou concerne à la fois les esprits bénéfiques (qui communiquent à travers le chaman, ou *bokor*) et les esprits nuisibles (convoqués par un sorcier).

Lorsque les négriers européens, en l'occurrence les Français, débarquèrent en Afrique de l'Ouest vers la fin du XVIIe siècle, ils obligèrent les adeptes du vaudou à se convertir au catholicisme, comme indiqué dans le *Code noir* de Louis IV (1685), qui définissait les conditions de vie des esclaves noirs. En conséquence, les esclaves de la colonie de Saint-Domingue adoptèrent de nombreux rituels catholiques, tout en continuant en privé à pratiquer une forme modifiée du vaudou.

Si dans le vaudou, Mawu (ou Bondye) est comparable au Yahweh biblique, le culte se consacre essentiellement aux *lwas*, qui sont une combinaison de divinités africaines inférieures et de saints catholiques. Fidèle à ses racines chamaniques, le vaudou met l'accent sur la communication avec les esprits bénéfiques, une relation pouvant être établie lorsque le chaman est entre autres possédé par l'esprit souhaité à travers la musique, la danse et la drogue.

Le vaudou est mondialement connu pour deux raisons. Tout d'abord, bien que n'étant pas de pure ascendance africaine, il s'agit sans doute de la religion africaine la plus célèbre. En second lieu, il a été récupéré par la culture populaire, notamment la poupée vaudou (une poupée à l'effigie d'un individu et instrument magique de torture) et le zombie (« un cadavre vivant » possédé par l'esprit du chaman), qui constituent ses plus illustres représentants. **AB**

↑ Une peinture du XXe siècle d'un rituel vaudou.

Critique textuelle biblique

Divers théologiens

L'étude des manuscrits judéo-chrétiens afin de déterminer le texte authentique de la Bible

Couverture du plus ancien codex complet de la Bible hébraïque (v. 1010). La Bible hébraïque est organisée en trois sections principales : la Torah, les Nevi'im et les Ketouvim.

« Cet art de la critique textuelle, qu'on emploie avec beaucoup de succès et de fruit dans l'édition des textes profanes, doit servir aujourd'hui, à plus forte raison en vérité, pour les Livres saints. »

Pape Pie XII, *Divino Afflante Spiritu* (1943)

Les premiers juifs ont souvent détruit ou enterré leurs textes religieux, tandis que les premiers chrétiens utilisaient des papyrus, un support délicat ; ainsi, aujourd'hui il reste peu de matériel original concernant la Bible. Les plus vieux exemplaires de l'Ancien et du Nouveau Testament datent du IVe siècle, avec l'apparition du parchemin, souvent des copies comportant des erreurs reproduites par des générations de scribes. Si certaines d'entre elles demeurent involontaires, d'autres, intentionnelles, sont parfois nées de la tentative d'élucider un passage que le copiste ne comprenait pas, ou de la volonté de favoriser une opinion ou une doctrine.

La critique textuelle biblique tenta alors de restaurer la Bible en se rapprochant au plus près du texte original, à l'aide d'anciens manuscrits judéo-chrétiens comme les manuscrits de la mer Morte (v. 150 av. J.-C.-70 apr. J.-C.) et le Codex vaticanus (v. 325-350), ce qui permit de reconstruire le texte dans sa forme initiale. Lorsqu'il existait plusieurs variantes, les critiques textuelles optèrent pour celle qui convenait le mieux au contexte, conformément au style de l'auteur. La critique textuelle biblique se développa vers le début du XVIIIe siècle, grâce aux travaux des théologiens John Mill (v. 1645-1707), Johann Albrecht Bengel (1687-1752), Johann Jakob Wettstein (1693-1754), Johann Salomo Semler (1725-1791) et Johann Jakob Griesbach (1745-1812).

Cependant, l'Église catholique n'approuva pas la critique textuelle biblique avant 1943, lorsque le pape Pie XII commanda une nouvelle traduction de la Bible à partir des langues originales, afin de servir de base à toutes les traductions vernaculaires catholiques, plutôt que d'utiliser la Vulgate latine de saint Jérôme. Cela marqua le début d'une période d'étude catholique sur les auteurs, les dates et la généalogie des manuscrits judéo-chrétiens. Puisque les textes à examiner ont augmenté avec la découverte de nouveaux manuscrits, les débats continuent. **CK**

Disque de Newton

Isaac Newton

Dispositif développé par Newton démontrant que la lumière se compose de sept couleurs

Le disque de Newton est une roue qui contient sept segments de couleur : rouge, orange, jaune, vert, bleu, indigo et violet. Lorsque le disque tourne rapidement, les couleurs se fondent de telle sorte que l'œil ne distingue que du blanc. Le disque, qui porte le nom de son inventeur, le physicien anglais Isaac Newton (1642-1727), est apparu dans son célèbre traité *Optiques* (1704). Newton avait découvert que lorsqu'un rayon de lumière blanche se réfracte à travers un prisme, il se sépare en une gradation continue de sept couleurs (ou teintes) spectrales. Newton créa alors un modèle circulaire en deux dimensions comportant du rouge et du violet à chaque extrémité d'une bande de couleurs, appelé aussi cercle chromatique, et dont la largeur de chaque segment différait selon ses calculs de la longueur d'onde correspondant à chaque spectre. Quand il mélangea des pigments de couleurs diamétralement opposées – les couleurs complémentaires –, Newton constata une « couleur pâle anonyme », selon le type de synthèse considéré (additive pour la lumière ou soustractive pour obtenir une nouvelle couleur). Il supposa donc que les couleurs complémentaires se neutralisaient entre elles.

Sa théorie fut ensuite démontrée de manière plus approfondie au XIXe siècle par le physicien et théoricien de la couleur Ogden Rood (1831-1902) qui, dans son livre *Théorie scientifique des couleurs et leurs applications à l'art et à l'industrie* (1879), inventa une roue chromatique asymétrique. Une version de la roue chromatique de Newton sans la couleur indigo fut adoptée par divers peintres désirant maîtriser les couleurs complémentaires, afin de produire un mélange achromatique de blanc, de gris ou de noir. Le disque de Newton fut également utilisé dans l'étude du mélange des couleurs. L'analyse de la façon dont les couleurs complémentaires se répondent entre elles est à l'origine du pointillisme, un mouvement artistique né vers 1886. **CK**

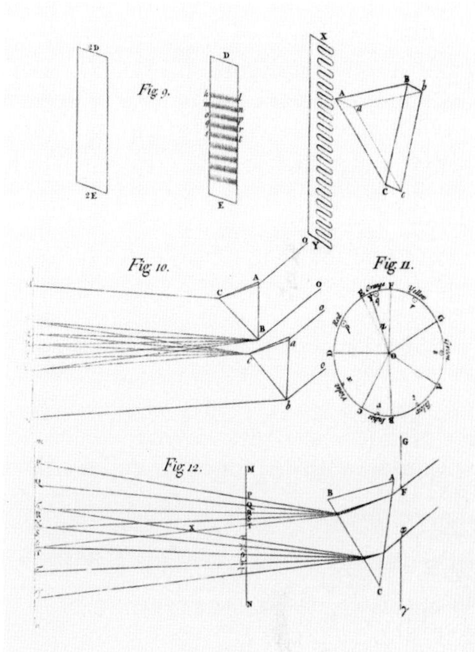

↑ Dans *Optiques* (1704), Isaac Newton illustre la roue chromatique (au centre à droite) et un prisme réfractant la lumière blanche en sept couleurs spectrales.

« Toutes les couleurs sont amies avec leurs voisines et amoureuses de leurs contraires. »

Marc Chagall, artiste

1706

Pi

William Jones

Une constante qui est le rapport de la circonférence d'un cercle à son diamètre

La constante mathématique pi est représentée par la lettre grecque « π » depuis le milieu du XVIIIe siècle, mais est encore parfois écrite « pi ». Le nombre pi est irrationnel, ce qui signifie qu'on ne peut pas l'exprimer comme le rapport de deux nombres entiers. Il est égal à environ 3,141 et l'approximation 22/7 est souvent adoptée pour les calculs de tous les jours.

Pi est employé par les mathématiciens depuis l'Antiquité : les Babyloniens utilisaient un pi approximatif de 3,125 vers 2000 av. J.-C. Au XVIIe siècle, de nouvelles méthodes d'analyse mathématique sont apparues afin de calculer plus précisément pi, tandis que les mathématiciens anglais William Oughtred (1575-1660), Isaac Barrow (1630-1677) et David Gregory (1659-1708) utilisèrent le symbole π pour décrire la circonférence d'un cercle. En 1706, le mathématicien gallois William Jones (1675-1749) dans son *Synopsis palmariorum matheseos* (« Une nouvelle introduction aux mathématiques »), définissait π comme le rapport de la circonférence d'un cercle à son diamètre. Le mathématicien et physicien suisse Leonhard Euler (1707-1783) adoptait le symbole vers 1736, tandis que π entrait finalement dans l'usage courant.

« Les chiffres de pi marchent vers l'infini dans un code prédestiné et insondable. »

Richard Preston, *The New Yorker* (1992)

En 1748, le livre d'Euler *Introductio in analysis infinitorum* (« Introduction à l'analyse infinitésimale ») exposa une équation importante connue sous le nom d'identité d'Euler, qui incorporait π en reliant les nombres entiers aux nombres premiers. En 1910, le mathématicien indien Srinivasa Ramanujan (1887-1920) développa une nouvelle façon de calculer pi, et en 1934, le symbole π fut définitivement adopté au niveau international. **CK**

1710

Être, c'est être perçu

George Berkeley

L'idée selon laquelle une chose existe que si elle peut être perçue

En philosophie, « Être, c'est être perçu » exprime l'idée qu'il existe deux éléments impliqués dans la perception : celui qui perçoit et ce qui est perçu.

L'expression *Esse est percipi* (*aut percipere*) – « Être, c'est être perçu (ou percevoir) » – a été formulée par l'évêque et philosophe anglo-irlandais George Berkeley (1685-1753). Célèbre pour sa théorisation de l'immatérialisme – le refus apparent de la réalité du monde extérieur –, Berkeley n'était pas convaincu par les idées philosophiques de René Descartes (1596-1650) et John Locke (1632-1704) et par leurs théories sur la perception représentationaliste. En effet, les deux philosophes opéraient une distinction entre les choses matérielles et les idées perçues, ce qui encouragea Berkeley à combattre le scepticisme et l'athéisme.

Berkeley désirait démontrer que le monde représenté par nos sens existe, parce qu'à ses yeux, le monde est une collection d'idées perçues par l'esprit de Dieu. Il se confronta alors au représentationalisme dans son traité sur les *Principes de la connaissance humaine* (1710), allant à l'encontre de la croyance de Locke en « l'idée abstraite ». Pour Berkeley, l'esprit conçoit trois types d'idées, qui forment les objets perçus : la sensation, la pensée et l'imagination. Lorsque plusieurs idées sont associées, elles sont considérées comme une seule chose, signifiée par un nom donné. Berkeley ne niait pas l'existence d'un objet ordinaire comme par exemple une chaise, perçue par des idées visuelles liées à sa forme, des idées tangibles sur sa texture, et ainsi de suite. Il prônait l'existence d'un monde physique contenant des objets ordinaires, plutôt qu'un monde matériel, car le monde physique dépend uniquement de l'esprit, puisqu'il se compose d'idées destinées à être perçues. Depuis, Berkeley est considéré comme le père de l'idéalisme, en raison de sa construction mentale de la notion de réalité. **CK**

Optimisme

Gottfried Wilhelm Leibniz

La théorie selon laquelle nous vivons dans le meilleur des mondes possibles, et la croyance dans les progrès de l'Univers et dans la bonne volonté qui triomphe du mal

La notion d'optimisme est apparue au XVIIIe siècle en philosophie. Les philosophes optimistes affirment que nous vivons dans le meilleur des mondes possibles, créé par Dieu qui l'a choisi librement et pour une bonne raison. La théorie postule qu'il existe une logique adéquate pour chaque chose.

Dans cette vision du monde, Adam pèche de son plein gré dans le jardin d'Eden en mangeant une pomme, car Dieu savait qu'Adam serait tenté. Ainsi, le reste du monde s'est construit autour des conséquences de cette action. Bien que l'homme soit imparfait et prédisposé au mal, il est encore capable de le distinguer du bien afin de corriger ses erreurs. Le mal est donc nécessaire pour faire ressortir la bonté de l'humanité.

L'optimisme est souvent associé au mathématicien et philosophe allemand Gottfried Wilhelm Leibniz (1646-1716). L'expression « le meilleur des mondes possibles » fut formulée dans les *Essais de Théodicée sur la bonté de Dieu, la liberté de l'homme et l'origine du mal* (1710), où il tenta d'expliquer la problématique du mal et la façon d'éviter qu'il n'entre en conflit avec la bonté divine. Si certains athées ont fait valoir que la présence du mal, incompatible avec Dieu, serait donc la preuve qu'Il n'existe pas, Leibniz s'attacha à démontrer que la réalité du mal était au contraire compatible avec un Dieu omniscient et omnipotent, puisque rien n'est aussi parfait que Lui.

La notion d'optimisme de Leibniz inspira l'écrivain français Voltaire (1694-1778) dans *Candide ou l'Optimisme* (1759), un conte philosophique narrant l'histoire d'un jeune homme, Candide, endoctriné dans l'optimisme leibnizien par son mentor, le docteur Pangloss. Ce roman satirique donna naissance au néologisme « panglossien », décrivant un individu faisant preuve d'un optimisme déraisonnable. **CK**

ESSAIS
DE
THEODICÉE
SUR LA
BONTÉ DE DIEU,
LA
LIBERTÉ DE L'HOMME
ET
L'ORIGINE DU MAL.

A AMSTERDAM,
Chez ISAAC TROYEL, Libraire.
MDCCX.

↑ La page titre d'*Essais de Théodicée sur la bonté de Dieu, la liberté de l'homme et l'origine du mal* (1710) de Gottfried Wilhelm Leibniz.

« S'il n'y avait pas le meilleur parmi tous les mondes possibles, Dieu n'en aurait produit aucun. »

Gottfried Wilhelm Leibniz, *Essais de Théodicée sur la bonté de Dieu, la liberté de l'homme et l'origine du mal* (1710)

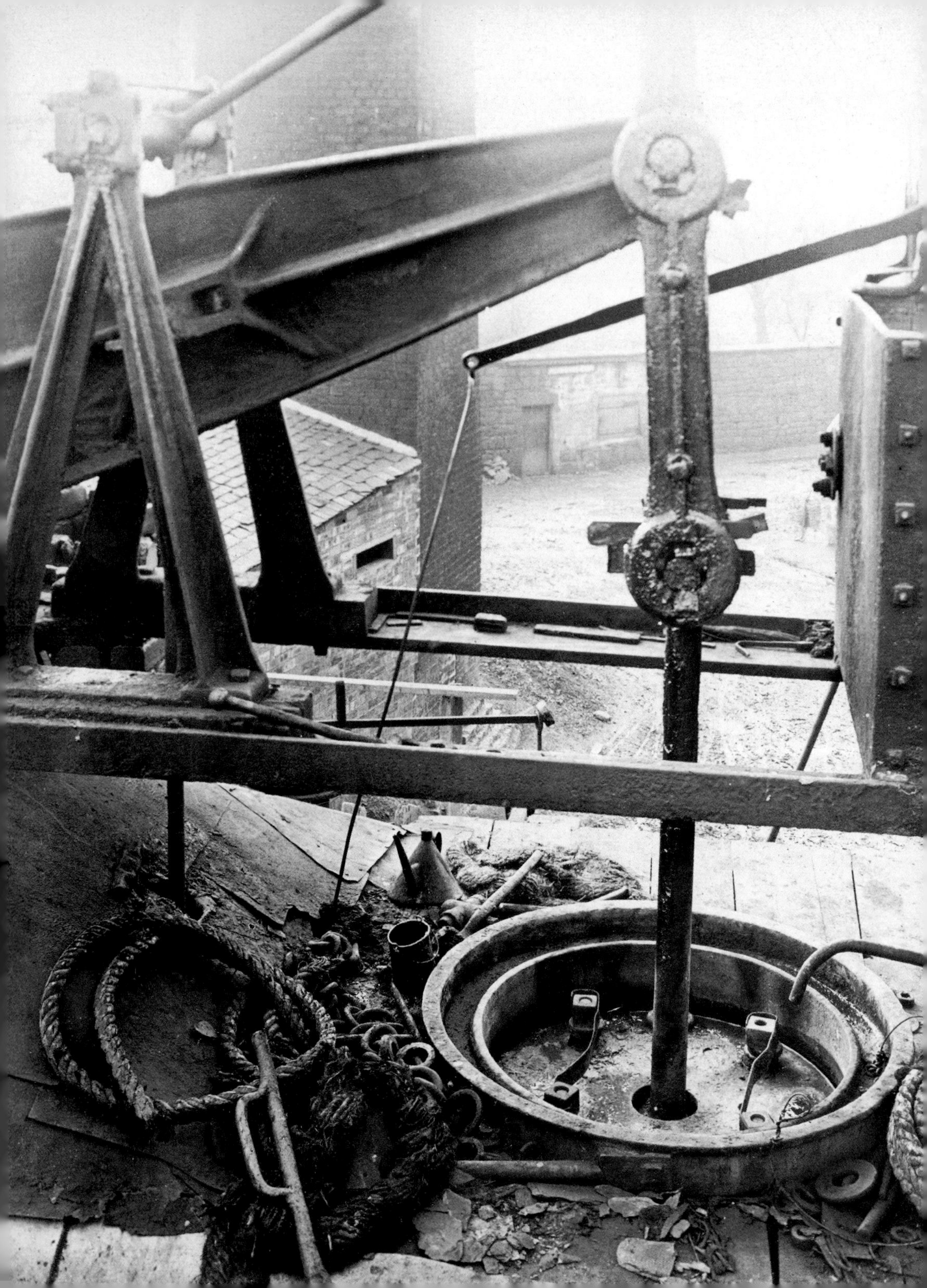

1712

Machine à vapeur
Thomas Newcomen

Exploiter les propriétés de la vapeur afin d'actionner des dispositifs mécaniques

L'idée que la vapeur, produite par l'ébullition de l'eau, pourrait être canalisée afin de fournir une force motrice fut démontrée par Héron d'Alexandrie au Ier siècle de notre ère. Son dispositif, appelé l'éolipyle, était un globe rempli d'eau bouillante qui laissait échapper des jets de vapeur en tournant sur lui-même. L'utilisation de la vapeur sous pression dans l'espace confiné d'un cylindre pour forcer un piston à se déplacer s'inscrivait dans le prolongement de l'éolipyle. Le piston à vapeur devint la puissante force motrice de la révolution industrielle.

En 1698, l'ingénieur anglais Thomas Savery (v. 1650-1715) inventa une pompe à vapeur afin d'extraire l'eau des puits de mine. Le dispositif, connu sous le nom de « compagnon du mineur », était composé de deux vases : dans l'un, l'eau était chauffée de manière à ce que la vapeur dégagée puisse chasser l'air dans le second vase, qui était ensuite refroidi, la condensation créant dès lors un vide qui permettait d'aspirer en retour l'eau de la mine. Cependant, la machine de conception rudimentaire possédait un inconvénient majeur, puisqu'elle était susceptible d'exploser.

> *« Ceux qui admirent la civilisation moderne la comparent souvent à une machine à vapeur. »* **George Bernard Shaw,**

La première machine à vapeur vraiment performante fut la machine à balancier, dite « machine de Newcomen », inventée par Thomas Newcomen, un mécanicien anglais (1664-1729). Un vide était créé à l'intérieur d'un cylindre qui, sous l'effet de la pression atmosphérique, tirait vers le bas un piston, ce qui permettait d'évacuer l'eau de la mine grâce à un balancier relié à une pompe. Newcomen installa sa première « machine atmosphérique » dans une mine du Staffordshire en 1712. **CK**

1714

Monadologie
Gottfried Wilhelm Leibniz

La réalité se compose de monades, d'entités hypothétiques entières et intelligentes

En philosophie, les monades sont semblables à des entités indestructibles, des matières autosuffisantes qui reflètent l'ordre du monde. Elles constituent l'Univers, mais n'ont pas d'extension spatiale et ne sont pas significatives. Une monade ne peut pas être divisée parce qu'elle est une unité individuelle, sans parties ; dans le monde matériel, les atomes peuvent être divisés en particules plus petites.

Si les anciens philosophes grecs employaient déjà le terme de « monade », il fut popularisé au XVIIIe siècle par le philosophe et mathématicien allemand Gottfried Wilhelm Leibniz (1646-1716), qui désirait concilier les théories des philosophes Baruch Spinoza (1632-1677) et René Descartes (1596-1650) sur la nature de la matière. Leibniz exposa la doctrine du monadisme dans *Monadologie* (1714), affirmant : « … [le] corps exprime tout l'Univers par la connexion de toute la matière dans le plein, l'âme représente aussi tout l'Univers en représentant ce corps ». Il soutenait que l'âme de chaque organisme vivant est une monade supérieure, tandis que les objets du monde matériel sont une multitude de monades. Leibniz estimait que l'Univers fonctionne métaphysiquement, en référence à Dieu, plutôt que matériellement, en référence à la nature.

> *« La monade n'est qu'une substance simple, qui entre dans les composés. »*
> **Gottfried Wilhelm Leibniz, *Monadologie* (1714)**

Divers philosophes reprirent le concept de monade afin de décrire les forces invisibles. La structure intellectuelle de la monadologie s'appliqua aussi au domaine de la physique, car elle était capable de fournir un modèle pour la subjectivité et le rôle de l'observateur, ce qui favorisa la montée de la monadologie quantique dans l'étude de la nature de la conscience et du temps. **CK**

La machine de Newcomen à Farme Colliery, Rutherglen, en Écosse, installée dans les années 1730.

1715

Rococo

France

Un style artistique, architectural et littéraire, ludique

Le rococo est un mouvement artistique qui toucha en France l'architecture, la littérature, l'aménagement paysager et la musique, après la mort du roi Louis XIV (1638-1715). Il s'exprima principalement à travers les arts décoratifs et l'architecture, pour atteindre son apogée dans les années 1770. Le terme « rococo », opérant une fusion entre les mots *rocaille* (un style de décoration avec des cailloux et des coquillages) et *barocco* (baroque en italien), était à l'origine employé de manière péjorative, lorsqu'il fut petit à petit remplacé par le néoclassicisme.

À mesure que la cour française se désolidarisait des excès de Louis XIV, les artistes royaux développèrent un style ludique devenu célèbre sous le nom de rococo. En France, les principaux défenseurs du rococo se nommaient Jean-Antoine Watteau (1684-1721), François Boucher (1703-1770) et Jean-Honoré Fragonard (1732-1806). La publication de leurs différents travaux sous forme de gravures permit au style rococo de se propager à travers l'Europe, influençant des peintres comme l'Italien Giambattista Tiepolo (1696-1770) et l'Anglais Thomas Gainsborough (1727-1788).

« La ligne serpentine [...] oblige l'œil à suivre ses contours variés. »
William Hogarth, *Analyse de la beauté* (1753)

Puis les architectes introduisirent des courbes sinueuses en forme de S à l'intérieur des délicats ornements en stuc blanc, tandis qu'en littérature, la structure narrative du roman *Vie et opinions de Tristram Shandy, gentilhomme* (1759-1767) de Laurence Sterne (1713-1768) adoptait le style libre et expressif du rococo. Au début des années 1760, le rococo fut sévèrement critiqué en France pour son contenu superficiel associé à la dégénérescence de l'Ancien Régime, avant de progressivement tomber dans l'oubli en Europe. **CK**

1717

Franc-maçonnerie

Angleterre

Une organisation fraternelle secrète qui puise sa source dans le déisme

La franc-maçonnerie est un ordre fraternel organisé en Grandes Loges, ou Grands Orients, et dont la structure se rapproche des anciens ordres religieux et des confréries chevaleresques. Les officiers des loges se déclinent comme vénérable maître-en-chaire, premier et second surveillant, orateur et secrétaire, tandis que les francs-maçons ordinaires sont l'apprenti, le compagnon et le maître. Les francs-maçons se reconnaissent mutuellement à l'aide de signes secrets, de mots et de poignées de main.

Le terme « franc-maçon » (dérivé de *freemason* en anglais, « maçon libre/indépendant »), qui désignait un maître bâtisseur très qualifié, remonte au XIVe siècle. Plus tard, il fut réutilisé pour décrire une personne jouissant des privilèges d'appartenance à un corps de métier.

« Un maçon est un paisible sujet vis-à-vis des pouvoirs civils, où qu'il réside ou travaille. » **Les Constitutions d'Anderson (1723)**

La franc-maçonnerie moderne, entrée dans l'usage courant au milieu du XVIIIe siècle, représente désormais une société secrète datant de la constitution de la Grande Loge d'Angleterre, qui fut fondée à Londres le 24 juin 1717.

À partir de 1730, la franc-maçonnerie se répandit à travers l'Amérique du Nord (la plus célèbre étant la Grande Loge de Pennsylvanie) et l'Europe (le Grand Orient de France fut créé en 1733), et existe dorénavant sous divers aspects partout dans le monde. Parmi les critiques courantes, on reproche notamment à ses membres de privilégier systématiquement d'autres membres lors des entretiens d'embauche, au détriment de l'égalité civique et de l'intérêt public. La franc-maçonnerie est également attaquée par diverses institutions religieuses à cause de ses points de vue déistes. **CK**

← L'intérieur rococo (1743-1772) de la basilique Vierzehnheiligen, « des quatorze saints auxiliaires », en Bavière (Allemagne).

1725

Cycles de l'histoire

Giambattista Vico

La société humaine fonctionne par cycles, dont le bénéfice entraîne la dégradation

La théorie des cycles de l'histoire fut énoncée par le philosophe politique, rhéteur et historien italien Giambattista Vico (1668-1744), et décrite dans son livre *La Science nouvelle* (1725), où il affirmait que l'histoire humaine fonctionne par cycles identifiés par un modèle de croissance et de décroissance. En effet, Vico suggérait que la société passe d'abord par un « âge des dieux », dans lequel elle est gouvernée par les croyances surnaturelles, puis par un « âge des héros », où elle est divisée entre les classes dirigeantes et le peuple, dont sont issues les alliances défensives, et enfin, par un « âge des hommes », déterminé par la lutte des classes et l'égalité des droits, ce qui marque le début de la désintégration, la société retombant alors au stade le plus précoce du cycle. Puis le processus recommence.

« La nature des peuples est d'abord cruelle, puis sévère, puis clémente, puis délicate et, pour en finir, dissolue. » **Giambattista Vico**

En tant que catholique, Vico voyait dans la Providence la main qui guide les événements, permettant si nécessaire à l'humanité de survivre aux cycles successifs. Mais sa théorie se heurtait au cartésianisme qui prévalait à l'époque, Vico lui reprochant de ne pas tenir compte de l'importance du langage, des mythes et de l'interprétation des événements passés.

La Science nouvelle eut peu d'impact lors de sa publication, avant sa redécouverte par le théoricien romantique allemand Johann Wolfgang von Goethe (1749-1832), attiré par la vision de Vico de l'histoire de l'humanité. C'est alors qu'il inspira de nouveaux philosophes, économistes et historiens allemands comme Karl Marx (1818-1883), dont l'interprétation économique de l'histoire se rapprochait de la pensée de Vico, malgré leurs divergences quant aux bénéfices de la religion. **CK**

1725

Programmabilité mécanique

Basile Bouchon

L'automatisation des instructions complexes au cœur de la machine

Au cours d'une opération industrielle complexe, la préparation de la machine nécessite parfois autant de temps que la production elle-même. La programmabilité mécanique a apporté les moyens de contrôler au préalable l'interaction entre de nombreux composants, et permettait en outre de modifier rapidement l'activité. Ainsi, l'activation d'un programme mécanique rendait le travail de l'opérateur plus simple, plutôt que de lancer la machine à partir de rien.

La programmabilité mécanique remonte au IXe siècle, et à l'invention d'un orgue automatique alimenté par de l'eau, qui jouait de la musique grâce à des cylindres interchangeables, similaires à ceux d'une boîte à musique. Toutefois, l'automatisation du processus mécanique n'apparaîtrait pas avant 1725, lorsque le tisserand français Basile Bouchon inventa la première machine semi-automatique à usage industriel. Employé dans une usine à soie à Lyon, il élabora un système de contrôle du métier à tisser à l'aide d'une boucle de papier perforé, qui servit à créer un modèle à reproduire dans le tissu. Son idée permit d'automatiser le processus de tissage, évitant aux opérateurs de lever régulièrement les fils de chaîne à l'aide des cordes.

« La carte perforée fut la première tentative sérieuse de convertir les données. »

George A. Fierheller, leader d'industrie

Le faible nombre d'aiguilles disponibles n'autorisait pas la confection de grands modèles, sans compter qu'une simple déchirure dans la boucle de papier perforé risquait de le rendre inutilisable. En 1728, l'assistant de Bouchon, Jean-Baptiste Falcon, améliora le concept en augmentant le nombre de fils manipulés, et en remplaçant le rouleau de papier par des cartes perforées, qu'il était possible de changer selon les besoins. **CK**

Un modèle de métier à tisser semi-automatique conçu par Jean-Baptiste Falcon en 1728. ➔

1731

Nombre d'Euler (*e*)

Leonhard Euler

Une constante mathématique à la base du logarithme naturel

Le nombre d'Euler, aussi connu comme le nombre *e*, est une constante mathématique approximativement égale à 2,71828 et qui est la base du logarithme naturel. Un logarithme transforme des opérations complexes impliquant des multiplications et des divisions en un simple jeu d'additions et de soustractions. Le nombre *e*, célèbre en mathématiques, possède de nombreuses applications, notamment dans la théorie des probabilités et la comparaison asymptotique. La fonction exponentielle sert par exemple à calculer les intérêts composés, lorsque le nombre *e* est utilisé pour effectuer le calcul différentiel et intégral.

Le physicien et mathématicien suisse Leonhard Euler (1707-1783) a introduit le nombre *e* comme base des logarithmes naturels dans une lettre qu'il écrivit en 1731. En 1736, le nombre *e* fut utilisé pour la première fois en tant que constante dans *Mechanica* (« Traité complet de mécanique ») d'Euler.

> *« Mécanique et analyse sont combinées plus qu'un peu. »*
>
> **Leonhard Euler, *Mechanica* (1736)**

Il lia ensuite la fonction logarithmique du nombre avec sa fonction exponentielle dans son livre *Introductio in analysis infinitorum* (« Introduction à l'analyse des infiniment petits », 1748), dans lequel il jeta les bases de l'analyse mathématique. L'introduction des méthodes analytiques uniformes dans la mécanique aida les mathématiciens à résoudre les problèmes de façon claire.

En 2010, l'universitaire et ingénieur système japonais Shigeru Kondo (né en 1955) identifia 100 000 000 000 décimales connues pour le nombre *e*. Le calcul dura 224 heures – environ neuf jours –, plus 219 heures pour le vérifier. **CK**

1733

Courbe en cloche

Abraham de Moivre

Une forme de représentation statistique qui permet d'identifier la norme

La « courbe en cloche » sert à représenter la distribution des probabilités. Sa forme principale permet de démontrer comment la plupart des fonctions suivent une tendance naturelle autour d'une occurrence moyenne et baissent de façon exponentielle à mesure qu'elles s'éloignent de la norme. Sur un graphique, cela aboutit à une forme de cloche, appelée aussi distribution de Moivre d'après Abraham de Moivre (1667-1754), qui en proposa la formule en 1733.

Un siècle plus tard, en 1833, le mathématicien allemand Carl Friedrich Gauss (1777-1855) remarqua que les probabilités se regroupaient statistiquement en une norme. Sa théorie fut alors reprise par les idéologues désireux de prouver la nature prédéfinie du « principe d'harmonie », un idéal désormais vérifiable et pouvant être lié à des objectifs sociaux, politiques ou économiques. L'influence post-siècle des Lumières du concept de Gauss fut manifeste : les grands écarts imprévisibles (qualifiés de valeurs aberrantes) étaient plus ou moins rejetés à mesure que l'enthousiasme pour la courbe en cloche grandissait.

> *La courbe en cloche est plus qu'une description technique. Elle façonne notre pensée. »* **Ulrich Beck, *La Société du risque* (2009)**

Malheureusement, les valeurs aberrantes ont parfois une once de prévisibilité, comme lors de la crise économique de 2008, où une divergence de la moyenne ne signifiait pas forcément une erreur. Ce qui *doit* se produire ne présage en rien de ce qui *va* se produire, même si l'imperfection n'accompagne pas, en principe, l'évolution naturelle ou sociale. Les changements imprévisibles étant, à cet égard, exclus de la théorie mathématique, la courbe en cloche constitue dès lors plus un handicap qu'une aide à la compréhension. **LW**

1736

Théorie des graphes

Leonhard Euler

Une représentation abstraite des objets mathématiques liés en réseau

La théorie des graphes est une branche des mathématiques dédiée aux réseaux de points reliés par des lignes. La théorie des graphes remonte à 1736, lorsque le mathématicien suisse Leonhard Euler (1707-1783) proposa dans le journal russe *Commentarii Academiae Scientiarum Imperialis Petropolitanae* une solution au problème des sept ponts de Königsberg. Cette vieille énigme nécessitait de tracer un itinéraire à travers la ville de Königsberg, qui impliquait de traverser chacun de ces sept ponts une seule fois. En considérant le problème de façon abstraite et en utilisant des points et des lignes de connexion pour représenter la ville et ses sept ponts, Euler prouva au moyen d'un graphe qu'il était impossible de trouver un chemin qui traverserait chaque pont une seule fois.

« L'origine de la théorie des graphes est humble, voire même frivole. »

Biggs, Lloyd, Wilson, *La Théorie des graphes*

Le graphe fournit un moyen simple de représenter les relations entre les objets, le problème imagé permettant en outre de trouver souvent une solution. Le terme « graphe » lui-même fut inventé au XIXe siècle par le mathématicien anglais James Joseph Sylvester (1814-1897), qui s'intéressait aux diagrammes représentant les molécules. Depuis, la théorie des graphes a évolué en une branche populaire des mathématiques, source de diverses applications en informatique et dans les sciences physiques, naturelles et sociales.

En 1936, soit exactement 200 ans après qu'Euler eut résolu le problème des ponts de Königsberg, le mathématicien hongrois Dénes König publia le premier livre dédié à la théorie des graphes, *Theorie der endlichen und unendlichen Graphen*(« La Théorie des graphes finis et infinis »). **JF**

1739

Loi de Hume

David Hume

Un impératif moral ne peut pas dériver d'un état de fait

La loi de Hume traduit une conclusion exprimant l'état de « devoir être » (la morale), lorsqu'elle est déduite des prémisses d'un état qui « est » (le fait), alors que ces deux états ne sont pas interchangeables : si l'état A doit être B, donc C, C ne peut être logiquement vérifié par le « devoir être » qui relie A et B. Alice demande au chat de Cheshire : « Quel chemin dois-je prendre à partir d'ici ? », ce qui est une question étrange puisque les directions sont des données factuelles. Ici, il y a l'état de « être » (quel chemin) et de « devoir être » (le bon chemin), basé lui sur une prescription morale. Ainsi, savoir si l'on peut passer de l'« être » au « devoir être », c'est s'interroger sur la manière dont les faits moraux surviennent sur les faits physiques, alors qu'ils n'ont aucune emprise dans le domaine de la logique ou de la science.

« Si c'était vrai, cela ne pourrait pas être faux ; [...] mais comme ce n'est pas vrai, c'est faux. » **Lewis Carroll, *De l'autre côté du miroir* (1865)**

La loi de Hume, appelée parfois la guillotine de Hume, fut formulée par David Hume (1711-1776) dans le *Traité de la nature humaine* (1739), où l'auteur soulignait une différence significative entre les déclarations factuelles ou descriptives (la rose est rouge) et les états prescriptifs ou normatifs (la rose doit être rouge), invitant le lecteur à la prudence avec ces inférences lorsque le « devoir être » est dérivé du « est » dans une déclaration.

La démonstration de Hume implique donc qu'aucune conclusion éthique ne peut être valablement déduite d'un ensemble de prémisses factuelles ; une manière d'alerter l'opinion sur l'usage de la rhétorique par les fanatiques religieux et les escrocs. Hume demandait à ses lecteurs d'écouter attentivement ce que disent les autres, de se méfier des manigances et de veiller eux-mêmes à leurs propos. **KBJ**

Spiritisme et spiritualisme

Emanuel Swedenborg

La croyance selon laquelle l'esprit d'un mort peut communiquer avec les vivants

↑ Un instrument de musique flottant dans les airs lors d'une séance de spiritisme vers 1920. De nombreuses images censées apporter des « preuves » d'événements surnaturels ont été créées à l'aide d'astuces photographiques.

« Qu'il y ait une correspondance de chacune des choses chez l'homme avec le ciel [...], afin que l'homme sache d'où il existe et d'où il subsiste, et que de là il y a en lui un continuel influx. »

Emanuel Swedenborg, *Arcanes célestes* (1749-1756)

Considéré comme une doctrine ou une religion, le spiritisme affirme que l'esprit d'un mort, résident du monde spirituel, est capable de communiquer avec les vivants. Les personnes qui désirent entrer en contact avec les morts utilisent généralement un support, souvent une personne censée posséder une aptitude particulière à communiquer directement avec les esprits. Les spirites et les médiums organisent des séances officielles, appelées séances de spiritisme, afin de parler avec les esprits.

Le spiritualisme moderne anglo-saxon s'est inspiré des travaux du scientifique, philosophe et théologien suédois Emanuel Swedenborg (1688-1772). En 1744, il entra dans une phase spirituelle après une première vision mystique du Christ, et suite à des rêves où il déclarait avoir visité le monde des esprits. Swedenborg affirmait avoir été choisi pour révéler le sens spirituel de la Bible dans une série d'ouvrages théologiques, qui débuta avec *Arcanes célestes*, rédigé entre 1749 et 1756.

Consécutivement à la mort de Swedenborg sont apparues les premières sociétés swedenborgiennes, fondées par les disciples dévoués à l'étude de sa doctrine. Bien que Swedenborg n'enseignât jamais le contact avec les esprits, de nombreuses personnes s'inspirèrent de ses écrits pour tenter l'expérience avec l'aide d'un médium. Vers le milieu du XIXe siècle, le spiritisme devint très populaire aux États-Unis, en France et en Grande-Bretagne, où l'Union nationale du spiritualisme fut fondée en 1893. Telle fut la popularité du spiritualisme avant que le Vatican ne décide d'en condamner les pratiques spirites en 1898, affirmant que d'entrer en contact avec les morts était blasphématoire et lié à l'occulte.

Des Églises spiritualistes existent aujourd'hui dans le monde entier. Les services sont généralement conduits par un médium, les spiritualistes se réunissant alors dans la quête d'un guide spirituel. **CK**

Homme-machine

Julien Offray de La Mettrie

Un point de vue matérialiste extrême selon lequel l'être humain est un corps dépourvu d'âme

Le philosophe et mathématicien français René Descartes (1596-1650) suggérait que le corps humain possède à la fois des propriétés matérielles semblables à celles d'une machine et une âme immatérielle ne suivant pas les lois de la nature. Cependant, la notion d'homme-machine, apparue au XVIIIe siècle, rejetait le point de vue cartésien du dualisme du corps et de l'esprit, et niait l'existence de l'âme comme substance séparée de la matière.

Le concept d'homme-machine fut énoncé par le médecin et philosophe français Julien Offray de La Mettrie (1709-1751) dans son manifeste matérialiste *L'Homme-machine*, d'abord publié anonymement en Hollande en 1747. La pensée de La Mettrie se nourrissait de son expertise clinique, puisqu'il abordait la philosophie d'un point de vue médical. Ses travaux contestaient l'orthodoxie religieuse en rejetant l'idée de l'homme avec un esprit animal ou humain, car selon de La Mettrie, il n'agit pas de son plein gré, mais plutôt comme un automate, dont les actions sont déterminées par les besoins de son corps. Il se heurta également à la doctrine du monadisme développée par le philosophe et mathématicien allemand Gottfried Wilhelm Leibniz (1646-1716), jugeant ses partisans « incompréhensibles » : « Les Leibnitiens, avec leurs Monades, ont élevé une hypothèse inintelligible. Ils ont plutôt spiritualisé la matière, que matérialisé l'âme. Comment peut-on définir un être, dont la nature nous est absolument inconnue ? »

Le livre de La Mettrie, jugé scandaleux, fut brûlé en public, car sa philosophie était considérée comme trop radicale par les philosophes contemporains, qui le prenaient pour un fou. De La Mettrie fut contraint de demander l'asile à Berlin auprès de la cour du roi de Prusse Frédéric II, où il passa le reste de ses jours. Son point de vue connut un regain d'intérêt au XXe siècle avec l'avènement des neurosciences et l'étude des systèmes cognitifs. **CK**

Un portrait du philosophe français Julien Offray de La Mettrie (1757), gravé par Georg Friedrich Schmidt d'après Maurice Quentin de Latour.

« Nous pensons, même nous ne sommes honnêtes gens, que comme nous sommes gais, ou braves ; tout dépend de la manière dont notre machine est montée. »

Julien Offray de La Mettrie, *L'Homme-machine* (1748)

1747

Thalassothérapie

Richard Russell

L'utilisation des bains de mer à des fins thérapeutiques et curatives

La thalassothérapie se fonde sur les vertus curatives des bains de mer. Ses praticiens affirment que l'eau de mer contient des oligo-éléments comme le calcium, l'iode, le magnésium, le potassium et le sodium, qui sont absorbés par la peau. En outre, les minéraux stimulent la circulation sanguine et lymphatique, ce qui accélère le métabolisme et l'élimination des toxines. La thalassothérapie peut se dérouler directement à la mer ou dans un spa à l'eau de mer chauffée. Parfois, des boues marines ou des algues sont utilisées. Ce traitement peut soigner l'arthrite, la dépression, l'eczéma, les douleurs musculaires, le psoriasis et les rhumatismes.

Si l'usage des bains de mer remonte à l'Antiquité, le médecin anglais Richard Russell (1687-1759) fut le premier à documenter leurs bénéfices médicaux. Résidant à Lewes, dans le Sussex, en Angleterre, il partit pour Brighton en 1747 afin d'appliquer ses théories. Trois ans plus tard, il publia une thèse en latin, *De tabe glandurali sive de usu aquae marinae in morbis glandularum* («Traité sur les bienfaits thérapeutiques à visée glandulaire de l'eau de mer par ingestion et immersion»), qui conseillait l'emploi de l'eau de mer pour guérir l'inflammation des ganglions lymphatiques.

> *« Il faut boire de l'eau de mer, s'y baigner et manger toutes choses marines où sa vertu est concentrée. »* **Richard Russell**

Dès lors, les cures de thalassothérapie sont devenues si populaires en Angleterre qu'elles encouragèrent le développement des stations balnéaires fréquentées par les riches Londoniens. Puis la pratique gagna le continent européen, où un médecin français, Joseph La Bonnardière (1829-1887), inventa en 1865 le terme «thalassothérapie», issu de la fusion entre les mots grecs *thalassa* (mer) et *therapeia* (traitement). **CK**

1748

Séparation des pouvoirs

Montesquieu

La division en branches des pouvoirs d'un gouvernement, chacune sous sa propre

Comment la société peut-elle protéger la liberté politique à travers son gouvernement ? Pour Charles de Secondat, baron de Montesquieu (1689-1755), la réponse réside dans la division des pouvoirs. Dans son traité, *De l'esprit des lois* (1748), Montesquieu a inventé l'expression «séparation des pouvoirs» pour décrire un système politique dans lequel il existe trois branches différentes – le législatif, le judiciaire et l'exécutif –, chacune ayant sa propre fonction. Le pouvoir législatif crée les lois et prévoit le financement, l'exécutif met en œuvre la politique du gouvernement et le pouvoir judiciaire préside les conflits. Ainsi, Montesquieu estimait que chaque pouvoir avait la capacité de retenir l'autre.

Membre de la noblesse et avocat français, Montesquieu examina soigneusement le fonctionnement des gouvernements à travers l'histoire, s'attachant à pointer à la fois leurs manques et leurs excès, si bien qu'aujourd'hui, aucun système démocrate n'existe sans un certain type de séparation des pouvoirs. Alors que divers gouvernements à travers le monde exercent leurs pouvoirs distincts de différentes manières, ce qui nécessite des freins et des contrepoids pour limiter l'influence de chaque branche, l'idée que l'autorité gouvernementale se doit d'être divisée pour assurer la liberté et la sécurité personnelle constitue le fondement de la théorie politique moderne. La séparation des pouvoirs présida également à la création des États-Unis d'Amérique. Si tous les États n'utilisent pas forcément de système à trois branches, le principe est néanmoins universellement présent dans la plupart des structures politiques modernes. **MT**

> *« La liberté est intolérable aux yeux des nations qui ne sont pas habituées à en profiter. »* **Montesquieu**

Un patient souffrant d'arthrite en cure de thalassothérapie, en 1949.

1748

Vérificationnisme

David Hume

L'idée selon laquelle la signification d'une proposition est son moyen de vérification

La notion de vérificationnisme estime qu'il doit être possible de vérifier si une déclaration ou une idée est vraie ou fausse. D'origine incertaine, le vérificationnisme fut d'abord mentionné dans les écrits du philosophe écossais David Hume (1711-1776), puis plus tard dans les travaux d'Emmanuel Kant, Gottfried Wilhelm Leibniz, Ludwig Wittgenstein et Albert Einstein. Hume affirmait que pour pouvoir accepter un énoncé, il fallait d'abord le vérifier à travers l'expérience. Dans *Enquête sur l'entendement humain* (1748), il considérait le caractère vérifiable de la divinité et de la métaphysique : « Si nous prenons en main un volume quelconque, de théologie ou de métaphysique scolastique, par exemple, demandons-nous : contient-il des raisonnements abstraits sur la quantité et le nombre ? Non. Contient-il des raisonnements expérimentaux sur les choses de fait et d'existence ? Non. Confiez-le donc aux flammes, car il ne peut contenir que sophismes et illusions. »

« Le philosophe n'est pas directement concerné par les propriétés physiques. »

A. J. Ayer, philosophe

Le vérificationnisme postule que l'humanité doit acquérir la connaissance par l'observation directe. Dans son critiqué mais aussi très lu *Langage, vérité et logique* (1956), le philosophe A. J. Ayer (1910-1989) établissait le principe de vérification. Selon lui : « Une proposition n'a de sens que si elle est scientifiquement vérifiable. »

Dans l'entre-deux-guerres, le positivisme logique s'appropria le vérificationnisme pour sa recherche de sens dans l'esthétique, l'éthique, la réflexion métaphysique et même dans la croyance religieuse. Paradoxalement, le vérificationnisme succomba à ses propres autocontradictions inhérentes, se révélant au final invérifiable. **BS**

v. 1750

Deobandisme

Shah Waliyullâh

Un mouvement prônant un islam traditionaliste et apolitique

Le « deobandisme » est un terme utilisé pour décrire un mouvement revivaliste de l'islam sunnite. Il tient son nom de la ville de Deoband en Inde, qui abrite la principale madrasa (école théologique musulmane) du pays, Darul Uloom (la « maison de l'apprentissage »).

Le deobandisme, apparu au milieu du XVIIIe siècle, s'inspirait des enseignements du sociologue, historien et réformateur islamique indien Shah Waliyullâh (1703-1762). Waliyullâh travaillait à relancer la domination islamique grâce à une approche consistant à démystifier la théorie sociale islamique issue du Coran. Il écrivit sur de nombreux sujets, comme le *hadith* (l'étude des traditions), le *fiqh* (la jurisprudence), le *tafsir* (l'exégèse coranique), le *kalām* (la théologie scolastique) et la *falsafah* (la philosophie). Ses idées concernant l'économie et la société islamique furent rapidement considérées comme révolutionnaires, car certains universitaires voyaient dans la démarche de Waliyullâh un panislamisme nouveau, qui plaidait pour un système commun de jurisprudence, la mise en place de gouvernements nationaux et un internationalisme en accord avec la sharia du prophète islamique Mahomet.

« J'étudie le Coran sans aucun intermédiaire. »

Shah Waliyullâh

La madrasa Darul Uloom fut fondée en 1867, neuf ans après la première guerre d'indépendance en Inde et sous domination coloniale britannique de la région de Delhi, dans le nord de l'Inde. Certains commentateurs considèrent que le deobandisme donna naissance en Afghanistan au mouvement islamiste des talibans, qui repoussèrent les Soviétiques en 1991. En 2008, les dirigeants deobandis ont tenu une conférence dénonçant le terrorisme. **CK**

Le campus universitaire islamique de Darul Uloom, situé dans la ville indienne de Deoband. ➔

v. 1750

Romantisme

Johann Georg Hamann

Mouvement artistique exaltant la nature émotionnelle et individuelle de l'homme

Apparu dans les arts en Europe et en Amérique du Nord vers le milieu du XVIIIe siècle, le romantisme est un mouvement qui atteignit son apogée au début du XIXe siècle. Il insistait sur les notions d'individualisme, de nature sublimée, d'émotions exacerbées, de puissance créatrice, de surnaturel et d'imagination, célébrant ainsi le monde intérieur et le génie de l'artiste. L'attrait du romantisme pour la nature sauvage venait partiellement en réponse à la révolution industrielle (1760-1840) et à l'anxiété généralisée provoquée par les cassures sociales et la mécanisation rampante.

En termes artistiques, le romantisme était une réaction à l'ordre, à l'équilibre et à l'harmonie idéaliste qui caractérisaient le siècle des Lumières et le néoclassicisme du XVIIIe siècle. Par exemple, le mouvement politique et littéraire allemand Sturm und Drang (« Tempête et passion »), dont la pensée fut profondément influencée par le philosophe allemand Johann Georg Hamann (1730-1788) et sa critique du rationalisme des Lumières, exaltait la passion humaine et le mysticisme.

« Notre nature nous est cachée, car nous avons été forgés dans les profondeurs de la Terre. » **Johann Georg Hamann, *Socratic***

Le romantisme s'est propagé à travers l'Europe et l'Amérique du Nord dans la littérature, l'art, l'architecture et la musique. Les plus grands écrivains romantiques sont l'Allemand Johann Wolfgang von Goethe et les poètes anglais William Blake et William Wordsworth. Les plus grands peintres romantiques comprennent le Suisse Fuseli, l'Allemand Caspar David Friedrich, le Français Eugène Delacroix, l'Américain Thomas Cole et l'Anglais J. M. W. Turner. Les compositeurs romantiques reconnus sont le Polonais Frédéric Chopin, le Hongrois Franz Liszt et l'Italien Giuseppe Verdi. **CK**

v. 1750

Musique classique

Joseph Haydn

Un mouvement musical européen inspiré par les anciens idéaux grecs et romains

Très en vogue en Europe entre 1750 et 1820 environ, la musique classique se caractérisait par son utilisation de l'homophonie, une structure mélodique unique soutenue par un accompagnement et de multiples changements de tonalité et de tempo pendant une seule pièce. Les compositeurs les plus célèbres de la période classique sont Joseph Haydn (1732-1809), Wolfgang Amadeus Mozart (1756-91) et Ludwig van Beethoven (1770-1827).

Joseph Haydn était âgé de 18 ans à la mort du grand compositeur Jean-Sébastien Bach en 1750, période où de nombreux artistes commencèrent à embrasser les aspirations du néoclassicisme, qui épousaient les œuvres antiques grecques et romaines. Cela marqua les débuts d'une musique reflétant les idéaux symétrique, harmonique et équilibré propres à l'art classique, un mouvement s'éloignant de la virtuosité musicale du baroque et du rococo à travers des compositions simples, mais toujours grandioses et élégantes. La période classique a connu l'invention de la sonate, mais aussi l'influence dominante du concerto et de la symphonie.

« J'étais coupé du monde [...] et forcé de devenir original. »

Joseph Haydn

Beethoven est considéré comme le dernier compositeur de musique classique (ou le premier de l'ère romantique). Le terme « classique » désignait surtout la musique de chambre, qui constitue peut-être la forme la plus populaire de musique classique. De nos jours, les œuvres de la période classique nourrissent les orchestres modernes, les spectacles symphoniques sont rigoureusement étudiés et la musique classique se fait régulièrement entendre dans les films, les programmes télévisés et les publicités. **MT**

◄ *Voyageur au-dessus de la mer de nuages* (v. 1818) de Caspar David Friedrich.

1753

Critique des sources bibliques

Jean Astruc

L'étude des anciens manuscrits judéo-chrétiens pour évaluer les textes bibliques

La critique des sources bibliques consiste à étudier les manuscrits judéo-chrétiens afin de déterminer la nature de leurs origines multiples. Au cours de leurs recherches, les scientifiques tentent d'établir les dates précises de leur création et leur raison d'être, tout en cherchant à savoir si les textes ont été expurgés, afin de remonter à la forme originale du document.

La critique des sources bibliques débuta dans le livre *Conjectures sur les mémoires originaux dont il paroit que Moyse s'est servi pour composer le livre de la Genèse* (1753) du savant français Jean Astruc (1684-1766), dans lequel il étudia la mosaïque des sources manuscrites qui ont conduit au livre de la Genèse. Ses méthodes furent ensuite reprises puis développées par le savant allemand Julius Wellhausen (1844-1918), célèbre pour son *Prolegomena to the History of Ancient Israel* (« Prolégomènes à l'histoire d'Israël », 1883), qui faisait valoir que la Torah, ou le Pentateuque, provient de la rédaction de quatre textes datant de plusieurs siècles après Moïse, traditionnellement crédité comme l'auteur.

« Au commencement était la Parole, et la Parole était avec Dieu, et la Parole était Dieu. »

Bible, Jean I, 1

Grâce à lui, il est désormais admis que le Pentateuque a bien quatre sources différentes : le document jahviste, écrit vers 950 av. J.-C. dans le sud d'Israël ; le document elohiste, écrit vers 850 av. J.-C. dans le nord d'Israël ; le document deutéronomiste, écrit vers 600 av. J.-C. à Jérusalem durant une période de réforme religieuse, et le document sacerdotal, écrit vers 500 av. J.-C. par les prêtres juifs en exil à Babylone. La même méthode appliquée au Nouveau Testament a permis d'attribuer à Marc la rédaction du premier évangile synoptique, dont dépendraient les Évangiles selon Luc et selon Matthieu. **CK**

1755

Compatibilisme

David Hume

L'argument selon lequel le déterminisme n'exclut pas la liberté d'action

Également nommé déterminisme modéré, le compatibilisme postule en faveur d'une concordance entre déterminisme et liberté d'action. Le déterminisme affirme que chaque événement a une cause qui l'explique, mais est aussi déterminé par les événements précédents. Par exemple : vous n'avez pas eu d'autre choix que de lire ce livre, une action résultant d'une série d'événements antérieurs et de vos propres désirs, qui sont les motivations déterministes vous ayant poussé à le lire. Si les compatibilistes acceptent la notion de déterminisme, ils soulignent en revanche que les individus sont libres dans le sens où, quand ils agissent sur la base d'une motivation déterminée, il n'existe pas d'obstacle externe qui bloquerait l'exécution de l'acte. Par conséquent, si vous êtes réellement capable de lire ce livre sans que quelque chose, ou quelqu'un, ne vous en empêche, alors cela signifie que vous êtes libre.

David Hume (1711-1776) a été l'un des partisans les plus influents du compatibilisme, en particulier dans *Du suicide* (1755), bien que les formes antérieures du concept fussent esquissées par les stoïciens et Thomas Hobbes (1588-1679). Arthur Schopenhauer (1788-1860), dont le travail philosophique était principalement consacré à la nature des motifs, écrivit que l'homme est souvent libre d'agir sur un motif si rien ne fait obstacle à l'acte, mais que la source de ce motif n'est pas soumise au contrôle du sujet puisqu'elle est déterminée. Ainsi, alors que vous êtes libre d'entrer dans un restaurant, la sensation de faim elle-même ou l'instant de sa survenue ne dépendent pas de votre bon vouloir, mais de votre métabolisme.

Certains scientifiques ont fait valoir que la génétique humaine pouvait se rapporter au compatibilisme, car une grande partie de notre anatomie, physiologie et psychologie est déterminée par nos gènes. Peut-être que le déterminisme m'a poussé à écrire tout ceci, mais au moins, je fus libre de le faire. **KBJ**

Critique de l'inégalité

Jean-Jacques Rousseau

L'argument selon lequel l'inégalité découle de la vie en société et des lois injustes créées par ces mêmes sociétés

Dans *Discours sur l'origine et les fondements de l'inégalité parmi les hommes* (1755), considéré par beaucoup comme un chef-d'œuvre philosophique, le penseur genevois Jean-Jacques Rousseau (1712-1778) répondit à la question : « Quelle est l'origine de l'inégalité parmi les hommes, et est-elle justifiée par la loi naturelle ? » S'il déclarait que « l'homme naturel » est bon, il soulignait également que ce sont les échecs dans le contrat social régissant les relations entre individus qui conduisent à l'inégalité.

Rousseau fondait sa critique sur l'hypothèse que les individus dans leur « état de nature » sont exempts de jalousie, mais que l'exposition aux capacités et aux réalisations des autres, ainsi que le besoin de reconnaissance sociale, permettent à la jalousie et au vice d'émerger. Le concept de propriété pose lui aussi un problème important, car il nécessite l'existence d'un gouvernement et de lois afin de protéger les biens d'autrui. Le gouvernement sert donc, à terme, à promouvoir l'inégalité, puisqu'il représente surtout un avantage pour les riches.

Par conséquent, Rousseau a fait valoir qu'un nouvel ordre social était nécessaire afin de bannir les inégalités. Il écrivit une suite à son *Discours sur l'origine et les fondements de l'inégalité parmi les hommes*, intitulée *Du contrat social ou Principes du droit politique* (1762), dans laquelle il plaida en faveur d'une société comme une personne morale régie par la volonté collective. Rousseau estimait que ce modèle permettrait aux hommes de recevoir l'indépendance du « droit réel », qui protège le *statu quo* social, en profitant du « vrai droit », qui confère la liberté politique à un individu. L'idéal d'un gouvernement fondé sur le consentement des gouvernés a sous-tendu des philosophies politiques modernes comme le marxisme et le socialisme, ainsi que, sous une forme modifiée, les démocraties représentatives telles que celle des États-Unis. **MK**

↑ Une bande dessinée sur la Révolution française (1787-1799) intitulée « Le paysan accablé par la noblesse et le clergé », illustrant les inégalités dans la société.

« Vous êtes perdus, si vous oubliez que les fruits sont à tous, et que la terre n'est à personne. »

Jean-Jacques Rousseau, *Discours sur l'origine et les fondements de l'inégalité parmi les hommes* (1755)

1756

Conservation artificielle des aliments William Cullen

Développement d'une technologie pour éviter que la nourriture se perde

Les hommes ont toujours pratiqué la fermentation et la déshydratation des aliments. Mais il a fallu attendre que le physicien et agronome écossais William Cullen (1710-1790) propose un appareil à réfrigérer pour qu'un objet artificiel permette de préserver la nourriture du dépérissement.

La réfrigération ne s'est démocratisée comme méthode de stockage que deux siècles après sa première démonstration en 1756, mais son développement a clairement marqué une victoire dans la lutte contre les micro-organismes.

Le système de réfrigération de Cullen utilise une pompe pour créer un vide partiel au-dessus d'un contenant d'oxyde de diéthyle. Une fois porté à ébullition, ce dernier absorbe la chaleur ambiante, ce qui produit de l'air frais et même de la glace. Peut-être à cause de la complexité du système, l'utilité pratique de la réfrigération passe d'abord inaperçue, mais d'autres tentatives ont suivi. Benjamin Franklin (1706-1790), pour ne citer qu'un scientifique parmi tant d'autres, a persisté dans cette voie.

Au début, seuls de grands bâtiments de production alimentaire comme les abattoirs et les brasseries utilisaient la réfrigération, puis les compagnies de transport routier ont commencé à installer des systèmes similaires dans les véhicules pour convoyer des ingrédients périssables, jusqu'à ce que les Frigidaire deviennent des produits de consommation dans les années 1920.

La réfrigération rend possible la livraison de nourriture là où les ingrédients ne peuvent être cultivés ni produits, ce qui renforce la variété alimentaire des populations locales. Couplé à une meilleure protection médicale, un régime équilibré offre une vie plus longue et plus agréable. En outre, les réfrigérateurs permettent de travailler plus longtemps, les plats pouvant être achetés ou préparés en amont, puis réchauffés le moment souhaité ! **MK**

Un fournisseur de glace devant son entrepôt, 1915.

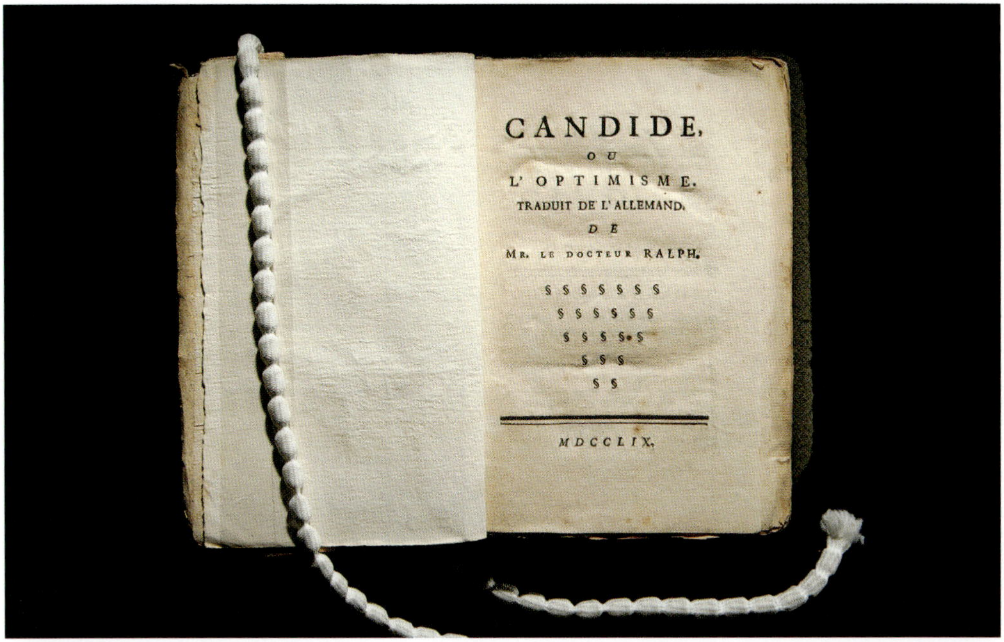

1759

Cultivez votre jardin

Voltaire

Le travail et les amitiés peuvent contrebalancer le désenchantement philosophique

« Cultiver son jardin », tel est le secret du bonheur dans *Candide*, le roman satirique de Voltaire (1694-1778). Le héros éponyme rejette l'optimisme acharné de son tuteur le docteur Pangloss, qui prétend que « tout est pour le meilleur dans le meilleur des mondes ». En voyageant, Candide et ses compagnons découvrent au contraire un monde de déceptions et de malheurs, souvent inspirés de faits réels comme la guerre de Sept Ans (1756-1763) ou le séisme de Lisbonne de 1755. Et pourtant, le héros trouve la paix et le bonheur en s'installant dans une ferme et en cultivant un jardin avec ses amis.

Dans ce roman, Voltaire s'inspire de sa propre frustration vis-à-vis de l'optimisme métaphysique qui pervertit le paysage philosophique de l'époque. Il prend notamment ses distances avec le philosophe allemand Gottfried Wilhelm Leibniz (1646-1716) et sa vision fleur bleue d'un monde dont Voltaire connaissait la misère, la tragédie et la folie.

À travers Candide, il suggère qu'au lieu de se consoler dans des espoirs abstraits, les gens feraient mieux de « cultiver leur jardin », c'est-à-dire d'adopter une vision du monde pragmatique, basée sur la volonté de travailler et soutenue par de fortes relations humaines.

Avec sa philosophie insolente et son ton humoristique acéré, *Candide* a menacé les institutions et les penseurs bien après sa publication, et le roman a été banni des centaines de fois à travers les siècles pour son caractère « malsain » et « obscène ».

Malgré cela, il a été canonisé dans la littérature occidentale ; son humour noir et ses portraits de gens enfermés dans des existences dénuées de sens ont influencé l'œuvre d'auteurs anticonformistes comme Joseph Heller, Thomas Pynchon, Kurt Vonnegut et Samuel Beckett. Il préfigure des pièces de théâtre comme *En attendant Godot* (1952). **MK**

↑ Une première édition de *Candide* de Voltaire, détenue par l'institut Taylor d'Oxford, au Royaume-Uni.

L'homme naît libre

Jean-Jacques Rousseau

La liberté est l'état naturel de l'homme, mais elle se perd avec la corruption et les effets aliénants d'une société ultramatérialiste

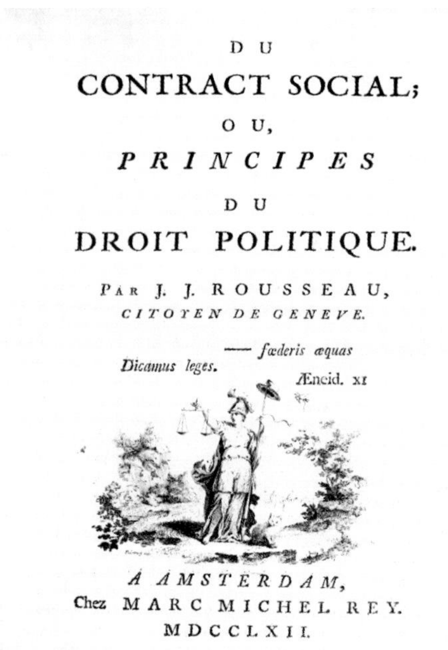
DU
CONTRACT SOCIAL;
OU,
PRINCIPES
DU
DROIT POLITIQUE.
PAR J. J. ROUSSEAU,
CITOYEN DE GENEVE.
— *fœderis æquas*
Dicamus leges.
Æneid. XI
A AMSTERDAM,
Chez MARC MICHEL REY.
MDCCLXII.

↑ Cette couverture d'une des éditions de 1762 de *Du contrat social* de Rousseau présente également le sous-titre de l'œuvre : Principes du droit politique.

« Jamais la nature ne nous trompe, c'est toujours nous qui nous trompons. »

Jean-Jacques Rousseau

Les premiers mots du très influent *Du contrat social* du philosophe suisse Jean-Jacques Rousseau sont obsédants. « L'homme est né libre, et partout il est dans les fers. Tel se croit le maître des autres, qui ne laisse pas d'être plus esclave qu'eux. » À l'état « naturel », assure Rousseau, les hommes sont heureux, bien portants, altruistes et bons. Quand la société leur est imposée, elle a pour effet la corruption et l'aliénation ; untel est monté contre son voisin, une femme contre son amie, et tous luttent pour le pouvoir à travers le prestige et la richesse matérielle.

L'œuvre de Rousseau repose sur une philosophie de l'anthropologie, selon laquelle aux premières étapes de leur développement, les sociétés humaines sont au plus haut de la moralité. Il affirme que celle-ci peut s'observer dans les cultures socialement et technologiquement moins évoluées que le monde occidental du XVIIIe siècle.

Il cite l'exemple de la culture des Caraïbes, suggérant qu'en dépit d'un climat chaud, qui « partout semble enflammer les passions », les Caraïbes sont capables de se comporter avec une moralité admirable, en grande partie parce qu'ils sont exempts des pièges sociaux et matériels des cultures technologiquement et philosophiquement plus « avancées ».

Bien qu'il réagisse à des philosophes comme Thomas Hobbes (1588-1679), qui écrivait que l'homme « à l'état de nature […] n'a aucune idée du bien, doit être naturellement méchant ; et qu'il est vicieux parce qu'il ignore la vertu », Rousseau dépeint une scène aussi réductive, celle du « noble sauvage », qui accompagnera sa conception d'un peuple né libre des restrictions que la société finit par nous imposer. Cette notion a été fondamentale dans la Déclaration d'indépendance des États-Unis de 1776, ainsi que dans l'abolition de l'esclavage partout dans le monde. **MK**

1763

Théorème de Bayes
Thomas Bayes

Une formule mathématique pour calculer la probabilité qu'un événement se reproduise

Théorie de la probabilité autant que formule mathématique, le théorème de Bayes est attribué au mathématicien anglais Thomas Bayes (1701-1761) et à son ouvrage posthume *An Essay towards solving a Problem in the Doctrine of Chances* (« Essais sur la manière de résoudre un problème dans la doctrine des risques ») (1763). Le théorème est utilisé pour calculer la probabilité que quelque chose soit vrai ou le devienne à partir d'un ensemble donné de paramètres. Par exemple, admettons qu'un homme se lève le matin, et que juste après que le soleil apparaît, il entende le chant du coq. Si l'expérience se répète pendant 25 ou 35 jours, voire des mois ou des années, il est hautement probable qu'il finisse par établir un lien entre ces événements : la probabilité que le coq chante juste après que le soleil se lève est vraie.

La formule ressemble à ceci :

$Pr(A|B) = Pr(B|A) \times Pr(A) / Pr(B)$.

La partie gauche de l'équation donne la probabilité conditionnelle, ce que nous cherchons à savoir – la probabilité d'un événement A (le chant du coq) dans le cas où l'événement B (le lever du soleil) est vrai ou se réalise. La partie droite de la formule nous donne les outils pour trouver sa probabilité conditionnelle. Cela implique d'assigner des valeurs numériques aux trois composants ; concrètement, des nombres qui expriment à quelle fréquence advient A, advient B, et adviennent A et B en même temps. Plus ces valeurs sont élevées, plus il est probable que A ait lieu en cas de B.

Essayer de calculer les probabilités conditionnelles est une réponse naturelle de l'humain face à la complexité du monde. Quand les gens se lèvent, ils s'attendent à ce que la lumière du jour apparaisse, à ce que la gravité soit toujours là, à ce que leur voiture démarre, et autres inférences inductives similaires. Or toutes ces croyances sont formées sur la base d'occurrences et de relations consistantes et répétées. **KBJ**

1764

Néoclassicisme
Johann Joachim Winckelmann

Mouvement artistique qui revient au style classique de la Grèce et de la Rome antiques

La découverte des cités romaines d'Herculanum en 1738 et de Pompée en 1748 ont contribué à raviver l'intérêt pour l'ère classique. *L'Histoire de l'art dans l'Antiquité* (1764), un essai de l'universitaire allemand Johann Joachim Winckelmann (1717-1768), a été particulièrement influent. Il a convaincu les artistes de travailler à la manière des Grecs, ce qui allait donner à leurs réalisations, pensait-il, une pureté formelle archétypale basée sur la proportion géométrique et la symétrie.

La mythologie classique et les œuvres d'Homère se sont affirmées comme des thèmes prisés, et rendre correctement les tenues et les détails décoratifs est devenu l'un des aspects essentiels de ce style de peinture, de sculpture et d'impression. Les artistes copiaient les motifs à partir de livres, qui eux-mêmes répertoriaient des antiquités récemment découvertes. L'austérité du style romain convenait alors aux thèmes révolutionnaires qui prévalaient en France durant cette période et de nombreux artistes, notamment le peintre Jacques-Louis David (1748-1825), ont marié la force supposée des vertus de l'ancienne République à un incorruptible zèle réformateur. La perfection de la ligne, l'imitation des poses et de la draperie des sculptures grecques et romaines, les compositions formelles et les couleurs aplaties ont été autant de marques de fabrique de ce mouvement.

« La seule manière pour nous d'être grands [...] repose dans l'imitation des Grecs. »

Johann Joachim Winckelmann

À la même époque s'est développé un fort courant romantique, et bien que les deux mouvements eussent eu des buts et des styles différents, ils ont bel et bien cohabité. Certains artistes ont même produit des œuvres dans l'un et dans l'autre, selon le sujet et leur mécène. **PBr**

1767

Énergie solaire

Horace-Bénédict de Saussure

Exploiter les rayons du Soleil pour fournir de l'énergie

Le Soleil brille sur la Terre depuis la création de l'Univers, l'irriguant sans réserve de sa puissante énergie. Pour l'humanité, la frustration était de n'avoir aucun moyen de l'exploiter, du moins jusqu'à ce que la situation ne change en 1767, quand l'énergie solaire a été pour la première fois capturée.

Horace-Bénédict de Saussure (1740-1799) était un physicien et géologue suisse, et l'un des premiers alpinistes. En 1767, après plusieurs échecs, il est parvenu à créer un four solaire, le premier appareil occidental capable d'utiliser l'énergie de notre astre pour produire de la chaleur. Il s'agissait d'une boîte isolée couverte de trois couches de verre qui absorbait et piégeait les radiations thermiques du Soleil. Avec cette installation, il a réussi à atteindre 110 °C, une température qui n'a pas beaucoup changé quand il a déménagé la boîte du sommet du mont Crammont dans les plaines, 1 480 mètres plus bas. Emmener la boîte au pied de la montagne lui a permis de prouver que la température de l'air extérieur, basse au sommet, mais élevée dans la plaine, ne jouait pas de rôle significatif dans le succès de son expérience.

« Je parierais sur le Soleil et l'énergie solaire. Quelle source d'énergie ! »

Thomas Edison à Henry Ford, 1931

Aujourd'hui, de vastes rangées de panneaux solaires génèrent des électrons libres attirés par les électrodes positives pour convertir la radiation solaire en électricité, un processus connu sous le nom d'effet photovoltaïque. D'autres systèmes recourent à des lentilles ou des miroirs pour concentrer la lumière du Soleil en un rayon qui émet des photoélectrons, qui sont alors convertis en courant électrique. Les ressources énergétiques limitées du monde se vidant, l'énergie quasi illimitée du Soleil s'impose désormais. **SA**

1771

Langage des signes

Charles-Michel de l'Épée

Utiliser un vocabulaire de gestes plutôt que de sons pour communiquer

Nul ne sait quand sont apparus les premiers langages des signes pour les malentendants, mais Charles-Michel de l'Épée (1712-1789), qui a fondé la première école libre du monde pour les sourds, dans la France prérévolutionnaire de 1771, est souvent présenté comme sa figure fondatrice. Il n'a pas inventé un langage depuis zéro, mais a appris les signes que ses étudiants utilisaient ; ceux-ci appartenaient à un répertoire de gestes employé à l'époque par 200 Parisiens. De l'Épée a insisté sur leur utilisation dans l'enseignement, et tenté de systématiser un langage des signes basé sur eux. En outre, il a partagé ses méthodes éducatives, encourageant ses pairs à répandre l'usage de ce langage ; un de ces étudiants a cofondé la première école des sourds aux États-Unis et amorcé la naissance de la langue des signes américaine.

« Tant qu'il y aura des malentendants, nous utiliserons des signes. »

George Veditz

Avant le développement de la langue des signes, les malentendants usaient généralement de gestes, mais de manière improvisée et relativement désorganisée. Dans certaines communautés où la surdité était répandue, des « langues des signes du village » s'étaient développées.

Un exemple célèbre est l'île Martha's Vineyard dans le Massachusetts, entre le début du XVIIIe siècle jusqu'au milieu du XXe siècle. Néanmoins, sans une forme universelle de communication, les malentendants étaient limités dans l'éducation qu'ils pouvaient recevoir, ne pouvaient pas voyager hors de leur communauté ni communiquer en dehors de leur famille. Même aujourd'hui, le langage des signes n'est pas universellement intégré dans leur éducation, et plusieurs controverses persistent quant à son usage. **GB**

Une carte postale de l'alphabet en langage des signes, v. 1930. ➔

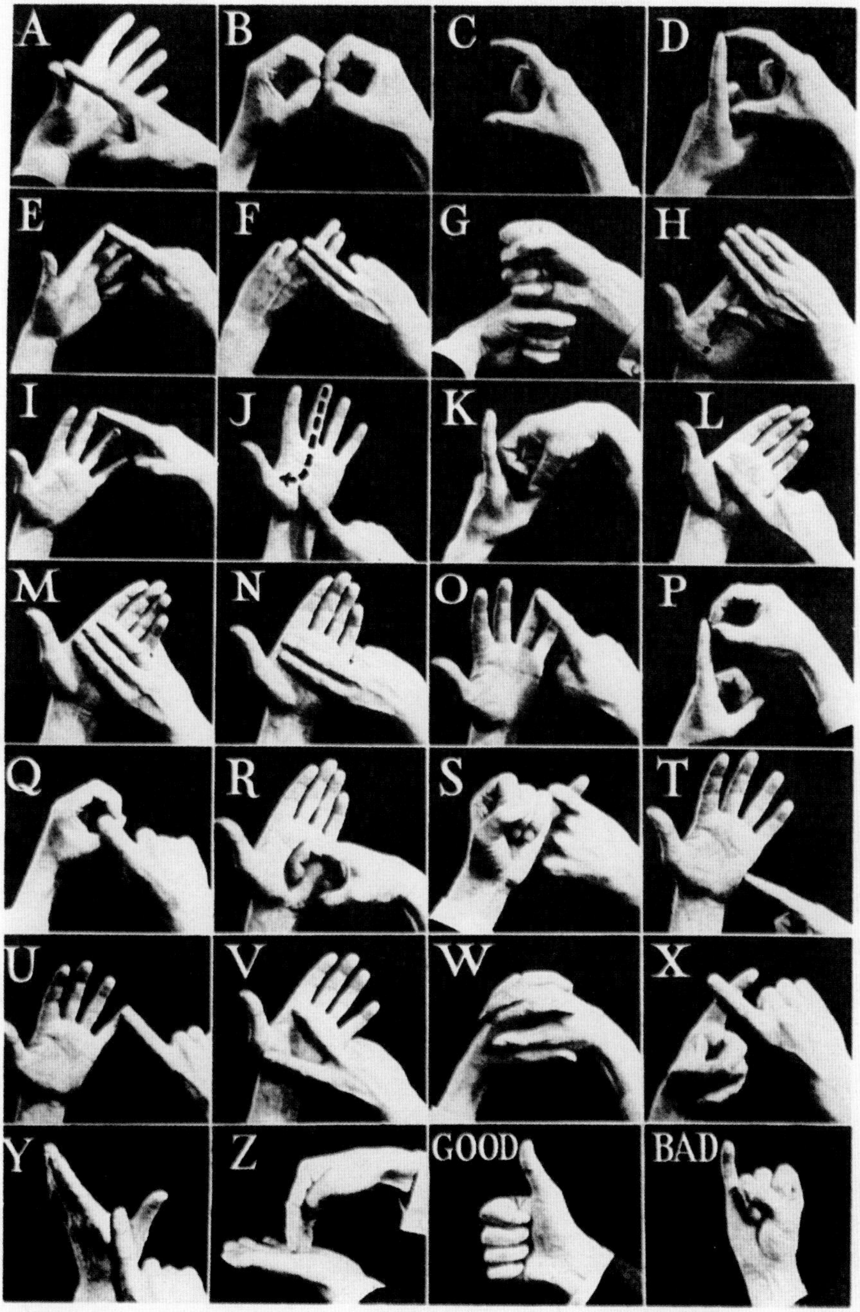

Copyright *British Deaf Association*

MANUAL ALPHABET (English System)

Abolitionnisme

Angleterre

L'idée qu'aucune catégorie de la société n'a le droit de réduire des êtres humains en esclavage

Un détail de *La Proclamation de l'abolition de l'esclavage dans les colonies françaises, 27 avril 1848*, peinture à l'huile réalisée l'année suivante par François-Auguste Biard.

« La situation d'esclave est d'une telle nature qu'elle n'a pu être instituée pour aucune raison morale ou politique, mais uniquement par une loi promulguée, qui reste en vigueur longtemps après que la raison, l'occasion, et les circonstances même qui l'ont créée ont disparu de la mémoire. » **Lord Mansfield, affaire Somersett**

L'abolitionnisme désigne toute entreprise visant à sortir de l'esclavage un groupe humain assujetti par un autre. Le terme est toutefois associé aux initiatives cherchant à libérer les Africains d'Europe et d'Amérique aux XVIIe et XVIIIe siècles.

Outre-Manche, l'événement juridique le plus important a été l'affaire Somersett (1772), durant laquelle il a été décrété que l'esclavage n'était plus légal en Angleterre et au pays de Galles. Les promesses abolitionnistes ont fluctué au XIXe siècle, mais les principes de l'égalité et l'égalitarisme ont conservé leur influence suffisamment longtemps pour convaincre, ou peut-être forcer, les différents gouvernements des Amériques à finalement s'y ranger. En effet, durant ses nombreux conflits avec les États-Unis, le gouvernement britannique a encouragé les esclaves à abandonner leurs maîtres en leur proposant de s'émanciper des colonies, et nombre d'entre eux ont accepté le transport gratuit et la liberté politique qui leur ont été offerts. L'esclavage a servi d'arrière-plan idéologique à la guerre civile (1861-1865), les États esclavagistes du Sud se dressant contre les abolitionnistes du Nord. Il a fallu attendre 1865 et la promulgation du XIIIe amendement de la Constitution pour qu'il soit aboli aux États-Unis. Le dernier pays à avoir ratifié une loi antiesclavagiste a été la Mauritanie en 1981.

L'abolitionnisme a permis une avancée considérable dans l'égalité de traitement entre les êtres humains. L'idée derrière ce programme, celle que tous les hommes doivent être traités de la même manière, a conduit à reléguer l'éthique aristocratique et méritocratique derrière l'éthique égalitaire du libéralisme contemporain, et à reconnaître à grande échelle la dignité inhérente à tous les hommes. L'abolitionnisme s'est avéré l'un des principaux catalyseurs de la remise en question de l'attitude impérialiste des grands empires des XIXe et XXe siècles, ce qui a débouché sur le principe d'autodétermination nationale des anciennes colonies. **JS**

Magnétisme animal

Franz Anton Mesmer

Théorie selon laquelle l'équilibre des champs ou des fluides magnétiques est la clé de la santé

Selon le médecin allemand Franz Anton Mesmer (1734-1815), toute chose possède en elle un fluide magnétique, avec un transfert d'énergie naturel entre les objets vivants et inanimés de l'Univers, l'énergie en question provenant essentiellement des étoiles. Les déséquilibres entre ces fluides invisibles seraient responsables des maladies, qu'elles soient psychologiques (anxiété, phobies) ou physiques (spasmes, attaques cardiaques, douleur). Les fluides des hommes pourraient être manipulés pour guérir.

Le terme « magnétisme animal » renvoie à un principe universel selon lequel toute chose contient ce fluide magnétique, ainsi que le système thérapeutique par lequel les gens altèrent l'état de ces fluides, les rééquilibrent, voire les transfèrent, soit par le toucher soit en passant ses mains sur le corps.

En 1777, Mesmer a déclenché une « marée artificielle » à l'intérieur d'une patiente. Celle-ci avait bu une préparation contenant du fer, et des aimants avaient été attachés sur tout son corps. Un mystérieux fluide parut ruisseler dans son corps, puis les effets se dissipèrent au bout de quelques heures. Mais la plus célèbre patiente de Mesmer a été Maria Theresia Paris, 18 ans et aveugle depuis ses quatre ans. En 1776 et 1777, Mesmer l'a traitée avec des aimants pendant presque un an, et sa vue a semblé revenir. Néanmoins, après quelque temps, sa cécité est réapparue. Un comité à l'université de Vienne a enquêté sur Mesmer et l'a qualifié de charlatan, arguant qu'au lieu de la guérir, il n'avait fait que lui faire croire à sa guérison.

Le magnétisme animal de Mesmer et ses pratiques ont attiré l'attention sur le fait que les traitements psychologiques jouent un rôle indéniable sur le corps et ses affections. Les thérapies à base d'aimants sont toujours pratiquées en Europe continentale aujourd'hui, et aux États-Unis où il est possible d'acheter un bracelet Q-Ray « ionisé ». **KBJ**

↑ Franz Anton Mesmer invoque le pouvoir de la Lune pour générer l'effet d'un fluide magnétique animal dans le patient, sur une gravure satirique de 1784 intitulée *Le Baquet de Franz Anton Mesmer.*

« L'action et la vertu du magnétisme animal, ainsi caractérisées, peuvent être communiquées à d'autres corps, animés ou inanimés. »

Franz Anton Mesmer

v. 1775

Syndicat

Europe

Une organisation créée pour améliorer les conditions sur le lieu de travail

Si l'origine des syndicats remonte aux guildes de l'Europe médiévale, c'est aux alentours de 1775 qu'ils se démocratisèrent, peu après la révolution industrielle en Europe. À cette époque, les femmes, les enfants, les auxiliaires fermiers et les immigrants venaient massivement gonfler les effectifs, et les travailleurs commençaient à organiser grèves et protestations spontanées à propos de leur traitement et des conditions de travail dans les meuneries, les mines et les usines.

Les syndicats représentèrent leurs membres avec un succès mitigé au XVIIIe siècle. Les employeurs devaient choisir entre accepter des demandes syndicales qui pouvaient accroître leurs coûts, ou perdre en productivité. En général, ils dédaignaient les revendications des travailleurs peu qualifiés, mais les employés qualifiés étaient davantage respectés, car ils étaient plus durs à remplacer. Les syndiqués et les syndicats eux-mêmes étaient généralement dans l'illégalité aux XVIIIe et XIXe siècles, et leurs membres furent même exécutés dans certains pays. Les réformes se firent petit à petit. Le travail des enfants de moins de dix ans ne fut interdit qu'avec le Factory Act de 1878, et il fallut attendre la fin du XIXe siècle pour que certains syndicats fussent reconnus légalement et commencent à acquérir un poids politique.

« Les syndicats sont la principale force de la démocratisation et du progrès. »

Noam Chomsky, historien

Les syndicats changèrent nos points de vue à la fois sur les droits des travailleurs et sur la signification du travail. Auparavant, les travailleurs étaient souvent exploités comme des biens dispensables et recevaient des salaires trop bas pour faire vivre leur famille. Le consommateur y a gagné, lui aussi, en apprenant le vrai prix ou la vraie valeur des choses. **KBJ**

1776

Nationalisme

États-Unis

Sentiment de loyauté à une nation, qui résulte de la conviction de sa supériorité

Souvent associé au patriotisme, le nationalisme est l'identification, la loyauté et le dévouement à l'ensemble des corps d'individus qui constituent une nation. On parle également de nationalistes pour les personnes qui revendiquent la supériorité de celle-ci et cherchent à promouvoir la culture et les intérêts de leur communauté nationale au détriment d'autres nations ou d'autres groupes. Rentrer dans l'armée pour vous battre pour la liberté de vos concitoyens ou simplement penser que vous vivez dans le meilleur endroit sur Terre sont autant de formes de nationalisme. Il s'agit fondamentalement d'une idéologie, mais qui varie selon les différentes sensibilités du spectre politique. Alors que le nationalisme a été pratiqué depuis des siècles par bien des cultures différentes, sa forme moderne peut être datée à la Déclaration d'indépendance des États-Unis de 1776, aux révolutions américaine et française du XVIIIe siècle, et à l'unification de l'Allemagne et de l'Italie au XIXe siècle – avec pour point commun l'union de peuples se battant pour leur autodétermination et leur indépendance.

« Souhaiter la grandeur de son pays, c'est souhaiter du mal à ses voisins. »

Voltaire, *Dictionnaire philosophique* (1764)

Le nationalisme a également sa face obscure. Il contraint la circulation des gens et de l'argent et le droit territorial à certaines ressources. Il a aussi joué un rôle dans de nombreuses guerres. Dans le cas d'Adolf Hitler et des nazis, le nationalisme s'est accompagné d'un génocide justifié par des revendications raciales, culturelles et génétiques.

La Seconde Guerre mondiale (1939-1945) a profondément changé le paysage politique de bien des manières, et notamment dans la prise de conscience que la fierté d'une nation doit être surveillée. **KBJ**

La Liberté guidant le peuple **(Delacroix, 1830) dépeint la victoire des Français sur le roi Charles X, durant les Trois Glorieuses.**

IN CONGRESS, JULY 4, 1776

The unanimous Declaration of the thirteen united States of America.

When in the Course of human events it becomes necessary for one people to dissolve the political bands which have connected them with another, and to assume among the powers of the earth, the separate and equal station to which the Laws of Nature and of Nature's God entitle them, a decent respect to the opinions of mankind requires that they should declare the causes which impel them to the separation. —— We hold these truths to be self-evident, that all men are created equal, that they are endowed by their Creator with certain unalienable Rights, that among these are Life, Liberty and the pursuit of Happiness. — That to secure these rights, Governments are instituted among Men, deriving their just powers from the consent of the governed, — That whenever any Form of Government becomes destructive of these ends, it is the Right of the People to alter or to abolish it, and to institute new Government, laying its foundation on such principles and organizing its powers in such form, as to them shall seem most likely to effect their Safety and Happiness. Prudence, indeed, will dictate that Governments long established should not be changed for light and transient causes; and accordingly all experience hath shewn, that mankind are more disposed to suffer, while evils are sufferable, than to right themselves by abolishing the forms to which they are accustomed. But when a long train of abuses and usurpations, pursuing invariably the same Object evinces a design to reduce them under absolute Despotism, it is their right, it is their duty, to throw off such Government, and to provide new Guards for their future security. — Such has been the patient sufferance of these Colonies; and such is now the necessity which constrains them to alter their former Systems of Government. The history of the present King of Great Britain is a history of repeated injuries and usurpations, all having in direct object the establishment of an absolute Tyranny over these States. To prove this, let Facts be submitted to a candid world. —— He has refused his Assent to Laws, the most wholesome and necessary for the public good. —— He has forbidden his Governors to pass Laws of immediate and pressing importance, unless suspended in their operation till his Assent should be obtained; and when so suspended, he has utterly neglected to attend to them. —— He has refused to pass other Laws for the accommodation of large districts of people, unless those people would relinquish the right of Representation in the Legislature, a right inestimable to them and formidable to tyrants only. —— He has called together legislative bodies at places unusual, uncomfortable, and distant from the depository of their Public Records, for the sole purpose of fatiguing them into compliance with his measures. —— He has dissolved Representative Houses repeatedly, for opposing with manly firmness his invasions on the rights of the people. —— He has refused for a long time, after such dissolutions, to cause others to be elected; whereby the Legislative powers, incapable of Annihilation, have returned to the People at large for their exercise; the State remaining in the mean time exposed to all the dangers of invasion from without, and convulsions within. —— He has endeavoured to prevent the population of these States; for that purpose obstructing the Laws for Naturalization of Foreigners; refusing to pass others to encourage their migrations hither, and raising the conditions of new Appropriations of Lands. —— He has obstructed the Administration of Justice, by refusing his Assent to Laws for establishing Judiciary powers. —— He has made Judges dependent on his Will alone, for the tenure of their offices, and the amount and payment of their salaries. —— He has erected a multitude of New Offices, and sent hither swarms of Officers to harrass our people, and eat out their substance. —— He has kept among us, in times of peace, Standing Armies without the Consent of our legislatures. —— He has affected to render the Military independent of and superior to the Civil power. —— He has combined with others to subject us to a jurisdiction foreign to our constitution, and unacknowledged by our laws; giving his Assent to their Acts of pretended Legislation: — For Quartering large bodies of armed troops among us: — For protecting them, by a mock Trial, from punishment for any Murders which they should commit on the Inhabitants of these States: — For cutting off our Trade with all parts of the world: — For imposing Taxes on us without our Consent: — For depriving us in many cases, of the benefits of Trial by Jury: — For transporting us beyond Seas to be tried for pretended offences — For abolishing the free System of English Laws in a neighbouring Province, establishing therein an Arbitrary government, and enlarging its Boundaries so as to render it at once an example and fit instrument for introducing the same absolute rule into these Colonies: — For taking away our Charters, abolishing our most valuable Laws, and altering fundamentally the Forms of our Governments: — For suspending our own Legislatures, and declaring themselves invested with power to legislate for us in all cases whatsoever. — He has abdicated Government here, by declaring us out of his Protection and waging War against us. —— He has plundered our seas, ravaged our Coasts, burnt our towns, and destroyed the lives of our people. —— He is at this time transporting large Armies of foreign Mercenaries to compleat the works of death, desolation and tyranny, already begun with circumstances of Cruelty & perfidy scarcely paralleled in the most barbarous ages, and totally unworthy the Head of a civilized nation. —— He has constrained our fellow Citizens taken Captive on the high Seas to bear Arms against their Country, to become the executioners of their friends and Brethren, or to fall themselves by their Hands. —— He has excited domestic insurrections amongst us, and has endeavoured to bring on the inhabitants of our frontiers, the merciless Indian Savages, whose known rule of warfare, is an undistinguished destruction of all ages, sexes and conditions. In every stage of these Oppressions We have Petitioned for Redress in the most humble terms: Our repeated Petitions have been answered only by repeated injury. A Prince, whose character is thus marked by every act which may define a Tyrant, is unfit to be the ruler of a free people. Nor have We been wanting in attentions to our Brittish brethren. We have warned them from time to time of attempts by their legislature to extend an unwarrantable jurisdiction over us. We have reminded them of the circumstances of our emigration and settlement here. We have appealed to their native justice and magnanimity, and we have conjured them by the ties of our common kindred to disavow these usurpations, which, would inevitably interrupt our connections and correspondence. They too have been deaf to the voice of justice and of consanguinity. We must, therefore, acquiesce in the necessity, which denounces our Separation, and hold them, as we hold the rest of mankind, Enemies in War, in Peace Friends. ——

We, therefore, the Representatives of the united States of America, in General Congress, Assembled, appealing to the Supreme Judge of the world for the rectitude of our intentions, do, in the Name, and by Authority of the good People of these Colonies, solemnly publish and declare, That these United Colonies are, and of Right ought to be Free and Independent States; that they are Absolved from all Allegiance to the British Crown, and that all political connection between them and the State of Great Britain, is and ought to be totally dissolved; and that as Free and Independent States, they have full Power to levy War, conclude Peace, contract Alliances, establish Commerce, and to do all other Acts and Things which Independent States may of right do. —— And for the support of this Declaration, with a firm reliance on the protection of divine Providence, we mutually pledge to each other our Lives, our Fortunes and our sacred Honor.

John Hancock

Button Gwinnett
Lyman Hall
Geo Walton

Wm Hooper
Joseph Hewes,
John Penn

Edward Rutledge 1.
Thos Heyward Junr.
Thomas Lynch Junr.
Arthur Middleton

Samuel Chase
Wm Paca
Thos Stone
Charles Carroll of Carrollton

George Wythe
Richard Henry Lee
Th Jefferson
Benja Harrison
Thos Nelson jr.
Francis Lightfoot Lee
Carter Braxton

Robt Morris
Benjamin Rush
Benja Franklin
John Morton
Geo Clymer
Jas Smith
Geo. Taylor
James Wilson
Geo. Ross
Caesar Rodney
Geo Read
Tho M: Kean

Wm Floyd
Phil. Livingston
Frans Lewis
Lewis Morris
Richd Stockton
Jno Witherspoon
Fras Hopkinson
John Hart
Abra Clark

Josiah Bartlett
Wm Whipple
Saml Adams
John Adams
Robt Treat Paine
Elbridge Gerry
Step. Hopkins
William Ellery
Roger Sherman
Saml Huntington
Wm Williams
Oliver Wolcott
Matthew Thornton

1776

Poursuite du bonheur

Thomas Jefferson

Tous les hommes disposent du droit inaliénable de rechercher une vie heureuse

Dans la seconde phrase de la Déclaration d'indépendance des États-Unis, rédigée par Thomas Jefferson (1743-1826) en 1776 et signée le 4 juillet de la même année, la poursuite du bonheur – avec la vie et la liberté – fut identifiée comme un droit inaliénable pour tous. La déclaration listait les griefs retenus par les colons américains contre le roi George III d'Angleterre, détaillant notamment comment ses actions les avaient privés de leurs droits en tant qu'hommes.

En 1689, le philosophe anglais John Locke (1632-1704) avait publié *Le Traité du gouvernement civil*, dans lequel il écrivait que les gouvernements existent sous la tutelle d'une loi naturelle, une loi qui garantit à chacun le droit à la vie, à la liberté et à la propriété. Quand Jefferson rédigea la Déclaration d'indépendance, il reprit entre autres l'idée de Locke, pour faire passer le message qu'une société ainsi que le gouvernement qui la dirige doivent protéger ces droits inhérents. Et pourtant, au moment de rédiger le texte, Jefferson choisit d'employer le mot «bonheur» plutôt que «propriété».

« Ces colonies unies sont et ont le droit d'être des États libres et indépendants. »

Déclaration d'indépendance des États-Unis, (1776)

Jefferson voyait dans le gouvernement un moyen de s'assurer que les gens fussent libres, heureux et en mesure de chercher à satisfaire leurs propres désirs personnels. Le concept de droits individuels, et celui d'un gouvernement dont le but premier est de protéger ces droits et non lui-même, est au cœur des démocraties aux quatre coins du monde. La Déclaration d'indépendance, bien qu'elle ne fasse pas office de loi en elle-même, fut l'expression de valeurs communes portées par une certaine philosophie morale. Les citoyens des États-Unis espèrent se montrer à la

1776

Main invisible

Adam Smith

Le commerce entre les hommes est guidé par une force naturelle qui tend à l'optimiser

Introduite par le philosophe et économiste écossais Adam Smith (1723-1790) dans *La Richesse des nations* (1776), la «main invisible» est selon certains une métaphore de la tendance à l'autorégulation des marchés, et pour d'autres la main divine ou un sens moral inhérent aux hommes.

Lorsque des hommes se rencontrent au sein d'une société, un bras de fer s'engage souvent avant qu'ils ne trouvent une manière de s'adapter l'un à l'autre, de coopérer et de prospérer. Néanmoins, la liberté individuelle et les intérêts personnels n'ont pas besoin de mener au chaos si la force naturelle de la «main invisible» guide l'économie et le commerce dans la société des hommes ; ordre et harmonie sont possibles. Dans un marché libre, les hommes font commerce de ressources, certaines rares, et cela permet aux individus de vivre mieux que si chacun produisait pour lui seul. Au cours des négociations, leurs ressources respectives apparaissent naturellement comme des biens précieux qu'ils recherchent. Ainsi, avec la «main invisible» pour les guider, il n'y a pas besoin de régulations pour s'assurer que chacun trouve son avantage.

« Ce n'est pas de la bonté du boucher que nous attendons notre dîner. »

Adam Smith, *La Richesse des Nations* (1776)

Smith voyait fondamentalement l'ordre économique et social comme un produit organique de la liberté et de la nature humaines. Un marché prospère n'avait nul besoin d'être contrôlé par les rois ou les gouvernements, mais se développerait mieux avec la concurrence et le libre-échange. À cet égard l'idée de Smith d'une «main invisible» et les œuvres qui s'y rapportent parlent autant de psychologie sociale que d'économie. **KBJ**

La Déclaration d'indépendance des États-Unis, cosignée en 1776 par Thomas Jefferson.

1778

Critique biblique

Hermann Reimarus

Conception selon laquelle la parole de Jésus doit être distinguée de celle des Apôtres

La critique biblique est un domaine de l'étude de la Bible qui examine la manière dont les auteurs et les éditeurs ont pensé leur travail et constitué leur œuvre littéraire, le tout en cherchant à découvrir les buts que ces individus se donnaient. La critique biblique moderne a débuté avec le philosophe allemand Hermann Reimarus (1694-1768) et son analyse de la figure historique de Jésus dans *Von dem Zwecke Jesu und seiner Jünger* (« L'Objectif de Jésus et de ses disciples », 1778), qui a été publié une décennie après sa mort. Reimarus y distinguait ce que les Évangiles disaient de Jésus de ce que Jésus disait lui-même et suggéra par exemple que l'histoire de la Résurrection était une invention des disciples.

L'œuvre du philosophe allemand a provoqué un tollé à sa publication, mais il a encouragé d'autres à

« Les apôtres étaient [...] des enseignants, et par conséquent donnaient leur propre vision. » **Hermann Reimarus, *Von dem Zwecke Jesu***

étudier de manière critique le Nouveau Testament. Le théologien allemand David Strauss (1804-1874) a fait controverse avec sa *Vie de Jésus ou Examen critique de son histoire* (1835), qui affirmait que les Évangiles avaient été déformés et que les miracles mentionnés relevaient de la mythologie. Strauss a également suggéré que Mathieu et Luc avaient utilisé l'Évangile selon Marc comme source. Le théologien allemand Wilhelm Wrede (1859-1906) a tenté de prouver le manque de sérieux historique de l'Évangile selon Marc, ainsi que l'influence de l'apôtre Paul sur le christianisme et l'idée du Salut.

La critique biblique s'est depuis emparée d'autres domaines du Livre. Ses détracteurs opposent que ses méthodes jettent le doute sur la Bible aussi bien comme œuvre révélée que comme document historique fiable. **CK**

1778

Mâts totémiques

Indiens d'Amérique du Nord-Ouest

Affichage ssymbolique d'informations culturelles sur de grandes sculptures

Le mot « totem » vient du terme ojibwé *odoodem*, qui signifie « il est de mon clan ». Les mâts totémiques des Indiens d'Amérique sont des structures ambiguës, des sculptures verticales avec des dessins intriqués à la signification généralement obscure. Les explorateurs européens les ont découverts en 1778, mais leur existence est bien plus ancienne. Ils sont peut-être le fruit d'une longue histoire de monuments sculptés, qui remonte possiblement aux colonnes de maison et aux monuments funéraires, puis aux symboles de prestige familial ou clanique qui ont pu s'y ajouter. Les sociétés indiennes n'ayant pas de système d'écriture, aucune documentation n'existe sur leur époque, mais il est évident que ces structures étaient de fiers symboles de leurs créateurs.

« Certains rappellent des disputes, meurtres, dettes, et autres événements pénibles. »

Ishmael Reed, *From Totems to Hip-Hop* (2002)

L'importation d'outils en fer et en acier depuis l'Europe et l'Asie durant les années 1800 a permis aux constructeurs de totems de sculpter des mâts plus grands et plus complexes. Le peuple des Haidas sur les îles de Haida Gwaii, face à la Colombie-Britannique, est probablement à l'origine de ces œuvres, qui ensuite se sont répandues sur la côte par le sud jusqu'à l'actuel État de Washington.

Les formes de ces constructions varient selon l'intention de leurs créateurs. Certains relatent des légendes et des histoires de familles ; d'autres font référence à des croyances populaires ou des pouvoirs chamaniques. Certains mâts étaient des structures mortuaires ; d'autres des « mâts de la honte », où un individu ayant échoué aux yeux de la société était représenté gravé la tête à l'envers. Mais ils n'ont jamais été des objets de culte. **SA**

Les mâts totémiques se lisent de bas en haut, et représentent des personnes, des animaux ou des esprits.

l'âge industriel
1780-1899

Les idées qui émergèrent à cette période prirent souvent une forme concrète dans l'avènement de la révolution industrielle. Karl Marx et Friedrich Engels répondirent à l'industrialisation – et au capitalisme qui l'accompagne – avec leurs idées socialistes et communistes révolutionnaires. Les vues de Charles Darwin sur l'évolution offrirent une explication naturelle à l'existence et à la diversité de la faune, et la philosophie naturaliste et positiviste d'Auguste Comte au fonctionnement de l'Univers entier, ce qui conduisit Friedrich Nietzsche à déclarer en 1882 : « Dieu est mort. » À l'aube du XXe siècle, le paysage politique, scientifique, technologique et religieux avait en effet considérablement changé.

← *La Gare Saint-Lazare* (détail, 1877), de Claude Monet, donne un éclairage impressionniste à la locomotive à vapeur, moteur de la révolution industrielle.

1781 Φ

La révolution copernicienne de Kant Emmanuel Kant

La réalité devrait se conformer aux catégories de l'esprit, non l'inverse

« Cela reste un scandale de la philosophie et de la raison humaine en général de devoir admettre seulement à titre de croyance l'existence des choses hors de nous [...], et si quelqu'un se met à douter, de ne pouvoir lui opposer une preuve satisfaisante », déclarait le philosophe allemand Emmanuel Kant (1724-1804) dans sa *Critique de la raison pure* (1781), chamboulant plusieurs décennies de philosophie des Lumières. La philosophie traditionnelle a échoué, expliquait Kant, parce qu'elle n'a pas réussi à prouver qu'il y a un monde qui nous est extérieur.

Kant vécut et mourut dans ce qui s'appelait alors Königsberg, en Prusse-Orientale (aujourd'hui Kanliningrad, en Russie). Durant toute sa vie, il ne s'éloigna jamais de plus de 16 kilomètres de sa ville. Il entra à l'université comme *Privatdozent*, enseignant en qualité de tuteur privé, pour financer ses recherches philosophiques.

Kant pensait que nous formons notre expérience des choses dans notre esprit sans jamais avoir d'expérience directe de ces choses. Il cherchait à mettre fin aux spéculations philosophiques au nom desquelles notre expérience servait à soutenir ce qui passait à ses yeux pour des théories inutiles. Il baptisa ce revirement drastique la « révolution copernicienne ». Copernic (1473-1543) avait bouleversé l'astronomie en confirmant que la Terre tournait autour du Soleil et n'était pas le centre statique de notre Univers, tandis que Kant proposa comme révolution de placer la raison humaine au centre de toute chose.

La révolution copernicienne de Kant, comme elle est appelée, a eu une immense influence sur la philosophie, inspirant des penseurs du XIXe siècle comme G. W. F. Hegel, et des phénoménologues du XXe siècle comme Edmund Husserl et Martin Heidegger. **SA**

1781 Φ

Idéalisme transcendantal Emmanuel Kant

La connaissance du monde commence par la perception et non les sens

L'idéalisme transcendantal est une doctrine philosophique de la fin du XVIIIe siècle qui s'est développée en Allemagne à partir des Lumières et de l'idéalisme. Si son plus célèbre et premier système a été établi par Emmanuel Kant (1724-1804) dans sa *Critique de la raison pure* (1781), l'idéalisme transcendantal a également influencé tous les principaux domaines de la philosophie, logique, morale, politique, sociale et esthétique.

Le terme « transcendantal » désigne ici ce qui ne relève pas de l'expérience, et l'« idéalisme » ce qui dépend de l'existence de concepts et de l'entendement. Cette philosophie s'intéresse à la connaissance des objets qui sont « en moi sans être moi ». L'idéalisme transcendantal repose sur l'idée que ce que nous connaissons *a priori* des choses ne dépend que de nous-mêmes. De cette manière, Kant entérina la priorité de la raison sur le monde extérieur tout en préservant la validité de l'enquête scientifique.

« L'expérience [ne nous apprend point] qu'une chose peut être d'une autre manière. »

Emmanuel Kant, *Critique de la raison pure* (1781)

Kant essayait de réconcilier l'empirisme avec le rationalisme. Il a eu l'intuition qu'une synthèse des deux pourrait rendre compte à la fois des données sensorielles que nous recevons de la connaissance, et du besoin pour l'entendement d'être outillé en amont pour traiter ces données, produire des jugements et repérer les relations de cause à effet comme raisonner à plus grande échelle. L'idéalisme transcendantal kantien est fondamentalement un précurseur de la psychologie cognitive, et ses recherches sur la perception et la raison ont révolutionné la façon dont nous voyons les relations entre le monde et notre entendement. **KBJ**

Distinction analytique-synthétique Emmanuel Kant

Le jugement nécessite une analyse précise du contenu des propositions

En philosophie, la distinction analytique-synthétique concerne deux types de propositions, ou jugements. Une proposition est analytique quand le concept de son prédicat est contenu dans celui de son sujet (comme dans la loi de l'identité, A = À) ou quand elle est vraie par définition («tous les triangles ont trois angles»).

Une proposition est synthétique quand le concept du prédicat n'est pas contenu dans celui de son sujet, mais réside en dehors de lui («tous les célibataires sont malheureux»), ou quand la vérité de la proposition nous vient du sens des mots ou d'un contexte («les rejets automobiles contribuent à la pollution»).

Le philosophe allemand Emmanuel Kant (1724-1804) a utilisé pour la première fois les termes «analytique» et «synthétique» dans sa célèbre *Critique de la raison pure* (1781). Il s'agissait pour lui d'une distinction sémantique et logique à utiliser pour les jugements : qu'est-ce qui fait qu'une proposition est juste ou fausse ? Les propositions analytiques n'ajoutent rien à notre concept du sujet ; elles ne permettent pas d'étendre notre connaissance. Elles sont considérées comme vraies en raison de la loi de non-contradiction : le jugement selon lequel «un triangle a quatre angles» est faux en vertu du fait qu'il est impossible de prédiquer «quatre côtés» d'un «triangle» (TRI-angle).

Une proposition synthétique est elle considérée vraie par son lien avec l'intuition ou des connaissances préalables, ce qui rend sa vérité ou sa non-vérité plus délicates à évaluer. Un arbre peut être à la fois feuillu et défeuillé sans contradiction. La distinction de Kant entre analytique et synthétique a changé la façon dont nous voyons l'acte du jugement, comme les connaissances conscientes complexes, capacité pour laquelle la fonction cognitive de l'esprit humain est essentielle. **KBJ**

Carré latin Leonhard Euler

Un tableau dans lequel chaque signe apparaît une fois dans chaque rangée et une fois dans chaque colonne

Le carré latin, bien connu des amateurs de Sudoku, a été mentionné pour la première fois dans un article du mathématicien et physicien suisse Leonhard Euler (1707-1783), «Recherches sur une nouvelle espèce de carrés magiques» (1782).

Un carré latin est un tableau de *n* x *n* cases composées en utilisant un nombre *n* de symboles apparaissant une fois par rangée et une fois par colonne. Voici un exemple à base trois :

α	β	γ
β	γ	α
γ	α	β

À chaque symbole ajouté, le nombre total de tableaux pouvant être créés augmente significativement. Par exemple, avec un symbole, une seule table est possible. Avec deux signes, deux matrices sont envisageables. Avec trois, cependant, douze possibilités apparaissent soudain, dont celle du dessus. Et avec neuf symboles, cinq octillions et demi de tableaux deviennent possibles, dont ceux utilisés dans le Sudoku.

« Euler a introduit des lettres grecques et latines pour l'aider à analyser les carrés magiques… » **Leonard Euler: Life, Work and Legacy**

Les carrés latins sont employés dans l'organisation d'expériences scientifiques. Un chercheur qui teste cinq versions d'un médicament en phase d'essai peut diviser ses sujets de test en cinq groupes et associer aléatoirement chaque version à chaque groupe pour la première phase de l'expérience. Grâce au carré latin, il est ensuite possible de planifier d'autres phases de telle façon à ce que le médicament soit testé sur chaque groupe de sujets sans qu'il y ait doublon. Ces tables magiques ont également des applications diverses dans les télécommunications. **DM**

1784

Les Lumières

Emmanuel Kant

Le libre recours à l'intellect pour résoudre les problèmes, sans recours à l'autorité

En 1784, le philosophe allemand Emmanuel Kant (1724-1804) publiait dans la *Berlinische Monatsschrift* («Revue mensuelle de Berlin») un essai intitulé «Qu'est-ce que les Lumières ?». Rédigé vers la fin de l'âge des Lumières, ce texte est la référence quant à la signification de cette période de l'histoire des idées.

Kant soutient que le siècle des Lumières est celui de la maturité intellectuelle pour l'humanité, une période où elle se libère des chaînes de l'ignorance. Sa devise, *sapere aude*, ou «Ose savoir !», traduit la volonté de défier l'autorité presque paternelle du gouvernement monarchique autant que de l'Église. Kant compare le siècle des Lumières à un adolescent qui atteindrait l'âge adulte et s'émanciperait de l'autorité parentale en embrassant l'autonomie (la faculté de prendre des décisions libres et rationnelles). Il estime que le genre humain s'impose sa propre ignorance : comme un enfant immature qui rechignerait à quitter le confort du foyer familial, beaucoup d'hommes se cramponnent à l'autorité par paresse intellectuelle. Si nous pouvions former tous les citoyens à juger sur la base de la raison plutôt que sur celle du dogme, les gens pourraient devenir des individus libres de penser, ce qui mettrait un terme au despotisme et à l'oppression.

Bien qu'une révolution politique puisse offrir un sursis face à la tyrannie, Kant affirme que seule l'élévation intellectuelle peut provoquer un changement durable de la société. En recourant publiquement à la raison, nous pouvons avancer de nouvelles idées, en faire la critique, et ainsi progresser intellectuellement.

La conception de Kant des Lumières a profondément influencé la théorie politique et l'importance de la liberté intellectuelle à la fois dans les droits théoriques et civils. Une de ses conséquences a été la séparation de l'Église et de l'État, les citoyens ne devant pas être soumis au «despotisme spirituel» d'un gouvernement paternaliste. **JM**

Cette peinture de 1768 de Joseph Wright of Derby témoigne de la fascination des Lumières pour la science.

1784

Trous noirs

John Michell

Des corps célestes tellement denses qu'aucune lumière ne peut échapper à leur masse gravitationnelle

Dans ses recherches sur l'effet de la gravité sur la lumière (1784), le géologue anglais John Michell (1724-1793) a été le premier à suggérer l'existence de ce qu'il appelait étoiles noires. S'il revient à Karl Schwarzschild (1873-1916) d'avoir développé ce concept, néanmoins, c'est le physicien américain John Wheeler (1911-2008) qui a inventé le terme « trou noir » vers 1968, et son colossal travail de recherche a été à la base de l'étude moderne de ces phénomènes fascinants.

Un trou noir est un objet céleste dont la force gravitationnelle est si puissante que rien ne peut s'en échapper, pas même un rayon de lumière. La référence à un trou suggère une entité vide, mais la vérité est plus proche du contraire. En fait, un trou noir consiste en une quantité énorme de matière condensée dans un tout petit espace. Mais il peut être qualifié de trou au sens où l'extrême force de la gravité aspire toute la matière alentour au sein de ce centre extraordinairement dense.

Parce que la lumière ne peut s'échapper de ces trous noirs, ils sont invisibles. Pour en trouver un, les astronomes ont besoin d'un télescope doté d'outils spécifiques, qui analysent le comportement et les caractéristiques des étoiles ; les étoiles les plus proches d'un trou noir se comportent différemment, trahissant ainsi leur présence. Il existe des trous noirs de différentes tailles, mais tous ont une masse immense. Certains peuvent être aussi petits qu'un atome et avoir la masse d'une montagne ; il y a les trous noirs « stellaires », dont la masse fait 20 fois celle du Soleil ; et les plus grands, les « supermassifs », qui ont la masse d'un million de soleils combinés. Il a été scientifiquement prouvé que toutes les grandes galaxies ont un trou noir supermassif en leur centre ; ainsi de Sagittarius 1 et de sa masse de quatre millions de soleils pour la Voie lactée.

Ces corps célestes détiennent peut-être la clé de la compréhension de l'Univers. **KBJ**

↑ Image de synthèse d'un trou noir, entouré d'un disque blanc : la matière accumulée portée à incandescence.

IMMANUEL KANT.

London, Published April 1st 1812, by Adlard & Jones.

1785 Φ

Premier impératif catégorique

Emmanuel Kant

Principe moral selon lequel le comportement de chacun devrait se conformer à une maxime universalisable

Le philosophe allemand Emmanuel Kant (1724-1804) a fondé la déontologie, ou l'« éthique du devoir », une théorie morale basée sur la raison davantage que sur la vertu, l'intérêt personnel ou la compassion. Dans sa *Fondation de la métaphysique des mœurs* (1785), Kant avance que nous pouvons déterminer nos devoirs moraux par le biais de l'impératif catégorique. « Catégorique » désigne ici quelque chose d'explicite et sans ambiguïté, tandis que l'« impératif » renvoie au commandement.

Kant donne trois formulations de l'impératif catégorique : principe de cohérence universelle de l'action morale, principe d'égale dignité de la personne humaine et principe d'autonomie. La première enjoint chaque individu à agir comme si la maxime (la loi) de son action pouvait servir de loi universelle. Par exemple, si quelqu'un hésite à mentir, cette personne doit évaluer deux maximes : « mens tant que tu le veux » et « dis toujours la vérité ». Elle doit alors universaliser ces lois pour voir s'il est possible de les faire respecter de manière cohérente. Si elle universalise la maxime du menteur, le monde serait rempli de charlatans dont personne ne croirait les mensonges. Une contradiction apparaîtrait alors entre ce qui est nécessaire pour qu'une non-vérité puisse passer (un monde où la vérité est la norme et le menteur une exception) et le monde qui existerait si tout le monde prêchait le faux (un monde de sceptiques malhonnêtes). Dire la vérité, en revanche, peut être érigé en maxime universelle ; s'il s'agit d'une loi que tout le monde doit suivre, alors je dois m'y conformer également.

La déontologie kantienne a été l'une des théories les plus dominantes en philosophie morale. L'impératif catégorique est utilisé régulièrement pour jauger de la validité des lois et des politiques. **JM**

1785 Φ

Deuxième impératif catégorique

Emmanuel Kant

Traiter autrui comme une fin en soi, non comme un moyen pour ses propres fins

Emmanuel Kant (1724-1804), le fondateur de la déontologie, n'était pas satisfait des théories morales qui prévalaient à l'époque, et mettaient l'accent sur l'ego, le sentiment moral et le caractère du sujet. Il cherchait à conférer à la morale précision et universalité, en se fondant sur l'impératif catégorique, qui renvoie aux devoirs moraux que chaque être rationnel est censé respecter.

La deuxième formulation de l'impératif catégorique kantien affirme que tout homme doit traiter les êtres de raison comme des fins en eux-mêmes, et jamais comme des moyens au service de sa propre satisfaction.

Les êtres rationnels se voient comme des fins, comme des êtres à la valeur intrinsèque, c'est-à-dire qu'une personne a une valeur morale indépendamment du fait de savoir si quelqu'un d'autre la trouve instrumentalisable ou non. Il est incorrect d'utiliser une personne comme un moyen, un objet dont le seul but est de servir au bonheur de quelqu'un autre. Cette formulation est souvent appelée le respect de l'autre parce que lorsque nous voyons celui-ci comme une fin et non comme un moyen, nous le respectons en tant que congénère rationnel. Par exemple, forcer quelqu'un à peindre la maison d'un autre serait injuste, mais payer une autre personne pour le faire est juste.

Le respect d'autrui est devenu une pierre angulaire de l'éthique appliquée, influençant directement des notions clés comme le respect de l'autonomie (la capacité de décider de manière libre et rationnelle de sa propre vie) et le consentement volontaire informé (l'idée qu'une personne doive être complètement informée des risques et des bénéfices avant de s'engager contractuellement ou d'autoriser une procédure médicale). **JM**

◀ Un portrait d'Emmanuel Kant publié à Londres en 1812.

1785

Uniformitarisme

James Hutton

Théorie sur les lois naturelles et les processus responsables des paysages terrestres

James Hutton (1726-1797) était un docteur, naturaliste et géologue écossais. Dans un article présenté à la Royal Society d'Édimbourg en 1785, intitulé « Théorie sur la Terre », il suggère que les formations rocheuses se produisent en général sous mer, à mesure que les sédiments s'accumulent dans les fonds marins, s'élèvent au-dessus du niveau de l'eau, s'érodent, puis se retournent sous l'eau sous forme de nouvelles couches de dépôts.

Le cycle de la formation, de l'élévation, de l'érosion et de l'immersion est répété indéfiniment. Hutton prend pour preuve les discordances rocheuses – des disparités dans les relevés géologiques – qu'il a observées dans les montagnes des Cairngorms et le long de la baie de Berwick, en Écosse.

« [Les forces géologiques] n'ont jamais œuvré avec des degrés d'énergie différents. »

James Hutton, *Théorie sur la Terre* (1785)

Durant de nombreux siècles, le moment et la manière dont la Terre, ses roches et ses paysages s'étaient formés nous étaient inconnus. La Terre avait-elle été conçue comme dans la Genèse, ou était-elle bien plus vieille ? Ce n'est qu'avec la théorie de Hutton que ces questions ont connu un début de réponse. Ces idées ont pris du temps avant d'être reconnues et acceptées, mais elles ont été confirmées dans *Principes de géologie*, une œuvre en plusieurs tomes publiée entre 1830 et 1833 par Charles Lyell (1797-1875). Lyell a établi que la Terre avait été entièrement formée par l'effet de forces imperceptibles sur une longue période de temps, et qui continuaient d'être à l'œuvre. Le savant anglais William Whewell (1794-1866), commentant ce dernier, introduira le terme « uniformitarisme » pour décrire ce procédé, au regard duquel « le présent est la clé du passé ». **SA**

1785

Temps profond géologique

James Hutton

Conception selon laquelle l'histoire de la Terre s'étend dans « les abysses du temps »

Le concept de temps profond vient de deux Lumières écossaises, le médecin et agronome James Hutton (1726-1797) et le mathématicien John Playfair (1748-1819). C'est le premier, dans l'article « Théorie sur la Terre » qui introduit le temps profond, notion développée par les œuvres de Charles Lyell et de Charles Darwin.

L'échelle du temps humain n'est qu'un battement de cils comparée à celle du temps géologique de la Terre et de ses 4,54 milliards d'années. L'admettre, c'est intégrer la notion de temps profond. Pour la reconnaître, il faut distinguer l'âge relatif (mesuré par une relation) et l'âge numérique (mesuré par une date). Traditionnellement, le concept de temps profond est appliqué à la géologie et à la paléontologie, mais il est également utile quand on cherche à découvrir l'âge de l'Univers.

« […] nous ne voyons aucune trace d'un commencement ni indice d'une fin. »

James Hutton, *Théorie sur la Terre* (1785)

Le temps long est mesuré en recourant à l'échelle chronostratigraphique, un système de mesure chronologique basé sur les couches rocheuses et la stratification. Les unités de temps utilisées sont l'éon, l'ère, la période, l'époque et l'âge. Des fossiles spéciaux appelés fossiles stratigraphiques, trouvés dans les sédiments, sont essentiels pour élaborer une échelle des temps relative. Ils sont dits stratigraphiques, car on ne les trouve que dans les roches d'une certaine période, d'un certain niveau sédimentaire, et ils aident donc à dater les autres fossiles présents dans les mêmes couches. Avec la découverte de la radioactivité, les géologues ont pu connaître l'âge des minéraux cristallisés dans la roche. En elle-même, l'échelle du temps géologique n'est pas confirmée ; elle évolue en permanence en fonction des découvertes et de l'évolution des datations. **KBJ**

Le Grand Canyon en Arizona, où la rivière du Colorado a révélé deux milliards d'années d'histoire géologique. ➔

1787

Panopticon

Jeremy Bentham

Un plan de prison permettant une surveillance absolument totale des détenus

Le Panopticon est un concept de prison proposé par le philosophe utilitariste et théoricien du droit anglais Jeremy Bentham (1748-1832). Sa grande originalité réside dans son plan, qui permet une surveillance 24 heures sur 24 des détenus. Le mot « panopticon » signifie « tout voir », et ceux qui pouvaient tout voir, c'étaient les surveillants, non les prisonniers. Ceux-ci ne savaient jamais s'ils étaient observés ou non, et cette angoisse devait être un instrument de discipline primordial. Bentham imaginait également des applications de ce plan pour les hôpitaux, les écoles, les sanatoriums, les ateliers et les asiles.

Au centre de la prison de Bentham se trouvait une tour surmontée d'un local de surveillance. De là, gardes, responsables et personnel scrutaient les cellules disposées dans leur périmètre. Le philosophe pensait que ce modèle carcéral serait plus économique, car il nécessitait moins d'effectifs – la seule idée d'être surveillés devant suffire à ce que les détenus s'en tiennent à un bon comportement.

De plus, la prison pouvait générer ses propres revenus : les repris de justice condamnés aux travaux forcés pourraient marcher sur un tapis roulant ou utiliser un cabestan pour faire tourner métiers à tisser et autres machines.

Le Panopticon n'a jamais été construit du vivant de Bentham, bien que des structures comparables aient vu le jour au XIXe siècle. Néanmoins, son idée a eu une influence durable. Bien plus tard, le philosophe français Michel Foucault (1926-1984) y a vu la métaphore d'une société disciplinaire moderne, qui observe et normalise les hommes par une quarantaine sociale. Le plan de Bentham a donné naissance à une marque de puissance visible, consciente, omniprésente, dans laquelle cadenas, barres et chaînes ne sont plus nécessaires pour dominer – la paranoïa des prisonniers et leur angoisse suffisant à les garder sous contrôle. **KBJ**

À Cuba, la prison Presidio Modelo était une « prison modèle » conçue sur le modèle du Panopticon.

1789

Utilitarisme

Jeremy Bentham

Est moralement bon ce qui promeut le plus grand bien pour le plus grand nombre

Selon l'utilitarisme, seuls les effets de chaque action déterminent si elle est morale ou non. Toute action qui promeut le plus grand bien du plus grand nombre est considérée comme morale, peu importe qu'elle se conforme ou non à toute autre notion de morale ou doctrine religieuse.

Avant le développement de l'utilitarisme, les penseurs reconnaissaient déjà la valeur du bonheur humain et l'utilisaient comme mesure de moralité. Néanmoins, ce n'est qu'avec la publication en 1789 d'*Introduction au principe de morale et de législation* du philosophe anglais Jeremy Bentham (1748-1832) que l'utilitarisme s'est enfin épanoui comme théorie morale. Pour Bentham, il était possible de maximiser le plaisir humain, ou la joie, et de minimiser la douleur humaine grâce à des calculs mathématiques applicables à n'importe quel jugement éthique.

La voix la plus ardente de l'utilitarisme a toutefois été celle de son beau-fils John Stuart Mill (1806-1873). Pour Mill, certains plaisirs sont qualitativement supérieurs à d'autres. Renonçant à l'assertion de Bentham, Mill croit à un spectre de plaisirs, et insiste sur le fait qu'augmenter simplement les plaisirs de base n'est pas le but final de l'utilitarisme.

Ce courant a eu un très large impact sur un grand nombre de comportements, au-delà de la seule philosophie morale. Dans les cercles politiques, les arguments utilitaristes sont souvent employés pour soutenir ou dénoncer certaines politiques et actions gouvernementales, et les économistes ont largement appliqué les principes utilitaristes en développant des méthodes pour maximiser la prospérité.

Bien que cette école de pensée ait ses détracteurs, son introduction comme éthique a démontré que la moralité ne devait pas se baser sur des principes imposés, mais plutôt sur les effets mesurables de nos actions. **MT**

↑ Un portrait de Jeremy Bentham, peint vers 1829 par Henry William Pickersgill.

DÉCLARATION
DES DROITS DE L'HOMME
ET DU CITOYEN,
Décretés par l'Assemblée Nationale dans les séances des 20.21 23,24 et 26 aoust 1789, acceptés par le Roi
PRÉAMBULE
LES représantans du peuple Francois, constitués en assemblée nationale, considérant que l'ignorance, l'oubli ou le mépris des droits de l'homme sont les seules causes des malheurs publics et de la corruption des gouvernemens. ont résolu d'exposer dans une déclaration solemnelle, les droits naturels, inaliénables et sacrés de l'homme afin que cette déclaration, constamment présente a tous les membres du corps social, leur rappelle sans cesse leurs droits et leurs devoirs, afin que les actes du pouvoir legislatif et ceux du pouvoir exécutif, pouvant être a chaque instant comparés avec le but de toute institution politique, en soient plus respectés; afin que les reclamations des citoyens, fondées désormais sur des principes simples et incontestables, tournent toujours au maintien de la constitution et du bonheur de tous.
EN conséquence, l'assemblée nationale reconnoit et déclare, en presence et sous les auspices de l'Etre suprême les droits suivans de l'homme et du citoyen.
ARTICLE PREMIER.
LES hommes naissent et demeurent libres et égaux en droits. les distinctions sociales ne peuvent être fondées que sur l'utilité commune.
II.
LE but de toute association politique est la conservation des droits naturels et imprescriptibles de l'homme: ces droits sont la liberté, la propriete, la surete, et la résistance à l'oppression.
III.
LE principe de toute souveraineté réside essentiellement dans la nation, nul corps, nul individu ne peut exercer d'autorité qui n'en emane expressement.
IV.
LA liberté consiste a pouvoir faire tout ce qui ne nuit pas à autrui Ainsi, l'exercice des droits naturels de chaque homme, n'a de bornes que celles qui assurent aux autres membres de la société la jouissance de ces mêmes droits; ces bornes ne peuvent être determinées que par la loi
V.
LA loi n'a le droit de défendre que les actions nuisibles a la société, Tout ce qui n'est pas défendu par la loi ne peut être empêché. et nul ne peut être contraint à faire ce qu'elle n'ordonne pas.
VI.
LA loi est l'expression de la volonté générale; tous les citoyens ont droit de concourir personnellement, ou par leurs représentans, a sa formation; elle doit être la même pour tous, soit qu'elle protege, soit qu'elle punisse, Tous les citoyens étant égaux a ses yeux, sont également admissibles a toutes dignités, places et emplois publics, selon leur capacité, et sans autres distinction que celles de leurs vertus et de leurs talens
VII.
NUL homme ne peut être accusé, arreté, ni détenu que dans les cas déterminés par la loi, et selon les formes qu'elle a prescrites, ceux qui sollicitent, expédient, exécutent ou font exécuter des ordres arbitraires, doivent être punis; mais tout citoyen appelé ou saisi en vertu de la loi, doit obéir a l'instant, il se rend coupable par la résistance.
VIII.
LA loi ne doit établir que des peines strictement et évidemment nécessaire, et nul ne peut être puni qu'en vertu d'une loi établie et promulguée antérierement au délit, et légalement appliquée.
IX.
TOUT homme étant présumé innocent jusqu'à ce qu'il ait été déclaré coupable, s'il est jugé indispensable de l'arrêter, toute rigueur qui ne serait pas nécessaire pour s'assurer de sa personne doit être sévérement réprimée par la loi.
X.
NUL ne doit être inquiété pour ses opinions, mêmes religieuses pourvu que leur manifestation ne trouble pas l'ordre public établi par la loi.
XI.
LA libre communication des pensées et des opinions est un des droits les plus precieux de l'homme; tout citoyen peut dont parler écrire, imprimer librement sauf à répondre de l'abus de cette liberté dans les cas déterminés par la loi.
XII.
LA garantie des droits de l'homme et du citoyen nécessite une force publique; cette force est donc instituée pour l'avantage de tous, et non pour l'utilité particuliere de ceux a qui elle est confiée.
XIII.
POUR l'entretien de la force publique, et pour les dépenses d'administration, une contribution commune est indispensable; elle doit être également répartie entre les citoyens en raison de leurs facultées
XIV.
LES citoyens ont le droit de constater par eux même ou par leurs représentans, la nécessité de la contribution publique, de la consentir librement, d'en suivre l'emploi, et d'en déterminer la quotité, l'assiette, le recouvrement et la durée.
XV.
LA société a le droit de demander compte a tout agent public de son administration.
XVI.
TOUTE société, dans laquelle la garantie des droits n'est pas assurée, ni les séparation des pouvoirs déterminée, n'a point de constitution
XVII.
LES propriétés étant un droit inviolable et sacré, nul ne peut en être privé, si ce n'est lorsque la nécessité publique, légalement constatée, l'exige evidemment, et sous la condition d'une juste et préalable indemnité.
AUX REPRESENTANS DU PEUPLE FRANCOIS

1789

Déclaration des droits de l'homme Jérôme Champion de Cicé

Un exposé des droits humains universels leur conférant égalité devant la loi

Le 26 août 1789, l'Assemblée constituante française adopte le dernier article de la Déclaration des droits de l'homme et du citoyen, moment clé de la Révolution française (1787-1799), et premier pas crucial vers la rédaction de la Constitution de la France postrévolutionnaire. Elle est signée de l'évêque Jérôme Champion de Cicé (1735-1810).

Le document comporte 17 articles énonçant plusieurs dispositions liées aux individus et à la nation. Il abolit les droits féodaux, définissant ainsi clairement l'universalité des droits individuels et collectifs : la vie, la liberté, la propriété, la sécurité et la résistance à l'oppression. Ces droits sont valables en tous temps et en tous lieux. Ces droits ne sont pas conférés, mais naturels. La Déclaration reconnaît également l'égalité devant la loi, ce qui a pour effet de tirer un trait sur tous les privilèges et exceptions accordés à la noblesse et au clergé. Elle limite les pouvoirs de la monarchie, rejette le caractère divin de la royauté, et établit que tous les citoyens ont le droit de participer au processus législatif, le gouvernement ne pouvant être composé que d'élus officiels. Néanmoins, certains droits politiques ne concernent que les citoyens « actifs » : ceux qui ont au moins 25 ans, qui paient des impôts équivalents à trois jours de travail, et qui sont propriétaires. Seuls les hommes blancs répondent à cette définition : femme, enfants et étrangers en sont exclus.

> *« Les hommes naissent et demeurent libres et égaux en droits. »*
>
> **Jérôme Champion de Cicé, Déclaration, Article 1 (1789)**

La Déclaration a inspiré plusieurs Constitutions dans la veine de la démocratie libérale dans de nombreux pays d'Europe et d'Amérique latine. Elle a changé la manière dont nous voyons la relation entre l'État et ses citoyens, et porté une réforme juridique mondiale. **KBJ**

1789

Éléments chimiques Antoine Lavoisier

Des substances distinctes et indivisibles qui composent le monde physique

Un élément chimique est une substance pure qui ne peut pas être divisée à des substances plus petites ou transformées chimiquement en d'autres substances. Ces éléments sont les briques de base de la chimie ; chacun a un type d'atome, et chacun se distingue par son nombre atomique (le nombre de protons autour de son noyau).

Les Grecs furent les premiers à évoquer des éléments. Aristote écrivait qu'il existait des entités qui composaient d'autres objets, mais étaient elles-mêmes indivisibles. Pour les Grecs, il y avait quatre éléments : l'eau, l'air, le feu et l'eau. La nature fondamentale des éléments chimiques a été découverte en 1661 par le chimiste anglais Robert Boyle (1627-1691), mais c'est seulement en 1789, avec la publication du *Traité élémentaire de chimie* du Français Antoine Laurent de Lavoisier (1743-1794) qu'est apparue la première vraie liste moderne. Celle-ci a été établie grâce à une étude attentive des réactions de décomposition et de recombinaison. Elle ne contenait que 33 éléments. Lorsqu'en 1869, le Russe Dimitri Mendeleev (1834-1907) crée la table périodique résumant leurs propriétés et illustrant le comportement chimique et les tendances récurrentes, leur nombre est monté à 66.

> *« Je désigne éléments [. . .] certains corps primitifs [. . .] ou absolument purs. »*
>
> **Robert Boyle, chimiste**

À ce jour, 118 éléments ont été identifiés. Leur découverte a conduit à une meilleure compréhension de notre monde physique, dans sa composition, ses mécaniques et son évolution. Tous les objets contiennent des éléments chimiques, et plus de 30 d'entre eux ont des fonctions clés dans la conservation en vie et la santé des plantes, des animaux et des humains. En fait, ils sont la base même de la vie. **KBJ**

La Déclaration des droits de l'homme(1789), peinte par Jean-Jacques-François Le Barbier.

v. 1790

Féminisme

Olympe de Gouges et Mary Wollstonecraft

Mouvement affirmant que les femmes doivent être socialement et juridiquement égales aux hommes

Un portrait à l'aquarelle de la révolutionnaire et féministe française Olympe de Gouges (1784). En 1791, elle publie sa *Déclaration des droits de la femme et de la citoyenne.*

« J'aime mon homme comme mon camarade ; mais son sceptre, réel ou usurpé, n'a pas d'emprise sur moi, à moins que la raison d'un individu n'exige mon hommage ; et même là, la soumission se fait à la raison, non à l'homme. »

Mary Wollstonecraft

Le terme « féminisme » désigne une série de mouvements politiques et sociaux qui ont cherché à dénoncer les nombreuses entorses aux droits des femmes, à leur perception dans leur société, et à leur accès aux responsabilités. Le mouvement a ainsi intenté plusieurs actions pour le droit à l'égalité intellectuelle, économique et juridique. Le féminisme a renversé beaucoup de paradigmes, et aujourd'hui encore son sens continue d'évoluer.

Depuis que l'humanité s'est sédentarisée, les intérêts masculins ont toujours eu la priorité, en particulier dans les religions. Néanmoins, suite à la Révolution française, les femmes commencent à revendiquer l'égalité avec vigueur.

Pendant la « guerre des pamphlets » des années 1790 (une suite d'échanges entre les réformateurs et ceux qui voulaient résister à l'application en Grande-Bretagne des « principes français »), deux femmes, Olympe de Gouges (1748-1793) en France et Mary Wollstonecraft (1759-1797) en Angleterre mettent publiquement en doute l'idée que les femmes sont des citoyens de seconde classe. Bien qu'elles acceptent certaines inégalités que les mouvements féministes ultérieurs balaient d'un revers de la main, elles ont ouvert un débat qui reste d'une importance cruciale aujourd'hui.

Les idées du féminisme ont ébranlé et changé de nombreux aspects de la société, depuis l'implication politique des femmes jusqu'au droit à la procréation. Elles se sont diffusées de manière radicalement différente chez des peuples aussi divers que les musulmans et les Indiens d'Amérique, mais leur thème commun reste le désir de questionner la structure des sociétés et les préjugés sur ce que les femmes sont et devraient être. Néanmoins, l'égalité des sexes demeure un problème de seconde importance pour une vaste majorité. **LW**

v. 1790

Dandysme

Europe

Principe selon lequel il est plus important d'avoir l'air d'être superbe que de l'être

La célébrité a longtemps été liée au pouvoir, et les puissants s'habillaient de manière à afficher leur statut. En Europe, les aristocrates se maintenaient dans les cercles restreints en usant du bon costume, des bonnes manières, mais sans chercher l'attention en dehors. Or à partir de 1790, émerge une nouvelle bourgeoisie qui n'a d'autre marque de statut que sa richesse.

Désireux d'attirer l'attention de la classe supérieure et libres de se consacrer à eux-mêmes, ces messieurs recherchent les feux des projecteurs par des tenues vestimentaires et des manières extravagantes. Extrêmement soignés et apprêtés, ils découvrent alors que le dandysme peut faciliter leur entrée dans les cercles aristocrates.

Le dandy a d'abord posé ses valises en Angleterre et en Écosse, puis en France et aux États-Unis, après que les guerres de la fin de siècle eurent créé les conditions favorables à la diffusion d'une culture accessible à ces hommes aux apparats aristocrates. Peut-être le plus connu d'entre eux est George « Beau » Brummell (1778-1840), un jeune homme de classe moyenne qui a appris les subtilités de la splendeur vestimentaire à l'université d'Oxford, puis à la prestigieuse 10th Royal Hussars. Il deviendra un intime du prince régent, futur roi George IV (1762-1830), jusqu'à ce qu'ils ne se brouillent en 1813.

Le dandy s'intéresse plus à son apparence qu'aux traditionnelles responsabilités sociales inhérentes au statut aristocrate. Leur objectif ? Doter, semble-t-il, leur dédain de la jeune culture démocratique d'un air de nihilisme ou d'hédonisme esthétique. Le dandysme est ensuite devenu un mode de promotion sociale pour les hommes sans richesse, mais ayant un grand talent artistique, comme l'écrivain et poète Oscar Wilde (1854-1900). **JSh**

1790

Critique du jugement

Emmanuel Kant

Théorie où l'expérience du sublime crée des tensions dans les facultés de l'esprit

La *Critique de la faculté de juger*, ou *Critique du jugement*, a été publiée par le philosophe allemand Emmanuel Kant (1724-1804) en 1790. Cet ouvrage très influent sur la philosophie esthétique contient un long développement sur le sublime. Pour Kant, le sublime est l'expérience d'une grandeur absolue, qui relève de la nature morale et suprasensible des hommes. Il s'agit de l'une des deux formes de l'expérience esthétique, l'autre étant l'expérience du beau. À propos du sublime, il distingue deux types : le sublime mathématique (comme la puissance inimaginable de Dieu) et le sublime dynamique (par exemple, la puissance d'un tsunami).

L'expérience du sublime est celle de l'informe, de l'infini, de l'incompréhensible ; le sublime résiste à l'imagination. Confronté à celui-ci, notre esprit ne peut trouver de manière de l'appréhender, de lui trouver du sens. Mais au lieu d'être simplement frustré ou furieux par cette incapacité, celle-ci se mêle d'un sentiment de plaisir ou de déplaisir. Ces sentiments sont le résultat de la tension psychologique entre les facultés intellectuelles de l'imagination, de l'entendement et de la raison. Le déplaisir naît de l'échec des sens et de l'esprit à comprendre le sublime, et le plaisir d'un enthousiasme pour cette idée folle qui échappe aux sens.

> *« En tentant d'imaginer ce qui lui échappe, [l'esprit] souffre de cet échec... »*
>
> **Emmanuel Kant, *Critique du jugement* (1790)**

La faculté de raison contient les idées de totalité et de liberté absolue, et est la seule à pouvoir trouver un sens à cette l'expérience. La *Critique du jugement* altère l'esthétique cognitive. La notion kantienne du sublime a bouleversé la manière dont nous réfléchissons l'expérience esthétique, le sentiment que nous avons face à l'art ou la nature, et les jugements auxquels nous parvenons. **KBJ**

1790

Contre-révolution

Edmund Burke

Théorie où le changement s'accommode mieux d'une réforme que d'une révolution

Publié en 1790 par l'homme politique et philosophe irlandais Edmund Burke (1729-1797), *Réflexions sur la Révolution de France* reste à ce jour la plus célèbre critique de la Révolution française. L'œuvre a suscité un nombre considérable de réponses, notamment de l'activiste anglo-américain Thomas Paine (1737-1809).

Dans cet écrit, Burke en appelle à écraser par les armes la France révolutionnaire et à réinstaller la vieille société aristocratique. Bien qu'il ait peu d'estime pour la monarchie de droit divin et l'idée que les peuples n'ont pas le droit de s'opposer à un gouvernement oppressif, il revendique la tradition, le statut social, certaines formes de préjudices, et la propriété privée – chaque citoyen devrait avoir une vision claire de sa place dans la hiérarchie sociale de sa nation. Burke préfère les réformes constitutionnelles graduelles à la révolution, et insiste sur les dangers que fait peser la loi de la majorité sur les droits individuels, les libertés et la société dans son ensemble. Selon lui, la France a basé sa Révolution sur des principes trop abstraits ; construire un gouvernement sur des notions comme la liberté ou l'égalité plutôt que sur l'ordre ou le commandement réel peut mener aux abus et à la tyrannie. Nombre des prédictions de Burke se sont réalisées ; il a prédit qu'un général de l'armée du peuple deviendrait le chef de l'assemblée, et deux ans après sa mort, Napoléon s'emparait du pouvoir et établissait une dictature militaire violente et corrompue.

« Donner la liberté reste plus simple [...], il suffit de lâcher les rênes. » **Edmund Burke, *Réflexions sur la Révolution de France* (1790)**

Les *Réflexions* reflètent des opinions politiques conservatrices et libérales classiques. Qu'il soit juste ou non, le livre offre une excellente analyse de la façon dont une révolution peut se tuer par ses propres principes. **KBJ**

1791

Présomption d'innocence

William Garrow

Principe selon lequel un accusé est innocent tant que sa culpabilité n'a pas été prouvée

De tous les dispositifs légaux qui entourent un procès, il y en a un qui ressort tout particulièrement. Quand un accusé se présente à la barre, il est présumé innocent tant que sa culpabilité n'a pas été établie. C'est au procureur de la prouver, et non à l'accusé de prouver son innocence. Ce principe ancestral remonte à l'époque romaine, mais a été pour la première fois nommé en tant que tel au XVIIIe siècle par le juge anglais William Garrow (1760-1840).

William Garrow est devenu avocat en 1783. Il se spécialise dans le conseil à la défense dans les affaires criminelles, puis devient procureur général d'Angleterre en 1813 et juge en 1817. Assez tôt dans sa carrière, il a prononcé la phrase « présumé innocent jusqu'à preuve du contraire » et insisté sur l'importance que le réquisitoire soit correctement examiné lors du procès. En soi, ce principe remonte au corpus juridique ou compendium de lois romaines compilées pour l'empereur Justinien, selon lequel « la responsabilité de la preuve incombe à celui qui affirme, non à celui qui conteste », s'inspirant ainsi du juriste romain du IIIe siècle Julius Paulus. Pour que ce principe fonctionne, les trois lois qui en découlent affirment que la responsabilité de la preuve revient au demandeur ; que le défendant n'a même pas à témoigner, demander un témoignage ou produire la moindre preuve ; et que le juge et les jurés ne sont pas autorisés à tirer la moindre conclusion négative du fait que le défendant soit accusé et comparaisse dans un tribunal.

La présomption d'innocence existe un peu partout dans le monde. Elle apparaît dans la charia islamique, dans le droit commun européen et dans les systèmes juridiques de pays comme la France ou l'Italie. De nombreux autres l'ont incluse dans leur code civil et leur Constitution. Le fonctionnement de la justice aurait un tout autre visage sans elle. **SA**

L'éducation pour les femmes

Mary Wollstonecraft

Thèse selon laquelle les femmes ne pourront être les égales des hommes, au travail ou dans les foyers, qu'en recevant une éducation adaptée à leur place dans la société

Dans *Défense des droits de la femme*, publié en 1792, la philosophe et écrivain Mary Wollstonecraft (1759-1797) soutient que les femmes devraient elles aussi avoir le droit à une éducation adaptée à leur place dans la société, comme c'est le cas pour les hommes. Non contente d'y voir l'intérêt du beau sexe, Wollstonecraft croit également à un effet positif sur la cohésion des mariages, des foyers et de la société dans son ensemble. Elle affirme que les mariages sont stables quand les épouses sont traitées comme des partenaires égaux, que la sexualité fait par ailleurs partie de la nature des hommes et des femmes, et que la force d'une union dépend de la fidélité réciproque des deux parties.

Wollstonecraft rédige *Défense des droits de la femme* en Angleterre pendant l'époque de la Révolution française (1789-1799), et nombre de ses idées détonnent avec l'époque. Bien qu'elle ait écrit sur une grande variété de sujets, depuis l'éducation des enfants jusqu'à la politique et l'histoire, cet ouvrage est considéré comme l'un des précurseurs de ce qui deviendra le féminisme. Elle écrit ce livre pour contester l'idée que les femmes ont uniquement vocation à être des épouses et à s'occuper des tâches domestiques. La conception qu'elle s'en fait tranche radicalement avec son époque, où une grande majorité, notamment d'hommes, ne perçoivent guère les femmes autrement que comme des biens meubles.

Défense des droits de la femme est bien reçu à sa publication, mais les révélations sur la fille illégitime de l'auteur, sa vie personnelle peu orthodoxe et ses tentatives de suicide valent au livre d'être perçu avec méfiance pendant plus d'un siècle. C'est seulement au XXe siècle que la vie et l'œuvre de Wollstonecraft seront enfin compris. Elle inspirera de nombreuses féministes, dont Virginia Woolf (1882-1941), même si les féministes d'aujourd'hui estiment que la seule éducation ne suffit pas à assurer l'égalité entre les sexes. **MT**

Portrait de Mary Wollstonecraft par John Keenan vers 1793. La fille de l'écrivaine, Mary Shelley (née Mary Wollstonecraft Godwin), écrira *Frankenstein* (1818).

« La vertu ne peut fleurir qu'entre égaux. »

Mary Wollstonecraft

1794

Siècle de la raison

Thomas Paine

Critique des religions instituées et promotion du déisme

En 1794, 1795 et 1807, l'intellectuel et révolutionnaire anglo-américain Thomas Paine (1737-1809) publie une série de pamphlets en trois parties, *Le Siècle de la raison, ou recherches et réflexions sur la théologie vraie et fabuleuse*. Celle-ci est bien accueillie aux États-Unis, mais pas en Grande-Bretagne.

Paine rédige les deux premières parties durant son séjour en prison en France pendant la Terreur (1793-1794). Ses idées ne sont pas neuves pour les intellectuels, mais grâce à un style sans compromis, satirique et engagé, il parvient à toucher un large public. Le faible prix de ses pamphlets n'y est pas étranger.

Manifeste déiste, *Le Siècle de la raison* pose les principes de base du déisme : Dieu a créé le monde, mais n'intervient pas constamment ni n'interagit directement avec nous ; l'existence de Dieu peut être prouvée par la raison et l'observation du monde naturel. Rejetant l'existence des miracles, Paine soutient que la nature est la seule forme de révélation divine, Dieu ayant établi à l'évidence un ordre uniforme et éternel qui transparaît dans sa création.

> *« Donne à tout autre être humain chaque droit que tu revendiques pour toi. »*
>
> **Thomas Paine, *Le Siècle de raison* (1794)**

Paine rejette également le christianisme, cette invention humaine, et critique les tentatives de l'Église chrétienne, à ses yeux corrompue, afin d'obtenir le pouvoir politique. À ses yeux, la Bible n'est pas non plus la parole de Dieu, mais juste un livre comme d'autres. Ses tentatives de diffuser le déisme et ses attaques contre l'Église chrétienne lui valent de nombreux ennemis. Mais ses pamphlets cherchent à amener la politique aux gens dans un style clair et simple, et en ça ils ont changé le discours politique. **KBJ**

1794

La Terreur

Maximilien de Robespierre

La persécution étatique est justiciable si elle suit des objectifs vertueux

Le 5 février 1794, pendant le règne de la Terreur (1793-1794), Maximilien de Robespierre rédige un discours à la Convention sur les principes de la morale politique, où il fait une défense ardente de la Révolution. Il soutient que la République peut être sauvée de ses ennemis par la vertu de ses citoyens, et que la terreur est vertueuse et pleinement justifiée. La violence de la Terreur était pour lui nécessaire afin de parvenir à remplir certains objectifs politiques supérieurs. Durant cette période, 16 594 personnes sont exécutées, y compris Robespierre.

Robespierre pensait que la terreur avait un but moral profond. Il avait la vision d'une société dans laquelle les hommes cherchaient le bonheur de leurs concitoyens – le bonheur paisible de la liberté, de l'égalité et de la justice naturelle – plutôt que les bénéfices matériels.

> *« La vertu, sans [...] terreur est funeste ; la terreur [sans vertu] est impuissante. »*
>
> **Robespierre, discours à la Convention, 1794**

En déclarant que « la lame de la loi devrait planer sur tous les coupables », il s'engageait à utiliser le pouvoir politique obtenu pendant la Terreur pour traquer et éliminer tous les opposants de la Révolution et créer ce qu'il appelait une République de la vertu. En réalité, il semble que la Terreur ait surtout révélé la peur et la faiblesse du parti jacobin au pouvoir.

Pour la première fois dans l'Histoire, le recours à la terreur a été une politique gouvernementale officielle et complètement assumée. Le discours de Robespierre est un effrayant exemple de la manière dont une noble idée, comme la vertu, peut être déformée et instrumentalisée pour devenir la justification logique de la tyrannie et de la violence. Et un parfait exemple de la manière dont d'authentiques bonnes intentions peuvent tourner au pire. **KBJ**

Une illustration montrant Robespierre conduit à la guillotine en 1794. ➔

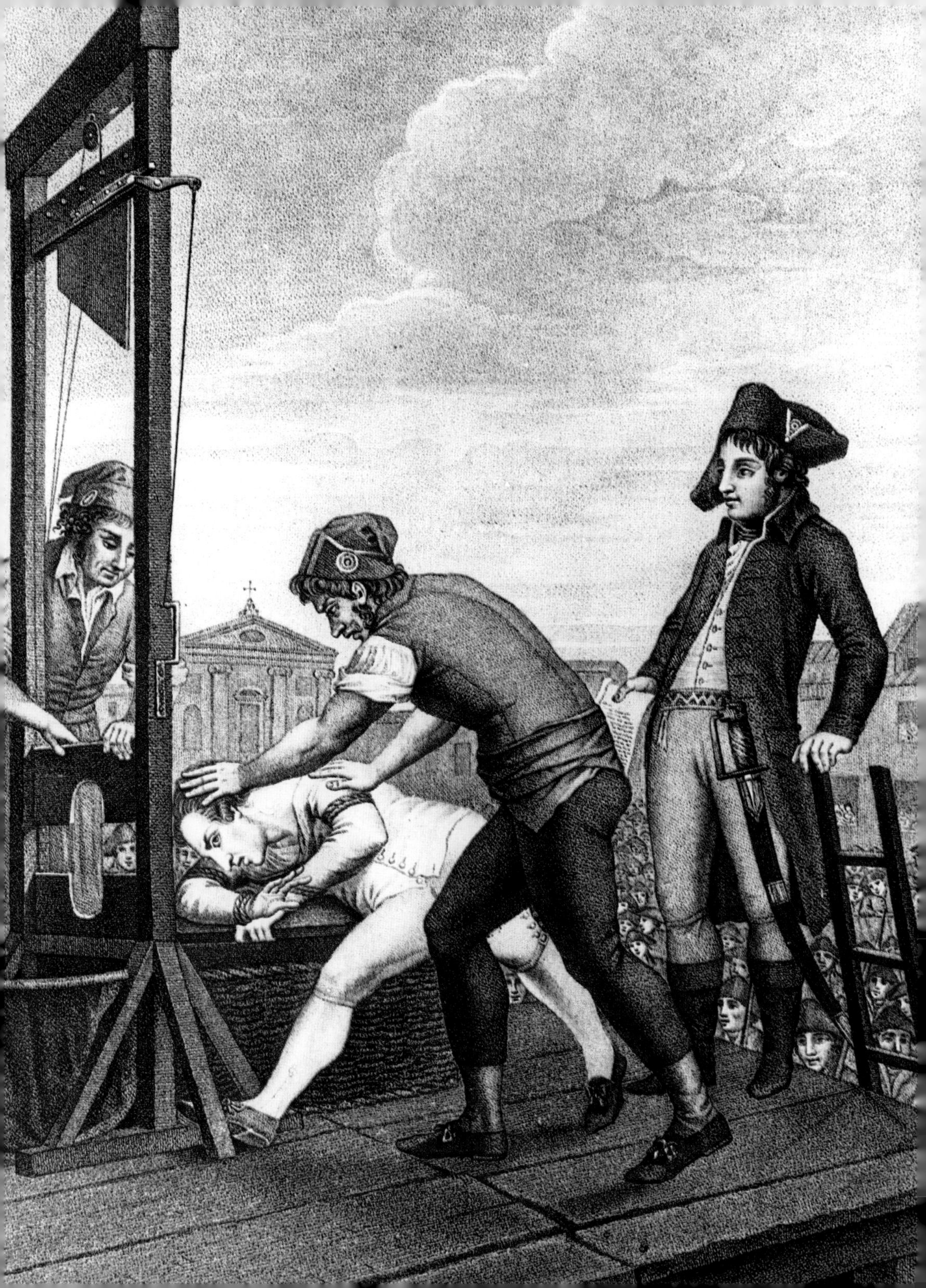

1795

Gradualisme

James Hutton

Théorie selon laquelle les changements géologiques sont dus à des processus lents et continus

La naissance du gradualisme est attribuée au géologue écossais James Hutton (1726-1797), dont la conception des changements graduels a révolutionné la géologie et la biologie.

Dans les sciences naturelles, le gradualisme est une théorie selon laquelle le changement est l'effet cumulatif de processus lents, mais continus. En géologie, Hutton a affirmé que certaines formes géologiques sont le résultat de l'action de forces imperceptibles sur de très longues périodes de temps. Cette théorie s'oppose au catastrophisme.

En biologie, le naturaliste Charles Darwin (1809-1882) a adopté le gradualisme dans sa théorie de l'évolution, qui affirme que les mutations s'imposent progressivement dans le temps, par sélection naturelle. Les organismes individuels possédant une légère variation qui convient sensiblement mieux à leur environnement sont plus susceptibles de survivre que ceux qui en sont dépourvus. Les descendants de l'individu le plus adapté survivront et se reproduiront, tandis que les autres s'éteindront, si bien que la population de cette espèce évolue graduellement dans le temps.

« Ce n'est pas le moment [...] de nous laisser endormir par une approche gradualiste. »

Martin Luther King Jr., discours « I have a Dream »

En politique, le gradualisme considère que les changements progressifs sont plus efficaces que les bouleversements abrupts d'une révolution ou d'un soulèvement. Il s'oppose au réformisme, qui milite pour des changements rapides et radicaux. Aux États-Unis, le gradualisme a été envisagé dans les années 1950 pour lutter contre la ségrégation raciale, mais de nombreux réformistes y ont vu une manière d'esquiver le problème. **KBJ**

1796

Doppelgänger

Jean Paul

Concept désignant l'existence d'un sosie, d'un double, ou du négatif d'une personne

Le mot *Doppelgänger* a été introduit dans *Siebenkäs* (1796-1797) par l'écrivain Johann Paul Richter (1763-1825, Jean Paul est son pseudonyme). Le terme, qui apparaît en anglais vers 1851, signifie littéralement « celui qui vient aussi », et désigne le double d'une personne.

Dans le folklore germanique, un *Doppelgänger* est une entité paranormale sinistre ou malveillante, une sorte d'apparition qui est le négatif de son alter ego humain. L'idée existe également dans les mythologies égyptiennes, scandinaves et finlandaises. Voir son double était le présage d'une mort imminente.

Un *Doppelgänger* est aussi une figure littéraire qui renvoie dans une histoire à un personnage qui est lui-même la copie ou l'imitateur d'un autre. Les séries à feuilleton en font volontiers usage. Ces « faux » doubles ont généralement des intentions et des émotions différentes de celles de leurs homologues « réels » . Aujourd'hui, un *Doppelgänger* littéraire n'est plus forcément malintentionné ; il peut s'agir du simple sosie d'une personne, qui oblige un observateur à s'y reprendre à deux fois pour les distinguer.

« Le "double" était à l'origine une assurance contre la destruction de l'ego [...]. »

Sigmund Freud, *L'Inquiétante Étrangeté* (1919)

L'idée a énormément influencé la littérature, le cinéma et la télévision, offrant quelques-unes des meilleures intrigues, des meilleurs rebondissements et des meilleurs personnages. Ainsi de *Docteur Jekyll et Mister Hyde* (1886), *Twin Peaks* (1990-1991), *Fight Club* (1999), *Mulholland Drive* (2001) *et Black Swan* (2010). Il est tentant d'en abuser et de tomber dans le cliché, mais avec de l'inventivité, le *Doppelgänger* soutient des scénarios intenses et captivants. **KBJ**

Les gorges du Verdon, un grand canyon de 21 kilomètres de long dans les Alpes-de-Haute-Provence.

1796

Erreur du joueur

Pierre-Simon Laplace

Présomption erronée selon laquelle les événements passés influent sur la probabilité

Jetez une pièce. Si elle retombe cinq fois de suite côté face, l'erreur du joueur sera de croire qu'elle «devrait» tomber sur pile la prochaine fois. Il s'agit d'un raisonnement erroné, car les résultats des lancers précédents n'ont aucune influence sur les suivants.

Cette erreur est également appelée erreur de Monte-Carlo, en raison d'une improbable série qui eut lieu à une table de roulette de Monaco en 1913. Les noirs sortirent 26 fois d'affilée. S'il s'agit d'une série rarissime, elle fait partie des possibilités, comme n'importe quelle séquence de rouges et de noirs. Inutile de dire que les joueurs présents à cette table perdirent des millions, car ils présumèrent à tort que le rouge devait nécessairement sortir au prochain coup, ou au suivant. L'erreur se retrouve également dans l'idée que les jeux d'argents sont équitables, et que toute série de pertes sera gommée par une série gagnante.

« [L'erreur du joueur repose sur] l'idée que les événements aléatoires ont une mémoire. »

J. D. Mullen et B. M. Roth, *Decision Making* (1991)

Le mathématicien français Pierre-Simon Laplace (1749-1827) a été le premier à isoler cette présomption dans *Essai philosophique sur les probabilités* (1814), où il évoque les pères essayant de prédire la probabilité d'avoir des fils. Ceux-ci supposaient égal le ratio de garçons et de filles nés chaque mois, et en déduisaient que si un village voisin avait un ratio élevé de garçons, le ratio de filles serait plus élevé dans le leur. De même, les pères ayant plusieurs enfants du même sexe pensaient que le prochain serait «nécessairement» de sexe opposé.

L'erreur du joueur nous apprend qu'il n'y a pas de «main invisible» ou de dame la Chance derrière le jeu. Maintenant, prenez votre argent et éloignez-vous avec dignité. **KBJ**

1796

Homéopathie

Samuel Hahnemann

Idée que des substances dangereuses, à doses infimes, aident le corps à se guérir

Le médecin allemand Samuel Hahnemann (1755-1843) a abandonné la pratique de la médecine pour se consacrer à la recherche. En 1796, il identifie le principe fondateur de l'homéopathie : une substance qui produit des symptômes chez une personne en bonne santé soignera les mêmes symptômes chez une personne malade. Hahnemann a affiné sa théorie avec deux autres principes : d'abord, moins vous utilisez une substance, plus elle devient puissante, ensuite, une maladie est toujours unique en fonction de la personne qui en souffre.

L'idée de l'homéopathie fait écho à l'idée d'Hippocrate selon laquelle «le semblable guérit le semblable». Il est tombé sur la «loi des semblables» en 1790 en traduisant en allemand un livre de William Cullen, *Traité de matière médicale* (1789). Les homéopathes affirment que le principe est le même que la vaccination préventive : de la même façon que la réaction provoquée par un vaccin dans le système immunitaire d'une personne le protégera de la maladie, un remède homéopathique, dit-on, entraîne la guérison du corps.

« L'unique mission du médecin est de ramener le malade à la santé… »

Samuel Hahnemann (1833)

Il n'est guère étonnant que l'homéopathie ait été adoptée au début du XIXe siècle : les procédures médicales, comme Hahnemann le prétendait, faisaient en effet plus de mal que de bien. Aujourd'hui, l'impact de l'homéopathie est attesté par l'existence d'une industrie de la médecine alternative. Et la persistance de l'idée selon laquelle la guérison dépasse la médecine conventionnelle demeure un défi : sommes-nous davantage que la somme de nos parties, ou cela nous fait-il juste du bien de le croire ? **LW**

« Pharmacie améliorée avec 134 remèdes en bouteilles, A, B, et D », Willmar Schwabe (1889).

TAB. B.

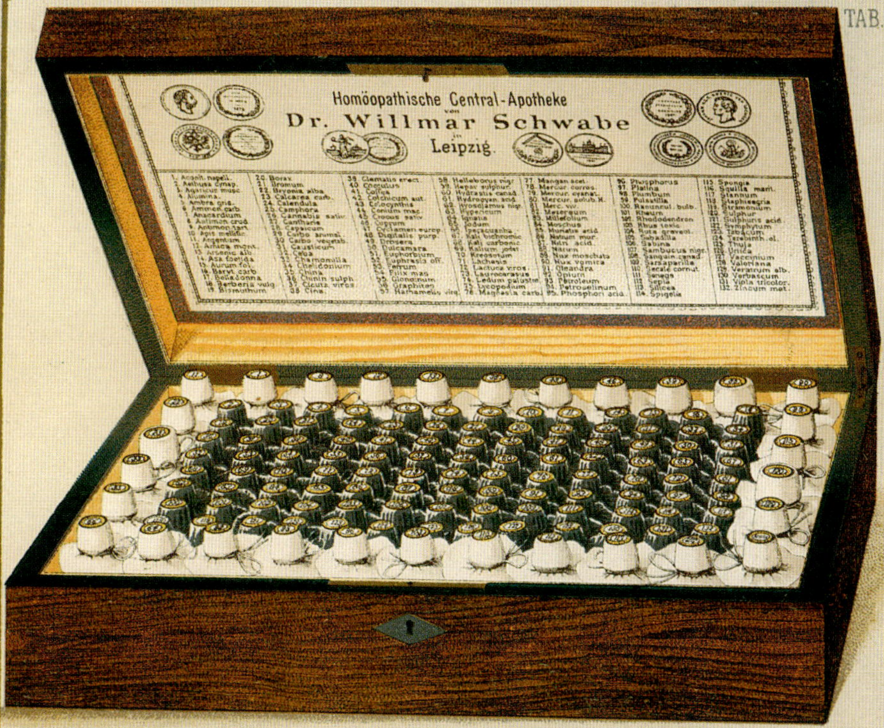

Verbesserte Apotheke mit 134 Medicamenten in Flaschen A, B und D.

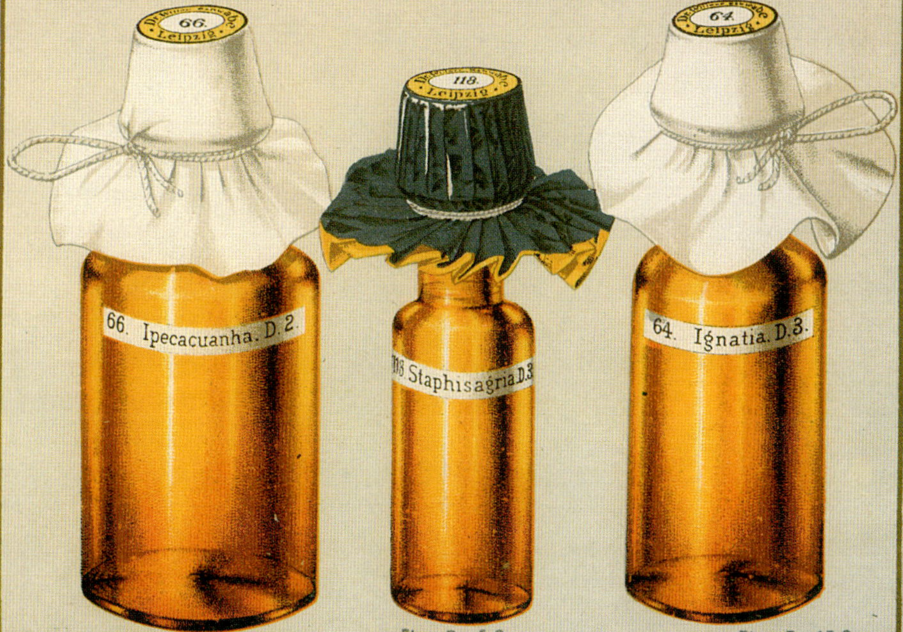

Flac. A. 25 Gr.

Flac. D. 5 Gr.

Flac. B. 15 Gr.

1797

Ligne d'assemblage

Eli Whitney

Produire de manière séquentielle, en utilisant des composants interchangeables

En 1797, le gouvernement américain contacte plusieurs firmes pour produire 40 000 fusils de calibre 69, modèle 1795. L'inventeur Eli Whitney (1765-1825) propose d'en livrer 10 000 sur deux ans en assemblant des pièces de machinerie conçues sur le même modèle. Avant la mécanisation de la ligne d'assemblage, les artisans fabriquaient des pièces uniques, à la main. Les parties interchangeables obtenues par la méthode inédite de Whitney vont permettre d'assembler des fusils de manière plus rapide et donc plus économique.

Bien que Whitney ait probablement été le premier à exploiter le concept de la ligne d'assemblage à des fins commerciales, d'autres théoriciens et inventeurs avaient préparé la voie. Dans le livre *La Richesse des nations* (1776), le philosophe et économiste écossais Adam Smith traitait déjà de la division du travail dans une manufacture d'épingles. Et influencé par la standardisation du châssis et des calibres opérée par l'ingénieur en artillerie français Gribeauval, l'armurier Honoré Blanc avait recouru à des gabarits pour fabriquer des platines de fusils interchangeables.

« Les outils [...] doivent façonner le travail et donner à chaque élément sa bonne proportion. » **Eli Whitney**

La ligne d'assemblage de Whitney a permis d'accélérer la production et a facilité la réparation des fusils endommagés. Les lignes d'assemblage à grande échelle d'aujourd'hui reposent sur un arrangement méticuleux de machines, d'équipement et d'ouvriers, afin d'optimiser le flux de la production des pièces. Chaque déplacement de matériel est simplifié pour éliminer les flux croisés ou les allers-retours. Au début du XXe siècle, la Ford Motor Company a opté pour cette organisation afin de produire en masse la modèle T. **BC**

1798

Loi de Malthus

Thomas Malthus

Théorie qui affirme que la croissance de la population perpétue la pauvreté

L'économiste britannique Thomas Malthus (1766-1834) n'était pas convaincu que le progrès humain était inéluctable. Dans *Essai sur le principe de population* (1798), il expliqua qu'il ne voyait pas comment la production agricole pouvait tenir le rythme d'une rapide croissance démographique.

Malthus observe que l'agriculture peut croître de manière arithmétique : pour 100 unités de nourriture, elle peut en produire 150 en 40 ans, et 200 en 80 années. À niveau de sol et d'eau égal, doubler la production en trois générations serait une prouesse technologique. Néanmoins, si une famille moyenne a quatre enfants, alors à une génération de 100 personnes succède une génération de 200, puis (mathématiquement) de 400 au bout de 80 ans. Ainsi, 100 unités de nourriture pour 100 personnes aujourd'hui donnent au final 200 unités pour 400, si bien que la dernière génération en obtient deux fois moins que la première. Dans la mesure où la nourriture n'est jamais répartie de manière égale, la loi de Malthus prédit un accroissement de la malnutrition et des famines. Il explique pourquoi, malgré les progrès de la production agricole, des millions de personnes souffrent toujours de la faim.

« La population, si elle n'est pas freinée, s'accroît en progression géométrique. »

Thomas Malthus

Les travaux de Malthus ont inspiré la théorie de l'évolution de Charles Darwin (1809-1882), selon laquelle la compétition pour la nourriture au sein d'une espèce en surpopulation amènerait à une sélection naturelle des moins adaptées, et à l'évolution de l'espèce. La loi de Malthus n'a jamais été réfutée, mais l'humanité pourrait échapper à ses implications avec la planification familiale et le contrôle des naissances. **JSh**

Ouvriers sur une ligne d'assemblage mobile à l'usine de la Ford Motor Company, vers 1913.

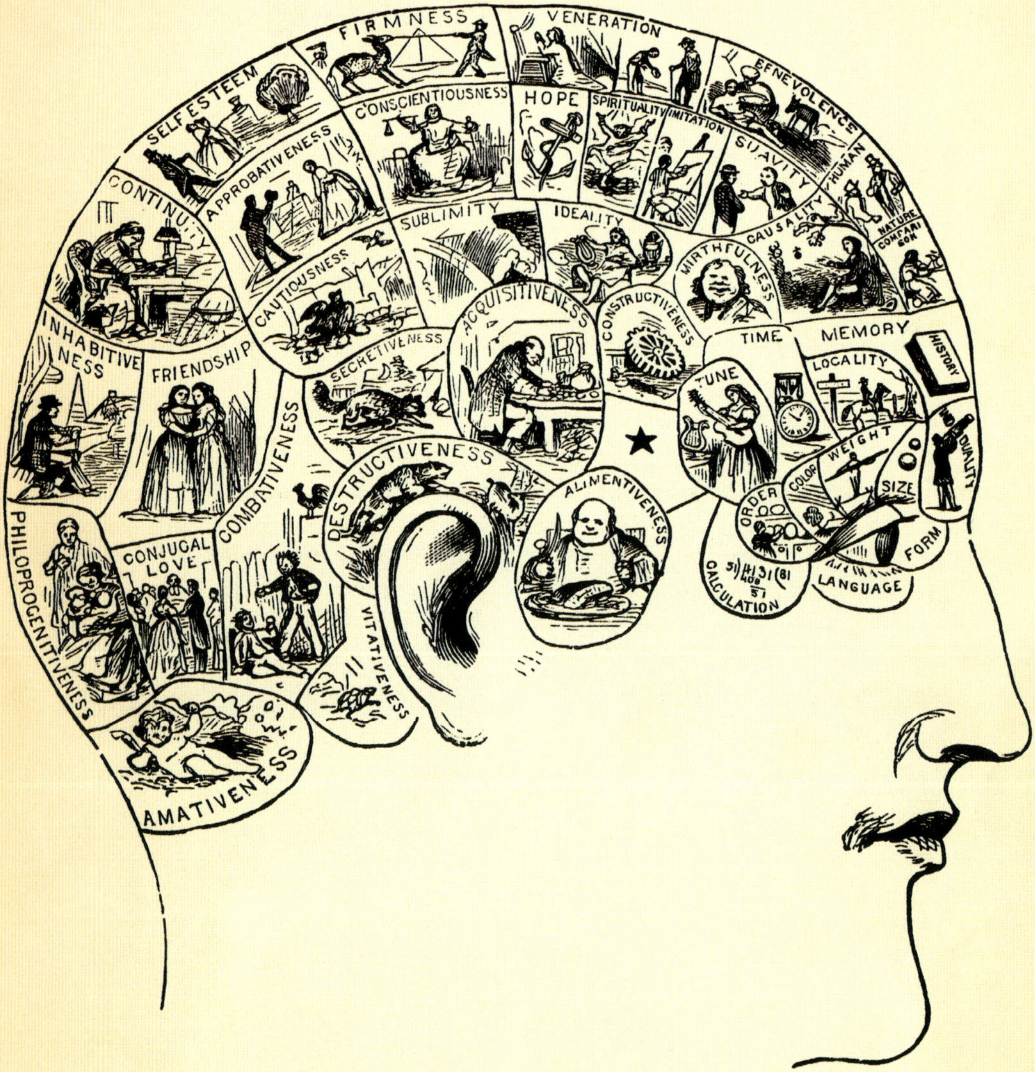

Phrenological Chart of the Faculties.

v. 1800

Phrénologie
Franz Joseph Gall

Thèse selon laquelle la forme du crâne indique l'état des différentes facultés.

Développée vers 1800 par le physiologiste et neuroanatomiste Franz Joseph Gall (1758-1828), la phrénologie était appelée à l'origine cranioscopie. La phrénologie cherchait à faire le lien entre le caractère d'un individu et la forme de son crâne. Cette discipline a été extrêmement populaire en Angleterre au début du XIXe siècle, certains employeurs demandant même à un phrénologue de déterminer si un candidat à l'embauche était honnête et travailleur. Dès les années 1950 cette « science » avait perdu sa crédibilité, ses praticiens ne pouvant expliquer les cas non concordants.

La logique de la phrénologie de Gall fonctionnait ainsi : premièrement, le cerveau est un organe de l'esprit et il contrôle les propensions, les sentiments et les facultés ; deuxièmement, l'esprit est composé de nombreuses facultés distinctes et innées (dont les facultés morales et intellectuelles) ; troisièmement, parce que toutes sont distinctes, chacune doit avoir une place ou un organe différent dans le cerveau ; quatrièmement, la taille d'un organe permet de mesurer sa force, et ses actions dépendent de son organisation ; cinquièmement, la forme du cerveau est déterminée par le développement de divers organes. Ainsi, en « décryptant » les bosses, les cavités et les saillies du crâne, il était possible d'identifier et quantifier certains traits de caractère, certaines facultés mentales, et certaines propensions naturelles.

« Je ne savais pas que j'avais un talent inventif avant la phrénologie. »

Thomas Edison, inventeur

Les idées de Gall ont influencé la neuropsychologie moderne, celle-ci étudiant la structure et la fonction du cerveau et ses interactions avec le comportement, ainsi que la psychiatrie. **KBJ**

1802

Séparation de l'Église et de l'État Thomas Jefferson

L'Église ne doit pas se mêler des affaires de l'État, et réciproquement

La proximité des relations entre l'appareil politique d'un État et son ou ses corps religieux varie d'une nation à l'autre, selon le système juridique en place et les opinions majoritaires du peuple sur la religion dans la société. Le degré de séparation de l'Église et de l'État est souvent détaillé dans la constitution de chaque pays.

Depuis la Grèce antique jusqu'au Moyen Âge, les deux s'entremêlaient. Les crimes étaient vus comme des atteintes à la société et aux dieux ; les rois avaient le titre de prêtre, ou tenaient le trône de droit divin ; et les papes catholiques pouvaient destituer les rois ou imposer un gouvernement royal. Néanmoins, pendant la Réforme, Martin Luther (1483-1546) avait milité pour la « doctrine des deux royaumes », qui divisait le règne divin en deux, un royaume terrestre gouverné par les lois, et un royaume spirituel gouverné par la grâce. Il s'agit de l'une des premières préfigurations de la séparation de l'Église et de l'État.

« Le gouvernement des États-Unis n'est [pas] fondé sur la religion chrétienne. »

George Washington, président américain, 1789-1797

En Amérique du Nord, le séparationniste le plus influent fut le père de la nation, Thomas Jefferson (1743-1826). Le Premier Amendement de la Constitution américaine (1791) affirme que le gouvernement doit respecter la liberté religieuse de chacun, et ne doit pas adopter de loi établissant une religion nationale. Cette séparation de l'Église et de l'État a changé la façon dont les gens percevaient le rôle de la religion dans la société, notamment du point de vue du gouvernement, de la loi, de la morale et de la liberté individuelle. Historiquement, cette séparation a bénéficié au progrès scientifique, de nombreuses découvertes scientifiques s'opposant à des croyances religieuses. **KBJ**

Une illustration de la phrénologie tirée de *People's Cyclopedia of Universal Knowledge* (1883).

1802

Argument de la montre

William Paley

De la même façon qu'une montre implique un horloger, le monde naturel implique l'existence de Dieu

Les conceptions occidentales de Dieu ont été formées par une variété d'expériences, comme l'émotion inspirée par un coucher de soleil, une majestueuse chaîne de montagnes, ou la complexité d'une cellule vue à travers un microscope. Ces expériences ont conduit de nombreux penseurs à croire que ces objets et ces événements ont été pensés et conçus. Ces expériences, pour nombre d'entre eux, les conduisent à penser que le monde a été conçu par une intelligence supranaturelle. Ce raisonnement est connu sous le nom d'« argument téléologique » de l'existence de Dieu, et on peut le faire remonter au *Memorabilia* de Xenophon (v. 371 av J.-C.) et au *Timée* de Platon (v. 360 av. J.-C.).

Dans sa *Théologie naturelle* (1802), le philosophe et évêque anglican britannique William Paley (1743-1805) en a formulé une version bien connue, « l'argument de la montre ». Il y oppose l'expérience de la découverte d'une pierre ordinaire et d'une horloge, et se demande s'il est raisonnable de considérer qu'elles ont la même origine. Sa réponse est un « non » retentissant ; tout dans la montre atteste de l'existence d'un artisan intelligent, alors que les caractéristiques de la pierre ne suggèrent rien quant à ses origines. La distinction entre chance et conception conduit Paley à conclure que l'athéisme est aussi absurde que l'idée qu'une montre soit le produit de la chance : il affirme que « toutes les manifestations d'un dessein qui existait dans la montre, existent dans les œuvres de la nature ».

Les arguments comme celui-ci continuent de jouer un rôle important dans les discussions sur les limites de la science et sur sa relation avec la religion. Le mouvement contemporain Intelligent Design, qui a débuté avec *Le Darwinisme en question* de Phillip E. Johnson (1991) et *La Boîte noire de Darwin*, de Michael J. Behe (1996), prolonge la tradition à laquelle Paley a contribué. **JW**

Selon l'argument de la montre, des monuments naturels comme le mont Everest seraient des preuves de l'existence de Dieu.

1809

Plus lourd que l'air

George Cayley

Théorie selon laquelle des machines doivent pouvoir voler en s'appuyant sur la poussée et la traînée

N'importe quel oiseau sait voler malgré un poids plus élevé que l'air, grâce à des membres lui permettant de s'élever – ses ailes – pour créer des différences de pression. Quand une aile bat l'air, la pression de l'air au-dessus de celle-ci est moins importante que la pression en dessous ; ce qui propulse l'aile plus haut, aidant ce qui lui est relié à voler. Le concept du vol du « plus lourd que l'air » n'est rien d'autre que cela : monter en flèche comme un oiseau, attaché aux ailes qui le font s'élever.

Vu du XIXe siècle, les cerfs-volants à structure métallique existent déjà depuis leur invention en Chine dès 2800 av J.-C., mais le vol humain n'est devenu possible qu'à partir de 1783, quand un passager s'est élevé dans le ciel, porté par un ballon d'air chaud. Certains précurseurs comme Léonard de Vinci (1452-1519) avaient étudié le vol des oiseaux, et même imaginé des engins permettant de les imiter. Néanmoins, personne n'avait concrétisé l'idée jusqu'à ce que l'ingénieur anglais George Cayley (1773-1857) ne commence à étudier les besoins en aérodynamique en 1791 et multiplie les essais avec un planeur. Cayley a publié un traité, *On Aerial Navigation* (« De la navigation aérienne ») en 1809, et conçu un modèle pour porter une personne, achevé à échelle réelle par son cocher sur les plans de l'ingénieur, en 1853. Cinquante ans plus tard, en décembre 1903, Orville (1871-1948) et Wilbur (1867-1912) Wright se rendaient célèbres en pilotant la première machine motorisée plus lourde que l'air.

Sans le vol plus lourd que l'air, le monde nous paraîtrait bien plus grand qu'il n'est aujourd'hui. Dans le demi-siècle qui a suivi le vol des frères Wright, les avions ont franchi la vitesse du son et volé d'un continent à l'autre. L'aviation militaire a changé les conflits, tandis que les voyages intercontinentaux en un jour sont désormais accessibles à toute personne assez aisée pour se payer un ticket. **MT**

↑ Photographie de 1894 (l'original est en noir et blanc), montrant le pionnier de l'aviation Otto Lilienthal à la barre d'un deltaplane.

Évolution lamarckienne

Jean-Baptiste Lamarck

Théorie qui postule que les caractéristiques physiques d'un être vivant résultent des comportements adaptatifs des générations précédentes

Selon la théorie de l'évolution de Jean-Baptiste Lamarck, une girafe donnée peut développer un long cou après avoir passé sa vie à essayer d'atteindre les branches les plus élevées.

« Les théories lamarckiennes [...] sont d'habitude rejetées – et à raison –, car aucune preuve valable de leur véracité n'a jamais été trouvée. »

Richard Dawkins, biologiste

Le naturaliste anglais Charles Darwin (1809-1882) n'a pas été le premier à utiliser le terme « évolution », ni à suggérer que les espèces actuelles diffèrent de celles d'antan. Le Français Jean-Baptiste Lamarck (1744-1829), après ses contributions à la biologie et à la taxinomie, a émis l'idée ambitieuse que des forces vitales guident la vie vers une plus grande complexité, d'où les « progrès » évolutionnistes observables dans les formes de vie les plus sophistiquées. La *Philosophie zoologique* (1809) de Lamarck rend compte des longs cous des girafes en expliquant que les cous sensiblement plus étirés de certains individus ont été transmis à leur progéniture sous la forme de cous un peu plus allongés ; leurs enfants continueraient à leur tour à étirer leur cou pendant leur existence avant d'avoir leur propre progéniture ; chaque génération ayant ainsi un cou de plus en plus long.

La théorie de Lamarck impliquerait que le sperme et les œufs des parents seraient modifiés d'une façon ou d'une autre par leurs réalisations, mais aucune preuve n'en atteste. En 1883, en opposant que les gamètes sont produits dans le corps sans la moindre contribution d'autres cellules somatiques formées durant la vie des parents, August Weismann (1834-1914) est devenu le premier biologiste darwinien à rejeter cette théorie de l'héritage des caractéristiques acquises. Pourtant, malgré les preuves croissantes en faveur de la synthèse évolutionniste moderne proposée par Weismann et Gregor Mendel (1822-1884), la confiance des scientifiques en un progrès biologique non aléatoire ont maintenu une préférence pour Lamarck.

Les récentes recherches en épigenèse confirment qu'il existe plusieurs voies par lesquelles des facteurs environnementaux peuvent indirectement influer sur les gènes. L'épigenèse a suscité un regain d'intérêt néo-lamarckien, mais le concept lamarckien de l'héritage est toujours réfuté. **JSh**

1810

Tonalité

Alexandre-Étienne Choron

Manière d'organiser les tons qui domine la plupart des formes de musique occidentale

En 1810, le musicologue français Alexandre-Étienne Choron (1771-1834) définit la tonalité dans le sens que revêt le mot aujourd'hui, une organisation des harmonies tonales autour d'une triade majeure ou mineure, la tonique, avec la sous-dominante au quatrième degré, conduisant à la dominante au cinquième, suivie d'une résolution avec la tonique. Diverses métaphores, comme celle de la « force gravitationnelle » ont été utilisées pour décrire les forces perceptrices à l'œuvre dans cet arrangement.

Les trois accords de la tonique, de la sous-dominante et de la dominante offrent une harmonisation rudimentaire à la plupart des morceaux construits sur la gamme diatonique. Depuis le début du XVIIIe siècle, ils ont remplacé l'ancienne approche mélodique-harmonique basée sur les douze modes grégoriens. Aujourd'hui, le concept de tonalité recouvre un système complexe d'accords tournant autour d'un accord tonique de référence.

À la marge, le terme a également été utilisé pour décrire des organisations tonales centrées sur un ton, comme le système modal dans la musique classique du nord de l'Inde, et même pour évoquer l'organisation de formes hautement atonales (comme la « tonalité à douze tons » inventée par le compositeur George Perle).

Les notes qui n'appartiennent pas à un accord, ou les accords qui n'appartiennent pas à une clé, créent une tension et appellent une résolution ; c'est ce que J.-S. Bach a exploré dans sa musique chromatique au XVIIIe siècle et Richard Wagner au XIXe, avec *Tristan et Iseult* (1865) et *Parsifal* (1882) comme points culminants. Au début du XXe siècle est apparue l'idée que la complexité croissante aboutirait à ce que le système s'écroule au profit de l'atonalité. Néanmoins, la tonalité continue de dominer de nombreux registres de la musique populaire, ainsi que la musique néoromantique. **PB**

1810

Musique absolue

Allemagne

Approche dans laquelle la musique n'a ni but ni matière qui lui soit extérieur

Née de la philosophique allemande du XIXe siècle, l'idée de la musique « absolue » renvoie à une musique instrumentale « dépolluée » des mots et des idées extramusicales ; c'est une forme d'art pur. Dans sa critique de la *5e symphonie* de Beethoven en 1810, l'écrivain et compositeur E. T. A. Hoffmann (1776-1822) en a été l'un des premiers avocats. Elle a plus tard été contestée par Richard Wagner (1813-1883), pour qui poésie, danse et musique constituent une œuvre d'art complète, la *Gesamtkunstwerk*.

Les défenseurs de la musique absolue, comme le critique musical allemand Eduard Hanslick (1825-1904), ont reconnu leur idéal dans la musique instrumentale de Johannes Brahms (1833-1897). Hanslick affirme qu'il n'y a aucune causalité stricte entre une phrase musicale donnée et son effet émotionnel. La musique n'a aucun autre but qu'elle-même. Hanslick ne nie pas qu'une œuvre puisse susciter des pensées et des émotions, mais maintient que ces émotions ne sont pas liées à la musique elle-même, mais à celui qui l'écoute.

> *« Une tempête musicale sonne toujours comme la colère de Zeus. »*
>
> **W. H. Auden, *The Dyer's Hand and other Essays* (1962)**

La notion de musique absolue représente un vrai problème esthétique : si le contenu de la musique relève juste de « formes sonores et en mouvement », comme Hanslick le décrit, pourquoi y a-t-il si souvent consensus entre différents auditeurs quant aux propriétés expressives d'une composition ? Avec l'arrivée du cinéma muet, la musique écrite pour coller à des scènes dramatiques standardisées – amour, poursuite, réflexions angoissées – a plus ou moins fixé un vocabulaire des signes musicaux. Peut-être la musique a-t-elle finalement un but : se mettre au service des images animées. **PB**

OCCUPATIONS DES DAMES St. SIMONIENNES.

Selon leurs Capacités

Ce Bouquet, ne peut être trop beau pour notre Père.

Repas d'un St. Simonien.

Dame St. Simonienne prêchant la Doctrine.

St. Simonienne Jardinière.

St. Simonienne Cordonnier

St. Simonienne revenant de la chasse.

St. Simonienne. Forgeron.

St. Simonienne Couvreur.

St. Simonienne appelant les Adeptes au travail.

St. Simonienne Docteur en Droit.

St. Simonienne étudiant la Médecine.

St. Simonienne Menuisier.

A Paris chez BERRIEUX, Md d'Estampes, rue St. Jacques, N° 23.

Déposé à la Dir.

1816

Socialisme utopique
Henri de Saint-Simon

Une vision d'une société juste et heureuse sans pauvreté ni nécessité d'un contrôle

Pour ces socialistes, la société doit garantir un maximum de bien-être à tous, satisfaire aux normes d'éthique et de justice, favoriser l'égalité, et tous les hommes doivent s'y intégrer librement. La coopération éthique et l'égalité des chances sont les conditions nécessaires au bien-être maximal, et les hommes doivent être heureux de participer à cette société. Si la nature humaine est bonne, il ne faudra qu'un contrôle civil minimal, et la liberté n'en sera que plus grande. Si elle est un mélange de bien et de mal, alors il conviendra de créer un grand gouvernement socialiste et peut-être un gouvernement mondial unique.

En 1800, la propagation et l'adoption des idées des Lumières et des principes démocratiques ont fait penser que les sociétés démocratiques idéales pourraient éradiquer féodalisme et pauvreté, réduire les différences dues à la répartition des richesses et aux castes. Avec sa revue *L'Industrie* (1816) et ses travaux postérieurs, le sociologue et économiste politique Henri de Saint-Simon (1760-1825) a mis l'Europe en émoi. Il proposait que le gouvernement garantisse la productivité économique à tous ceux souhaitant travailler et l'élimination des classes non productives. Son collaborateur, Auguste Comte (1798-1857), a avancé des principes scientifiques d'organisation sociale. Le socialiste Robert Owen, puis Charles Fourier et Pierre Joseph Proudhon lui ont emboîté le pas. Karl Marx et Friedrich Engels doivent beaucoup au socialisme utopique. Pourtant, si la pensée de Saint-Simon est moins néfaste que le capitalisme pour les auteurs du *Manifeste du parti communiste* (1848), elle est moins réaliste que le communisme révolutionnaire. **JSh**

> *« Les socialistes utopistes se pensaient des spécialistes des sciences humaines… »*
>
> **Vincent Geoghegan, *Utopianism and Marxism* (2008)**

1819

Pessimisme
Arthur Schopenhauer

La vie consiste en un désir de puissance vain et insensé

Les optimistes espèrent que les valeurs les plus hautes finiront par triompher, les réalistes s'attendent à quelques réussites à long terme, tandis que les pessimistes sont persuadés de la disparition de toute valeur. Des formes de pessimisme existaient déjà dans la Grèce antique, mais c'est le XIXe siècle qui marque l'avènement du pessimisme moderne avec le travail du philosophe allemand Arthur Schopenhauer (1788-1860).

En 1819, Schopenhauer a publié sa théorie selon laquelle la volonté ou le désir de puissance était la seule réalité. S'inspirant des Upanishad et du bouddhisme, il décèle une volonté derrière toute chose biologiquement vivante. Selon sa théorie, nous avons le devoir sur le plan éthique de nous aimer et de nous entraider, car le résultat de nos efforts en vaut la peine, mais nous voyons que rien ne dure et que la mort détruit chacun de nous. Sans Dieu, le cosmos n'est rien d'autre qu'un désir sans fin impossible à assouvir qui peut être éternel, mais ne mène à rien. Schopenhauer va plus loin que le stoïcisme ou le bouddhisme et conseille aux hommes de cesser d'avoir des enfants, de se résigner, de renoncer à la vie et de hâter leur mort. Il a influencé le compositeur Richard Wagner, les philosophes Friedrich Nietzsche et Ludwig Wittgenstein, et l'écrivain Jorge Luis Borges.

Pour les athées, l'univers est vain et rien de bon n'est éternel, mais la vie a une valeur intrinsèque. Ils suivent en cela les rationalistes scientifiques comme Auguste Comte et Herbert Spencer qui espèrent un progrès biologique et technologique. Rares sont ceux qui nient que la vie mérite d'être vécue. **JSh**

> *« Il vaudrait mieux qu'il n'y ait rien… Il y a plus de douleur que de joie sur terre. »*
>
> **Arthur Schopenhauer**

← Occupations des femmes (vers 1830) selon le mouvement socialiste utopique de Saint-Simon.

1821

Braille

Louis Braille

Un alphabet constitué de points en relief pouvant être lu par le toucher

Louis Braille (1809-1852), l'inventeur du braille, système d'écriture destiné aux malvoyants, est devenu aveugle très jeune à la suite d'un accident. Enfant, il a appris à lire à l'Institut royal pour les jeunes aveugles de Paris en effleurant de ses mains des lettres en relief. En 1821, ayant entendu parler d'un code militaire connu sous le nom d'écriture nocturne où les points saillants représentent des sons et permettent aux soldats de lire dans le noir, il élabore son propre système, les points saillants ne symbolisant plus des sons mais des lettres.

Ce système substitue aux lettres visuelles des lettres tactiles. Aujourd'hui, il est possible d'écrire en braille avec des machines spéciales imprimant des combinaisons de points saillants sur le papier ou avec des ordinateurs et des imprimantes adaptés. On peut aussi écrire manuellement en braille à l'aide d'un poinçon et d'une tablette. Les personnes malvoyantes se servent de leurs doigts pour toucher les suites de points et les interpréter comme des lettres ou des nombres. Comme les autres formes d'écriture, le braille est une manière de représenter des lettres plutôt qu'un langage et peut rendre n'importe quelle langue, y compris des notes de musique.

Avant son invention, les malvoyants avaient très peu de moyens d'accéder à la littérature. Les lettres conventionnelles étaient écrites en relief comme un système d'écriture tactile, mais il était difficile et compliqué d'écrire des livres avec ce procédé. Le braille a simplifié la lecture et l'écriture pour les malvoyants, leur permettant d'avoir accès au monde de l'écrit.

Après son introduction, le taux d'alphabétisation a vite augmenté parmi les malvoyants, surtout après que les machines à écrire en braille, puis les imprimantes ou embosseuses sont devenues largement accessibles. Dans les années 1980, les malvoyants ont même pu utiliser des ordinateurs équipés de plages en braille sur lesquelles de picots s'abaissent et se lèvent. **MT**

Le braille utilise un alphabet de 63 caractères.

1822

Photographie

Joseph Nicéphore Niépce

Un procédé d'enregistrement visuel permanent pouvant saisir un moment fugitif

La première photographie a été faite en 1822 par l'inventeur français Joseph Nicéphore Niépce (1765-1833). Avec du bitume de Judée, un asphalte photosensible qui durcit quand il est exposé à la lumière, il a obtenu une copie photographique d'une gravure sur une plaque de verre. En 1826, à l'aide de sa *camera obscura*, il a pris la première photographie, une vue de son atelier qu'il a fixée sur une plaque en étain. La lumière passant à travers la lentille de la chambre noire a été transformée en image durable et statique en deux dimensions.

Son collaborateur, Louis Jacques Mandé Daguerre (1787-1851), a perfectionné le daguerréotype stable en 1837. Dans les années 1880, le film photographique de George Eastman (1854-1932) a remplacé les ambrotypes (impressions sur du verre) et les ferrotypes (impressions sur du métal). Kodak a introduit la photographie couleur bon marché dans les années 1930, puis sont venues la photographie instantanée de Polaroid (années 1960) et la photographie numérique (années 1980).

Comme en peinture, le choix d'un sujet, d'une perspective, d'un contexte, d'un cadre, d'un angle de vue et d'une gamme de couleurs fait de la photographie un objet d'art. La position des sujets photographiés et la mise en scène permettent, comme au théâtre, de raconter une histoire fascinante. Au carrefour de l'esthétique, de l'éthique et de l'épistémologie, la photographie est un espace où le beau, le bon et le vrai peuvent être temporairement réunis. Un beau cliché donne l'impression que le sujet photographié est bon, une photographie dérangeante suscite un sentiment d'injustice et une image bien prise rend la réalité. Cependant, un photographe peut dissimuler ses intentions et aucune autre forme d'art, hormis le roman peut-être, ne peut servir aussi bien une idéologie.

Aujourd'hui, la photographie est omniprésente et bon marché. Cependant, avec l'avènement des logiciels de retouche de photos, il est facile de la faire mentir. **JSh**

↑ Nicéphore Niépce saisit cette vue de sa fenêtre, l'un des plus anciens clichés ayant survécu, en 1826.

Paradoxe de la nuit noire

Heinrich Wilhelm Olbers

Pourquoi les milliards d'étoiles de l'univers n'éclairent-elles pas le ciel la nuit ?

Olbers expliqua ce paradoxe en suggérant que la lumière des étoiles, comme celles formant l'amas globulaire Messier 10, était graduellement absorbée en traversant l'espace.

« Si la succession des étoiles était illimitée, l'arrière-plan du ciel offrirait une luminosité uniforme. »

Edgar Allen Poe, *Eureka* (1848)

L'expérience et le bon sens suggèrent qu'à la tombée de la nuit le ciel devient sombre à l'exception de la lune et des points lumineux que sont les étoiles. Cependant, ce phénomène apparemment simple contredit en fait les théories scientifiques sur le caractère infini de l'univers.

Le physicien et astronome allemand Heinrich Wilhelm Olbers (1758-1840) a souligné la nature paradoxale de la nuit en 1823, indiquant que si l'univers était vraiment infini et uniformément rempli d'étoiles, alors quel que soit l'angle d'observation, le ciel nocturne devrait être complètement lumineux.

Le nom d'Olbers a tendance à être associé au « paradoxe de la nuit » ou « paradoxe d'Olbers ». Cependant, dans son travail reconnu sur le paradoxe d'Olbers, et intitulé *Le Noir de la nuit* : *une énigme du cosmos* (1987), l'astronome et cosmologiste britannique Edward Robert Harrison (1919-2007) affirme qu'Olders n'a fait qu'une description banale du problème sans vraiment faire de grande révélation sur le paradoxe qui porte son nom. Il soutient que l'astronome allemand Johannes Kepler (1751-1630) en avait parlé beaucoup plus tôt, en 1610, dans un débat où il s'opposait à la théorie du nombre infini d'étoiles dans un univers infini. Au XVIIIe siècle, Edmond Halley (1656-1742), en l'honneur duquel on a nommé une comète, s'est penché sur cette énigme scientifique, suivi par le Français Jean-Philippe Loys de Chéseaux (1718-1751). C'est à ce dernier que l'on doit l'actuelle formulation du paradoxe.

C'est cependant le mathématicien et physicien Lord Kelvin (1824-1907) qui proposa une explication satisfaisante du phénomène dans un article qui passa presque inaperçu. Le paradoxe d'Olbers est la preuve que l'univers, au lieu d'être statique, est en constante expansion. La lumière émise par les étoiles les plus lointaines n'a pas encore atteint la Terre, c'est pourquoi le ciel est si sombre. **MK**

Effet de serre

Joseph Fourier

La théorie selon laquelle l'atmosphère piège les radiations infrarouges de la Terre

C'est au physicien français Joseph Fourier (1768-1830) que l'on doit la découverte de l'« effet de serre ». Il a publié son premier article sur le sujet en 1824. Citant les recherches que le physicien Horace Bénédict de Saussure (1740-1799) avait effectué avec ses caisses de verre pour capturer la chaleur du soleil, il concluait que les gaz atmosphériques piégeaient la chaleur à l'instar des panneaux de verre, d'où l'expression « effet de serre ».

La vie sur Terre dépend du maintien à sa surface d'une température moyenne confortable comprise entre les points d'ébullition et de congélation de l'eau. La planète est chauffée par les radiations solaires absorbées, mais elle émet aussi de la chaleur sous forme de rayons infrarouges invisibles. Ses parties se réchaufferaient durant la journée, mais se refroidiraient vite la nuit avec des températures négatives, si les gaz de l'atmosphère ne formaient une couche isolante absorbant très vite la chaleur et la redirigeant vers la surface de la Terre. Grâce à l'effet de serre, les températures restent donc à un niveau agréable.

En 1859, le physicien irlandais John Tyndall (1820-1893) a, lui, découvert les gaz à l'origine du phénomène. Il a montré que le gaz carbonique et l'eau absorbaient beaucoup d'énergie rayonnante (à la différence des principaux gaz atmosphériques comme l'azote et l'oxygène) et que, même en faibles quantités, ils captaient la chaleur de l'atmosphère. D'après lui, des changements dans les composantes de l'atmosphère devaient entraîner des changements climatiques.

Cette théorie fait aujourd'hui l'objet de discussions houleuses. Selon de nombreux scientifiques, l'activité humaine depuis la révolution industrielle (1760-1840) a créé une augmentation des « gaz à effet de serre », provoquant une hausse des températures moyennes, mais aussi des changements climatiques lourds de conséquences pour la vie sur Terre. **GD**

↑ Schéma montrant l'absorption et la réflexion des radiations solaires générant l'effet de serre, qui permet à la Terre d'avoir une température agréable.

« Le récent réchauffement coïncide avec une augmentation rapide des gaz à effet de serre générés par l'homme. Il rend urgent un débat sur la façon de ralentir leur émission. »

James Hansen, professeur des sciences de la Terre et de l'environnement

Droits des animaux

Lewis Gompertz

L'idée selon laquelle les animaux méritent des droits éthiques

La question de savoir si l'humanité a un devoir moral, éthique ou juridique à l'égard des animaux est débattue probablement depuis la domestication de ces derniers par l'homme. Certains penseurs de l'Antiquité, comme le philosophe grec Pythagore (v. 570-495 av. J.-C.), pensaient qu'il fallait les traiter avec respect et, certaines traditions religieuses, comme le jaïnisme, voulaient que l'on ne soit pas violent avec un animal, quel qu'il fût.

La première loi sur la protection des animaux a vu le jour en 1635 en Irlande. Celles qui ont été promulguées ensuite dans de nombreux pays ont interdit les actes cruels et inhumains. Cependant, l'idée que les animaux puissent avoir des droits n'est apparue qu'en 1824, quand Lewis Gompertz (v. 1783-1861), le défenseur anglais des droits des animaux, a publié *Moral Inquiries on the Situation of Man and of Brutes*. Il y postulait que les animaux comme les hommes étaient libres et devaient avoir des droits protégés par la loi. Plus récemment, en 1970, Richard Ryder (né en 1940), philosophe de l'éthique animale militant pour le bien-être des animaux, a inventé le terme de « spécisme », pour attirer l'attention sur le fait que les mauvais traitements infligés aux animaux par les hommes ne différaient pas de formes de comportement sectaire privant autrui de certains droits.

> *« Les arguments… ne peuvent anéantir cette dure réalité : dans la souffrance, les animaux sont nos égaux. »* **Peter Singer**

Pourquoi les hommes auraient-ils des droits et pas les animaux ? Cette question est au cœur du débat. Pour les partisans du droit des animaux comme pour ses détracteurs, ce principe modifie notre vision de l'humanité et pose le problème de la protection des animaux. **MT**

Principe de Carnot

Nicolas Léonard Sadi Carnot

Toute réaction physique génère de la chaleur et est donc irréversible

L'ingénieur militaire français Nicolas Léonard Sadi Carnot (1796-1832) a jeté les bases du second principe de la thermodynamique. Dans son livre *Réflexions sur la puissance motrice du feu* (1824), il a imaginé une machine thermique idéale (convertissant l'énergie thermique en travail mécanique) pour montrer qu'elle pourrait avoir une efficacité maximale. Cependant il a saisi qu'aucune machine réelle ne produirait jamais un mouvement réversible comme elle, car tous les processus réels génèrent inévitablement de la chaleur sous l'effet de leur environnement extérieur. Il venait d'identifier un paradoxe fondamental : les lois de la physique sont réversibles, mais pas ce principe.

Fasciné par l'électricité, le physicien anglais James Joule (1818-1889), en tentant d'améliorer le rendement industriel, a décidé en 1834 que la chaleur et le travail étaient liés de façon essentielle. Un échange de courriers avec le physicien William Thomson (Lord Kelvin, 1824-1907), né à Berlin, a conduit ce dernier à inventer le terme de « thermodynamique » en 1849. Entre-temps, après avoir lu l'ouvrage de Carnot, le physicien allemand Rudolf Clausius (1822-1888), avait énoncé sa théorie mécanique de la chaleur à l'issue de quinze ans de travaux. En 1854, il a reformulé ainsi le second principe : « L'entropie de l'univers tend vers un maximum. »

> *« [Toute théorie contredisant le second principe] est vouée à l'échec. »*
> **A. Eddington, *La Nature du monde physique* (1927)**

Les physiciens s'intéressent toujours à ce paradoxe. Les ingénieurs développent des technologies dans divers domaines afin de satisfaire l'appétit apparemment insatiable de l'homme pour l'énergie et le confort. Néanmoins, la machine idéale de Carnot reste aussi irréalisable qu'autrefois. **LW**

Dessin satirique de 1921 qui intervertit les rôles en matière de vivisection.

1830

Mormonisme

Joseph Smith Jr.

Une idéologie chrétienne primitiviste fondée sur une révélation et sur la Bible

Le fondateur du mormonisme, Joseph Smith Jr. (1805-1844) a été un chasseur de trésor et un devin. Au cours d'une de ses révélations, Moroni, un ancien prophète, lui aurait indiqué le chemin menant à une sépulture. Y étaient ensevelies deux plaques d'or sur lesquelles était gravée l'histoire d'une tribu jusque-là inconnue d'Amérindiens israélites. La transcription a servi de base au texte le plus révéré du mormonisme, *Le Livre de Mormon*, publié par Smith en 1830. Ce livre, la Bible et deux autres textes renfermant les contributions de Smith constituent les quatre ouvrages classiques du mormonisme. De nombreux passages du *Livre de Mormon* font écho à des parties du Nouveau et de l'Ancien testament.

Smith a eu cette révélation dans les années 1820, au cours du renouveau protestant appelé le Second Grand Réveil dont le but était de renouveler les bases chrétiennes de ce qui était perçu comme une version altérée de la foi. La famille de Smith, profondément influencée par ce mouvement, a été un terreau fertile pour ses visions. Malgré son manque de richesse et de relations, Smith était charismatique et savait attirer les disciples et les convaincre de la justesse de ses affirmations, aussi invraisemblables qu'elles fussent. Il s'en est bien sûr aliéné certains et aurait commis des escroqueries, mais ceux qui croyaient en lui l'ont suivi sans réserve. Le mormonisme, qui a eu ses martyrs et ses pionniers, prônait un retour aux principes conservateurs fondamentaux : famille, communauté, travail et engagement matériel et spirituel dans l'Église de Jésus-Christ des saints des derniers jours.

Le mormonisme est au christianisme ce que le christianisme est au judaïsme. Né au sein d'une vieille religion, il s'est doté d'autres priorités. En tant que mouvement idéologique, il montre que la personnalité d'un individu suffit parfois à créer une religion nouvelle. **LW**

Le temple mormon de l'Église de Jésus-Christ, à Salt Lake City, ville édifiée par les mormons en 1847.

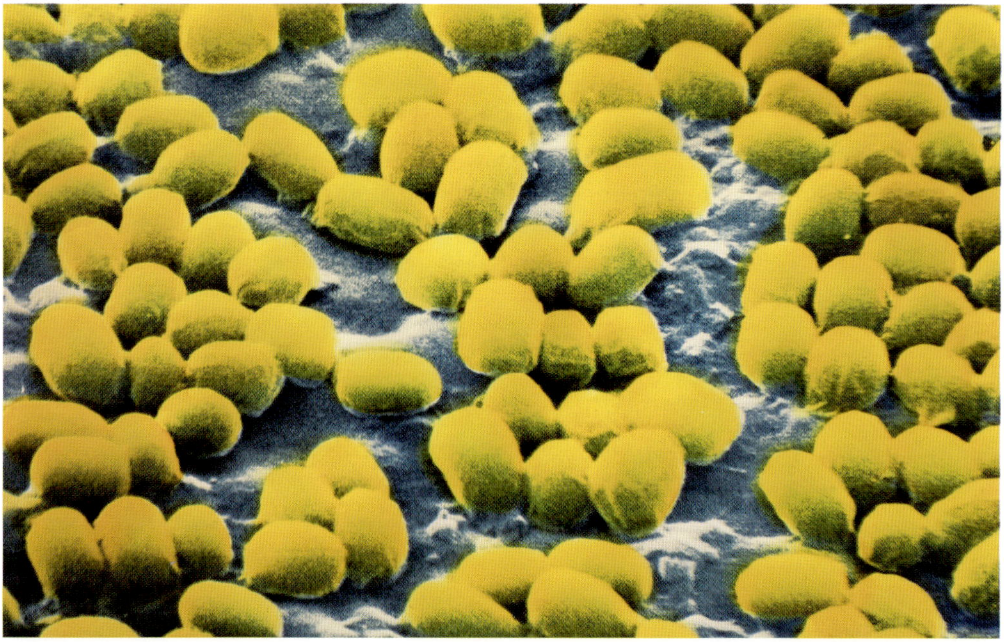

v. 1830

Théorie microbienne

Agostino Bassi

La théorie selon laquelle des organismes microscopiques sont la cause de maladies

La théorie microbienne, aujourd'hui reconnue en médecine, postule que des organismes invisibles à l'œil nu ou micro-organismes peuvent infecter le corps humain et causer des maladies. Sa formulation au XIXe siècle a battu en brèche des postulats bien ancrés, soutenant que les épidémies et maladies étaient dues à l'air impur, ou à des « miasmes », ou étaient un châtiment divin.

En 1677, Antonie Van Leeuwenhoek (1632-1723) a découvert des micro-organismes en faisant des expériences à l'aide d'un microscope.

Néanmoins, c'est vers 1830 que l'entomologiste italien Agostino Bassi (1773-1856) a fait la découverte capitale du lien existant entre ces micro-organismes, les infections et les maladies. Il a montré que la muscardine, maladie touchant les vers à soie, était causée par un champignon qui sera appelé plus tard *Beauveria bassiana* en son honneur. En 1844, il a établi que les micro-organismes étaient aussi à l'origine des maladies affectant les hommes.

Dans les années 1860, le chimiste et biologiste français Louis Pasteur (1822-1895) l'a confirmé, en indiquant que des microbes étaient responsables de la décomposition. En 1876, le physicien allemand Robert Koch (1843-1910) a prouvé que les bactéries causaient des maladies comme l'anthrax et la tuberculose.

Le fait d'identifier la cause d'une maladie ne fournit pas son traitement, mais la théorie microbienne a transformé la médecine, qui d'art est devenue une science. La découverte des causes physiques et identifiables de certaines maladies a permis de soigner celles-ci, mais aussi de les prévenir. La théorie de Bassi a aussi fait prendre conscience de la nécessité d'utiliser de l'eau propre et de respecter une certaine hygiène, corporelle et alimentaire. Le développement de médicaments destinés à lutter contre des micro-organismes dangereux spécifiques a suivi. **MT**

↑ Scanner coloré réalisé par micrographie électronique des spores de l'anthrax (*Bacillus anthracis*).

Positivisme

Auguste Comte

N'existe que ce qui peut être empiriquement vérifié ou prouvé mathématiquement

Gravure représentant Auguste Comte, fondateur du positivisme vers 1840. Comte est aussi connu pour être le fondateur de la sociologie.

Le terme « positivisme » désigne un mouvement développé par le Français Auguste Comte (1798-1857) de 1830 à 1845 en réaction à la philosophie allemande de l'époque reposant sur la spéculation et la métaphysique. Auguste Compte pensait que l'essor des sciences physiques qui s'appuyaient sur l'observation et l'expérimentation exigeait que la philosophie se fondât sur des prémices similaires au lieu de se référer aux pensées anciennes ou aux idées des premiers philosophes. À l'époque où il a lancé ce mouvement en France, des intellectuels comme John Stuart Mill (1806-1873) et Hubert Spencer (1820-1903) développaient le même genre d'idée en Grande-Bretagne. Ils étaient influencés par les penseurs des Lumières comme John Lock (1632-1704), David Hume (1711-1776) et Emmanuel Kant (1724-1804).

Selon les positivistes, il existe une loi historique selon laquelle chaque science passe par trois étapes successives : théologique, métaphysique et positive. Cette dernière, qui se résume à l'étude des faits expérimentaux, représente la quintessence de la connaissance humaine.

La deuxième, puis la troisième vague de positivisme, à la fin du XIXe siècle et au début du XXe, ont poursuivi dans cette voie. Le mouvement s'est alors scindé en deux groupes menés respectivement par Paul Émile Littré (1801-1881) et Pierre Laffitte (1823-1903).

Le positivisme a eu des conséquences importantes sur la pensée philosophique et religieuse. Insistant farouchement sur la vérification empirique et sur la primauté des sens, il a rejeté l'idée d'un Dieu, le remplaçant par une perspective humaniste dont Comte et les premiers positivistes ont fait une nouvelle religion. Il a généré aussi une multitude de nouvelles disciplines théoriques, notamment la sociologie, tandis que les anciennes disciplines comme la logique et la théorie du savoir ont été envisagées sous un angle nouveau. **JF**

« Par la nature même de l'esprit humain, chaque branche de nos connaissances est nécessairement assujettie à passer par trois stades théoriques différents. »

Auguste Comte

Transcendantalisme et autonomie

Ralph Waldo Emerson

L'individu peut devenir pur en s'identifiant à la nature

Le transcendantalisme de Ralph Waldo Emerson (1803-1882), essayiste, conférencier et poète américain, est une manière d'expérimenter le monde naturel avec un esprit ouvert afin de devenir une conscience participant à l'existence, comme l'exprime la maxime énoncée : « Je suis une partie ou une particule de Dieu. » En 1830, Emerson a donné une conférence sur sa philosophie de l'autonomie. Nous devions apprendre à nous procurer les choses essentielles et aussi à déterminer celles-ci. Réunies, ces deux idées sont un encouragement à examiner chaque instant de la vie d'une personne afin de supprimer tout ce qui est superflu pour que la réalité apparaisse. Cette philosophie s'appliquait autant à sa forme d'expression qu'au modèle de vie préconisé.

Fortement influencé par son ami et mentor, le poète et philosophe américain Henry David Thoreau (1817-1862) l'a mise en pratique à Walden Pond dans le Massachusetts. Comme Platon, il cherchait à montrer que les moyens utilisés pour satisfaire les besoins des hommes étaient loin d'être parfaits.

Dans un sens, le transcendantalisme et l'autonomie étaient des réactions à l'esprit pionnier, la philosophie prônant la « maîtrise » de la terre (et des peuples indigènes) de l'Amérique du Nord. Le transcendantalisme rejetait cette foi profonde dans le bien-être matériel et les manières d'une soi-disant « civilisation ». Il entendait démontrer que savoir apprécier un lieu revenait à savoir s'apprécier, les mondes extérieur et intérieur se reflétant.

Le transcendantalisme d'Emerson a été reconnu par Friedrich Nietzsche dans *Le Gai Savoir* (1882) et a déterminé le travail de William James et de John Dewey. Avec ses incitations à compter sur nos mains et notre esprit, à réduire nos exigences pour satisfaire nos besoins, il a été récemment comparé à la pensée et aux traditions orientales qui cherchent à lier les actions, les aptitudes et les buts de façon à modifier à la fois l'individu et l'ensemble de l'existence. **LW**

↑ Après avoir fait une conférence sur le système de croyance individualiste du transcendantalisme, Emerson a présenté ses idées dans l'essai *Nature*, publié en 1835.

« Ce n'est pas le soleil ou l'été seulement, mais chaque heure, chaque saison qui apporte son lot de plaisir, car chaque heure et chaque changement correspondent, en même temps qu'ils le permettent, à un état d'esprit différent, du midi sans le moindre souffle jusqu'au minuit le plus sombre. » Ralph Waldo Emerson

1830

Inflation

Andrew Jackson

Une importante hausse de la circulation de monnaie, puis des prix, liée à l'offre

L'inflation existe depuis que la monnaie et sa valeur sont dissociées. En 1832, la suppression de la seconde banque américaine par Andrew Jackson (1767-1845), a entraîné une spirale de la spéculation et la « panique » de 1837. Le terme est pourtant apparu lors de la guerre de Sécession (1861-1865), quand la monnaie s'est dépréciée, atteignant le taux de 9 000 % dans les États confédérés.

L'inflation comporte deux étapes : la mise en circulation à court terme de grandes quantités de monnaie et la hausse des prix. La valeur nominale de la monnaie ne change pas, mais la quantité de biens qu'elle permet d'acheter diminue. La vie coûte plus cher. Les banques centrales tentent de contenir l'inflation entre 2 et 3 %, mais durant une récession ou une dépression, l'utilisation de la planche à billets reflète la croissance économique. En temps de guerre, la pression pour enrôler la main-d'œuvre, augmenter les prix, et détourner les capitaux des programmes civils vers des programmes militaires est encore plus forte.

« L'inflation a augmenté jusqu'à un niveau inimaginable de plus de 100 000 %... »

Jung Chang, *Les Cygnes sauvages* (1991)

Le décalage entre inflation monétaire et inflation des prix peut être délibérément prolongé. Après la Seconde Guerre mondiale, il a duré près de vingt ans aux États-Unis, qui ont dépensé la plupart de leurs stocks d'or. Seuls les spéculateurs, les fournisseurs et les personnes riches profitent de l'inflation. Celle-ci fait disparaître l'illusion que la monnaie est une valeur sûre, et génère des problèmes politiques, la colère, des conflits sociaux, et parfois la guerre. Les périodes d'inflation montrent que nous avons peu de contrôle sur les biens matériels dans des systèmes qui ont besoin pour survivre d'une croissance permanente. **LW**

1831

Hégélianisme

Georg W. F. Hegel

Un mouvement philosophique se fondant sur le travail de l'idéaliste allemand Hegel

L'idéaliste allemand Georg Wilhelm Friedrich Hegel (1770-1831) est à l'origine d'un mouvement qui a été interprété de façons très différentes. La philosophie était « le temps hissé au rang de pensée », l'hégélianisme plaçant à la fois la pensée dans son contexte historique et étudiant la nature transcendantale de la réalité. Selon lui, les contradictions exigeaient une résolution à un plus haut degré de complexité intellectuelle, l'infini (ou esprit absolu) étant davantage caractérisé par le « devenir » que par l'« être ». Les tentatives pour réconcilier ce mysticisme avec une généalogie du progrès politique ont créé de profondes tensions.

Après la mort de Hegel, les interprètes de son œuvre se sont divisés en trois camps. La droite a vu en lui le défenseur de son conservatisme religieux et politique et dans son travail le caractère inéluctable de l'histoire : le déroulement des événements étant une nécessité logique. La gauche a compris l'hégélianisme comme un appel à la révolution sociale et culturelle. Le centre s'est intéressé surtout à l'importance théorique de Hegel.

« La dialectique, la logique... adoptèrent une nouvelle forme, grâce à... Hegel. »

George Plekhanov, *La Signification de Hegel* (1891)

La droite a multiplié les écoles de pensée en faveur de solutions purement rationnelles. Ceci, allié à une critique du judaïsme en tant que paradigme d'une religion « positive » (irrationnellement soumise), a ouvert la voie à la propagation de l'antisémitisme. La gauche, comme Karl Popper l'a indiqué, a légitimé le totalitarisme. Le centre a influencé des théories dans des domaines aussi divers que la loi et l'esthétique. L'hégélianisme a eu une portée historique, philosophique, sociale et religieuse, mais il a surtout justifié toutes sortes de mouvements politiques. **BC**

◄ Enfants de la république de Weimar jouant avec des billets de banque dépréciés par l'inflation (1923).

1831

Think Tank

Premier duc de Wellington

Organisation réunissant des experts des domaines politique et économique

Le terme de *think tank* a été utilisé pour la première fois dans un article intitulé « Facts and Impressions from the Groves of Academe » (1959) à propos du centre des sciences du comportement de Palo Alto, mais le concept est plus ancien. En 1831, Arthur Wellesley (1769-1852), premier duc de Wellington, a été l'initiateur de la création du Musée naval et militaire, censé avoir été le premier « think tank ». Rebaptisé United Services Institution en 1839, le musée a bénéficié en 1860 du patronage de la royauté. Encourageant les débats, il a commencé à avoir de l'influence sur la politique de défense britannique.

Aux États-Unis, l'homme d'affaires Robert S. Brookings (1850-1930) a fondé l'Institute for Government Research en 1916. Devenu la Brookings Institution en 1927, l'organisme devait examiner avec impartialité les questions politiques à l'ordre du jour. En 1965, il s'agissait d'un centre majeur d'innovation politique en matière de sécurité sociale, de santé, d'éducation, de logement et d'imposition.

« Les think tanks *jouent un rôle croissant… dans les processus politiques de nombreux pays. »* ***Think Tanks Across Nations* (1998)**

Soi-disant impartiaux, les think tanks sont des prolongements du pouvoir de l'État, et sont plus ou moins influents au gré des changements gouvernementaux et du climat idéologique. Ils peuvent parfois être plus indépendants, questionnant ou supervisant des stratégies et des structures. Ils effectuent des recherches interdisciplinaires pour des clients gouvernementaux, mais développent et testent aussi des technologies et des produits nouveaux dans le cadre de projets commerciaux. Ils sont financés par des dotations, des contrats, des donations privées et la vente de leurs rapports. **BC**

1831

Prêt-à-porter

George Opdyke

La fabrication en série de vêtements destinés au public

Si l'entrepreneur américain George Opdyke (1805-1880) n'a pas inventé le prêt-à-porter (vente de vêtements de taille standard fabriqués à la chaîne), il l'a fait connaître au grand public. La machine à coudre électrique d'Elias Howe (1819-1867) n'a vu le jour que quinze ans plus tard. Opdyke a donc vécu à une époque où les vêtements étaient cousus main, ce qui n'a pas empêché ce marchand de Louisiane de monter en 1831 une petite chaîne de production de prêt-à-porter. Les esclaves du Sud avaient besoin de vêtements bon marché prêts à être portés comme ceux qu'il vendait dans son magasin de Hudson Street (La Nouvelle-Orléans).

En 1827, après avoir tenu un magasin de tissus et une mercerie à Cleveland, il avait navigué sur l'Ohio et le Mississipi jusqu'à La Nouvelle-Orléans, qui était alors un comptoir commercial. Là, il avait remarqué que les fabricants d'habits vendaient leurs articles avec un profit de 100 %. Il avait trouvé sa vocation. Après avoir rassemblé autour de lui des tailleurs et des couturières, il a créé une nouvelle entreprise, Opdyke Manufacturing. Dès la première année, son chiffre d'affaires était de 6 000 dollars. Son avenir était assuré.

« Au début de sa vie [Opdyke] alla à La Nouvelle-Orléans et apprit le métier de tailleur. » **Magazine *Harpers Weekly* (21/12/1861)**

Cependant, le prêt-à-porter ne s'est pas imposé tout de suite. En 1850, près de 80 % des habits portés aux États-Unis étaient cousus à la main, en partie parce que l'industrie était artificiellement soutenue. Dans le monde entier, les tailleurs, menacés par l'automatisation, risquaient de perdre leurs emplois. En 1841, un groupe de tailleurs français a même détruit à Paris une usine de métiers à tisser mécaniques dans une tentative désespérée de protéger leur gagne-pain. **BS**

Portrait de George Opdyke, seconde moitié du XIXe siècle. ➔

Image animée

Simon von Stampfer et Joseph Antoine Ferdinand Plateau

Le défilement rapide d'une série d'images fixes qui décomposent le mouvement d'un objet donne à l'œil l'illusion qu'il bouge vraiment

Six disques stroboscopiques comme ceux du phénakistiscope. Les disques étaient attachés à une poignée et tournaient autour d'un axe, créant l'impression d'une image animée.

« Le cinéma est une invention sans avenir. »

Louis Lumière, cinéaste

Deux hommes peuvent revendiquer la paternité de l'effet d'optique à l'origine du « cinéma ». En 1832, l'inventeur autrichien Simon von Stampfer (1792-1864) a appris que le physicien britannique Michael Faraday (1791-1867) avait créé l'illusion d'un mouvement avec des objets tournant très vite. Impressionné, il a fait lui-même des expériences et élaboré une « image animée ». Son disque stroboscopique présenté au public en décembre 1832 se composait de deux disques. L'un d'eux était percé sur son contour d'étroites fentes, l'autre orné d'images représentant les phases successives d'un mouvement. Quand le premier disque tournait devant le second, les images fusionnaient, créant l'impression d'un mouvement homogène.

Cependant, Stampfer n'était pas seul. En Belgique, la même année, Joseph Antoine Ferdinand Plateau (1801-1883), également inspiré par Faraday, a élaboré un mécanisme quasi identique baptisé phénakistiscope. Fasciné par la théorie de la « persistance de la vision », c'est-à-dire l'idée qu'une image reste fixée un court instant sur la rétine, il a fait des expériences en contemplant le soleil. Dix ans plus tard, il était devenu complètement aveugle. Cependant, en 1833, c'est Stampfer qui a reçu les plus hautes distinctions.

Plus de soixante années plus tard, ces inventions ont donné naissance à ce qui s'appelle aujourd'hui le cinéma. En reliant deux cadres photographiques, deux Français, les frères Lumière, Auguste (1862-1954) et Louis (1864-1948), ont été les premiers en 1895 à projeter des photographies en mouvement à un public ayant payé sa place. L'Américain Thomas Edison (1847-1941) a fabriqué le premier projecteur commercial en 1896. Ces inventions ont modifié notre vision du monde, car à présent nos idées sont presque complètement influencées par la façon dont le monde nous est présenté. **LW**

1833

Théorie des nœuds

Carl Friedrich Gauss

Un moyen de décrire la structure interne des nœuds en termes mathématiques

En 1771, le musicien français Alexandre-Théophile Vandermonde (1735-1796) a établi que savoir indiquer la position d'une ligne droite unidimensionnelle dans l'espace approfondirait la connaissance mathématique. Cependant, il a fallu attendre 1833 pour que le mathématicien allemand Carl Friedrich Gauss (1777-1855) élabore un modèle mathématique prouvant l'universalité des nœuds impossibles à défaire.

Les nœuds occupent un espace tridimensionnel, mais ils permettent aussi de nouer un fil qui, à l'intérieur de cet espace, est relié à lui-même. Il est très complexe d'indiquer numériquement la position de cette courbe fermée.

Il faut pour cela faire appel à la « géométrie de situation », c'est-à-dire à un moyen de noter la position d'un objet à trois dimensions en forme de boucle ou de tresse, par rapport à lui-même et à l'espace qui l'entoure. Gauss a défini l'intégrale du nœud : un nombre entier rendant compte du nombre de boucles et de liens du nœud.

Les gens font des tresses et des nœuds pour se rappeler des choses et créer des motifs depuis que les pouces de l'homme s'opposent aux autres doigts. Élaborer une théorie les décrivant relevait du défi. La théorie des nœuds est finalement une connaissance gratuite, une sorte d'appréciation zen d'un *koan* (paradoxe) ou d'un problème défini par des nombres. Elle montre peut-être mieux que tout que, parfois, la résolution d'un problème a une valeur intrinsèque. Néanmoins, depuis qu'elle a été développée, cette théorie s'est révélée utile pour comprendre le fonctionnement de l'ADN et la disposition d'autres polymères dans l'espace. Elle permettra aussi le développement d'ordinateurs quantiques une fois que la capacité des systèmes actuels à base de silicone sera devenue insuffisante. **LW**

1833

Électrolyse

Michael Faraday

Le fait de générer une réaction chimique à l'aide d'un courant électrique

L'Anglais Michael Faraday, l'un des plus importants scientifiques de tous les temps, (1791-1867), était fasciné par l'électricité, le magnétisme et la nature de l'énergie et de la matière. En 1833, il a trouvé la manière d'inverser l'évolution spontanée des liaisons électromagnétiques. Il a formulé deux lois pour montrer que l'électrochimie permettait la cohésion de la matière et décrire la façon d'utiliser ce phénomène pour effectuer des transformations.

L'électrolyse nécessite une solution, l'électrolyte, à travers laquelle on fait passer un courant électrique direct. Celui-ci décompose les liaisons ioniques des molécules à l'anode (borne positive), ce qui entraîne la migration des ions vers la cathode (borne négative). Le rythme et la vitesse de ce transfert dépendent de la nature de la solution, de la puissance du courant et du matériau constituant l'anode. Cependant, le phénomène est universel.

« Rien n'est trop merveilleux pour être vrai, si cela est conforme aux lois de la nature. »

Michael Faraday

Le contrôle et l'inversion des réactions électrochimiques ont accru notre sentiment de puissance à l'égard de l'environnement. Puisque nous étions capables de manipuler de telles forces, nous n'étions plus juste les héritiers de la terre mais ses maîtres. En modifiant la structure moléculaire de la matière, il devenait possible de dissocier certains éléments. Cela a entraîné une meilleure exploitation des sources naturelles de métaux et favorisé l'essor de l'industrie et des technologies. L'électrolyse nous a permis de sérieux progrès et a montré aux scientifiques la nature particulière de la matière et des forces qui assurent sa cohésion. **LW**

1834

Loi de Weber-Fechner

Ernst Weber et Gustav Fechner

L'ampleur d'une sensation est proportionnelle à l'intensité du stimulus l'ayant causée

Si vous êtes dans une pièce obscure, vous remarquerez la bougie que l'on allume, mais pas si la pièce est déjà éclairée par 1 000 bougies. La loi de Weber-Fechner explique ce phénomène : une différence est perçue quand l'augmentation de l'intensité du stimulus est proportionnelle à l'intensité qui existait au départ.

En 1834, le physiologiste allemand Ernst Weber (1795-1878) a noté que si l'on donnait à une personne portant une charge légère une charge légèrement supérieure, elle remarquerait toute de suite une différence, mais pas si l'objet qu'elle tenait au départ était beaucoup plus lourd. Il a élaboré une loi postulant l'existence d'une relation linéaire entre la grandeur d'un stimulus et notre perception des différences. En 1860, Gustav Fechner (1801-1887), un de ses étudiants, l'a affinée en montrant que la relation n'était pas linéaire, mais algorithmique. Plus un stimulus est intense, plus il est difficile de percevoir une différence car notre corps exige alors l'ajout d'un stimulus beaucoup plus important.

« ... la loi de Weber sous-tend le rôle de la structure tonale de l'octave dans la perception de la musique... »

György Buzsáki, *Rhythms of the Brain* (2006)

La loi de Weber-Fechner a ouvert la voie à la psychophysique : l'étude des relations entre sensations et stimulus ou la façon dont un stimulus physique affecte notre perception. Grâce à cette loi, nous pouvons mesurer la façon et le moment où nos sens perçoivent quelque chose de nouveau. L'homme a ainsi pu répondre à une question qui a longtemps troublé les philosophes : quand le processus physique de la sensation se mue-t-il en phénomène mental d'une expérience et d'une perception ? En d'autres termes : quand l'esprit et le corps se rejoignent-ils ? **MT**

1838

L'offre et la demande

Antoine Cournot

L'utilisation des principes mathématiques et économiques pour prédire des tendances

Ce n'est pas un économiste mais un mathématicien et philosophe, le Français Antoine Cournot (1801-1877), qui a compris le premier et tenté de décrire le plus naturel des principes économiques : la loi de l'offre et de la demande.

Bien avant que les modèles mathématiques ne fussent utilisés pour prévoir les tendances et les comportements des marchés, il a effectué dans ses *Recherches sur les principes mathématiques de la théorie des richesses* (1838), travail incompris, largement ignoré, mais néanmoins fondamental, quelque chose de remarquable. En effet, il a élaboré la première formule permettant de calculer l'impact de la loi de l'offre et de la demande sur le prix d'un article ou d'un service.

Le monde a mis du temps à percevoir l'importance de cette découverte et Cournot en a été très amer et déçu. Il a réécrit son essai en 1863 pour le rendre plus « lisible », mais celui-ci est une fois de plus resté inaperçu, ce qui a beaucoup affecté son auteur. Bizarrement, sans avoir rien su de cet ouvrage, l'économiste anglais William Jevons (1835-1882) a repris ses idées dans *Theory of Political Economy* (1871). Mais il a fallu attendre 1890 pour que le grand économiste néoclassique Alfred Marshall (1842-1924) se penche sur la formule de Cournot dans son monumental *Principes d'économie politique* et la fasse connaître ainsi que son auteur au grand public.

Cournot a utilisé des concepts comme les fonctions et les probabilités pour décrire des théories économiques et représenté les courbes de l'offre et de la demande sur des graphiques trente ans avant que cela ne devienne la norme. Il est regrettable que sa découverte soit restée méconnue de son vivant, car il avait plus ou moins inventé l'économétrie moderne : la possibilité de mesurer une théorie économique et de l'appliquer à des situations quotidiennes réalistes. **BS**

Théorie cellulaire

Matthias Jakob Schleiden

La matière vivante, des micro-organismes aux mammifères, est constituée de structures cellulaires qui interagissent de façon électrique et chimique

L'invention et le perfectionnement du microscope ont fait connaître le monde des cellules à des scientifiques friands d'en savoir plus sur l'organisation et la composition de la vie. Peu après la découverte des micro-organismes par le Néerlandais Antonie Van Leeuwenhoek (1632-1723), Robert Hooke (1635-1703), physicien anglais et éminent microscopiste, a utilisé le terme « cellules » pour parler des unités observées dans la structure d'un morceau de liège. Cependant, officiellement, la paternité de la théorie cellulaire revient à deux autres personnes qui ont vécu plus tard. En 1839, le botaniste allemand Matthias Jakob Schleiden (1804-1881) a suggéré que chaque élément structurel des plantes était composé de cellules ou de leurs produits. L'année suivante, le zoologue allemand Theodor Schwann (1810-1882) est arrivé aux mêmes conclusions à propos des animaux, prouvant que tous les êtres vivants avaient un dénominateur commun. La théorie cellulaire est née.

Schleiden a vu que les organismes vivants étaient bâtis de la même façon, car ils résultaient de relations biologiques élémentaires très variables mais identiques qui communiquaient par une activité électrique et chimique. Ceci, la base de la théorie cellulaire, a été la première description formelle de la structure et de l'activité des traits universels de la vie.

La théorie cellulaire a permis le développement au sein de la biologie d'une discipline dédiée à la compréhension du fonctionnement et du maintien de cellules, de leur division ou reproduction et de leur échange d'informations. La cellule a été identifiée à une unité fondamentale de la vie et la maladie à un fonctionnement altéré de l'activité cellulaire. Aussi importante que l'ADN, la théorie cellulaire a ouvert des possibilités dans le domaine de la théorie de l'évolution, de la médecine et de la microbiologie. **LW**

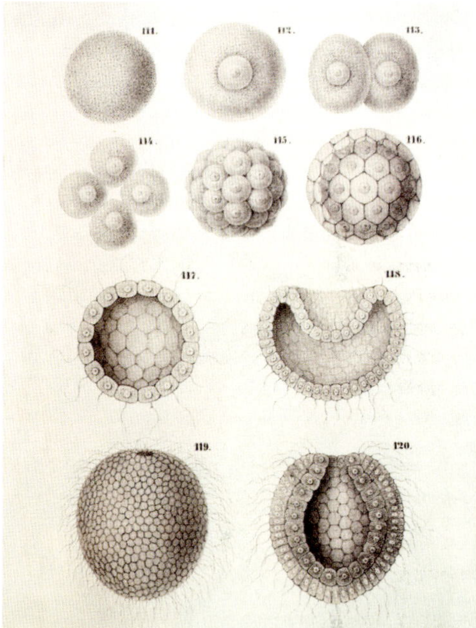

Illustration d'Ernst Haeckel décrivant les phases du développement embryonnaire des vertébrés, de la duplication des cellules (rangée du haut) à la formation de feuillets distincts (en bas à droite).

« Le principal résultat de notre investigation est qu'un principe de développement commun contrôle les parties élémentaires de tous les organismes. »

Theodor Schwann, zoologiste

BOOMELHEIMER
AMERICAN GROCERY
DELICATESSEN
YAN-KEE
AMELICAN
LAU
JEAN BOUGOIS
AMERICAINE

v. 1840

Nativisme idéologique

États-Unis

L'idée que les nouveaux immigrants sont une menace pour les habitants d'un pays

Le nativisme idéologique ou politique est un point de vue préconisant la défense des intérêts d'une société et leur primauté sur ceux des nouveaux immigrants. Il fait son chemin et est toujours d'actualité. Cependant, à l'échelle d'une nation, il a pris de l'ampleur vers 1840 aux États-Unis face aux vagues successives de migrants européens qui s'établissaient sur les rives du Nouveau Monde. Il s'est intensifié en 1847 avec l'arrivée de 100 000 catholiques irlandais fuyant la famine.

À cette époque, un parti politique controversé a vu le jour : le Know-Nothing Party, constitué de personnes désirant empêcher les migrants de fouler le sol américain et décidées, si elles n'y arrivaient pas, à tout faire pour les empêcher de s'insérer dans la société. Les partisans de cette idéologie irrationnelle, source de préjudices, ont été appelés les *nativists*. Le mouvement avait des origines diverses : l'élitisme d'une classe moyenne méprisant les immigrants, vus comme socialement et intellectuellement « inférieurs », la crainte que ces derniers ne modifient le corps politique et celle de leur concurrence sur le marché du travail.

> *« Les immigrants sont pauvres et malades, et sont une charge pour la Ville… »*
>
> **Alerte au choléra, Burlington, Vermont (1849)**

Mais la plupart du temps, il était motivé par des sentiments anticatholiques dans un pays profondément protestant et était dirigé contre un complot imaginaire ourdi par le pape qui devait éclater et subvertir la nouvelle république américaine. Le jeune Abraham Lincoln (1809-1865) a dénoncé le mouvement, disant qu'il préférait vivre en Russie, où « le despotisme était manifeste », plutôt que dans son pays, « où tous les hommes étaient égaux, hormis les nègres, les étrangers et les catholiques ». **BS**

1840

La propriété, c'est le vol

Pierre Joseph Proudhon

L'idée que toute revendication de propriété est incompatible avec la justice commune

S'inspirant du philosophe genevois Jean-Jacques Rousseau (1712-1778), les socialistes disent que la propriété privée est une violation flagrante des droits naturels des membres d'une communauté, lesquels doivent, selon eux, profiter des biens matériels que leur procure leur environnement. Toute norme limitant ces droits dessert la communauté. Le politicien et philosophe français Pierre Joseph Proudhon (1809-1865) est même allé plus loin en affirmant que la propriété privée était une transgression, un crime.

Son opinion politique s'explique, dans une certaine mesure, par ses origines sociales. Ayant souffert dans son enfance de la pauvreté et vécu de longues périodes de chômage à l'âge adulte, il avait finalement reçu une bourse pour étudier à Paris. Là, dans son premier ouvrage majeur, *Qu'est-ce que la propriété ?* (1840), il a émis l'idée que la propriété était un vol. Il prévoyait, comme Karl Marx, qu'une élite de plus en plus restreinte finirait par concentrer tous les biens et pouvoirs jusqu'à ce qu'une révolution rétablisse l'équilibre. À la différence de Marx, il pensait que la dissolution complète de l'État était la solution ultime. On remédierait à cette privation de droits électoraux, croyait-il, une fois que les êtres humains libérés par l'anarchie pourraient compter sur leur caractère harmonieux naturel et travailler pour eux-mêmes.

> *« L'individu est toujours soumis au droit que la communauté a sur tout. »*
>
> **Pierre Joseph Proudhon**

Ses idées permettent de comprendre la dichotomie existant entre les notions libertaires ou fondées sur le droit de propriété sans entrave et l'opposition croissante de membres de la société insatisfaits, pour lesquels ces notions sont de simples excuses dont se sert une élite aisée pour défendre sa puissance. **LW**

Caricature de 1888 contre l'immigration décrivant une « possible curiosité au XXe siècle » : le dernier Yankee.

1840

Anarchisme

Pierre Joseph Proudhon

Le fait de croire qu'un gouvernement viole les droits des individus et de la collectivité

L'anarchisme ou l'idée qu'une coercition politique, y compris sous forme de gouvernement, est illégitime et inefficace et doit être combattue est une philosophie politique qui s'est développée au XIXe siècle avec la consolidation de l'État moderne. Beaucoup considèrent le politicien, philosophe, économiste et socialiste français Pierre Joseph Proudhon (1809-1865) comme le premier anarchiste autodéclaré. Ne recommandait-il pas dans *Qu'est-ce que la propriété ?* (1840) de substituer au gouvernement une organisation sociale fondée sur un contrat et du volontariat ?

L'anarchisme ne définit aucune ligne politique, et ses membres n'ont pas tous le même avis. Pour les philosophes, tout gouvernement est illégitime, pour les idéalistes il est inefficace en comparaison de l'alternative anarchiste (l'individualisme, le communisme ou quelque chose entre les deux) et pour les révolutionnaires il est tellement immoral qu'il faut le combattre avec violence et le renverser.

Bien sûr, ces divers points de vue ne s'excluent pas mutuellement. Les anarchistes ne sont pas non plus tous d'accord sur le système de société idéal et la répartition de la propriété. Les communautaristes prônent divers systèmes (mutualisme, collectivisme, communisme ou syndicalisme), en reconnaissant la légitimité et l'importance d'une organisation sociale consentie, non coercitive et sans hiérarchie, et en rejetant peu ou prou la propriété privée.

Les libertaires, eux, insistent sur la souveraineté et la primauté de l'individu et de la propriété privée. Il y a une multitude d'anarchistes : écologistes, chrétiens et féministes entre autres.

Malgré la vitalité intellectuelle de ce mouvement, ses chances de provoquer un changement politique se sont évanouies après la Première Guerre mondiale et la révolution russe de 1917. **GB**

L'anarchiste de *Pierre Joseph Proudhon et ses enfants* (1865), tableau de Gustave Courbet.

1842

Effet Doppler

Christian Doppler

La théorie selon laquelle le mouvement comprime ou étire des ondes

Quand la source d'une onde, sonore par exemple, se déplace, la longueur de l'onde à l'avant diminue par rapport à sa fréquence réelle. Cela revient à dire que le mouvement comprime les ondes. En même temps, la longueur de l'onde à l'arrière de l'émetteur s'accroît quand celui-ci s'éloigne. Ce changement de fréquence, telle l'altération du son d'une voiture de course ou d'une sirène de police qui passent près de vous, correspond à l'effet Doppler.

Le physicien autrichien Christian Doppler (1803-1853) a été le premier à décrire cet effet en astronomie dans *On the Colored Light of the Binary Stars and Some Other Stars of the Heavens* (1842). Après un parcours universitaire parfois humiliant, il s'est consacré à l'étude des phénomènes naturels. Il a trouvé son effet en cherchant à expliquer les différences de couleur des étoiles doubles. Le principe a été vite démontré avec n'importe quel type d'onde (son, lumière, eau) émise par une source en mouvement.

Il s'applique aussi à un observateur en mouvement par rapport au milieu dans lequel une onde se propage et à des situations dans lesquelles le milieu est le moyen de transmission.

L'effet Doppler sert à faire des prévisions dans des domaines aussi variés que la météorologie, la navigation et le diagnostic médical. Comme Doppler l'avait prédit, dès qu'il y a eu des instruments de mesure assez sophistiqués, les scientifiques ont pu déterminer la direction des étoiles. Cela a attiré leur attention sur le « décalage vers le rouge », le fait que la lumière d'une étoile observée de la Terre se déplace vers l'extrémité rouge du spectre (avec une fréquence plus basse ou une onde plus longue) quand elle s'éloigne du globe. En d'autres termes, ils ont compris que l'univers était en expansion. Les choses étaient donc jadis beaucoup plus proches. L'effet Doppler a modifié notre compréhension de l'univers. **LW**

↑ Image illustrant les différentes valeurs du décalage vers le rouge du Quintette de Stephan (groupe de galaxies) et de NGC 7320.

1843

Cartoon

John Leech

Une illustration amusant dans le but de susciter un débat

En anglais, le terme *cartoon* vient des beaux-arts et fait référence au carton sur lequel étaient réalisées les esquisses de tableaux et de sculptures. Il a fallu l'avènement de la presse écrite pour qu'il désigne un art. À l'origine, il s'agissait de dessins individuels censés amuser le lecteur et susciter une réaction de sa part.

Le 15 juillet 1843, le dessin *Substance and Shadow* (Substance et ombre) de l'artiste anglais John Leech (1817-1864) est apparu dans la revue britannique *Punch*. Pour la première fois, le terme de *cartoon* a désigné la représentation satirique de personnages imaginaires dont l'allure et les traits faisaient allusion à des choses précises (la pauvreté et la cupidité dans ce premier dessin de Leech). Néanmoins, le premier personnage populaire de *cartoon*, créé à seule fin d'amuser les lecteurs, avait été inventé plus tôt, en 1809, et avait laissé présager le succès à venir des bandes dessinés. Le héros, un homme âgé et tout en angles, Dr. Syntax, avait un penchant pour les voyages et un don pour se fourrer dans les ennuis. Son créateur, Thomas Rowlandson (1756-1827) avait imaginé un scénario pour lui, d'où la création de nombreux produits dérivés (des livres et des cartes postales) et de nombreux profits.

Ce genre de dessin humoristique a eu deux influences. Tout d'abord, il a été populaire en tant que dessin drôle générant une armada de personnages devenus des héros de dessins animés pour enfants. Ensuite, il a eu du succès auprès des adultes en véhiculant des commentaires sociaux et politiques et une satire non diffamatoire, mais aussi des fantasmes sexuels.

Des dessins emblématiques inoffensifs pour enfants jusqu'aux représentations du mal, il rend compte à présent de toute la gamme des sentiments humains. Les héros des bandes dessinées ont des possibilités illimitées. Intangibles, ils peuvent sonder les hauts et les bas de l'imagination humaine. **LW**

En désignant en 1843 *Substance and Shadow* comme le « *Cartoon* n° 1 », la revue *Punch* en a fait le premier dessin humoristique. ↑

1843

Premier vol commercial

William Henson et John Stringfellow

Un transport aérien pour tous générant des profits

L'artiste et inventeur italien Léonard de Vinci (1452-1519) avait dessiné des machines volantes ailées, et les Français Jean-François Pilâtre de Rozier (1754-1785) et François Laurent d'Arlandes (1742-1809) ont fait leur premier vol en montgolfière en 1783. Néanmoins, l'inventeur britannique William S. Henson (1812-1888) et son ami ingénieur John Stringfellow (1799-1883) ont été les premiers à imaginer la possibilité de vols rentables. En observant un oiseau, ils ont conclu qu'il devait être possible de propulser un engin à voilure fixe avec un moteur robuste.

En 1843, soixante ans avant que Wilbur (1867-1912) et Orville (1871-1948) Wright effectuent leur premier vol à bord d'un engin de ce type en 1903, les deux hommes ont fondé l'Aerial Transit Company afin de recueillir les fonds nécessaires à la construction de leur premier prototype. Malheureusement, leur campagne publicitaire extravagante a effrayé les investisseurs. Même l'ingénieur Sir George Cayley (1773-1857), mentor et inspirateur de Henson, a refusé de les soutenir avant qu'ils aient fabriqué un modèle en état de fonctionner de leur Aerial Steam Carriage, dit Ariel, breveté en 1842. L'engin n'a jamais volé, le projet est tombé à l'eau et Henson a émigré. Cependant le public avait entrevu la possibilité de s'envoler vers des lieux exotiques.

Il est impossible de nier l'impact des vols commerciaux sur la société industrialisée moderne. Les destinations de vacances ont changé les voyageurs et les habitants de lieux touristiques et le tourisme a permis un échange des cultures.

Cependant, l'exploitation des territoires et des hommes a soulevé de nouveaux problèmes. L'industrie aérienne n'a jamais généré les profits espérés par les premiers investisseurs et inventeurs, mais elle a assurément modifié notre perception des distances, et notre façon de peser les coûts et les conséquences de nos loisirs. **LW**

↑ Lithographie de l'Ariel (1842). Loin de survoler les pyramides, il ne vola jamais.

Théorie des anneaux

William Rowan Hamilton

L'étude des « anneaux » ou structures algébriques qui sont intègres si elles sont commutatives, mais non si elles ne le sont pas

Le mathématicien irlandais Sir William Hamilton, largement autodidacte, photographié ici en 1857, est devenu professeur d'astronomie au Trinity College de Dublin en 1827.

« Le quaternion mathématique procède de ces deux éléments. Dans le langage technique, on peut dire qu'il s'agit de "temps plus de l'espace" ou d'"espace plus du temps", et dans ce sens, il possède quatre dimensions, ou implique une référence à celles-ci. » William Hamilton dans *Life of Sir William Rowan Hamilton* (1882) de R. P. Graves

La théorie des anneaux est, pour parler simplement, l'étude de structures mathématiques où l'addition et la multiplication sont possibles. Il existe une théorie « commutative » dans laquelle l'ordre des éléments ajoutés ou multipliés n'affecte pas le résultat mathématique et une théorie « non commutative », plus complexe. Celle-ci a été élaborée à partir de la théorie des quaternions du physicien, astronome et mathématicien irlandais William Rowan Hamilton (1805-1865) qui a dit à ce propos : « l'idée me vint alors que nous devions admettre, en quelque sorte, une quatrième dimension ».

Les recherches menées pour trouver une théorie s'expliquent par la complexité des problèmes soulevés. En mathématiques, les anneaux sont des ensembles dans lesquels deux opérations, l'addition et la multiplication, remplissent les conditions d'axiomes variés. L'étude des propriétés mathématiques des anneaux est ancienne, mais ce genre de problème mathématique abstrait a suscité un grand intérêt au XVIIe siècle.

Dans les années 1880, Richard Dedekind s'est ainsi attaqué au dernier théorème du mathématicien français Pierre de Fermat (1601-1665), le plus difficile, et a élaboré la première théorie exhaustive sur les nombres algébriques. Celle-ci, incluant l'idée que des ensembles pouvaient être traités comme des entiers, a permis l'évolution de la théorie des anneaux. Entre-temps, les « quaternions » découverts par Hamilton en 1843 avaient fait voler en éclats la commutativité de la multiplication et ouvert la voie à la théorie non commutative des anneaux.

Développées pour résoudre des problèmes abstraits, les deux théories ont permis une meilleure compréhension des mathématiques, mais aussi de la physique. Elles ont modifié la façon dont nous concevons les relations entre les nombres et cela a eu un impact sur notre compréhension de la structure de l'univers **LW**

1843

Despote éclairé

Wilhelm Roscher

L'idée qu'un monarque absolu puisse être influencé par les Lumières

Depuis le XVIIIe siècle, les monarques faisant des réformes dans les domaines législatif, social et éducatif en s'inspirant des Lumières ont été qualifiés de « despotes éclairés ». Il s'agissait de dirigeants ayant assez d'autorité, de sens du devoir et de caractère pour instaurer des réformes administratives, économiques et agricoles, accroître la séparation des pouvoirs de l'Église et de l'État, et développer les systèmes de santé et d'éducation. Dans le même temps, toute réforme du système monarchique était exclue et rien n'était fait pour modifier l'ordre social existant.

Au cours de la seconde moitié du XVIIIe siècle, les idées européennes sur la manière de gouverner avaient commencé à changer sous l'influence des Lumières. Appelant à plus d'égalité et de tolérance religieuse, ainsi qu'à la participation d'un plus grand nombre aux décisions politiques, elles menaçaient le statu quo, et, affirmait-on, la stabilité de l'État. Pour répondre à cela, l'économiste allemand Wilhelm Roscher (1817-1894) avait prôné en 1843 un despotisme éclairé (l'expression utilisée en 1847 était « absolutisme éclairé »). Il y voyait la phase finale d'un processus d'émancipation monarchique en trois parties. Pour lui, cette réforme pouvait avoir lieu sans démantèlement de l'État et un progrès intellectuel était possible au sein de l'ordre existant.

Aujourd'hui, l'idée contradictoire ou tenant de l'oxymore qu'un monarque puisse être éclairé et despote crée la confusion, et dans une certaine mesure suscite la même tension que lors de sa formulation. Les justifications des régimes dictatoriaux actuels font écho aux premiers apologistes de cette idée. Leurs dirigeants et leurs partisans peuvent se considérer candidement comme des réformateurs sociaux, œuvrant pour le bien de tous, mais leurs efforts sont sujets à la faiblesse humaine et aux dictats du pragmatisme. Les despotes n'étaient pas différents. **LW**

1843

Émergence

John Stuart Mill

L'idée qu'une entité puisse avoir une propriété qu'aucune de ses parties ne possède

Le philosophe britannique John Stuart Mill (1806-1873) a formulé la théorie de l'émergence dans son livre *Système de logique* déductive et inductive (1843). Selon lui, la propriété d'une chose est « émergente » si elle est plus que la somme de ses parties. On oppose souvent l'émergence au réductionnisme, théorie selon laquelle les plus simples composants de la matière sont ses seules vraies propriétés. L'émergence offre une vision stratifiée : de nouvelles propriétés émergent à chaque niveau supérieur de complexité physique.

Mill a ainsi décrit la façon dont des causes produisent un effet. Les propriétés non émergentes de celui-ci seront prévisibles grâce à la connaissance de chacune des causes. Ainsi, si une force propulse un objet vers le nord et si une autre force égale le propulse vers l'est, le mouvement sera nord-est. Mais dans le cas de propriétés émergentes, la conjonction des causes produit un effet imprévisible, même si l'on connaît la conséquence de chaque cause.

> *« La plus grande qualité émerge du degré le plus bas de l'existence… »*
>
> **Lloyd Morgan, éthologue et psychologue**

Mill cite ici les propriétés de composants chimiques qu'il serait impossible de prévoir en s'appuyant sur les seules propriétés de chaque élément.

Selon certains, les progrès de la chimie ont mis à mal ce principe. Cependant, l'importance de l'émergence tient plus à ses implications dans notre compréhension de l'esprit que dans le cas de réactions chimiques. En tant que philosophie de l'esprit, l'émergence occupe une position intermédiaire entre le matérialisme, qui réduit l'esprit à l'activité cérébrale, et le dualisme, qui considère l'esprit comme totalement indépendant du cerveau. **GD**

1843

Acte de foi

Søren Kierkegaard

Le concept selon lequel, pour atteindre la foi, nous devons dépasser les limites du rationnel

Le philosophe existentialiste danois Søren Kierkegaard (1813-1855) a parlé de l'acte de foi dans ses livres *Crainte et tremblement* (1843), *Miettes philosophiques* (1844) et *Post-scriptum définitif et non scientifique aux Miettes philosophiques* (1848), qu'il a publiés sous un pseudonyme.

Selon lui, le chemin de la vie est un processus au cours duquel une personne passe progressivement par trois étapes. Au cours de la première, dite esthétique, l'homme est motivé par l'égoïsme et l'hédonisme, mais la nature éphémère du plaisir procuré ne le satisfait pas, et nombreux sont ceux qui cherchent ailleurs un sens à leur vie. La seconde étape, éthique, est le souci d'autrui. Elle s'inscrit peu à peu dans les principes universels du discours philosophique moral. Bien que ses fondements sociaux et rationnels soient plus satisfaisants que ceux de la phase esthétique, elle génère de l'anxiété et du désespoir car personne n'arrive jamais à être complètement à la hauteur de ses devoirs. La dernière étape, religieuse, suppose un acte de foi consistant à abandonner toutes considérations esthétiques et rationnelles pour se consacrer à Dieu. Kierkegaard utilise la parabole biblique d'Abraham et d'Isaac pour l'illustrer. Abraham doit oublier les interdits moraux universels qui l'empêchent de tuer son fils, embrasser la volonté de Dieu, et devenir un « chevalier de la foi ». À ce stade, la morale de la personne repose sur l'*imitatio Christi*, ou sur une imitation des vertus christiques.

Cette vision de la foi a eu un formidable retentissement sur la philosophie et la théologie, influençant des penseurs comme Karl Barth, Karl Jaspers, Paul Tillich et Dietrich Bonhoeffer. L'expression « acte de foi » est entrée dans la langue, mais est employée à tort pour désigner les actes dictés par une foi aveugle. Or il n'y a d'acte de foi que si l'individu est passé par les étapes esthétique et éthique. Il ne suffit pas de croire : il faut avoir fait le dur apprentissage de la vie. **JM**

Un ange arrête Abraham, le « chevalier de la foi » de Kierkegaard, dans *Le Sacrifice d'Isaac* (1650) de Laurent de La Hyre.

1845

Destinée manifeste

John L. O'Sullivan

La croyance selon laquelle les Américains ont la mission divine de fonder une grande nation

L'expression « destinée manifeste » renvoie à une idée qui s'est répandue aux États-Unis au milieu du XIXe siècle, disant que la nation américaine avait pour mission divine de peupler le territoire situé entre la côte atlantique et la côte pacifique.

Pour ceux qui y croyaient, cette destinée était manifeste du fait de la nature exceptionnelle des Américains, de leur culture unique et de leurs idéaux politiques de démocratie et de liberté.

Du milieu jusqu'à la fin du XIXe siècle, les États-Unis ont connu une période d'expansion rapide, ses habitants s'installant au-delà des frontières de la Louisiane et au Far West. L'idée d'expansion existait déjà, mais celle de la destinée du peuple américain n'est apparue qu'à l'été 1845, quand John O'Sullivan (1813-1895), éditeur de la revue *Democratic Review*, a écrit un article sur le droit des États-Unis d'annexer le Texas. Il a émis l'idée que les Américains n'étaient pas une nation ordinaire, mais une nation dotée d'une mission divine appelée à s'étendre sur le continent. La notion est vite devenue populaire chez les hommes politiques, les officiels et les citoyens moyens.

L'idée de domestiquer une terre sauvage et de la rendre habitable, puis d'y créer une nouvelle nation a fasciné des générations d'Américains. La terre en question était déjà habitée, mais les indigènes n'avaient pas la même destinée que les Américains.

L'expansion des colons à l'ouest a entraîné leur massacre et leur déplacement. Aujourd'hui, l'idée de l'« exceptionnalisme américain », c'est-à-dire que la nation américaine est à part et a le devoir de promouvoir les idéaux démocratiques, reste présente dans de nombreux aspects de la politique et de la culture américaines. **MT**

↑ Dans American Progress (v. 1872) de John Gast, Columbia fait fuir les ténèbres en compagnie de pionniers.

Illusionnisme

Jean Eugène Robert-Houdin

Le fait de distraire un public en réussissant des tours stupéfiants, en semblant lire dans les pensées d'autrui ou en accomplissant des exploits surhumains

Affiche du XIXe siècle annonçant un spectacle de Jean Eugène Robert-Houdin à Paris. La carrière d'illusionniste professionnel de ce dernier dura près de onze ans.

« La magie est la profession la plus honnête qui soit. Le magicien s'engage à vous tromper et il le fait. »

Karl Germain, magicien et juriste

De l'avis de la plupart des historiens, le Français Jean Eugène Robert-Houdin (1805-1871) a été le premier illusionniste, c'est-à-dire le premier magicien, à se produire dans un théâtre. Il y a eu d'autres prétendants au titre, l'Écossais John Henry Anderson (1814-1874) entre autres, mais même s'ils l'ont précédé, aucun ne rivalisait avec lui en termes d'originalité et de variété. Sa première prestation, en 1845, n'a pas été très bien accueillie, mais il a persévéré jusqu'à ce que ses « illusions » attirent l'attention de Louis-Philippe. En 1847, il a même donnée une représentation privée devant le roi, quelques mois avant la révolution de 1848.

Dans l'un de ses numéros, son fils donnait l'impression de tenir horizontalement dans l'espace, appuyé sur un coude.

L'illusionniste disait que c'était dû à l'effet sur son corps de l'éther, liquide dont les propriétés venaient d'être révélées. Il a en effet tiré parti de découvertes scientifiques encore méconnues du public. Il demandait ainsi à un enfant de soulever une petite boîte, puis se servait de l'électromagnétisme pour qu'un adulte ne puisse faire la même chose. Ses tours étaient si fantastiques qu'en 1856 Napoléon III lui demanda d'empêcher une rébellion en Algérie en déjouant les manigances des marabouts musulmans.

L'illusionnisme, qui était un simple divertissement, est devenu la démonstration sophistiquée de phénomènes en apparence surnaturels.

Aujourd'hui, dans la rue ou sur les écrans, la magie perpétue l'idée que des choses impossibles peuvent se produire et montre que le désir d'évasion est fondamental chez l'homme. Les gens s'offrent volontiers un spectacle pour être émerveillés, sidérés, divertis ou bluffés. L'illusionnisme est populaire en dépit du scepticisme ambiant, car il révèle une part d'inconnu dans ce qui est connu. **LW**

1846

La force prime le droit

Adin Ballou

La force est le meilleur moyen d'obtenir ce que l'on désire

L'expression « la force prime le droit » réunit trois notions, dont deux s'opposent. La première est l'emploi d'un aphorisme pour résumer un concept. La deuxième est le sens péjoratif attribué à ce dernier, qui laisse supposer qu'une force exercée par une autorité sur des sujets qui la refusent est injustifiée. La troisième a trait aux relations sociales, politiques ou même biologiques : l'expression justifie les actions visant à asseoir une domination ou un pouvoir.

L'anarchiste et utopiste américain Adin Ballou (1803-1890) a été le premier à l'utiliser en anglais dans son livre *Christian Non-Resistance: in All its Important Bearings, Illustrated and Defended* (1846). Il était conditionné par sa vision de l'histoire, son extrême pacifisme et sa conviction qu'il fallait braver les lois imposées par l'homme pour trouver le bonheur.

Cependant, sa phrase résumait une idée plus ancienne. L'historien grec Thucydide (v. 460 -apr. 395 av. J.-C.) avait noté que « le fort fait ce qu'il a le pouvoir de faire et le faible subit ce qu'il doit subir », mais le sage homme avait fait précéder cette observation de ce commentaire : « le droit ne vaut que pour ceux qui sont égaux ».

La phrase « la force prime le droit » est devenue une sorte d'adage. Cette manière d'énoncer brièvement une idée s'est d'ailleurs répandue. L'idée elle-même a influencé deux opinions, dont l'une s'oppose au sens que Ballou donnait à l'expression.

Ce dernier soulignait (comme Thucydide) l'injustice d'une autorité imposée. Il avait mis l'expression entre guillemets pour indiquer que les autorités usant de la force pour diriger étaient illégitimes. Selon l'autre opinion, l'expression décrit un état de fait historique, et justifie l'existence de certains systèmes politiques, comme le totalitarisme. **LW**

1847

Hygiène à l'hôpital

Ignác Semmelweis

Une bonne hygiène du corps médical prévient la transmission des maladies

En 1847, l'obstétricien hongrois Ignác Semmelweis (1818-1865) a établi un lien entre le manque d'hygiène chez le personnel (masculin) hospitalier et le fort taux de mortalité des parturientes. La réaction officielle suscitée par cette annonce a montré combien il était difficile pour une institution d'accepter une observation qui nuisait à sa réputation.

Dans l'Europe du milieu du XIXe siècle, les femmes accouchant à l'hôpital mouraient plus souvent de fièvre puerpérale, maladie due à une infection bactérienne, quand elles étaient assistées par des médecins de l'hôpital qu'en l'absence de ces derniers. Semmelweis s'est penché sur les habitudes d'hygiène des médecins eux-mêmes. À la différence des sages-femmes, ceux-ci ont refusé de se considérer comme d'éventuels transmetteurs de la maladie et ont continué à ne pas se laver les mains. Semmelweis a publié sa théorie, mais celle-ci n'a pas été bien accueillie. Au contraire, le milieu médical viennois s'est empressé de le calomnier, rejetant ses découvertes et ne le renommant pas à son poste. Il est mort tragiquement dans un asile.

> *« ... les cadavres disséqués étaient la cause de mortalité dans la première clinique d'obstétrique. »* **Ignác Semmelweis**

Sa théorie a eu un effet direct et indirect sur notre façon de pensée. Elle a fini par modifier notre comportement en matière d'hygiène médicale, réduisant la souffrance et la mortalité dans les hôpitaux. Mais elle a aussi montré combien un corps professionnel puissant pouvait refuser catégoriquement de reconnaître ses erreurs, et la façon dont les personnes exerçant un pouvoir réagissent face à une découverte qui ternit leur image. C'est un phénomène social qui perdure aujourd'hui. **LW**

1847

Topologie

Johann Benedict Listing

L'étude des propriétés conservées dans des formes géométriques déformées

Le génie suisse Leonhard Euler (1707-1783) a été le premier à envisager le problème des ponts de Könisberg comme un problème de géométrie. Son mémoire sur le sujet a donné naissance à la topologie. Il a résumé le problème, consistant à traverser sept ponts en un seul trajet sans en retraverser aucun, par un graphique composé de lignes et de points. Cela a prouvé que les nombres et les formes entretenaient des liens qui n'avaient pas été examinés : ainsi là où la distance n'était pas pertinente, la qualité, elle, l'était. La topologie est donc la géométrie d'un processus consistant à réduire, déformer ou courber des formes dont les propriétés géométriques fondamentales demeurent intactes.

Euler a jeté les bases de cette science, mais c'est le Germano-Tchèque Johann Benedict Listing (1802-1882) qui a défini le premier son champ d'application. Dans sa publication *Vorstudien zur Topologie* (Études introductives à la topologie, 1847), il a donné la première approche systématique du sujet. Les mathématiciens allemands Augustus Möbius (1790-1868) et Bernhard Riemann (1826-1866) ont eu une grande influence sur le développement de la topologie, mais Listing a décrit le ruban de Möbius quatre ans avant Möbius lui-même et mérite donc d'être considéré comme le créateur de la topologie.

« S'il s'agit de tourner une manivelle, c'est l'algèbre ; s'il y a une idée, c'est la topologie. » **Solomon Lefschetz, mathématicien**

Celle-ci a montré que les formes et les nombres pouvaient être liés qualitativement, et non uniquement par des relations géométriques quantitatives traitées par la géométrie. Ce type de géométrie mariant la forme à l'espace à travers un nouvel ensemble de conditions est, à cet égard, innovant, ouvrant des perspectives comme la découverte de nouvelles formes de matière. **LW**

1848

Communisme

Karl Marx et Friedrich Engels

Un système économique et une philosophie politique prônant la propriété sociale

Le communisme est une idéologie et une théorie selon lesquelles l'histoire de l'humanité doit progresser de l'inégalité à l'égalité via la révolution. L'objectif de cette évolution est une société sans classes et sans État, où les hommes contribueront de leur plein gré au bien-être de tous. Cette contribution implique la mise en commun des ressources naturelles et humaines. La distribution des produits du travail en fonction des besoins permettra de supprimer les problèmes de prestige, de jalousie, de cupidité et même les guerres et assurera l'harmonie. Karl Marx (1818-1883) et Friedrich Engels (1820-1895) passent pour avoir écrit ensemble le *Manifeste du parti communiste* (1848), dans lequel cette théorie a été formulée. Celle-ci a suscité une vive réaction politique, bien que l'idéal d'une société égalitaire où les ressources seraient détenues en commun eût déjà existé auparavant. Fortement influencé par l'œuvre du philosophe Georg Wilhelm Friedrich Hegel (1770-1831), le communisme donnait à la fois une explication de l'inégalité et un plan de bataille.

« Le communisme peut se résumer par une devise : l'abolition de la propriété privée. »

Karl Marx, philosophe et économiste

Il est impossible d'imaginer comment l'humanité se serait développée s'il n'avait pas radicalisé sa théorie politique. La « menace communiste » a entraîné des batailles idéologiques, partageant le monde entre des nations libérales, industrialisées et capitalistes et des nations autoritaires, semi-industrialisées et socialistes. Certains affirment même qu'elle a poussé ses plus féroces détracteurs à se tourner vers le fascisme. Néanmoins, l'idéologie reste populaire, car il y aura toujours des personnes qui verront dans ses buts la soif d'un monde plus juste. **LW**

Affiche communiste russe de 1920 : « Le savoir brise les chaînes de l'esclavage ». ➔

А. Радаков.
ЗНАНИЕ
РАЗОРВЕТ ЦЕПИ РАБСТВА

Préraphaélisme

Angleterre

Un mouvement artistique cherchant à imiter le style des peintres italiens avant Raphaël

↑ *La Bien-Aimée* (1865-1866) de Dante Gabriel Rossetti, l'un des fondateurs de la confrérie préraphaélite. Le tableau montre l'éclat des coloris apprécié par le groupe.

Le « préraphaélisme » désigne la doctrine d'un groupe d'artistes, écrivains et peintres ayant fondé en 1843 la confrérie préraphaélite. Sous l'égide de Dante Gabriel Rossetti (1828-1882), William Holman Hunt (1827-1910) et John Everett Millais (1829-1896), ce mouvement s'inspirait largement des idées de l'artiste et critique anglais John Ruskin (1819-1900) et, à l'origine, contestait les conventions artistiques et littéraires de l'époque, substituant aux règles existantes des critères de valeur fondés sur les sensations plutôt que sur l'intellect. Les œuvres de ces artistes ont choqué le public victorien, qui avait une autre perception de l'art. Le second mouvement préraphaélite a tranché sur le premier, l'un de ses objectifs étant de susciter un regain d'intérêt pour l'artisanat qui était par sa nature même fonctionnel.

Les travaux de Ruskin mettaient en doute le panthéon des normes sociales. Cela a incité les préraphaélites à puiser leur inspiration au-delà des conventions de la société victorienne. S'élevant contre le « maniérisme » artistique, ils se sont tournés vers une précision plus naturaliste de sujets parfois fantastiques. Ils rêvaient de revenir à une époque plus ancienne représentée par l'artiste de la Renaissance italienne Raphaël (1483-1520) et ses prédécesseurs. Selon eux, le processus artistique devait englober toute l'activité de l'homme et l'artiste ne devait pas se limiter à un seul type d'art. Les écrivains étaient poussés à peindre, et les modes progressistes d'expression, y compris d'expression sexuelle, étaient encouragées.

Les thèmes du préraphaélisme étaient plus complexes que ce qui vient d'être exposé et le mouvement a été, dans un certain sens, la « révolution hippie » de l'époque. Il est à l'origine de tous les débats sur les normes et conventions, de l'intuitionnisme et du mysticisme de W. B. Yeats (1865-1939) au réalisme résolu d'Anthony Burgess (1917-1993). **LW**

« Tout grand art est le travail du corps et de l'âme, et surtout de l'âme. »

John Ruskin, artiste et critique

Désobéissance civile

Henry David Thoreau

Le refus actif d'un individu de se soumettre à des règles, lois ou politiques gouvernementales

D'après l'écrivain américain Henry David Thoreau (1817-1862), quiconque croit qu'un gouvernement agit de façon injuste a le devoir de s'opposer à lui en protestant et en résistant.

Ces actes de désobéissance visent à informer les autres de l'injustice et à apporter un changement. Ils sont le fait d'individus convaincus du caractère immoral et injuste des actions de l'État.

En 1849, Thoreau a écrit l'essai *Resistance to Civil Government*, publié plus tard sous le titre « Sur la désobéissance civile ». L'expression faisait référence à son refus de payer une taxe destinée à financer une politique du gouvernement américain qu'il jugeait injuste. Il avait noté dans son étude sur l'histoire que des personnes ayant rendu la société meilleure avaient été perçues au départ comme des ennemis et que ceux qui suivaient leur conscience entraient souvent en conflit avec la société de leur temps, mais étaient considérés ensuite comme les réformateurs et les héros les plus influents. Selon lui, les gouvernements, y compris démocrates, ne pouvaient promouvoir le bien ou le droit car il s'agissait d'organisations corrompues. Les individus devaient agir selon leur conscience et s'opposer aux lois iniques en refusant de s'y soumettre, au lieu de se contenter de voter, de protester oralement ou d'espérer un changement.

Les principes de non-violence qu'il prônait ont été déterminants dans le succès de la désobéissance civile au cours du XXe siècle dans le cas du mouvement pour l'indépendance de l'Inde du Mahatma Gandhi (1869-1948) ou de la campagne pour les droits civiques de Martin Luther King (1929-1968).

Avant cela, la révolution égyptienne de 1919 avait été le premier exemple réussi de désobéissance civile d'un peuple pour atteindre un but politique. La tactique employée par ces mouvements est encore utilisée aujourd'hui. **MT**

↑ Henry David Thoreau photographié en 1847. L'activiste a passé une nuit en prison pour désobéissance civile en juillet 1846 : il avait refusé de payer une taxe au gouvernement qui soutenait l'esclavage.

« La désobéissance est le véritable fondement de la liberté. Les obéissants doivent être des esclaves. »

Henry David Thoreau

1850

Jeux olympiques modernes

William Penny Brookes

Une compétition sportive internationale qui se tient tous les quatre ans dans différents lieux

Le physicien et botaniste William Penny Brookes (1809-1895) pensait qu'en favorisant le développement physique et intellectuel, il serait possible de remédier aux effets néfastes de la pauvreté. À cette fin, il a mis au point une compétition imitant les anciens Jeux olympiques et organisé en octobre 1850 à Much Wenlock, en Angleterre, les premiers « Jeux olympiques de Wenlock ». Cela a été le début de la renaissance des olympiades de la Grèce antique, un événement qui tous les quatre ans réunissait les athlètes pratiquant des sports d'été et d'hiver toujours plus nombreux.

Si Brookes a été l'inspirateur du projet, c'est le baron Pierre de Coubertin (1863-1937), aristocrate français qui a été invité en 1889 à assister aux Jeux olympiques de Wenlock, qui est considéré par le Comité international olympique comme le fondateur des Jeux modernes. Il a plus tard cherché à minimiser l'influence des Jeux de Wenlock sur ses efforts pour faire revivre les olympiades, mais les photographies de son séjour avec Brookes attestent le contraire. Les premiers Jeux internationaux ont eu lieu à Athènes en 1896. Ils ont rassemblé 245 sportifs de quatorze pays qui ont participé à 43 compétitions dans neuf disciplines.

Si la philosophie d'harmonie qui prévalait lors des premiers Jeux grecs existe encore aujourd'hui, c'est surtout dans le choix des participants. Brookes voulait que tous puissent participer, indépendamment de leur classe ou de leur statut. Cela a été ensuite le tour des femmes, des athlètes de couleur et des handicapés. Malheureusement la réputation des Jeux olympiques modernes est ternie par des accusations de corruption lors de la sélection de la ville censée les accueillir, ainsi que de dopage, surtout depuis l'interdiction de ce dernier en 1968. Si cela a rendu certains observateurs cyniques, la plupart révèrent les idéaux représentés par les Jeux olympiques. **LW**

Les concurrents du 100 mètres hommes aux Jeux olympiques de 1896 à Athènes.

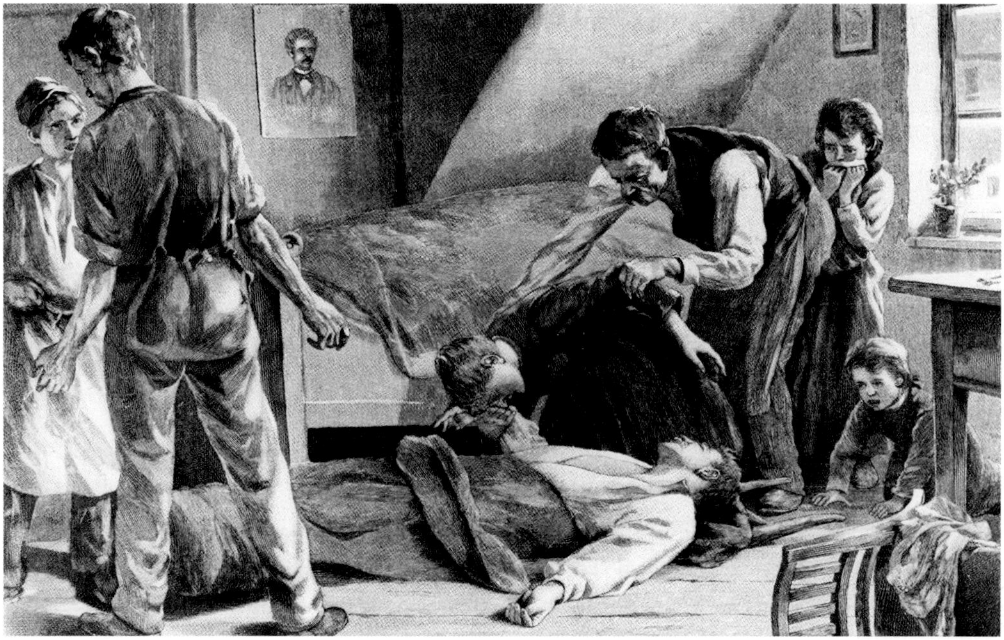

1850

Assurance AD&D

Franklin Health Assurance Company

Une forme d'assurance-vie couvrant un décès ou une mutilation à la suite d'un accident

Dans l'industrie, cette assurance en cas de décès ou de mutilations dus à un accident permet de payer une somme prédéterminée à un bénéficiaire dans le cas où l'assuré perdrait la vie ou serait mutilé dans un accident.

Dans le contexte actuel, il s'agit en général d'ouvriers ou de personnes occupant des fonctions à hauts risques. Cette assurance est une garantie en cas de perte de salaire ou d'incapacité de l'assuré de travailler après un accident. À l'origine, il s'agissait d'une protection face aux risques encourus lors de voyages.

La compagnie d'assurance Franklin Health Assurance Company de Boston, dans le Massachusetts, a été la première à la proposer en 1850. L'assurance couvrait les décès et les dommages corporels dus à un accident de bateau à vapeur ou de train.

De nombreuses entreprises ont repris la formule et l'ont étendue aux pertes de salaire entraînées par toutes sortes d'accidents.

Avec le temps, un grand nombre de compagnies d'assurance ont perdu des clients et ont fusionné. Dans les années 1920 et 1930, d'autres formes de couverture santé ont vu le jour. En 1929, le précurseur de la Blue Cross (une fédération d'organisations et de compagnies d'assurances) a été fondé à la Baylor University de Dallas, au Texas, afin de créer une assurance payant les frais d'hôpitaux des souscripteurs.

Depuis lors, le système de la Blue Cross (et du Blue Shield) est devenu l'un des moyens essentiels de couvrir les dépenses de santé aux États-Unis. C'est sans doute en raison du succès de ces sociétés d'assurance privées qui se sont multipliées depuis l'avènement de l'assurance AD&D que le gouvernement américain a longtemps rechigné à intervenir dans le système de santé, à la différence de ce qui se passait dans les autres pays développés. **DM**

↑ Le corps d'un ouvrier du bâtiment, mort après avoir chuté d'un échafaudage, est ramené à sa famille.

1850

Lois de De Morgan

Augustus de Morgan

Le principe en logique de dualité du « et » et du « ou »

Les lois de De Morgan sont deux règles de logique et d'algèbre booléienne portant le nom du mathématicien et logicien britannique De Morgan (1806-1871), qui les a formulées en 1850. Bien qu'elles soient assez intuitives et puissent sembler banales (elles sont en effet utilisées par les logiciens depuis au moins le IVe siècle av. J.-C.), de Morgan a été le premier à les inscrire dans un système de logique formelle.

Ces deux règles de déduction permettent de transformer des conjonctions (propositions introduites par « et ») en disjonctions (propositions introduites par « ou ») et vice versa via la négation. Au fond, elles peuvent être exprimées comme suit : (1) la négation d'une conjonction équivaut à la disjonction de négations et (2) la négation d'une disjonction équivaut à la conjonction de négations.

« ... la vérité logique dépend de la structure de la proposition... »

Augustus de Morgan, *Formal Logic* (1847)

Considérons ainsi la conjonction des propositions suivante : « Pam est gaie et Quincy est vif ». La négation de cette conjonction est « Il n'est pas vrai que Pam soit gaie et Quincy vif ». La première loi nous dit que cet énoncé équivaut sur le plan logique à « Il n'est pas vrai que Pam soit gaie ou que Quincy soit vif ». Considérons maintenant la disjonction suivante : « Ou bien Pam est gaie ou bien Quincy est vif ». La négation de cette disjonction est : « Il n'est pas vrai que Pam soit gaie ou que Quincy soit vif », ce qui, selon la seconde loi, équivaut à : « Il n'est pas vrai que Pam soit gaie et il n'est pas vrai que Quincy soit vif ».

Ces lois servent à simplifier les circuits électriques et les expressions logiques utilisées dans les programmes informatiques. **GD**

v. 1850

Musique programmatique

Franz Liszt

Œuvre musicale dont la forme et le contenu viennent d'une source extra-musicale

Le compositeur Franz Liszt (1811-1886) a utilisé les expressions « musique programmatique » et « poème symphonique » au début des années 1850. Il pensait qu'au XIXe siècle l'harmonie et l'orchestration nécessitaient une rupture avec les modèles de composition élaborés un siècle plus tôt, le développement du contenu devant aller de pair avec celui de la forme. « Il faut de nouvelles bouteilles pour les nouveaux vins », affirmait-il. Selon lui, il fallait aussi mettre la musique en relation avec les autres arts. Le « programme » pouvait s'inspirer d'une histoire, d'une pièce ou d'un poème au lieu de se résumer à une construction sonore abstraite.

Il n'était pas le premier à appliquer des notions extra-musicales à la musique ou à apporter des modifications radicales à la composition. Des œuvres plus anciennes à la forme traditionnelle avaient imité ou fait référence à des événements ou des personnages comme *La Poule* (1728) de Jean-Philippe Rameau, la *Sixième Symphonie* (1808) de Ludwig van Beethoven ou la *Symphonie Fantastique* (1830) d'Hector Berlioz. Les œuvres de Liszt n'étaient pas directement représentatives, car elles ne mimaient pas des événements précis au moyen d'effets sonores, mais les suggéraient plutôt. Comme il le disait : « la musique incarne la sensation sans la lier ou à la marier à la pensée, comme c'est le cas dans la plupart des arts, notamment dans l'art verbal ». Liszt a ouvert la voie à des développements formels individualisés plutôt qu'à des modèles prédéfinis. Ce courant musical existe encore aujourd'hui.

Durant sa vie, la question de savoir si la musique avait un contenu en dehors du son lui-même, problème esthétique peut-être insoluble et toujours pertinent, était déjà sujette à controverses. Elle se pose dans le cas de la musique de films, censée amplifier ou refléter une action, souvent avec un langage musical préconçu et universel. **PB**

Tenue rationnelle

Elizabeth Smith Miller

Une tenue féminine avant tout confortable et pratique où une culotte bouffante remplace la jupe

Dans les années 1850, les femmes portaient des dessous pesant jusqu'à 6,4 kg. Dès le début du mouvement en faveur de l'émancipation des femmes aux États-Unis et en Grande-Bretagne, la mode a été un enjeu important comme la lutte pour de meilleurs salaires, le droit à la propriété, l'éducation et la réforme du mariage.

Elizabeth Smith Miller (1822-1911), fille des abolitionnistes Gerrit Smith et Ann Fitzhugh, est à l'origine de la rébellion contre les habits emprisonnant le corps, en portant des pantalons turcs resserrés aux chevilles sous une jupe allant jusqu'aux genoux.

Quand Amelia Bloomer (1818-1894), son amie suffragette et rédactrice de la revue *The Lily*, a vu sa tenue, elle l'a immédiatement approuvée et popularisée dans son magazine. Ces pantalons courts ont été appelés des culottes bouffantes. Ils étaient un substitut pratique des corsets serrés et des jupons superposés, mais seul un faible pourcentage de femmes les a portés. En 1856, la crinoline est devenue à la mode, faisant disparaître les jupons superposés.

Cependant elle s'est révélée dangereuse. Un grand nombre de femmes sont mortes brûlées après être passées à côté d'un feu de bois avec leurs jupes évasées. Au cours des années 1870, les critiques ont continué de s'élever contre la douleur infligée par les corsets et les jupes lourdes, et en 1881 la Rational Dress Society s'est établie à Londres, promettant de s'opposer à « toute mode qui déformerait la silhouette, gênerait les mouvements du corps ou nuirait à la santé ».

Des tenues plus confortables pour les femmes ont fini par s'imposer en raison de la popularité de la bicyclette à la fin du XIXe siècle. Il était impossible de pédaler avec de longues jupes. Les pantalons courts sont donc devenus une tenue de sport tout à fait respectable pour les femmes. **BS**

Cette illustration de 1850 montre la nouvelle tenue adoptée par les femmes. Grâce à la culotte bouffante, les femmes respectaient la décence victorienne et se déplaçaient plus librement.

« Mon dégoût pour les jupes longues a crû au fil des ans, et j'ai décidé que cela ne pouvait plus durer. J'ai immédiatement mis ma résolution en pratique. »

Elizabeth Smith Miller

1850

L'homme est ce qu'il mange

Ludwig Feuerbach

Tous les processus humains sont le produit de ce que nous ingérons

En 1850, Jacob Moleschott (1822-1893), physiologiste néerlandais, a publié *De l'alimentation et du régime*, livre populaire sur l'alimentation. Cette description des bases physiologiques de la faim et de la soif, des processus de digestion et d'assimilation, et des propriétés nutritives des divers aliments a été saluée pour son éloquence et sa clarté. Cependant, la critique de son ami et ancien professeur le philosophe allemand Ludwig Feuerbach (1804-1872) a fait encore davantage sensation.

Matérialiste considérant les processus physiques comme la seule réalité, ce dernier a trouvé des éléments étayant son point de vue dans la description faite par Moleschott des êtres humains, organismes se développant et vivant en mangeant et en buvant. Nos pensées, nos croyances et nos émotions elles-mêmes dépendaient de notre système digestif. « Pas de pensées sans phosphore », écrivait Moleschott, expliquant que le cerveau avait besoin pour se former du phosphore contenu dans les aliments gras. Feuerbach a résumé les propos de Moleschott sur l'origine de notre vie mentale en disant : « La nourriture devient le sang, le sang devient le cœur et le cerveau, le centre de nos pensées et de nos attitudes… *Man ist, was man ißt.* » Ce jeu de mots allemand disparaît dans la traduction pourtant devenue populaire : « l'homme est ce qu'il mange ».

> *« Seule l'alimentation est substance. L'alimentation est l'identité de l'esprit et de la nature. »* **Ludwig Feuerbach**

Feuerbach voulait dire que l'être humain n'est que la matière qu'il ingère et les transformations que celle-ci subit. Néanmoins, l'expression a pris un sens plus large signifiant que ce que nous mangeons influe sur notre état d'esprit et notre santé, devenant un slogan en faveur d'une alimentation saine. **GD**

v. 1850

Dégénérescence

Benedict Morel

La notion qu'une espèce peut évoluer en sens inverse, revenant à une forme « primitive »

La dégénérescence est la croyance qu'un organisme ou une espèce peut, avec le temps, perdre sa complexité biologique et « dégénérer » (ou régresser) pour revenir à une forme de vie plus primitive. La théorie a été développée par le psychiatre français Benedict Morel (1809-1873) dans les années 1850 à l'issue de ses recherches pour expliquer le début des maladies mentales d'un point de vue biologique. Il était question d'une dégénérescence progressive allant de la névrose à l'aliénation mentale et à la bêtise, puis à la stérilité finale.

En outre, les comportements, comme la consommation excessive d'alcool ou de drogue, provoquaient la dégénérescence de la progéniture des personnes concernées. Celle-ci au fil des générations, si le même comportement était répété, pouvait revenir à une forme biologique plus « primitive ».

Selon lui, l'espèce devait évoluer de façon darwinienne, ce qui présupposait une hiérarchie des organismes. Cependant, une régression était aussi possible. Les biologistes avaient, après tout, trouvé un nombre infini d'exemples de simplification chez les fossiles, notamment dans les os de la mâchoire des poissons, mammifères et reptiles, bien que d'après eux il ne pût y avoir de dégénérescence. Tout changement, qu'il soit régressif ou non, est en effet une évolution, une progression indépendamment du degré de complexité atteint. Quatre-vingt-dix-neuf pour cent des espèces ayant existé sur Terre ont à présent disparu, fait qui raille la prétendue téléologie de la nature, selon laquelle l'espèce évolue pour s'adapter à son environnement changeant et pour survivre.

Morel avait peut-être raison. Tant d'espèces ont disparu que l'idée d'une complexité croissante des organismes et de leur aptitude à s'adapter et à survivre, est loin d'être une certitude. **JF**

La chance ne sourit qu'à ceux qui y sont préparés

Louis Pasteur

Nous avons plus de chance de saisir une occasion si nous y avions pensé ou si nous avions étudié le problème auparavant

Un très grand nombre de découvertes scientifiques sont le fait du hasard : l'effet de la pénicilline, la faible toxicité de la warfarine, les propriétés anesthésiques de l'oxyde d'azote, voire les effets hallucinogènes du LSD, etc. Néanmoins, beaucoup, sinon toutes, n'auraient pas été faites si les scientifiques qui effectuaient déjà des recherches sur les sujets n'avaient pas été préparés grâce à leur travail et à une observation minutieuse à déceler le moindre indice. En outre, pour changer le monde et le mode de pensée des gens, un scientifique ne doit pas se contenter de faire une découverte : que celle-ci soit le résultat de ses efforts ou de la chance, il doit aussi prouver qu'elle n'est pas un hasard, persuader ses collègues de le suivre et convaincre les gens de le croire.

L'auteur anglais Sir Horace Walpole (1717-1797) a inventé un terme signifiant « hasard heureux » en 1754 pour décrire les moments favorisant des avancées majeures pour le bien-être des hommes, sans parler de la médecine et de la physique. Cependant, c'est le chimiste et microbiologiste Louis Pasteur (1822-1895) qui a reconnu que ce genre d'incidents ne bénéficiait qu'à ceux qui s'y attendaient. Dans une conférence donnée à l'université de Lille en 1854, il a déclaré : « en matière d'observation, la chance ne sourit qu'à ceux qui y sont préparés ». Préférant l'observation à la théorie, il a fait d'importantes découvertes, comme le processus de fermentation permettant aux bactéries (bénéfiques et dangereuses) de croître dans les substances organiques. En effet, jusqu'à ce que son examen approfondi des levures l'ait révélé, on pensait qu'elles apparaissaient de façon spontanée. Cela a été le début d'une longue bataille contre les microbes dangereux causant des maladies comme la typhoïde, le choléra et la tuberculose. Le processus de chauffage des aliments pour détruire les microbes, la pasteurisation, porte ce nom en son honneur. **JF**

↑ Le chimiste et microbiologiste français Louis Pasteur fait une expérience dans son laboratoire.

« La préparation est essentielle. Elle vous fait penser aux idées nécessaires, si bien que celles-ci se combinent de manière nouvelle. Après cela, les idées s'enchaînent et mènent à la découverte. »

Mark Stefik et Barbara Stefik, *Breakthrough* (2004)

Vie simple

Henry David Thoreau

Mener une vie simple permet d'améliorer son bien-être spirituel

Détail d'un tableau de Ferdinand Brütt représentant un jour d'été (1904) et évoquant la « vie simple » chère à David Thoreau, indissociable pour ce dernier d'un cadre naturel.

« Contente-toi de ce que tu as, réjouis-toi de la réalité telle qu'elle est. Quand tu comprends que rien ne manque, le monde entier t'appartient. »

Lao-tseu, philosophe taoïste

Les appels à vivre simplement existent depuis l'Antiquité et apparaissent dans le taoïsme, le christianisme primitif et la philosophique grecque et romaine de l'Antiquité. Le philosophe suisse du XVIIIe siècle Jean-Jacques Rousseau (1712-1778) a lui aussi loué la simplicité rustique à l'époque où l'engouement pour la modernité était à son comble. Le penseur le plus associé aux vertus de la vie simple est cependant le philosophe transcendantaliste Henry David Thoreau (1817-1862). Ce dernier a immortalisé la vie qu'il a menée durant deux ans sur les berges de Walden Pond, près de Concord, dans le Massachusetts, dans le livre *Walden*, publié en 1854. Il y affirmait la beauté de l'homme et de la nature, mais croyait que les hommes étaient meilleurs quand ils étaient plus autonomes et indépendants de l'influence corruptrice de la société et de ses institutions.

Pour lui, une vie simple signifiait l'abandon du consumérisme et du matérialisme du monde moderne pour se rapprocher de la nature et s'adonner à la méditation. Aujourd'hui, pour de nombreuses personnes, l'adoption de ce type de vie est le gage d'une diminution de l'angoisse et du stress, et d'un meilleur équilibre entre le travail et les loisirs.

Dans un premier temps, il faut pour y parvenir consommer moins et réduire ses biens. Les partisans d'un mode de vie plus simple recommandent de se contenter de satisfaire ses besoins plutôt que de tenter d'assouvir des désirs toujours plus nombreux. Nombreux sont ceux qui choisissent aussi de cultiver ce qu'ils mangent. Pour ceux qui souhaitent des mesures plus progressives, il s'agit d'être moins axé sur la réussite économique et plus tourné vers les activités censées procurer un meilleur sentiment de plénitude personnelle. La vie simple est, de ce point de vue, une vie agréable. **GD**

Éducation de Gradgrind

Charles Dickens

Une philosophie éducative critiquant les doctrines utilitaristes en matière d'éducation

En 1854, le romancier anglais Charles Dickens (1812-1870) a publié son dixième roman, *Les Temps difficiles*, terrible réquisitoire contre les idéologies morales, politiques et sociales qu'il tenait pour responsables des souffrances endurées par les pauvres dans l'Angleterre du milieu du XIXe siècle. Ayant pour décor la ville industrielle imaginaire de Coketown et ses cheminées d'usine, le roman raconte l'histoire de Thomas Gradgrind, de sa famille et de ses associés, ainsi que d'autres personnes qui croisent sa vie. Gradgrind, marchand à la retraite devenu directeur d'école, pratique une philosophie rationnelle et calculatrice de l'intérêt personnel et de l'attachement exclusif aux faits et aux nombres. Les événements le pousseront à renoncer à cette philosophie, présentée comme une source involontaire de malheur pour ceux qui l'entourent.

Les échecs de sa philosophie sur le plan éducatif sont censés illustrer la sottise d'une attitude « utilitariste » qui dénie toute valeur à ce qui ne peut être quantifié ou mesuré sur le plan économique, comme le miracle et l'imagination. « Avec une règle, une balance et une table de multiplication en permanence dans sa poche », Gradgrind est prêt à « peser et mesurer une portion quelconque de la nature humaine et à vous dire ce qu'on y trouve. C'est une simple opération de chiffres, un simple problème d'arithmétique. » Son intérêt exclusif pour les faits et les chiffres au détriment de l'imagination le rendent incapable de voir que les aspects de l'existence impossibles à quantifier et les « sentiments et les affections » qu'il méprise sont ceux qui font que la vie vaut la peine d'être vécue.

Le nom de Gradgrind est dans la langue anglaise synonyme d'un attachement insensible aux faits et aux chiffres et, en particulier, à une pédagogie préconisant l'enseignement des faits au détriment des arts et lettres. **GD**

Illustration du roman de Dickens montrant Thomas Gradgrind, adepte d'un enseignement utilitariste, venu chercher ses enfants Louisa et Tom qui se sont éclipsés pour voir le cirque de Sleary.

> *« L'homme des réalités, l'homme des faits et des calculs, l'homme qui procède d'après le principe que 2 et 2 font 4 et rien de plus, et qu'aucun raisonnement n'amènera jamais à concéder une fraction en sus. »*

Charles Dickens, *Les Temps difficiles* (1854)

1854

Immaculée Conception

Pie IX

Doctrine catholique selon laquelle Marie, la mère du Christ, est née exempte du péché originel

Selon le catholicisme romain, tous les hommes sont nés entachés par le péché originel de leurs ancêtres, dont la désobéissance à Dieu, tout d'abord dans le jardin d'Éden où Adam et Ève ont mangé le fruit de l'arbre de la Connaissance, a fait du tort à la nature humaine. À cause de ce péché originel, nous sommes incapables de résister à la tentation morale et enclins aux vices, comme la luxure et la cupidité. Pour surmonter ses effets et mériter la vie éternelle avec le Christ, nous avons besoin de la grâce divine qui nous est normalement conférée au baptême. La seule exception à cette universalité du péché originel est la mère de Dieu, la Vierge Marie.

Marie est la seule à avoir été conçue « immaculée », c'est-à-dire sans la tache du péché originel. La grâce que les autres reçoivent au baptême lui a été donnée dès que son âme a été créée. Ce dogme connu sous le nom d'Immaculée Conception est un principe officiel de l'Église depuis qu'il a été formellement proclamé par le pape Pie IX en 1854, bien que la croyance ait été populaire dès le Ve siècle. Néanmoins, il a été une pomme de discorde entre les théologiens catholiques. Nombre d'entre eux soulignant que la grâce sanctifiante de Dieu ne pouvait être accordée qu'après la conception. Selon Pie IX, le « profond *sensus fidelium* », le consensus entre les croyants reflété par leur dévotion à l'égard de Marie, est un aspect déterminant en faveur du dogme. Il ne faut pas confondre l'Immaculée Conception avec d'autres dogmes catholiques : la conception de Jésus par le Saint-Esprit et la virginité perpétuelle de Marie. **GD**

> *« Marie… une vierge que la grâce a rendue inviolée, libre de toute trace de péché. »* **Saint Ambroise**

1854

Entropie

Rudolf Clausius

La mesure de l'énergie thermique d'un système indisponible pour l'obtention d'un travail

L'entropie est un concept de thermodynamique, qui est elle-même l'étude de la conversion de la chaleur en énergie utilisable. Elle mesure la quantité d'énergie thermique (chaleur) d'un système qui ne peut être convertie en travail utile ou la façon dont cette énergie est répartie dans le système. Plus celle-ci l'est de manière égale, moins elle est disponible. Le physicien allemand Rudolf Clausius (1822-1888) a donné la première formulation mathématique de l'entropie en 1854. Cependant, le terme lui-même, qui vient du grec *entropia*, « transformation », n'est apparu qu'en 1865.

Considérons un glaçon placé dans un verre d'eau. Au départ, l'énergie est répartie de façon inégale dans le verre, les molécules d'eau plus chaudes ayant plus d'énergie que la glace. Le système est donc dans un faible état d'entropie, car la majeure partie de son énergie est consacrée à la fonte de la glace. Une fois qu'un point d'équilibre est atteint, que la glace a fondu et que l'énergie thermique est répartie de façon aléatoire dans le verre, l'entropie du système est élevée et l'énergie indisponible pour effectuer un travail. Cet exemple illustre le second principe de thermodynamique, selon lequel l'entropie de n'importe quel système isolé n'échangeant ni matière ni énergie avec le monde extérieur augmente toujours. Sans apport extérieur d'énergie, tout système tend vers un plus grand équilibre, un plus grand arbitraire et un plus grand désordre. Puisque l'univers est dans son ensemble un système isolé, il tend vers un état d'entropie maximum où toute l'énergie disponible aura été dépensée. **GD**

> *« L'entropie vous menace du poing pour votre incapacité à organiser le monde. »*
> **Brandon Sanderson, auteur de science-fiction**

Tableau de l'Immaculée Conception par José Antolinez (v. 1650-1675).

Critique psychologique de la Bible

Franz Delitzsch

Domaine de la critique de la Bible analysant les dimensions psychologiques des Écritures

Portrait du théologien luthérien allemand Franz Delitzsch. Outre la psychologie de la Bible, son œuvre traite des antiquités juives, de l'histoire de la poésie juive et de l'apologétique chrétienne.

« Nous abordons les Saintes Écritures avec le même bagage. Il n'est pas possible de l'aborder de manière différente. »

Wayne G. Rollins, *Jung and the Bible* (1983)

La critique psychologique de la Bible utilise des notions psychologiques et psychanalytiques pour étudier les origines, la paternité, le contenu, la traduction et l'interprétation de la Bible. Elle examine l'histoire des effets de la Bible sur la personne et la culture. Elle tente de faire une psychanalyse de ses auteurs et des personnages mentionnés, et d'éclaircir les intentions des premiers.

Elle s'intéresse aussi aux relations entre le lecteur et les Saintes Écritures et à la façon dont elles affectent l'univers personnel d'un individu et deviennent pertinentes dans sa vie.

Les recherches psychologiques sur les Saintes Écritures ont débuté avant la naissance de la psychologie moderne. La critique psychologique de la Bible a vu le jour avec *A System of Biblical Psychology* (1855) du théologien allemand Franz Delitzsch (1813-1890). Celui-ci a passé au crible les textes d'écrivains comme Tertullien (v. 160-225), saint Augustin (354-430) et saint Thomas d'Aquin (1225-1274) pour définir une « littérature psychologique », des écrivains de l'Église chrétienne primitive jusqu'aux théologiens contemporains.

Pour lui, l'étude psychologique de la Bible était une science et « l'une des sciences les plus anciennes de l'Église ».

Son ouvrage n'a pas été bien accueilli à l'époque. Cependant, quand la psychologie a évolué pour signifier davantage que l'étude de l'âme ou la psyché et s'est transformée en discipline incluant l'étude de l'esprit, la critique psychologique de la Bible s'est, elle, modifiée, influencée par les travaux et les écrits des pionniers de la psychiatrie, Sigmund Freud et Carl Jung, sur les activités conscientes et inconscientes de l'âme. Elle s'est propagée dans les années 1960 grâce aux travaux d'universitaires américains comme Frederick Charles Grant et Wayne G. Rollins, et du théologien allemand Gerd Theissen. **CK**

Société à responsabilité limitée

Gouvernement britannique

Une compagnie qui a un statut juridique dissocié des personnes qui la possèdent et la gèrent

L'abréviation « Ltd » en anglais (« SARL » en français) désigne une société à responsabilité limitée, une entreprise dont le statut juridique est dissocié de celui de ses gérants et actionnaires. En cas de dettes et d'obligations insatisfaites, les investisseurs ou les associés ne sont responsables que dans la limite de la valeur de leurs apports. Les actionnaires ne risquent donc de perdre que ce qu'ils ont investi. Si l'entreprise est poursuivie en justice, les propriétaires ou les investisseurs ne seront pas tenus de payer les dettes sociales. Cette caractéristique distingue les sociétés à responsabilité limitée des entreprises ayant un seul propriétaire et des sociétés en nom collectif, dans lesquelles les propriétaires sont responsables de toutes les dettes.

En Angleterre, certaines associations, comme les monastères et certains corps de métier, bénéficient d'une responsabilité limitée depuis le XVe siècle. Cependant, les sociétés par actions, entreprises détenues par les actionnaires, n'étaient pas autorisées à se constituer sous la forme de sociétés à responsabilité limitée jusqu'à ce que le Parlement promulgue le Limited Liability Act (loi sur la responsabilité limitée) en 1855. Le Joint Stock Companies Act de 1856 a établi une procédure simple permettant à un groupe de sept personnes, voire plus, de s'enregistrer sous forme de société à responsabilité limitée. Depuis, ce type de société s'est répandu dans le monde. C'est celui de la majorité des grandes entreprises dans les économies de marché.

On ne saurait exagérer l'importance de cette innovation, qui a vraiment rendu une société équivalente à une personne devant la loi. En limitant la responsabilité des actionnaires, ce nouveau statut a permis aux sociétés de lever assez de capitaux pour former les grandes entreprises nécessaires aux économies industrielles émergentes et a de ce fait favorisé l'essor du capitalisme moderne. **GD**

↑ Parlement de Londres, où le Limited Liability Act a été voté en 1855. Cette loi historique a favorisé les gros investissements industriels alors nécessaires.

« Société : ingénieux mécanisme permettant d'obtenir un profit sans responsabilité personnelle. »

Ambrose Bierce, journaliste et satiriste

1858

Grande controverse

Ellen G. White

La croyance religieuse que l'humanité est au centre d'une lutte entre le bien et le mal

Tout au long de l'histoire, les éducateurs religieux ont dépeint l'humanité comme le théâtre d'une bataille acharnée entre les forces du bien et du mal. L'Église adventiste du septième jour donne son point de vue sur cette lutte en se fondant sur une lecture de la Bible. En 1858, Ellen G. White, l'un des fondateurs de cette Église, a écrit *La Grande Controverse*, l'histoire de « la grande controverse entre le Christ et Satan » avant la création du monde et jusqu'à sa destruction ultime.

Dans cet ouvrage, le péché est né quand Satan, ange créé à l'origine pour vivre en communion avec Dieu au paradis, est devenu orgueilleux et mécontent de vivre sous la loi divine. Aspirant à être autonome et l'égal de Dieu, il a pris la tête d'une rébellion qui s'est soldée par son expulsion du paradis. Le champ de la bataille s'est alors déplacé sur Terre où Satan a contaminé Adam et Ève et les a convaincus de désobéir à Dieu, et de cette façon leur a ravi la domination que Dieu leur avait accordée sur la Terre. S'étant institué le nouveau « prince de ce monde », il a continué à se rebeller contre Dieu. Sa chute finale a ensuite été le fait du sacrifice plein d'abnégation du Christ sur la croix.

« ... le vieux serpent, appelé le diable et Satan, fut précipité sur la Terre. »

Bible, Apocalypse, XII, 9

Pour les adventistes de l'Église du septième jour, cette controverse implique la domination de la personne, de la souveraineté et de la loi de Dieu sur l'univers. Satan récuse la loi divine, dénonçant son côté arbitraire et pénible. Sa rébellion conteste Dieu, le présentant comme anormal et lui déniant le droit de gouverner l'univers. La bataille est toujours en cours et concerne la vie de chacun. **GD**

1858

Gray's Anatomy

Henry Gray

Un livre d'anatomie bon marché accessible aux étudiants de médecine

La création d'un livre d'anatomie de référence accessible et bon marché pouvant être utilisé par tous semble aller de soi. Cependant, elle est assez récente. Cette compilation d'un médecin énergique et inventif a vu le jour en 1858 et n'a pas changé depuis.

Après avoir été étudiant à l'hôpital St. George de Londres, Henry Gray (1827-1861) a été nommé en 1853 professeur d'anatomie à l'école de médecine de St. George.

Deux ans plus tard, alors qu'il n'avait que 28 ans, il s'est rendu compte qu'il ne pouvait recommander aucun livre d'anatomie à ses étudiants. Il a alors demandé à son collègue Henry Vandyke Carter (1831-1897), illustrateur expérimenté de livres de médecine, de l'aider à compiler les documents nécessaires. Ils ont travaillé ensemble pendant dix-huit mois avant que le texte soit publié, en 1858.

« En tant qu'ouvrage pratique, Gray's Anatomy *a toujours été renommé. »*

Préface de la 20e édition de *Gray's Anatomy* (1918)

Connu sous le titre *Anatomy: Descriptive and Surgical*, le livre contenait 750 pages et 363 schémas. Il a tout de suite eu du succès. Néanmoins, Gray n'a pas été témoin de sa longévité. En 1861, il est mort de la variole alors qu'il soignait son neveu.

Le *Gray's Anatomy* était organisé de façon systématique, avec des sections distinctes consacrées au squelette, au système nerveux, etc. Au fil des ans, il s'est étoffé, de telle sorte que sa 38e édition en 1995 comportait 2 092 pages grand format. Pour la 39e édition, le contenu a été divisé en parties selon les régions anatomiques du corps. La 40e édition, imprimée et éditée en ligne, est sortie en 2008. **SA**

Dessin des muscles du cou dans le *Gray's Anatomy* (1897). ➔

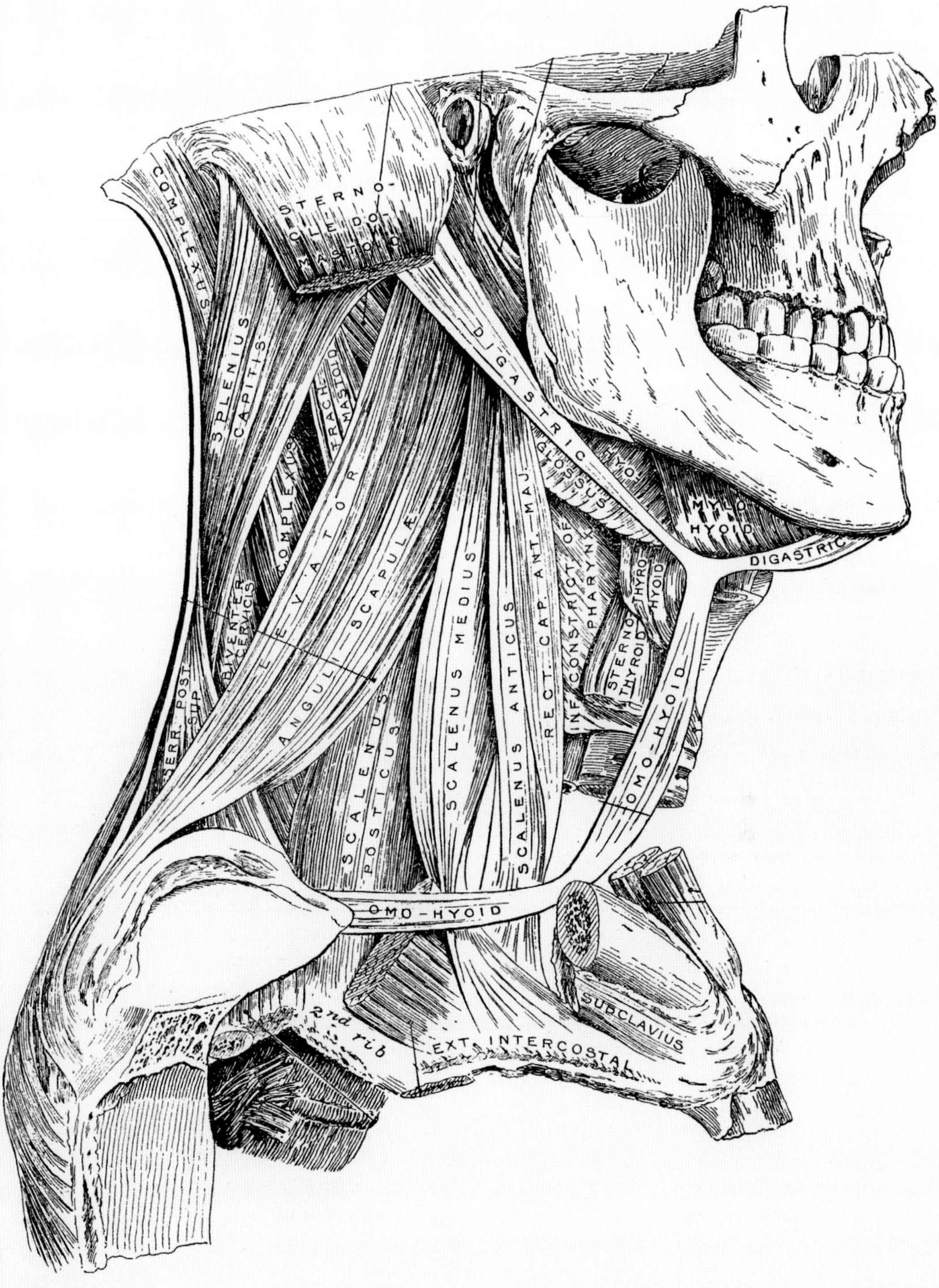

COMPLEXUS
STERNO-CLEIDO-MASTOID
SPLENIUS CAPITIS
TRACH. MASTOID
DIGASTRIC
HYO-GLOSSUS
MYLO HYOID
DIGASTRIC
COMPLEXUS
LEVATOR ANGULI SCAPULÆ
SCALENUS MEDIUS
SCALENUS ANTICUS
RECT. CAP. ANT. MAJ.
INF. CONSTRICT. OF PHARYNX
THYRO HYOID
STERNO THYROID
DIVENTER CERVICIS
SERR. POST. SUP.
SCALENUS POSTICUS
SCALENUS ANTICUS
OMO-HYOID
OMO-HYOID
SUBCLAVIUS
2nd rib
EXT. INTERCOSTAL

1859

Sélection naturelle

Charles Darwin

Le processus selon lequel les populations évoluent pour avoir certains traits biologiques

Dans ses études sur le monde naturel, le scientifique anglais Charles Darwin (1809-1882) a noté que dans toutes les populations d'organismes vivants il y avait des différences. Si celles-ci conféraient à un organisme de plus grandes chances de survivre et de se reproduire, l'organisme était naturellement sélectionné avec ses traits pour se reproduire. Avec le temps, les petits traits accumulés et sélectionnés naturellement par l'environnement entraînaient l'évolution d'une nouvelle espèce.

En 1859, Darwin a publié *De l'origine des espèces au moyen de la sélection naturelle*, qui a profondément modifié notre vision de la vie sur Terre. Il n'était pas le premier à noter que la vie changeait avec le temps ou à suggérer que les conditions environnementales influençaient la faculté d'adaptation d'un organisme.

« . . . l'origine des espèces – le mystère des mystères, comme on l'a appelé. . . »

Charles Darwin, *De l'origine des espèces* (1859)

En fait, Alfred Russell Wallace (1823-1913), son contemporain, était souvent arrivé aux mêmes conclusions. Néanmoins, les recherches approfondies de Darwin et les preuves fournies pour étayer sa théorie ont fait de lui le père de la sélection naturelle.

Depuis qu'elle a été énoncée, celle-ci est la base des sciences de la vie. En établissant que les organismes survivent grâce à leurs traits naturels, Darwin a fait disparaître l'idée très courante dans l'histoire occidentale que le monde naturel était organisé à l'avance. Le fait que des organismes, y compris humains, évoluent à partir de formes plus primitives a eu des conséquences importantes à la fois pour les scientifiques et la société. Même aujourd'hui, certains sont farouchement opposés à l'idée d'une sélection naturelle, en grande partie à cause des conséquences que cela entraîne. **MT**

1859

De la liberté

John Stuart Mill

Les libertés individuelles ne doivent être limitées que si elles nuisent à autrui

Le philosophe et homme d'État John Stuart Mill (1806-1873) a publié *De la liberté* en 1859 dans le cadre de sa théorie sur l'utilitarisme. Alors que *L'Utilitarisme* (1861-1863), édité plus tard, affirme qu'il faut garantir le bien-être du plus grand nombre de personnes, *De la liberté* définit les limites qu'il convient d'imposer à un gouvernement pour faire respecter ce principe.

Mill indique que la politique est nécessairement une lutte entre la liberté et l'autorité. Trop de liberté conduit à l'anarchie, trop d'autorité aboutit à la tyrannie. Le principe de non-préjudice à autrui permet de trouver un équilibre entre ces deux extrêmes. La liberté de rechercher son bonheur personnel est fondamentale pour tous et ne doit être limitée que si son exercice nuit à autrui. Un État n'a pas le droit de promulguer des lois restreignant les libertés nécessaires au bien-être des citoyens. S'il peut interdire la conduite en état d'ivresse parce que c'est un danger pour autrui, il ne doit pas proscrire l'alcool sous prétexte que c'est une drogue dangereuse pour celui qui la prend. Si l'État commet une faute, il doit pécher plus par excès de liberté que par excès d'autorité. Mill souligne qu'un État juste doit garantir trois types de liberté : 1) la liberté de conscience, y compris la liberté de culte et d'expression, 2) la liberté des goûts et des objectifs, et 3) la liberté de s'unir dans un but ne portant pas atteinte à autrui.

« Sur son esprit et sur son propre corps, l'individu est souverain. »

John Stuart Mill

De la liberté est l'un des plus importants traités de l'histoire de la philosophie politique. Le principe du préjudice à autrui est la pierre angulaire de la démocratie libérale et continue à être utilisé par les législateurs et les théoriciens politiques. **JM**

Charles Darwin (photographié en 1902) a jeté les fondements de la théorie de l'évolution.

1859

Dernier ancêtre commun universel

Charles Darwin

L'organisme dont descendent tous les organismes vivant sur Terre

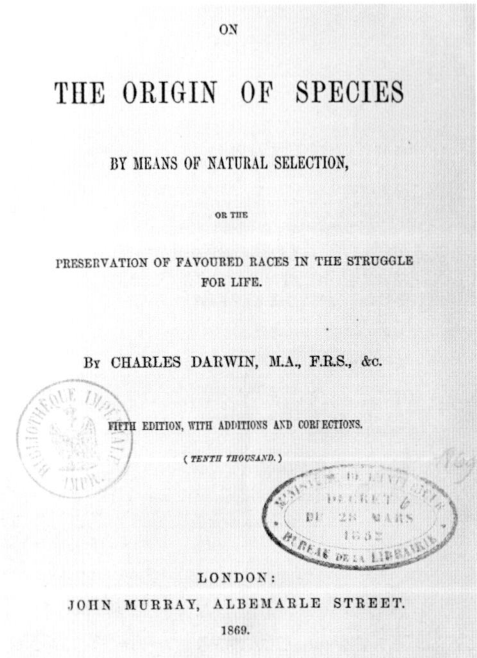
ON

THE ORIGIN OF SPECIES

BY MEANS OF NATURAL SELECTION,

OR THE

PRESERVATION OF FAVOURED RACES IN THE STRUGGLE FOR LIFE.

BY CHARLES DARWIN, M.A., F.R.S., &c.

FIFTH EDITION, WITH ADDITIONS AND CORRECTIONS.

(TENTH THOUSAND.)

LONDON:
JOHN MURRAY, ALBEMARLE STREET.
1869.

Première page de la cinquième édition augmentée du livre de Charles Darwin *De l'origine des espèces au moyen de la sélection naturelle*, publiée en 1869, dix ans après la première édition.

« Il y a de la grandeur dans cette vision de la vie avec ses pouvoirs divers attribués à l'origine à un petit nombre de formes ou à une seule. »

Charles Darwin, *De l'origine des espèces* (1859)

La biologie de l'évolution contemporaine atteste que les organismes vivant sur Terre ont un ancêtre commun, le « dernier ancêtre universel », qui aurait vécu il y a 3,5 à 3,8 milliards d'années. Dans son livre *De l'origine des espèces au moyen de la sélection naturelle* (1859), Charles Darwin (1809-1882) déclare que toutes les formes de vie ont un ancêtre commun, en s'appuyant sur l'existence de structures homologues chez les différentes espèces.

Comparons le bras d'un homme, le membre antérieur (nageoire) d'un phoque et l'aile d'une chauve-souris. Bien qu'ils aient des fonctions différentes, ils se ressemblent car ils sont situés aux mêmes endroits et ont une constitution similaire. Ces similitudes laissent penser qu'ils sont le résultat de l'évolution d'une caractéristique ayant appartenu un ancêtre commun aux trois organismes. D'autres homologies chez un grand nombre d'espèces ont amené Darwin à conclure que tous les animaux ou la plupart avaient une origine commune. Il a aussi noté que les embryons d'espèces distinctes présentaient une structure similaire, rendant impossible leur différenciation au début, d'où l'existence d'un ancêtre commun.

Bien que ses observations eussent été limitées par la science de l'époque et aient étayé au mieux la thèse d'une origine commune pour tous les animaux, et pour toutes les plantes à partir d'une autre souche, il pensait qu'il serait possible d'extrapoler pour parvenir à la conclusion d'un ancêtre universel de tous les organismes vivants, en se fondant sur les similitudes de « leur composition chimique, de leurs vésicules embryonnaires, de leur structure cellulaire et des lois de leur croissance et reproduction ». Plus récemment, des analyses comparatives de l'ADN de nombreuses espèces ont apporté un nouvel éclairage et confirmé son hypothèse sur l'existence d'un ancêtre commun universel, qui, selon les scientifiques, serait un petit organisme unicellulaire. **GD**

Hypothèse de Riemann

Bernhard Riemann

Une théorie expliquant l'ordre apparemment aléatoire des nombres premiers

En 1859, Bernhard Riemann (1826-1866), obscur mathématicien allemand, a avancé une hypothèse audacieuse dans son article « Sur le nombre de nombres premiers inférieurs à une quantité donnée ». Comme le titre l'indique, il s'agissait de donner une formule pour calculer la quantité de nombres premiers apparaissant dans une collection de nombres. Jusqu'à ce jour, l'hypothèse n'a été ni prouvée, ni réfutée, malgré un siècle et demi de recherches minutieuses et la promesse d'un prix de 1 million de dollars à la première personne qui y parviendrait.

Pour l'expliquer, il faudrait parler des entités mathématiques employées par Riemann et appelées « les zéros de la fonction zêta de Riemann » à propos desquels il est dit : « les zéros non triviaux de la fonction zêta de Riemann ont tous pour partie réelle un demi ». Un livre serait nécessaire pour bien expliquer ce que sont ces mystérieux « zéros », mais il est au moins possible d'avoir une idée générale du problème de mathématiques auquel ces entités se réfèrent.

L'hypothèse de Riemann traite de la répartition des nombres premiers. Leur série est infinie : on a beau les compter, il y en a toujours et encore. Néanmoins, leur occurrence est de plus en plus rare au fur et à mesure que l'on progresse. Il y en a plus entre 1 et 100 qu'entre, disons, 9001 et 9 100.

C'est le caractère irrégulier de leur apparition qui complique toute tentative de calculer leur quantité dans une collection de nombres. Il existe déjà une formule pour calculer leur densité moyenne, mais c'est Riemann qui a, le premier, proposé une formule exacte pour calculer la déviation par rapport à cette densité moyenne.

Toujours invérifiée, l'hypothèse demeure selon les termes de John Derbyshire « le grand requin blanc de la recherche mathématique ». **GD**

Portrait du mathématicien allemand Bernhard Riemann. Dans les années 1860, il a apporté une contribution importante à l'analyse, à la théorie des nombres et à la géométrie différentielle.

« Bien qu'il ait pu paraître timide et mou aux observateurs ordinaires, Riemann a déployé une audace et une énergie dignes d'une campagne napoléonienne en mathématiques. »

John Derbyshire, écrivain

1859

Sélection sexuelle

Charles Darwin

L'évolution de certains traits chez des espèces animales à des fins sexuelles

Si une espèce évolue pour s'adapter à son environnement, pourquoi des animaux ont-ils développé des traits extrêmes et apparemment peu favorables à leur survie, comme des plumes de couleurs vives ou des bois énormes et disgracieux ? Selon Charles Darwin (1809-1882), cela s'explique par la sélection sexuelle. Indépendamment de son adaptation à son environnement, un organisme ne pourra pas se reproduire seul. Si des femelles potentielles choisissent des mâles dotés de certaines qualités, seuls ces derniers pourront se reproduire. Les autres mourront sans avoir eu de progéniture.

Dans son livre majeur *De l'origine des espèces au moyen de la sélection naturelle* (1859), Darwin a donné les éléments de base permettant de comprendre l'évolution au moyen de la sélection naturelle, en expliquant

« La sélection sexuelle agit d'une manière moins rigoureuse que la naturelle. »

Charles Darwin, *De l'origine des espèces* (1859)

aussi qu'un organisme doit nécessairement être capable d'attirer un mâle ou une femelle pour se reproduire et transmettre ses caractéristiques les plus bénéfiques. Les individus, surtout les mâles d'une même espèce, présentent généralement des caractéristiques ou des attributs qui ne sont là que pour attirer une femelle et rendre possible l'accouplement. C'est pour cela que des animaux ont des traits qui ne leur permettent pas nécessairement de mieux s'adapter à leur environnement et qu'il existe une concurrence entre les mâles d'une même espèce.

Darwin a montré que l'évolution n'était pas seulement un processus d'adaptation à l'environnement. Les pressions sexuelles et sociales ont aussi une grande influence, au point même qu'elles rendent certains individus moins aptes à survivre. **MT**

v. 1860

Abduction

Charles Sanders Peirce

Le fait d'aboutir à une conclusion à partir d'informations et de faits observables

Le philosophe et logicien américain Charles Sanders Peirce (1839-1914) a commencé à écrire sa théorie de l'abduction dans les années 1860 et l'a approfondie pendant cinquante ans. L'abduction est une forme d'inférence utilisant une information descriptive pour faire une hypothèse fournissant une explication plausible de ce qui a été observé ou de ce qui s'est passé. Selon Pierce, une « abduction est le processus de formation d'une hypothèse explicative. C'est la seule opération logique qui introduit des idées nouvelles. »

Il croyait qu'il existait trois types de raisonnement différents. La déduction ou le raisonnement inéluctable permettait de déduire une conclusion B de A, B étant la conséquence formelle de A. L'inférence survenait quand on avait une bonne raison de croire à une conclusion

« Un mauvais raisonnement comme un bon raisonnement est possible… »

Charles Sanders Peirce

sur la base d'une prémisse. L'abduction était, elle, une sorte d'hypothèse, « très peu gênée par les règles de la logique », une phase d'investigation dans une situation où les prémisses ne garantissent pas nécessairement de conclusions justes.

En voici un exemple classique : vous rentrez chez vous en voiture du travail et vous remarquez qu'une voiture bleue vous suit. Après plusieurs virages, elle est toujours derrière vous. Elle y est encore alors que vous avez plusieurs fois changé de direction. Après avoir fait demi-tour parce que vous avez oublié au bureau une chose dont vous avez besoin à la maison, vous remarquez qu'elle vous suit toujours. Après avoir écarté la possibilité d'une coïncidence et, en l'absence d'explications plus plausibles, vous formulez à contrecœur l'hypothèse que la voiture bleue vous suit délibérément. **JMa**

◄ La queue du paon est un exemple d'attributs inhérents à la sélection sexuelle.

Design industriel

Christopher Dresser

La combinaison des principes du design avec les processus de fabrication industrielle a permis de créer une esthétique totalement nouvelle

Arrosoir conçu par Christopher Dresser en 1876 et fabriqué par Richard Perry, Son & Company. La plupart de ses grandes créations datent de cette époque.

« L'une des grandes forces de Dresser était sa faculté de comprendre les propriétés des matériaux et les procédés de production… »

Robert Edwards, critique d'art

Bien que l'industrialisation soit apparue dès 1760 avec le passage à de nouveaux procédés de fabrication, le design existait déjà des siècles auparavant. Selon certains, Léonard de Vinci aurait été le premier designer industriel, comme l'atteste son « Livre de modèles de machines » écrit au XVe siècle. Il a cependant fallu attendre 1588 pour que le mot *design* soit défini dans l'*Oxford Dictionary* comme « un plan ou schéma conçu par une personne pour réaliser quelque chose… ». C'est l'inventeur Henry Cole (1808-1882) qui a fait connaître le design fonctionnel en 1849 avec sa publication dans l'éphémère revue *Journal of Design*, ainsi qu'au cours de la grande exposition de Londres présentant les nouvelles créations industrielles rendues possibles par des innovations comme la fonte, la menuiserie industrielle et les métiers à tisser automatiques.

Mais c'est le grand designer écossais du XIXe siècle Christopher Dresser (1834-1904) qui, le premier, a eu du succès en alliant art et technologie pour améliorer l'esthétique des objets quotidiens. Comme il n'avait pas obtenu la chaire de botanique de l'université de Londres, ce botaniste, auteur de trois livres sur les plantes bien accueillis par le public, s'est intéressé au design en 1860. Il a appliqué les principes de ce dernier à des matériaux comme le papier peint, la céramique, le vitrail et la ferronnerie et a connu une telle réussite qu'il aurait affirmé en 1871 : « en tant qu'ornemaniste j'ai la plus grande expérience du royaume ».

Le design industriel a eu un grand impact sur la vie de tous les jours. En cherchant à concevoir des produits utiles, confortables et beaux, il a contribué à la fabrication d'objets emblématiques comme la chaise Barcelona, le robot de KitchenAid et l'iPod. Le design est maintenant un art et l'art, du design : la forme et la fonction ne sont limitées que par les limites de notre imagination. **BS**

1860

Homme de la Renaissance

Jacob Burckhardt

Les individus aux talents et aux intérêts les plus divers sont apparus à la Renaissance

Les hommes et les femmes de la Renaissance se caractérisaient par la multiplicité de leurs centres d'intérêt. La Renaissance est une époque réputée pour avoir été marquée par l'avènement d'hommes illustres comme Léonard de Vinci, Copernic et Galilée, mais la période elle-même a été connue sous le nom de Renaissance après que l'historien français Jules Michelet l'eut définie comme telle au milieu du XIXe siècle.

C'est l'historien suisse Jacob Burckhardt (1818-1897) qui a caractérisé de façon explicite l'homme de la Renaissance en 1860 dans *La Civilisation de la Renaissance en Italie*. Il a décrit l'Italie du XVe siècle comme le foyer d'hommes « polyvalents » s'adonnant aux langues, à l'histoire naturelle et à d'autres sujets scientifiques, tout en étant engagés dans la politique et dans l'art.

L'homme de la Renaissance est donc perçu comme un être aux talents multiples. Burckhardt remarque que la Renaissance était imprégnée des idéaux de l'humanisme qui prônait le développement maximum des capacités individuelles. Concernant ces idéaux, il observe que les femmes de la haute société recevaient souvent la même éducation que les hommes. Néanmoins, il reconnaît que, malgré cela, les femmes avaient moins de possibilités d'exercer leurs talents et leur savoir-faire dans de nombreux domaines, réservés aux hommes.

Notre compréhension moderne de l'homme de la Renaissance doit beaucoup à l'analyse faite par Burckhardt de cette culture de l'individualisme encourageant la créativité qui devait prévaloir sur la conformité. Cet individualisme s'est propagé dans l'Europe et dans les sociétés modernes, et un grand nombre de succès artistiques et scientifiques sont dus à des hommes et des femmes rappelant les hommes et les femmes de la Renaissance. **TJ**

v. 1860

Darwinisme

Thomas Huxley

Un mouvement étayant la théorie de l'évolution de Darwin

Dans les années 1860, Charles Darwin a élaboré sa théorie de l'évolution et cherché des preuves la corroborant. Il avait mieux à faire que défendre ses idées face à ses opposants et ne s'est pas préoccupé de les réunir pour formuler une grande théorie.

Ces deux tâches ont été entreprises par le biologiste anglais Thomas Huxley (1825-1895). En fait, dans les conférences qu'il a données à Londres dans les années 1860, il a élargi le champ des idées de Darwin au-delà des intentions de celui-ci. L'œuvre de Darwin est devenue un mouvement doté d'une vie à part entière : le darwinisme.

Le point de vue darwiniste selon lequel la théorie de l'évolution a détruit l'idée d'un créateur divin a fait naître chez le public l'idée que l'agnosticisme et, plus tard, l'athéisme étaient la conséquence logique du travail de Darwin. Lui-même a repoussé la publication de *De l'origine des espèces au moyen de la sélection naturelle* (1859), de peur que la controverse et la polémique autour des implications de sa théorie n'enflent à la suite du travail de Huxley.

> *« En ce qui concerne vos doctrines, je suis prêt à monter sur le bûcher au besoin… »*
>
> **Thomas Huxley, dans une lettre à Charles Darwin (1859)**

Les scientifiques athées, comme le biologiste britannique Richard Dawkins (né en 1941), se sont fait connaître récemment pour leur intolérance vis-à-vis de toutes les religions et pour leur ferme opinion que les idées darwinistes ont rendu impossible la foi. Cependant, tous les scientifiques sont loin d'être d'accord. Face à ce débat, l'U.S. National Academy of Sciences a recommandé en 1981 de ne pas présenter la religion et la science dans le même contexte pour éviter les malentendus. **JF**

1863

Chaînon manquant

Charles Lyell

Une lacune entre les fossiles pour montrer le lien existant entre le singe et l'homme

Charles Lyell (1797-1875), géologue britannique et proche ami de Darwin, a popularisé l'expression « chaînon manquant » à propos d'un reste de fossile hypothétique qui présenterait des traits communs avec à la fois son ancêtre et son descendant, prouvant ainsi un lien héréditaire. Aujourd'hui, l'expression, plus populaire que scientifique, est souvent utilisée par des personnes pour qui ces fossiles manquants infirmeraient la théorie de l'évolution.

En 1863, Lyell a publié *L'Ancienneté de l'homme prouvée par la géologie*, livre qui a introduit le concept de « chaînon manquant ». En tant que géologue, il avait fait des recherches sur ce qu'il savait être des couches de roches sédimentaires déposées à des époques variées et avait remarqué des différences avec les fossiles découverts dans des couches sédimentaires adjacentes. Il avait employé l'expression « chaînon manquant » pour expliquer ce changement soudain et inexpliqué. Coïncidence, en 1863, quelqu'un l'a utilisée pour critiquer la théorie de l'évolution. Cette année-là, un médecin écossais, John Crawford, avait dit que pour que la théorie de l'évolution soit vraie, il fallait que les fossiles prouvent que « l'homme descendait du singe ».

Les organismes évoluent au fil des générations et sur de longues périodes. Ces intervalles de temps laissent penser que les animaux ayant existé en tant qu'étapes intermédiaires entre deux espèces apparentées devraient avoir des traits communs à ces deux espèces. L'idée de chaînons manquants dans les fossiles a captivé les gens dès le début, surtout les personnes troublées par la théorie de l'évolution. Cependant, sur le plan scientifique, elle ne sert à rien. Tous les organismes suggérant l'évolution de nouvelles espèces peuvent être considérés comme transitoires, et par conséquent chacun est un chaînon manquant dans la vaste chaîne de l'évolution des espèces. La preuve de la théorie de l'évolution ne tient pas à l'identification de ces chaînons manquants. **MT**

L'Archaeopteryx lithographica peut être considéré comme un « chaînon manquant » entre les théropodes et les oiseaux.

1863

Bahaïsme

Bahā' Allāh

Une idéologie religieuse prônant l'union de Dieu, de la science et l'aspiration de l'homme à la paix

Le bahaïsme a été fondé au XIXe siècle. Il professe l'adoration d'un dieu unique, l'harmonie entre les peuples, et finalement, l'union de tous. Cette religion appelle à une convergence de tous les domaines de la science et de la religion, à l'égalité sexuelle (bien que cela n'implique pas l'acceptation de l'homosexualité) et à un respect croissant de l'environnement. Elle souligne l'unité de toute la création, ainsi que l'unité de Dieu, de la famille et de la religion.

Le fondateur perse de cette croyance, Bahā' Allāh (1817-1892), né Mirzá Husayn-Alí Núrí, était le fils d'un vizir qui, comme sa mère, était mort avant qu'il ne soit majeur. Resté orphelin, il était assez âgé pour entrer lui-même au gouvernement, mais il a refusé de le faire, préférant rechercher à la place une plus grande sagesse. Cette décision lui a coûté d'inimaginables souffrances, mais c'est peut-être ce qui lui a permis dans le célèbre cachot de Síyán-Chál à Téhéran de trouver la foi.

En 1863, il a annoncé dans le jardin de Ridván à Bagdad qu'il était celui que Bāb (la Porte, la manifestation de Dieu) avait prédit. La création du bahaïsme a débuté quand il a passé douze jours dans ce jardin, avant un long exil.

Endurant par la suite un long emprisonnement, la torture et la perte de son fils, il a résolument décidé de développer ses idées et les a rédigées sous forme d'enseignements. L'accent mis sur l'égalité, la tolérance, l'intégration plutôt que la ségrégation et l'oubli des préjugés a ouvert la voie à une interprétation humaine et diversifiée de la religion.

Recherchant un terrain d'entente entre la raison, la religion, l'économie et la spiritualité, le bahaïsme était un défi lancé aux inégalités et aux injustices de l'époque. Il en est toujours un pour les orthodoxies religieuses sectaires de ce monde. **LW**

↑ Le sanctuaire et les jardins de Bahá'i à Haïfa, en Israël, sont le siège international du bahaïsme.

Discours de Gettysburg

Abraham Lincoln

La réaffirmation du principe fondateur des États-Unis : tous les hommes sont nés égaux

Tableau de J. L. G. Ferris (vers 1900) représentant Abraham Lincoln au cours du discours de Gettysburg. L'artiste américain est plus connu pour sa série de 78 scènes de l'histoire américaine.

« … que nous décidions solennellement que ces morts ne sont pas morts en vain, que cette nation avec Dieu renaîtra à la liberté, et que le gouvernement du peuple, par le peuple et pour le peuple, ne disparaîtra pas. »

Abraham Lincoln

La bataille de Gettysburg s'est déroulée entre le 1er et le 3 juillet 1863, obligeant le général Robert E. Lee, à la tête de l'armée de Virginie du Nord, à battre en retraite après son incursion dans le territoire de l'Union. Plusieurs mois après, le 19 novembre, le président Abraham Lincoln (1809-1865) a assisté à une cérémonie dédiée à la création d'un cimetière sur le champ de bataille.

À cette occasion, il a prononcé devant la foule un discours qui est réputé pour être l'un des plus importants de l'histoire des États-Unis.

Ayant pris la parole juste après Edward Everett (1794-1865), célèbre orateur, qui venait de s'adresser à la foule pendant deux heures, il a fait un discours beaucoup plus bref, puisque ce dernier n'a duré que deux à trois minutes et ne comprenait que 250 mots environ. Cependant, il a exalté les idéaux exprimés dans la Déclaration d'indépendance (1776), document fondateur de la nation américaine.

Dans son allocution simple et éloquente sur l'idée que la nation était fondée pour garantir l'égalité et le bien-être de tous, il n'a pas fait une seule fois allusion à l'esclavage, aux États confédérés, à l'Union ou à l'un des problèmes politiques du moment.

On ne sait quelle a été la réaction à son discours à l'époque. Moins de deux ans après, il mourait et la guerre de Sécession prenait fin. Néanmoins, le discours de Gettysburg est resté dans les annales comme un modèle de rhétorique politique, de simplicité oratoire et d'idéologie politique.

Il a attiré l'attention de la nation sur un principe unificateur, le fait que tous les hommes étaient nés égaux, un idéal presque universellement reconnu aujourd'hui. Il passe pour être à l'origine de l'introduction de cet idéal dans le discours politique américain et demeure aujourd'hui encore une référence politique. **MT**

Éloge du maquillage

Charles Baudelaire

Aucune femme n'est si belle que sa beauté ne soit mise en valeur par le maquillage

Historiquement, le maquillage a souvent été, tout du moins en Occident, associé aux prostituées et aux actrices (ces deux professions étant autrefois considérées aussi déshonorantes l'une que l'autre). Comme une chanson du début du XIXe siècle l'affirmait, c'est la nature elle-même qui « embellit la beauté ». Dans ce cas, pourquoi une femme vertueuse aurait-elle besoin de se maquiller ?

Le poète et essayiste français Charles Baudelaire (1821-1867) avait été élevé dans cette culture de la « beauté naturaliste » et ne l'avait jamais vraiment remise en question dans son jeune âge. Mais dans les années 1860, l'homme de la « modernité » a commencé à contester la « suprématie de la nature » à laquelle les artistes et les écrivains romantiques se référaient. Dans son livre *Le Peintre de la vie moderne* (1863), notamment dans le chapitre « Éloge du maquillage », il s'est intéressé à la nature de la beauté.

Ayant toujours été attiré par le sexe opposé, il était conscient que la notion de beauté évoluait dans un monde de plus en plus industrialisé. Son essai sur le sujet était un peu trop fantaisiste pour être pris complètement au sérieux, mais c'est néanmoins une brillante défense de l'idée que le maquillage peut rendre encore plus beau ce qui est beau. « La parure », écrit-il, « est un des signes de la noblesse primitive de l'âme humaine ». Toutes les modes sont « charmantes » et chaque femme accomplit « une espèce de devoir » pour paraître magique et subjuguer les cœurs. Par conséquent, la nature peut maintenant être surpassée grâce au crayon noir qui « donne à l'œil une apparence plus décidée » et au rouge « qui enflamme la pommette ».

L'accent mis par Baudelaire sur la beauté de l'artifice prévalant sur la nature a marqué une rupture avec le romantisme de la première moitié du siècle, reflétant le début de la décadence et de l'esthétisme dont il a été le héros pour de nombreux adeptes. **BS**

↑ Selon Charles Baudelaire, photographié ici en 1862, « tout ce qui est beau et noble est le résultat de la raison et du calcul », la nature étant uniquement brutale et instinctive.

« Je permets volontiers à ceux-là que leur lourde gravité empêche de chercher le beau jusque dans ses plus minutieuses manifestations, de rire de mes réflexions… »

Charles Baudelaire, « Éloge du maquillage » (1863)

1864

Pasteurisation

Louis Pasteur

Le chauffage des aliments tue les micro-organismes responsables de maladies

Durant ses recherches sur le monde microscopique, le chimiste et biologiste Louis Pasteur (1822-1895) a élaboré un procédé de chauffage des aliments à une certaine température pendant une durée précise afin de détruire tout micro-organisme potentiellement dangereux. Cette *pasteurisation* permet d'obtenir des aliments dépourvus des agents pathogènes les plus courants. Aujourd'hui, elle est utilisée partout dans le monde pour préparer des boissons et des mets, dont le lait, la bière, le vin, le fromage, les fruits de mer et le yaourt.

Des documents historiques indiquent que l'on faisait chauffer le vin pour l'empêcher de se gâter dès le XIIe siècle en Chine et dès le XVe siècle au Japon. Néanmoins, c'est en 1856 que Pasteur a découvert la transformation du jus en alcool par la levure grâce à la fermentation, mais aussi que d'autres microbes étaient responsables de la détérioration du vin. En 1864, il a mis au point un procédé consistant à faire chauffer les liquides à une température donnée pendant un certain temps pour empêcher leur dégradation.

« Messieurs, ce sont les microbes qui auront le dernier mot. »

Louis Pasteur

Sans cela, de nombreux aliments se garderaient très peu et seraient dangereux pour la santé. L'introduction de la pasteurisation a considérablement réduit le nombre de cas de tuberculose, de diphtérie, de scarlatine et d'autres maladies bactériologiques. Elle a aussi facilité la conservation et le transport des denrées alimentaires, et la production d'aliments sains. Les techniques de pasteurisation modernes, comme l'exposition de la nourriture à des radiations ionisantes, sont une amélioration de la méthode de Pasteur, mais celle-ci est encore utilisée aujourd'hui. **MT**

1864

Anarcho-syndicalisme

France

Un mouvement mêlant sentiments anarchistes traditionnels et pragmatisme

Difficile d'attribuer l'émergence de l'anarcho-syndicalisme à un individu en particulier. Cependant, l'homme politique socialiste Pierre Joseph Proudhon (1809-1865) a probablement été le premier à mettre par écrit ses théories fondamentales. L'anarcho-syndicalisme est apparu dans le sillage des mouvements anarchistes nés de l'Association internationale des travailleurs de 1864 et de la Commune de Paris. Il se situe à mi-chemin entre l'anarchisme social traditionnel qui croyait que le seul moyen de mettre fin au capitalisme passait par l'organisation de la classe ouvrière, et l'anarchisme individualiste qui s'opposait instinctivement à toute forme d'organisation et d'autorité. Les anarcho-syndicalistes pensaient que l'État était profondément anti-prolétaire et voyaient dans la classe ouvrière une sorte d'« école élémentaire du socialisme », un élément nécessaire à l'établissement d'une société anarchiste. À cet égard, ils s'alignaient sur la politique de Karl Marx.

« Être gouverné, c'est être gardé à vue, inspecté, espionné, dirigé… »

Pierre Joseph Proudhon, homme politique

À la fin du XIXe siècle, des syndicats ont été créés dans toute l'Europe, aux États-Unis et en Argentine et ont continué à évoluer. En France, les adhérents de ce qu'on appellerait plus tard le « syndicalisme révolutionnaire » ne voulaient rien de moins que la destruction du capitalisme et des monopoles économiques, mais restaient ambigus quant aux structures politiques censées combler le vide laissé. En Espagne, les anarcho-syndicalistes ont formé en 1910 la Confédération nationale du parti ouvrier, qui a pris le parti des pauvres et des personnes sans terre. En 1936, elle comptait plus d'un million de membres. Ainsi, l'anarcho-syndicalisme s'est retrouvé au sein d'un mouvement politique « légitime » en Espagne. **BS**

← Le *Portrait de Louis Pasteur* (1885) de l'artiste finlandais Albert Edelfeldt.

1864

Survie du plus apte

Herbert Spencer

Ceux qui survivent sont adaptés à leur environnement

Cette formule du philosophe et biologiste anglais Herbert Spencer (1820-1903) a été la plus galvaudée et la plus mal comprise de l'époque moderne. L'expression « plus apte » en anglais a été comprise comme « plus fort » ou « meilleur », alors qu'elle reprenait l'observation principale du naturaliste Charles Darwin (1809-1882), c'est-à-dire que la faculté d'adaptation était essentielle à l'évolution. Darwin et Spencer ont tous deux parlé des « plus aptes » ou « mieux armés » pour survivre dans un certain contexte.

L'idée d'une lutte pour l'existence a été évoquée pour la première fois par le savant britannique Thomas Malthus (1766-1834), cinquante ans avant que Spencer et Darwin ne publient leurs travaux. Le premier essai de Spencer, « La thèse du développement », publié en 1852, sept ans avant *De l'origine des espèces au moyen de la sélection naturelle* (1859) de Darwin, porte sur le principe scientifique selon lequel les organismes complexes sont simples à l'origine. Dans ses *Principes de biologie* (1864), Spencer, qui avait lu Darwin, parlait de la « survie du plus apte » à la place de la « sélection naturelle ». Darwin l'a incluse dans la cinquième édition de son livre en 1869. Spencer a aussi comparé l'évolution biologique avec ce qu'il voyait comme une trajectoire évolutionniste similaire dans la société, idée qui prendra le nom de darwinisme social.

L'expression « survie du plus apte » est admise. Elle a popularisé la théorie de Darwin, mais a aussi encouragé l'idée que la faiblesse des individus et des sociétés était un défaut méritant le mépris (bien que Spencer lui-même eût reconnu l'importance de la compassion dans les relations).

Elle a aussi nourri le racisme au XIXe siècle, incitant les Européens à se considérer comme une race supérieure. Elle est encore populaire aujourd'hui pour décrire tout ce qui a trait aux théories darwiniennes de l'évolution. **JF**

L'aye-aye (*Daubentonia madagascariensis*) est parfaitement adapté à l'extraction des insectes dissimulés dans le bois.

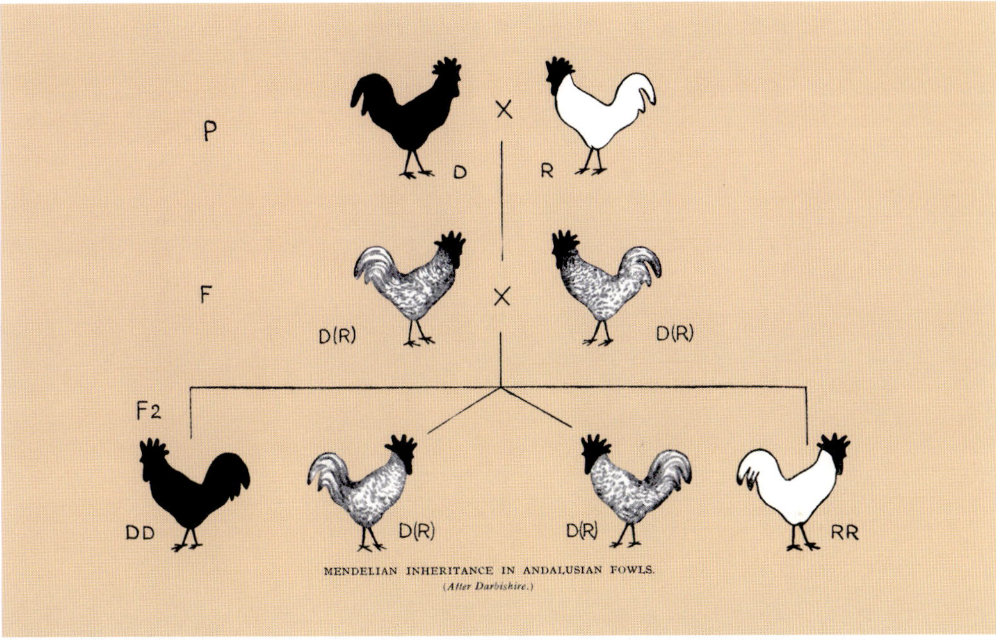

1865

Lois de l'hérédité

Gregor Mendel

La transmission de traits héréditaires d'organismes à leur progéniture

La théorie de l'hérédité décrit la façon dont un caractère est transmis d'un parent à ses enfants par les gènes. Chacun des parents possède deux gènes (allèles) responsables de traits héréditaires (yeux bleus ou petits pieds par exemple), dont un seul est transmis. Lors de la reproduction, l'un de ces gènes passe des parents à l'enfant.

Les gènes sont dits « dominants » ou « récessifs ». Le gène dominant reproduit généralement les caractères qui lui sont liés chez l'enfant. Les gènes dominants d'une famille particulière peuvent se retrouver dans les générations successives, tandis qu'un gène récessif peut sauter plusieurs générations, et demeurer latent jusqu'au moment où les caractères d'un ancêtre lointain réapparaîtront. Cette transmission génétique explique qu'il existe une ressemblance entre les membres d'une famille et entre les générations successives d'une même famille.

Au milieu du XIXe siècle, les scientifiques n'étaient pas encore sûrs du mécanisme assurant la transmission des caractères héréditaires d'une génération à l'autre. En général, les gens croyaient que tous les caractères des parents fusionnaient, si bien que deux caractères étaient mélangés ou dilués, comme l'attestait la couleur de peau des personnes métissées.

Le scientifique originaire de Silésie Gregor Mendel (1822-1884) a découvert qu'au lieu de cela les allèles de traits spécifiques se triaient eux-mêmes pour produire les gamètes (cellules reproductrices) de la progéniture. Son travail présenté à l'occasion de deux conférences distinctes en 1865 à la Société des sciences naturelles de Brünn (alors dans l'Empire autrichien) n'a pas été d'abord reconnu à sa juste valeur. Les découvertes de Mendel devaient être « redécouvertes » au début du XXe siècle. Les scientifiques ont depuis apporté de nombreuses modifications aux lois de l'hérédité de Mendel, mais celui-ci demeure le fondateur de la génétique. **JF**

Diagramme décrivant la transmission des couleurs du plumage des poulets d'Andalousie.

1865

Lumière

James Clerk Maxwell

La découverte que l'illumination est causée par une radiation électromagnétique

La lumière est une radiation électromagnétique et la lumière visible, une radiation électromagnétique visible à l'œil nu. Créatures dotées de la vue, les hommes ont toujours connu la lumière. Les recherches sur celle-ci remontent à la Grèce antique, mais se sont accélérées avec l'émergence de la science moderne. Dans les années 1860, le physicien écossais James Clerk Maxwell (1831-1879) l'a identifiée à une radiation électromagnétique. Cette identification se fondait sur sa théorie (publiée en 1865) d'un électromagnétisme unissant les forces de l'électricité et du magnétisme. Partant de là, il a prédit l'existence d'une radiation électromagnétique et calculé que sa vitesse devait être similaire à la vitesse mesurée de la lumière. Il a conclu que « la lumière consistait dans les ondulations transversales du médium [l'éther] qui est la cause des phénomènes électriques et magnétiques ». À la fin des années 1870, l'identification de la lumière à une radiation électromagnétique était généralement admise. Cette définition a été importante sur le plan technologique, surtout pour permettre l'utilisation des radiations électromagnétiques invisibles, des ondes radio, des micro-ondes et de la lumière infrarouge aux rayons ultraviolets, aux rayons X et aux rayons gamma.

« ... le [travail] le plus fructueux que la physique ait produit depuis Newton. »

Albert Einstein, évoquant le travail de Maxwell (1931)

Les travaux qui ont suivi ont élargi la théorie de Maxwell, mais l'idée de l'éther a été réfutée par l'expérience de Michelson-Morley en 1905. L'avènement de la théorie quantique a résolu le problème de savoir si la lumière était constituée d'ondes ou de particules en montrant qu'aucun modèle n'était satisfaisant. Le résultat dans les années 1940 a été l'électrodynamique quantique, la théorie actuelle de la lumière. **GB**

1865

Ondes radio

James Clerk Maxwell

La prédiction de l'existence des plus basses fréquences du spectre électromagnétique

Les ondes radio ont la fréquence la plus basse et la longueur d'onde la plus étendue du spectre électromagnétique. Dans la nature, elles sont émises par les étoiles, mais elles peuvent aussi être créées artificiellement par des émetteurs radio. Leur longueur varie de un millimètre à 30 kilomètres. Leur existence a été évoquée pour la première fois en 1865 par le physicien écossais James Clerk Maxwell (1831-1879) dans le cadre de sa théorie sur l'électromagnétisme, puis démontrée par le physicien allemand Heinrich Hertz (1857-1894), qui a donné son nom à l'unité de mesure (Hz) de leur fréquence. Celle-ci oscille entre 10 et 300 000 kHz.

Il en existe quatre principales : les ondes longues, utilisées pour les transmissions Terre-espace et les téléphones cellulaires ; les ondes moyennes, qui servent pour les émissions radio ordinaires ; les ondes de très haute fréquence, employées par les radios FM, l'aviation civile et les taxis, et les ondes d'ultra haute fréquence (UHF), employées par la police et certaines radios d'avions militaires ainsi que la télévision. Les micro-ondes peuvent aussi être inclues dans la liste.

« À l'époque nouvelle, la pensée elle-même sera transmise par radio. »

Guglielmo Marconi, *New York Times* (11 octobre 1931)

Les ondes radio étaient et restent le fondement de la radiodiffusion et d'autres types de technologies de la communication, notamment la télévision, le radar, le téléphone cellulaire et la radio elle-même. Les plus hautes fréquences peuvent servir à des retransmissions par satellite aux usagers sans contact direct grâce à la courbure de la Terre. Outre le fait qu'elles sont très employées dans la communication, elles sont aussi utilisées dans le domaine médical, comme pour les traitements chirurgicaux non agressifs et les IRM. **JF**

◄ Une aurore boréale, lumière causée par les collisions de particules chargées d'énergie, est réfléchie par un fjord norvégien.

Théorie de l'électromagnétisme

James Clerk Maxwell

Les champs électriques et magnétiques sont perçus comme deux aspects d'un seul phénomène dépendant de la longueur d'onde et de la fréquence

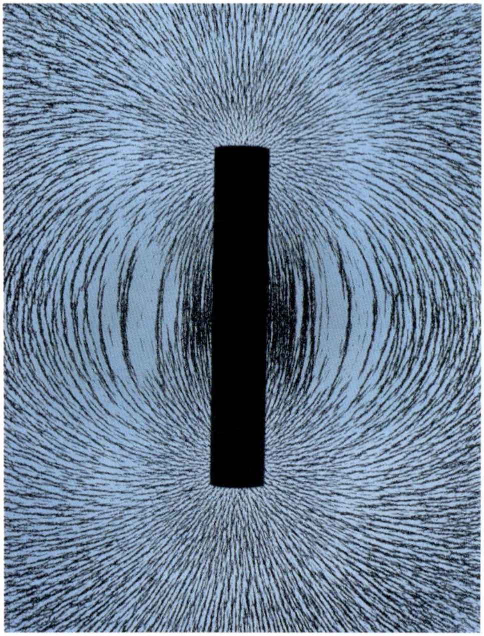

Champ magnétique de part et d'autre de l'aimant. Il fait bouger des particules électriques chargées de façon circulaire ou hélicoïdale.

Le physicien écossais James Clerk Maxwell (1831-1879) a étudié l'électromagnétisme à partir des travaux effectués plus tôt au XIXe siècle par André Marie Ampère (1775-1836) et Michael Faraday (1791-1867) sur les courants électriques et le champ magnétique. Dans une publication clé, « Une théorie dynamique du champ électromagnétique », parue en 1865 dans *Philosophical Transactions of the Royal Society*, il a démontré que l'électricité et le magnétisme étaient deux aspects d'un même phénomène, avant de publier en 1873 un ouvrage de référence fondé sur ses découvertes et celles d'autres chercheurs : *A Treatise on Electricity and Magnetism*. Dans celui-ci, il a avancé que l'électromagnétisme était un spectre et prédit l'existence de différentes fréquences de radiations, depuis les rayons ultraviolets à haute fréquence aux longues ondes radio.

Quelques années après sa mort, le physicien allemand Heinrich Hertz (1857-1894) a prouvé que sa théorie était plus qu'un simple problème de mathématiques. Néanmoins, l'implication de l'éther dans les processus électromagnétiques a été réfutée par la théorie de la relativité d'Albert Einstein, qui lui a dénié le rôle de prérequis nécessaire dans les radiations électromagnétiques.

Au cours des cinquante années qui ont suivi, la théorie de Maxwell a dominé la physique théorique, tout comme la mécanique de Newton. Les courants et les aimants ont eu de nombreuses applications pratiques. La théorie a été essentielle pour les travaux d'Einstein. Selon ce dernier, elle a changé la perception scientifique et populaire de la réalité elle-même. Il a dit à ce propos : « avant la formulation de la théorie de l'électromagnétisme, les gens concevaient la réalité physique comme des points matériels. Après Maxwell, ils l'ont représentée par des champs continus que l'on ne pouvait expliquer de façon mécanique ». **JF**

« L'unification de l'électricité, du magnétisme et de la lumière est le couronnement de la physique du XIXe siècle. »

Mauro Dardo, *Nobel Laureates and Twentieth Century Physics* (2004)

1865

Limitation de vitesse

Grande-Bretagne

Une loi limitant la vitesse maximale de conduite d'un véhicule

En 1865, le gouvernement britannique a voté le Locomotive Act (aussi connu sous le nom de Red Flag Act), limitant la vitesse des véhicules à vapeur à 6 km/h à la campagne et à 3 km/h dans les villes. Il était préoccupé par les dégâts que les locomotives routières, grandes et lourdes, faisaient subir aux routes. La limitation de la vitesse était censée les réduire. L'autre principal argument était la sécurité publique. La loi stipulait aussi que les véhicules autopropulsés devaient être précédés par un drapeau rouge tenu par un piéton, afin de prévenir de leur arrivée les véhicules tirés par des chevaux et les autres piétons. Comme on pouvait s'y attendre, elle a été soutenue par tous ceux qui voyageaient en hippomobile et en train. Son entrée en vigueur a beaucoup retardé le développement du transport routier en Grande-Bretagne.

Aux États-Unis, la première loi comparable a été promulguée en 1901 dans le Connecticut, limitant la vitesse à 19 km/h. Avec l'avènement des moteurs à combustion interne, le drapeau rouge a disparu et la limitation a été portée à 23 km/h, puis à 32 km/h. En 1934, après une courte période d'absence de réglementation, la vitesse moyenne a été limitée à 48 km/h dans les zones urbaines britanniques. C'est aujourd'hui la norme dans la plupart des pays. En Europe, la vitesse est limitée à 130 km/h sur l'*autostrada* italienne et sur l'*Autobahn* allemande. Au Japon, elle est limitée à 40 km/h dans les villes, à 80 km/h sur les voies express et à 100 km/h sur certaines routes nationales. Aux États-Unis, les limitations de vitesse sont réglementées par les États et varient donc de l'un à l'autre.

L'introduction de ces limitations de vitesse a été le prélude à toute une série de lois sur la sécurité routière. Le fait de prendre en considération les autres usagers de la route a donc cessé d'être une obligation morale, pour devenir un devoir réglementé par la loi. **JF**

1866

Théorie de la récapitulation

Ernst Haeckel

La théorie où le développement des embryons reproduit les étapes de l'évolution

La phrase « l'ontogenèse récapitule la phylogenèse » a été énoncée en 1866 par Ernst Haeckel (1834-1919), physicien allemand devenu naturaliste. Elle a été popularisée par les biologistes pour lesquels l'ontogenèse ou le développement de l'être humain, de l'embryon jusqu'à l'âge adulte, impliquait la répétition de la phylogenèse (l'histoire évolutive de l'humanité). L'ontogenèse est donc la croissance, le développement et le changement de forme de l'embryon, tandis que la phylogenèse est l'évolution de l'espèce à laquelle appartient l'embryon.

Haeckel croyait que l'ontogenèse de tout organisme reflétait sa phylogenèse, qu'un embryon de poussin par exemple, au tout début de son développement, ressemblait à celui d'un poisson avec des branchies, une queue et les attributs d'un poisson. Au cours de son développement, il continuait de changer, répétant chaque fois le processus évolutif pour donner un poussin, c'est-à-dire que le poisson se transformait en reptile, puis finalement en poussin. Les hommes aussi, selon Haeckel, étaient d'abord des poissons, puis des reptiles, puis des mammifères, pour finalement prendre une forme humaine. Chaque phase de développement produisait un adulte parfaitement formé qui apparaissait à un certain moment de l'histoire de son évolution.

> *« Dans le cas de la libido, l'origine phylogénétique est évidente. »*
>
> **Sigmund Freud, psychanalyste**

Les études de morphologie expérimentale ont montré qu'il n'y avait jamais eu de pareille correspondance entre les espèces. Il a été d'autant plus difficile à Haeckel de faire admettre sa théorie lorsque l'on a su qu'il avait modifié ses dessins pour souligner des similitudes inexistantes entre les embryons. **JMa**

1867

Démon de Maxwell

James Clerk Maxwell

Une expérience visant à contredire le second principe de thermodynamique

En 1867, le physicien écossais James Clerk Maxwell (1831-1879) a fait une expérience pour prouver qu'il était possible de contredire la seconde loi de thermodynamique, qui veut que des systèmes clos tendent vers un équilibre (une entropie maximale), si bien que lorsque l'on mélange un liquide chaud et un liquide froid, il en résulte de l'eau tiède dans laquelle toutes les molécules sont à la même température.

Imaginons une boîte séparée en deux par une paroi et contenant un mélange de molécules de gaz « chaudes » (se déplaçant vite) et « froides » (se déplaçant lentement). Une créature imaginaire (le démon de Maxwell) est tapie près d'une porte dans la paroi. Elle l'ouvre et la ferme, en veillant à ce que les molécules froides passent dans une partie de la boîte et les chaudes dans l'autre. On pourrait faire fonctionner un moteur thermique en faisant passer les molécules chaudes dans la partie froide. De même, de l'énergie serait créée en dirigeant toutes les molécules dans une des parties, et en actionnant une turbine dans l'embrasure de la porte, turbine par-dessus laquelle le gaz se diffuserait de la partie « pleine » à la partie « vide ».

« La seconde loi de la thermodynamique est une certitude statistique seulement. »

Lettre de Maxwell à Peter Guthrie Tait, physicien

Récemment, le démon de Maxwell a eu des applications dans la théorie de l'information. Au Japon, une expérience a fait passer une particule à un état d'énergie supérieur, sans la faire changer de direction et la faire revenir à un état d'énergie inférieur. Les possibilités que cela implique sont fascinantes, même s'il reste difficile de générer une grande quantité d'énergie. L'expérience suggère que la réflexion philosophique est aussi importante que l'empirisme scientifique. **JF**

1868

Feux de signalisation

J. P. Knight

Un système pour régler le trafic des véhicules utilisant des lumières colorées

En 1868, pour la première fois, des feux de signalisation ont été utilisés pour contrôler le trafic dans une rue de Londres. Conçue par un ingénieur des chemins de fer, John Peake Knight (1828-1886), la lampe a explosé en janvier 1869, blessant l'agent de police posté à côté, et l'idée a été abandonnée.

À Detroit, en 1920, au tout début de l'automobile, William L. Potts (1883-1947), un officier de police, a inventé un système de feux proche du système actuel. Il voulait utiliser le principe des feux rouge, vert et orange en service sur les voies ferrées pour contrôler le trafic sur les routes nationales, surtout aux carrefours. Au bout d'un an, les autorités de Detroit avaient installé quinze de ces dispositifs. À peu près en même temps, un inventeur de l'Ohio, Garrett A. Morgan (1877-1963), a mis au point un système de feux rappelant un sémaphore à Cleveland. Le brevet a été acheté par la General Electric Corporation et a servi de base à l'entreprise qui détient le monopole des feux de signalisation.

« [Les premiers feux] étaient accompagnés de gongs, de sifflets et de cloches. »

M. G. Lay, *Ways of the World* (1992)

Aujourd'hui, le rouge signifie généralement qu'il faut s'arrêter, le vert que l'on peut passer et l'orange que l'on peut passer mais avec prudence. Dans de nombreux pays, « passer au rouge » est un crime, mais dans d'autres il ne s'agit pas d'une infraction et les feux de signalisation sont ignorés. Le mythe selon lequel le feu rouge signifierait que l'on peut passer en Chine, l'inverse étant politiquement incorrect, est faux. Le concept des feux de signalisation a même trouvé des applications ailleurs que sur les routes : l'Union européenne a introduit un code similaire pour les valeurs nutritionnelles des aliments. **JF**

Fabrication de feux de signalisation à Shreveport, en Louisiane, en 1947.

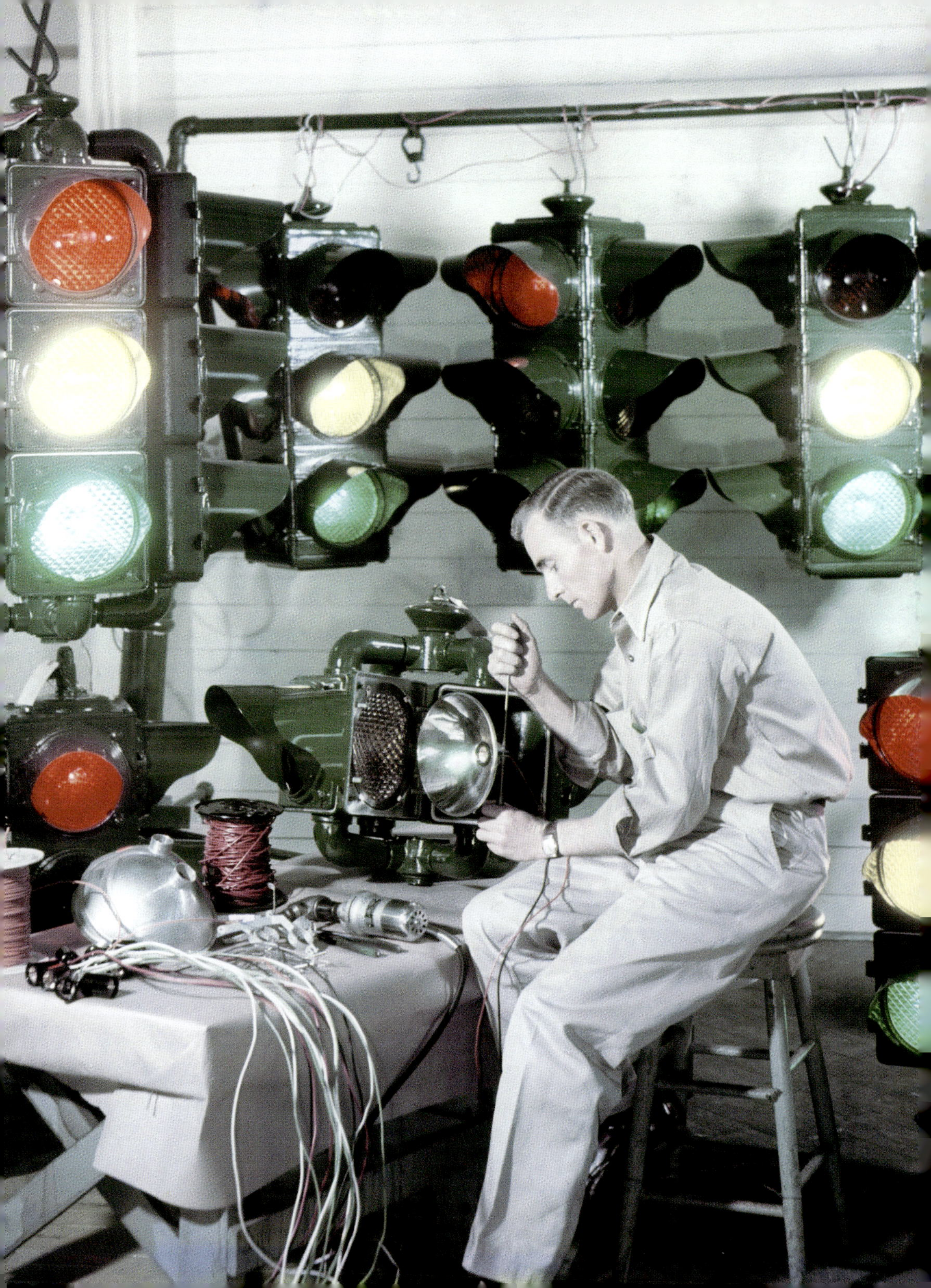

1869

Nature contre culture

Francis Galton

Les caractéristiques humaines sont-elles innées ou acquises ?

L'Anglais Francis Galton (1822-1911) appartenait à une famille riche et influente et était le cousin du naturaliste Charles Darwin (1809-1882). Il a d'abord étudié les mathématiques à Cambridge, puis s'est intéressé entre autres à la psychologie, à l'anthropologie, à la géographie et aux statistiques.

Dans l'une de ses œuvres, *Hereditary Genius* (1869), il s'est penché sur ce que les théories de Darwin impliquaient dans les domaines de la sociologie et de la psychologie. Il a suggéré que la culture avait une influence importante. Son travail l'a amené à développer une pseudoscience, l'eugénisme.

Dans le débat opposant la nature à la culture, l'étude des jumeaux, notamment des faux jumeaux (dizygotes) qui étaient différents de par leur nature mais avaient été élevés ensemble et possédaient donc la même culture et de vrais jumeaux (monozygotes) qui avaient été séparés à la naissance ou peu après et n'avaient donc pas bénéficié la même culture, a donné beaucoup d'informations.

Les résultats ont mis en évidence l'apparition de traits héréditaires, comme le développement à peu près au même moment du diabète de type 2 chez de vrais jumeaux séparés à la naissance. Ils ont aussi permis de cataloguer les effets psychologiques d'une série de facteurs environnementaux.

Aujourd'hui, le débat entamé par Galton est toujours d'actualité. D'une part, les nativistes comme John Bowlby et Noam Chomsky croient que la plupart, voire toutes les caractéristiques psychologiques, y compris celles qui apparaissent tard, sont génétiques. D'autre part, les théoriciens empiristes comme Albert Bandura et B. F. Skinner pensent que l'esprit de l'homme à la naissance est une feuille vierge sur laquelle s'impriment au fil du temps des caractères. **JF**

Illustration montrant quelques-uns des facteurs à l'œuvre dans le débat opposant nature et culture.

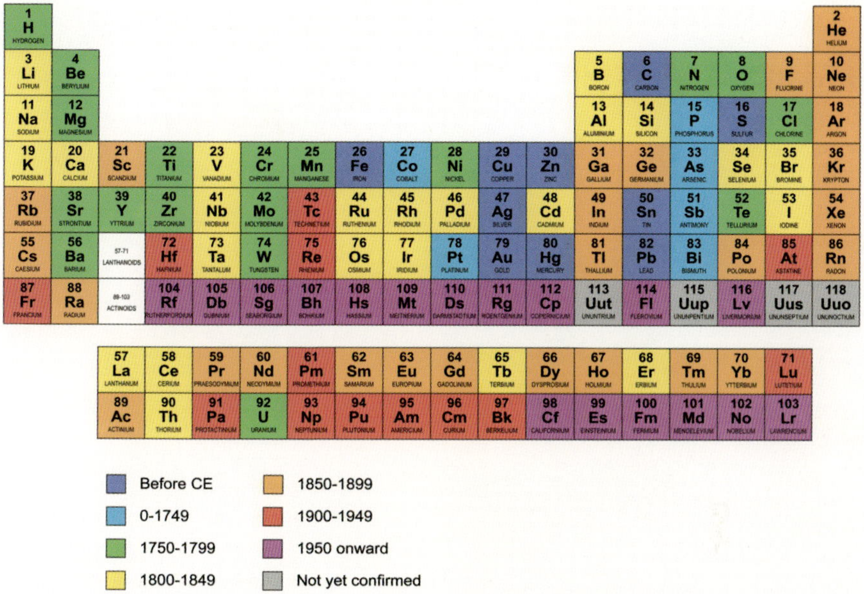

1869

Table périodique des éléments Dmitri Mendeleev

Une carte des relations entre les éléments et leur numéro atomique

Au cours du XIXe siècle, des scientifiques ont découvert en observant les propriétés des éléments que ces derniers étaient en quelque sorte en relation les uns avec les autres. Dmitri Mendeleïev (1834-1907), professeur de chimie à l'université de Saint-Pétersbourg, a émis le premier l'idée qu'ils étaient liés par leur structure atomique. En écrivant les *Principes de la chimie* (1869), il a inscrit sur des fiches la masse atomique de chacun ainsi que ses propriétés. Comme il l'a expliqué par la suite : « cela m'a convaincu que les propriétés des éléments dépendaient de leur masse ». Il a classé les éléments dans un tableau, en laissant des cases vides pour ceux qui devaient selon lui exister mais qui étaient encore inconnus.

Les scientifiques ont d'abord accueilli ce tableau avec un certain scepticisme, puis ils ont découvert des éléments nouveaux dont les propriétés étaient justement celles que Mendeleïev avait définies en faisant des comparaisons avec les éléments déjà connus.

Au début du XXe siècle, les chimistes ont aussi établi que le numéro atomique d'un élément – le nombre de protons (et donc d'électrons) de son noyau – avait plus d'importance pour déduire ses propriétés que sa masse atomique (qui inclut les protons et les neutrons). Sur les versions modernes du tableau, les éléments ne sont plus classés en rangées, mais verticalement.

Le tableau a révolutionné la façon dont les chimistes concevaient les relations entre les éléments. Ceux-ci ont fini par conclure que les éléments n'avaient pas un comportement aléatoire, et en ont cherché d'autres. Le tableau a aussi montré l'importance de la taille du noyau d'un atome à une époque où la structure interne de celui-ci, censé être la plus petite particule de matière, commençait juste à être étudiée. **JF**

Tableau périodique moderne standard. Les couleurs renvoient à la date de découverte de l'élément.

Propagande par le fait

Mikhaïl Bakounine

L'usage de la force pour promouvoir un programme politique

Portrait du révolutionnaire et anarchiste russe Mikhaïl Bakounine (v. 1865) par le photographe français Nadar (Gaspard Félix Tournachon).

« Nous devons propager nos principes, non plus par des paroles, mais par des faits car c'est la plus populaire, la plus puissante et la plus irrésistible des propagandes. »

Mikhail Bakunin, *Lettres à un Français sur la crise actuelle* (1870)

La « propagande par le fait » peut désigner une action terroriste ou l'emploi de la terreur extrémiste pour faire passer un message politique. Le marxiste français Paul Brousse (1844-1912) a été le premier à utiliser l'expression dans son article homonyme « La propagande par le fait », publié dans le *Bulletin de la Fédération jurassienne* d'août 1877, qu'il éditait lui-même.

Cependant, l'idée n'était pas nouvelle. Mikhaïl Bakounine (1814-1876), anarchiste et révolutionnaire russe qui avait beaucoup voyagé et vivait en Suisse à l'époque où Brousse s'y trouvait, avait prôné une telle approche dans ses ouvrages rédigés durant la Commune de Paris, sept ans plus tôt. (Le guillotinement de l'aristocratie française par Robespierre et le Directoire pourrait même être considéré comme un acte de propagande.)

Cette notion a eu une grande influence. Elle a motivé toutes sortes d'actes terroristes commis au nom de causes diverses, qu'il s'agisse des assassinats politiques perpétrés en Europe entre 1880 et 1914, de la guérilla irlandaise durant le soulèvement de Pâques de 1916, du communisme chinois de Mao Tsé-toung dans les années 1940, de la résistance des Noirs et des libéraux d'Afrique du Sud face à l'apartheid dans les années 1950 et 1960, des attentats de l'IRA en Irlande du Nord, et plus récemment des atrocités commises par Al-Qaïda.

Pour qu'il y ait propagande, les auteurs des actes terroristes doivent effectuer ces derniers en public pour être populaires et glorifiés, et ne doivent pas se cacher ni se faire repérer à l'instar de criminels ordinaires. Ce qui est terrifiant et ce qui attire ses partisans, c'est l'originalité et le caractère inattendu de cette violence organisée. **JF**

Aryanisme

George William Cox

L'idée qu'une race supérieure d'hommes blonds aux yeux bleus doit gouverner le monde

Le concept de l'aryanisme – qui ne doit pas être confondu avec l'arianisme, hérésie du début du christianisme – a été évoqué pour la première fois par l'historien britannique George William Cox (1827-1902) dans son livre *The Mythology of the Aryan Nations* (Mythologie des nations aryennes), publié à Londres en 1870. Le terme vient d'un mot indo-européen signifiant « noble ». Les Aryens étaient censés descendre d'une noblesse de race pure ayant vécu à l'époque d'un âge d'or rural imaginaire. Ils devaient unifier le monde et le gouverner. Cette idée est encore véhiculée par des mouvements d'extrême droite.

Elle a été développée dans l'Allemagne nazie des années 1930 pour justifier l'oppression des juifs et des peuples d'Europe orientale par le régime. Selon Hitler, les Aryens étaient des blonds aux yeux bleus vivant dans le nord de l'Europe, y compris en Allemagne. Ils devaient asseoir leur hégémonie sur les non-Aryens et les traiter en sujets. Cette théorie a freiné en 1939 et 1940 la stratégie guerrière de Hitler car celui-ci a fait des propositions de paix aux Britanniques, qu'il considérait comme des Aryens. Après avoir essuyé un refus ferme de Winston Churchill en 1940, il a décidé de promouvoir l'aryanisme au sein de la grande Allemagne du IIIe Reich.

Cette idée de race supérieure a une influence sur le mode de pensée des Européens durant la majeure partie du XIXe siècle et au début du XXe siècle. Elle a entraîné des expériences sociales et politiques plus ou moins effroyables. Il y a eu les tentatives des nazis d'« améliorer » le patrimoine génétique des Européens en accentuant les éléments « aryens » par le programme *Lebensborn* d'assistance parentale sélective et en éradiquant de prétendues déficiences raciales et mentales grâce à une pseudoscience, l'eugénisme. L'aryanisme a conduit à l'Holocauste, qui a prouvé ses dangers et son infamie. **JF**

↑ Des images comme celle-ci – une mère et son bébé dans la campagne allemande – ont été utilisées par les nazis sous le Troisième Reich pour illustrer la famille aryenne parfaite.

« L'aryanisme… [visait] une perfection perdue et impliquait l'espoir mal défini d'une restauration de cette unité au sein de la modernité. »

Christopher M. Hutton, *Race and the Third Reich* (2005)

Infaillibilité du pape

Concile Vatican I

Une doctrine de l'Église catholique selon laquelle Dieu protège le pape de l'erreur quand celui-ci, en qualité de porte-parole de l'Église, parle de foi ou de morale

Tableau de Jean Auguste Dominique Ingres montrant le pape Pie VII donnant une audience à la chapelle Sixtine (1814).

La question de l'infaillibilité du pape a suscité de nombreux débats parmi les catholiques et les chrétiens d'autres confessions depuis son vote à une large majorité (433 voix contre 2) en 1870 au cours du concile Vatican I. L'Église entendait probablement ainsi lutter contre les mouvements libéraux et laïques qui se propageaient alors en Europe.

L'infaillibilité pontificale allie l'acceptation de l'autorité du Christ en matière de foi et de morale, mais aussi la croyance que cette autorité a été confiée à saint Pierre, le chef des apôtres, puis transmise à ses successeurs par succession apostolique. Il apparaît donc logique et nécessaire que le pape soit infaillible, sinon il pourrait induire en erreur l'Église, avec les conséquences catastrophiques que cela aurait. Le concile du Vatican ne s'attendait pas à ce que le pape se serve de cette disposition pour promulguer d'autres doctrines, mais seulement pour confirmer celles faisant partie intégrante de la foi. Il voyait l'infaillibilité pontificale comme une partie du christianisme romain depuis 519, quand l'évêque de Rome a accepté d'être le gardien de la vérité apostolique.

Contrairement aux idées reçues, le principe n'a pas été utilisé très souvent. Dans deux cas seulement, celui du dogme de la conception immaculée de Marie (1854) et celui de l'assomption corporelle de Marie (1950), elle a été invoquée par le pape *ex cathedra,* c'est-à-dire de façon solennelle, alors qu'il agissait en tant que pasteur des chrétiens. Cependant, elle a créé une scission profonde et durable entre les catholiques romains et les autres chrétiens. Les protestants pensent que seule la Bible est exempte d'erreurs, pas ses interprétations, et ne peuvent donc accepter l'infaillibilité du pape. Ce problème a été un frein aux efforts en faveur de l'unité des chrétiens. **JF**

« Si quelqu'un [contredit] notre définition [de l'infaillibilité du pape], qu'il soit anathème. »

Concile Vatican I (1870)

1870

Antidisestablishmentarianism

Grande-Bretagne

L'opposition à l'abolition du soutien de l'État à l'Église anglicane

En Angleterre au XVIe siècle, dans le cadre de la réforme d'Henri VIII, l'Église anglicane est devenue une institution dont le monarque a pris la tête. Des siècles après, de nombreux réformateurs ont mis en doute cette institutionnalisation.

Au XIXe siècle, le gouvernement britannique a proposé d'octroyer à l'Église un statut indépendant comparable à celui qui existait dans d'autres pays européens et aux États-Unis. Cette séparation de l'Église et de l'État a eu lieu en 1871 en Irlande, mais, du fait d'une opposition à un projet similaire en Angleterre et au pays de Galles, l'Église a anglicane a gardé son statut d'institution.

Bien que le principe d'un État laïque où les pouvoirs de l'État et de l'Église sont clairement séparés soit devenu la norme dans la plupart des pays non islamiques, le débat sur la nécessité de réformer le statut de l'Église anglicane fait encore rage aujourd'hui. De nombreux agnostiques, athées et anglicans y sont favorables, mais leurs adversaires s'y opposent, se cramponnant instinctivement au lien traditionnel entre l'État et l'Église.

Le terme *antidisestablishmentarianism* lui-même est un peu désuet et utilisé maintenant pour rire. Sa formation est inhabituelle sur le plan sémantique puisqu'il comprend trois parties, chose plus courante en allemand qu'en anglais. C'est aussi l'un des mots les plus longs en anglais, sinon le plus long, comme cela a été reconnu en 1923.

Le mouvement de contestation qu'il désigne est complexe puisqu'il s'oppose à une chose qui s'oppose déjà à autre chose. Le mot sert souvent à qualifier une partie de l'opinion semblant résister aux nouvelles idées pour le plaisir, dans la veine du conservatisme qui a propagé le mouvement initial. **JF**

1872

Naissance de la tragédie

Friedrich Nietzsche

Une théorie selon laquelle la tragédie était la forme d'art la plus élevée en Grèce antique

Friedrich Nietzsche (1844-1900) a publié sa théorie sur l'art dramatique, *La Naissance de la tragédie*, en 1872, alors qu'il était professeur de philologie à Bâle, en Suisse. Il était impressionné par la faculté des Grecs de l'Antiquité de transcender le pessimisme pour tirer du plaisir des tragédies qu'ils jouaient sur scène. Les Grecs croyaient que le théâtre suscitait la joie des spectateurs et que la représentation de l'angoisse existentielle de l'homme et de ses souffrances élevait leur âme. Née à Athènes au VIe siècle av. J.-C., la tragédie était jouée dans des théâtres ouverts pendant la plupart de la journée.

Dans la mythologie grecque, Apollon et Dionysos sont tous deux les fils de Zeus. Dans *La Naissance de la tragédie*, Nietzsche examine la façon dont les conceptions apollonienne (culture et raison) et dionysiaque (vin, extase et ivresse) du monde ont fusionné pour donner naissance à la tragédie. Dans le monde contemporain, il s'agit de la lutte entre l'homme civilisé et l'homme primitif, entre le collectivisme et l'individualisme. Nietzsche est clairement du côté de l'homme primitif, de l'individu, et qualifie avec dédain de naïf l'art grec après Dionysos. Les Grecs, eux, n'ont jamais considéré Apollon et Dionysos comme des rivaux.

> *« Le chœur satyrique du dithyrambe est l'acte salvateur de l'art grec… »*
>
> **Friedrich Nietzsche, *La Naissance de la tragédie***

Chez Nietzsche, le protagoniste de la tragédie essaie de justifier son mode de vie apollonien et rationnel face au chœur des exhortations dionysiaques. Dionysos magnifie l'homme ; il est le précurseur du « surhomme », un homme idéal qui s'est pleinement réalisé. Nietzsche espérait que son livre donnerait au spectateur de la tragédie l'envie de raviver sa nature dionysiaque et de retrouver son « unité primordiale ». **BS**

1872

Pragmatisme

Charles Sanders Peirce

Une proposition a toutes les chances d'être vraie si elle a une portée pratique

Aujourd'hui, la philosophie et la science empirique peuvent être envisagées comme deux mondes distincts : celui de la théorie et celui de la pratique. À la fin du XIXe siècle, des penseurs américains ont cherché à les réunir en développant l'école du « pragmaticisme ». Ils considéraient qu'une idée n'avait de valeur que s'il était possible d'en retirer un bénéfice. Ainsi, l'importance d'une idée dépendait de son utilité et celles qui n'avaient aucun effet pratique devaient être écartées.

En 1872, des diplômés de Harvard ont décidé de fonder le club de métaphysique, groupe de discussion informel d'une douzaine de membres. Celui-ci a existé pendant moins d'un an et serait à l'origine de l'école pragmatique de philosophie. William James (1842-1910), l'un de ses membres, aurait lancé l'idée au cours d'une conférence en 1898. Cependant, il insistait lui-même sur le fait que le terme avait été inventé au début des années 1870 par Charles Sanders Pierce (1839-1914), autre membre du groupe.

« Le pragmatiste s'en tient aux faits et à la concrétude, observe la vérité à l'œuvre… »

William James, *Le Pragmatisme* (1907)

La devise officieuse de l'État du Missouri est « Montre-moi », une expression convenant assez bien à la sensibilité des pragmatistes. Pour ces derniers, la valeur d'une idée et sa véridicité sont fonction de sa portée pratique, de son usage concret. Cette approche a d'abord été accueillie avec beaucoup d'intérêt, engendrant des mouvements pragmatiques dans le domaine des sciences sociales, de l'administration publique et même du développement urbain. Néanmoins, après la mort de ses premiers adeptes et défenseurs, elle est tombée en disgrâce, bien qu'elle ait suscité un regain d'intérêt à la fin du XXe siècle. **MT**

1873

Psychologie comparative

Douglas Spalding

L'étude du comportement animal peut aider à comprendre la psychologie humaine

Le biologiste anglais Douglas Spalding (1841-1877) a été le premier à se pencher sur l'intelligence animale, en faisant des expériences avec des poussins pour découvrir quels comportements étaient innés ou acquis. Il a publié son premier article sur le sujet en 1873 dans le *Macmillan's Magazine*. Pendant ce temps, le naturaliste Charles Darwin (1809-1882) et son ami George Romanes (1848-1894) étudiaient la relation entre les animaux et les hommes en matière d'évolution.

Depuis, la plupart des études comparatives ont porté sur l'apprentissage, y compris sur le conditionnement et l'association. Une approche s'est intéressée aux traits communs à nombre d'espèces, y compris l'homme, et notamment à l'instinct et à son influence sur l'apprentissage. Ce genre d'études peut être entrepris en laboratoire. L'étude de l'adaptation des animaux à leur cadre naturel lors du processus de sélection naturelle convient mieux à des recherches en milieu naturel. Les scientifiques comparent aussi le comportement des animaux actuels avec celui de leurs ancêtres ou d'espèces apparentées ayant disparu.

« On peut constater, chez beaucoup d'êtres, maints éléments communs à tous… »

Lucrèce, *De la nature* (premier siècle av. J.-C.)

La psychologie comparative a fait changer notre perception de l'intelligence des animaux et des processus mentaux à l'origine du comportement de ceux-ci. Plutôt que de supposer une supériorité innée des facultés mentales humaines, les scientifiques étudient les similitudes et les différences existant entre l'homme et l'animal en matière d'apprentissage, ainsi que les comportements associés à leurs aptitudes mentales afin de mieux comprendre la psychologie humaine. **JF**

Poussin se comportant avec un ballon comme si c'était sa mère dans une expérience de psychologie comparative vers 1955. ➡

1873

Placement de produit

Jules Verne

La promotion subreptice de marques dans un contexte autre que la publicité

Aussi étrange que cela puisse paraître en raison de son omniprésence, cette pratique est tout sauf un phénomène de la fin du XXe siècle. Elle date de la fin du XIXe siècle, quand de grands armateurs ont prié le célèbre écrivain Jules Verne (1828-1905) de mentionner leurs compagnies dans son nouveau roman, *Le Tour du monde en quatre-vingts jours*, publié en 1873. Ce dernier a accepté moyennant finance.

Par la suite, cette technique publicitaire a plus été associée au cinéma et à la télévision qu'à la littérature. En 1896, les frères Lumière se sont entendus avec l'homme d'affaires suisse François-Henri Lavanchy-Clarke pour faire la promotion du savon Sunlight dans leur film *Le Défilé du 8e bataillon*. La marque apparaissait brièvement sur une brouette. Les barres de chocolat Hershey sont mentionnées dans le film *Les Ailes* (1927) de William A. Wellman et un jeune garçon désirant devenir explorateur lit un exemplaire du *National Geographic* dans *La vie est belle* (1946) de Frank Capra. Ce genre de réclames sera toujours présent, de façon subtile, comme dans *Bullitt* (1968), où Steve McQueen poursuit des mauvais garçons dans les rues de San Francisco à bord d'une Ford Mustang GT, ou de façon manifeste, comme dans *Alien vs. Predator* (2004) où les ordinateurs Compaq sont en évidence.

Il suffit parfois d'une allusion pour faire monter les ventes d'un produit. Dans *Braquage à l'italienne* (2003), des voleurs se passaient une bouteille de champagne pour fêter un casse. Aucune marque n'était visible, mais le public avait tout de suite reconnu la forme de la bouteille.

Ce genre de réclame a été critiqué car il brouille la distinction entre l'art et la publicité. Cependant, son existence ne devrait pas nous étonner car, après tout, la télévision n'a jamais été juste un moyen de distraction, elle a toujours eu pour but de faire vendre des choses. **JMa**

Le placement de produit pour Ford dans *Bullitt* (1968) a été un tel succès que des modèles spéciaux de la Mustang GT ont ensuite été construits.

1874

Impressionnisme

France

Un art qui ne représente pas de manière réaliste un sujet, mais rend une impression

Un groupe de 30 artistes parisiens à la tête duquel se trouvaient Claude Monet (1840-1926), Edgar Degas (1834-1917) et Camille Pissarro (1830-1903) a officiellement présenté le mouvement artistique désigné sous le nom d'impressionnisme en 1974 au cours d'une exposition privée organisée par la Société anonyme coopérative d'artistes peintres, sculpteurs et graveurs.

D'autres artistes éminents, Paul Cézanne, Pierre-Auguste Renoir et Berthe Morisot les ont rejoints plus tard. C'était une réaction contre le réalisme de la peinture et de la sculpture françaises de l'époque, un défi délibéré lancé à l'Académie des beaux-arts qui dictait les canons artistiques en France, et imposait même les sujets que les artistes devaient peindre. Elle avait refusé d'exposer les œuvres de ceux qui dérogeaient à ses règles.

Le journaliste Louis Leroy, qui travaillait pour la revue satirique *Le Charivari*, a parlé pour la première d'« impressionnisme » après avoir vu le tableau *Impression, soleil levant* de Monet en 1874. Au départ, le terme était utilisé par les critiques pour décrier le mouvement, mais il a été accepté aussi bien par les défenseurs que par les détracteurs de ce dernier. À présent, il désigne un large éventail de styles, certains étant plus figuratifs que d'autres.

Il y a eu sept autres expositions organisées par les impressionnistes, la dernière en 1886. À l'époque, le groupe avait commencé à se scinder, chaque peintre se consacrant à son propre travail. Cependant, malgré la brièveté de ce mouvement, son influence a duré longtemps. Avant la révolution impressionniste, les techniques et les sujets étaient limités. Les impressionnistes reproduisaient les impressions qu'ils percevaient afin qu'elles aient un impact sur le spectateur, sans se laisser distraire par les représentations fidèles. Le mouvement a incité les artistes à étendre la gamme des sujets possibles et a changé la perception que les gens avaient de l'art. **JF**

↑ *Impression, soleil levant* (1872) de Claude Monet, tableau qui a inspiré le nom d'impressionnisme.

Théorie des ensembles

Georg Cantor

Une théorie selon laquelle il est possible de ranger des nombres ou des fonctions mathématiques dans des ensembles sans considérer leurs propriétés individuelles

Georg Cantor, photographié vers 1910. Des critiques perverses favorisèrent chez lui une dépression, mais sa théorie des ensembles allait donner une nouvelle vision des mathématiques.

« Un ensemble est une multitude qui peut être comprise comme un tout. »

Georg Cantor, cité dans *Infinity and the Mind* de Rudy Rucker (1983)

La théorie des ensembles aurait été formulée par le mathématicien allemand Georg Cantor (1845-1918) dans l'article « Sur une propriété du système de tous les nombres algébriques réels » (1874). Au cours des années qui ont suivi, Cantor a poursuivi son travail sur la théorie et s'est intéressé à son application à d'autres aspects des mathématiques, comme l'infini et la correspondance ou équivalence entre des groupes de nombres.

La théorie des ensembles est l'étude des ensembles et de la relation qui relie les éléments d'un ensemble à ce dernier. Son aspect le plus révolutionnaire tient au fait que Cantor considérait divers types d'infinis, notamment ceux qu'il appelait « transfinis » ; à l'époque tous les infinis étaient jugés comme étant de la même taille. Le mathématicien a aussi inclus des nombres réels et irrationnels dans les ensembles qu'il proposait, bien que des mathématiciens influents, comme Leopold Kronecker (1823-1891), ne crussent pas à l'existence de nombres irrationnels. La théorie des ensembles a été tout de suite l'objet d'une longue controverse qui a été un frein dans la carrière de Cantor et qui a ébranlé sa santé mentale. Des paradoxes semblant infirmer sa théorie ont conduit nombre de personnes à douter de la validité de ses idées. Cantor a eu une dépression en 1884 quand on a refusé de le nommer à l'université de Berlin. Cependant il s'est rétabli en 1885 et a continué à publier des articles sur sa théorie des ensembles, observant la façon dont elle a peu à peu été acceptée au début du XXe siècle.

Sa théorie a complètement révolutionné la façon dont les mathématiciens conçoivent les nombres et les fonctions, ainsi que leurs relations. Elle sous-tend la majeure partie des mathématiques modernes. Elle a aussi eu des applications pratiques utiles comme le diagramme de Venn et la manière dont nous classons les êtres humains en catégories selon les propriétés qui les définissent comme membres d'un groupe. **JF**

1874

Dualisme des propriétés

Thomas Huxley

Les substances pourraient avoir deux genres de propriétés : physiques et mentales

Le dualisme des propriétés est un compromis philosophique entre le dualisme des substances et le matérialisme. Il allie les aspects les plus plausibles de ces derniers, en éludant les principaux problèmes. Ses tenants disent, comme les matérialistes, que toutes les substances sont physiques mais affirment que les substances physiques peuvent avoir des propriétés non seulement physiques mais mentales. Une personne peut mesurer 1,80 mètre et souffrir ou être amoureuse. Si la douleur est causée par une décharge de neurones dans le cerveau et la sensation d'être amoureux par les hormones libérées dans le sang, ces états mentaux pour la philosophie ne sont pas que des états physiques.

Le mathématicien et philosophe français René Descartes (1596-1650) a noté que les états mentaux et physiques coexistaient chez l'homme. Il a émis l'hypothèse que l'esprit et le cerveau étaient séparés, chacun ayant sa propre existence (une théorie appelée le dualisme des substances). Thomas Huxley (1825-1895) a, lui, suggéré que l'esprit conscient était un épiphénomène (un phénomène secondaire), un aspect de ce qu'il a nommé l'automatisme. Dans un article intitulé « Sur l'hypothèse selon laquelle les animaux sont des automates et sur l'histoire de cette théorie » (1874), il a comparé cela au sifflement d'une locomotive à vapeur : le travail du moteur est nécessaire à son émission, mais ce sifflement ne fait pas fonctionner le moteur. C'est un phénomène à part.

L'épiphénoménologie du XIXe siècle a fortement influencé les comportementalistes, puis elle est passée de mode au milieu du XXe siècle. Le dualisme des propriétés a récemment connu un regain de popularité auprès des partisans d'une conception matérialiste du cerveau et de la conscience, qui rejettent un physicalisme réducteur. Il est aussi lié à l'étude expérimentale de la psychologie des processus mentaux supérieurs. **JF**

1874

Paradoxe de l'hédonisme

Henry Sidgwick

Le bonheur ne pourrait être atteint quand on le recherche activement

Le paradoxe hédoniste est le principe selon lequel celui qui aspire à un bonheur personnel en est toujours privé car le bonheur ne découle pas d'une recherche égoïste, il survient uniquement quand on aide son prochain. Le philosophe anglais Henry Sidgwick (1838-1900) avait le premier remarqué ce « paradoxe du bonheur » dans son livre *Methods of Ethics* (Méthodes éthiques), publié en 1874. Il comprenait, comme les Grecs épicuriens du IIIe siècle av. J.-C., que « si l'on ne parvenait pas à trouver ce que l'on cherchait, il en résultait une frustration, et si l'on y parvenait, un sentiment d'ennui ». Quoi que l'on fasse, le bonheur semble insaisissable. Les épicuriens ont toujours recherché un degré de plaisir optimal plutôt que maximal, un état qu'ils appelaient *ataraxie* ou paix de l'esprit.

« Le principe de l'hédonisme égoïste est limité dans la pratique. »

Henry Sidgwick

Les tentatives infructueuses de trouver le bonheur en le recherchant ne manquent pas dans la littérature. Aristote demandait : « Comment se fait-il que personne ne soit tout le temps satisfait ? Est-ce parce que nous nous lassons de tout ? Le tenant de la philosophie utilitariste John Stuart Mill disait : « Demandez-vous si vous êtes heureux, et vous cesserez de l'être. » Selon le psychiatre autrichien Viktor Frankl, le bonheur est éphémère et insaisissable et même lorsqu'on le trouve, il est « un effet secondaire involontaire de votre désir d'accomplir une chose plus élevée ». Kierkegaard disait que nous passions toujours à côté de lui, en raison de nos recherches effrénées, tandis que le grand romancier brésilien João Guimarães Rosa soutenait que l'on ne pouvait trouver le bonheur qu'au cours de « petits moments d'inattention ». **BS**

Particules subatomiques

George Stoney

Le postulat de l'existence de particules invisibles plus petites que les atomes

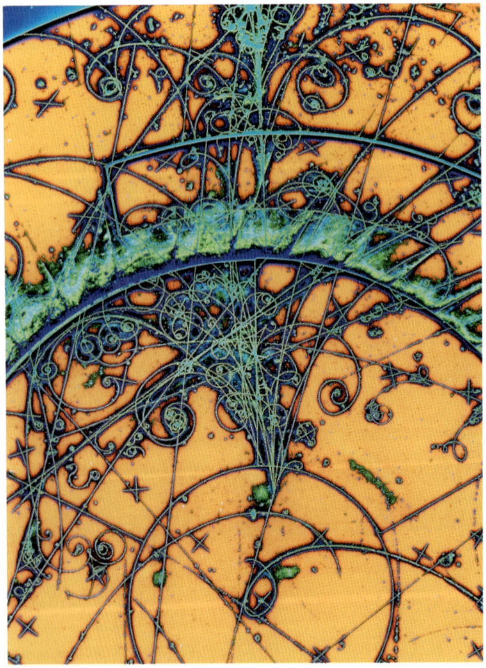

Photographie colorisée d'une chambre à bulles, montrant les traces laissées par des particules subatomiques issues d'un accélérateur de particules du CERN, laboratoire européen pour la physique des particules de Genève (Suisse).

« Pourrait-il y avoir quelque chose à première vue de moins pratique qu'un corps si petit que sa masse est une fraction insignifiante de la masse d'un atome d'hydrogène ? »

J. J. Thomson, physicien

La découverte au XIXe siècle que la masse de l'univers était entièrement constituée de particules subatomiques (plus petites que les atomes) invisibles s'est faite progressivement. L'exploration a demandé plus d'un siècle et l'invention d'outils pour détecter ces particules.

En 1800, l'astronome britannique d'origine allemande William Herschel (1738-1822) a découvert le rayonnement infrarouge et, l'année suivante, le chimiste allemand Johann Ritter (1776-1810) a observé le noircissement d'une plaque de chlorure d'argent placée dans la partie la plus sombre du spectre solaire, prouvant ainsi l'existence du rayonnement ultraviolet. Le mystère entourant le monde des particules subatomiques venait ainsi d'être partiellement élucidé, mais l'humanité ne devait n'en apprendre plus sur le sujet qu'à la fin du siècle.

En 1897 on a découvert les électrons, en 1899 les particules alpha et en 1900 les rayonnements gamma (constitués de photons de très haute énergie). Cependant certaines particules subatomiques ne seront détectées que plus tard : les protons en 1919 et les neutrons en 1932.

Bien que ce soit le physicien britannique J. J. (Joseph John) Thomson (1856-1940) qui ait le premier découvert l'électron en 1897, l'existence de ce dernier avait déjà été postulée en 1874 par le physicien irlandais George Stoney (1826-1911). Celui-ci avait calculé la magnitude des électrons au cours de ses recherches sur l'électrolyse de l'eau et la théorie cinétique des gaz. Cependant, il n'a employé le terme « électron » qu'en 1891. C'est lui qui a permis une avancée dans la connaissance de cet univers totalement invisible quand il a proclamé que l'électron était « la quantité élémentaire fondamentale de l'électricité ». Il était sûr que l'électricité était constituée de particules indivisibles d'atomes de taille égale et il a fourni les premières estimations de la composition électrique de ces particules. **JMa**

Dictature du prolétariat

Karl Marx

Un État où la classe ouvrière aurait le contrôle

Le philosophe, historien et socialiste révolutionnaire Karl Marx (1818-1883) a été le premier à parler de la «dictature du prolétariat» dans une série d'articles publiés à Londres en 1850.

Ayant développé cette idée alors qu'il était atteint d'une dépression, il l'a publiée en 1875 dans l'article «Critique du programme de Gotha» portant sur les principes du parti ouvrier allemand. Il y fait référence à la «dictature révolutionnaire du prolétariat» en hommage à la Commune de Paris, qui avait dirigé la cité pendant une brève période en 1871.

Bien qu'il ait employé le terme de «dictature», on ne sait s'il désignait un groupe détenant le pouvoir absolu ou s'il lui donnait simplement le sens de la *dictatura* de la république romaine antique, c'est-à-dire de possession d'un pouvoir politique ou simplement de «gouvernement». La distinction entre une dictature et un gouvernement représentatif démocratiquement élu est moderne.

Dans la théorie marxiste classique, la dictature du prolétariat est une phase de transition nécessaire après la révolution socialiste pour combler le vide entre la domination de classe exercée par la bourgeoisie capitaliste et l'abolition de toutes les distinctions de classes qui, selon Marx, devait naturellement se produire dans une société socialiste (ou communiste). Cependant, quand les marxistes-léninistes russes ont préparé leur révolution dans les années 1890, l'idée d'une dictature du prolétariat a fait naître l'idée que le prolétariat devait être dirigé par ceux sachant interpréter correctement les idées communistes, les opposants n'ayant pas voix au chapitre. Ainsi, le gouvernement communiste russe est devenu la dictature d'un parti politique plutôt que d'une classe comme Marx l'envisageait. La perception du marxisme est aujourd'hui fortement marquée par la version adoptée par l'Union soviétique. **JF**

Karl Marx a écrit sa « Critique du programme de Gotha » au cours des dernières années de sa vie, alors qu'il souffrait de ce qu'il appelait une « dépression mentale chronique ».

« Le capital est une nécessité historique, mais son fossoyeur aussi, le prolétariat socialiste. »

Rosa Luxemburg, «Le pamphlet de Junius» (1916)

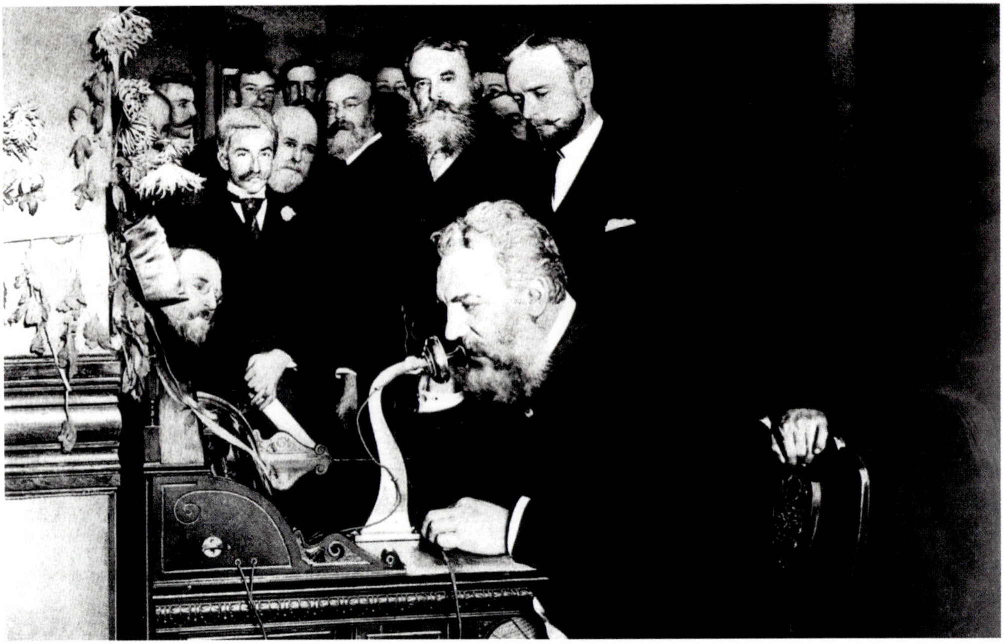

1876

Téléphone

Alexander Graham Bell

Une machine permettant à des gens de se parler à longue distance

Les hommes sont des animaux sociaux. Leur souhait de parler à des personnes géographiquement éloignées d'eux a été exaucé en 1876, quand ce qui semblait un rêve impossible est devenu une réalité. Cependant, la naissance de ce qui était perçu alors comme un « télégraphe parlant » a donné lieu à des controverses. En effet, nombre de personnes ont affirmé avoir joué un rôle dans cette invention.

Le téléphone (terme dérivé du grec signifiant « voix distante ») a été développé à partir du télégraphe électrique inventé au début du XIXe siècle par Samuel Morse (1791-1872) et d'autres. Le dispositif utilisait des signaux électriques qui étaient acheminés via des câbles et transmettaient un message lettre à lettre. Le télégraphe était certes utile, mais manquait d'immédiateté et ne rendait pas les nuances du discours. Dans la seconde moitié du siècle, des inventeurs ont développé la télégraphie acoustique, qui était capable de transmettre en même temps de multiples messages via un seul câble grâce à plusieurs canaux ou fréquences audio. À partir de là, il a été facile de créer un téléphone avec un microphone convertissant le son de la voix en signaux électriques et un récepteur convertissant ces derniers en son. Pour la première fois, les hommes ont pu donner des informations orales à d'autres personnes.

La paternité de l'invention du téléphone reste controversée. À l'époque, plusieurs personnes étaient en concurrence. Néanmoins, on l'attribue généralement à l'Écossais Alexander Graham Bell (1847-1922) auquel le Bureau des brevets de l'État de Washington avait accordé le 7 mars 1876 le brevet 174.465. De retour à son laboratoire de Boston, l'inventeur avait fait fonctionner son téléphone trois jours plus tard, le 10 mars, en prononçant les célèbres paroles : « Monsieur Watson, venez, je veux vous voir » dans le microphone. Son assistant, qui tenait l'écouteur dans la pièce voisine, l'avait clairement entendu. **SA**

Le 11 mars 1876, Alexander Graham Bell a fait marcher en public son invention géniale.

1877

Phonographe

Thomas Edison

Dispositif, appelé aussi gramophone, capable de restituer un son enregistré

Depuis la nuit des temps, on savait qu'un son, une fois évanoui, ne pouvait être réentendu. Il était impossible de réécouter des performances musicales, aussi belles fussent-elles, et d'enregistrer la voix d'un être cher. Seule la mémoire pouvait les ressusciter.

En 1877, l'inventeur et homme d'affaires américain Thomas Edison (1847-1931) a mis fin à cela, en inventant une machine capable de transcrire des signaux sonores au moyen de la télégraphie. À la fin de l'été ou de l'automne de la même année, son mécanicien, John Kruesi (1843-1899), en a fabriqué pour lui un modèle qui fonctionnait. Il l'a dévoilé en décembre à l'équipe du *Scientific American*, qui a publié un article dessus. Edison a déposé une demande de brevet le même mois et obtenu ce dernier en février 1878. D'autres personnes ont amélioré le phonographe. Parmi elles, l'inventeur d'origine écossaise Alexander Graham Bell (1847-1922) qui, avec Charles Tainter (1854-1940), a conçu un prototype muni d'un cylindre en cire et d'un saphir flottant. Bell et Tainter ont proposé à Edison de collaborer, mais ce dernier a refusé, préférant fabriquer son propre phonographe grâce à une nouvelle compagnie fondée en 1887.

Le phonographe a été utilisé pour enregistrer les discours et a aussi servi de Dictaphone. Cependant, au début du XXe siècle, le cylindre a cédé la place au disque, qui permettait des enregistrements de meilleure qualité. De nouvelles versions du gramophone se sont succédé au cours du siècle, fonctionnant avec des 78 tours, des 45 tours et des 33 tours, puis est apparue la technologie numérique, avec des lecteurs de disques compacts.

L'invention d'Edison a été le premier moyen d'enregistrer un son pour le réécouter. Cet appareil révolutionnaire a changé à la fois l'expérience du son, notamment en musique, et sa perception par les auditeurs. Le phonographe pouvait ranimer, comme le journaliste américain Ambrose Bierce l'a dit, les « bruits morts ». **JF**

↑ Thomas Edison devant un modèle commercial plus récent de son phonographe à cylindre de 1877.

MUSÉE GRÉVIN
PANTOMIMES LUMINEUSES
Théâtre
Optique
D'
E. REYNAUD
Musique de
GASTON PAULIN
Chéret
TOUS LES JOURS
DE 3H A 6H & DE 8H A 11H

1877

Animation

Charles Émile Reynaud

Les images semblent bouger quand on les regarde avec un remarquable appareil

L'invention de la photographie en 1822, puis du phonographe en 1877, a révélé pour la première fois qu'il était possible de fixer les images et les sons pour pouvoir en profiter plus tard. L'humanité a pris conscience qu'avec de l'ingéniosité il était possible de conserver tous les aspects du monde physique. Avec le recul, on se rend compte que la saisie du déplacement des objets dans l'espace n'était qu'une affaire de temps.

Avant que les images ne deviennent animées, il y avait eu la lanterne magique : une lumière passant à travers une peinture à l'huile translucide était projetée sur un mur. Cependant, c'est le professeur de sciences français Charles Émile Reynaud (1844-1918) qui a projeté pour la première fois en 1877 des images animés grâce à son praxinoscope, dans lequel une bande couverte d'images peintes était placée sur la surface interne d'un cylindre rotatif. L'appareil était plus fonctionnel que son prédécesseur, le zootrope. Plutôt que de regarder des images par les fentes étroites de ce dernier, l'utilisateur regardait un jeu de miroirs reflétant la surface interne du cylindre qui tournait. La succession des images était si rapide qu'elles semblaient bouger, et elles étaient plus nettes qu'avec le zootrope.

« L'animation peut expliquer tout ce que l'esprit de l'homme peut concevoir. »

Walt Disney, animateur et producteur de films

En 1886, Reynaud a créé un système à grande échelle appelé le théâtre optique en se fondant sur le système du praxinoscope. Ce dispositif était capable de projeter les images en mouvement du praxinoscope sur un écran. L'inventeur a présenté pour la première fois son système en 1892 au musée Grévin à Paris. Il a produit trois films courts. Ses « pantomimes lumineuses » ont été le premier dessin animé du monde. **JE**

1877

Darwinisme social

Joseph Fisher

Une extension de la théorie de Darwin aux relations sociales et économiques

L'expression « darwinisme social » a été employée pour la première fois par Joseph Fisher dans l'article « A History of Landholding in Ireland » (Une histoire de la propriété foncière en Irlande) publié en 1877 et a été popularisée par l'historien Richard Hofstadter (1916-1970) dans son livre *Darwinism in American Thought* (1944) (Le darwinisme dans la pensée américaine). Source de désaccords, l'idée au fil des ans a été associée entre autres, en général avec mépris, à la libéralisation du marché, à la philosophie sociale mormone et à la théorie socioéconomique malthusienne. Au XIXe siècle, les Européens désireux d'utiliser les théories évolutionnistes de Darwin pour expliquer la supériorité de la race blanche ou caucasienne sur les races africaine et asiatique l'ont adoptée.

« Il n'y a guère de choses dans [le monde] qui ne soient le fruit de querelles. »

Edwin Lawrence Godkin, revue *Nation* (1877)

À la fin du XIXe siècle, cette pseudoscience s'est propagée dans la majeure partie du monde occidental. Elle a motivé la mission « civilisatrice » des impérialistes européens quand ils ont envahi les régions « arriérées » du monde. Tout comme l'eugénisme de Francis Galton en 1883, qui était une de ses émanations, elle a influencé la politique allemande en Afrique du Sud-Ouest au tout début du XXe siècle, et a fini par nourrir l'aryanisme nazi.

À l'époque, elle suscitait partout l'approbation et l'enthousiasme, bien que l'Église catholique lui reprochât d'accepter l'inégalité et de manquer de compassion. Même après que les scientifiques eurent été capables de montrer que les différences génétiques entre les races n'étaient pas plus importantes que celles existant entre des individus différents d'une même race, les préjugés engendrés n'ont pas disparu. **JF**

◄ Affiche pour les « Pantomimes lumineuses » de Charles Émile Reynaud au musée Grévin à Paris (v. 1900).

Théorie pragmatique de la vérité

Charles Sanders Peirce

Une croyance a toutes les chances d'être vraie si elle est utile à celui qui y croit

Peinture anonyme d'Europe du Nord (v. 1630) montrant la Vérité sous les traits d'une femme tenant une balance ; son miroir, reflétant les vanités du monde, représente l'arbitre pragmatique de la vérité.

« L'opinion qui finira par être admise par tous ceux qui l'analysent est ce que nous entendons par vérité et l'objet représenté dans cette opinion est l'objet réel. »

Charles Sanders Peirce, *Popular Science Monthly* (1878)

La théorie pragmatique de la vérité soutient que la vérité ou la validité d'une croyance dépend de l'utilité de celle-ci ou du résultat qui en découle. Le pragmatiste américain Charles Sanders Peirce (1839-1914) a été l'un des premiers et des plus ardents partisans de cette théorie. Il en a défendu une version dans plusieurs numéros de la revue *Popular Science Monthly* et dans un livre, *Comment rendre nos idées claires*, tous publiés en 1878.

Dans ce livre, il distinguait les croyances scientifiques, qui peuvent être vérifiées de façon empirique, et les croyances métaphysiques, qui ne peuvent l'être. Pour lui, une croyance était vraie si les avis d'investigateurs parfaits usant de méthodes scientifiques finissaient par converger avec le temps. Avec cette définition, de nombreuses croyances métaphysiques traditionnelles (ou religieuses) ne seraient ni vraies ni fausses et donc « n'auraient pas de sens ».

Le pragmatiste américain de la seconde génération William James (1842-1910), a élargi la définition de Peirce en proposant qu'une croyance ne soit vraie que si elle était « opportune » pour le croyant. Cela permettait de déclarer justes des croyances métaphysiques ou religieuses, mais laissait penser aussi que la vérité était relative plutôt qu'absolue et se rapportait à un individu, à une époque ou à un lieu.

La théorie pragmatique est rarement défendue aujourd'hui dans les formes qu'envisageaient Peirce et James, mais elle a annoncé les théories modernes qui jugent de la véracité d'une croyance aux conditions de sa vérification (quelle expérience peut montrer qu'une croyance est vraie ?) ou à ses conditions d'assertion (dans quelles conditions une personne peut-elle légitimement affirmer cette croyance ?). Parmi les penseurs modernes ayant un penchant pour le pragmatisme figurent Michael Dummett, Richard Rorty, Hilary Putnam et Jürgen Habermas. **BSh**

Logique des prédicats

Gottlob Frege

Une méthode de raisonnement qui a mené à la création de la logique moderne

Le logicien et philosophe allemand Friedrich Ludwig Gottlob Frege (1848-1925) s'est d'abord spécialisé dans la représentation géométrique de formes imaginaires sur un plan plat. Cependant, très vite il s'est tourné vers la logique et les relations qu'elle entretenait avec les mathématiques. Il sentait qu'elles étaient fondamentalement liées et que les mathématiques se résumaient à de la logique pure. En 1878, il a pratiquement inventé le concept de logique des prédicats, la plus grande avancée dans le domaine de la philosophie et de la logique depuis Aristote.

La logique des prédicats est l'idée qu'il est possible de glaner une information nouvelle à partir de deux informations précédentes ou plus. Sous sa forme la plus simple, la logique des prédicats transparaît dans les phrases suivantes : 1) Tous les ânes sont des mammifères. 2) Harvey est un âne. 3) Harvey est un mammifère.

L'argument est purement logique car la structure (le choix des termes) des deux premières affirmations, ce qu'on appelle la « structure logique », est conçue pour convaincre l'auditeur d'accepter une proposition.

Frege n'a pas utilisé l'expression « logique des prédicats » (celle-ci a été introduite plus tard) pour décrire ce vers quoi il tendait : la création d'un nouveau système de notation logique, un « langage », permettant d'exprimer la logique. C'était un langage avec sa propre syntaxe et sa propre sémantique qu'il a utilisé pour élaborer une nouvelle plate-forme de principes de façon si exacte qu'ils ont pu être employés dans des propositions qui n'avaient encore jamais été considérées auparavant par les logiciens.

Il a parlé de sa nouvelle approche de la logique dans son livre *Begriffsschrift* (L'idéographie, 1879), peu lu avant 1950, en partie en raison de ses longues notations excentriques. Néanmoins, l'utilisation aujourd'hui de symboles et de formules en logique est due pour beaucoup à son travail de pionnier. **BS**

Une photographie colorisée de Gottlob Frege vers 1920. Il avait dit : « Tout bon mathématicien est au moins à moitié un philosophe et tout bon philosophe est à moitié un mathématicien. »

« J'espère pouvoir prétendre dans le présent ouvrage avoir rendu vraisemblable le fait que les lois de l'arithmétique sont des jugements analytiques… l'arithmétique devient ainsi un simple développement logique. »

Gottlob Frege

1879

Laboratoire de psychologie

Wilhelm Wundt

L'université de Leipzig ouvre le premier laboratoire permettant d'étudier la psychologie

En 1862, le physiologiste et psychologue allemand Wilhelm Wundt (1832-1920), le « père de la psychologie expérimentale », donne le premier cours de psychologie scientifique à l'université de Heidelberg. En 1879, à l'université de Leipzig, il crée le premier « laboratoire de psychologie », espace universitaire dédié à la recherche et à l'étude de la psychologie expérimentale. Cette initiative marque le début de la psychologie moderne (bien que le laboratoire n'ait été « officiellement » reconnu par l'université qu'en 1885).

Outre-Atlantique, dans le Massachusetts, le psychologue américain William James (1842-1910) avait fondé le premier laboratoire de psychologie douze mois plus tôt, à l'école de médecine de l'université de Harvard. Cependant, comme il ne l'utilisait pas pour effectuer des expériences mais pour enseigner, il n'est pas considéré comme le fondateur de ce genre de lieu. Wundt, lui, doit beaucoup aux administrateurs de l'université de Leipzig, qui lui ont permis d'utiliser une salle vide pour ranger les équipements dont il se servait durant ses cours. C'est dans cette pièce qu'il a commencé sa série d'expériences.

Depuis la publication en 1862 de son livre *Contributions Toward a Theory of Sense Perception*, Wundt, qui a été le premier à être qualifié de psychologue, était résolu à faire de la psychologie, alors une branche de la philosophie, une discipline à part entière, une science nouvelle qui élaborerait ses propres doctrines par le biais d'expérimentations rigoureuses. Il a aussi décidé très tôt que tout le travail ne devait pas avoir lieu dans le laboratoire. La nouvelle science qu'il prônait devait utiliser, pour aborder la religion, les sciences sociales et le langage, l'étude des témoignages historiques et l'enregistrement des observations faites sur le terrain, toutes contribuant à ce qu'il appelait une sorte de « métaphysique scientifique ». **BS**

Wilhelm Wundt (assis) photographié avec ses collègues de l'université de Leipzig vers 1910.

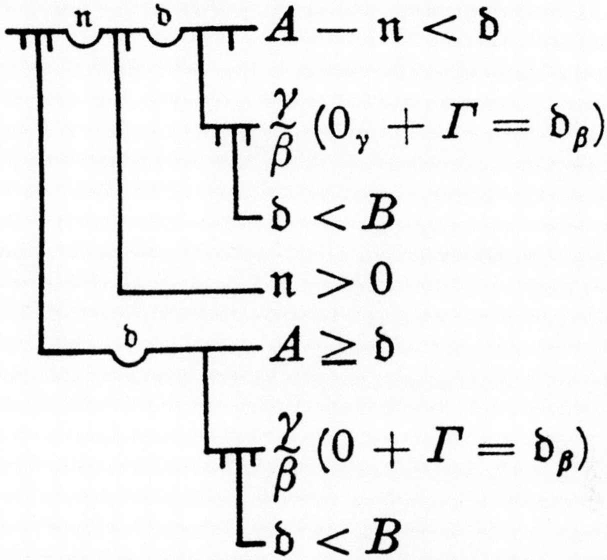

1879

Logique symbolique

Gottlob Frege

Un système de logique formel utilisant des symboles pour représenter les relations entre des propositions

La logique symbolique a pour origine les premiers systèmes logiques comme la syllogistique d'Aristote, au IVe siècle av. J.-C. Cependant ceux-ci utilisaient invariablement les mots et le langage pour formuler des arguments. La logique symbolique, elle, est un langage formalisé d'arguments et de raisonnements pour faire et analyser des déclarations. Ce langage est formalisé car il se sert de certains symboles pour représenter des phrases déclaratives comme « les oiseaux sont des animaux » et d'autres pour représenter des opérations ou des fonctions comme « et », « ou », « si » et « alors ». Comme toujours en mathématiques, leur usage ne dépend pas de la langue de l'utilisateur.

Au XVIIIe siècle, le philosophe allemand Gottfried Leibnitz (1646-1716) a tenté de créer un système symbolique de raisonnement logique. Au XIXe siècle, le mathématicien, philosophe et logicien anglais George Boole (1815-1864) a publié des travaux importants sur la logique mathématique et algébrique. Cependant, c'est le mathématicien, logicien et philosophe Friedrich Ludwig Gottlob Frege (1848-1925) qui est considéré comme l'inventeur de la logique symbolique moderne, après la publication en 1879 de *Begriffsschrift* (L'idéographie).

Les mathématiques et la philosophie utilisent la logique. Le rêve de nombreux philosophes a longtemps été d'avoir un système de notation logique pour vérifier vite la validité ou l'invalidité d'un argument, simplement en l'examinant et en comprenant ses symboles, comme un mathématicien face à une équation. Grâce à la logique symbolique, les philosophes se sont penchés sur la structure logique se dissimulant derrière les arguments classiques, et ont ainsi résolu les énigmes philosophiques les plus troublantes comme l'argument ontologique de l'existence de Dieu de saint Anselme. De façon plus pragmatique, la logique symbolique sert de base aux programmes informatiques. **MT**

↑ Notation originale du système de logique conçu par Gottlob Frege en 1879.

Volapük

Johann Martin Schleyer

Un langage universel inventé dans l'espoir d'unifier l'humanité

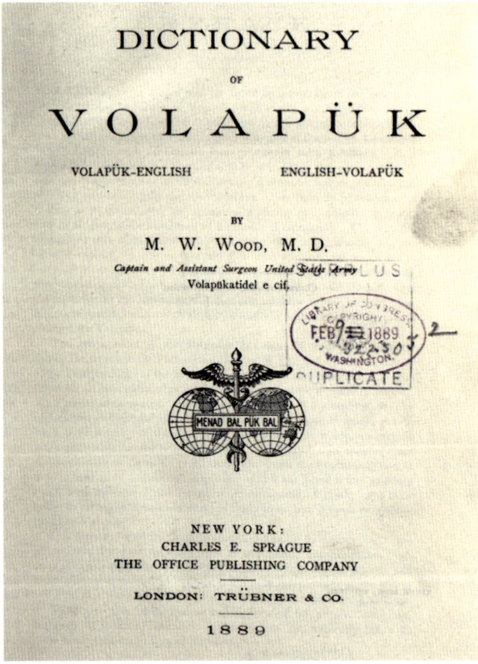
DICTIONARY

OF

VOLAPÜK

VOLAPÜK-ENGLISH ENGLISH-VOLAPÜK

BY

M. W. WOOD, M. D.

Captain and Assistant Surgeon United States Army

Volapükatidel e cif.

DUPLICATE

MENAD BAL PÜK BAL

NEW YORK:
CHARLES E. SPRAGUE
THE OFFICE PUBLISHING COMPANY

LONDON: TRÜBNER & CO.

1889

Couverture d'un dictionnaire de volapük publié par Marshall William Wood en 1889 à l'époque où la langue tombait déjà en disgrâce. Il en reste cependant encore aujourd'hui.

Le volapük a été inventé en 1879 par le prêtre allemand, Johann Martin Schleyer (1831-1912). Ce dernier avait affirmé que Dieu lui était apparu en rêve et lui avait demandé de créer un langage universel facile à apprendre. Son but, disait-il, était d'élaborer un moyen de communication « capable d'exprimer une pensée avec le plus de clarté et de précision possible » avec des adjectifs, des verbes et des adverbes et des mots se prononçant comme ils s'écrivaient, réduisant ainsi les problèmes d'orthographe.

Souhaitant créer un alphabet phonétique, il avait décidé de composer des mots d'une seule syllabe parfaitement audibles. Néanmoins, bien que leurs racines proviennent de l'alphabet romain et d'autres grandes langues européennes, ils sont peu reconnaissables, à la différence des mots connus à la fois des personnes parlant anglais, allemand ou une langue latine. *Vol* par exemple vient du mot « universel », et *pük*, du mot « langage ». Les lettres *q* et *w* n'étaient pas utilisées et la lettre *r* rare, car d'après Schleyer elles étaient difficiles à prononcer pour des locuteurs parlant le mandarin et le cantonais. « Animal » se disait *nim*, et « rhétorique », *pükofav*.

Bien que les communautés scientifiques et littéraires s'y soient peu intéressées, ce nouveau langage a eu des adeptes dans les années 1880. Des sociétés et des périodiques consacrés au volapük sont apparus en Europe. La première réunion censée promouvoir cette langue s'est tenue à Vienne en 1882, puis trois congrès ont eu lieu en 1884, en 1887 et en 1889. À la fin de la décennie, l'intérêt pour le volapuk a faibli. Le fait qu'en 1889 Schleyer n'ait pas reconnu la légitimité du nouveau président de l'académie de volapük, le cryptologue néerlandais Auguste Kerckhoffs (1835-1903), n'a rien arrangé. Au milieu des années 1890, le mouvement avait pratiquement disparu. **BS**

« En ce qui concerne l'argent, les poids et les mesures, les fuseaux horaires, les lois et les langues, les frères et les sœurs de la race humaine doivent tendre vers l'unité. »

Johann Martin Schleyer

Raisonnements historiques fallacieux

Matthew Arnold

Le fait d'écrire l'histoire comme si les participants savaient ce qui les attendait

C'est le poète et critique britannique Matthew Arnold (1822-1888) qui a introduit cette idée dans son livre *The Study of Poetry* (*L'Étude de la poésie*), publié en 1880. Se référant à l'étude des antécédents historiques des styles littéraires, il a indiqué l'erreur logique qu'il y avait à se servir du recul pour attribuer à des personnes qui vivaient à une époque un sens de la causalité ou une connaissance anticipée d'un fait historique, alors qu'en réalité elles ne pouvaient pas avoir une vue globale des choses. Au xxe siècle, l'universitaire américain David Hackett Fischer (né en 1935) a repris cette idée dans son livre *Historians' Fallacies: Toward a Logic of Historical Thought* (1970). Il exhortait ses collègues historiens à se rappeler que les personnes du passé ne savaient pas ce que l'avenir leur réservait.

Les historiens qui tombent dans ce travers, également connu sous le nom de « déterminisme rétrospectif », utilisent des informations dont ne disposaient pas les personnages historiques pour juger leurs décisions, souvent de façon injuste. Ils peuvent ainsi affirmer que si les concepteurs du *Titanic* avaient su les dégâts que pouvait causer le heurt d'un iceberg, ils n'auraient pas construit aux étages inférieurs des cloisons qui n'allaient pas jusqu'au plafond, ce qui a été la cause du naufrage rapide du paquebot. De la même façon, si les pompiers et la police avaient su que les tours du World Trade Center allaient s'effondrer aussi vite en 2001, ils n'auraient pas pénétré à l'intérieur.

L'historien doit adopter une « vision de nulle part » et s'efforcer d'être objectif en ignorant sa connaissance des événements ultérieurs et en n'utilisant que ce que les personnages historiques savaient. Il est toujours facile de juger après coup, et ceux qui vivent après ont toujours un avantage sur ceux qui ont vécu les événements et qui avaient peu de possibilités de prévoir les conséquences de leurs actions au moment où ils prenaient leurs décisions. **PBr**

Portrait du poète et critique britannique Matthew Arnold (v. 1883). Dans *The Study of Poetry* (1880), il décrivait les faux raisonnements des historiens comme des erreurs « naturelles ».

« Personne n'échappe à la logique de ses raisonnements… »

David Hackett Fischer, *Historians' Fallacies* (1970)

1880

La guerre est « une bonne chose » Helmuth von Moltke

La guerre renforce les vertus d'une société et rend meilleurs ceux qui y participent

C'est dans une lettre datant de 1880 au spécialiste de droit international Johann Kaspar Bluntschli (1808-1881) que le feld-maréchal Helmuth von Moltke, chef de l'état-major de l'armée prussienne pendant trois décennies, a affirmé explicitement que « la guerre [était] une bonne chose ».

Connu pour sa contribution à l'évolution de la stratégie militaire, il croyait que la guerre était importante pour accroître la moralité. « Sans guerre, le monde sombrerait dans un océan de matérialisme », disait-il. Il pensait que la pratique de la guerre pouvait être morale (au sens où il y a une manière éthique de combattre) et aussi que la guerre même était un exercice de moralité. Il était persuadé que la loyauté et le courage étaient les plus hautes vertus de l'humanité et que la possession de ces vertus passait par une mise à l'épreuve. La guerre offrait la possibilité de se sacrifier au nom du devoir, chose impossible en temps de paix.

L'idée que la guerre est une bonne chose reposait donc sur la notion qu'elle était le seul moyen d'accéder à la plus haute forme de noblesse humaine et de force de caractère. Les guerres sont souvent une source de gloire pour ceux qui combattent et ce n'est pas sans raison que les sociétés célèbrent en général les actes de bravoure et de vertu.

Selon Moltke, sans guerre les membres d'une société devenaient paresseux. Une bonne société comprenait des hommes prêts à se sacrifier pour le bien. La guerre prouvait qu'il existait des valeurs suprêmes et donnait aux gens la possibilité de faire preuve de vertus associées au sacrifice de soi. La doctrine de Moltke explique en quelque sorte pourquoi il y a des guerres et pourquoi ceux qui y participent sont glorifiés dans de nombreuses sociétés. **PB**

Helmut von Moltke, bien rasé au centre, photographié ici avec son état-major en 1871.

1880

Le Grand Inquisiteur

Fiodor Dostoïevski

Une mise en question du rôle infantilisant de l'Église sur les croyants

Le chapitre intitulé « Le Grand Inquisiteur » fait partie du grand roman philosophique de Fiodor Dostoïevski (1821-1881) *Les Frères Karamazov* (1880), consacré à Dieu, à la moralité et la liberté. Se présentant sous la forme d'une parabole, ce chapitre fait progresser le roman et incite le lecteur à se demander si l'humanité veut vraiment être libre.

La parabole concerne Aliocha, jeune novice, auquel son frère Ivan parle de l'époque où Jésus-Christ est apparu à Séville en Espagne durant l'Inquisition (1478-1834). Le Christ est reconnu comme le Messie et est adulé, néanmoins, bien qu'il guérisse les malades et accomplisse d'autres miracles, il est arrêté et conduit auprès du Grand Inquisiteur. Le chef de l'Église dit au Christ que sa présence en Espagne gêne la mission de l'Église ; l'Église et sa hiérarchie faisaient bien les choses sans lui. Le Christ est d'abord condamné à périr sur le bûcher, mais il est ensuite libéré et on lui demande de ne jamais revenir.

L'Inquisiteur accuse Jésus, déclarant qu'il a eu tort de repousser les tentations du diable. Ce n'était pas bien de sa part de refuser de transformer les pierres en pains et de se jeter du faîte du temple de Jérusalem, mais il a surtout commis une grave erreur en refusant les royaumes terrestres. Il aurait dû accepter car les hommes ne savent pas quoi faire de leur « liberté ». En repoussant les tentations du diable, dit l'inquisiteur, le Christ a donné la liberté aux hommes, un fardeau que ces derniers ne sont pas capables d'assumer. Les hommes veulent la sécurité, pas la liberté. En tentant de suivre les enseignements du Christ, ils mèneront une vie d'angoisse.

L'inquisiteur dit que l'Église a le devoir de remplacer le fardeau de la liberté par la certitude. Les lecteurs peuvent se demander si, eux aussi, doivent laisser l'Église penser pour eux. **BS**

↑ *Le Grand Inquisiteur* (1985) d'Ilya Glazounov, illustration pour *Les Frères Karamazov* (1880) de Dostoïevski.

Impressionnisme en musique

France

Une école française de composition à l'image de l'impressionnisme dans les arts plastiques, privilégiant l'atmosphère et l'humeur au détriment de l'émotion et de l'histoire

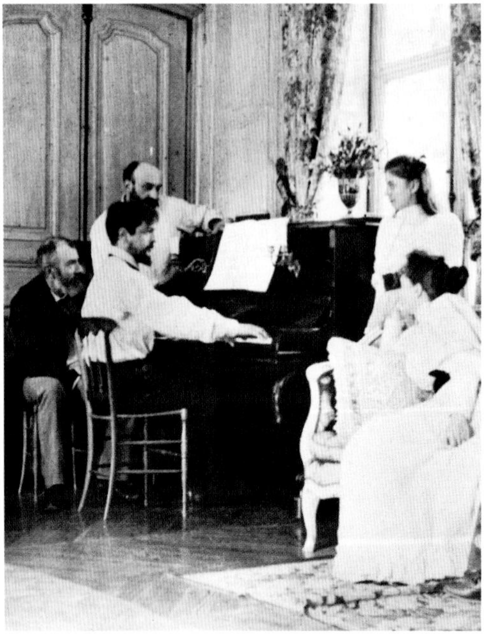

↑ Le compositeur français Ernest Chausson tourne les pages de la partition de son ami Claude Debussy dans la maison de famille des Chausson à Luzancy (Seine-et-Marne) en août 1893.

Le tableau *Impression, soleil levant* (1872) de Claude Monet (1840-1926) a suggéré à un critique le nom de l'un des mouvements artistiques les plus importants de l'histoire. L'impressionnisme impliquait un style de peinture imprécis et incomplet, à l'opposé de la précision qui prévalait alors. Un siècle plus tôt, le philosophe écossais David Hume avait défini l'« impression » et l'« idée » comme deux perceptions élémentaires.

Appliqué à la musique vers 1880, particulièrement à celle d'Emmanuel Chabrier (1841-1894) et de Claude Debussy (1862-1918), le terme renvoie aux arts plastiques. Dans la musique orchestrale de Debussy, les techniques d'orchestration innovantes produisent un effet luxuriant et en quelque sorte brouillé, évoquant une atmosphère intime et mystérieuse. De nombreux titres d'œuvres du musicien, comme *La Mer* (1905) et *Nuages* (1899), rappellent les motifs impressionnistes de la peinture. D'autres, tel *Pagodes*, d'inspiration javanaise, évoquent les impressions produites par des lieux exotiques. Les premiers impressionnistes ont aussi en partie abandonné la tonalité en mode majeur/mineur au profit d'une approche plus libre incluant les tonalités de la musique d'église médiévale entre autres.

Le fait de considérer un orchestre comme une palette de sons colorés a eu une profonde influence sur les compositeurs plus tardifs, notamment Igor Stravinsky et Olivier Messiaen, ainsi que sur les compositeurs de musiques de films, comme John Williams. Les techniques impressionnistes sont particulièrement adaptées à la musique de films, qui souvent sous-tend l'image et vice versa, accentuant les couleurs orchestrales plutôt que les thèmes mélodiques. L'influence de l'impressionnisme a aussi été frappante en jazz, surtout dans l'utilisation dès les années 1950 de gammes modales dans les improvisations, mais aussi dans le lyrisme proche de celui de Debussy de pianistes comme Bill Evans. **PB**

« Vous me faites un grand honneur en me qualifiant de disciple de Monet. »

Claude Debussy

1881

Sécurité sociale

Otto von Bismarck

La sécurité sociale doit aider les travailleurs malades et âgés

Le premier système de sécurité sociale n'est pas dû à de la philanthropie, mais à un intérêt personnel très réaliste. En 1881, le chancelier allemand Otto von Bismarck (1815-1898) était conscient de la montée en Allemagne des sociaux-démocrates qui, selon lui, étaient une menace pour la monarchie et son autorité. Il avait donc besoin d'une mesure faisant pencher la population du côté des conservateurs, à la tête desquels il se trouvait. Souhaitant apaiser les membres de son parti, et n'étant pas lui-même pleinement convaincu de la nécessité de lois assurant la protection des travailleurs, il a néanmoins ouvert le débat à ce sujet dans un discours au Parlement en novembre 1881.

Le « christianisme pratique », expression choisie pour parler de ce nouvel ordre du jour social, comprenait ce qu'il appelait les « fonds de maladie », octroyés à environ un travailleur allemand sur dix, la plupart du temps dans les industries comme la métallurgie, les chantiers navals, le chemin de fer et les centrales électriques. Il garantissait une couverture maladie et décès, la gratuité des médicaments et certains services dans les hôpitaux et les cliniques. Ce qui était autrefois un principe flou était devenu quelque chose de concret financé par les recettes du gouvernement.

L'introduction de la première loi sur l'assurance santé, puis d'une loi sur l'assurance en cas d'accident, a annoncé en 1883 la naissance du premier système de sécurité sociale. La réforme de la santé était peut-être la mesure de législation sociale la moins appréciée du chancelier, mais on ne saurait exagérer son influence sur le développement des différents systèmes de santé universels dans le monde. Bismarck avait mis en marche une machine qui n'était pas près de s'arrêter. Tout cela a été possible grâce à la rapide industrialisation de l'Europe, qui générait les revenus nécessaires à la réforme du système de santé et à son expansion. **BS**

1882

Mort de Dieu

Friedrich Nietzsche

Les principes moraux objectifs n'existent pas, donc Dieu, leur source, n'existe pas

Le philosophe allemand Friedrich Nietzsche (1844-1900), dans son livre *Le Gai Savoir* (1882), met dans la bouche de l'insensé l'expression « Dieu est mort ». Il se sert de ce procédé littéraire pour montrer que si Dieu était vraiment mort, alors l'insensé serait un prophète et le plus sage des hommes.

Nietzsche a commencé par dire qu'il n'y avait pas de principes moraux objectifs, puis a affirmé que puisque ces principes avaient toujours été considérés comme les descripteurs de Dieu, Dieu n'existait pas. Il pensait que si les hommes voyaient qu'il n'y avait pas de principes moraux objectifs, ils tueraient – pour parler de façon imagée – Dieu et s'engageraient dans une ère postchrétienne. En effet, dans les années qui ont suivi la mort du philosophe, l'Occident est devenu peu à peu moins théiste. Des théologiens juifs et chrétiens (les « théothanatologistes ») ont même été les disciples de Nietzsche et tenté de trouver de la place pour une religion sans Dieu ni vérité objective.

> *« Dieu est mort. Dieu reste mort. Et c'est nous qui l'avons tué. »*
>
> **Friedrich Nietzsche, *Le Gai Savoir* (1882)**

Malgré son énorme influence, la déclaration de Nietzsche n'était qu'une déclaration. Son argumentation était faible puisque le philosophe partait du fait que les différentes cultures avaient des lois différentes pour arriver hâtivement à la conclusion qu'aucun principe général n'existait. Des personnes rationnelles peuvent ne pas être d'accord avec la moralité de l'avortement, mais aucune ne contestera le fait qu'il est toujours mal de tuer un enfant pour le plaisir. Et si les principes moraux objectifs selon lesquels « il est toujours mal de tuer un enfant pour le plaisir » existent, alors il est possible qu'un Dieu absolument bon existe aussi. **AB**

1883

Déterminisme génétique

August Weismann

Outre l'environnement, la génétique pourrait expliquer la complexité de la vie

En 1883, le biologiste évolutionniste allemand August Weismann (1834-1914), dans une conférence intitulée « Sur l'hérédité », a été le premier à dire que le développement de la vie sur Terre découlait plus de la génétique que de l'environnement.

Pour lui, c'était la constitution génétique des organismes, leur génotype, et pas seulement leur environnement, qui permettait de déterminer leur structure, leur forme et leurs couleurs, ainsi que leurs traits, leurs caractéristiques observables et leur apparence physique (phénotype). Même le comportement était déterminé par les gènes. Tenant compte de la théorie de la sélection naturelle de Charles Darwin (1809-1882), Weismann enseignait le concept de « sélection germinale », l'idée que les gènes étaient la source de notre morphologie et de nos changements, idée qui n'a pas été contestée durant plus d'un siècle.

Le déterminisme génétique était en avance sur son temps, mais il a été infirmé par le séquençage du génome humain en février 2001. Le faible nombre de gènes découverts (30 000 au lieu des 100 000 présumés) a montré que seuls 300 gènes permettaient de distinguer un être humain d'une souris.

À la lumière de cette découverte, le déterminisme génétique ne suffit pas à expliquer la complexité humaine. Néanmoins, bien que cette théorie soit erronée, jusqu'à ce jour aucune explication n'a été avancée pour la remplacer. Les scientifiques ne savent toujours pas ce qui provoque la modification des cellules et n'ont aucune théorie pour expliquer les nombreuses contradictions soulevées par le Projet de génome humain.

Ce dernier a prouvé qu'il existe une écrasante similitude des génomes d'une espèce à une autre et a confirmé ce que des scientifiques soupçonnaient depuis des décennies : nos gènes ne suffisent pas à expliquer l'immense complexité de la vie sur Terre. **BS**

Une séquence d'ADN, qui contient le code génétique du développement et des fonctions des organismes vivants.

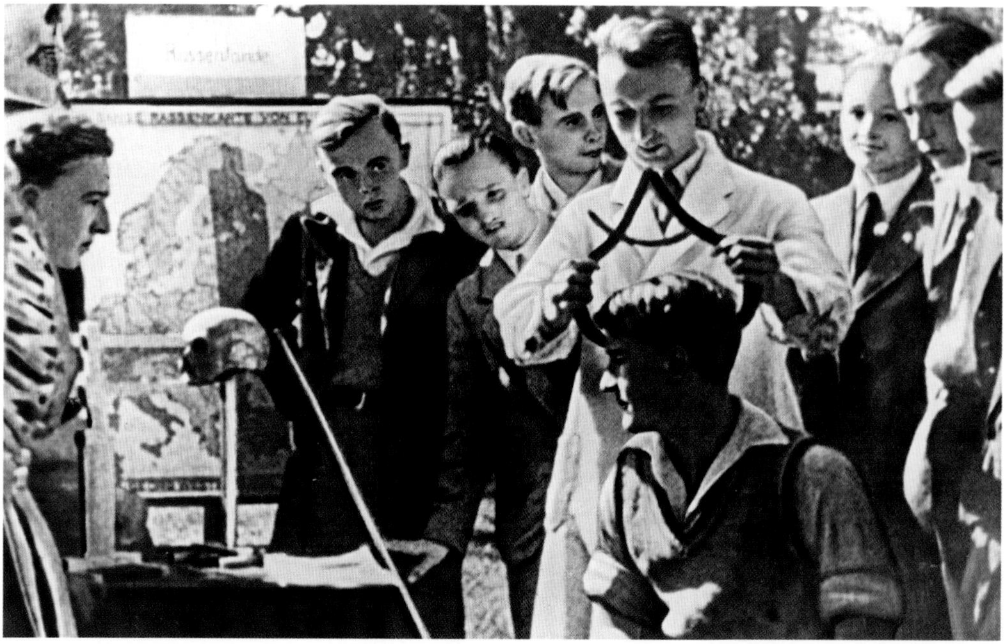

1883

Eugénisme

Francis Galton

La création d'une nouvelle forme d'humanité grâce à la manipulation génétique

En 1883, l'anthropologue britannique Francis Galton (1822-1911), cousin du naturaliste Charles Darwin (1809-1882), a utilisé le premier le terme « eugénisme » (venant du grec *eugenes* signifiant « bien né ») pour décrire la quête d'une amélioration de l'espèce humaine grâce à la reproduction sélective. « L'eugénisme est la science de l'amélioration du matériel génétique humain par le biais d'une meilleure éducation, [l']étude d'interventions contrôlées socialement pour améliorer ou affaiblir les qualités raciales des futures générations, qu'elles soient physiques ou mentales », disait-il.

Il pensait que l'évolution naturelle de l'humanité était entravée par des actes de philanthropie à l'égard d'un quart monde inférieur, perpétuant les « maillons faibles » héréditaires et empêchant la sélection naturelle. Il voulait pour y remédier introduire des moyens de sélection artificiels afin d'empêcher cette modification de l'ordre naturel. L'eugénisme s'est propagée dans le monde et a eu de nouveaux adeptes aux États-Unis avec la création en 1904 de la Station de l'évolution expérimentale et en 1910 de l'Eugenic Record Office.

Une des premières conséquences de l'eugénisme a été le racisme. Aux États-Unis, au début du XXe siècle, la « conscience de la différence de race » a été accentuée par l'eugénisme. La procréation est soudain devenue un problème public avec une législation s'inspirant de l'eugénisme concernant la ségrégation, l'interdiction de certains mariages et la stérilisation. Il y a eu aussi augmentation des avortements au nom d'un idéal social.

L'association du parti nazi en Allemagne avec les principes les plus sombres de l'eugénisme a sonné le glas de cette pseudoscience. Au milieu des années 1940, elle a été pratiquement abandonnée dans le monde entier. Le rêve cependant persiste. Avec la cartographie du génome humain et l'avènement du génie génétique, l'eugénisme a un nouvel avenir incertain sous une forme déguisée. **BS**

Un nazi mesure des crânes pour rechercher les caractéristiques aryennes dans le film soviétique *Le Fascisme ordinaire* (1965).

1884

Pointillisme

Georges Seurat

Une style de peinture qui utilise de minuscules points de couleur séparés

Il a fallu deux ans au peintre français Georges Seurat (1859-1991) pour terminer son tableau *Un dimanche après-midi* à *la Grande Jatte* (1884). Il s'est souvent rendu sur la petite île située à l'entrée de Paris, au milieu de la Seine, pour croquer les gens qui s'y promenaient et rendre les détails et les formes de son tableau aussi authentiques que possible. Il a utilisé de nouveaux pigments, comme le chromate de zinc, qui a donné ce jaune profond à l'herbe tachetée de soleil. Innovant, il a choisi de rendre les couleurs à l'aide de minuscules touches. Vus de loin, ces petits points de même taille se fondent, créant une image aux tons totalement différents, beaucoup plus vifs que ceux qu'il aurait obtenus avec une technique traditionnelle. En créant une synthèse optique plutôt qu'en mélangeant les pigments, il a inventé une nouvelle forme de peinture, appelée au départ divisionnisme. Il avait lui-même qualifié de « chromo-luminarisme » sa méthode, consistant à donner le maximum de luminosité à la couleur. Cependant, à la fin des années 1880, les critiques d'art qui pensaient être plus savants ont parlé de « pointillisme », et le terme est resté.

« Certains indiquent qu'ils voient la poésie dans ma peinture ; je vois seulement la science. » Georges Seurat

La *Grande Jatte* était un grand tableau de 2 x 3 mètres, le premier peint entièrement avec cette nouvelle technique. Lors d'une exposition de tableaux impressionnistes en 1886, il avait fait sensation, constituant un défi pour les grands impressionnistes comme Pierre-Auguste Renoir et Claude Monet, et le prélude d'une nouveau courant artistique : le néo-impressionnisme. Paul Signac, contemporain de Seurat, avait décrit le pointillisme comme un moyen d'exprimer le mélange optique des teintes et des tons. **BS**

1884

Intentionnalité

Franz Brentano

L'état conscient est caractérisé par la conscience de quelque chose

Historiquement, le terme « intentionnalité » a été employé pour la première fois au xe siècle par Anselme de Cantorbéry (v. 1033-1109) dans un argument ontologique sur l'existence de Dieu. Il a été repris par saint Thomas d'Aquin (1224-1274) au xiiie quand celui-ci a tenté de décrire le processus par lequel toutes les choses vivantes s'ouvrent au monde. Néanmoins à l'époque moderne, c'est le philosophe et psychologue allemand Franz Brentano (1838-1917) qui dans son livre *Psychologie du point de vue empirique* (1884) l'a défini comme une caractéristique inhérente à tout acte conscient.

Le terme lui-même vient du latin *intendere*, « tendre vers [un but ou une chose] ». Le concept de l'intentionnalité fait référence au « propos » des choses : ainsi la phrase « les chats sont des animaux » parle des chats (et aussi des animaux). Une chose dite au sujet d'une autre chose (ou la représentant) est censée « avoir une intentionnalité » ou (dans le cas d'états conscients comme le fait de croire, de désirer, de penser, d'espérer, de percevoir et de craindre) est un « état mental intentionnel ».

« Seuls certains états mentaux, pas tous, ont une intentionnalité. »
John R. Searle, *Intentionality* (1983)

L'« intentionnalité » ne doit pas être confondue avec le sens courant du mot « intention ». Elle n'indique pas les pensées ou les actions imminentes de quelqu'un, mais plutôt la façon dont notre cerveau est capable de comprendre notre environnement grâce à nos sens et à notre perception. C'est un outil que les sociologues, les psychologues et les anthropologues d'aujourd'hui utilisent pour expliquer la façon dont toutes les créatures sensibles perçoivent le monde qui les entoure. **BS**

◄ *Un dimanche après-midi à La Grande Jatte* (1884 ; détail), de George Seurat.

1885

Faux raisonnement subjectiviste Friedrich Nietzsche

Le fait de croire en quelque chose n'indique pas que la croyance est vraie ou fausse

Le raisonnement subjectiviste est un faux raisonnement récemment identifié dans l'histoire des idées. Il en question dans *Par-delà bien et mal* (1885) de Friedrich Nietzsche (1844-1900), mais son origine en littérature reste obscure. Comme ces idées ont filtré dans la critique littéraire et les analyses juridiques, il est possible que le relativisme ait influencé la culture de manière générale, d'où la fréquence des faux raisonnements.

Aussi connu sous le nom de « faux raisonnement relativiste », le faux raisonnement subjectiviste est une erreur de raisonnement au cours de laquelle le raisonneur suppose que, puisqu'il est possible de contester la vérité d'une affirmation, il est irrationnel de prétendre qu'une affirmation ou un avis concernant cette affirmation soit rationnel. Ainsi, si une personne soutient que

« Parler de théories subordonnées a un sens, mais seulement relativement à… »

W. V. O. Quine, *Ontological Relativity* (1969)

l'avortement est immoral et si quelqu'un lui dit : « Tout le monde n'est pas d'accord, cela ne peut donc être vrai », cette dernière personne émet un faux raisonnement subjectiviste. De la même façon, si une personne soutient que le communisme est immoral et si une autre personne lui répond : « Vous avez le droit d'avoir votre opinion, mais il existe différents points de vue sur le sujet », celle-ci émet un faux raisonnement subjectiviste.

Conformément à la loi de non-contradiction, aucune proposition ne peut être à la fois vraie et fausse. Le fait que des personnes aient des avis différents sur la vérité d'une affirmation n'est pas pertinent pour juger de la vérité ou de la fausseté de cette affirmation. Seule est pertinente l'existence d'une preuve permettant de former un jugement et, il faut encore que la preuve soit suffisante pour justifier la croyance dans l'affirmation en question. **JW**

1886

Docteur Jekyll et Mister Hyde Robert Louis Stevenson

Un conte monumental opposant le bien et le mal, la respectabilité et la luxure

Est-ce un roman policier, une fable, une allégorie religieuse ou un roman gothique ? Les critiques littéraires discutent depuis longtemps du genre ou des genres du *Dr. Jekyll and Mr. Hyde* (1886) du romancier écossais Robert Louis Stevenson (1850-1894). Quoi qu'il en soit, cette œuvre sur la lutte d'un homme contre le côté le plus sombre de sa nature est à juste titre appréciée.

Les années 1880 ont été un âge d'or pour l'auteur, qui a publié *L'Île au trésor* en 1883, puis *Enlevé !* en 1886. Cependant, *Dr. Jekyll and Mr. Hyde* avait un objectif plus sombre et semblait rendre un pessimisme croissant, du moins dans les cercles artistiques, à l'égard de la position éthique de l'Empire britannique après des décennies de colonialisme, ainsi qu'à l'égard du progrès technologique et de l'orgueil démesuré ayant permis cela.

« Monsieur, si c'était mon maître, pourquoi portait-il un masque ? »

Robert L. Stevenson, *Dr. Jekyll and Mr. Hyde* (1886)

Le second jet du livre (Stevenson avait brûlé le premier, écrit à un rythme effréné après un rêve parce que son thème avait perturbé sa femme) a pour héros un Londonien bon et honnête tourmenté par un combat intérieur. Le docteur Jekyll, érudit apparemment respectable, qui durant le plus clair de sa vie a tenté de réprimer ses pulsions mauvaises, invente une potion capable de dissocier les bons et les mauvais côtés de son caractère, mais qui fait surgir de son tréfonds un criminel, Mister Edward Hyde, ce qui aura des conséquences horribles. Avec le temps, il n'arrive plus à contrôler Mister Hyde, qui a de plus en plus d'influence et de pouvoir sur lui, jusqu'à ce qu'il ait besoin de sa potion uniquement pour survivre. Ce livre est une étude classique sur la dualité de l'homme, sur son aspect respectable et sur ses désirs intimes. **BS**

Le docteur Jekyll sent les effets de sa potion dans cette illustration de l'Américain Howard Pyle (1895).

Venus im Pelz
Vermächtnis Kains
Messal
WIE
S.M.

1886

Masochisme

Richard von Krafft-Ebing

Excitation sexuelle née de la soumission à la volonté d'autrui et parfois de la douleur

C'est le psychiatre allemand Richard von Krafft-Ebing (1840-1902) qui a fait entrer le terme « masochisme » dans le langage courant par son livre *Psychopathia Sexualis* (1886), bien qu'il existât déjà auparavant. Fernanda Savage, traductrice de la nouvelle *La Vénus à la fourrure* de l'écrivain autrichien Leopold von Sacher-Masoch (1836-1895), avait parlé de ce dernier comme du « poète de l'anomalie maintenant connue sous le nom de masochisme. C'est ainsi que l'on nomme le désir qu'a une personne d'être complètement et inconditionnellement soumise à la volonté d'une personne du sexe opposé et d'être traitée par cette dernière comme par un maître, d'être humiliée, maltraitée et martyrisée, parfois jusqu'à frôler la mort. » Les relations de Sacher-Masoch avec les femmes rappelaient celles qu'il a décrites dans son livre, dans lequel un homme signe un contrat avec une femme pour qu'elle fasse de lui son « esclave ».

> *« Rien de ce qui est sexuel n'est une dépravation. Seule la cruauté en est une… »*
> **Marilyn French, *Toilettes pour femmes* (1977)**

Le masochisme est parfois associé au sadisme, les participants infligeant et subissant en alternance la douleur. Le « maître » domine l'« esclave », habituellement dans un cadre très contrôlé, afin de protéger le masochiste, même si ce dernier est parfois traité vraiment comme un objet.

L'un des livres érotiques les plus connus, *L'Histoire d'O* (1954) de l'auteur français Anne Desclos, qui avait pris le nom de plume Pauline Réage, raconte l'histoire d'une jeune femme initiée à ce style de vie. La popularité de livres comme la trilogie *Cinquante nuances de Grey* (2011) de E. L. James montre la normalisation et l'acceptation de ce type de relation extrême entre des personnes. **PBr**

1886

Sadisme

Richard von Krafft-Ebing

Le plaisir sexuel ou la satisfaction éprouvée à infliger de la souffrance à autrui

Le fait que les individus puissent tirer un plaisir sexuel d'actes autres que les rapports sexuels a été l'un des aspects du comportement humain étudiés par la psychologie, qui était alors une science nouvelle au XIXe siècle. Dans son livre *Psychopathia Sexualis* (1886), le psychiatre allemand Richard von Krafft-Ebing (1840-1902) a examiné les écrits, les romans et les pièces de l'aristocrate français Donatien Alphonse François de Sade dit le marquis de Sade (1740-1814), dans lesquels celui-ci décrit avec force détails le plaisir qu'il tirait de la souffrance qu'il infligeait à autrui. Après son étude, le terme de « sadisme » est passé dans le langage courant.

La vie de débauche du marquis de Sade incluait l'exploitation de prostituées, de domestiques et d'autres innocents. L'homme a fini par être emprisonné pour ses crimes et a aussi passé du temps dans un asile d'aliénés, continuant à écrire, une de ses pièces étant même jouée par des malades. Une pièce de l'auteur allemand Peter Weiss (1916-1982), *La Persécution et l'assassinat de Jean-Paul Marat représentés par le groupe théâtral de l'hospice de Charenton sous la direction de M. de Sade* (1926), évoque le fait que durant la Révolution française, Sade, qui avait été un temps libéré, a été membre du mouvement révolutionnaire et a admiré l'un de ses chefs, Marat.

> *« Quand elle abandonne son côté bien-pensant, elle n'en est que plus belle à mes yeux. »* **Marquis de Sade, écrivain**

Les personnes sadiques préfèrent généralement les victimes non consentantes et ne choisissent donc pas toujours des masochistes, qui adorent être maltraités. Il existe des degrés variés de sadisme, de la satisfaction éprouvée lors de l'humiliation publique d'un ennemi au véritable comportement criminel menant au viol et/ou au meurtre. **PBr**

Caricature de Leopold von Sacher-Masoch (1890), qui a donné son nom au « masochisme ».

1886

Productivité marginale du capital John Bates Clark

Évaluation de ce qu'une entreprise peut payer un employé ou un fournisseur

Les entreprises capitalistes ont besoin de savoir si leur main-d'œuvre est suffisante et rémunérée de façon adéquate. Au XXe siècle, divers économistes ont abordé cette question et celle-ci a pris de l'importance dans l'économie britannique après l'abrogation en 1846 des lois sur les céréales, qui maintenaient le prix du pain, et donc les salaires, à des niveaux artificiellement élevés.

John Bates Clark (1847-1938) a présenté dans son livre *The Philosophy of Wealth* (1886) la théorie de la productivité du revenu marginal. Selon celle-ci, une entreprise peut se permettre de payer une unité de labeur seulement si cette dernière lui rapporte au moins autant qu'elle lui coûte. Le terme de « revenu marginal » (MR) décrit la modification des revenus résultant de l'ajout d'une unité si les autres facteurs demeurent identiques. Conformément à la loi des rendements décroissants, à un certain moment, l'investissement cesse de générer un rendement optimal et les recettes diminuent pour chaque unité de travail supplémentaire.

« ... la distribution des salaires est contrôlée par une loi naturelle... »

John Bates Clark, *Distribution of Wealth* (1889)

Les salaires sont en grande partie déterminés par la loi de l'offre et de la demande, mais la théorie de la productivité du revenu marginal (MRP) introduit aussi dans l'équation l'efficacité ou la productivité du travailleur. La productivité d'un employé, c'est-à-dire la quantité de biens produits qu'il permet d'obtenir, et par conséquent le profit retiré par l'entreprise qui l'emploie, appelé produit physique marginal (MPP), fait que cet employé rapporte plus à l'entreprise, ce qui permet à cette dernière de lui payer un salaire plus élevé. L'équation utilisée (MR x MPP = MRP) indique le moment opportun pour embaucher des salariés. **JF**

1887

Volontarisme Ferdinand Tönnies

Idée sociologique selon laquelle la volonté l'emporte sur l'émotion et l'intellect

Le terme de « volontarisme » a été formulé pour la première fois par le sociologue allemand Ferdinand Tönnies (1855-1936) dans son livre *Communauté et société* (1887). Généralement, il fait référence à la domination de la volonté sur l'émotion et l'intellect. Tönnies utilise ce concept pour parler de l'importance de la volonté organique (*Wesenwille*) et de la volonté réfléchie (*Kürwille*).

Pour lui, ces manifestations de volonté apparaissent dans deux dimensions analogues. Le terme *Gemeinschaft* désigne la « communauté » qui inclut les liens familiaux et les identités culturelles dues, entre autres, à la religion et l'enseignement. Le terme *Gesellschaft* désigne la « société » et implique des relations et des engagements liés à la poursuite d'intérêts personnels et à l'accomplissement d'objectifs étrangers à l'identité fondamentale de la personne. Les obligations et les attentes de la « communauté » sont les expressions d'une volonté organique et sont donc réglementées par la communauté. Les moyens et les fins de la « société » résultent d'un intérêt personnel s'exprimant par le biais de l'opinion publique et sont réglementés par une législation mutuelle.

« Les volontés des êtres humains interagissent de différentes manières... »

Ferdinand Tönnies, *Communauté et société* (1887)

Cette distinction entre deux types de volonté a continué à influencer les sciences sociales au XXe siècle. Alors que le développement socioéconomique a entraîné l'accroissement des communautés, les tensions entre l'engagement social en tant que fin en soi et l'engagement social en tant que moyen d'atteindre des buts étrangers à cet engagement ont augmenté. Ces deux types de volonté expliquent le fossé souvent perçu entre les dimensions organiques et artificielles de la société. **JD**

Un attelage de chevaux et leurs meneurs tirant une locomotive routière vers 1860.

Morale du maître et morale de l'esclave

Friedrich Nietzsche

Une définition de la morale qui peut être le résultat d'une initiative ou une réaction

Tableau du XVIe siècle de Bartholomeus Spranger montrant Ulysse et Circé. Les héros grecs comme Ulysse incarnaient l'« homme noble » de Nietzsche.

Le thème central de *La Généalogie de la morale* publiée en 1887 par le philosophe allemand Friedrich Nietzsche (1844-1900) est l'existence de deux types de morale fondamentalement différents. Il y a la « morale du maître », celle du « noble », qui la détermine et n'a pas besoin de l'approbation d'autrui pour déclarer qu'elle est bonne, et la « morale de l'esclave », de l'opprimé.

La morale de l'esclave est une négation et une réaction. Voyant les forces qui s'opposent à elle, elle répond : « non ». La morale de l'aristocrate, en revanche, tient peu compte de ce qui lui est extérieur et s'intéresse surtout à la vie présente.

Peu de choses perturbent le noble et son style de vie lui permet de ne rien se refuser, et d'éprouver un sentiment ambivalent à l'égard des tribulations des hommes « plus faibles » et plus nombreux, nés pour souffrir en essayant en vain de donner un sens à leur morale d'esclaves. L'homme noble est le créateur de sa morale ; l'esclave, lui, réagit à celle-ci.

Pour Nietzsche, le ressentiment à l'égard de l'aristocrate est à l'origine de la nature subversive des moralistes esclaves et « faibles » qu'il considère comme mauvais. Le héros du poète grec Homère (VIIIe siècle av. J.-C.) était la quintessence de l'aristocrate volontaire et les civilisations de la Grèce et de la Rome antiques étaient fondées sur les principes de la morale classique du maître.

Nietzsche pensait que les systèmes de normes morales de son époque étaient l'expression de la morale de l'esclave, notamment l'utilitarisme et le christianisme, qui tous deux prônaient le bien de la communauté au détriment de celui de l'individu. Pour lui, les idéaux comme l'égalité et la démocratie étaient le contraire de ce que les hommes valorisaient vraiment. Il soutenait que les forts avaient toujours eu pour victimes les plus faibles et que les sociétés n'existaient pas pour le bien de tous. **BS**

« Ces deux morales ne sont pas de simples renversements l'une de l'autre. »

Friedrich Nietzsche

La Doctrine secrète

Elena Blavatsky

Au XIXe siècle, une synthèse de la science, de la religion et de la philosophie

La Doctrine secrète a été publiée en trois volumes en 1888 par Elena Blavatsky (1831-1891). D'origine russe, celle-ci, qui se disait extralucide et maître de théosophie, avait cofondé en 1875 la Société théosophique de New York. Le premier volume, *Cosmogénèse*, parlait de l'origine de l'univers et des êtres sensibles ; le deuxième, *Anthropogénèse*, donnait des explications à l'évolution de l'humanité fort éloignées de presque toutes les théories scientifiques de l'époque.

Le livre renferme un certain nombre de postulats fondamentaux. Il existe un principe omniprésent, éternel et immuable qui transcende la pensée humaine, d'innombrables univers et des plans d'existence infinis, un pèlerinage obligatoire que les âmes accomplissent conformément aux principes du karma, des êtres humains qui sont partout, à l'intérieur des particules subatomiques et jusque dans les plus grandes des univers, et qui possèdent tous une conscience. Les races humaines seraient le résultat de l'évolution de sept races originelles, chacune située dans une région différente de la Terre (il y a ainsi une race de l'Atlantide, et une race provenant d'une « Terre sacrée impérissable » à côté du pôle Nord).

L'absurdité du livre est maintenant évidente, mais celui-ci n'était pas si ridicule à l'époque. Sa publication coïncidait avec un accroissement de l'intérêt pour les recherches occultes et ésotériques comme le gnosticisme, l'astrologie et le mysticisme chrétien. Malgré sa longueur impressionnante, il ne comprend pas d'idées nouvelles sur la nature de Dieu.

C'est un recueil de textes religieux déjà publiés auparavant et accompagnés des interprétations discutables, subjectives et sans preuves de Blavatsky. Celle-ci affirmait que la théosophie était ancienne et universelle. Dans ce cas, on se demande pourquoi il a fallu attendre 1888 pour qu'elle la révèle à un monde vraisemblablement reconnaissant. **BS**

↑ Elena Petrovna Blavatsky photographiée à Ithaque, New York, en 1875, l'année où elle a cofondé avec l'officier, journaliste et avocat Henry Steel Olcott, la Société théosophique.

« La magie étant ce qu'elle est, la plus difficile des sciences, son acquisition est pratiquement hors de la portée de la majorité des hommes à peau blanche. »

Elena Blavatsky

Ce qui ne vous tue pas vous rend plus fort

Friedrich Nietzsche

Les épreuves permettent l'avènement de surhommes

▲ Le philosophe et poète allemand Friedrich Nietzsche vers 1870. Il s'intéressait à l'amélioration de l'individu et de la culture. Sa philosophie a inspiré un grand nombre de personnes.

« Appris à l'école de la guerre : ce qui ne me tue pas me fortifie. »

Friedrich Nietzsche, *Crépuscule des idoles* (1888)

Le philosophe existentialiste allemand Friedrich Nietzsche (1844-1900) émet l'idée que « ce qui ne nous tue pas nous fortifie » dans son livre *Crépuscule des idoles* (1888). Cet aphorisme illustre bien l'éthique de la vertu qu'il prône dans ses œuvres.

Le philosophe propose une éthique du caractère qui magnifie l'Übermensch (le surhomme). Toutes les choses sont des manifestations d'une « volonté de puissance », car elles tendent naturellement vers la responsabilisation et l'excellence. L'Übermensch est la culmination de ce processus, une œuvre d'art vivante incarnant l'accomplissement de l'homme. Nietzsche rejette l'utilitarisme et la déontologie car ces théories proscrivent les actes qu'elles jugent mauvais sans rien dire de ce qu'il faut faire pour devenir un être humain excellent.

Or, une souffrance temporaire permet souvent à un être de forger son caractère et ne doit donc pas être nécessairement condamnée comme un mal, car si elle ne détruit pas, elle a le pouvoir de fortifier. Pour Nietzsche, il faut pour se cultiver constamment, s'affirmer, se démolir et se reconstruire, et tout ce qui participe à ce processus – peu importe s'il s'agit d'un moment douloureux – est une aubaine. Cette idée s'incarne dans l'*amor fati* (l'amour du destin) : si une personne souhaite affirmer la qualité de son caractère, elle doit reconnaître la valeur de tout ce qui a contribué à la forger, que ce soit des choses agréables ou douloureuses, bonnes ou mauvaises.

Bien que l'expression « Ce qui ne vous tue pas... » soit devenue un célèbre aphorisme, elle n'est pas toujours attribuée à son auteur.

Nietzsche pensait que toute la philosophie était une autobiographie et son point de vue sur ce problème précis était probablement dû à ses tragédies personnelles et à sa mauvaise santé. **JM**

Les espaces vectoriels

Giuseppe Peano

Les choses seraient des espaces et des champs vectoriels, non des objets

Le mathématicien italien Giuseppe Peano (1858-1932), a défini l'espace vectoriel dans son livre *Calcolo geometrico* (Calcul géométrique) publié en 1888. En mathématiques, un ensemble de vecteurs forme un espace vectoriel si plusieurs conditions sont vérifiées : la fermeture de l'ensemble sous l'addition, ainsi que les lois associative, commutative et distributive.

Façon abstraite d'appliquer la géométrie euclidienne à l'espace physique, l'espace vectoriel permet aux scientifiques d'attribuer des nombres à des états de choses à un certain moment et de calculer le résultat des forces qui agiront sur ces choses dans le futur. Supposons, par exemple, des particules physiques : quand des forces multiples agissent simultanément sur une particule à un point, chacune étant représentée par un vecteur, la force cumulée qui en résulte est facile à calculer car les forces accumulées sont la somme des vecteurs. Si un ensemble de points formant un champ avec des degrés de liberté infinis subit plusieurs forces simultanées, il est possible de prévoir son comportement subséquent.

Après le calcul, aucune technique mathématique n'est aussi utile en science que les espaces vectoriels et l'algèbre linéaire. La physique théorique moderne repose sur eux, qu'il s'agisse de la mécanique classique, de la théorie des fluides, de la théorie des champs électromagnétiques, de la physique de l'état solide et de celle des particules jusqu'à la relativité générale et la physique quantique. Selon le physicien anglais Paul Dirac (1902-1984), le rôle des espaces vectoriels est crucial pour traiter du problème de la superposition et d'autres problèmes de mécanique quantique. Même des disciplines comme les neurosciences se servent des espaces vectoriels. En 1989, le philosophe américain Paul Churchland (né en 1942) a proposé qu'au lieu de représenter les états mentaux par des phrases, on élabore un réseau neuronal où les états cérébraux seraient traités par des espaces vectoriels rendant le flux des représentations neuronales. **JSh**

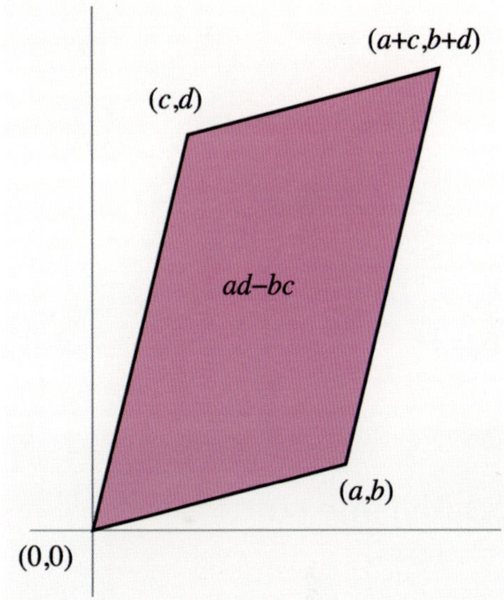

Un quadrilatère est formé par les deux vecteurs (a,b) et (c,d). Ces vecteurs peuvent être additionnés et multipliés (produit) par des nombres appelés des scalaires.

« Toutes les quantités mathématiques pouvant être additionnées pour donner de nouvelles quantités de même nature peuvent être représentées par des vecteurs dans un espace vectoriel adéquat avec un nombre de dimensions suffisamment important. » **Paul Dirac, physicien**

1889

Relativisme culturel

Franz Boas

Les croyances, les coutumes et l'éthique sont relatives à un individu dans son contexte social

Le sociologue Alain Locke (1886-1954) a parlé pour la première fois de « relativisme culturel » en 1924 à propos de *Culture and Ethnology* de l'anthropologue Robert Lowie (1883-1957), mais l'idée existait déjà depuis des décennies. Franz Boas (1858-1942), fondateur américain d'origine allemande de l'anthropologie moderne, avait développé le concept dans son essai « On Alternating Sounds » (1889). Il voyait les sociétés avec leurs particularités culturelles de la même façon que le naturaliste Charles Darwin voyait les espèces des îles Galápagos, comme si toutes s'étaient adaptées à leur environnement, et non pas comme si certaines étaient supérieures. Il a appliqué son point de vue à l'anthropologie et formulé le principe du relativisme culturel. Selon lui, toutes les cultures étaient uniques : elles étaient le produit de leurs propres histoires individuelles, et pas seulement de leur ethnicité ou de leur environnement. Cette vision des choses peut nous sembler aujourd'hui orthodoxe, mais il l'a exprimée à une époque où, aux États-Unis, le racisme et le fanatisme religieux menaçaient de bloquer l'anthropologie, la discipline étant presque taxée de « préscientifique » par ses détracteurs. Le fait que Boas ait été capable de dire cela dans ce contexte tient presque du miracle.

Boas a cessé de penser que pour comprendre les gens, il suffisait d'étudier ce qu'ils mangeaient et buvaient, ou leurs goûts musicaux et leur religion, percevant que les croyances d'une personne devaient être considérées dans le cadre de sa culture, pas à travers le prisme de la nôtre. Utilisant l'indice céphalique (le rapport entre la largeur maximale et la longueur maximale du crâne des vertébrés), il a tenté de prouver que la taille des têtes des immigrants avait changé au cours d'une génération et n'était pas fixée une fois pour toutes. Il a ébranlé les arguments des anthropologue racistes comme Samuel Morton (1799-1851), selon lequel certaines races étaient immuables et avaient été créées à part, ce qui permettait de justifier l'esclavage. **BS**

Le chef apache Geronimo rencontre le général américain George Crook au cours d'un conseil interculturel en 1886.

1889

Danse des Esprits

Wovoka

Une danse rituelle des Amérindiens censée repousser les Blancs

Rituel censé régénérer la terre et unifier les tribus amérindiennes, la *Ghost Dance* a connu son apogée à la fin du XIXe siècle, quand l'abattage des troupeaux de bisons, l'acquisition des terres des tribus traditionnelles et le massacre systématique des Amérindiens ou leur confinement dans des réserves atteignaient leur comble.

En 1889, la danse a été introduite dans la tribu des Païutes du Nord vivant sur les territoires de l'est de la Californie et de l'ouest du Nevada par un chef spirituel, Wovoka (v. 1856-1932). Depuis sa jeunesse, ce dernier était révéré pour ses pouvoirs de guérisseur. La légende le disait capable de maîtriser le temps, de mettre fin à la sécheresse ou aux inondations, et même de résister aux balles (c'est pourquoi plus tard les Sioux Lakotas ont porté des chemises « des esprits » censées les protéger au combat). En janvier 1889, Wovoka avait eu une vision prophétique annonçant la résurrection des morts de sa tribu, la disparition des envahisseurs blancs et le retour de la prospérité. Essayant de raviver les espoirs de son peuple, il leur disait que le salut viendrait s'ils restaient droits et vertueux, et dansaient régulièrement la danse des Esprits.

La danse elle-même était une sorte de ronde exécutée durant cinq jours d'affilée au cours de rassemblements. Elle s'est vite propagée des terres des Païutes du Nord jusqu'à l'Oklahoma et les Grandes Plaines. Elle a été adoptée par toutes les tribus qui en ont eu connaissance, comme les Arapahos, les Apaches, les Pawnees, les Sioux et les Cheyennes, ainsi que par d'autres tribus plus petites. Wovoka ne lançait pas un appel aux armes. Il implorait son peuple, si désireux de prendre sa revanche après une multitude de malheurs et d'oppressions, d'atteindre ses objectifs à travers la danse. Cette cérémonie mystérieuse paraissait menaçante pour les colonisateurs européens, qui comprenaient à peine sa signification religieuse. **BS**

Illustration montrant des Sioux exécutant la danse des Esprits vers 1891.

1889

Expressionnisme

Vincent van Gogh

Un mouvement artistique qui donne priorité à une expression subjective

Le peintre postimpressionniste Vincent van Gogh (1853-1890) ne voyait pas du tout le monde de la même façon que les impressionnistes qui l'entouraient. Au lieu de capturer la lumière et les couleurs du paysage naturel comme un observateur objectif à l'instar de ces derniers, il s'est plongé dans sa psyché perturbée et a découvert un nouveau style d'expression. Son œuvre est le miroir de son âme angoissée et, des années plus tard, entraînera la formalisation d'un genre d'art entièrement nouveau. Van Gogh a écrit dans une lettre à son frère Théo : « au lieu d'essayer de reproduire exactement ce que j'ai devant mes yeux, j'utilise la couleur plus arbitrairement afin de m'exprimer avec plus de force ».

La Nuit étoilée (1889) décrit une vue depuis la fenêtre de l'asile où le peintre se trouvait la nuit, mais son ciel tourbillonnant et ses étoiles lumineuses ne sont pas une représentation fidèle ; exagérés et déformés, ils suggèrent une réalité intérieure. Le tableau est à présent considéré comme une œuvre essentielle préfigurant l'expressionnisme.

« Mon art est une confession spontanée, une tentative pour mieux comprendre mon rapport à la vie. » **Edvard Munch, peintre**

Quatre ans plus tard, le peintre norvégien Edvard Munch (1863-1944), autre emblème de l'expressionnisme, a peint *Le Cri* (1893). Le tableau montre Munch lui-même, faisant une pause sur un pont et criant son désespoir face à un monde plein d'anxiété. Comme *La Nuit étoilée*, il possède les ingrédients de l'expressionnisme, tel l'emploi de couleurs vives qui ne sont pas naturelles et de lignes déformées, plusieurs années avant le début « officiel » de l'expressionnisme, lancé par le groupe artistique allemand Die Brücke (Le Pont) qui se formera à Dresde en 1905. **JMa**

1890

Relations entre cerveau et conscience

William James

Comment le cerveau relie-t-il les données fournies par les sens et la mémoire ?

Le philosophe William James (1842-1910) a formulé des versions de ce problème dans deux livres : *Principes de psychologie* (1890) et *Un univers pluraliste* (1909). Comme il l'expliquait, ce problème concerne les mécanismes grâce auxquels les hommes sont capables de percevoir divers stimuli sensoriels comme faisant partie d'une seule « conscience ». Cette conscience, traditionnellement considérée comme l'« âme », semble servir de réceptacle à des expériences comme le fait d'entendre un bruit, de voir du bleu et de se rappeler son enfance.

Les recherches actuelles sur ce phénomène n'ont commencé que vers 1890, quand la psychologue Anne Treisman (née en 1935) a proposé la théorie de l'attention et de l'intégration des attributs qui entend expliquer comment les expériences sensorielles pourraient être « intégrées » psychologiquement à l'expérience d'un simple objet. À peu près au même moment, le biophysicien Christoph von der Malsburg (né en 1942) a écrit un article consacré au processus neuronal permettant au cerveau de représenter les relations entre des stimuli visuels individuels, comme les couleurs et les formes, qui sont saisis par différents neurones.

« Aucune entité possible ne peut se résumer elle-même. »

William James, *Principes de psychologie* (1890)

Les neurologues, les psychologues et les philosophes de l'esprit continuent à se pencher sur le problème des relations neuronales en mettant l'accent sur des phénomènes différents. Certains se sont focalisés sur les fonctions neuronales spécifiques comme le traitement de l'information visuelle, tandis que d'autres se sont penchés sur les questions d'ensemble comme l'émergence d'une conscience « unifiée » dans un grand nombre de processus cérébraux apparemment individuels. **BSh**

La Nuit étoilée de Vincent van Gogh (1889 ; détail).

v. 1890

Psychanalyse

Sigmund Freud

Le comportement humain est dicté par des désirs inconscients et souvent irrationnels

La psychanalyse développée dans les années 1890 par le neurologue autrichien Sigmund Freud (1856-1939) est à la fois une méthode pour soigner les personnes atteintes de maladies mentales et une théorie sur le comportement humain.

Elle soutient que ce dernier est dicté par des pulsions inconscientes et irrationnelles et que de nombreux désirs apparus dans l'enfance sont réprimés et restent ensuite enfouis dans notre subconscient. L'homme peut surmonter ses problèmes psychologiques en comprenant ce que son esprit a refoulé et en acceptant ses désirs inconscients.

C'est en étudiant les gens atteints d'« affections nerveuses », comme l'hystérie, que Freud a élaboré une méthode exhaustive destinée à comprendre le comportement et la personnalité de l'homme, ainsi que leurs causes mentales et émotionnelles, et un traitement thérapeutique utilisable par les psychologues. Sa méthodologie et ses idées sont si renommées que son nom est couramment associé à la psychanalyse.

> *« L'interprétation des rêves est la voie royale pour comprendre l'inconscient. »*
>
> **Sigmund Freud**

Étant l'une des premières méthodes scientifiques dédiées au traitement des maladies mentales, la psychanalyse a ouvert la voie à une meilleure compréhension de l'esprit humain. De nombreuses théories de Freud sont critiquées et rejetées par les psychologues et médecins actuels, mais son travail a permis de mieux cerner la nature de l'homme. La psychanalyse a montré que les idées que nous avions de nous-mêmes pouvaient être fortement influencées par des forces que nous ne contrôlons pas et que nos plus intimes convictions ne sont pas toujours le reflet de la réalité. **MT**

1890

Lapsus révélateur

Sigmund Freud

Chaque jour, nos lapsus révèlent le fonctionnement de notre esprit

En 1890, dans une lettre à son ami, le physicien Wilhelm Fliess, le neurologue autrichien Sigmund Freud (1856-1939) a donné de nombreux exemples de lapsus curieux que les hommes font par inadvertance en parlant, en raison d'informations incomplètes ou d'automatismes de la pensée. Dans son livre *Psychopathologie de la vie quotidienne* (1901), il a plus tard qualifié ce type d'erreurs de *Fehlleistungen* (actions erronées). Selon lui, les lapsus révélateurs, comme nous les appelons maintenant, pouvaient représenter la surface d'une pensée ou d'un désir inconscients, être les symptômes d'une lutte entre notre vision consciente de la réalité et les choses que nous avions refoulées dans notre inconscient, c'est-à-dire des erreurs verbales révélant nos points de vue. Le traducteur de Freud a employé pour les désigner le terme *parapraxis*, dérivé du grec et signifiant « une autre action ». De tels lapsus ou faux pas linguistiques sont l'expression de processus inconscients s'opérant chez des individus normaux.

> *« Mon hypothèse est qu'une substitution n'est pas un choix psychique arbitraire. »*
>
> **Sigmund Freud**

Pour Freud, la moindre petite erreur cache une potentialité, que l'on omette de tourner au bon endroit en conduisant, que l'on compose un mauvais numéro de téléphone ou que l'on épelle mal un mot peu familier. « De même qu'elle interprète les rêves, la psychanalyse s'intéresse aux nombreux petits lapsus et erreurs que l'on commet », a-t-il dit. Est-il possible qu'un lapsus révélateur ne soit rien de plus qu'une erreur ou qu'une faute de concentration ? Après tout, Freud lui-même n'a-t-il pas dit un jour à un étudiant qui lui demandait s'il existait un besoin psychologique sous-jacent au désir de fumer un cigare : « Parfois un cigare… n'est qu'un cigare. » **JMa**

◄ **Sigmund Freud, photographié avec sa fiancée, Martha Bernays. Ils se marièrent en 1886.**

Nouvelles de nulle part

William Morris

Un roman utopique inspiré par le socialisme et la science sociale de Karl Marx

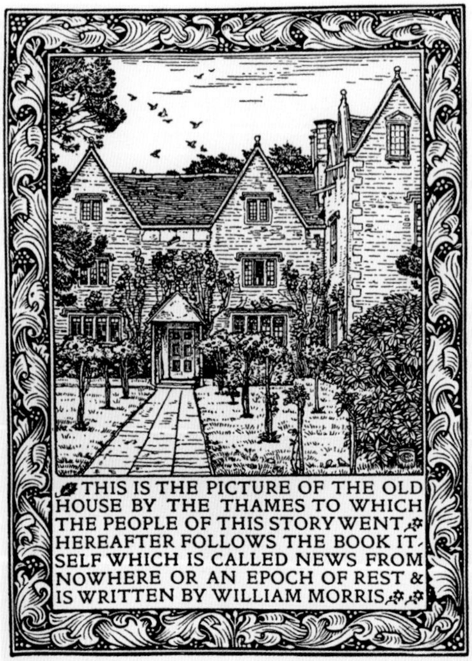

Le frontispice de *Nouvelles de nulle part* (1890) de William Morris comportait une gravure de W. H. Hooper : le manoir de Kelmscott (Oxfordshire), demeure de l'écrivain de 1871 jusqu'à sa mort en 1896.

Publié en 1890 et écrit par le décorateur et penseur socialiste William Morris (1834-1896) alors influencé par les idéaux marxistes, le livre *Nouvelles de nulle part* est un roman utopique dont l'action se déroule dans une Grande-Bretagne futuriste.

Dérivée des mots grecs *eu-tropos* (bon lieu) et *ou-tropos* (aucun lieu), l'utopie de Thomas More (1478-1535) a une double signification. Son étymologie souligne la question soulevée par les descriptions de telles sociétés : une utopie peut-elle vraiment exister ?

Publié à l'origine comme un roman-feuilleton dans *Commoweal*, journal de la Ligue socialiste, le livre raconte l'histoire de William Guest, homme de l'époque victorienne transporté dans le futur. Voyageant le long de la Tamise, il rencontre divers individus et groupes qui vivent conformément à l'idéal marxiste tel que l'interprétait Morris. Le capitalisme a été aboli en faveur d'une société socialiste coopérative dans laquelle la propriété privée, le système de classes, le mariage, l'éducation officielle, la pauvreté et la plupart des crimes n'existent pas.

Dans la communauté du futur, chacun s'adonne joyeusement aux activités nécessaires au bon fonctionnement de la société. Le travail est effectué consciencieusement pour le bénéfice de tous et, pour cette raison, est épanouissant et créatif.

Dans cette description de la Grande-Bretagne du XIXe siècle, l'idée d'un retour à un âge pastoral pré-industrialisé où les villes industrielles comme Manchester n'existent plus et où le contrôle de l'État a disparu est centrale. Le livre était une réponse au roman de science-fiction *Regard en arrière, 2000-1887*, 1888) de l'écrivain américain Edward Bellamy (1850-1898), qui avait pour cadre un futur technologiquement avancé dans lequel le travail de l'homme avait été réduit du fait de l'augmentation de la mécanisation et des travaux de l'État pour rendre la vie plus facile. **PBr**

« Une carte du monde qui n'inclut pas l'Utopie ne mérite même pas un coup d'œil. Le progrès est la réalisation des Utopies. »

Oscar Wilde, *L'Âme de l'homme sous le socialisme*

Subsidiarité

Léon XIII

L'idée qu'un gouvernement ne doit s'occuper que de ce que les individus ou les groupes privés ne sont pas capables de faire

Bien que le concept de subsidiarité ne soit entré dans la langue populaire qu'au XXe siècle, il était déjà ancien et avait été développé depuis longtemps par les penseurs politiques occidentaux. Le terme subsidiarité vient du latin *subsidium* signifiant « soutien, aide ou assistance ». La subsidiarité implique qu'un sujet, une situation ou un problème soient pris en main par l'autorité la moins centralisée capable de le faire de manière efficace. Le principe a été officiellement présenté dans le *Rerum novarum* (1891) du pape Léon XIII (1810-1903). Cette encyclique sur le capital et le travail, essentiellement consacrée aux conditions de travail, était une tentative de trouver une solution intermédiaire entre le laisser-faire capitaliste et les diverses formes de communisme.

Le principe de subsidiarité a ensuite été développé dans l'encyclique *Quadragesimo Anno* du pape Pie XI (1857-1939) écrite en 1931 en réponse à la montée du totalitarisme et a aussi joué un rôle important dans le mouvement Solidarność apparu en Pologne dans les années 1980 sous l'égide de Lech Wałęsa.

Il est plus connu pour être l'un des principes fondateurs de l'Union européenne (EU), stipulant que celle-ci ne peut promulguer de lois et agir que dans le cas où l'action des pays membres se révèle insuffisante. Officiellement reconnu par le traité de Maastricht signé par les douze États membres en 1992, il est entré en vigueur en 1993.

Il est maintenant un principe organisateur de la décentralisation au sein de l'Union européenne et constitue une tentative prudente et importante de trouver un équilibre entre le maintien de l'autonomie des pays membres et la reconnaissance de leurs incapacités sur le plan pratique à atteindre certains objectifs. Il a aussi eu des applications en science politique, en cybernétique, en gestion et dans le domaine militaire. **JE**

Édition du quotidien français *Le Petit Journal* avec en couverture le pape Léon XIII. Il est daté du 15 août 1891, peu après la parution de l'encyclique *Rerum novarum*.

« [La subsidiarité] est un principe fondamental de la philosophie sociale, un principe fixe et immuable, selon lequel il ne faut pas retirer aux individus pour en charger la communauté ce qu'ils peuvent faire d'eux-mêmes. »

Pape Pie XI, *Quadragesimo Anno* (1931)

1891

Kinétoscope

William Dickson

Il s'agit d'un objet permettant à une seule personne de voir des images bouger

Après avoir inventé la caméra, Thomas Edison (1847-1931) a commencé à fabriquer avec son assistant, l'inventeur William Dickinson (1860-1935), un kinétoscope, une machine permettant à une personne de voir à travers un viseur grossissant un film monté en boucle d'une longueur maximale de 15 mètres donnant l'illusion d'images en mouvement. Edison a conceptualisé l'invention, Dickinson étant chargé de sa fabrication. Le prototype a été achevé en 1891.

À partir de 1893, des spectateurs pouvaient voir une séquence de numéros de cirque en échange d'une pièce de cinq cents dans le studio de films Black Maria spécialement construit à cet effet par Edison. Le studio était aussi utilisé pour réaliser des séries de photographies. Il avait été bâti sur une plateforme pivotante pour capturer la quantité nécessaire de lumière filtrant par le toit ouvrant.

Une technologie similaire a été employée pour créer le kinétographe, la première caméra d'Edison. Les frères Lumière l'ont améliorée en 1895 et baptisée le cinématographe.

Le dispositif alliait une caméra, une imprimerie et un projecteur et était beaucoup plus léger. En outre, les frères Lumière avaient choisi de privilégier un mouvement intermittent, alors qu'Edison avait essayé de perfectionner un mouvement continu. La compagnie d'Edison, incapable de produire un projecteur de films fonctionnant, avait acheté le phantoscope de Thomas Armat en 1896 et l'avait rebaptisé vitascope. Ce dernier a été le premier projecteur de films le plus vendu aux États-Unis.

L'idée d'Edison que William Dickinson a concrétisée et qui a été améliorée par les frères Lumière a donné naissance à la technologie qui a servi de base à un grand nombre de technologies contemporaines. Sans celles-ci, le monde serait totalement différent. **JE**

Un homme regardant un film à travers la vitre d'un kinétoscope. ↑

1891

Peinture symboliste

Paul Gauguin

Une peinture utilisant des symboles pour exprimer le monde intérieur, les rêves et la spiritualité de l'artiste

En mars 1891, un article du poète symboliste et critique d'art français Albert Aurier (1865-1892) est paru dans le périodique *Le Mercure de France*. Intitulé « Le symbolisme en peinture – Paul Gauguin », il qualifiait de symboliste le style de peinture psychologiquement complexe, mais simple sur le plan visuel et non naturaliste du peintre français Paul Gauguin (1848-1903).

Inauguré par la poésie de Charles Baudelaire (1821-1867), le symbolisme existait depuis longtemps dans le monde de l'art. Dans les arts plastiques, il avait été inspiré par les écrivains et les poètes symbolistes des années 1880 pour lesquels les mots existaient parallèlement à la nature plutôt qu'ils ne l'imitaient. Le symboliste pictural était une réaction contre le réalisme qui tentait d'offrir une représentation exacte et directe de la nature. Pour les symbolistes, une expression subjective était plus pertinente qu'une reproduction objective de formes exactes. Leurs œuvres incluaient des éléments de leurs rêves et de leur imaginaire rendus par des symboles reconnaissables. Ils se servaient de lignes, d'aplats de couleur et de formes simplifiées pour refléter et souligner leur vie intérieure.

Gauguin et l'Espagnol Pablo Picasso (1881-1973) ont été de remarquables représentants du mouvement. Gauguin s'est rendu en Océanie où il a peint de nombreux tableaux symbolistes parmi lesquels *D'où venons-nous ? Que sommes-nous ?* Où allons-nous ? (1897-1898) comprenant les éléments clés de son style : formes aux contours sombres, aplats de couleur vive et usage idiosyncratique de symboles personnels. Il comparait ses toiles à des poèmes symbolistes difficiles à expliquer. Les œuvres simples sur le plan visuel, mais denses sur le plan psychologique de la « période bleue » (1901-1904) de Picasso, avec leurs contours sombres et leur palette réduite de bleu et de vert-bleu, sont aussi des exemples de symbolisme pictural. **PBr**

↑ Détail du tableau de Paul Gauguin *D'où venons-nous ? Que sommes-nous ? Où allons-nous ?* (1897-1898).

1892

Sens et référence

Gottlob Frege

Une théorie établissant une distinction entre le sens et la référence des signes du langage

Dans son article « Über Sinn und Bedeutung » (« Sens et référence », 1892), le philosophe et mathématicien allemand Gottlob Frege (1848-1925) explique que les termes « sens » et « référence » sont deux aspects de la signification d'un terme. Le sens fait habituellement référence à la façon dont nous percevons un objet ou le degré d'information que nous possédons à son sujet, tandis que la référence est l'objet désigné. Il objecte cependant que la signification d'un terme n'est rien de plus que la référence qui le constitue et postule qu'un nom propre est aussi composé de ce qu'il appelle son sens, en ce qu'il possède un aspect le différenciant d'un autre objet appelé de la même façon. En voici une illustration : « le chef du Parti démocrate des États-Unis en 2011 » et « le président des États-Unis en 2011 » sont deux énoncés ayant des sens différents, mais faisant référence tous deux à Barack Obama.

« Le sens d'un nom propre est saisi par quiconque connaît suffisamment la langue... » **Gottlob Frege, philosophe**

Frege cherchait à voir s'il y existait une seule relation entre les objets ou si cette relation incluait aussi les noms et les signes que nous attribuons à ces objets. Les hommes peuvent avoir des souvenirs différents attachés à un même sens, comme une sensation ou une humeur associées au souvenir d'un objet. Ainsi, deux personnes peuvent regarder la Lune à travers un télescope, mais en garder des souvenirs différents, parce que la vue était voilée ou en raison d'autres variables aléatoires. Et puis il y a le problème des noms communs comme l'« étoile du matin ». Celui qui regarde cette étoile ne lui donnera pas une signification correcte, s'il ne sait pas que l'étoile du matin et l'étoile du soir ne font qu'une. **BS**

1893

Suffrage universel

Nouvelle-Zélande

Tous les citoyens adultes ont le droit de vote, indépendamment de leur sexe, de leur race et de leur statut social

L'idée du suffrage universel, le fait que tous les citoyens adultes aient le droit de voter indépendamment de leur race, sexe, religion, richesse et statut social, s'est imposée avec l'avènement de gouvernements représentatifs dans certaines parties de l'Europe, aux États-Unis et dans des pays d'Amérique latine. Dans certains pays, elle est apparue naturellement avec l'instauration de gouvernements représentatifs, mais dans beaucoup d'autres c'est loin d'avoir été le cas. De ce fait, sa mise en œuvre a souvent pris du temps.

Alors que certaines constitutions anciennes garantissaient le droit de vote à tous les hommes (mais pas aux femmes), les fondateurs de la plupart des premiers gouvernements représentatifs pensaient que seuls les hommes ayant des biens devaient en bénéficier. Dans certains pays, notamment aux États-Unis, il n'était octroyé qu'aux Blancs possédant des biens. Ces restrictions ont dressé d'importantes barrières (factuelles ou légales) entre les institutions et les femmes, les pauvres et les personnes qui n'étaient pas blanches.

« La lutte pour le droit de vote des femmes n'est pas la lutte des femmes blanches... »

Carrie Chapman Catt

L'instauration du suffrage universel, idée essentielle considérée aujourd'hui comme allant de soi, n'a pas été rapide. Le droit de vote a été accordé tard aux femmes en Europe et la loi l'autorisant n'a été ratifiée qu'en 1920 dans tous les États-Unis. La Nouvelle-Zélande a été le premier pays, en 1893, à étendre le droit de vote aux femmes. L'Australie lui a emboîté le pas en 1901, puis la Finlande en 1907 et la Norvège en 1913. Sans suffrage universel, le paysage politique sera très différent de ce qu'il est aujourd'hui. **JE**

La campagne des suffragettes anglaises pour le droit de vote des femmes à Londres, en 1908.

VOTES FOR WOMEN
Women's Freedom League
A PUBLIC
VOTES FOR WOMEN
Women's Freedom League
A PUBLIC
DEMONSTRATION
ESSEX HALL,
On Saturday, Jan. 4th, 1908
DESPARD IRENE MILLER
HOLMES MURBY
BILLINGTON-GRIEG
VOTES
FOR
WOMEN

1893

Anomie

Émile Durkheim

Le dysfonctionnement du marché du travail entraînerait la désintégration sociale

Le concept sociologique de l'anomie, mentionné pour la première fois par le philosophe français Jean-Marie Guyau (1854-1888) dans *L'Irréligion de l'avenir* (1887, désignait une société sans lois établies. L'expression a ensuite été popularisée par le sociologue français Émile Durkheim (1858-1917) dans *De la division du travail social* (1893). Lui donnant un sens plus large, il l'a utilisée pour parler de l'incapacité croissante des corporations de répondre aux besoins d'une classe moyenne en pleine évolution. Leur inertie les empêchait de changer et de s'adapter au monde industrialisé.

Durkheim est même allé plus loin, affirmant que l'anomie ne se limiterait pas aux corporations et au marché du travail, et finirait par toucher la société. Les normes sociales devenant confuses, elles céderaient la place à « une absence de normes ». Pour lui, l'anomie commençait avec l'absence de régulation économique. Si on n'y prenait garde, on risquait d'aboutir à une situation où les normes sociales ne détermineraient plus le fonctionnement de la société. Dans le cas de l'individu, l'« absence de normes » ou l'impression d'aliénation pouvait mener au suicide, ce que Durkheim décrirait plus tard dans son livre *Suicide* (1897).

> *« L'état d'esprit d'un individu qui a été arraché à ses racines morales. »*
>
> **Robert MacIver, sociologue**

Le sociologue américain Robert McIver (1882-1970) a plus tard caractérisé ceux touchés par l'anomie comme des personnes dont les liens avec la société avaient été « rompus ». Durkheim lui-même avait déclaré dans *Suicide* que l'anomie était capable d'engendrer une « négation de la moralité », un état dans lequel on ne peut plus modérer ses désirs ou limiter ses besoins et passions. **BS**

1894

Salaire minimum

Nouvelle-Zélande

Une rémunération minimum garantie par la loi pour chaque heure de travail

En Australie, dans les années 1890, des personnes exploitées ont pour la première fois milité pour la création d'un salaire minimum. Cependant, c'est en Nouvelle-Zélande que la première loi reconnaissant les droits des travailleurs a été adoptée en 1894, l'Australie n'ayant, elle, instauré de salaire minimum qu'en 1896. Le Royaume-Uni a mis en place un système similaire en 1909 et une loi sur le salaire minimum a été votée dans le Massachusetts en 1912. Les États-Unis n'ont promulgué la « loi sur les normes de travail équitable » pour tous les travailleurs qu'en 1938.

L'établissement d'un salaire minimum par heure de travail effectuée avait deux buts : réduire les risques de conflits sociaux et lutter contre la pauvreté en créant des conditions de vie acceptables pour les personnes peu rémunérées. La loi était la reconnaissance tacite d'un droit universel : celui de bénéficier d'un traitement équitable au travail. Aujourd'hui, le montant du salaire minimum fait l'objet de négociations ou est fixé par décret gouvernemental. Il varie selon le lieu, les conditions économiques et le pouvoir politique de la population active.

La mondialisation a réduit son impact politique. En effet, mues uniquement par le profit, des entreprises délocalisent aujourd'hui leurs usines dans des lieux où la juridiction est moins stricte. L'opinion est divisée entre les partisans d'un salaire minimum garantissant un niveau de vie minimum et les opposants à celui-ci pour qui il s'agit d'une intervention pernicieuse bouleversant les lois du marché. Selon ces derniers, le salaire minimum entraîne une hausse des coûts et des fermetures d'entreprises, et par conséquent une augmentation du chômage. Les partisans soutiennent qu'en protégeant un niveau de vie minimum, la législation permet à ceux qui le souhaitent d'améliorer leur situation. Elle aide les travailleurs à sortir de la pauvreté et concourt à la création d'une main-d'œuvre mieux éduquée. **LW**

Rayons X

Wilhelm Röntgen

Une radiation électromagnétique utilisée en médecine pour traverser les tissus mous et donner une image des structures solides comme le squelette

Wilhelm Röntgen (1845-1923) était professeur de physique à l'université de Würzburg en Allemagne quand, en 1895, il a fait passer des faisceaux d'électrons, appelés à l'époque rayons cathodiques, dans un réservoir rempli de gaz à faible pression. Il a découvert que dans de bonnes conditions, impliquant l'usage d'une chambre noire, d'un tube à décharge recouvert d'un cache sombre, d'un écran fluorescent et d'un écran de papier traité au platinocyanure de baryum, certains matériaux devenaient partiellement transparents, permettant la création d'une image sur une plaque photographique. Les matériaux plus denses apparaissaient plus nettement. Sur une des images de la main de la femme de Röntgen, les doigts sont sombres et la bague est noire, alors que les tissus autour sont gris clair. Le phénomène a été baptisé rayon X, car il était inconnu. C'était des années avant que les scientifiques n'expliquent son processus de formation et ne comprennent les dangers d'un surdosage de ces rayons.

Les substances comme le métal et le calcium des os absorbent plus facilement les rayons que les tissus mous. Le rayon X est donc vite devenu utile pour les examens médicaux. Les médecins ont ainsi pu voir les os cassés ou les objets durs avalés par mégarde ou déceler des nodules cancéreux, voire les lésions causées par la tuberculose. Les rayons X ont révolutionné le diagnostic médical et entraîné de nouvelles avancées en matière d'exploration médicale.

La découverte de Röntgen a jeté les fondements du diagnostic au moyen d'ultrasons ou de scanners électromagnétiques permettant de voir ce qui se passe dans le corps plutôt que de faire des déductions à partir de symptômes extérieurs. Tout au long du XXe siècle, les généralistes ont utilisé cette technologie pour vérifier ou faire un diagnostic, en cessant de se fonder uniquement sur leur expérience ou l'observation des symptômes. **JF**

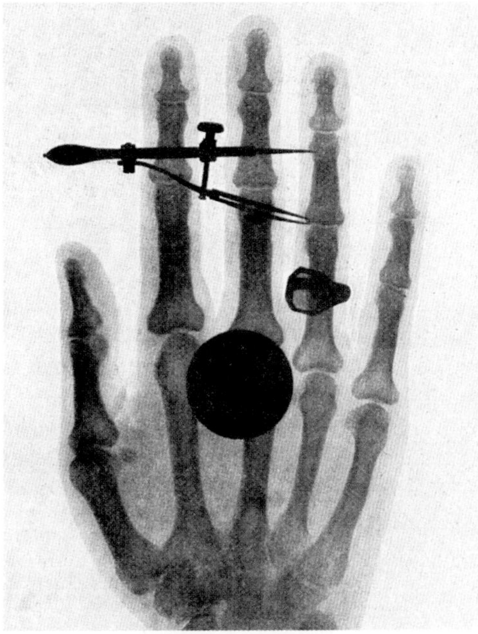

↑ Photographie au rayon X de la main de la femme de Wilhelm Röntgen, Anna, prise en 1896. L'alliance d'Anna, un compas et un objet circulaire absorbent le rayon plus que la peau ou les os, car ils sont métalliques.

« Traitez le patient, et non le rayon X. »

James M. Hunter, cité par Arnold Melnick dans *Melnick on Writing* (2012)

ABSINTHE
ROBETTE
J.L. DES PRESSES DE GOFFART LITHOGRAPHE BRUXELLES
1896
Privat-Livemont

1895

Art nouveau

Siegfried Bing

Un style artistique utilisant formes fluides, arabesques et motifs floraux

Le nouveau style artistique qui a balayé l'Europe et les États-Unis à partir de 1890 a été présenté à Paris dans le cadre du salon de l'Art nouveau ouvert en 1895 par le marchand d'art Siegfried (alias Samuel) Bing (1838-1905). À la fin du XIXe siècle, il régnait un équilibre entre l'ordre strict et l'historicisme du néoclassicisme et le chaos émotionnel et plastique du romantisme. S'intéressant au monde naturel et aux formes fluides et organiques, les adeptes de l'Art nouveau ont créé des œuvres gracieuses, en s'inspirant des arts traditionnels et en les transformant.

Pour certains critiques, l'Art nouveau tire son origine des enluminures celtiques et de leurs entrelacs, pour d'autres de l'amour du rococo pour les courbes et la sophistication extrême. L'illustrateur du mouvement esthétique anglais Aubrey Beardsley (1872-1898), le designer de l'Arts and Crafts William Morris (1834-1896) et les graveurs d'estampes japonais de style *ukiyo-e*, comme Katsushika Hokusai (v. 1760-1849), en ont été les précurseurs.

> *« … une courbe ondulante et fluide… »*
>
> **Nikolaus Pevsner, *Pioneers of Modern Design* (1936)**

Dans son livre *Pioneers of Modern Design* (« Pionniers du design moderne », 1936), Nikolaus Pevsner (1902-1983) affirme que l'Art nouveau a été un style de transition avant le passage à l'ère moderne. Il a réuni les nombreux courants philosophiques et sociaux ayant existé entre 1890 et 1910. Réflexion d'artistes souhaitant s'émanciper des normes sociales ou quête de pureté esthétique sans jugements moraux, l'Art nouveau a embrassé tous les domaines, de l'art graphique au mobilier, et a marqué le début de l'art moderne, préfigurant les courants modernes plus tardifs comme l'abstraction et le surréalisme. **PBr**

1895

Heure d'été

George Vernon Hudson

La proposition de bénéficier de plus d'heures de soleil en changeant l'heure

L'entomologiste et astronome néo-zélandais d'origine anglaise George Vernon Hudson (1867-1946) a commencé à collectionner les insectes à neuf ans. À Wellington, en Nouvelle-Zélande, il faisait du travail posté, ce qui lui laissait juste quelques heures de jour pour enrichir sa collection. Cependant, ce n'était pas suffisant à son goût. Désireux de changer les choses, il a écrit en octobre 1895 un article à ce sujet qu'il a soumis à la société philosophique de Wellington. Dans ce dernier, il envisageait la possibilité d'un décalage saisonnier de l'heure.

Il suggérait d'avancer de deux heures le temps civil légal au moment de l'équinoxe en octobre et de le reculer de deux heures en mars. Bien que l'idée ait déjà été évoquée par l'inventeur américain Benjamin Franklin (1706-1790) dans son essai *An Economical Project for Diminishing the Cost of Light* (« Projet économique pour diminuer le coût de la lumière », 1784), elle s'apparentait plus alors à une plaisanterie qu'à une mesure concrète. La proposition de Hudson est donc considérée comme la première tentative d'instaurer l'heure d'été. Malheureusement, elle a été accueillie avec mépris à l'époque, certains affirmant qu'elle n'avait « rien de scientifique et était difficilement applicable », d'autres « qu'il était hors de question » de modifier un système fonctionnant parfaitement.

> *« Chacun apprécie les longues soirées de clarté et déplore leur diminution. »*
>
> **William Willett, *The Waste of Daylight* (1907)**

L'heure d'été a finalement été adoptée en Allemagne pendant la Première Guerre mondiale pour économiser le combustible nécessaire à l'éclairage. Le passage à l'heure d'été existe maintenant dans 70 pays du monde. **BS**

◄ Une affiche Art nouveau faisant la publicité de l'absinthe, conçue en 1898 par Henri Privat-Livemont.

1895

Multivers

William James

Le concept selon lequel notre Univers n'est qu'un univers parmi d'autres univers s'étendant à l'infini

Le terme « multivers » désigne tout ce qui est réel et existe. Cette notion est utilisée en astronomie, en philosophie, en cosmologie et même en science-fiction depuis son emploi en 1895 par le philosophe et psychologue américain William James (1842-1910) dans son essai *Is Life Worth Living* ? (« La vie mérite-t-elle d'être vécue ? »). Cependant, James faisait référence à la multiplicité des choix moraux auxquels les hommes étaient confrontés, le multivers n'étant pas pour lui un concept de cosmologie.

Le terme a pourtant été adopté par les astronomes et est aujourd'hui employé pour parler de l'existence d'univers multiples, la totalité de toute la réalité physique. Cette hypothèse signifie qu'il est possible que l'Univers que nous voyons et qui s'étend à l'infini au-delà des limites de ce qui est observable ne soit qu'un univers parmi d'autres univers innombrables et tous indépendants les uns des autres. Ensemble, ils engloberaient tout ce qui existe. Comme ils sont infinis, il ne pourrait rien y avoir d'autre qu'eux, au-delà d'eux ou les contenant.

Dans le domaine de la physique théorique, les modèles mathématiques sont de plus en plus nombreux à étayer cette théorie de l'existence d'un multivers. Il y a ainsi la théorie de l'expansion éternelle selon laquelle l'expansion de l'Univers ne s'arrêtera jamais et conduira inévitablement à une multitude d'univers. Des observations récentes dans le domaine subatomique indiquent aussi la probabilité de l'existence d'un multivers. Cependant, tout le monde n'est pas convaincu. Le cosmologue sud-africain George Ellis (né en 1939) a dit dans *Scientific American* en août 2011 : « Rien de ce qui est dit à propos du multivers n'est concluant [...]. Tout cela relève plus d'un concept que d'une théorie. »

Nous n'aurons jamais de preuve de l'existence d'un multivers, puisque tout ce que nous pouvons mesurer et observer fait partie de l'Univers dans lequel nous vivons. Le multivers risque de rester une énigme. **BS**

Une œuvre d'art conceptuelle montrant des univers multiples émanant des trous noirs résultant du big bang.

1895

Psychologie des foules

Gustave Le Bon

La création d'une branche de la psychologie sociale dédiée au comportement de la foule

Dès Platon, la théorie sur le comportement des foules postulait que ce dernier trahissait une absence de réflexion. En sciences sociales l'étude des foules a été remise au goût du jour par l'ouvrage *Les Origines de la France contemporaine* (1875-1893) de l'historien conservateur Hippolyte Taine (1828-1893). Cependant, la nouvelle discipline de la psychologie des foules a été créée par le sociologue français Gustave Le Bon (1841-1931) qui, dans son ouvrage *La Psychologie des foules*, a réuni les écrits des théoriciens sur le comportement des foules (1895). Le Bon a énuméré trois éléments essentiels du comportement d'une foule : une identification collective donnant l'impression d'une puissance illimitée, une sensibilité aux appels de l'émotion due à cette unité et une intelligence collective ramenée au plus petit dénominateur commun. Les foules, dit-il, sont facilement sujettes aux hallucinations collectives, aux suggestions émanant de certains de leurs éléments et adoptées sans réfléchir et de manière contagieuse par tous.

Cette théorie n'a presque pas été remise en question jusqu'à la parution de travaux de sociologues comme George Rudé (1910-1993) et E. P. Thompson (1924-1993). Dans ses études sur le comportement réel des foules, ce dernier s'est intéressé avant tout au contexte social et aux exigences des foules, tandis que Rudé s'est penché sur leur composition. Leurs observations démentent l'idée que la foule soit essentiellement primaire et irrationnelle et montrent qu'elles sont souvent composées des meilleurs membres de la société réagissant à des menaces spécifiques pour leurs communautés et agissant conformément à des hypothèses culturelles largement partagées.

Gustave Le Bon a été, en France, l'un des précurseurs de l'étude de la psychologie et du comportement des foules qui reste encore sujet de controverse. **JE**

Des lycéens expriment leur joie ensemble lors d'une cérémonie à Tokyo en 2011.

Prix Nobel

Alfred Nobel

Chaque année, une série de prix dans cinq catégories récompensent l'excellence de l'homme et rendent le monde meilleur

La richesse d'Alfred Nobel provenait essentiellement de son travail sur les explosifs. Outre la dynamite, il a breveté la gelignite et la ballistite que les Britanniques ont améliorée en la transformant en cordite.

« La totalité restante de ma fortune constituera un fonds, dont les intérêts seront distribués chaque année à titre de récompense aux personnes qui, au cours de l'année écoulée, ont rendu à l'humanité les plus grands services. »

Dernière volonté et testament d'Alfred Nobel (1895)

« Quand deux armées de force égale auront le pouvoir de s'anéantir en un instant, toutes les nations civilisées disperseront leurs forces armées. » C'est ce que disait le chimiste, ingénieur et inventeur suédois Alfred Nobel (1833-1896), l'homme ayant donné au monde la dynamite, une des 355 inventions qu'il a fait breveter. Cependant, il se trompait en pensant que celle-ci mettrait fin à la guerre. Pour « soulager sa conscience », comme l'a dit plus tard Albert Einstein, il a légué sa fortune – gagnée en fabriquant entre autres de la dynamite – au monde entier afin de soutenir les idéaux de la fondation Nobel.

Quand son frère Ludvig est mort en 1888, un journal parisien avait par erreur publié la nécrologie préparée pour Alfred sous le titre « Le marchand de la mort est mort ». Piqué au vif, le fabricant d'armes avait décidé de laisser un héritage qui ferait le bien. Dans son testament, il demande que les dividendes de son empire financier soient distribués chaque année à cinq personnes dont le travail a été distingué dans cinq disciplines (la physique, la chimie, la physiologie, et/ou la médecine et la littérature) et qu'une partie de son argent « soit attribuée à la personnalité qui aura le plus ou le mieux contribué au rapprochement des peuples, à la suppression ou à la réduction des armées permanentes, à la réunion ou à la propagation de congrès pacifistes ». Les premiers prix ont été octroyés cinq ans après sa mort, en raison de difficultés organisationnelles et bureaucratiques.

Il y a eu quelques erreurs. En 1926, le prix Nobel de médecine a été décerné au scientifique danois Johannes Fibiger (1867-1928) qui avait « découvert » que les nématodes donnaient le cancer (ce qui est faux). Dans un monde où plus de 300 « prix de la paix » sont attribués chaque année, le prix Nobel proclame l'espoir d'un changement dans un monde en évolution et souvent divisé. **BS**

1896

Effet Baldwin

James Mark Baldwin

La théorie selon laquelle notre comportement, en s'adaptant, influe sur l'évolution

Dans son article intitulé « A New Factor in Evolution » (« Un nouveau facteur en évolution ») (1896), le philosophe et psychologue américain James Mark Baldwin (1861-1934) a soutenu que les caractéristiques acquises devenaient héréditaires avec le temps en raison de dispositions génétiques chez une espèce donnée. Ce point de vue a permis de jeter une passerelle entre l'école néodarwinienne et l'école néolamarckienne au sujet de la sélection naturelle.

La sélection naturelle s'explique par des mutations aléatoires produisant des traits physiques avantageux pour la survie et la procréation. Selon Baldwin, la capacité d'avoir des comportements dépendant complètement des particularités de l'environnement d'un organisme constitue aussi un facteur de sélection. Si un organisme est capable de développer des relations de coopération efficaces, et que ces relations sont nécessaires à la survie de toute l'espèce, alors sa capacité à s'engager dans une activité de coopération exercera une pression sur les prédispositions génétiques des autres organismes. Les organismes capables d'avoir ce comportement avantageux se doteront de cette « nouvelle » capacité au point que celle-ci finira par devenir instinctive.

Les changements au sein de l'infrastructure naturelle de la société ou même les changements de valeurs culturelles peuvent aussi exercer une pression et rendre certaines facultés de comportement bénéfiques. Une des critiques les plus courantes de ce point de vue porte sur le fait que lorsque ces facteurs sont plus complexes et contingents sur le plan social, l'espèce n'a plus le temps de sélectionner ces capacités avantageuses. Tout cela conduit à des débats plus vastes pour savoir dans quelle mesure les adaptations des organismes prouvant l'effet de Baldwin sont héréditaires et donc pour savoir à quel point la notion de sélection naturelle chez Baldwin est éloignée du modèle classique de Darwin. **JD**

1896

Fascisme

Gaetano Mosca et Maurice Barrès

Idéologie politique autoritaire et totalitaire exaltant l'identité nationale et/ou raciale

À la fin du XIXe siècle, les nations européennes ont été confrontées à des changements et à une crise de civilisation qui a entraîné un réaménagement de l'organisation politique. Dans son livre *Elementi di scienza politica* (« Éléments de science politique, 1896), le juriste italien et spécialiste des sciences politiques Gaetano Mosca (1858-1941) soutenait que les gouvernements disaient représenter la majorité, alors que la société était presque toujours dirigée par une minorité organisée d'acteurs politiques constituant une élite. Cette pensée a encouragé un certain élitisme qui, bien qu'applicable dans une démocratie, a suscité l'essor des nationalistes en Italie. Au même moment, les œuvres du romancier et homme politique français Maurice Barrès (1862-1923) exaltaient un nationalisme ethnique et un autoritarisme destinés à restaurer l'identité, la stabilité et la puissance de la France. Ces travaux présentaient les dirigeants comme l'incarnation charismatique de l'esprit de la nation, ce que les dirigeants fascistes prétendaient fréquemment être.

> *« L'individu n'est rien, la société est tout… »*
>
> **Maurice Barrès, romancier et homme politique**

Le fascisme met l'accent sur la suprématie de l'État et la subordination des individus à l'identité nationale. Cela va souvent de pair avec un sentiment de victimisation, de grief ou la perception d'un déclin culturel. Le développement social et économique doit rétablir la force et l'identité de la nation. La position totalitaire et autoritaire du fascisme l'a conduit à des démonstrations de puissance et à une suppression violente des opposants politiques. En Europe, Benito Mussolini en Italie, Adolf Hitler en Allemagne et Francisco Franco en Espagne ont été les dirigeants des trois régimes fascistes les plus marquants du XXe siècle. **JD**

1896

La forme suit la fonction

Louis Sullivan

La structure extérieure d'un édifice doit refléter ce qui se passe à l'intérieur

Dans son article « The Tall Building Artistically Considered » (« L'Immeuble de grande hauteur envisagé de manière artistique ») publié en 1896 dans la revue *Lippincott's* (n° 57), l'architecte américain Louis Sullivan (1856-1924) notait : « C'est la loi qui imprègne toutes les choses organiques et inorganiques et qui sous-tend toutes les manifestations vraies de l'esprit, du cœur et de l'âme : la vie est reconnaissable à son expression, la forme suit toujours la fonction. C'est la loi. »

À l'origine, il souhaitait, surtout quand il a conçu le magasin Carson Pirie Scott (1899, 1903-1904) de Chicago, créer des édifices dont l'aspect et la décoration extérieure reflètent la fonction. Pour lui, l'ornementation ne devait pas imiter les styles du passé, mais allier de façon nouvelle géométrie et nature.

« La forme et la fonction ne doivent faire qu'un, réunies dans une union spirituelle. »

Frank Lloyd Wright, architecte

Reprise de façon erronée par l'architecte autrichien Adolf Loos (1870-1933) en 1908, la formule tronquée « la forme suit la fonction » a servi (après la Seconde Guerre mondiale) à justifier l'esthétique moderniste internationale qui réduisait les édifices à des boîtes linéaires plates sans ornements. L'architecte américain Frank Lloyd Wright (1867-1959) est lui allé dans le sens de Sullivan, avec ses résidences et bureaux d'affaires au design entièrement maîtrisé. Ainsi, dans la Maison sur la cascade (résidence Kaufmann), l'implantation de l'édifice au-dessus de la cascade et le fait d'ouvrir et de fermer certaines portes et fenêtres favorisent la circulation de l'air frais. Les formes organiques ont été transformées en formes géométriques dans des édifices aussi variés que les « maisons de la prairie » et la maison en béton préfabriqué Hollyhock « California Romanza » d'inspiration maya. **PBr**

1897

Fondamentalisme chrétien

États-Unis

Un mouvement affirmant que la Bible est la parole littérale et infaillible de Dieu

À la fin du XIXe siècle, les idées des théologiens modernistes pour lesquels la Bible était un ouvrage écrit par de nombreux auteurs, contenant des informations de nature allégorique ou poétique plutôt que littérale, n'ont pas plu à beaucoup de protestants américains. En réaction souvent à ces modernistes et aux découvertes scientifiques incitant les penseurs chrétiens à moins privilégier le surnaturel, ces protestants conservateurs ont adopté les principes fondamentaux chrétiens énoncés lors de la conférence sur la Bible à Niagara en 1897.

Des brochures intitulées *Les Fondamentaux* et consacrées aux idées des conservateurs ont été publiées vers 1915 et ont donné son nom au mouvement. Aucune personne en particulier n'est à l'origine de celui-ci. Ses adeptes croient, entre autres, que la Bible doit être prise au sens littéral, que le salut n'est possible que si l'on pense que Jésus-Christ est mort pour les péchés de l'humanité, que seuls les fondamentalistes ont une vision juste du christianisme et que le retour de Jésus sur terre est imminent.

« Le monde a besoin d'être retourné pour se retrouver à l'endroit. »

Billy Sunday, évangéliste

Le fondamentalisme chrétien a eu un profond impact sur les institutions religieuses, politiques et sociales des États-Unis.

Bien qu'il n'existe pas de dénomination ou de doctrine unificatrices, les fondamentalistes considèrent l'infaillibilité de la Bible comme un fait établi et soutiennent qu'il leur incombe de défendre ce point de vue. Ils sont en grande partie responsables du créationnisme moderne, et ont contribué dans les années 1970 à façonner l'aile conservatrice américaine. **MT**

La Maison sur la cascade (1938) avec ses dalles en porte-à-faux faisant écho à la roche naturelle (USA).

Écoles Montessori

Maria Montessori

Une approche éducative mettant l'accent sur un apprentissage indépendant par le biais d'activités et de découvertes personnelles à la place d'un enseignement classique

Maria Montessori, qui a mis au point une méthode d'apprentissage pour les enfants, est photographiée ici lors d'une visite à la Gatehouse School de Londres, en Angleterre, en 1951.

« L'éducation est un processus naturel qui se développe spontanément et ne s'acquiert pas en écoutant des mots, mais par la vertu d'expériences effectuées dans le milieu. »

Maria Montessori

L'éducatrice italienne Maria Montessori (1870-1952) a commencé à élaborer sa philosophie et sa méthodologie en 1897, et a ouvert sa première classe à Rome en 1907. Tenant compte à la fois de la psychologie de l'enfant et de la pédagogie, elle a mis au point une approche destinée à favoriser le développement mental naturel de l'enfant et son développement social. Au lieu de recourir à un enseignement didactique éprouvé, son système vise à créer un environnement propice à un apprentissage libre des élèves en fonction de leurs inclinations personnelles.

Il est essentiel qu'ils puissent choisir leurs activités dans un milieu éducatif où les âges sont mélangés. Tout est préparé avec simplicité, clarté et ordre, avec le matériel et les possibilités qui correspondent aux « plans de développement » des élèves. Ces plans de développement sont les catégories de croissance de l'homme, de la naissance à l'âge de 6 ans, de 6 ans à 12 ans, de 12 ans à 18 ans et de 18 ans à 24 ans. L'éducation de Montessori vise à créer une pédagogie sur mesure, privilégiant toujours l'exploration libre dans un milieu dûment préparé.

Le principe constructiviste ou « de découverte » de cette éducation est l'une de ses caractéristiques la plus singulière et la plus complexe. Incitant les élèves à choisir leur propre voie au sein du paysage éducatif, l'apprentissage s'accompagne d'échecs, d'expérimentations et d'activités dans le cadre créé par le professeur. Cette approche refuse l'éducation standardisée, les curriculums uniformes, ainsi que les tests et les contrôles des connaissances. Les méthodes constructivistes de Montessori conservent une indépendance vis-à-vis de la mentalité « trop uniformisée » de certains systèmes éducatifs. **JD**

1898

Connexionnisme

Edward L. Thorndike

L'explication du comportement humain au moyen de réseaux de neurones artificiels

Le connexionnisme est une théorie selon laquelle nos réactions à certains stimuli résultent d'un processus de tâtonnements des connexions neuronales entre ces stimuli et les réactions les plus satisfaisantes à leur apporter. Il est utilisé en psychologie, dans les neurosciences et en linguistique pour stimuler les processus cognitifs comme la perception, la mémoire, l'apprentissage et les capacités motrices. Selon cette théorie, l'esprit fonctionne grâce à une variété d'unités simples et uniformes constituant les parties d'un grand réseau. Dans le cerveau, par exemple, les unités sont les neurones et les connexions entre les synapses.

Le connexionnisme était autrefois appelé le traitement parallèle réparti, concept apparu dans les travaux des premiers psychologues. Le psychologue américain Edward L. Thorndike (1874-1949) est considéré comme le premier adepte du connexionnisme, tel qu'il est compris aujourd'hui. Il s'est penché sur le sujet en 1898 dans sa thèse de doctorat (publiée en 1911 sous le titre *Animal intelligence*). Son travail a ensuite été développé par deux Américains, le neurologue Warren McCulloch (1898-1969) et le mathématicien Walter Pitts (1923-1969), qui, en 1943, a comparé le cerveau à un ordinateur et chacun des neurones le composant à un processeur numérique.

Bien que le connexionnisme ait été critiqué comme étant réductionniste, il est appliqué dans le domaine de l'intelligence artificielle et utilisé dans la construction des robots qui exigent huit fonctions : des unités de traitement, un stimulus pour les activer, une unité périphérique de sortie, des connexions entre les unités, un moyen de propagation, une méthode pour convertir les données en nouvelles formes, une capacité d'apprentissage (le fait de se rappeler les faits et d'agir sur la base de l'expérience) et un milieu dans lequel toutes ces activités peuvent se dérouler. **GL**

1898

Fusée spatiale

Konstantin Tsiolkovski

Le développement d'une théorie prévoyant l'utilisation de moteurs-fusées dans l'espace

En visite à Paris dans les années 1880, Konstantin Tsiolkovski (1857-1935), alors simple instituteur dans une province de Russie, imagine en voyant la tour Eiffel de construire une plateforme de 40 000 kilomètres de haut afin d'envoyer des objets dans l'orbite géosynchrone de la Terre. En 1898, il avance la première théorie sur la propulsion des fusées et suggère d'utiliser des propergols liquides, ce qui sera fait en 1926 par le physicien et inventeur américain Robert Goddard, premier homme à avoir lancé une fusée grâce à un carburant liquide. En 1903, Tsiolkovski explique que la vitesse d'éjection des gaz d'une fusée permet de déterminer sa portée et de calculer sa vitesse. C'est la fameuse équation dite de Tsiolkovski. Dans les années 1920, il préconise l'élaboration de plateformes habitées dans l'orbite de la Terre pour servir de relais lors de voyages interplanétaires. Il a même prévu l'avènement de la fusée à plusieurs étages.

> *« Les projets de Tsiolkovski n'ont pas eu l'attention qu'ils méritaient. »*
>
> **G. A. Tokaty, spécialiste d'aérodynamique**

Son enthousiasme pour les vols spatiaux était tel qu'il ne s'est pas contenté d'écrire pour les manuels ou les revues ; il est aussi l'auteur de livres de science-fiction. En 1911, il écrit : « Fouler le sol des astéroïdes, prendre en main une roche lunaire, installer des stations dans l'espace éthéré et construire des anneaux de vie autour de la Terre, la Lune, le Soleil, observer Mars d'une distance de quelques dizaines de kilomètres, débarquer sur ses satellites, et même à sa surface – qu'y a-t-il de plus extravagant ! » Iouri Gagarine est certes le premier Soviétique et le premier homme à être allé dans l'espace, mais il doit beaucoup aux idées de Tsiolkovski. **BS**

1898

Théorie de la radioactivité

Henri Becquerel/Pierre et Marie Curie

L'étude scientifique d'émissions de particules des atomes au noyau instable

Dès la fin du XIXe siècle, la théorie de la radioactivité est devenue l'un des domaines d'études scientifiques les plus importants de l'histoire. En novembre 1895, Wilhelm Röntgen a découvert les rayons X. Quelques mois plus tard, les études d'Henri Becquerel (1852-1908) sur la phosphorescence l'amènent à postuler l'existence d'un rayonnement spontané pour expliquer les effets de l'uranium sur des plaques photographiques. Ayant découvert que d'autres éléments naturels avaient les mêmes propriétés, Marie Curie (1867-1934) a utilisé en 1898 le terme de « radioactivité » pour désigner le phénomène. En 1903, elle a reçu avec Becquerel et Pierre Curie (1859-1906) le prix Nobel de physique.

La désintégration radioactive implique la perte d'énergie d'un atome instable. Elle a d'abord été déterminée par la taille et la puissance des rayons observés. Plus tard, des découvertes ont révélé que la radioactivité était due à l'émission de particules, notamment de neutrons, protons et électrons, ou à la désintégration transitoire d'un noyau ne donnant pas lieu à une transmutation, comme dans le cas de l'émission de rayons gamma qui se produit en même temps que d'autres formes de désintégration de particules.

« La radioactivité ne doit pas être haïe et crainte, mais acceptée et contrôlée. »

Ralph Eugène Lapp, physicien

Plus tard, les recherches d'Ernest Rutherford sur la structure des atomes ont donné plus d'information sur la radioactivité. Les modèles et les postulats de la théorie atomique et l'utilisation des découvertes sur la radioactivité ont permis des avancées majeures du XXe siècle, particulièrement l'exploitation de l'énergie nucléaire et les traitements médicaux comme la radiothérapie. **JD**

1899

Tribunaux pour enfants

Législation de l'Illinois

Des tribunaux qui ne jugent que les enfants et les adolescents

Les sociétés connaissent depuis longtemps les problèmes liés à la mauvaise conduite des mineurs, ainsi que celui posé par leur jugement. En 1172 av. J.-C., le code babylonien de Hammurabi reconnaissait le caractère particulier des crimes commis par des enfants. Ce dernier figurait aussi dans les lois juive, romaine et islamique. Au Ve siècle, le droit romain spécifiait qu'un enfant de moins de sept ans ne pouvait être tenu pour pénalement responsable.

Au XIe siècle, le droit coutumier anglais affirmait le principe du *parens patriae* (« parent de la patrie », en latin) selon lequel l'État pouvait se substituer aux parents lorsqu'un enfant avait besoin d'être protégé ou jugé. Cependant, ce n'est qu'en 1899 que la ville de Chicago dans l'Illinois a créé le premier tribunal pour enfants afin de juger les cas impliquant le viol d'une loi de l'État ou d'un arrêt municipal par un mineur de moins de 16 ans.

« Nos jeunes aiment le luxe, ont de mauvaises manières, se moquent de l'autorité... » **Socrate cité par Platon**

Un enfant n'est pas une personne pleinement développée et l'idée qu'un mineur puisse avoir un mobile suffisant pour être jugé responsable d'un crime est devenue problématique quand la société a mieux compris le développement des enfants. Les tribunaux pour enfants savent que la justice est importante dans une société, mais aussi que les enfants ont besoin d'un soutien et leur « culpabilité » n'a pas le même sens que celle des adultes.

Les meurtres accomplis par des enfants sont assez peu nombreux, mais attirent davantage l'attention des médias. La justice pour mineurs doit relever des défis considérables. **MT**

◄ Marie Curie photographiée dans son laboratoire en 1896.

Consommation ostentatoire

Thorstein Veblen

L'achat de biens et de services dans le but d'étaler sa richesse ou d'asseoir son statut

L'étalage de biens et de services de luxe par les classes dominantes à la fin du XIXe siècle a incité Thorstein Veblen à formuler sa théorie économique sur la consommation ostentatoire.

Dans son livre *Théorie de la classe oisive* publié en 1899 qui a eu beaucoup d'influence, Thorstein Veblen (1857-1929) identifiait une caractéristique de la nouvelle haute société de la fin du XIXe siècle et de la classe moyenne du XXe siècle : le fait d'accumuler des biens et des services de luxe dans le but de faire étalage de leur prestige, de leur richesse et de leur statut social. Cet économiste américain spécialiste des sciences sociales y voyait un trait négatif du nouveau riche, freinant l'adaptation sociale aux nécessités de l'époque industrielle.

Le désir d'exhibition exprimé par la consommation ostentatoire tranche sur le fait de se procurer des biens et des services pour leur valeur intrinsèque ou leur utilité. Si l'on s'intéresse à son aspect « ostentatoire », ce type de consommation – l'acquisition de biens destinée à rehausser son prestige – peut tout à fait se concevoir au sein de n'importe quelle classe sociale, parmi les plus riches comme parmi les plus pauvres. Si l'on s'intéresse surtout au phénomène de « consommation », la consommation ostentatoire se rapporte à l'achat et à l'étalage de biens qui ne sont pas nécessaires et caractérise essentiellement les classes moyenne et riche qui créent des modèles de comportement social et de consommation imités par les autres. À cet égard, elle est très liée au consumérisme.

L'idée d'une « taxe sur le luxe » est une des conséquences de la thèse de Veblen. Ce type de taxe entraîne l'augmentation du prix des biens et des services considérés surtout comme des signes de fortune et permet une hausse des revenus et une redistribution des richesses, sans faire perdre beaucoup d'argent aux consommateurs en mal de reconnaissance sociale. Elle peut graduellement réduire la consommation ostentatoire de « biens positionnels » ou de « biens à effet Veblen », ainsi nommés parce que leur demande est en hausse quand leur prix augmente. **JD**

« La consommation ostentatoire de biens de valeur est un moyen d'affirmer sa réputation pour l'homme de la classe de loisirs. » **Thorstein Veblen**

Courant de conscience

William James

La théorie selon laquelle la conscience humaine est un flux ininterrompu de pensée

Bien que l'idée que l'esprit soit caractérisé par un flux de conscience figure déjà dans les premiers textes bouddhistes, William James (1842-1910), l'un des premiers psychologues reconnus des États-Unis, lui a donné une approche moderne en 1899 dans son chef-d'œuvre de 1 200 mots *Principes de psychologie*. Il dit que la conscience est « ininterrompue » et déclare qu'il n'y a pas de « brèches » ou comme il se plaît à le dire « pas de substances étrangères importunes » intervenant pour distinguer ou séparer une période de conscience de la suivante. Selon lui, imaginer une conscience interrompue par des « vides » ou des intrusions serait comme « espérer que l'œil perçoive un moment de silence parce qu'il ne peut pas entendre, ou que l'oreille perçoive un instant d'obscurité parce qu'elle ne peut pas voir ». « Il en va de même, dit-il, pour les interruptions non perceptibles. »

La conscience au lieu d'être « hachée » s'apparente à un fleuve ou à un flot, à un processus en mouvement même en cas de brusque interruption, comme une explosion ou une perte d'équilibre et une chute. Ces interruptions – un coup de tonnerre ou un coup de feu – s'intègrent dans nos pensées pour faire intrinsèquement partie de notre conscience continue. James pensait que nos expériences cognitives se chevauchaient et étaient liées par des « franges », des états subconscients, jouant le rôle d'attaches nécessaires pour relier nos pensées conscientes et nous empêcher de vivre dans un monde intérieur chaotique fait d'expériences aléatoires et décousues.

Cette théorie a influencé la littérature, devenant un procédé narratif pour décrire les innombrables pensées et sentiments traversant l'esprit d'une personne. Le roman *Ulysse* (1922) de James Joyce est l'un des exemples les plus connus de cette technique du courant de conscience. **BS**

↑ William James, généralement considéré comme le père de la psychologie américaine, a influencé des générations de penseurs avec son chef-d'œuvre *Principes de psychologie*.

« Comme un oiseau, le courant de conscience est fait d'envolées et de haltes… »

William James, *Principes de psychologie* (1899)

1899

Interprétation des rêves

Sigmund Freud

Le processus consistant à attribuer une signification aux rêves afin de débloquer l'inconscient

Les rêves, c'est-à-dire les épisodes imaginaires ou les événements traversant l'esprit de l'homme dans son sommeil, ont toujours défié l'interprétation. Dans les civilisations anciennes, ils étaient censés être prophétiques. Il y a des rêves qui prédisent l'avenir dans l'Épopée de Gilgamesh (v. 2150 av. J.-C.), dans l'*Iliade* d'Homère (VIIe siècle av. J.-C.) et dans l'Ancien Testament. Cependant, on ne sait si les auteurs de ces ouvrages écrivaient ce à quoi ils croyaient ou s'ils se conformaient simplement à des conventions littéraires. Dans d'autres cultures, les rêves étaient perçus comme des interventions du surnaturel destinées à expliquer les choses incompréhensibles de la vie. Ces idées sont devenues moins crédibles à notre époque, quand il a été généralement admis que les rêves étaient les manifestations – souvent déformées – de choses nous préoccupant avant notre sommeil.

En 1899, Sigmund Freud (1856-1939), fondateur de la psychanalyse, a publié *L'Interprétation des rêves*. Il y affirmait que les rêves exprimaient les sentiments et les désirs refoulés à l'état de veille. (L'idée qu'ils étaient tous liés à la sexualité, bien qu'elle soit largement acceptée, n'est pas étudiée ici.) Le psychologue Carl Jung (1875-1961) a ensuite proposé que les rêves puissent être ce que Freud disait ou l'expression de ce que les dormeurs redoutaient le plus. Le fait d'arriver à savoir ce qui se cachait derrière un rêve permettait de mieux se connaître.

Plus récemment, des scientifiques ont émis l'hypothèse que les rêves avaient une fonction purement biologique, les ondes cérébrales étant activées par l'activité chimique de notre corps, et qu'il ne fallait attribuer aucune signification aux images et aux messages qu'ils semblaient véhiculer. Ils seraient le produit de notre imagination, tout comme certaines, voire toutes nos façons de les interpréter. **GL**

Tableau du Douanier Rousseau, *Le Rêve* (1910), censé représenter les mécanismes du rêve.

1899

Le « canard-lapin » : illusion d'optique Joseph Jastrow

Une illusion d'optique servant de test psychologique pour tester la perception de l'homme

Est-ce un canard ou un lapin ? Réalisé par un artiste inconnu et publié pour la première fois dans l'hebdomadaire satirique munichois *Fliegende Blätter* («Feuilles volantes») le 23 octobre 1892, puis dans *Harper's Weekly* un mois plus tard, ce dessin a été utilisé en 1899 par le psychologue américain Joseph Jastrow (1863-1944), qui en parlait comme d'un «dessin ingénieux», pour tester la façon dont nous percevons notre environnement.

La version de Jastrow, techniquement plus ambiguë que l'original, s'apparente plus à un dessin réversible ou «bistable» qu'à une véritable illusion d'optique. Elle reste pourtant l'une des images les plus célèbres employées pour tester la finesse de notre perception au même titre que l'escalier de Schroeder qui peut être vu à l'endroit ou renversé ou le cube de Necker dont la perspective change selon l'angle de vue.

Comment fonctionne cette illusion d'optique ? Quand le dessin est examiné minutieusement, l'œil est attiré par les lignes qui le composent plutôt que par l'image. Ce sont les lignes que nous voyons et tentons d'interpréter, l'image étant un «leurre». Les lignes sont vues tour à tour comme représentant un canard et/ou un lapin. Cet instrument psychologique est utilisé pour voir comment nous donnons un sens à notre environnement en organisant les stimuli sensoriels.

L'interprétation d'une image peut-elle servir à mesurer l'intelligence ? La vitesse avec laquelle nous discernons les deux images, notre aptitude à percevoir rapidement un canard puis un lapin, et vice versa, permet-elle de mesurer notre créativité ? Des études ont montré que les participants au test capables de vite interpréter différemment le dessin étaient souvent plus créatifs que ceux qui avaient du mal à le faire. Une fois que ces derniers «voyaient» l'image, ils avaient du mal à ne plus voir qu'une interprétation. Le canard devenait un lapin, et le lapin un canard. **BS**

↑ La première apparition du canard-lapin, une gravure sur bois représentée dans la revue *Fliegende Blätter*, 1892

BASEMENT

1899

Consumérisme

Thorstein Veblen

L'idée selon laquelle la consommation de biens sont bonnes pour la société

Le désir de biens et de services superflus a toujours existé, mais dans *La Théorie de la classe oisive* (1899), Thorstein Veblen (1857-1929) l'a mis en relation avec la révolution industrielle. Veblen a noté en Europe une hausse de la demande de biens de la part de la classe moyenne en plein essor et des classes supérieures, et en a déduit que pour une partie de la société, la consommation était devenue une fin en soi.

Le consumérisme est lié à la notion de « consommation ostentatoire » que Veblen avait déjà formulée : une consommation caractérisée par l'acquisition de biens et services dans le but de montrer sa richesse ou son statut. Le consumérisme va plus loin, car il sous-entend qu'il est bon pour les membres d'une société de dépenser et de consommer toujours plus, non seulement pour asseoir leur statut, mais aussi pour alimenter l'économie qui contribue à la création de ces biens de consommation.

« Ces choses sont-elles vraiment mieux que celles que j'ai déjà ? »

Chuck Palahniuk, romancier

Dans les sociétés occidentales, le consumérisme a entraîné le développement de grosses entreprises et de systèmes économiques, mais aussi un recours accru au crédit et à l'endettement. Le marketing et la promotion des marques sont devenus des facteurs majeurs de la croissance économique, en grande partie à cause de l'essor de la consommation ostentatoire. Le consumérisme est couramment critiqué, car il a tendance à déprécier la simplicité, l'utilité et les institutions traditionnellement considérées comme ayant une valeur intrinsèque au profit d'une accumulation continue de biens matériels en vue d'une satisfaction temporaire ou pour atteindre un statut imaginaire. **JD**

1899

Axiomes de Hilbert

David Hilbert

Une série d'hypothèses proposées pour constituer le fondement de la géométrie

Dans son livre *Les Fondements de la géométrie* publié en 1899, David Hilbert (1862-1943) a développé 20 axiomes pour exprimer la géométrie euclidienne. Les cinq axiomes d'Euclide étaient depuis longtemps considérés comme incomplets et peu rigoureux. Le système de Hilbert part de 6 éléments primitifs indéfinis : 3 termes (le point, la droite, le plan) et 3 relations (« entre » permettant de relier des points ; « appartenant à » permettant de relier points et droites, points et plans, et droites et plans ; « être congruent à » permettant de relier segments et angles). Hilbert classe ses 20 axiomes en 5 groupes. Les 8 axiomes d'incidence se rapportent à l'occurrence et à la relation des points, des lignes et des plans en termes « d'appartenance ». Les 4 axiomes d'ordre sont utilisés pour ordonner le système de nombre obtenu à la lumière du concept « entre ». Les 6 axiomes de congruence ont trait aux relations d'équivalence des termes élémentaires, et l'axiome des parallèles, lui, définit le concept d'une ligne parallèle en géométrie euclidienne. Hilbert conclut par 2 axiomes de continuité, aussi appelés axiome d'Archimède et axiome de l'intégrité linéaire.

« ... un jeu joué conformément à certaines règles avec des signes dépourvus de significations sur le papier. » **David Hilbert**

Ces axiomes qui se distinguent par leur clarté, leur organisation et leur rigueur ont façonné les mathématiques du XXe siècle. Ils ont annoncé ce qui allait devenir le programme de Hilbert, une tentative de formulation des mathématiques au moyen d'un système d'axiomes démontrables. L'approche de Hilbert a permis une découverte importante : la preuve par Gödel qu'aucun système axiomatique formel ne peut justifier sa propre complétude. **JD**

← Le grand magasin Macy's de New York, photographié en 1950, a contribué à l'essor du consumérisme.

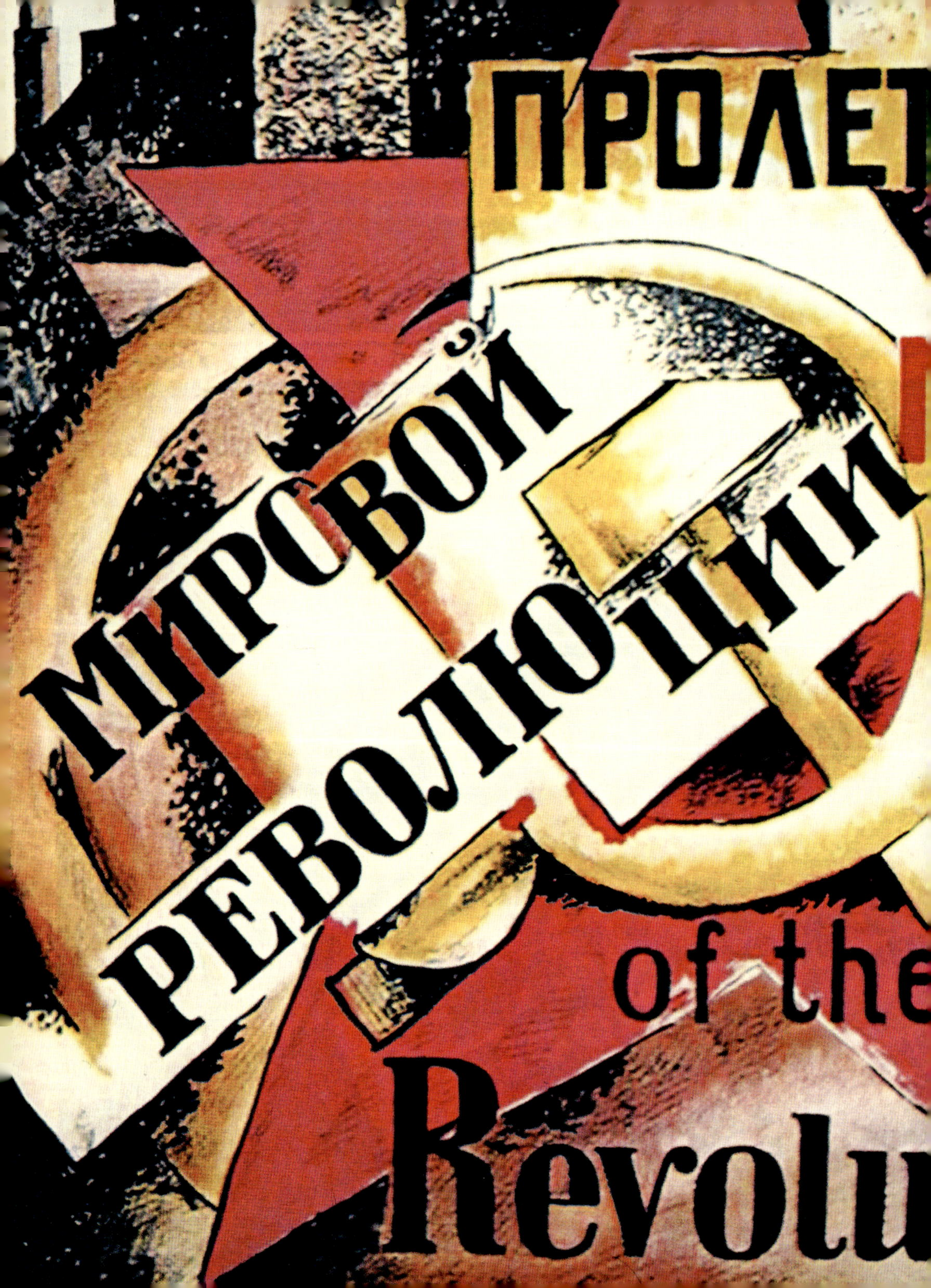
ПРОЛЕТ
МИРОВОЙ
РЕВОЛЮЦИИ
of the
Revolu

le début du XXe siècle 1900-1949

Après le premier vol d'un avion en 1903, les inventeurs ont imaginé toutes sortes d'appareils. Pendant ce temps, les physiciens ont mis au point des concepts révolutionnaires sur les mécanismes de l'Univers comme la relativité générale, la théorie du big bang et la fusion nucléaire. La guerre a toujours facilité l'adoption d'idées nouvelles et les deux guerres mondiales qui ont marqué cette période n'ont pas fait exception à la règle, en contribuant à de nombreux développements technologiques et avancées médicales. La Seconde Guerre mondiale a montré les conséquences désastreuses d'idées politiques comme le fascisme et le nazisme, et a conduit à l'élaboration de principes moraux sous la forme de la Déclaration universelle des droits de l'homme en 1948.

← Détail d'une affiche communiste de 1921. La révolution d'Octobre de 1917 au cours de laquelle le parti communiste a pris le pouvoir a été profondément influencée par le léninisme.

Le N° Paraît le 15 du Mois

50 CENTIMES NET

RIONS!

1re ANNÉE

AVRIL 1908

N° 1

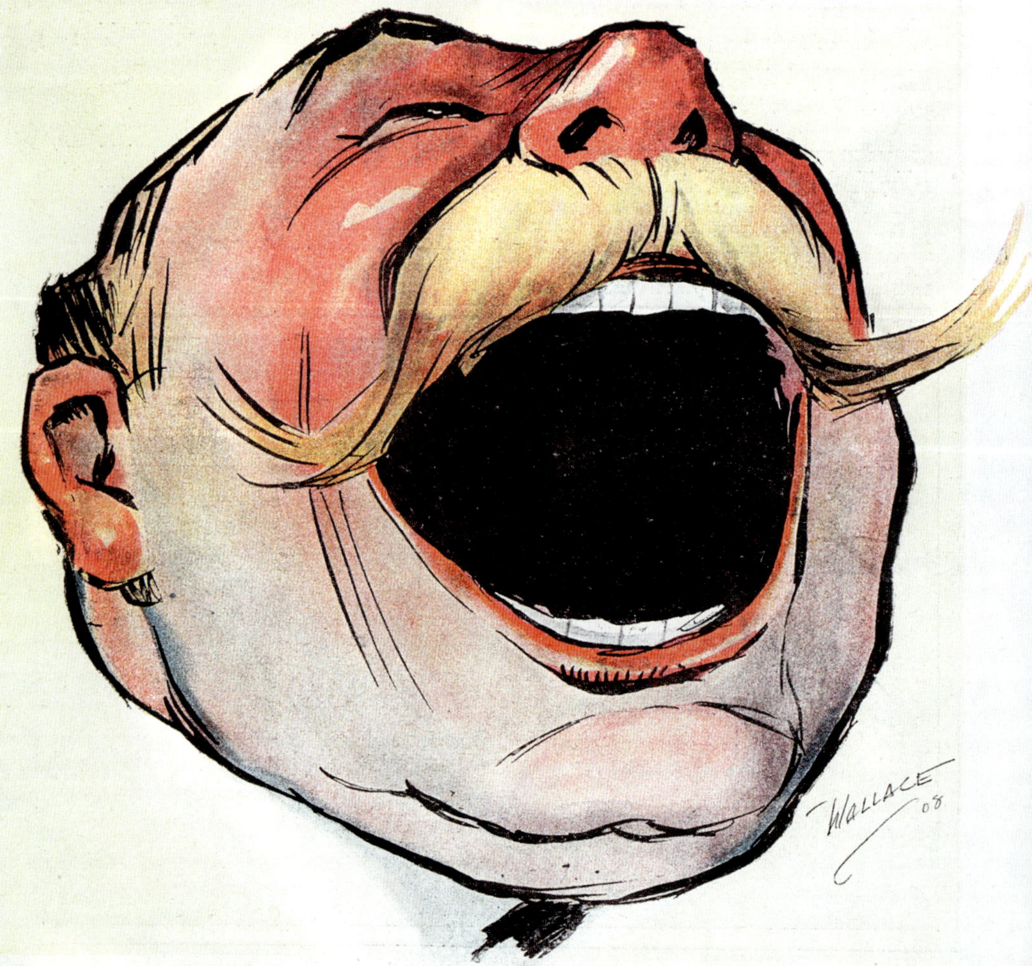

ABONNEMENTS :

Paris : 6 fr.; Départ. : 7 fr.; Étranger : 9 fr.

HACHETTE ET CIE. — PARIS

1900

De l'usage du rire

Henri Bergson

Une œuvre majeure sur la nature et la valeur du rire

En 1900 le philosophe français Henri Bergson (1859-1941) a écrit *Le Rire : essai sur la signification du comique*, divisé en trois chapitres : le comique en général, le comique de situation et le comique de caractère. Tout au long de cet ouvrage, il traite des aspects de la vie propices au rire et de la fonction sociale de celui-ci.

L'une des caractéristiques de l'approche du rire par Bergson est son examen de la « mécanique » humaine. Il part du principe que les êtres humains ont une façon de vivre habituelle, prévisible et mécanique offrant un fort contraste avec l'élan vital, c'est-à-dire le dynamisme de la vie au sens profond du terme. Pour lui, le rire permet de déceler ce qui relève de la mécanique dans la vie humaine. Il met en évidence la raideur de l'homme et son aveuglement face à sa vanité et à sa stupidité, et nous réunit dans la reconnaissance de ces phénomènes.

« Raisonnable à sa façon, jusque dans ses plus grands écarts… »

Henri Bergson, *Le Rire* (1900)

C'est l'intérêt que Bergson a porté aux utilisations du rire, surtout à sa fonction sociale, qui a eu une grande influence sur les études ultérieures. Le rire joue, entre autres, le rôle de « soupape de sûreté ». Grâce à lui, les règles et les devoirs qui aident les hommes à supprimer leurs désirs les plus menaçants cèdent la place à l'expression de l'émotion dans la comédie et le drame. Dans ce sens, il est une réaction à l'artificialité de la société. L'œuvre de Bergson révèle en outre la valeur de correction du rire, notamment quand nous nous moquons de l'incapacité d'une personne à s'adapter aux normes de la société. À la fin du livre, il souligne que toutes ces utilisations du rire ramènent ce qui est figé ou mort vers la vie authentique. **JD**

v. 1900

Phénoménologie

Edmund Husserl

La définition de ce qui constitue la conscience et la façon dont elle est utilisée pour interpréter le monde

L'approche phénoménologique de la psychologie développée par le mathématicien et philosophe autrichien Edmund Husserl (1859-1938) dans les premières décennies du XXe siècle peut être expliquée de la façon suivante… Supposons qu'une personne voit l'image d'un chien.

La phénoménologie dit que le fait de regarder le chien est une expérience authentique, même si « l'acte de voir » a lieu en rêve ou est imaginé. Les phénoménologues ne cherchent pas à savoir si l'expérience est réelle, et ne se préoccupent pas de l'existence du chien, mais s'intéressent au sujet qui croit l'avoir vu. L'expérience s'apparente aux *qualia*, terme latin désignant des perceptions primaires qui ne peuvent être mal interprétées, comme un mal de tête. Les phénoménologues cherchent à identifier tout phénomène à travers le prisme des perceptions, sans hypothèses ou idées préconçues.

« L'expérience est une conscience qui sait intuitivement quelque chose et l'estime vrai. » **Edmund Husserl**

Dans ses livres *Recherches logiques* (1900) et *Idées directrices pour une phénoménologie* (1913), Husserl a expliqué avec force détails les concepts l'ayant amené à développer cette branche de la psychologie. Il a souligné que pour bien étudier la conscience d'une personne, il était nécessaire de distinguer l'acte conscient et l'objet visé par l'acte.

Il a noté l'importance de l'intentionnalité, procédé faisant que notre expérience est tournée vers le monde. Il s'agit là de l'essence de la phénoménologie selon Husserl : nos expériences sont tendues vers les choses via nos pensées, nos idées et nos concepts. **JMa**

Portrait expressif d'un rire sur la couverture de la revue française *Rions !* (1908).

Paradoxe de Russell

Ernst Zermelo

Un paradoxe logique qui indique une contradiction dans la théorie des ensembles, démontrant la limitation fondamentale d'un tel système

Ernst Zermelo photographié en 1900. Son travail sur la théorie axiomatique des ensembles a eu d'énormes implications sur les fondements des mathématiques.

« Le paradoxe soulève la possibilité effrayante que les mathématiques s'appuient sur des fondements chancelants et qu'on ne peut se fier à aucune preuve. »

Helen Joyce, mathématicienne

En 1901, le philosophe et logicien britannique Bertrand Russell (1872-1970) a signalé une contradiction dans la théorie des ensembles qui a par la suite été baptisée paradoxe de Russell et a tenté d'y apporter une réponse. Cependant, en 1900 le logicien et mathématicien allemand Ernst Zermelo (1871-1953) l'avait déjà découverte, sans la publier. Seuls ses collègues de l'université de Göttingen le savaient.

Il s'agit d'une contradiction de la théorie des ensembles, un ensemble étant constitué de nombres ou d'objets physiques. Ainsi, l'ensemble des nombres 5, 6 et 7 est noté (5, 6, 7). Un ensemble, logiquement, peut être un élément de lui-même. Si nous prenons l'ensemble A englobant tous les ensembles qui ne sont pas des éléments d'eux-mêmes, peut-il être un élément de lui-même ? Si nous disons oui, il y a là une contradiction, puisque, comme nous venons de le dire, chaque ensemble de l'ensemble A ne peut être élément de lui-même. Cependant, si l'on affirme le contraire, il y a aussi une contradiction.

À la différence des théorèmes complexes venant d'être énoncés, le paradoxe peut être interprété comme suit : « Il y a un barbier dans un petit village. Tous les hommes de celui-ci se rasent eux-mêmes ou se font raser par le barbier. Cependant, le barbier ne rase que ceux qui ne se rasent pas eux-mêmes. Par conséquent, le barbier… se rase-t-il ? » S'il le fait, l'affirmation est fausse, car il ne fait la barbe qu'aux hommes ne se rasant pas eux-mêmes. Mais s'il ne le fait pas, alors il doit aller chez le barbier (lui-même) pour être rasé.

Zermelo et Russell ont ainsi mis en doute l'idée de plus en plus acceptée que les mathématiques pouvaient se ramener à de la logique pure. Comment se fier aux preuves mathématiques, si la théorie des ensembles sous-tendant la majeure partie des mathématiques apparaît incomplète, voire contradictoire ? **JMa**

1900

Loi de Planck

Max Planck

Une équation visant à mesurer la quantité de radiations émises par les « corps noirs »

Présentée pour la première fois par le physicien allemand Max Planck (1858-1947) lors d'une conférence à la Société allemande de physique en octobre 1900, la loi de Planck est l'une des pierres angulaires de la thermodynamique.

Elle permet de calculer l'intensité du rayonnement d'un « corps noir » (objet absorbant intégralement l'énergie électromagnétique qu'il reçoit) et la variation de celle-ci selon la température du corps.

Planck effectuait depuis des années des travaux sur ce qu'il appelait le problème du rayonnement d'un corps noir. Cependant, il n'aurait pu trouver son équation sans le travail de ses collègues physiciens Otto Lummer (1860-1925) et Ernst Pringsheim (1859-1917) et sans leurs expériences sur la bolométrie infrarouge (la mesure de l'énergie radiante) à l'institut physico-technique impérial de Berlin dans les années 1890.

À la fin du XIXe siècle, la plupart des physiciens tentaient de comprendre le rayonnement des corps noirs en faisant chauffer un objet creux dont il perçait une paroi d'un minuscule trou afin de mesurer les niveaux des rayonnements s'échappant. Planck a choisi de ne pas mesurer directement ces derniers, mais de calculer le spectre de rayonnement moyen et la répartition de l'entropie (la quantité d'énergie non disponible).

La loi de Planck n'a pas été réfutée depuis, bien que des exceptions aient été récemment observées dans le milieu des nanosciences.

En 2009, des chercheurs de l'université de Californie, à Los Angeles, ont découvert des anomalies dans le spectre de rayonnement émis par un nanotube de carbone d'un diamètre de 100 atomes. Puis, en septembre 2012, des scientifiques de l'université de technologie de Vienne ont noté que la fibre de silice n'obéissait pas à la loi de Planck, mais se chauffait et se refroidissait selon des règles plus générales. **JMa**

V. 1900

Structuralisme

Wilhelm Wundt

Une nouvelle façon d'appréhender nos perceptions et processus cognitifs

Wilhelm Wundt (1832-1920) a donné les premiers cours de psychologie physiologique à Heidelberg, en Allemagne, en 1867. Il a écrit le premier manuel de psychologie, *Éléments de psychologie physiologique* (1873-1874), et fondé le premier « laboratoire de psychologie », l'Institut de psychologie expérimentale, à Leipzig en 1879.

Il est aussi le premier à avoir reçu le titre de psychologue et a défini le premier paradigme de la psychologie appelé plus tard structuralisme.

Il s'agissait d'une tentative de décomposer les processus mentaux en éléments constitutifs, et de les étudier comme un chimiste étudierait des composés chimiques. Le structuralisme est issu des recherches que Wundt menait sur l'inconscient au moyen de l'introspection, en utilisant des stimuli pour analyser les perceptions et sensations des patients. Wundt voulait trouver une méthode d'étude objective et rationnelle, en tenant compte de la crise et de l'évolution rapide des forces de la société dans l'Europe de la fin du XXe siècle. Cette nouvelle forme d'analyse a élargi les perspectives, en incluant aussi la linguistique et le travail de Ferdinand de Saussure (1857-1913).

> « *Wundt pensait que la conscience pouvait être décomposée en éléments de base.* » **Saul McLeod, *Simply Psychology* (2007)**

À une époque où diverses disciplines s'affrontaient au sein de la toute nouvelle psychologie, le psychologue William James a critiqué le structuralisme, en disant qu'il avait « beaucoup d'écoles, mais pas de pensée ». Le structuralisme est devenu moins populaire à la fin des années 1920 avec la mort du disciple le plus dévoué de Wundt, Edward Titchener. Il a été remplacé par l'humanisme, le behaviorisme et la psychanalyse. **BS**

NATIONAL COUNC
FOR
REDUCTION OF ARM
NO MORE WAR
FARMERS' NATIONAL COUNCIL
SOUTHERN COOPERATIVE LEAGUE
NATIONAL CATHOLIC WELFARE COUNCIL
AMERICAN ASSO UNIVERSITY WOMEN

1901

Pacifisme
Émile Arnaud

Le rejet absolu de la guerre et de la violence sous toutes ses formes

Le pacifisme est l'idée qu'aucun meurtre ne peut être justifié et qu'il ne peut y avoir de « guerre juste ». Le terme a été utilisé pour la première fois par l'avocat français Émile Arnaud (1864-1921), fondateur de la Ligue internationale de la paix et de la liberté, qui a réuni ses principes dans un Code de la paix en 1901. Le pacifisme a influencé de nombreux activistes et mouvements au cours du xxe siècle.

Il s'agissait à l'origine de protester contre les arguments pragmatiques justifiant la guerre. Même l'autodéfense, souvent employée pour légitimer la violence, est inacceptable pour un pacifiste. Pour lui, la violence est le produit d'un « cycle de violence » et l'usage de la violence pour répondre à la violence ne fait qu'accroître celle-ci. Par conséquent, seule une résistance radicale à toute forme de violence est capable de briser ce cercle vicieux. Historiquement, le pacifisme tire ses origines des enseignements d'éminentes figures de la religion comme Bouddha et Jésus.

« Il y a beaucoup de causes pour lesquelles je suis prêt à mourir, mais aucune pour laquelle je suis prêt à tuer. » **Mahatma Gandhi**

En tant que stratégie morale, le pacifisme propose d'éviter la culpabilité associée à des actes violents commis au nom de la violence. Les mouvements pacifistes ont montré qu'ils pouvaient avoir du succès en tant que stratégie politique. En effet, le pacifisme a été un élément notable de certains mouvements en faveur des changements sociaux au xxe siècle. Le Mahatma Gandhi s'est servi avec succès de stratégies pacifistes pour obtenir l'indépendance de l'Inde et Martin Luther King a utilisé un mode pacifiste de désobéissance civile dans son mouvement des droits civiques aux États-Unis. **TD**

1901

Chirurgie par laparoscopie
Georg Kelling

Le développement d'une forme de chirurgie peu invasive

La chirurgie par laparoscopie, aussi appelée cœlioscopie, est pratiquée en introduisant des instruments à travers de petites incisions de la peau. La première intervention a été réalisée en 1901 sur un chien par Georg Kelling (1866-1945), qui avait parlé à ce propos de cœlioscopie. Après avoir gonflé d'air la cavité abdominale de l'animal, il avait inséré un cystoscope (dispositif optique utilisé pour visualiser la vessie) à travers la paroi abdominale pour examiner la zone sans faire courir de risques aux autres organes internes. En 1910, Christian Jacobaeus (1879-1937) a été le premier à se servir de la laparoscopie sur un homme, selon une méthode similaire.

Bien que les techniques de chirurgie par laparoscopie se soient améliorées au cours des décennies qui ont suivi, la laparoscopie n'a pas été popularisée avant la mise au point à la fin des années 1980 d'une petite caméra qui, fixée sur le système optique (tube), permettait au chirurgien de contrôler l'image sur un écran.

« La méthode repose sur le fait que la paroi abdominale est extrêmement souple. » **Georg Kelling**

Au départ, la communauté médicale avait émis des réserves sur l'innocuité de la laparoscopie. Cependant, la réduction du risque d'hémorragie a rendu le procédé populaire, surtout en gynécologie dans le cas des opérations de ligature des trompes.

La laparoscopie a révolutionné la chirurgie et son utilisation est maintenant courante. Comme cette technique est moins invasive que les procédés classiques, les patients ressentent souvent moins de douleurs, passent moins de temps à l'hôpital et présentent moins de risques de complications. **NM**

Les femmes de la Ligue nationale pour la limitation des armements manifestant à Washington en 1922.

1901

Chien de Pavlov

Ivan Pavlov

Cette étude sur le réflexe conditionné chez les chiens a servi de base à la psychologie du comportement

Le chien de Pavlov fait référence aux expériences effectuées par le physiologiste russe Ivan Pavlov (1849-1936) à partir de 1901. Le savant avait découvert qu'un chien pouvait saliver en entendant une sonnerie. Ce genre de conditionnement classique, a eu des effets profonds sur la psychologie, notamment sur le behaviorisme. Les travaux de Pavlov ont prouvé qu'un animal pouvait adopter involontairement un comportement particulier. Cette salivation en présence d'une sonnerie était une réaction involontaire, mais néanmoins conditionnelle. Les psychologues du behaviorisme ont découvert que les hommes, eux aussi, pouvaient être conditionnés sans le savoir pour réagir à des stimuli.

Pavlov a entrepris ses expériences pour en savoir plus sur la physiologie des chiens et leur salivation. Il leur donnait de la viande en morceaux ou en poudre et observait la façon dont ils salivaient. Au départ, ses expériences ne portaient absolument pas sur le conditionnement. Cependant, avec son assistant Ivan Filippovitch Tolochinov, il a remarqué que les chiens se mettaient à saliver dès qu'une personne portant une blouse blanche entrait dans la pièce. Au début, les deux hommes étaient plutôt ennuyés par ce phénomène, jusqu'à ce que Pavlov réalise que les chiens avaient, sans le vouloir, appris à associer les scientifiques à la nourriture et salivaient même quand celle-ci était absente. Il a observé qu'un stimulus neutre, comme une sonnerie ou une blouse blanche, pouvait être associé à un stimulus inconditionnel comme la nourriture, et après avoir fait des expériences avec les deux, a constaté qu'un stimulus neutre pouvait provoquer une réaction conditionnelle, comme la salivation.

La théorie de Pavlov est maintenant utilisée dans des domaines comme le marketing, la politique et l'éducation. Le conditionnement classique sert à susciter un changement de comportement. **NM**

Ivan Pavlov (à droite avec la barbe) et son équipe de recherche avec un de leurs chiens de laboratoire vers 1925.

1902

Transplantation d'organes

Alexis Carrel

Le développement d'une technique permettant de greffer des organes

Les médecins rêvaient depuis des millénaires de greffer les organes d'un corps sur un autre corps pour sauver des vies. Le procédé chirurgical qui implique de prélever un organe chez un donneur vivant ou mort, ou des tissus sur le propre corps d'un patient, est devenu un procédé médical viable depuis peu. Grâce à des médicaments empêchant notre corps de rejeter les corps étrangers, comme il a tendance à le faire naturellement, les médecins réussissent à greffer les organes ou les tissus d'un donneur sur le corps d'un patient qui en a besoin pour mieux vivre ou survivre.

Le chirurgien français Alexis Carrel (1873-1944) a fait œuvre de pionnier avec ses travaux sur la transplantation. Il a greffé des organes sur des chiens à partir de 1902 et a développé une méthode de suture des vaisseaux sanguins qui était cruciale pour ce type de chirurgie. Il a aussi été le premier à identifier le problème du rejet d'organes. Avec Charles Lindberg (1902-1974), il a inventé la pompe à perfusion, autre avancée indispensable à la transplantation d'organes. Cependant, ce sont Joseph Murray et J. Hartwell Harrison qui ont réalisé la première greffe, celle d'un rein en 1954, le donneur et le patient étant des jumeaux. Aujourd'hui, grâce à des produits comme la cyclosporine qui prévient les rejets du système immunitaire, les greffes sont souvent bien acceptées.

Actuellement, les seuls organes pouvant être greffés sont le cœur, les reins, le foie, les poumons, le pancréas, l'intestin et le thymus. La transplantation d'organes est un domaine où les techniques évoluent rapidement. La recherche sur les cellules souches accroît la possibilité d'utiliser les cellules d'un donneur pour fabriquer de nouveaux organes pouvant être greffés. Pour l'heure, le succès des greffes d'organes a entraîné une hausse de la demande de dons d'organes. Malheureusement, on manque de donneurs et des personnes en attente de greffe meurent chaque jour. **NM**

↑ Alexis Carrel fait une démonstration devant un groupe de chirurgiens dans un hôpital durant la Première Guerre mondiale.

Théorie de la vérité-correspondance

G. E. Moore

Une façon philosophique de comprendre la nature de la vérité et du mensonge : la vérité étant ce qui correspond à la réalité

↑ Avec Bertrand Russell, G. E. Moore s'est détourné de l'idéalisme de la philosophie britannique et a fondé la tradition analytique.

« L'opinion que la vérité est la qualité d'une croyance dans les faits est une forme de la théorie de la correspondance, selon laquelle la vérité est la correspondance de nos idées avec la réalité. »

Bertrand Russell, *On the Nature of Truth* (1906)

La théorie de la vérité-correspondance soutient que la vérité est une adéquation à la réalité, indépendante de notre esprit. Son histoire est longue, mais ses origines à l'époque moderne remontent à deux essais de philosophes britanniques : *Truth and Falsity* (« Vérité et fausseté ») de G. E. Moore (1873-1958) en 1902 et *On the nature of Truth* (« Sur la nature de la vérité ») de Bertrand Russell (1872-1970) en 1906. Les deux hommes, qui étaient amis, se sont mutuellement influencés.

L'idée que la vérité est une adéquation à la réalité est intuitive. Des penseurs comme Aristote, saint Thomas d'Aquin et John Stuart Mill ont été les précurseurs de la théorie de la vérité-correspondance. Celle-ci est souvent associée au réalisme métaphysique pour qui les caractéristiques fondamentales de la réalité sont indépendantes de la perception humaine. Pour Russell et Moore, une croyance était vraie si elle correspondait à un fait, sinon elle était fausse.

Cette affirmation tranchait avec les théories de la vérité émises par certains philosophes idéalistes de l'époque, pour qui la « vérité » était une question d'expérience humaine, toutes les croyances vraies étant « partiellement vraies » ou « partiellement fausses ». Des années plus tard, Russell a défendu la thèse de l'atomisme logique en affirmant que le monde extérieur était constitué de faits individuels, d'atomes, faisant que des croyances étaient vraies ou fausses.

La théorie de la vérité-correspondance a suscité un intérêt pour la vérité dans un grand nombre de disciplines telles que la philosophie, la logique et la linguistique. Beaucoup d'universitaires souscrivent à des versions de la vérité-correspondance, mais ne sont pas d'accord sur la nature des porteurs de vérité (sont-ce des propositions, des croyances ou autre chose ?) et sur le rapport particulier au monde qui rend ces porteurs de vérité vrais ou faux. **BSh**

1902

Léninisme

Vladimir Lénine

Une théorie prônant une révolution marxiste par un parti « d'avant-garde »

Le léninisme, nommé ainsi en l'honneur de son instigateur, Vladimir Ilitch Oulianov dit Lénine (1870-1924), est une théorie politique issue du marxisme qui préconise la fondation d'un État socialiste. Il est favorable à la révolution, notamment une révolution par un parti «d'avant-garde» (un groupe de révolutionnaires progressistes) censé éduquer et guider le prolétariat (la classe ouvrière) en l'aidant à se libérer économiquement et socialement de la bourgeoisie (la classe des nantis). Son but est l'instauration d'une démocratie directe par le prolétariat. Visant à rejeter les pratiques capitalistes de l'Empire russe, le léninisme était au départ une théorie pratique de la révolution plutôt qu'une philosophie. Lénine a formulé ses idées dans le pamphlet politique *Que faire ?* publié en 1902.

Le terme de «léninisme» a été employé seulement deux ans avant la mort de Lénine. Le léninisme résulte des tentatives de Lénine d'introduire le marxisme en Russie en renversant le gouvernement en place. Le succès de Lénine lors de la révolution d'Octobre de 1917 lui a permis d'instituer la «dictature du prolétariat». Dans ce cas, la dictature signifiait que seul le pouvoir démocratique était détenu par le prolétariat. En tant que marxiste, Lénine pensait que ce dernier était opprimé et voulait que le pouvoir passe aux mains des travailleurs produisant les richesses du pays.

Le léninisme a eu des implications profondes et reste controversé. Il a conduit à la fondation par Lénine de la République socialiste fédérative socialiste de Russie en 1917 qui a fini par absorber ses voisins pour devenir l'Union des Républiques Socialistes Soviétiques (URSS). Succédant à celui de Lénine, le gouvernement de Staline a été marqué par les grandes purges (1934-1938) et l'exécution de centaines de milliers d'innocents. Cependant, le léninisme reste pour ses partisans le meilleur moyen d'éduquer et d'inciter le peuple à se dresser contre la répression. **NM**

1903

Constructivisme

John Dewey

Une théorie de l'apprentissage encourageant la curiosité humaine

Le constructivisme est une théorie de l'apprentissage qui puise ses racines dans la psychologie. Il affirme que «nous construisons l'information», que notre désir d'apprendre est actif, qu'il s'agit d'un processus constructif logique résultant de nos expériences et de nos réflexions sur le monde qui nous entoure.

Le philosophe américain et le réformateur de l'éducation John Dewey (1859-1952) est souvent considéré comme celui qui a identifié et codifié cette approche. Il a présenté ses thèses dans une série d'essais intitulés *Thought and its Subject-Matter* («La Pensée et son sujet») publiés en 1903 dans *Studies in Logical Theory* («Études de théorie logique»). En tant qu'éducateur, il a créé une atmosphère «d'apprentissage expérientiel», c'est-à-dire un apprentissage privilégiant l'expérience, en incitant ses étudiants à penser, réfléchir, explorer le monde, en se questionnant, dans un cadre libre et ouvert.

> *« L'éducation est un progrès social ; l'éducation n'est pas une préparation à la vie, mais la vie elle-même. »* **John Dewey**

À la fin des années 1930, son approche a donné naissance à deux écoles de pensées : le constructivisme social du psychologue russe Lev Vygotski (1896-1934) qui met l'accent sur les contextes sociaux et culturels de l'apprentissage et le constructivisme cognitif, symbolisé par les «quatre stades de développement cognitif» du psychologue suisse Jean Piaget (1896-1980). Le constructivisme a remplacé d'autres approches de «traitement de l'information» qui n'avaient pas pris en compte le rôle de l'élève, considéré comme un simple réceptacle de faits «paramétrés» et, dans les années 1980, il est devenu une théorie majeure en matière d'apprentissage. **BS**

1903

Nudisme
Paul Zimmermann

Une façon de vivre en harmonie avec la nature s'exprimant par la nudité

Il est difficile de donner avec précision les origines du nudisme ou du naturisme, comme on l'appelle souvent. Le premier club de nudisme officiel, le *Freilichtpark* (parc de plein air), a été ouvert en 1903 par Paul Zimmermann dans une région boisée au nord de Hambourg, en Allemagne. Il a attiré des visiteurs du monde entier et les adeptes du nudisme se sont multipliés en Europe, surtout en Allemagne. La Fédération naturiste internationale a été créée en France en 1953 pour promouvoir le naturisme.

Le nudisme est considéré pour la première fois comme bon pour la santé et comme un mode de vie à la fin du XVIIIe siècle, bien que sa définition ait varié tout au long de l'histoire et d'un pays à l'autre. Il désigne aussi bien le fait pour un individu de préférer être nu chez lui que le nudisme militant pratiqué dans les lieux publics. Il est aussi social : des nudistes se rencontrent lors d'événements, dans des stations balnéaires et sur des plages, ou au sein de « colonies de nudistes », bien que cette expression soit démodée et peu employée par les nudistes en raison de sa connotation négative. Il y a même des croisières pour naturistes.

Bien qu'elles soient moins populaires que par le passé, des manifestations mondiales rassemblent des nudistes. Le premier dimanche de juin a ainsi été désigné par la Fédération naturiste internationale comme la journée mondiale du naturisme. Chaque année, en mai, tout le monde peut participer à la journée mondiale du jardinage nu. La première manifestation internationale de cyclisme nu (le port de vêtements étant facultatif) s'est tenue en 2004, mais d'autres promenades à vélo sans habits avaient été organisées auparavant. Au départ, elle se déroulait dans 28 villes du monde. Aujourd'hui, 80 villes de près de 20 pays différents l'organisent. Les arguments pour ou contre le nudisme abondent. Aussi surprenant que ce soit, rien n'a prouvé que le nudisme avait des effets négatifs sur la moralité de la société. **BS**

Le cyclisme est un loisir apprécié des nudistes.

1904

Éthique protestante du travail

Max Weber

Un concept prônant l'importance du travail en tant que tel

En tant que concept théologique, sociologique et historique, l'éthique protestante du travail souligne l'importance de ce dernier non seulement pour l'acquisition de biens matériels, mais aussi pour lui-même. Elle met l'accent sur l'idée qu'un dur labeur produit sa propre récompense.

Cette notion qui s'appuie sur la religion était à l'origine ancrée dans l'idée que la frugalité et le labeur étaient le gage du salut divin. Tout travail, prescrit ou non, la prêtrise par exemple, est considéré comme pieux, la paresse et l'oisiveté étant des péchés.

Le sociologue et économiste allemand Max Weber (1864-1920) a développé son éthique du protestantisme en 1904 et 1905 dans deux articles de journaux, réunis ensuite dans *L'Éthique protestante et l'esprit du capitalisme.* Il y affirme que le capitalisme est en grande partie dû à la liberté de travail engendrée par l'éthique protestante du travail. Celle-ci résultait de l'alliance des enseignements spirituels du théologien allemand Martin Luther (1483-1546) et des principes du réformateur religieux Jean Calvin (1509-1564). Luther croyait que le travail de l'homme était une vocation spirituelle, et Calvin affirmait que tous les hommes devaient travailler, même les riches, car l'oisiveté était un péché. Tout travail était bon tant qu'il était appliqué et n'inclinait pas au péché. Il était donc pieux de recevoir une récompense et d'être payé pour un travail difficile, le travail en question étant sanctifié pour sa dureté.

Nombre de philosophes, économistes et sociologues ont déclaré que l'éthique protestante du travail déterminait et favorisait l'essor du capitalisme, mais aussi que le succès économique des États-Unis en était le résultat direct, car les premiers colons puritains avaient adopté cette façon de voir les choses. Le travail avait cessé d'être un moyen de subsistance et les travailleurs avaient commencé à devenir de plus en plus productifs, sans se soucier des excédents. **NM**

↑ Des travailleurs sortent de la gare de London Bridge, à Londres, en février 1962.

Conjecture de Poincaré

Henri Poincaré

Un théorème sur la caractérisation d'une sphère de dimension 3

Pour avoir démontré la conjecture de Poincaré, le mathématicien russe Grigori Perelman a reçu en 2006 la médaille Fields, souvent considérée comme le prix Nobel de mathématiques, mais l'a refusée.

« Il y a cinquante ans, j'ai effectué des travaux sur la conjecture de Poincaré et peux donc mesurer sa beauté et sa difficulté. La réponse apportée par Perelman est un grand événement dans l'histoire des mathématiques. »

Steven Smale, mathématicien

En 1904, le mathématicien français Henri Poincaré (1854-1912) a présenté ce qui est devenu depuis l'un des plus grands problèmes de mathématiques et n'a été démontré que plus d'un siècle plus tard. La conjecture de Poincaré était si déconcertante qu'elle a été incluse parmi les sept problèmes du prix du millénaire, c'est-à-dire les hypothèses et théories pour la résolution desquelles le Clay Mathematics Institute de l'État américain de Rhode Island offre une récompense d'un million de dollars. La conjecture de Poincaré est la suivante : existe-t-il un critère permettant de reconnaître qu'une forme est une sphère à trois dimensions en effectuant des mesures à l'intérieur de la sphère ?

Imaginez une orange et un élastique. Si l'élastique est passé autour de l'orange, il est possible, en le faisant glisser, de le « resserrer » en un point de l'orange, sans lui faire quitter celle-ci. La surface de l'orange est, selon Poincaré, « simplement connexe » et permet de comprimer l'élastique. Si nous essayons de faire la même chose avec un anneau, il est impossible de réduire l'élastique par glissement et compression, sans le casser ou casser l'anneau. Poincaré a appelé variété de dimension 3 l'orange ou tout espace sans bords à trois dimensions. Il savait que la simple connectivité était suffisante pour définir une sphère, mais se demandait si elle suffirait à définir des sphères de dimension plus grande.

Le mathématicien russe Grigori Perelman (né en 1966) a résolu le problème en utilisant le flot de Ricci, concept utilisé en géométrie différentielle. Il a refusé le prix d'un million de dollars et en 2006 la médaille Fields, récompense la plus prestigieuse en mathématiques. Bien qu'il figure encore parmi les chercheurs de l'université de Saint-Pétersbourg, il a apparemment quitté celle-ci et abandonné les mathématiques. **JMa**

Critique sociologique de la Bible

Max Weber

L'analyse de la Bible à l'aide d'une méthodologie empruntée aux sciences sociales

La critique sociologique de la Bible (ou critique socio-historique de la Bible) est une étude multidisciplinaire de la Bible. Elle emploie les méthodes des sciences sociales pour analyser les données empiriques et les communautés se cachant derrière les textes bibliques afin d'examiner le contexte social et culturel où ces derniers ont été créés. Elle cherche à comprendre les auteurs des textes et leur objectif. Elle tient compte des facteurs sociaux propres à la société de l'ancienne Palestine dans son examen des origines du christianisme.

Elle remonte au XIXe siècle quand le sociologue, philosophe et économiste allemand Max Weber (1864-1920) a écrit deux articles de journaux publiés en 1904-1905 et devenus plus tard le socle du texte fondateur de la sociologie : *L'Éthique protestante et l'esprit du capitalisme*. Weber est l'auteur de plusieurs livres sur la religion dont *Le Judaïsme antique* (1917-1919), dans lequel il affirme que les apôtres n'ont pas converti de nombreux Juifs au christianisme parce qu'ils ne sont pas arrivés à scinder les communautés juives bien structurées.

Le théologien allemand Ernst Troeltsch (1865-1923) a développé l'étude sociologique de la Bible dans *The Social Teaching of the Christian Churches* (1911) (« Les Doctrines sociales des Églises chrétiennes »). Il y émet des théories sur l'institutionnalisation des groupes et l'émergence des sectes. La critique sociologique de la Bible est apparue sous sa forme moderne dans les années 1970, quand le théologien américain Robin Scroggs (1930-2005) a publié *The Earliest Christian Communities as a Sectarian Movement* (« Premières communautés chrétiennes comme mouvements sectaires ») (1975) et *The Sociological interpretation of the New Testament* (« L'Interprétation sociologique du Nouveau Testament », 1977). Il a développé les thèmes essentiels du contexte social du premier christianisme. Dans les années 1980, la critique sociologie de la Bible est devenue une manière classique d'analyser les textes sacrés judéo-chrétiens. **CK**

↑ La critique sociologique de la Bible examine les dimensions sociales et culturelles des textes sacrés, en incluant les descriptions des véritables lieux géographiques, comme le jardin de Gethsémani.

« Au cœur même de la doctrine chrétienne du salut qui libérait du ghetto créé par les Juifs eux-mêmes, la doctrine paulinienne s'est rattachée à une doctrine juive qui… était issue de l'expérience religieuse du peuple de l'Exil. »

Max Weber, *Le Judaïsme antique* (1917-1919)

1905

Relativité restreinte

Albert Einstein

Une théorie de physique expliquant le mouvement dans l'Univers

Albert Einstein (1879-1955) a énoncé la théorie de la relativité restreinte en 1905. Il a réalisé que la vitesse de la lumière était si constante que le mouvement de toute chose, y compris celui du temps, était relatif à celle-ci. Sa théorie affirme : 1) que les lois de la physique sont vraies dans tous les systèmes de référence et 2) que la vitesse de la lumière est constante dans tous les systèmes de référence. Quels que soient l'emplacement d'une personne et sa vitesse de déplacement, la vitesse de la lumière ne change pas.

La relativité restreinte implique que l'on admette une idée profondément contraire à l'intuition. Habituellement, nous percevons la vitesse par rapport à un système de référence. Ainsi, si je voyage en train à la vitesse de 16 km/h et que j'envoie un ballon à la vitesse de 8 km/h dans la direction où je vais, le ballon se déplacera à la vitesse de 8 km/h par rapport à moi. Cependant, pour une personne se trouvant hors du train et observant ce dernier et le ballon, il se déplacera à la vitesse du train, à laquelle il faudra ajouter la vitesse à laquelle je l'ai lancé, soit à 24 km/h. Il en va autrement pour la vitesse de la lumière. Indépendamment du système de référence, elle reste identique. Si j'avais utilisé la lumière d'une torche à la place du ballon à bord du même train, elle aurait voyagé à la même vitesse par rapport à moi et par rapport à l'observateur situé sur le sol.

« Toute la science n'est rien de plus qu'un raffinement de la pensée de tous les jours. »

Albert Einstein

La théorie d'Einstein a influencé aussi bien notre façon de mesurer la vitesse des objets dans l'espace que notre utilisation des GPS dans les téléphones portables. Le monde ne comprend plus les lois de la physique de la même manière grâce à la relativité restreinte. **NM**

1905

Théorie des descriptions

Bertrand Russell

Une théorie philosophique sur la manière dont nous donnons du sens au langage

La théorie des descriptions énoncée par Bertrand Russell (1872-1970) dans l'article « On Denoting » (« De la dénotation ») en 1905 nous aide à comprendre pourquoi une déclaration est vraie ou fausse. Selon elle, les descriptions définies (comme « le chien est brun ») ne font pas nécessairement référence à un objet et ont une structure logique. Donc, celle-ci peut être symbolisée et nous pouvons comprendre la manière dont les descriptions font sens.

Le problème que Russell essayait de régler était celui du « sens ». Auparavant, on supposait que les descriptions définies avaient une référence, sinon elles n'avaient pas de sens. Des philosophes disaient que les déclarations comme « Le roi de France est chauve » n'avaient pas de sens, car elles ne faisaient référence à rien – il n'y avait pas de roi de France –, donc il était impossible de dire si elles étaient vraies ou fausses. Cependant, la phrase semble bien avoir un sens. Russell a affirmé qu'il fallait la considérer comme une déclaration du type « si-alors » : il y a une personne qui, si elle est le roi de France, est chauve alors. Il n'y a pas de roi de France, donc nous pouvons dire : « Non, personne ne correspond à cette qualification », donc la phrase « l'actuel roi de France est chauve » est fausse.

« Le monde est plein de choses magiques qui attendent patiemment que notre esprit s'aiguise. » **Bertrand Russell**

Aujourd'hui, philosophes, linguistes et mathématiciens débattent toujours de cette théorie qui a résolu certains problèmes, mais en a créé d'autres. En effet, si l'on dit que la phrase « l'actuel roi de France est chauve » est fausse, on sous-entend qu'il y a bien un roi de France. Notre réponse à ce problème structure tout ce que nous savons sur le langage, la pensée et la vérité. **NM**

◄ Einstein photographié en 1905, l'année où il a conçu sa théorie de la relativité restreinte.

1905

Révolution permanente

Léon Trotski

Des révolutions socialistes doivent éclater dans les sociétés les moins développées

Bien que l'expression « révolution permanente » ait été employée pour la première fois par Karl Marx (1818-1883) dans son livre *La Sainte Famille* (1844), elle a été associée des décennies plus tard à la philosophie du théoricien de la révolution communiste Léon Trotski (1879-1940).

Étant d'avis que des révolutions prolétaires devaient éclater en permanence dans le monde, celui-ci a réuni ses idées dans *Bilan et Perspectives* (1906) sans indiquer que Marx et Friedrich Engels étaient les inventeurs de cette expression rarement utilisée jusque-là.

Après la Révolution russe de 1917, Trotski pensait qu'il était nécessaire d'exporter le modèle révolutionnaire bolchevique à l'étranger plutôt que de se concentrer sur son édification en Russie, comme Staline l'avait décidé en proclamant « le socialisme dans un seul pays ». Il pensait en effet que la victoire de la révolution ailleurs était cruciale pour la nouvelle Russie, car la propagation d'un capitalisme hostile dans le reste du monde risquait de menacer l'idéal de l'État ouvrier.

> *« ... une révolution permanente au sens nouveau et le plus large du terme. »*
>
> **Léon Trotski**

Il souhaitait envoyer des représentants à l'étranger pour qu'ils aident les mouvements révolutionnaires dans ce qu'il appelait les « pays arriérés », politique qui relevait de la responsabilité idéologique de la Russie. Il pensait que les travailleurs des pays coloniaux ou semi-coloniaux avaient besoin de s'émanciper et d'instaurer leur propre dictature du prolétariat, mais ne les sentait pas capables de mener à bien la révolte. Il était donc partisan d'une révolution permanente qui devait donner une suite ininterrompue de bouleversements de façon à transformer la planète. **BS**

1906

Sexe tantrique

Pierre Arnold Bernard

L'accroissement du plaisir sexuel par une interprétation erronée des textes orientaux

Le sexe tantrique est une discipline physique, mentale et spirituelle visant à accroître l'excitation sexuelle, à prolonger le coït et à provoquer des orgasmes multiples. Bien que le terme suggère une relation avec les religions de l'Inde, les universitaires affirment que tel qu'il est présenté en Occident, il est une interprétation erronée du tantrisme. Pierre Arnold Bernard (1875-1955), le fondateur en 1906 de l'Ordre tantrique, y est pour beaucoup.

Dans leur contexte d'origine, les tantras sont des textes liés à l'hindouisme et au bouddhisme, consacrés aux façons de s'approprier et de canaliser l'énergie des divinités par la visualisation, la récitation de mantras et le yoga. Le sexe n'en est pas l'élément essentiel. Cependant, il a souvent été jugé comme tel par les occidentaux enclins à voir dans le tantrisme le reflet d'un Orient décadent. Bernard est à l'origine de l'ouverture d'une série d'ateliers aux États-Unis proposant des leçons de yoga et une initiation à des rites secrets tantriques. Malgré l'échec de ces ateliers dû au scandale suscité, son interprétation du sexe tantrique a eu une grande influence. Avec la révolution sexuelle des années 1960 et l'avènement du mouvement new age dans les années 1970, le sexe tantrique a été très en vogue. En 1996, Nik Douglas a fait renaître l'ordre tantrique de Bernard sous le nom de « Nouvel Ordre tantrique en Amérique ».

> *« ... l'utilisation du terme "tantrique" est complètement erronée. »*
>
> **David Gordon White, *Kiss of the Yogini* (2006)**

Si l'authenticité du sexe tantrique est discutable, il serait mesquin de reprocher à ses adeptes le plaisir qu'il leur procure. L'association du sexe avec un Orient mystérieux a de fortes chances de rester attirante. **GB**

Peinture montrant le maître bouddhiste Padmasambhava dans une pose tantrique.

M.K.GANDHI.
ATTORNEY.

1906

Satyagraha

Mahatma Gandhi

Une protestation non violente en vue d'obtenir une réforme politique

Le terme *satyagraha* peut se traduire par « poursuite de la vérité ». Il désigne une philosophie de la non-violence observée pour aboutir à un changement social, les opprimés devant inciter leurs oppresseurs à accepter la vérité. Le *satyagraha*, comme la « résistance passive », prône de ne pas utiliser la violence contre la violence, mais diffère cependant de celle-ci en ce que ses partisans reconnaissent entièrement la vérité, particulièrement les méfaits qui ont été commis. Ils refusent de se soumettre à la répression qu'on cherche à leur faire subir, en aimant leur oppresseur et en exigeant de lui qu'il prenne conscience de sa violence et s'arrête.

Cette philosophie a été développée par Gandhi (1869-1948) en 1906 alors qu'avocat à Johannesburg en Afrique du Sud, il défendait les droits des Indiens. Il s'en est ensuite servi dans son mouvement pour l'indépendance de l'Inde. Il soutenait que c'était l'arme des forts, car elle permettait de ne pas être violent en mettant l'accent sur la notion de justice.

> *« La victoire obtenue par la violence équivaut à une défaite, car elle est momentanée. »* **Mahatma Gandhi**

À la différence de beaucoup d'autres formes de désobéissance civile, elle ne préconisait pas seulement un changement d'organisation sociale, mais aussi une véritable conversion de l'oppresseur qui devait être amené à discerner la vérité (à réaliser le mal qu'il commettait). Pour cette raison, certaines personnes la critiquent, affirmant que les efforts de Gandhi ont été complètement infructueux.

Cette doctrine a eu un profond impact sur le combat des hommes, notamment sur la philosophie d'amour et de résistance de Martin Luther King. Le mouvement des droits civiques américains en découle. **NM**

1906

La vérité comme cohérence

H. H. Joachim et F. H. Bradley

La vérité dépend de sa cohérence avec un ensemble de propositions ou de croyances

Cette théorie soutient que la vérité est fonction de sa cohérence avec un ensemble spécifique de propositions ou de croyances. On trouve des suggestions à ce sujet dans les ouvrages de penseurs comme Baruch Spinoza et Emmanuel Kant. Mais, ses premiers vrais défenseurs ont été deux philosophes britanniques, H. H. Joachim (1868-1938) qui, en 1906, a écrit *The Nature of Truth : An Essay* (« La Nature de la vérité : essai ») et F. H. Bradley (1846-1924) dont l'essai *On Coherence and Thruth* (« Sur la cohérence et la vérité ») a été publié en 1909.

La théorie de la vérité par cohérence fait concurrence à la théorie de la vérité-correspondance qui soutient que toute vérité doit être en accord avec le monde extérieur. Un grand nombre de ses partisans, y compris Joachim et Bradley, étaient des idéalistes, persuadés qu'il n'existait pas de monde extérieur indépendant de l'esprit et que tout était en quelque sorte « mental ». Leur théorie corroborait ce point de vue en assimilant les véritables croyances à des croyances « s'intégrant » dans un système. Elle a aussi été défendue par le logicien positiviste Otto Neurath pour qui elle était conforme à la pratique scientifique consistant à évaluer de nouvelles hypothèses et preuves en étudiant leur « cohérence » avec les théories jusque-là acceptées.

> *« Nous sommes comme des marins qui doivent reconstruire leur navire au grand large. »* **Otto Neurath, « Protocol Sentences » (1932)**

Bien qu'elle continue à avoir des partisans influents, elle n'est plus aussi acceptée que par le passé. Il est possible que cela soit dû au rejet de plus en plus courant de l'idéalisme chez les philosophes universitaires et à l'adoption par les opposants contemporains au réalisme de théories déflationnistes de la vérité selon lesquelles il n'existe pas de « nature » profonde de la vérité. **BSh**

◄ Gandhi en Afrique du Sud vers 1903. Il a développé sa philosophie de la désobéissance civile ou satayagraha quand il était avocat.

1906

Efficacité de Pareto

Vilfredo Pareto

L'idée qu'on ne peut accroître le bien-être d'un individu sans réduire celui d'un autre

L'efficacité de Pareto (aussi appelée optimum de Pareto) est une théorie selon laquelle l'augmentation du bien-être d'un individu implique nécessairement la réduction du bien-être d'au moins un autre individu. Le concept a été élaboré par l'économiste et sociologue italien Vilfredo Pareto (1848-1923) qui l'a utilisé pour étudier l'efficacité économique et la distribution des revenus.

Une allocation de ressources était, selon lui, efficace seulement en l'absence de tout autre moyen d'accroître le bien-être d'un individu sans détériorer celui de tous les autres. Pareto a développé ce concept dans son *Manuel d'économie politique* publié en 1906.

L'efficacité de Pareto a eu une grande importance en économie, ainsi que des implications dans le domaine de l'ingénierie et des sciences sociales. En économie, on suppose depuis longtemps que sans intervention de l'État, les opérations effectuées par les acteurs des marchés aboutiraient à une situation optimale au sens de Pareto. Cependant, il est à présent établi que les marchés souffrent de défauts, d'une concurrence imparfaite, d'asymétries en matière d'informations et d'autres problèmes empêchant un développement selon le schéma de Pareto.

« Quand c'est utile pour eux, les hommes peuvent croire à une théorie dont ils ne savent rien. » **Vilfredo Pareto**

Malgré les défauts de son utilisation dans certaines tendances de l'économie néoclassique, ce concept a eu une grande influence sur la pensée économique. Pareto a laissé un héritage important et a été reconnu comme le Newton de l'économie pour avoir réuni les formes mathématiques et économiques. Toute l'économie moderne s'appuie sur l'idée de l'efficacité de Pareto. **JE**

1907

Racisme

Léon Trotski

La croyance que les gens peuvent être divisés en catégories biologiques hiérarchisées

Le racisme est l'idée qu'il existe des « races » et que certaines sont supérieures à d'autres. Bien que l'histoire de l'humanité regorge d'exemples de groupes revendiquant leur supériorité sur d'autres, le racisme repose sur la croyance qu'il est possible de les diviser en catégories biologiques. Au sens strict du terme, ce n'est pas seulement l'idée qu'un groupe, qu'une culture ou qu'une nation soient meilleurs que d'autres, mais surtout qu'un groupe en raison de sa race prétende l'être. Le problème est d'autant plus complexe qu'il est impossible de distinguer des personnes en vertu de leur « race » en s'appuyant sur un point de vue scientifiquement valable.

Le *racialism* est le terme anglais précurseur du racisme. Il est apparu dans l'*Oxford English Dictionary* en 1907 et a été défini comme la « croyance en la supériorité d'une race particulière ». Le mot « racisme » a, lui, été utilisé pour la première fois à propos de Hitler et de la montée du nazisme en Allemagne. Très critique à l'égard du IIIe Reich au début des années 1930, Léon Trotski (1879-1940) avait indiqué que Hitler se servait du racisme pour rationaliser ses mesures répressives à l'égard de la classe ouvrière et pour consolider son pouvoir.

« Le racisme est une variété hypertrophiée et vantarde du chauvinisme associé à la phrénologie. » **Léon Trotski**

Le racisme est souvent compris comme une classification par la race à des fins d'assujettissement, et continue à être employé pour justifier le fanatisme. Dans de nombreux pays, il existe une législation contre les discriminations raciales. Bien que le racisme reste omniprésent, le fait que la communauté scientifique ne reconnaisse pas l'existence de vraies catégories biologiques ou sociologiques fondées sur la race ébranle lentement les justifications d'oppressions raciales. **NM**

1907

Éducation de Steiner

Rudolf Steiner

Une approche humaniste de l'éducation soulignant le rôle de l'imagination

D'origine autrichienne, Rudolf Steiner (1861-1925) a été à la fois philosophe, architecte, réformateur politique et critique littéraire, mais il est surtout réputé pour son système d'éducation. Fondateur de l'anthroposophie, l'idée qu'il existe un monde spirituel auquel le développement personnel permet d'accéder, il a inclus cette croyance dans sa philosophie de l'éducation de l'enfant. Il a écrit son premier livre *The Education of the Child* (« L'Éducation de l'enfant ») en 1907.

Il considérait que les enfants étaient des êtres composés de trois éléments : un corps, un esprit et une âme. Il soulignait l'importance de l'imagination, des arts plastiques et de la participation à des fêtes et des cérémonies pour qu'un enfant se sente plus en harmonie avec la nature et le cosmos.

« Pour connaître vraiment le monde, regardez au plus profond de vous. »

Rudolf Steiner

La première école Steiner/Waldorf a accueilli les enfants des employés de la Compagnie de cigarettes Waldorf-Astoria à Stuttgart, en Allemagne, en 1919. Aujourd'hui, il y a plus de 600 écoles de ce type dans 60 pays et plus de 125 000 élèves. L'enseignement est adapté aux différentes phases du développement de l'enfant. Les premières années sont consacrées aux activités de pâte à modeler, aux mathématiques élémentaires et à l'introduction de la lecture et de l'écriture. Il n'y a pas de manuels jusqu'à l'âge de onze ou douze ans. Les enfants sont encouragés à produire leurs propres textes à partir de leur expérience. Les matières peuvent être les disciplines habituelles ou le tissage et la fabrication de jouets. L'apprentissage dans le primaire se fait dans un milieu où la compétition et les appareils électroniques sont exclus. **BS**

1907

Atonalité

Arnold Schoenberg

Une forme d'organisation tonale ne faisant pas référence au centre tonal

Le terme « musique atonale » a plusieurs significations différentes, mais toutes sont étroitement liées, celle d'une musique affranchie des limites de la tonalité majeure/mineure comme celle d'une musique libre de toute forme de centre tonal. Le terme a commencé par être appliqué aux compositions écrites par le compositeur autrichien Arnold Schoenberg (1874-1951), comme son second quatuor à cordes en 1907, et par la seconde école viennoise.

L'atonalité est devenue le moteur de l'expérimentation au XXe siècle, à une époque où les compositeurs étaient à la recherche de nouvelles approches. Ils ont ainsi recouru à des méthodes diverses, aux micro-intervalles (intervalles plus petits que des demi-tons), aux notes aléatoires et à l'application de différentes formules mathématiques à la production de tons. La musique électro-acoustique qui utilise plutôt des objets sonores que des tons clairement définis pourrait être considérée comme un prolongement de la composition atonale.

« Il faut être convaincu de l'infaillibilité de sa propre vision… »

Arnold Schoenberg

Les techniques atonales se sont aussi frayé un chemin dans la culture populaire. Dans la musique de films, l'atonalité est devenue un élément important non seulement dans les scènes pleines de suspense, violentes ou spectaculaires, mais aussi dans celles de réflexion pour suggérer une ambiguïté. Ces deux phénomènes sont manifestes dans les musiques de films d'Alex North comme celle de *Viva Zapata* ! (1952). Les artistes et les groupes de jazz et de rock d'avant-garde comme le saxophoniste américain John Coltrane et le groupe de rock britannique de Henry Cow ont également utilisé l'atonalité pour élargir leurs genres musicaux. **PB**

1907

Cubisme

Pablo Picasso et Georges Braque

Style se caractérisant par l'usage de formes géométriques, d'angles et de lignes

Courant pictural radical lancé par Pablo Picasso (1881-1973) et Georges Braque (1882-1963), le cubisme était une tentative de rendre la réalité sous l'aspect d'un composé de formes et d'angles élémentaires. Le critique d'art Louis Vauxcelles avait dit avec dédain d'une série de tableaux de Braque exposés en 1908 qu'ils étaient « pleins de cubes », mais le cubisme apparaissait déjà dans le tableau de Picasso *Les Demoiselles d'Avignon* (1907).

Ce dernier trahissait l'influence de l'art africain. Les visages de deux femmes rappelaient des masques tribaux. Les corps avaient des formes angulaires ne se détachant par sur le fond. Les cubistes rejetaient la perspective qui, depuis longtemps, était le fondement de l'art pictural. Ils s'inspiraient de l'idée de Paul Cézanne selon laquelle un tableau est un objet artistique – une tentative consciente de reconstruire une scène depuis une perspective particulière. Ayant abandonné les conventions classiques, Cézanne, dans ses tableaux postimpressionnistes, avait utilisé des couches de couleurs denses qui leur conféraient profondeur et mouvement. Les premiers cubistes ont suivi et développé le conseil de Cézanne qui avait affirmé que la nature devait être traitée « par le cylindre, la sphère, le cône, le tout mis en perspective ».

« Je laisse les cubistes manger à leur faim leurs poires carrées sur leurs tables triangulaires ! » **Marc Chagall, peintre**

À partir de 1910, l'intérêt de Picasso et Braque pour les motifs géométriques a donné quelque chose de plus abstrait. Picasso est même allé plus loin, inventant la technique du collage. L'année 1912 a marqué le déclin du cubisme, mais en dévoilant les nombreux éléments et perspectives disparates composant une image, ce mouvement éphémère a une influence profondément subversive et libératrice pour tout l'art moderne. **TJ**

1908

Expressionnisme en musique

Arnold Schoenberg

École de musique, souvent atonale, cherchant à évoquer des émotions intenses

Mouvement pictural formé autour du groupe allemand Die Brücke en 1905, l'expressionnisme a par la suite gagné la musique. Bien qu'il n'ait pas été homogène, il s'est distingué par des critères stylistiques que l'on a retrouvés dans les arts plastiques, en littérature, au cinéma et en musique : fragmentation plutôt qu'unité, pas d'imitation de la nature et subjectivité de l'artiste.

En musique, les premières œuvres atonales d'Arnold Schoenberg (1874-1951) à partir de 1908 présentaient ces caractéristiques. Il s'agissait de morceaux très originaux évitant les constructions et les répétitions mélodiques et harmoniques classiques et, dans le cas de compositions chantées, traitant plus de l'émotion que de la description lyrique. *Erwartung* (« L'Attente », 1909) par exemple, drame pour une voix, allie expressionnisme musical et livret surréaliste à fort substrat psychanalytique : une femme erre dans la forêt à la recherche de son amant, et finit par retrouver son cadavre ensanglanté. Schoenberg a dit qu'il avait eu l'intention de « représenter au ralenti ce qui peut se produire en une seconde de la plus intense émotion, et [que son œuvre] durait une demi-heure ».

« La musique est à la fois le produit d'un sentiment et d'un savoir. »

Alban Berg, compositeur

La prise du pouvoir par les nazis, puis l'exposition de l'art dégénéré (réunissant beaucoup d'œuvres expressionnistes), à Munich en 1937, ont mis un terme au mouvement expressionniste en Allemagne. Cependant, il a continué à se développer dans l'art et au cinéma. En musique, il est redevenu populaire dans les années 1950. Le compositeur hongrois György Ligeti (1923-2006) a utilisé des traits stylistiques expressionnistes et fait revivre le mouvement. **PB**

Les Demoiselles d'Avignon (1907) de Picasso est considéré comme étant le point de départ du cubisme.

Apologie chrétienne moderne

G. K. Chesterton

Une branche de la théologie chrétienne qui propose des arguments modernes pour défendre la religion chrétienne

Les textes apologétiques de G. K. Chesterton (ici en 1909), comme *Orthodoxie* (1908) et *L'Homme éternel* (1925), ont été bien reçus en partie parce qu'ils étaient passionnants.

« Il est vain de parler de choix entre la raison et la foi. La raison elle-même est un sujet de foi. C'est un acte de foi de prétendre que nos pensées ont une relation quelconque avec la réalité. »

G. K. Chesterton, *Orthodoxie* (1908)

La Renaissance et le siècle des Lumières ont été en grande partie d'inspiration chrétienne, et ont envisagé la philosophie et la science de manière très chrétienne. Isaac Newton a écrit plus de choses sur la théologie que sur la physique, et en physique, il a fait en sorte que son modèle d'Univers soit ouvert, afin de ne pas exclure les phénomènes surnaturels (miracles). Cependant, des enfants des Lumières, comme Karl Marx, Sigmund Freud et Friedrich Nietzsche, ont tenté de séparer la raison de la religion, voire de dénigrer celle-ci (Marx et Freud) ou de critiquer à la fois la raison et la religion (Nietzsche). Au cours des siècles qui ont suivi, on a assisté à une érosion progressive de l'influence chrétienne dans les universités occidentales.

Au début du XXe siècle néanmoins, une renaissance de l'apologétique chrétienne a débuté avec le polémiste catholique G. K. Chesterton (1874-1936) qui a publié un texte classique sur le sujet, *Orthodoxie*, en 1908.

Son esprit et sa repartie face à la montée de l'athéisme ont vite influencé une autre vague d'apologistes, comme C. S. Lewis (1898-1963). Lewis, philosophe formé à Oxford et athée devenu chrétien, a été qualifié de plus grand apologiste de tous les temps, et même s'il s'agit d'une exagération, il a permis à de nombreux chrétiens occidentaux de cesser de croire qu'ils n'avaient d'autre solution qu'une foi aveugle. Un autre de ces philosophes, Alvin Plantiga (né en 1932), a été qualifié de plus grand philosophe vivant et la revue *Time* lui a attribué le mérite de la renaissance de la philosophie chrétienne en Amérique du Nord.

L'influence des apologistes modernes a été énorme. Aujourd'hui, en Occident, près d'un philosophe sur trois, et davantage encore de scientifiques, déclarent être chrétiens et croire aux miracles. Leur nombre ne cesse d'augmenter. **AB**

Futurisme

Filippo Marinetti

Un mouvement éphémère qui a glorifié le dynamisme et la puissance du monde mécanisé

En publiant son « Manifeste de la littérature futuriste » dans le *Figaro* du 20 février 1909, le poète et romancier italien Filippo Marinetti (1876-1944) espérait déclencher une révolution et en finir avec les valeurs vieillissantes de la société perpétuées par « les nécrophiles de la culture ». Il exhortait ses compatriotes à se débarrasser des « habits d'occasion » portés depuis trop longtemps. Le moment était venu, au début d'un siècle nouveau et de plus en plus industrialisé, de créer un art nouveau et un monde plus représentatifs de ce qui s'annonçait : la vitesse, les nouvelles technologies et la gloire de la guerre.

Son manifeste a trouvé une résonance dans les cercles culturels et artistiques italiens. Parmi ses partisans figuraient des architectes, des musiciens, des artistes, des graphistes, des dessinateurs industriels et des réalisateurs. Les poètes futuristes faisaient fi des verbes, des adverbes et de la ponctuation qui, d'après eux, interrompaient seulement les images véhiculées par les substantifs. Les architectes futuristes comme Antonio Sant'Elia (1888-1916) faisaient des croquis d'imposantes cités de béton, sans courbes et ornements baroques. Le tableau *Dynamisme d'un chien en laisse* de Giacomo Balla (1871-1958) était une masse confuse de pattes et de pieds censée évoquer un changement rapide et inexorable.

Au départ, le futurisme s'apparentait à une bouffée d'air frais après des décennies de romantisme sentimental. Les futuristes semblaient optimistes, voire héroïques, et adeptes de tout ce qui était moderne : l'automobile, le bruit, la vitesse, les cités en plein essor et l'industrialisation rendant tout possible. La violence et le patriotisme comptaient aussi parmi leurs idéaux (nous glorifierons la guerre, seule hygiène du monde). Quand l'Italie est entrée en guerre en 1915, un grand nombre d'entre eux se sont portés volontaires. L'horreur de la guerre des tranchées a marqué la fin de ce mouvement mal conçu. **BS**

↑ Antonio Sant'Elia, avec *La Centrale électrique* (1914), célèbre l'avènement de l'électricité. Bien que la plupart de ses projets n'aient pas été construits, ils ont influencé les architectes et artistes.

« C'est en Italie que nous lançons ce manifeste de violence culbutante et incendiaire. »

Filippo Marinetti, le « Manifeste de la littérature futuriste » (1909)

V. 1910

Les Dozens

États-Unis

Une joute orale africaine faite d'insultes devient un passe-temps pour les Noirs américains

Il est difficile de trouver une origine claire aux *dozens*, un jeu oral impliquant deux personnes qui tour à tour se lancent des insultes jusqu'à ce que l'une d'elles capitule ou commette un acte de violence à l'encontre de l'autre. Quand les insultes ont une connotation sexuelle, le jeu s'appelle *dirty dozens*.

Aussi appelé *woofing*, *wolfing*, *joning*, *sounding* et *sigging*, il provient d'Afrique de l'Ouest, de pays comme le Nigéria et le Ghana où il sert à mesurer l'intelligence et le statut social des participants. Cependant, il a commencé à être un phénomène social aux États-Unis, dans les quartiers noirs de La Nouvelle-Orléans, au début du XXe siècle.

Les premiers exemples de ce genre de joute comportaient souvent douze rounds. En 1929, le hit *The Dirty Dozens* du parolier et pianiste Speckled Red illustrait bien cet art de l'insulte : « *Cause he's a rotten mistreater, robber, and a cheater ; slip you with a dozen, yo pop ain't yo cousin ; and you mama do the lordylord* ! » Speckled Red s'est rappelé avoir joué aux *dozens* dans sa communauté quand il était petit, suscitant l'admiration de personnes plus instruites que lui. Le jeu était apprécié, car il permettait d'afficher son agressivité, sans jamais inciter à la violence à l'égard des Blancs. Une joute pouvait commencer ainsi : « Maintenant, je vais d'abord tout dire sur ta mère. » Le premier qui craquait et donnait un coup de poing avait perdu. Les participants à ces jeux étaient surtout des garçons, mais il pouvait aussi y avoir des filles. **JMa**

> *« On jouait aux dozens à la récréation, comme les mômes blancs jouaient au scrabble. »* **H. Rap Brown, *Die Nigger Die!* (1969)**

◄ Le chanteur de Blues Speckled Red (photographié en 1960) était connu pour ses enregistrements de *The Dirty Dozens*.

V. 1910

Jazz

États-Unis

Le blues et le ragtime ont fusionné pour donner cette forme de musique improvisée

Le jazz est sans doute né au début des années 1910 dans les rues entourant le quartier des prostituées de Storyville, à La Nouvelle-Orléans. Mélangeant les traditions musicales africaines et européennes, il inclut la syncope, l'improvisation, la polyrythmie et les notes de blues. À l'époque, aucune ville n'égalait La Nouvelle-Orléans, très cosmopolite depuis l'immigration massive due à la chute du prix du coton. Les musiciens et les orchestres de cuivre étaient très demandés. La ville regorgeait de trompettes, de trombones, de cornets à pistons et de batteries depuis la fin de la guerre hispano-américaine de 1898, quand des groupes de musique militaire y avaient débarqué.

La musique faisait partie de la vie de tous les jours, parce que la ségrégation avait entraîné la formation de petites communautés afro-américaines, autant d'ingrédients excellents pour créer de nouvelles formes d'expression musicale. Certains affirment que cette combinaison exotique de blues, de ragtime et de rythmes jamais entendue jusque-là a surgi spontanément de Chicago à Kansas City, mais il y a tout lieu de penser que La Nouvelle-Orléans était la seule cité réunissant les facteurs nécessaires à l'émergence de cette musique qui reposait sur l'improvisation et la diversité instrumentale.

Le terme « jazz » a vu le jour dans les années 1920 et serait peut-être dérivé du mot *jass* faisant référence à un parfum au jasmin populaire parmi les prostituées de La Nouvelle-Orléans. Incorporant le dixieland, le swing, le funk et le hip-hop, il est et sera toujours la « musique de l'Amérique ». **BS**

> *« Le jazz est toujours en mouvement. Il bouge et bougera toujours. »* **J. J. Johnson, joueur de trombone**

Complexe d'Œdipe

Sigmund Freud

En établissant un parallèle entre la légende et le développement des garçons, Freud a lancé une théorie psychanalytique controversée

Tableau d'Ingres *Œdipe explique l'énigme du sphinx* (v. 1908). Quand Œdipe a résolu l'énigme du sphinx, il a été sacré roi de Thèbes et a épousé Jocaste qui, plus tard, s'est révélée être sa mère.

« Freud n'a pas donné une explication scientifique du mythe. Il a proposé un mythe nouveau. »

Ludwig Wittgenstein, philosophe

Œdipe est un personnage de la mythologie grecque qui, accomplissant involontairement la prophétie d'un oracle, tue son père et épouse sa mère. Le psychologue viennois Sigmund Freud (1856-1939), qui a connu la légende à travers la tragédie de Sophocle Œdipe roi, a établi des liens entre le mythe et ce qu'il a dit avoir découvert par le biais de l'interprétation des rêves, de la psychanalyse de névrosés et de l'auto-analyse. Il est le premier à avoir utilisé l'expression « complexe d'Œdipe » dans une publication en 1910. À l'époque, il avait déjà élaboré sa théorie sur le développement de l'enfant et l'origine des névroses.

Il voyait ce mythe comme l'expression de désirs refoulés du très jeune garçon. Il écrit ainsi que c'est notre destin à tous d'éprouver notre première pulsion sexuelle à l'égard de notre mère et notre premier désir de meurtre à l'égard de notre père. Selon lui, à l'âge de trois ans, les garçons passent par une phase de développement psychosexuel où leurs organes génitaux deviennent leur principale zone érogène. Au cours de cette « phase phallique », ils désirent leur mère et éprouvent du ressentiment et de la crainte à l'égard de leur père, qui est un rival plus puissant. Plus tard, Freud a étendu cette théorie aux petites filles, en qualifiant de « complexe d'Électre » le désir d'une fille pour son père et son envie de tuer sa mère.

Il affirmait que chez un individu normal, le complexe d'Œdipe disparaissait dès que l'enfant apprenait à s'identifier au parent de même sexe et dirigeait son désir vers d'autres objets. Ceux qui n'y parvenaient pas étaient sujets aux névroses et aux déviances sexuelles.

Des critiques ont indiqué qu'il existait peu de preuves pour étayer la vision freudienne des drames psychosexuels de l'enfance. Néanmoins, le complexe d'Œdipe est devenu un mythe très puissant dans la culture moderne. **RG**

1911

Salle des urgences

Louisville City Hospital, Kentucky

Le « service des urgences » annonce une nouvelle génération de soins médicaux

Au milieu des années 1800, l'institut médical de Louisville dans le Kentucky abritait Samuel Gross (1805-1884), un des géants de la chirurgie du XIXe siècle. Gross a mis au point de nouvelles techniques de sutures, ouvert le premier laboratoire de chirurgie du pays et opéré une personne blessée par un coup de couteau à l'abdomen. On le voit justement à l'œuvre sur le célèbre tableau de Thomas Eakins *The Gross Clinic* (1875). Il a influencé des générations d'étudiants en médecine. Les diplômés de l'université de Louisville ont fondé la première clinique du Kentucky dans le but de former des étudiants en médecine clinique, et ont réussi la première appendicectomie de l'État. Au début du siècle, Louisville était à la pointe de la recherche médicale aux États-Unis. Cela n'a donc pas été une surprise quand, en 1911, le Louisville City Hospital a ouvert le premier « service des urgences », un centre de traumatologie similaire aux services déjà offerts par des compagnies de chemins de fer et d'autres organisations de travailleurs en Europe. Le service a ensuite été agrandi et amélioré grâce aux nouvelles approches en matière de soin préconisées par un chirurgien, le Dr Arnold Griswold, en 1935 et a préfiguré les salles d'urgences modernes apparues au milieu des années 1950.

La guerre de Corée au début des années 1950 a marqué une évolution des soins d'urgences, lorsqu'on a réalisé que des soins immédiats sur le champ de bataille pouvaient sauver un nombre incalculable de vies. Cela a encouragé le développement des salles des urgences. Cependant, dans les années 1960 aux États-Unis, elles étaient au mieux inégales et les médecins ont compris qu'il fallait dispenser une formation spéciale aux médecins, aux chirurgiens et aux infirmières. En 1968, l'American College of Emergency Physicians a décidé de former une nouvelle génération de « médecins urgentistes ». **BS**

1911

Monétarisme

Irving Fisher

La théorie impliquant le contrôle de la masse monétaire pour stabiliser l'économie

Le monétarisme est une théorie macroéconomique d'abord envisagée par Martin d'Azpilcueta, théologien et économiste espagnol du XVIe siècle. La théorie quantitative de la monnaie élaborée à la fin du XVIIe siècle est restée méconnue jusqu'à ce qu'Irving Fisher (1867-1947), dans *The Purchasing Power of Money* (« Le Pouvoir d'achat de la monnaie », 1911), souligne l'importance de la masse monétaire pour déterminer le produit intérieur brut (PIB) d'un pays. La théorie a laissé entendre qu'il était préférable que l'État intervienne le moins possible dans l'économie d'un pays et que le taux de la croissance de la monnaie devait être indexé sur celui du PIB.

De nombreux économistes attribuent l'essor du monétarisme, en tant qu'alternative à la théorie keynésienne prônant une réglementation de l'économie

> *« Le taux d'intérêt est un lien entre la valeur du revenu et la valeur du capital. »*
>
> **Irving Fisher**

par le gouvernement, à l'économiste américain Milton Friedman (1912-2006). Ce dernier a soutenu que la croissance et la quantité de monnaie en circulation dans une économie entraînaient la hausse des coûts des biens et services. Le monétarisme s'est développé à la fin des années 1970 après l'échec des théories keynésiennes face à la stagflation, caractérisée par une inflation en hausse et un taux de chômage élevé après plusieurs chocs pétroliers.

Cependant, il s'appuyait sur des hypothèses fausses : celles que seules les banques centrales contrôlaient la quantité de monnaie en circulation et que l'inflation ne pouvait être réduite par une limitation de la masse monétaire. Il est même devenu difficile de définir ce qui constitue la « monnaie ». Le monétarisme était donc une expérimentation vouée à l'échec. **BS**

Blues

Afro-Américains du sud des États-Unis

Une musique développée par les Afro-Américains dans le sud rural des États-Unis

À la différence de nombreux interprètes de blues de la campagne, W. C. Handy était musicien et s'était mis au blues à l'âge de 30 ans. Il est resté passionné par cette forme de musique jusqu'à la fin de sa vie.

« Le blues raconte une histoire. Chaque vers de blues a une signification. »

John Lee Hooker, musicien

Le blues est une musique originaire du sud profond des États-Unis. Elle se caractérise par sa gamme, ses accords, ses notes et ses thèmes lyriques. Elle inclut aussi souvent l'utilisation de notes « bleues » ou longues, c'est-à-dire des notes chantées ou jouées avec une légère augmentation ou diminution de ton, la forme versifiée AAB, dans laquelle les deux premiers vers sont répétés, et une structure de trois accords distribués sur 12 mesures en 4/4.

Avec le jazz, le blues est considéré comme une forme d'art typiquement américaine, une fusion des traditions musicales africaines et européennes. Depuis l'époque élisabéthaine (1558-1603), le bleu est associé à la tristesse et à la mélancolie.

Le chant des esclaves qui travaillaient dans les champs du Sud évoquait souvent un appel suivi d'une réponse. Ces chants de travail et spirituals exprimaient en général les aspects d'une vie de travail forcé et de servitude. Une fois mélangés aux structures des ballades anglaises, ils ont donné le blues.

En 1912, le compositeur W. C. Handy (1873-1958), le « père du blues », a publié les partitions de *Memphis Blues*. Cette chanson a lancé le style de blues à douze mesures de Handy. Le premier enregistrement d'une musique instrumentale de blues est sorti un an après, en 1913, et le blues a été de plus en plus remarqué jusqu'à ce que sa popularité explose dans les années 1920 puis dans les décennies qui ont suivi.

L'histoire du blues est une partie indélébile de la musique moderne. Les structures du blues, surtout celle du blues à douze mesures, caractérisent nombre de chansons contemporaines, du rock and roll moderne, du R & B et de la musique pop.

Le blues a aussi influencé le jazz, la country et même la musique classique. Aujourd'hui, des vedettes du blues comme Eric Bibb et Robert Cray ont des fans enthousiastes. **MT**

Connaissance par la description/la connaissance directe

Bertrand Russell

Toute forme de savoir dépend en fin de compte de l'expérience

La distinction entre la « connaissance par la description » et la « connaissance directe » peut être utilisée pour comprendre la connaissance. Ce sont au moins deux façons nous permettant de connaître des vérités sur le monde. L'une passe par l'expérience directe, « de première main », des événements. Par exemple, un homme, « John », qui a rencontré Bertrand Russell (1872-1970) peut savoir, de manière directe, que « Russell était un homme sympathique ». Notre aptitude à différencier ces deux façons différentes d'appréhender le monde a de profonds impacts sur la philosophie.

Russell a introduit cette distinction dans son article majeur « Knowledge by Acquaintance and Knowledge by Description » (« La connaissance directe et la connaissance par description », 1912). Il entendait parler de cette distinction en s'appuyant sur l'œuvre du philosophe du XIXe siècle John Grote. Cependant, il l'a rapportée au monde philosophique contemporain. Il a réalisé que la connaissance que nous avions directement était spéciale parce qu'elle n'était pas vraiment incluse dans nos phrases. Ainsi, si une personne a rencontré Russell et constaté par son expérience son caractère sympathique, cette expérience n'est ni vraiment vraie ni vraiment fausse. Il s'agit juste d'une expérience. Ce n'est que lorsqu'elle pense à cela et s'aperçoit que « Bertrand Russell est un homme sympathique » qu'elle peut dire si la phrase est vraie ou fausse. Il est surprenant de réaliser que nos propres pensées à propos de nos expériences sont une connaissance par description. Même si notre expérience est directe, dès que nous commençons à la formuler, même pour nous, nous aboutissons à une description. Les philosophes essaient toujours de comprendre la nature de l'expérience qui se réfère à la connaissance. Si celle-ci requiert que nos phrases soient vraies ou fausses, alors nous ne pouvons dire que notre expérience, « notre connaissance directe », soit vraiment une connaissance. **NM**

↑ Le philosophe Bertrand Russell, photographié ici en 1935, a été l'un des fondateurs de la philosophie analytique qui reste une tradition philosophique majeure dans le monde anglophone.

« La connaissance directe est toujours meilleure qu'une connaissance par description et la première ne présuppose pas la seconde et ne l'exige pas non plus. »

A. W. Tozer, pasteur

1912

Gestaltisme

Max Wertheimer *et al*

Théorie affirmant que les « formes » sont les données premières de la psychologie

En 1890, le philosophe autrichien Christian von Ehrenfels a utilisé pour la première fois le terme «gestalt» dans *On Gestalt Qualities* («Sur les qualités de forme»), où il critiquait les philosophes atomistes qui considéraient le monde naturel comme un absolu sans tenir compte du contexte. Il contestait ce point de vue avec un exemple musical : si une chanson est interprétée en *do* et en *la* bémol, ces deux notes sont différentes, mais l'auditeur entendra le même air. En d'autres termes, il n'y avait ni absolus ni contextes. L'un des étudiants de von Ehrenfels était Max Wertheimer (1880-1943) dont les *Experimentelle Studien über das Sehen von Bewegung* («*Études expérimentales sur la perception du mouvement*») publiées en 1912 ont servi de base à la théorie gestaltiste.

« L'homme n'est pas seulement une partie de son domaine, il est aussi un homme parmi les autres. » **Max Wertheimer**

Cette psychologie de la forme était une réaction à l'investigation scientifique dont les résultats négligeaient totalement le phénomène que cette investigation était censée révéler. Les travaux scientifiques sont truffés de termes évocateurs comme l'«intuition», la «personnalité» et l'«existentialisme», mais quand nous tentons d'en saisir le sens, ces termes se dérobent et nous nous demandons si ces disciplines, dans leurs formes actuelles, sont à même de nous apporter les éclaircissements proposés. Plutôt que de ruminer une hypothèse de psychologie ou des théorèmes scientifiques, les fondateurs du gestaltisme, Max Wertheimer et ses collègues psychologues Kurt Koffka (1886-1941) et Wolfgang Köhler (1887-1967), espéraient pouvoir déterminer la vraie nature des choses sans découvrir perpétuellement des énigmes insolubles. **BS**

1913

Illusion

Karl Jaspers

Les croyances pathologiques sont le propre de la condition humaine

Les idées délirantes sont des croyances pathologiques obéissant à une conviction malgré l'absence de preuves pour les étayer. Elles sont presque toujours pathologiques et découlent souvent de l'altération d'une fonction neurologique ou d'une maladie mentale. Le philosophe allemand Karl Jaspers (1883-1969) a été le premier à définir leurs caractéristiques dans son manuel *Psychopathologie générale* (1913).

Elles peuvent être classées en quatre catégories : il y a celles qui sont bizarres (étranges et peu vraisemblables), véridiques (possibles, mais fausses), congruentes à l'humeur (régulières en cas de dépression) et non congruentes à l'humeur (n'ayant aucun lien avec l'état émotif d'une personne). Elles ont des myriades de «thèmes». Il y a la pauvreté : le patient est appauvri ; la parasitose : une réaction grave à une infestation imaginaire par des parasites ; l'érotomanie : le fait de penser que quelqu'un est amoureux de vous alors qu'il ne l'est pas ; la grandeur : un délire à tendances surnaturelles ou religieuses pouvant être rattaché à des maladies mentales comme le trouble bipolaire ou la schizophrénie.

« Les [délires] ne sont-ils pas des rêves fous pris par erreur pour des croyances par celui qui les imagine ? » **Stanford**

Indépendamment de ses formes, l'idée délirante n'est pas forcément une supposition fausse et destructrice. La croyance religieuse, par exemple, possède de nombreux attributs des idées délirantes et peut cependant aider les gens à s'assumer. Le fait est que l'idée délirante reste une invention imaginée, le produit d'une pensée et, dans ce sens, elle est un piège dans lequel chacun de nous peut tomber. Ce sont seulement les délires destructeurs énoncés plus haut que nous essayons de cataloguer. **BS**

Le Chat (v. 1930), de Louis Wain, aurait été influencé par la schizophrénie tardive de l'artiste anglais.

1913

Paradoxe du singe savant

Émile Borel

Un singe qui tape indéfiniment au hasard un clavier finira par taper un texte donné

Ce théorème complètement invraisemblable attribué au mathématicien français Émile Borel (1871-1956) en 1913 et popularisé par l'astronome Arthur Eddington (1882-1944) dans son livre *La Nature du monde physique* (1928) nous demande de croire que si l'on met un nombre infini de singes devant des machines à écrire, l'un d'entre eux finira par taper une œuvre de littérature connue comme *Hamlet* (v. 1600) de Shakespeare. Le nombre de dilemmes que cette illustration des lois sur l'infini et les probabilités soulève est évident. Sur le plan philosophique, comment calculer la probabilité d'obtenir le résultat souhaité si l'on ne peut pas démontrer d'abord que celui-ci est possible ? Les lois de la probabilité infirment cette possibilité. Un singe a une chance sur 36 de taper la première lettre de *Hamlet*. La probabilité qu'il puisse taper la seconde est de une sur 676. Elle passe, à partir de quinze caractères, à une sur des milliers de trillions, alors qu'il restera encore 130 000 lettres à écrire correctement.

« Être ou ne pas être – c'est la thegrrdnm zsplkt. »

Bob Newhart, comédien

En 2003, des chercheurs de l'université de Plymouth au Royaume-Uni ont placé six macaques à crête devant un ordinateur. De temps à autre, lorsque ces derniers n'urinaient pas sur le clavier ou ne le cassaient pas, ils tapaient des « S ». Ce paradoxe a eu toutefois des utilisations involontaires. Dans son livre *L'Horloger aveugle* (1986), le biologiste évolutionniste Richard Dawkins le cite pour expliquer la complexité découlant des mutations aléatoires, et dit que si les lettres correctes étaient en quelque sorte « gelées » et les lettres incorrectes ôtées, alors une plateforme darwinienne serait créée permettant aux descendants du singe de s'améliorer. **BS**

1913

Comportementalisme

John Watson

Notre réponse aux stimuli extérieurs ouvre, pour un temps, une fenêtre sur l'esprit

La naissance du behaviorisme remonte à la publication de l'article « Psychology as a Behaviorist Views it » (« La psychologie du point de vue d'un behavioriste ») (1913) de John Watson (1878-1958). Celui-ci pensait que le comportement était le résultat d'un conditionnement. Dans le monde du behavioriste, la raison de nos actions peut être comprise sans avoir recours à des concepts psychologiques complexes trop subjectifs et défiant l'analyse. Notre manière d'agir est déterminée par des forces extérieures et non par des opérations de nos pensées et émotions. Le behavioriste Burrhus Frederic Skinner pensait que la psychiatrie ne devait se préoccuper que du comportement observable d'un sujet face à des stimuli extérieurs. Cependant, les complexités de notre comportement peuvent-elles être uniquement attribuées au monde qui nous entoure, à de simples « stimuli entraînant des effets » ?

« La pensée est le comportement. L'erreur consiste à affecter le comportement à l'esprit. » **B. F. Skinner, *About Behaviorism* (1974)**

Le physiologiste russe Ivan Pavlov était un adepte de ce behaviorisme. Son travail sur les chiens l'a amené à émettre la théorie selon laquelle un comportement récompensé immédiatement a plus de chances d'être répété. Pavlov a noté que les chiens salivaient quand ils étaient sur le point d'être nourris, et qu'ils salivaient aussi quand il arrivait sans nourriture. Il en a déduit qu'ils avaient été conditionnés. Il avait découvert, et Skinner après lui, que le comportement de l'animal comme de l'homme pouvait être « façonné ». Mais jusqu'à quel point ?

Le behaviorisme a souvent été critiqué pour déprécier la psychiatrie et n'est pas resté longtemps une discipline. Il était trop déterministe et laissait trop peu de place à l'expression de la libre volonté. **BS**

← Le chimpanzé Kokomo Jr. posant devant une machine à écrire (1957).

1914

Acte gratuit
André Gide

Un acte criminel ou diabolique qui défie la classification et l'interprétation

Dans le roman existentialiste *Les Caves du Vatican* (1914) d'André Gide (1869-1951), un jeune homme nommé Amédée meurt précipité du haut d'un train en marche par son demi-frère Lafcadio. À l'instar du Meursault d'Albert Camus dans *L'Étranger* (1942), Lafcadio est curieusement indifférent à ses propres actions considérées soit comme un acte gratuit, soit comme un crime sans motif commis sans aucun remord apparent, objectif ou subséquent. La préméditation est absente, seul prévaut l'impulsion, et l'obtention d'une satisfaction immédiate. Gide fut celui qui fit le plus évoluer cette idée de l'acte gratuit sans motif et non prémédité.

Le 1er avril 2009, dans une rue de Londres, un policier de Scotland Yard matraqua un sans-abri qui errait en toute innocence aux abords d'une manifestation publique. Le foie de l'homme fut touché lors de l'attaque et ce dernier mourut 50 minutes plus tard. La cour qualifia l'incident « d'acte gratuit » effectué par un policier ayant « perdu tout contrôle de soi ». L'agent lui-même ne put fournir aucune explication à son geste.

> *« Il est préférable d'être détesté pour ce que l'on est, qu'aimé pour ce que l'on n'est pas. »* **André Gide**

L'acte gratuit a toujours été brandi comme un argument contre l'existence de Dieu. En voici les termes : si Dieu existait, le mal gratuit n'existerait pas ; or, le mal gratuit existe, donc Dieu ne peut exister. Naturellement, cette argumentation présuppose que l'acte gratuit existe réellement et qu'il peut effectivement y avoir un effet sans cause. La plupart, cependant, se moqueraient d'une telle suggestion. Il ne peut y avoir d'effet sans cause préalable et peut-être l'acte gratuit n'est-il rien de plus qu'une formule bien pratique pour décrire les actes n'ayant pas d'explication psychologique. **BS**

1914

Critique biblique post-moderne Grande-Bretagne

Une approche post-moderne de la théologie et des études bibliques

La critique biblique post-moderne devint à la mode dans les années 1950, mais son origine remonte à bien avant. Une revue philosophique trimestrielle britannique, *The Hibbert Journal*, utilisa ce terme pour décrire le changement contemporain concernant les croyances et dispositions en matière de critique religieuse : « La raison d'être du post-modernisme est d'échapper au double esprit du modernisme par une critique approfondie étendue à la fois à la religion et à la théologie. »

La critique biblique post-moderne traite des questions de paternité, d'appartenance ethnique, d'imagination, de genre, d'idéologie, de linguistique et de sexualité de la même manière dont le post-modernisme en général aborde ces sujets. En philosophie, la pensée postmoderniste revêt de multiples facettes : elle se réfère à divers types de pensée comme la déconstruction, le structuralisme, le post-structuralisme et le post-colonialisme. De la même manière, la critique biblique post-moderne ne se réfère pas à un seul type d'analyse critique biblique. Elle aborde les sujets relatifs à l'identité du point de vue des auteurs de la Bible et de ceux dont ils parlent, ainsi que du point de vue des lecteurs et de leur interprétation de la Bible.

La critique biblique post-moderne reste une discipline parfaitement vivante, et de nombreux philosophes et théologiens continuent de s'y intéresser. Le philosophe français Jacques Derrida (1930-2004) utilisa le célèbre exemple biblique de la tour de Babel pour expliquer les multiples niveaux de sens de son œuvre déconstructiviste *Des Tours de Babel* (1985), dans laquelle il souligne l'importance de lire le récit en hébreu. Parmi les auteurs contemporains engagés dans la critique biblique post-moderne, citons l'historien et professeur de Talmud israélo-américain Daniel Boyarin, le théologien et prêtre américain A. K. M. Adam et le théologien australien Mark G. Brett. **CK**

Dadaïsme

Les artistes du Cabaret Voltaire

Un mouvement artistique nihiliste opposé à la guerre et aux modes traditionnels de création artistique, adepte de la collaboration en groupe, de la spontanéité et du hasard

Le dadaïsme vit le jour en Europe de l'Est un peu avant 1914 et atteint son apogée à Zurich, en Suisse, en 1916. Il rassemble les artistes et acolytes du Cabaret Voltaire, une taverne munichoise appartenant au poète allemand Hugo Ball (1886-1927). Le groupe aurait choisi le mot « dada » comme nom de son mouvement après avoir ouvert un dictionnaire et qu'un coupe-papier fut tombé au hasard sur le mot « dada », qui signifie « cheval à bascule ». Considéré comme un traître dans son propre pays du fait de son opposition à la guerre, Ball rédigea le *Manifeste Dada* (1916) et en devint l'un des principaux partisans. C'est dans son Cabaret Voltaire que le mouvement Dada vit le jour, jouissant d'un abri sûr en Suisse neutre, tandis que toute l'Europe était en guerre.

Les dadaïstes méprisaient le nationalisme, le matérialisme et le colonialisme : tout ce qui soutenait l'ordre existant et qui avait amené l'Europe à la guerre était rejeté, y compris ses traditions artistiques. Les dadaïstes critiquaient les causes de la guerre et sa défense continuelle des intérêts bourgeois et coloniaux. Ils utilisèrent un art nouveau et volontairement irrationnel pour exprimer leur dégoût d'avoir été entraînés dans un conflit que personne, hormis les politiciens et les militaires, ne souhaitait.

Fantasque et souvent sarcastique, le dadaïsme était un art vibrant et parfois loufoque. Il n'adhérait à aucune règle de forme, même s'il n'était jamais très éloigné de l'abstraction et de l'expressionnisme. Les objets *ready-made* constituaient un thème récurrent, à l'instar de la *Fontaine* (1917) de Marcel Duchamp, un urinoir en porcelaine monté sur un piédestal, preuve du caractère absurde du mouvement. Aux États-Unis, le mouvement se réunissait dans la galerie new-yorkaise « 291 » d'Alfred Stieglitz. Inscrit dans la durée, le mouvement dadaïste ne déclina que 30 ans après ses débuts, lors de la vague d'optimisme qui suivit la Seconde Guerre mondiale. **BS**

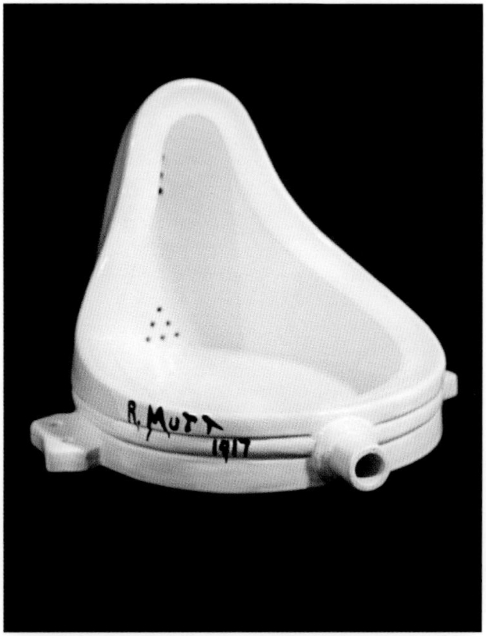

↑ Les ready-mades, comme la *Fontaine* (1917) de Marcel Duchamp, un urinoir en porcelaine signé « R. Mutt », firent l'objet de débats brûlants sur la signification de l'art.

« Pour nous, l'art n'est pas une fin en soi […] mais il permet d'avoir une perception véritable et critique des temps dans lesquels nous vivons. »

Hugo Ball, dadaïste

1916

Supermarché

Clarence Saunders

Un magasin à grande surface qui propose de nombreux produits en libre-service

L'épicier Clarence Saunders (1881-1953) développa pour la première fois l'idée de la vente en libre-service lorsqu'il ouvrit le magasin Piggly Wiggly en 1913 à Memphis, dans le Tennessee. En 1922, on recensait 1 200 enseignes Piggly Wiggly qui devinrent le modèle du supermarché.

Le premier supermarché à reprendre l'idée du libre-service, associée aux rayons de produits distincts, à la politique de faible prix et de vente de masse, fut King Kullen, qui ouvrit en 1930 à New York, avec le slogan « Des piles hautes. Des prix bas. » Les supermarchés bénéficièrent de l'opulence généralisée aux États-Unis et ailleurs, fruit de la croissance économique dans les décennies qui suivirent la Seconde Guerre mondiale (1939-1945), période également faste pour l'industrie automobile et le développement des banlieues. Les courses en libre-service mirent davantage de temps à entrer dans les mœurs britanniques et les supermarchés ne s'installèrent dans le paysage anglo-saxon qu'à partir des années 1950.

La montée des supermarchés et, plus tard, des hypermarchés mena au déclin de nombreuses boutiques plus petites, locales et familiales. Nombre d'hypermarchés, comme Walmart aux États-Unis, utilisèrent de nouvelles méthodes de vente et de distribution. Notamment celle d'acheter en volume et de construire des magasins dans un rayon de distribution précis afin de minimiser les coûts de transport. Les entreprises, comme Tesco au Royaume-Uni, finirent par conclure que, si les clients avaient le choix, ils préféreraient faire leurs courses à un seul endroit pratiquant des prix inférieurs pour tous les produits recherchés, plutôt que d'aller à plusieurs endroits. Les supermarchés ont changé la manière dont les gens ont fait leurs courses au cours de la dernière partie du XXe siècle, outre le fait d'avoir eu un effet marqué sur la culture commerciale des villes et agglomérations. **CRD**

En 1918, les clients découvrent un nouveau mode d'achat de denrées au magasin Piggly Wiggly de Memphis, aux États-Unis.

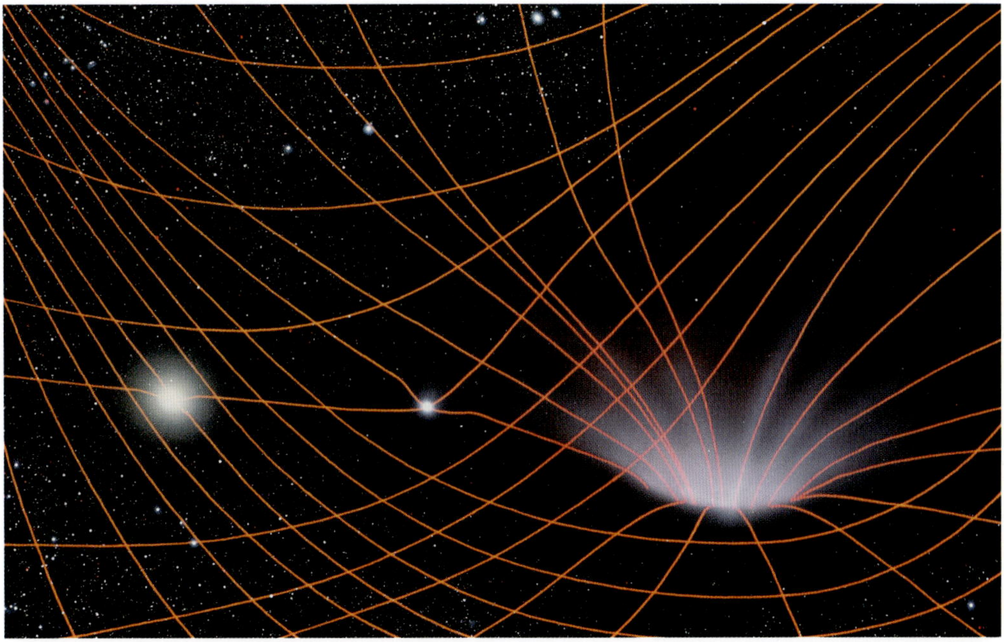

1916

Relativité générale

Albert Einstein

La théorie géométrique de la gravitation bouleverse les fondamentaux de l'univers

L'une des pierres angulaires de la physique moderne, la relativité générale (RG) ou théorie générale de la relativité fut élaborée par le physicien allemand Albert Einstein (1879-1955) en 1916. Avec cette théorie majeure, l'espace et le temps ne sont plus absolus et passifs ; ils sont désormais dynamiques, capables d'être courbés et ralentis, la matière les comprenant et les entourant étant apte à modifier leurs mouvements. La lumière elle-même peut être modifiée ; la relativité générale prédit en effet qu'elle pouvait être incurvée par la poussée gravitationnelle générée par les objets interstellaires qu'elle rencontrait. L'univers venait de perdre sa prévisibilité statique. La physique et l'univers qu'elle s'échinait à comprendre avaient subitement gagné en intérêt.

Une reproduction montre la puissance de la force de gravité d'un trou noir (en bas, à droite) qui déforme le tissu de l'espace.

La RG est d'abord et avant tout une théorie de la gravité, l'une des forces les plus fondamentales de l'univers, qui tordit le cou aux lois gravitationnelles universellement acquises d'Isaac Newton développées au XVIIe siècle. La gravité n'est plus une ligne droite, telle une pomme tombant d'un arbre qui poursuit sa trajectoire tout droit jusqu'à sa collision avec le sol. Dans l'univers d'Einstein, avec ses planètes et ses soleils provoquant une courbure de l'espace et altérant le tissu même de l'espace-temps, les lignes droites de Newton doivent désormais se plier à l'univers incurvé et froncé d'Einstein. Selon les mots de l'astronome et astrophysicien américain Carl Sagan, les orbites étaient de véritables « lignes de tramway dans le ciel », courbées par la gravité afin d'englober les satellites autour des planètes et les planètes autour des soleils ; une sorte de boucle prédestinée et infinie sur leurs trajectoires autrement rectilignes. La relativité générale mit également au jour un univers dans un état de flux, une notion qui allait tellement à l'encontre de la vision d'Einstein d'un univers statique que ce dernier chercha à la contester. Il ne le put, impuissant à infléchir les lois immuables de sa propre théorie. **BS**

1918

Trous de ver

Hermann Weyl

D'hypothétiques tunnels seraient des raccourcis dans l'espace-temps

Mentionnés pour la première fois par le physicien théoricien allemand Hermann Weyl (1885-1955) dans son ouvrage analysant l'énergie du champ électromagnétique, *Temps, Espace, Matière* (1922), les trous de ver sont des produits hypothétiques de l'espace-temps (la fusion de l'espace et du temps en un seul continuum). Ils sont considérés comme des raccourcis ou tunnels théoriques dans l'espace. Le terme « trou de ver » leur fut attribué plus tard, en 1957, par le physicien théoricien John Wheeler (1911-2008).

L'existence des trous de ver n'a encore jamais été prouvée. Elle est cependant théoriquement possible d'après les lois de la relativité générale (1916) régissant l'univers d'Albert Einstein (1879-1955). A. Einstein et son collaborateur Nathan Rosen (1909-1995) les considéraient comme des connexions semblables à des tunnels reliant des régions disparates de l'espace-temps. On baptisa ces connexions « ponts d'Einstein-Rosen ». Le principe fut cependant mis en doute par de nombreux physiciens, car un tel trajet permettrait, dans les faits, la transmission de données et d'objets à une vitesse plus grande que la vitesse de la lumière, brisant ainsi l'un des aspects fondateurs de la relativité restreinte (1905).

En 1962, Wheeler déclara que le trou de ver de Weyl et d'Einstein-Rosen était intrinsèquement instable et enclin à se refermer peu après son ouverture. Wheeler divisa ensuite les trous de ver en deux catégories : les trous de ver dits de Lorentz, fidèles au modèle standard d'Einstein, et les trous de ver euclidiens qui n'existent que dans « le temps imaginaire » et le monde de la mécanique quantique. En 2010, le physicien britannique Stephen Hawking (né en 1942) écrivit que les trous de ver n'étaient pas seulement présents dans l'espace interstellaire, mais qu'ils se trouvaient aussi tout autour de nous sur la Terre, apparaissant et disparaissant sans qu'on le remarque. Il affirma que la radiation naturelle exclurait toute possibilité de leur utilisation pour traverser le temps. **BS**

Une représentation conceptuelle illustre un trou de ver théorique entre la Terre et son étoile la plus proche, Alpha Centauri. ↑

1918 Φ

Théorie déflationniste de la vérité Gottlob Frege

Il n'y a pas de vérité en dehors de ce qui est énoncé

D'après la théorie déflationniste de la vérité, dire qu'une phrase est vraie signifie la même chose que le simple fait de dire la phrase. Le premier défenseur notable de cette théorie fut le philosophe et logicien allemand Gottlob Frege (1848-1925), qui développa cette idée en 1918.

L'idée centrale de la théorie déflationniste de la vérité consiste à dire que la vérité ne possède pas de nature profonde et qu'ajouter le prédicat « est vrai » à une phrase n'en change pas le sens. Pour le déflationniste, la recherche de la nature de la vérité sera toujours frustrée, car elle est vide. Donc, si une personne disait que la phrase « il y a 1 001 idées dans ce livre » est vraie, elle dirait simplement qu'il y a 1 001 idées dans ce livre. Ce minimalisme s'oppose aux théories « inflationnistes » de la vérité, comme la théorie de la vérité-correspondance ou la théorie de la vérité-cohérence, selon lesquelles la vérité nécessite respectivement : une correspondance avec les faits ou une cohérence avec ses idées.

Les premiers théoriciens déflationnistes avec Frege, Frank Ramsey (1903-1930) et A. J. Ayer (1910-1989), étaient mus par leur méfiance à l'égard des débats traditionnels philosophico-métaphysiques concernant la nature de la vérité, en particulier parce qu'il ne semblait y avoir aucune résolution possible. Les théoriciens reconnurent néanmoins que le concept de vérité était utile, car il permettait aux personnes d'affirmer ou d'infirmer des phrases entières comme « tout ce qu'Einstein a écrit est vrai » ou « certaines choses écrites par Descartes sont vraies ».

La théorie déflationniste reste populaire. Les versions modernes affirment souvent que tout ce qu'il faut savoir sur la vérité se retrouve dans le schéma qui suit : <p> est vrai si et seulement si p. L'élément « <> » à gauche du schéma indique que la proposition, l'idée ou la phrase est mentionnée plutôt que réellement affirmée. **BSh**

↑ G. Frege prétendait que la phrase « Je sens le parfum des violettes » signifie la même chose que « Il est vrai que je sens le parfum des violettes ».

1918

Logique modale

Clarence Lewis

Une forme de logique pour donner du sens aux ambiguïtés du langage de tous les jours

La logique modale fut élaborée en 1918 par le philosophe américain Clarence Lewis (1883-1964), l'un des fondateurs de la logique philosophique moderne, afin d'essayer de contourner le paradoxe de l'implication. Elle sert depuis d'outil mathématique pour l'étude des langages de description qui examinent différents types de structures relationnelles.

Lewis s'intéressait au raisonnement présent derrière les modalités de tous les jours (modes de vérité), telles que « Il devrait... », « Cela devrait... », et à la manière dont leur énoncé ambigu semblait transcrire deux sortes de vérité, une nécessaire et l'autre contingente. Considérons l'énoncé « C'est l'été ». Mais est-ce nécessairement l'été ? Est-ce l'été maintenant ou quelque part dans le futur ? Allez dans l'hémisphère opposé et ce ne sera pas l'été là-bas. Les logiciens appellent ces modifications d'une assertion première des « modalités » et examinent le mode selon lequel la phrase peut être considérée comme étant vraie. Les tables de vérité de la logique classique pouvant difficilement cerner de telles ambiguïtés, Lewis mit au point la « logique modale » afin de mettre au jour les contradictions des pensées, possibilités et de la vérité supposée des jugements.

« Seuls les vrais énoncés sont démontrables, et tous les énoncés démontrables sont vrais. »

Joel McCance, « A Brief Introduction to Modal Logic »

Les principes de la logique modale sont aujourd'hui utilisés en linguistique, intelligence artificielle, informatique et en théorie des jeux. Relancée par de nombreux logiciens ayant depuis approfondi les préceptes originaux de Lewis, la logique modale a parcouru un long chemin depuis sa divulgation par Lewis, comme l'attestent les conférences bisannuelles des Avancées en logique modale. **BS**

1919

Prohibition

États-Unis

Limitation de la vente d'alcool dans le but d'obtenir une abstinence partielle ou totale

Aux États-Unis, le mouvement pour la tempérance attribuait les maux de la société à la consommation d'alcool. L'évolution vers la prohibition nationale de la fabrication, de la vente et de la distribution de boissons alcoolisées fut progressive et commença par des interdictions sporadiques émanant d'un renouveau religieux dans les années 1820 et 1830. Fondée en 1893, l'Anti-Saloon League mena des actions répressives entre 1906 et 1913. Lors de la Première Guerre mondiale, un décret de prohibition en période de guerre fut promulgué afin de conserver les céréales pour la production alimentaire.

En décembre 1917, un amendement à la Constitution des États-Unis déposé par le congressiste Andrew Volstead (1860-1947) fut validé par le Congrès américain, avant d'être ratifié par les trois quarts des États en janvier 1919. Le XVIIIe amendement (le *National Prohibition Act,* communément appelé *Volstead Act*) fut ratifié en octobre 1919.

« Nous savons le mal que fait l'alcool, voyons ce que fera la prohibition. »

Thomas Jordan Jarvis, politicien américain

En janvier 1920, la prohibition était effective dans 33 États. La loi n'était toutefois appliquée que là où la population était consentante. En décembre 1933, le XXIe amendement abrogea la prohibition fédérale, mais la maintint au niveau étatique et local. En 1966, la prohibition fut définitivement abandonnée.

La prohibition donna libre cours à de multiples économies illégales, activités de contrebande, distilleries et bars clandestins. L'activité criminelle augmenta tandis que la fabrication et la vente illégales d'alcool florissaient, faisant ainsi grimper le prix des alcools et de la bière. Le XVIIIe amendement est le seul amendement constitutionnel à avoir été ratifié puis abrogé. **BC**

Des agents du gouvernement vident des bouteilles de whisky confisquées dans les années 1920.

PIKESVILLE
WHISKEY

Archétypes

Carl Jung

Des prototypes universellement reconnus qui influent sur notre compréhension et notre comportement

Carl Jung (photographié ici en 1960) émit la notion d'archétypes inconscients pour rejeter l'idée que les personnes doivent tout apprendre depuis leur naissance.

« Le concept d'archétype, qui est un corrélat indispensable à l'idée de l'inconscient collectif, indique l'existence de formes définies dans la psyché qui semble être présentes toujours et partout. »

Carl Jung, *Les Archétypes et l'inconscient collectif* (1934)

Le mot « archétype » fut exprimé pour la première fois dans la langue anglaise dans les années 1540 afin de décrire quelque chose à partir duquel sont élaborées des copies. Le terme n'entra dans le langage courant qu'en 1919, lorsque le psychiatre suisse Carl Jung (1875-1961) l'employa dans un essai intitulé « L'instinct et l'inconscient » pour décrire tout type de comportement, de symbole, de terme ou de concept copié ou imité par d'autres. Jung affirmait que les archétypes étaient « des images anciennes ou archaïques provenant de l'inconscient collectif », le fragment de notre esprit inconscient qui nous est transmis en héritage. Il décrit également les archétypes comme des « images primordiales » qui n'ont cessé d'être exprimées au cours de l'histoire dans l'imaginaire et pouvant remonter à l'art rupestre préhistorique.

Les nouveaux archétypes ne sont pas tant créés que mis à jour. D'après Jung, ils ont toujours été présents en nous. Le héros, le vieux sage et l'imposteur figurent parmi les archétypes, tandis que la naissance et la mort font partie des événements archétypes. Selon Jung, ces archétypes agissent comme des conducteurs de nos expériences et de nos émotions. Du fait de leur apparition en tant que types comportementaux reconnaissables, les archétypes peuvent être étudiés afin de mieux appréhender le comportement humain.

Les cinq archétypes primaires de Jung sont les suivants : le *Soi*, centre de notre psyché ; l'*Ombre*, qui figure notre *alter ego* ; l'*Anima*, qui est l'aspect féminin de la psyché masculine ; l'*Animus*, la figure masculine chez la femme, et la *Persona*, qui renvoie à l'image que nous présentons en tant qu'individus à ceux qui nous entourent. Les archétypes essaiment la littérature, des « amants maudits », Roméo et Juliette, de Shakespeare, à l'« antihéros sombre », Batman, de l'artiste Bob Kane, en passant par « l'horrible » Voldemort créé par l'écrivain J. K. Rowling dans ses romans *Harry Potter*. **BS**

Système de Ponzi

Carlo Ponzi

Une opération d'investissement frauduleuse promettant une rémunération importante sur un investissement sans risque

Carlo Ponzi (1882-1949), Italien ayant émigré aux États-Unis, escroqua des milliers d'habitants de Nouvelle-Angleterre grâce à un plan d'investissement dans la conversion de coupons-réponse postaux européens en monnaie américaine, censé assurer un enrichissement rapide. En 1919, Ponzi crée la société Securities Exchange Company en promettant aux investisseurs de doubler leurs investissements en 90 jours. Au final, il détroussa des milliers d'investisseurs d'environ 15 millions de dollars moyennant quelque 30 dollars de timbres. Ponzi fut arrêté en 1920 et accusé de fraude et de vol, ce qui lui valut d'être emprisonné aux États-Unis jusqu'en 1934, date de sa déportation en Italie.

Des variantes du système de Ponzi, également nommé « système pyramidal », existent depuis le XVIIe siècle, et elles n'ont toutes eu qu'un seul objectif : assurer la fortune de l'instigateur. D'abord, l'instigateur persuade un petit groupe d'investisseurs d'entrer dans le système. Les premiers investisseurs reçoivent des sommes astronomiques issues de fonds procurés par un second groupe d'investisseurs. À son tour, ce second groupe reçoit des fonds obtenus par un troisième groupe d'investisseurs, et ainsi de suite, jusqu'à ce que le responsable de l'opération s'enfuie avec les fonds lorsque le système est sur le point de s'effondrer.

Ponzi ne fut ni le premier ni le dernier à tirer parti d'un tel système. En 2008, Bernard Madoff (né en 1938), ancien président du Nasdaq, fut accusé de fraude pour une escroquerie de plus de 50 milliards de dollars. Madoff monta un système de plusieurs milliards de dollars qui escroqua des milliers d'investisseurs ; bien qu'il ne promette pas de retour sur investissement spectaculaire à court terme, les faux relevés de compte de ses investisseurs affichaient d'importants retours positifs même durant les périodes de crise. En mars 2009, il plaida coupable aux onze accusations de fraude et blanchiment d'argent et fut condamné à 150 ans de prison en juin. **BC**

↑ Carlo Ponzi face à l'objectif de la police lors de son arrestation pour contrefaçon de chèques en 1910. Dix ans plus tard, il reçoit une condamnation à cinq ans de prison pour son escroquerie pyramidale, à valeur d'exemple pour les autres.

« J'ai atterri dans ce pays avec 2,50 dollars en liquide et un million en espoir, et cet espoir ne m'a jamais quitté. »

Carlo Ponzi

FACHHOCHSCHULE ANHALT

1919

Bauhaus

Walter Gropius

Une symbiose entre l'artiste et l'artisan qui établit un pont entre l'art et l'industrie

L'approche esthétique du Bauhaus trouve son origine à Weimar, en Allemagne, avec la fondation en 1919 d'une école d'architecture privée par Walter Gropius (1883-1969) et Adolph Meyer (1881-1929). Le style est né des lignes de production de la nouvelle ère industrielle que W. Gropius, après avoir été un témoin direct des horreurs de la Première Guerre mondiale (1914-1918), était déterminé à exploiter pour améliorer la société. Contrastant avec le travail d'ébénisterie romantique et proche de la nature de la période *Arts and Crafts*, le Bauhaus (qui signifie en allemand « maison de construction ») est voué à être un mouvement urbain, citadin, aux racines ferment ancrées dans le modernisme. Lorsque W. Gropius fut nommé directeur de l'école des arts appliqués de Weimar, en 1919, il transforma cette dernière en ce qui deviendrait le Bauhaus.

Un édifice du Bauhaus était presque toujours de forme cubique, chargé d'angles droits et éminemment asymétrique. L'ornementation était délaissée au profit du caractère fonctionnel, des espaces ouverts et des façades lisses. Les progrès en ingénierie permirent de construire des murs autour de squelettes de fer et d'acier pour la première fois, les libérant ainsi de la nécessité de soutenir la structure. Les couleurs du Bauhaus étaient principalement le gris, le noir et le blanc, les toits étaient plats et l'esthétisme industriel impliquait une réduction de la forme à l'essentiel. À l'intérieur des bâtiments du Bauhaus, les pièces se caractérisaient par un mobilier épuré.

L'esthétique du Bauhaus s'étendit par la suite à la décoration intérieure, à la sculpture, à la peinture et même à la typographie et à la réalisation d'affiches. Décliné dans une myriade de disciplines, le Bauhaus démontra l'idée fascinante qu'un esprit artistique individuel pouvait cohabiter en harmonie avec la production de masse. **BS**

1919

Méthode de la critique des formes

Martin Dibelius

Une analyse qui classe la Bible selon les formes littéraires de ses textes

Le théologien allemand Hermann Gunkel (1862-1932) fut le premier à développer la méthode de la critique des formes dans la Bible, mais c'est un autre Allemand, le théologien Martin Dibelius, qui mit au point la méthode analytique de cette discipline. En outre, c'est l'ouvrage de Dibelius, *Die Formgeschichte des Evangeliums* (1919) qui donna son nom à la critique des formes.

D'après Dibelius, les Évangiles relèvent de la tradition orale et constituent, dans leurs formes primitives, de courts récits écrits pour la première communauté chrétienne. M. Dibelius prouva également que l'Évangéliste Luc (Ier siècle apr. J.-C.) avait accès aux registres écrits de saint Paul.

Dans la méthode de la critique des formes, la Bible est analysée et classée selon ses formes littéraires : les élégies, les paraboles, les poèmes et les proverbes. Les critiques tentent ensuite de clarifier l'histoire de leur formation.

La critique des formes permet aux exégètes de prendre en considération la tradition sous-jacente aux Évangiles à l'époque de leur rédaction et d'essayer de reconstruire la vie de Jésus et ses dires authentiques.

L'œuvre de Dibelius fut bien accueillie par ses contemporains. Le théologien Rudolf Bultmann (1884-1976) développa la critique des formes et, à son tour, l'œuvre de Bultmann révolutionna l'exégèse biblique, incitant les universitaires à faire la part des choses entre les dires de Jésus et ceux des Évangélistes.

La critique des formes mena à la fondation du Jesus Seminar (« séminaire sur Jésus »), en 1985, aux États-Unis. Composé de près de 150 spécialistes universitaires d'études bibliques et laïques, ce groupe de travail vise à vérifier l'authenticité des dires et faits et gestes de Jésus. Il produisit en outre de nouvelles traductions des textes apocryphes et du Nouveau Testament. **CK**

En 1925, l'école du Bauhaus s'établit dans ses nouveaux locaux de la ville de Dessau, en Allemagne.

1919

Surréalisme

André Breton

Mouvement d'expression artistique visant à libérer la création de toute contrainte

Le mouvement artistique du surréalisme émergea d'abord des communautés artistiques dadaïstes de Paris dans les années qui suivirent la Première Guerre mondiale (1914-1918). Désireux de déverrouiller l'imagination, sa première expression artistique est généralement attribuée à l'écrivain et poète français André Breton (1896-1966) qui écrivit en 1919 *Les Champs magnétiques*, considérés comme la première œuvre littéraire du mouvement. En 1924, il publia *Le Manifeste du surréalisme*, symbole du mouvement.

Les surréalistes employaient l'imagerie onirique pour mettre au jour et commenter nos maux les plus enfouis, utilisant souvent le collage et se servant d'images issues de la culture populaire. Le mouvement s'avéra incroyablement résistant au changement, supplantant les existentialistes comme les expressionnistes abstraits, tous désireux d'usurper son rôle d'autorité en tant que voix artistique de l'inconscient. Le mouvement commença cependant à se fracturer lorsque Breton se mit à privilégier l'activisme politique à l'art, changement qui scinda le mouvement en deux parties, ceux qui pensaient que l'art était intrinsèquement politique et les autres. Le surréalisme, pourtant, n'était pas mort et l'exposition d'art surréaliste organisée par la collectionneuse Penny Guggenheim à New York en 1942 allait démontrer l'ampleur et l'universalité acquises par le mouvement.

Influencés par le travail pionnier de Sigmund Freud en psychologie, les surréalistes pensaient que le conscient, croulant sous les tabous culturels et religieux de la société, devait être libéré, non seulement afin de pouvoir mieux s'exprimer sur le plan artistique, mais également pour aider à mettre à jour les nombreuses contradictions destructrices de la société. Le surréalisme n'a peut-être pas atteint ses nobles ambitions sur le plan social, mais il a connu un réel éclat artistique, devenant sans conteste le mouvement artistique le plus généralisé et influent du XXe siècle. **BS**

Le Manifeste du surréalisme définissait le surréalisme comme « un automatisme psychique à l'état pur ».

1919

Films parlants

Lee de Forest

Films bénéficiant de la grande innovation du son

La synchronisation des films et du son, ce que l'on appelait à l'époque « films parlants », fut expérimentée pour la première fois à Paris, lors de l'Exposition universelle de 1900. D'autres démonstrations furent effectuées par la suite, mais les difficultés techniques du processus, qui fonctionnait en synchronisant purement et simplement le début du projecteur cinématographique avec un cylindre audio, rendirent impossibles les grandes projections commerciales durant deux décennies. C'est en 1919 que l'ingénieur en électricité Lee de Forest (1873-1961) déposa le brevet de son système appelé Phonofilm qui enregistrait le son directement sur la bande du film, sous la forme de lignes parallèles de densité variable. Les lignes enregistraient de manière photographique les formes des ondes électriques issues d'un microphone, retranscrites en son lors de la projection du film.

La première projection commerciale de films parlants eut lieu le 15 avril 1923 au théâtre Rivoli, à New York, avec plusieurs films courts issus des Phonofilms de Lee de Forest. Le premier film parlant à succès, *The Jazz Singer* (*Le Chanteur de jazz*), fut projeté quatre ans plus tard, en 1927, avec un système de sonorisation autre que celui de Forest. Le film comptait moins de 400 mots parlés, mais il connut un succès indéniable et, en l'espace de trois ans, 95 % de toutes les nouvelles productions allaient utiliser cette technologie inédite. Ceci provoqua un séisme dans l'industrie cinématographique, gonflant simultanément les coûts de production des films (ce qui mena à la faillite de nombreuses sociétés de production plus petites) et réduisant les opportunités professionnelles de nombreuses vedettes du film muet, car l'introduction du son apportait des changements radicaux dans la manière de jouer.

L'alliance du son et de l'image provoqua une révolution au sein de l'industrie cinématographique, comme en témoigne l'absence quasi complète de films professionnels muets réalisés aujourd'hui. **JE**

↑ La foule se presse devant le Warners' Theatre, à New York, afin de voir *The Jazz Singer*, en 1927.

v. 1920

Complexe d'infériorité

Alfred Adler

Une condition psychologique caractérisée par un manque d'estime de soi

Le terme « complexe d'infériorité » fut utilisé pour la première fois par Sigmund Freud et Carl Jung, mais acquit une importance centrale en psychologie dans les années 1920 grâce au travail du psychothérapeute autrichien Alfred Adler (1870-1937). D'après lui, tout individu commence sa vie avec un sentiment d'infériorité simplement parce que, en tant qu'enfants, de nombreux talents propres aux adultes nous font défaut. Ce sentiment d'infériorité, à ne pas confondre avec le complexe, est surmonté au fur et à mesure que l'enfant croît et se développe. C'est ainsi que, pour Adler, le complexe d'infériorité peut être corrigé.

Ceux qui souffrent du complexe d'infériorité se sentent inférieurs à ceux qui les entourent et croient qu'ils ne seront jamais capables de compenser leurs insuffisances. Ce complexe se développe d'abord dans l'enfance et résulte souvent d'une discrimination, de persécution, de handicap physique, ou encore d'une forme de rejet personnel.

« Une sensibilité exagérée est le signe d'un sentiment d'infériorité. »

Alfred Adler

Une fois devenu adulte, lorsqu'il sera confronté à un problème qu'il ne saura surmonter, l'enfant pourra développer un second complexe d'infériorité. Les complexes d'infériorité peuvent rester latents et être associés à des sentiments de ressentiment, de dépression et un comportement agressif ou irritable. Cependant, il est généralement plutôt aisé de vaincre un complexe d'infériorité. Si une personne se sent inférieure, car elle ne s'intègre pas dans un groupe donné, les études indiquent que le fait de changer de groupe et de se faire accepter ailleurs suffit généralement à faire avancer les choses. **BS**

v. 1920

Musique country

États-Unis

Une musique populaire issue des racines folk et blues de la campagne américaine

La musique country trouve son origine aux États-Unis dans les années 1920, dans la culture folklorique du Sud. La *folk music* américaine est issue de la musique folklorique véhiculée par les vagues successives d'immigrants venant d'Europe, en particulier des îles Britanniques. Au fil du temps, cette musique fut reprise par les joueurs de banjo, des violonistes virtuoses, des chanteurs de ballades et des chanteurs de gospel, pour produire une sorte de musique plus sonore. Le *bluegrass* est l'une des formes de ce nouveau style musical. Portée par des artistes tels que Gene Autry (1907-1998), Roy Rogers (1911-1998) et Tex Williams (1917-1985), la musique country gagna en popularité dans les années 1940, l'étiquette « country » remplaçant celle peu flatteuse de musique de « plouc ».

« Je pense qu'il y a assez de place pour tout le monde dans la musique country. »

Charley Pride, musicien

Certains des premiers enregistrements de musique country proviennent d'Atlanta. Le Grand Ole Opry, une salle de concert de Nashville, dans le Tennessee, considérée comme la capitale de la musique country aux États-Unis, organisait des concerts radiophoniques pour les fans de musique country dans les années 1925. Le Grand Ole Opry fut installé dans l'auditorium Ryman en 1943, où il resta jusqu'à son déménagement au sein de la Grand Ole Opry House en 1974.

Dans les années 1950, la montée du rock'n'roll fit de l'ombre à la musique country, mais cette dernière évolua au fil du temps vers une forme plus orientée vers la pop et jouit aujourd'hui d'un auditoire international. Au cours de ces dernières années, de nombreux groupes de rock, comme Bon Jovi et Kid Rock, ont produit des titres inspirés de la musique country. **JE**

Les frères Delmore, duo de musique country, jouant de la guitare dans les années 1930.

1920

Autosuggestion
Émile Coué

La répétition routinière d'une formule qui favorise le mieux-être des personnes

« Tous les jours, à tous points de vue, je vais de mieux en mieux ». Voilà la phrase que le physicien et psychologue Émile Coué (1857-1926) enjoignait à ses patients de prononcer entre 20 et 30 fois chaque matin après le réveil et de nouveau le soir, avant de se coucher. Ancien adepte de l'hypnose, Émile Coué abandonna cette approche en faveur de ce qu'il appelait « les lois de la suggestion ». Comme il l'expliquait dans son ouvrage *La maîtrise de soi-même par l'autosuggestion consciente* (1920), il considérait l'autosuggestion comme plus qu'une simple « pensée positive » et croyait qu'un changement dans nos pensées inconscientes pouvait réellement contribuer à la guérison de nos maux physiques. Émile Coué aimait à souligner qu'il fournissait simplement à ses patients les outils psychiques nécessaires pour leur guérison. Toute idée implantée dans l'esprit conscient, et entrant dans le champ du possible, peut devenir une réalité pour la personne.

« L'autosuggestion est un instrument [...] avec lequel nous jouons inconsciemment toute notre vie. » **Émile Coué**

D'après Coué, marcher sur une planche de bois posée sur le sol sans tomber est relativement facile. Mais si l'on déplace cette planche pour l'installer à 30 mètres au-dessus du sol, entre deux bâtiments, l'exercice devient presque impossible. La planche n'a pas changé, mais la tête dit que le franchissement est désormais impossible. Une personne habituée des hauteurs pourrait cependant marcher sur la planche sans trop de difficultés.

Coué lui-même définissait l'autosuggestion comme l'influence de l'imagination sur l'être physique et moral de l'homme. Quoi qu'il en soit, nombreux furent les malades qui vinrent le voir pour être guéris, du moins en partie, grâce à ce qu'il appelait son « tour de magie ». **BS**

v. 1920

Notation par courbe en cloche
États-Unis

Une méthode d'assignation des notes selon une distribution prédéterminée

La « courbe en cloche » est un concept qui affirme que la majorité des choses ou événements se produisent autour du point central et qu'une faible partie se produit aux extrémités haute et basse. En d'autres mots, la « moyenne » est aussi le « mode » (plus fréquent). Représentée sur un graphique, la courbe qui en résulte ressemble à une cloche. Elle est connue, en mathématiques, sous le nom de « distribution de Moivre » ou « courbe de Laplace-Gauss » et elle est souvent utilisée pour les probabilités d'attribution de notes.

La pratique de la notation par courbe en cloche fut inventée aux États-Unis dans les années 1920. Elle fut développée en réponse à une étude de 1912 menée par deux chercheurs du Wisconsin qui découvrirent que des professeurs d'anglais exerçant dans différents lycées attribuaient des notes au pourcentage très variable aux mêmes copies. En notant sur la base d'une probabilité « normale », comme le montre la courbe en cloche, les professeurs étaient censés garantir une distribution plus juste des notations et la part subjective de cette même notation pouvait être vérifiée.

« La notation sur une courbe présente une référence de la maîtrise très déformante. »

Rick Wormeli, *Fair Isn't Always Equal* (2006)

Si les notes sont graduées de A = 100-90, B = 89-80, C = 79-70, D = 69-60 à F = 59-0, le sommet de la courbe doit atteindre le C avec 75 %. Si l'on part du principe que la distribution des notes doit suivre une courbe « normale », alors il faut normaliser toutes les notes ; les notes les plus basses seront revues à la hausse et les plus hautes, à la baisse. Il s'agit d'une déformation des données originelles pratiquée dans l'intérêt de satisfaire les attentes du concept statistique utilisé. L'utilisation de la courbe en cloche est critiquée du fait de l'inflation des notations. **LW**

◄ D'après, Émile Coué, les adeptes de la corde raide réussissent surtout, car leur mental leur dit qu'ils en sont capables.

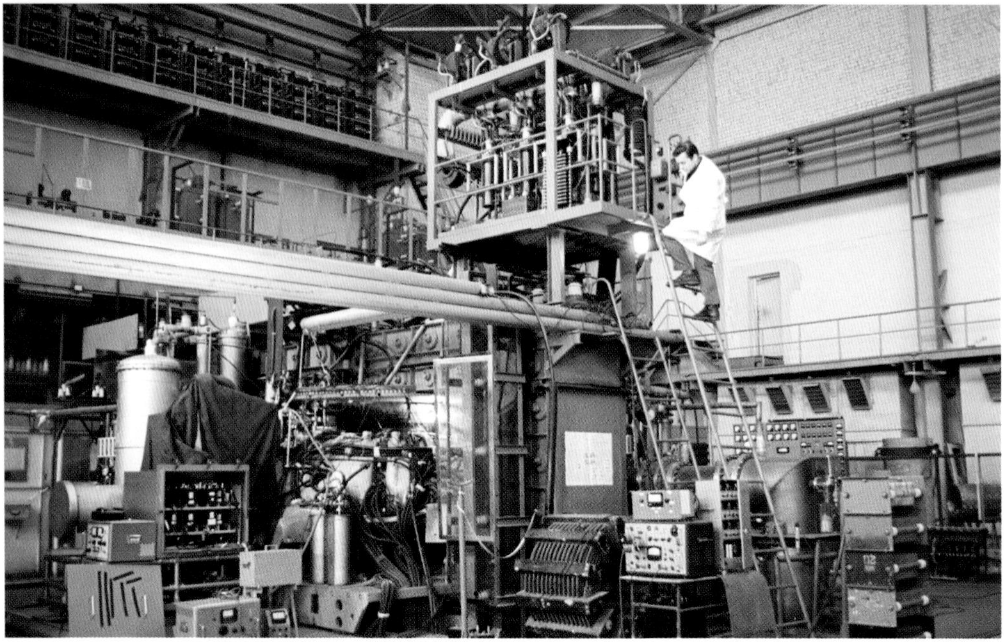

1920

Fusion nucléaire

Arthur Eddington

Moyens par lesquels le soleil émet de l'énergie, et source potentielle d'une puissance illimitée

En 1920, tandis qu'il travaillait sur les isotopes du néon, le physicien britannique Francis Aston (1877-1945) calcula la masse des atomes d'hydrogène et d'hélium, et découvrit que quatre atomes d'hydrogène pesaient davantage qu'un seul atome d'hélium. L'astrophysicien britannique Arthur Eddington (1882-1944) comprit d'emblée l'importance de cette découverte et réalisa que le différentiel en termes de masse entre les atomes d'hydrogène et d'hélium tel qu'il était mesuré par Aston était le mécanisme qui permettait au soleil, grâce à la conversion de l'hydrogène en hélium, de briller et donc de produire de la chaleur et de la lumière.

La fusion nucléaire, soit la conversion de la matière en énergie résultant de l'assemblage de deux noyaux atomiques pour former un noyau plus lourd et plus stable, se produit naturellement à l'intérieur des étoiles. Notre soleil fusionne plus de 600 millions de tonnes d'hydrogène en hélium chaque seconde. Mais créer une réplique de ce phénomène «artificiellement» sur la terre, à une grande échelle et via un processus n'impliquant pas la détonation d'une bombe d'hydrogène (seul processus à avoir permis, jusqu'à présent, de produire de la fusion en grande quantité), est une tout autre affaire.

La recherche en fusion nucléaire s'est accélérée après la Seconde Guerre mondiale (1939-1945), même si les programmes individuels promus par les États étaient orientés vers des utilisations militaires et indépendantes les unes des autres. Cela changea en 1958, avec la conférence «Des atomes pour la paix» (Atoms for Peace) de Genève, en Suisse. Pour la première fois, la recherche était coordonnée et l'information partagée. Appelés «Tokamak», les premiers appareils générateurs de fusion furent conçus et construits en Russie à la fin des années 1960 ; aujourd'hui, le tokamak JET (Joint European Torus) situé à Oxford, au Royaume-Uni, détient le record de fusion et produit 16 mégawatts d'énergie en une seule seconde. **JMa**

Construit en 1960, le réacteur de fusion nucléaire Tokamak 3 est mis au point à l'institut Kurchatov, près de Moscou.

1920

Robotique

Karel Čapek

Des machines reproduisant les aptitudes physiques et/ou mentales des humains

L'idée d'une machine reproduisant la forme et les fonctions d'un être humain, voire capable de travailler pour son créateur, est un sujet qui taraude l'homme depuis longtemps. Léonard de Vinci (1452-1519) dessina un robot humanoïde en 1495 et, aux XVIIIe et XIXe siècles, furent construits d'innombrables automates grandeur nature ; par exemple l'inventeur Jacques de Vaucanson (1702-1782) créa un canard mécanique qui pouvait bouger les ailes et avaler de la nourriture. Cependant, le mot « robot » ne fut pas utilisé avant 1920 et c'est Karel Čapek (1890-1938), écrivain tchécoslovaque, qui le premier l'employa dans la pièce *Rossum's Universal Robots*. La pièce décrit un monde futuriste et se déroule dans une usine où sont fabriquées des « personnes artificielles ».

Se démarquant de la fiction, l'ingénieur Joe Engelberger (né en 1925) et l'inventeur George Devol (1912-2011) conçurent et réalisèrent le premier bras robotisé programmable du monde en 1954. Baptisé Unimate, il devint le premier robot industriel pour General Motors, en 1961. IBM produisit son premier ordinateur commercial en 1964 et une flopée de robots de pointe accompagnèrent Apollo 11 sur la lune en 1969. En juillet 1994, un robot encordé à huit jambes, construit par des étudiants de la Carnegie Mellon University de Pittsburgh, descendit le mont Spurr en Alaska et récupéra des échantillons de fumerolles. Cette opération signa une avancée majeure dans l'utilisation de robots explorateurs pour accéder à des zones extrêmes.

La robotique a toujours promis plus qu'elle ne pouvait apporter, car la science informatique a toujours été distancée par l'imagination humaine. Mais compte tenu de la rapidité à laquelle évolue la puissance des unités centrales informatiques, les ingénieurs prédisent que, d'ici à 2050, des cerveaux robotisés seront capables d'exécuter cent mille milliards de commandes par seconde et seront en mesure de rivaliser avec l'intelligence humaine. **BS**

↑ Une scène de *Rossum's Universal Robots* (1920), pièce écrite par Karel Capek.

Le Ça, le Moi et le Surmoi

Sigmund Freud

La vision de nos personnalités comme produits issus de trois instances concurrentes de notre esprit

Le Ça, le Moi et le Surmoi sont les trois éléments de la théorie psychanalytique de la personnalité développée par Sigmund Freud (1856-1939). Dans *Au-delà du principe de plaisir* (1920), Freud affirme que ce sont les interactions entre ces trois instances qui définissent notre comportement. Le Ça contient nos désirs les plus basiques et instinctifs et agit selon le principe dit de « plaisir ». Si nous ne possédions que le Ça, nous serions au même niveau que les animaux. Le Ça est désorganisé, incapable de jugement et ne possède aucun sens de la morale ni du bien ou du mal. Un être humain qui agirait uniquement d'après les instincts commandés par le Ça serait qualifié de sociopathe. Le Ça nous donne ce dont nous avons besoin pour survivre, mais il est également « le diable sur notre épaule ».

« Le pauvre Moi souffre le plus dans l'histoire ; il doit contenter trois maîtres sévères [...] » Sigmund Freud (1932)

Le Surmoi englobe notre conscience, notre capacité à moraliser et à critiquer les désirs rampants du Ça. Nous lui devons notre sens du vrai et du faux. Freud qualifiait le Surmoi d'équivalent psychique de la figure du père, qui élève son enfant pour qu'il devienne un bon citoyen et le reprend lorsqu'il a mal agit. Le Surmoi nous incite à rester dans le cadre des attentes sociales et morales.

Quant au Moi, il supprime les besoins impulsifs du Ça et apparaît comme une sorte d'organisateur qui prend en compte les besoins concurrents du Ça et du Surmoi et qui les transforme en quelque chose de cohérent et de fonctionnel. Freud lui-même considérait le Moi comme un médiateur au sein d'une structure hiérarchique stricte, mû par les exigences du Ça tout en étant confiné dans le cadre du Surmoi. **BS**

Pulsion de mort

Sigmund Freud

Théorie selon laquelle toute personne est l'objet d'une pulsion inconsciente d'autodestruction

Dans son essai *Au-delà du principe de plaisir* Freud traite des combats qui opposent deux pulsions : l'Éros, pulsion de la créativité, du plaisir et de la reproduction sexuelle, et le Thanatos, la pulsion de mort, soit un désir agressif d'autodestruction. Cette théorie, l'une des plus obscures et énigmatiques de Freud, fut celle qui reçut l'accueil le plus médiocre.

Freud était toujours resté convaincu que toute décision prise par un individu était motivée par la recherche du plaisir. Puis il se mit à chercher des pulsions alternatives capables d'expliquer cet élan vers la destruction constatée dans les rêves post-traumatiques de ses patients. Il commença à appréhender la mort comme partie intégrante du long voyage de la vie, comme une obsession du corps, de l'organisme, à retourner à son inertie primordiale. Selon Freud, cette pulsion constituait l'élément inhumain le plus primitif du corps.

Les pourfendeurs de cette théorie soulignent la coïncidence entre son émergence et le décès de la fille de Freud, Sophie, victime de l'épidémie de grippe espagnole qui ravagea l'Europe. Peut-être Freud fut-il également influencé par le concept nietzschéen de « l'éternel retour », qui voudrait que la vie succède à la mort. Cette pulsion de mort ne satisfaisait pas non plus les évolutionnistes, car cette théorie allait à l'encontre du darwinisme et de la survie du plus fort.

En réalité, elle résulte plus probablement de la propre perplexité de Freud vis-à-vis de la résistance au traitement de ses patients, et de la présence persistance de la dépression et de la peur qu'il était incapable de guérir, en particulier chez les vétérans de la Première Guerre mondiale.

La pulsion de mort semblait combler le propre « creux » conceptuel de Freud, même si presque tout le monde s'est interrogé sur son origine. **BS**

Tractatus logico-philosophicus

Ludwig Wittgenstein

Un traité philosophique destiné à identifier la nature de la relation entre langage et réalité

C'est en 1921 que fut publié l'un des ouvrages philosophiques phares du XXe siècle, le *Tractatus logico-philosophicus* du philosophe austro-britannique Ludwig Wittgenstein. Il commença à écrire cette œuvre alors qu'il était prisonnier de guerre dans un camp italien et l'acheva au cours de l'été 1918, dans sa villégiature familiale à Vienne.

Constitué presque exclusivement d'aphorismes, considérés comme évidents par l'auteur, le traité est pratiquement dépourvu d'arguments et tente d'expliquer la logique sous-jacente du langage ainsi que la manière dont le langage représente les limites de ce qui peut être dit et donc, de ce qui est sujet à raisonnement. Pour Ludwig Wittgenstein, les limites de la philosophie et celles du langage ne forment qu'une seule et même entité. En reliant la logique à la métaphysique grâce au langage, il vida la philosophie de son raisonnement circulaire en affirmant que « Si une question peut être délimitée, il est également possible de lui trouver une réponse ». Le *Tractatus* apporta un nouvel éclairage sur les interconnexions entre le langage, la pensée et le monde extérieur, tout en fournissant les outils nécessaires pour séparer le sens du non-sens.

Ludwig Wittgenstein était admiré du Cercle des philosophes viennois de l'université de Vienne et le philosophe britannique Bertrand Russell (1872-1970) le décrivit comme « l'exemple de génie le plus parfait qu'il ait jamais connu ». C'était également un homme seul et fragile. Il considérait Russell comme son seul pair, mais leur relation s'envenima au moment où il refusa que Russell écrive l'introduction du *Tractatus* (ce que ce dernier fit quand même). Tourmenté par des pensées suicidaires, il considérait sa carrière professorale comme « une mort vivante » et méprisait la plupart des philosophes de son temps. **BS**

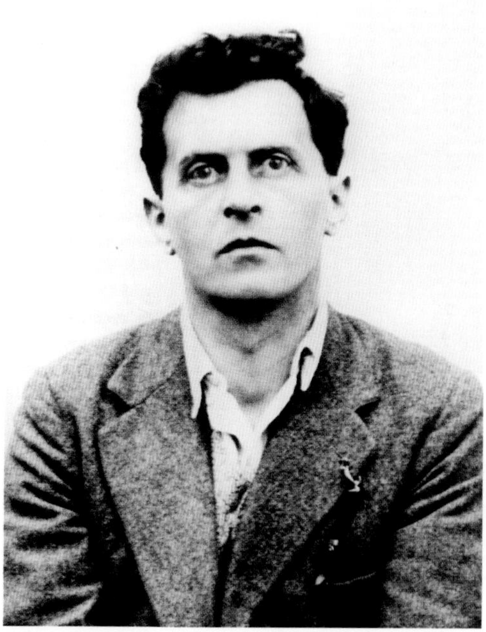

↑ Ludwig Wittgenstein était membre de l'une des familles les plus fortunées d'Autriche, mais aussi l'une des plus tourmentées. Trois de ses frères se suicidèrent dans des circonstances différentes.

« Un homme sera emprisonné dans une pièce dont la porte n'est pas fermée et s'ouvre vers l'intérieur, tant qu'il ne lui vient pas à l'esprit de tirer plutôt que de pousser. »

Ludwig Wittgenstein

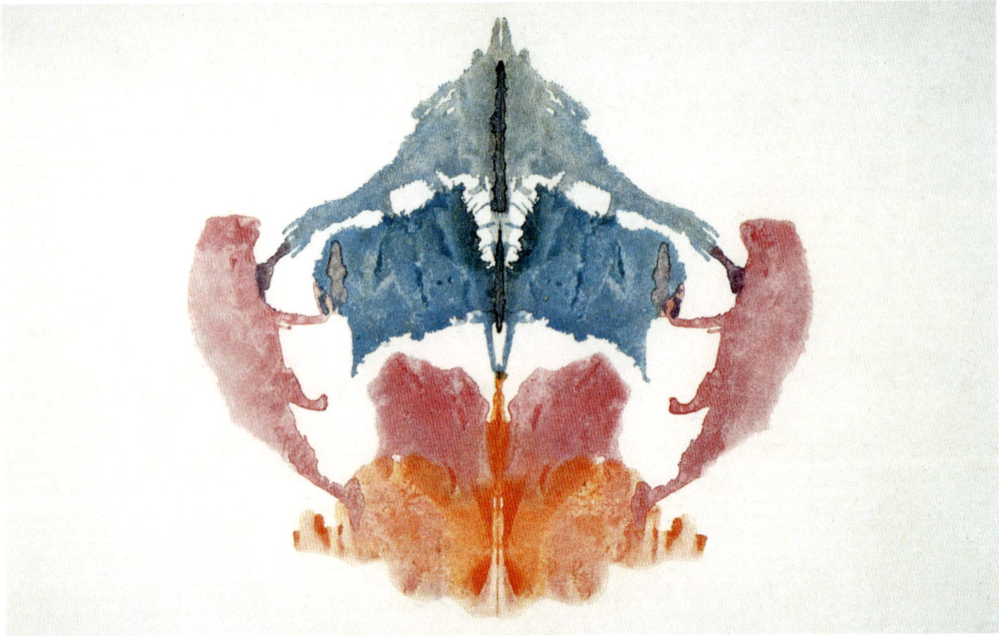

1921

Test de Rorschach

Hermann Rorschach

Un outil de diagnostic subtil dérivé d'un jeu d'enfance

C'est en 1921 que le psychiatre suisse Hermann Rorschach présenta le test à base de taches d'encre désormais bien connu et qui porte son nom, dans son ouvrage intitulé *Psychodiagnostic*. La monographie de Rorschach contenait dix cartes ; l'auteur pensait que les individus invités à interpréter ces cartes étaient susceptibles de révéler une tendance à la schizophrénie. L'utilisation des cartes en tant que test de personnalité ne fut effective qu'à partir de 1939.

Hermann Rorschach s'est inspiré d'un jeu suisse appelé *klecksographie*, qui consistait à déposer une goutte d'encre sur une feuille de papier que l'on pliait de façon à obtenir la forme d'un oiseau ou d'un papillon, et l'a transformé en une science. Adolescent, il avait toujours été partagé entre son goût pour le dessin et pour les sciences naturelles, et voilà qu'il s'était inventé un ingénieux compromis.

Ce qui intéressait le plus Hermann Rorschach, et ce pour quoi le test était conçu, c'était notre capacité à percevoir, plutôt qu'à construire ou imaginer. Le psychiatre suisse s'intéressait à nos perceptions, ce qui les déclenchait et comment elles variaient d'une personne à l'autre. Il considérait les taches d'encre comme des stimuli optiques destinés à exploiter notre propension à projeter nos propres interprétations sur des images ambiguës, dans l'espoir que des analystes puissent identifier des traits de personnalité et des pulsions profondément enfouies.

Hermann Rorschach s'était formé auprès de Carl Jung et était influencé par Sigmund Freud. À l'instar de nombreux psychologues de son époque, il fut sensible au symbolisme et aux associations symboliques. Ainsi, il observa que les névrosés étaient souvent obsédés par leur montre, car le cadran rond symbolisait pour eux le sein de leur mère, et le tic-tac, les battements de son cœur. De la même manière, ses taches d'encre agissaient comme des symboles. **BS**

Les planches de Rorschach servent de stimuli neutres, quoique suggestifs, dans un but d'évaluation psychologique.

1921

Sérialisme

Arnold Schoenberg

Une approche de la composition musicale fondée sur l'utilisation de la série

Développé par le compositeur autrichien Arnold Schönberg (1874-1951), le sérialisme ou musique sérielle est une méthode de composition dans laquelle les douze notes de la gamme chromatique (ou dans des cas ultérieurs, les rythmes, dynamiques et autres caractéristiques musicales) sont systématiquement employées selon un ordre établi et le plus souvent sans répétitions. L'expression « émancipation de la dissonance » de Schönberg fait référence à sa recherche de l'atonalité et son recadrage de la musicalité.

L'approche sérielle de la composition implique fréquemment d'autres contraintes sur l'organisation allant au-delà de l'ordre préétabli, comme l'utilisation d'éléments en proportion identique et égale. Des intervalles communs peuvent être établis entre les tons, ou des changements dynamiques basés sur un système ouvert. Malgré son approche organisationnelle mathématique, Arnold Schönberg considérait cette méthode du dodécaphonisme aussi expressive que d'autres approches de la composition. Il compara sa musique à une personne humaine, dotée d'un squelette, d'un système circulatoire et nerveux, « un individu honnête et intelligent qui vient nous voir pour nous dire quelque chose ressenti au plus profond de lui-même et qui nous importe à tous. »

Le sérialisme s'applique également au champ plus vaste de la composition et de la production qui s'élargit au-delà de la sphère musicale. Il fut concomitant à des avancées dans le domaine des mathématiques, comme celle de la théorie des ensembles qui traite des propriétés d'ensembles d'objets bien définis, et influença les arts visuels à travers l'œuvre d'artistes comme Josef Albers et Sol LeWitt. La compréhension structurelle des ensembles et permutations en musique influença également des universitaires et critiques qui revisitèrent des compositions classiques à la lumière des principes sériels afin de découvrir de nouvelles caractéristiques dans leur organisation. **JD**

↑ **Le compositeur Arnold Schönberg fut également l'un des professeurs les plus influents du XXe siècle.**

1921

Développement de l'enfant

Jean Piaget

La théorie selon laquelle le développement intellectuel connaît plusieurs stades

Jean Piaget (1896-1980) s'intéressa à la psychanalyse lorsqu'il était à l'université de Zurich ; en 1919, il déménagea à Paris pour travailler avec le psychologue Alfred Binet (1857-1911), l'inventeur du test du quotient intellectuel (QI). Piaget se prit de fascination pour les jeunes enfants qui, en réponse à certaines questions que leur posait Binet, donnaient les mêmes fausses réponses, encore et toujours. En 1921, Piaget commença à publier ses conclusions, à savoir que les processus cognitifs des jeunes enfants sont très différents de ceux des adultes.

Piaget considérait le développement intellectuel de l'enfant comme évolutif, avec des étapes où ce dernier « décolle » purement et simplement. Ceci est dû à deux processus : l'assimilation et l'accommodation. En suçant de manière instinctive tout ce qui est à sa portée, le bébé assimile son monde, le transformant pour satisfaire ses besoins individuels. Tandis qu'il se développe, le bébé s'engage dans le processus d'accommodation en allant chercher les objets et en les mettant ensuite dans sa bouche, ce qui correspond à une modification du réflexe. Piaget en vint à la conclusion que le conflit provoqué par ces deux actions opposées crée les conditions du développement cognitif.

> *« [...] la connaissance du monde extérieur commence avec l'utilisation immédiate des objets [...] »* **Jean Piaget**

Les quatre étapes du développement de l'enfant mises en évidence par Piaget – le stade égocentrique, le stade de la « pensée magique », le développement de la pensée logique et l'acquisition du raisonnement abstrait –, lui valurent l'étiquette de constructiviste cognitif, en opposition avec le constructiviste social qui croyait que le langage et la confrontation avec les autres étaient aussi influents l'un que l'autre. **BS**

1922

Théorème de point fixe

Stefan Banach

Principe mathématique prouvant comment une fonction peut avoir un point fixe

Énoncé pour la première fois en 1922 et figurant parmi les grands principes mathématiques élaborés par le mathématicien polonais Stefan Banach (1892-1945), le théorème de point fixe est devenu un outil vital dans la théorie des espaces métriques. Le théorème a été utilisé en topologie et cartographie. L'expliquer sans l'aide de graphismes et de l'algèbre n'est cependant pas chose facile.

Imaginez quelqu'un escaladant une montagne. L'alpiniste se met en marche à midi et atteint le sommet six heures plus tard. Il passe la nuit sur le sommet et entame sa descente le lendemain, à midi, pour atteindre à son point de départ seulement quatre heures plus tard. Imaginez maintenant ceci représenté sur un graphique. La première des deux lignes, l'axe vertical, commence en bas à gauche du graphique et se poursuit en haut à droite ; elle indique le temps et la hauteur. La seconde ligne, l'axe horizontal, commence en bas à gauche du graphique, le point de départ du sommet, et redescend vers le bas, à droite. Il est inévitable que ces deux lignes se croisent à un point donné et ce point précis est un exemple d'un « point fixe » mathématique.

Les variations des théories de point fixe de Banach ne sont pas réservées aux mathématiques tout comme elles peuvent être résolument non fixes. Par exemple, d'après le théorème de point fixe de Brouwer inventé par le mathématicien hollandais Luitzen Brouwer (1881-1966), si une personne mélange une tasse de café, un point fixe apparaîtra à la surface. Cependant, du fait des mouvements du café, il est juste de prétendre que le point fixe est en réalité mobile et qu'il traverse la surface. Au cours des 50 dernières années, le théorème de point fixe a été adapté aux domaines de l'ingénierie, de la biologie et de la mécanique quantique. La version de Kakutani (1941) est largement appliquée aux champs de la théorie des jeux et de l'économie. **BS**

Étiquette en société, au travail, en politique et à la maison

Emily Post

Un recueil de conseils sur l'art et la manière de se comporter en société

Les règles de l'étiquette firent leur première apparition à la cour de Louis XIV (1638-1715) sous la forme de protocoles sociaux. Alors qu'il était à peine âgé de seize ans, George Washington (1732-1799) rédigea ses *Règles de civilité et de comportement décent en société et dans la conversation*. Elles étaient au nombre de 110 et en voici un exemple : « Chaque action accomplie en société doit d'être accompagnée de signes de respect à l'égard de ceux qui sont présents. »

Ce n'est cependant qu'en 1922 qu'un ouvrage fut produit qui recensait tous les aspects de l'étiquette dans un seul et même volume. Rédigé par l'auteur américaine Emily Post (1872-1960), *Etiquette in Society, in Business, in Politics and at Home* fut un succès de librairie. Dans son ouvrage, Emily Post faisait référence à la « meilleure société », non pas en tant que confrérie des plus nantis, mais en tant que fraternité « qui se propagerait sur toute la surface de la Terre ». L'étiquette et les bonnes manières n'étaient pas l'apanage d'une catégorie de personnes, mais de tous, et allaient au-delà des simples manières et attitudes pour englober le domaine de l'éthique.

Emily Post ne laissa rien au hasard quant à ce que nous devons dire ou faire dans quelque situation sociale que ce soit. Quand nous serrons-nous la main ? Que dire lorsque nous avons été présentés ? Quand un *gentleman* doit-il ôter son chapeau, ou simplement le soulever ? Quand doit-on faire la révérence et quand ne doit-on pas la faire ? Elle préconisait de ne jamais apostropher quelqu'un par son nom en public, à moins que ce ne soit absolument nécessaire. Priés de préférer la formule « Comment allez-vous ? » à « Enchanté ! », certains qualifièrent l'ouvrage de démodé et hors de propos. Ce dernier en est cependant aujourd'hui à sa 18e édition, preuve que, pour ceux, qui considèrent que les bonnes manières sont le ciment de la société, les règles de savoir-vivre ne passent jamais de mode. **BS**

Emily Post (photographiée en 1923) prodiguait ses conseils en savoir-vivre à tous, des petits garçons aux automobilistes, mais son public de prédilection concernait les jeunes débutantes, les soupirants et les jeunes mariés.

« Les bonnes manières sont constituées de bagatelles en matière de comportements, faciles à apprendre pour quelqu'un qui ne les connaîtrait pas ; les manières incarnent la personnalité[...] »

Emily Post

1924

École de Copenhague

Niels Bohr

Une probable explication au comportement bizarre et aléatoire des particules subatomiques

La mécanique quantique utilise une approche métaphysique pour comprendre les particules subatomiques, fournissant aux physiciens des outils afin de mener des expérimentations susceptibles d'expliquer leur comportement. La mécanique quantique apparaît cependant parfois étrange aux physiciens, en particulier sa théorie dite des mondes multiples qui suggère que, pour chaque conséquence d'une action donnée, l'univers peut se scinder en deux, permettant ainsi aux particules quantiques de l'événement de se comporter de deux manières entièrement différentes.

Dès 1924, alors qu'il était à l'université de Copenhague, le physicien danois Niels Bohr (1885-1962) tenta d'expliquer cette dualité d'apparence contradictoire. Dans ce qu'il appela l'école de Copenhague (ou interprétation de Copenhague), il formula une théorie selon laquelle les particules quantiques n'existent pas uniquement selon un état ou un autre, mais selon tous leurs états possibles en même temps. Les physiciens qualifient cet état de superposition cohérente.

En outre, chaque particule subatomique possède deux aspects, une fonction d'onde et une fonction de particule, qui sont les deux faces d'une même pièce de monnaie. Et de la même manière qu'une pièce lancée en l'air peut atterrir sur une seule et unique face, une particule subatomique peut se comporter soit comme une onde soit comme une particule, mais jamais les deux à la fois. L'interprétation de Bohr insinue que si une particule était observée dans son état naturel, l'observateur ne la verrait qu'après sa décision prise d'emprunter telle voie, cette voie devenant par la suite « l'état observé ». Par conséquent, des électrons observés aux cours d'expérimentations identiques sont capables de se comporter de manières différentes, selon celui des deux aspects qui entre en jeu. **BS**

1925

Art déco

La Société des artistes décorateurs

Un style de création artistique caractérisé par des formes géométriques et des couleurs audacieuses

Le terme « Art déco » fut employé pour la première fois afin de décrire un style nouveau d'art décoratif présenté à l'exposition du musée des Arts décoratifs, à Paris, en 1925. Vitrine de la création française, l'exposition présentait des pièces de mobilier, de décoration intérieure, ainsi que des œuvres botaniques, géométriques et naturalistes. Aucun objet ne fut épargné par ce courant inédit, les lampes comme les peignes, les repose-pieds, les luminaires, les automobiles. Cette philosophie moderne du *design* célébrait un nouvel âge de l'exubérance qui suivit la fin de la Première Guerre mondiale, une ère prospère pour le style, la mode, les gratte-ciel et le moteur à combustion interne.

Tout commença avec la Société des artistes décorateurs, une association artistique formée à Paris après l'Exposition universelle de 1900, mue par un seul objectif : montrer au monde la beauté et la forme de l'expression artistique et architecturale française. Ce fut leur travail, en poterie pour Raoul Lachenal, conception graphique pour Eugène Grasset, imprimerie de luxe pour François-Louis Schmied et reliure de livres pour Paul Bonet, qui lança le mouvement Art déco et le sortit du hall d'exposition de Paris pour le présenter au reste du monde.

L'architecture Art déco était caractérisée par des reliefs stylisés, des ornementations géométriques, des lignes en palier et des décorations en chrome et bakélite dont la grandeur rappelait celle de la République romaine (1509-27 av. J.-C.). Les Américains y ajoutèrent les principes du profilage, caractérisé par des courbes prononcées et des lignes épurées, les appliquèrent au domaine de la construction et de l'automobile pour offrir au monde le Chrysler Building et la Buick Y-Job. Le mouvement Art déco périclita au milieu des années 1940, son goût tape-à-l'œil détonnant dans le monde austère de l'après-guerre. **BS**

Conçu par William van Alen en 1928, le Chrysler Building de New York est un chef-d'œuvre du style Art déco.

v. 1926

Hégémonie culturelle

Antonio Gramsci

Une approche pacifique de la chute des structures sociales capitalistes

C'est dans les années 1920 que l'écrivain, théoricien politique, cofondateur et chef du parti communiste italien Antonio Gramsci (1891-1937) inventa le terme « hégémonie culturelle » pour décrire la manière dont une seule et unique classe sociale peut être lentement amenée à dominer la société dont elle fait partie. Convaincu que les sociétés capitalistes avérées étaient trop établies pour être renversées par la force, Gramsci proposa de suivre un processus de changement graduel.

Gramsci comparait les structures sociales capitalistes à des remparts défensifs. L'État était, selon lui, une « douve extérieure derrière laquelle se tenait un système puissant de forteresses et de terrassements. Les superstructures de la société civile sont semblables aux systèmes de tranchées de la guerre moderne. »

« *La pensée sociale de Gramsci contient certaines idées remarquablement suggestives [...]* » **T. J. Jackson Lears, historien**

L'infiltration de la société via l'hégémonie culturelle permettait, d'après lui, de saper progressivement ces fondations sociales et de promouvoir le changement. L'influence de Gramsci sur l'évolution des concepts en science politique se poursuivit longtemps après sa mort, avec la publication en 1971 des *Lettres de prison*, qu'il écrivit durant son emprisonnement, entre 1926 et 1934. L'hégémonie, disait-il, est une lutte constante, ses victoires ne sont jamais acquises et toujours précaires. Déterminée à assouplir les formules rigides du marxisme, l'hégémonie culturelle élargit la base de l'idéologie socialiste et reconnaît le rôle de l'État en tant que réalité politique et non simplement en tant qu'instrument de la classe dirigeante. Elle continue d'aider les historiens qui tentent de comprendre comment une idée peut ébranler des hiérarchies sociales prédominantes. **BS**

1927

Télévision

Philo Taylor Farnsworth

Un système de communication électronique qui transmet l'image et le son

La télévision n'est pas le produit d'un génie scientifique ou d'une illumination technique apparu à un moment donné, mais résulte plutôt d'un ensemble de travaux réalisés par de nombreux ingénieurs et inventeurs. Même si l'on doit à Philo Farnsworth (1906-1971) la première télévision électronique en 1927, l'inventeur allemand Paul Nipkow (1860-1940) avait mis au point un système de télévision mécanique dès 1884. Les premiers postes de télévision commercialisés firent leur apparition en Angleterre et aux États-Unis en 1928.

La télévision est un appareil capable de recevoir, décoder et produire des images et des sons envoyés à une grande distance. Les images de la télévision peuvent être diffusées sur les fréquences de radio et via des systèmes de télévision en circuits fermés, ainsi que par des transmissions satellites et câblées. Les premiers postes ne pouvaient afficher que des images analogiques en noir et blanc, mais les progrès technologiques aboutirent au développement des images en couleur, du son en stéréo et des signaux numériques.

« *C'est une menace que tout le monde adore détester et dont personne ne semble pouvoir se passer.* » **Paddy Chayevsky**

En 1966, près d'un milliard de télévisions étaient utilisées de par le monde ; un chiffre qui n'a cessé d'augmenter. Ce média devint synonyme de progrès technologiques et de moments phares du XXe siècle. Il a eu un impact déterminant sur la manière dont les gens communiquent, interagissent socialement et organisent leurs journées. Son omniprésence est une source inépuisable de divertissement, d'actualités, d'information et de distraction, et elle a joué un rôle de pivot dans les bouleversements mondiaux à la fois sociaux et politiques, utilisée par l'oppresseur comme par le libérateur. **MT**

Philo Farnsworth règle une caméra de télévision lors de la présentation de son système en 1934. ➔

Loi de Hubble

Georges Lemaître

Une loi qui apporte une preuve de l'expansion de l'univers

Albert Einstein s'entretient avec Georges Lemaître à Pasadena, en Californie, en 1933. Lors de séminaires tenus dans cette même ville, G. Lemaître détailla sa théorie et fut applaudi par Einstein.

« Doté de ses cinq sens, l'homme explore l'univers qui l'entoure et nomme l'aventure science. »

Edwin Hubble, astronome

Bien qu'elle lui fût attribuée, l'idée de l'expansion de l'univers n'est pas née de l'esprit de l'astronome Edwin Hubble (1889-1953), en dépit de son article de 1929 où il détaille son travail à l'observatoire du mont Wilson, dans les collines environnant Los Angeles. À l'aide de son miroir de 250 cm, Hubble parvint à détecter des décalages vers le rouge dans le spectre de lumière des galaxies et conclut que celles-ci s'éloignaient les unes des autres à une vitesse quasiment insondable. Selon lui, plus une galaxie était lointaine, plus elle se déplaçait rapidement. Sa découverte lui permit par ailleurs d'estimer le point approximatif auquel commençait cette expansion, et c'est ainsi que naquit la théorie du Big Bang sur la naissance de l'univers.

En 1972, alors qu'il était maître de conférences à temps partiel à l'université catholique de Louvain, en Belgique, Georges Lemaître publia un article au titre exhaustif : « Un univers homogène de masse constante et de rayon croissant rendant compte de la vitesse radiale des nébuleuses extragalactiques ». Il y soumettait le postulat d'un univers en expansion et reprochait à Albert Einstein de ne pas souscrire à sa théorie : « Vos mathématiques sont correctes, mais votre physique est abominable. » Georges Lemaître suggéra même un « rapport d'expansion », qui sera par la suite baptisé constante de Hubble. Malheureusement, les conclusions de Lemaître furent publiées dans une revue scientifique belge peu connue et furent donc largement ignorées de la communauté astronomique internationale.

En 1917, Einstein avait pris en compte ce concept de l'univers en expansion dans un modèle conçu d'après sa théorie de la relativité générale. Il reviendra par la suite sur sa position et rejettera cette théorie qu'il décriera comme « la plus grosse bourde de sa carrière ». En 1931, Einstein rendit visite à Hubble, et non à Lemaître, et le remercia pour son travail de pionnier. Il reconnut néanmoins la théorie de Lemaître en 1933. **BS**

La question de l'être

Martin Heidegger

Une tentative de retrouver la véritable fonction de la philosophie : l'analyse de « l'être »

Dans son chef-d'œuvre *Être et Temps* publié en 1927, Martin Heidegger (1889-1976) réinventa le terme allemand de *Dasein* qui signifie « être-là » ou « existence ». Le terme de Heidegger ne faisait pas référence à un sujet statique, mais à un être humain spécifique et à une conscience active totalement engagée dans le monde. Le philosophe précisait : « Le *Dasein* est ontologiquement distinct par le fait que, dans son Être même, cet Être demeure une question pour lui. » Cela signifie que le *Dasein* n'est pas seulement « l'existence », mais qu'il est également le choix d'exister ou de ne pas exister. À l'inverse des pierres, des plantes et des animaux, les êtres humains non seulement existent, mais possèdent une finalité qu'ils définissent par eux-mêmes. Le *Dasein* devint la catégorie philosophique fondamentale qui servit de base pour toutes les autres discussions philosophiques de fond. Le *Dasein* d'Heidegger fut largement inspiré des écrits d'Aristote, philosophe grec de l'Antiquité qui s'intéressa longuement à l'être. Dans son ouvrage *Être et Temps*, Heidegger rejetait son seulement la vision traditionnelle de la séparation entre sujet et objet, qui avait prévalu dans presque toute la philosophie occidentale et en particulier après le XVIIe siècle, mais également la philosophie de son temps.

Être et Temps compte parmi les œuvres les plus importantes de la philosophie européenne du XXe siècle. Elle relança l'étude de l'ontologie, l'étude philosophique de l'être et la nature de l'existence. Sa publication fit de Heidegger un intellectuel public d'envergure, même si son succès soudain allait avoir des conséquences. En 1933, Heidegger rejoignit le parti nazi et fut élu recteur de l'université de Fribourg. Même s'il démissionna un an après, nombre d'universitaires ont dénoncé son soutien au régime nazi. D'où cette question : les arguments d'un philosophe sont-ils influencés par sa vision de la politique, ou les deux doivent-ils être évalués de manière indépendante ? **CRD**

↑ En dépit de la nature extrêmement dense et inaccessible de son texte, *Être et Temps* (1927) de Heidegger lui valut d'être considéré comme l'un des plus grands philosophes du monde.

« Pourquoi y a-t-il des êtres et non pas du néant ? Voilà la vraie question. Ce n'est probablement pas une question arbitraire, "Pourquoi y a-t-il des êtres et non pas du néant ?", voilà de toute évidence la première de toutes les questions. »

Martin Heidegger

1927

Principe d'incertitude

Werner Heisenberg

Un défi intrinsèque à la nature telle que la conçoit la mécanique quantique

Également appelé principe d'indétermination, le principe d'incertitude fut énoncé en 1927 par Werner Heisenberg (1901-1976). Il démontra qu'il était impossible de déterminer simultanément la position et la vitesse d'une particule, et que plus on était capable de déterminer avec précision la position d'une particule, moins la vitesse de celle-ci pourrait être connue (et vice-versa).

La découverte de Heisenberg repose sur une observation relative aux ondes en général. Alors que nous pouvons mesurer séparément la fréquence ou la position d'une onde, il est impossible de les mesurer de manière simultanée. Le modèle de réalité proposé par la physique quantique, qui fait appel à une dualité onde-particule, implique une incertitude et une complémentarité inhérentes à la structure de l'univers.

« L'univers est plus étrange que nous le pensons, et il est plus étrange que ce que nous pouvons penser. » Werner Heisenberg

Alors que l'incertitude est présente dans n'importe quel système subatomique, le principe est également lié à la question plus large de la manière dont l'observation actuelle et la mesure du monde quantique influencent ce monde. Les particules quantiques elles-mêmes sont affectées par la lumière, entre autres choses, et par nos tests et nos mesures, nous perturbons inévitablement un système donné. Ces découvertes ont à leur tour amené Heisenberg à considérer l'incertitude comme une réalité ontologique et non simplement comme le résultat d'une observation. Une superposition d'états se détermine par l'observation (la « fonction d'onde » s'effondre). Heisenberg écrivait : « Je crois que l'on peut formuler l'émergence de la "voie" classique d'une particule comme suit : la "voie" prend forme seulement parce que nous l'observons. » **JD**

1927

Théorie du Big Bang

Georges Lemaître

À l'origine, l'univers était un minuscule point qui se dilata pour atteindre sa forme actuelle

La théorie du Big Bang stipule que l'univers entier commença son existence sous la forme d'un point singulier incroyablement chaud, à la densité infinie et dépourvu de volume. L'univers s'est ensuite rapidement dilaté et refroidi, pour finir par atteindre son état actuel. Cette expansion rapide ne concerna pas simplement les planètes, nébuleuses et galaxies, mais tout l'espace.

Les questions sur l'origine de l'humanité et de l'univers sont aussi vieilles que la pensée humaine. Au début du XXe siècle, les scientifiques réalisèrent de grands progrès dans leur compréhension de l'univers, même si ses origines demeurent mystérieuses. En 1929, l'astronome Edwin Hubble observa que de larges corps de l'univers s'éloignaient de la Terre, et qu'ils semblaient parallèlement s'éloigner les uns des autres. Deux ans avant cette découverte, l'astronome belge Georges Lemaître (1894-1966) soumit l'idée que l'univers était issu d'un atome primitif, qui se serait dilaté au fil du temps. Après qu'Hubble eut divulgué ses observations prouvant l'expansion de l'univers et défini un moment singulier et un point de départ propre à cette dilatation, l'astronome Fred Hoyle désigna ce modèle sous le terme de « *Big Bang* » afin de le différencier du modèle que lui-même soutenait, celui de la théorie de l'état stationnaire.

« [...] toute la matière de l'univers fut créée au cours d'un seul Big Bang. »

Sir Fred Hoyle, astronome

La théorie du Big Bang est le modèle cosmologique communément accepté concernant l'apparition de l'univers. Son impact s'étend au-delà de l'astronomie et de la physique. Elle a fait l'objet de nombreuses critiques de la part de penseurs religieux, tout en étant considérée par d'autres comme une preuve d'un moment de création unique. **MT**

Une œuvre graphique représentant l'évolution de l'univers du Big Bang (en haut) à aujourd'hui (en bas).

1928

Antibiotiques

Alexander Fleming

La découverte d'un traitement qui détruit les bactéries et empêche toute infection

Les antibiotiques sont de puissants médicaments ou composés chimiques qui empêchent les bactéries de grossir et de proliférer. Les antibiotiques, communément appelés aujourd'hui antibactériens ou antimicrobiens, permettent de combattre ces bactéries et de prévenir de telles complications.

Même si l'homme utilise des plantes et décoctions médicinales depuis des millénaires, le monde de la médecine ne doit sa connaissance des antibiotiques qu'à un heureux hasard. Le 3 septembre 1928, le bactériologiste écossais Alexander Fleming (1881-1955) découvrit qu'une de ses boîtes de culture de bactéries contenait une zone de moisissure sur laquelle les bactéries ne s'étaient pas développées. Ce champignon appartenait à l'espèce *Penicillium Notatum* et c'est à la suite d'expériences menées pour savoir s'il pouvait être utilisé afin de soigner des infections animales que la pénicilline devint le premier antibiotique.

Il est aujourd'hui inconcevable d'imaginer la médecine moderne avant l'introduction des antibiotiques, mais avant leur utilisation généralisée du début du XXe siècle, une infection quelconque pouvait souvent s'avérer fatale.

Depuis la découverte de la pénicilline par Fleming, une multitude d'autres antibiotiques ont été découverts, inventés et améliorés. Ces traitements forment une pierre d'angle de la médecine moderne et leur découverte ainsi que celle de leur production à grande échelle ont joué un rôle clé dans le développement des sciences pharmaceutiques modernes. Encensée en tant que traitement miraculeux après son introduction lors de la Seconde Guerre mondiale, la pénicilline seule aurait, dit-on, sauvé plus de 200 millions de vies. Même si certaines bactéries ont depuis développé des résistances aux antibiotiques, ces traitements ont changé notre regard sur la médecine, démontrant à eux seuls le pouvoir des médicaments. **MT**

Alexander Fleming, le découvreur de la pénicilline, photographié dans son laboratoire en 1943.

1928

Antimatière

Paul Dirac

Des antiparticules des particules ordinaires, une forme miroir de la matière

En 1928, le théoricien physicien anglais Paul Dirac (1902-1984) élabora une théorie quantique régissant le comportement des électrons et des champs électriques et magnétiques. Sa théorie nécessitait la présence d'une autre particule possédant la même masse qu'un électron opposé, mais avec une charge positive et non pas négative. Cette particule théorisée était « l'antiparticule » encore inconnue de l'électron. La théorie de Dirac fut rapidement corroborée par les expériences du physicien américain Carl Anderson (1905-1991) en 1932, lequel photographia la courbure des particules tandis qu'elles traversaient un champ magnétique. À juste titre, Anderson allait se voir attribuer la découverte du positron, l'antiparticule de l'électron et la première preuve indéniable de l'existence de l'antimatière. Le physicien partagea un prix Nobel de physique avec l'Autrichien Victor Franz Hess.

Il n'existe pas de différence intrinsèque entre la matière et l'antimatière ; les lois de la physique s'appliquent presque également à l'une comme à l'autre. Si elles entrent en collision, elles s'annihilent l'une l'autre et cessent d'exister. Ceci signa le début de la réécriture de nombreux ouvrages scientifiques. Depuis les débuts de la physique, tout était « matière, tout ce qui existait et tout ce que nous pouvions voir ». Avec le postulat de l'antimatière, la définition de ce qui constituait la matière nécessitait d'être revue. L'antimatière était composée d'antiparticules, comme les antineutrons et les antiélectrons. Les antiprotons furent découverts plus tard au Lawrence Radiation Laboratory, en Californie, dans les années 1950, tandis que l'antihydrogène fut révélé en 1955 et l'antihélium en 2011. P. Dirac avait ouvert une boîte de Pandore quantique et même si le positron fut découvert par C. Anderson, sa découverte était prédite dans un article de Dirac paru un an plus tôt, dans lequel il annonçait une particule encore inédite qu'il avait alors baptisée de manière prophétique l'« antiélectron ». **BS**

↑ Paul Dirac exécute la démonstration d'un modèle de mécanique quantique de la molécule d'hydrogène en 1933.

v. 1928

Formules bien formées

David Hilbert et Wilhelm Ackermann

Le rendu correct et approprié d'un monde dans un langage formel

Le concept de « formule bien formée » (WFF) est un élément clé de la logique moderne, des mathématiques et de l'informatique. L'idée du rendu approprié et correct d'un mot dans un langage formel est mentionné pour la première fois en 1928 dans l'ouvrage de David Hilbert (1862-1943) et Wilhelm Ackermann (1896-1962), *Grundzüge der Theoretischen Logik* (*Principes de la logique mathématique*). Un langage formel peut être pensé comme étant identique à l'ensemble de ses formules, et les mots ou symboles des langages formels sont gouvernés par les règles du langage formel. L'ensemble des formules se divise entre les théorèmes (énoncés ayant été prouvés sur la base d'énoncés préalablement établis) et les non-théorèmes. Les langages formels sont, plus spécifiquement, des langages de logique artificielle gouvernés par un ensemble de règles. Ainsi, dans le langage formel de la logique symbolique (la logique des propositions), l'un des exemples basiques de formule appelés *modus ponens* ressemble à ceci :

Si P, alors Q (ou P Q)

P (ou P)

Donc Q (ou Q)

Nous pouvons remplacer le P et le Q par la célèbre formule du philosophe René Descartes : « Si je pense, alors je suis. Je pense. Donc, je suis. » Tous les langages formels doivent posséder une syntaxe, des définitions concrètes des mots du vocabulaire, et les séquences de vocabulaire doivent compter comme des formules.

Le concept de formule est devenu célèbre, notamment dans le jeu WFF'N PROOF, un jeu conçu pour enseigner la logique symbolique aux enfants. **JE**

« Les mathématiques [...] sont un système conceptuel qui possède une nécessité interne. » **David Hilbert**

1929

Une chambre à soi

Virginia Woolf

Un essai féministe qui incita les femmes à gagner leur propre indépendance

Écrit par la romancière anglaise Virginia Woolf (1882-1941), *Une chambre à soi* (1929) est un essai tiré d'une série de conférences que l'auteur donna en 1928 aux collèges Newnham et Giron de l'université de Cambridge, en Angleterre. L'œuvre demeure une référence féministe du XXe siècle.

Virginia Woolf y dénonce le manque de droits juridiques des femmes à partir de la période élisabéthaine (1558-1603). L'essai est avant tout une œuvre critique qui déplore la pénurie de femmes écrivaines (« Il aurait été parfaitement impossible pour une femme d'écrire une pièce de Shakespeare à l'époque de Shakespeare »), tout en louant l'œuvre de Jane Austen et des sœurs Brontë. V. Woolf demande aux lecteurs d'accepter que des femmes puissent parfois tomber amoureuses de femmes et s'insurge contre les structures patriarcales et hiérarchiques de la société. Là où existent des vides dans les archives factuelles concernant les femmes, V. Woolf dresse des comptes rendus fictifs pour combler ces lacunes afin de rééquilibrer une histoire presque entièrement écrite par des hommes.

L'essai emploie une narratrice fictive, une femme nommée Mary, en référence à une figure du XVIe siècle qui insista pour vivre en dehors du mariage, rejeta l'idéal de la maternité et finit par être pendue pour ses convictions. D'aucuns ont reproché à la romancière d'avoir exclu les femmes de couleur de son récit, mais la préoccupation majeure de l'auteur a toujours été de promouvoir le besoin, pour les femmes écrivaines, et par défaut pour toutes les femmes de toutes origines et de tous milieux, d'obtenir leur propre indépendance. **BS**

« Une femme doit avoir de l'argent et une chambre à elle si elle veut pouvoir écrire. » **Virginia Woolf**

La couverture de la première édition de l'œuvre phare de Virginia Woolf, *Une chambre à soi* (1929).

a room
of one's own
Virginia Woolf

1930

Code Hays

Will H. Hays

Un code d'autorégulation en matière d'éthique qui brida la libre expression de l'industrie cinématographique américaine

Au cours des premières décennies du xxe siècle, pas moins de 40 bureaux de censure distincts sévissaient aux États-Unis, chargés de s'assurer que les producteurs de la nation finançaient des films qui ne s'écartaient pas des carcans moraux en vigueur. En 1922, La Motion Picture Association of America (MPAA) fut mise sur pied et les premières mesures d'autorégulation furent prises, alimentées par des plaintes concernant des contenus douteux et des scandales impliquant des personnalités d'Hollywood, avec l'instauration du code Hays en 1930. Ce dernier tient son nom du premier président de la MPAA, l'avocat et homme politique américain Will Hays (1879-1954), qui fut l'un des auteurs de la MPAA.

Au cours des 30 années qui suivirent, le code Hays stipula ce qui était moralement acceptable sur le grand écran. Un dessin animé pouvait être censuré, car il dévoilait un crime violent ; la nudité et les scènes sexuelles manifestes étaient proscrites, tout comme la critique des religions et l'utilisation de la drogue, à moins qu'elle ne fût essentielle à l'intrigue. On n'entendait jamais parler d'homosexuels et les *sex-symbols* ne se déshabillaient pas. Le code Hays ne s'appliquait pas au théâtre, ce qui explique que les dramaturges pouvaient aborder des sujets interdits à Hollywood. Dans les années 1960, alors que le cinéma européen devenait de plus en plus populaire, des pressions furent exercées afin d'abandonner le code. Hollywood devait désormais faire face à la concurrence de la télévision. Le code fut délaissé à la fin des années 1960 et remplacé par un système de notation instauré par la MPAA en 1968. Le code Hays a été condamné par certains critiques cinématographiques pour ses normes déraisonnablement drastiques. Il ne faut cependant pas oublier que c'est à cette époque qu'Orson Welles réalisa *Citizen Kane* (1941) et que Billy Wilder présenta *Le Poison* (1945), premier film hollywoodien traitant de l'alcoolisme. **BS**

Afin de respecter le code Hays, les couples mariés étaient souvent représentés dans des lits séparés, comme ici dans *L'Introuvable* (1934). ↑

1930

Chirurgie de réattribution sexuelle Kurt Warnekros

Le développement des techniques chirurgicales afin d'aider les transsexuels à être eux-mêmes

La chirurgie de réattribution sexuelle n'est pas un concept nouveau. Des opérations de ce type étaient déjà pratiquées dans la Grèce antique ainsi qu'à l'époque romaine caractérisée par ses mœurs libres. La chirurgie de réattribution sexuelle est une procédure chirurgicale par laquelle les caractéristiques sexuelles d'une personne sont modifiées afin d'obtenir l'apparence du sexe opposé à laquelle la personne se sent intrinsèquement appartenir. La première personne bénéficiaire d'une telle opération au XXe siècle fut l'Allemande Lili Elbe, probablement née intersexuelle (dont les organes sexuels sont impossibles à définir comme étant mâles ou femelles). En 1930, à Dresde, Lili Elbe se fit enlever ses testicules par le gynécologue allemand Kurt Warnekros (1882-1949). Suivront quatre autres opérations au cours des deux années suivantes, dont celle de l'ablation de son pénis et la transplantation d'ovaires et d'un utérus, mais Lili Elbe mourut en 1931 des suites de complications survenues après la 5e opération.

Cependant, la chirurgie de réattribution sexuelle, telle que nous la connaissons aujourd'hui, ne commença que lorsque les nouveaux traitements hormonaux et procédures chirurgicales (dont la chirurgie d'inversion pénienne mise au point par le chirurgien esthétique Georges Burou) apparurent dans les années 1950. Les chirurgiens se lancèrent également dans la fabrication de vagins en utilisant des greffes de peau prélevée sur les postérieurs des patients. En 1952, Christine Jorgensen devint la première personne transsexuelle célèbre après la parution de son histoire dans le *New York Daily News* sous le titre : « L'Ex-GI devenue une beauté blonde ».

Dans les années 1960, il était difficile de trouver des chirurgiens capables de pratiquer de telles opérations, à la fois complexes et innovantes, et de nombreux transsexuels se retrouvèrent dans des situations désespérées. **BS**

L'Ex-GI Christine Jorgensen, bénéficiaire d'une opération de réattribution sexuelle en 1952, photographiée avec son fiancé.

v. 1930

Mouvement rastafari

Marcus Garvey

Un mouvement religieux qui allie christianisme et conscience panafricaine

Le mouvement rastafari affirme que Dieu, appelé Jah, s'est manifesté sous l'apparence humaine à la fois de Jésus-Christ et de l'empereur Hailé Sélassié Ier d'Éthiopie. Pour les adeptes du mouvement, il n'y a pas de vie après la mort, mais le paradis existerait sur la Terre, en Afrique ou à Sion. Les fidèles convaincus croient que l'immortalité physique et spirituelle est possible, et qu'il est primordial de résister à la puissance de l'Europe des Blancs et des États-Unis (Babylone) en adoptant une attitude humble, spirituelle et pacifique.

Le mouvement rastafari vit le jour dans les années 1930 à Kingston, en Jamaïque, lorsque Marcus Garvey (1887-1940) lança un mouvement noir nationaliste afin de révéler aux Jamaïcains leurs origines africaines et leur apprendre à être fiers de leurs racines. Garvey croyait que les descendants des esclaves africains vivant en Jamaïque et ailleurs dans le monde occidental étaient les vrais Israélites, et qu'un nouveau messie africain surviendrait. Lorsque Ras Tafari Makonnen (1892-1975), dont le mouvement tire son nom, devint empereur d'Éthiopie en 1930, de nombreux adeptes y virent le signe de leur retour imminent en Afrique et considérèrent l'empereur (rebaptisé Hailé Sélassié) comme l'incarnation physique de Dieu.

> *« Être rastafari signifie vivre dans la nature, voir le Créateur dans le vent, la mer et la tempête. »* **Jimmy Cliff, musicien reggae**

Il existe aujourd'hui moins d'un million de rastafaris dans le monde. Dépourvu d'églises formelles, de doctrines ou de dogmes, le mouvement rastafari transmit à ses adeptes une philosophie spirituelle pacifique avec laquelle de nombreux observateurs se familiariseront grâce à la musique jamaïcaine, en particulier le ska et le reggae. **MT**

Lorsqu'il devint empereur en 1930, Hailé Sélassié Ier fut salué par les rastafaris comme le nouveau messie africain.

v. 1930

Salsa

Cuban Dancers

Un style de danse latino-américaine aux racines afro-cubaines

La salsa (mot espagnol qui signifie « sauce ») est une danse latino-américaine. Elle est une fusion d'éléments caribéens et européens et trouve ses origines dans le son cubain et les styles de danse afro-cubaine. Le « son » (qui allie le jeu de guitare espagnole et la tradition d'appel et réponse de la musique africaine) est apparu dans les provinces rurales de l'est de Cuba et s'est propagé à La Havane au début du XXe siècle. Les historiens divergent sur les débuts exacts de la salsa, même si le musicologue Max Salazar fait remonter les origines du mot « salsa » au début des années 1930, lorsque le musicien cubain Ignacio Piñeiro composa *Echale salsita*, un « son » cubain sur la nourriture sans saveur. Pour d'autres, le mot était utilisé comme un cri de l'orchestre destiné à accélérer le rythme des danseurs ou comme un cri d'appréciation envers un solo particulier. La salsa se danse en couple, en huit temps, et se caractérise par des mouvements fluides et rapides et un jeu de jambes rythmique. Elle a acquis une popularité internationale depuis les années 1980 et continue d'évoluer et d'incorporer des éléments d'autres styles de danses.

> *« La salsa était un produit manifeste de l'espace des Caraïbes. »* **Deborah Pacini Hernandez, anthropologue**

La culture occidentale assimile progressivement la danse cubaine depuis les années 1850, notamment la conga, le cha-cha-cha, la rumba et différents mambos. La culture cubaine elle-même a absorbé nombre d'influences ibériques et africaines au cours de son histoire et cette interaction a contribué à l'émergence du style de danse *son montuno* (sous-genre du *son cubano*), devenu internationalement populaire dans les années 1930 (et souvent appelé à tort rumba). Il devint l'une des bases principales de la danse salsa contemporaine. **JE**

1930

Univers cyclique

Albert Einstein

Théorie cosmologique d'un univers en continuelle expansion et contraction

Brièvement étudiée puis réévaluée par Albert Einstein (1879-1955) en 1930, la théorie de l'univers cyclique affirme que l'univers fait partie intégrante d'un cycle infini d'expansion et de contraction. Les galaxies sont elles aussi en expansion, mais finiront par atteindre un point de rupture qui provoquera leur effondrement ou « Big Crunch », puis leur explosion au cours d'un autre « Big Bang ». L'univers dans lequel nous évoluons peut être le premier ou le dernier de cette série d'effondrements et de renaissances.

Les adeptes de la théorie de l'univers cyclique doivent surmonter divers obstacles cosmologiques. Le premier est que la densité de l'univers est insuffisante pour générer la force gravitationnelle capable de provoquer un « Big Crunch ».

Le second veut que la vitesse de déplacement des galaxies soit trop importante pour inverser leur direction, et que la baisse des niveaux de combustible nucléaire provoquera une perte de densité qui réduira la poussée gravitationnelle des galaxies et rendra impossible toute inversion. Enfin, la totalité du combustible nucléaire de chaque galaxie sera épuisée, provoquant un refroidissement de l'univers et sa disparition dans un « Big Freeze » (littéralement, « grand gel »).

Qui remet en cause cette théorie d'un univers en mouvement s'oppose à un vaste pan de la science. Ainsi, l'American Astronomy Society affirme que l'univers est beaucoup plus léger que ce que l'on supposait auparavant et « qu'il est peu probable que les galaxies et leurs étoiles stoppent leur expansion ».

L'université de Princeton prétend, elle, « qu'il n'existe tout simplement pas assez de matière pour clore l'univers ». Quant au Harvard-Smithsonian Center for Astrophysics, il souligne « qu'il est à 95 % certain » que rien ne peut empêcher l'univers de poursuivre indéfiniment son expansion. **BS**

1931

Théorèmes d'incomplétude

Kurt Gödel

Théorie prouvant qu'il existe des limites à ce qui peut être affirmé par les mathématiques

Après 2000 ans d'incapacité à démontrer les cinq axiomes incontestables d'Euclide, y compris l'idée que des lignes droites peuvent être prolongées indéfiniment dans des directions opposées, la dernière chose que les mathématiciens souhaitaient voir publiée était une « Théorie d'incomplétude ». Obsédé par le besoin de tout prouver et de dominer le monde, le XXe siècle avait commencé par surfer sur une vague d'optimisme. D'immenses progrès avaient été effectués en théorie mathématique et il semblait qu'enfin, le monde académique se retrouvait autour d'une « théorie du tout » unifiée et globale. Cependant, le mathématicien Kurt Gödel (1906-1978) allait mettre un terme à cet optimisme avec la divulgation de ses théorèmes en 1931. D'après lui, « Tout ce autour de quoi nous pouvons dessiner un cercle ne peut s'expliquer sans se référer à quelque chose en dehors du cercle ; quelque chose que nous devons supposer, mais que nous ne pouvons pas prouver. »

K. Gödel reprit le paradoxe du menteur (si vous êtes un menteur, alors le fait de dire que vous mentez est en soi un mensonge) pour le transformer en une formule mathématique. Et si l'on accepte qu'aucune équation n'a la capacité de se prouver elle-même, cela implique qu'il y aura toujours plus de choses vraies dans la vie que ce que nous serons capables de prouver. Et toute équation concevable sera toujours construite sur des suppositions, dont certaines seront improuvables.

D'après la théorie de Gödel, si l'on dessine un cercle autour de l'univers, alors l'univers ne peut s'expliquer lui-même. Pour donner du sens à l'univers, quelque chose doit exister en dehors de lui, dont nous devons supposer l'existence sans pouvoir la prouver. Le cercle de K. Gödel peut apparaître comme une simple construction, mais il laisse la porte ouverte au point de vue théologique de l'argument. Si Dieu n'est pas à l'extrémité, alors qui l'est ? **BS**

Swing

Musiciens afro-américains

Un style de musique exubérant adopté par une génération d'Américains en pleine dépression

Issu de l'expression américaine *swing feel* utilisée pour décrire un rythme musical à contretemps, le swing vit le jour aux États-Unis au début des années 1920 lorsque des changements de rythme stylistiques et subtils commencèrent à apparaître dans le répertoire établi du jazz, et plus particulièrement parmi les pianistes de stride.

Au milieu des années 1930, le swing était devenu un style musical à part entière, au rythme « groove », apportant ainsi une intensité nouvelle et bienvenue dans les tribulations quotidiennes de la Grande Dépression. Certains historiens font remonter les débuts du swing à 1931, avec la musique du Chick Webb Orchestra, groupe du Savoy Ballroom de Harlem, à New York.

Les petits ensembles de jazz comportaient souvent une clarinette, un trombone, une trompette, un piano, une contrebasse et des percussions. Afin de s'adapter aux sons plus puissants et complexes du swing, les instruments furent multipliés par deux, trois ou plus, jusqu'à obtenir des sections de trois ou quatre trompettistes, trombonistes ou saxophonistes. Il y avait soudainement plus de tout : l'ère du Big Band et du *It Don't Mean a Thing (If It Ain't Got That Swing)* de Duke Ellington était née.

Ce style de musique est plus que la somme de ses attributs techniques, plus qu'une simple musique « aux subdivisions ternaires ». Sa définition tient davantage de la culture que de la technique, avec un son qui donne envie aux gens de se lever pour danser, et de balancer leur corps de manière énergique et rythmée. Les groupes de swing utilisaient des sections rythmiques puissantes comme les contrebasses et percussions, auxquelles se raccrochaient les bois, les cuivres et occasionnellement des instruments à cordes comme les violons ou les guitares. Consacré par des maîtres comme Glenn Miller et Tommy Dorsey, le swing fut adoré par la jeune génération de la Seconde Guerre mondiale. **BS**

↑ Photographié ici en 1939, Duke Ellington (au centre) connut un grand succès avec son titre *It Don't Mean a Thing (If It Ain't Got That Swing)*, sans doute le premier titre à faire référence au style musical. À gauche : Django Reinhardt.

« Ah, le swing [...] Nous avions l'habitude de l'appeler syncope, puis ils l'ont appelé ragtime, blues et pour finir, jazz. Maintenant, c'est le swing. Chez vous les Blancs, c'est un de ces bazars. »

Louis Armstrong, musicien

1931

Rêve américain

James Truslow Adams

L'illusion idéaliste que tous les individus peuvent accéder à la richesse et au succès

L'expression « rêve américain » a beau n'avoir intégré le langage courant qu'avec la publication, en 1931, de *The Epic of America* par l'historien James Truslow Adams (1878-1949), le concept est aussi vieux que la Déclaration d'indépendance elle-même qui stipule que « tous les hommes sont créés égaux » et « dotés, par leur Créateur, de droits inaliénables dont celui de la vie, de la liberté et de la recherche du bonheur ». Abraham Lincoln développa cette idée de vie agréable pour tous dans les années 1860 en encourageant les citoyens à croire que chacun pouvait, par son travail et son esprit d'entreprise, bénéficier d'une vie agréable. À l'époque où Adams lança sa célèbre expression, les États-Unis étaient depuis longtemps déjà le pays de « ceux qui font fortune en ne partant de rien » selon l'écrivain du XIXe siècle Horatio Alger.

Ce qu'Adams signifiait par « rêve », ce n'était pas la course à la fortune ou au statut social, bien qu'il ait terminé son manuscrit au milieu d'une période dite du « tout est possible », le jour où le président Herbert Hoover actionna l'éclairage de l'Empire State Building de New York, tout juste achevé. Adams rêvait d'une nation à l'ordre social égalitaire, dans lequel les individus seraient libres de réaliser leur potentiel individuel et seraient acceptés pour ce qu'ils étaient, indépendamment de leur classe sociale, religion ou race : « Ce rêve d'un pays dans lequel la vie devrait être meilleure, plus riche et plus épanouissante pour chacun, qui offrirait des opportunités à chacun, selon ses capacités ou réalisations. » C'est précisément là où le bât blesse. Le concept était aussi hétérogène que la nation elle-même, et pour les Afro-Américains présents depuis 200 ans, c'était un objectif inatteignable créé par des Blancs pour des Blancs.

Maintenir vivante la philosophie nationale d'Adams au XXIe siècle s'avère difficile. L'inégalité prospère et le fossé entre riches et pauvres aux États-Unis est aussi profond d'avant. **BS**

La photographie (1937) de Margaret Bourke-White met en exergue le clivage social qui se creuse lors de la Grande Dépression aux États-Unis.

1932

Obsolescence programmée

Bernard London

Une pratique qui consiste à concevoir des produits à la durée de vie limitée

C'est une idée aussi vieille que la Révolution industrielle (1760-1840) elle-même : élaborer un produit avec une déficience constitutive de sorte qu'il devienne inutilisable ou obsolète au bout d'une période prédéterminée. Dans les années 1930, les dirigeants de General Electric cherchaient comment réduire la durée de vie de leurs ampoules, tandis que les fabricants automobiles se demandaient comment parvenir à construire des voitures avec des « dates limites d'utilisation ».

Le terme « obsolescence programmée » fit sa première apparition dans le vocabulaire courant en 1932, dans un pamphlet intitulé « Mettre fin à la dépression par l'obsolescence programmée », écrit par un courtier immobilier de Manhattan, Bernard London, qui préconisait d'inscrire l'obsolescence dans la loi afin de stimuler la consommation des ménages lors de la Grande Dépression.

Cependant, l'obsolescence programmée perdit en popularité à la fin des années 1950 pour des raisons éthiques, car les fabricants étaient considérés comme des escrocs. Mais les temps ont changé. L'obsolescence programmée est toujours en vigueur et devient même de plus en plus sophistiquée. Par exemple, les fabricants de brosses à dents conçoivent maintenant leurs brosses avec un système de couleurs indiquant quand remplacer l'instrument, que cela soit nécessaire ou non.

L'obsolescence n'est toutefois pas toujours « programmée ». Il y a ainsi l'obsolescence fonctionnelle ; par exemple, lorsque le démarreur fut introduit en 1913, toutes les voitures précédentes devinrent obsolètes. On distingue aussi l'obsolescence d'évolution.

Or seule l'obsolescence programmée suscite des interrogations d'ordre éthique et moral. Les produits doivent-ils être délibérément conçus pour se périmer afin que les entreprises puissent vendre davantage et accroître leurs profits aux dépens du malheureux consommateur ? **BS**

↑ Du matériel informatique au rebut, conséquence de l'obsolescence constitutive inhérente au secteur de l'informatique.

1932

Néolibéralisme

Alexander Rüstow et Louis Rougier

Un mouvement d'économies de marché issu de la période trouble de la Grande Dépression

Le « néolibéralisme » intégra le lexique anglais en 1932, après que l'économiste socialiste allemand Alexander Rüstow (1885-1963) l'eut utilisé au cours d'une conférence à Dresde pour décrire une nouvelle génération d'adeptes du libéralisme dont les opinions contrastaient avec celles des libertaires civils et libéraux du libéralisme classique. Le néolibéralisme de Rüstow s'inspira des théories économiques de John Maynard Keynes élaborées au début des années 1930 en réponse à l'incapacité des théories économiques traditionnelles de stopper ou corriger les effets de la Grande Dépression.

Les principes clés du néolibéralisme incluent l'émancipation des entreprises privées de toute emprise gouvernementale ou bureaucratique, l'abolition des règles susceptibles d'empêcher la création de profits, une réduction des dépenses publiques en matière de services et d'infrastructures sociales, la vente d'entreprises d'État à des entreprises du privé, et le remplacement du concept de « communauté » par celui de responsabilité individuelle. Bien qu'adopté par de nombreux économistes phares à l'époque de son apogée, le néolibéralisme n'était plus défendu que par une petite minorité dans les années 1960.

Le néolibéralisme acquiert son assise au colloque Walter Lippmann, un congrès réunissant 26 hommes d'affaires, économistes et fonctionnaires à Paris, en 1938, et visant à promouvoir la cause libérale. Le mouvement s'est également nourri de l'échec de la coalition de la gauche française du Front populaire à transformer les structures sociales et économiques de la France de l'époque. Le néolibéralisme n'était en aucun cas une théorie unifiée. Certains le nommaient « individualisme », d'autres « libéralisme positif » et ce n'est que pour des raisons de stratégie et de consensus que le terme « néolibéralisme » fut adopté. **BS**

1932

Matière noire

Jan Hendrik Oort

Un type de matière hypothétique supposé rendre compte d'une grande partie de la masse totale de l'univers

En 1932, l'astronome danois Jan Oort (1900-1992) dirigea son télescope vers des étoiles visibles du disque de notre Voie lactée et se mit à observer les déplacements en orbite des étoiles à l'intérieur de groupe de galaxies distant. Dans chaque cas, les étoiles observées par l'astronome semblaient se déplacer trop rapidement compte tenu de la poussée gravitationnelle des systèmes dans lesquels elles étaient intégrées. Il conclut qu'il devait exister une forme de force gravitationnelle qui les poussait en avant, une sorte de matière cachée.

En clair, la matière noire désigne la matière indétectable de l'univers dont la présence ne peut être induite que par l'étude de ses effets gravitationnels sur les corps célestes observables. Comme elle n'émet ni n'absorbe la lumière ou les radiations, elle ne peut être observée et sa nature précise ne fait l'objet encore que de suppositions.

« [...] l'énigme, c'est que la majeure partie de la masse de l'univers semble manquer. »

William J. Broad, *The New York Times* (1984)

L'année qui suivit la découverte de J. Oort, l'astronome et physicien suisse Fritz Zwicky (1898-1974) conclut, après avoir examiné le décalage vers le rouge au sein de galaxies de l'amas de Coma, que l'univers semblait être principalement constitué de ce qu'il appelait « masse manquante ». Auteur d'un catalogue répertoriant des milliers de galaxies et amas de galaxies, Zwicky fut le premier à prouver l'existence d'une masse invisible à l'aide du théorème de l'énergie cinétique.

Composante de l'univers, la matière noire (dont on pense aujourd'hui qu'elle est une sorte nouvelle de particule subatomique dont la découverte incombe à la physique des particules) constituerait près de 85 % de la matière de l'univers. **BS**

1933

Humanisme religieux

The Chicago 34

Une nouvelle philosophie se passe de Dieu et remet à l'homme la charge de son propre destin

Dans les années 1920, une nouvelle philosophie et un ensemble de concepts éthiques virent le jour au sein de la communauté universitaire des États-Unis. Ce courant incarnait un défi radical pour les croyances et comportements religieux établis dont on pensait qu'ils avaient perdu leur raison d'être au XXe siècle et qu'ils n'étaient plus capables de remédier aux complexités et dilemmes de la vie.

C'est en 1933 que 34 intellectuels et universitaires humanistes de l'université de Chicago cosignèrent et publièrent le *Manifeste humaniste*, qui expose les principes de cette nouvelle vision du monde, à savoir : l'univers existe par lui-même et n'a pas été créé, l'homme est issu de la nature, l'accomplissement personnel devrait être l'ultime objectif de tous, la religion est à peine plus qu'un mélange de vœux pieux et d'espoirs sentimentaux ; quant à la richesse, elle doit être uniformément répartie pour créer des sociétés équitables et promouvoir le bien commun. C'est donc l'homme, avec sa volonté, son intelligence et sa puissance propre, et non pas Dieu, qui est seul responsable de la réalisation de ses rêves et de sa destinée. Cette nouvelle philosophie fut appelée, sans doute ironiquement, humanisme religieux.

À l'instar des religions qu'il souhaitait remplacer, l'humanisme religieux possédait ses propres principes, doctrines et articles de foi (telle la croyance inconditionnelle en l'évolution, ou la séparation de l'église et de l'État), même si la plupart de ses adeptes auraient précisé qu'il s'agissait davantage de concepts et d'états d'esprit que de dogmes. Bien que les philosophies humanistes soient antérieures à Socrate, le développement d'une école de pensée organisée n'a vu le jour que tardivement. Aujourd'hui, on compte près de cinq millions d'humanistes laïcs dans le monde. **BS**

1934

Réfutabilité

Karl Popper

Concept voulant qu'une théorie ne peut être scientifique si elle n'a pas la capacité d'être réfutée

En science, la réfutabilité signifie que si quelque chose peut être réfuté ou que l'on peut en révéler la fausseté, alors des tests rigoureux viendront le démontrer tôt ou tard. Si une théorie n'est pas capable d'être révélée fausse, les scientifiques doivent la placer dans la catégorie de la pseudoscience. Par exemple, l'affirmation que vous seriez bien plus heureux si vous aviez 20 ans de moins ne peut être réfutée, car il est impossible de nous rajeunir et donc de prouver cette hypothèse.

Le célèbre philosophe autrichien Karl Popper (1902-1994) avança pour la première fois sa théorie de la réfutabilité potentielle dans son ouvrage *Logik der Forschung* (*Logique de la recherche*, 1934). Popper affirmait qu'en science, l'observation était première, venaient ensuite la spéculation puis la réfutabilité. K. Popper était intransigeant sur la question de la réfutabilité et même les pointures du monde scientifique n'étaient pas épargnées par sa perspicacité.

Se qualifiant lui-même de « rationaliste critique », Popper critiqua le neurologue Sigmund Freud (1856-1939) pour ses « méthodes non scientifiques » et remit même en cause le darwinisme en affirmant que l'évolution « n'était pas une théorie scientifique testable, mais un programme de recherche métaphysique », soit à peine plus qu'un cadre en vue de recherches scientifiques futures.

Le philosophe rejetait l'attestation comme moyen de prouver une théorie, comme le montre son concept de « cygne blanc ». Peu importe le nombre de cygnes blancs observés, il n'est pas scientifique de dire que « tous les cygnes sont blancs ». Pour vérifier cette affirmation, quelqu'un devra voyager de par le monde et recenser tous les cygnes existants. La logistique pure veut que cette proposition ne soit pas réfutable. Un seul cygne noir, c'est tout ce qu'il nous suffit de trouver. **BS**

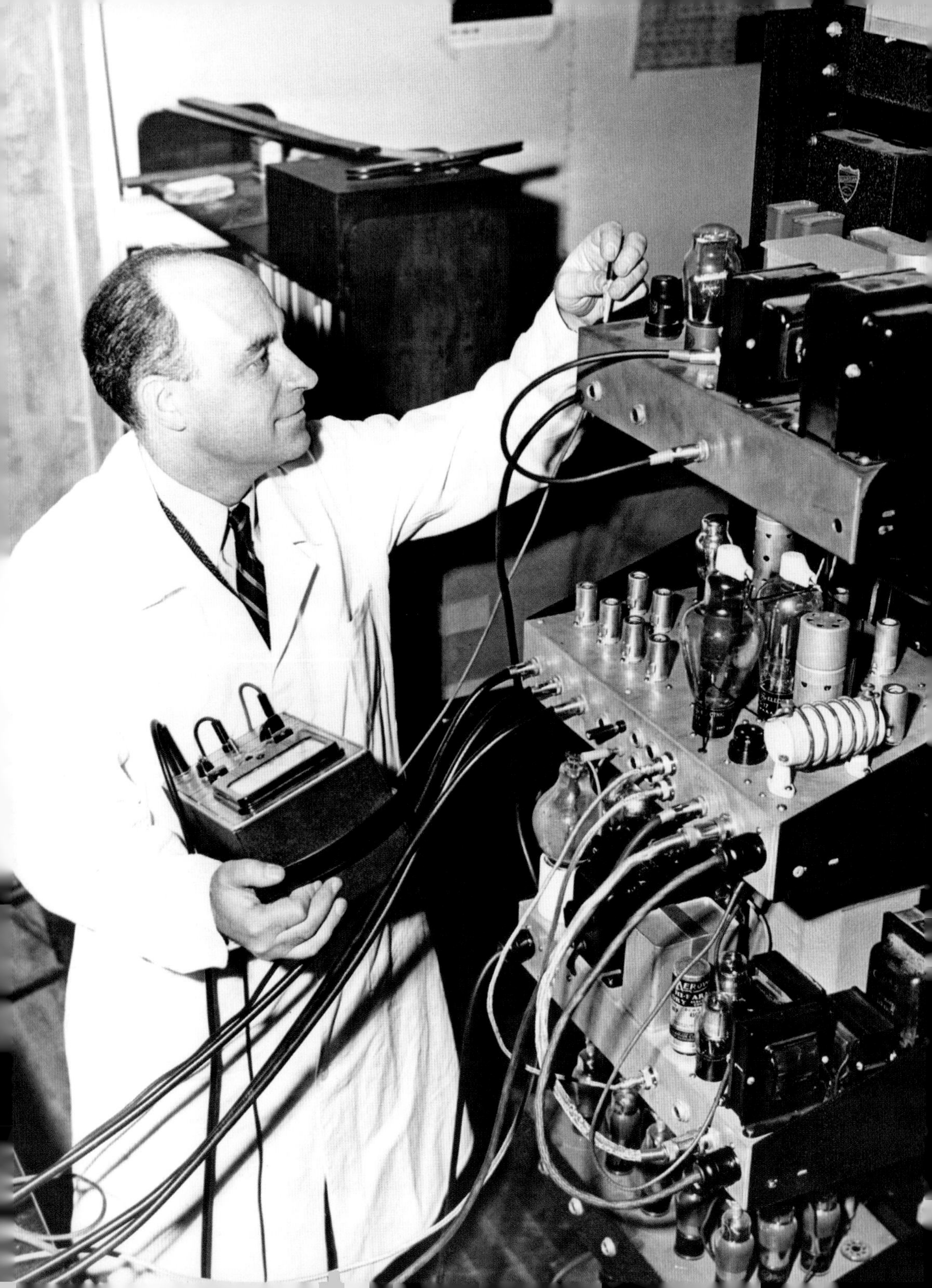

1934

Interaction faible

Enrico Fermi

Une force fondamentale impliquée dans la désintégration radioactive de particules subatomiques

Le concept de l'interaction faible, l'une des quatre forces fondamentales de la nature, fut émis pour la première fois par Enrico Fermi (1901-1954) en 1934. Elle est responsable de la désintégration des particules nucléaires et s'avère essentielle pour la fusion nucléaire. Elle joua en outre un rôle crucial dans le processus de synthèse nucléaire qui produisit les éléments lourds dont nous sommes tous composés.

La découverte des particules élémentaires et de leurs interactions a souvent été déclenchée par les difficultés à expliquer le comportement de particules déjà observées. Avec la découverte du neutron en 1932, le noyau de l'atome était constitué de protons, neutrons et électrons. Pourtant, il apparut bientôt que les actions de ces particules ne pouvaient être convenablement décrites par les forces alors connues. La radioactivité survient lorsque le noyau se désintègre, et ce processus s'explique par la force électromagnétique ; mais cette force ne pouvait expliquer une forme de radiation appelée désintégration bêta, au cours de laquelle un neutron se change en proton. L'interaction nucléaire forte étant déjà connue, Enrico Fermi eut l'idée de proposer une interaction faible qui impliquerait une particule appelée neutrino, qui sera découverte expérimentalement en 1956.

L'interaction faible n'était du reste pas totalement expliquée avant la découverte d'autres particules capables de servir de médiateurs dans ces interactions. L'existence des bosons W et Z fut confirmée par les expériences d'accélérateur de particules menées en 1983. Ces expérimentations à énergie élevée ont en outre montré que la force faible était remarquablement puissante sur de très courtes distances, avec une force semblable à la force électromagnétique. Ceci mena à une théorie nouvelle qui unifia ces deux forces pour donner la force électrofaible. **TJ**

Enrico Fermi photographié en 1948 à l'université de Chicago, avec un équipement de l'accélérateur de particules.

1934

Orgone

Wilhelm Reich

Une force vitale hypothétique composée d'une substance dépourvue de masse et omniprésente

Le psychanalyste autrichien Wilhelm Reich (1897-1957), mit en avant la notion de l'existence d'une énergie invisible secrète dans l'univers, nommée « l'orgone », contraction des mots « orgasme » et « organisme ». Une dénomination logique, diront certains, pour cet homme disciple de Freud, qui considérait que l'énergie libidinale était l'énergie vitale elle-même. Cependant, Reich porta la théorie de Sigmund Freud à des extrêmes incongrus qui l'amenèrent à s'isoler du courant de psychiatrie principal après avoir massé ses patients déshabillés pour les aider à dissoudre leur « cuirasse musculaire ».

L'orgone, dont l'existence n'a jamais été prouvée, serait une forme omniprésente d'énergie, une force vitale en mouvement constant, responsable, selon Reich, de tout, depuis la couleur du ciel et la présence de la gravité à l'échec des révolutions politiques et le plaisir inhérent à l'orgasme. Reich prétendait avoir observé des êtres transitionnels microscopiques qu'il appela « bions » (que seuls les plus fidèles partisans de l'orgone peuvent voir). Il affirmait avoir inventé une nouvelle science et pensait que si les scientifiques attaquaient son travail, c'était parce qu'ils le trouvaient trop « perturbant émotionnellement ».

« C'est l'énergie sexuelle qui gouverne la structure du ressenti et de la pensée humaine. » **Wilhelm Reich**

Reich construisit également ce qu'il appelait « des accumulateurs d'orgone », des boîtes en métal censées capturer l'orgone et la canaliser en vue d'une utilisation en biologie, en médecine et même en météorologie. W. Reich mourut au pénitentiaire fédéral de Lewisburg, en Pennsylvanie, le 3 novembre 1957, emprisonné pour outrage criminel alors qu'il refusait de stopper la vente de ses « accumulateurs d'orgone ». **BS**

Objet impossible

Oscar Reutersvärd

Des illusions d'optique qui mettent au défi notre perception du réel. L'œil les considère comme éminemment réalisables tandis que l'esprit les sait impossibles

Décrite pour la première fois par l'artiste suédois Oscar Reutersvärd, cette figure est devenue célèbre sous l'appellation de « triangle de Penrose », d'après le mathématicien Roger Penrose qui la vulgarisa.

« L'impossibilité de la plupart des objets impossibles n'est pas décelée immédiatement, mais nécessite un examen et une réflexion approfondis avant que l'incohérence ne soit détectée. »

Irving Biederman, neuroscientifique

Un objet impossible est une figure indécidable, une illusion d'optique représentée par un dessin à deux dimensions que notre cerveau perçoit comme étant en trois dimensions alors que son existence est géométriquement impossible. Les objets impossibles peuvent adopter des formes multiples. Ils peuvent représenter des dessins aux lignes ambiguës comme le cube de Necker, probablement le premier objet impossible au monde, dessiné par le cristallographe suisse Louis Necker en 1832. Ils peuvent présenter de fausses perspectives, comme des lignes qui semblent parallèles alors qu'elles sont en réalité inclinées, ou une fausse profondeur comme dans le célèbre escalier de Penrose réalisé par le physicien et mathématicien anglais Roger Penrose. Cet escalier dont les marches effectuent quatre virages à angle droit revient à son point de départ pour former une boucle. La figure donne ainsi l'impression d'une montée ou descente infinie sans qu'il y ait pour autant de point le plus haut ou de point le plus bas.

Cependant, le « père de l'objet impossible » fut l'artiste suédois Oscar Reutersvärd (1915-2002), qui dessina son premier objet impossible, le « triangle impossible », lors d'un cours de latin à l'université de Stockholm en 1934 et que Penrose décrirait plus tard comme « l'impossibilité dans sa forme la plus pure ».

Les objets impossibles ont recueilli l'attention de psychologues en tant qu'outils permettant d'analyser la nature de la perception. Les informaticiens les utilisent pour développer des modèles de nos aptitudes perceptives, tandis que les mathématiciens étudient leurs structures abstraites. Ils sont en outre des casse-têtes fantaisistes qui trompent nos sens en nous donnant l'impression d'un objet spatial connu, avant que leur géométrie subtile nous donne à voir des images qui semblent possibles au premier abord, mais qui s'avèrent fondamentalement et éternellement ambiguës. **BS**

1935

Alcooliques anonymes

Dr Robert Smith et William B. Wilson

Une organisation qui accompagne les alcooliques sur le chemin de l'abstinence

Les alcooliques anonymes (AA) est une organisation dont l'intuition fondamentale veut que les personnes dépendantes aient besoin d'un temps de conversion. Le rétablissement au jour le jour implique le soutien des autres membres, mais l'identité de chacun reste cependant protégée.

Le 10 juin 1935, le Dr Robert Smith (1879-1950), chirurgien alcoolique, finit par se rendre aux supplications de son nouvel ami et ancien alcoolique William B. Wilson (1895-1971) et décide de remettre son combat contre l'alcool entre les mains de Dieu. Ce jour signe la fondation de l'organisation. Les grands pontes de la médecine avaient baissé les bras, admettant que le traitement clinique des alcooliques était voué à l'échec et que le seul « remède » était d'ordre spirituel. « Bill W. » put en témoigner lorsqu'il eut une prise de conscience alors qu'il participait à l'Oxford Group, une secte chrétienne fondée tout récemment. Avec « Dr Bob », il reconnut la nécessité d'une approche plus œcuménique, ce qui l'amena à développer ses fameuses « Douze étapes ».

En 1939, W. B. Wilson écrivit *Alcooliques anonymes*, connu comme le *Big Book* (« gros livre ») par les membres des AA. Les méthodes du *Big Book* ont été reprises par ceux cherchant à guérir de tous les maux potentiellement obsessionnels, de l'addiction au sexe aux achats compulsifs. Cependant, la manière dont les AA fonctionnent, et surtout pour qui, demeure une question sans réponse. Conçue pour susciter une accoutumance aussi forte que celle de la première addiction, cette association demeure, de par son caractère anonyme et l'absence de contribution financière obligatoire, accessible et sécurisée. L'absence de structure hiérarchique nourrit un sentiment d'égalitarisme. Le succès des guérisons dues aux AA est peut-être indépendant des douze étapes et doit plutôt être attribué au sentiment puissant d'appartenance engendré par l'adhésion. **LW**

1935

Keynésianisme

John Maynard Keynes

Modèle macro-économique qui estime que l'économie doit être soutenue par l'État

Il est difficile de sous-évaluer la portée des théories économiques de John Maynard Keynes (1883-1946). Après 150 ans d'une économie du laissez-faire prônée au XVIIIe siècle par le père de l'économie moderne Adam Smith, des principes virent le jour, affûtés dans les affres de la Grande Dépression, qui bouleversèrent l'économie traditionnelle. Keynes étaya ses idées dans son ouvrage *Théorie générale de l'emploi, de l'intérêt et de la monnaie* (*The General Theory of Employment, Interest and Money*) publié en 1935-1936. Keynes prônait une intervention des gouvernements plus active dans la gestion économique. En période de dépression ou de récession, les gouvernements devaient injecter des liquidités dans leurs économies afin que le pouvoir d'achat augmente. L'émission de monnaie devait être accrue et réinjectée dans la société afin que les gens achètent et consomment davantage. D'après Keynes, l'augmentation des dépenses va de pair avec une hausse des recettes. À son tour, la hausse des recettes accroît la demande et la productivité, sortant ainsi les économies de la récession. Une fois l'équilibre économique retrouvé, les emprunts peuvent être remboursés.

« La production tout entière a pour but ultime de satisfaire un consommateur. »

John Maynard Keynes

Le président américain Franklin Roosevelt appliqua les idées de Keynes au milieu des années 1930 avec un imposant programme de travaux publics, mais c'est l'entrée des États-Unis dans la Seconde Guerre mondiale en 1941 qui sembla valider ses théories en dopant la productivité. Les théories de Keynes sont encore débattues à ce jour et son approche de la relance de l'économie fut remise en cause lors de la dernière crise financière mondiale. **BS**

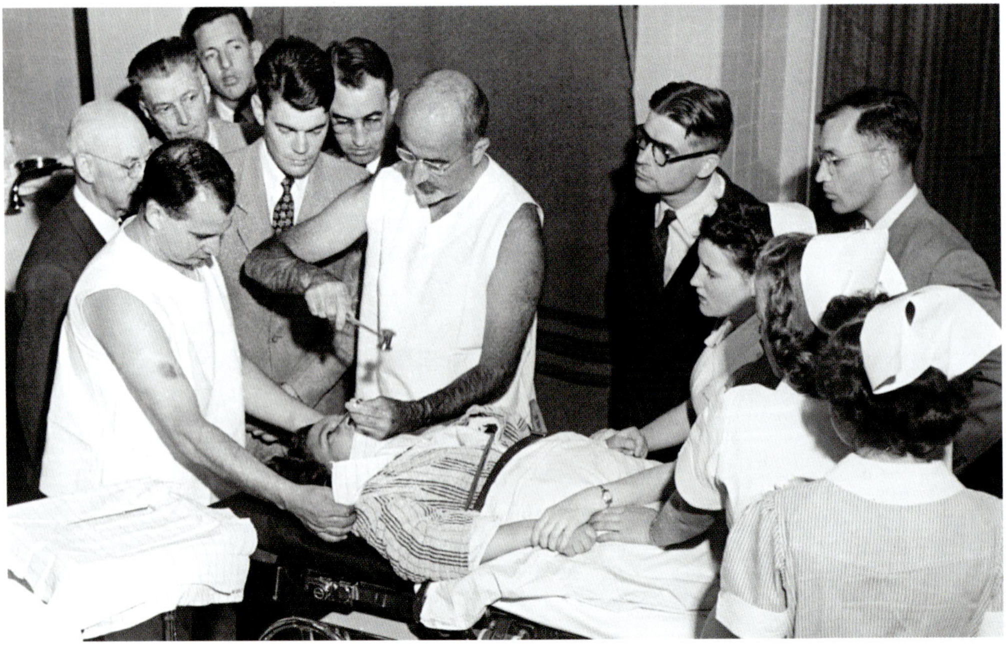

1935

Lobotomie

António Moniz et Pedro Almeida Lima

Section chirurgicale des fibres nerveuses du lobe frontal du cerveau

Une lobotomie, ou leucotomie préfrontale, est une opération neurochirurgicale qui consiste à endommager les fibres nerveuses qui relient le cortex préfrontal au reste du cerveau. La première lobotomie effectuée sur un être humain fut réalisée en 1935 par les neurophysiciens portugais António Moniz (1874-1955) et Pedro Almeida Lima (1903-1985), eux-mêmes inspirés par l'ablation de tissu cérébral chez un chimpanzé pratiquée avec succès par deux neuroscientifiques américains John Fulton et Carlyle Jacobsen cette même année. A. Moniz et P. A. Lima firent deux trous dans la tête de leur patient et injectèrent de l'éthanol dans le cortex préfrontal. Ils espéraient ainsi que l'éthanol agisse sur les voies neuronales du cerveau supposées faciliter le traitement des pensées irrationnelles propres au malade mental. La paranoïa et l'anxiété du patient diminuèrent fortement après l'opération, qui n'aurait elle-même pas été envisageable sans les travaux réalisés par A. Moniz huit ans plus tôt, à l'université de Lisbonne, où il développa l'angiographie cérébrale.

Convaincu que les patients qui manifestaient des troubles obsessionnels compulsifs souffraient de « circuits fixes » dans leur cerveau, A. Moniz conçut par la suite un instrument appelé leucotome, destiné à enlever la substance blanche du cerveau afin d'interrompre les liaisons neuronales plus efficacement. Impressionné par le travail de A. Moniz, le neurologue américain Walter Freeman réalisa la première lobotomie aux États-Unis en 1936 ; il prétendait que les effets secondaires provoqués par l'opération devaient être placés dans la balance avec une vie de cellules capitonnées et de camisoles de force. Freeman inventa un instrument semblable à un pic à glace pour réaliser l'opération. En 1949, A. Moniz reçut le prix Nobel pour ses travaux de pionnier, même si la pratique de la lobotomie commença à décliner dans les années 1950 avec l'arrivée d'une nouvelle génération de neuroleptiques (ou antipsychotiques). **BS**

Spécialisé en lobotomie, le Dr Walter Freeman réalise une intervention en 1949, aux États-Unis.

1935

Holocauste

Adolf Hitler

L'extermination, orchestrée par l'État, des Juifs et autres peuples par l'Allemagne nazie

L'Holocauste renvoie à l'extermination massive de six millions de Juifs européens et de millions d'autres personnes, notamment des Tsiganes, lors de la Seconde Guerre mondiale. Issu du grec (« sacrifice par le feu »), ce mot fut choisi, car le programme meurtrier des nazis atteignit son paroxysme dans les camps d'extermination où les corps des victimes étaient brûlés dans des crématoriums. Le mot biblique « Shoah » devint le terme hébreu pour signifier le génocide des années 1940.

Même si le terme « Holocauste » ne fut utilisé qu'a posteriori pour décrire le génocide nazi, l'idéologie qui le sous-tend vit le jour avec l'adoption des lois de Nuremberg le 15 septembre 1935. La loi sur la protection du sang et de l'honneur allemands et la loi sur la citoyenneté du Reich devinrent les pièces maîtresses de la législation antisémite nazie. La stigmatisation était la première étape de ce que les nazis appelaient « la solution finale à la question juive ». Avec les Juifs, les syndicalistes et sociaux-démocrates furent parmi les premiers à être arrêtés et incarcérés dans des camps de concentration. Les Tsiganes furent, avec les Juifs, le seul autre groupe à être systématiquement exterminés dans des chambres à gaz par les nazis. En 1939, les nazis mirent en place la campagne Aktion T4, en clair un programme d'« euthanasie », visant à exterminer les handicapés mentaux ou physiques, ainsi que les Allemands ne respectant pas l'idéal nazi de la suprématie arienne. Après l'invasion de la Pologne en 1939, la politique de l'occupation allemande visa à détruire de manière systématique la nation et la société polonaise.

Le tribunal militaire international de Nuremberg fut institué immédiatement après l'Holocauste. En octobre 1945, les accusés furent jugés pour complot, crimes contre la paix, crimes de guerre et crimes contre l'humanité. Le tribunal de Nuremberg créa un précédent dans la quête de justice, insuffisante au demeurant, pour les victimes de ces atrocités. **BC**

↑ L'arrivée d'un train transportant des Juifs déportés au camp de la mort d'Auschwitz, en Pologne.

1935

La Cité radieuse

Le Corbusier

Une nouvelle vision radicale de l'architecture de nos cités modernes.

C'est dans les années 1920 que l'architecte originaire de Suisse Le Corbusier (1887-1965) commença à affiner ses idées concernant la vie citadine futuriste et ses gratte-ciel cruciformes faits de verre, d'acier et de béton qui, croyait-il, créeraient une société sans classes. En 1935, il publia ses idées sous le titre *La ville radieuse*.

Au Canada, Toronto adopta la vision de Le Corbusier pour des gratte-ciel aux noms séduisants comme Regent Park ou Parkway Forest. Installés en retrait des rues et passages environnants, les résidents se sentaient déconnectés de leur environnement, logés dans des structures séparées par de larges rues généralement vides qui étaient en réalité de simples routes sans trafic piétonnier, boutiques ou tout autre source de « tension ».

« [...] Rétablir le ciel. Restaurer une claire vision des choses. Air, lumière, joie. »

Le Corbusier

Là où la plupart de ceux qui observaient les lignes du Stockholm des années 1930 ne voyaient que beauté et grâce, Le Corbusier ne voyait qu'« un chaos effrayant et une triste monotonie ». En 1925, il avait proposé de détruire une grande partie du Paris du nord de la Seine et de le remplacer par ses tours cruciformes. Dans les années 1930 et 1940, il tenta de promouvoir sa vision d'une cité idéale en construisant une série d'unités d'habitation (constitutives de sa ville radieuse). L'exemple le plus célèbre est l'unité d'habitation de Marseille, édifiée entre 1947 et1952. Les constructions de Le Corbusier ont d'abord été considérées comme utopiques mais, son œuvre a été ensuite critiquée pour son absence d'âme et son caractère totalitaire. Sa vision architecturale est depuis associée aux effets aliénants de l'aménagement et de l'architecture urbaine moderne. **BS**

1935

Chat de Schrödinger

Erwin Schrödinger

Une idée expérimentale pour questionner le statut des particules subatomiques

Le chat de Schrödinger est une expérience imaginée en 1935 par le physicien autrichien Erwin Schrödinger (1887-1961), censée apporter une réponse à l'interprétation de Copenhague, impliquant que les particules subatomiques peuvent exister sous deux états différents jusqu'au moment où elles sont observées. Pour prouver son propre scepticisme vis-à-vis de l'interprétation de Copenhague, Schrödinger mena une expérience hypothétique faisant intervenir un détecteur de radioactivité type Geiger, une substance radioactive, une fiole, un marteau, de l'acide, une boîte en acier et un chat.

Le chat est placé dans la boîte (où il ne peut être vu), avec tous les objets mentionnés auparavant. Si la substance radioactive se désintègre suffisamment lors de la période test, le marteau brise la fiole (qui contient de l'acide cyanhydrique) et le chat meurt. Mais la fiole a-t-elle été brisée ? Le chat est-il mort ? Tant que la boîte demeure scellée, impossible de le savoir. D'après la superposition et l'interprétation de Copenhague qui la justifie, les particules peuvent exister simultanément dans tous leurs états possibles, donc le chat est à la fois vivant et mort, jusqu'à ce que quelqu'un ouvre la boîte. Mais combien de temps une superposition est-elle supposée exister ? À quel moment ce pauvre chat est-il prouvé vivant ou parfaitement mort ? D'après la théorie de l'effondrement de la fonction d'onde, les superpositions cessent de manière spontanée, ce qui signifie que le chat sera vivant ou mort bien avant que la boîte soit ouverte. Quoi qu'il en soit, le fait que quelque chose puisse se produire au niveau subatomique signifie difficilement que le phénomène puisse être reproduit avec un chat. **BS**

« Lorsque j'entends parler du chat de Schrödinger, je sors mon revolver. »

Stephen Hawking, physicien

Le Corbusier photographié derrière la maquette d'une de ses tours, dans les années 1950.

Œuvre d'art à l'époque de sa reproductibilité technique

Walter Benjamin

Un essai sur l'impact de la reproduction de masse sur l'œuvre d'art

Un portrait photographique de Walter Benjamin pris en 1925. Ce dernier se suicida en 1940 en tentant d'échapper aux nazis qui occupaient la France.

« Pour la première fois dans l'histoire du monde, la reproduction mécanique affranchit l'œuvre d'art de sa dépendance parasite avec le rituel. »

Walter Benjamin

Il a beau avoir été écrit il y a plus de 75 ans, l'essai *L'œuvre d'art à l'époque de sa reproductibilité technique* (1936) du critique littéraire allemand Walter Benjamin (1892-1940) demeure une œuvre phare et souvent controversée. Benjamin y développe l'idée que le sens d'une œuvre d'art change si le moyen de la créer change lui aussi. Benjamin considérait l'arrivée de la reproduction mécanique (et donc de masse) comme une évolution par rapport au caractère unique des œuvres d'art qui caractérise l'art depuis son origine. Il affirmait qu'une production plus élevée allait sensibiliser davantage de personnes à l'art. Pour la première fois, l'art allait perdre « l'aura » acquise après des siècles de représentation de thèmes religieux. Il ne serait plus l'apanage de quelques privilégiés ; il ne serait plus autoritaire à ce point. Il serait enfin destiné à tous.

Pour Benjamin, il était important de ne pas considérer l'aura des reproductions, qui pouvaient être produites en masse dans les livres et autres médias, comme moindre par rapport à celle impartie aux œuvres uniques de par leur exclusivité intrinsèque. Prenons l'exemple de la photographie, disait-il. Cela n'a aucun sens de réaliser une seule photographie à partir d'un négatif, car il n'y a pas de photographie « originale ». Peu importe le nombre de copies réalisées à partir de ce même négatif, chaque image identique est aussi valable que la suivante.

Le même argument est applicable au cinéma. En réponse au nouvel âge technologique dans lequel ils se trouvent désormais aujourd'hui, les gens avaient besoin de modifier leur perception de l'art. À une époque d'idéologies extrêmes, comme le fascisme et le communisme, qui utilisaient l'art comme moyen de propagande, Benjamin chercha à dépolitiser l'art, pour le rendre beau et véritablement universel. Sa théorie demeure pertinente à l'heure actuelle, en particulier dans les débats contemporains sur les opportunités de participation à l'art offertes par les médias électroniques. **BS**

Machine de Turing

Alan Turing

Une machine hypothétique qui jeta les bases des ordinateurs modernes

La machine de Turing était un modèle abstrait que son inventeur Alan Turing (1912-1954) décrivit pour la première fois dans son article intitulé « On Computable Numbers with an Application to the Entscheidungsproblem » (1936-1937). D'après l'explication de Turing, les machines pouvaient fournir des calculs à partir « d'une capacité de mémoire illimitée obtenue sous la forme d'un ruban infini divisé en cases sur lesquelles pouvait être imprimé un symbole. À tout moment se trouve un symbole dans la machine, que l'on appelle le symbole lu. La machine peut modifier le symbole lu et son comportement est en partie déterminé par ce symbole, mais les symboles inscrits ailleurs sur le ruban n'affectent pas le comportement de la machine. » En d'autres mots, la machine de Turing était capable de lire un ruban de papier et les symboles inscrits dessus, et d'effectuer certaines opérations sur le ruban. D'autre part, la machine était capable de stocker une quantité limitée d'informations. Ces données permettaient à la machine de décider quoi faire tandis qu'elle scannait chaque symbole. La machine pouvait aussi choisir de s'arrêter.

Le mathématicien et informaticien britannique Alan Turing travailla par la suite sur le site britannique de décryptage de Bletchley Park, lors de la Seconde Guerre mondiale (1939-1945). Il créa son « ordinateur théorique » pour servir de modèle de résolution de calculs mathématiques complexes. Sa machine pouvait marcher indéfiniment, fonctionner en boucle, ou poursuivre jusqu'à ce qu'elle parvienne à un ensemble de conditions données. À l'époque où les ordinateurs numériques commencèrent à se développer (dans les années 1940), les articles de Turing sur leur mode de fonctionnement étaient déjà vieux de dix ans. La machine de Turing marqua la première étape de la résolution d'une question informatique fondamentale : que cela signifie-t-il pour une tâche d'être calculable ? **BS**

↑ Photographié ici en 1958, le Digital Electronic Universal Computing Engine était un ordinateur numérique pionnier développé à partir de prototypes antérieurs réalisés par Alan Turing.

« Quiconque tape sur un clavier [...] travaille sur une incarnation d'une machine de Turing. »

Time Magazine (29 mars 1999)

Sartre La nausée

folio

Texte intégral

1938

La Nausée

Jean-Paul Sartre

Un roman qui compte parmi les œuvres canoniques de l'existentialisme

Écrit en 1938 et campé dans la France des années 1930, le premier roman du philosophe existentialiste Jean-Paul Sartre (1905-1980), *La Nausée,* relate la vie d'un historien fictif nommé Antoine Roquentin qui retrouve sa France natale après des années de voyage de par le monde. Il s'établit dans une ville de bord de mer dans l'intention de poursuivre ses recherches concernant la vie d'un diplomate du XVIIIe siècle, le marquis de Rollebon. Peu à peu, le marquis cesse d'être un personnage historique tandis que Roquentin l'arrache au passé pour l'intégrer au présent et s'en imprégner totalement : « Tout à l'heure encore il était là, en moi, tranquille et chaud et, de temps en temps, je le sentais remuer. »

Roquentin est terriblement introspectif, au point même qu'il se considère lui-même comme à peine plus qu'un objet. Il s'échine à conformer sa conscience au monde qui l'entoure, mais échoue. Il tombe dans la dépression et une sorte « d'écœurement douceâtre » et nauséeux commence à s'emparer de lui. En intégrant le marquis dans le présent dans un but d'accomplissement de soi, Roquentin (et Sartre) rejette, en nihiliste pur et dur, la notion psychanalytique qui prétend qu'ignorer le passé annihile ses propres racines. Cependant, Roquentin triomphe de l'indifférence du monde pour les aspirations de l'homme et s'emploie à utiliser sa liberté à créer sa propre raison d'être.

La Nausée : roman ou ouvrage philosophique ? L'écrivain français Albert Camus décrivait l'œuvre comme un « mariage fragile » des deux. Le poète américain Hayden Carruth qualifiait quant à lui le roman « d'œuvre d'art à part entière ». Certes, l'œuvre reconnaît que la vie peut être dénuée de sens, mais elle affirme également qu'elle peut en être remplie par les choix que nous faisons. **BS**

1938

Guerre du peuple

Mao Tsé-toung

Un soulèvement de la paysannerie visant à renverser une classe dirigeante établie

L'idée d'une « guerre du peuple » germa dans sa forme la plus pure dans la Chine du milieu des années 1920, lorsque le jeune révolutionnaire Mao Tsé-toung (1893-1976) commença à saisir le potentiel latent d'une rébellion au sein de la paysannerie chinoise. Cependant, les pensées de Mao Tsé-toung sur la définition même d'une guerre populaire et sur la manière de la conduire ne seraient pas définies avant la fin des années 1930. Son ouvrage *De la guerre prolongée* (1938) fait référence à trois dogmes essentiels : premièrement, toute rébellion doit prendre racine dans la paysannerie et émaner de bases rurales isolées ; deuxièmement, les batailles qui seront menées seront de nature plus politique et idéologique que militaire ; et troisièmement, la guerre devra être de longue durée, avec des étapes claires et des objectifs concertés à long terme. Mao Tsé-toung croyait en outre que les gens du peuple étaient des êtres spirituels, forts et ingénieux, bien plus puissants que les armes qu'il considérait comme des choses « matérielles » de moindre importance.

L'objectif principal de la guerre populaire de Mao Tsé-toung était la mobilisation politique et le défi consistait à faire connaître ses objectifs politiques à tous. Mao Tsé-toung était parfaitement conscient que la classe paysanne désirait par-dessus tout des mesures de prospérité économique ; son programme de réformes économiques devait donc offrir aux paysans un sens nouveau de la dignité et de l'identité. Il s'ensuivait que les actions accomplies par la classe dirigeante devaient être clairement présentées au peuple, tout comme ses politiques et objectifs. Les gens du peuple intégrés au parti communiste devaient avoir conscience des buts et idéaux du parti et étaient encouragés à s'y identifier. Ils pouvaient ainsi constater que leur destinée et celle du parti ne faisaient qu'un. **BS**

La couverture de l'édition de 1977 de *La Nausée* de Jean-Paul Sartre (1938).

1939

Paradoxe des anniversaires

Richard von Mises

Un problème mathématique dont la solution semble paradoxale

L'un des problèmes les plus célèbres dans le monde de la théorie des probabilités est ce que le mathématicien américain Richard von Mises (1883-1953) nomma le paradoxe des anniversaires, soit le calcul de la probabilité que, dans un groupe défini, deux personnes aient leur anniversaire le même jour. Quelle est donc la probabilité que deux, trois, quatre personnes, voire plus, aient le même jour d'anniversaire, et quel est l'intérêt de ce paradoxe ? Avant de procéder à une quelconque analyse, il est nécessaire d'établir des postulats. Les années bissextiles ne sont pas comptabilisées (l'année prise en compte fait toujours 365 jours) et les anniversaires des participants doivent s'étaler uniformément sur l'année. Et donc...

La probabilité qu'une personne B possède la même date d'anniversaire que la personne A est de 1 sur 365. Pour faire ce calcul, il faut multiplier leurs probabilités distinctes, soit (365÷365) x (1÷365), ce qui équivaut à 0,27 %. Augmenter le nombre de personnes accroît certes la probabilité d'en trouver deux ayant le même jour d'anniversaire, mais pas de beaucoup. Même avec cinq participants, la probabilité d'un anniversaire commun reste inférieure à 1 %. Ces faibles probabilités nous semblent logiques, mais l'originalité confondante du paradoxe se dévoile et interpelle notre logique lorsqu'une équation plus longue confirme qu'il suffit de 23 participants pour atteindre une probabilité de 50 % (50,73 %, pour être précis) que deux personnes du groupe partagent la même date d'anniversaire.

Vingt-trois seulement, alors qu'il existe 365 possibilités ? Voilà pourquoi nous trouvons si déconcertant ce paradoxe des anniversaires. Nos cerveaux ne peuvent concevoir les croissances et décroissances exponentielles en probabilités. Et celles-ci vont à l'encontre de notre intuition. Ce problème a l'apparence d'un paradoxe, alors qu'il s'agit en réalité d'une équation démontrable solidement établie. **BS**

1940

MMPI

Starke Hathaway et John McKinley

Un questionnaire élaboré afin d'évaluer d'éventuels troubles de notre psychisme

Le *MMPI*, ou *Minnesota Multiphasic Personality Inventory*, compte parmi les tests de personnalité les plus connus dans le monde de la santé mentale. Il fut mis au point en 1940 pour évaluer la psychopathologie et les traits de personnalité de patients suspectés d'avoir divers problèmes de santé clinique et mentale, et pour tenter de trouver des traitements appropriés, comme la thérapie par le choc. Le test *MMPI* original contenait plus de 1 000 questions ou « items » recensés par les instigateurs du questionnaire, le psychologue Starke Hathaway (1903-1984) et le psychiatre John McKinley (1891-1950) de l'université du Minnesota. Glanées dans les ouvrages de psychologie et les archives cliniques de l'époque, ces questions furent par la suite réduites au nombre davantage « exploitable » de 550.

« 1. J'aime les revues de mécanique
2. J'ai un bon appétit [...] »

Questionnaire vrai-faux du MMPI-2

De nouveaux échelons destinés à améliorer la précision d'interprétation des données ont depuis été ajoutés, et en 1989, le *MMPI* fut retravaillé pour devenir le *MMPI-2* (avec 567 items) et refléter les changements de nos caractéristiques. Bien qu'imparfaits en matière de diagnostic de maladie mentale, le *MMPI* et ses variantes ont acquis une pertinence incontestable. Ils ont été utilisés dans les tribunaux et comme technique pour sélectionner les candidats à des postes divers, comme les pilotes de l'air, les officiers de police, et certains profils des services secrets américains. Le *MMP-2* est utilisé dans le monde entier et a été traduit dans plus de 34 langues. Un diagnostic ne doit pas reposer sur la seule base du *MMPI*, mais ce dernier demeure un outil clé dans l'évaluation des troubles sociaux ou personnels d'une personne. **BS**

Publié en 1922, le livret du test MMPI-A fut le premier test MMPI conçu spécifiquement pour des adolescents. ➔

Softcover Test Booklet

MMPI-A™

Minnesota Multiphasic Personality Inventory—ADOLESCENT™

James N. Butcher, John R. Graham, Carolyn L. Williams, and Beverly Kaemmer

S.R. Hathaway and J.C. McKinley

Product Number
25015

How to Read a Book: The Art of Getting a Liberal Education

Mortimer Adler

Un guide de compréhension de lecture destiné au lecteur lambda

Mortimer Adler photographié en 1947, entouré de ses « Great Ideas » (« grandes idées »), une sélection de 102 concepts parmi les plus importants de la littérature et de la pensée occidentale.

« Pour ce qui est des bons livres, la question n'est pas de savoir à combien d'entre eux vous toucherez, mais plutôt combien de ces livres vous toucheront vous. »

Mortimer Adler

Le philosophe et éducateur américain Mortimer Adler (1902-2001) fit ses études à l'université Columbia dans les années 1920, obtint son doctorat et devint professeur de philosophie du droit à l'université de Chicago. Durant sa carrière de professeur, Adler réalisa que les étudiants avaient besoin d'être formés aux « grandes idées » véhiculées par les grands classiques. Il prônait la lecture et l'examen des ouvrages phares en vue d'une éducation libérale, ce qui l'amena à publier son œuvre *How to Read a Book : The Art of Getting a Liberal Education* (littéralement, « Comment lire un livre : L'art d'obtenir une éducation libérale »).

How to Read a Book est divisé en quatre parties. La première inclut ce qu'Adler nommait les deux premiers niveaux de lecture : la lecture élémentaire et inspectrice. La deuxième partie aborde le troisième niveau de lecture : la lecture analytique. La troisième partie traite de la manière dont il faut lire différents types d'écrits : les ouvrages pratiques, la littérature imaginaire, les histoires, les pièces, les poèmes, l'histoire, la philosophie, la science, les mathématiques et les sciences sociales. La dernière partie est consacrée aux visées ultimes de la lecture. La première visée est la lecture synoptique, soit la lecture de différents ouvrages traitant d'un même sujet dans le but de se constituer une vision globale d'un sujet ; la dernière visée de la lecture est d'ouvrir son esprit pour une compréhension plus approfondie des choses.

Adler affirmait que les gens devaient pouvoir remplir leurs responsabilités d'hommes libres et que l'éducation libérale était un moyen indispensable pour y parvenir. Il écrivait que l'art de bien lire était lié à l'art de penser clairement, de manière critique et libre. Adler décrivait son ouvrage comme un livre sur la lecture en lien avec la vie, la liberté et la recherche du bonheur. Il créa par la suite la série des *Great Books of The Western World* (« Grands ouvrages du monde occidental ») en collaboration avec Robert Hutchins en 1952. **BC**

Trois lois de la robotique

Isaac Asimov

Lois fictives qui gouvernent le comportement des êtres doués d'une intelligence artificielle

C'est en 1941 que le célèbre auteur de science-fiction Isaac Asimov (1920-1992) écrivit *Cercle vicieux* (*Runaround*), dernière d'une série de nouvelles sur les robots positroniques dotés de cerveaux semblables à celui de l'homme. Dans *Cercle vicieux*, deux astronautes et un robot, SPD-13, sont envoyés dans une station minière abandonnée sur Mercure. Là-haut, un composant nommé sélénium et nécessaire au fonctionnement des cellules photosensibles qui font vivre la station, s'attaque au robot, le rendant incapable d'agir selon les trois lois de la robotique. Ces lois sont les suivantes : 1) Un robot ne doit pas blesser un être humain ; 2) Un robot doit obéir aux ordres donnés par un humain sauf si cet ordre entre en conflit avec la première loi, et 3) un robot doit protéger son existence tant que cette protection n'entre pas en conflit avec la première ou la deuxième loi.

La position d'Asimov sur l'inviolabilité des trois lois varia au fil de sa carrière, passant de simples recommandations à des sous-routines absolument inflexibles inscrites dans le cerveau des robots. Ces trois lois permirent aux robots de s'évader du cadre ennuyeux des machines et créatures dépourvues de principes directeurs de type Frankenstein, et leur donnèrent la capacité de s'attaquer à des dilemmes d'ordre moral. En 1985, Asimov fit précéder la première loi d'une quatrième loi, appelée « loi zéro » : un robot ne peut faire de mal à l'humanité, ou, par son inaction, permettre que l'humanité soit blessée.

Les lois d'Asimov jouissaient d'une considération telle que l'on pensait qu'elles formeraient, à l'ère à venir de la robotique, une pierre angulaire du meilleur des mondes postroniques. En réalité, aucun ordinateur ou robot n'a bénéficié jusqu'à présent de l'inscription des trois lois dans son système. Elles furent, et demeurent, de simples outils de littérature imaginaire, inventées pour creuser l'intrigue de certains des romans de science-fiction les plus accomplis jamais écrits. **BS**

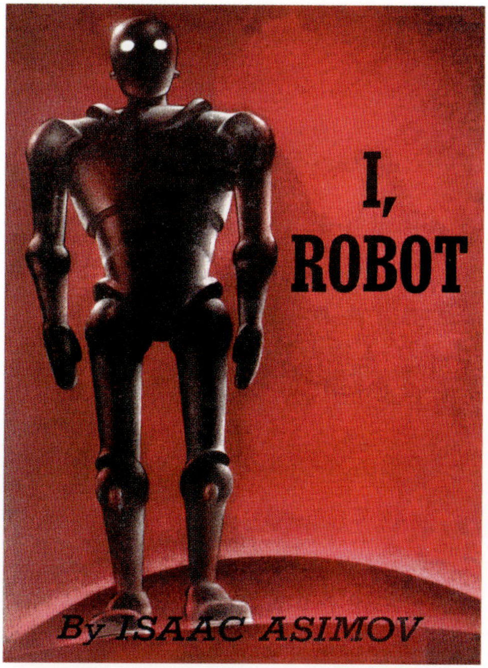

Cercle vicieux (*Runaround*, 1941), la nouvelle dans laquelle Isaac Asimov mentionna pour la première fois ses lois de la robotique, est l'une des neuf nouvelles de science-fiction du recueil *Les Robots* (1950).

« De nombreux auteurs d'histoires de robot, sans explicitement citer les trois lois, les tiennent pour acquises et attendent des lecteurs qu'ils fassent de même. »

Isaac Asimov

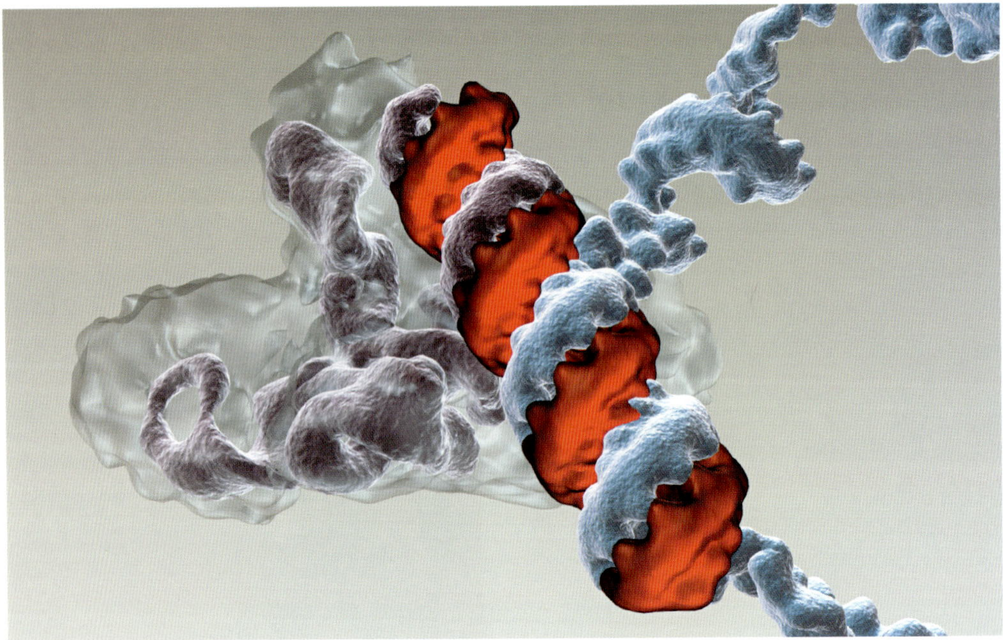

1942

Épigénétique

C. H. Waddington

L'étude des changements des gènes sans altération de la séquence ADN

C'est en 1942 que le biologiste C. H. Waddington (1905-1975) vulgarisa le terme « épigénétique » défini comme « la branche de la biologie qui étudie les relations de cause à effet entre les gènes et leurs produits, faisant apparaître le phénotype (caractéristiques observables d'un organisme) ». Waddington affirmait que le phénotype d'un organisme était déterminé par l'interaction de nombreux gènes entre eux et avec l'environnement.

La définition de l'épigénétique a évolué, mais on peut dire que la science de l'épigénétique moderne est l'étude des modifications de l'activité du génome qui ne sont pas issues de changements du code génétique et donc de ce qui peut influencer le développement d'un organisme autre que le séquençage habituel de l'ADN.

Le développement des gènes est orchestré par l'épigénome, lui-même localisé juste à l'extérieur et au-dessus du génome. Les épigénomes sont comme des « étiquettes » collées sur notre ADN, précisant aux gènes comment agir et transmettant les informations cruciales pour le développement du génome, informations qui sont ensuite transmises aux générations suivantes. Par exemple, les scientifiques savent que si une femme enceinte n'a pas une alimentation équilibrée, son bébé souffrira de déficiences nutritionnelles après la naissance. Cependant, de tels transferts peuvent-ils être effectués en amont, soit avant la grossesse ? Quelle serait la probabilité que les effets d'une déficience nutritionnelle ou alimentaire (une famine prolongée par exemple) se transmettent aux générations d'après ?

L'épigénétique nous aide à comprendre comment un régime ou une maladie de la mère peut effectivement « activer » ou « désactiver » les gènes de son enfant, longtemps avant qu'elle tombe enceinte. Nos pages génétiques ne sont malheureusement plus aussi vierges à chaque génération qui passe. L'époque du « tu es ce que tu manges » est révolue. **BS**

Une œuvre d'art informatique montrant une extinction de gènes et une perturbation du code ADN par un Adaptateur U1 (en orange).

1942

Le Mythe de Sisyphe
Albert Camus

Il est absurde d'espérer obtenir une idée du sens de l'univers

Dans la mythologie de la Grèce antique, Sisyphe, roi d'Éphyre (Corinthe) fut condamné à une éternité de futilité et de tourments par les Dieux. Il fut contraint de faire rouler éternellement un rocher en haut d'une colline et de le faire redescendre chaque fois qu'il approchait du sommet. Selon le philosophe et romancier français Albert Camus (1913-1960), ce labeur infini et répété qui ne s'achève que par un échec, résume la vie de tout un chacun. L'univers dans lequel nous évoluons n'offre aucune chance d'une vie pourvue de sens ou de buts.

Camus publia son essai, *Le Mythe de Sisyphe*, en 1942. Il y décrit comment l'humanité peut vivre du mieux possible dans ce qu'il nomme « l'absurde ». L'absurdité survient lorsque l'humanité tente de trouver du sens à un univers qui en est dépourvu et qui n'offre qu'une vue de labeur sans fin qui s'achève inévitablement par la mort. D'après Camus, une telle vie n'autorise ni dessein ni sens à moins qu'une personne choisisse de faire un acte de foi irrationnel et adopte une croyance religieuse. Toute personne qui ne ferait pas ce choix en viendrait à la conclusion que la seule option est le suicide.

Dans *Le mythe de Sisyphe*, Camus affirme que le sens ne peut surgir que d'une acceptation du labeur et de l'absurdité de la vie pour ce qu'ils sont. Toute vie s'achève par la mort et ce n'est qu'en étant libre de penser et d'agir comme nous le souhaitons, en assouvissant nos passions et en se révoltant contre la résignation passive à notre destinée inéluctable, que les êtres humains peuvent atteindre la pleine mesure du bonheur.

Le mythe de Sisyphe de Camus est souvent inclus, à tort ou à raison, dans la philosophie existentialiste et ses réflexions sur les propriétés de l'être, ou ontologie. À quiconque s'évertuant à trouver du sens à un monde perçu comme fondamentalement dénué de signification, Camus suggérait que la défiance vis-à-vis de cette absence de sens pouvait être la base sur laquelle construire ce même sens. **MT**

Condamné à pousser éternellement un rocher en haut d'une colline, Sisyphe incarne la recherche futile de l'homme du sens de la vie.

1942

Le projet Manhattan

Franklin D. Roosevelt

Un programme scientifique destiné à développer la première arme atomique

Le projet Manhattan était le nom de code du programme de recherche et de développement américain qui créa les premières armes nucléaires. Il dura de 1942 à 1945 et aboutit à l'explosion de la première bombe atomique le 16 juillet 1945, sur un site proche d'Alamogordo, au Nouveau-Mexique.

Au cours de l'été 1939, avant le déclenchement de la Seconde Guerre mondiale, le président Franklin D. Roosevelt (1882-1945) reçut la lettre Einstein-Szilárd signée par les physiciens Albert Einstein, Leó Szilárd et Eugene Wigner et le mettant en garde contre le possible développement de la bombe atomique par l'Allemagne nazie. En 1942, le président Roosevelt signa la première commande ordonnant la création d'une arme nucléaire. Finalement placée sous l'égide du général Leslie Groves (1896-1970), l'équipe de recherche scientifique qui conçut et fabriqua la bombe fut dirigée par le physicien J. Robert Oppenheimer (1904-1967).

« Maintenant je suis la Mort, le destructeur des mondes. »

J. R. Oppenheimer, assistant au premier test nucléaire

Dès son succès annoncé, le projet Manhattan bouleversa de manière irrévocable l'histoire humaine pour la précipiter dans l'âge atomique. Le 6 août 1945, les États-Unis larguèrent une première bombe atomique sur Hiroshima, au Japon, puis une seconde sur Nagasaki trois jours plus tard. Quatre ans après, l'Union soviétique développa sa propre arme atomique et la Guerre froide qui s'ensuivit dura des décennies. À son achèvement, plusieurs nations disposaient d'armes nucléaires capables de traverser les continents et menaçant de rompre l'équilibre nucléaire par une simple pression sur un bouton. En dépit de la fin de la Guerre froide, la menace exercée par les armes nucléaires sur l'humanité demeure. **MT**

1942

Covoiturage

États-Unis

Pratique consistant à partager une voiture à plusieurs, lors des trajets quotidiens

Le concept de covoiturage vit le jour pour la première fois aux États-Unis en 1942. La Seconde Guerre mondiale avait provoqué une pénurie de pétrole et le gouvernement américain mena une campagne visant à promouvoir les clubs de covoiturages. Cet engouement pour le covoiturage s'évanouit après la fin de la guerre, en raison de la baisse du prix du pétrole, mais la pratique connut un regain d'intérêt dans les années 1970, à la suite d'autres pénuries. En réponse à la crise pétrolière de 1973, l'administration du président Nixon édicta une série de mesures visant à financer les initiatives de covoiturage. Cette politique fut poursuivie par le président Carter qui présenta un projet de loi de création d'un office national du covoiturage (National Office of Ridesharing).

L'idée s'est depuis étendue à plus de 40 pays, et ses avantages sont indéniables : réduction des dépenses de trajet, renonciation au besoin d'acheter un second véhicule, réduction de la consommation générale de pétrole, et désencombrement des axes routiers. Certains pays ont même conçu des files spécifiques au covoiturage afin d'encourager cette pratique, tandis que les entreprises ont aménagé des places de parking pour les utilisateurs de ce système.

En 2010, on comptait plus d'un milliard de voitures dans le monde, et en 2012, pour la première fois de l'histoire, le nombre de véhicules produits dépassa les 60 millions en une année. Cette inexorable tendance à la hausse ne montre aucun signe d'affaiblissement. Même si le covoiturage présente des inconvénients, notamment la question de la responsabilité juridique du conducteur en cas de passagers blessés lors d'un accident, ce système offre encore l'une des solutions les plus pratiques et immédiates au problème de notre dépendance à l'égard des combustibles fossiles qui détériorent la qualité de l'air de nos villes encombrées. **BS**

Une affiche réalisée par Weimer Pursell en 1942 incite les Américains à faire du covoiturage.

When you ride ALONE
you ride with Hitler !
Join a
Car-Sharing Club
TODAY !

Paradoxe du grand-père

René Barjavel

Un paradoxe qui met en cause la probabilité qu'un voyageur dans le temps puisse perpétrer un acte qui annihile la réalisation de cet acte dans le futur

🅰 Dans le film hollywoodien *Retour vers le futur 2* (1989), l'intrigue présente un visiteur du futur qui vient perturber les événements présents, et donc à venir.

Le paradoxe du grand-père, l'un des grands problèmes théoriques inhérents au voyage dans le temps, fut soulevé pour la première fois par René Barjavel (1911-1985), dans son roman *Le voyageur imprudent* (1943). Il s'énonce comme suit : vous retournez dans le passé et tuez votre grand-père avant qu'il ait des enfants, rendant de ce fait impossible la naissance de vos parents, et donc la vôtre.

Le paradoxe du grand-père a été utilisé pour affirmer que le voyage dans le temps rétrograde est quelque chose d'impossible. L'une des solutions proposées invoque la présence de deux lignes de temps parallèles dans lesquelles chaque réalité serait possible. Une autre théorie, plus obscure, dite théorie du déplacement de Huggins, condamne un voyageur qui remonte le temps, disons de trois ans, à être également déplacé de trois années-lumière, ce qui implique qu'il serait empêché, du fait de la théorie de la relativité d'Albert Einstein, de faire quoi que ce soit qui trafiquerait sa propre chronologie. Et si ces théories ne vous plaisent pas, il en existe plein d'autres. Citons la théorie de l'univers parallèle, la théorie de la non-existence et la théorie de la négation de la modification temporelle. Remonter le temps peut s'avérer pour le moins déroutant.

La meilleure chance de rendre neutre ce paradoxe nous vient peut-être de Seth Lloyd, un professeur de génie mécanique du Massachusetts Institute of Technology. Les expériences de Lloyd avec des photons et un principe de mécanique quantique appelé post-sélection (un système cosmique qui sélectionne les situations paradoxales et fait en sorte qu'elles ne se produisent pas) font apparaître que si une personne remontait effectivement dans le temps, les lois de la probabilité se lieraient contre elle et rendrait la tâche consistant à éliminer un de ses grands-parents quasiment impossibles. **BS**

« Dans notre version du voyage dans le temps, les situations paradoxales sont censurées. Le grand-père est un gros dur à abattre. »

Seth Lloyd, professeur de génie mécanique

1943

Pyramide des besoins

Abraham Maslow

Une pyramide des besoins destinée à rendre le monde plus équilibré

Abraham Maslow (1908-1970) était un psychologue américain qui refusa de considérer les personnes comme de simples « sacs de symptômes ». En 1943, il rédigea un article intitulé « Une théorie de la motivation humaine » publié dans *Psychological Review*. Il y souligne l'importance de la quête de l'accomplissement de soi en recherchant l'amour et un sentiment d'appartenance. Maslow désirait mettre en valeur les aspects positifs de l'être humain et croyait que « l'étude de spécimens estropiés, chétifs, immatures et malades ne pouvait produire qu'une psychologie boiteuse ».

Le modèle de Maslow impliquait ce qu'il appelait « un niveau hiérarchique des besoins ». Cette hiérarchie commençait par nos besoins les plus élémentaires, à savoir notre besoin biologique et physique en oxygène, alimentation, protection, assouvissement sexuel et sommeil. Venait ensuite notre besoin de sécurité, avec un environnement stable, régi et protégé par des lois ; puis notre besoin d'appartenance, que ce soit dans une famille, un groupe ou dans des relations sociales ; notre besoin d'estime, qui impliquait la quête d'une croissance cognitive, de l'indépendance, du prestige et du statut social ; et enfin, le besoin d'accomplissement de soi par la réalisation de notre propre potentiel, de notre épanouissement et de nos expériences phares.

La célèbre pyramide de Maslow, dont nos besoins physiologiques constituent la base et l'accomplissement de soi forme le sommet, est plus qu'un simple présentoir ; c'est une carte routière complète pour une vie saine et bien équilibrée. Il fallait en outre conserver un pH équilibré, être actif, nouer des amitiés et trouver l'amour. Maslow appliqua le concept de l'homéostasie du corps, sa capacité à désirer de la nourriture en cas de sous-nutrition par exemple, à la vie dans son ensemble pour tenter de maintenir le monde sain de corps et d'esprit… et laisser vacant le divan du psychiatre. **BS**

1944

Théorie des jeux

J. von Neumann et O. Morgenstern

Une théorie des mathématiques appliquées pour évaluer les situations de compétition

Branche des mathématiques appliquées, la théorie des jeux explore des situations dans lesquelles les joueurs doivent prendre des décisions sachant que l'issue du jeu dépend également des choix posés par les joueurs adverses. La théorie des jeux étudie ces interactions afin de déterminer les choix à opérer par chaque joueur.

C'est en 1944 que le mathématicien John von Neumann (1903-1957) et l'économiste Oskar Morgenstern (1902-1977) publièrent leur ouvrage *Théorie des jeux et comportement économique* (*Theory of Games and Economic Behavior*) dans lequel ils posèrent les fondations de la théorie des jeux modernes. Von Neumann et Morgenstern se focalisèrent principalement sur les jeux à somme nulle, soit des situations dans lesquelles un joueur peut gagner et l'autre perdre, mais où, lorsque les deux résultats sont additionnés, la somme est égale à zéro. D'autres chercheurs, comme le mathématicien John Nash (né en 1928), développèrent la théorie pour l'appliquer à des scénarios dans lesquels plusieurs joueurs partagent des objectifs communs, ou dans lesquels certains joueurs en savent plus (ou moins) que d'autres, ou encore dans des situations de jeux caractérisés par une série d'étapes ou de niveaux.

Même si son appellation lui vaut d'être parfois considérée comme triviale ou simplement utile dans le domaine du divertissement, la théorie des jeux s'applique à de multiples domaines et influence toutes sortes de situations dans lesquelles les personnes entrent en compétition, comme le droit, l'économie, la politique et même l'art de la guerre.

Abstraite, la théorie des jeux est souvent simplifiée dans sa manière de présenter les comportements humains complexes, elle permet pourtant aux chercheurs, même dans sa forme simplifiée, d'analyser l'activité humaine avec précision. **MT**

1944

L'enfer, c'est les autres !

Jean-Paul Sartre

Le tourment éternel provient des relations néfastes des hommes entre eux

C'est en 1944 que l'écrivain et philosophe existentialiste français Jean-Paul Sartre (1905-1980) écrivit sa pièce de théâtre *Huis clos*. Il y raconte l'histoire de trois personnes défuntes contraintes de passer leur vie après la mort ensemble, dans une même pièce. Les relations sont acrimonieuses et l'un des personnages clôt la pièce par cette affirmation : « l'enfer, c'est les autres ! ».

Pour Sartre, la promesse de passer sa vie après la mort dans la liesse, au Paradis, ou dans les affres de l'Enfer, tenait de la fiction. Il écrivit néanmoins *Huis clos* pour décrire ce que représentait l'enfer pour lui : un monde où les individus doivent passer l'éternité en compagnie de personnes avec lesquelles ils ne peuvent s'entendre. Pour Sartre, le véritable enfer, c'est la souffrance endurée à passer une vie de relations sinistrées.

« Pas besoin de gril : l'enfer, c'est les autres ! »

Jean-Paul Sartre, *Huis Clos* (1944)

Le désespoir et la désolation qui imprègnent *Huit clos* ont fait croire à beaucoup que, par « l'enfer, c'est les autres ! », Sartre décrivait les réalités de l'existence humaine en général, et que le seul moyen d'atteindre le bonheur véritable était de vivre coupé des autres. Sartre lui-même clarifia sa pensée en précisant que si les individus vivent une relation viciée ou tordue, leur existence est un enfer, mais que cela ne signifie pas que toutes les relations sont infernales par nature. Pour quiconque est soucieux de ses relations sociales et recherche une vie épanouissante ou heureuse, cette notion que l'enfer, c'est les autres s'avère pour le moins troublante. Cela nous oblige à nous poser des questions sur nous-mêmes, sur ceux avec lesquels nous vivons, sur la manière dont nous exerçons une influence les uns sur les autres, et sur ce que nous pouvons faire pour trouver le bonheur. **MT**

1944

La Route de la servitude

Friedrich von Hayek

Mise en garde contre l'interventionnisme de l'État et la perte de la liberté personnelle

L'ouvrage de l'économiste britannique Friedrich von Hayek (1899-1992), *La Route de la servitude*, est une ode au libéralisme : l'idéologie de la liberté, de l'égalité et de gouvernements non-interventionnistes. Au cœur de cet essai, l'auteur prévient que tout gouvernement qui crée et promeut une économie planifiée et contrôlée finira par conduire au totalitarisme. Pour Hayek, les plans économiques ont toujours intégré des objectifs sociaux, mais de qui ? Quels que soient leurs avantages, met en garde l'auteur, les grands gouvernements centralisés conduisent à une perte de liberté et à la servitude.

Hayek n'attendait pas de son livre qu'il suscite une réaction majeure, mais l'écrire était pour lui « un devoir auquel il ne devait pas se soustraire ». Une fois l'éditeur trouvé, les 2 000 premiers exemplaires de l'œuvre se vendirent en quelques jours. Quelque 30 000 autres suivirent, et lorsque le *Reader's Digest* le publia en feuilleton en 1945, l'ouvrage commença à se vendre par millions. Il fut même reconnu comme l'un des essais du xxe siècle les plus complets sur la nature de l'économie libérale et les menaces auxquelles elle fait face.

« Il s'agit, selon moi, d'un grand ouvrage. Je suis d'accord avec presque tout son contenu. » **John Maynard Keynes, économiste**

Hayek croyait que la planification et l'interventionnisme étouffaient les réponses et initiatives spontanées des individus en vue de réaliser des résultats économiques, et soutenait que les forces du marché pouvaient à elles seules subvenir à tous les besoins de la population. Le marché libre, affirmait-il, aurait toujours le dernier mot sur une économie sociale et planifiée, car « c'est la seule méthode qui permette d'ajuster nos activités… sans l'intervention coercitive ou arbitraire des autorités. » **BS**

Friedrich von Hayek avec une classe d'étudiants de la London School of Economics, en 1948.

1945

Nations unies

États-Unis

Une assocation des États de la planète pour la paix internationale

Fondée en 1945 à l'initiative des États-Unis, l'Organisation internationale des Nations unies rassemble des États membres déterminés à maintenir la paix et la sécurité internationales, à développer des relations amicales entre les nations, et à promouvoir le développement économique de celles-ci. Elle compte, depuis l'arrivée du Soudan du Sud en 2011, 193 États.

L'origine de l'appellation « Nations unies » est attribuée au président américain Franklin D. Roosevelt (1882-1945), même si elle revient probablement au philosophe allemand Emmanuel Kant qui, en 1795, se fit le défenseur d'une organisation internationale permettant aux nations de promouvoir la paix et d'accroître les échanges commerciaux. L'ONU a remplacé la Société des Nations, organisation internationale formée à la suite de la Première Guerre mondiale (1914-1918). Comme cette dernière, l'ONU fut créée pour offrir aux nations un lieu d'échange et de résolution des désaccords pour éviter un éventuel conflit. En 1939, après l'échec manifeste de la Société des Nations à empêcher une nouvelle guerre, les Alliés avaient commencé à évoquer la création d'une nouvelle organisation internationale. Le 24 octobre 1945, la majorité des 50 nations signataires adoptèrent la charte des Nations unies, signant ainsi le début de son existence.

« Le système des Nations unies est encore le meilleur instrument permettant de rendre le monde moins fragile. » **Carlo Azeglio Ciampi**

On peut dire que les Nations unies sont parvenues à éviter un conflit mondial. Les guerres n'ont pas cessé depuis sa fondation, mais aucune n'a dégénéré en conflit mondial depuis 1945. L'ONU a été amenée à servir de nombreuses autres missions, et reste la plus grande organisation internationale de nations au monde. **MT**

← Le président américain Harry Truman s'exprimant à la tribune lors de la signature de la charte des Nations unies en 1945.

1945

Comportement passif agressif

William Menninger

L'identification d'une forme subtile d'agressivité latente

Colonel dans les forces armées américaines lors de la Seconde Guerre mondiale (1939-1945), le psychiatre William Menninger (1899-1996) se mit à observer un certain mode de comportement parmi les soldats engagés. Ils suivaient les ordres, mais le faisaient avec une attitude frisant l'insubordination. Menninger qualifia ce comportement d'« hostilité latente » et lui donna une dénomination propre : l'agression passive.

Il existe cinq niveaux de comportement passif agressif. Le premier, la complaisance temporaire, la personne acquiesce à la demande, mais repousse le moment d'agir. Le second niveau, l'inefficacité intentionnelle, consiste à exécuter la demande, mais de manière inacceptable. Le troisième niveau, l'intensification, concerne l'intensification d'un problème et le plaisir tiré de l'angoisse qui s'ensuit. Le quatrième niveau, la revanche cachée mais consciente, se manifeste quand quelqu'un décide de se venger de la personne qui l'a floué. Le cinquième niveau, l'autodépréciation, est atteint lorsque la personne passive agressive atteint une phase destructrice dans sa quête de vengeance.

« Le déni du sentiment de colère est un comportement passif agressif classique. »

Psychology Today **(23 novembre 2010)**

La passivité et l'agression se situent à des pôles opposés de notre capacité à communiquer. La personne passive subit la violation de ses droits sans réagir par crainte des conséquences, tandis que la personne agressive réagit sans tenir compte des conséquences ou effets sur les autres. Le comportement passif agressif n'alterne pas entre le passif et l'agressif. Il s'agit d'un mélange des deux, d'une combinaison d'attitudes négativistes et un type d'inefficacités intentionnelles qui commencent généralement à se révéler à la fin de l'adolescence. **BS**

1946

Sophisme intentionnel

William Wimsatt et Monroe Beardsley

Il n'est pas pertinent de connaître l'intention de l'artiste pour juger une œuvre d'art

D'après le sophisme intentionnel élaboré par le critique anglais William Wimsatt Jr. (1907-1975) et le philosophe de l'art américain Monroe Beardsley (1915-1985), il n'est pas nécessaire ni souhaitable, en critique littéraire, de comprendre l'intention de l'auteur. Même s'il était possible de saisir ce qu'un artiste a dans la tête en créant une œuvre, le sophisme intentionnel méprise une telle intention et prétend que la meilleure manière d'évaluer une œuvre est de se focaliser sur ce qu'elle est réellement et sur les effets qu'elle produit.

Wimsatt et Beardsley publièrent leur article intitulé « Le sophisme intentionnel » en 1946. Ils rejetaient le point de vue selon lequel l'œuvre d'un artiste qui crée quelque chose avec une intention établie reflète nécessairement ce sens. Leur avis sur la critique s'opposait en outre à l'idée néo-romantique qui voulait que la connaissance de la motivation personnelle d'un artiste soit essentielle à la connaissance de l'œuvre. Le fait de comprendre ce que l'artiste voulait faire et de constater que cette volonté transparaissait dans l'œuvre était jugé non pertinent. Avec d'autres critiques qui prônaient l'évaluation d'une œuvre sans la prise en compte de facteurs extérieurs, les auteurs du sophisme intentionnel instituèrent un élément clé de ce qui allait devenir le *New Criticism*.

Bien que le *New Criticism* et le sophisme intentionnel aient perdu de leur intérêt depuis les années 1960, ils ont changé le regard des gens sur la poésie, la littérature et l'art. Si on regarde *La Joconde* (1503-1506), est-il important de connaître l'intention qui animait Léonard de Vinci ? Le fait d'ignorer son auteur rend-il la lecture du poème épique *Beowulf* (v. 850) moins importante ou passionnante ? Le sophisme intentionnel affirme que non et souligne que nous pouvons, et devrions, évaluer la signification de l'art sans que l'artiste vienne chuchoter dans le creux de notre oreille. **MT**

1946

Éducation des enfants centrée sur l'enfant

Dr Benjamin Spock

Une approche révolutionnaire de l'éducation toujours en vogue aujourd'hui

Les approches de l'éducation des enfants n'ont cessé de varier depuis la fin des années 1700, ce qui n'est pas surprenant puisque la manière d'éduquer un enfant a toujours été gouvernée par les normes culturelles et historiques de l'époque. La période de la Grande Dépression fut marquée par des familles focalisées sur la survie, tandis que les parents luttaient contre la pauvreté voire même la malnutrition et se préoccupaient, à juste titre, de leur bien-être et de celui de leurs enfants. La fin de la Dépression se confirmant, les familles se recentrèrent davantage sur les parents et considéraient les enfants comme capables de « s'autoréguler ». La révolution de l'éducation vit le jour à la fin des années 1940, avec la publication en 1946 du best-seller du pédiatre freudien Benjamin Spock (1903-1998*), Comment soigner et éduquer son enfant* (*The Common Sense Book of Baby and Child Care*). Cet ouvrage allait bouleverser les idées en matière d'éducation infantile aux États-Unis.

Spock fut le premier à utiliser la psychanalyse pour tenter de comprendre les besoins de l'enfant, mais aussi de ses parents. Il voulait que les parents soient plus affectifs, plus attentionnés, et qu'ils traitent leurs enfants comme des personnes. C'en était fini de l'approche rigide et autoritaire de l'apprentissage de l'alimentation et de la propreté, du manque de contacts tactiles et des expressions superficielles de l'amour familial. La « génération Spock », comme on appelait parfois ces enfants, serait choyée et câlinée, et poussée à s'asseoir sur les genoux de leurs parents. Ses détracteurs diront cependant que Spock a favorisé l'émergence d'une génération d'adolescents « bichonnés ».

Quoi qu'il en soit, à la mort du pédiatre en 1998, *Comment soigner et éduquer son enfant* s'était vendu à plus de 50 millions d'exemplaires et avait été traduit en 38 langues. Une validation suffisante de cette approche novatrice. **BS**

Le Dr Benjamin Spock s'amuse des pitreries de deux jeunes patientes en 1946.

Intimate
CONFESSIONS
POP!
TRUE
I was a Rich Man's Plaything
Ex-Mistress
I Confess
If this be Sin
Woman of the Streets
Daughter of Sin
CHERRY
Real Gold
A. C.-3
Keep 'Em
Flying!
BOMBER
Serve
Coca-Cola
at home

1947

Pop Art
Eduardo Paolozzi

Un style artistique qui puise ses sources dans la culture populaire et la réinterprète

Le Pop Art se développa en Grande-Bretagne et aux États-Unis du milieu à la fin des années 1950, mais sa première illustration remonte à 1947. *I was a Rich Man's Plaything* (« J'étais le jouet d'un homme riche ») était une affiche réalisée par le lithographe Eduardo Paolozzi (1924-2005), composée d'un collage de pages commerciales imprimées sur un support en carton. Elle présentait une couverture de la revue *Intimate Confessions* représentant une jeune femme en déshabillé, un bombardier de la Seconde Guerre mondiale, une publicité pour Coca-Cola, d'autres petites images et surtout le mot « Pop », extrait des pages d'une bande dessinée. Ce collage allait devenir l'emblème du mouvement, même si le terme « Pop Art » n'entrerait dans le langage courant qu'en 1954, grâce au critique d'art Lawrence Alloway.

Le Pop Art s'inspirait de l'art avec lequel chacun avait grandi, présent dans les objets du quotidien comme les affiches de cinéma, les appareils électroménagers, les affiches publicitaires, les bandes dessinées, la science-fiction et les emballages alimentaires, reflets d'une prospérité économique florissante. Le Pop Art allait brouiller les repères entre l'art « noble » et l'art « inférieur » de la culture populaire.

Après Paolozzi, ce fut le tour de l'Independent Group (« groupe indépendant ») d'être le précurseur de cette approche avant-gardiste. Cette association britannique de jeunes artistes et peintres, qui se constitua en 1952, était déterminée à défier la vision moderniste alors dominante de l'art et allait rechercher la beauté esthétique de « l'objet trouvé » de tous les jours.

Citons, parmi les exemples d'œuvres du Pop Art, les représentations de Marilyn Monroe et des boîtes de soupe Campbell's réalisées par Andy Warhol (1928-1987) dans les années 1960. Cette répétition de représentations banales les éleva au rang d'œuvres d'art ou, du moins, au rang d'œuvres équivoques et très curieuses. **BS**

1947

Contrefactualités
Nelson Goodman

Une explication de la causalité exprimée par une proposition conditionnelle

Le philosophe américain Nelson Goodman (1906-1998) lança le sujet contemporain des contrefactualités dans un article du *Journal of Philosophy* publié en 1947.

Dans son article fondateur, Goodman faisait remarquer que si les contrefactualités étaient d'une importance cruciale pour le raisonnement en science, rien n'expliquait comment ces phrases pouvaient être vraies ou fausses. Le problème central venait de ce que les contrefactualités envisageaient la manière dont les choses seraient et non pas celle dont les choses étaient en réalité. Goodman émit la proposition qu'une contrefactualité était vraie seulement si elle était vérifiée par les lois de la nature qui régissent le monde actuel. Bien que hautement influente, la contribution de Goodman finit par être éclipsée par la très technique « sémantique des mondes possibles » des contrefactualités du philosophe américain David Lewis (1941-2001) qui considérait que la vérité des contrefactualités était déterminée par ce qui se passait dans les univers autres que celui que nous connaissons actuellement.

« Il existe un monde possible dans lequel les kangourous n'ont pas de queues [...] »

David Lewis, *On the Plurality of Worlds* (1986)

Les contrefactualités ont fait l'objet d'études intensives. Les psychologues ont analysé leur rôle dans le raisonnement et l'apprentissage ; les économistes, scientifiques, politiques et historiens ont proposé différentes méthodes afin de déterminer « ce qui se serait produit » en s'appuyant sur diverses suppositions contrefactuelles. En calcul quantique, les chercheurs ont émis l'hypothèse que le résultat d'un programme informatique particulier pouvait être déterminé en mesurant l'état d'un ordinateur quantique, même si l'ordinateur n'avait pas exécuté le programme. **BSh**

◄ *I Was a Rich Man's Plaything* (1947) de Eduardo Paolozzi, œuvre qui propulsa le Pop Art.

1947

Critique de la vie quotidienne

Henri Lefebvre

Une critique radicale de la vie moderne d'un point de vue néomarxiste

Henri Lefebvre (1901-1999) fut l'un des derniers grands philosophes classiques, et rares sont les aspects de la vie quotidienne qu'il n'ait pas commentés par écrit ou à l'oral. Intellectuel marxiste et sociologue réputé, il écrivit *Critique de la vie quotidienne* (œuvre en trois volumes publiés en 1947, 1961 et 1981), une critique cinglante du modernisme et des futilités qu'il engendre, et de la manière dont ces trivialités interagissent pour opprimer et aliéner. .

Lefebvre prétendait que ce que la modernité nous donne en termes de technologie et de compréhension rationnelle, elle nous le retire par notre capacité réduite à nous socialiser. Le travail et les loisirs ne font pas non plus figure d'exceptions : les deux sont régentés et manquent de spontanéité.

« Plus l'homme a de besoins, plus il existe. »

Henri Lefebvre, *Critique de la vie quotidienne* (1947)

Le magazine *Publishers Weekly* qualifia l'ouvrage de « critique sauvage de notre société consumériste », une critique du modernisme qui n'avait rien à voir avec une attirance pour le charme d'un « âge d'or » hypothétique, mais qui était plutôt un appel rationnel à la rébellion. « L'homme doit être au quotidien, ou il ne sera pas du tout », affirmait Lefebvre dans les premières pages de sa *Critique de la vie quotidienne*. Il doit se libérer de l'aliénation s'il veut devenir un « homme à part entière », et le seul moyen d'y parvenir est de se révolter contre les habitudes de la vie quotidienne. Lefebvre n'avait pas de temps pour les poètes ni pour la majorité des philosophes, qui, selon lui, passaient leur temps à osciller entre la quotidienneté et la futilité. L'art n'était pas non plus la réponse. C'était de l'action qu'il fallait, pas de la poésie ou de la peinture. **BS**

1947

Normes ISO

Suisse

Un organisme destiné à normaliser les biens et services dans le monde

L'Organisation internationale de normalisation (ISO) fut fondée en 1947 pour faciliter la normalisation des biens et services internationaux ; elle est basée à Genève, en Suisse. Cette organisation non gouvernementale qui comprend plus de 2 500 comités techniques vise à promouvoir le développement de normes internationales dans le commerce et la finance, et la croissance du commerce mondial. Après leur négociation et leur développement, les normes proposées sont soumises aux membres de l'ISO qui les étudient et les soumettent au vote. Une fois un consensus trouvé, la proposition devient une norme ISO. Les trois langues officielles de l'ISO sont l'anglais, le russe et le français. Les normes instaurées doivent être appliquées dans le monde entier par les importateurs et exportateurs des secteurs privés comme publics, et à toutes les étapes de conception, de l'élaboration, de la production et de contrôle.

L'ISO fut fondée à l'origine pour normaliser la discipline du génie mécanique en 1926, mais le déclenchement de la Seconde Guerre mondiale en 1939 aboutit à sa dissolution temporaire en 1942. Elle fut remise sur pied en 1946 après un rassemblement des représentants de 25 nations à l'Institute of Civil Engineers de Londres. La nouvelle organisation commença officiellement sa mission en février 1947, établie dans une résidence privée située à Genève. Aujourd'hui, quelque 164 pays disposent de représentants au sein de l'ISO.

L'ISO est une grosse machine d'édition, de par sa production de rapports et de notices techniques, de guides et d'amendements de normes existantes. L'ISO a publié jusqu'à présent plus de 19 000 normes internationales. Les normes ISO garantissent que les biens et services sont correctement réalisés, sûrs et fiables. L'ISO ne décide pas elle-même de ce qui doit être normalisé, mais elle répond aux demandes émanant de l'industrie et des groupes de consommateurs. **BS**

Mâles/femelles dominants

Rudolph Schenkel

Une théorie sur les comportements humains en société basée sur une étude imparfaite des loups et la structure hiérarchique d'une communauté

Le concept du mâle et de la femelle dominants revient au comportementaliste animalier suisse Rudolph Schenkel (1914-2003) qui le présenta dans son article intitulé « Études d'expression sur des loups » (1947).

Dans les années 1930 et 1940, Schenkel observa ce qu'il considérait comme un comportement intentionnellement agressif des loups entre eux tandis qu'ils se battaient pour dominer leur meute. Il n'y avait qu'un problème, mais il était majeur : les loups de Schenkel étaient tous des animaux détenus en captivité dans des zoos, et leur comportement était différent de celui des loups à l'état sauvage. Contraindre des loups issus de familles différentes à cohabiter dans un espace restreint les amène à se comporter autrement qu'en meutes familiales sauvages. Quoi qu'il en soit, les termes « mâle dominant » et « femelle dominante » entrèrent dans le langage courant et furent appliqués à d'autres espèces animales y compris aux humains. Mais, comme le pointait du doigt l'expert des loups L. David Mech (né en 1937), cette théorie présentait un défaut crucial : étudier le comportement de loups en captivité et en tirer des conclusions générales relevait du même ordre que le fait de baser notre compréhension du comportement humain standard sur ce qui se passe dans les camps de réfugiés.

Le terme « alpha » a toujours été trompeur. Les loups dominants de Schenkel ne possédaient pas les traits de caractère que nous avons voulu leur attribuer : ils ne prenaient pas toujours la tête de la meute, n'étaient pas constamment les premiers à se gaver d'une proie, et n'étaient pas les plus robustes. Ils étaient dominants de par le respect qu'ils imposaient, et il leur arrivait parfois d'acquérir, puis de perdre, ce statut de dominant. Et qu'en est-il de tous ces êtres humains directifs et dominateurs à qui l'on a appliqué ce terme ? Il aurait sans doute été préférable qu'ils héritent eux aussi de cette même sorte d'autorité, à la fois passagère et éphémère. **BS**

↑ Un loup de rang inférieur est dominé par le mâle dominant de sa meute. La plupart des loups qui conduisent une meute accèdent à ce rang en s'accouplant et en ayant des louveteaux, qui formeront par la suite leur meute.

« Vouloir tenter d'appliquer des informations sur le comportement de groupes de loups en captivité et issus de familles différentes à la structure familiale des meutes naturelles a engendré une confusion énorme. »

L. David Mech, chercheur biologiste

and AP Science Writers' Review–
NSEY BOOK ON WOMEN

v. 1948

Rapports Kinsey

Dr Alfred Kinsey et d'autres

Des idées révolutionnaires sur la sexualité de l'homme et de la femme, et sur le comportement sexuel

Basés sur 11 000 interviews, les *Rapports Kinsey* (*Kinsey Reports*) regroupent deux études menées par le biologiste et sexologue américain Alfred Kinsey (1894-1956) et plusieurs de ses confrères, qui bouleversèrent la vision de la sexualité humaine qu'en avait la société de l'époque. Le premier ouvrage *Le comportement sexuel de l'homme* parut en 1948, suivi cinq ans plus tard du second, *Le comportement sexuel de la femme*. L'objectif de Kinsey était de séparer la recherche sur le sexe du jugement moral, à une époque où étaient évoqués les « dangers » de la masturbation, la « perversion » d'une activité sexuelle pratiquée en dehors du cadre établi, et même où les maladies sexuellement transmissibles étaient considérées comme une « punition ».

« Le seul acte sexuel non naturel est celui que vous ne pouvez pas accomplir. »

Dr Alfred Kinsey

À l'époque, la plupart des découvertes de Kinsey semblèrent stupéfiantes. L'on découvrait que les femmes étaient des êtres sexués, que la masturbation et les relations sexuelles prémaritales étaient chose fréquente et que plus d'un tiers des hommes adultes interrogés avaient eu une expérience homosexuelle. Les *Rapports Kinsey* s'avérèrent particulièrement révolutionnaires dans leurs recherches sur la sexualité féminine et l'homosexualité, deux sujets considérés comme tabous à l'époque. Plus largement, la capacité de la société occidentale à débattre ouvertement de la sexualité des femmes, de la masturbation et de l'homosexualité, ainsi que son empressement à vouloir démarquer les recherches sur la sexualité des préjugés moraux judéo-chrétiens traditionnels, sont le fruit des travaux de Kinsey et de leur reconnaissance internationale. **JE**

Trois femmes simulent une surprise exagérée à la lecture d'une analyse du rapport d'Alfred Kinsey sur les femmes publié en 1953.

1948

Diagrammes de Feynman

Richard Feynman

Une représentation graphique des interactions entre les particules subatomiques

Nommés d'après leur inventeur, le physicien américain et lauréat du prix Nobel Richard Feynman (1918-1988), les diagrammes de Feynman sont des représentations graphiques de l'interaction des particules subatomiques entre elles. Ils sont composés de différents types de lignes droites, ondulées, pleines, en pointillés ou en boucles, dessinées sur un graphique composé d'un axe vertical, qui représente le temps, et d'un axe horizontal, qui représente l'espace.

Les particules subatomiques sont réputées difficiles à observer, comme à visualiser. Afin de décrire précisément ces particules incroyablement petites, rapides et invisibles, les physiciens théoriciens devaient autrefois travailler uniquement avec des formules, en s'appuyant sur leur compréhension des mathématiques pour synthétiser les comportements qui surviennent au niveau quantique. En 1948, Feynman développa une méthode pour transcrire les données mathématiques en simples représentations visuelles. Grâce aux diagrammes, les physiciens théoriciens pouvaient non seulement décrire et expliquer ce qu'ils faisaient, mais l'inverse était également vrai, puisque les diagrammes les aidaient à opérer de nouveaux calculs et leur ouvrirent des champs de la recherche jusqu'alors inconnus.

Conçus à l'origine par Feynman pour ses études d'électrodynamique quantique, les diagrammes devinrent rapidement utiles en physique nucléaire, gravitationnelle, physique des particules et des solides. Même les physiciens confirmés immergés dans les mathématiques découvrirent que le fait de travailler avec de simples diagrammes leur permettait de mieux visualiser les scénarios qui étaient auparavant d'ordre purement mathématique. Plus encore, ils détenaient un nouvel outil de calcul : le diagramme de Feynman était une nouvelle lumière capable de décrypter l'obscurité. **MT**

Cybernétique

Norbert Wiener

Science qui étudie les communications et leurs régulations dans les systèmes vivants ou non

Norbert Wiener, le fondateur de la cybernétique, dans une salle de cours du Massachusetts Institute of Technology, en 1949. Wiener était un génie précoce.

« [...] le système social est une organisation semblable à l'individu, c'est-à-dire maintenu par un système de communication [...] dans lequel les processus circulaires d'une nature rétroactive jouent un rôle important. »

Norbert Wiener, *Cybernetics* (1948)

Issu du terme grec *kubernesis*, qui signifie « guider » ou « naviguer », le mot cybernétique est apparu à une époque où d'immenses avancées étaient réalisées dans les domaines de l'informatique et des télécommunications. Sa théorie fut développée au cours des années 1940 par des mathématiciens tels que Julian Bigelow (1913-2003), Alan Turing (1912-1954 ; le « père de l'intelligence artificielle »), et surtout Norbert Wiener (1894-1964) qui publia son ouvrage *Cybernetics, or Control and Communication in the Animal and the Machine* (« La cybernétique, ou le contrôle et la communication chez l'animal et dans la machine ») en 1948. Dans cet ouvrage, Wiener définit la cybernétique comme l'étude des structures et possibilités inhérentes à un système qui existe dans le cadre de son « circuit fermé », où chaque action intrinsèque au système affecte son propre environnement et génère des informations qui permettent à ce système de changer ou modifier son comportement.

Par exemple, imaginez quelqu'un en train d'essayer de diriger un bateau sur un cap donné. Le vent et la marée auront tous deux un effet sur le bateau en le faisant dévier de l'itinéraire. Cependant, en regardant où il va et en utilisant ce *feed-back* pour diriger le bateau à bâbord ou tribord, le barreur est capable de maintenir le bateau (ou système) sur le bon cap.

Le terme « système » peut se référer aux systèmes biologiques des humains et des animaux, mais aussi à des systèmes technologiques et des systèmes comme l'environnement ou l'économie. La cybernétique concerne de multiples disciplines universitaires, comme le génie électrique, les mathématiques, la biologie, la neurophysiologie, l'anthropologie, la psychologie et a été appliquée à des domaines comme la gestion des entreprises ou l'apprentissage organisationnel. Même si la cybernétique est souvent associée à l'intelligence artificielle, l'une et l'autre demeurent bien distinctes. **BS**

Chimiothérapie

Sidney Farber

Le développement d'une nouvelle génération de substances pour combattre le cancer

C'est en 1947 qu'un pathologiste pédiatrique américain, Sidney Farber (1903-1973) fonda la Children's Cancer Research Fondation à l'hôpital pédiatrique de Boston. Farber était convaincu que le manque de recherche soutenue était le seul obstacle qui séparait les cancers de leur guérison inexorable. Il était exaspéré par l'apparente impuissance de la médecine moderne face au cancer, et souhaitait offrir aux enfants et adultes souffrant d'une leucémie autre chose qu'un bref répit, dû à la cortisone, sur le chemin qui les mènerait vers une mort inéluctable et très douloureuse.

Farber avait étudié comment l'acide folique accélérait la croissance de la moelle osseuse et en déduit que si l'on parvenait à synthétiser une substance capable de bloquer l'acide folique, cela pourrait empêcher la production de cellules anormales de la moelle osseuse propre à la leucémie. En 1947, il utilisa la substance immunosuppressive de l'aminoptérine, qui bloquait les réactions chimiques nécessaires à la réplication de l'ADN, et la testa sur un groupe de seize jeunes patients atteints de leucémie. Sur les seize, dix enfants bénéficièrent d'une rémission temporaire, car les substances antagonistes à l'acide folique employées par Farber avaient inhibé la croissance des cellules de leucémie aiguë lymphoblastique. Farber publia les résultats de ses tests dans l'édition du *New England Journal of Medicine* de juin 1948.

Ses résultats furent d'abord accueillis avec incrédulité ; après tout, c'était la première fois, dans l'histoire de la médecine, que des tumeurs malignes, comme celles liées au sang, réagissaient à des substances médicamenteuses. Farber, ce discret pathologiste travaillant dans un laboratoire de sous-sol, venait de trouver le moyen d'empêcher la prolifération de cellules cancéreuses en leur ôtant la capacité de se diviser. Ce faisant, il avait inauguré l'entrée dans une nouvelle ère de la chimiothérapie du cancer caractérisée par la rémission liée aux substances médicamenteuses. **BS**

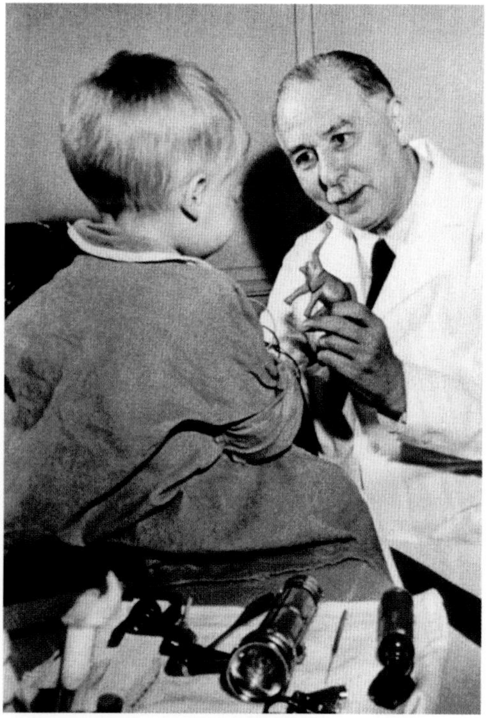

↑ Sidney Farber avec un jeune patient en 1960. Grâce à la découverte pionnière de Farber, la leucémie aiguë est aujourd'hui l'une des tumeurs malignes les mieux traitées chez les enfants.

« Le Dr Farber dirait que, dans le cas du cancer, l'enfant est le père de l'homme. Les progrès concernant la recherche sur le cancer au niveau clinique surviennent presque toujours d'abord en pédiatrie. »

Dr Emil Frei III, oncologue

1948

Théorie de l'information

Claude Shannon

Théorie mathématique sur le traitement et la communication de l'information

En 1948, le mathématicien et ingénieur électrique américain Claude Shannon (1916-2001) publia un article intitulé « A Mathematical Theory of Communication » (« Une théorie mathématique de la communication ») dans le *Bell System Technical Journal*. Dans son article, Shannon expose le problème fondamental de la communication : reproduire, à un point de l'espace, un message créé à un autre point. Il y décrit ce qu'il considère comme les fondamentaux de la communication : la présence d'une source d'informations qui crée un message ; un encodeur qui reçoit le message et le transforme en un signal ; un canal pour acheminer le signal ; un décodeur pour recevoir le signal et le convertir en message ; et un destinataire, homme ou machine, auxquels le message est destiné. L'article énonce en outre l'idée que l'information numérique ou binaire peut être traitée comme une quantité physique mesurable.

« [...] les aspects sémantiques de la communication sont sans rapport avec le problème technique. » **Claude Shannon**

Reconnu comme le « père de la théorie de l'information », Shannon développa sa théorie tandis qu'il travaillait, pour le compte des laboratoires Bell, sur la façon de transmettre l'information le plus efficacement possible. L'article « A Mathematical Theory of Communication » allait s'avérer fondateur de par sa présentation d'un modèle mathématique capable de coder de l'information en lui assignant une valeur (zéro ou un), et prouvant de ce fait que les mathématiques pouvaient servir à calculer la quantité d'informations véhiculées par un système. Cet article fournit encore aujourd'hui les principes phares sur lesquels s'appuie la recherche actuelle de systèmes de communication toujours plus rapides et efficaces, depuis Internet jusqu'à l'iPod d'Apple. **BS**

1948

Code binaire

Claude Shannon

La conversion de l'information en lignes de « zéro » et de « un »

Parmi les manières inventées par les êtres humains pour communiquer, l'utilisation des 0 et des 1 est sans doute la plus abstraite. Pourtant, les ordinateurs seraient toujours en train de traîner à la préhistoire des technologies de l'information si le système binaire n'avait pas fait son apparition. On retrouve ces nombres binaires dans les manuscrits védiques où ils étaient utilisés comme une aide à la mémoire. Cependant, il fallut attendre que le mathématicien allemand Gottfried W. Leibniz (1646-1716), père du calcul moderne, développe un système de logique qui représentait des énoncés verbaux dans le code mathématique, pour que le système binaire soit utilisé pour des applications plus complexes.

En 1948, s'appuyant sur la structure algébrique de la logique booléenne du mathématicien anglais George Boole (1815-1864), le mathématicien américain Claude Shannon (1916-2001) fit du système binaire la pierre d'angle de son article intitulé « A Mathematical Theory of Communication » (« Une théorie mathématique de la communication »). D'après lui, l'information pouvait se réduire à la somme des 0 et 1 nécessaires pour la communiquer par l'intermédiaire d'une machine. Il adopta le 0 et le 1, car ces deux chiffres servaient à exprimer le courant et l'arrêt de l'électricité dans un transistor : le 1 signifie que le transistor est en marche et le 0, qu'il est fermé. L'article de Shannon fut révolutionnaire et servit de socle aux outils de communication élaborés au XXIe siècle. Cette théorie permet aux outils de communication de véhiculer des données et de stocker d'importantes quantités d'informations visuelles et audio. **MK**

« [...] on peut élaborer un assez bon codage du message sur un canal 0, 1 [...] »

Claude Shannon, "A Mathematical Theory..." (1948)

Le code binaire est au cœur des systèmes informatiques et de télécommunications. ➔

1948

Prophétie autoréalisatrice

Robert K. Merton

Une prédiction qui, directement ou indirectement, devient elle-même réalité

En 1948, le sociologue américain Robert K. Merton (1910-2003) définit le terme de « prophétie autoréalisatrice » (*sef-fulfilling prophecy*) comme une « définition fausse d'une situation suscitant un nouveau comportement qui fait que l'idée fausse à l'origine devient réalité ». En d'autres mots, croire suffisamment fort en quelque chose le fera devenir réalité, car nos agissements, effectués consciemment et inconsciemment, l'encourageront à se produire. Les prophéties autoréalisatrices ne sont pas de simples perceptions qui découlent d'une conviction ; il faut aussi qu'il y ait nécessairement des conséquences tangibles conformes à cette conviction.

L'expression trouve ses racines dans le théorème de Thomas, conçu en 1928 par un autre sociologue américain William I. Thomas (1863-1947) convaincu que « si les hommes définissent des situations comme réelles, celles-ci sont réelles dans leurs conséquences. » William Shakespeare lui-même était conscient des effets puissants de la conviction lorsqu'il écrivait : « Il n'y a rien qui soit bon ou mauvais, mais la pensée fait en sorte qu'il le soit. » L'un des exemples les plus célèbres de Merton en matière de prophétie autoréalisatrice est sa théorie de « la panique bancaire » : si quelques personnes pensent que leur banque va être à court de liquidités, et si le mot circule en ce sens, en un temps record, tous les clients convergeront vers la banque, retireront leurs liquidités, et la banque sera effectivement vidée de ses réserves alors qu'elle serait restée solvable autrement.

La prophétie autoréalisatrice est devenue une composante influente des théories cognitives et de l'image de soi, mais l'essentiel reste sans doute qu'elle fait aujourd'hui partie de notre conscience collective au quotidien. Qu'un terme de science sociale intègre le vocabulaire courant, cela s'est déjà vu ; mais qu'un « néologisme sociologique » le fasse, voilà qui est quasiment exceptionnel. **BS**

1948

Holographie

Dennis Gabor

Manipulation de la lumière destinée à créer des images en trois dimensions

Grâce à l'art de l'holographie, technique permettant la fabrication d'une image en trois dimensions appelée hologramme, il devint possible de donner vie à une image plane. Cette idée germa dans l'esprit du scientifique hongrois Dennis Gabor (1900-1979) qui en vint à la théorie de l'holographie en 1948, tandis qu'il travaillait à améliorer la résolution d'un microscope électronique. La théorie de Gabor, pour laquelle il reçut le prix Nobel de physique en 1971, était axée sur les franges d'interférence d'ondes de lumière (créées lorsque deux ondes interagissent l'une avec l'autre).

Gabor y soutient que les hauts et les bas des ondes lumineuses émises par une source contiennent toutes les informations de cette source, et que si le schéma ondulatoire pouvait être fixé lors d'un instant et photographié, alors ce dernier pourrait être reconstruit pour créer une image dotée des mêmes caractéristiques en trois dimensions que l'originale. Gabor connut un certain succès avec l'application de sa théorie, mais les sources lumineuses de l'époque étaient trop faibles pour produire des résultats satisfaisants.

Cependant, l'invention du laser solide et à bas coût au début des années 1960 allait changer la donne en offrant une source lumineuse plus cohérente. L'année 1968 vit se produire une avancée majeure grâce au travail de Stephen A. Benton dont l'holographie de transmission par lumière blanche pouvait être visualisée à la lumière blanche ordinaire. Les hologrammes réalisés à l'aide de cette technique créaient une image « arc-en-ciel » en trois dimensions, à partir des sept couleurs qui composent la lumière blanche. En outre, cette forme d'hologramme était reproductible à grande échelle.

Les hologrammes ont depuis fait l'objet d'une multitude d'applications pratiques, dans le domaine de la sécurité (sur les cartes de crédit), de l'informatique, de la médecine et de l'art. **BS**

Déclaration universelle des droits de l'homme

États membres des Nations unies

Un document composé de 30 articles, qui définit pour la première fois de manière universelle les droits fondamentaux auxquels chaque être humain peut prétendre

La *Déclaration universelle des droits de l'homme* fut adoptée par l'Assemblée générale des Nations unies le 10 décembre 1948. En effet, la charte établie en 1945 à la suite des horreurs et atrocités de la Seconde Guerre mondiale, définissait de manière insuffisante les droits de l'individu. On jugea donc nécessaire la rédaction d'un nouveau document stipulant de manière formelle les droits inaliénables de tout être humain indépendamment de son statut, de sa couleur de peau, ou de sa religion, droits auxquels nous pouvons tous prétendre. Cette déclaration reprend néanmoins le principe de la charte originelle des Nations unies qui « réaffirme la foi dans les droits fondamentaux de l'homme, dans la dignité et la valeur de la personne humaine ».

Le principal rédacteur de la déclaration fut le Canadien John Peter Humphrey (1905-1980), à la fois juriste, universitaire et défenseur des droits de l'homme de longue date. En 1946, Humphrey fut nommé directeur de la Division des droits de l'homme des Nations unies et reçut la mission de collecter et examiner les documents qui informeraient et guideraient la commission dans la rédaction de la déclaration. L'ancienne première dame des États-Unis, Eleanor Roosevelt (1184-1962) fut nommé présidente du comité de rédaction et joua également un rôle primordial dans le processus d'élaboration.

La déclaration n'est cependant qu'un document à simple portée politique, dépourvu de valeur juridique malgré un débat corsé sur le sujet. Elle fut critiquée pour son orientation pro-Occident due à la présence hégémonique des États-Unis (les délégués américains à la commission n'étaient pas favorables aux articles à valeur juridique). Pour les Américains, il s'agissait plus d'un document à valeur déclarative que factuelle, ce qui explique sans doute l'impuissance de la déclaration face aux innombrables actes de génocide et de terreur étatique dans le monde recensés depuis son adoption. **BS**

Un homme relit une copie de la *Déclaration universelle des droits de l'homme*, l'une des premières publications des Nations unies.

« Tous les êtres humains naissent libres et égaux en dignité et en droits. Ils sont doués de raison et de conscience et doivent agir les uns envers les autres dans un esprit de fraternité. »

Article 1, Déclaration universelle des droits de l'homme (1948)

GEORGE ORWELL
›1984‹
ROMAN

1949

Big Brother

George Orwell

La vision terrifiante et plausible d'un avenir sombre, désolé et totalitaire

Big Brother est la manifestation publique et omniprésente du « Parti », le gouvernement totalitaire de *1984*, roman publié en 1949 par l'écrivain britannique George Orwell (1903-1950). Accompagné du slogan « Big Brother vous regarde », son portrait aux traits accentués apparaît sur d'innombrables supports à travers la ville où se déroule le roman. Est-ce un personnage réel ou un simple symbole qu'utilise le Parti pour conserver son pouvoir et masquer son incompétence en inventant de glorieuses victoires ? Le personnage central du livre, Winston Smith, employé du ministère de la Vérité, déteste secrètement le Parti mais ne parvient jamais à décider si Big Brother est réel ou ne constitue qu'une image. Le roman ne confirme jamais son existence, mais peu importe. Il suffit en effet que le peuple en soit convaincu pour que le Parti tire profit de l'intimidation qui en découle.

> *« On devait vivre [...] en admettant que tout son émis était entendu [...] »*
>
> **George Orwell, *1984* (1949)**

Situé en Océanie, un pays imaginaire, *1984* fait le triste récit d'un État qui se livre perpétuellement à la manipulation, à la propagande et au contrôle de la pensée, cependant qu'une guerre interminable (dont l'existence réelle demeure ambiguë) l'oppose à l'Eurasie et à l'Estasie, ennemis qui pourraient s'avérer mythiques, créés par le Parti afin de justifier sa répression incessante.

Ce puissant roman de science-fiction a été écrit au cœur de la guerre froide entre les États-Unis et l'URSS. Après avoir assisté aux excès de la guerre civile espagnole, Orwell, dans son tableau d'un univers totalitaire, mettait en garde l'Occident contre ce qui pouvait se produire s'il ne s'opposait pas au communisme et au fascisme. **BS**

1949

Double pensée

George Orwell

Croire simultanément en deux concepts contradictoires, avec la même conviction

Inventé par l'écrivain britannique George Orwell (1903-1950) dans son roman *1984* (1949), le terme « double pensée » désigne le fait de croire en deux concepts contradictoires comme dans les slogans « La guerre, c'est la paix », « La liberté, c'est l'esclavage » ou « L'ignorance, c'est la force ». Des idées aussi opposées ne pouvant être vraies simultanément, ceux qui sont persuadés du contraire se livrent à la double pensée.

Dans le roman, le gouvernement, constitué par un parti unique, contrôle les citoyens à l'aide de méthodes coercitives telles que la propagande, une police secrète, la torture, et des systèmes de surveillance et espions omniprésents. Le peuple doit adopter un système de croyances limitées sur lequel sont fondés les objectifs politiques du régime. Si deux de ces croyances se contredisent mutuellement, grâce au miracle de la double pensée les travailleurs du ministère de la Paix, par exemple, peuvent se livrer à la guerre, et ceux du ministère de l'Amour à la torture afin d'obtenir de fausses confessions.

> *« Être conscient de la vérité complète tout en racontant des mensonges élaborés... »*
>
> ***Yi Jing* (Livre des changements, v. 1000 av. J.-C.)**

Le terme est aujourd'hui largement utilisé pour décrire une situation où une personne défend ou expose des notions contradictoires. En psychologie, on parle de dissonance cognitive, qui désigne le fait de changer de convictions pour s'adapter aux contradictions présentes. Examiner ou critiquer des convictions politiques ou sociétales en fonction de la double pensée permet aujourd'hui de mieux comprendre pourquoi les adeptes de telle idéologie, doctrine ou tel parti défendent parfois avec ferveur des idées qui semblent incompatibles. **MT**

La couverture d'une traduction allemande de *1984* (1949) montre les yeux omniscients de Big Brother.

Réalisme magique

Alejo Carpentier

Style littéraire latino-américain qui mêle la magie et la réalité sociale urbaine

🡅 La couverture de cette édition rare reliée de *Cent ans de solitude* (1967) de García Márquez fait référence au passage où un galion espagnol est découvert dans la jungle colombienne.

Alejo Carpentier (1904-1980), écrivain, essayiste et dramaturge né en Suisse mais cubain d'adoption, a pratiqué le premier le réalisme magique. Il a présenté ce nouveau genre littéraire dans *Le Royaume de ce monde* (1949), roman qui traite de la révolution haïtienne au début du XIXe siècle. La fidélité historique s'y marie aux thèmes du vaudou et des rythmes naturels éternels pour produire un récit historique absolument original.

Le réalisme magique de Carpentier ne s'avérait toutefois pas aussi stylisé et invraisemblable que celui d'auteurs qu'il influencerait par la suite, notamment le Colombien Gabriel García Márquez (né en 1927). Dans *Cent ans de solitude*, œuvre centrale de ce courant littéraire, ce dernier évoque des vieillards aux ailes d'ange et des fleurs tombant du ciel comme des gouttes de pluie – concepts très éloignés de la magie de Carpentier, qui, bien qu'improbable, pouvait s'avérer plausible.

Le terme « réalisme magique » avait été formulé en 1925 par Franz Roh (1890-1965), historien et critique d'art allemand, dans un essai traitant d'un courant pictural alors récent, la Nouvelle Objectivité. Aux yeux de Roh, le réalisme magique était constitué de la beauté du monde qui l'entourait. Le terme n'a ainsi pas grand-chose à voir avec l'œuvre de Carpentier ou de García Márquez. Sous leur plume, le réalisme magique devenait un mélange de fiction moderne, d'événements fantastiques, de stratification d'ethnicités postcoloniales, de niveaux multiples de réalité, d'états oniriques, de mythologies anciennes et de recours millénaire au sens du mystère, le tout dans l'espoir de créer une réalité plus profonde et authentique que les approches réalistes et conventionnelles ne pourraient jamais y parvenir. Distinct du roman fantastique situé dans des univers inconnus et souvent dans un lointain passé ou futur, le réalisme magique est ancré dans le présent, parmi des images et thèmes familiers, pour constituer un mélange d'éléments mythiques et de réalisme fictif. **BS**

« L'existence du réel merveilleux a donné naissance à la littérature du réalisme magique, la vraie littérature américaine selon certains critiques. »

Luis Leal, écrivain et critique littéraire

Le Deuxième Sexe

Simone de Beauvoir

Ouvrage qui traite de la condition féminine et qui définira son époque

Livre qui a fortement influencé le féminisme, *Le Deuxième Sexe* de Simone de Beauvoir (1908-1986) est paru en 1949. Elle en avait débuté la rédaction en 1946, un an seulement après l'obtention en France du droit de vote pour les femmes et vingt et un avant qu'elles ne puissent bénéficier légalement de la contraception. Dans la Suisse voisine, les femmes devraient attendre jusqu'en 1971 pour pouvoir voter.

Publié en deux tomes, *Le Deuxième Sexe* constituait l'une des premières tentatives littéraires d'examiner l'histoire de l'humanité d'un point de vue strictement féminin. Dans le premier tome, Beauvoir s'intéresse à la biologie et à la psychanalyse ainsi qu'à la « supériorité » croissante du sexe masculin depuis l'ère des chasseurs-cueilleurs nomades, tout en cherchant à comprendre comment les femmes en sont venues à constituer le sexe faible, « autre ». Dans le second tome, elle explore le développement de la femme de l'enfance à l'adolescence et à la maturité sexuelle, tentant de démontrer que les femmes ne sont pas naturellement « féminines » mais le deviennent sous le poids d'une multitude d'influences et de processus externes.

Tout le monde n'a pas apprécié l'entreprise de Beauvoir. Albert Camus (1913-1960) se plaignait que les Français de sexe masculin y étaient tournés en ridicule alors que, selon le poète britannique Stevie Smith (1902-1971) : « Elle a[vait] écrit un énorme livre au sujet des femmes et il dev[enait] rapidement évident qu'elle ne les aim[ait] pas… »

Dans son ouvrage, Beauvoir qualifiait la menstruation d'« abjection », la maternité de « servitude », et faisait preuve d'une hostilité presque paranoïaque envers le mariage, « un compromis narcissique » se moquait-elle. Pas étonnant alors que *Le Deuxième Sexe* ait été mis à l'index par le Vatican – un honneur, diront certains, pour cet essai majeur qui tentait de corriger des notions séculaires liées à la condition féminine. **BS**

Simone de Beauvoir, photographiée ici en 1945, se voyait plutôt auteure que philosophe, mais est aujourd'hui reconnue pour ses contributions majeures en philosophie.

« On ne naît pas femme, on le devient. »

Simone de Beauvoir, *Le Deuxième Sexe* (1949)

1949

Rhythm and Blues

Magazine *Billboard*

Musique populaire aux origines africaines

Le magazine *Billboard* a fait référence le premier au « rhythm and blues » (R&B) en 1949. Depuis la fin de la Seconde Guerre mondiale, l'industrie musicale cherchait à remplacer par un nouveau terme la vaste catégorie des « disques de race » (*race records*), qui englobait gospel, jazz et blues. En adoptant celui de rhythm and blues, les majors ont subsumé et rebaptisé des musiques généralement produites par des artistes noirs pour un public noir : le R&B relevait ainsi davantage d'une catégorie de marketing que d'un style musical spécifique. Sa promotion et sa distribution au-delà de la communauté noire lui ont permis d'influencer profondément la culture musicale américaine.

Le jazz, qui avait prospéré dans les années 1920 et 1930, a été une immense source d'inspiration tout au long du développement du R&B jusqu'aux années 1950, lorsque la relation entre les deux styles est devenue plus réciproque, voire s'est inversée. Des groupes de chanteurs tels que les Drifters et les Imperials constituaient une autre source d'influence du R&B, de même que les premiers enregistrements d'artistes de gospel tels que Sam Cooke (1931-1964), Al Green (né en 1946) et Curtis Mayfield (1942-1999).

> *« Le gospel, la country, le blues, le rhythm and blues, le jazz, le rock, tout cela ne fait qu'un. »* **Etta James, chanteuse**

Le R&B a joué un rôle essentiel dans l'évolution du rock and roll (les deux styles étaient quasiment identiques au début des années 1950), puis de la soul et du funk. Cela demeure une catégorie importante de la musique populaire, bien que mal définie, certains éléments électroniques poussant désormais le R&B vers la musique urbaine. Dans l'ensemble c'est toujours l'un des styles les plus influents aux États-Unis. **JE**

1949

Role Model (modèle)

Robert K. Merton

Admirer et imiter certaines personnes conduirait à l'amélioration de soi-même

Durant la majorité de sa carrière, le sociologue américain Robert K. Merton (1910-2003) a enseigné à l'université de Columbia, à New York. L'un de ses ouvrages, *Social Theory and Social Structure* (« Théorie sociale et structure sociale »), paru en 1949 puis révisé et augmenté en 1957 et 1968, a fait entrer de nouvelles expressions dans le vocabulaire de la sociologie, comme « conséquences inattendues », « prophétie auto-réalisatrice » ou « modèle » (*role model* en anglais). Selon ce dernier concept, certaines personnes constituent, au sein de la société et aux yeux des autres membres, des modèles. Grâce à leur comportement désirable, ils incitent les autres à imiter certains aspects de leur façon de penser, de leur conduite et de leur style de vie. C'est en examinant la socialisation d'étudiants en médecine que Merton a découvert cette idée. Il a émis l'hypothèse que les individus s'identifient à un groupe donné et aspirent aux rôles sociaux de ses membres. Merton a aussi noté que l'on peut choisir divers modèles au fil du temps, et ne les imiter que dans certains domaines.

Tenant d'un fonctionnalisme de moyenne portée dans son analyse des structures sociales, Merton rejetait les spéculations abstraites ou générales, préférant se pencher sur les détails concrets de la vie quotidienne. Ajoutons à cela un amour inhabituel de la langue et l'on obtient un homme au don unique de créer des termes et expressions naturellement évocateurs et si pertinents qu'ils sont immédiatement passés dans le langage courant.

Merton est devenu un modèle de chercheur universitaire. Auteur de plus de 200 articles, il a été le premier sociologue ayant reçu le plus important des honneurs scientifiques américains, la National Medal of Science – véritable exploit pour un « jeune homme des quartiers pauvres de Philadelphie » qui avait assisté à son premier cours de sociologie « par le plus grand des hasards ». **BS**

Publireportage télévisé

Tico Bonomo

Long programme télévisé divertissant, au rythme décontracté et à l'allure de reportage, qui incite les spectateurs à acheter le produit dont il fait la promotion

Il est difficile de d'établir avec certitude la date à laquelle sont apparus les premiers publireportages télévisés, mais dans les années 1970 déjà une chaîne de San Diego, en Californie, diffusait un programme dominical d'une heure consacré à la vente immobilière. Toutefois, l'idée d'utiliser sans vergogne la télévision pour vendre un produit spécifique remonte à la série télévisée de NBC *The Magic Clown* (1949), créée par Tico Bonomo dans le simple but de vendre une confiserie ressemblant à de la guimauve. Le marketing direct est ensuite apparu à la télévision américaine dans les années 1950. C'est à l'un des personnages notables de l'époque, l'inventeur américain Ron Popeil, que l'on doit de nombreux slogans accrocheurs qu'on entend encore aujourd'hui et qu'il utilisait pour vendre ses divers gadgets à la télévision : « Mais attendez, ce n'est pas tout ! » ne constitue qu'un exemple parmi d'autres.

Les publireportages, de longues publicités durant entre 30 et 60 minutes, voire plus, ont vraiment pris leur essor aux États-Unis en 1984, quand ont été éliminées les restrictions en matière de minutes de publicité permises par tranche horaire. Destinés à un public plus âgé rétif aux méthodes de vente agressives, les publireportages sont issus d'une stratégie commerciale plus douce et bénéficient d'une production de qualité, similaire à celle des journaux télévisés, où la musique, l'éclairage et des décors flatteurs sont au service du message.

Les chaînes de télévision aiment les publireportages car ils leur évitent d'acheter des programmes. Les publicitaires apprécient de les diffuser tôt le matin, quand les tarifs sont plus bas que pendant la journée ou le soir. Et ce type de marketing fonctionne : pour preuve, en 2009, la société Allstar Products Group a pu, grâce à son publireportage, vendre 20 millions de Snuggies, des couvertures dotées de manches, désormais des objets cultes. **BS**

Ron Popeil, inventeur américain, pose devant quelques-uns des nombreux gadgets qu'il a conçus puis vendus à l'aide de publireportages télévisés (1981).

« On ne peut oublier le Topsy Turvy Tomato Planter, un jardin suspendu où les tomates poussent à l'envers, que se sont arraché dix millions de consommateurs. »

Scott Boilen, P-DG de la société Allstar Products Group

MB/-2/4/02
MB/-2/4/01
DANGER

le monde contemporain
de 1950 à nos jours

Les idées de cette époque reflètent un monde évoluant rapidement. La soif d'une plus grande égalité inspire des mouvements sociaux défendant des idées telles que les droits civils, le féminisme et le commerce équitable, cependant que la défense de l'environnement occupe le devant de la scène avec des innovations telles que le recyclage, le don en ligne, et l'habitat passif. Les avancées scientifiques et technologiques telles que le clonage ou le vol spatial commercial changent la science-fiction en réalité, et le succès phénoménal du concept de Tim Berners-Lee, qui a imaginé de connecter le monde entier, sur la Toile, grâce au partage de données et d'informations, permet la dissémination d'idées anciennes ou nouvelles, comme jamais auparavant.

← Détail du solénoïde compact pour muons, un détecteur du CERN, laboratoire européen pour la physique des particules. Il a été utilisé avec le grand collisionneur de hadrons pour rechercher le boson de Higgs.

v. 1950

Musique pop

Royaume-Uni

Un style musical principalement destiné aux jeunes

Le terme « musique pop », apparu au Royaume-Uni dans les années 1950, englobait le rock et autres styles musicaux spécifiquement destinés à la jeunesse. La « pop » (« populaire »), par définition appréciée des masses, ne comprend donc ni le jazz, ni la folk, ni les musiques du monde. Ses chansons ne durent généralement que trois minutes, débutent souvent par une mélodie accrocheuse, et traitent de thèmes simples.

Dès le début des années 1960, la pop britannique s'est différenciée du rock pour être le plus souvent associée dans les esprits au Merseybeat, un genre musical originaire de Liverpool. Des groupes britanniques (mais aussi américains), en particulier les Beatles, ont contribué à son hégémonie et grandement influencé les autres musiciens, la mode, la conception des albums, et le marketing de ce genre musical. Cette même décennie, le terme a fini par faire référence à toutes sortes de musiques populaires.

« Come on, come on, come on, come on / Please, please me… like I please you. »

Les Beatles, *Please Please Me* (1963)

La pop était si liée à la culture capitaliste occidentale dans l'esprit de nombreux dirigeants de pays communistes qu'elle y a été interdite. Aux yeux de l'URSS, les Beatles incarnaient une débauche occidentale qui pouvait pervertir la jeunesse soviétique. Cela n'a pas empêché celle-ci de se procurer les albums du groupe, auquel certains attribuent en partie l'éclosion d'une révolution culturelle qui devait aboutir à la chute du mur de Berlin en 1989.

La pop est depuis devenue une industrie mondiale. Les artistes britanniques et américains continuent de la dominer même si d'autres styles plus spécifiques, tels que l'europop, sont appréciés à un niveau plus local. **CK**

v. 1950

Collage sonore

Divers

La combinaison de sons ou d'extraits sonores préexistants pour créer une œuvre musicale

Dans le domaine des arts plastiques, l'idée de marier des éléments trouvés, provenant de divers médias, pour en faire une œuvre originale a été popularisée au début du xxe siècle par Georges Braque et Pablo Picasso. De même, en musique, un collage allie des éléments de diverses pièces existant déjà.

Un collage musical n'est pas un pot-pourri, mais une œuvre dont les différentes parties doivent conserver leur originalité. Les collages où diverses mélodies d'un même compositeur sont entrelacées existent depuis des siècles : par exemple, *Battalia* (1673) d'Heinrich Biber (1644-1704) superpose plusieurs mélodies composées en diverses tonalités, et la *Deuxième symphonie* de Charles Ives (1874-1954), compositeur moderniste américain, conjugue un tel nombre de mélodies qu'il faut deux chefs d'orchestre pour la diriger. Le collage est devenu une technique courante des avant-gardistes des années 1950 et 1960. Ainsi le troisième mouvement de *Sinfonia* (1968) du compositeur italien Luciano Berio (1925-2003) constitue l'un des exemples les plus célèbres de cette période. De nombreuses œuvres y apparaissent sur fond de troisième mouvement de la *Symphonie n° 2* de Malher. Dans le domaine de la pop, la chanson *Being for the Benefit of Mr. Kite*, de l'album *Sgt. Pepper's Lonely Hearts Club Band* (1967) des Beatles, forme probablement l'exemple le plus révolutionnaire. Chris Martin, producteur et arrangeur, y a inséré de très courts extraits d'orgue de barbarie pour créer une atmosphère de cirque.

En musique électroacoustique, les compositeurs du courant baptisé musique concrète ont créé dès les années 1940 des collages en combinant des objets sonores issus de la vie quotidienne, et il est courant aujourd'hui dans le hip-hop d'accoler de brefs extraits d'enregistrements préexistants pour créer de nouvelles œuvres, même si le résultat n'est pas aussi chaotique que les collages avant-gardistes. **PB**

Cartes de crédit

Frank McNamara

Une petite carte, d'ordinaire en plastique, permet à son bénéficiaire de facturer des biens et services sur un compte dont il devra périodiquement payer le solde (ou une partie)

Au cours des années 1920, diverses sociétés américaines ont émis des cartes de crédit pour offrir aux plus fidèles de leurs clients un moyen de paiement facile d'utilisation. Toutefois ces cartes n'étaient acceptées que dans un nombre limité d'endroits, par exemple les stations essence de l'entreprise émettrice. Ce n'est qu'en 1950, quand l'homme d'affaires Frank McNamara a inventé la carte Diners Club, que l'on a découvert tout le potentiel de la carte de crédit. Il en avait eu l'idée un jour où, au moment de régler l'addition au restaurant, il s'était rendu compte qu'il n'avait pas d'argent sur lui. La carte Diners Club permettait à ses titulaires de se rendre dans n'importe quel restaurant acceptant cette dernière et de l'utiliser pour payer leur repas.

Le crédit personnel existait depuis des siècles mais ce n'est qu'avec l'adoption généralisée des cartes de crédit que le crédit immédiat et presque universel a été à la portée du consommateur moyen. Les cartes de crédit offrent à ce dernier la liberté de réaliser des achats quotidiens mais de ne les payer que plus tard, éliminant la nécessité d'avoir toujours du liquide sur soi ou d'espérer qu'un commerçant acceptera un chèque. Le système fonctionne parce que l'émetteur de la carte, le plus souvent une banque ou autre institution financière, accepte implicitement de payer le commerçant pour les achats effectués avec cette carte. Chaque fois que l'on a recours à une carte de crédit, on obtient en quelque sorte un prêt instantané.

Ce nouveau moyen de paiement a profondément transformé les habitudes de consommation de nombreuses personnes. Il est désormais courant d'acheter aujourd'hui mais de payer plus tard, puisqu'il n'est plus nécessaire de se demander si l'on possède assez sur son compte en banque pour acquérir un bien. Il suffit de s'inquiéter de la facture mensuelle, mais il sera bien temps plus tard. **MT**

↑ Ce collectionneur allemand de cartes de crédit exhibe une partie de ses possessions en 1988, quand beaucoup réunissaient déjà nombre de cartes dans leur portefeuille.

« L'argent liquide n'est que la carte de crédit du pauvre. »

Marshall McLuhan, philosophe de la théorie des médias

1950

Paradoxe de Fermi

Enrico Fermi

Notre univers étant si vaste, pourquoi aucun extraterrestre ne nous a encore rendu visite ?

L'univers comprend presque cent milliards de galaxies observables bien plus anciennes que la nôtre, autant de milieux possibles où une vie intelligente aurait pu apparaître. Compte tenu du temps passé, qui aurait permis à cette vie d'évoluer, de dominer le voyage interstellaire, de parcourir l'espace et de nous découvrir à travers les ondes radio que nous émettons, il est extraordinaire que nous n'ayons pas encore reçu la visite d'êtres extraterrestres.

En 1950, le physicien Enrico Fermi (1901-1954) dialoguait avec un groupe d'amis qui se demandaient pourquoi nous semblions si seuls au monde. Pour Fermi, convaincu que l'univers devait déborder de civilisations avancées, c'était un paradoxe contrariant : « Où sont-ils tous donc ? » s'est-il demandé.

Certains universitaires ont tenté de répondre au paradoxe de Fermi en citant l'hypothèse de la Terre rare, selon laquelle la probabilité que toutes les conditions requises pour l'apparition la vie soient réunies est si infime qu'il est très possible qu'elle n'existe que sur Terre. Selon d'autres hypothèses, les extraterrestres sont déjà parmi nous ou nous font signe mais nous n'avons pas encore reconnu leurs appels.

Enrico Fermi suggérait que la colonisation galactique était facilement réalisable, en inventant des vaisseaux spatiaux que l'on peuplerait de robots capables de se reproduire.

L'idée peut paraître naïve mais, avec ses dix milliards d'années, l'univers semble assez vieux pour avoir vu une autre race évoluer et explorer, selon certaines estimations, plus de 250 fois une région de sa galaxie. Toutefois, si cette évolution a bien eu lieu, pourquoi venir dans notre petit coin reculé de la Voie lactée, une galaxie parmi tant d'autres ? Après tout, comme le disait le cosmologue Carl Sagan (1934-1996) : « C'est un très grand cosmos. » **BS**

1950

Dilemme du prisonnier

Merrill Flood et Melvin Dresher

Comment la coopération et le conflit influencent l'instinct de survie

Prenons l'exemple suivant : deux voleurs attaquent une banque, sont arrêtés et placés dans deux cellules. Naturellement, chacun d'eux est plus préoccupé de son sort que de celui de son complice, et se voit offrir un arrangement à l'insu de l'autre : s'il dénonce son complice, il sera libre de tout chef d'accusation. Si tous deux mordent à l'hameçon et acceptent, ils seront condamnés et personne ne sera libéré. Si aucun ne dénonce l'autre, leur peine sera plus légère. C'est là que se trouve le dilemme.

Chaque prisonnier devrait-il prendre le risque que l'autre ne le dénonce pas et ainsi confesser pour gagner sa propre liberté, ou s'entêter à refuser d'avouer et risquer d'être le seul à demeurer emprisonné pendant que l'autre le dénonce ? Individuellement, chacun a intérêt à avouer si l'autre ne le fait pas ; mais s'ils se dénoncent mutuellement, leur situation empire considérablement.

Le dilemme a été formulé en 1950 par Merrill Flood (1908-1991) et Melvin Dresler (né en 1927), deux mathématiciens américains de la Rand Corporation qui étudiaient alors la théorie des jeux (modèles mathématiques examinant les situations de conflit et de coopération entre des adversaires dotés d'intelligence) et son application dans le domaine de la stratégie nucléaire. Le dilemme met en lumière les différences entre la pensée rationnelle de l'individu et celle du groupe. Les membres d'un groupe qui défendent leurs intérêts personnels peuvent voir leur sort empirer par rapport à ceux qui placent les intérêts du groupe avant les leurs. Le dilemme est fondé sur une vision pessimiste de la nature humaine : l'homme serait intrinsèquement égoïste et se soucierait peu du sort des autres une fois son intérêt personnel menacé, bien que cela s'avère plus vrai pour les grands groupes que pour ceux de taille plus réduite, comme la famille. **BS**

De jeunes étoiles libèrent de l'énergie dans la nébuleuse de la Carène ; si les conditions requises sont présentes, toute étoile peut potentiellement abriter la vie.

v. 1950

Ennéagramme

Oscar Ichazo

Système de développement personnel basé sur les propriétés mystiques des formes

L'ennéagramme est une figure à neuf pointes constituée d'un triangle et d'un hexagone irrégulier superposés à l'intérieur d'un cercle. George Gurdjieff (1866-1949), figure spirituelle arménienne, a le premier suggéré que cette forme possédait des propriétés mystiques, et au début des années 1950 elle s'est retrouvée au cœur d'une typologie de la personnalité principalement établie par Oscar Ichazo (né en 1931), spécialiste bolivien du développement personnel. L'ennéagramme d'Ichazo est fondé sur une numérotation spécifique des neuf pointes et sur une analyse des relations entre elles.

En 1971, Ichazo a ouvert au Chili sa première école où il enseignait l'interprétation et l'utilisation de l'ennéagramme. Son programme a rencontré un tel succès qu'au début des années 1990 on comptait plus de

« Tout le savoir peut être inclus dans l'ennéagramme [...] et être interprété. »

Marjorie Perloff, *The Encyclopedia of Aesthetics* (1998)

40 centres de formation dans le monde entier. On y apprend encore aujourd'hui à reconnaître neuf types de motivations fondamentales ou de personnalité ainsi que les peurs, désirs et tentations primaires qui leur sont associés. Ce système doit permettre d'atteindre une meilleure connaissance de soi, et ainsi de mieux s'ouvrir aux autres.

Le concept original a été adapté de diverses manières. Par exemple Bob Ochs, un jésuite, enseignait ce système simultanément à la doctrine catholique au début des années 1970. Toutefois les diverses incarnations de l'ennéagramme ont été critiquées pour leur manque de bases scientifiques. Les profils de personnalité qu'il offre seraient ainsi assignés de façon arbitraire ou trop vagues pour s'avérer utiles dans la pratique de la méditation. **LW**

1951

Indétermination

John Cage

Méthode de composition où le résultat musical n'est pas clairement défini

Terme inventé par le compositeur américain John Cage après qu'il eut achevé sa première œuvre instrumentale, *Imaginary Landscape No. 4*, en 1951, l'indétermination décrit des méthodes de composition où le résultat sonore – qu'il s'agisse de la longueur de la pièce, du son produit par ses diverses parties, ou des deux – n'est pas clairement défini.

Les œuvres de Cage, qui s'inspirait de la philosophie orientale et de l'école artistique de New York, ont élargi le champ musical. Si l'indétermination est bien liée à l'improvisation, elle en est fondamentalement différente car au lieu d'offrir un cadre harmonique ou structurel comme il est typique pour une composition improvisatoire, le compositeur indique ici les actions de l'interprétation. Par exemple, *Imaginary Landscape*

« Une partition indéterminée est un processus et non un produit. »

Robert Zierolf, *Indeterminacy in Musical Form* (1983)

No. 4 fait appel à une radio, et le programme qui y est alors diffusé, quel qu'il soit, devient partie intégrante de l'œuvre. L'indétermination a atteint son plus haut niveau dans *4'33"*, composition de Cage datant de 1952 accompagnée des descriptions et instructions suivantes : trois mouvements dont la durée totale s'élève à 4 minutes et 33 secondes ; au moins un interprète ; aucun son ne doit être produit par le ou les interprètes. C'est donc uniquement le bruit ambiant qui constitue l'interprétation de l'œuvre, dont celui qui provient du public.

L'indétermination musicale soulève des questions toujours pertinentes aujourd'hui : Qui est le créateur d'une œuvre indéterminée ? Quels sons sont jugés musicaux ? Qu'est-ce qui constitue une bonne interprétation d'une telle œuvre ? Question plus intéressante encore : Qu'est-ce qui définit une œuvre musicale ? **PB**

John Cage se préparant avant une interprétation à la fondation Maeght, en 1966. ➔

Télévangélisme

Fulton Sheen

Des évangélistes présentent leur propre version du christianisme à la télévision

Le télévangéliste Robert H. Schuller pose en 1980 devant la cathédrale de cristal de Garden Grove, en Californie. Elle peut accueillir 2 376 fidèles, et a coûté 18 millions de dollars.

Le télévangélisme (la transmission du message chrétien par le biais de la télévision) est apparu comme phénomène purement américain dans les années 1950, mais s'est depuis répandu dans une grande partie du monde occidental.

Certains critiques éreintent les télévangélistes consacrant autant de temps à récolter des fonds qu'à prêcher, et offrant à leur sens une représentation erronée et frauduleuse de l'évangile ; beaucoup d'entre eux en effet défendent le controversé « évangile de la prospérité », selon lequel Dieu récompense de richesses matérielles ceux qu'il approuve. De plus, la télé apporte ses propres valeurs et pressions, parfois incompatibles avec le message défendu.

Le magazine *Time* a désigné premier télévangéliste américain l'archevêque catholique Fulton Sheen (1895-1979) après que son programme hebdomadaire, *Life is Worth Living* (La vie mérite d'être vécue) a été diffusé pour la première fois en 1951. Sheen se servait d'un tableau noir pour exposer ses thèmes. Bien plus tard, Robert H. Schuller (né en 1926) fera construire à Los Angeles une cathédrale de cristal. Après avoir débuté debout sur le toit de sa voiture dans un drive-in et lancé en 1970 son programme hebdomadaire, *Hour of Power* (l'Heure de la puissance), au sein duquel il a prêché jusqu'en 2006, il est devenu le plus connu des télévangélistes américains.

L'expansion de leur pastorat constitue l'une des caractéristiques communes de bon nombre de télévangélistes, certains, comme Pat Robinson, étant diffusés dans une quarantaine de pays. Aux États-Unis, certains critiques imputent le fondamentalisme extrême des Églises et de la société aux décennies de messages politiques de droite défendus par les télévangélistes, qui auraient altéré l'ouverture d'esprit de l'Église américaine. La télévision n'est pas seulement source d'informations, c'est aussi un puissant outil de propagande. **BS**

« Nous sommes tous nés avec la capacité de parler, mais nous avons besoin d'une grammaire. La conscience aussi exige la Révélation. »

Fulton Sheen dans son programme *Life is Worth Living*

Pression sociale

Solomon Asch

Comment l'individu est poussé à se conformer à l'opinion de la majorité

Lorsque Solomon Asch (1907-1996), psychologue américain né en Pologne, était jeune enfant, ses parents posèrent sur la table un verre de vin pour le prophète Élie un jour de Pessah, la pâque juive. « Croyez-vous qu'il en boira une gorgée ? » demanda le jeune Solomon. « Bien entendu », répliqua son oncle. Après cette simple réponse qui l'emplit d'excitation et d'attente, le petit garçon fixa du regard le verre de vin et fut persuadé d'avoir vu le niveau baisser – juste un peu. Ce souvenir a plus tard incité Asch à étudier comment la pression des autres peut nous amener à modifier nos pensées et notre comportement.

En 1951, désormais professeur au Swarthmore College en Pennsylvanie, il a organisé diverses expériences démontrant la prédisposition humaine à se conformer aux opinions majoritaires. Ayant sélectionné 123 sujets masculins, il a demandé secrètement à un petit nombre d'entre eux de répondre de façon manifestement erronée à certaines questions, afin de voir combien de membres du groupe suivraient ces derniers en donnant au moins un certain nombre de ces mêmes réponses. Trois séries d'expériences ont eu lieu, et au cours de l'une d'entre elles les trois quarts des participants ont répété les réponses incorrectes. Asch a ainsi découvert qu'en moyenne le niveau de conformisme s'établissait à 37 %.

Selon lui, c'était dû à la pression sociale. Un groupe d'influence est constitué de personnes de même statut ou âge et provenant en général de la même classe sociale. Le terme de pression sociale fait référence aux jeux et relations de pouvoir utilisés au sein du groupe pour influencer les actions, attitudes et valeurs d'un de ses membres. C'est une construction sociale omniprésente, en particulier chez les enfants et adolescents qui passent de longs moments à l'école et à l'intérieur de divers autres groupes structurés. La pression sociale touche davantage ceux qui ont une mauvaise opinion d'eux-mêmes. **BS**

↑ Deux garçons s'apprêtant à fumer une cigarette, affirmant ainsi leur indépendance et maturité, sous le regard atterré d'un camarade plus jeune.

« La triste réalité, c'est que la pression sociale atteint son apogée juste à l'âge où les enfants sont généralement le plus cruels et insensibles. »

Walt Mueller, spécialiste de l'enfance

1951

Deux dogmes de l'empirisme

Willard van Orman Quine

Aucune vérité ne peut être acceptée avant qu'elle ne soit mise à l'épreuve

« Les deux dogmes de l'empirisme », article du philosophe et logicien Willard van Orman Quine (1908-2000) paru dans la *Philosophical Review* en 1951, a rapidement fait l'objet d'une controverse. Il attaquait deux piliers du positivisme logique : la distinction entre propositions analytiques et propositions synthétiques, et la conviction, ancienne, qu'il existe certaines vérités qu'aucune expérience future ne pourra jamais nous inciter à juger fausses. Selon le philosophe, il était non seulement peu probable que l'on puisse jamais réaliser les distinctions de la doctrine analytique/synthétique, mais aussi qu'on puisse, face à des événements futurs, abandonner des vérités absolues – des vérités que l'on peut mettre à l'épreuve et vérifier, et auxquelles nous aboutissons principalement à travers nos expériences sensorielles du monde qui nous entoure. Quine était cependant prêt à concevoir que certaines propositions peuvent être abandonnées en dernier recours.

« L'analycité ne peut être définie qu'en termes d'autres concepts tout aussi suspects… »

E. Sober et P. Hylton, *Quine's Two Dogmas* (2000)

La dichotomie analytique/synthétique était au centre de la philosophie des positivistes. Les vérités analytiques seraient des vérités innées indépendamment des faits, en vertu de leur seule signification, cependant que le terme « synthétique » fait référence aux vérités qui s'appuient entièrement sur des faits immuables. Les deux dogmes, selon Quine, sont mal fondés. Après avoir expliqué pourquoi, il offrait sa propre théorie. Baptisée holisme épistémologique, elle affirme qu'aucune théorie ne peut être testée indépendamment, et ne peut être élaborée qu'après un examen soigneux d'innombrables facteurs, le plus souvent indéterminés ; de plus, aucune vérité n'est jamais le résultat d'un savoir *a priori*. **BS**

1951

Syndrome de Münchhausen

Richard Asher

Troubles psychologiques où l'on simule un traumatisme afin d'attirer l'attention

Le syndrome de Münchhausen, baptisé ainsi en référence au baron Hieronymus von Münchhausen (1720-1797), noble allemand réputé pour le récit fantastique de ses exploits mythiques, a été observé pour la première fois en 1951 par l'endocrinologue britannique Richard Asher (1912-1969), dont les découvertes ont été publié par la revue médicale anglaise *The Lancet* la même année. Le malade atteint de ces troubles simule une blessure ou une maladie afin d'être hospitalisé et traité comme patient. Ce syndrome est la variante chronique de troubles fabriqués, provoqués dans le seul but d'obtenir l'attention des autres, le malade allant souvent jusqu'à se soumettre à une intervention chirurgicale importante. Comme le baron de Münchhausen, ces patients mentent souvent, et de façon invraisemblable.

« Ils font preuve de mythomanie et font des kilomètres à la recherche d'attention. »

D. A. Swanson, *The Munchausen Syndrome* (1981)

Les symptômes comprennent souvent des antécédents médicaux saisissants, un niveau élevé de connaissances médicales, des rechutes inexpliquées et l'apparition de nouveaux symptômes peu après des résultats d'examens médicaux négatifs. Dans certains cas, les malades vont jusqu'à s'empoisonner, saboter les évaluations de diagnostic, contaminer les échantillons d'urine, rouvrir des plaies et éviter de prendre des médicaments.

Le diagnostic est difficile et ne peut être confirmé qu'après une étude approfondie du comportement du patient et de ses réactions au traitement ; pour qu'une thérapie comportementale puisse être efficace, le patient doit tout d'abord admettre avoir falsifié les symptômes, ce qu'un malade atteint de Münchhausen ne fera jamais. **BS**

Photo du film *Les Aventures du baron de Munchausen* (1988), réalisé par Terry Gilliam.

Bill
Haley
AND HIS
Comets

1951

Rock and roll

États-Unis

Type de musique populaire caractérisé par un rythme marqué et des mélodies simples

L'une des premières références au « rock » dans un titre de chanson est apparue dans *My Man Rocks Me*, ballade blues des années 1920 débordant des allusions ouvertement sexuelles qui définiraient le rock and roll près de 30 ans plus tard. On peut entendre ce genre musical dans le *Big Band Boogie* des Boston Beat (1939) ou dans *Rock the Joint* de Jimmy Preston (1949).

Les cinq éléments essentiels de tout morceau de rock sont un rythme 4/4, un contretemps marqué, un rythme roulant tout aussi présent, une mélodie dont la gamme est issue du blues, et au moins une guitare électrique. Le rock and roll est apparu dans le sud des États-Unis dès la fin des années 1940, né d'un amalgame de rythmes africains et d'instruments européens. Son prédécesseur immédiat, le jump blues, était un rejeton du rhythm and blues, populaire dans les salles de bal noires des années 1940. Il est difficile de déterminer quand la transition s'est produite car elle a été progressive. À ses débuts, le nouveau genre musical était caractérisé par son rythme syncopé (avec des impulsions additionnelles entre les temps), similaire à celui du swing ou de la dance.

« Le rock and roll, si vous l'aimez, [...] vous ne pouvez vous empêcher de danser dessus. » **Elvis Presley, chanteur**

En 1951, Alan Moondog Freed (1921-1965), animateur de radio né en Pennsylvanie, a remarqué que les adolescents blancs commençaient à découvrir le R&B noir. Il lui a alors consacré plus de temps dans ses programmes en le rebaptisant rock and roll, convaincu que les connotations noires du R&B pouvaient entamer sa popularité auprès des Blancs. Il n'aurait pas dû s'en soucier. Le 12 avril 1954, Bill Haley et ses Comets enregistraient *Rock Around the Clock*, la chanson qui allait faire découvrir le rock au monde entier. **BS**

1952

Scientologie

Lafayette Ronald Hubbard

Secte qui promet le développement personnel à travers des « auditions »

Lafayette Ronald Hubbard (1911-1986) a rejoint la marine américaine en 1941, bardé d'impressionnantes références. Au fil des deux années suivantes, Hubbard a été impliqué dans divers incidents. On l'a par exemple renvoyé chez lui après une dispute avec ses supérieurs alors qu'il était en poste en Australie, et il a de plus pénétré par erreur dans les eaux mexicaines où il s'est livré à des exercices de tir. Son commandement lui a été retiré, et c'est peut-être à ce moment-là qu'il a songé la première fois à fonder l'Église de scientologie.

Hubbard a tout d'abord élaboré sa théorie de la relation entre le corps et l'esprit, baptisée dianétique. Selon lui, nous devrions nous dédier principalement à dompter notre « mental réactif » qui nous empêche d'être plus heureux, équilibrés et éthiques. La dianétique est fondée sur l'audition, séance au cours de laquelle on pose à l'« audité » des questions conçues pour éliminer les « engrammes », expériences passées qui nourrissent et encouragent son esprit (ou mental) négatif et réactif. Ce n'est qu'en affrontant ces questions et en y répondant qu'il pourra réaliser tout son potentiel.

« La scientologie est néfaste [...] ses pratiques menacent sérieusement la communauté... » **Justice Anderson**

Hubbard a incorporé ces idées au sein d'un corpus de croyances et pratiques qu'il a appelé scientologie. Au fil des ans, ce n'est pas tant la philosophie de développement personnel de cette secte pseudo-scientifique qui a fait parler d'elle que les récits d'adhérents victimes de lavage de cerveau, de pressions et de harcèlement pour les inciter à donner toujours plus d'argent à l'Église de scientologie. Cette dernière poursuit en justice de façon agressive les auteurs de ces récits, de crainte qu'ils ne lui portent tort. **BS**

Bill Haley en concert à New York en 1960.

1952

Expérience de Miller et Urey

Stanley Miller et Harold Ure

Deux savants tentent de prouver que la vie peut avoir une origine chimique

En 1952, Stanley Miller (1930-2007), un chimiste, et Harold Urey (1983-1981), Prix Nobel qui avait proposé l'hypothèse d'une « atmosphère réductrice » (la Terre était initialement dotée d'une atmosphère primitive qui est devenue plus complexe au fil du temps), ont entrepris une série d'expériences qui devaient simuler les conditions existant juste après la formation de la croûte terrestre, afin de comprendre si, sous l'action de décharges électriques, de la matière non organique pouvait générer des molécules organiques et ainsi permettre les débuts de la vie sur Terre.

Ils ont construit trois appareils en circuit fermé, au sein desquels ils ont fait circuler un mélange d'hydrogène, de méthane et d'ammoniac. Ils ont ensuite ajouté de la vapeur d'eau pour simuler une atmosphère primitive très humide puis soumis le mélange gazeux à une décharge électrique puissante avant de le faire passer par un condensateur où il a refroidi, puis l'ont fait s'écouler dans le flacon original, et ont répété ce cycle.

Après deux semaines, Miller et Urey ont remarqué que 15 % du carbone d'origine avait formé des composés organiques et qu'un pourcentage plus petit encore s'était transformé en acides aminés. Il y avait aussi des traces d'acides hydroxylés et d'urée, éléments qui constituent tous les bases de la vie.

Publiés dans le magazine *Science* en 1953, les résultats ont rapidement enflammé l'imagination du public. En peu de temps l'expression « soupe prébiotique » faisait partie de la culture populaire. L'expérience souffrait cependant de défauts significatifs : elle ne faisait appel ni à l'oxygène ni au nitrogène, deux composants fondamentaux de l'atmosphère terrestre, et de nombreux savants mettent aujourd'hui en doute les suppositions sur lesquelles est fondée la théorie de l'atmosphère réductrice. **BS**

1952

Jeux paralympiques

Ludwig Guttmann

L'apogée de la compétition sportive internationale pour athlètes handicapés

Les Jeux paralympiques ont pour origine une compétition sportive des années 1940, réservée aux anciens combattants de la Seconde Guerre mondiale blessés à la moelle épinière. L'organisateur, le neurologue Ludwig Guttmann (1899-1980), les avait baptisés jeux paraplégiques. Selon ce dernier, ils offraient des vertus thérapeutiques non seulement en matière de rééducation physique mais aussi de respect de soi et d'assurance accrue.

Au cours de la guerre, Guttmann avait organisé pour les patients de l'hôpital anglais de Stoke Mandeville, où il exerçait, des parties de polo et de basket en fauteuil roulant, puis avait profité des Jeux olympiques de Londres en 1948 pour lancer les premiers jeux pour handicapés. Seuls seize patients de l'hôpital s'y étaient affrontés, plus particulièrement au tir à l'arc. Guttmann, qui désirait leur offrir une expérience véritablement internationale, a inclus dans la manifestation en 1952 des anciens combattants hollandais. Il espérait faire reconnaître au monde entier l'importance des sports dans tout programme de rééducation physique.

En 1960, les jeux internationaux de Stoke Mandeville (désormais officiellement nommés Jeux paralympiques) se sont tenus simultanément aux Jeux olympiques de Rome. Ils ont été disputés par 400 athlètes originaires de 23 pays et s'affrontant dans diverses disciplines en fauteuil roulant. Les premiers Jeux paralympiques d'hiver ont eu lieu en 1976. Au fil des ans, la manifestation sportive a évolué pour inclure des amputés, des aveugles et des athlètes souffrant de paralysie cérébrale.

Les jeux « para » constituent aujourd'hui une manifestation à part entière qui contribue au mouvement olympique. Leur objectif est de « permettre aux athlètes paralympiques d'atteindre l'excellence sportive ainsi que d'inspirer le monde entier ». **TJ**

Les États-Unis et les Pays-Bas s'affrontent aux jeux de Stoke Manderville le 30 juillet 1955.

PAN AM JETS
14

HAIR PEACE.
BED PEACE.

1952

Art performance

John Cage

Une forme artistique qui inclut le spectateur ou auditeur pour que l'œuvre existe

Les origines de l'art performance remontent au futurisme et au dadaïsme, deux mouvements du début du XXe siècle. Toutefois ce n'est devenu une forme artistique à part entière qu'en 1952, lors d'une manifestation culturelle au Black Mountain College, en Caroline du Nord. Orchestrée par un groupe dont le chef de file était le compositeur John Cage, celle-ci comprenait diverses représentations de même durée, issues de plusieurs disciplines. À partir de là s'est développée une nouvelle approche artistique, où l'idée qui fonde l'œuvre l'emporte sur l'esthétique – c'est le concept qui fait l'art et le justifie. Dès les années 1960, on ne faisait plus référence à l'art performance mais aux happenings, des rassemblements artistiques se déroulant de façon impromptue dans des lieux insolites. Mettant davantage l'accent sur la validité de l'expérience du spectateur, les artistes rejetaient alors les approches claires et narratives. Ils se mettaient en scène en train de se brosser les dents ou de lire le journal devant le public toute une soirée, ou, comme Yoko Ono et John Lennon en 1969, de passer une semaine entière au lit. L'art performance n'a que rarement produit un objet tangible que l'on pouvait acquérir ou exposer.

« "artiste de performance" […] comprend à peu près tout ce qu'on pourrait avoir envie de faire. » **Laurie Anderson**

Utilisé sous de nouvelles formes dynamiques, l'art commentait les préoccupations sociales et éthiques de l'ère des droits civils et du mouvement pour la paix, époque de tensions politiques intenses. À travers leur corps, les artistes femmes remettaient en cause les attitudes envers leur sexe. En l'espace de dix ans, l'art performance était devenu un mouvement global, apprécié d'un nouveau public, qui rendait obsolète la notion de galerie, de musée ou d'ingérence hiérarchique. **BS**

1952

Pensée de groupe

William H. Whyte

Phénomène psychologique aux conséquences potentiellement désastreuses

La pensée de groupe est un phénomène qui se produit lorsque des individus prennent une mauvaise décision commune parce qu'ils ont cédé à la pression sociale. Par exemple, quand le désir d'harmonie pousse les membres du groupe à minimiser le conflit qui existe entre eux, ils ont tendance à se conformer à une décision qui, pensent-ils, permettra d'obtenir le consensus. Ils n'examinent pas d'autres points de vue ou solutions, qui pourraient prêter à controverse.

Cette soif de loyauté peut conduire à la certitude, potentiellement artificielle, que la solution choisie constituait le meilleur choix possible. La pensée de groupe peut étouffer la créativité et la liberté de pensée, et conduire à des décisions irrationnelles et erronées. L'expression pensée de groupe (*groupthink* en anglais) a été créée en 1952 par l'urbaniste américain William H. Whyte (1917-1999) dans un article du magazine *Fortune*. Selon lui, la société était victime de la pensée de groupe, car l'individu n'était plus qu'une « créature de son environnement, guidée presque entièrement par les caprices et préjugés du groupe, incapable de réelle autodétermination ».

« Nous ne parlons pas du simple conformisme instinctif […] mais d'un conformisme rationalisé. » **William H. Whyte,**

Irving Janis (1918-1990), psychologue américain, a approfondi cette théorie pour décrire les erreurs qui se produisent systématiquement dans la prise de décision collective. Il a pour cela étudié plusieurs conflits armés américains, et a souligné dans divers ouvrages à quel point le phénomène a conduit à des décisions ou comportements peu judicieux. Par exemple, le gouvernement américain n'a pu anticiper l'attaque japonaise de Pearl Harbor en 1941. **CK**

John Lennon et Yoko Ono ont passé une semaine au lit en 1969, lors d'une performance artistique qui protestait contre la violence mondiale.

1952

DSM

Société américaine de psychiatrie

Création de critères communs permettant de classifier les troubles psychologiques

La publication, en 1952, du manuel Diagnostique et statistique des troubles mentaux (ou, sous son sigle anglais, *DSM*) ne constituait pas la première tentative de catégoriser les maladies psychiatriques. En 1917, un ouvrage contenant 22 diagnostics avait été compilé par un groupe de psychiatres, et dès les années 1920 presque toutes les facultés de médecine américaines et bon nombre d'européennes possédaient leur propre système. En 1927, l'Académie de médecine de New York a commencé à promouvoir une nomenclature nationale des maladies mentales, mais ce n'est qu'au début de la Seconde Guerre mondiale, en 1939, que la nécessité d'un ouvrage de référence complet est apparue, lorsque les psychiatres américains ont dû évaluer et sélectionner des dizaines de milliers de nouvelles recrues à travers le pays.

« Le DSM-1 [...] était le premier manuel [...] officiel qui se concentre sur l'utilité clinique. » **Quatrième édition du *DSM* (2000)**

À la fin des années 1940, ces mêmes psychiatres demandaient que l'on redouble d'efforts pour catégoriser les troubles psychiatriques, notamment ceux de la personnalité ou liés au stress. Cela a abouti à la parution du premier *DSM*. Outil de diagnostic essentiel (qui le demeure aujourd'hui), ce manuel a été établi avec l'aide de la Société américaine de psychiatrie.

Bien que la majorité des diagnostics soient le résultat de l'intuition et des observations du clinicien, il a toujours été jugé plus prudent, sur le plan scientifique, de catégoriser les troubles en fonction de théories médicales (de même, les cancers sont classés selon leurs caractéristiques génétiques). Une référence uniforme offre aux cliniciens un cadre à l'intérieur duquel ils peuvent prédire l'évolution de la maladie, mieux la comprendre, et finalement la guérir. **BC**

1953

Double hélice de l'ADN

James Watson et Francis Crick

Révélation de la structure des composantes fondamentales de la vie

Dès les années 1940, les scientifiques du monde entier savaient que l'ADN constituait probablement l'élément de base de toute vie. Ils savaient aussi qu'elle était composée d'adénine, de thymine, de cytosine et de guanine, mais pas à quoi pouvait bien ressembler un brin d'ADN. Une photo d'une protéine d'ADN, aujourd'hui connue sous le nom de « photographie 51 », prise au début des années 1950 par Rosalind Franklin (1920-1958), spécialiste de la diffraction des rayons X au King's College, à Londres, semblait suggérer les brins entrelacés d'une hélice.

En 1951, James Watson (né en 1928) et Francis Crick (1916-2004), qui allaient finalement découvrir ensemble la structure de l'ADN, avaient émis la théorie d'une triple hélice, mais elle était erronée, de même que celle de Linus Pauling, Prix Nobel de chimie. Enfin, en février 1953, Watson et Crick, aidés par les travaux du biochimiste Erwin Chargaff (1905-2002), ont calculé avec succès les règles d'appariement qui conduisent à la copie précise des molécules, processus de base de l'hérédité, et ce faisant ont découvert la fameuse hélice à double brin.

« La structure est ouverte et son contenu en eau relativement important. »

James Watson et Francis Crick, *Nature* (25 avril 1953)

La question de l'appariement était essentielle : les quatre bases azotées de l'ADN s'associent toujours de la même manière : la thymine à l'adénine et la cytosine à la guanine. Ces couples se glissent parfaitement entre les deux ossatures hélicoïdales du gène, constituées de sucre et de phosphate, et lui donnent sa forme. Grâce à cette dernière, le gène peut se « dédoubler » pour se copier et transmettre des informations génétiques. L'univers de la biologie était transformé à jamais. **BS**

James Watson (à gauche) et Francis Crick avec leur modèle d'une partie d'une molécule d'ADN, en mai 1953. ➔

1953

Scarabée dans une boîte

Ludwig Wittgenstein

Pour être porteur de sens, le langage doit être partagé

Imaginez que chacun d'entre nous possède une boîte qui abrite quelque chose que seul son propriétaire peut apercevoir. Lorsqu'on demande ce qui s'y trouve, tout le monde donne la même réponse : un scarabée. Bientôt on commence à parler de cet animal même s'il est possible que chacun attribue à ce mot une signification différente.

Quand René Descartes (1596-1650) a présenté l'idée du dualisme corps/esprit, il pensait que l'on pouvait construire un système de connaissances fondé exclusivement sur ses propres pensées, en ne tenant compte ni de l'esprit des autres, ni de concepts extérieurs. Si ce dualisme cartésien est correct, les individus peuvent savoir ce que signifient les mots et concepts simplement en y réfléchissant. Il serait donc possible qu'un esprit particulier utilise un langage privé que personne d'autre ne comprendrait jamais. Ludwig Wittgenstein (1889-1951), qui doutait de cette idée, a dédié une partie de son ouvrage *Philosophical Investigations* (*Enquêtes philosophiques*), publié à titre posthume en 1953, à la réfuter en démontrant l'absurdité d'un langage privé. Selon l'hypothèse du scarabée dans la boîte, tout langage porteur de sens est fondé sur une base sociale et ne peut exister seulement dans l'esprit d'une personne. Si un langage privé est absurde, faire référence à l'idée d'esprits séparés et impénétrables l'est aussi.

> *« Les limites de mon langage signifient les limites de mon propre monde. »*
>
> **Ludwig Wittgenstein**

L'analogie du scarabée de Wittgenstein et son concept des langages privés sont devenus des lectures obligatoires pour quiconque étudie la nature du langage humain. Ses observations sur le caractère obligatoirement commun d'un langage pourvu de signification sont toujours aujourd'hui débattues. **MT**

1953

Si un lion pouvait parler…

Ludwig Wittgenstein

Une énigme philosophique qui semble traiter de la conscience partagée

L'une des déclarations les plus citées et les plus captivantes de l'histoire de la recherche philosophique, « Si un lion pouvait parler, nous ne pourrions le comprendre », a été écrite par l'Austro-Britannique Ludwig Wittgenstein (1889-1951) et publiée après sa mort dans son ouvrage *Philosophical Investigations* (*Enquêtes philosophiques*) en 1953.

Ce qu'il signifiait par là demeure l'un des grands problèmes subjectifs de la discipline. Est-ce un commentaire sur la façon dont nous affrontons la conscience des autres ? Si un lion parlait dans un langage audible, pourquoi ne serions-nous pas capables de le comprendre ? Pourquoi choisir un lion ? Plus précisément, un lion parlant serait-il vraiment un lion, et son esprit serait-il celui de cet animal ?

> *« Je ne sais pas pourquoi nous sommes là, mais je suis à peu près sûr que ce n'est pas pour nous amuser. »* **Ludwig Wittgenstein**

Wittgenstein tentait peut-être de résoudre une énigme philosophique, ou se délectait simplement d'en créer une, à moins qu'il n'ait été victime d'un « anthropomorphisme compulsif », le besoin qu'éprouve l'homme de donner une conscience aux animaux. Nous le faisons depuis des millénaires, dupés par la capacité apparente d'un animal à former des réponses conscientes à des signaux donnés. Notre réponse conditionnée à la déclaration de Wittgenstein est : Bien entendu, un lion peut parler – ce qui conduit à une autre question : Pourquoi ne pourrions-nous pas le comprendre s'il parlait ?

Une autre interprétation demeure : Wittgenstein nous rappelait-il simplement notre négligence profonde envers la nature, et nous indiquait qu'avant que nous puissions comprendre ce qui est dit, nous devons tout d'abord mieux connaître la créature qui parle ? **BS**

1954

Taxe sur la valeur ajoutée

Maurice Lauré

Une taxe basée sur la consommation, pour une approche plus équitable de l'impôt

La taxe sur la valeur ajoutée concerne les divers stades de la chaîne économique où un service ou produit particulier voit sa valeur augmenter, et est payée à la fin de cette chaîne, quand le consommateur achète ce service ou produit. La première TVA moderne a été instituée en France le 10 avril 1954, comme taxation indirecte de la consommation. Elle avait été conçue par l'économiste français Maurice Lauré (1917-2001), directeur adjoint de la direction générale des Impôts. Bien qu'une version de cette idée ait été suggérée en Allemagne en 1918, c'est le système de Lauré qui, pour la première fois au sein d'une économie moderne, évitait les impositions cumulatives dites « en cascade ».

L'Allemagne de l'Ouest a adopté la TVA en 1968, suivie de la majorité des autres pays d'Europe occidentale. Mais ce n'était pas la première fois qu'on tentait de donner forme à cette idée. Une taxe de consommation avait été instituée aux Pays-Bas par le duc d'Alva en 1569, et une taxe sur les biens et services avait été mentionnée en Espagne dès 1342 : l'impôt était prélevé à chaque stade de la production pour remplir les coffres de l'État.

« La TVA est devenue l'une des exportations les plus durables de l'Union européenne. »

Adam Victor, *The Guardian* (31 décembre 2010)

Tout pays désireux de rejoindre les rangs de l'Union européenne doit aujourd'hui avoir recours à la TVA, mécanisme qui fait partie intégrante du système fiscal de plus de 145 pays. Le seul pays de l'OCDE qui n'y fasse pas appel est les États-Unis. Pour limiter la nature régressive de cet impôt (où les pauvres consacreraient proportionnellement une partie plus importante de leurs revenus à la TVA), la plupart des pays imposent un taux réduit pour les produits de consommation de base, et plus élevé pour ceux de luxe. **BS**

1954

Magasin-entrepôt

Sol Price

Un magasin discount qui vend des produits en gros à des adhérents payant

Les clubs- ou magasins-entrepôts ont été instaurés aux États-Unis par l'homme d'affaires Sol Price (1916-2009). Seuls les adhérents du club peuvent y acheter des biens et services, en gros, et à prix réduit. Les magasins de ce type sont vastes et leur intérieur agencé comme un entrepôt, d'où leur nom.

Sol Price était avocat à San Diego, en Californie, quand en 1954, après avoir hérité d'un entrepôt, il a décidé d'y ouvrir un magasin qu'il a baptisé FedMart et réservé à des adhérents, tous fonctionnaires fédéraux. Le modèle ayant rapidement trouvé le succès, Price a développé la gamme de produits qu'il proposait, notamment avec de l'épicerie, de l'essence et des lunettes, et aménagé une pharmacie à l'intérieur du magasin. FedMart est rapidement devenu une chaîne, et, après l'avoir vendue dans les années 1970, Price a lancé un nouveau club-entrepôt, Price Club, qui est par la suite devenu Costco.

« Au final, la qualité est en rapport avec le prix. »

James Sinegal, P-DG et cofondateur de Costco

Les magasins-entrepôts permettaient aux consommateurs de la classe moyenne de découvrir l'équivalent d'un marché de gros où ils pouvaient, comme les commerçants de détail, bénéficier de prix plus réduits. Bien que les avantages de l'achat en gros soient connus, la plupart des consommateurs n'y avaient pas accès avant l'apparition des clubs-entrepôts.

De plus, en monnayant le « privilège » de les fréquenter, les propriétaires des magatins-entreprôts donnaient à leur clientèle le sentiment d'appartenir à un groupe fermé et sélect. **MT**

1954

Expérience psychédélique

Aldous Huxley

Expérience visionnaire et transformatrice obtenue avec dse drogues psychédéliques

« Expérience psychédélique » est un terme aussi vague que l'état qu'il tente de décrire. Les expériences personnelles varient après la prise de drogues hallucinogènes, mais l'on s'accorde souvent sur le fait que l'on perçoit les choses de façon plus intense, plus colorée et plus immédiate. On découvre des détails qu'on ne remarquerait pas sinon, et qui prennent une signification et une clarté dépassant leur essence quotidienne. C'est un état altéré, ineffable, qui présente des similitudes avec les rituels mystiques des pensées orientales.

En 1954, Aldous Huxley (1894-1963), légendaire auteur de science-fiction, a publié *Les Portes de la perception*, où il décrit son expérience sous l'influence de la mescaline, une drogue psychédélique. Huxley espérait qu'elle lui permettrait d'entrevoir les états supérieurs décrits par des visionnaires tels que William Blake (1757-1827). De fait, le titre de son ouvrage est inspiré d'un vers du *Mariage du ciel et de l'enfer* (v. 1790) de Blake. Transformé par l'expérience, Huxley concluait *Les Portes de la perception* en soutenant que la mescaline (ou une substance similaire) devrait remplacer dans la consommation courante l'alcool et autres drogues car elle offrait la même évasion du réel et le même état de conscience altéré, sans les effets négatifs habituels.

« Être éclairé c'est être conscient de la réalité totale dans son altérité immanente… »

Aldous Huxley, *Les Portes de la perception* (1954)

L'ouvrage a reçu un accueil mitigé mais joué un rôle essentiel en ouvrant la voie à la contre-culture des années 1960. Huxley a continué à prendre des drogues psychédéliques pendant le reste de ses jours, et a initié d'autres personnages célèbres, tels que le poète Allen Ginsberg et Timothy Leary, psychologue et auteur, aux possibilités de l'expérimentation psychédélique. **BS**

1954

Wicca

Gerald Gardner

Religion néo-païenne qui se proclame de la sorcellerie et se préoccupe de la nature

Si la sorcellerie a bien été pratiquée en Europe pendant des siècles, le lien entre la wicca et les formes préchrétiennes de sorcellerie européenne est largement fondé sur des rites et traditions adaptés de diverses formes de paganisme. La religion wicca est devenue populaire en Angleterre après la publication en 1954 de *Witchcraft Today*, guide de sorcellerie moderne rédigé par Gerald Gardner (1884-1964). Le terme « wicca », qui n'était pas utilisé par l'auteur, est apparu dans les années 1960 pour désigner la sorcellerie païenne.

Si l'on attribue généralement le développement de la religion wicca moderne à Gardner, les enseignements et croyances de ce dernier ne sont pas acceptés par tous les pratiquants de cette religion, ni par ceux d'autres religions néo-païennes. Aucune organisation ne représente universellement ces croyances variées. De nombreux wiccains croient en deux divinités égales, la déesse et le dieu cornu, mais d'autres vénèrent de multiples dieux ou esprits. Toutefois tous s'accordent pour croire en une vie menée en harmonie avec la nature, célébrer les rituels liés au cycle solaire et lunaire, s'adonner à la magie et adhérer à un code moral.

« La première fois que je me suis qualifiée de sorcière a été un moment magique… »

Margot Adler, auteur et prêtresse wicca

Religion relativement récente, la wicca semble croître en importance. On compte environ 12 millions d'adeptes aux États-Unis, mais il est difficile d'en estimer le nombre dans le monde entier. La wicca a influencé certains aspects de la culture populaire, ses idées apparaissant dans de nombreux films, romans et séries télévisées. Elle a aussi effacé, dans les esprits, une grande partie des connotations négatives de la sorcellerie et des religions païennes. **MT**

◄ Danse sous les lumières psychédéliques de l'Avalon Ballroom dans les années 1960.

1955

Thérapie familiale

Murray Bowen

Une conception nouvelle de l'étude des dynamiques familiales

Né dans le Tennessee, aîné de cinq enfants, Murray Bowen (1913-1990) a obtenu son diplôme de médecin en 1937. En 1946, après avoir servi sous les drapeaux américains pendant la Seconde Guerre mondiale, il a débuté une formation en psychiatrie, puis, en 1954, s'est lancé dans cinq ans d'étude de la famille pour l'Institut national de la santé mentale de Bethesda, au Maryland. C'est à partir de ses observations qu'il a construit sa théorie des dynamiques familiales.

À l'époque, l'idée de demander aux membres d'une famille de se réunir pour discuter de leurs problèmes et de leurs relations était très peu répandue. Bowen a consacré la fin des années 1950 à des familles dont l'un des enfants adultes était schizophrène et vivait encore chez ses parents. Selon Bowen, la famille constitue une entité émotionnelle dont chacun des membres est intimement lié aux autres.

« Le fugueur est aussi dépendant émotionnellement que celui qui ne quitte jamais le foyer familial. » **Murray Bowen**

Cette théorie repose sur huit concepts étroitement corrélés, dont la triangulation (ou relation à trois), la différenciation du soi qui permet à un individu de comprendre combien lui et les autres sont interdépendants, la coupure émotionnelle qui pousse le sujet à éviter de traiter des problèmes non résolus, et la position dans la fratrie qui peut contribuer au développement de certains traits de caractère.

Bowen, qui se méfiait de la psychanalyse, préférait utiliser des termes de biologie, de sociologie et même d'anthropologie pour expliquer le comportement humain. C'était un pionnier qui consacra ensuite sa vie à comprendre comment nous sommes façonnés par les générations familiales qui nous précèdent. **BS**

v. 1955

Droits civiques américains

Rosa Parks

Mouvement de protestation contre la discrimination raciale aux États-Unis

Le mouvement des droits civiques qui a pris son essor dans les années 1950 et 1960 aux États-Unis protestait contre la discrimination et la ségrégation raciales, et tentait par la non-violence de sensibiliser le grand public à la situation difficile des Afro-Américains. Il surveillait de plus les activités du Ku Klux Klan, une organisation raciste, et a lancé une campagne d'inscription des citoyens noirs sur les listes électorales. Les membres du mouvement organisaient des sit-in, des rassemblements et des manifestations, que les autorités dispersaient parfois avec violence.

Le mouvement américain des droits civiques est né en 1955. Certaines manifestations aient certes eu lieu auparavant, mais cette année-là, une Afro-Américaine, Rosa Parks (1913-2005), lassée des injustices, refusa de céder son siège à un Blanc dans un bus de Montgomery, dans l'Alabama. Rosa Parks appartenait à l'Association nationale pour le progrès des gens de couleur, une organisation de défense des droits civiques fondée en 1909. Elle fut arrêtée et emprisonnée pour avoir refusé de se conformer aux injonctions du chauffeur de bus. Déclarée coupable, elle se vit infliger une amende. Un pasteur afro-américain, le révérend Martin Luther King (1929-1968), s'appuya sur son geste et engagea les habitants noirs de la ville à boycotter les bus de Montgomery. Cette initiative fit grand bruit dans le pays et posa King comme leader du mouvement des droits civiques qui seraient officiellement reconnus par deux lois, le Civil Rights Act et le Voting Rights Act, qui interdisent toute forme de discrimination, adoptées par le président Lyndon Johnson (1908-1973) respectivement en 1964 et 1965. **CK**

« Nous ne pourrons jamais être satisfaits tant qu'un Noir […] ne pourra pas voter. »
Martin Luther King, Washington D.C., 1963

Rosa Parks à l'avant d'un bus dans l'Alabama le 21 décembre 1956, après que la ségrégation a été jugée illégale. ➔

WAPX
1600 ON YOUR DIAL
MOTOR CO.

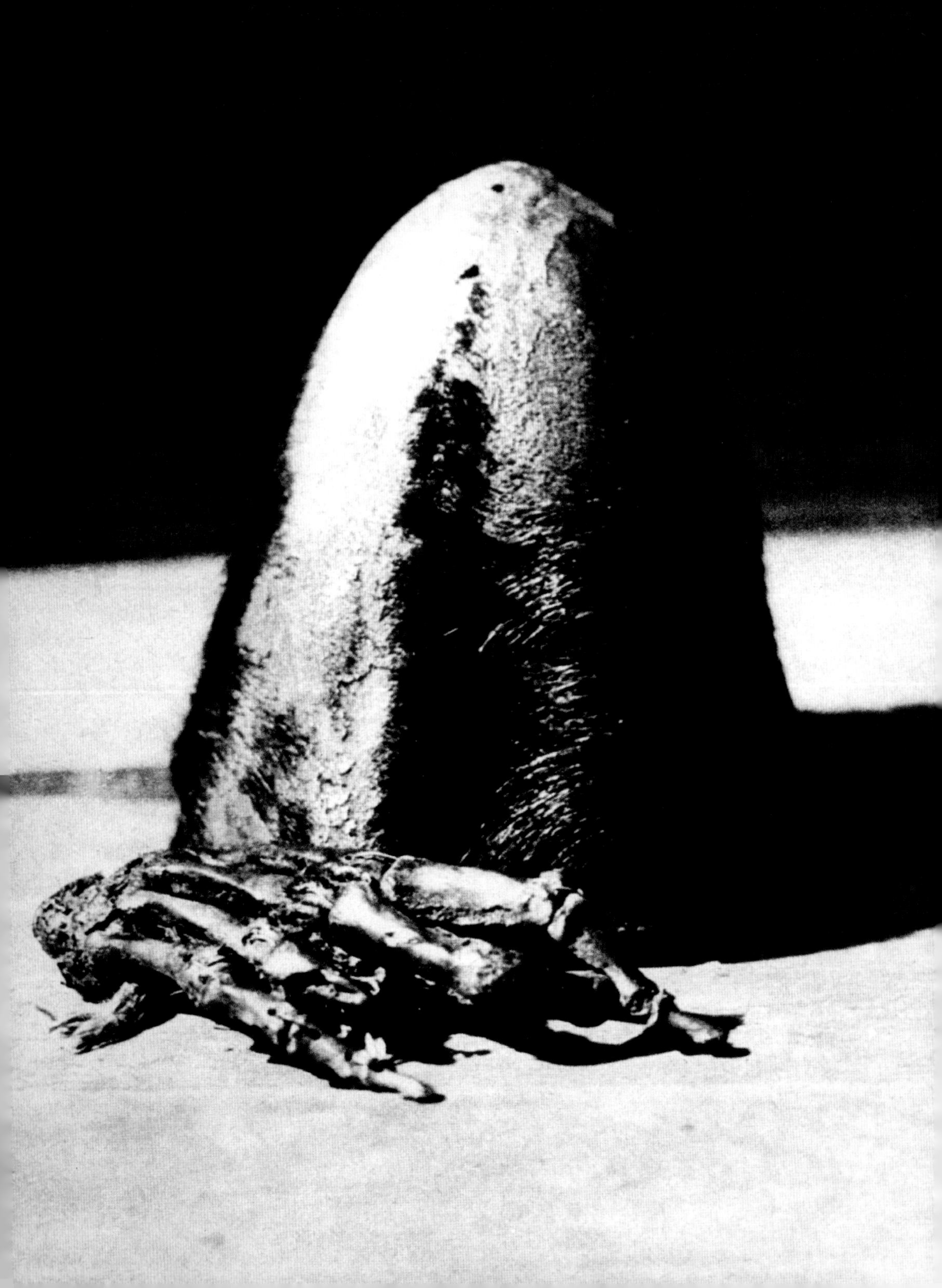

1955

Cryptozoologie

Bernard Heuvelmans

Pseudo-science consacrée à la découverte d'espèces disparues et mythiques

Le terme « cryptozoologie » est dérivé du grec *kryptos*, qui signifie « caché », et désigne la recherche de « cryptides », animaux et plantes que la science ne reconnaît pas et dont l'existence repose sur ce qu'on peut qualifier au mieux de témoignages invérifiables. Il est peut-être plus judicieux de classer cette discipline comme pseudo-scientifique. On compte en effet parmi les cryptides des espèces disparues, tels les dinosaures ou le dodo, mais aussi mythiques ou légendaires, telles que la licorne, le griffon, le yéti ou le monstre du Loch Ness. Même les défenseurs de la cryptozoologie admettent la relative minceur des preuves de l'existence de presque tous les animaux de leur liste.

Bernard Heuvelmans (1916-2001), père de la cryptozoologie, a publié en 1955 *Sur la piste des bêtes ignorées*, où il examinait la redécouverte relativement récente d'espèces qu'on pensait disparues, comme le panda géant et le chimpanzé pygmée. Persuadé de l'existence des cryptides, Heuvelmans a souvent été critiqué, notamment après avoir tenté à la fin des années 1960 de cataloguer le *Minnesota Iceman* (homme congelé du Minnesota) comme *Homo pongoides*, une nouvelle espèce d'hominidé. On a découvert par la suite qu'il s'agissait d'un canular. C'est néanmoins la nature même des cryptozoologues que de s'enthousiasmer devant de fausses preuves. La prétendue carcasse d'un mégalodon, requin du cénozoïque, était en réalité celle d'un requin-pèlerin, mais un dinosaure sauropode, qui vivrait dit-on dans la jungle de la République démocratique du Congo, nous échappe encore. Les recherches continuent… **BS**

« Tant que des travaux de recherche ne seront pas courants [en cryptozoologie] elle ne sera pas respectée. » **Ben Roesch, zoologue**

◀ Voici, selon les crytozoologues, le haut du crâne et la main d'un yéti qui aurait vécu au Népal ou au Tibet.

1956

Taxonomie de Bloom

Benjamin Bloom et d'autres

Classification de l'enseignement et de la pédagogie selon trois types d'apprentissage

En 1948, le rassemblement annuel de la société américaine de psychiatrie a permis la rencontre de Benjamin Bloom (1913-1999) et de ses collègues universitaires ; le groupe d'enseignants qu'ils constitueraient publierait en 1956 *La Taxonomie des objectifs pédagogiques*. Plus de cinquante ans après sa parution, ce système de classification hiérarchique est toujours en usage dans l'enseignement.

Couramment appelée taxonomie de Bloom, elle a été conçue pour aider les enseignants à se concentrer sur trois domaines d'apprentissage principaux (cognitif, affectif et psychomoteur) dans une approche plus holistique de la pédagogie.

Le domaine cognitif comprend le savoir et le développement de capacités intellectuelles (être capable de reconnaître des faits particuliers, des schémas de procédure et concepts). Ce domaine est divisé en six catégories principales correspondant à des degrés de difficulté que l'on doit maîtriser progressivement. Le domaine affectif traite des sentiments, valeurs, goûts, enthousiasmes, motivations et attitudes. Le domaine psychomoteur comprend les mouvements physiques, la coordination et l'utilisation de l'habileté motrice pour atteindre vitesse, précision et maîtrise des procédures ou techniques.

Aujourd'hui la taxonomie de Bloom est utilisée pour développer des objectifs d'apprentissage. Elle s'avère essentielle dans la préparation des cours, et permet aussi aux enseignants de concevoir des devoirs et des stratégies d'évaluation, et de s'assurer que leur enseignement et leurs évaluations correspondent à ces objectifs. **BC**

« Nous classifions ce que [nous désirons] obtenir des élèves : […] qu'ils réfléchissent, ou qu'ils ressentent. » **Dr. Benjamin Bloom**

1956

Théorie de l'identité cerveau-esprit U. T. Place

Théorie matérialiste selon laquelle les états mentaux sont identiques aux états cérébraux

Les états mentaux peuvent être constitués de sensations, croyances, désirs et autres schémas de pensée plus complexes ; la théorie de l'identité cerveau-esprit tente d'expliquer ces phénomènes en termes matérialistes (ou physiques). Le psychologue E. G. Boring (1886-1968) a fait le premier référence à cette théorie en 1933 mais ce n'est qu'en 1956 qu'elle a été formulée de façon explicite dans un article scientifique de U. T. Place (1924-2000), philosophe et psychologue dont les idées ont été développées par J. J. Smart (1920-2012), autre philosophe.

C'est en réaction au dualisme né de la philosophie de Descartes, au XVIIe siècle, que l'on tentait d'expliquer l'esprit en termes physiques. Place et Smart se limitaient au début à soutenir que toutes les sensations mentales peuvent se réduire à des corrélations physiques dans le cerveau. Par exemple, avoir mal correspond à un certain type d'activité neuronale. Toutefois ce point de vue n'expliquait pas comment de nombreuses sensations constituent des événements mentaux spécifiques et devaient donc être reflétées par des activités neuronales tout aussi spécifiques. Afin de résoudre ce problème, certaines versions de la théorie posent que même si des états mentaux similaires, comme la douleur, peuvent correspondre à des activités cérébrales variables, cela montre seulement que de nombreux neurones peuvent participer plus ou moins à la formation d'un état mental particulier. Les technologies sophistiquées d'imagerie du cerveau et les découvertes récentes sur la plasticité de cet organe progressent rapidement aujourd'hui, et l'on pourra peut-être bientôt découvrir les corrélations neuronales de la plupart des états mentaux. **TJ**

« Les organismes peuvent être observés comme des mécanismes physicochimiques. »

J. J. C. Smart, *Philosophical Review* (avril 1959)

1956

Cognitivisme H. Simon, N. Chomsky et M. Minsky

Théorie selon laquelle les états mentaux sont réels et évaluables

La cognition fait appel à la résolution de problèmes, la prise de décision, la mémoire, l'attention, la compréhension de la linguistique, et la capacité de traitement des informations. Les béhavioristes reconnaissent la réalité de la pensée cognitive mais n'y voient qu'une forme de comportement. Pour le cognitivisme, qui rejette l'approche causale du béhaviorisme, le comportement est principalement déterminé par notre façon de penser.

Jean Piaget (1896-1980), psychologue suisse dont les travaux de recherche sur le développement cognitif de l'enfant ont montré que son cerveau possédait une structure mentale beaucoup plus raffinée que ce que l'on pensait jusque-là, est l'un des pionniers du cognitivisme. Piaget était convaincu que le développement cognitif est une évolution des processus mentaux résultant de notre développement biologique. Il a démontré que la « boîte noire cachée de l'esprit » peut être ouverte beaucoup plus tôt dans la vie qu'on ne le pensait possible, et que les hommes ne sont pas les « animaux programmés » des béhavioristes, capables seulement de répondre à des stimuli externes. Lors d'une réunion en 1956, Herbert Simon (1916-2001), Noam Chomsky (né en 1928) et Marvin Minsky (né en 1927) ont défini les règles générales du développement des sciences cognitives.

La thérapie cognitivo-comportementale, qui a vu fusionner récemment les idées des cognitivistes et des béhavioristes, voit dans les troubles mentaux la conséquence de perceptions faussées (par exemple, la vie est sans espoir) que les patients peuvent corriger s'ils reconnaissent et rectifient leurs erreurs de pensée. **BS**

« … certains aspects de notre savoir et de notre compréhension sont innés… »

Noam Chomsky

L'Américain Noam Chomsky, tenant du cognitivisme, chez lui à Boston en 1972.

IBM

Objectivisme

Ayn Rand

Une nouvelle philosophie développée par une romancière provocatrice

Ayn Rand lors de la remise du National Book Award en 1958. Son œuvre maîtresse, *La Grève*, une contre-utopie, expose ses idées en matière de rationalisme, d'individualisme et de capitalisme.

« 1. "Ce n'est pas parce qu'on désire quelque chose qu'on l'a." 2. "On ne peut pas vouloir le beurre et l'argent du beurre." 3. "L'homme est une fin en soi." 4. "Donnez-moi la liberté ou donnez-moi la mort." »

Ayn Rand, lors d'une rencontre avec les commerciaux de Random House, 1962

Frustrée par le climat intellectuel de son époque, Ayn Rand (1905-1982) a regroupé les idées de divers philosophes au sein d'un bric-à-brac idéologique novateur qu'elle a baptisé objectivisme. Elle expliquait cette vision du monde personnelle dans son roman *La Grève* (1957), où elle défendait l'idée aristotélicienne que la réalité existe de façon objective, que les lois de la logique guident notre compréhension du monde, et que la capacité de connaissance de l'être humain est ancrée dans sa conscience. La moralité est objective, et la rationalité consciente confère à l'homme une signification morale spéciale. Rand soutenait de plus l'idée libérale (au sens anglo-saxon du terme) classique que chacun doit respecter les droits de l'autre dans la poursuite de ses propres intérêts, et que le seul système sociopolitique respectant ces idées est un capitalisme prônant le laisser-faire, soit une économie de libre marché.

Selon l'un des éléments controversés de cette théorie, baptisé vertu de l'égoïsme, chaque personne étant intrinsèquement précieuse, son devoir moral principal est de poursuivre ses propres intérêts. Cette poursuite ne sera limitée que par le fait que les autres sont tout aussi précieux, et que l'on ne peut donc ni les contraindre ni les duper. Les intérêts égoïstes ne peuvent s'opposer les uns aux autres puisqu'il n'est pas dans notre intérêt de posséder ce à quoi nous n'avons pas droit. Bien que l'action collective puisse apporter certains bénéfices, ces derniers ne justifient jamais l'usage de la force.

La philosophie de Rand est toujours controversée aujourd'hui, notamment si l'on considère que certains bénéfices sociaux ne peuvent être obtenus individuellement et que certaines inégalités économiques inacceptables résultent du commerce non régulé. Bien que tous les capitalistes ne se définissent pas comme objectivistes, beaucoup, comme l'économiste Walter Williams (né en 1936) et l'homme politique américain Ron Paul (né en 1935) citent Rand parmi leurs influences. **TJ**

Mythologies
Roland Barthes

Un exposé philosophique sur la façon dont les valeurs sociales produisent des mythes

Ouvrage de Roland Barthes (1915-1980), *Mythologies* (1957) explique comment des valeurs sociales communément admises sont érigées en mythes. La première partie regroupe des essais qui avaient paru en majorité dans *Les Lettres nouvelles*. Beaucoup prennent pour point de départ des publicités ou articles de journaux et magazines populaires, où certains mots et images sont utilisés pour transmettre des stéréotypes, en particulier ceux associés aux valeurs de la petite bourgeoisie. Barthes examine par exemple l'association du vin avec tout ce qui est bon au sein de la société française. Une mythologie est ainsi créée qui masque les dangers de la consommation de cette boisson. Dans la seconde partie de l'ouvrage, Barthes soutient que, les mythes se construisant principalement à partir du langage, on ne les analyse jamais mieux qu'à l'aide de la sémiotique. Si les mots fonctionnent comme des signes porteurs de significations différentes, la sémiotique peut dévoiler le processus selon lequel une signification symbolique particulière se transforme en mythe. Barthes décrit ensuite sept techniques rhétoriques auxquelles on a souvent recours pour construire et préserver ces mythes.

Dans son usage de la sémiotique pour démasquer la construction de divers mythes culturels, Barthes se fonde sur la théorie du linguiste Ferdinand de Saussure (1857-1913), mais s'appuie sur une interprétation marxiste des valeurs de la société de consommation pour une grande partie de son analyse. De plus, sa méthode présente, note-t-il, de nombreux points communs avec la psychanalyse.

Ironiquement, en révélant comment on faisait appel aux mythes pour vendre des biens de consommation, Barthes a offert au monde de la publicité des bases solides pour ses techniques de persuasion. Quoi qu'il en soit, les idées développées dans cet ouvrage se sont avérées tout aussi fondamentales pour les théories de la critique sociale, encore plus influentes. **TJ**

↑ Cette affiche de Hertereau et Jourdan (v. 1958) illustre parfaitement la mythologie du vin selon Barthes, où la boisson est synonyme de santé et de bien-être.

« Le mythe ne nie pas les choses, sa fonction est au contraire d'en parler ; simplement il les purifie, les innocente [...]. »

Roland Barthes, *Mythologies* (1957)

1957

Point de bascule

Morton Grodzins

Seuil critique au-delà duquel un phénomène peut provoquer un changement conséquent

Le point de bascule correspond au moment où la concentration de certains éléments, au sein d'un système, atteint un seuil qui peut déclencher un changement important. Ce concept concerne l'évolution de tout phénomène dans tout domaine. Les effets peuvent être soudains et réversibles, comme quand un canoë se retourne, mais la notion de point de bascule est plus souvent associée à des conséquences durables, comme quand un tel nombre de personnes ont contracté un certain virus qu'une épidémie s'ensuit inévitablement. Le terme a été utilisé pour la première fois par Morton Grodzins (1917-1964) en 1957 pour décrire la situation des zones urbaines américaines où la population noire augmentait. Une fois le point de bascule atteint, l'exode des Blancs se produirait immanquablement.

« un seuil où le changement radical est plus que possible. C'est [...] une certitude. »

Malcolm Gladwell, *Le Point de bascule* (2000)

Ce point de bascule métaphorique est dérivé de sa signification littérale en physique, où une substance bascule, à un certain point, d'un état à un autre. Appliquée aux sciences économiques ou aux processus sujets à des mécanismes de réactions cumulatives, comme le réchauffement climatique, l'expression évoque un sentiment de déséquilibre.

Plus récemment, le journaliste Malcolm Gladwell (né en 1963) nous a rappelé combien cette idée était féconde, notamment pour comprendre des phénomènes sociologiques. Il avait relevé le terme pour la première fois dans le domaine de l'épidémiologie. En ce sens, l'idée de point de bascule avait déjà montré sa réalité, et constituait désormais un puissant outil d'interprétation, qu'il s'agisse des modèles climatiques ou des habitudes de consommation. **TJ**

1957

Happening

Allan Kaprow

Interprétation artistique qui fait participer le public à un spectacle éphémère

Selon Allan Kaprow (1927-2006), peintre américain qui réalisait des collages tridimensionnels et pionnier de l'art performance, un happening était « un jeu, une aventure [constituée d'] un certain nombre d'activités auxquelles participe le public pour le plaisir de jouer ».

Kaprow a inventé le terme en 1957 alors qu'il assistait à des performances improvisées, à la campagne, chez le sculpteur George Segal (1924-2000), mais le concept était directement influencé par les futuristes et dadaïstes des années 1920, qui s'interrogeaient sur ce qui constituait une œuvre d'art, et sur la façon de présenter celle-ci. Kaprow a appliqué cette idée à son œuvre, constituée de petites manifestations préparées d'avance où il encourageait le public à établir ses propres liens entre thèmes et idées. Ce courant artistique s'est bientôt développé, accueillant de nombreux avant-gardistes dotés de leurs propres perspectives et objectifs. Ils s'attaquaient au fossé séparant artiste et public en soulignant l'importance des spectateurs, à qui ils demandaient invariablement d'ajouter leur propre contribution pour que deux versions d'un happening ne soient jamais similaires. Ces happenings provoquaient l'interaction, étaient uniques, temporaires et éphémères.

« L'artiste découvrira, dans des choses banales, la signification de l'ordinaire. »

Allan Kaprow

Le mouvement a atteint son apogée en 1963 lors du festival Yam, organisé chez Segal, mais a ensuite perdu en popularité. Moins théâtraux que l'art performance, avec lequel on les confond souvent, les happenings nous transformaient tous en artistes, sur nos lieux de vie, qu'il s'agisse d'une ferme, de la rue, ou d'un bâtiment abandonné. L'art n'était plus destiné au public, il était le public. **BS**

Allan Kaprow déchiquette du papier avec une tondeuse à gazon devant des musiciens et des spectateurs le 8 septembre 1964. ➔

1957

Grammaire générative

Noam Chomsky

Les règles qui déterminent la construction des phrases d'un langage donné

En linguistique, l'expression « grammaire générative » fait référence à l'ensemble des règles de syntaxe qui déterminent la structure des phrases d'un langage donné. Par exemple, des règles peuvent spécifier l'ordre des mots, ou établir les désinences à ajouter à un radical pour conjuguer un verbe. Noam Chomsky (né en 1928) a proposé en 1957 sa théorie de la grammaire générative, puis en a développé d'autres versions qui dominent aujourd'hui la linguistique.

La version originale, la théorie de la grammaire transformationnelle, avançait l'idée que les phrases sont générées par des règles formelles qui transforment leur structure. Avant les théories de Chomsky, l'étude de la grammaire générative se préoccupait principalement de décrire les règles spécifiques à une langue particulière. La première description systématique d'une grammaire générative avait été entreprise dès le VIe siècle av. J.-C. par Panini, grammairien indien. Chomsky basait ses théories sur une notion beaucoup plus ambitieuse et controversée : toutes les grammaires génératives sont l'expression d'une grammaire universelle. Selon cette hypothèse, la gamme de grammaires possibles est limitée par des contraintes innées.

De nombreux penseurs avaient noté depuis des siècles les caractéristiques communes des grammaires de différentes langues et conclu qu'elles devaient être innées. Toutefois, la théorie de Chomsky peut être considérée comme une réaction aux théories telles que le béhaviorisme, qui avaient gagné en importance dans les années 1950 et tentaient d'expliquer l'apprentissage du langage comme le produit d'une exposition répétée aux mots et sons dans différents contextes.

Bien que controversée, la notion de grammaire universelle avancée par Chomsky a rapidement dominé notre compréhension de la grammaire générative, tout en permettant de découvrir un nouvel aspect du fonctionnement de l'esprit. **TJ**

Chomsky défend l'idée d'une grammaire universelle « innée », et non acquise grâce à l'environnement. ↑

1957

Enlèvement par des extraterrestres Antonio Boas

Un phénomène inexpliqué apparu à une époque obsédée par la science-fiction

On dispose depuis l'Antiquité de témoignages de personnes ayant aperçu des ovnis, mais le premier cas de l'enlèvement d'un être humain par des extraterrestres ne date que de 1957 : Antonio Boas, agriculteur brésilien, déclara avoir été alors emporté dans un vaisseau spatial, forcé à avoir des relations sexuelles avec une créature humanoïde féminine, et finalement relâché.

Le plus célèbre des récits d'enlèvement a été révélé sous hypnose par Betty et Barney Hill. Ils auraient été enlevés alors qu'ils rentraient chez eux le 19 septembre 1961 au soir. Ils roulaient le long d'une route très boisée du New Hampshire quand ils ont remarqué dans le ciel un objet lumineux qui a semblé les suivre pendant des kilomètres avant de se poser devant eux. Ils furent emmenés à bord d'un vaisseau spatial où on leur montra une carte céleste dont les étoiles ne correspondaient en rien à celles qu'on pouvait observer de la Terre, on les soumit à un examen médical, puis on les relâcha. Il n'y avait pas la moindre preuve qui puisse corroborer leur récit, et la carte du ciel dessinée de mémoire par Betty ne représentait que des étoiles disposées au hasard.

Les récits de contact avec des êtres provenant d'autres mondes (par exemple des anges) abondent dans l'histoire, et de nombreuses cultures parlent de personnes transportées dans d'autres dimensions ; les récits de rapts par des extraterrestres pourraient constituer des versions modernes de cette tradition. Scientifiquement, on se demande si ces expériences sont liées à des événements physiques réels, des interactions psychologiques, des états de conscience altérés ou si elles sont de simples fantasmes délirants. Selon le psychologue américain Stuart Appelle, ce sont « des souvenirs subjectivement réels d'avoir été kidnappé secrètement, contre sa volonté, par des créatures apparemment non humaines ». Pour les kidnappés, ces souvenirs sont indubitablement réels. Mais les souvenirs sont loin de constituer des preuves. **BS**

↑ Gene Barry, Ann Robinson et une petite foule s'approchent d'un vaisseau spatial dans le film *La Guerre des mondes* (1953).

1957

Ignorance rationnelle

Anthony Downs

L'ignorance est rationnelle quand l'effort requis pour s'informer dépasse l'avantage qu'on en tirerait

Selon la théorie de l'ignorance rationnelle, seule une partie de la journée peut être consacrée à apprendre, et on ne cherche donc pas à s'informer sur ce qui profitera peu. L'analyse coût/bénéfice que l'on fait avant de décider de s'informer sur un sujet explique pourquoi tant de personnes choisissent de demeurer ignorantes dans des domaines apparemment importants.

Anthony Downs (né en 1930) a inventé le terme d'ignorance rationnelle dans son ouvrage *Une théorie économique de la démocratie* (1957) pour expliquer pourquoi de nombreux électeurs étaient très peu informés sur des thèmes tels que la prolifération nucléaire. Une guerre nucléaire, si elle se produisait, menacerait tout le monde, mais cela ne pousse pas les gens à vouloir en apprendre davantage. Les gens choisissent généralement de ne pas s'intéresser à des sujets importants, parce qu'ils jugent peu probable que leurs efforts leur apporteront des avantages pratiques et personnels.

> « *Il est irrationnel, pour un individu, d'être bien informé…* » **A. Downs,**
> ***Une théorie économique de la démocratie* (1957)**

La situation économique est incertaine, les hommes politiques corrompus et une fuite s'est déclarée dans votre toit, juste au-dessus de votre lit. À quel problème allez-vous dédier votre précieux temps ? La théorie de l'ignorance rationnelle connaît la réponse, et vous aussi. Peu importe la gravité d'un sujet, même le plus petit des problèmes est amplifié quand il vous touche directement. C'est pour cela que vous consacrez votre temps à vous préoccuper de vos factures plutôt qu'à vous informer sur le volcan voisin qui, même si la probabilité qu'il entre en éruption au cours des 100 000 prochaines années est réduite, pourrait tuer tous ceux que vous connaissez. **MT**

1957

Théorie des mondes multiples

Hugh Everett III

Notre univers n'est que l'un des innombrables univers existants

Selon la théorie des mondes multiples, ou théorie des états relatifs, lorsqu'un événement quantique peut conduire à deux résultats ou plus, tous ces résultats se produisent, chacun dans un univers différent. Tous les résultats possibles de chaque événement quantique se sont produits en réalité, et toutes les autres possibilités historiques que celle que nous connaissons se sont déroulées dans un autre univers.

Sur le plan quantique, il est impossible d'observer une particule sans modifier son comportement, et l'on ne peut jamais être certain de la façon dont elle se comporte à un moment spécifique. Les physiciens doivent se contenter de prévoir ce comportement en offrant le taux de probabilité d'un résultat spécifique. Cette incertitude quantique a conduit le physicien Niels Bohr (1885-1962) à proposer l'hypothèse, baptisée interprétation de Copenhague, que toutes les particules existent dans tous les états simultanément. Toutefois Hugh Everett (1930-1982) n'était pas du même avis. Selon lui, l'événement observé est le seul qui se soit produit dans notre univers. Tous les autres résultats possibles se sont aussi produits, mais chacun dans son propre univers.

La notion de dimensions ou univers parallèles est depuis longtemps un sujet prisé des auteurs de science-fiction, mais la théorie des mondes multiples ne relève pas de la fiction. Son auteur tentait ainsi d'expliquer pourquoi l'univers quantique fonctionne comme il le fait, et la théorie des mondes multiples n'est que l'une des diverses réponses proposées, même si elle offre les possibilités les plus saisissantes. L'idée que toutes les conséquences possibles des choix que l'on ait jamais réalisés se soient en réalité produites, ou l'aient fait dans un monde parallèle, est à la fois impressionnante et troublante. Ou peut-être impressionnante dans cet univers, et troublante dans un autre. **MT**

L'ignorance rationnelle est souvent citée comme l'une des causes de l'abstention électorale.

L'idée de liberté

Mortimer J. Adler

Une étude de l'évolution, au fil de l'histoire, de la notion de liberté

↑ Mortimer J. Adler, photographié ici en 1977, utilisait une approche dialectique pour examiner les nombreuses voies philosophiques qu'a empruntées au fil des ans le concept de la liberté.

« Un homme est libre s'il possède en lui la capacité ou le pouvoir de faire siennes ses activités et ses réussites… »

Mortimer J. Adler, *The Idea of Freedom* (1958)

En 1952, Mortimer J. Adler (1902-2001) et ses collègues de l'Institute of Philosophical Research ont entrepris d'étudier les nombreux textes traitant du concept philosophique de liberté, puis de classer leurs découvertes en différentes catégories. Les résultats ont été publiés dans *The Idea of Freedom: A Dialectical Examination of the Conceptions of Freedom* (*L'idée de liberté : étude dialectique des conceptions de la liberté*). Cet examen exhaustif montrait que le concept prend généralement trois formes distinctes : liberté circonstancielle, acquise, et naturelle.

Toutefois, quand on transpose ces concepts abstraits en aptitudes personnelles, ils correspondent à l'épanouissement personnel, au perfectionnement de soi et à l'autodétermination. La capacité d'une personne à agir comme elle le désire, si les circonstances le permettent, constitue la liberté circonstancielle qu'est l'épanouissement personnel ; apprendre à agir en accord avec un idéal moral ou personnel constitue la liberté acquise qu'est le perfectionnement de soi ; enfin, la liberté naturelle que représente l'autodétermination fait simplement référence à la capacité de la personne à contrôler son propre destin. La liberté s'accompagnant, selon de nombreux penseurs, de dimensions politiques et collectives, Adler les a examinées individuellement : la liberté politique est un prolongement de la liberté circonstancielle ou épanouissement personnel ; la liberté collective est l'expression sociale de la liberté acquise ou perfectionnement de soi.

Les philosophes, dans leur tentative de décrire la signification de la liberté, ont au fil du temps avancé de nombreuses idées contradictoires. Selon Adler, cela permettait un dialogue historique, les philosophes répondant aux défis lancés par d'autres penseurs, passés ou présents. Il était convaincu que, au terme de ce processus dialectique, bon nombre de ces notions philosophiques s'accorderaient, du moins en partie. **TJ**

Deux conceptions de la liberté

Isaiah Berlin

Une distinction dans la compréhension de la valeur politique et personnelle de la liberté

« Deux conceptions de la liberté » a été rédigé à l'occasion d'une conférence que donnait à l'université d'Oxford en 1958 le philosophe et théoricien politique Isaiah Berlin (1909-1997). Il présentait l'idée que la liberté n'était que l'absence d'obstacles à l'action personnelle (liberté négative). Cette perception élimine généralement toute ingérence des autorités politiques dans les affaires des citoyens à l'exception des lois nécessaires à la défense de la liberté personnelle. En revanche, selon le concept de liberté positive, les individus ne sont véritablement libres que s'ils ont la capacité de poursuivre leurs objectifs. Ces deux conceptions se rejoignent donc sur le fait que la liberté exige l'absence d'obstacle social ou politique superflu, et selon la conception positive, l'autonomie personnelle ou autodétermination est de plus essentielle à la réalisation de cette liberté.

Ces deux interprétations de la liberté avaient déjà été reconnues par les philosophes de l'Antiquité grecque. Toutefois, la passion qu'éprouvait Berlin pour l'histoire des idées lui a permis d'observer clairement comment ces deux conceptions s'étaient développées sous la forme d'idéaux politiques qui devaient souvent entrer en conflit. Bien que la notion positive cherche à augmenter les possibilités d'autonomie personnelle, son adoption comme idéal collectif peut avoir l'effet inverse. Cette conception positive a été défendue par Jean-Jacques Rousseau, philosophe des Lumières, et se trouvait au cœur de l'idéologie qui a inspiré la Révolution française.

Comme cela a été le cas alors et dans bien d'autres révolutions depuis, la conception positive a souvent été utilisée par les régimes totalitaires pour justifier de sévères restrictions de liberté personnelle, nécessaires selon eux à la réalisation d'objectifs répondant au bien commun. Bien que les démocraties libérales soient davantage guidées par l'idéal de la liberté négative, la conception positive y est représentée sous forme de lois paternalistes gouvernant les domaines de la santé et de la sécurité. **TJ**

↑ Les deux conceptions de la liberté proposées par Isaiah Berlin (photographié ici en 1992) diffèrent selon que l'individu se voit ou non accorder l'autonomie et la possibilité de s'épanouir personnellement.

« Être libre, c'est être ni enchaîné, ni emprisonné, ni esclave d'autrui. Tous les autres sens du mot liberté ne sont que des extensions de ce sens fondamental, ou alors des métaphores. »

Isaiah Berlin, *Éloge de la liberté* (1969)

1958

Grand Bond en avant

Mao Tsé-toung

La tentative par la Chine de vite moderniser sa production agricole et industrielle

Désireuse d'accélérer son industrialisation pour parvenir à l'autonomie économique, la Chine communiste a adopté en 1958 un programme baptisé Grand Bond en avant, conçu par Mao Tsé-toung (1893-1976), père de la révolution et chef du gouvernement. Traditionnellement, l'industrialisation se faisait progressivement grâce aux investissements en machines et nouvelles technologies, mais le Grand Bond en avant présumait de façon erronée que l'on pouvait accélérer le processus en établissant sur tout le territoire quantité de petites industries et en augmentant simultanément la production agricole.

Ce plan quinquennal était fondé en partie sur le prétendu succès d'un précédent programme similaire, de construction de vastes installations industrielles qui devaient accroître la production de matières premières telles que le charbon, le fer ou l'acier, et ainsi réduire la dépendance agricole de la Chine. Ce premier plan avait réussi grâce aux financements et à l'expertise technique de l'URSS. Lors du Grand Bond en avant, de nombreuses fermes déjà organisées en coopératives agricoles ont été regroupées en grandes communes abritant aussi de petites industries. En l'espace d'une seule année, ce nouveau plan quinquennal s'est avéré désastreux. La majorité de la main-d'œuvre étant désormais assignée aux nouvelles petites industries, le secteur agricole s'est trouvé incapable de produire en quantité suffisante et la famine a inévitablement suivi. Le Grand Bond en avant a été abandonné dès 1961, mais entre 20 et 40 millions de Chinois étaient déjà morts des conséquences de la famine. **TF**

« Les cadavres finissaient dans des tombes peu profondes ou au bord des routes. »

Frank Dikötter, *Mao's Great Famine* (2010)

1958

Méritocratie

Michael Young

Un système qui récompense les personnes en fonction de leurs accomplissements

Toute société qui récompense les personnes sur la base de certains talents peut être qualifiée de méritocratie. Comme principe politique, le terme convient à tout système de gouvernement où les candidats sont choisis pour des qualités. Les organisations industrielles et commerciales sélectionnant et récompensant en général leurs employés en fonction de leurs aptitudes et accomplissements constituent elles aussi des méritocraties. Le terme a été inventé avec ironie par le sociologue Michael Young (1915-2002), dans sa satire *The Rise of Meritocracy, 1870-2033* (L'avènement de la méritocratie, 1958).

Populaire car elle permet l'égalité des chances, la méritocratie est devenue l'un des principes fondamentaux gouvernant la majorité des sociétés démocratiques modernes. Elle récompense les personnes pour leurs efforts et la discrimination de classe n'y existe pas. Avant l'époque des Lumières, c'était un concept étranger aux sociétés européennes. En Angleterre, la notion a été découverte à travers le confucianisme, philosophie qui prêtait plus d'importance au caractère moral d'une personne qu'à ses privilèges. Toutefois, dans son ouvrage, Young explique comment l'idée originelle de mérite a été corrompue, réduite à celle de l'« intelligence plus l'effort » pour créer une nouvelle classe sociale qui discrimine tous ceux qui semblent privés de ces qualités.

En mettant l'accent sur l'égalité des chances, la méritocratie a offert aux démocraties modernes une base morale solide. Néanmoins des formes de discrimination sociale s'observent toujours aujourd'hui, comme les tests psychométriques utilisés dans le recrutement des employés. **TJ**

« Il est difficile, dans une société qui donne tant de place au mérite, d'en être jugé dépourvu. » Michael Young, *The Guardian* (2001)

Exemple de méritocratie : étudiants pakistanais lors des épreuves nationales d'admission à l'université (2012).

New age

Diverses communautés

Un mouvement inspiré des traditions spirituelles et métaphysiques de l'Orient comme de l'Occident, recherchant l'harmonie et l'éveil personnel

Couples de nudistes sur le balcon de l'Institut Esalen, dans le nord de la Californie en 1970. Communauté et centre de retraite spirituelle, l'Institut défend toujours la philosophie new age.

« La vie ne se mesure pas au nombre de fois où nous respirons mais au nombre de moments qui nous coupent le souffle. »

George Carlin, humoriste américain

William Blake a utilisé le premier l'expression *new age* (nouvel âge) en 1809 pour décrire une ère d'éveil artistique et spirituel. Certains éléments aujourd'hui associés au new age en ont jeté les bases tout au long du XIXe siècle, comme la théosophie et diverses formes de spiritualisme. Les pionniers qui ont fondé, dans les années 1960, la communauté de Findhorn en Écosse et l'Institut Esalen en Californie allaient au fil des ans évoluer et aider les autres à découvrir le « Christ à l'intérieur de soi » ou leur « potentiel humain », processus qui culminerait avec l'établissement de fondations et communautés en perpétuel développement, afin de promouvoir la conscience de soi.

Pour certains, l'expression « new age » fait référence à l'âge du Verseau, ère astrologique imminente. Certains adeptes du new age pratiquent le tarot divinatoire, consultent des médiums et se livrent à des pratiques occultes cependant que d'autres se tournent vers l'astrologie pour entrevoir leur avenir et vers les cristaux pour guérir, et d'autres encore ont des intérêts plus banals, comme le yoga ou la méditation. Le new age ne contient aucune hiérarchie structurelle ni doctrine immuable, bien que dans les années 1970 l'œuvre d'auteurs tels que David Spangler (né en 1945), philosophe spirituel et extralucide autoproclamé, ait apporté un sentiment de cohésion et d'espoir à ceux qui ne pouvaient trouver de réponses à leurs questions dans le christianisme ou l'humanisme.

Fondamentalement aligné sur l'hindouisme, le new age englobe toutes sortes de groupes en quête d'harmonie, d'éveil, d'une conscience spirituelle plus profonde, et de développement personnel. Ce n'est ni un culte ni une religion, on ne lui reconnaît ni débuts ni fondateur spécifiques. C'est en réalité un amalgame de visions du monde, une approche philosophique difficile à définir. **BS**

v. 1960

Politiquement correct
États-Unis et Royaume-Uni

L'emploi d'un langage qui évite les termes potentiellement insultants ou discriminatoires

Une personne politiquement correcte évite d'utiliser des termes qui pourraient avoir des connotations négatives ou choquantes. L'expression peut aussi faire référence à des politiques usant d'un langage de ce type ou s'appuyant sur lui pour lutter contre des comportements et croyances insultants, potentiellement choquants, ou synonymes d'exclusion. Par exemple, le politiquement correct remplace le terme « aveugle » par « non-voyant ».

L'expression est apparue à l'époque de la révolution russe, en 1917 : les personnes qui professaient les mêmes croyances que celles du Parti communiste étaient dites politiquement correctes. Le concept moderne date cependant des années 1960 et 1970.

Certains activistes qui défendaient de vastes réformes sociales aux États-Unis et au Royaume-Uni ont commencé à utiliser ce terme pour décrire un langage qui évitait d'offenser des groupes ayant traditionnellement souffert de discrimination. Dans les années 1980 et 1990, de nombreuses personnalités de droite ont abondamment critiqué la mouvance, et aujourd'hui on utilise souvent le terme ironiquement, en référence à toute tentative de limiter la liberté d'expression, de croyance ou de pensée.

Les défenseurs du politiquement correct rétorquent qu'il représente un effort louable, quand ses opposants ne voient dans ce contrôle du langage que la stratégie transparente de ceux qui cherchent à asseoir leur domination.

Quoi qu'il en soit, le politiquement correct a permis un changement significatif du langage, des comportements et des croyances. Non seulement certains termes pouvant choquer ne sont plus largement utilisés aujourd'hui, mais de plus ceux qui les emploient à dessein peuvent être poursuivis en justice. **MT**

1961

Histoire de la folie à l'âge classique Michel Foucault

Un ouvrage français majeur qui explique que la « folie » est une construction sociale

Le philosophe Michel Foucault (1926-1984) soutenait dans son ouvrage, *Folie et déraison : histoire de la folie à l'âge classique* (1961), qu'au Moyen Âge la folie et les difformités faisaient partie de la vie. La folie était respectée, en même temps que crainte. Cette vision a changé avec le « grand renfermement » au XVIIe siècle, lorsque toutes sortes d'« indésirables » furent enchaînés.

On trouve dans ce changement l'origine des notions modernes que sont la maladie mentale (absence de raison), et les débuts de la recherche scientifique tentant d'identifier les causes de la maladie. Les fous ne faisaient plus partie de la vie quotidienne ; ils étaient invisibles, sujets non consentants de recherches scientifiques envahissantes. Au fur et à mesure que la société est devenue plus complexe, bureaucrate et scientifique, des types de comportement supplémentaires ont été jugés déraisonnables. Selon Foucault, même si les psychiatres prétendaient aider les fous, ils leur imposaient en réalité un contrôle social insidieux.

> *« Au milieu du monde serein de la maladie mentale, l'homme moderne ne communique plus avec le fou. »*
>
> **Michel Foucault, *Folie et déraison* (1961)**

La maladie mentale ne relevait en effet pas de la réalité pour le philosophe. C'était une construction sociale, une façon pour la société de punir les comportements outrés ou étranges. Les thèses de Foucault ont été adoptées par la contre-culture des années 1960, notamment par les défenseurs des droits homosexuels (l'homosexualité était encore considérée comme une maladie mentale), mais aussi par les détracteurs de la psychiatrie. Les psychologues s'opposent encore aujourd'hui au scepticisme de Foucault, en particulier dans le cas de la schizophrénie. **CRD**

1961

Violence libératrice

Frantz Fanon

Les peuples colonisés doivent recourir à la violence pour se libérer de la puissance coloniale

Dans *Les Damnés de la terre* (1961), Frantz Fanon (1925-1961) défend la violence, seul moyen qu'ont les colonisés, selon lui, de se libérer de l'oppression coloniale, à la fois physique et psychologique. Sans recours à la violence, les colonisés ne retrouveront pas leur humanité. Fanon soutenait, au fond, que la violence dont avaient fait preuve les colonisateurs forçait les colonisés à recourir à ce même moyen.

Né en Martinique au temps des colonies, Fanon avait assisté aux mauvais traitements qu'infligeaient à la population locale les soldats français postés sur l'île pendant la Seconde Guerre mondiale. Il s'était aussi engagé dans l'armée française et, après avoir obtenu son diplôme de psychiatre en France, avait rédigé *Peau noire masques blancs* (1952), où il expliquait le sentiment d'aliénation des colonisés. La rédaction de l'ouvrage avait conduit Fanon à examiner comment une population colonisée, opprimée et dépossédée peut reprendre son destin en main. Le diagnostic d'aliénation et l'appel à la révolution étaient en partie influencés par le marxisme, mais Fanon rejetait l'idée que les colonisés doivent acquérir une conscience de classe pour se révolter. Il soutenait que c'étaient les paysans qui se lanceraient le plus facilement dans la révolte violente, car ce sont eux qui dépendent le moins des colonisateurs et ils n'ont donc aucun intérêt à transiger. L'appel à la libération par la violence de Fanon a influencé de nombreux mouvements anticolonialistes ; sa dénonciation de l'oppression raciale et sociale a de plus insufflé à ses victimes le courage moral nécessaire à l'affirmation de leur humanité. **TJ**

> *« Le paysan, le déclassé, l'affamé : l'exploité découvre vite que la violence seule paye… »*
> **Frantz Fanon, *Les Damnés de la terre* (1961)**

1961

Théorie du choix rationnel

George Homans

Un sociologue adapte la théorie économique à l'analyse des relations humaines

Tout comme on se sert de théories économiques pour comprendre le rôle moteur de la production et de la consommation de biens et services, selon la théorie du choix rationnel on peut se fonder sur une série de principes pour comprendre les relations entre les individus et tenter de prédire quel comportement ils adopteront délibérément. L'auteur de cette théorie, le sociologue américain George Homans (1910-1989), s'est inspiré des principes de la psychologie behavioriste, profondément convaincu qu'elle pouvait apporter des explications aux phénomènes sociologiques. Il était plus précisément intéressé par la réciprocité de comportement, et soutenait qu'il suffisait de modifier des principes béhavioristes déjà existants pour étudier ce type de relation sociale, en gardant à l'esprit que la sociologie débute toujours par l'étude du comportement des individus et non des groupes, institutions ou structures.

Selon la théorie du choix rationnel, avant d'entreprendre une action, nous mesurons ses coûts et bénéfices, de même que lorsque nous décidons d'abandonner notre liberté de décision au profit du groupe. De plus, nous concevons diverses stratégies pour garantir notre maîtrise des ressources.

Homans adoptait ainsi le modèle béhavioriste de la relation sociale selon lequel nous n'acceptons un arrangement avec les autres qu'après en avoir calculé les bénéfices possibles par rapport au coût estimé. Cette théorie s'appuie sur la rationalité, toutes nos actions sociales étant le résultat de choix rationnels, tout déraisonnables qu'ils puissent paraître. **BS**

> *« Le comportement humain […] n'est pas libre mais déterminé par les récompenses et les punitions. »* **John Scott, sociologue**

Un Algérien célèbre l'accès à l'indépendance de son pays en 1962.

Équation de Drake

Frank Drake

Comment estimer le nombre de civilisations extraterrestre détectables dans la Voie lactée

En 1961, l'astrophysicien Frank Drake (né en 1930) a conçu une équation destinée à guider la recherche d'une vie extraterrestre intelligente en estimant le nombre probable de civilisations détectables dans notre galaxie. L'équation est la suivante : $N = R^* f_p n_e f_l f_i f_c L$,, où N est le nombre de civilisations détectables, obtenu par le produit de sept facteurs : R* est le nombre d'étoiles en formation par an dans notre galaxie, f_p la fraction de ces étoiles possédant des planètes, n_e le nombre de planètes habitables dans chaque système planétaire, f_l la fraction de planètes habitables où apparait la vie, f_i la fraction de ces dernières où une vie intelligente se développe, f_c la fraction de civilisations qui mettent au point une technologie de communication interstellaire détectable, et L la durée d'utilisation de telles technologies par ces civilisations.

« Probablement seule une étoile sur dix millions possède un signal détectable. »

Frank Drake, *Cosmos Magazine* (2010)

Dix ans avant l'équation de Blake, le physicien Enrico Fermi s'était demandé pourquoi nous n'avions pas encore détecté une vie extraterrestre intelligente. Compte tenu de l'âge de l'univers, même si une petite fraction des planètes était capable de communiquer, nous devrions aujourd'hui en avoir des preuves.

Bien que l'équation n'ait pas été formulée en réponse à Fermi, l'idée émise par ce dernier que les signaux radio constituent les plus prometteurs des moyens de détection d'une vie intelligente a permis à Drake de comprendre que la capacité de communication était essentielle pour délimiter le nombre de planètes pouvant abriter une civilisation. Grâce à ses deux facteurs concernant la mise au point et l'utilisation continue de la communication interstellaire, l'équation constituait une possible réponse au paradoxe de Fermi. **TJ**

Expérience de Milgram

Stanley Milgram

Une expérience de psychologie sociale et morale testant la soumission à l'autorité

L'expérience de Milgram examinait jusqu'à quel point les individus sont prêts à se soumettre à l'autorité, même si ce faisant ils blessent d'autres personnes. Dans la plus célèbre d'une série d'expériences, qui s'est déroulée à Yale en 1961, le psychologue Stanley Milgram (1933-1984) a recruté 40 participants pour une étude qui prétendait traiter de la mémoire et de l'apprentissage.

Chacun d'eux devait, dans le rôle de « professeur », demander à un « élève » (en réalité un acteur), installé dans une autre pièce, de lire une série de paires de mots. On avait fait croire aux participants que l'élève était relié à une machine capable de lui envoyer des décharges électriques et on leur avait ordonné d'en administrer une à chaque mauvaise réponse, et d'en augmenter la puissance jusqu'à ce que l'élève donne la bonne réponse. Même si certains ont refusé de poursuivre, 65 % des participants ont administré la plus forte des décharges, de 450 volts.

« De nombreux sujets ont, de fait, choisi de rejeter les ordres du chercheur. »

Stanley Milgram

L'expérience de Milgram prolongeait ses précédents travaux sur le conformisme social, mais le psychologue avait de plus été particulièrement troublé par le procès de Nuremberg, qui avait montré que les officiers nazis avaient commis des atrocités de leur plein gré, et tentaient d'éviter toute responsabilité morale en prétextant n'avoir fait qu'exécuter les ordres de leurs supérieurs. La première expérience a soulevé de nombreuses objections éthiques, mais chaque fois qu'on l'a reproduite, sous d'autres formes, voire des décennies plus tard, on a toujours obtenu les mêmes résultats, qui montrent que la conscience morale est très sensible à l'ascendant d'une source d'autorité. **TJ**

Milgram avait ordonné au « professeur », le sujet de son expérience, d'envoyer des décharges électriques à un « élève » qu'il ne pouvait voir. ➡

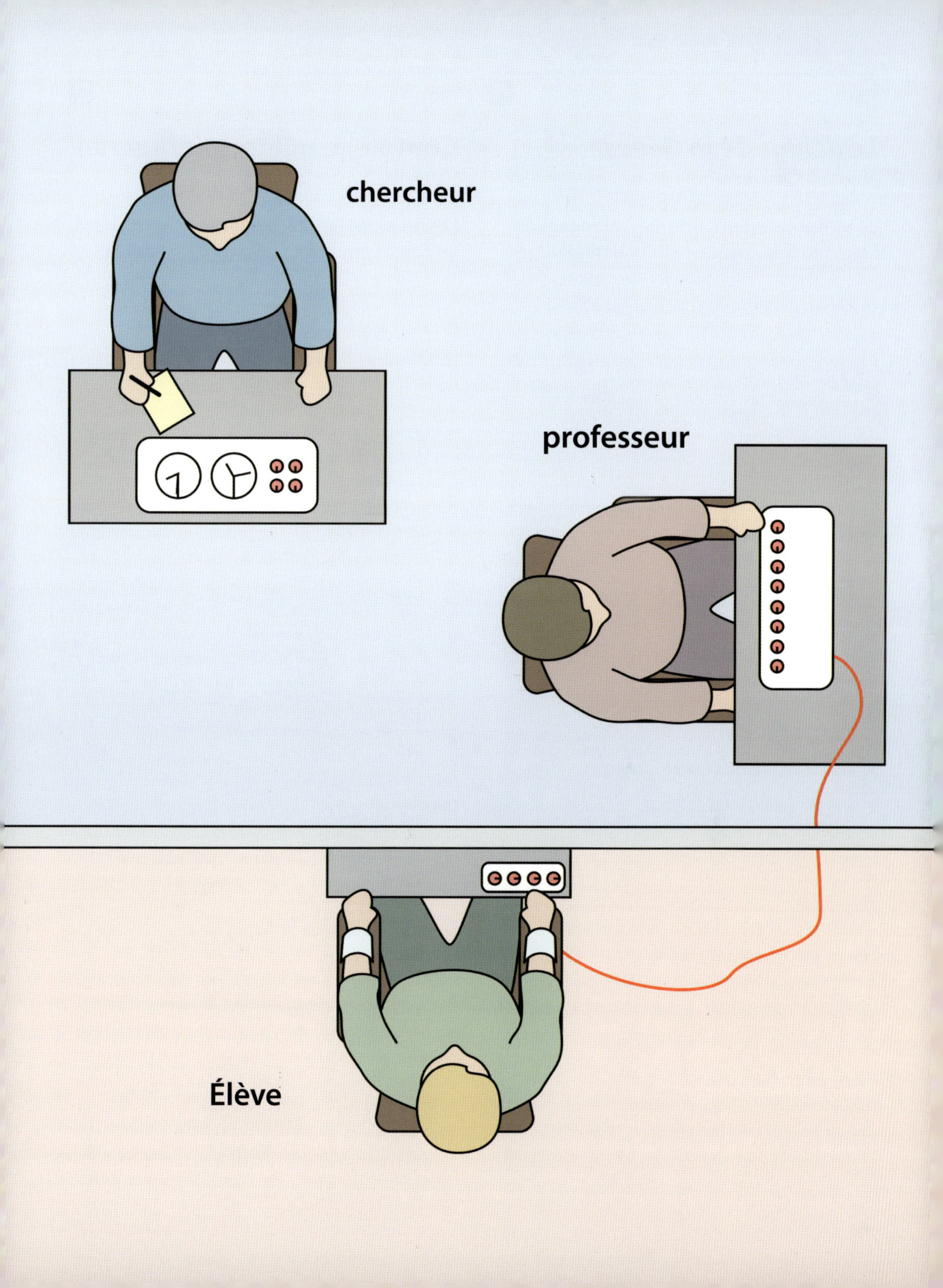
chercheur
professeur
Élève

1961

Le déluge de la Genèse

John C. Whitcomb et Henry M. Morris

Le retour du créationnisme, selon lequel l'histoire géologique résulte d'un déluge

Selon *The Genesis Flood: The Biblical Record and its Scientific Implications* (*Le déluge de la Genèse : sources bibliques et implications scientifiques*) publié en 1961, pour interpréter au mieux l'histoire géologique de la Terre, on doit prendre en compte le déluge mondial décrit dans la Genèse. John C. Whitcomb (né en 1924) et Henry M. Morris (1918-2006), deux jeunes créationnistes, étaient convaincus que le texte biblique offrait le récit littéral, véridique et fondé de la création et de la formation de la Terre.

Selon cette interprétation, notre planète n'aurait qu'entre 6 000 et 10 000 ans, le Déluge s'étant produit moins de 2 000 ans après. Pour expliquer comment ce déluge aurait pu à lui seul expliquer la stratification des fossiles, les auteurs soutenaient que les eaux de crue avaient empilé aux mêmes endroits des animaux dotés de squelettes similaires.

« Les preuves de l'inspiration divine dépassent largement celles de la science. »

John C. Whitcomb et Henry M. Morris

Les premiers penseurs chrétiens avaient déjà répandu l'idée que le Déluge expliquait la diversité des fossiles. Mais quand ceux-ci ont fait l'objet d'études scientifiques à partir du XVIIIe siècle, il est devenu évident que la formation de la Terre avait duré des milliards et non des milliers d'années, et que la profondeur et la diversité des couches géologiques démontraient que ces dernières s'étaient formées longtemps avant l'apparition de l'homme.

La science moderne explique désormais les forces et événements qui ont produit la stratification des fossiles, mais l'ouvrage de Whitcomb et Morris demeure important aux yeux des fondamentalistes chrétiens, à l'heure où le créationnisme tente de gagner en respectabilité sous la forme du dessein intelligent. **TJ**

1961

Complexe militaro-industriel

Dwight D. Eisenhower

Les relations entre l'industrie de l'armement, les forces armées et les décideurs publics

La technologie devant toujours plus complexe et la production des armes modernes étant désormais contrôlée par de grands groupes industriels, le coût du matériel militaire augmente constamment. Cela a entraîné l'émergence d'un nouveau secteur d'activité : la fourniture de matériel militaire aux divers gouvernements de la planète. Le président américain Dwight D. Eisenhower (1890-1969) a baptisé complexe militaro-industriel cette relation entre les producteurs d'équipement militaire et les hauts fonctionnaires chargés de leur achat. L'expression recouvre les liens étroits et potentiellement corrupteurs entre les industriels et ceux qui, au sein d'un gouvernement, déterminent les besoins de l'armée et le budget nécessaire pour y répondre.

L'humanité se livre à la guerre depuis la nuit des temps, mais avant l'ère industrielle il était relativement rare qu'un pays entretienne une vaste armée en temps de paix. Eisenhower, qui avait été le commandant suprême des forces alliées en Europe au cours de la Seconde Guerre mondiale avant de présider les États-Unis de 1953 à 1961, connaissait bien la relation entre les fabricants d'armes et le gouvernement. C'est lui qui a pour la première fois utilisé l'expression « complexe militaro-industriel » : lors de son discours d'adieu à la nation en 1961, il mettait cette dernière en garde contre la taille du budget de la Défense et ceux qui avaient intérêt à le voir préservé.

L'idée que les fabricants d'armes et les hauts fonctionnaires jouissent d'une relation symbiotique qui répond à leurs besoins mais pas nécessairement à ceux du pays fait désormais partie intégrante du discours populaire américain, et s'est répandue dans d'autres nations. On lui doit peut-être en partie la notion que les grands groupes industriels – et pas seulement ceux du secteur de la défense – dépendent des dépenses et décisions de l'État, qu'ils cherchent à influencer. **MT**

Explication, réduction et empirisme

Paul Feyerabend

L'idée d'incommensurabilité, selon laquelle la connaissance progresse par grands bonds et ruptures plutôt qu'en remplaçant simplement des notions communément admises

Dans son article « Explication, réduction, et empirisme » (1962), Paul Feyerabend (1924-1994) remettait en cause l'idée que la science est une accumulation objective et rationnelle de faits, au sein de laquelle les théories fausses ou incohérentes sont progressivement remplacées par d'autres, plus solides. Au contraire, les changements théoriques se produisent de manière révolutionnaire dans le domaine des sciences : en effet, les nouveaux termes utilisés pour décrire les phénomènes scientifiques et les règles causales qui les gouvernent diffèrent fondamentalement. Feyerabend concluait qu'« une théorie est incommensurable avec une autre si leurs conséquences ontologiques sont incompatibles ». Cela signifie que chaque nouvelle théorie utilise des suppositions et un vocabulaire qui représentent une nouvelle façon d'expliquer et de décrire les caractéristiques fondamentales de l'univers.

Feyerabend avait été conduit à cette problématique par sa critique des descriptions alors communément admises du changement théorique dans le domaine des sciences, descriptions qui ne pouvaient expliquer les changements rapides de la compréhension théorique qui semblent avoir eu lieu dans l'histoire des sciences, notamment en physique. Les scientifiques et les philosophes pensaient jusque-là que la science progressait de façon linéaire et conservatrice. Feyerabend rétorquait que les anciennes théories n'étaient pas simplement modifiées mais réfutées et remplacées. Une fois une nouvelle théorie adoptée, les scientifiques changent leurs métodhes et leur vision du monde.

L'œuvre de Feyerabend a transformé notre vision de la méthodologie et de l'accumulation des connaissances scientifiques. Elle nous permet de mieux comparer les mérites relatifs d'une théorie mais aussi de comprendre sur quelles notions communément admises se fondent les scientifiques à un moment de l'histoire. **CRD**

↑ Paul Feyerabend, ici en 1984, a codifié dans un texte essentiel, *Contre la méthode* (1975), sa thèse anarchiste selon laquelle on ne peut différencier les mythes des faits scientifiques.

« L'interprétation d'un langage d'observation est déterminée par les théories que nous employons pour expliquer ce que nous observons, et elle change dès que changent ces théories. »

Paul Feyerabend

1962

Révolution conceptuelle

Thomas Kuhn

Un changement dans la façon dont les scientifiques abordent un domaine d'études

Thomas Kuhn (1922-1996), scientifique, historien et philosophe américain, expliquait dans son ouvrage *La Structure des révolutions scientifiques* (1962) que la science ne progresse pas de façon linéaire, en accumulant de nouvelles connaissances à partir de vérités déjà découvertes, mais par révolutions périodiques, au cours desquelles une nouvelle façon de penser, ou paradigme, détrône l'ancienne car cette dernière semble incapable d'expliquer les problèmes de manière adéquate.

Kuhn avait étudié l'histoire des sciences, s'intéressant plus précisément à la façon dont la pensée et les connaissances scientifiques progressent, et identifié un schéma qui se répétait, où le modèle dominant, ou paradigme, d'un domaine spécifique, était de temps à autre renversé par un nouveau. Ce processus rappelle celui des révolutions qui surviennent dans les systèmes politiques, quand l'ancien régime est remplacé par un nouveau. Ce changement de système de pensée a été baptisé révolution conceptuelle par Kuhn. Quand Copernic (1473-1543) a réfuté le modèle géocentrique pour présenter un autre modèle, héliocentrique, non seulement les astronomes n'ont plus réfléchi en termes de sphères célestes mais les nouvelles questions qu'ils se sont posées n'avaient plus rien en commun avec l'ancien modèle. C'est l'une des caractéristiques d'une révolution conceptuelle.

Ces changements périodiques du paradigme communément admis reflétaient un processus scientifique qui ne relevait pas de la progression linéaire. Kuhn soutenait au contraire que la majorité du progrès scientifique était réalisé par ceux qui, alors qu'ils admettaient la validité du paradigme en cours, découvraient des incohérences ou anomalies qui les poussaient à le remettre en question. Cette conception du développement scientifique, largement acceptée aujourd'hui quoique toujours sujette à débat, différait radicalement de la notion alors répandue. L'idée de révolution conceptuelle était en elle-même une révolution conceptuelle. **MT**

Portrait à expositions multiples de l'historien Thomas Kuhn (1973), qui nous a révélé les paradigmes scientifiques.

1962

Printemps silencieux

Rachel Carson

En répandant des pesticides dans la nature, l'homme empoisonne toutes formes de vie

Le « printemps silencieux » est lié à la notion de la nocivité pour les animaux et les humains de l'utilisation effrénée de pesticides. Dans les années 1950, la population aviaire paraissait avoir chuté aux États-Unis, et on a imputé ce nouveau « silence des oiseaux » à une utilisation abusive des pesticides. L'humanité était elle aussi lentement empoisonnée par cette pollution chimique de l'environnement. Les scientifiques, disait-on, ne pouvaient prévoir quel serait à long terme l'impact sanitaire de l'accumulation des pesticides dans le corps humain.

L'Américaine Rachel Carson (1907-1964), océanographe biologiste et défenseur de l'environnement, a commencé à rédiger en 1958 ce qui deviendrait un livre, *Printemps silencieux*. Paru tout d'abord en feuilleton dans le magazine *New Yorker* en juin 1962, le livre était en librairie dès le mois de septembre cette même année. Rachel Carson y décrivait comment « les hydrocarbures chlorés et insecticides phosphorés organiques transforment le processus cellulaire des plantes, animaux et, par conséquent, de l'homme ».

L'ouvrage a ameuté l'opinion et inspiré en partie le mouvement écologiste américain. Après avoir enquêté sur la validité des résultats de Carson, les Américains ont changé leur législation environnementale, y compris en interdisant en 1972 la production du DDT (insecticide organique chloré) sur leur territoire. *Printemps silencieux* demeure controversé : ses critiques lui reprochent de stigmatiser le DDT sans tenir compte de son utilité dans la lutte contre la malaria, puisqu'il tue les moustiques qui la transmettent. Selon certains, le déclin global de l'insecticide aurait provoqué la mort de nombreuses personnes qui auraient évité la maladie s'il était davantage utilisé. Un recueil d'essais soulignant les erreurs de méthodologie de Carson a été publié en 2012 : il montrait par exemple que la population aviaire américaine croissait quand *Printemps silencieux* a été publié. **CK**

↑ Un fermier pulvérise un pesticide dans son verger, pratique très critiquée par Rachel Carson.

1962

Siège auto pour enfant

Leonard Rivkin et Jean Ames

Une innovation pour protéger les enfants des risques inhérents aux trajets en voiture

L'invention du siège auto pour enfant, qui est apparue simultanément aux États-Unis et au Royaume-Uni en 1962, montrait que la voiture n'était plus perçue comme un simple moyen de transport mais comme une machine complexe présentant des dangers pour ses passagers.

De cette prise de conscience tardive découleraient par la suite l'airbag, les freins ABS et autres mesures de sécurité automobile.

Leonard Rivkin (né en 1926) a conçu à Denver, au Colorado, un siège qui retenait l'enfant à la taille tandis qu'une Anglaise, Jean Ames, inventait une ceinture en Y que l'on passait par-dessus la tête de l'enfant et qui reposait contre sa poitrine. Les deux sièges étaient rembourrés, rehaussaient l'enfant, et devaient le protéger en cas de collision. Avant cela, les bébés et jeunes enfants étaient placés dans des dispositifs destinés à restreindre leurs mouvements et à les surélever, plutôt qu'à les protéger. Les nourrissons étaient parfois installés dans des sacs en toile tendus sur les sièges.

« Les accidents en auto sont la première cause de décès des enfants aux États-Unis. »

Département américain de la sécurité routière (2013)

Cela avait des conséquences désastreuses en cas d'accident, car à l'époque les sièges basculaient vers l'avant ; l'enfant était alors catapulté vers le pare-brise. Rivkin a inventé son siège pour enfant en réaction à l'installation de plus en plus courante de sièges baquets, prévus pour n'accueillir qu'une personne, contrairement aux banquettes.

Les sièges pour enfants se voient désormais partout, et sont obligatoires dans de nombreux pays. **CRD**

1962

Indicateur des types psychologiques

K. Briggs et I. Briggs Myers

Un nouveau modèle d'évaluation des motifs de nos actions

Au cours de la Seconde Guerre mondiale, alors que des dizaines de milliers de femmes participaient à l'effort de guerre, en particulier dans l'industrie, deux Américaines, Katharine Cook Briggs (1875-1968) et sa fille, l'auteure Isabel Briggs Myer (1897-1980), ont entrepris d'établir un simple questionnaire afin d'identifier les postes les mieux adaptés à leur personnalité. Cette première évaluation était fondée sur les quatre fonctions cognitives mises en lumière par Carl Jung (1875-1961), psychothérapeute suisse, dans son ouvrage *Types psychologiques* (1921), à savoir la pensée, le sentiment, la sensation et l'intuition. Le questionnaire Myers-Briggs (dit MBTI) a évolué au fil du temps et finalement été publié en 1962.

« [Cet outil rend] la théorie des types psychologiques compréhensible et utile... »

Mary McCaulley, l'une des utilisatrices du MBTI

Conçu pour aider à comprendre comment nous percevons les événements et idées puis en tirons nos propres conclusions, l'indicateur est constitué de quatre oppositions essentielles : extraversion/introversion (les extrovertis puisent leur énergie dans les personnes et objets qui les entourent, les introvertis s'intéressent aux idées et concepts), sensation/intuition (ceux qui se fondent principalement sur des faits observables diffèrent de ceux qui recueillent l'information par intuition), pensée/sentiment (ceux qui réfléchissent aux conséquences, et ceux qui se fondent sur des sentiments), et enfin jugement/perception (ceux qui préfèrent juger le monde qui les entoure à travers la pensée et le sentiment, et ceux qui utilisent la perception, la sensation et l'intuition). **BS**

◄ Un enfant bien attaché dans un siège auto conçu dans les années 1960.

1963 Φ

Banalité du mal

Hannah Arendt

Les actes monstrueux ne sont pas le fait de ceux qui haïssent mais de ceux qui cessent de penser

Hannah Arendt, philosophe germano-américaine spécialiste de théorie politique, a la première fait référence à la banalité du mal dans son œuvre *Eichmann à Jérusalem* (1963), pour expliquer comment un homme au naturel doux en apparence, Otto Adolf Eichmann (1906-1962), officier SS alors jugé à Jérusalem pour crimes de guerre, avait pu perpétrer un crime contre l'humanité atroce en organisant la déportation massive des populations juives vers des camps d'extermination d'Europe de l'Est. Pour Arendt, Eichmann n'était ni un fou ni un monstre. En réalité, « les actes étaient monstrueux mais le responsable [...] était tout à fait ordinaire, comme tout le monde, ni démoniaque ni monstrueux ».

Arendt a formulé l'expression « banalité du mal » au sein d'un projet philosophique plus ample pour expliquer comment une société aussi moderne et, à ses yeux, aussi cultivée et raffinée que l'Allemagne pouvait concevoir et accomplir un massacre aussi complet que l'était la solution finale. La philosophe a conclu que le mal n'est ni irrationnel ni issu de la haine, mais résulte d'hommes ordinaires, désireux d'obéir aux ordres et qui vénéraient l'efficacité bureaucratique. Ce qui troublait le plus Hannah Arendt n'était pas le fait qu'un homme, groupe ou pays puisse imaginer nécessaire d'exterminer tous les juifs pour la survie de la civilisation, mais que les actes requis pour y parvenir puissent être accomplis sans hésitation. Bien que la philosophe n'ait utilisé l'expression qu'une fois, à la fin de son ouvrage, celle-ci a offert à toute une génération de lecteurs et d'écrivains un aperçu de sa complexe pensée. *Eichmann à Jérusalem* a catapulté Arendt au premier rang des intellectuels publics de l'époque. Avant elle, les nazis étaient décrits comme des tueurs sanguinaires, et le monde peut lui être reconnaissant d'avoir proposé une interprétation plus troublante des événements : l'obéissance aveugle conduit au génocide. **CRD**

Adolf Eichmann, haut gradé nazi, lors de son procès pour crimes de guerre en 1961. ↑

1963

Problèmes de Gettier

Edmund Gettier

Des problèmes qui remettent en cause notre conception de la connaissance

Dans son article « Is Justified True Belief Knowledge? » (Une croyance vraie et justifiée est-elle une connaissance ?, 1963), le philosophe américain Edmund Gettier (né en 1927) remettait en question la « connaissance propositionnelle », soit la connaissance d'une proposition vraie ou *p* (la glace est solide, les lézards n'ont pas d'ailes). Traditionnellement, les philosophes organisaient la défense de la connaissance propositionnelle en trois parties : tout d'abord une personne croit en *p* ; ensuite, *p* doit être vraie ou n'est pas une connaissance ; troisièmement, *p* doit être justifiée ou fondée sur de bonnes raisons et un raisonnement clair. Si ces trois conditions sont réunies, alors *p* est une connaissance, et « une croyance vraie et justifiée ». Gettier rétorquait en invoquant un « problème » : une personne peut déclarer posséder une voiture et présenter des documents qui semblent le prouver, mais en réalité elle n'en est pas propriétaire.

Dès l'époque de Platon les philosophes ont eu recours au « problème de Gettier » pour définir ce qui constitue une vraie connaissance. Bertrand Russell (1872-1970), philosophe britannique, citait l'exemple d'un individu persuadé qu'il était une certaine heure, mais l'horloge sur lequel il se fondait s'était en réalité arrêtée douze heures plus tôt. C'est toutefois Gettier qui a démontré par une simple analyse logique que la croyance peut être erronée, même si elle semble fondée sur de bonnes raisons.

Le problème de Gettier n'a toujours pas trouvé de solution définitive malgré tous les textes philosophiques qu'il a engendrés. Ce n'est pas surprenant, mais sa conclusion est troublante car elle soutient que ce n'est pas parce que nous croyons que quelque chose est vrai, et que de bonnes raisons semblent le prouver, qu'il en est bien ainsi. Le problème nous plonge au cœur du processus de formation et de justification de nos croyances, et nous force à nous demander si celles-ci constituent bien des connaissances. **CRD**

↑ Selon Gettier, on peut penser voir ici des vaches vivantes broutant dans un pré, mais on ne peut le « savoir » avec certitude.

1963

Théorie du chaos

Edward Lorenz

Les comportements chaotiques obéissent en réalité à un ordre sous-jacent

En publiant en 1963 un article intitulé « Flux non périodique déterministe », Edward Lorenz (1917-2008), météorologue américain, a été le premier à vérifier expérimentalement ce qui deviendrait la théorie du chaos. Alors qu'il étudiait sur ordinateur des simulations météorologiques, Lorenz a remarqué qu'en modifiant de façon infime les données initiales d'une expérience, on changeait de façon significative le résultat final. Bien que les variables aient été mesurables et connues, des systèmes complexes, tels que les conditions climatiques, ne pouvaient être prédits au-delà d'un certain point. Le hasard ou les mesures imprécises débouchaient sur un comportement compliqué et l'imprévisibilité des systèmes chaotiques. La théorie du chaos explique mathématiquement comment et pourquoi les systèmes complexes se comportent comme ils le font. Ils paraissent se transformer sans règles, mais ce n'est pas le cas, car leur évolution imprévisible résulte en vérité de facteurs déterministes.

« Le flipper est au chaos ce que le jeu de pile ou face est au hasard complet… »

Flavio Lorenzelli, *The Essence of Chaos* (1993)

Bien que les systèmes soient eux-mêmes déterministes et suivent les préceptes de règles identifiables, leurs résultats spécifiques sont imprévisibles et donc chaotiques.

Grâce à cette nouvelle théorie, des systèmes autrefois imprévisibles devenaient compréhensibles, permettant des prédictions à long terme quant à leur caractère général, même si des prédictions précises demeuraient impossibles. La théorie du chaos a été utilisée dans l'étude de l'épilepsie, des systèmes économiques, de la physique, de la politique et nombre d'autres domaines. **MT**

1963

Sexisme

Betty Friedan

Le fait de discriminer des personnes à cause de leur sexe

Simone de Beauvoir (1908-1986) avait défendu le féminisme dans *Le Deuxième Sexe* (1949), mais dans les années 1960 de nombreux efforts semblaient encore nécessaires avant que les femmes n'obtiennent les mêmes droits que les hommes. Une seconde vague de pensée féministe a été lancée par un autre ouvrage tout aussi essentiel, *La Femme mystifiée* de Betty Friedan (1921-2006), auteure féministe américaine. Les femmes, déclarait-elle, avaient le choix entre une vie décevante et dépourvue de pouvoir comme femmes au foyer, et une carrière incompatible avec la condition de mère. Betty Friedan remarquait aussi que les hommes de pouvoir et les médias soutenaient que les femmes étaient incapables d'occuper de nombreux postes du simple fait de leur sexe.

« Le mythe sexiste […] est le mythe le plus répandu dans le monde. »

Sheldon Vanauken, auteur

Un argument « sexiste » attribue à la biologie la réussite d'une femme (ou son manque de réussite) dans un domaine particulier. Le sexisme, comme le racisme, est utilisé par des personnes ou groupes qui détiennent le pouvoir afin de préserver leur statut.

Reconnaître son existence et souligner sa ressemblance avec le racisme s'est avéré essentiel pour le mouvement féministe, qui défendait l'égalité des chances des deux sexes et a contribué à une critique beaucoup plus large de la société traditionnelle dans les années 1960 et 1970. La civilisation telle qu'elle était définie par la domination et la hiérarchie masculines a été remise en cause, et les discussions au sujet du sexisme ont non seulement transformé notre vision de l'histoire mondiale mais aussi notre façon de parler et d'écrire au sujet de ce monde et de nous-mêmes. **CRD**

Betty Friedan s'est élevée contre la vision de la femme vouée à rester femme au foyer.

1964

Village planétaire

Marshall McLuhan

L'effet des médias électroniques, qui nous connectent les uns aux autres

Philosophe canadien de la théorie de la communication, Marshall McLuhan (1911-1980) a inventé l'expression « village planétaire », village dont nous ferions tous partie depuis que les technologies de communication modernes – radio, télévision et aujourd'hui Internet et Wi-Fi – nous permettent de découvrir les événements en temps réel, même à l'autre bout de la planète. Il soutenait dans son ouvrage *Pour comprendre les médias* (1964) qu'il s'agissait là d'une évolution positive puisqu'elle produirait un sentiment de solidarité avec le reste de la population mondiale.

Tout le monde découvrirait le sentiment de proximité et d'intimité qui soude les générations successives des habitants d'un petit village rural, mais à travers la technologie.

« Nos prolongements électriques échappent [...] à l'espace et au temps. »

Marshall McLuhan, *Pour comprendre les médias* (1964)

L'expression de McLuhan reflétait parfaitement à quel point les technologies de communication révolutionneraient l'existence humaine au XXe siècle. Il comprenait que tout changement technologique toucherait la vie sociale des individus, pays et cultures, et était convaincu que la diffusion de ces nouvelles technologies transformerait irrévocablement ces cultures, et que chaque nouveau progrès entraînerait un nouveau stade de développement culturel.

Rares sont les théoriciens de la communication qui ont expliqué plus clairement que McLuhan l'impact de la mondialisation et des nouveaux médias apparus avec l'essor de l'ordinateur. Son expression est couramment employée pour résumer l'idée que nous avons l'impression de partager le sort des autres, en raison de l'immédiateté offerte par les médias électroniques. **CRD**

1964

Petit Livre rouge

Mao Tsé-toung

Un recueil des principes de la révolution communiste chinoise, présentés par Mao

Le « Petit Livre rouge », recueil de citations de Mao Tsé-toung (1893-1976), a été distribué en Chine pour la première fois en 1964. Ce théoricien du marxisme chinois ou maoïsme n'avait pas élaboré lui-même l'ouvrage, une sélection de ses discours et écrits couvrant plusieurs décennies. Selon Mao, il n'existait rien d'autre au sein de la nation chinoise que les masses et le Parti communiste. La vie étant basée sur la lutte des classes, Le Petit Livre rouge enseignait que « dans la société de classes, chaque homme vit en tant que membre d'une classe déterminée et il n'existe aucune pensée qui ne porte une empreinte de classe ». La guerre révolutionnaire était une « guerre des masses populaires » qui constituait une « véritable muraille qu'aucune force ne pourra[it] jamais détruire ». Le Petit Livre rouge promettait à la Chine un avenir radieux, où la richesse serait créée par « les ouvriers, les paysans, et les travailleurs intellectuels ».

« Il faut avoir confiance dans les masses ; il faut avoir confiance dans le Parti. »

Mao Tsé-toung

Selon Mao, l'avenir de la Chine dépendait de sa capacité à moderniser son industrie et son agriculture et ainsi à obtenir son indépendance économique pour se défendre contre les nations capitalistes résolues à détruire ce pays communiste. La Chine devait de plus prendre la tête d'une révolution internationale qui bannirait à jamais le capitalisme ainsi que les ennemis du socialisme et de l'égalité, et qui inaugurerait une ère de prospérité et d'harmonie.

L'ouvrage représente l'un des plus gros tirages de l'histoire de l'édition, car sa lecture était obligatoire en Chine du vivant de Mao. Largement distribué, le Petit Livre rouge était souvent appris par cœur par ses lecteurs. **CRD**

Marshall McLuhan pose en 1967 entouré de postes de télévision mettant son image en abyme.

1964

Sélection de parentèle

W. D. Hamilton

En termes d'évolution, l'altruisme est logique au sein d'un groupe familial

W. D. Hamilton (1936-2000), biologiste britannique spécialiste de l'évolution, a expliqué l'origine de comportements altruistes dans la nature dans son article « The Genetical Evolution of Social Behavior » (L'évolution génétique du comportement social, 1964). C'est John Maynard Smith (1920-2004), autre biologiste britannique spécialiste de l'évolution, qui parla ensuite de sélection de parentèle, c'est-à-dire « l'évolution des caractéristiques qui favorisent la survie des parents proches de l'individu ». Selon cette théorie, si une personne sacrifie sa vie pour ses proches, c'est acceptable en termes d'évolution. En effet, si en adoptant un type de comportement on améliore la santé des membres de sa famille, ou si davantage d'entre eux survivront grâce aux actions d'un seul individu, alors la perte de ce même individu en vaudra la peine puisque tous les membres de sa famille sont porteurs du gène qui favorisera peut-être la survie de la famille.

Le naturaliste Charles Darwin (1809-1882) avait observé qu'« aucun instinct n'a été donné pour l'avantage exclusif d'autres espèces, mais chaque espèce tire parti des instincts des autres espèces ». Des travaux ultérieurs ont démontré que les animaux viennent souvent au secours de leur parentèle en détresse mais ignorent les difficultés des autres.

La sélection de parentèle a transformé notre vision de la nature. Après que Darwin a publié ses découvertes, on ne voyait dans le monde naturel qu'un lieu de compétition acharnée entre individus se disputant des ressources. Toutefois cette conception s'avérait incapable d'expliquer certains comportements, en particulier chez les hommes. La théorie de la sélection de parentèle explique la prédominance de l'altruisme et du sacrifice chez les animaux, mais aussi de nombreux gestes de coopération qui permettent de maintenir l'ordre. Elle éclaire les raisons de la solidarité familiale en termes de logique évolutive. **CRD**

La sélection de parentèle explique la coopération qui règne entre insectes sociaux tels que les abeilles. ↑

1964

Théorie du « monde de l'art »

Arthur Danto

L'art est art parce que son public partage la même conception de ce qu'est l'art

Dans son article «The Artworld» (Le monde de l'art), publié en 1964 dans le *Journal of Philosophy*, le critique d'art et philosophe américain Arthur Danto (1924-2013) soutenait que l'art n'était perçu comme tel que s'il appartenait au «monde de l'art» aux yeux des spectateurs. *Brillo Soap Pads Box* d'Andy Warhol (1928-1987) était une œuvre d'art et non plus une simple boîte de savons, parce que les spectateurs qui la contemplaient comprenaient qu'elle relevait de ce domaine. Selon Danto, les objets atteignent ce statut grâce au pouvoir transformateur de la «théorie de l'art» qui détermine les règles permettant de distinguer l'art du non-art. Cette théorie est elle-même fondée sur des normes spécifiques et canons d'interprétation provenant du «monde de l'art».

C'était une conception correspondant non seulement aux œuvres d'artistes antérieurs, mais aussi à l'opinion collective des spécialistes, collectionneurs, spectateurs et journalistes. Fait important, l'art ne devait plus se contenter d'imiter la nature, comme on le lui avait demandé à l'époque classique, ni ne dépendait de l'opinion d'une seule personne. Danto répondait ainsi à un dilemme : comment une discussion portant sur une œuvre artistique pouvait viser à la fois une évaluation subjective et une conclusion qui inspirait un assentiment universel ?

L'article de Danto a eu une énorme influence, en particulier sur la «théorie institutionnelle de l'art» avancée par le philosophe américain George Dickie (né en 1926). L'art tel que le concevait Danto, défini par la culture, la tradition et l'interprétation des spectateurs, permettait à la critique de prendre en compte pour la première fois le contexte social dans lequel une œuvre était reçue, ainsi que l'histoire des interprétations de ce qui constituait une œuvre. Présent et passé s'entremêlaient de façon novatrice, et la critique pouvait s'éloigner de l'esthétisme pour rejoindre le domaine plus vaste de l'histoire et de la vie sociale. **CRD**

↑ Œuvre de Joseph Kosuth, *Une et trois chaises* a reçu l'approbation du « monde de l'art ».

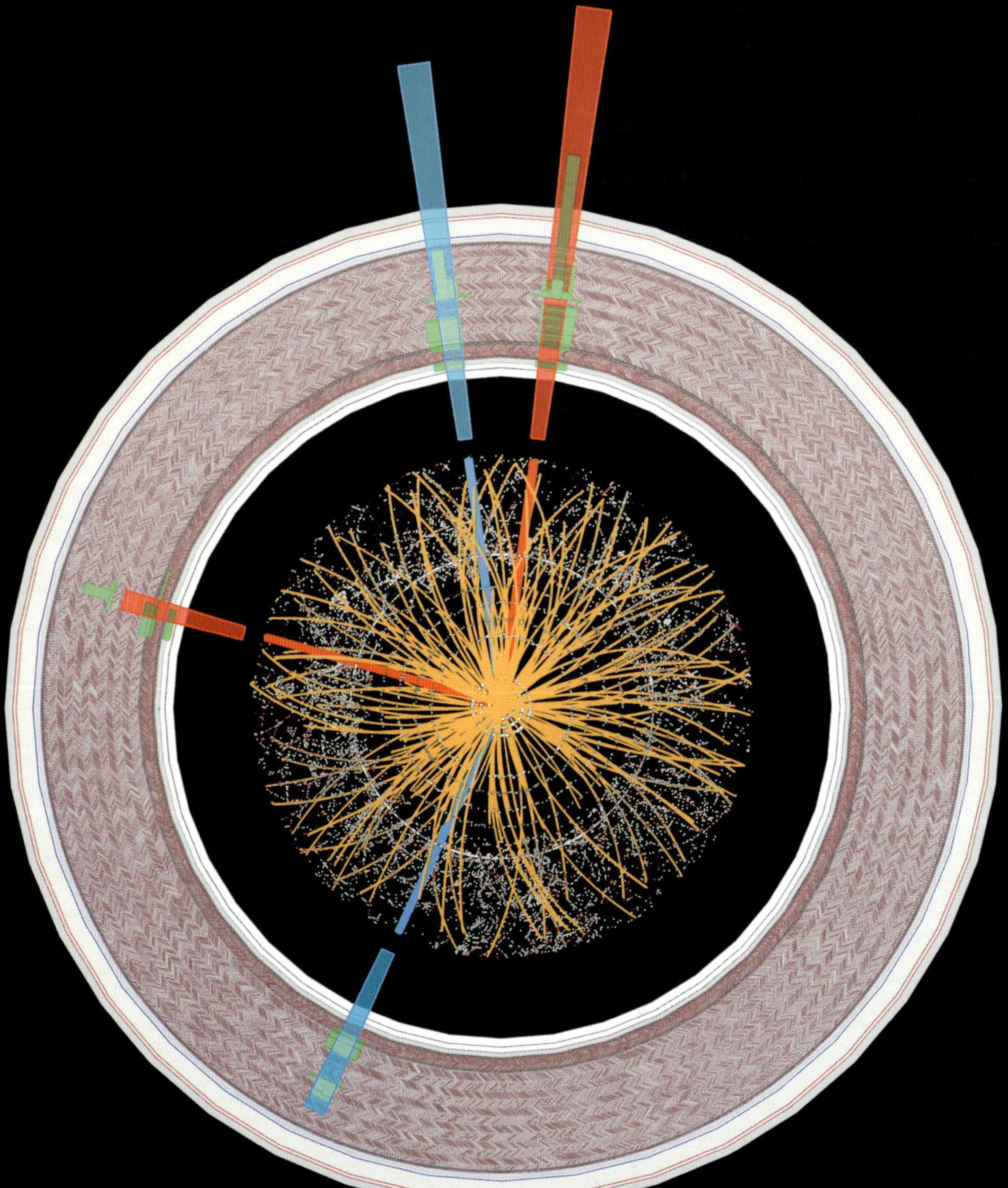

1964

Boson de Higgs

Peter Higgs

Le type de particules le plus élémentaire explique l'existence de la « masse »

L'hypothèse de l'existence du boson a été formulée dès 1964 par le physicien britannique Peter Higgs (né en 1929), et les mesures obtenues par le grand collisionneur de hadrons du CERN, en Suisse, le 4 juillet 2012, paraissent l'avoir confirmée. Le boson valide le « modèle standard » de la physique des particules et explique la masse des particules élémentaires (électrons, protons et neutrons). Fait tout aussi important, grâce à son existence on comprend pourquoi différentes forces (électromagnétique, etc.) existent entre les particules d'un atome.

Dès les années 1960, les physiciens avaient découvert un certain nombre de particules élémentaires et les forces qui régissaient leur interaction. Le modèle standard décrivait toutes les particules qui constituent la matière et les relations entre ces dernières, mais une bizarrerie mathématique lui faisait soutenir que toutes ces particules devaient être dépourvues de masse. Cette masse devait donc naître de l'interaction entre les particules. Les scientifiques présumaient que celles-ci réagissaient avec un champ de Higgs, empli de bosons qui leur donnaient leur masse en leur transférant de l'énergie.

« Nous découvrons un nouvel horizon […] 95 % de l'univers [est] encore inconnu. »

Rolf-Dieter Heuer, physicien

La confirmation de l'existence du boson de Higgs justifiait *a posteriori* le financement gouvernemental de projets scientifiques à grande échelle tels que le grand collisionneur de hadrons. Le modèle standard étant désormais complet, on devrait bientôt passer à une « nouvelle physique » qui pourrait conduire à des technologies novatrices, tout comme des découvertes antérieures ont permis de progresser en électronique et informatique. **CRD**

Visualisation d'une collision de protons, l'une des nombreuses enregistrées durant la recherche du boson de Higgs.

1964

Vol d'identité

États-Unis

L'usurpation de l'identité d'une personne à des fins d'espionnage ou d'enrichissement

La *Billings Montana Gazette* écrivait en 1964 que « le nom de quatre Américains dont l'identité avait été volée par un couple d'espions russes apparaissait mardi sur la liste des témoins à charge au tribunal de Brooklyn ». Dans le contexte de la guerre froide, le vol d'identité était le fait d'espions qui utilisaient le nom d'une autre personne pour masquer leur identité réelle, mais il est désormais plus souvent associé à l'enrichissement frauduleux. Ce changement de définition reflète une transformation fondamentale de la culture américaine.

Si le danger posé par les espions russes a diminué, on entend de plus en plus parler de vol de données personnelles, notamment financières.

L'Internet offre aux voleurs d'innombrables occasions de dérober coordonnées bancaires, adresses et numéros de téléphone à des fins de fraude (y compris à l'aide du phishing, en se faisant passer pour une institution légitime), mais ils ont aussi souvent recours au courrier postal.

« Naviguer sur la Toile offre de nouvelles possibilités aux voleurs d'identité. »

***San Diego Daily Transcript* (1994)**

Pour se défendre contre les méthodes criminelles, les banques ont imposé pour toute transaction financière des logiciels de cryptage et autres moyens. Le Congrès américain a adopté diverses lois destinées à protéger les citoyens contre les pires effets du vol d'identité.

Un nouveau domaine d'activité, la protection contre la fraude, est né aux États-Unis, où de nombreuses agences fédérales poursuivent désormais en justice les voleurs d'identité. **CRD**

Théorie de la paix démocratique

Dean V. Babst

Les gouvernements démocratiques ne se font pas la guerre

Le président américain John F. Kennedy pose avec le Premier ministre britannique Harold Wilson (v. 1960). Leurs deux pays ont lutté ensemble contre divers régimes totalitaires.

En 1964, le sociologue américain Dean V. Babst (1921-2006) a publié dans la revue *Wisconsin Sociologist* un premier article sur la théorie de la paix démocratique. S'appuyant sur *A Study of War* (Une étude de la guerre, 1942) de Quincy Wright, spécialiste américain des sciences politiques, Babst soutenait que, depuis la constitution des États-Unis en 1787, aucune démocratie n'avait déclaré la guerre à une autre jusqu'en 1941.

Pour Babst, c'était extrêmement significatif, car les gouvernements démocratiquement élus avaient, aux XIXe et XXe siècles, « énormément progressé en nombre et taille pour devenir une force mondiale ». Cette prolifération continue devait, selon Babst, limiter à l'avenir les conflits armés et les effusions de sang.

Si, comme l'affirme la théorie de Babst, les démocraties ne se faisaient pas la guerre, c'était parce que sa déclaration devaient être décidée par les citoyens, qui généralement préféraient la paix. Une démocratie est caractérisée par la liberté de la presse et la liberté d'opinion, et par la présence d'institutions librement élues et responsables de la prise de décisions politiques, comme le Congrès américain ou le Parlement britannique, à l'inverse d'un souverain héréditaire ou d'un régime dictatorial.

La politique étrangère américaine est toujours fondée aujourd'hui sur des suppositions directement liées à la théorie de la paix démocratique. Les gouvernements de George Bush père (1989-1993) et de Bill Clinton (1993-2001) ont soutenu que la Russie post-soviétique ne poserait pas de danger militaire si elle entreprenait des réformes démocratiques. George W. Bush s'est appuyé sur cette même théorie pour justifier l'invasion de l'Iraq en 2003 : elle permettrait selon lui de protéger les intérêts américains aux États-Unis tout en défendant la démocratie à l'étranger. **CRD**

« [Et je défends fortement] la démocratie [parce que] les démocraties ne se font pas la guerre. J'ai une grande confiance dans les démocraties comme outil de paix. »

George W. Bush, président américain (2001-2009)

Sealab

Marine américaine

Des habitats pour tester les effets de l'isolement et de la pression à grande profondeur

Les profondeurs des océans permettent non seulement de découvrir de nouvelles espèces dans un habitat inconnu, mais aussi d'étudier les effets de longs séjours en environnement artificiel et isolé, par exemple dans une station sous-marine.

Conçu dans le cadre d'un programme d'étude sur l'homme des effets physiologiques d'un isolement prolongé ainsi que des effets physiques d'une pression barométrique accrue ou d'une atmosphère constituée en majorité d'hélium, le Sealab (laboratoire marin) de la marine américaine a permis aux chercheurs, pour la première fois dans l'histoire, d'explorer le fond de la mer. Les trois structures successives, en acier et de taille relativement réduite, étaient comparables à des sous-marins mais dépourvues de moteur. On les approvisionnait en eau fraîche à l'aide d'un tuyau, et leur équipage était composé d'« aquanautes ».

Le premier Sealab a rejoint les profondeurs au large des Bermudes en juillet 1964, mais l'expérience a dû s'interrompre au bout de onze jours pour cause de tempête tropicale imminente.

Sealab II, opérationnel en 1965, présentait diverses nouveautés par rapport au modèle antérieur : douches, laboratoire où enregistrer les conditions des fonds marins, et un dauphin apprivoisé, Tuffy, qui livrait des provisions à l'appel d'un sifflet. Sealab III, achevé en 1969 et immergé bien plus profondément, fut victime d'une fuite et envoyé à la casse.

Le Sealab a fait sensation aux États-Unis tout au long des années 1960. Il a permis d'améliorer les techniques de sauvetage au fond des mers, et fourni aux psychiatres et autres soignants une foule d'informations sur les effets provoqués par l'isolement, données qui servent encore dans la planification de possibles missions sur Mars. **CRD**

↑ L'aquanaute Scott Carpenter fait signe que le Sealab est prêt à être immergé (1965). Il avait rejoint le projet après avoir été astronaute à la NASA.

« Au cours des années 1960, on explorait de nouvelles frontières : l'espace et l'océan. »

Michelle Brown, *Santa Barbara Independent* (2012)

1965

Tolérance répressive
Herbert Marcuse

La répression de la libre pensée sous couvert de la laisser s'exprimer

La notion de « tolérance répressive » a été révélée en 1965 dans un essai de l'Allemand Herbert Marcuse (1898-1979), spécialiste des sciences politiques. Il y expliquait comment les démocraties libérales découragent le changement social constructif. L'abondance entraîne un surplus de biens de consommation, une frénésie d'activités, de provocations sexuelles et de bavardages stériles, le tout produisant paradoxalement une société réprimée et dépourvue de sens critique.

Marcuse a identifié la défense de la tolérance à un outil puissant de suppression de choix sociaux alternatifs. La tolérance, par le public, du discours répressif était selon lui « inauthentique », puisqu'elle assurait doublement que les voix marginales ne seraient jamais écoutées. Cette contradiction apparente s'avérait très pratique : si la raison d'être de la tolérance est de préserver le système au sein duquel la liberté d'expression peut survivre, on doit s'opposer à tout ce qui amoindrirait l'importance et la possibilité de cette dernière : « les différents moyens permettant à une majorité subversive de se développer ne devraient pas être bloqués ».

> *« Libérer la tolérance signifierait alors se montrer intolérant contre [...] la droite... »*
>
> **Herbert Marcuse, *Tolérance répressive* (1965)**

Qu'est-ce qui transforme une politique de liberté d'expression en un instrument de répression ? La discussion rationnelle n'est plus possible parce que les divers médias ont produit une vision totalitaire qui se réclame du bon sens. Toute tentative de s'éloigner de cette vision est bloquée. Ce sont particulièrement les obstacles linguistiques à la liberté de pensée, comme le « politiquement correct », qu'on ne peut tolérer. Jusqu'à ce qu'on reconnaisse cela, on pourra difficilement discerner la démocratie moderne du fascisme. **JC**

1965

Cryonie et suspension cryogénique
Karl Werner

La préservation des morts dans l'attente de futures avancées médicales

En 1965, un concepteur-dessinateur industriel new-yorkais, Karl Werner, a inventé le mot « cryonie » à partir du grec *kruos*, « froid », pour désigner la conservation à très basse température des hommes et animaux dont la vie ne pouvait être sauvée par la médecine actuelle. Le terme « cryogénie », de même étymologie, désigne une surgélation rapide. On n'a pas encore défini à partir de quelle température on cesse de parler de réfrigération pour passer à la cryogénie, mais la plupart des scientifiques s'accordent sur – 150 °C ou plus bas encore.

La suspension cryogénique est fondée sur l'espoir que des personnes considérées comme mortes selon les définitions médicales ou juridiques actuelles ne le seraient peut-être pas selon des critères plus stricts. La nécessité d'une nouvelle définition est apparue dans les années 1990, car au fil des progrès de la technologie médicale, des états qui correspondaient auparavant à la mort (par exemple l'arrêt cardiaque) sont aujourd'hui réversibles.

> *« On ne peut rejeter la suspension cryogénique simplement en déclarant que ses sujets sont "morts". »* **Brian Wowk**

Les défenseurs de la suspension cryogénique expliquent que la technologie actuelle peut préserver les régions du cerveau où résident la mémoire et l'identité, et qu'il n'est pas nécessaire de démontrer le caractère réversible de cette technique. Selon eux, les fondations anatomiques du cerveau peuvent être assez préservées pour empêcher une mort irréversible, en attendant qu'on puisse « réparer » ce dernier dans l'avenir. **JC**

Cryo-capsule contenant le corps de James Bedford, professeur de psychologie californien (1967). ➔

Régime Atkins

Robert Atkins

Une approche réfléchie de la perte de poids où l'on choisit ce que l'on mange

Le régime Atkins limite l'ingestion de glucides. L'organisme n'en recevant plus, le métabolisme se met à brûler les graisses déjà stockées.

Nul ne sait si nos lointains ancêtres se sont jamais préoccupés dans leurs grottes de savoir si leur alimentation à base de mammouth était saine. Mais tout au long de l'histoire, l'homme (et surtout la femme) a changé sa façon de manger pour obtenir certains résultats. Il est donc surprenant qu'il ait fallu attendre jusqu'en 1972 pour voir publié le premier régime important. Depuis, nous sommes beaucoup plus conscients des effets de notre alimentation, et les librairies regorgent de guides de ce genre.

Médecin cardiologue, Robert Atkins (1930-2003), qui pratiquait à New York, avait vu son poids monter jusqu'à 100 kilos, un effet qu'il attribuait à son activité professionnelle et à ses mauvaises habitudes alimentaires. Un article médical évoquant les travaux du docteur Alfred Pennington, qui recommandait d'éliminer tous les sucres et féculents et d'augmenter au contraire les graisses et protéines, l'incita à tenter ce régime, dont les résultats furent immédiats. Il le recommanda ensuite à ses patients et en 1965 en vanta les mérites à la télévision américaine dans le programme *The Tonight Show*.

Longtemps baptisé régime Vogue parce qu'il avait été publié dans ce magazine en 1970, le régime a finalement fait l'objet en 1972 du premier ouvrage d'Atkins, *La Révolution diététique du docteur Atkins*, qui fut un immense succès.

Tout le monde n'était pas convaincu de la validité du régime : ses détracteurs l'ont baptisé d'ailleurs « passeport pour l'infarctus ». Pour sa part, Atkins avouait ne pas savoir comment fonctionnait son régime, et ne l'a jamais soumis à des études scientifiques. Ses nombreux livres et articles ont toutefois aisément trouvé un public désireux de perdre du poids, le tour de taille moyen des Américains ne cessant d'augmenter. **SA**

« Il est grand temps que nous révolutionnions notre alimentation. »

Robert Atkins, *La Révolution diététique du docteur Atkins* (1972)

Less is a Bore (Moins, c'est ennuyeux)

Robert Venturi

Une réaction à la formule du moderniste Mies Van der Rohe, *Less is more* (Moins, c'est plus)

L'architecte germano-américain Ludwig Mies van der Rohe (1886-1969), comme beaucoup de ses contemporains de l'entre-deux-guerres, désirait établir un style architectural qui refléterait la philosophie moderniste du XXe siècle. Celui qu'il a créé était caractérisé par un cadre minimal d'ordre structurel contrebalancé par la liberté qu'impliquait un espace ouvert. En seconde partie de carrière, l'architecte a eu recours à des matériaux modernes tels qu'acier industriel et verre pour définir les espaces intérieurs. Ses bâtiments relevaient selon lui d'une architecture de « peau et d'os ».

Au cours des années 1950, l'architecte américain Robert Venturi (né en 1925) est apparu comme un éminent critique de l'architecture moderniste institutionnelle, fonctionnaliste mais symboliquement vide selon lui. En 1966 il a publié *De l'ambiguïté en architecture*, un « manifeste doux » qui défendait l'« ensemble difficile » et non les formes schématiques popularisées par Van der Rohe. Le texte révélait à travers de nombreux exemples une approche de la composition architecturale basée sur la complexité, la richesse et l'intérêt. S'inspirant de sources typiques ou de style plus élégant, Venturi démontrait qu'on pouvait encore, au XXe siècle, apprendre d'architectes aussi divers que Michel-Ange, Alvar Aalto, Frank Furness et Edwin Lutyens.

Les bâtiments de Venturi juxtaposent typiquement des éléments et des systèmes architecturaux, et mettent en valeur les conflits souvent inhérents à un projet ou à un site. Cette approche globale contraste avec la tendance moderniste à résoudre et unifier tous les facteurs en une œuvre d'art complète, à la structure rigide, et si possible moins fonctionnelle et plus minimaliste. L'œuvre de Venturi a sans doute beaucoup influencé Robert Stern, Philip Johnson, Michael Graves, Graham Gund et James Stirling, entre autres, à des moments clés de leur carrière. **JDP**

↑ Robert Venturi a dessiné de nombreux meubles sur commande, dont cette chaise « néogothique » (1984), peinte par R. Michael Wommack, artiste de Philadelphie.

« Chacune des villes est un archétype plutôt qu'un prototype, un exemple amplifié dont on peut tirer des leçons sur ce qui est typique. »

Robert Venturi

Satanisme laveyen

Anton LaVey

Une philosophie religieuse fondée sur l'individualisme et la maîtrise de soi, qui rejette les enseignements des grandes religions traditionnelles

Anton LaVey pose en 1967 devant un pentagramme inversé, symbole de l'Église de Satan, dont la pointe orientée vers le bas représente l'opposition à la Trinité.

L'Église de Satan a été fondée le 30 avril 1966 par Anton LaVey (1930-1997), qui en 1969 a publié *La Bible satanique*, une série d'essais, d'observations et de rituels. Le satanisme laveyen ne fait pas l'apologie du mal mais défend des valeurs humanistes telles que l'affirmation de soi, la révolte contre l'autorité injuste, l'existence vitale et la sagesse pure. Pour les satanistes, *La Bible satanique* constitue « presque un évangile ».

Selon cette religion, nous ne connaissons pas la vraie nature de la réalité, et le doute est essentiel en l'absence de preuves. Le satanisme ne croit pas que la « vie propre à un être rationnel » constitue le seul critère du droit moral, car elle est surpassée, en matière d'éthique, par le plaisir. La raison permet d'accéder au savoir mais est dénuée de signification morale. Au contraire, le satanisme considère comme morale la domination des faibles par les forts. Ses adeptes ont été parfois qualifiés de « satanistes athées », car selon cette religion Dieu n'est pas une entité externe mais la projection de notre personnalité, une force bienveillante et stabilisatrice de la vie personnelle.

L'Église de Satan s'est avérée populaire auprès des médias, aguichés par les récits des rituels excentriques qui avaient lieu chez LaVey et par les célébrités (Jayne Mansfield, Sammy Davis Junior…) qui lui étaient liées, de sorte que lors de la parution de *La Bible satanique* la religion comptait plus de 10 000 adeptes dans le monde.

Des fractures sont apparues en son sein dans les années 1970, conduisant une scission en plusieurs groupes sataniques alternatifs, mais les idées de LaVey continuent de séduire. Depuis la première parution, 30 tirages supplémentaires de *La Bible satanique* ont suivi, et plus d'un million d'exemplaires ont été vendus. **JP**

« Heureux les destructeurs de faux espoir, car ce sont les vrais messies. »

Anton LaVey, *La Bible satanique* (1969)

1966

Base de données
IBM

L'organisation des données électroniques facilitant leurs retrait ou utilisation ultérieurs

Une base de données est une série d'informations (sur papier ou électronique) conçue et agencée de façon à faciliter le retrait et l'utilisation de ces dernières. Le terme « base de données », inventé par des employés chargés de l'entretien de systèmes informatiques militaires, faisait référence aux techniques de stockage et de retrait des informations dans des ordinateurs exploités en temps partagé : chacun exécutait un programme particulier pour un scientifique pendant une durée spécifique, utilisant tour à tour la puissance de calcul d'un matériel informatique impressionnant.

Dans les années 1960, alors que le nombre de données mémorisées par les ordinateurs augmentait en même temps que le prix moyen de ces machines baissait pour les rendre accessibles au secteur privé, deux modèles de base de données ont été mis au point. Le premier, de type hiérarchique et baptisé IMS, a été lancé par IBM en 1966. Le deuxième, un réseau où différents types d'informations pouvaient être liés, a été établi par Codasyl en 1969. Il était inspiré d'un système inventé par Charles Bachman (né en 1924), informaticien américain. Pour tenter de dépasser ces deux systèmes, l'Anglais Edgar F. Codd (1923-2003) a proposé un modèle « relationnel » en 1970, qui organisait les données en simples tables et définissait leurs liens. Cette organisation purement logique pouvait être utilisée par n'importe quelle machine traitant des données et permettait d'organiser efficacement de vastes quantités et d'y avoir rapidement accès.

À l'ère du séquençage du génome humain, du changement climatique et de nombreuses autres expériences scientifiques et technologiques, les ordinateurs doivent stocker et traiter d'immenses quantités de données. Sans l'aide de logiciels de bases de données, cela serait impossible. **CRD**

1966

Fonctionnalisme
David Lewis

Une théorie posant que les états mentaux sont constitués par leur seul rôle fonctionnel

Qu'est-ce que l'esprit, quel rôle joue-t-il dans la vie, et quel est son lien avec la conscience et le corps ? Voilà les questions dont traite le fonctionnalisme. Cette théorie philosophique affirme que l'esprit est une fonction des diverses parties et processus du cerveau. Ce qui forme un état mental ne dépend pas de sa constitution interne mais de sa fonction, du rôle qu'il joue. Les états mentaux tels que le désir, la détresse, la douleur, la croyance, etc., ont donc un rôle purement fonctionnel et sont déterminés par des perceptions sensorielles, des comportements et d'autres états mentaux.

Dans son article « An argument for the identity theory » (Un argument en faveur de la théorie de l'identité, 1966), David Lewis (1941-2001) explorait la signification de ces états mentaux selon une approche qu'on baptiserait plus tard fonctionnalisme conceptuel ou analytique. Bien que des termes comme « croyance » ou « douleur » possèdent une signification issue de notre approche du langage fondée sur le bon sens, selon Lewis cette signification n'était pas assez rigoureuse en termes théoriques. Il était nécessaire de déclarer qu'un état mental C est un état engendré par B, et qui provoque D. La douleur, par exemple, provient du fait que vous avez posé la main sur une plaque de cuisson brûlante, et elle provoque un grand cri accompagné d'un sentiment de colère envers la personne qui a laissé cette plaque allumée. Ces différents stades sont tous nécessaires pour expliquer ce qu'est l'état mental de douleur.

À un niveau théorique, le fonctionnalisme s'est développé en réaction aux vieilles idées dualistes cartésiennes selon lesquelles le corps et l'esprit constituent deux entités séparées, mais aussi contre les théories béhavioristes plus récentes qui ne concevaient qu'une existence physique. Bien que complexe intellectuellement, le fonctionnalisme nous permet de mieux comprendre la nature de l'esprit humain. **SA**

1966

Kwanzaa

Maulana Karenga

Une fête profane d'une semaine qui célèbre la culture afro-américaine et ses traditions

Kwanzaa, une fête qui se déroule du 26 décembre au 1er janvier, a été lancé en 1966 par Maulana Karenga (né en 1941), auteur et activiste noir américain, afin de célébrer la culture afro-américaine et ses traditions. Sept principes, les *kawaida*, sont à l'honneur durant les festivités : la solidarité, l'autodétermination, la responsabilité collective, l'économie collaborative, la motivation, la créativité et la foi.

Ils sont représentés par les sept bougies d'un chandelier (le *kinara*) que l'on allume pendant la semaine de Kwanzaa. Les participants portent des vêtements africains traditionnels et discutent de valeurs communes au cours des célébrations, qui s'achèvent par un festin et des échanges de cadeaux. Karenga avait créé Kwanzaa pour que les Afro-Américains puissent célébrer une autre fête que Noël. *Kwanza* signifie « premier » en kiswahili, Karenga ayant ajouté le dernier *a* pour que le mot ait sept lettres (une pour chaque jour de la semaine) comme il y a sept *kawaida*. Ne dérivant d'aucune tradition ou fête africaine particulière, Kwanzaa célèbre la première récolte annuelle et le patrimoine africain en général.

« C'est le black power dans sa forme la plus durable. [La fête] est entrée dans la culture. » **Keith Mayes, professeur et auteur**

Il est difficile de dire combien de personnes célèbrent Kwanzaa chaque année, les estimations variant de 500 000 à 5 millions d'Américains, voire 30 millions de personnes dans le monde. Après avoir rapidement gagné en popularité à l'ère du Black Power dans les années 1960 et 1970, Kwanzaa progresse moins aujourd'hui mais demeure une fête profane importante. **MT**

1966

Black Power

Stokely Carmichael et Charles V. Hamilton

L'affirmation de l'indépendance noire de préférence à l'intégration sociale

En 1967, Stokely Carmichael (1941-1998) et Charles V. Hamilton (né en 1929), deux activistes noirs, ont publié *Black Power* (pouvoir noir ; *Le Black Power* en français) où ils affirmaient que les Noirs devaient s'allier pour obtenir leur libération culturelle, économique et politique. Ils appelaient la population afro-américaine à « s'unir, reconnaître [son] histoire, construire un sentiment de communauté […] pour définir [ses] propres objectifs, et prendre la direction de [ses] propres organisations ».

Leur approche était militante : « quand on parle de black power, on parle de construire un mouvement qui réduira en miettes tout ce que la civilisation occidentale a créé ». Les images de jeunes gens chantant *We Shall Overcome* (Nous vaincrons) ont été remplacées dans les médias par celles de militants noirs des deux sexes, armés, portant un béret noir et dressant le poing. L'objectif n'était plus la justice sociale et l'intégration mais le séparatisme et le pouvoir, et rappelait le nationalisme noir qu'avait défendu Marcus Garvey (1887-1940) dans les années 1920.

En 1966 et 1967 Carmichael a donné des conférences sur les campus universitaires américains, nord-vietnamiens, chinois et cubains. Il a été nommé en 1967 Premier ministre honoraire des Black Panthers, organisation urbaine ultra-militante créée par Huey P. Newton (1942-1989) et Bobby Seale (né en 1936), avant de s'installer en Guinée en 1969, appelant tous les Afro-Américains à suivre son exemple. La même année, en juillet, il quittait officiellement les Black Panthers à cause de leur « ligne dogmatique qui favoris[ait] les alliances avec les Blancs radicaux ». Il conseillait de plus d'« abandonner l'idée fallacieuse que les Blancs pouvaient offrir la liberté à qui que ce soit […] le pouvoir noir ne pourra[it] être obtenu que lorsque existera[it] une Afrique socialiste unifiée ». **JDP**

Tommie Smith et John Carlos, deux athlètes américains, font le salut du Black Power durant les Jeux olympiques de 1968. ➔

1966

Réalité virtuelle
Ivan Sutherland

Un environnement généré par un ordinateur capable de simuler la présence physique

C'est à Antonin Artaud (1896-1948), dramaturge, poète, acteur et metteur en scène français, qu'on doit le terme « réalité virtuelle » ; il expliquait dans *Le Théâtre et son double* (1938) que « le théâtre est un mirage » où « l'identité qui existe entre le plan sur lequel évoluent les personnages, les objets, les images, et d'une manière générale tout ce qui constitue la *réalité virtuelle* du théâtre » relevait de l'alchimie.

En 1965, l'informaticien américain Ivan Sutherland (né en 1938) a imaginé ce qu'il appelait la « visualisation suprême » : grâce à un casque HMD, une personne pouvait plonger dans un monde virtuel qui paraîtrait aussi réel que le vrai, l'expérience étant renforcée par un son en trois dimensions et des stimuli tactiles. L'univers virtuel serait géré en temps réel par un ordinateur, ses utilisateurs manipulant des objets virtuels de manière intuitive et réaliste.

« La réalité virtuelle nous offre un aperçu d'un pays des merveilles mathématique. »

Ivan Sutherland

En 1966, Sutherland a construit le premier casque de visualisation géré par un ordinateur d'où provenait le graphisme (auparavant, tous les casques HMD étaient reliés à des caméras). Le casque pouvait transmettre des images en stéréoscopie, offrant ainsi une impression de profondeur de champ, mais aussi suivre les mouvements de tête de l'utilisateur pour adapter son champ de vision en conséquence.

Mychilo Cline, auteur spécialiste de la réalité virtuelle, prédit qu'à mesure que nous passerons plus de temps dans des univers de ce type, une « migration vers un espace virtuel » se produira progressivement et provoquera une transformation économique et culturelle. **JDP**

1966

Révolution culturelle
Mao Tsé-toung

Proposition d'une rupture totale avec les idées et coutumes traditionnelles

Mao Tsé-toung (1893-1976), chef du Parti communiste chinois, a pris la tête de son pays en 1949. Il désirait transformer de façon drastique la société chinoise. Les communistes avaient jusqu'alors présumé que leur révolution offrirait aux masses le meilleur de la culture traditionnelle et de l'enseignement, mais c'est précisément la culture que Mao choisit de remettre en question. En février 1964, il exprimait son dédain pour l'enseignement : « Je n'approuve pas la lecture d'autant de livres. » Un an plus tard, sa critique s'étendait au théâtre, des institutions telles que l'Opéra de Pékin furent forcées de présenter des œuvres révolutionnaires.

En 1966, Mao lançait officiellement la grande révolution culturelle prolétarienne qui s'attaquait aux « quatre vieilleries » de la société chinoise : vieilles idées, vieilles coutumes, vieilles habitudes, et vieille culture. La jeunesse, organisée au sein des gardes rouges, était encouragée à dénoncer et à humilier ses instituteurs et professeurs – un concept particulièrement choquant dans un pays où le respect des anciens est une valeur confucéenne fondamentale. Les objets qui reflétaient la culture chinoise traditionnelle furent confisqués et détruits, des échiquiers jusqu'aux cerfs-volants. Tous ceux qui avaient suivi des études universitaires durent aller travailler dans les usines et les champs, pour apprendre auprès des ouvriers et paysans.

« La littérature et l'art prolétariens font partie de la cause révolutionnaire du prolétariat… » **Mao Tsé-toung**

Ce programme d'éradication d'un passé corrompu et d'extension de la lutte révolutionnaire jusque dans la sphère culturelle a trouvé de nombreux admirateurs à l'Ouest, où les maoïstes ont participé aux révoltes étudiantes de la fin des années 1960. **RG**

Un chercheur dans la salle de réalité virtuelle de l'université de Tokyo.

Déconstruction

Jacques Derrida

Affronter les illusions métaphysiques ancrées dans la pensée occidentale

Jacques Derrida en 1987. « Je crois en la valeur du livre, qui garde quelque chose d'irremplaçable, et dans la nécessité de lutter pour assurer son respect », a-t-il écrit.

La déconstruction est une école d'analyse textuelle née en France en 1967 avec la publication d'un ouvrage du philosophe Jacques Derrida (1930-2004), *De la grammatologie*. Elle est particulièrement adaptée aux textes comprenant des oppositions binaires (essence/apparence, liberté/déterminisme) témoignant d'une structure de pensée figée.

Les événements sont considérés comme vivants, singuliers et non répétables. L'être vivant éprouve une sensation, et ceci s'inscrit dans un matériel organique. L'idée d'inscription conduit Derrida à l'autre extrémité. La machine qui inscrit est fondée sur la répétition : « elle est destinée à reproduire impassiblement, imperceptiblement ». Selon lui, « n'abandonner ni l'événement ni la machine, ne subordonner aucun des deux à l'autre [...] c'est peut-être une préoccupation de la pensée... »

Selon le philosophe, la fonction des oppositions devait être étudiée non pas pour les éliminer toutes (elles sont structurellement nécessaires pour produire du sens) mais pour marquer leur « différance, indécidabilité, et interaction éternelle ». Par exemple, afin de reconnaître l'antinomie de l'apparence et de l'essence, il faut d'abord admettre qu'il existe une « hiérarchie violente » (dans ce cas, l'essence est jugée plus importante), puis identifier la « différance », soit la base de l'opposition binaire. Le terme auparavant jugé inférieur doit être redéfini et réinscrit comme « origine » de l'opposition.

Renversons l'exemple d'opposition binaire précédemment cité en proposant que les apparences donnent naissance aux essences, comme le faisait l'existentialiste Jean-Paul Sartre (1905-1980) quand il proclamait « l'existence précède l'essence ». Identifions la « différance », cet être qui produit une différence mais ne peut être identifié. Il est impossible de décider, par exemple, si « maintenant » se situe dans le passé ou le futur ; dans la mesure où la différance est indécidable, elle déstabilise la décision originale qui a institué la hiérarchie. **JDP**

« Le philosophe ne s'intéresse qu'à la vérité du sens, au-delà même des signes et des noms ; alors que le sophiste manipule des signes vides [...] le poète joue sur la multiplicité des signifiés. »

Jacques Derrida

Mort de l'auteur

Roland Barthes

Aucune interprétation d'un texte ne peut prétendre être plus authentique qu'une autre

La mort de l'auteur est une théorie postmoderne de la critique littéraire formulée en 1967 par Roland Barthes (1915-1980), philosophe et théoricien littéraire français, dans l'article « La mort de l'auteur ». Elle affirme que ni les intentions d'un auteur ni le contexte dans lequel est créée l'œuvre n'ont besoin d'être pris en compte dans l'interprétation d'un texte pour que celle-ci soit valable. C'est tout à l'opposé de l'idée que l'art constitue un moyen de communication entre l'auteur et le lecteur, et que seul compte le sens ou le message que l'artiste désire communiquer à travers son œuvre.

La théorie de Barthes avait été anticipée par les idées philosophiques de W. K. Wimsatt et M. C. Beardsley qui avaient déclaré, dans *The Verbal Icon* (L'icône verbale, 1954), qu'un poème n'appartient pas à son auteur, et que si l'on pense autrement on commet intentionnellement un faux raisonnement, ce qui implique qu'on peut dégager un sens objectif d'un texte.

Selon les critiques de la théorie de Barthes, et du postmodernisme en général, nier qu'un texte ou une œuvre d'art contient un sens objectif signifie que toutes les interprétations subjectives de cette œuvre sont aussi valides les unes que les autres. Par exemple, une interprétation courante du *Hamlet* de Shakespeare se fonde sur le concept freudien du complexe d'Œdipe. Un critique soulignerait que *Hamlet* est antérieur de plusieurs siècles aux théories de Freud et que donc le dramaturge ne pourrait avoir introduit sciemment ces connotations.

Le postmoderne rétorquerait que tout sens dérivé d'une œuvre d'art n'existe que dans la façon dont le public la perçoit, et que ce sens est si subjectif que tenter de distinguer quelles impressions sont plus ou moins réelles ou valables ne rime à rien. Si c'est bien le cas, une question demeure : Comment séparer les interprétations authentiques de celles qui échouent à refléter la réponse du spectateur ou du lecteur ? **JDP**

Roland Barthes (ici en France en 1972) préférait le terme de scripteur à celui d'auteur, associé dans les esprits à la capacité de déterminer le sens littéraire d'une œuvre.

« La naissance du lecteur doit se payer de la mort de l'auteur. »

Roland Barthes

1967

Six degrés de séparation

Stanley Milgram

L'idée que chaque personne peut être liée à une autre par cinq personnes intermédiaires

Imaginons que nous soyons reliés aux autres par des chaînes, où un maillon nous lie aux personnes que nous connaissons, deux à celles que ces dernières connaissent, etc. Nous ne sommes tous alors qu'à six degrés de séparation, environ, de n'importe quelle autre personne sur terre. Cette idée a été exposée par Frigyes Karinthy (1887-1938) dans sa nouvelle *Chaînes*, publiée en 1929, puis popularisée par une pièce de théâtre, *Six degrés de séparation* (1990) de John Guare (né en 1938).

En 1967, le psychosociologue américain Stanley Milgram (1933-1984) a conçu une expérience baptisée *The Small World Experiment* pour mesurer de façon empirique notre niveau de connectivité. Il a envoyé divers paquets à des personnes choisies au hasard en leur demandant de s'arranger pour qu'il parvienne à une personne déterminée, qui vivait à Boston. À chaque progression du paquet, soit à chaque maillon de la chaîne, une carte postale était adressée à Milgram pour qu'il puisse noter la relation existant entre l'expéditeur et le destinataire. Après avoir répété l'expérience à plusieurs reprises en variant les villes, les résultats ont révélé que deux personnes sont séparées au plus par six maillons. La découverte était révolutionnaire car elle suggérait que l'humanité constitue un réseau caractérisé par des liens de plus en plus proches.

> *« Je suis lié à n'importe qui sur cette planète par une chaîne de six personnes. »*
>
> **John Guare, *Six degrés de séparation* (1990)**

Milgram a publié les résultats de ses travaux dans un article qui génère encore aujourd'hui un grand intérêt, bien que certains critiques soutiennent que l'expérience n'a pas démontré ces six degrés, qui ne constitueraient selon eux qu'une légende urbaine, valable seulement dans certains contextes sociaux. **JDP**

1967

Tournant linguistique

Richard Rorty

Une nouvelle approche de la relation entre la philosophie et le langage

L'expression « tournant linguistique » a été vulgarisée par la publication en 1967 de anthologie *The Linguistic Turn*, établie par le philosophe américain Richard Rorty (1931-2007). L'ouvrage étudiait la façon dont les paradoxes philosophiques peuvent être résolus en améliorant notre compréhension du langage utilisé pour les définir.

Le tournant linguistique est une proposition qui soutient en partie que le langage construit sa propre réalité. Par exemple, lors d'une discussion au sujet de l'attaque du World Trade Center à New York en 2001, une personne soutenant la justesse du tournant linguistique dirait que l'on ne parle pas réellement de terrorisme, d'avions, d'actes d'héroïsme ou de l'effondrement des tours, mais que l'on analyse les mots utilisés pour traiter ces sujets. Les problèmes, qu'ils soient sociaux, politiques ou éthiques, ont toujours été définis en termes de langage, dont on devrait tenter de comprendre le mieux possible la nature et les structures selon les défenseurs du tournant linguistique.

Ce concept est cependant apparu dès la première moitié du XXe siècle, employé par des penseurs tels que A. J. Ayer (1910-1989), philosophe britannique et adepte du positivisme logique, qui avait écrit en 1936 : « Le philosophe, comme analyste, ne se préoccupe pas directement des propriétés physiques des choses. Il ne se préoccupe que de la façon dont nous en parlons. Autrement dit, les propositions de la philosophie ne sont pas factuelles mais linguistiques de nature. »

Le langage était désormais mis en avant dans les énoncés philosophiques. Les partisans du tournant linguistique ont souvent été en opposition avec le mouvement philosophique plus général, mais ils posaient des questions importantes et intéressantes : Quelle est la relation entre les mots et les objets ? Qu'est-ce qui fait qu'une phrase est vraie ou fausse ? **BS**

Modèle atomique

Steven Weinberg et Abdus Salam

La nature de la réalité physique au niveau atomique est démontrée mathématiquement après des siècles de proposition philosophique et d'hypothèses scientifiques

En 1803, John Dalton (1766-1844), chimiste et physicien anglais, s'est inspiré de l'idée (née dans la Grèce antique) que l'atome est une unité indivisible pour proposer l'hypothèse que les éléments gazeux sont composés de particules indivisibles et indestructibles. Il a même publié la table des masses atomiques par rapport à l'hydrogène.

Le modèle atomique moderne, qui montre des électrons en agitation constante autour d'un noyau composé de neutrons et de protons, n'est pas issu d'une découverte révolutionnaire. Il a été établi progressivement, chaque nouvelle version corrigeant les défauts des précédentes.

Il y a eu le modèle « plum-pudding » (1898), le modèle cubique (1902), le saturnien (1904), celui de Rutherford (1911) selon lequel un atome était composé à 99,99 % de vide, et le modèle planétaire de Bohr, où les électrons dessinaient des orbites précises autour du noyau, comme les planètes autour du soleil. La découverte du neutron en 1931 a conduit en 1954 à la théorie de jauge, la base du modèle standard. L'existence des antiprotons a été postulée en 1955, celle des quarks en 1964, etc.

En 1960, Sheldon Glashow (né en 1932), spécialiste de physique théorique, a avancé sa théorie de l'interaction « électrofaible », fondée sur la fusion de l'électromagnétisme et d'une « force faible », l'un des quatre vecteurs naturels responsables de la désintégration des particules subatomiques. Steven Weinberg (né en 1933) et Abdus Salam (1926-1996), physiciens respectivement américain et pakistanais, ont poussé plus avant cette théorie en lui ajoutant le mécanisme de Higgs, un processus qui confère de la masse aux particules élémentaires. Abdus Salam a démontré mathématiquement cette théorie en 1967, complétant le modèle atomique moderne. **BS**

↑ Schéma d'un atome. Les électrons orbitent autour du noyau central constitué de protons (en rouge) et de neutrons (en bleu). Chaque proton est constitué de deux quarks up (en bleu foncé) et d'un quark down (en vert).

« Depuis la nuit des temps, l'homme a désiré pénétrer la complexité de la nature à l'aide de concepts élémentaires aussi peu nombreux que possible. »

Abdus Salam

1967

Reggae

The Pioneers

Un style musical populaire qui associe un tempo lent à des textes très politiques

Le reggae est apparu à la fin des années 1960 à Kingston, en Jamaïque, est s'est développé à partir du rhythm and blues, du rocksteady et du ska. On pense que *Long Shot (Bus' Me Bet)* des Pioneers, un trio vocal jamaïcain, constitue le premier morceau jamais enregistré de ce style musical, en 1967. L'île avait acquis son indépendance en 1962, et les textes des chansons reggae évoquaient la nouvelle conscience politique noire et attaquaient les injustices sociales et économiques.

Les producteurs jamaïcains Duke Reid (1915-1975) et Coxsone Dodd (1932-2004) ont joué un rôle essentiel dans le développement du reggae, qui comptait parmi ses premiers musiciens Toots and the Maytals, Bob Marley and The Wailers, et Desmond Dekker. Le reggae est basé sur un rythme de danse, en 4/4 ou swing, mais se distingue par les accords plaqués sur le contretemps. Ce rythme est produit par divers instruments : à la batterie, la guitare électrique et la basse, s'ajoutent parfois des *scrapers*, deux bâtons, l'un en tôle ondulée, l'autre en bois, que l'on frotte l'un sur l'autre.

« Play I some music: (dis a) reggae music! / Roots, rock, reggae: dis a reggae music! »

Bob Marley, « Roots, Rock, Reggae » (1976)

En 1972, Jimmy Cliff (né en 1948), acteur jamaïcain et artiste de reggae, a joué dans le film *Tout, tout de suite* (1972), qui a fait découvrir cette musique partout. Au Royaume-Uni, elle a été adoptée par des groupes tels que UB40 et Aswad, et par des rockers comme Eric Clapton. Depuis, elle a influencé divers genres musicaux mondiaux et plusieurs sous-genres se sont développés, baptisés roots reggae, dub, raggamuffin ou reggaeton. **CK**

1967

Antipsychiatrie

David Cooper

Le refus de voir une maladie mentale dans tout comportement incompris ou rejeté par la psychiatrie

Le terme « antipsychiatrie » a été utilisé la première fois par David Cooper (1931-1986), psychiatre sud-africain, dans son ouvrage *Psychiatrie et antipsychiatrie* (1967). Selon lui, la maladie mentale n'en était pas une et ce que les psychiatres baptisaient folie était en réalité une forme d'expression qu'ils jugeaient inacceptable.

Le mouvement antipsychiatrique s'appuyait sur les travaux d'une génération antérieure de sociologues et psychologues pour lesquels la maladie mentale ne résultait pas d'un héritage biologique ou génétique mais était une étiquette apposée sur les individus qui ne se conformaient pas aux normes sociales. Cooper, qui avait une formation en psychiatrie, considérait que telle qu'elle était traditionnellement pratiquée cette discipline allait à l'encontre du développement personnel et du potentiel humain. Comme pour bon nombre des adeptes de ce mouvement, qui a connu son apogée dans les années 1960 et 1970, les notions traditionnelles de maladie mentale et les traitements qui lui étaient associés, notamment les électrochocs, étaient oppressifs et injustifiables. La maladie mentale était un mythe, un diagnostic *a priori* touchant des personnes que la société jugeait excentriques ou incontrôlables.

« La folie [...] est un mouvement [...] vers l'autonomie. Voilà [son] vrai "danger"... »

David Cooper, *Le Langage de la folie* (1978)

Parmi les premiers à soutenir que l'homosexualité ne devait pas être classée parmi les maladies mentales, les adeptes de l'antipsychiatrie ont aussi défendu ardemment la désinstitutionnalisation dans les années 1980. Grâce à leurs efforts, le grand public doute aujourd'hui davantage des psychiatres et de l'efficacité de leurs traitements. **CRD**

Bob Marley, guitariste et chanteur de reggae, en concert à Los Angeles en 1979.

Épistémologie constructiviste

Jean Piaget

Les individus établissent leur savoir à partir de leurs expériences sensorielles

Jean Piaget (ici en 1975) a combiné des aspects de la psychologie du développement et de l'épistémologie constructiviste pour bâtir sa doctrine de l'épistémologie génétique, qui a eu une grande influence.

L'expression « épistémologie constructiviste » a été utilisée la première fois par Jean Piaget (1896-1980), psychologue et philosophe suisse, dans le volume *Logique et connaissance scientifique* de l'« Encyclopédie de la Pléiade » (Gallimard). Le constructivisme propose de nouvelles définitions de la connaissance et de la vérité fondées sur l'intersubjectivité et non plus sur l'objectivité.

Selon Piaget, la connaissance « ne reflète pas une réalité ontologique "objective" mais concerne exclusivement la mise en ordre et l'organisation d'un monde constitué par notre expérience », dans les limites de la réalité bien entendu. La connaissance ne correspond pas à la réalité : elle l'organise. Des philosophes avaient déjà énoncé ce point de vue, comme Giambattista Vico (1678-1744) et George Berkeley (1685-1753).

Piaget affirmait que les enfants apprennent de façon active, en explorant leur environnement, et que leur acquisition de la connaissance est directement liée aux divers stades de leur développement. Ainsi, selon l'épistémologie constructiviste, nos sens sont les seuls outils dont nous disposions pour apprendre.

C'est en voyant, entendant, touchant, sentant et goûtant qu'un individu dialogue avec son environnement. Il construit une image du monde à partir de ces données sensorielles. Par conséquent, la connaissance réside dans l'esprit des personnes, elle ne peut être transférée intacte du cerveau du professeur à celui des élèves. Ces derniers s'efforcent de saisir la signification de ce qu'on leur enseigne en tentant de la faire correspondre à leur expérience personnelle. De plus, le sens ne réside pas dans les mots, qui sont basés sur la construction des individus. La communication n'est possible que parce que la signification que nous assignons aux mots est compatible avec celle que les autres leur donnent. **JP**

« Verum esse ipsum factum : *le vrai, c'est le fait.* »

Giambattista Vico, philosophe politique

Pensée latérale

Edward de Bono

Dépasser les idées communément admises pour en découvrir de réellement originales

Edward de Bono (né en 1933), médecin maltais, a inventé le concept de la pensée latérale que beaucoup ont découvert à travers son ouvrage, *The Use of Lateral Thinking*, paru en 1967. L'auteur y soulignait l'importance de perturber les schémas cérébraux dominants afin de faciliter ses capacités créatives potentielles.

En ayant recours à la logique, une personne se lance en effet dans un schéma de pensée en disposant de certains ingrédients, comme un joueur d'échecs débute une partie avec certaines pièces. Mais que sont ces pièces ? Dans la plupart des situations réelles, il s'agit de perceptions, notions ou limites qui ne sont pas présentes, mais présumées. La pensée latérale se préoccupe de transformer notre perception et d'organiser le monde en « nouvelles pièces » avec lesquelles nous pourrons alors « jouer ».

Ses adeptes ont recours à diverses techniques pour permettre l'apparition d'idées libres de toute notion préconçue. Mots choisis au hasard, nouveaux stimuli, renversement conceptuel et autres astuces sont utilisés délibérément pour transformer les perceptions courantes et générer de nouvelles observations.

Ces techniques pouvant être enseignées, en 1974 Bono a lancé un programme pédagogique baptisé CoRT Thinking, qui en présentait 80. Les élèves apprennent à différencier clairement la pensée latérale de l'analyse logique (pensée verticale), et à s'entraîner à la sensibilité/créativité (pensée horizontale). La pensée latérale constitue une vraie alternative à d'autres formes de pensée mais doit être transmise par une approche didactique et pédagogique. Elle a été intégrée avec succès à la formation des enseignants ainsi que dans les salles de classe depuis la parution de l'ouvrage de Bono. **JP**

Edward de Bono démontre la manière logique de nouer un ballon. De l'avis général, il a augmenté notre capacité à penser, même si ses critiques réclament des preuves de son succès.

« Éliminer les défauts d'une diligence produit peut-être une diligence parfaite, mais ne conduit probablement pas à l'invention de l'automobile. »

Edward de Bono

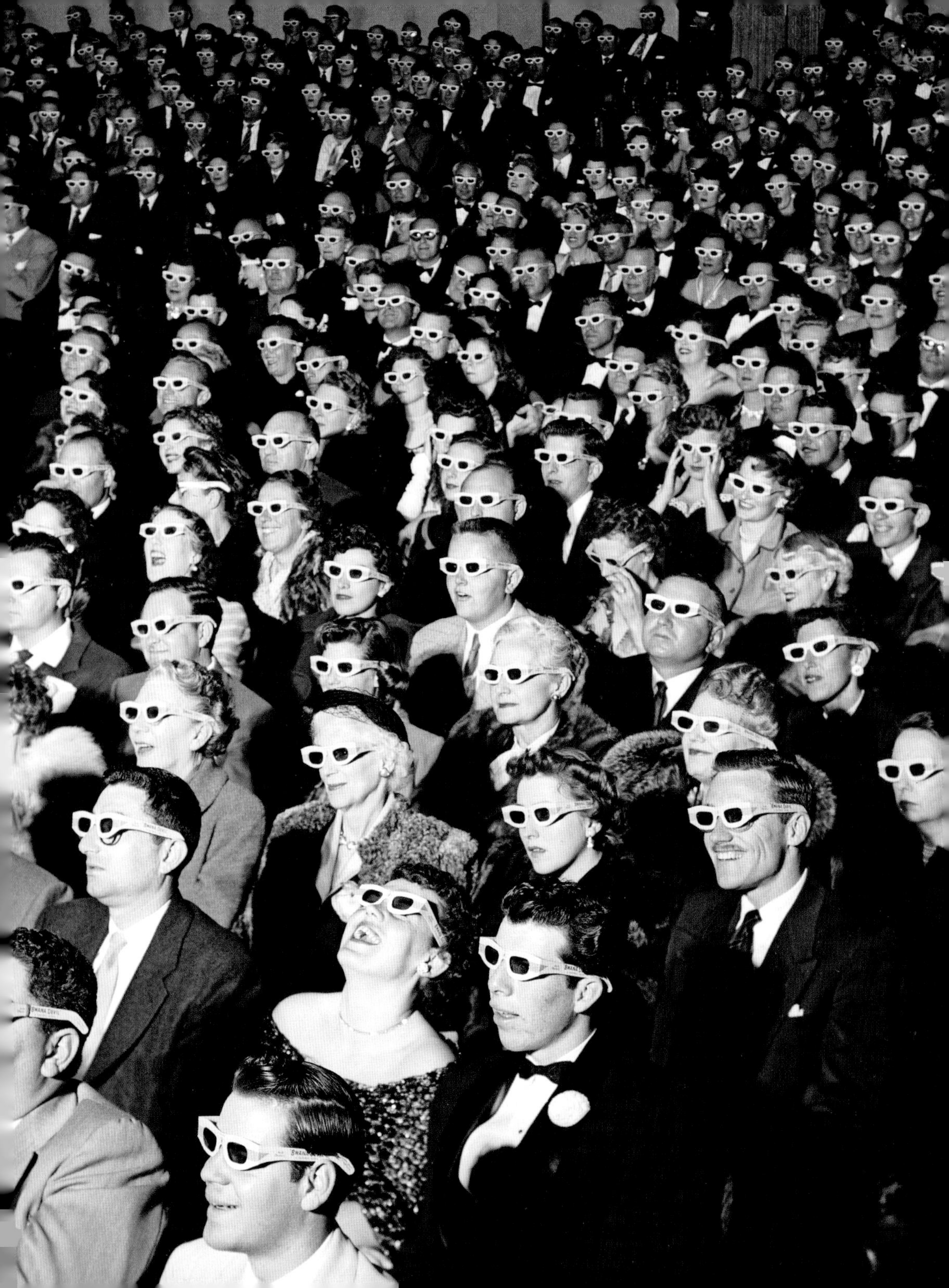
BWANA DEVIL

1967

La Société du spectacle

Guy Debord

Dans la société moderne, l'image est devenue plus importante que la réalité

Guy Debord (1931-1994), théoricien marxiste français, retraçait dans *La Société du spectacle* (1967), ouvrage de philosophie et de théorie critique, le développement de la société moderne où des activités sociales authentiques avaient été remplacées par leur représentation. On retrouvait dans ce livre de nombreuses idées que les Allemands Theodor Adorno (1903-1969) et Max Horkheimer (1895-1973) avaient exposées dans le leur, *La Dialectique de la raison* (1944).

Debord affirme que dans toute société de consommation l'identification passive au spectacle supplante l'activité réelle. Inévitablement, l'activité sociale s'éloigne de l'« être » pour l'« avoir » avant de glisser progressivement vers le « paraître », synonyme d'une vie virtuelle. Le spectacle fait appel à des images pour nous indiquer ce dont nous avons tous besoin et ce que nous devons posséder.

Dans son analyse, Debord voit la qualité de la vie se dégrader en une « pseudo-jouissance qui garde en elle la répression », de plus en plus appauvrie et délaissant l'authenticité. Il compare le rôle du marketing contemporain à celui des religions du passé. Les moyens d'information soutiennent et relancent les images de marchandises, produisant « des vagues d'enthousiasme pour un produit donné » qui conduisent à des « moments d'excitation fervente » rappelant les « transports de convulsionnaires ou miraculés du vieux fétichisme religieux ».

Debord propose de « réveiller le spectateur drogué par les images spectaculaires », et encourage le recours au détournement, où l'on fait appel à ces mêmes images et ce même langage pour « interrompre le flot du spectacle ». Cette action radicale encouragerait une réorganisation révolutionnaire de la vie, de la politique et de l'art qui permettrait d'« être » de façon authentique. **JP**

Ce public d'une salle de cinéma illustre la thèse de Debord selon laquelle les images arbitrent les relations sociales.

1967

Épistémologie réformée

Alvin Plantinga

Une philosophie religieuse qui défend la rationalité de la foi

L'épistémologie réformée est née en 1967 avec la publication de *God and Other Minds* (Dieu et autres esprits) par le philosophe analytique Alvin Plantinga (né en 1932), et s'est développée au fil des années 1970 et 1980. Elle soutient que croire en Dieu est tout à fait justifié, rationnel et logique, que la foi et la croyance n'ont pas besoin de preuves et sont valables en elles-mêmes. Le terme « épistémologie » provient de la philosophie et fait référence à l'étude de la nature, de l'envergure et des limites de la connaissance, mais aussi à notre relation à nos croyances et nos notions de la vérité.

On a recours à l'épistémologie réformée (fondamentalement un ensemble d'arguments fondés et défendus) quand on désire démontrer que les arguments traditionnels contre l'existence de Dieu sont déraisonnables et anti-intellectuels. Le mouvement constituait une réaction contre l'évidentialisme (on ne peut croire à quelque chose que lorsque les preuves sont suffisamment concluantes) et le fondationnalisme classique (les croyances peuvent être déduites de croyances antérieures, plus basiques).

> *« La croyance en d'autres esprits et la croyance en Dieu sont logées à la même enseigne épistémologique… »*
>
> **Alvin Plantinga, *God and Other Minds* (1967)**

L'épistémologie réformée constitue de plus une réponse à l'athéisme et affirme qu'il est simplement malhonnête pour les non-croyants de présumer que croire en Dieu est irrationnel tant qu'on n'a pas la preuve de son existence. Ce courant présente enfin aussi un défi aux chrétiens en leur rappelant qu'on ne peut fonder sa foi sur quelque chose d'aussi transitoire qu'un bon argument. **BS**

1968

Critique rhétorique de la Bible

James Muilenburg

L'analyse des techniques stylistiques des textes sacrés judéo-chrétiens

Page d'une copie du XIIIe siècle de la Bible hébraïque, illustrée par Joseph Asafarti. « Bible hébraïque » est le nom par lequel les spécialistes de la Bible désignent le Tanakh.

« Ce qui m'intéresse avant tout, c'est de comprendre la nature de la composition littéraire hébraïque, de montrer les schémas structurels employés pour concevoir une unité littéraire, en poésie comme en prose… »

James Muilenburg, *Form Criticism and Beyond* (1968)

La critique rhétorique biblique analyse les textes sacrés judéo-chrétiens pour dégager leurs dimensions littéraires et théologiques.

Elle examine le message de leurs auteurs en étudiant les procédés, structures et techniques stylistiques qu'ils ont utilisés pour composer un récit qui serait souvent lu à voix haute. La critique rhétorique se penche de plus sur la relation entre le texte et les personnes auxquelles il était destiné. En ré-imaginant ce cadre culturel, elle cherche à comprendre la fonction du texte sacré (informer, éduquer, persuader ou prêcher), mais aussi sa signification. Le critique peut ensuite communiquer fidèlement le message de ce texte à un public contemporain.

La première critique rhétorique de la Bible apparaît dans les textes de saint Augustin (354-430), mais ce n'est devenu une méthode analytique formelle qu'en 1968, quand James Muilenburg (1896-1974), théologien américain et professeur au séminaire théologique de San Francisco, l'a exposée à l'université de Berkeley lors d'un discours adressé à la Société de littérature biblique, dont il était président.

Dans ce texte intitulé *Form Criticism and Beyond* (Critique formelle et au-delà), il soulignait les limites de cette discipline, trop générale selon lui, et suggérait une nouvelle approche de l'étude biblique, baptisée critique rhétorique, qui examinerait le lien inextricable entre la forme et le contenu d'un texte.

La méthode de Muilenburg a été très influente, et la critique rhétorique est devenue une discipline à part entière. Deux de ses étudiants sont devenus des autorités en ce domaine : Phyllis Trible, auteur de *God and the Rhetoric of Sexuality* (Dieu et la rhétorique de la sexualité, 1978) et Dale Patrick, auteur de *Rhetoric and Biblical Interpretation* (Rhétorique et interprétation biblique, 1990). **CK**

Effet papillon

Edward Lorenz

Une composante du chaos et de la causalité au nom surprenant

C'est un fait : les prédictions météorologiques à long terme sont rarement justes. Le mathématicien américain Edward Lorenz (1917-2008) s'est un jour demandé pourquoi des événements climatiques aussi importants que les ouragans sont si difficiles à prévoir. La réponse qu'il a trouvée est connue sous le nom d'« effet papillon ».

Lorenz a imaginé un papillon voletant dans la forêt amazonienne. À chaque battement d'ailes il déplace l'air, créant un changement atmosphérique infime mais mesurable. Selon Lorenz, un événement aussi minime peut influer sur la formation ou l'empêchement d'une tempête, car les systèmes météorologiques sont extrêmement sensibles aux petits changements initiaux. Une minuscule modification des conditions atmosphériques en mai peut produire une vaste différence climatique en juin, et faire basculer l'évolution météorologique dans un sens ou dans l'autre. Dans une certaine mesure, un battement d'ailes de papillon peut provoquer un ouragan, et c'est ce qui rend les prévisions météorologiques si compliquées. Comme il était impossible d'établir avec exactitude les mouvements de tous les papillons (le « papillon » incarne n'importe lequel des nombreux facteurs influençant les conditions météorologiques), il était impossible de prédire correctement l'avenir. Les systèmes de ce type sont baptisés chaotiques car même s'ils ne sont pas régis par le hasard, ils ne peuvent être résumés à un enchaînement clair de causes et d'effets.

L'effet papillon est la version scientifique d'un vieux paradoxe : des causes triviales peuvent entraîner des effets d'une importance disproportionnée. Blaise Pascal, penseur français du XVIIe siècle, soutenait ainsi qu'une différence dans l'allure du nez de Cléopâtre aurait pu transformer radicalement le cours de l'histoire. Le concept est important scientifiquement car il a incité à mettre au point de nouvelles techniques permettant de décrire le comportement des systèmes chaotiques. **RG**

↑ L'« effet papillon » résume l'idée qu'un battement d'ailes de papillon en Chine peut provoquer des changements météorologiques aux États-Unis quelques jours plus tard.

« On pensait autrefois que pour transformer le monde il fallait un événement tel qu'une grosse bombe [...] Selon la théorie du chaos, ce sont des choses minuscules qui transforment réellement le monde. »

T. Pratchett et N. Gaiman, *De Bons présages* (1990)

1969

Contre-culture
Theodore Roszak

Une culture parallèle dont les valeurs bouleversent la société traditionnelle

Theodore Roszak (1933-2011), historien américain et auteur de *Vers une contre-culture* (1969), soulignait les similitudes entre les étudiants gauchistes et les hippies des années 1960, qui tous rejetaient la technocratie. Sous-tendu par les écrits d'Herbert Marcuse et Norman O. Brown, d'Allen Ginsberg et de Paul Goodman, l'ouvrage de Roszak a été lu par bon nombre de rebelles, marginaux et opposants à la guerre du Vietnam.

Une contre-culture exprime la philosophie, les rêves et aspirations d'un certains nombre de gens durant une période définie. Quand ces forces d'opposition atteignent une masse critique, les contre-cultures peuvent déclencher des changements culturels spectaculaires. Parmi divers exemples de contre-cultures européennes ou américaines, on peut citer le romantisme (1790-1840), la bohème (1850-1910), le mouvement beatnik, plus fragmentaire (1944-1964) et la contre-culture hippie (1963-1975). Dans chaque cas, une « culture marginale » s'est développée puis transformée en contre-culture en définissant ses propres valeurs en opposition aux normes traditionnelles.

« Tout était remis en question : la famille, le travail, l'éducation la sexualité... »

Theodore Roszak, *Vers une contre-culture* (1969)

Le cycle naturel d'une contre-culture enchaîne rejet par la société dominante, croissance, acceptation partielle puis absorption par la culture de masse. Chaque contre-culture atteint une apogée puis décline, mais pas avant d'avoir transformé à jamais les valeurs culturelles communes.

Les empreintes culturelles qu'ont laissées les romantiques, les bohèmes, les beatniks et les hippies demeurent très visibles dans la culture occidentale contemporaine. **JDP**

1969

Cinq phases du deuil
Elisabeth Kübler-Ross

L'universalité de la réaction humaine face à l'imminence de la mort

C'est en soignant des malades en phase terminale qu'Elisabeth Kübler-Ross (1926-2004), psychiatre helvético-américaine, en est venue à regretter que l'on n'aborde pas le sujet de la mort en faculté de médecine. Enseignante à l'université de Chicago, elle a développé ses idées à ce sujet à travers des entretiens et une série de séminaires, puis les a publiées dans un livre, *Les Derniers Instants de la vie* (1969). L'ouvrage a révolutionné notre conception de la mort et des soins aux mourants.

Le modèle de Kübler-Ross propose cinq phases du deuil. Le patient se réfugie tout d'abord dans le déni de ce qui est en train de lui arriver, puis est pris de colère, avant de se lancer dans le marchandage pour tenter de gagner du temps. Comprenant que cela est impossible, il tombe dans la dépression avant d'atteindre la dernière phase, l'acceptation. Kübler-Ross a toujours clairement affirmé que tout le monde ne passe pas toujours par les cinq stades, ni forcément dans le même ordre. La réaction face à la mort est toujours intensément personnelle.

« Le processus du deuil comprend toujours un certain degré de colère. »

E. Kübler-Ross, *Les Derniers Instants de la vie* (1969)

La théorie des cinq phases a rapidement été étendue à d'autres expériences psychologiques que la mort, telles que le deuil d'un proche ou un divorce. Jouissant d'une vaste gamme d'applications possibles, elle est largement acceptée, mais aussi critiquée par certains psychologues cliniciens qui soutiennent que les personnes affrontant la perte sont résilientes. Selon d'autres, la théorie est trop normative, poussant à passer rapidement d'une phase à l'autre plutôt que de laisser les événements se dérouler naturellement. Mais sa grande simplicité et son humanité bienveillante lui valent de nombreux admirateurs. **SA**

De jeunes hippies au festival de l'île de Wight en 1969.

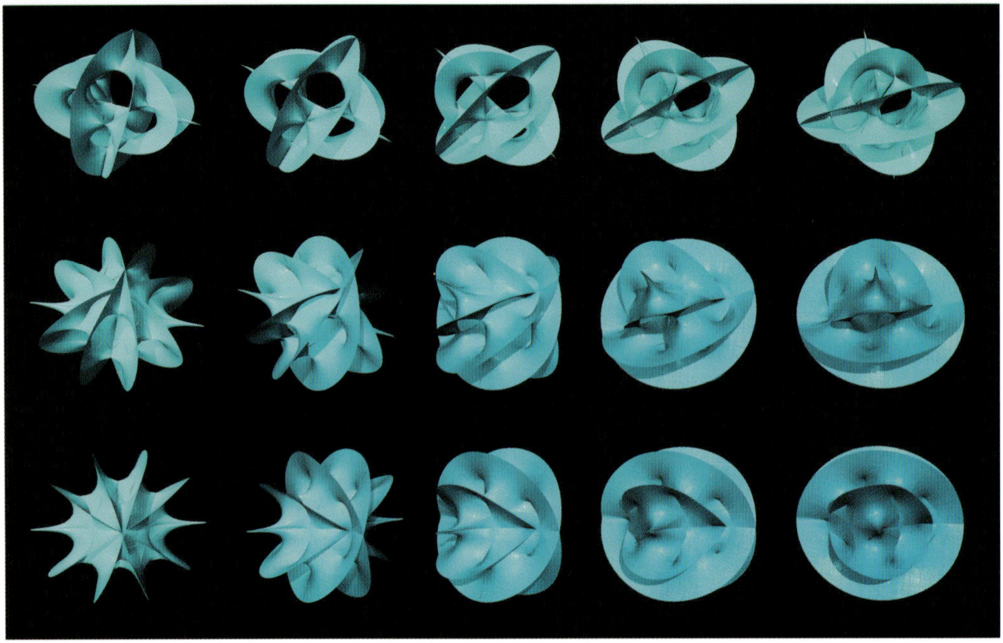

1969

Théorie des cordes

Y. Nambu, H. B. Nielsen et L. Susskind

Une théorie qui tente de concilier relativité générale et mécanique quantique

Pour les physiciens, le désir était grand d'unifier les deux principales théories de la physique expliquant les quatre forces fondamentales de la nature : la théorie de la relativité générale lie la gravitation à l'espace et au temps au sein d'une entité à quatre dimensions, l'espace-temps, et la théorie de la mécanique quantique unit les trois autres forces (électromagnétisme, interaction nucléaire forte et interaction nucléaire faible). Les travaux de Yoichiro Nambu (né en 1921), Holger Bech Nielsen (né en 1941) et Leonard Susskind (né en 1940) ont fait progresser cette théorie unifiée en 1969.

Pour qu'une théorie de ce type fonctionne, les quatre forces doivent être décrites de la même manière, c'est-à-dire que la gravité (donc l'espace-temps) doit être présentée sous forme d'entités discrètes et mesurables. Par comparaison avec les trois autres forces, la gravitation est très faible, ce qui implique que ses vecteurs doivent être minuscules. La théorie des cordes est née de la recherche d'un modèle mathématique de ces vecteurs. En 1968 l'Italien Gabriele Veneziano (né en 1942) a imaginé un modèle à base de cordes. Un an plus tard, trois autres physiciens, Nambu, Nielsen et Susskind proposaient que les particules ne sont pas des points mathématiques individuels mais de minuscules cordes vibrantes, chaque particule fondamentale vibrant de manière différente. On a d'abord imaginé que ces cordes étaient droites mais on comprend aujourd'hui qu'elles forment de minuscules boucles. Fait essentiel, la description mathématique de ces boucles correspondait aussi à la gravitation.

Pour fonctionner, la théorie des cordes exige toutefois beaucoup plus de dimensions que les quatre de l'espace-temps (jusqu'à dix). Celles-ci sont enroulées et contractées les unes à l'intérieur des autres de sorte que quatre d'entre elles seulement sont visibles. De plus, six théories des cordes ont été suggérées. La recherche d'une théorie unifiée continue. **SA**

Ces espaces de Calabi-Yau sont des images générées par ordinateur des six autres dimensions prédites par la théorie des cordes.

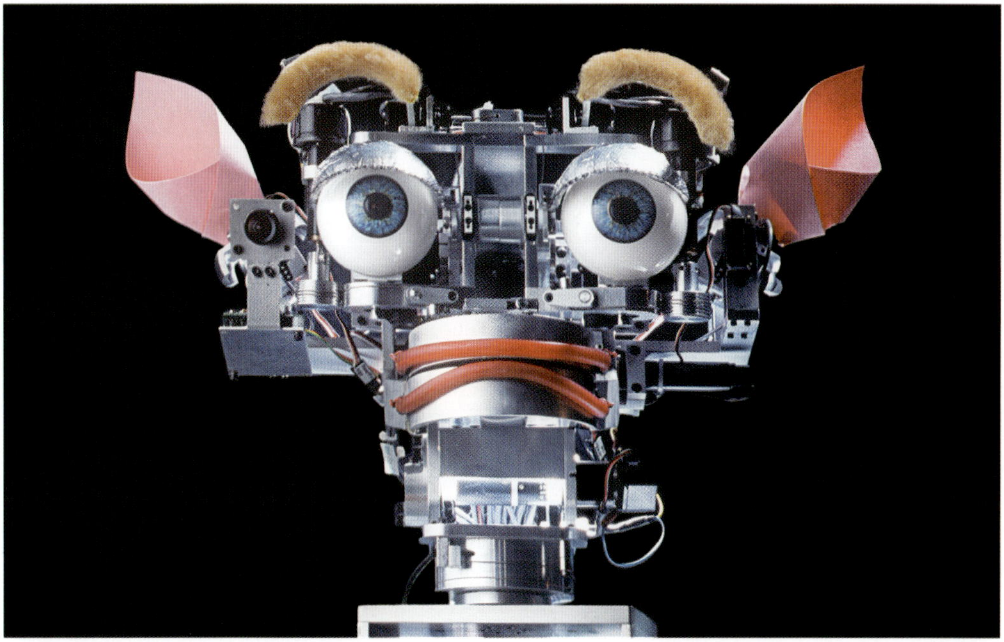

1969

Problème du cadre

John McCarthy et Patrick Hayes

Comment spécifier ce qui doit demeurer inchangé lors d'une action

Dans le monde de l'intelligence artificielle (IA), le problème du cadre concerne la description des effets d'actions ou d'événements ayant recours à la logique. Les spécialistes de l'IA l'ont découvert pour la première fois en 1969 dans l'article de deux ingénieurs en informatique, John McCarthy (1927-2011) et Patrick Hayes (né en 1944), intitulé « Some philosophical problems from the standpoint of Artificial Intelligence » (Quelques problèmes philosophiques du point de vue de l'intelligence artificielle).

On s'accorde généralement sur les deux objectifs principaux de l'IA : construire des objets capables d'accomplir des tâches qui, si elles étaient entreprises par l'homme, demanderaient une certaine intelligence, et comprendre scientifiquement les principes qui soustendent ce comportement intelligent. Le problème du cadre est apparu dès les débuts de l'IA, quand même des tâches faciles, comme déplacer un bloc, devenaient complexes. En effet, une fois le bloc déplacé, il fallait actualiser une grande quantité de données pour expliquer pourquoi il n'était plus au même endroit et n'avait pas changé de forme. Les êtres humains sont capables de sélectionner les informations pertinentes (le bloc a été déplacé) tout en rejetant des complications inutiles (pourquoi il n'est plus au même endroit), mais de grandes quantités de mémoire étaient nécessaires pour expliquer cela à un ordinateur. Le problème du cadre, une simple contrariété technique au départ, semblait alors presque endémique. Informer une base de données qu'une action a été changée n'exclut pas, dans la logique informatique, toute une série d'autres transformations possibles.

Dans les années 1980 diverses solutions viables ont été trouvées et le problème du cadre ne constitue plus un obstacle, mais il n'est pas tout à fait résolu : nous ne sommes toujours pas parvenus à programmer la cognition humaine et ses solutions intrinsèques. **BS**

↑ Kismet, un robot conçu pour réagir aux événements par des mimiques, montre ici la peur.

1969

Base de données relationnelle Edgar F. Codd

Le stockage de données organisé en tables pouvant être reliées les unes aux autres

Dans un monde inondé de données, leur gestion est essentielle. Les bases de données informatiques sont apparues dans les années 1960 mais les premiers systèmes ne manquaient pas de défauts. En 1970 Edgar F. Codd (1923-2003), ingénieur en informatique britannique employé par IBM, a proposé un nouveau modèle de gestion.

Celui-ci fonctionnait en organisant les données en tables ou « relations » qui représentaient une seule entité – par exemple des élèves. Les rangées de la table ou n-uplets représentent chacun une valeur de cette entité (élève A, élève B, etc.) tandis que les colonnes contiennent les données concernant certains attributs de chaque n-uplet (matricule de l'élève, nom, adresse, etc.). La base de données relationnelle permet de relier automatiquement plusieurs tables en utilisant un attribut particulier ou « clé », et de combiner les données de façon flexible, par deux ou plus (par exemple, la table des élèves peut être reliée à celle des cours en utilisant comme clé le « matricule » ; en cherchant dans la base de données ce matricule, on peut trouver toutes les informations pertinentes dans les deux tables).

« . . . pouvoir décrire les données seulement à l'aide de leur structure naturelle. . . »

Edgar F. Codd, *A Relational Model of Data* . . . (1970)

Les utilisateurs de ce genre de base de données peuvent spécifier quelles informations elles contiendront, les saisir, puis les rechercher et les extraire ultérieurement, tout cela sans devoir comprendre comment le programme fonctionne. Le logiciel se charge du stockage et du retrait des données. Les conséquences ont été immenses, car Codd avait créé un système d'infinie flexibilité. Il est notamment utilisé dans la grande distribution ou la facturation. **SA**

1969

Âgisme Robert Neil Butler

Discrimination fondée sur l'âge des personnes

Créé en 1969 par Robert Neil Butler, médecin et lauréat du prix Pulitzer, le mot « âgisme » désignait à l'origine les préjugés envers les personnes âgées. Aujourd'hui il s'applique à toute discrimination fondée sur l'âge.

Différentes cultures dans le monde respectent les anciens, mines de savoir et d'expérience. Cependant, dans de nombreux pays occidentaux, après que l'invention de l'imprimerie a facilité la transmission des informations et que la révolution industrielle (1760-1840) a exigé des travailleurs qu'ils acquièrent rapidement de nouvelles compétences, consacrent plus d'heures aux tâches manuelles et fassent preuve de mobilité géographique pour suivre la création d'emplois, le respect que l'on montrait autrefois aux personnes âgées a peu à peu été remplacé par des préjugés. En 1969, Butler a baptisé ce phénomène âgisme.

« Vieillir n'est pas perdre qui on a été mais [représente] une nouvelle étape de possibilités et de force. » **Betty Friedan**

L'âgisme n'est pas universel et de grandes différences existent dans ce domaine d'une culture à l'autre. L'âge d'une personne constitue l'une des caractéristiques, comme la couleur de peau et le genre, apparentes dès la première rencontre. Ces observations instantanées peuvent produire des stéréotypes et conduire à la discrimination.

Pourtant, contrairement aux autres formes de discrimination, l'âgisme est unique en cela que même si l'on en n'est pas victime aujourd'hui, on pourrait l'être plus tard dans la vie. Le problème étant de plus en plus reconnu, de nombreux pays ont adopté des lois qui interdisent, voire pénalisent, les actes d'âgisme. **MT**

1970

Spécisme
Richard D. Ryder

Le fait de considérer que l'être humain est supérieur aux autres animaux

Le spécisme, ou l'idée qu'être humain nous confère des privilèges par rapport aux autres animaux, est souvent comparé au racisme et au sexisme par les défenseurs des droits de ces derniers quand ils évoquent notre indifférence à la souffrance animale.

Le concept de droits des animaux existe depuis des siècles, comme le montrent par exemple les écrits de Thomas Young (1773-1829), médecin et physicien anglais, mais l'idée de spécisme n'est apparue que dans les années 1970, plus précisément dans une brochure rédigée par Richard D. Ryder (né en 1940), psychologue et auteur britannique qui l'a distribuée à Oxford lors de manifestations contre les expérimentations animales.

La brochure n'ayant pas suscité de réactions, Ryder l'a réimprimée en l'illustrant d'un chimpanzé auquel on avait injecté la syphilis à des fins de recherche scientifique, et demandé à un collègue, David Wood (né en 1946), d'en cosigner le texte. Ryder a envoyé sa brochure à tous les collèges de l'université d'Oxford. Il a reparlé du spécisme dans son article « Expérimentation sur les animaux », inclus dans *Animals, Men and Morals* (Animaux, hommes et morale). Le philosophe australien Peter Singer (né en 1946), qui avait reçu la brochure de Ryder, en a fait le compte-rendu pour la *New York Review of Books* en 1973. Il publierait en 1975 *La Libération animale*, ouvrage où il utiliserait et populariserait le terme « spécisme » pour décrire l'exploitation des animaux. Ce livre constitue la déclaration philosophique fondatrice du mouvement contemporain pour les droits des animaux. **CK**

« Les animaux diffèrent de nous mais cela ne les rend pas inférieurs pour autant. »

Marc Bekoff, *Animals Matter* (2000)

1970

Clinique de soins d'urgence
États-Unis

Offrir un traitement médical en urgence ailleurs qu'à l'hôpital

Les cliniques de soins d'urgence sont des centres où l'on peut se rendre sans rendez-vous pour bénéficier de traitements limités dans le cas de maladies ou de blessures exigeant des soins immédiats mais pas nécessairement à l'hôpital. Contrairement aux hôpitaux, ouverts 24 heures sur 24, les cliniques de soins d'urgence n'accueillent qu'à certaines heures.

Le concept remonte aux années 1970, quand les premières cliniques de ce type ont été installées aux États-Unis par des médecins qui désiraient soulager les hôpitaux d'une partie de leur charge, sans pour autant réduire l'accès aux soins. Désormais bien établies, elles possèdent des compétences et responsabilités codifiées depuis avril 2009 par l'Association américaine des soins d'urgence. Cet organisme distribue des certificats aux établissements répondant à plusieurs critères, dont la pose de diagnostic en ayant recours à des appareils de radiographie ou de phlébotomie, et la présence d'une pharmacie pour dispenser des médicaments à leurs patients.

Divers pays possèdent désormais des cliniques de ce genre, dont la Grande-Bretagne, l'Australie, le Canada, l'Irlande et Israël.

En Nouvelle-Zélande, les soins d'urgence constituent une spécialité médicale à part entière. Bien que les critiques soulignent le danger que de nouveaux patients, incertains de la nature de leurs problèmes, ne se dirigent pas vers un établissement adéquat, ces cliniques jouent un rôle essentiel. **GL**

« Par définition, les centre de soins d'urgence constituent une soupape de sécurité… »

Association américaine des soins d'urgence

ON

1970

La Politique du mâle
Kate Millett

Une critique révolutionnaire de l'assujettissement des femmes

Les scènes de sexe dans les œuvres d'auteurs tels que D. H. Lawrence, Henry Miller et Norman Mailer constituent-elles des passages littéraires ou des actes éminemment politiques en représentant la domination des femmes par les hommes ? Kate Millett (née en 1934) ne doutait pas de la réponse et attaquait directement cet assujettissement dans son livre révolutionnaire, *La Politique du mâle*, publié en 1970.

Ce best-seller élaboré à partir de la thèse de doctorat de l'auteur constituerait selon certains le premier livre de critique littéraire féministe universitaire. En réalité, *La Politique du mâle* dépasse largement cette description. Définissant la politique comme un ensemble de relations de pouvoir où un groupe de personnes est dominé par un autre, Kate Millett se concentrait sur « le rôle des concepts de pouvoir et de domination dans certaines descriptions littéraires contemporaines de l'activité sexuelle ». Elle élargissait ensuite son champ d'étude pour analyser les relations sociales entre les sexes d'un point de vue théorique, élevant le patriarcat au rang d'institution politique à part entière. L'approche de Millett était révolutionnaire car Lawrence était alors un auteur intouchable et Mailer, vénéré dans sa modernité.

« … le sexe possède un aspect politique fréquemment négligé. »

Kate Millett, *La Politique du mâle* (1972)

L'ouvrage de Millett a soulevé une tempête de protestations, notamment de la part de Norman Mailer. Mais à travers son attaque du patriarcat se faisant passer pour naturel et de ses effets insidieux sur la société moderne, Millett a produit un texte essentiel qui a contribué à la deuxième vague du mouvement féministe dans les années 1970, et qui continue à l'influencer aujourd'hui. **SA**

1970

Critique canonique de la Bible
Brevard Childs

Étude des textes sacrés judéo-chrétiens qui se concentre sur le canon biblique

La critique canonique de la Bible tente de réconcilier les approches historiques et sociologiques en traitant les Écritures comme un document pertinent sur le plan théologique, et en examinant la présentation canonique des livres qui le composent. C'est la forme des textes sacrés qui prime ici sur leur contenu. La critique canonique refuse l'idée qu'on puisse découvrir l'intention de l'auteur et suggère que seuls le texte et sa position au sein du canon sont source de sens.

Le théologien américain Brevard Childs (1923-2007), père de la critique canonique, examinait dans sa *Biblical Theology in Crisis* (La théologie biblique en crise, 1970) le texte du canon biblique comme produit fini. Pour Childs, le texte biblique était témoin de Dieu et de Jésus, et pas simplement une source. C'est l'universitaire américain James A. Sanders (né en 1927) qui a créé le terme « critique canonique » dans son ouvrage *Torah et canon* (1972), où il examinait pourquoi la Torah s'achevait avec le Deutéronome et non le Livre de Josué, suggérant que sa forme canonique finale réinterprète l'histoire d'Israël concernant la réalisation de l'idée de la Terre promise. Childs rejetait le terme car selon lui il réduisait à une technique historico-critique une méthode de lecture qui voyait dans la Bible un texte sacré.

« On devrait souligner l'effet des diverses strates de tradition… »

Brevard Childs

La critique canonique s'est répandue à travers l'œuvre de spécialistes tels que David S. Dockery (né en 1952). Si la forme du canon a changé au fil de l'histoire, comment peut-on décider de celle qu'on utilisera, et comment être sûr que l'ordre des livres de la Bible constitue une partie de son message, demandent toutefois les critiques. **CK**

Symboles de l'oppression des femmes brandis lors d'une manifestation féministe au centre de Londres en 1971.

Musique postmoderne

Divers

Genre musical qui épouse l'absence de structure ou d'idéologie spécifique, et qui rejette le modernisme et son approche scientifique de la création artistique

John Zorn en concert en 2000. Ses compositions juxtaposant divers styles et genres ont été qualifiées de « sorte de zapping musical ».

« Une grande partie de ce que l'on appelle la musique postmoderne requiert de la part des auditeurs une certaine sophistication théorique et mémoire historique. »

Linda Hutcheon, *The Politics of Postmodernism* (1989)

Le terme « postmoderne » a été utilisé sporadiquement à la fin du XIXe siècle mais n'a pris la signification qu'on lui donne aujourd'hui dans le monde des arts qu'avec la parution de l'article « The postmodern house » (La maison postmoderne, 1945) de l'architecte Joseph Hudnut, dans lequel ce dernier regrettait certains aspects de l'architecture moderne et des techniques de fabrication industrielles. « Nous devons nous rappeler que les techniques n'ont de valeur que comme éléments d'expression », écrivait-il. Sa conception du postmodernisme comme antithèse du modernisme, plus scientifique, serait ensuite complétée par une vision décentralisée des histoires et cultures, où les valeurs sont relatives, et par une méfiance croissante envers le progrès économique et technique. En musique, le postmodernisme est apparu dans les années 1970, lorsque des compositeurs tels que George Rochberg (1918-2005) et Alfred Schnittke (1934-1998) ont adopté des approches pluralistes incorporant des éléments stylistiques ou citations directes d'œuvres anciennes. L'humour, incompatible avec le modernisme, occupait désormais une place importante, de même que la beauté et la naïveté. John Zorn (né en 1953) et sa juxtaposition des genres, où des éléments de jazz, pop et musiques de film forment des contrastes pour un effet amusant et chaotique, s'inscrivent dans ce même courant.

L'étiquette « postmoderne » a aussi été appliquée rétrospectivement à des compositeurs tels que Gustav Mahler (1860-1911), de sorte que le concept n'est plus un style musical de la fin du XXe siècle mais une approche esthétique. Les œuvres postmodernes remettent aussi en question ce qui constitue la musique moderne : des pièces assemblées à partir de sources historiques ne peuvent-elles pas sembler aussi novatrices qu'une œuvre moderniste créée à partir de modèles mathématiques ? **PB**

v. 1970

Codépendance

États-Unis

La dépendance aux besoins ou au contrôle d'un autre

La codépendance, terme psychologique apparu aux États-Unis dans les années 1970, décrivait à l'origine la dynamique malsaine existant entre époux ou membres d'une famille dépendants à l'alcool ou à la drogue. La codépendance semble parfois pourvue d'autant de définitions qu'il existe d'experts en ce domaine. À ses débuts, le terme caractérisait une personne qui manquait d'amour-propre, faisait preuve d'une intense anxiété dans ses relations personnelles ainsi que d'une tendance à satisfaire les désirs des autres à tout prix, même en sacrifiant ses propres besoins.

Cette personne fixait difficilement des limites aux autres, avait peur d'être abandonnée et éprouvait des difficultés à communiquer ses sentiments et besoins. Récemment, la définition a évolué pour comprendre presque toute personne qui passe d'une relation dysfonctionnelle à l'autre, où les besoins des autres l'emportent sur les siens. On considère de plus en plus souvent que les addictions ont leurs origines dans la codépendance.

La faiblesse psychologique inhérente aux codépendants explique que ceux-ci soient souvent victimes de relations dangereuses, qui souvent les manipulent ou les dominent, ce qui réduit leurs possibilités de rechercher de l'aide. Phénomène progressif, la codépendance peut rapidement sembler normale et s'avère difficile à soigner.

La thérapie de groupe s'avère statistiquement plus efficace que les efforts personnels ou la psychothérapie individuelle, et son succès dépend de la capacité du patient à identifier les stratégies de survie erronées qu'il utilise depuis l'enfance. Ce problème psychologique est tristement résumé dans la plaisanterie suivante : « Quand un codépendant meurt, c'est la vie de quelqu'un d'autre qui défile sous ses yeux. » **BS**

1970

Recyclage

États-Unis

Le traitement, à des fins de réutilisation, de matériaux qui auraient sinon été jetés

Les hommes réutilisent les matériaux depuis qu'ils construisent des outils, mais la pratique moderne du recyclage date de la première Journée de la Terre (le 22 avril 1970, aux États-Unis), événement qui a inspiré un véritable mouvement : depuis, des milliers de centres de recyclage existent dans le monde.

Les avantages potentiels du recyclage sont économiques et écologiques, bien qu'une analyse coûts/bénéfices ne soit pas toujours facile à réaliser. Il revient en général moins cher de traiter les déchets que de produire de nouveaux matériaux, mais les coûts du ramassage et du tri ne sont pas négligeables. De même, bien que le recyclage réduise l'impact environnemental des décharges et incinérateurs, la collecte et le transport des matériaux recyclables contribuent à la pollution, et les déchets toxiques peuvent nuire à la santé des personnes habitants près des déchetteries. Une législation appropriée tout au long de la chaîne de vie d'un produit peut améliorer l'efficacité du recyclage : par exemple, quand les fabricants sont obligés d'utiliser des récipients et emballages aisément recyclables et les consommateurs de trier leurs déchets avant leur ramassage.

« Le recyclage est une bonne chose. Ceux qui y participent en éprouvent de la fierté. »

Barry Commoner, biologiste et enseignant

Le recyclage est populaire, tant auprès du public que des gouvernements et industriels. La population urbaine et industrielle mondiale ne cessant de progresser, le recyclage sera de plus en plus important, bien que l'on craigne déjà qu'il s'avère insuffisant. Il faudrait alors passer à une stratégie de boucle, où chaque élément d'un produit manufacturé soit ou recyclable ou biodégradable – une vraie révolution pour notre société de consommation. **GB**

v. 1970

Breakdance

Afrika Bambaataa

Une danse des rues acrobatique et énergique

Parfois baptisée smurf en français, la breakdance est une danse exécutée sur fond de hip-hop. Elle est constituée de plusieurs éléments : au toprock s'ajoutent le downrock où le danseur emploie ses mains et ses pieds comme supports, les phases (des actions acrobatiques, comme tournoyer sur sa tête), des poses stylisées baptisées freezes et réalisées en suivant un rythme marqué, et les « suicides » où un danseur garde une pose pour signaler la fin de sa danse, par exemple en tombant à terre.

La culture hip-hop, née dans le Bronx au début des années 1970, avait alors pour fers de lance les DJ Akrika Bambaataa (né en 1957), Kool Herc (né en 1955) et Kool Moe Dee (né en 1962). Bambaataa encourageait les bandes rivales des communautés noires et latinos

« Quand j'ai entendu parler de cette danse en 1977, elle s'appelait b-boying… »

Richard « Crazy Legs » Colón, *The Freshest Kids* (2002)

à s'affronter lors de duels dansés en faisant appel à des mouvements acrobatiques et spins (où l'on tournoie sur une partie de son corps) plutôt qu'à la violence. Ces adolescents et jeunes adultes ont alors abandonné la culture des bandes pour devenir passionnés de hip-hop et faire des démonstrations de breakdance dans les discothèques ou dans la rue.

Dès les années 1980, le hip-hop faisait partie de la culture de masse et avec lui la breakdance, en partie grâce au succès du groupe Rock Steady Crew. Michael Jackson a incorporé des mouvements de breakdance dans ses chorégraphies et cent b-boys (danseurs de breakdance) ont participé à la cérémonie de clôture des Jeux olympiques de Los Angeles en 1984. La breakdance a ensuite rejoint l'Europe, l'Asie et l'Amérique latine, et demeure aujourd'hui une danse des rues populaire. **CK**

1971

Position originelle

John Rawls

Une théorie de la justice qui favorise une législation équitable

L'idée que les lois résultent d'un contrat social entre citoyens consentants et leur gouvernement remonte au *Léviathan* du philosophe anglais Thomas Hobbes, publié en 1651, mais c'est l'Américain John Rawls (1921-2002) qui dans son ouvrage *Théorie de la justice* (1971) a amendé cette thèse pour inclure l'idée d'équité.

Dans tout contrat social, les individus acceptent d'être gouvernés parce que les bénéfices qu'ils obtiennent ainsi collectivement excèdent les libertés individuelles qu'ils abandonnent. Mais ce contrat est-il équitable pour tous ? Certaines personnes ne peuvent-elles en forcer d'autres à l'accepter ? Selon Rawls c'était une possibilité, et certaines lois pouvaient être adoptées bien qu'elles soient irrationnelles ou favorables aux plus forts. Il a donc proposé qu'un contrat social soit rédigé

« La position originelle est un statu quo dans lequel tous les accords conclus [sont] équitables. » **John Rawls, *Théorie de la justice***

à partir de la « position originelle », une situation hypothétique où les négociateurs opèrent derrière « un voile d'ignorance », en ne sachant pas pour qui ils négocient. Ils ne connaissent par exemple ni l'âge, ni le sexe, ni l'appartenance ethnique, ni – plus important que tout – la « conception du bien » de tous ces individus. Derrière ce voile, les législateurs pourraient agir rationnellement et impartialement pour déterminer les deux principes fondamentaux de la justice sur lesquels la nouvelle société serait fondée. Chaque citoyen jouirait des mêmes libertés fondamentales, cependant que l'on s'attaquerait aux inégalités sociales et économiques de façon à favoriser les plus défavorisés. On utiliserait pour cela la règle du « maximin » (maximiser le minimum). La théorie de Rawls offrait un point de référence en matière de législation équitable et ses implications sont considérables. **SA**

Danseurs de breakdance dans les rues de Brooklyn en 1984.

6-febrero
2000
Trazos
de historia
héroes y Mártires
13-10-2002
TRUCTURAS DE INJUSTICIA SOCIAL, SON LAS
LENTA A NUESTROS POBRES." Mons

1971

Théologie de la libération

Gustavo Gutiérrez

Une réponse chrétienne radicale à la pauvreté, l'oppression et l'injustice

Face aux injustices sociales dont ils étaient témoins dans leurs paroisses, un certain nombre de prêtres et théologiens catholiques latino-américains ont réagi en adoptant une nouvelle interprétation du message du Christ, exposée dans *Une théologie de la libération* (1971), publiée par leur chef de file, le prêtre péruvien Gustavo Gutiérrez (né en 1928).

Dans les années 1950 et 1960 l'Amérique latine était rongée par les dictatures militaires et une extrême pauvreté. Formée en 1955, la conférence épiscopale latino-américaine a poussé l'Église catholique à se préoccuper davantage de justice sociale lors de deux conférences importantes. La nouvelle théologie de la libération s'appuyait sur deux principes. Premièrement, il était nécessaire de lutter contre toutes les formes d'oppression. Deuxièmement, cette nouvelle théologie devait naître et s'épanouir dans les communautés qu'elle représentait au lieu d'être imposée par la hiérarchie catholique. La solidarité avec les pauvres devait transformer la société, aussi chaque aspect de l'Église et de son enseignement serait examiné du point de vue de ces derniers.

« La théologie de la libération est [...] une question sur le sens même du christianisme. »

G. Gutiérrez, *Une théologie de la libération* (1971)

La théologie de la libération a fait l'objet d'attaques de la part des plus conservateurs au sein de l'Église, qui lui reprochaient de faire du Christ un personnage politique. En 1979, Jean-Paul II mettait en garde contre cette conception d'un Christ révolutionnaire, puis en 1983 la Congrégation pour la doctrine de la foi a accusé de marxisme la théologie de libération. Ses chefs de file ont fait fi des critiques, et l'ont parfois payé cher : l'archevêque salvadorien Óscar Romero a ainsi été assassiné alors qu'il célébrait la messe, en 1980. **SA**

◄ Peinture murale représentant Óscar Romero, défenseur de la théologie de la libération, Suchitoto, Salvador.

1971

Droits ou mérite

John Rawls

Sur quelle base équitable rémunérer les individus ?

L'argument en faveur de la répartition des richesses en fonction des droits est fondé sur l'idée qu'une répartition en fonction du mérite contiendrait une certaine injustice. Il fait appel à la notion qu'une répartition équitable ne peut être basée sur des facteurs que ne contrôlent pas les bénéficiaires. Selon le philosophe américain John Rawls (1921-2002) et sa *Théorie de la justice* (1971), la répartition des bénéfices selon la race ou le sexe semble injuste puisque aucun de ces facteurs n'est contrôlable. Mais que dire alors si les facteurs utilisés dans le calcul des droits sont eux aussi en grande partie incontrôlables par la personne ? Cela semble impliquer qu'une répartition basée sur des succès garantis est elle aussi injuste.

Louis Pojman (1935-2005) affirmait que les droits sont une sorte de mérite qui implique la responsabilité. Les personnes sont libres de choisir leurs efforts, peuvent être tenues responsables de ce choix, et devraient donc être récompensées pour l'ampleur de cet effort. Cette position présume que l'effort est contrôlable par l'individu, contrairement au talent, et qu'il est mesurable et clairement reconnaissable par rapport aux autres facteurs.

« La justice est une volonté constante et perpétuelle de donner à chacun son dû. »

Louis Pojman, « Equality and Desert » (1997)

Selon Joel Feinberg (1926-2004), les qualités méritoires que sont l'intelligence, les capacités athlétiques et une bonne éducation constituaient « les bases des droits », ce qui signifiait que, bien que nous ne méritions peut-être pas ces caractéristiques, elles peuvent former la base de la récompense. Par exemple, vous ne méritez peut-être pas votre intelligence supérieure ni votre capacité à travailler dur, mais vous méritez la bonne note dont on a récompensé votre dissertation, qui est le produit de votre intelligence et de vos efforts. **JP**

Hypothèse Gaïa

James Lovelock

Une nouvelle conception de la Terre et du maintien des conditions de vie

James Lovelock en août 1980 devant une statue de la déesse grecque de la terre, Gaia, en hommage à laquelle il a baptisé sa célèbre théorie.

« Le système terrestre se comporte comme un système unique autorégulateur doté d'éléments physiques, chimiques, biologiques et humains. »

Déclaration d'Amsterdam de l'Union internationale humaniste et éthique (2001)

On présume généralement que la Terre est un objet solide sur lequel prospère la vie. Et si la Terre était elle-même un organisme vivant ? Cette idée est venue au scientifique britannique indépendant James Lovelock (né en 1919) alors qu'il recherchait des signes de vie dans un endroit quelque peu isolé.

En septembre 1965 il travaillait pour un laboratoire de recherche californien où il se consacrait à la détection de la vie sur Mars quand il a soudain compris qu'il n'était pas nécessaire de visiter cette planète pour trouver une réponse. Puisque la vie sur Terre est responsable de l'atmosphère, étudier celle de Mars (ou plutôt son absence) à travers un télescope à infrarouge déterminerait si la vie était présente ou non sur la planète rouge. De là est née l'idée de la Terre comme « planète vivante » et, en 1972, l'hypothèse de Lovelock selon laquelle la Terre constitue un unique organisme autorégulateur capable d'entretenir la vie.

Baptisée Gaïa en hommage à la divinité personnifiant la Terre dans la mythologie grecque (choix suggéré par l'auteur William Golding, alors le voisin de Lovelock), l'hypothèse pose que la Terre est contrôlée par les organismes vivants qui l'habitent, en interaction constante au sein d'un système autorégulateur. La planète prend soin d'elle-même à travers l'évolution de sa biosphère, atmosphère, hydrosphère et pédosphère. Ce système régule la salinité des océans et l'oxygène de l'atmosphère pour offrir le meilleur environnement possible aux diverses formes de vie. Cela ne signifie pas nécessairement que Gaia sauvera l'humanité. Au contraire, « Gaia prendra soin d'elle-même. Et la meilleure façon d'y parvenir est peut-être de se débarrasser de nous », a averti Lovelock en 1987.

De cette hypothèse dérive toute une philosophie aux implications importantes pour l'environnement et l'avenir de la vie, implications que l'on doit encore explorer. **SA**

Thérapie génique

Theodore Friedmann et Richard Roblin

L'utilisation de l'ADN dans le traitement de la maladie

La thérapie génique consiste à traiter les maladies, en particulier celles provoquées par des anomalies génétiques, par la manipulation de l'ADN. Le terme a commencé à être largement employé dès la fin des années 1960, puis en 1972 Theodore Friedmann et Richard Roblin ont publié un article essentiel où ils exposaient les divers défis techniques et éthiques que la génothérapie devait encore surmonter avant de devenir une voie de traitement valable.

Les fondations de ce type de thérapie avaient été posées dans les années 1960, époque où la compréhension du fonctionnement du matériel génétique avait énormément progressé au niveau moléculaire. L'idée que l'on pouvait guérir des maladies en manipulant ce matériel est née naturellement, et dès 1972 des « vecteurs » spécifiques, tels que l'utilisation de virus à l'ADN modifié, avaient déjà été proposés. Selon Friedmann et Robin, la thérapie génique ne fonctionnerait que lorsque les chercheurs pourraient décrire avec précision les effets spécifiques de la transformation de l'ADN, et seraient capables de mettre au point les vecteurs nécessaires. Le premier traitement expérimental de ce type a été autorisé aux États-Unis en 1990, pour Ashanti DeSilva, une petite fille de 4 ans souffrant d'un trouble immunitaire.

La thérapie génique porte de grandes promesses dans le traitement de maladies telles que le cancer, les problèmes cardio-vasculaires ou les troubles auto-immuns. Jusqu'à ce jour toutefois, elle demeure cantonnée aux traitements expérimentaux, et l'on n'a pas encore trouvé de vecteurs efficaces et fiables capables d'introduire le nouveau gène au niveau cellulaire. Mais cela pourrait changer bientôt, car la recherche ne cesse de progresser. **BSh**

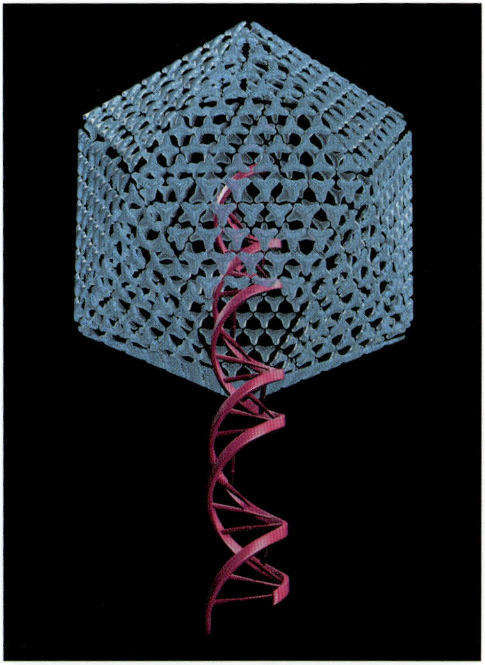

↑ Cette image numérique d'un brin d'ADN (rouge) transporté par un virus (bleu), illustre l'utilisation de virus dans la thérapie génique.

« [Nous] pensons qu'à cause de la nature irréversible et transmissible de la thérapie génétique, on ne peut tolérer qu'une marge réduite de risque et d'incertitude. »

Theodore Friedmann and Richard Roblin, "Gene Therapy for Human Genetic Disease?" (1972)

1972

Voir le voir

John Berger

Une étude des idéologies masquées qui influencent notre regard sur l'art

Quand nous observons une œuvre de maître ancien, que voyons-nous en réalité : une scène classique, ou découvrons-nous le tableau à travers un prisme contemporain ? Si la deuxième proposition est la bonne, que cela change-t-il ?

Selon John Berger (né en 1926), beaucoup. Dans le documentaire télévisé *Ways of Seeing* (Manières de voir) qu'il a réalisé pour la BBC, diffusé en 1972, Berger, romancier et critique anglais défendant un humanisme marxiste, affirmait avec pertinence que des idéologies cachées influencent notre regard sur l'art.

Dans *Voir le voir*, l'ouvrage qu'il publia après le documentaire, il s'appuyait sur des idées défendues par Walter Benjamin (1892-1940) dans son essai de 1936, *L'Œuvre d'art à l'*époque de sa reproductibilité technique. Benjamin décrivait une théorie de l'art qui serait « utile pour la formulation d'exigences révolutionnaires dans la politique de l'art ».

Selon lui, à l'ère de la reproduction mécanique, l'art devrait être fondé sur la pratique politique. Berger partageait cet avis, soutenant dans la première partie de son documentaire que la reproduction constante des œuvres des maîtres anciens les avait séparées du contexte de leur création. Abordant le sujet du nu féminin, il expliquait que seule une vingtaine ou une trentaine d'œuvres représentaient la femme elle-même, et non le sujet du désir masculin ou son idéalisation. Il considérait que l'usage de la peinture à l'huile reflétait le statut du mécène qui avait commandé le tableau, et que la photographie en couleurs remplissait le rôle autrefois attribué à la peinture.

Berger était délibérément provocateur mais son influence a été immense. En examinant l'esthétique occidentale traditionnelle, il ouvrait la voie aux féministes et autres critiques qui étudient les tableaux avec un regard contemporain. **SA**

La Grande Odalisque (1814) d'Ingres compte parmi les tableaux à travers lesquels Berger a examiné la représentation des femmes dans l'histoire de l'art.

1972

Bonheur national brut

Roi Jigme Singye Wangchuck

Une approche holistique de l'évaluation du progrès économique et social d'un pays

Le bonheur national brut est une mesure non quantitative de la qualité de vie des citoyens d'un pays, qui s'appuie sur divers critères, économiques ou autres. Toutes choses étant égales dans deux pays, celui doté d'un BNB supérieur est plus « développé » que l'autre. Ce concept a été exposé pour la première fois par le roi du Bhoutan, Jigme Singye Wangchuck (né en 1955), et depuis le gouvernement de ce pays a recours à cette mesure pour évaluer le bien-être de ses citoyens et analyser les effets des politiques adoptées.

Le BNB a été établi en réaction aux limites des indicateurs de développement purement économiques tels que le PIB (produit intérieur brut). Ainsi le BNB est partiellement fondé sur des facteurs tels que la protection du patrimoine culturel et de l'environnement naturel, le développement équitable, et une gouvernance juste. Ses défenseurs soulignent souvent qu'une fois les besoins essentiels des citoyens satisfaits, des revenus accrus ne produisent pas de grandes différences dans le bonheur ressenti. De plus, certaines méthodes employées pour augmenter le PIB (par exemple l'exploitation des ressources naturelles) peuvent détériorer les conditions de vie des citoyens et ainsi faire baisser le BNB.

L'intuition sur laquelle est fondé le BNB (le bien-être ne dépend pas seulement du succès économique et le PIB ne peut, à lui seul, mesurer la qualité de vie des citoyens) est de plus en plus acceptée, notamment par les adeptes du développement durable.

Des mesures plus quantitatives du bien-être, telles que l'indice de bien-être durable et l'indicateur de progrès véritable constituent des variations sur ce même thème. **BSh**

Le roi Jigme Singye Wangchuck du Bhoutan (au centre) et ses serviteurs, en 1976.

Équilibre ponctué

Niles Eldredge et Stephen Jay Gould

Les espèces évoluent par rapides changements qui ponctuent de longues périodes sans modifications ou presque

L'étude des trilobites fossiles s'est avérée essentielle à la formulation de la théorie de l'équilibre ponctué d'Eldredge et Gould.

« Deux faits notables de l'étude des fossiles – l'origine géologiquement "soudaine" de nouvelles espèces et le manque de changement postérieur (stasis) – reflètent les prédictions de la théorie de l'évolution et non les imperfections du registre fossile. »

Stephen Jay Gould

L'évolution des espèces ne se fait par par une progression régulière mais par des changements rapides survenant de loin en loin. Ces épisodes peuvent se produire pour diverses raisons, mais sont souvent liés à des transformations soudaines de l'environnement ou à des mutations qui offrent naturellement à une espèce d'immenses avantages sur les autres.

L'Origine des espèces de Charles Darwin avait conduit les biologistes à penser autrement depuis 1859, mais en 1972 les paléontologues américains Niles Eldredge (né en 1943) et Stephen Jay Gould (1941-2002) ont publié un article intitulé « Équilibre ponctué : une alternative au gradualisme phylétique », où ils suggéraient que le modèle d'évolution progressive était incorrect, ou du moins incomplet. Ils soutenaient que le registre fossile s'opposait à cette théorie et démontraient que les espèces tendent à demeurer dans le même état (stasis) pendant de longues périodes. Le changement ne se produit, en termes géologiques, que durant de brèves périodes.

Selon la théorie de l'équilibre ponctué, à un moment donné de l'histoire d'une espèce on trouve peu de traces de transformation. Le registre fossile semble prouver cette thèse, mais aussi son opposé : de fait, certaines espèces évoluent bien progressivement. L'influence de la théorie est encore controversée à ce jour, car si selon certains elle représente le schéma dominant de l'évolution, selon d'autres c'est une exception à la règle du changement progressif. Depuis sa présentation toutefois, l'équilibre ponctué a influencé d'autres domaines, dont la linguistique et les interactions géopolitiques, car elle offre une alternative à l'idée de progrès et d'adaptation réguliers. **MT**

1972

Les Limites de la croissance

D. H. Meadows, D. L. Meadows *et al.*

Une prédiction de l'épuisement des ressources limitées de la Terre

Il y a seulement 40 ans, on était loin d'imaginer que les ressources naturelles puissent décliner, et la croissance économique paraissait inexorable. La pensée à ce sujet a changé principalement grâce à un ouvrage, *Les Limites de la croissance* (1972), commandé un groupe de réflexion sur l'économie globale, le Club de Rome. Modèles établis par ordinateur à l'appui, le livre affirmait qu'une croissance économique et démographique non maîtrisée mettait la planète en danger.

Les auteurs avaient conçu un modèle informatique baptisé World3 qui simulait les conséquences de l'exploitation des ressources terrestres par l'homme. Cinq variables principales étaient prises en compte : la population mondiale, la production alimentaire, l'industrialisation, la diminution des ressources et la pollution. Le modèle était fondé sur l'hypothèse d'une croissance exponentielle, mais la capacité technologique à augmenter la disponibilité des ressources n'y progressait que de façon linéaire. En changeant les tendances de croissance des cinq paramètres selon trois scénarios, on obtenait un « dépassement et effondrement » du système économique mondial dès le milieu ou la fin du XXIe siècle selon les deux premiers scénarios ; le troisième aboutissait à une stabilisation de la planète.

Le rapport a évidemment suscité beaucoup d'intérêt et de critiques. De nombreux économistes ont attaqué sa méthodologie et sa rhétorique en soutenant que la technologie pouvait résoudre tous les problèmes du moment que la croissance se poursuivait. Si celle-ci stoppait, des milliards d'hommes seraient perpétuellement condamnés à la pauvreté. Des mises à jour effectuées 20 et 30 ans plus tard par les auteurs ont cependant confirmé leurs prédictions, et d'autres analyses réalisées en Australie et ailleurs confirmaient aussi le rapport original. Il existe réellement des limites à la croissance. **SA**

1973

Principe anthropique

Brandon Carter

Les observations de l'univers doivent être compatibles avec les formes de vie qui l'étudient

Selon le principe anthropique, c'est parce que des observateurs intelligents existent (comme les êtres humains) que les lois de la physique peuvent être découvertes et prouvées (par exemple les valeurs précises des forces fondamentales et la répartition de la masse et de l'énergie).

Le principe anthropique a été proposé pour la première fois par le physicien Brandon Carter (né en 1942) en 1973, en réaction au principe de Copernic selon lequel la Terre (et les hommes qui l'habitent) n'occupe pas une place privilégiée dans l'univers. Tout en acceptant cela, Carter faisait remarquer que l'existence d'observateurs est privilégiée en cela que ces derniers devraient toujours s'attendre à découvrir que l'univers qu'ils observent est compatible avec leur propre existence. Tel est le principe anthropique faible. Carter a aussi formulé un principe anthropique fort, qu'il ne défendait pas, où l'univers doit être structuré de façon à admettre l'existence d'observateurs intelligents.

> *« Je travaille à partir de la plus simple des hypothèses compatibles avec les preuves basées sur l'observation. »* Brandon Carter

Les scientifiques et philosophes ont appliqué ce principe à divers autres problèmes. Par exemple, il est souvent évoqué au sujet de l'existence de Dieu, notamment quand on mentionne les « ajustements fins » qui prouveraient celle-ci. Selon les défenseurs de cette théorie, la nature ordonnée de l'univers et l'existence de la vie intelligente qu'elle permet prouvent l'existence de Dieu.

Certains critiques rétorquent que le principe anthropique faible explique aussi bien cette nature ordonnée car s'il en était autrement, les observateurs intelligents n'existeraient simplement pas. **BSh**

1973

Small is Beautiful

E. F. Schumacher

Un argument en faveur d'une activité économique plus réduite

Small is Beautiful [Le petit est beau] : *une société à la mesure de l'homme* (1973) est un recueil d'essais de l'économiste britannique E. F. Schumacher (1911-1977), qui y critique divers principes de la pensée économique conventionnelle, en particulier l'idée qu'une production accrue ne peut qu'augmenter le bien-être de l'humanité.

Schumacher avait rédigé son ouvrage en réaction à ce point de vue très répandu mais qu'il jugeait faux, selon lequel la meilleure façon de réduire la pauvreté, la famine et la guerre est d'augmenter la quantité de biens et services produits. Schumacher soulignait le coût, trop souvent ignoré, d'une productivité accrue, notamment la consommation de ressources naturelles limitées, la pollution de l'environnement et le sort des travailleurs licenciés pour raisons économiques à cause des avancées technologiques. L'auteur défendait un autre choix économique, celui d'une diminution de la consommation, où une « technologie intermédiaire » permettrait aux personnes, notamment dans les pays en voie de développement, de se réaliser dans leur travail.

> « *Si nous gaspillons le capital qu'est la nature vivante [...] nous menaçons la vie même.* » **E. F. Schumacher, *Small Is Beautiful* (1973)**

Les arguments de Schumacher ont eu une extraordinaire influence, surtout dans le domaine du développement durable, de l'éthique environnementale et de la théorie de l'organisation.

De nombreux universitaires et responsables politiques ont intégré son idée que des éléments aussi divers que les hydrocarbures, le degré de pollution que l'environnement est capable de supporter et le bien-être des travailleurs devraient être traités comme un capital digne d'être préservé, et non comme un revenu que l'on peut dépenser. **BSh**

1973

Interaction forte

D. Gross, F. Wilczek et D. Politzer

Une des forces responsables de la cohésion des plus petites particules de la matière

Les quatre forces fondamentales de la physique sont la gravitation, l'électromagnétisme, l'interaction forte et l'interaction faible. Les deux premières ont été découvertes avant les autres parce qu'on peut aisément observer leur action dans le monde visible. L'interaction (ou force) forte, comme la faible, opère à l'échelle subatomique et son existence n'a été perçue qu'au XXe siècle.

Les physiciens ont commencé à en supputer la présence au milieu des années 1930. Émettant l'hypothèse que la répulsion électromagnétique entre les protons devrait normalement rompre ce noyau, ils ont postulé l'existence d'une autre force, beaucoup plus puissante, qui permettait sa cohésion. Dans les années 1960, après la découverte des quarks (les particules qui constituent les protons et les neutrons), la question de la cohésion de ces derniers s'est à son tour posée. En 1973, David Gross (né en 1941), Frank Wilczek (né en 1951) et David Politzer (né en 1949) ont publié deux articles qui résolvaient une partie essentielle du mystère. Ils ont compris que contrairement à d'autres forces, l'interaction forte semble gagner en puissance avec la distance ; l'interaction entre deux quarks proches l'un de l'autre est si faible qu'ils se comportent comme des particules libres, mais s'ils s'éloignent l'un de l'autre la force qui les unit augmente comme s'ils étaient reliés par un élastique. En 2004, ces chercheurs ont reçu le prix Nobel de physique pour cette découverte.

> « *... sans [interaction forte], chaque atome de l'univers devrait spontanément exploser...* » **David Evans, physicien**

L'interaction forte n'agit peut-être qu'à l'intérieur d'un minuscule espace, mais on sait désormais que c'est la plus puissante des forces fondamentales, cent fois plus que la suivante, l'électromagnétisme. **JH**

Regroupement en trois jets, preuve de la présence des gluons, les particules porteuses de l'interaction forte. ➡

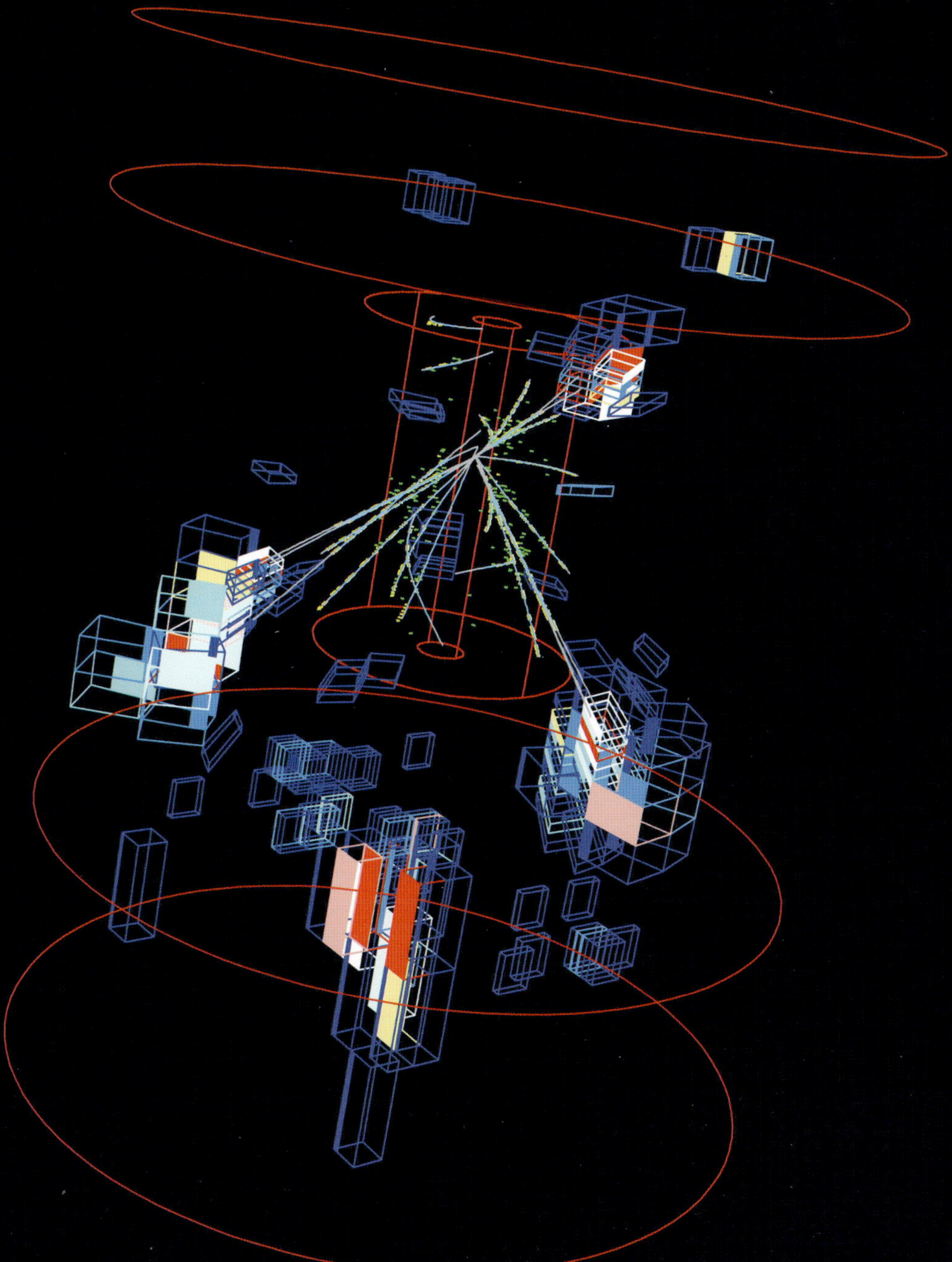

1973

Syndrome de Stockholm

Nils Bejerot

La tendance d'un otage à s'identifier à son ravisseur, à s'attacher à lui ou à sympathiser avec lui

Le syndrome de Stockholm est une réaction psychologique complexe éprouvée par des personnes placées dans des situations effrayantes. On l'a identifié chez des otages, des survivants des camps de concentration, des membres de sectes religieuses, des femmes et enfants battus. Son nom fait référence à une prise d'otages survenue à Stockholm en août 1973. Lors de l'attaque d'une banque, trois employés avaient été retenus par les braqueurs pendant 113 heures. Après leur libération, ils semblaient avoir formé des liens affectifs paradoxaux avec leurs ravisseurs, allant jusqu'à les défendre. Le syndrome a été baptisé ainsi par Nils Bejerot (1921-1988), psychologue et consultant de la police suédoise durant cette prise d'otages.

« C'est difficile de détester quelqu'un une fois qu'on le comprend. »

Lucy Christopher, *Lettre à mon ravisseur* (2009)

Il n'existe pas de critères établis pour diagnostiquer ce syndrome. Quand Patricia Hearst, riche héritière d'un empire de presse, a été enlevée par un groupe politique extrémiste en 1974, elle est devenue la complice de ses ravisseurs, a adopté une fausse identité et les a aidé à braquer des banques. Toutefois, selon le FBI ce genre de relation entre victime et ravisseur a été « trop soulignée et trop analysée, et on en a trop fait la publicité ».

L'étude du syndrome de Stockholm a influencé la façon dont les services de police affrontent les prises d'otages ; leurs négociateurs choisissent parfois d'encourager le lien ravisseur/victime en partageant certains détails de la vie familiale ou personnelle de l'otage avec le ravisseur car humaniser la victime demeure son meilleur espoir de rester en vie. **BC**

1973

Télévision en circuit fermé

Royaume-Uni et États-Unis

L'usage de caméras pour produire des photos et vidéos à des fins de surveillance

Dans un système de télévision en circuit fermé, un signal hertzien est envoyé à un nombre limité d'écrans. Les images peuvent être observées, sur place ou à distance, ou simplement enregistrées. On y a recours pour surveiller les zones « à risque », comme les parkings, les magasins, les terminaux d'aéroport et les centres-villes.

Le concept remonte aux années 1930, et dès 1950 le système était employé pour observer des expériences dangereuses, donner des conférences à distance ou regarder des manifestations sportives en direct. Toutefois la télévision en circuit fermé n'a été utilisée dans la prévention de la criminalité qu'à partir des années 1970, une fois que les avancées technologiques et la réduction des coûts l'ont rendue possible à grande échelle. En 1973 le ministère de l'Intérieur britannique a publié un rapport influent qui examinait les avantages et inconvénients possibles de ce système contre le vol à l'étalage. Depuis, ce moyen préventif a été largement utilisé au Royaume-Uni et dans d'autres pays.

« Vous [êtes] surveillé par un "Synchroscan télétecteur", une caméra sous cage. »

Jack Rosenthal, magazine *Life* (11 juillet 1969)

Ses défenseurs soutiennent que c'est une méthode efficace de prévention de la criminalité puisqu'elle transforme l'environnement physique. Bien que des études aient prouvé cette efficacité en certaines circonstances, les critiques rétorquent que la criminalité est simplement déplacée et non stoppée. Selon d'autres, l'usage généralisé des caméras de surveillance viole la vie privée de ceux qu'elles filment. Leur utilisation devrait cependant continuer, surtout si de nouvelles technologies, comme les logiciels de reconnaissance faciale, augmentent son efficacité. **BSh**

Patty Hearst, ici en 1974, qui rejoignit le mouvement armé qui l'avait kidnappée.

Néoconservatisme

Michael Harrington

Une idéologie politique américaine qui marie conservatisme traditionnel et individualisme

Jeane Kirkpatrick, partisane d'une politique étrangère néoconservatrice, à la télévision en 2003. Ambassadrice américaine aux Nations unies, elle a joué un rôle important au sein du gouvernement Reagan.

Le terme « néoconservatisme » a été utilisé la première fois en 1973 par Michael Harrington (1928-1989), social-démocrate américain, en référence à un groupe d'anciennes personnalités de gauche qui adoptaient désormais des positions conservatrices. Le terme décrit aussi les diverses idées défendues par ces penseurs, notamment en politique étrangère.

Parmi ces derniers, Harrington comptait le journaliste Irving Kristol, les sociologues Nathan Glazer et Daniel Bell, et le démocrate Daniel Patrick Moynihan. Bien que tous aient partagé certaines des valeurs de la Nouvelle Gauche des années 1960, ils s'en écartaient sur deux points significatifs.

Premièrement, ils préconisaient une politique étrangère interventionniste destinée à contenir le communisme et à promouvoir la démocratie. Deuxièmement, ils soutenaient que les politiques défendues par la Nouvelle Gauche (telles la discrimination positive, l'aide sociale et les réformes scolaires) échoueraient probablement et auraient même des conséquences négatives. Cela a poussé certains d'entre eux à rejoindre les rangs du Parti républicain.

Aujourd'hui, le terme « néoconservateur » est toujours synonyme aux États-Unis de politique étrangère interventionniste visant à promouvoir la démocratie. Le néoconservatisme est en effet associé à la théorie de la paix démocratique selon laquelle des démocraties ne se font (presque) jamais la guerre, et à la pensée du philosophe Leo Strauss, selon qui le succès des institutions politiques des pays occidentaux, telles que la démocratie représentative, est fondé sur de nombreux autres aspects de la culture de ces derniers. **BSh**

« [Un néoconservateur] est une personne de gauche qui s'est fait agresser par la réalité. »

Irving Kristol, journaliste

GPS (Global Positioning System)

Bradford Parkinson

Un système de localisation par satellite pour déterminer la position, la vitesse et l'heure

Le système est composé de trois parties : le segment spatial englobe les divers satellites, celui du contrôle est constitué de stations d'observation situées au sol, et celui de l'utilisation comprend toutes les personnes utilisant le système ainsi que les appareils qui reçoivent les signaux satellite.

On désigne souvent ces récepteurs, qui équipent couramment téléphones portables et automobiles, par le sigle GPS. Si la mise au point du GPS est le fruit de diverses collaborations, il a été imaginé en 1973 par Bradford Parkinson (né en 1935), ingénieur aéronautique et officier de l'aviation militaire américaine.

L'idée d'un système de navigation par satellite était née d'un système similaire, au sol, qui faisait appel aux signaux radio entre émetteurs pour déterminer la position des bateaux et avions.

Établi dans les années 1940, ce genre de système était utilisé à des fins militaires. Le GPS a d'ailleurs été conçu pour guider les missiles. Le premier satellite a été lancé en 1978 et l'utilisation expérimentale du système par l'armée a continué au fur et à mesure que davantage de satellites rejoignaient l'espace. Très utile pendant la guerre du Golfe en 1990 et 1991, le système est devenu pleinement opérationnel en 1995, puis accessible au public un an plus tard.

Le GPS avait recours à l'origine à 24 satellites mais dès 2012 ce chiffre était passé à 32. Cette expansion a amélioré la précision du système. Les applications militaires ont elles aussi progressé, notamment dans le domaine des missiles de précision et du repérage et suivi des mouvements de troupes. La capacité du système à déterminer des positions fines s'est avérée inestimable pour les services d'urgence ou de police, et le GPS constitue désormais un outil indispensable, aux applications nombreuses. **TJ**

↑ Illustration d'un satellite GPS en orbite. La position de l'utilisateur est calculée à partir du temps nécessaire à la transmission d'un signal radio entre le satellite et le récepteur.

« N'importe qui, n'importe où dans le monde, peut presque immédiatement déterminer sa position tridimensionnelle, à une largeur de rue près. »

Bradford Parkinson

1974

Φ

Quel effet cela fait, d'être une chauve-souris ? Thomas Nagel

On ne peut comprendre l'état mental d'un être qu'en ayant la même vie que lui

Selon le philosophe Thomas Nagel (né en 1937), même si nous pouvons décrire objectivement toutes les qualités physiques de l'existence, par exemple la façon dont une chauve-souris utilise son sonar, nous ne saurons jamais quel effet cela fait d'être un animal de ce type, parce que nous n'appartenons pas à la même espèce et que la conscience dépasse le processus physique de la sensation.

Nagel a publié son article « Quel effet cela fait, d'être une chauve-souris ? » en 1974, en réaction à ce qu'il baptisait l'« euphorie réductionniste » qui régnait alors. Il offrait l'exemple de la chauve-souris pour contrer la position réductionniste selon laquelle tous les phénomènes mentaux, comme la conscience, peuvent être expliqués en termes purement physiques. Les chauves-souris sont si différentes des êtres humains qu'il nous est impossible de comprendre leur façon d'appréhender le monde. Même à l'intérieur de notre compréhension de la réalité physique, notre idée de leur vécu est forcément faussée si nous n'avons pas la moindre expérience de l'effet que cela fait de vivre comme une chauve-souris.

« ... si j'essaie d'imaginer cela, je suis borné aux ressources de mon propre esprit. »

T. Nagel, *Quel effet cela fait, d'être une chauve-souris ?*

La question de Nagel nous transporte au cœur de la nature subjective de la conscience, fondée sur l'expérience. Pour un aveugle de naissance, le mot « couleur » possède-t-il la même signification que pour un voyant ? Comment le pourrait-il ? Et comment un voyant pourrait-il comprendre ce que cela fait d'avoir toujours été privé de la vue ? Pour Nagel, il est impossible, ou presque, de répondre à ces questions, raison pour laquelle la conscience dépasse la compréhension objective. **MT**

🡐 **Deux roussettes. Selon Hagel, nous ne pourrons jamais comprendre leur appréhension de la vie.**

1974

Φ

La Terre comme canot de sauvetage Garrett Hardin

Les pays riches ne devraient pas risquer leur propre sécurité en offrant leurs ressources limitées aux pays pauvres

Imaginez un instant qu'après un terrible naufrage vous vous retrouviez avec un petit groupe de survivants dans un canot de sauvetage au milieu de l'océan. Autour de vous, dans l'eau, des centaines d'autres naufragés vous supplient de les laisser monter à bord. Si vous autorisez trop d'entre eux à rejoindre votre canot, celui-ci se renversera et coulera, condamnant tout le monde.

Maintenant, imaginez que ce canot représente la Terre, les gens dans l'eau les pays pauvres et en voie de développement, les naufragés du canot les pays riches. Selon Garrett Hardin (1915-2003), écologiste américain, cette situation explique pourquoi les nations riches ne devraient pas aider les pays pauvres. Cet argument a été présenté la première fois dans l'article « L'éthique du canot de sauvetage : plaidoyer contre l'aide aux pauvres » (1974) qu'avait écrit Hardin en partie pour réfuter la notion, alors populaire, que la Terre était similaire à un vaisseau spatial dont les habitants dépendraient pour leur survie : il leur incombait donc de cohabiter et de tous protéger l'astronef. Hardin soutenait que la Terre n'était pas un vaisseau mais un groupe de nations dont certaines possédaient de nombreuses richesses, d'autres beaucoup moins, et où il n'incombait pas aux premières d'aider les deuxièmes.

« La destination vers laquelle tous les hommes se précipitent, c'est la ruine... »

G. Hardin, « La tragédie des biens communs » (1968)

La théorie de Hardin englobait l'éthique, l'écologie, l'économie et la géopolitique. Selon ses calculs, les hommes ne sont intrinsèquement égaux ni par nature ni par conséquence. Certaines vies valent plus que d'autres, et permettre la survie de tous garantit simplement que la fin sera plus rapide pour tout le monde. **MT**

Modèle standard de la physique des particules

Sheldon Glashow et Murray Gell-Mann

Une théorie qui tente d'expliquer et de prédire les interactions entre particules subatomiques fondamentales

Murray Gell-Mann et Mohammed Abdus Salam photographiés avant de recevoir le prix Nobel de physique en 1979, récompensant leurs travaux sur la théorie électrofaible.

« … de nouvelles particules étaient découvertes mais ne semblaient correspondre à aucun schéma reconnu, et personne ne comprenait ce qui se passait jusqu'à ce qu'on établisse le concept du modèle standard. »

Sheldon Glashow

De quoi est fait l'univers ? La découverte d'une théorie unifiée qui répondrait à cette question constitue l'objectif suprême de la physique théorique.

Depuis les années 1970, une théorie qui explique tout – sauf le comportement de la gravitation – évolue peu à peu, baptisée modèle standard de la physique des particules.

Ce modèle a été établi pour unir la théorie électrofaible de Sheldon Glashow (né en 1932) et celle de l'interaction forte de la chromodynamique quantique, dont Murray Gell-Mann (né en 1929) était le pionnier.

Selon le modèle standard, tous les phénomènes physiques se réduisent aux interactions de deux types de particules subatomiques, les quarks et les leptons (les deux catégories comprennent chacune six variétés). Ces interactions sont régies par trois des quatre forces fondamentales : l'interaction forte, l'interaction faible et l'électromagnétisme. Ces forces sont transmises par leurs propres particules intermédiaires, les bosons. Ce cadre offre une explication du comportement de toute matière et toutes forces de l'univers (à l'exception de la gravitation).

L'acception générale du modèle standard découle en partie du succès de ses prédictions en matière de particules intermédiaires vectrices de force. Si l'on sait depuis longtemps que le photon est le vecteur de l'électromagnétisme, des observations ont par la suite confirmé, comme l'avait prédit le modèle standard, que le gluon était celui de l'interaction forte et l'échange des bosons W et Z, celui de l'interaction faible. En 2012 des expériences ont apporté les preuves de l'existence du boson de Higgs, particule éphémère essentielle au modèle standard car elle permet d'expliquer comment les autres particules acquièrent leur masse. **TJ**

1974

Génie génétique

Rudolf Jaenisch

La manipulation biotechnologique du génome d'un organisme

L'homme manipule le capital génétique des animaux depuis des siècles à travers la sélection des reproducteurs. Toutefois, le génie génétique tel que nous le définissons aujourd'hui : intervention directe sur l'ADN et manipulation de celui-ci, n'a réellement débuté que dans les années 1970.

Le clonage moléculaire, où l'on combine le matériel génétique de plusieurs sources, a été accompli pour la première fois par le biochimiste américain Paul Berg en 1972, les premiers organismes génétiquement modifiés étant réalisés en 1973. Toutefois c'est un an plus tard, quand le biologiste Rudolf Jaenisch (né en 1942) a injecté de l'ADN viral à un embryon de souris pour créer le premier animal transgénique, que *Le Meilleur des mondes*, univers fictif fondé sur le génie génétique et imaginé par Aldous Huxley, devenait réalité. La technique a été appliquée au tabac en 1986 pour le rendre résistant aux herbicides. Les tomates ont suivi en 1994. Les cultures génétiquement modifiées sont autorisées dans plus de 30 pays malgré les inquiétudes qu'elles suscitent sur les plans éthique et sanitaire, mais font l'objet d'un affrontement vigoureux entre leurs défenseurs et ceux qui y voient des « aliments dignes de Frankenstein ».

Le terme « génie génétique » est en réalité apparu dans un roman de science-fiction de l'Américain Jack Williamson, *Les Dents du dragon*, en 1951, soit un an avant que les généticiens Alfred Hershey et Martha Chase démontrent que l'ADN transportait le matériel génétique héréditaire, rôle que l'on attribuait auparavant aux protéines. Quand Watson et Crick, biologistes moléculaires, nous ont présenté pour la première fois la magnifique double hélice de l'ADN en 1953, la voie était ouverte au génie génétique. **BS**

1974

Info-divertissement

Chaînes télévisées américaines

La présentation d'histoires à dimension humaine comme de l'information importante

Un bulletin présente des informations telles une histoire à dimension humaine ou le récit de la journée d'une vedette par exemple. Traditionnellement, les deux genres étaient traités dans différentes sections d'un journal ou d'un programme de radio ou de télévision, mais aujourd'hui la distinction est floue, ce qui a incité la création de ce terme calqué sur *infotainment*, mot-valise créé en 1974 aux États-Unis à l'occasion d'une conférence et désignant tout programme, article ou chronique qui mêle informations et divertissement.

Selon les critiques, l'info-divertissement ne comprend pas assez d'informations et trop de divertissement. Par exemple, en février 2004 un bulletin de CNN débutait par le scandale qu'avait provoqué le sein de la chanteuse Janet Jackson, dévoilé lors du Super Bowl, la chaîne américaine n'évoquant qu'ensuite l'interception d'une lettre contenant de la ricine adressée au chef de la majorité du Sénat américain. CNN défendait son choix en déclarant que la nudité intéressait plus les spectateurs qu'une tentative ratée d'assassinat, alors que les critiques y voyaient une volonté d'abêtissement du public.

> *« La télévision relève de l'info-divertissement et n'est plus une source d'information crédible. »* **Richard Edelman, P-DG d'Edelman**

Le choix des nouvelles valant la peine d'être diffusées est subjectif, mais certains critères devraient être universels : les événements sérieux devraient être annoncés rapidement, et ceux qui relèvent plus du divertissement, seulement une fois que cela devient possible. Les spécialistes des médias débattent encore des mérites de l'info-divertissement, mais à l'heure l'accès à l'information peut se faire en ligne, à la télévision, à la radio et dans les journaux, les journalistes subissent une pression sans précédent pour faire de l'audience. **GL**

1974

Le Bal des cellules

Lewis Thomas

Premier ouvrage de vulgarisation scientifique voyant la Terre comme une cellule vivante

Dans *Le Bal des cellules : réflexions d'un biologiste* (1974), Lewis Thomas (1913-1993), immunologiste, pathologiste et enseignant américain, suggérait que pour mieux comprendre la Terre, on devrait se l'imaginer comme une cellule. Dans une conception holistique de la nature, il examinait la relation de l'homme avec l'environnement et l'univers, et soulignait la complexe interdépendance de toutes choses. Thomas rejetait l'idée du moi, un mythe selon lui, suggérant que la race humaine est ancrée dans la nature. Il avançait aussi l'idée que la société et le langage se comportent comme des organismes.

Thomas proposait de plus que les virus, loin d'être des « agents résolus de maladie et de mort », rappelaient

« J'ai essayé de concevoir la Terre comme une sorte d'organisme, mais n'y parviens pas... » Lewis Thomas, *Le Bal des cellules* (1974)

davantage des « gènes mobiles » qui avaient joué un rôle essentiel dans l'évolution des espèces grâce à leur capacité de déplacer des segments d'ADN d'un individu ou d'une espèce à l'autre.

Les articles qui composent *Le Bal des cellules* ont d'abord publiés dans le *New England Journal of Medecine*. Thomas, qui écrivait dans un style poétique riche en métaphores et comparaisons, expliquait les bases de la biologie d'un point de vue scientifique mais aussi philosophique. Succès de librairie, l'ouvrage a reçu le National Book Award en 1975.

Le Bal des cellules ouvrait la voie à la vulgarisation scientifique. Étudié dans les lycées et universités américains, il aide toujours aujourd'hui les étudiants à développer une meilleure compréhension de la biologie. **CK**

1975

Regard masculin

Laura Mulvey

Une théorie féministe qui analyse l'objectification des femmes dans les arts visuels

La théorie féministe du « regard masculin » analyse la représentation des femmes dans les films, photos, tableaux et publicités. Quand Laura Mulvey (née en 1941), critique de cinéma, a créé l'expression dans un article paru dans la revue *Screen* en 1975, « Visual pleasure and narrative cinema » (Plaisir visuel et cinéma narratif), celle-ci ne concernait que les films hollywoodiens. Cet article demeure l'un des plus cités de l'histoire de la critique de film.

Le concept original du regard masculin devait beaucoup à la psychanalyse. Laura Mulvey faisait référence à la notion de plaisir de regarder, baptisée scopophilie et évoquée par Freud, quand elle écrivait « dans un monde organisé selon un déséquilibre sexuel, le plaisir du regard a été divisé en deux pôles : l'un masculin et actif, l'autre féminin et passif. Le regard masculin projette ses fantasmes sur l'image féminine, qui est présentée en conséquence. » À Hollywood, où les films étaient réalisés par et pour des hommes, Mulvey identifiait deux rôles dévolus aux femmes : objet érotique pour les personnages masculins du film, et objet érotique pour les spectateurs. L'œuvre d'Hitchcock intéressait particulièrement Mulvey, car les spectateurs et le protagoniste du film y participent souvent à la même expérience scopophile : « dans *Sueurs froides* (1958) [...] *Pas de Printemps pour Marnie* (1964) et *Fenêtre sur cour* (1954), le "regard" est central à l'intrigue qui oscille entre le voyeurisme et la fascination fétichiste ».

Au début des années 1970, les féministes ont réclamé une étude révolutionnaire du cinéma afin de transformer cet instrument du regard masculin en instrument de regard féminin. Certaines d'entre elles, dont Mulvey, pensaient que la seule façon de changer la représentation des femmes était de mettre la théorie en pratique, et ont entrepris de réaliser leurs propres films. **JH**

Alfred Hitchcock jette un coup d'œil furtif au cours du tournage de *Sueurs froides* en 1958.

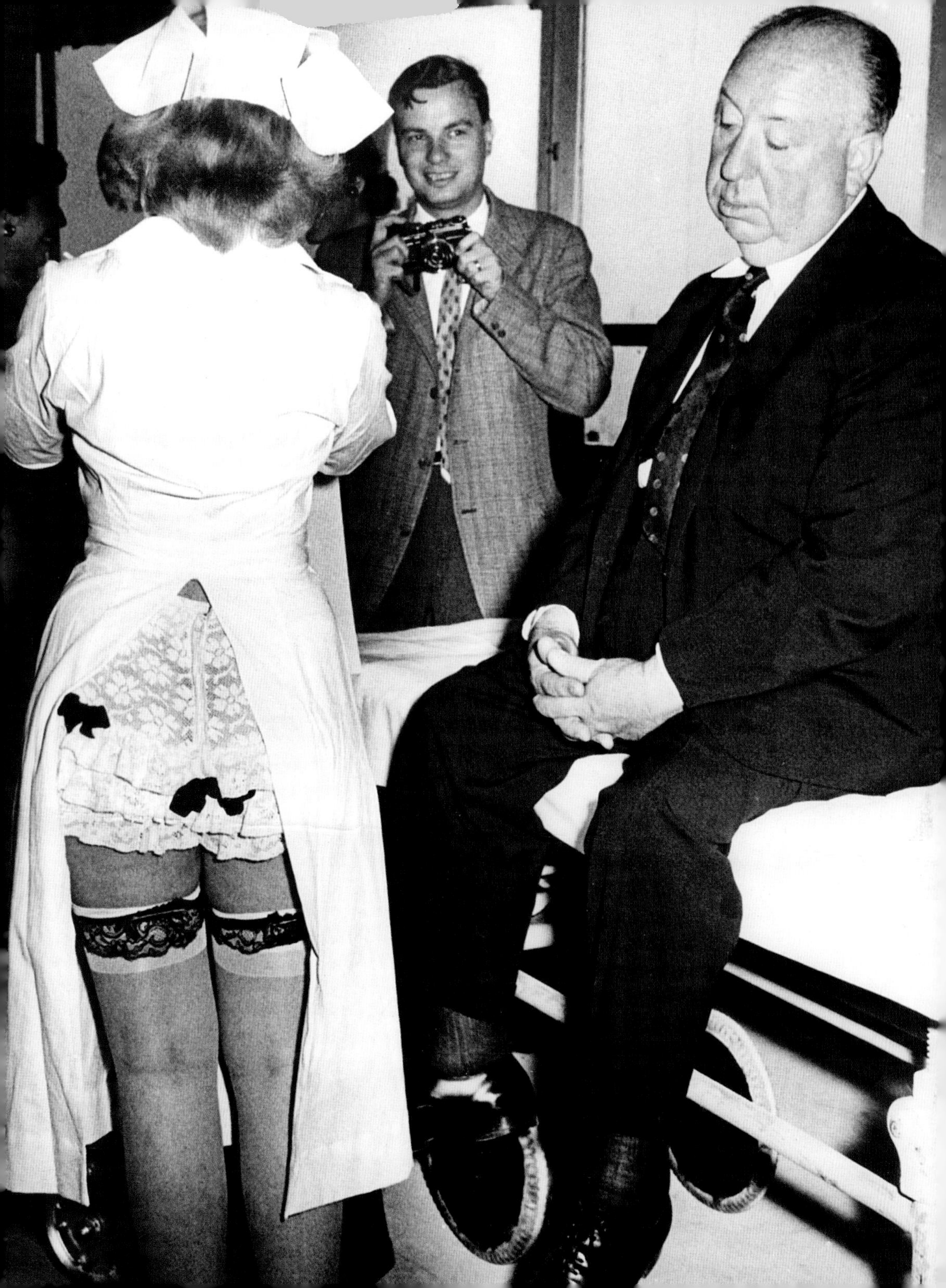

Fractales

Benoît Mandelbrot

Les fractales et le concept d'autosimilitude nous entraînent dans l'univers de l'infime

Image générée par ordinateur d'une fractale dérivée de l'ensemble de Mandelbrot, une série de nombres complexes représentés en utilisant comme coordonnées leurs composantes réelles et imaginaires.

« En termes d'impact dans le domaine des mathématiques et d'applications scientifiques, Mandelbrot compte parmi les figures les plus importantes des cinquante dernières années. »

Heinz-Otto Peitgen, mathématicien

Difficiles à expliquer même pour les mathématiciens, les fractales sont des objets ou quantités auto-similaires, dont l'ensemble possède la même forme que l'un de ses éléments ou plus. Aucune structure cachée et différente n'apparaît une fois l'image agrandie ; le dessin du grand objet continue de se répéter, à l'identique, jusqu'à la plus petite particule observable – et au-delà.

Presque impossible à détecter avant l'avènement de l'ordinateur, l'existence des fractales avait été devinée depuis des siècles par les savants, qui ne disposaient toutefois pas des moyens nécessaires pour la vérifier. Au XVIIe siècle, le mathématicien allemand Gottfried Leibniz a été le premier à évoquer la probabilité de l'autosimilitude, et en 1872 un autre mathématicien allemand, Karl Weierstrass, a présenté la fonction qui porte son nom, dont la représentation graphique est fractale jusqu'au moindre détail.

Toutefois, ce n'est qu'en 1975 que Benoît Mandelbrot (1924-2010), mathématicien d'origine polonaise ayant étudié en France et père de la géométrie fractale, a eu recours à ce mot pour décrire ce qu'il appelait l'ensemble de Mandelbrot : une série de points aux limites spécifiques et à l'apparence fractale bidimensionnelle, une forme connue mais considérée jusque-là comme une simple curiosité géométrique. Mandelbrot a publié en 1975 ses idées, qui ont ensuite été exposées dans un ouvrage, *Les Objets fractals : forme, hasard et dimension* (1977).

Depuis, les fractales sont apparues dans l'art algorithmique – qui fait appel à des dessins créés à partir d'algorithmes grâce à des logiciels spécialisés. Un peu comme la photographie, l'art fractal a constitué une sous-catégorie artistique à ses débuts mais s'est vu légitimée lorsqu'un paysage fractal a été choisi en couverture de la revue *Scientific American* en août 1985. **BS**

État de mort imminente

Raymond Moody

Les sensations rapportées par ceux qui sont parvenus jusqu'au seuil de la mort

Les états de mort imminente (EMI, ou NDE en anglais) englobent une vaste gamme de sensations que ressentent les personnes quand elles se trouvent (ou pensent se trouver) au seuil de la mort.

Bien que quantité de témoignages provenant de nombreuses époques et cultures existent à leur sujet, c'est grâce à l'ouvrage de Raymond Moody (né en 1944) *La Vie après la vie* (1975) que l'on s'y intéresse autant aujourd'hui, tant au niveau universitaire que parmi le grand public.

Dans son livre, l'auteur examinait plus d'une centaine de témoignages de personnes qui avaient été déclarées cliniquement mortes mais étaient revenues à la vie. Ces témoignages étaient étonnamment uniformes, et les expériences décrites pouvaient être divisées en divers stades, soit 1) un sentiment de sérénité, 2) la perception de bruits, 3) l'impression de quitter son corps, 4) la progression le long d'un «tunnel» de lumière, et 5) un panorama de l'ensemble de sa vie. Certaines personnes affirment aussi avoir rencontré des figures importantes de diverses traditions religieuses, et de nombreux survivants ont par la suite vu leur personnalité et leur philosophie de la vie transformées. Des travaux de recherche ultérieurs ont obtenu des résultats similaires, mais parfois avec des variations significatrices dans les témoignages. Par exemple, certaines personnes ont ressenti principalement de la peur et de l'anxiété au cours de leur EMI.

Certains pensent que les EMI sont la preuve d'une vie après la mort, mais les chercheurs ont aussi exploré leurs fondements physiologiques et neurologiques, et réalisé des progrès significatifs en ce domaine. Bien qu'une cause unique n'ait pas encore été identifiée, des facteurs tels qu'un manque d'oxygène dans le cerveau, un fonctionnement modifié du lobe temporal ou la production d'endorphine ou autres neurotransmetteurs, pourraient jouer un rôle important. **BSh**

↑ Dessin de la psychologue Susan Blackmore montrant un tunnel conduisant à une source lumineuse, tel que l'ont aperçu les personnes ayant vécu un état de mort imminente.

« Si les expériences du type de celles que j'ai commentées appartiennent à la réalité, elles comportent de très profondes implications. Nous ne comprendrons jamais le sens de cette vie jusqu'à ce que nous ayons pu apercevoir ce qui vient après elle. »

Raymond Moody, *La Vie après la vie* (1975)

1975

Théorie du handicap

Amotz Zahavi

Une théorie expliquant pourquoi la queue du paon n'infirme pas l'évolution selon Darwin

En 1975, dans un article intitulé « Mate selection—A selection for handicap » (Sélection d'un partenaire – Sélection d'un handicap), le biologiste israélien Amotz Zahavi (né en 1928) proposait une idée ingénieuse au sujet d'un problème qui, depuis cent ans, laissait perplexes les meilleurs penseurs de la biologie de l'évolution. Il l'a baptisée théorie du handicap.

Le 3 avril 1860, un an après la parution de *L'Origine des espèces* (1859), Charles Darwin s'inquiétait auprès de son collègue Asa Gray de ce que la longue queue colorée du paon ne puisse contredire sa théorie de la sélection naturelle, où seules les plus adaptées des créatures survivent. Comment cela fonctionnait-il dans le cas du paon ? Sa queue semblait constituer un handicap plutôt qu'un avantage. Zahavi soutenait toutefois qu'elle avait

> *« On peut considérer le handicap comme un genre de test imposé à l'individu. »*
>
> Amotz Zahavi, « Mate Selection ... » (1975)

évolué ainsi justement parce que c'était un handicap, et un handicap qui favorisait l'adaptation de l'animal. Cette queue aux motifs complexes suggérait à la femelle : « Regarde quel magnifique spécimen je dois être car j'ai survécu malgré le lourd fardeau que je traîne. » Le mâle séduit la femelle parce que le handicap teste les capacités biologiques de celui qui en est atteint ; seuls les plus forts peuvent y survivre.

L'idée a originellement été rejetée par de nombreux chercheurs, dont Richard Dawkins, qui affirmait qu'en ce cas « la conclusion logique devrait être l'évolution de mâles dotés d'une seule jambe et d'un seul œil ». Mais il a finalement été convaincu par la magistrale démonstration d'Alan Grafen en 1990, qui révélait que la sélection naturelle pouvait effectivement favoriser les mâles exhibant de dangereux motifs colorés, ou handicaps. **JH**

1975

Argument du non-miracle

Hilary Putnam

Une théorie philosophique qui justifie la plongée vers l'inconnu scientifique

Les savants peuvent prédire des découvertes futures – par exemple, Isaac Newton en observant Saturne a correctement annoncé l'existence d'une planète alors encore inconnue. Toutefois, en se livrant à des spéculations, il s'éloignait des stricts principes scientifiques : ses méthodes ne pourraient être validées que rétrospectivement, une fois Neptune aperçu. L'hypothèse de Newton était en partie fondée sur la foi, ou sur la conviction qu'il est possible d'extrapoler (déduire l'inconnu à partir de données en notre possession) correctement. Si la conviction que des théories scientifiques sont au moins approximativement justes était erronée, la seule explication demeurant serait que certaines choses sont miraculeuses. Les miracles étant par définition inexplicables, ils sont donc, encore par définition, non scientifiques : c'est le cœur de l'argument du non-miracle, postulé par Hilary Putnam (né en 1926) dans son ouvrage *Mathematics, Matter and Method* (Mathématique, matière et méthode, 1975).

Malgré la légère circularité que cela suggère (le fait que les miracles ne soient pas scientifiques ne signifie pas qu'ils n'ont pas lieu, mais peut-être simplement que la définition et les limites actuelles de la science sont imparfaites), l'argument du non-miracle offre une justification philosophique à la poursuite de la recherche scientifique dans des domaines où les prémisses sont basés sur des probabilités et non des faits irréfutables. Pour illustrer cela, prenons l'exemple d'un bâton à moitié immergé et qui paraît tordu à l'endroit où il pénètre dans l'eau : savons-nous si cela se produit avec tous les bâtons dans tous types d'eau ? Nous ne le savons pas, mais nous pouvons supposer que c'est vrai. Sans ces suppositions, la recherche – et donc le progrès scientifique – serait sinon impossible, du moins plus difficile. L'argument du non-miracle est donc à la fois pragmatique et réaliste. **GL**

Programmation neurolinguistique (PNL)

Richard Bandler et John Grinder

Une approche de la communication, du développement personnel et de la psychothérapie selon laquelle nous pouvons nous défaire de nos inhibitions en faisant preuve de volonté

La programmation neurolinguistique (PNL) a été établie dans les années 1970 par deux Américains, Richard Bandler (né en 1950) et John Grinder (né en 1940), dont la collaboration a débuté par la publication de *The Structure of Magic, Vol. I* (La Structure de la magie, 1975). Fondée en partie sur des théories de Noam Chomsky – en particulier celle que toute phrase est dotée de deux structures, l'une superficielle, l'autre sous-jacente –, la PNL permettait, selon ses créateurs, de traiter de façon novatrice les phobies, la dépression, les TOC, les maladies psychosomatiques et les difficultés d'apprentissage.

Selon son principe central, rien de ce que les autres réussissent à accomplir ne nous est impossible. Ainsi, les inhibés, les malades ou les handicapés sont encouragés par les thérapeutes à modeler leurs pensées et propos, et par la suite leurs actions, sur ceux de personnes ne souffrant pas de leurs problèmes : l'échec se transformera en succès simplement par imitation.

Immensément populaire, cette théorie a été pratiquée par des thérapeutes privés et des hypnotiseurs ainsi par les consultants en management du monde entier. Bandler et Grinder ont abandonné leur poste d'enseignant pour consacrer leur énergie aux cours de PNL (une session de dix jours coûte mille dollars par personne) puis, encore plus lucrativement, à la rédaction de best-sellers traitant de ce même sujet.

Les sceptiques ont toujours critiqué les fondements scientifiques du concept. Peu à peu la PNL n'a plus été considérée que comme une variante de l'affirmation de la personnalité. Toutefois, et bien que certains de ses aspects aient été ébranlés, la PNL a exercé une forte influence sur l'enseignement de certaines écoles de commerce, et c'est toujours le cas aujourd'hui. **GL**

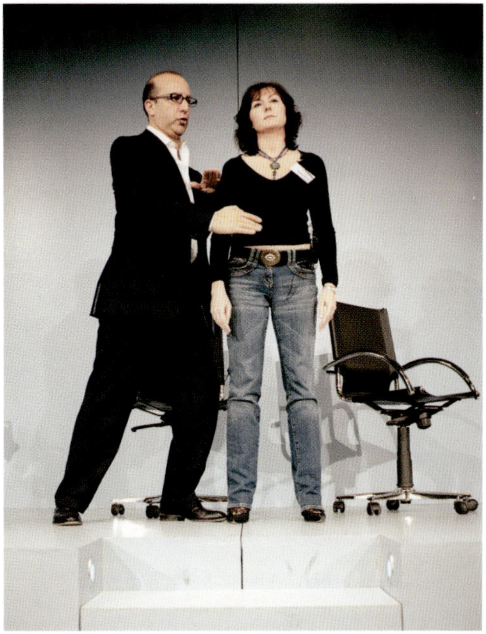

Paul McKenna lors d'un séminaire de formation à la PNL en 2006. La méthode est censée permettre d'améliorer ses résultats en affaires, d'aider à perdre du poids, de se défaire de ses phobies…

« Aussi longtemps que vous croyez que c'est impossible, vous ne découvrirez jamais si c'est possible ou pas. »

John Seymour, *Comprendre la PNL* (1990)

1976

Le Gène égoïste

Richard Dawkins

La théorie que les gènes constituent le moteur de l'évolution des espèces

Les gènes contiennent les informations essentielles à la croissance, au métabolisme et à la reproduction d'une espèce. Dans *Le Gène égoïste*, publié en 1976, le biologiste britannique Richard Dawkins (né en 1941) postulait que ces gènes étaient le moteur de l'évolution. L'organisme dans lequel on les trouve lutte non seulement pour reproduire son propre matériel génétique, mais aussi pour protéger celui qui lui est similaire.

Dawkins a lui-même indiqué n'être pas l'unique auteur des idées qu'il exprime en matière d'évolution car elles existaient depuis quelque temps et semblaient assez banales aux experts, mais c'est sa façon d'expliquer sa théorie, de présenter l'évolution comme un mécanisme permettant à un matériel de se reproduire, qui la différenciait. Dawkins esquissait de plus, au sein de son explication, une analogie avec un phénomène culturel qu'il a baptisé mème. Un mème se reproduit d'une personne à l'autre, gagnant ou perdant en popularité au fil de ces reproductions.

« Nous sommes tous des machines à survivre pour le même genre de réplicateur – l'ADN. » **Richard Dawkins, *Le Gène égoïste* (1976)**

Le Gène égoïste a fait l'objet d'une controverse. Bien que certains lecteurs aient pensé à tort que le titre impliquait que les gènes ressentent ou expriment des désirs, l'idée que la vie évolue grâce aux objectifs d'autoreproduction, inconscients et aveugles, des gènes offrait un éclairage différent. La théorie de Dawkins permettait de plus d'examiner sous un nouvel angle certains comportements, comme l'altruisme ou des méthodes reproductives qui conduisent à la mort peu après la copulation. L'idée que les gènes constituent l'élément fondamental de la sélection naturelle est aujourd'hui largement acceptée. **JH**

1976

Mème

Richard Dawkins

Un élément qui guide l'évolution culturelle, comme le gène guide l'évolution naturelle

Les mèmes sont des idées, mélodies, techniques, histoires, modes ou expressions : toutes sortes de comportements qui peuvent être copiés d'une personne à l'autre. Richard Dawkins a inventé ce terme dans *Le Gène égoïste*, dont le dernier chapitre était intitulé « Mèmes : les nouveaux réplicateurs ». Selon l'auteur, « le darwinisme est une théorie trop importante pour être confinée au contexte étroit du gène. » Il présentait donc l'idée d'une évolution culturelle et, pour décrire l'élément autoreproductif responsable de la transmission, il a raccourci le mot grec *mimeme* (copier) en « même » qui rime avec « gène ».

Le mot et l'idée ont été adoptés avec enthousiasme, donnant naissance à une nouvelle discipline, la mémétique. De fait, le phénomène a démontré comment se propageait avec succès un mème évolutionnaire. Répondant aux désirs de Dawkins, le mème a donné naissance à une théorie du fonctionnement de l'esprit humain, théorie entreprise par des penseurs aussi reconnus que Daniel Dennett dans *La Conscience expliquée* (1991) et Susan Blackmore dans *La Théorie des mèmes* (1999). Dennett soutenait que « la conscience humaine est elle-même un immense ensemble de mèmes ». Les critiques ont tiqué à l'idée de mèmes égoïstes se comportant comme des virus de l'esprit qui parasiteraient leurs hôtes humains inconscients de leur présence, mais, comme l'indiquait Dawkins, grâce à notre conscience « nous avons la capacité de défier les gènes égoïstes avec lesquels nous sommes nés et, si nécessaire, les mèmes égoïstes [provenant] de notre endoctrinement ». **JH**

« La transmission culturelle est analogue à la transmission génétique… » **Richard Dawkins, *Le Gène égoïste* (1976)**

Un mème-appât, création hypothétique, attire les autres mèmes avant de se propager dans l'esprit des gens. ➡

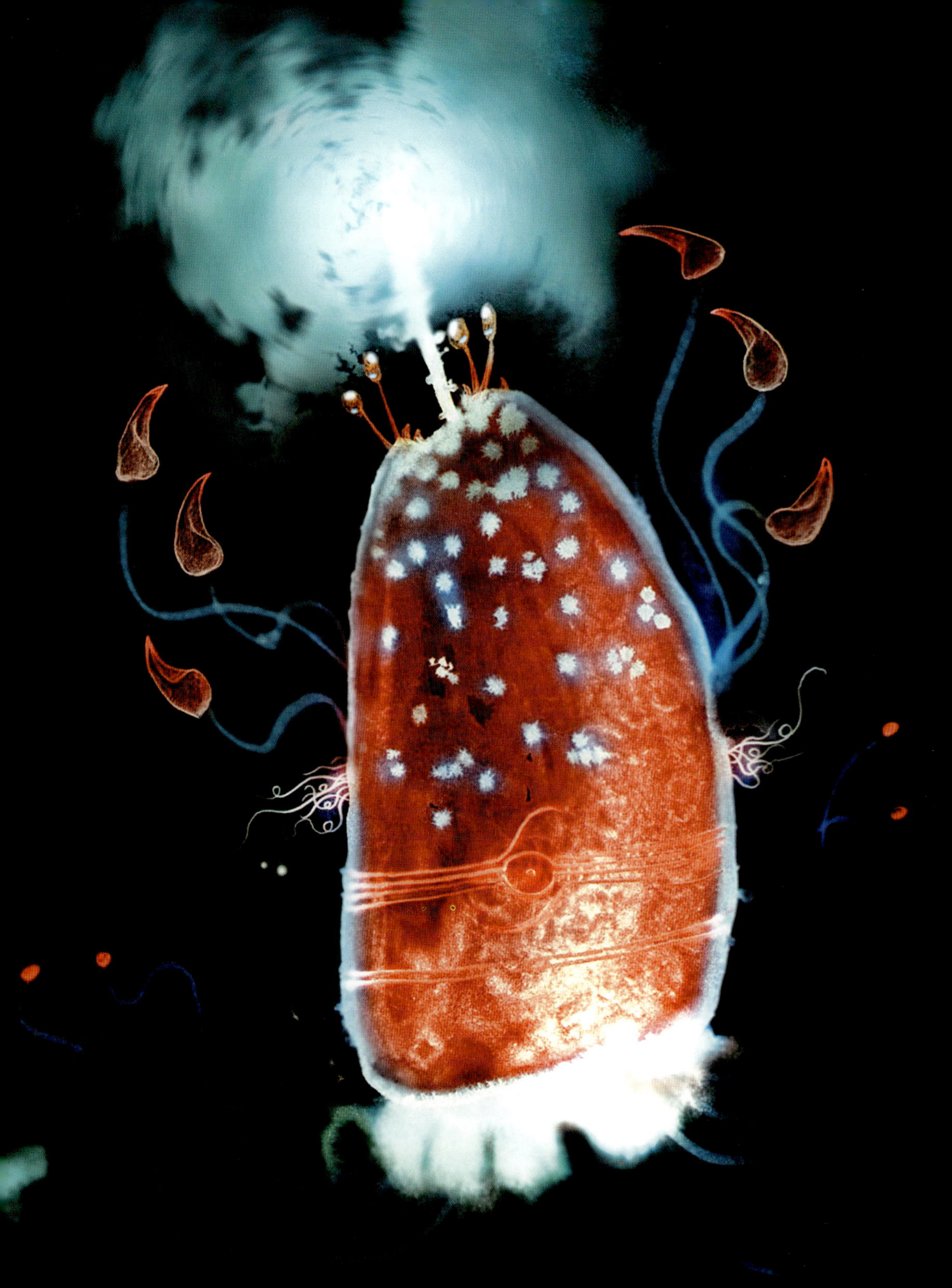

1976

Effet de la lettre manquante

Alice F. Healy

Des travaux qui apportent un nouvel éclairage sur le processus de la lecture

En 1976, Alice F. Healy, spécialiste de la psychologie cognitive, a conduit des expériences pour déterminer avec quel degré d'exactitude des étudiants pouvaient identifier la présence de certaines lettres chaque fois qu'elles apparaissaient dans divers passages écrits. Les participants devaient repérer chacune de ces lettres lors d'une lecture silencieuse réalisée à leur rythme habituel. Par exemple, dans la phrase *Men who work long hours pass too little time at home* (Les hommes qui travaillent de longues heures passent trop de peu de temps à la maison), on leur demandait d'indiquer la lettre *e*. Si, une fois à la fin de la phrase, ils découvraient qu'ils en avaient manqué un ou plusieurs, ils ne pouvaient corriger leurs erreurs.

Les résultats ont montré que le repérage des lettres était beaucoup plus élevé quand elles étaient prononcées (de façon sonore) que lorsqu'elles étaient silencieuses (comme un *h* non aspiré). Les participants avaient aussi tendance à davantage repérer les lettres au sein des mots qui confèrent son sens à la phrase que dans ceux qui n'avaient qu'un rôle fonctionnel (comme les prépositions).

Les travaux de Healy ont inspiré d'autres études. Lors d'une expérience ultérieure, on a fait lire aux participants un passage, puis seulement après on leur a demandé de rechercher certaines lettres lors d'une deuxième lecture : dans de tels cas, le taux de succès augmentait significativement.

Ces travaux ont de plus permis de découvrir que ceux qui lisent couramment ne lisent en général pas chaque lettre mais déduisent le mot en fonction de sa forme et de son contexte. L'étude de l'effet de la lettre manquante a permis de mieux comprendre le fonctionnement de l'esprit humain, et offert aux enseignants des outils d'aide aux débutants et lecteurs lents. **GL**

1977

Chiffrement RSA

R. L. Rivest, A. Shamir et L. M. Adleman

Une méthode révolutionnaire de codage des données permettant la protection des usagers sur Internet

En 1977, le laboratoire des sciences informatiques du MIT publiait un article intitulé « Une méthode d'obtention de signatures digitales et cryptosystèmes à clés publiques ». Il prédisait que nous parviendrions bientôt à l'« ère du courrier électronique » et que « nous dev[i]ons nous assurer de préserver deux importantes caractéristiques du courrier papier : (a) les messages sont privés et (b) les messages peuvent être signés ». La solution proposée par les auteurs – Ronald Rivest (né en 1947), Adi Shamir (né en 1952) et Leonard Adleman (né en 1945) – était une cryptographie que l'on désigne aujourd'hui par les initiales de leurs noms de famille : le chiffrement RSA.

Deux types de cryptosystème existent actuellement : à clé privée (ou symétrique) et à clé publique (ou asymétrique). Celui à clé privée ne dépend que d'une clé pour coder et décoder le message cependant que celui à clé publique dépend de deux : la clé publique qui chiffre, et la clé privée qui déchiffre.

Les cryptographes américains Whitfield Diffie et Martin Hellman avaient les premiers décrit le concept de cryptographie à clé publique en 1976 (bien qu'il semble avoir été inventé dix ans plus tôt par les services de code britanniques, mais tenu secret). Toutefois ce sont Rivest, Shamir et Adleman qui l'ont les premiers rendu utilisable en ayant recours à des nombres premiers longs d'une centaine de chiffres.

Aujourd'hui le chiffrement RSA constitue la plus populaire des cryptographies à clé publique : on le trouve dans la plupart des systèmes d'exploitation d'ordinateur, dans les protocoles principaux assurant la sécurité des communications sur Internet, et de nombreuses institutions l'utilisent aux quatre coins de la planète. En 2002, ses inventeurs reçu le Turing Award, le plus grand honneur en informatique. **GL**

Critique de *L'Orientalisme*
Edward W. Said

Une réévaluation critique de l'étude occidentale de l'Orient, plus précisément du monde arabe musulman

Edward W. Said (1935-2003), historien palestino-américain, n'a pas inventé le mot « orientalisme » mais, en le choisissant comme titre de son étude des relations entre le monde arabe et l'Occident, il a énormément contribué à la signification dont on le pare depuis.

Selon Said, l'Occident a rabaissé le monde arabe de manière constante et chronique afin de le dominer. Cette vision était soutenue par ceux, nombreux, qui désiraient réévaluer l'histoire à la lumière des développements politiques au Moyen-Orient après la Seconde Guerre mondiale, notamment la création d'Israël en 1948 et l'émergence, comme puissances mondiales, de plusieurs États arabes riches en pétrole.

L'œuvre de Said n'a toutefois pas été unanimement saluée : certains se sont élevés notamment contre la représentation de l'Occident et de l'Orient comme deux blocs monolithiques, le premier oppresseur et le deuxième victime, alors qu'en réalité leur interaction avait été constante, accompagnée d'échanges d'idées et de matériaux. Pourquoi, demandait l'historien Bernard Lewis, si les Britanniques étaient si déterminés à éliminer l'identité nationale égyptienne, avaient-ils entrepris de déchiffrer l'ancien langage de la région ? Comment, demandaient d'autres, un livre intitulé *L'Orientalisme* pouvait-il n'évoquer ni la Chine ni le Japon ? Certains supposaient que Said avait choisi d'ignorer cette symbiose complexe parce qu'elle ne correspondait pas à ses théories préconçues.

Malgré ses défauts, l'ouvrage a profondément influencé les études postcoloniales à l'université et le contenu de leurs cours, non seulement en ce qui concerne le monde arabe mais aussi d'autres pays. Son impact a été ressenti autour du monde car il a été traduit en 36 langues. **GL**

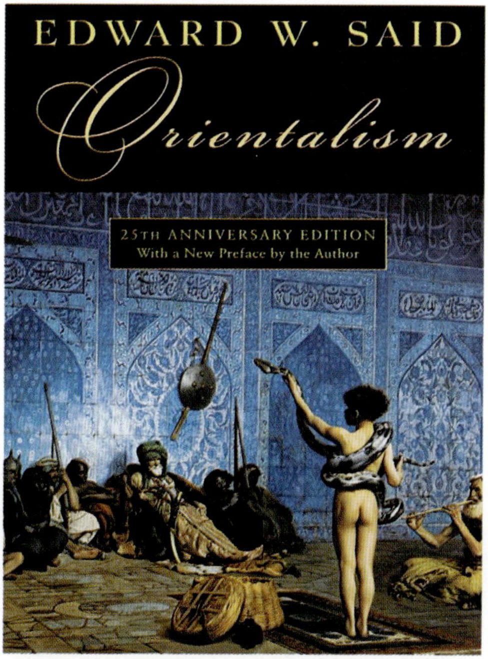

↑ *L'Orientalisme* est le plus célèbre des livres d'Edward W. Said, et l'un des ouvrages universitaires les plus influents du XXᵉ siècle selon certains.

« L'idée de l'Orient dans son ensemble oscille donc, dans l'esprit de l'Occident, entre le mépris pour ce qui est familier et les frissons de délice –ou de peur – pour la nouveauté. »

Edward W. Said, *L'Orientalisme* (1978)

STREET
SOUNDS

1979

Rap

États-Unis

Un style où un texte rythmique et/ou en rimes est scandé sur fond de musique

Le rap est une musique au rythme insistant accompagnée de paroles, qui incorpore parfois des samples (extraits d'autres enregistrements). Les textes sont parlés ou scandés plutôt que chantés, et peuvent rimer à la manière d'un poème ou faire dériver leur rythme de la cadence.

De nombreux morceaux de rap abritent les deux. Leur sujet varie des thèmes poétiques traditionnels que sont l'amour et la nature aux morceaux « gangsta » souvent critiqués pour leur misogynie et leur apologie de la drogue et de la violence.

L'utilisation de temps forts répétitifs, joués à la batterie, pour ponctuer un récit parlé, proviendrait d'Afrique occidentale où c'est une pratique établie depuis l'époque précoloniale. Le récitatif, un style de chant qui rappelle le discours parlé, est une longue tradition occidentale, qui apparaît dans les opéras et comédies musicales.

« Bien que l'élément poétique soit très présent, c'est aussi le cas de la batterie… »

Archie Shepp, musicien de jazz

Le mot *rap* signifie « parler » dans la langue anglaise depuis le XVIe siècle, mais n'a été utilisé par les Afro-Américains pour désigner une forme musicale que dans les années 1960. L'un des premiers rappeurs était Gil Scott-Heron (1949-2011), un musicien de jazz désormais plus connu comme « grand-père du rap ». Le style a pris de l'importance en 1979, quand le morceau *Rapper's Delight* de Sugarhill Gang, un trio du New Jersey, s'est classé au Top 40. Une longue lignée de vedettes du rap a suivi, dont Grandmaster Flash and the Furious Five, LL Cool J, Public Enemy, et les Beastie Boys. Une deuxième vague a été conduite entre autres par P-Diddy, Snoop Dogg, Jay-Z, Eminem, et Kanye West. **GL**

1979

Réseaux sociaux

États-Unis

Une plate-forme permettant l'établissement de liens sociaux entre les personnes

Dès les années 1970, le courriel et les forums de discussion ont permis aux gens de se connecter les uns aux autres de façon numérique. Le premier réseau social au sens contemporain du terme était USENET, messagerie entre l'université de Duke et celle de Caroline du Nord qui a vu le jour en 1979.

Au fur et à mesure que la Toile progressait dans les années 1990, diverses entreprises ont établi en ligne des réseaux sociaux que les membres du grand public étaient invités à rejoindre. Les premiers sites, tels Classmates.com ou SixDegrees.com, avaient pour objectif de permettre à d'anciens camarades d'école ou collègues de travail de se retrouver. Au fil du temps, ces objectifs se sont élargis : certains réseaux servaient de club de rencontre, permettaient d'entretenir des liens professionnels (LinkedIn), ou offraient aux groupes de rock la possibilité d'entrer en contact avec leurs fans (MySpace). Facebook, aujourd'hui le plus grand réseau social au monde, a été lancé en 2004 sur le modèle de Classmates.com auquel ont été ajoutées de meilleures pages personnelles et autre caractéristiques attrayantes. Twitter a rejoint Facebook sur la Toile en 2006.

« [La raison d'être] des réseaux sociaux est de servir la communauté. »

Simon Mainwaring, spécialiste des réseaux sociaux

Les bénéfices des réseaux sociaux sont nombreux : ils facilitent les échanges entre amis et membres d'une même famille, permettent de découvrir des personnes aux intérêts similaires aux siens, et constituent même de puissants outils politiques, comme lors du printemps arabe de 2011. Toutefois de nombreux critiques voient dans ces sites une simple forme de concours de popularité, et d'importantes questions demeurent quant à la protection de la vie privée de leurs utilisateurs. **GL**

◄ Grandmaster Flash, rappeur américain, faisant le DJ en 1980.

1979

Sudoku

Howard Garns

Un simple jeu de nombres devenu un phénomène mondial

Le mot « Sudoku » est l'abréviation de l'expression japonaise « seuls les nombres à un chiffres sont autorisés », mais contrairement à ce que l'on pense généralement le jeu n'a été inventé ni au Japon. De fait, c'est la création d'un architecte américain à la retraite, Howard Garns (1905-1989).

Ce dernier avait fondé son jeu sur les concepts de grille ou « carré magique » de Leonhard Euler, mathématicien suisse qui les avait lui-même adaptés de journaux médicaux musulmans datant du début du xe siècle. Les carrés magiques originaux, attribués à Jabir ibn Hayyan, chimiste, astronome et physicien persan, étaient des carrés constitués de neuf cases abritant des nombres allant de 1 à 9, le 5 étant placé au centre et la somme de chaque rangée, colonne et diagonale devant atteindre 15. Baptisé carré de buduh, le jeu est devenu si populaire qu'il servait aussi de talisman. Les carrés magiques ont commencé à grandir en taille, passant de quatre fois quatre cases à six fois six et même dix fois dix au xiiie siècle.

« Selon les scientifiques, le Sudoku constitue un mème par excellence… »

David Smith, *The Observer* (15 mai 2005)

Les casse-tête à chiffres sont apparus pendant un temps dans les journaux français à la fin du xixe siècle mais c'est le Sudoku de Garns qui a constitué la première version du jeu qui nous est si familier aujourd'hui. Publié en mai 1979 dans le magazine *Dell Pencil Puzzles and Word Games*, aux États-Unis, au Japon, lors de sa publication en 1984, il était baptisé *Suji Wa Dokushin Ni Kagiru*, « les chiffres ne doivent apparaître qu'une fois ». Deux ans plus tard, la grille devenait symétrique et le nombre d'indices était réduit, et la publication du Sudoku dans le *Times* de Londres en 2004 en a fait un phénomène mondial. **BS**

1979

Postmodernisme

Jean-François Lyotard

Théorie qui remet en question et déconstruit les croyances traditionnelles

Le mot « postmodernisme » est entré dans le vocabulaire philosophique en 1979, avec la parution de *La Condition postmoderne*, essai du philosophe français Jean-François Lyotard (1924-1998), et a rapidement été adopté par d'autres disciplines. Ses définitions sont aussi variées que les domaines qu'il touche : le postmodernisme « porte un regard neuf sur les conventions établies », « réintroduit des éléments classiques dans des styles anciens », et constitue « toute réaction au modernisme qui fait appel à des formes, idées, recherches et matériaux traditionnels ». Le postmodernisme met en doute des conclusions généralisées qui s'appliqueraient à chacun d'entre nous – ce sont notre expérience individuelle et notre interprétation de cette dernière qui comptent, et non une loi collective universelle telle qu'elle est appréhendée par les autres et appliquée au collectif. Ce concept connait toutefois des détracteurs. Certains n'y voient qu'un mot à la mode, dénué de sens, utilisé pour décrire tout et n'importe quoi, depuis les publicités télévisées jusqu'à la terreur ressentie en imaginant un conflit nucléaire. De plus, à cause de son scepticisme inhérent, le postmodernisme se place trop dans le rejet, et est dépourvu de l'optimisme qui peut naître des vérités scientifiques, philosophiques ou religieuses.

« … on tient pour postmoderne l'incrédulité à l'égard des métarécits. »

J.-F. Lyotard, *La Condition postmoderne* (1979)

Contrairement à ce qu'affirment ses défenseurs, le postmodernisme n'est peut-être pas le successeur du modernisme car les modernistes remettaient déjà en question la religion, la science et des concepts tels que la nation. Alors, le postmodernisme constituerait-il une nouvelle dynastie ? **BS**

Billiards **(détail, 1985) de Gerhard Richter, figure de la peinture figurative postmoderne.**

Principes d'éthique biomédicale

Tom L. Beauchamp et James F. Childress

Le développement d'une approche standard de l'éthique biomédicale a résolu les problèmes éthiques en fonction de quatre principes

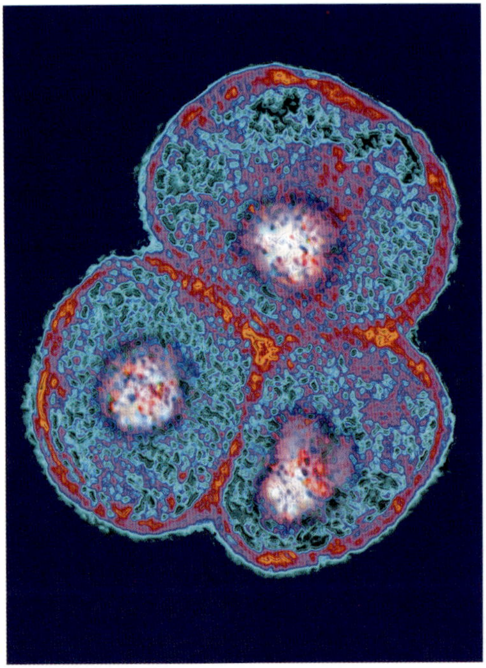

L'utilisation thérapeutique de cellules souches embryonnaires, capables de se différencier en n'importe quel tissu de l'organisme, suscite toujours de nombreux débats éthiques.

« Nous entendons par "éthique biomédicale" [...] l'application de théories, règles et principes éthiques généraux aux problèmes suscités par la pratique thérapeutique, la délivrance des soins et la recherche médicale et biologique. »

Tom L. Beauchamp et James F. Childress

Paru en 1979, *Les principes de l'éthique biomédicale* ont pour auteurs les philosophes Tom L. Beauchamp et James F. Childress (né en 1940). Cet ouvrage fut l'un des premiers à proposer un traitement détaillé et systématique de la prise de décision éthique en matière de soins et de recherches biomédicales ; il jeta aussi les bases de la recherche et de l'enseignement contemporains de cette discipline.

Dans *Les principes de l'éthique biomédicale*, Beauchamp et Childress opposent la théorie utilitariste (la morale d'un acte est déterminée par ses conséquences) à la théorie déontologique (certains actes « de bonne intention » n'ont rien à voir avec leurs conséquences). Les auteurs n'en privilégient aucune, mais constatent que chacune recèle quatre principes « fondamentaux » applicables à la prise de décision éthique en médecine : promouvoir le bien-être des patients (bienfaisance), éviter de leur faire du mal (non-malfaisance), respecter leur décision (autonomie) et distribuer de façon équitable les soins et les services (justice). Les auteurs appliquent ensuite ces quatre principes à toutes sortes de problèmes éthiques d'ordre médical comme le droit d'un patient à refuser un traitement, la détermination de la valeur de son consentement éclairé ou la manière appropriée de conceptualiser la relation professionnel-patient.

Beauchamp et Childress n'ont eu de cesse de remanier leur livre depuis sa parution et il est désormais très présent lors des cours introductifs à la bioéthique médicale, à quelque niveau d'études que ce soit.

Les principes de l'éthique biomédicale ont aussi accru le rôle de « l'éthique appliquée », lorsque les théories éthiques sont confrontées à des problèmes propres à certains domaines : affaires, recherche, environnement, etc. **BSh**

1979

Cercle en expansion

Peter Singer

Notion selon laquelle la morale devrait se fonder sur l'utilitarisme

L'idée philosophique du « cercle en expansion » est la suivante : le plus grand bonheur pour le plus grand nombre est la seule mesure du comportement éthique. Le cercle des êtres jouissant de droits et de privilèges doit s'élargir à partir de l'humain pour inclure de nombreuses espèces animales suscitant un « intérêt ».

En 1979, le philosophe et éthicien australien Peter Singer (né en 1946) utilisa pour la première fois l'expression « cercle en expansion de la valeur morale » dans son ouvrage *Questions d'éthique pratique :* il y analyse comment l'éthique peut s'appliquer aux problèmes sociaux de premier plan, par exemple utilisation des animaux pour l'alimentation et la recherche, ou encore obligation des riches à aider les pauvres. Singer expose les racines philosophiques des polémiques contemporaines et propose une théorie personnelle applicable à des cas pratiques. Il s'attaque au spécisme et déclare que les différences entre espèces sont moralement hors de propos et s'apparentent au racisme. Ses idées furent souvent controversées : il suggère par exemple que l'infanticide jusqu'à l'âge d'un mois est justifié dans le cas de déficience extrême. Ou que l'euthanasie non demandée n'est ni bonne ni mauvaise quand l'individu ainsi tué est plongé dans le coma.

Questions d'éthique pratique a scandalisé certaines communautés et l'auteur a dû, lors des éditions ultérieures, souligner les points dont l'incompréhension a entraîné le rejet de ses idées. Il a développé sa théorie en 1981 dans *The Expanding Circle : Ethics and Sociobiology* (« Le Cercle en expansion : éthique et sociobiologie »). Sa vision du traitement des animaux a été reprise par les activistes du droit de l'animal, mais sa notion de cercle en expansion est toujours controversée chez les philosophes, les défenseurs des handicapés ou les adversaires de l'avortement pour qui sa position sur divers problèmes aboutirait à l'eugénisme. **CK**

1980

Originalisme

Paul Brest

Une lecture nouvelle de la Constitution américaine telle que ses auteurs l'ont voulue

L'originalisme vise à interpréter et appliquer la Constitution des États-Unis telle qu'elle aurait été analysée par des lecteurs du XVIIIe siècle contemporains de sa rédaction (1787). Le terme fut forgé en 1980 par l'universitaire américain Paul Brest (né en 1940) dans son essai « The Misconceived Quest for the Original Understanding » (« Quête erronée de la compréhension originale »).

On peut diviser les originalistes en deux groupes principaux : ceux fidèles aux intentions des rédacteurs et ratificateurs de la Constitution, et ceux qui soutiennent que le texte doit être interprété du point de vue des contemporains de sa rédaction. À l'origine de tout originalisme, il y a le formalisme. Ainsi, le judiciaire n'est habilité qu'à faire respecter les lois préexistantes – création, amendement et retrait sont placés sous la responsabilité du corps législatif. Les originalistes sont considérés comme conservateurs en matière de politique. L'un de leurs plus importants représentants est le juge à la Cour suprême Antonin Scalia (1936), qui déclara que le huitième amendement (interdiction des châtiments cruels et inhabituels) devrait être lu, compris et interprété aujourd'hui en fonction de ce qui passait pour cruel et inhabituel dans les années 1790. Cette théorie eut également les faveurs de libéraux comme le juge à la Cour suprême Hugo Black (1886-1971) et le juriste de Yale, Akhil Amar (né en 1958). Les deux groupes viennent défier les « Living Constitutionalists » pour qui la Constitution des États-Unis est ouverte à l'interprétation à toute époque et qu'elle est souple et dynamique, en aucun cas rigide et moribonde. **GL**

> *« Franchement, qu'est qu'une interprétation modérée d'un texte constitutionnel ? »*
>
> **Antonin Scalia, juge à la Cour suprême**

1980 Φ

La Logique des noms propres
Saul Kripke

Une œuvre fondamentale pour la philosophie du langage

Sorti en 1980, *La Logique des noms propres* est un ouvrage du philosophe et logicien américain Saul Kripke (né en 1940) reposant sur une série de conférences données en 1970 à l'université de Princeton.

Kripke avance des arguments étayés allant à l'encontre de plusieurs visions du langage et de ses modalités alors très acceptées. Il y avait en premier lieu le descriptivisme : un « nom propre » se réfère à un objet dans la mesure où il présente un contenu descriptif correspondant à l'objet en question. L'autre vision était liée à la thèse de l'identité contingente : les différentes identités mises à jour par l'investigation empirique ne sont pas nécessaires (exemple, « Molière est Jean-Baptiste Poquelin ») et ainsi erronées dans certains « mondes possibles ». À l'opposé de ces interprétations, Kripke soutient qu'un nom propre

« Je démontrerai [...] que les noms propres sont des désignateurs rigides [...] »

Saul Kripke, *La Logique des noms propres*

désigne une même personne dans tous les mondes possibles et imaginables. Les descriptions faites sur un individu ne servent pas à le définir et à l'identifier. À partir de là, Kripke s'oppose au matérialisme qui déclare qu'un événement mental (une personne qui souffre) est identique à un événement physique (l'excitation de neurones dans son cerveau).

La thèse de Kripke a conduit certains philosophes à s'éloigner du descriptivisme pour adopter une théorie causale où la signification d'un terme est fixée par son histoire causale. Le fait que l'investigation empirique peut faire découvrir une vérité nécessaire a renouvelé l'intérêt pour la métaphysique philosophique : pour certains, ses arguments démontraient l'importance d'examiner la nature des objets au sein du monde physique. **BSh**

1980 Φ

L'argument de la chambre chinoise
John Searle

Un argument contre la possibilité d'une vraie intelligence artificielle

C'est au milieu du XXe siècle qu'apparut une théorie de la conscience appelée fonctionnalisme. Elle expliquait l'esprit humain en termes informatiques et rejetait la notion qu'il y ait quelque chose d'unique dans la conscience ou le cerveau humain. Si un ordinateur peut réussir au test de Turing en convainquant un expert qu'il a un esprit, c'est qu'il en a vraiment un. En 1980, le philosophe John Searle (né en 1932) réagit au fonctionnalisme par un article révolutionnaire, « Esprits, cerveaux et programmes », où il critiquait, avec l'argument de la « chambre chinoise », la possibilité d'intelligence artificielle.

Imaginons qu'un homme, qui ne parle pas chinois, est enfermé dans une pièce aveugle avec un glossaire chinois contenant les réponses appropriées à certaines

« L'ordinateur programmé ne comprend [...] absolument rien. »

John Searle, « Esprits, cerveaux et programmes » (1980)

questions. On lui glisse sous la porte une feuille où une question est notée en chinois. Il cherche la réponse appropriée, l'écrit sur la feuille et la passe sous la porte. Comme il ne parle pas cette langue, il ne sait pas ce qu'il a lui-même écrit : il ne fait que suivre le schéma stimulus-réponse indiqué par le glossaire. Pour un observateur extérieur, il semble connaître le chinois même si les phrases qu'il lit et écrit n'ont aucun sens pour lui. De même, un ordinateur peut réussir au test de Turing mais il le fait en suivant aveuglément son programme. Il possède la syntaxe (structure logique), mais pas la sémantique (compréhension du sens). Les ordinateurs peuvent simuler l'esprit humain, mais eux-mêmes n'en ont pas.

L'article de Searle secoua les milieux de la philosophie et de l'intelligence artificielle. Ses idées sont capitales pour l'explication dualiste de la conscience. **JMD**

Un ordinateur peut jouer aux échecs, mais cela ne veut pas dire qu'il a un esprit à même de comprendre ce jeu. ➔

IBM ELECTRONIC DATA PROCESSING MACHINE TYPE 704

1980

Néocatastrophisme

Luis et Walter Alvarez

Les impacts d'astéroïdes provoqueraient des extinctions de masse

Le néocatastrophisme est le nouvel avatar d'une idée discréditée appelée catastrophisme. Elle soutient que notre planète et ses habitants sont le fruit d'événements catastrophiques. Cette théorie ressurgit le 6 juin 1980 avec une publication du magazine *Science*. Le lauréat du prix Nobel Luis Alvarez (1911-1988) et son fils Walter (né en 1940) imputaient la mort des dinosaures, en réalité l'extinction de masse datant de la limite Crétacé-Tertiaire, à la chute d'un astéroïde sur notre planète.

La thèse en vigueur à l'époque était le gradualisme : due au géologue victorien Charles Lyell (1797-1875), elle évoquait un changement lent, sournois. Charles Darwin (1809-1882) marcha dans ses traces et les catastrophistes passèrent pour des ennemis de l'évolution. L'article des Alvarez fut toutefois convaincant. Ils avaient découvert qu'une strate argileuse de la limite Crétacé-Tertiaire présentait un niveau très élevé d'iridium, un élément rare dans la croûte terrestre. Les isotopes correspondaient à ceux trouvés dans les astéroïdes. De plus, la présence de granules de quartz, de tectites et de sphérules de verre suggérait un impact. Les Alvarez calculèrent que, pour arriver à de tels chiffres, l'astéroïde devait mesurer 10 kilomètres de diamètre, suffisamment pour projeter vers le ciel assez de poussière pour engendrer un hiver nucléaire.

> *« [. . .] le monde du Crétacé a disparu et sa fin fut soudaine et horrible. »*
>
> **Walter Alvarez, *La Fin tragique des dinosaures* (1997)**

Dix ans après la publication de l'article, le cratère d'un impact correspondant fut découvert à Chicxulub, au Mexique. Les Alvarez et leur équipe purent ainsi étayer leur hypothèse. On pense désormais que l'évolution peut se faire par à-coups et que néocatastrophisme et astéroïdes sont des agents plausibles du changement. **JH**

Illustration représentant un astéroïde s'abattant sur la Terre comme celui tenu pour responsable de l'extinction des dinosaures.

1981

Critique du récit biblique

Robert Alter

Une forme moderne de critique biblique fondée sur la pratique littéraire moderne

La critique du récit biblique examine les Écritures saintes d'un point de vue littéraire. Elle effectue une analyse approfondie du texte en prenant en compte toutes sortes de notions : parallélisme, enregistrement des détails, tempo, ordre des mots, sonorités, rythme, syntaxe, répétition, caractérisation et dialogue. La critique narrative voit dans la Bible un corpus littéraire cohérent plutôt qu'une collection de documents disparates afin de trouver dans le texte les interconnexions mettant en valeur les thèmes et les motifs. Elle explore des questions comme l'intention de l'auteur, la fiabilité du narrateur et l'implication éthique des interprétations multiples.

La critique narrative apparut en 1981 quand l'universitaire américain Robert Alter (né en 1935) proposa une étude révolutionnaire de la Bible hébraïque, *L'Art du récit biblique*. Alter voulait éclairer différemment le texte en privilégiant la subtilité du récit biblique et ses nuances lexicales et en examinant la Bible hébraïque en tant qu'histoire religieuse. Il montra comment les auteurs recoururent aux jeux de mots, à la symétrie et à ce genre de choses pour créer une tension narrative et préserver l'intérêt du lecteur.

> *« [La Bible] offre de splendides illustrations des possibilités primaires du récit. »*
>
> **Robert Alter, *L'Art du récit biblique* (1981)**

L'étude radicale d'Alter laisse entendre que la Bible est une œuvre d'art littéraire méritant une critique approfondie ; elle se révéla très influente dès sa publication. Dans les années 1980, la critique du récit se popularisa avec divers textes dont celui de Shimon Bar-Efrat (né en 1929), *Narrative Art in the Bible* (« L'Art narratif dans la Bible », 1989). La discipline s'est élargie pour inclure aujourd'hui l'examen de questions comme le développement de l'intrigue ou le rôle du narrateur conscient. **CK**

Reaganomics

Ronald Reagan

La politique économique proposée par le président des États-Unis dans les années 1980

Ronald Reagan prépare son discours inaugural après sa réélection (1985). Il remporta 49 États sur 50.

Le terme « Reaganomics » décrit la politique économique du président américain Ronald T. Reagan (1921-2004), en fonction de 1981 à 1989. Il fut popularisé par l'animateur radio Paul Harvey et largement repris par les médias et les universitaires pour discuter de la politique de Reagan, pendant et après sa présidence.

Tout au long des années 1970, les États-Unis connurent une inflation et un chômage élevés tandis que le déficit gouvernemental se creusait. Pour Reagan, on pouvait résoudre ces problèmes d'ordre économique en abaissant les taux marginaux et en réduisant les dépenses gouvernementales (armée exceptée). Il soutint aussi la politique monétaire désinflationniste du président de la Réserve fédérale, Paul Volcker (né en 1927). Les propositions économiques de Reagan étaient très influencées par l'économie de l'offre et la courbe de Laffer pour lesquelles l'ensemble des impôts perçus par un gouvernement augmente quand le taux d'imposition décroît. L'idée est la suivante : une diminution du taux est « payante » si la croissance économique qui en résulte permet au gouvernement de percevoir la même quantité d'impôt sur le revenu.

Reagan mit en œuvre nombre de ses propositions au cours de son administration, principalement celle d'une forte réduction des taux marginaux. Pour les partisans de la Reaganomics, cette politique a contribué à faire baisser le chômage, réduire le taux d'inflation et augmenter le PIB par tête et la productivité moyenne. Les critiques insistent sur les aspects négatifs : augmentation significative de la dette gouvernementale, de la dette à la consommation, du déficit commercial et de l'inégalité devant l'impôt. Le débat n'est pas clos : de nombreux conservateurs (américains ou autres) défendent une politique économique vaguement reaganienne tandis que les libéraux insistent sur son inefficacité. **BSh**

« Dans la crise actuelle, le gouvernement n'est pas la solution du problème : il est le problème. »

Ronald Reagan, discours d'investiture (1981)

Théorie de l'agir communicationnel

Jürgen Habermas

L'idée que la clé de l'émancipation résiderait dans la communication

Théorie de l'agir communicationnel est un ouvrage en deux volumes publié en 1981 par le philosophe et sociologue allemand Jürgen Habermas (né en 1929). La théorie sociale qui y est exposée a beaucoup influencé la recherche en matière de sociologie et de philosophie en Europe continentale et dans les pays anglophones.

Disciple du théoricien critique Theodor Adorno (1903-1969), Habermas fut influencé par sa méthode de critique sociale mêlant certains aspects du matérialisme historique marxiste à la psychanalyse, la phénoménologie et l'existentialisme. Dans sa *Théorie*, il développe cette méthode critique jusqu'à englober recherche en sociologie, linguistique, philosophie du langage et philosophie des sciences.

Cette méthodologie lui permit de proposer une explication générale de la rationalité et de l'interaction sociale, étroitement liée à l'idéal de « l'agir communicationnel » atteint lorsqu'un groupe d'acteurs abordent une discussion avec le désir d'aboutir à un consensus conjointement acceptable. Habermas se penche ensuite sur la façon dont les divers types de scénarios de communication peuvent approcher l'idéal de l'agir communicationnel.

Par sa méthodologie et ses conclusions, la *Théorie de l'agir communicationnel* a eu un impact important sur l'érudition et la culture. De nombreux philosophes et sociologues ont repris la méthodologie pluraliste d'Habermas qui s'inspire largement des traditions philosophiques européennes et analytiques, mais aussi de la recherche contemporaine en sciences sociales. Son insistance sur l'importance d'un discours public signifiant et de structures sociales nécessaires à son élaboration a influencé universitaires et hommes politiques. **BSh**

Au Musée juif de Berlin, allocution de Jürgen Habermas lors de la remise du prix « Compréhension et tolérance », 13 novembre 2010.

> *« L'agir communicationnel fait référence à l'interaction [...] d'acteurs visant à comprendre la situation de l'action et leur agir projeté afin de coordonner leurs actions par le biais de l'accord commun. »*
>
> **Jürgen Habermas, *Théorie de l'agir communicationnel* (1981)**

1982

Énigme sacrée

M. Baigent, R. Leigh et H. Lincoln

Théorie selon laquelle Jésus aurait épousé Marie-Madeleine et engendré une lignée de rois

« L'Énigme sacrée » est une « théorie du complot » pseudo-historique prétendant que Jésus a survécu à la crucifixion et qu'il a pris Marie-Madeleine pour femme avant d'avoir avec elle un ou plusieurs enfants. Sa lignée comprendra ultérieurement la dynastie royale mérovingienne. Les auteurs de cette théorie pensent que le christianisme moderne repose sur un récit mensonger de la vie du Christ et qu'une société secrète, le Prieuré de Sion, existant depuis des siècles et ayant compté en son sein de nombreux artistes, intellectuels et hommes politiques européens, ramènera au pouvoir les descendants des Mérovingiens. On trouve à l'origine de cette théorie un canular imaginé dans les années 1950 par un dessinateur et mystificateur français, Pierre de Plantard (1920-2000). Il évoque un texte « historique » intitulé *Dossiers secrets d'Henri Lobineau* et détaille l'existence du Prieuré de Sion, organisation secrète visant à installer le « Grand Monarque » annoncé au XVIe siècle par l'astrologue Nostradamus.

Dans les années 1980, un présentateur de télévision du nom d'Henry Lincoln (né en 1930), ignorant qu'il s'agissait d'un canular, reprit cette idée pour une série de documentaires et un livre, *L'Énigme sacrée* (1982), coécrit avec Michael Baigent (né en 1948) et Richard Leigh (1943-2007).

Des éléments de leur théorie, principalement ceux touchant au Prieuré de Sion, ont connu une grande popularité au point de constituer la matière première des théories du complot et d'œuvres de fiction telles que le *Da Vinci Code* (2003). Leur théorie a contribué à populariser la croyance en une « histoire alternative » : le monde moderne (dont le christianisme est une composante importante) repose sur un mensonge qui sera finalement dénoncé, très certainement avec de lourdes conséquences pour l'ordre mondial actuel et « fallacieux ». **BSh**

Les auteurs de *L'Énigme sacrée* : Henry Lincoln, Richard Leigh et Michael Baigent.

1982

Conception de médicament rationnel Arvid Carlsson

Connaître la structure des récepteurs permet d'identifier ou de créer de nouveaux médicaments

La plupart des médicaments nouveaux sont, grosso modo, le fruit d'un processus de tâtonnement avec l'essai de nouvelles combinaisons chimiques sur des cellules cultivées ou des rats de laboratoire, suivi de l'association des effets à un problème de santé. Ce processus pourrait-il s'inverser ? Qu'en serait-il d'une conception de médicament rationnel où l'on commencerait par identifier le problème avant d'imaginer un médicament susceptible de le tempérer ou de le résoudre ? Cette idée a débouché sur le développement des « inhibiteurs sélectifs de la recapture de la sérotonine », ou ISRS : ce sont aujourd'hui les antidépresseurs les plus prescrits au monde.

Alors employé de la compagnie pharmaceutique suédoise Astra AB, le chercheur suédois Arvid Carlsson (né en 1923) travaillait sur la bromphéniramine, un antihistaminique traitant les symptômes de la rhinite. Ce médicament présentait également des propriétés antidépressives en inhibant la recapture ou la réabsorption par les cellules de la sérotonine, un neurotransmetteur, après qu'elle eut rempli sa fonction de transmission d'impulsions dans le système nerveux. On pense que la sérotonine contribue aux sensations de bonheur et de bien-être, et ses effets sont accrus quand sa réabsorption est contrecarrée. Carlsson et ses confrères se servirent de leur connaissance du fonctionnement de la bromphéniramine pour créer un nouveau médicament rationnel, la zimélidine, destiné à jouer le rôle d'ISRS. Il fut mis sur le marché en 1982 puis retiré quand de graves effets secondaires furent signalés.

Malgré ce revers, d'autres antidépresseurs rationnels virent le jour, dont le Prozac. La conception de médicaments rationnels est désormais secondée par des programmes informatiques complexes qui scrutent les bases de données des composés chimiques et sélectionnent les plus aptes à aboutir à l'effet désiré. **SA**

↑ Représentation de l'action d'un inhibiteur sélectif de la recapture de la sérotonine au niveau d'une synapse.

1983

Téléphone portable

Société Motorola

Un objet qui allait rapidement transformer l'existence quotidienne de milliards d'individus

L'idée de pouvoir passer des appels téléphoniques au cours d'un déplacement remonte, d'une certaine façon, au talkie-walkie, un émetteur bidirectionnel conçu par Motorola pendant la Seconde Guerre mondiale. Le 17 juin 1946, à Saint-Louis, dans le Missouri, un routier prit dans sa cabine un combiné, passa un appel téléphonique et inaugura ainsi l'ère du téléphone sans fil. Depuis plus d'une décennie, les techniciens des laboratoires AT&T et Bell System travaillaient sur un service de téléphones sans fil susceptibles de passer et de recevoir des appels téléphoniques depuis une voiture. L'appareil était, on s'en doute, assez primitif. Quelques appels seulement pouvaient être passés à un moment donné et un unique émetteur gérait les appels de toute une zone urbaine. De plus, chaque combiné pesait environ 36 kilos et pouvait difficilement être transporté.

« Marty m'a appelé [...] pour me dire : "Il faut qu'on construise un téléphone cellulaire portable." » **Rudy Krolopp**

Au début des années 1970, Marty Cooper, responsable du service Recherche & Développement de Motorola, demanda au créateur de produits Rudy Krolopp de développer le premier téléphone cellulaire (c'est-à-dire portable) au monde. Il demanda à ses collaborateurs de lui dire franchement si c'était irréalisable et personne ne s'opposa au projet. Ils conçurent en quelques semaines un modèle viable, mais il fallut dix années de plus et une centaine de millions de dollars (principalement pour la construction de l'infrastructure nécessaire) avant que Motorola ne lance son produit. En 1983, on assista à une révolution dans les télécommunications avec le premier portable grand public, le Motorola DynaTAC 8000X, surnommé « la Brique ». **BS**

1983

Intelligences multiples

Howard Gardner

Une théorie pour laquelle l'intelligence humaine se compose de plusieurs capacités différentes

Le concept d'intelligence multiple fut proposé par le psychologue américain Howard Gardner (né en 1943) dans son ouvrage *Les intelligences multiples : Les théories qui bouleversent nos idées* (1983). Pour lui, il faut voir dans l'intelligence une capacité générale à résoudre certains problèmes ou à produire des services et des biens appréciés d'un pair. Il suggère que plusieurs capacités psychologiques distinctes comptent comme intelligences : langagière, musicale, logico-mathématique, par exemple, ou encore interpersonnelle.

Gardner évoquait au début sept intelligences puis il en ajouta une huitième, dite naturaliste. Chaque type d'intelligence se distingue des autres par des facteurs comme l'implication de parties différentes du cerveau ou des schémas différents de développement des capacités. Fait capital, chaque type d'intelligence est censé être relativement indépendant des autres : pour Gardner, l'exécution d'une tâche associée à un type d'intelligence ne permet pas de prédire comment sera celle relevant d'une autre intelligence.

« Nous avons tous ces intelligences, c'est ce qui fait de nous des êtres humains. »

Howard Gardner, *Les Intelligences multiples* (2011)

Le travail de Gardner a exercé une grande influence, surtout sur les éducateurs, mais a aussi suscité de nombreuses critiques. Sa théorie a été considérée comme vague et invérifiable.

On a également souligné son manque de support pragmatique et certaines études ont démontré que les capacités dont parle Gardner sont en réalité étroitement associées et non pas indépendantes comme le voudrait sa théorie. **BSh**

Don Johnson utilise un téléphone cellulaire dans un épisode de *Deux flics à Miami* (1984).

Quality
MEANS BUSINESS
BUSINESS
MEANS YOUR JOB
KING
17

v. 1985

Dégraissage

États-Unis

Diminuer la taille d'une entreprise ou d'un organisme en réduisant la quantité de son personnel

Le dégraissage, ou licenciement collectif, intervient lorsqu'une entreprise licencie deux employés ou plus pour diminuer les coûts en personnel. Ce vilain terme serait né dans les années 1970 dans l'industrie automobile quand les véhicules diminuèrent en taille et en poids pour répondre aux problèmes posés par le choc pétrolier. Le concept ne s'imposa toutefois que dans les années 1980, quand les sociétés américaines cherchèrent le moyen de combattre les effets combinés d'une structure d'encadrement démesurée, d'une concurrence internationale accrue et d'une technologie nouvelle.

Le mot fut mis à la mode à la fin des années 1980 et au début des années 1990, mais la chose ne fut pas aussi répandue qu'on aurait voulu le faire croire. Assez courant dans le secteur industriel, le dégraissage n'affecta pas vraiment le commerce et les services qui avaient plutôt tendance à se développer. Il ne fut pas aussi salutaire qu'on l'aurait voulu et les entreprises ayant réduit le coût du travail par employé constatèrent une chute de leur productivité ; la rentabilité augmenta, mais la valeur en bourse diminua. Il est intéressant de remarquer qu'au milieu des années 1990, la comparaison des annonces de dégraissage et des chiffres de l'emploi montrèrent qu'une faible majorité d'entreprises annonçant un dégraissage augmentaient en fait leurs effectifs : cela masquait en réalité une restructuration des opérations.

« Les compressions de personnel ont pesé sur la loyauté des employés [. . .] »

Steven Prokesch, *The New York Times* (25 janvier 1987)

Les progrès technologiques et la concurrence sont deux des principales causes du dégraissage. Avec la mondialisation, on ne voit pas comment cela pourrait s'améliorer. **GB**

1985

Méthode des six chapeaux

Edward de Bono

Des approches interchangeables pour obtenir de bons résultats lors des séances de brainstorming

Dans son livre *Les six chapeaux de la réflexion* (1985), le psychologue et médecin Edward de Bono (né en 1933) décrit une méthode originale d'organisation des idées ayant pour but d'aboutir à la meilleure conclusion dans le moins de temps possible. Cela peut se faire par un travail individuel, mais elle correspond mieux aux discussions de groupe où les idées diverses et parfois opposées ne sont pas toujours synthétisées en plans d'action (« pensée spaghetti »). Les discussions sont présidées par un meneur de jeu.

La méthode de Bono a recours à six chapeaux (métaphoriques ou bien réels). Chacun a une couleur différente pour indiquer le type de réflexion que l'on doit suivre quand on le porte. Le chapeau blanc correspond à l'information : le penseur énonce des faits, purement et simplement. Le rouge est celui de l'émotion : quelles sont nos réactions viscérales au problème proposé ? Le chapeau noir incite le participant à la prudence. Le chapeau jaune est celui des réponses optimistes et des meilleurs scénarios possible. Quiconque porte un chapeau vert est encouragé à proposer des solutions de rechange, des idées neuves. Enfin le chapeau bleu, par lequel toute séance doit commencer et s'achever, est celui du meneur de jeu et de la « métapensée » : au début, il prédit où la discussion risque de s'aventurer, à la fin il passe en revue ce qui a été dit et propose un plan d'action. La méthode des six chapeaux à penser a été adoptée par de nombreuses entreprises : par exemple, Speedo a développé ainsi sa ligne de maillots de bain. **GL**

« [une] méthode adéquate ne signifie pas qu'il ne peut pas y en avoir de meilleure. »

E.de Bono, *Les Six Chapeaux de la réflexion* (1985)

Ford a réduit la taille de ses voitures et celle de son personnel dans les années 1980.

1986

Six Sigma (6 Sigma)

Société Motorola

Méthode permettant l'amélioration des processus industriels et commerciaux

En 1986, la société américaine de télécommunications Motorola a intégré la méthode 6 Sigma au cursus de son centre de formation des employés (Motorola Education and Training Center) afin d'enrichir leur productivité par la découverte d'une grande variété de sujets. Ingénieur et spécialiste du contrôle de qualité, Bill Smith est entré en 1986 chez Motorola pour travailler avec le chef d'exploitation John F. Mitchell à l'implantation de 6 Sigma. Ce système fut adopté par Jack Welch (né en 1935), alors PDG de General Electrics.

Six Sigma est un système de contrôle de qualité : il cherche à standardiser les processus industriels et commerciaux dans le but d'éliminer le gaspillage, par exemple la non-conformité d'un produit ou d'un service à son cahier des charges. L'hypothèse de base de 6 Sigma est que tout processus industriel ou commercial a des caractéristiques susceptibles d'être mesurées, analysées, améliorées et contrôlées. Le système est dépendant d'une nomenclature obscure et d'une adhésion à une hiérarchie rigide où les employés acquièrent des titres tels que « champion » (directeur du système d'excellence), « *master black belt* » (garant du respect de la démarche, il encadre les « black belts », ou ceintures noires), « *green belt* » (ceinture verte), etc. En 2006, environ 58 grandes sociétés recouraient à des programmes Six Sigma.

« La pire chose que je puisse imaginer, c'est être victime d'une variation de processus. »

Six Sigma

La réaction des milieux à Six Sigma fut mitigée. Pour *Forbes*, 91 % des sociétés en question affichaient des contre-performances au sein du Standard & Poor's 500 (index boursier reposant sur la valeur des 500 plus grandes entreprises cotées). **APT**

1986

OGM

États-Unis

Altération de la composition génétique des animaux et des végétaux

Un organisme génétiquement modifié (OGM) est un produit consommable issu d'organismes dont l'ADN a été altéré par des spécialistes. Après près d'un demi-siècle d'expérimentation, le ministère américain de l'Agriculture a approuvé en 1986 le principe de modification génétique ; depuis, des centaines de brevets ont été accordés à des OGM végétaux.

La modification génétique veut améliorer les organismes du point de vue commercial en réduisant leurs imperfections : en ôtant par exemple tout élément réduisant sa croissance ou en introduisant un nouveau facteur rendant son exploitation plus facile et moins coûteuse. Elle peut aussi rendre un élément plus nutritif : le « riz doré » est un riz normal génétiquement modifié pour apporter de la vitamine A destinée à combattre la cécité et d'autres maladies infantiles dans le tiers-monde. Aujourd'hui, tous les OGM sont des végétaux, mais les chercheurs travaillent aussi sur le saumon.

« On a plus de chances d'être blessé par un astéroïde qu'être malade à cause d'un OGM. » **Mark Lynas, écrivain**

Les OGM sont très controversés. Ses adversaires disent que l'interférence avec la nature peut réduire la résistance des végétaux aux insectes nuisibles et aux maladies ou encore augmenter leur production de toxines. De plus, on connaît mal les effets à long terme des OGM sur les écosystèmes et les individus.

Cela n'a pas empêché le gouvernement américain d'approuver en 1995 la consommation humaine d'OGM. Près de la moitié du maïs, du coton et du soja plantés aux États-Unis sont aujourd'hui des OGM. Fin 2010, ils occupent un dixième des terres cultivables du monde et ne cessent de progresser pour « mieux nourrir les populations ». **GL**

Aux Philippines, l'International Rice Research Institute travaille sur le « riz doré ». ➔

TRANSFORMATION

1987

Kyōsei

Ryuzaburo Kaku

L'entreprise doit recourir à la symbiose pour aboutir à la coopération et à la prospérité

Le *kyōsei* fut mis au point en 1987 par Ryuzaburo Kaku (1926-2001), président de la société Canon. Kaku est aussi l'un des initiateurs de la table ronde de Caux : réunie pour la première fois en 1986, cette organisation internationale regroupant des dirigeants d'entreprise visait à promouvoir des pratiques éthiques.

Kyōsei signifie symbiose au sens biologique du terme, quand des espèces vivent ensemble sous une forme bénéfique pour chacune d'elles. Kaku croyait que l'entreprise devrait harmoniser le profit et les principes éthiques et contribuer à l'amélioration du monde. Pour lui, l'entreprise dépend d'une culture de la responsabilité et de la confiance que seule peut créer une fidélité à des principes éthiques. Le *kyōsei* est l'une des pierres angulaires de la théorie de la « partie prenante », où toute entreprise a une obligation morale envers ses actionnaires, mais aussi chacun de ses éléments constitutifs : personnel, communautés, clientèle, financiers et fournisseurs. Elle doit s'efforcer de vivre en symbiose avec tous pour le bien commun. Selon Kaku, le *kyōsei* pouvait combattre des déséquilibres généraux en matière de relations commerciales, de chômage ou d'environnement.

« Le kyōsei, c'est vivre et travailler ensemble en visant le bien commun. »

Ryuzaburo Kaku

La position de leader de Kaku chez Canon a démontré qu'une entreprise est plus rentable quand elle fonctionne de façon éthique pour promouvoir le bien-être à long terme de l'ensemble de sa communauté. Le *kyōsei* est aujourd'hui l'un des principes fondamentaux de l'éthique environnementale : l'humanité ne peut prospérer qu'en vivant en symbiose avec l'environnement qui le sustente. **JM**

1987

Effet Flynn

James R. Flynn

L'amélioration constante avec le temps des résultats aux tests d'intelligence communs

Selon les résultats aux tests de quotient intellectuel (QI), les individus sont de plus en plus intelligents : ce phénomène porte le nom d'effet Flynn, du nom du professeur en études politiques James R. Flynn (né en 1934) qui le constata pour la première fois. Il montra que les résultats ne cessaient d'augmenter dans plusieurs nations. Même si les tests sont mis à jour pour que le score moyen de la population testée soit de 100, les personnes répondant à des tests plus anciens réussissent mieux que celles y participant alors.

Flynn publia ses découvertes en 1987 dans un article intitulé « Augmentation substantielle du QI dans quatorze nations : ce qu'ils mesurent vraiment ». Le terme « effet Flynn » fut inventé en 1994 par Charles Murray et Richard Bernstein dans leur livre *The Bell Cure*. Les données de Flynn indiquaient une augmentation régulière annuelle du QI de 0,3 point. Si l'on reprend les résultats aux tests des années 1930, l'effet Flynn implique que soit nos contemporains sont plus intelligents que leurs ancêtres, soit qu'un autre facteur entre en compte (manque de précision dans la méthode d'évaluation de l'intelligence, par exemple).

« J'ai constaté […] qu'un phénomène de grande importance avait été négligé. »

James R. Flynn

Flynn a identifié plusieurs causes possibles à cette augmentation, mais la communauté scientifique est toujours divisée. Sommes-nous devenus plus intelligents ou mieux à même de répondre aux types de questions posées dans le cadre des tests de QI ? Si nous sommes plus intelligents, les tests mesurent-ils ce que nous appelons intelligence ou quelque chose d'autre ? Nous ignorons la réponse, mais nos descendants, plus intelligents que nous, la trouveront certainement. **MT**

1987

Ève mitochondriale

R. Cann, M. Stoneking et A. Wilson

Nous descendrions tous d'une seule femme ayant vécu il y a 150 000 ans

Si nous pouvions voyager dans le temps et trouver les origines de chaque individu, nous pourrions de façon concevable découvrir une mère unique dont descendraient tous les hommes d'aujourd'hui. Cette ancêtre unique et hypothétique a été surnommée « Ève mitochondriale » en référence au couple biblique et à l'ADN trouvé chez chaque humain dans ses organites cellulaires.

Au début des années 1980, des chercheurs ont découvert que les échantillons d'ADN mitochondrial humain (ADNmt) – transmis uniquement par les mères d'une génération à l'autre – étaient plus semblables que ceux provenant d'autres primates. Plus l'ADN de deux individus est proche, plus ils sont liés, ce qui signifie que les humains, en tant qu'espèce, possédaient un ancêtre commun plus récent que celui des primates. En 1987, les généticiens Rebecca Cann, Mark Stoneking (né en 1956) et Allan Wilson (1934-1991) ont effectué des prélèvements d'ADN chez des individus du monde entier. Ils ont découvert que tous se partageaient l'ADNmt d'une femme unique qui, à cause des différences entre échantillons plus prononcées dans cette région, vivait probablement dans l'Est africain il y a 150 000 ans.

> *« Adam appela sa femme Ève parce qu'elle devait devenir la mère de tous les vivants. »*
>
> **Bible, Genèse, III, 20**

La théorie de l'Ève mitochondriale ne faisait pas référence à la plus récente ancêtre commune, mais donnait une autre explication à l'idée qu'*Homo sapiens* serait apparu simultanément dans diverses parties du monde. C'est en grande partie à la découverte de l'Ève mitochondriale que l'on croit davantage aujourd'hui que toute l'humanité moderne descend d'un ancêtre africain unique, ce qui nous rend plus proches les uns des autres qu'avant. **MT**

1987

Black Athena

Martin Bernal

La civilisation européenne aurait des racines afro-asiatiques

Pour la plupart d'entre nous, la culture grecque est typiquement européenne, mais si ses racines plongeaient dans les sociétés africaines et asiatiques d'Égypte et de Phénicie ?

L'historien britannique Martin Bernal (né en 1937) se penche sur la question dans les trois volumes de *Black Athena : Les racines afro-asiatiques de la civilisation classique*, publiés entre 1987 et 2006. Spécialiste de l'histoire et de la langue chinoise, il se pencha sur ses propres racines juives et s'aperçut très vite que l'hébreu et le phénicien étaient très semblables au grec ancien. Les Grecs eux-mêmes se sont toujours identifiés à l'Égypte et à la Phénicie, mais pourquoi ces racines ont-elles été ignorées au fil des siècles ? Il comprit que l'idée de ce qu'il appelait le modèle aryen était erronée : à savoir que la Grèce aurait été peuplée par des Aryens venus d'Europe centrale. Il lui préféra un autre modèle où prédominaient les influences égyptiennes et phéniciennes. Il eut la surprise de constater que les différences entre ces deux modèles étaient très récentes et dataient du début du XIXe siècle, quand le racisme et l'antisémitisme occidentaux reçurent un crédit académique. Le modèle aryen devint plus racialement acceptable, de sorte que les influences égyptiennes et sémitiques sur la Grèce furent niées.

> *« L'objectif politique de Black Athena est [...] de minimiser l'arrogance culturelle européenne. »* **Martin Bernal, *Black Athena* (1987)**

L'impact d'une telle pensée est extrêmement politique. Dire que les racines afro-asiatiques de la Grèce ont été délibérément remplacées par des racines européennes, c'est accuser la société de racisme. Les adversaires de Bernal sont nombreux, mais sa théorie a modifié notre vision de nos racines occidentales. **SA**

1988

Commerce équitable

Solidaridad

Un mouvement social pour l'amélioration de l'éthique commerciale

Le commerce équitable est une initiative internationale destinée à protéger le revenu des travailleurs des pays en voie de développement, mais aussi à établir et pérenniser une politique de croissance et de régénération de l'environnement.

Le concept sous-jacent au commerce équitable s'est développé après la Seconde Guerre mondiale grâce à des groupes religieux et des ONG proposant à la vente des articles d'artisanat peu coûteux en provenance du tiers-monde.

La cause a trouvé une certaine audience et le premier label « commerce équitable » est né en 1988 quand l'agence de développement hollandaise Solidaridad a vendu en supermarché du café mexicain sous la marque « Max Havelaar ». À la fin du siècle, des organismes de contrôle officiels comme Fairtrade International, Fair Trade USA et Eco-Social ont délivré des certificats aux importateurs répondant à l'exigence première : les pays en voie de développement doivent recevoir une part raisonnable des profits générés par la vente de leurs produits dans les pays développés. Le mouvement pour le commerce équitable s'est ainsi appliqué à de nombreux produits : cacao, café, thé, coton, fleurs, fruits frais, or, artisanat, miel, sucre et vin.

Depuis 2002, les produits répondant aux critères de Fairtrade International sont certifiés grâce au label « commerce équitable ». Pour l'obtenir, ils doivent être achetés à un prix raisonnable, avec des profits égalitairement distribués ; les producteurs doivent prouver qu'ils contribuent au développement social et à la protection de l'environnement de leur pays.

Les marchandises sont issues uniquement de sociétés et d'individus respectant les règles édictées par les Nations unies et l'Organisation internationale du travail pour s'assurer de la sécurité sur le lieu de travail, garantir le droit de créer un syndicat, bannir le travail des enfants et celui des esclaves. **GL**

Commerce équitable du coton à Kita, au Mali.

1988

Habitat passif

Bo Adamson et Wolfgang Feist

Établir une norme pour réduire de façon spectaculaire la consommation d'énergie

Le concept de *Passivhaus* (« habitat passif ») fut évoqué pour la première fois par deux professeurs, Bo Adamson de l'université de Lund (Suède) et Wolfgang Feist de l'institut allemand pour l'habitat et l'environnement. La première réalisation de ce type fut une série de quatre maisons à terrasses construites en 1990 à Darmstadt, en Allemagne. Ce fut en Europe le premier ensemble pluri-familial habité à consommer moins de 12 kWh par mètre carré. Le Passivhaus-Institut fut fondé en 1996, également à Darmstadt, pour promouvoir et contrôler les standards des habitats passifs.

Qu'il s'agisse de bureaux, d'écoles, de magasins ou de maisons, l'habitat passif cherche à maximiser l'économie d'énergie. La plupart de ces habitats sont construits selon ces normes, mais il est aussi possible de transformer des résidences plus anciennes. Elles sont hermétiques (autant que faire se peut) : les cadres des portes et des fenêtres sont posés avec le plus grand soin pour éliminer les courants d'air ; de même les murs sont édifiés en matériaux denses ou ultralégers. Les fenêtres sont placées de telle sorte à profiter de l'ensoleillement maximum, ce qui engendre un système de ventilation par récupération de chaleur.

La chaleur provient aussi de sources internes, comme celle excédentaire produite par les réfrigérateurs, les machines à laver et même le corps humain. Le résident qui a froid peut allumer un chauffage à l'huile naturelle ; s'il a chaud, il peut ouvrir une lucarne. La lumière artificielle provient d'ampoules basse consommation alimentées par des panneaux solaires.

Le coût de construction d'un habitat passif est supérieur de 14 % à celui d'une demeure conventionnelle équivalente, mais les économies sont énormes : les factures d'énergie diminuent de 75 à 90 %. L'habitat passif est en plein développement et il existe en Europe 30 000 structures de ce type (Allemagne, Autriche et Scandinavie principalement). **GL**

↑ Habitat passif dans le quartier Vauban, Fribourg-en-Brisgau, Allemagne.

1988

LGBT
États-Unis

Acronyme désignant la communauté lesbienne, gay, bisexuelle et transgenre

Les étiquettes posent toujours problème, surtout si elles sont appliquées à des gens. La description d'un individu peut être offensante et c'est particulièrement vrai en matière de sexualité. Il a fallu des années de négociation et de compromis pour aboutir au sigle LGBT permettant de décrire la communauté lesbienne, gay, bisexuelle et transgenre. Personne ne peut revendiquer d'avoir été le premier à l'utiliser et aucun article ou document n'en est le manifeste fondateur ; son acceptation ne cesse toutefois de se développer depuis 1988.

Quand le problème des différentes identités sexuelles fut abordé pour la première fois à la fin du XIXe siècle, le mot « homosexuel » (de même sexe) eut la préférence chez les hommes. En revanche les femmes préfèrent le mot « lesbienne » parce que le préfixe « homo » pouvait, par ambiguïté, encore faire référence aux hommes. Avec ses connotations négatives, « homosexuel » fut remplacé par « gay » au cours des années 1970. Les féministes insistèrent pour conserver le mot « lesbienne » ; la communauté lesbienne-gay était donc née. Cependant, ces deux termes font référence au genre et ne tiennent pas compte des individus bisexués ou transgenres.

« Qu'est-ce qui est droit ? Une ligne ou une rue, mais le cœur de l'homme, non […] »

Tennessee Williams, *Un tramway nommé désir* (1947)

Dans l'impossibilité de trouver un mot satisfaisant tout le monde, on utilisa l'acronyme LGBT. Les mots lesbiennes, gays et bisexuels évoquent une orientation sexuelle, mais l'identité du genre caractérise les individus transgenres ou transsexuels. On peut y voir une exclusion et non une appartenance, mais il n'y a pas pour l'instant de meilleure expression. « Queer » est rejeté pour avoir servi d'insulte et « rainbow » (allusion au drapeau arc-en-ciel des LGBT) est associé au New Age. **SA**

◄ Lors de la Gay Pride organisée en 2003 à Sao Paulo, des milliers de personnes ont défilé pour les droits des LGBT.

1989

Euro
Commission européenne

La notion d'une monnaie unique utilisable dans toute l'Europe

L'Europe connut sa première monnaie unique quand elle faisait partie de l'Empire romain (22 av. J.-C.-476). La première proposition moderne (1929) est due à un ministre allemand des Affaires étrangères, Gustav Stresemann (1878-1929), qui voyait là le moyen de mettre un terme aux divisions économiques faisant suite à la Grande Guerre. La deuxième tentative date de 1969, quand la Commission européenne (CE) élabora le projet d'une « coopération monétaire ». Les turbulences de l'économie internationale ne tardèrent cependant pas à ruiner cette idée.

La troisième tentative fut lancée lors d'un sommet européen organisé en 1988 à Hanovre, quand le président de la CE, Jacques Delors (né en 1925), se vit demander d'établir le calendrier de l'union monétaire et économique. En avril 1989, il annonça un plan en trois étapes devant déboucher le 1er janvier 2002 sur l'introduction de pièces et de billets en euros dans douze pays de l'Union européenne. Cinq autres pays les rejoignirent et l'euro est également utilisé dans des pays non-UE comme le Monténégro ou le Kosovo ou d'autres hors UE comme le Vatican ou Andorre.

« Le symbole € s'inspire […] de la première lettre du mot Europe. »

Commission européenne (30 octobre 2010)

Trois cent vingt-six millions de personnes utilisent l'euro et c'est la deuxième monnaie mondiale après le dollar américain. Son impact économique est hélas désastreux. Sans véritable union fiscale, l'intérêt commun et les taux de change ont ôté deux grands leviers monétaires aux gouvernements nationaux. Ce qui est valable pour la riche Allemagne ne l'est pas pour la Grèce. L'euro survivra parce que les politiciens le veulent, mais son potentiel économique reste à prouver. **SA**

1989

Justice réparatrice

John Braithwaite

Rendre la justice en réparant le mal plutôt qu'en punissant l'acte criminel

La justice réparatrice est une mesure qui implique un processus de restitution, de réparation et de réconciliation. Avec elle, toute personne affectée par le crime est prise en compte et dotée d'un certain niveau d'autorité sur le processus global ; on attend des participants d'aboutir à un consensus après délibération et la conclusion doit s'orienter vers la réparation et la réconciliation plutôt que vers le châtiment. Cette approche est différente de la justice rétributive (ou répressive) : pour celle-ci, le crime est avant tout dirigé contre l'État et non la victime, et une peine proportionnée constitue la meilleure réponse. Les partisans de la justice réparatrice croient qu'elle est profondément ancrée dans l'histoire humaine ; cette alternative à la justice rétributive s'est manifestée dans les années 1980 avec la publication en 1989 d'un ouvrage du criminologue australien John Braithwaite (né en 1951), *Crime, Shame and Reintegration* (*Crime, honte et réintégration*).

« La justice réparatrice estime que si le crime fait mal, la justice doit guérir. »

John Braithwaite

La notion de justice réparatrice peut sembler attrayante, mais les critiques lui ont reproché une formulation peu claire et parfois contradictoire : c'est une vision de la punition plus que de la justice, elle ne réussit pas à réduire la récidive, elle est injuste en ce qu'elle ne traite pas de la même façon des criminels de même ordre, enfin elle s'intéresse plus aux criminels individuels qu'aux conditions sociales.

Des programmes de justice réparatrice se développent depuis les années 1990 (jeunes criminels et violence domestique principalement). En Afrique du Sud, la Commission de la vérité et de la réconciliation en est le meilleur exemple. **GB**

1989

Externalisation

Société Kodak Eastman

Une conséquence logique de la notion de division du travail

Dans le domaine des affaires, externaliser, c'est obtenir des biens ou des services auprès de sources extérieures plutôt que les produire ou les transformer en interne. Quand ces sources sont étrangères, on parle parfois d'externalisation « offshore » ou délocalisée. Les expressions « externalisation » et « délocalisation » sont très récentes, mais leur mise en œuvre est bien plus ancienne. La première externalisation dans le cadre d'une stratégie commerciale date de 1989, quand Kodak Eastman décida de confier à IBM une partie de son activité.

L'externalisation est motivée dans la plupart des cas par le désir de rendement. En se spécialisant, la source extérieure peut profiter d'économies d'envergure, fournissant ainsi ses biens ou ses services à un coût inférieur à celui qui pèserait sur l'entreprise externalisant. De son côté, cette dernière peut se concentrer sur ce qui est au cœur même de son activité.

Bien souvent, la source extérieure ne supporte pas les mêmes frais et contraintes que la société externalisant : engager et former du personnel spécialisé, subir la pression des syndicats, se plier à des lois propres au respect du personnel ou de l'environnement. L'externalisation n'est toutefois pas une panacée : les sociétés se demandant si elles doivent y recourir s'inquiètent de la qualité des biens ou des services émanant de la source extérieure, d'une éventuelle perte de maîtrise de la chaîne de production ou encore d'une possible rivalité de la part de cette même source.

L'intérêt récent pour l'externalisation et la délocalisation s'explique en partie par le faible coût des télécommunications et d'Internet. Elles sont vouées à perdurer… et à continuer de perturber le marché du travail. **GB**

World Wide Web/Internet

Tim Berners-Lee

Un programme de défense du temps de la Guerre froide a donné naissance à un système d'information et de données de portée planétaire

Internet est un système de réseaux informatiques interconnectés qui fait appel aux protocoles de la suite TCP/IP pour relier des milliards d'individus dans le monde entier. Il n'était pourtant pas destiné à cela lors de sa conception. Internet est une initiative des États-Unis du temps de la Guerre froide.

Le gouvernement américain s'inquiétait de l'avancée technologique soviétique (lancement du Spoutnik en 1957) et craignait qu'un seul missile ne vienne annihiler l'ensemble du réseau téléphonique et paralyser le pays ; il s'employa donc à trouver un moyen de connecter les ordinateurs en dehors dudit réseau. Le résultat fut Arpanet, premier réseau informatique de partage de données.

Dans les années 1970, les informaticiens Vinton Cerf (né en 1943) et Bob Kahn (né en 1938) développèrent la suite TCP/IP qui déboucha sur le National Science Foundation Network (NSFNET), venu remplacer l'Arpanet dans les années 1980. C'est toutefois un chercheur de l'université d'Oxford travaillant au CERN (laboratoire européen pour la physique des particules), le Britannique Tim Berners-Lee (1955), qui inventa en 1989 le World Wide Web : cette initiative hypermédia pour le partage planétaire de l'information s'appuyait sur Internet. Il créa des standards pour les documents hypertextes (textes accompagnés d'images ou de liens vers d'autres ordinateurs) partagés sur le NSFNET et, en 1990, le premier client et serveur Web. Le NSFNET fut retiré de la circulation en 1995 et Internet devint accessible pour un usage commercial ou privé.

Aujourd'hui, près d'un tiers des 6,8 milliards d'habitants de la planète utilisent fréquemment Internet. Il permet bien des choses – enrichissement personnel, liens sociaux, développement artistique et économique, commerce, apprentissage, etc. – et structure la politique et la société depuis les années 1990. **APT**

↑ C'est sur cet ordinateur du CERN que le Britannique Tim Berners-Lee a conçu le World Wide Web à la fin des années 1980 et au début des années 1990.

« Internet m'a rendu quasiment omniscient, avec un niveau de connaissances encore inimaginable il y a dix ans. Maintenant, je me demande si Dieu ne s'ennuie pas à connaître la réponse à toute chose. »

Douglas Coupland, romancier

1989

Fin de l'histoire
Francis Fukuyama

La démocratie libérale occidentale sera la dernière forme de la société humaine

La théorie de « La fin de l'histoire » a pour objet l'évolution finale de la société humaine : pour elle, l'humanité atteindra un jour un état de développement socio-économique qui ne sera suivi d'aucune évolution, seulement de perfectionnements. Les adeptes contemporains de cette théorie croient que la démocratie libérale occidentale dépendante du marché constitue l'ultime étape.

Les philosophes Georg Hegel (1770-1831) et Karl Marx (1818-1883) se sont penchés sur la fin de l'histoire. Marx croyait qu'elle s'achèverait sur une utopie communiste, Hegel sur une forme de libéralisme. Cette théorie a connu un regain d'intérêt depuis que l'économiste et chercheur en sciences politiques américain Francis Fukuyama (né en 1952) en a exposé sa propre version dans un article, « La fin de l'histoire ? » (1989) puis dans un best-seller, *La Fin de l'histoire et le dernier homme* (1992). La théorie de la fin de l'histoire ne prétend pas que des événements cesseront de survenir, mais que l'évolution globale de la société s'arrêtera quand tout convergera vers la démocratie libérale à l'occidentale. Si elle est avérée, ses implications sont de taille et impliquent que le communisme et les autres formes alternatives de société sont rétrogrades et non viables.

« Marx croyait que l'évolution des sociétés humaines n'avait pas de durée indéterminée. » **Francis Fukuyama**

Cette réflexion a été rejetée par des penseurs comme le philosophe français Jacques Derrida (1930-2004) qui y voit un « Nouvel Évangile » venant renforcer l'eschatologie chrétienne, ou l'historien britannique Perry Anderson (né en 1938) qui insiste sur le fait que la pauvreté, les souffrances et l'injustice gangrènent toujours les démocraties occidentales libérales. **APT**

1990

Avertissement parental
Tipper Gore

Mise en garde contre les chansons dont le contenu peut choquer les enfants

Lancé en 1990 à l'instigation de l'écrivain Tipper Gore (né en 1948), alors épouse du congressiste Al Gore, l'avertissement parental (AP) se présentait à l'origine sous la forme d'une étiquette carrée non décollable, portant les mots « Avertissement parental » et « Paroles explicites ». Le premier album ainsi marqué fut *Banned in the USA* (1990) par Luke & The 2 Live Crew. Deux ans plus tard, la mention fut intégrée dans le design des pochettes et, en 1993, le logo changea pour devenir un rectangle noir et blanc : « Contenu explicite » remplaça alors « Paroles explicites ».

L'AP prévenait les acheteurs potentiels que l'album contenait des profanations, des références sexuelles, de l'incitation à la violence ou d'autres choses jugées inappropriées pour les moins de 17 ans par la Recording Industry Association of America. Un tel label eut un effet pervers quand des musiciens cherchèrent délibérément à l'obtenir ; en réalité, les paroles controversées n'avaient pas beaucoup d'effet sur les ventes. Aucun consensus ne venant définir exactement ce qui pouvait justifier un AP, les anomalies furent innombrables. En revanche, un album du groupe de rap texan Geto Boys fut jugé si extrême qu'il fallut un avertissement supplémentaire.

« Les gosses ont dû apprendre à dissimuler l'étiquette AP apposée sur les CD [...] »
Tom Breihan, pitchfork.com

Aux États-Unis, de grandes chaînes de distribution comme Best Buy font pression sur les sociétés phonographiques pour qu'elles produisent des versions « clean » de certains albums si elles veulent se retrouver dans leurs bacs. Le label AP n'est pas obligatoire en France même s'il est affiché sur certains albums comme ceux de Booba, par exemple. **GL**

◀ Mikhaïl Gorbatchev et Erich Honecker, un mois avant la chute du mur de Berlin (1989).

1990

Antimondialisme
États-Unis

Un mouvement qui cherche à contrôler la puissance du grand commerce international

La seconde partie du xxe siècle a vu considérablement augmenter le nombre de grandes entreprises dont les activités commerciales transcendent les frontières et les juridictions. Parmi les initiatives entrant dans le cadre de cette évolution, on peut citer la « maquiladora » : dans les années 1960, des compagnies étrangères faisaient entrer hors taxes des pièces détachées et des matières premières au Mexique où elles étaient transformées par du personnel sous-payé avant d'être réexportées, toujours hors taxes. Ce phénomène appelé « mondialisation » s'est accéléré dans les années 1980 avec la dérégulation des marchés financiers.

Les avantages sont nombreux pour l'industrie en revanche, les inconvénients potentiels le sont tout autant pour les individus ; surtout, on ne sait plus exactement quelle législation nationale régit les activités de telle ou telle entreprise.

La réaction à cette tendance a pris la forme de ce qu'on appellerait le mouvement antimondialiste. Il y eut au début quelques manifestations de mécontents, principalement celle organisée à Wall Street le lendemain de la Journée de la Terre (1990) ; puis ce furent, grâce à Internet, d'innombrables groupes de pression très actifs. Les partisans de l'antimondialisme s'opposent à la dérégulation de l'économie et à la puissance politique des multinationales qui jouissent d'une liberté sans bornes pour maximiser leurs profits, mais ne se préoccupent pas des intérêts, voire bien souvent de la sécurité, de leur main-d'œuvre. Ils leur reprochent aussi de faire fi des frontières d'un pays et d'en exploiter à leur gré les ressources naturelles, des privilèges normalement refusés à tout individu.

L'antimondialisme ne doit pas être confondu avec l'antimondialisation (opposition à toute forme de mondialisme économique) et l'altermondialisation (partisans d'une forme autre de mondialisation économique). **GL**

Manifestation contre le FMI après l'effondrement des économies d'Asie de l'Est en 1998.

1990

Loi de Godwin

Mike Godwin

Les comparaisons faciles aux nazis insensibilisent les gens à l'horreur de leurs actes

L'avocat et auteur américain Mike Godwin (né en 1956) fut l'un des premiers utilisateurs de l'ordinateur, mais il a surtout imaginé en 1990 ce qu'on appellerait plus tard la « loi de Godwin ». Dans les années 1980, après avoir observé les membres des forums de discussion on-line de l'Usenet, il remarqua que les comparaisons irréfléchies à Hitler abondaient et que les gens perdaient de vue ce qui avait rendu si horribles les nazis et la Shoah.

Désireux de promouvoir des dialogues plus raisonnables, il déclara : « J'ai pensé qu'en continuant à faire des comparaisons futiles avec Hitler, les nazis ou l'Holocauste, nous balayons tout ce que cette période a pu avoir de spirituellement traumatisant pour la civilisation occidentale, peut-être même la civilisation tout court. » Il décida ensuite d'appliquer sa « Loi de Godwin » à divers forums Internet.

Elle s'énonce ainsi : « Plus une discussion en ligne dure longtemps, plus la probabilité d'y trouver une comparaison impliquant les nazis ou Adolf Hitler s'approche de 1. » La loi reconnaît que les débats vifs se déroulent habituellement de manière prévisible avec une rhétorique toujours accrue.

La pire façon de traiter quelqu'un, c'est le comparer à Hitler ou aux nazis ; inversement un événement indésirable ou tragique sera rapproché de la Shoah. Selon la loi de Godwin, c'est une hyperbole inappropriée que dire de quelqu'un, à propos d'un sujet banal, qu'il est comme Hitler (s'il a un avis trop critique sur la politique de la santé, par exemple).

Les utilisateurs d'Internet se sont mis à invoquer la loi de Godwin en réponse aux messages offensants. Si, à l'origine, Godwin a élaboré sa théorie dans le cadre d'une critique de la culture en ligne, elle s'applique aussi à la culture médiatique traditionnelle et aux conversations les plus banales. **CK**

Sur ce panneau cubain, G. Bush + Hitler = le terroriste anticastriste Luis Posada Carriles.

1990

Théorie queer

Teresa de Lauretis

Une théorie de « l'altérité » qui défie toute notion de genre et de sexualité

Considérée il y a encore peu de temps comme « pathologique » par le Code pénal, l'homosexualité est aujourd'hui « acceptée » au même titre que l'hétérosexualité. Ce modèle implique une dualité que certains critiques trouvent néfaste. Selon eux, la sexualité ne se résume pas à être « hétéro » ou « homo » ; elle est trop ambivalente pour être ainsi confinée. C'est de cette idée fondamentale qu'est née la « théorie queer ». D'abord insulte adressée aux homosexuels, le mot *queer* (« étrange, peu commun ») a été repris par provocation par les groupes ainsi visés.

Le terme « théorie queer » fut utilisé pour la première fois en 1990 par l'universitaire italo-américaine Teresa de Lauretis (né en 1938) lors d'un congrès sur la sexualité lesbienne et gay organisé à l'université de Californie, à

> *« Queer, c'est tout ce qui est en désaccord avec le normal, le légitime, le dominant. »*
>
> **David Halperin, théoricien du genre**

Santa Cruz. Elle le reprit ultérieurement dans un article, « Théorie queer, sexualités lesbiennes et gay », paru en 1991 dans un numéro spécial du *Journal of Feminist and Cultural Studies*.

Pour la théorie queer, le genre et l'orientation sexuelle d'un individu ne sont pas déterminés génétiquement, mais plutôt par son environnement socioculturel et son histoire de vie. Elle apporte une réponse à la crise du Sida, quand il était qualifié de « maladie gay » et que l'homophobie retrouvait de la vigueur. Elle a eu un impact important sur le cinéma et la littérature et continue de défier les stéréotypes sexuels et de célébrer le déviant et le différent. Dans les cas les plus extrêmes, cela peut comprendre des perversions relevant de la psychiatrie pure et simple comme la zoophilie ou la nécrophilie. **SA**

1991

Attitudes générationnelles

William Strauss et Neil Howe

Comment et pourquoi les attitudes changent d'une génération à l'autre

La notion que toute génération partage certaines attitudes à l'égard de l'existence n'est pas nouvelle mais elle fut en partie codifiée par William Strauss (1947-2007) et Neil Howe (né en 1951) : leur ouvrage *Generations* (1991) raconte l'histoire des États-Unis depuis 1854 sous la forme d'une série de biographies générationnelles. Dans *The Fourth Turning* (*Le quatrième tournant*, 1997), les deux chercheurs américains expliquent que les attitudes générationnelles sont cycliques et qu'une révolution entière dure 80 ou 90 ans.

Chaque cycle comporte quatre phrases que Strauss et Howe comparent aux quatre saisons de l'année. Le zénith de chaque cycle est une période pendant laquelle de nouvelles idées – artistiques, philosophiques, religieuses ou scientifiques – suscitent un sursaut de créativité : c'est « l'éveil », qui correspond à l'été. Le zénith présente un revirement majeur, conflit militaire d'envergure par exemple, et porte le nom de « crise » (équivalent de l'hiver).

Entre ces extrêmes, les périodes de transition rappellent le printemps et l'automne. Pour les auteurs, l'histoire des États-Unis a toujours connu de tels cycles : la Grande Dépression et la Seconde Guerre mondiale ont été suivies, après une période de transition, d'une révolution de la prise de conscience dans les années 1960, l'équivalent d'un éveil.

Ce qui a été, sera. Chaque phase d'un cycle dure une vingtaine d'années ; à la fin de la quatrième phase, les attitudes et les normes sociales reprennent leur position d'origine.

Cette théorie purement intellectuelle a toutefois permis aux Occidentaux vivant au début du XXIe siècle de s'inscrire dans quatre catégories : « enfants de la guerre » (1939-1945), « baby-boomers (1946-1964), « génération X » (env. 1965-1985) et « génération Y » (ou « Millenials », env. 1982-2000). **GL**

Ontologie informatique

Tom Gruber

Développer des concepts pour permettre aux ordinateurs de mieux raisonner et de communiquer plus efficacement les uns avec les autres

Au sens strict du terme, celui des philosophes, l'ontologie fait référence à l'étude des catégories de l'existence. Une nouvelle définition est toutefois apparue au XXe siècle : l'ontologie est devenue une taxonomie de concepts propres à un domaine. Elle est conçue pour clarifier la pensée en mettant en lumière les relations entre les divers concepts d'une discipline spécifique telle que la médecine, les échecs, l'architecture ou la musique.

L'ontologie informatique est née à la fin du siècle dernier avec les travaux de plusieurs chercheurs, principalement Tom Gruber (né en 1950) qui publia en 1993 un article fondateur dans la revue *Knowledge Acquisition*. Ses pairs et lui-même comprirent que pour produire des machines dotées d'une intelligence artificielle et pouvant raisonner de manière analogue aux humains, il fallait les pourvoir d'une information taxonomique détaillée leur permettant de faire des déductions correctes quant aux relations entre leurs divers concepts. Cette idée dynamisa la recherche sur les diverses ontologies ou taxonomies possibles.

L'ontologie a également permis une communication de données plus efficace dans des domaines très divers : informatique biomédicale, bibliothéconomie, ingénierie du logiciel, guerre ou encore sécurité nationale. Ainsi, ce pourrait être un outil permettant de résoudre ce que le scientifique ontologique anglais Barry Smith (né en 1952) a appelé « Le problème de la tour de Babel des bases de données ». Le problème en question résulte des terminologies idiosyncrasiques utilisées par les bases de données pour organiser l'information. Celles construites avec des ontologies partagées peuvent communiquer plus efficacement, de sorte que la perte d'information sera moindre lors du processus de communication. **APT**

Le chercheur britannique en intelligence artificielle Steve Grand et son robot, Lucy : sa réussite dépend d'une ontologie partagée par ses circuits internes et son logiciel neuronal informatisé.

« Une ontologie est la spécification d'une conceptualisation [...] Une conceptualisation est une vue abstraite et simplifiée du monde que l'on veut représenter. »

Tom Gruber

1993

McDonaldisation

George Ritzer

La conformité de la restauration rapide risque de marquer tous les aspects de la société

Dans *Tous rationalisés ! La McDonaldisation de la société* (1993), le sociologue américain George Ritzer (né en 1940) analysait les rouages intérieurs de la chaîne de fast-food McDonald's et les trouvait symptomatiques du développement de l'économie et de la société. Il a ainsi examiné cinq caractéristiques de McDonald : efficacité, calculabilité, prévisibilité, contrôle et culture. L'efficacité, c'est la minimisation du temps nécessaire pour qu'un client affamé soit rassasié.

Pour la calculabilité, les ventes sont la seule mesure précise de la réussite : elles se maintiendront tant que le client ne fera pas la différence entre une grosse quantité bon marché (mesurable) et une bonne qualité (subjective). De plus, les restaurants sont prévisibles (les mêmes dans le monde entier) et contrôlent leur personnel (la fonction de chacun est précise et limitée). Enfin, la prolifération de la chaîne a imposé sa culture aux traditions de table locales.

« La McDonaldisation a montré qu'elle avait tous les signes d'un processus inexorable. » **George Ritzer, *Tous rationalisés !***

Pour Ritzer, McDonald's est un miroir de la société, aux États-Unis bien sûr, mais de plus en plus dans le monde entier. Il trouve déshumanisante l'introduction de systèmes monolithiques au nom de l'efficacité parce qu'ils refusent à l'individu la liberté de penser. La « cage de fer » de la bureaucratie crée « un environnement où l'homme ne peut pas toujours se conduire en être humain ».

Suite à la parution du livre, McDonald's a affronté une vague d'hostilité ; les dirigeants de l'entreprise ont protesté en disant que la description des pratiques commerciales était imprécise. **GL**

1994

Métrosexualité

Mark Simpson

Quand l'homme urbain affiche des préoccupations habituellement réservées aux femmes

« Métrosexuel » : le mot désigne un individu masculin vivant dans une grande ville qui, soucieux de son apparence physique, consacre beaucoup de temps et d'argent à celle-ci. Ce mot est apparu pour la première fois en 1994 sous la plume du journaliste Mark Simpson, mais il ne prétend pas l'avoir inventé et avoue l'avoir plusieurs fois entendu autour de lui.

Le métrosexuel prend parfois exagérément soin de lui, mais il aime aussi consacrer une belle partie de ses revenus (élevés habituellement) à l'achat d'objets de consommation à la mode : habits de marque, montres, voitures, parfum. Il habite une métropole ou à proximité de celle-ci et trouve près de chez lui ou de son travail nombre de clubs de sports, coiffeurs, boutiques, etc.

« C'est une tout autre conception de ce que l'homme veut être et paraître. » **Mark Simpson**

La sexualité n'a rien à voir là-dedans, mais le concept est plus fort quand l'hétérosexualité de l'individu s'accompagne de caractéristiques pouvant, dans d'autres contextes, passer pour féminines ou efféminées.

Dans l'Antiquité, le poète Juvénal se moquait de ce type d'homme dans ses *Satires* et évoquait leurs gémissements de douleur lorsqu'ils se faisaient épiler le corps pour avoir plus belle allure aux thermes. Au XIXe siècle, on a pu parler de « dandy » avec Oscar Wilde par exemple, ou même de « mods » dans l'Angleterre des années 1960. Parmi les « people », on a pu qualifier de « métrosexuel » le footballeur David Beckham (né en 1975) qui a démontré que l'homme occidental pouvait porter le sarong, ou la star de cinéma Brad Pitt (né en 1963) dont le côté macho est tempéré par sa conscience de sa « féminité ». **GL**

Métrosexuel pakistanais dans un salon de beauté à Karachi, en 1991. ➔

HTML
URI
URI
VERB
docs
DECENTRALISED
Concept
Generic
doc.
www.w3.org
W3C

1994

W3C

Tim Berners-Lee

Un informaticien visionnaire standardise le partage d'information sur Internet

W3C, ou World Wide Web Consortium, est le nom d'un organisme de régulation à but non lucratif. Le Britannique Tim Berners-Lee (né en 1955) travaillait au département informatique du Massachusetts Institute of Technology quand il fonda le Consortium en 1994 en conjonction avec la Commission européenne et le DARPA, l'agence américaine pour les projets de recherche avancée de défense. Le W3C a pour objet de rendre compatibles les technologies des fournisseurs en contenu HTML. En 2012, le Consortium regroupait 351 organisations.

Le WWW est en soi un réseau de documents hypertextes accessibles par Internet. Les interactions d'un individu avec Internet se déroulent pratiquement toutes au sein du WWW auquel un navigateur permet d'accéder. Globalement, le volume du « trafic » est très élevé et les standards posés par le W3C sont essentiels si l'on veut préserver le WWW et le porter à sa pleine capacité. Le W3C rationalise le partage international des informations, permettant ainsi aux ordinateurs de zones géographiques différentes de se « parler » avec le maximum de facilité.

« Le Web ne relie pas seulement des machines, mais aussi des hommes. »

Tim Berners-Lee

Le Consortium joue un rôle capital dans la viabilité du WWW : sans lui, le partage d'informations à très grande échelle serait extrêmement problématique. La moindre panne aurait de graves conséquences. Pendant le « Printemps arabe » de 2010, des réseaux sociaux dépendants du Web tels que Twitter et Facebook ont été de formidables acteurs : sans le W3C et les médias qui en dépendent, ce mouvement vers la « démocratie » n'aurait peut-être pas vu le jour. **APT**

1994

Vidéo à la demande

Cambridge Cable Network

Un système permettant aux utilisateurs de regarder une vidéo quand ils le souhaitent

Avec la « vidéo à la demande » (VOD, pour « video on demand »), l'utilisateur peut regarder et écouter ce qu'il veut quand il le veut, sans jamais tenir compte des horaires des programmes. Sur demande de l'abonné, un serveur centralisé envoie en streaming, c'est-à-dire en lecture continue, les données vidéo sur sa télévision, son ordinateur ou son téléphone ; elles peuvent être lues quasiment instantanément. La vidéo est stockée sur le serveur sous forme de fichiers numériques compressés. La VOD permet d'organiser ses soirées télévision et de voir un film chez soi ou en voiture plutôt qu'en salle. Le temps de location est déterminé, 24 heures généralement.

Les premières tentatives abouties de VOD eurent lieu en 1994 dans la ville de Cambridge, en Angleterre, par le biais d'un organisme appelé Cambridge Digital Interactive Television Trial et composé d'universitaires et de membres de sociétés. La vidéo fut envoyée aux foyers et aux écoles reliées au réseau câblé de la ville. Le projet fut arrêté en 1996, mais un service de VOD commercial fut lancé en 1998 avec des programmes de télévision et des services Internet.

« Les personnes amorphes détestent parcourir des listes alphabétiques de titres. » ***The Economist*** **(2011)**

Il fallut attendre les années 2000 pour que la VOD décolle réellement quand le prix du matériel chuta, que la largeur de bande nécessaire fut proposée à un prix raisonnable et que les sociétés offrirent un contenu réellement attrayant. Le principe de la VOD s'est très vite répandu aux États-Unis, en Europe et dans le reste du monde : la France est le deuxième pays européen comptabilisant le plus de services de vidéo à la demande derrière le Royaume-Uni (88 plateformes actives, tous modes d'accès confondus). **CK**

← **Tim Berners-Lee en 1995 avec le nom du Consortium qu'il a contribué à fonder.**

1994

Vente en ligne
Jeffrey P. Bezos

Le magasin on-line qui permet d'acheter des livres d'un simple clic

Le principe était le même depuis des siècles : la personne désirant se procurer un livre allait l'acheter dans une librairie et, s'il n'était pas en stock, devait le commander puis revenir le chercher.

L'arrivée d'Internet dans les années 1990 donna à l'homme d'affaires américain Jeffrey P. Bezos (né en 1964) l'occasion de faire parvenir n'importe quels livres, neuf ou anciens, à n'importe quel utilisateur de PC disposant d'un moyen de paiement : le client n'avait plus besoin de se déplacer.

L'entreprise Amazon.com fut fondée en 1994, dans l'État de Washington : son nom tient en partie à ce que son fondateur voulait qu'elle apparaisse en premier dans les listes alphabétiques. Le premier livre fut vendu en juillet de cette même année. D'autres biens de consommation sont très vite devenus disponibles : CD, DVD, logiciels, jeux vidéo, jouets, matériel électronique, etc. Des sites et des entrepôts se sont ouverts dans d'innombrables pays : Canada, Chine, Brésil, Japon, France, Allemagne, Italie, Espagne et Grande-Bretagne. En 2012, presque la moitié des 12,8 milliards de dollars de ventes se faisaient hors des États-Unis. Amazon.com est aujourd'hui le plus gros détaillant au monde avec 69 000 employés qui donnent chaque jour satisfaction à 19,5 millions de clients.

Le succès de l'entreprise lui a permis de diminuer le prix de vente de ses articles, tuant ainsi la concurrence, et de faire livrer la plupart de ses produits en 24 heures (en zone urbaine) : il est évident que les libraires, disquaires et autres petits commerces ne peuvent pas résister. D'autres sociétés lui ont depuis emboîté le pas : par exemple la Fnac propose depuis maintenant plusieurs années un service de vente en ligne sans frais de port.

La société créée par Jeffrey Bezos est entrée au Nasdaq en 1997. Avec Apple, Google et Facebook, elle fait partie des quatre grands d'Internet. **GL**

Les entrepôts d'Amazon.com à Bad Hersfeld, en Allemagne.

1994

Recyclage

Reiner Pilz

Recycler des matériaux dont on ne veut plus pour en augmenter la valeur

Les limites de certaines formes de recyclage sont qu'il diminue parfois la valeur d'un matériau déjà peu onéreux. Aplaties, les canettes de soda donnent des feuilles d'aluminium coûtant moins, à la tonne, que les récipients d'origine. Pour la plupart d'entre nous, les défenseurs de l'environnement devraient avoir des visées plus élevées : au lieu de récupérer les structures en bois des maisons en démolition pour les revendre sous forme de bois de chauffage, ils pourraient fabriquer du plancher et en augmenter la valeur, par exemple.

L'idée n'est pas neuve : les coques des portables sont faites de vieilles combinaisons de plongée et les touches de piano cassées sont transformées en bijoux. Le concept n'eut pourtant pas de nom avant 1974, quand Reiner Pilz, dont la société fabrique du matériel de sécurité pour les machines industrielles, déclara au cours d'une interview que « recyclage » serait un meilleur terme que « récupération ». Pilz ajouta : « Il faut recycler pour qu'un vieux produit acquière plus de valeur qu'avant. »

Le terme employé par Pilz fut repris par tous et on le retrouve dans de nombreux livres tels que *Upcycling* (1999) de Gunter Pauli et F. Hartkemeyer ou encore *Cradle to cradle : créer et recycler à l'infini* (2002), de Michael Braungart et William McDonough. Ce dernier ouvrage montre aussi comment l'emploi réduit de nouveaux matériaux peut engendrer une diminution du recours à l'énergie, de la pollution de l'eau et des émissions de gaz à effet de serre.

Une fois identifiés, les processus sont faciles à promouvoir. Le recyclage concerna d'abord les pays en voie de développement, moins à même de s'offrir des matières coûteuses, et gagna rapidement l'Occident. En 2010, Etsy, un site de e-commerce vendant des objets d'artisanat, proposait jusqu'à 8 000 objets recyclés ; moins de deux ans plus tard, le chiffre dépassait les 150 000. **GL**

↑ Sur ce marché cambodgien, on vend des sacs à main faits de sacs de riz recyclés.

1994

V-chip

Brett West et John P. Gardner

Une technologie pour bloquer les émissions télé que ne devraient pas voir les enfants

À la fin du xxe siècle, on s'inquiéta de plus en plus de voir les enfants laissés sans surveillance exposés à des émissions de télévision violentes ou à caractère sexuel. La solution fut la technologie de la V-chip, conçue par le professeur canadien Tim Collings et brevetée en 1994 par les Américains Brett West et John P. Gardner. Elle permet de bloquer certaines émissions reçues par les postes de télévision.

La lettre « V » était à l'origine l'initiale de « viewer control » (« contrôle parental ») : les parents s'assurant que leurs enfants ne voient pas n'importe quoi. Aujourd'hui, le « V » est plutôt l'initiale de « violence ». Les postes désormais vendus possèdent tous une fonction permettant de bloquer, grâce à un code secret connu des seuls parents, tel ou tel type d'émissions.

« Nous rendons la télécommande aux parents américains […] »

Bill Clinton, président des États-Unis de 1993 à 2001

La technologie de la V-chip (qu'on peut traduire en français par « puce V ») lit un code présent dans le signal d'émission. S'il est supérieur à un degré prédéfini, l'émission sera bloquée. En revanche, certains programmes n'ont pas ce genre de signal : reportages sportifs, informations, etc. On trouve également ce type de technologie sur les ordinateurs pour interdire aux enfants les innombrables sites pornographiques, par exemple, et sur des consoles présentant des jeux ultra-violents. Elle sert également à interdire les dépenses (en argent bien réel) concernant les achats de logiciels ou de services.

En France, au niveau législatif, la loi pour la confiance dans l'économie numérique (LCEN) de 2004 impose à tous les fournisseurs d'accès à l'Internet grand public d'informer leurs abonnés de l'existence de moyens de filtrage d'accès. **GL**

1995

Liste d'Angie

Bill Oesterle et Angie Hicks

Une manière fiable d'avoir de bons avis sur d'éventuels fournisseurs

C'est en 1994, dans la banlieue de Columbus, dans l'Ohio, qu'un chef d'entreprise du nom d'Angie Hicks lança la société qui prendrait le nom d'Angie's List. L'idée lui vint suite aux mésaventures rencontrées par le cofondateur de sa société, Bill Oesterle. Il cherchait à restaurer une bâtisse des années 1920, mais avait du mal à trouver une entreprise de qualité susceptible de s'occuper du chauffage central, de la ventilation ou de l'air conditionné. Constatant qu'il n'était pas le seul dans ce cas, il chercha avec Angie une solution bénéfique à tous les propriétaires fonciers.

Angie fit du porte-à-porte pour collecter des avis auprès des propriétaires et les faire adhérer à ce nouveau service. Une lettre mensuelle leur permettait de trouver le professionnel le plus à même de répondre à leurs problèmes. En un an, le principe du bouche-à-oreille remplit parfaitement son rôle et la société compta plus de 1 000 adhérents. Elle connaîtrait très vite une des plus grosses croissances de tout le pays.

En 1999, l'énorme base de données de la liste d'Angie fut transférée sur Internet et toucha l'ensemble de l'Amérique du Nord. Le nombre de services proposés avait beaucoup augmenté puisqu'on y trouvait désormais des avis sur les soins médicaux, la réparation automobile, des cours de danse, des gardes d'enfants, etc. Quinze millions d'adhérents envoient chaque année un million d'avis. Les grandes sociétés ne sont pas autorisées à s'inscrire et il est chaque fois vérifié qu'un prestataire de service ne rétribue pas les clients qui lui accordent un avis favorable : c'est évidemment un plus pour le consommateur à une époque où des informations délibérément erronées inondent la presse et Internet.

Il n'existe pas en France de liste équivalente. On ne peut avoir d'avis (réels ou écrits par les prestataires eux-mêmes) qu'en matière de voyages (Tripadvisor), par exemple, ou de produits culturels (Fnac, Amazon). **GL**

eBay

Pierre Omidyar

Destiné à l'origine à faciliter la vente et l'achat sur enchères, le site eBay est aujourd'hui utilisé par des millions de personnes

En 1995, l'entrepreneur américain d'origine iranienne Pierre Omidyar (né en 1967) s'employa à introduire dans sa page Web personnelle un code permettant de participer à des enchères en ligne. Il lança la même année le service Auction Web, un des tout premiers sites établissant le contact entre acheteurs et vendeurs de produits d'occasion. Aujourd'hui appelé eBay et installé à San José, en Californie, son champ d'action est devenu mondial.

Un des atouts majeurs d'eBay, c'est la confiance qu'on peut avoir dans ce site qui recourt depuis 2000 au système PayPal. En France, on peut désormais régler un achat par quatre moyens : PayPal, carte de crédit, chèque ou prélèvement sur un compte dédié.

Pour filtrer les vendeurs peu scrupuleux ou incompétents, eBay sollicita les acheteurs pour qu'ils critiquent, en bien ou en mal, l'état de leurs acquisitions ou encore le délai de livraison. Comme certains vendeurs cherchaient à « saboter » leurs rivaux en postant systématiquement des avis très négatifs, des notes remplacèrent en 2008 les témoignages écrits et détaillés.

eBay s'efforce de ne pas contribuer à la diffusion d'objets illégaux et dangereux, mais son rôle (involontaire) dans la transaction de tels objets lui a parfois valu des procès.

Comme dans toute enchère, un prix de base est fixé et chaque client potentiel propose un prix supérieur. Le temps de la vente est limité et l'ultime personne intéressée remporte l'objet.

Les frais sont fonction du prix de celui-ci. Toutefois, des programmes informatiques ont été développés pour renchérir automatiquement en fin de période et ainsi remporter l'objet à moindre coût.

En septembre 2011, le nombre d'objets vendus dépassait les 45 milliards depuis la création du site. **GL**

↑ Pierre Omidyar, fondateur d'eBay, en 2002.

« eBay est une communauté ancrée dans le commerce, un site commercial qui s'est entouré d'une communauté. »

Meg Whitman, DG de Hewlett-Packard

1995

Ubuntu

Afrique du Sud

Une conception africaine du monde ayant contribué à la transition après l'apartheid

En 1995, le premier gouvernement démocratiquement élu d'Afrique du Sud créa la Commission de la vérité et de la réconciliation (CVR), présidée par Desmond Tutu (1931), premier archevêque noir du Cap. Elle était chargée d'enquêter sur les crimes et autres atrocités commis sous le régime précédent, celui de l'apartheid. Même si la CVR connaissait des limites et fut souvent critiquée pour sa trop grande clémence à l'égard des personnes suspectées, on voit en elle la plus belle réalisation de la présidence de Nelson Mandela parce qu'elle contribua à mettre un terme à une période d'hostilité sans en déclencher une nouvelle.

La CVR fut fortement influencée par un concept, l'Ubuntu, une philosophie humaniste née en Afrique du Sud et à laquelle l'Occident s'intéressa à la fin des années 1990. C'est un mot swahili qu'on retrouve dans plus de 250 langues bantoues. Le concept est parfois traduit par « humanité », mais dans son livre *Il n'y a pas d'avenir sans pardon* (1999), Mg Tutu l'explique ainsi : « Quelqu'un d'Ubuntu est ouvert et disponible pour les autres », car il a conscience « d'appartenir à quelque chose de plus grand ». Pour l'Ubuntu, le pardon est préférable à la vengeance et la conciliation à la confrontation ; il faut mettre en valeur tolérance, compassion et respect pour l'humanité. C'est hélas plus facile à dire qu'à mettre en pratique…

« L'Ubuntu n'empêche pas de s'enrichir soi-même […] »

Nelson Mandela

Pour l'anecdote, les basketteurs des Boston Celtics ont repris le concept d'Ubuntu pour exposer la solidarité de leur équipe. Et le documentaire de Madonna consacré aux orphelins du Malawi s'intitule « Je suis parce que nous sommes » qui est la devise de l'Ubuntu. **GL**

1995

Craigslist

Craig Newmark

Le premier réseau de contacts sur Internet en matière de concerts, d'objets… et d'amour

Craigslist est un service en ligne où l'on trouve petites annonces, informations relatives à la communauté et forums de discussion. C'est l'œuvre d'un ingénieur informaticien, Craig Newmark (né en 1952) : un peu perdu en Californie loin de son New Jersey natal, il décida de lancer un service d'e-mails gratuits pour informer les gens de même sensibilité des événements organisés dans la région de San Francisco. Le succès fut tel que cela devint en 1995 un site Web où les membres pouvaient poster des informations, lancer des discussions ou y participer, vendre et acheter des biens ou encore trouver du travail.

Cependant la « liste de Craig » se fit surtout connaître par ses forums mettant en contact des abonnés en quête d'amour ou de sexe.

« Ce qui compte pour nous, c'est la culture de confiance que notre communauté a établie avec nous. » **Craig Newmark**

Ce qui commença par un passe-temps se changea en 1999 en une société privée à but lucratif. En 2001, la Craigslist s'attaqua à Vancouver, au Canada. En 2005, elle avait au moins un site Web dans chaque État américain. En France, Craigslist offre le même type de services et l'on trouve un site dédié à chaque grande ville.

Connue dans le monde entier, Craigslist propose chaque mois des millions de publicités, normalement gratuites. En Amérique, seules celles relatives à des services « érotiques » étaient payantes, mais la catégorie « adulte » fut supprimée en 2010. Dans l'Hexagone, la rubrique « Rencontres » existe encore avec pour sous-rubriques : amitié, rencontres platoniques ou sexuelles, coups de pouce du destin, etc.

En 2001, Craigslist s'est vu décerner le Webby Award du meilleur site communautaire. **GL**

Portrait humoristique de Craig Newmark en 2005, entouré d'objets à vendre. ➔

OR SALE
BY OWNER

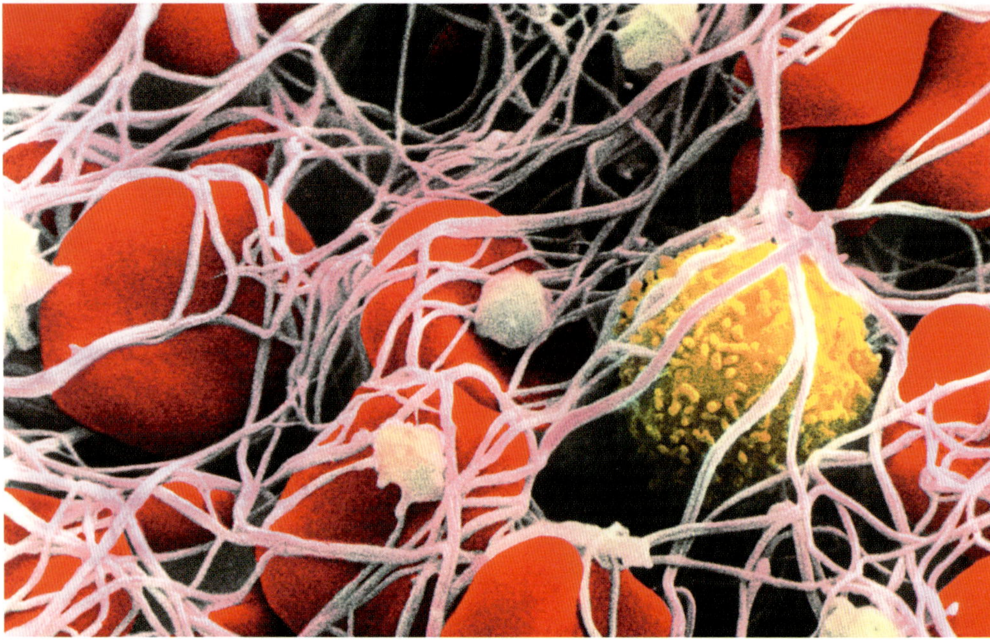

1996

La Boîte noire de Darwin

Michael J. Behe

Un scientifique défie Darwin quand il affirme que Dieu n'existe pas

Dans *De l'origine des espèces* (1859), Charles Darwin (1809-1882) décrit divers animaux d'Amérique du Sud pour finalement conclure que la vie sur Terre évolue avec le temps. Pour lui, tout ce qui existait dans l'univers pouvait s'expliquer en termes d'évolution et plusieurs autres auteurs s'appuyèrent sur ses découvertes pour affirmer que Dieu n'existait pas.

En 1996, la publication de *La boîte noire de Darwin* du biochimiste américain Michael J. Behe (né en 1952) lança un nouveau défi à la théorie darwinienne en s'interrogeant sur la validité de son affirmation principale. La « boîte noire » du titre fait référence à tout ce qui n'est pas prouvé, mais doit être accepté aveuglément avant qu'un concept global ne soit approuvé.

Parmi ces choses que Behe considère comme inexplicables, il y a la coagulation et le système immunitaire. Ces éléments ressemblent pour lui aux diverses composantes d'une tapette à souris : il suffit de supprimer ou de modifier le moindre élément pour que l'ensemble ne fonctionne plus. On n'a pas réussi à prouver que la coagulation et le système immunitaire ont évolué à partir d'autre chose : ce n'est pas parce que l'évolution s'appliquerait à certaines formes de pinsons des îles Galápagos qu'il devrait en être ainsi dans le cas présent. Behe conclut alors que la qualité essentielle de ces deux choses, c'est leur « complexité irréductible ».

Le contenu du livre de Behe se résume à un fait : un scientifique met en lumière les éventuelles failles des découvertes d'un confrère. L'accueil critique fut glacial et beaucoup y ont vu une variante du concept de « grand horloger » : le dessein apparemment intelligent du monde requiert la présence d'un créateur tout aussi intelligent, Dieu. Cette idée proposée par William Paley (1743-1805) fut largement discréditée après Darwin. En revanche, les fondamentalistes religieux voient dans les théories de Behe la preuve irréfutable de l'existence de Dieu. **GL**

Image d'un caillot sanguin qui, pour Behe, n'a pas d'origine évolutionnaire avérée.

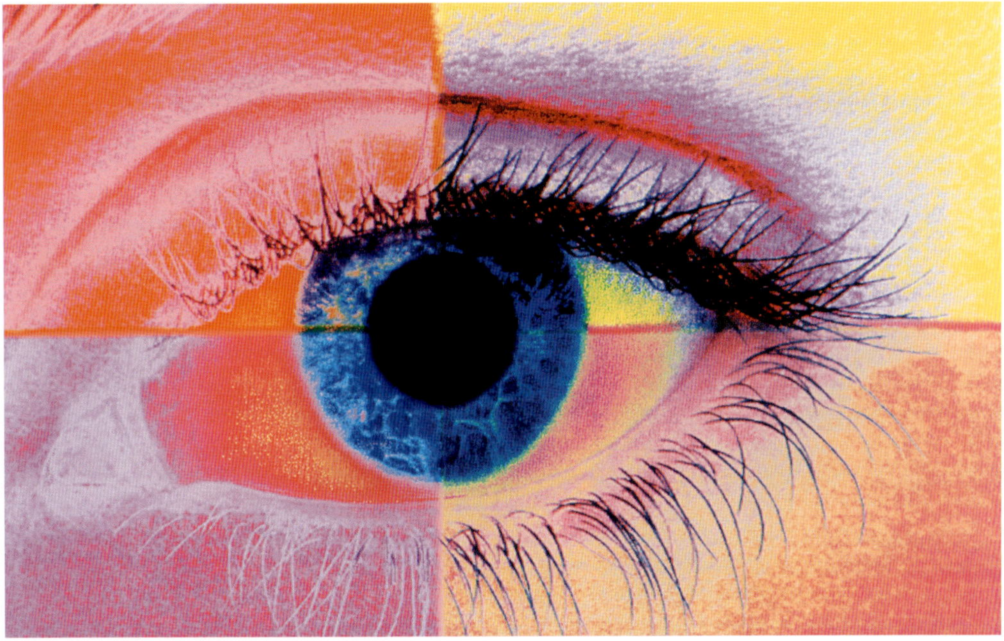

1996

Dualisme naturaliste

David Chalmers

Processus incluant des idées exprimables et des sentiments qui ne le sont pas

Pourquoi certaines pensées et certains sentiments sont-ils plus faciles à communiquer que d'autres ? Nous pouvons identifier et décrire les symptômes d'une migraine, reconnaître quand nous sommes éveillés ou encore savoir quand on a chaud ou froid. Mais comment mettre en mots des sentiments que nous inspirent certaines choses : couleur bleue, son d'une note de musique ou odeur du charbon de bois ? Dans *L'Esprit conscient* (1996), le philosophe australien David Chalmers (né en 1966) écrit que les premiers sont des « problèmes faciles » de conscience et que les autres sont des « problèmes difficiles », inexplicables, mais réels.

La distinction est importante : en l'acceptant, philosophie et science peuvent s'éloigner de leur dépendance traditionnelle du physicalisme (une chose n'existe que si elle est perçue et décrite) pour se rapprocher de ce que l'auteur appelle « dualisme naturaliste » – le fait d'accepter que la conscience ait des propriétés non quantifiables.

Sa théorie est controversée parce qu'elle postule une forme d'expérience inexplicable en termes physiques et implique que la conscience est finalement supérieure à l'interprétation par un individu des processus neuronaux survenant dans son propre cerveau.

Chalmers admet cette difficulté : « Il est reconnu que l'expérience naît d'une base physique, mais rien n'explique vraiment pourquoi ni comment il en est ainsi. Pourquoi un processus physique devrait-il engendrer une riche vie antérieure ? Qu'il en soit ainsi semble objectivement déraisonnable et pourtant cela est. »

Sa théorie a des détracteurs : pour eux, dès qu'on définit la conscience, toute distinction entre formes faciles et difficiles de celle-ci disparaît. Elle a aussi des partisans, comme le philosophe Colin McGinn (né en 1950) pour qui c'est la base d'un nouveau « mystérianisme » : certaines parties de la conscience dépassent l'entendement. **GL**

↑ Selon Chalmers, expliquer les sensations suscitées par une couleur est un « problème difficile » de la conscience.consciousness.

1996

Alerte AMBER

Richard Hagerman

Une initiative pour appréhender les kidnappeurs avant qu'il ne soit trop tard

Une alerte AMBER est une information très largement diffusée dès qu'un enfant a été enlevé. Ce concept américain datant de 1996 porte le nom d'une petite fille de neuf ans, Amber Hagerman, enlevée et assassinée à Arlington, au Texas. On a parfois dit, à tort, qu'AMBER était l'acronyme de « America's Missing : Broadcast Emergency Response » (« réaction d'urgence radiodiffusée suite à une disparition »).

Une alerte est diffusée sous toutes sortes de formes : journaux, radios, mais aussi panneaux lumineux dans les gares, au bord des routes, etc. Depuis 2002, il faut ajouter Internet, les mails et les SMS. Elle répond à des critères très stricts : confirmation que l'enlèvement est bien réel ; l'enfant, de moins de 18 ans, court un vrai danger ; description de la victime et, si possible, du criminel. La rapidité de la réaction à un rapt doit être très rapide : la plupart des enfants enlevés sont assassinés dans les trois heures qui suivent leur disparition !

« Le but d'une alerte AMBER est de galvaniser d'un coupl'ensemble de la communauté. »

Site Web du ministère américain de la Justice

Le principe d'AMBER a été repris dans de nombreux pays. En France, le système « Alerte enlèvement » a été mis en place en novembre 2005. Il repose sur une convention signée entre le ministère de la Justice et les principaux médias, les grandes entreprises de transport de voyageurs, les sociétés d'autoroutes, les ports, les aéroports et les associations de victimes. Les critères déclenchant l'alerte sont quasiment ceux d'AMBER : enlèvement avéré et non simple disparition ; intégrité physique ou vie de la victime en danger ; informations permettant la localisation de la victime ou du suspect ; victime mineure. Le procureur doit d'abord obtenir l'autorisation des parents. **GL**

1996

Colonisation de Mars

Robert Zubrin

S'installer sur la planète rouge pour échapper au surpeuplement de la Terre

L'augmentation effrénée de la population humaine débouchant sur un surpeuplement dramatique de notre planète et l'inquiétude de voir le climat changer au point de rendre la vie insupportable ont inspiré les projets de colonisation d'une autre partie du système solaire. Le plus important de tous est *Cap sur Mars*, publié en 1996 par un expert en systèmes de propulsion spatiale, l'ingénieur en aérospatiale américain Robert Zubrin (né en 1952). L'ouvrage est sous-titré : « Pourquoi il est nécessaire de s'installer sur la planète Mars ».

Mars est le corps céleste le plus approprié – ou le moins inapproprié – à l'habitation humaine. Son atmosphère suffit à protéger les colons du rayonnement solaire et cosmique, les journées ont presque une heure de plus que sur Terre, les saisons sont semblables (quoique plus longues : une année martienne étant approximativement le double d'une année terrestre), enfin il y a assez d'eau (sous forme de glace) et d'éléments chimiques pour que la planète « accueille » la vie humaine.

« Je crois que nous réussirons un jour à implanter des colonies autonomes sur Mars [...] » **Stephen Hawking, physicien**

Le grand avantage de Mars, c'est la proximité relative de la Terre : quelque 55 millions de kilomètres qu'un engin moderne parcourt en neuf mois (quinze jours avec des fusées nucléaires). La gravité est faible (un tiers de la nôtre) et la température en surface égale à celle du minimum enregistré dans l'Antarctique. Plusieurs organismes étudient les possibilités d'une colonisation : c'est le cas de la Mars Society qui, avec la Nasa, a installé des stations de recherche en Alaska et au Canada, et de Mars One, qui a pour but d'installer une colonie humaine permanente en 2023. **GL**

Visualisation par le photographe et artiste Victor Habbick d'opérations minières à la surface de Mars. ➔

1996

Fluidité cognitive

Steven Mithen

Comment l'humain serait brutalement passé de la barbarie à la civilisation

D'après ce qu'en savent les anthropologues, l'esprit des premiers êtres humains se consacrait exclusivement à la chasse, à la cueillette et à la survie. Mais il y a moins de 30 000 ans, l'entreprise et la créativité se sont brusquement développées : nos ancêtres se sont mis à fabriquer des outils et à peindre sur les murs des grottes, mais aussi à ensevelir leurs morts au lieu de les laisser se décomposer à l'air libre. De tels progrès ont jeté les bases de la science, de l'art et de la religion.

Le cerveau de nos ancêtres Homo erectus et Neandertal avait la même taille que celui de nos contemporains ; ils avaient aussi la même capacité pour le langage, alors que s'est-il passé pour qu'ils cessent de vivoter et se consacrent à l'imagination et à la création ?

Selon l'archéologue britannique Steven Mithen, un accident génétique ayant « reconnecté » le cerveau primitif de l'homme des cavernes qui a développé la capacité à voir de la ressemblance dans des choses différentes, à adopter une pensée latérale et à appliquer à certains aspects de sa vie l'expérience acquise dans des circonstances autres. Steven Mithen a donné à cette capacité nouvellement acquise le nom de « fluidité cognitive » et a fait remarquer la chose suivante : si elle a inspiré le grand bond en avant, du barbarisme à la civilisation, elle a aussi eu l'inconvénient de permettre à certains d'échafauder des théories dépourvues de toute base rationnelle telles que la parapsychologie.

Publiée pour la première fois en 1996, la thèse de Mithen intitulée *Préhistoire de l'esprit* n'était pas sans défauts, notamment parce qu'elle ne tentait pas d'identifier ce qui avait pu causer ce grand changement. Son travail abordait cependant le récit plausible du « chaînon manquant » – cette passerelle de l'évolution que les humains ont franchie à une période donnée de l'histoire, se séparant ainsi des animaux et en particulier des singes qui leur ressemblent le plus par leur apparence et leur comportement. **GL**

Groupe mixte de modèles anthropologiques avec divers stades de l'évolution humaine.

1996

Clonage animal

Institut Roslin, Édimbourg

Premier clonage d'un mammifère à partir d'une cellule adulte et non d'un embryon

En 1963, une carpe fut clonée par l'embryologiste chinois Tong Dizhou, mais son travail resta confidentiel. En 1996, l'embryologiste anglais Ian Wilmut (né en 1944), le biologiste écossais Keith Campbell (1954) et les chercheurs de l'institut Roslin, près d'Édimbourg, ont transplanté le noyau d'une cellule provenant de la glande mammaire d'une brebis du Dorset dans l'ovule prélevé d'une brebis écossaise à tête noire. L'œuf a été électriquement stimulé pour déclencher la division cellulaire puis, quand celle-ci eut lieu, il fut réimplanté dans l'utérus d'une troisième brebis. Il avait été privé de son propre noyau et après sept jours de culture et de nutrition, il fut prêt à reprogrammer la cellule adulte implantée et à la transformer en embryon.

Dolly, premier mammifère cloné au monde, naquit au bout de 148 jours : c'était la copie génétique exacte de la première brebis. Avant de réussir, les chercheurs avaient tout de même effectué 270 tentatives avec 21 embryons implantés chez 13 mères porteuses.

Dolly faisait partie d'un programme d'expériences de l'institut Roslin, destiné à faire progresser la recherche pour la production de médicaments à partir du lait des animaux de ferme. Elle eut ensuite six agneaux et passa le reste de ses jours, choyée, à l'institut. Une tumeur du poumon obligea les chercheurs à l'euthanasier en 2003 à l'âge de six ans et demi.

Dolly avait ouvert la porte au génie génétique et aux problèmes éthiques qui devaient l'accompagner. En 2008, Samuel Wood, cadre dans la société de biotechnologie Stemagen, devint le premier adulte à voir un clone de soi-même devenir un embryon. De l'ADN extrait des cellules de sa peau avait été introduit dans un ovule humain avant que ne se développe l'embryon pluricellulaire.

Un second pas a été franchi avec le clonage de souris de seconde génération (obtention d'organismes clonés à partir d'autres organismes clonés). **BS**

↑ Dolly (au premier plan) ne se distingue en rien des brebis nées de manière classique.

1997

Énergie décentralisée

International Cogeneration Alliance

Comment générer de l'électricité à partir de multiples petites sources

L'International Cogeneration Alliance fut fondée en 1997 quand la convention de l'ONU sur les changements climatiques demanda que la cogénération occupe une place de choix sur l'agenda mondial. En 2002, cet organisme changea son nom en World Alliance for Decentralized Energy et élargit son champ d'intérêt pour inclure toute forme de « production distribuée » dont les technologies renouvelables (par exemple panneaux photovoltaïques et éoliennes de petite taille).

L'énergie décentralisée (ED), c'est la production d'électricité au niveau local et non dans d'énormes usines fonctionnant grâce au charbon ou aux flux d'eau naturels : avec celles-ci, on constate beaucoup de pertes dues aux trop grandes distances de transmission. En revanche, les unités de cogénération d'origine solaire ou étolienne sont installées près des lieux où l'électricité sera consommée.

« Le système électrique va changer [...] au point d'être méconnaissable. »

Walt Patterson

L'ED réduit les émissions de carbone et l'impact sur l'infrastructure des bâtiments. Ses technologies sont nombreuses : petites unités de cogénération s'associant pour produire électricité et énergie thermique ; panneaux solaires installés dans les endroits isolés ; turbines éoliennes assez discrètes pour être installées sur le toit d'un immeuble urbain. On trouve en Chine, en Tanzanie, en Indonésie et au Sri Lanka de petites unités hydroélectriques capables de fournir 90 kW à 300 foyers.

De nombreux pays d'Europe ont adopté la technologie de l'ED, mais la France est en ce domaine bien en retard. **BS**

1997

Carte à puce sans contact

Transports en commun de Hong Kong

Une carte en plastique qui accélère le paiement et réduit les besoins en liquidités

La carte à puce sans contact ressemble à une carte de crédit ou de retrait classique et ses dimensions sont quasiment identiques. Elle comporte des circuits électroniques pouvant stocker et traiter les données et communiquer par radiofréquence avec un terminal. Ces cartes servant à l'identification du porteur constituent un moyen de paiement rapide et pratique exigeant le minimum de manipulation.

Ce type de cartes fut employé pour la première fois par le réseau de transports en commun de Hong Kong. Le but était d'accélérer la procédure d'achat de tickets. Avant, les passagers se les procuraient à un guichet, mais avec le système Omnibus, ils purent entrer et sortir d'une gare en passant leurs cartes sur un lecteur qui les débitait instantanément du prix du trajet choisi. Le succès fut tel que de nombreuses villes du monde reprirent à leur compte le principe de la carte à puce sans contact.

« Chaque jour des dizaines de millions de gens utilisent sans danger la technologie sans contact. » **Robert Siciliano**

En Île-de-France, le passe Navigo recourt à la même technologie et sert de support aux forfaits d'abonnements à divers services de transport (RATP, SNCF, Optile) ainsi qu'aux vélos en libre-service Vélib'. On utilise les systèmes Transpass Métropole à Marseille, SimpliCités en Lorraine ou encore Alséo en Alsace.

La carte à puce sans contact a bien des avantages, pour l'utilisateur comme pour son fabricant (production bon marché, personnel minimum), mais elle a aussi des inconvénients : en cas de perte ou de vol, quiconque peut l'utiliser, et il n'y alors d'autres recours que se déclarer victime. **GL**

On peut placer de petites éoliennes sur des toits végétalisés.

1997

Blogs

Divers

Des journaux intimes on-line où chaque utilisateur d'Internet peut exprimer ses opinions

Un blog est une sorte de journal de bord publié sur le Web où les individus comme les groupes peuvent noter leurs pensées, leurs activités, leurs demandes. Le terme « Web log » a été inventé en 1997 par Jorn Barger pour décrire son propre site Web puis contracté en « blog » par Peter Merholz. Il est depuis utilisé dans le monde entier. Dans les pays francophones, on parle aussi de « blogue », plus rarement de « cybercarnet » (Québec).

L'identité du premier blogueur est assez floue, mais il pourrait bien s'agit de Tim Berners-Lee (né en 1955), en qui l'on voit habituellement le créateur d'Internet en 1992. Le blog proliféra très vite et, au début de l'année 2013, cette partie d'Internet connue sous le nom de « blogosphère » abritait 25 milliards de sites, vus chaque jour par 325 millions de visiteurs, plus un nombre indéfini de blogs ne recevant jamais aucune visite. Il s'en crée un chaque seconde, principalement grâce à la multiplication des langues sur Internet : la plupart des nouvelles entrées sont des blogs en chinois.

« Bloguer, est-ce un outil ou une arme ? Cela dépend de la façon dont on voit les choses [...] » **Aman Tiwari**

Les blogs plaisent beaucoup parce qu'ils offrent l'occasion de dialoguer et d'émettre des commentaires sur tel ou tel sujet. Les plus prisés proposent des actualités, mais aussi des liens permettant d'accéder à leurs sources. C'est le cas du « superblog » qu'est le *Huffington Post*, qui publie des articles politiques ou de société. La version française, lancée en janvier 2012, a pour directrice éditoriale Anne Sinclair et pour rédacteur en chef, Paul Ackermann. Il compte plusieurs dizaines de collaborateurs et 2,5 millions de visiteurs uniques par mois. **GL**

1998

Énergie noire

Michael Turner

Une force mystérieuse responsable de l'expansion de l'univers à une vitesse toujours plus grande

Au début du XXe siècle, les scientifiques pensaient que l'univers avait une dimension constante et que la gravité en assurait la stabilité. En formulant sa théorie de la relativité générale, Albert Einstein parla de « constante cosmologique » parce que ses autres découvertes venaient contredire la notion d'univers statique.

Dans les années 1920, l'observation du décalage spectral vers le rouge (« red shift ») de la lumière des galaxies lointaines permit à l'astronome américain Edwin Hubble d'affirmer que l'univers était en expansion. Sur ce, Einstein qualifia sa constante cosmologique de « plus grande bêtise » de sa vie. On crut alors que le rythme de l'expansion diminuait puisque la gravité attirait les galaxies les unes vers les autres. En 1998, trois astrophysiciens – les Américains Adam Riess et Saul Perlmutter ainsi que l'Australien Brian Schmidt – constatèrent que l'expansion s'accélérait. Cela nécessitait la réintroduction de la constante cosmologique dans la théorie...

« L'énergie noire régira l'expansion et déterminera le destin de l'univers. »

Eric Linder, physicien

Le cosmologiste américain Michael Turner (né en 1949) imagina l'expression « énergie noire » : elle éloigne les galaxies et représente environ 70 % de la densité totale d'énergie de l'univers. Il demeure un problème : les physiciens qui ont voulu calculer sa quantité dans l'espace ont trouvé un résultat extraordinairement supérieur (120 ordres de grandeur). Cette anomalie s'expliquerait par la « théorie inflationniste » pour laquelle il y aurait plus d'un univers. La notion de « multivers » est soutenue par la « théorie des cordes » et ses 10 500 solutions possibles : une seule expliquerait la quantité d'énergie noire de l'univers. **GL**

Représentation infographique de l'univers. Les galaxies s'éloignent sous la force de l'énergie noire. ➔

1998

Repères nutritionnels journaliers Royaume-Uni

Un étiquetage permet de savoir si des aliments constituent un régime équilibré

Aux États-Unis, la loi sur l'étiquetage alimentaire de 1990 stipulait que les denrées emballées (à l'exception de la viande et de la volaille) devaient porter une étiquette fournissant des informations telles que le pourcentage en matières grasses et le nombre de calories. Cela n'empêcha pas les consommateurs de continuer à croire qu'ils mangeaient ce qu'il faut et en quantité raisonnable pour répondre à leurs besoins.

Au Royaume-Uni, le désir d'améliorer ce type d'informations donna naissance en 1998 au principe de « repère nutritionnel journalier » (RNJ), fruit d'une collaboration entre le gouvernement, l'industrie alimentaire et les associations de consommateurs. Chaque produit devait avoir deux étiquettes : une devant avec le nombre de calories, l'autre derrière indiquant la quantité approximative de chaque nutriment contenue dans une portion type (en grammes) en relation avec la quantité qui devrait être consommée durant une journée. Le consommateur doit alors additionner les pourcentages des divers aliments pour arriver aux 100 % représentant l'ingestion optimale quotidienne (valeur énergétique, matières grasses et sel).

« On peut manger des aliments que l'on apprécie tout en observant un régime équilibré. » **Lindsay Farrar, Mirror Group**

Le principe britannique fut repris aux États-Unis et dans la plus grande partie de l'Europe, mais il fut difficile d'établir des critères correspondant à la fois aux hommes, aux femmes et aux enfants. Les RNJ n'indiquent pas non plus que les matières grasses saturées sont superflues. L'étiquetage permet néanmoins aux consommateurs de prendre conscience de la nécessité d'une alimentation saine même si, sous sa forme actuelle, il n'apporte pas toutes les réponses. **GL**

1999

Lois Safe Haven Royaume-Uni

Une législation permettant aux parents de confier leurs enfants en toute impunité

Certaines personnes ne parviennent pas à se comporter en parents dignes de ce nom et, dans les cas extrêmes, abandonnent leurs enfants. Ce type de conduite fut longtemps illégal et, de crainte d'être arrêtés, les parents au désespoir laissaient leurs enfants dans des endroits sûrs (dans le meilleur des cas) où quelqu'un les trouverait et les recueillerait ; leur priorité était toutefois de ne pas être pris sur le fait.

Désireuse de voir les tout-petits ne courir aucun danger, la députée du Texas Geanie W. Morrison fit voter en 1999 une loi appelée dans un premier temps « loi du petit Moïse » : les adultes (pas nécessairement les parents) pouvaient laisser un bébé non désiré dans un refuge (« *safe haven* ») tel qu'un hôpital, une caserne de pompiers ou un poste de police affichant un panneau spécial. On ne leur demandait pas de donner leur nom et les bébés étaient placés dans un service de protection de l'enfance. Seul un bracelet portant un numéro permettait de relier enfants et parents.

En 2008, tous les autres États américains s'étaient dotés d'une loi du même ordre. L'âge limite pour un abandon légal est variable : plusieurs États n'acceptent pas d'enfants âgés de plus de trois jours ; pour d'autres, cela va jusqu'à un an ; au Nebraska, une interprétation de la loi votée en juillet 2008 permettait d'aller jusqu'à l'âge de 18 ans, mais la Cour suprême fixa en novembre de la même année un délai de 30 jours maximum (de nombreux parents s'étaient ainsi « débarrassés » de leurs adolescents : au moins 35 en 4 mois, bien souvent originaires d'autres États).

Dans une vingtaine d'États, les parents disposent d'un certain temps pour reprendre leurs enfants ; dans cinq autres, ils peuvent aller en justice pour en demander la restitution. Les lois « *safe haven* » ont fait diminuer le nombre d'abandons, peut-être aussi celui des interruptions de grossesse et des infanticides. **GL**

GloFish

Gong Zhiyuan

Créé pour étudier la pollution, le GloFish est aujourd'hui vendu au grand public : c'est le premier animal domestique génétiquement modifié

GloFish est une marque déposée de poissons génétiquement modifiés (GM) pour être fluorescents (ils émettent une lumière plus vive que celle qu'ils reçoivent). Le nom est une contraction des mots anglais *glow* (« luire ») et *fish* (« poisson »). Les droits furent achetés par l'entreprise texane Yorktown Technologies, qui commença ses travaux avec un poisson-zèbre à bandes noires et blanches (*Brachydanio rerio* : originaire des rivières de l'Inde et du Bangladesh, on lui donne parfois le surnom de « pyjama »). Pour l'aquariophilie, il a été proposé dans diverses couleurs : bleu, vert, orange, violet, rouge et jaune. Cette entreprise est aujourd'hui l'une des leaders du genre.

Les premiers poissons de ce type furent créés en 1999 par le Dr Gong Zhiyuan et ses confrères de l'université de Singapour. Ils prirent chez une méduse un gène produisant naturellement une protéine verte fluorescente et l'introduisirent dans des embryons de poissons-zèbres. Des poissons-zèbres rouges furent ensuite créés grâce à l'introduction d'un gène provenant d'un corail marin. Par la suite une équipe de chercheurs de l'université de Taïwan imagina un médaka (*Oryzias latipes*) GM émettant une couleur verte ; d'autres couleurs ne tardèrent pas à suivre. Le but premier des scientifiques était de créer des poissons émettant une lumière au contact de toxines, ce qui permettrait de détecter rapidement la contamination des cours d'eau. Très vite, l'aspect commercial de leurs recherches prit le dessus.

En 2003, l'Agence américaine des produits alimentaires et médicamenteux (FDA) autorisa la vente des GloFish, mais interdit qu'ils entrent dans la chaîne alimentaire humaine. Ces poissons sont prohibés en Californie, au Canada et dans la totalité de l'Union européenne, mais ils se vendent par millions dans le reste du monde pour illuminer de leur présence les bassins et les aquariums. **GL**

↑ Les poissons fluorescents permettent aussi aux scientifiques de comprendre les maladies cellulaires et leur développement ainsi que le cancer et la thérapie génique.

« On connaît mal la biotechnologie. En comprenant comment nous avons fait ce poisson, les gens comprendront mieux la technologie et en auront moins peur. »

Dr Gong Zhiyuan

Krump

Ceasare « Tight Eyez » Willis et Jo'Artis « Big Mijo » Ratti

Née sur la côte ouest des États-Unis, une danse démentielle qui a envahi le monde

Un adolescent au visage peint en train de danser. Photo extraite du documentaire *Krumped* de David LaChapelle (2004) ; il reviendra sur ce sujet en 2005 avec *Rize*.

« Cette danse agressive et surprenante modernise des gestes propres aux rituels tribaux africains et présente des mouvements athlétiques exécutés à une vitesse incroyable. »

Sujit R. Varma, critique de danse

Le krump est une forme de danse urbaine créée à Los Angeles par Ceasare «Tight Eyez» Willis et Jo'artis «Big Mijo» Ratti. Elle serait issue du Clown Dancing, inventé en 1992 par Tommy Johnson & The Hip Hop Clowns, des éducateurs spécialisés de South Central Los Angeles. Le krump était plus sauvage, mais le lien entre les deux est rendu évident par le maquillage des krumpers rappelant le cirque ; ils peuvent cependant se donner l'aspect de farouches guerriers. Les groupes de krump abandonnèrent le maquillage au début de l'année 2001 pour affronter pacifiquement leurs rivaux : ces «battles» sont une alternative à la violence et à la drogue omniprésentes dans les bas quartiers de Los Angeles.

L'étymologie du mot «krump» est obscure, mais on penche le plus souvent pour un acronyme de «*Kingdom Radically Uplifted Mighty Praise*», soit «éloge puissant d'un royaume radicalement élevé». Cette explication tend évidemment à donner au mot une connotation religieuse.

Difficile à codifier, cette danse fait appel à des mouvements libres et exagérés de toutes les parties du corps au rythme d'une musique rapide. Elle diffère de la break dance, où le danseur peut se coucher sur le sol : il doit ici rester droit en permanence. Ceci mis à part, le krump n'est régi par aucune règle au point qu'on a pu parler de «hip-hop extrême». Selon le site Web de MTV, si le krump «vous fait passer pour un gugusse agité de spasmes, c'est que vous avez réussi».

Le krump a très vite quitté la côte ouest pour coloniser le monde entier, principalement grâce au documentaire *Rize* de David LaChapelle, présenté au festival de Deauville en 2005. Plusieurs clips en témoignent, comme ceux de Cristina Aguilera, Prodigy, les Chemical Brothers, Madonna (*Hung Up*) ou encore les Black Eyed Peas (*Hey Mama*). **GL**

Évo-dévo

Académie nationale des Sciences, États-Unis

Comment la vie sur Terre a pu se diversifier à partir d'un groupe de gènes assez réduit

« Évo-dévo » est une expression désignant le domaine de la génétique évolutive du développement, un champ disciplinaire de la biologie de l'évolution, et ses efforts pour résoudre un problème posé aux chercheurs depuis des siècles. En 2000, une section spéciale des travaux de l'Académie nationale des Sciences des États-Unis fut consacrée à l'évo-dévo et le concept se popularisa.

Les scientifiques s'interrogent depuis longtemps sur les causes des changements radicaux d'aspect et de caractéristiques de diverses espèces, par exemple comment les écailles des aviens préhistoriques ont pu se changer en plumes d'oiseau en quelques millions d'années. Pour certains, la fonction de la créature dicte sa forme : le naturaliste anglais Charles Darwin (1809-1882) pensait ainsi que les pinsons des îles Galápagos s'étaient dotés de becs de formes différentes pour avoir accès à des aliments différents.

D'autres ont conclu que la forme précède la fonction : en d'autres termes, les caractéristiques de la créature sont génétiquement prédéterminées et son comportement est tributaire de son hérédité.

L'un des premiers partisans de cette école fut le zoologue Étienne Geoffroy Saint-Hilaire (1772-1844) : ses études sur les invertébrés l'ont convaincu que la structure anatomique d'un animal commandait son mode d'existence.

La question n'est pas de savoir si l'évolution existe – tout le monde s'accorde sur ce point –, mais de découvrir ce qui en initie et régule le processus. La mutation génétique est elle aussi avérée : l'évo-dévo a démontré qu'un très grand nombre de changements évolutionnaires sont déclenchés par un très petit nombre de gènes. Ce qui demeure incertain, c'est la façon dont les mutations sont préprogrammées au stade embryonnaire et celle dont les phénotypes (traits observables) sont influencés par l'environnement. **GL**

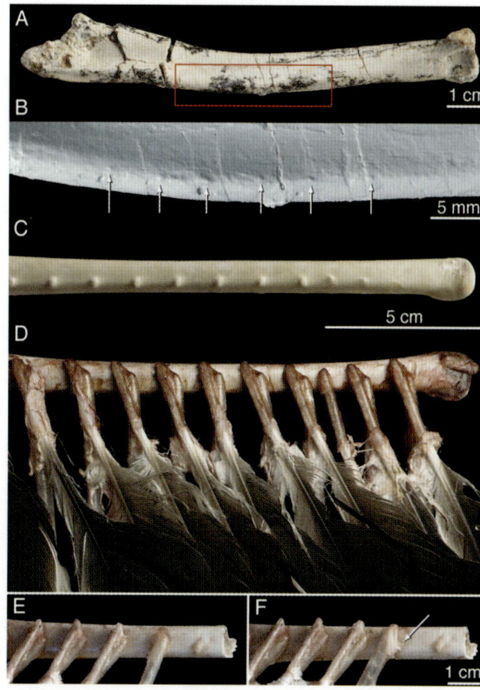

↑ Une sélection de fossiles, de moulages et d'os montre des ressemblances entre des tuyaux de plume de vélociraptor préhistorique (A et B) et ceux d'un urubu moderne (C-F).

« L'évolution était d'humeur bizarre quand cette création s'est effectuée [...] On se demande où finit le monde végétal et où commence le règne animal. »

John Colton, à propos des plantes carnivores

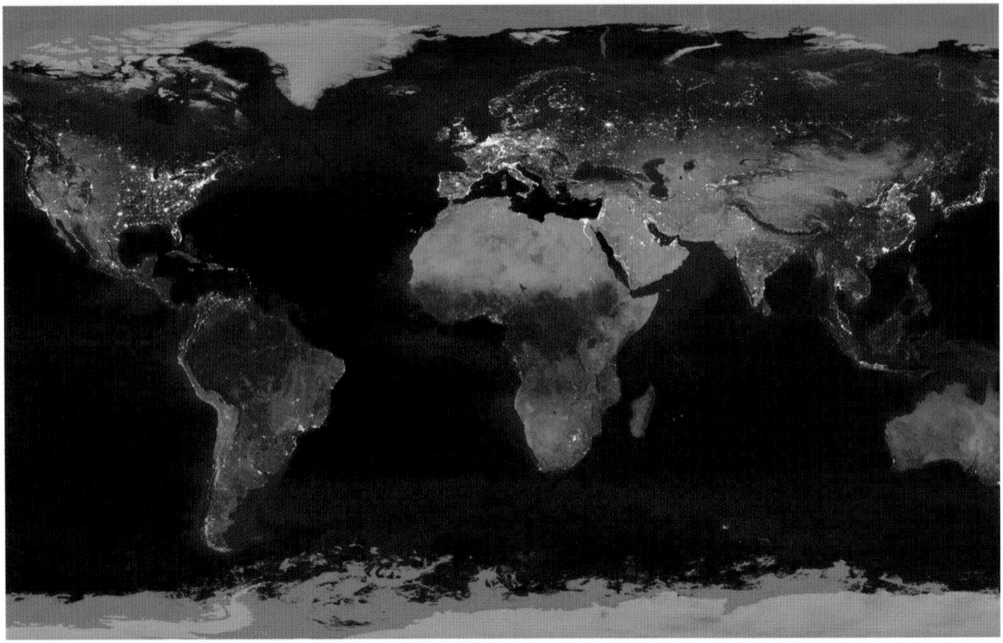

2000

Anthropocène

Paul J. Crutzen

Terme géologique pour qualifier l'ère moderne de l'influence humaine sur Terre

L'Anthropocène est le nom (officieux pour l'instant) de la période géologique la plus récente, celle qui va de la seconde moitié du XVIIIe siècle à nos jours. Forgé à partir de mots grecs signifiant « ère récente de l'homme », ce terme parut nécessaire : c'est en effet pendant cette période débutant avec la Révolution industrielle, vers 1760-1780, que les activités humaines ont transformé, bien plus qu'auparavant, la surface terrestre, l'atmosphère, les océans et les cycles alimentaires. Pour Elizabeth Kolbert, journaliste spécialiste de l'environnement, « De nombreux stratigraphes [géologues s'intéressant aux couches rocheuses] en sont venus à croire que [...] les êtres humains ont tellement altéré la planète depuis un siècle ou deux que nous avons inauguré une nouvelle époque. » Il parut donc approprié de distinguer l'Anthropocène de l'Holocène qui recouvre les 11 700 années écoulées depuis l'apparition de l'homme moderne, au début de l'âge de la pierre.

Le mot « Anthropocène » fut imaginé à la fin des années 1980 par le biologiste américain Eugene F. Stoermer, mais ne fut connu du grand public qu'en 2000, avec un article du prix Nobel de chimie 1995, Paul J. Crutzen.

En 2008, une motion fut déposée devant la commission stratigraphie de la Société géologique de Londres pour que le terme « Anthropocène » définisse officiellement une époque bien précise de l'échelle des temps géologiques. Une seconde tentative faite à Brisbane en 2012 lors du 34e Congrès international de géologie n'aboutit pas davantage. Ses opposants soutiennent que l'impact de l'homme sur la Terre précède de 15 000 ans la Révolution industrielle et qu'il serait redondant de distinguer les deux derniers siècles du reste de l'Holocène. Pourtant, la réunion en 2011 de la Société géologique d'Amérique s'est intitulée « De l'Archéen à l'Anthropocène : le passé est la clé de l'avenir. » **GL**

La quantité de sources lumineuses visibles depuis l'espace témoigne de l'impact moderne sur notre planète.

v. 2000

Bureau virtuel

Divers

L'ordinateur permet de diriger une grosse société sans le moindre bureau

Conséquence du développement d'Internet, le bureau virtuel n'a pas d'emplacement « physique », et les employés peuvent collaborer indépendamment de l'endroit du monde où ils habitent. Ainsi, un résident de Sidney, en Australie, peut travailler pour une société implantée à Londres, pas en tant que représentant local, mais comme membre à part entière de la maison-mère.

Le bureau virtuel permet de réduire de beaucoup les frais généraux, principalement en supprimant ceux liés à la location des locaux accueillant le personnel. Le travail est distribué par e-mails ou toute autre forme de transfert de données électroniques, exécuté par des employés proches ou non de leur ordinateur personnel, puis retourné à la direction via les mêmes médias.

Ce système a également des avantages pour les employés : il supprime les frais de transport et de garde des enfants tout en permettant (avec l'accord de la direction) d'avoir des horaires plus souples que dans un bureau classique. Selon un sondage de Global Workplace Analytics, 79 % des personnes préféreraient travailler à domicile, dont 39 % aimeraient mieux cela qu'une augmentation de salaire. Quelques managers se plaignent toutefois que le bureau virtuel réduit leur capacité à contrôler les méthodes de travail de leurs subordonnés : ils ne peuvent plus juger leurs employés qu'à leurs seuls résultats.

Un autre problème est associé au bureau virtuel, son incapacité à générer ce qu'on pourrait appeler l'esprit d'équipe. On peut toutefois le résoudre en partie grâce à des systèmes interactifs tels que la téléconférence ou la technologie WYSIWIS (acronyme de « *what you see is what I see* », « ce que vous voyez est ce que je vois »), mais même cela n'élimine pas entièrement les difficultés : les psychologues pensent que le ton de la voix et la gestuelle ne suffisent pas à transmettre les plus fines nuances et que celles-ci ne sont identifiées que par le biais de la proximité physique. **GL**

↑ **L'absence de bureau matérialisé n'entrave pas la productivité.**

2000

Adam Y chromosomique

Peter Underhill

L'identification de notre plus récent ancêtre patrilinéaire commun

Le chromosome humain Y ne se recombine pas au chromosome X, mais est transféré intact d'un père à son fils. Ses mutations avec le temps permettent d'identifier l'ascendance patrilinéaire. Cette constatation permit à un biologiste moléculaire de l'université Stanford, Peter Underhill, de révéler en 2000 que le plus récent ancêtre patrilinéaire commun (PRAPC) de tous les hommes actuels aurait vécu il y a 60 000 ans.

Les médias s'étonnèrent de l'espace de temps séparant l'Adam Y chromosomique de son équivalent féminin, l'Ève mitochondriale qui aurait vécu 90 000 ans plus tôt et avait été identifiée une douzaine d'années auparavant. Il est assez trompeur de leur donner le nom des deux premiers êtres humains de la Bible, car l'Ève et l'Adam des scientifiques ne sont pas les premiers humains, seulement les plus anciens que nous ayons repérés. Cela détourna l'attention des découvertes les plus importantes d'Underhill relatives à l'immigration. Après avoir étudié 167 mutations du chromosome Y de 1 062 hommes venus de 21 régions géographiques, il conclut qu'il n'y avait eu qu'un seul grand exode depuis l'Afrique : des humains primitifs ont quitté l'Afrique et certains y sont revenus tandis que d'autres sont allés en Australie, en Inde, en Asie et enfin en Europe. Il constata aussi qu'il y avait moins de lignées chromosomiques Y que mitochondriales, probablement parce que les mâles étaient plus enclins à la promiscuité.

« Nous sommes tous africains au niveau du chromosome Y et nous sommes tous frères. » **Peter Underhill**

L'Adam Y chromosomique ne sera pas toujours considéré comme notre PRAPC, mais la découverte d'Underhill est capitale pour l'archéogénétique, la reconstruction de l'histoire de l'humanité à partir de ses gènes. **GL**

2001

Six principes verts

Mouvement Global Green

La création d'un manifeste clair à l'usage des partis politiques écologiques

C'est à l'occasion de sa première convention, tenue en avril 2001 à Canberra, en Australie, que le mouvement Global Green diffusa une charte exposant ses objectifs et permettant aux défenseurs de l'environnement de mieux affirmer leurs ambitions politiques et sociales. Ce document est celui des six principes verts suivants.

1) Sagesse écologique : elle repose sur la philosophie d'abord formulée par le Norvégien Arne Næss (1912-2009), pour qui le besoin de protection de « l'écologie profonde » – les choses les plus fondamentales sur la Terre – doit l'emporter sur le combat contre les abus mineurs.

2) Justice sociale : tous les hommes sont égaux et doivent se monter solidaires.

« Le "contrôle de la nature" est une expression pleine d'arrogance. »

Rachel Carson, *Printemps silencieux* (1962)

3) Démocratie participative : chaque homme et chaque femme adulte doivent pouvoir voter et le choix final sorti des urnes doit être plus réaliste et plus diversifié que celui des systèmes bipartites.

4) Non-violence : mettre fin à toute forme de conflit physique.

5) Durabilité : s'assurer que chaque humain remplace et développe ce qu'il a utilisé.

6) Respect de la diversité : pour un traitement juste et égalitaire des minorités.

Ces desiderata ont pour fondement des manifestes antérieurs publiés par le mouvement vert, dont sa déclaration au sommet de Rio (1992), et l'accord passé en 2001 entre les verts américains et les partis écologiques africains. Les six principes verts sont cependant plus codifiés que tout ce qui les avait précédés. **GL**

Représentation infographique de l'alternance des bandes d'un chromosome Y.

Guerre contre le terrorisme

États-Unis

Le combat militaire contre l'islamisme et les autres formes de terrorisme

L'expression « guerre contre le terrorisme » (ou « guerre contre la terreur ») désigne communément la campagne militaire lancée par les États-Unis en réponse aux événements du 11 septembre. Prononcée pour la première fois le 20 septembre par le président George W. Bush (« Cette guerre contre le terrorisme va prendre du temps »), elle englobe aussi le concept plus général de guerre « planétaire » contre le terrorisme.

Cette notion est très controversée depuis son apparition. Pour l'administration Bush, elle justifiait une politique nationale permettant aux États-Unis de s'engager dans un conflit armé contre des groupes terroristes où qu'ils opèrent, avec ou non le soutien de l'autorité souveraine du pays concerné. Les critiques soulignent que cela a fait plus de mal que de bien, en isolant les États-Unis de l'Europe et en renforçant les sentiments antiaméricains à l'étranger. De plus, considérer la lutte contre le terrorisme comme une guerre a eu un effet inattendu : les groupes terroristes ont légitimé leurs actions qui sont désormais des « actes de guerre », avec des participants qui ne sont plus des assassins, mais des soldats.

« Le terrorisme est une forme de guerre [...] Nous allons terroriser les terroristes. »

Charles Pasqua, ministre de l'Intérieur, en 1986

La guerre contre le terrorisme domine la politique internationale depuis plus d'une décennie et ses effets sont inattendus. En 2009, le secrétaire d'État britannique aux Affaires étrangères, David Miliband, expliqua que le terme « donnait l'impression d'un ennemi uni, transnational » alors que « les motivations et les identités des groupes terroristes étaient diversifiées ». Les hommes politiques ont désormais tendance à abandonner ce concept : c'est ce que fit Barack Obama dès son investiture en 2009. **GL**

Wikipédia

Jimmy Wales et Tim Shell

Cet outil on-line serait la source de références la plus utilisée au monde

Wikipédia est une encyclopédie on-line que peut consulter gratuitement quiconque a accès à Internet ; elle est potentiellement accessible à toute personne désireuse de créer, de corriger ou de développer un article.

Wikipédia fut créé en 2001 par Jimmy Wales, un ancien trader déjà concepteur de Nupedia, autre encyclopédie en ligne gratuite qui s'était enlisée dans son processus de vérification au point qu'il avait fallu 5 ans pour nettoyer les 20 premiers articles. En revanche, lors de sa première année en opération, Wikipédia – avec ses contributeurs bénévoles et son absence de publicités – publia 20 000 articles dans 18 langues. Pour son 10e anniversaire, le nombre d'entrées dépassait les 3,5 millions et celui des langues étrangères approchait des 300. La facilité d'accès peut poser problème : il est parfois arrivé que, sous prétexte d'enrichir un article, quelqu'un intervienne pour le saboter. Les contributeurs de confiance ont un accès privilégié leur permettant de supprimer ces erreurs volontaires pour que la ressource encyclopédique ait une portée sans pareille.

« Avec Wikipédia [...] l'idée qu'enfant je me faisais du Ciel s'est réalisée sur Terre. »

Victoria Pynchon, magazine *Forbes*

Les procédures d'authentification de Wikipédia ne satisfont pas toujours aux exigences académiques les plus rigoureuses, mais les notes de bas de page renvoient à des sites ou des articles de presse sérieux. Il y a aussi des « ébauches » – germes d'entrées nécessitant d'être développées –, des forums entre contributeurs, un site ami, Wikipedia Commons (médiathèque en ligne d'images et de sons), et le Wiktionnaire (définition de mots). **GL**

Une encyclopédie gratuite et sans publicités, tel était le souhait de Jimmy Wales.

2002

Théorie du Big Crunch

Andreï Linde

L'énergie noire pourrait faire s'effondrer l'univers sur lui-même

Les scientifiques cherchant à comprendre la physique sous-tendant le Big Bang qui mena à la création de l'univers se demandaient aussi s'il finirait un jour. On a longtemps cru que l'univers était en expansion constante, mais de récentes observations astronomiques ont conduit les chercheurs, dont Andreï Linde de l'université Stanford, à revoir leur conception de la fin ultime.

En 1998, des astronomes conclurent que l'expansion de l'univers s'accélérait au lieu de ralentir comme on le pensait précédemment. L'attraction gravitationnelle de la matière la contrôlant était supplantée par une force antigravitationnelle qui écartelait l'univers. La matière se réduit quand l'univers s'épand et une force répulsive s'impose à sa place. Appelée énergie noire, c'est une substance invisible, répartie également dans l'espace et constituant environ 70 % de l'univers. Jusqu'à cette découverte, on pensait que l'univers connaîtrait une expansion telle qu'il finirait par se disloquer. Pour Linde, l'énergie noire ne tombera pas à zéro avec l'expansion de l'univers, mais deviendra négative : c'est alors que l'expansion ralentira puis s'inversera. L'espace et le temps s'effondreront et ce sera le Big Crunch.

« Il y a quelques années, personne n'aurait sérieusement envisagé la fin du monde. »

Andrei Linde, *New Scientist* (6 septembre 2002)

Vu que notre univers a déjà 14 milliards d'années et que son effondrement doit survenir dans 10 à 20 milliards d'années, nous vivons actuellement sa phase intermédiaire. Nous ne saurons jamais si Linde à raison ou bien tort, car la Terre se sera perdue bien avant dans le Soleil. **SA**

2003

Flash Mob

Bill Wasik

Un truc publicitaire qui déclencha un engouement mondial pour les performances spontanées

Le terme « flash mob » fut employé pour la première fois en 2003 : il fait référence à un groupe d'individus qui se retrouvent subitement ensemble, en public, effectuent une action convenue d'avance qui peut être théâtrale, inhabituelle ou apparemment absurde, puis se dispersent tout aussi rapidement.

L'essence d'un flash mob, c'est son apparente spontanéité. C'est une sorte d'art de la rue. Certains flashs mobs se préparent très longtemps à l'avance, mais la plupart du temps, les personnes qui se retrouvent l'ont décidé très vite par le biais de leurs smartphones ou des réseaux sociaux. Les flashs mobs sont le fruit de l'imagination de Bill Wasik, le rédacteur en chef de *Harper's Magazine*, qui voulait se moquer des gens prêts à participer à n'importe quel événement, aussi futile soit-il. Sa première tentative échoua quand le propriétaire d'un magasin de Manhattan où son happening devait se passer fut prévenu à l'avance. Les fuites pouvant tout ruiner, il demanda à 130 participants de se retrouver dans quatre bars différents : personne ne connaissait sa destination finale ni ce qu'il ferait. À un moment donné, tous les participants se ruèrent au 9e étage du grand magasin Macy' s et demandèrent aux vendeurs un « tapis d'amour » à se partager.

« Une nouvelle façon de jouer la comédie devant un public [...] et de s'amuser. »

Bill Wasik

Le succès de ce flash mob organisé le 3 juin 2003 lança une mode qui submergea la planète. Le premier flash mob parisien eut lieu trois semaines plus tard dans le hall du Louvre. L'enthousiasme public diminua cependant dans le monde quand, sous prétexte de flash mob, des groupes envahirent des magasins pour les piller. **GL**

Un flash mob organisé dans le métro de Moscou en 2011. ➔

2003

Freecycle

Deron Beal

Une méthode pour réutiliser les objets au lieu de les mettre à la décharge

The Freecycle Network (TFN) est une organisation permettant aux individus et aux groupes d'acquérir gratuitement des objets dont le propriétaire ne veut plus, mais se refuse à les mettre aux ordures. Son slogan est « Don après don, nous changeons le monde ».

Freecycle est né en 2003 à Tucson, dans l'Arizona, quand un habitant du nom de Deron Beal fit la liste de ce que ses voisins voulaient jeter et l'envoya par mail à toutes ses connaissances. Il démontra ainsi que le rebut des uns pouvait faire le bonheur des autres.

Le principe fit tache d'huile et conquit très vite l'ensemble des États-Unis. Chaque groupe local agissait en toute indépendance, mais devait d'abord recevoir une approbation régionale. TFN eut son premier sponsor en 2005, Waste Management Inc., qui lui donna 130 000 dollars. En 2006, Freecycle comptait deux millions de membres et ouvrait deux ans plus tard son propre site, Freecycle.org. On compte aujourd'hui dans le monde près de 5 000 groupes locaux et 7 millions de membres répartis dans 95 pays. Fin 2013, il y avait en France près de 125 groupes et plus de 50 000 membres.

« Le but, c'est de montrer qu'il est plus facile de donner que de jeter. »

Deron Beal

Contrairement à des sites semblables, il n'est ici pas question de troc ou de marchés d'occasion (eBay par exemple). Après inscription sur Internet, la procédure est la suivante : celui qui offre s'adresse exclusivement au site et ceux qui cherchent sont contactés par ce même site pour être mis en rapport avec le donneur qui fait son choix final. Il n'y a pas d'échange d'argent et pas de frais d'expédition, les objets devant être livrés ou retirés. Une fois le don terminé, le donneur envoie au site le message « Parti ». **GL**

2005

Sextos

Sunday Telegraph

Pratique consistant à envoyer des photos ou des messages à caractère sexuel par texto

Le mot « sexto » est l'adaptation française du « sexting », mot-valise anglo-saxon composé de « sex » et de « texting » (envoi par SMS). Le terme est apparemment apparu pour la toute première fois en 2005 dans le magazine britannique *Sunday Telegraph* ; sept ans plus tard, il entrait officiellement dans le dictionnaire Webster.

On ignore exactement la portée de cette pratique : pour certains sondages, 59 % d'une population donnée a créé, envoyé ou reçu par téléphone un message ou des photos à caractère sexuel ; pour d'autres, le chiffre retombe à 25 %. Il faut convenir qu'il n'est pas aisé d'obtenir des statistiques exactes et ce, pour plusieurs raisons : les personnes interrogées peuvent mentir (en niant avoir été harcelées ou en se vantant d'avoir rédigé des messages) et la notion de « message explicitement sexuel » est floue et sujette à interprétation.

Pour l'individu désireux d'exprimer un désir intime ou d'envoyer à quelqu'un une image érotique, le sexto a l'avantage de ne pas faire intervenir de tierce personne (qui filmerait ou développerait une photo). Ce type de message n'est pas répréhensible s'il est échangé entre deux individus consentants, mais il peut arriver qu'une photo soit envoyée par erreur (ou non) à quelqu'un d'autre. Un nombre élevé de messages destinés à un correspondant non volontaire s'apparente au harcèlement : on a eu l'exemple aux États-Unis d'une lycéenne qui s'est suicidée parce que son ex-petit ami diffusait d'elle des images nues. La nageuse Laure Manaudou a elle aussi été victime en décembre 2007 de la diffusion de photos « licencieuses » prises sur un téléphone portable.

L'usage du sexto a fait apparaître nombre d'acronymes sur Internet. C'est le cas de PiR (« *parents in room* » soit « parents dans la chambre ») ou de GNOC (« *get naked on camera* » soit « être nu devant l'objectif »). **GL**

2005

Monstre en Spaghetti Volant

Bobby Henderson

Une divinité satirique inventée pour ridiculiser le créationnisme et la politique éducative de l'Amérique moyenne

En 2005, un diplômé en physique de l'université d'État d'Oregon, Bobby Henderson, écrivit au Comité d'éducation du Kansas pour lui demander si, vu qu'il venait d'autoriser l'enseignement du « dessein intelligent », ou créationnisme, dans les écoles publiques comme alternative à la théorie de l'évolution, il songeait à consacrer autant d'heures d'études à sa propre divinité, le Monstre en Spaghetti Volant (MSV) : cette créature surnaturelle, faite de pâtes alimentaires et de boulettes de viande, aurait créé l'univers ! Henderson suggéra que les premiers vrais adorateurs du MSV étaient des pirates et que la réduction de leurs effectifs au cours des 200 dernières années était la cause directe du réchauffement climatique.

Sans réponse de la part du Comité, Henderson posta sa lettre sur Internet et son site (www.venganza.org) fut rapidement submergé avec des millions de lecteurs. Il reçut aussi 60 000 mails dont 95 % des auteurs avaient bien compris que son but premier était de ridiculiser l'idée de mettre science et religion sur un pied d'égalité.

La divinité farfelue d'Henderson eut très vite un grand nombre de fidèles, ce qui incita son inventeur à jouer le rôle de prophète en fondant la Sainte Église du Monstre en Spaghetti Volant et de rédiger son Évangile : à ce jour, il s'en est venu plus de 100 000 exemplaires ! On peut y lire par exemple ce genre de « commandement divin » : « Je suis le Monstre en Spaghetti Volant. Tu n'aduleras aucun autre monstre avant Moi. (Après ça va ; il faut juste te méfier.) Le seul Monstre qui mérite adoration, c'est Moi ! Les autres monstres sont de faux monstres, indignes d'adoration. »

L'Église du MSV est un gag, mais sa finalité est des plus sérieuses : elle constitue un point de ralliement pour tous ceux qui croient que les affirmations non vérifiables (création du monde en sept jours ou divinité de Jésus) ne doivent pas être prises pour des faits. **GL**

Depuis sa création en 2005, le Monstre en Spaghetti Volant a remplacé l'iconographie chrétienne chez de nombreux « fidèles » : on le trouve même tout en haut des sapins de Noël.

« Le credo central, c'est qu'un Monstre en Spaghetti Volant, invisible et indétectable, a créé l'univers "après avoir bu plus que de raison". »

thethinkingatheist.com

2005

Equitrade

Société Malagasy

Permettre aux pays pauvres de jouir d'une part plus grande de la richesse qu'ils génèrent

Equitrade va encore plus loin que Fairtrade, qui s'assure que les cultivateurs et les éleveurs des pays en voie de développement sont correctement payés pour ce qu'ils produisent : c'est le principe du commerce équitable. Fairtrade contribue à faire diminuer l'exploitation des pauvres, mais la valeur ajoutée aux produits l'est surtout par le traitement de ceux-ci, réalisé dans le monde développé. C'est ainsi que, par exemple, seuls 5 % du prix de vente d'une tablette de chocolat Fairtrade revient au pays producteur du cacao qui la compose. Le reste va aux nations riches qui fabriquent et vendent ladite tablette.

Equitrade a été fondé en 2005 pour permettre aux nations pauvres de transformer leurs propres matières premières jusqu'à en faire des produits finis, récupérant ainsi une part plus grande des bénéfices. Après le projet pilote de production de chocolat mené à bien à Madagascar par la société Malagasy, plus de 50 % du prix de vente reste dans le pays : 40 % pour le producteur et le transporteur, 11 % pour l'État sous forme de taxes réinvesties dans l'industrie. Les 49 % restants sont répartis entre l'exportateur, le distributeur et le détaillant.

« Equitrade est une entreprise autonome qui veut s'intéresser à de nombreux produits. » **Neil Kelsall, Noetic Associates**

Selon Neil Kelsall de Noetic Associates, une société britannique pionnière de cette manière de faire, « Pour réduire la pauvreté à Madagascar, il ne faudrait que 750 millions de livres par an [900 millions d'euros] ». Les cultivateurs de « l'île-continent » ne peuvent générer une telle somme d'argent, mais Equitrade vise à permettre à ce pays de tirer de meilleurs revenus de sa production. **GL**

2006

Cosmologie « à reculons »

Stephen Hawking and Thomas Hertog

Une théorie pour laquelle les origines de l'univers dépendraient de l'observateur, c'est-à-dire de nous

La théorie cosmologique dite « à reculons » fut proposée par le physicien théorique et cosmologiste britannique Stephen Hawking (né en 1942) et le cosmologiste belge Thomas Hertog (né en 1975) pour expliquer les origines de l'univers. Ils publièrent en 2006 un long article précisant cette théorie, « Peupler le paysage : une approche à reculons ». Ils s'appuyèrent pour cela sur une interprétation de la mécanique quantique, le paradoxe illustré par l'expérience fictive du « chat de Schrödinger », où un observateur doit décider si une particule est ou non dans un état particulier.

La cosmologie à reculons explique que l'univers n'avait pas d'état initial unique finement ajusté. L'approche « *bottom-up* » (« du bas vers le haut ») de la cosmologie inclut la possibilité de voir un tel état proscrit par une force extérieure. Celle à reculons offre une structure permettant essentiellement de remonter le temps, avec un présent qui influence le passé. Elle affirme que l'univers dépend de ce qui est observé, contrairement à l'idée courante que l'histoire de l'univers est indépendante de la nôtre. Ainsi, l'univers émerge par le biais de l'observation et son histoire dépend des questions que nous nous posons aujourd'hui. La cosmologie à reculons prévoit un ensemble d'univers alternatifs.

La théorie d'Hawking et Hertog offre une résolution possible de la question de l'ajustement fin, sujet qui agite théologiens, philosophes et cosmologistes. Pour la notion d'univers finement ajusté, l'univers n'existe qu'à cause d'un ensemble restreint de constantes physiques fondamentales. En rendant l'observation essentielle à l'univers, la cosmologie à reculons introduit des idées métaphysiques – intention, esprit, etc. – dans la manière de concevoir l'univers. C'est l'une des nombreuses approches de la cosmologie, parmi lesquelles on trouve celles du Big Bang, des multivers ou encore de l'inflation. **CK**

Philanthropie de risque

Warren Buffett

Alimenter le financement des associations caritatives sans attendre de bénéfice notoire tout en influençant la façon dont les sommes sont utilisées

Le principe du capital-risque consiste à injecter de l'argent et autres formes d'investissements dans de nouvelles sociétés dont la réussite n'est pas certaine parce qu'elles ne se conforment pas aux modèles commerciaux établis, même si leur projet est intéressant.

La philanthropie de risque est une variation sur ce thème qui, si elle n'est pas nouvelle, a gagné de l'importance au tout début du XXIe siècle. Contrairement aux donateurs alimentant les organisations caritatives, les philanthropes de risque conseillent et peuvent imposer la manière d'attribuer les fonds, contribuant ainsi au développement des projets où ils ont investi.

C'est ainsi qu'en 2006 le milliardaire américain Warren Buffet (né en 1930) fit don de quelque 15 milliards de dollars en actions à la Fondation Bill-et-Melinda Gates à condition que le revenu engendré soit redistribué chaque année. La contribution de Buffet a effectivement doublé le soutien financier et matériel annuel de cette organisation caritative aux associations, concepts et techniques ayant pour but de profiter à la société tout entière.

La philanthropie de risque investit principalement dans des organismes alimentés par des donateurs et dirigés par des professionnels. On en a l'exemple avec la Robin Hood Foundation et la Tipping Point Community qui luttent contre la pauvreté, respectivement à New York et dans la région de San Francisco.

Le rendement financier de la philanthropie de risque est assez faible dans un premier temps, voire négligeable. Cette forme d'investissement peut malgré tout attirer les personnes assez riches ou désireuses de fournir à titre gracieux des services. Les philanthropes de risque peuvent aussi utiliser leurs donations pour décrocher un siège au conseil d'administration des organisations qu'ils alimentent, diversifiant ainsi leurs propres affaires tout en rendant service à la communauté. **GL**

À New York, lors d'une conférence de presse, Warren Buffet évoque son don de plusieurs milliards de dollars d'actions de classe B de son entreprise Berkshire Hathaway à la fondation Bill-et-Melinda Gates.

« La philanthropie de risque rappelle le test de Rorschach. Selon la personne interrogée, c'est l'avenir de la philanthropie, une lubie passagère, un bon investissement ou un orgueil malavisé. »

Neil F. Carson, Ass. Responsive Philanthropy

2006

Biobanque
Wellcome Trust

Un formidable stock de gènes et de tissus humains destiné aux chercheurs

Une biobanque est une réserve de matériels biologiques humains collectés pour servir à la recherche. Précédemment, les échantillons recueillis par les scientifiques étaient conservés dans leurs laboratoires, ne contribuant que peu à la connaissance générale. Par exemple, un cardiologue pouvait détenir une collection de tissus cardiaques dont les gynécologues ignoraient jusqu'à l'existence. Tant que l'on a cru qu'une maladie génétique n'avait qu'une cause unique, cette situation ne posait pas de problème, mais dans les années 1990, il devint évident que la plupart des maladies de ce type étaient dues à la défaillance de gènes multiples. Il fut alors impératif de partager abondamment l'information.

Cette prise de conscience eut heureusement lieu à une époque où la technologie informatique avait progressé au point que le coût d'étude de l'ensemble du génome humain n'était pas supérieur à celui d'un gène unique. En 2006, la UK Biobank fut créée à Manchester, en Angleterre, avec des bénévoles qui s'engageaient pour quatre ans. En plus de fournir des échantillons biologiques, ces donneurs exposaient en détail leur histoire médicale, leurs habitudes nutritionnelles et leur mode de vie pour que les chercheurs utilisant leurs tissus soient pleinement informés de leurs prises médicamenteuses et autres facteurs.

« Les scientifiques ont un besoin croissant de biospécimens : sang, salive, plasma… »

J. Sterling, revue *GEN* (2012)

Des biobanques apparurent dans le monde entier. Rien qu'aux États-Unis, elles détenaient près de 400 millions de spécimens en 2012 et ce chiffre augmente de 20 millions par an. Reliées par le Web, elles informent les chercheurs à tout moment. C'est un pas de géant pour la médecine. **GL**

2009

Amortalité
Catherine Mayer

Retarder et masquer le processus de vieillissement

« Amortalité » est un mot forgé en 2009 par la journaliste américaine Catherine Mayer pour décrire la tendance accrue des Occidentaux à masquer et, dans une certaine limite, retarder le processus normal de vieillissement.

De moins en moins d'hommes et de femmes d'âge mûr présentent de signes extérieurs d'un déclin physique grâce à toutes sortes de stratagèmes : bronzage artificiel, Botox, chirurgie cosmétique. Les riches ne terminent plus leur vie comme le décrivait William Shakespeare vers 1599 dans sa comédie *Comme il vous plaira* : « Sans yeux, sans dents, sans goût, sans rien du tout. »

Les dentistes donnent aux octogénaires des sourires d'adolescents ; la chirurgie au laser accorde la note maximum à des personnes que guettait la cécité ; le Viagra préserve la libido des hommes ayant passé l'âge des fantaisies sexuelles. Toutefois, aucune de ces inventions ne peut empêcher la mort : ils sont devenus amortels, mais pas immortels.

« L'important […] c'est ce que l'on est capable de faire et ce que l'on veut faire. »

Nick Bostrom, Future of Humanity Institute

Mayer a décrit de façon détaillée ses observations dans *Amortalité : plaisirs et dangers de vivre sans âge* (2009). Elle cite ainsi Mick Jagger qui, en 1975, à l'âge de 32 ans, déclarait qu'il préférerait « être mort que chanter "Satisfaction" à 45 ans ». Il n'empêche que le groupe continue de tourner après un demi-siècle de carrière et que son chanteur a aujourd'hui 70 ans.

Ce qui définit principalement les amortels, c'est leur désir de vivre exactement de la même façon de la fin de l'adolescence jusqu'à la mort en luttant perpétuellement contre les signes extérieurs de la déchéance. **GL**

La UK Biobank recèle une formidable banque de données biologiques dues à des bénévoles.

2010

Observatoire mondial de lutte contre la piraterie Nations unies

Un site qui coordonne et expose la lutte contre les violations du droit d'auteur

La notion de propriété intellectuelle concerne les créations et productions artistiques ou encore les programmes informatiques conçus par ceux-ci. L'utilisation non autorisée de ladite propriété porte légalement le nom de « violation du droit d'auteur », autrement dit de piraterie. Pour lutter contre cela, l'Unesco a créé en 2010 le site de l'Observatoire mondial de lutte contre la piraterie. Accessible au public gratuitement, il peut être consulté en anglais, en français et en espagnol. Il offre et reçoit toute information relative aux efforts des 200 États membres de l'Unesco pour mettre un terme à ce type d'activité criminelle et appréhender les coupables.

Il n'y a pas de loi universelle contre la violation du droit d'auteur et l'Observatoire doit tenir compte de toutes les variantes locales. Sa principale fonction est de recueillir les toutes dernières informations fournies par les gouvernements, les sociétés d'auteurs, les organismes culturels et les individus privés du monde entier quant aux politiques légales, administratives et non législatives de protection du droit d'auteur. L'Observatoire diffuse également des contrats types et des détails des actions menées par chacun des États ; il propose aussi une analyse de cas typiques, susceptible de servir à des actions futures.

« J'applaudis au projet de rassembler 150 lois sur la piraterie sur le site de l'Observatoire. »

Hartwig Thomas, Digitale Allmend

L'Observatoire a subi les foudres de la critique qui lui reproche son manque d'envergure et de profondeur, mais l'Unesco est bien décidée à développer son site pour permettre à chaque organisme de lutte national de se tenir au courant des actions envisagées par les autres pays et pour harmoniser le combat contre la piraterie. **GL**

2011

Occupy Adbusters Media Foundation

Pour une répartition plus égale des richesses dans le monde

Occupy est un mouvement de protestation international et non violent opposé à la façon dont, selon lui, les multinationales s'assurent le contrôle du système financier mondial. « Ce que nous avons tous en commun, c'est que nous sommes les 99 % qui ne tolèrent plus l'avidité et la corruption des 1 % restant » : ce slogan fait référence à ce que ses partisans considèrent comme étant la distribution inique des richesses en faveur des grandes sociétés. « L'occupation » qui donne son nom au mouvement indique sa stratégie : se regrouper dans un bâtiment ou dans un espace public clos et y rester jusqu'à ce que leurs demandes soient étudiées par les autorités.

Le mouvement est né aux États-Unis en mars 2011 avec Occupy Wall Street, parfaitement préparé par la fondation Adbusters qui a son siège au Canada. Mille sympathisants se retrouvèrent dans le quartier new-yorkais de la finance. L'année suivante, de semblables manifestations eurent lieu dans de nombreuses grandes villes, dont Sydney, São Paulo, Paris, Berlin, Francfort, Hambourg, Leipzig, Tokyo, Auckland, Madrid et Zurich. Celle de Londres, par exemple, réunit 3 000 personnes qui s'installèrent devant la cathédrale Saint-Paul après s'être vu interdire l'accès à la Bourse.

« Nous ne devrions pas nous endetter pour l'école, la médecine ou notre alimentation quotidienne. » occupywallst.org

Les objectifs d'Occupy sont multiples, mais souvent mal perçus. L'imposition aux plus grosses multinationales d'un prélèvement unique est appelée taxe Robin des Bois (prendre aux riches pour donner aux pauvres). Le mouvement exige la mise en examen des fraudeurs, qu'il tient responsable de la crise financière de 2008, de vastes réformes de la pratique bancaire et des enquêtes sur la corruption politique. **GL**

« Faites-moi confiance, je suis banquier, », dit ce manifestant au masque de Guy Fawkes à Londres, en 2011.

TRUST ME,
I'M A
BANKER

2012

Vol spatial commercial

Space X et Virgin Galactic

Des sociétés privées ouvrent l'orbite terrestre au commerce et au tourisme

L'ère du voyage dans l'espace commercial a débuté le 7 octobre 2012 avec la première des douze missions de ravitaillement programmées de la Station spatiale internationale (ISS) : il fallut pour cela une fusée Falcon 9 et un vaisseau cargo Dragon, conçus, construits et détenus par une société privée, Space X, ayant son siège en Californie. Le lancement depuis Cap Canaveral, en Floride, marqua le début d'un vaste programme de ravitaillement, dont la livraison à l'ISS de matériaux fondamentaux pour la réalisation de 170 expériences (biologie cellulaire végétale et biotechnologie humaine).

Ce vol intervenait après une belle mission de démonstration quand, en mai de la même année, Space X devint la première société commerciale au monde à se rattacher à l'ISS en orbite. Dans un premier temps, les capsules Dragon retomberont dans le Pacifique où elles seront récupérées ; Space X envisage ensuite de les doter d'un train d'atterrissage déployable. Les ambitions de Space X vont bien au-delà du transport de matériel. Elle souhaite coloniser Mars, ce qui lui a valu de recevoir en août 2012 le Mars Pioneer Award.

Space X n'est pas la seule entreprise désireuse de mettre un terme au monopole des grandes agences spatiales mondiales. Virgin Galactic, société de Richard Branson, est aussi pionnière dans le domaine du vol spatial privé : elle profite d'une nouvelle législation californienne destinée à faciliter l'investissement dans les technologies spatiales. Avion spatial suborbital, son SpaceShipTwo fait partie d'une future flotte de cinq appareils capables d'emmener chacun huit personnes (six touristes et deux pilotes) à 110 kilomètres d'altitude. Le temps passé en apesanteur sera de cinq minutes.

Spaceport America, premier aéroport spatial commercial du monde, a été inauguré en octobre 2011 au Nouveau-Mexique. Sa piste longue de 3 000 mètres enverra le SpaceShipTwo dans l'espace pour ouvrir à l'humanité une nouvelle ère du tourisme. **BS**

SpaceShipTwo, le premier engin spatial commercial au monde.

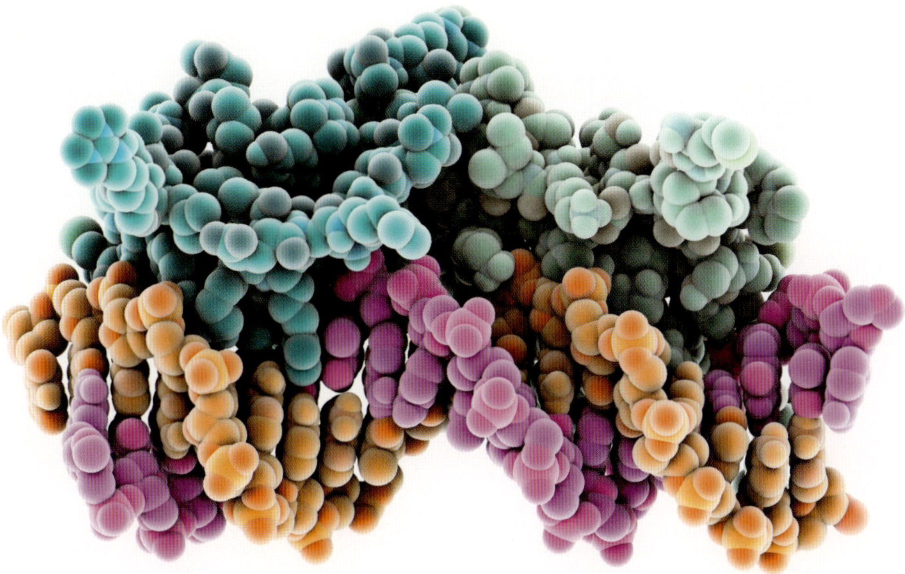

2012

ADN codant

ENCODE

Le génome humain a des fonctions plus complexes que ce que l'on pensait

La double hélice de l'acide désoxyribonucléique (ADN) de nos cellules abrite les instructions nécessaires à la formation des protéines et à la poursuite de la vie, mais on a longtemps cru qu'une grande partie de celle-ci était inutile. L'idée d'un ADN « non codant » (appelé improprement « ADN poubelle ») fut formulée pour la première fois en 1972 par le généticien américain d'origine japonaise Susumu Ohno (1928-2000) dans la revue reprenant les travaux du symposium de biologie de Brookhaven. Il y explique que le génome humain ne peut entretenir qu'un nombre très limité de gènes et, pour le reste, « il est capital de ne rien faire ». Il rejette ainsi 98 % de la séquence génétique totale qui unit les quelque 20 000 gènes codeurs de protéines.

Les scientifiques ont toujours pensé que ces déchets avaient une finalité. Effectivement, on découvrit en 2012 qu'ils avaient une importance capitale pour le fonctionnement du génome humain, c'est-à-dire pour l'ensemble de l'information génétique de nos cellules.

Après le séquençage de l'ensemble du génome humain en 2004, les chercheurs se consacrèrent à l'ADN non codant. En 2012, le projet international ENCODE publia dans *Nature* et d'autres revues la plus grande mise à jour du génome jamais effectuée. Loin d'être inutile, la « poubelle » contenait 10 000 gènes – 18 % du total environ – contribuant à contrôler l'encodage des protéines par les gènes. Ils découvrirent aussi quatre millions de systèmes régulatoires mettant en fonction ou non les gènes (c'est la défaillance de ces systèmes qui produit des maladies comme le diabète de type 2 ou la maladie de Crohn). En tout, ENCODE a annoncé que jusqu'à 80 % de notre ADN a une quelconque fonction biochimique.

La découverte de ces gènes actifs va aider les scientifiques à comprendre les maladies courantes et à expliquer pourquoi elles touchent certaines personnes et pas d'autres. S'ils y parviennent, des médicaments pourront être conçus pour en venir à bout. **SA**

↑ Les facteurs de transcription (bleus et verts) régulent le passage de l'ADN (orange et roses) à l'ARN.

Index général

Les folios en **gras** indiquent des entrées principales.

C

Collaborateurs

Simon Adams (SA) est un historien et écrivain londonien. Il a poursuivi ses études à l'université de Londres puis de Bristol et s'est spécialisé en histoire moderne et en politique. Il est l'auteur de nombreux ouvrages dont plusieurs pour enfants.

Kimberly-Baltzer Jaray (KBJ) est professeur de philosophie à l'université de Guelph et au King's University College (UWO), Ontario. Elle préside la North American Society for Early Phenomenology et écrit régulièrement pour le magazine *Things & Ink*. Elle a créé le blog A Tattoed Philosopher's : Discussion of the Type I Ink, Therefore I AM.

Adam Barkman (AB) est professeur associé en philosophie au Redeemer University College, Canada. Il est l'auteur de plusieurs ouvrages dont *Imitating the Saints* (2013) et *C. S. Lewis and Philosophy as a Way of Life* (2009). Il a également participé à la rédaction de *The Philosophy of Ang Lee* (2013) et de *The Philosophy and Culture of Ridley Scott* (2013).

Patricia Brace (PBr) est un professeur en histoire de l'art à la Southwest Minnesota State University in Marshall, Minnesota. Elle a obtenu un doctorat en Histoire des arts à l'université de l'Ohio. Ses recherches portent sur l'esthétique dans la culture populaire et elle exerce sa créativité dans la conception de bijoux.

Glenn Branch (GB) a étudié la philosophie à la Brandeis University et à l'université de Californie, Los Angeles. Il est directeur-adjoint du National Center for Science Education, un organisme à but non lucratif qui soutient les recherches sur l'évolution et sur le changement climatique.

Per F. Broman (PB) est professeur de musique et vice-doyen du College of Musical Arts, Bowling Green State University. Il est directeur d'ouvrage de *What Kind of Theory Is Music Theory?* (2008). Il a également participé à un ouvrage sur l'utilisation de la musique dans les films d'Ingmar Bergman (*Music, Sound and Filmmakers*, 2012) et à une monographie sur le compositeur Sven-David Sandström (*Seven-David Sandström*, 2012).

Bob Cassella (BC) est diplômé en histoire de la Norwich University et obtenu un master en management à la George Washington University. Il est l'auteur, notamment, de *Project Management Skills for Kids* (2003) et *Leader Development by Design* (2010).

Timothy Dale (TD) est maître de conférence en sciences politiques à l'université de Wisconsin-La Crosse. Ses recherches portent sur la philosophie politique, les messages politiques dans la culture populaire et sur les sciences de l'enseignement et de l'apprentissage. Il a coédité *Homer Simpson Marches Washington : Dissent in American Popular Culture* (2010) et a coécrit *Political Thinking, Political Theory, and Civil Society* (2009). Il a également participé à la rédaction de la collection *Homer Simpson Ponders Politics: Popular Culture as Political Theory* (2013).

Christopher R. Donohue (CRD) a obtenu son doctorat en histoire à l'université du Maryland, College Park, en 2013. Il est l'historien du National Human Genome Research Institute. Actuellement, il mène des recherches sur les méthodes des politiques publiques au National Research University Higher School of Economics de Moscou, Russia. Il partage son temps entre Moscou et les États-Unis.

Jeffrey Dueck (JD) est professeur de philosophie au Nyack College. Son enseignement porte notamment sur l'existentialisme et le pragmatisme et sur les connections de ces thématiques avec la religion, l'éthique et l'esthétique.

George A. Dunn (GD) enseigne à l'université d'Indianapolis dans le département philosophie et religion ainsi que dans l e Ningbo Institute of Technology à Zhejiang, Chine. Il a participé à la réalisation de plusieurs volumes de Blackwell *Philosophy and Pop Culture*.

Jeff Ewing (JE) est diplômé en sociologie de l'université de l'Oregon. Écrivain, il a publié un certain nombre d'essais sur la culture populaire et de la philosophie, y compris dans *Terminator and Philosophy* (2009) et *Arrested Development and Philosophy* (2011).

Janey Fisher (JF) est un éditeur accompli qui exerce son activité autour d'ouvrages académiques et éducatifs. Elle a obtenu son diplôme en histoire moderne à l'université d'Oxford en 1976 avant d'entrer, quelques années plus tard, dans l'édition.Elle est co-auteur de *CSec Social Studies* (2e édition, 2008). Elle a également publié deux romans sous son nom de jeune fille, Jane Anstey (voir www.janeanstey.co.uk). De façon occasionnelle, elle publie sur son blog (http://janeanstey.blogspot.com), les grandes idées qui lui viennent à l'esprit.

Reg Grant (RG) est l'auteur de plus de cinquante livres sur des thématiques historiques et militaires, dont *Flight : 100 Years of Aviation* (2004) et *Soldier: A Visual History of the FightingMan* (2007).

Jackie Higgins (JH) a longtemps travaillé à la BBC, pour qui elle a réalisé des documentaires pour l'émission scientifique *Horizon* et pour celle d'histoire naturelle *Natural World*. Elle a également réalisé des films pour le National Geographic et Discovery Channel.

Thomas Johnson (TJ) a obtenu son doctorat en philosophie à l'université de Melbourne, Australie, en 2005. Depuis, il a enseigné la philosophie et écrit des critiques de livres dans ce domaine. En parallèle, il poursuit ses recherches sur les sciences humanistes.

Carol King (CK) a étudié la littérature anglaise à l'université du Sussex, Royaume-Uni, et l'histoire de l'art au London's Central St Martin's. Elle écrit de nombreux articles dans les domaines du voyage, du cinéma, de l'architecture et de la photographie.

Maria Kingsbury (MK) est bibliothécaire à la Southwest Minnesota State University. Elle prépare son doctorat dans les techniques de communication et de rhétorique à la Texas Tech University.

George Lewis (GL) est diplômé de l'université d'Oxford. Aujourd'hui, il écrit des entrées encyclopédiques et des articles pour de nombreuses publications allant de *Cosmopolitan* au *Times* (Londres).

James McRae (JM) est titulaire d'un doctorat en philosophie comparée de l'université d'Hawaii à Manoa. Actuellement, il est professeur de philosophie et de religion – et coordonnateur des études asiatiques – au Westminster College de Fulton, Missouri. Ses livres incluent *Environmental Philosophy in Asian Traditions of Thought* (avec J. Baird Callicott, 1989) et *The Philosophy of Ang Lee* (avec Robert Arp et Adam Barkman, 2013).

Nicolas Michaud (NM) est professeur de philosophie au Florida State College, Jacksonville. Il a contribué à de nombreux écrits sur la philosophie, dont *Stephen Colbert and Philosophy* (2009), *Green Lantern and Philosophy* (2011), et World of Warcraft and Philosophy (2009). Il a aussi participé à *The Hunger Games and Philosophy* (2012) et *Frankenstein and Philosophy* (2013).

Darryl J. Murphy (DM) est un écrivain très érudit. Il a publié de nombreux articles et revues scientifiques, et a participé à Breaking Bad and Philosophy (2012) . Le premier roman de Darryl, *Samantha McTaggart and the Fellowship of Travellers, Volume 1: Morgan's DReAM*, a été publié en 2012. Darryl étudié la philosophie à l'université de Guelph, et obtenu son doctorat en philosophie à l'université Wilfrid Laurier. Vous pouvez suivre Darryl sur Twitter @ DarrylJMurphy et sur Facebook à http://goo.gl/keSS5.

Janette Poulton (JP) a obtenu son doctorat dont le sujet portait sur le développement des dispositions philosophiques pendant les années scolaires. Elle vient de terminer son second mandat en tant que présidente de la Federation of Australasian Philosophy in Schools Associations. Elle fait également partie de la Victorian Association for Philosophy in Schools et de l'International Council of Philosophical Inquiry. Elle travaille en tant que coordinatrice académique de la School of Education du MIT, Melbourne.

Brendan Shea (BSh) est professeur adjoint de philosophie à la Winona State University au Minnesota, États-Unis. Ses travaux de recherche portent sur la philosophie, la logique et le raisonnement inductif, mais aussi sur la philosophie dans la culture populaire.

John R. Shook (JSh) a été professeur de philosophie à l'université de l'Oklahoma, jusqu'en 2006. Depuis, il est travaille sur le programme Science and the Public EdM online de l'université de Buffalo, New York. Son dernier livre s'intitule *The God Debates: A 21st Century Guide for Atheists, Believers, and Everyone in Between* (2010).

Jeff Stephenson (JS) est professeur vacataire en philosophie à la Montana State University, Bozeman. Ses recherches portent sur la théorie contemporaine de la vertu, la psychologie et la philosophie en politique.

Barry Stone (BS) est un auteur dont les livres ont été publiés dans le monde entier. Ses thèmes englobent différents domaines allant de l'histoire à l'architecture moderne, en passant par des carnets de voyages. Il vit avec sa famille à Picton , un village rural situé à une heure au sud de Sydney, Australie. Son site web est www.inscribedbystone.com.

Adam Patrick Taylor (APT) prépare actuellement son doctorat en philosophie à l'université de Buffalo, New York. Il travaille principalement sur la métaphysique du temps et sur les sciences liées au bien-être.

Mark Theoharis (MT) est écrivain et un ancien procureur vivant dans le Kansas, États-Unis. Il écrit sur plusieurs domaines et aspects juridiques et conseille tant des cabinets d'avocats que des entreprises.

Jamie Watson (JW) est professeur en philosophie au Young Harris College en Géorgie, aux États-Unis. Il a co-écrit *Critical Thinking: An Introduction to Reasoning Well* (2011), *Philosophy Demystified* (2011), et *What's Good on TV? Understanding Ethics Through Television* (2011), avec Robert Arp. Il a également participé à *Critical Thinker's Toolkit*, avec Peter Fosl et Galen Foresman.

Lani Watson (LWa) prépare son doctorat en philosophie à l'université d'Édimbourg. Son sujet porte sur les grandes questions philosophiques et se focalise sur la philosophie de l'éducation. Elle est naturellement habitée par une insatiable curiosité notamment concernant l'histoire des « idées » et le domaine de la pensée.

Lucy Weir (LW) prépare son doctorat à l'University College Cork et écrit sa thèse sur les sciences de l'évolution et sur la crise environnementale. Elle souhaite démontrer que la philosophie conduite à une prise de conscience qui permettra de répondre à l'urgence écologique.

Crédits photographiques

Nous nous sommes efforcés d'attribuer correctement les copyright des photographies utilisées à leurs ayant-droits. Toutefois, si malgré toute notre attention, une erreur ou omission s'était produite, nous tenons à nous en excuser d'ores et déjà et serons heureux d'apporter la (es) correction (s) nécessaire (s) lors d'une prochaine réédition.

2 Gary Gay/Getty Images **20–21** De Agostini/ Lebrecht Music and Arts **23** Natural History Museum, London/Science Photo Library **25** Museo di Antropologia ed Etnografia, Turin/Gianni Dagli Orti/The Art Archive **26** Kenneth Garrett/National Geographic/Getty Images **27** Gianni Dagli Orti/De Agostini/Getty Images **29** De Agostini/A. De Gregorio/The Art Archive **30** © Heritage Images/Corbis **31** Museum Ulm, Germany/© Interfoto/Alamy **32** Pierre Andrieu/AFP/Getty Images **34** Museo Egizio,Turin/Erich Lessing/akg images **35** Courtesy University of Tubingen, photo: H. Jensen **37** De Agostini/Lebrecht Music and Arts **38** Dagli Orti/The Art Archive **39** Lea Goodman/Getty Images **40** University of Belgrade, Serbia/Giraudon/The Bridgeman Art Library **41** Museo Civico Archeologico, Bologna/De Agostini/akg images **42** Album/Oronoz/akg images **45** Z. Radovan/BPL/Lebrecht Music and Arts **46** © Niday Picture Library/alamy images **47** © Gianni Dagli Orti/Corbis **48** Greg Ward/Getty Images **51** British Museum/Erich Lessing/akg images **52** De Agostini/G. Lovera/The Art Archive **53** Mondadori Portfolio/UIG/Getty Images **54** British Museum/Erich Lessing/akg images **55** Musée du Louvre/Erich Lessing/akg images **57** Boston, Museum Of Fine Arts/De Agostini/akg images **58** © PBNJ Productions/Blend Images/Corbis **59** North Wind Picture Archives/akg images **60** TAO Images Limited / Getty Images **61** Kunsthistorisches Museum/Erich Lessing/akg images **62** M. Seemuller /De Agostini/ Getty Images **64** Popperfoto/Getty Images **66** De Agostini/A. Dagli Orti/Getty Images **67** A. Dagli Orti/De Agostini/Getty Images **69** British Museum/Erich Lessing/akg images **70** Purestock/Getty Images **72** De Agostini/L. Pedicini/Getty Images **74** Private Collection/Photo © Philip Mould Ltd, London/Bridgeman Art Library **77** British Museum/Bible Land Pictures/akg images **78** © Emmanuel Lattes/Alamy **80** Erich Lessing/akg images **81** De Agostini Pict/akg images **83** © Heritage Images/Corbis **84** © Chris Hellier/Corbis **85** Musée du Louvre Paris/Gianni Dagli Orti/The Art Archive **87** Alwar/R. u. S. Michaud/akg images **88** Getty Images **90** © Horizons WWP/alamy images **91** © Robert Harding Picture Library Ltd/alamy images **92** Antony Giblin/Getty Images **95** Bibliothèque Municipale Amiens/Kharbine-Tapabor/Coll. Jean Vigne/The Art Archive **96** Museo Civico, Modena/Gianni Dagli Orti /The Art Archive **97** National Museum, Manama/Philippe Maillard/akg images **98** A. Dagli Orti/The Art Archive **102** De Agostini/Getty Images **104** British Museum/Erich Lessing/akg images **105** Jane Taylor/The Art Archive **106** © Francois Werli/alamy images **108** © greenbird-photography/alamy images **109** akg images **110** San Luigi dei Francesi, Rome/Bridgeman Art Library **113** Maciej Wojtkowiak/ArtDirectors.co.uk **114** Jean-Louis Nou/akg images **115** © Roger Wood/Corbis **116** National Museum of Damascus, Syria/Photo © Zev Radovan/Bridgeman Art Library **117** Manchester City Art Gallery/Superstock/The Art Archive **118** Beaune (Burgundy), Hôtel-Dieu/François Guénet/akg images **120** Musée Archéologique, Naples/Dagli Orti/The Art Archive **121** AFP/Getty Images **123** Musée des Beaux Arts, Troyes/Gianni Dagli Orti/The Art Archive **124** Lebrecht Music and Arts **127** © www.BibleLandPictures.com/alamy images **128** Musée Municipal Antoine Vivenel, Compiegne, France/Giraudon/The Bridgeman Art Library **131** Ernst Haas/Getty Images **132** akg images **133** © Design Pics Inc./alamy images **134** Bildarchiv Steffens/akg images **135** British Museum/Erich Lessing/akg images **137** World History Archive/akg images **138** © Liu Liqun/Corbis **139** Universal Images Group/Getty Images **140** De Agostini Pict.Lib./akg images **141** Archaeological Museum, Istanbul/Erich Lessing/akg images **142** British Library/akg images **143** akg images **144** Royal Collection Trust/© Her Majesty Queen Elizabeth II 2013 **145** Musée Guimet, Paris/Erich Lessing/akg images **147** Bridgeman Art Library **148** Gianni Dagli Orti/© The Art Archive/alamy images **150** © Hercules Milas/alamy images **153** Bibliothèque Nationale de France/White Images/© Photo Scala **155** National Museum, Budapest/Erich Lessing/akg images **156** Werner Forman/Universal Images Group/Getty Images **157** Photo courtesy of Maarten Dirkse **158** akg images **160** Kloster Unserer Lieben Frau/akg images **161** Private Collection/© Bianchetti/Leemage/Bridgeman Art Library **162** Castello di Manta, Asti/Dagli Orti/The Art Archive **164** © INTERFOTO/alamy images **165** British Museum/Erich Lessing/akg images **166** Schütze/Rodemann/akg images **167** Bibliothèque Nationale de France/Archives Charmet/Bridgeman Art Library **168** Garry Gay/Getty Images **169** Wadsworth Atheneum/akg images **172** Museo degli Argenti, Florence/courtesy of the Ministero Beni e Att. Culturali/©Photo Scala, Florence **174** © Christie's Images/Corbis **175** The British Museum/Bridgeman Art Library **176** © Walters Art Museum, Baltimore/Bridgeman Art Library **178** Musée du Louvre Paris/Gianni Dagli Orti/The Art Archive **180** National Gallery, London, UK/Bridgeman Art Library **183** MPortfolio/Electa/akg images **184** Museo Capitolino Rome/Gianni Dagli Orti/The Art Archive **186** Universal Images Group/Getty Images **187** © GL Archive/alamy images **188** British Library/akg images **190** Palazzo Pubblico, Siena/Dagli Orti/The Art Archive **191** De Agostini/Lebrecht Music and Arts **193** © Mary Evans Picture Library/alamy images **195** Science Photo Library **197** Bibliothèque Sainte-Genevieve, Paris, France/Archives Charmet/Bridgeman Art Library **198** Bibliothèque Nationale de France/De Agostini/J. E. Bulloz/akg images **200** De Agostini/Getty Images **203** British Library/akg images **204** Bibliothèque Nationale de France/De Agostini/J. E. Bulloz/akg images **206** Bibliothèque Mazarine, Paris, France/Archives Charmet/Bridgeman Art Library **209** De Agostini/Getty Images **211** © Mary Evans Picture Library/alamy images **213** British Library/akg images **216** G. Dagli Orti/De Agostini/Getty Images **218** akg images **219** © bilwissedition Ltd. & Co. KG/alamy images **220** Photo © Tarker/Bridgeman Art Library **222** Private Collection/The Stapleton Collection/Bridgeman Art Library **225** New York Public Library/Science Photo Library **226** Musée Condé, Chantilly, France/Giraudon/Bridgeman Art Library **228** Metropolitan Museum of Art/R. u. S. Michaud/akg images **230** National Museum, Paro, Bhutan/rich Lessing/akg images **233** Frederic Neema/Getty Images **234** R. u. S. Michaud/akg images **237** Museo Archeologico Nazionale, Naples/The Art Archive **238** Philippe Maillard/akg images **238** SANAA/Philippe Maillard/akg images **240** Musée Farinier/Gianni Dagli Orti/The Art Archive **241** Private Collection/Bridgeman Art Library **242** Albatross/akg images **244** Museum of Fine Arts, Boston, Massachusetts, USA/General Funds/Bridgeman Art Library **247** Palacio Real de Madrid, Spain/Bridgeman Art Library **248** IAM/akg images **249** British Museum/Eileen Tweedy/The Art Archive **250** Kunsthistorisches Museum, Vienna, Austria/Bridgeman Art Library **252** © Bettmann/Corbis **253** Galleria Sabauda, Turin, Italy/Alinari/Bridgeman Art Library **254** The Phillips Collection, Washington, D.C., USA/Acquired 1922/Bridgeman Art Library **256** British Library/akg images **257** Archives Charmet /Bridgeman Art Library **259** The Barnes Foundation, Merion, Pennsylvania, USA/Bridgeman Art Library **260** Biblioteca Regionale Universitaria Di Messina/De Agostini Picture Library/Bridgeman Art Library **261** bilwissedition Ltd. & Co. KG/alamy images **262** Bibliothèque Municipale, Arras, France/Bridgeman Art Library **265** The Image Bank/Partha Pal/Getty Images **266** Museo Dell'Abbazia Di Casamari, Veroli/De Agostini Picture Library/A. de Gregorio/Bridgeman Art Library **268–269** De Agostini/Lebrecht Music and Arts **270** Museo Archeologico Nazionale, Naples/De Agostini Picture Library/G. Nimatallah/Bridgeman Art Library **271** © Bettmann/Corbis **272** Sinai, St Catherine's Monastery/Erich Lessing/akg images **274** Museo Arqueologico Nacional-Coleccion/Album/Oronoz/akg images **277** Mitsui Collection Tokyo/Granger Collection/The Art Archive **278** Erich Lessing/akg images **279** New York Public Library/Science Photo Library **281** The Art Archive **282** © Guy Heitmann/Design Pics/Corbis **284** British Library/akg images **287** Museo dell'Opera del Duomo, Orvieto/Gianni Dagli Orti/The Art Archive **288** Osterreichische Nationalbibliothek, Vienna, Austria/The Stapleton Collection/Bridgeman Art Library **289** Nationalmuseet Copenhagen Denmark/Dagli Orti/The Art Archive **291** Bildarchiv Monheim/akg images **292** akg images **294** North Wind Picture Archives/akg images **296** Museo Lazaro Galdiano, Madrid/Joseph Martin/akg images **299** Museo dell'Opera del Duomo, Florence/A. Dagli Orti /The Art Archive **301** Bethlem Art and History Collection/akg images **302** © Bettmann/Corbis **303** UniversalImagesGroup/Getty Images **304** © INTERFOTO/alamy images **307** Biblioteca Nazionale Marciana, Venice/Gianni Dagli Orti/The Art Archive **309** British Library/akg images **310** Private Collection/© Mondadori Electa/Bridgeman Art Library **311** Kean Collection/Getty Images **312–313** © Electa/

Leemage/Lebrecht Music and Arts **315** © The Gallery Collection/Corbis **316** © Massimo Listri/Corbis **317** Galleria degli Uffizi/Rabatti – Domingie/akg images **318** British Library/akg images **319** Topkapi Serail Library/akg images **320** The Royal Collection © 2011 Her Majesty Queen Elizabeth II/The Bridgeman Art Library **322** akg images **324** Metropolitan Museum of Art/culture-images/Lebrecht Music and Arts **325** Universal Images Group/Getty Images **327** Electa/ Leemage/Lebrecht Music and Arts **329** Universal Images Group/Getty Images **330** Edinburgh University Library, Scotland/With kind permission of the University of Edinburgh/Bridgeman Art Library **331** Private Collection/Bridgeman Art Library **333** © LOOK Die Bildagentur der Fotografen GmbH/alamy images **335** © Samuel Courtauld Trust, The Courtauld Gallery, London, UK/Bridgeman Art Library **336** Piazza di Campo de' Fiori/akg images **339** Museum of Fine Arts, Boston, Massachusetts, USA/The Hayden Collection – Charles Henry Hayden Fund/Bridgeman Art Library **340** Universal Images Group/Getty Images **341** Hamburg, State and University Library/akg images **342** © The Bridgeman Art Library/alamy images **343** © Bettmann/Corbis **345** Musée des Beaux-Arts, Pau, France/Giraudon/Bridgeman Art Library **346** Private Collection/Bridgeman Art Library **348** akg images **349** © The Gallery Collection/Corbis **352** Private Collection/Bridgeman Art Library **354** Universal Images Group/Getty Images **357** Iberfoto/Mary Evans Picture Library **358** Dr Jeremy Burgess/Science Photo Library **360** Victoria and Albert Museum, London/World History Archive/akg images **362** © Ivy Close Images/alamy images **363** Private Collection/The Stapleton Collection/Bridgeman Art Library **364** Universal Images Group/Getty Images **366** Pascal, Traité du triangle arithmétique/CCB.13.24(2)/Reproduced by kind permission of the Syndics of Cambridge University Library **367** Mary Evans Picture Library **369** Science & Society Picture Library/Getty Images **370** Omikron/ Science Photo Library **371** Jean-Loup Charmet/Science Photo Library **372** Science Museum/Science and Society Picture Library/Getty Images **375** National Geographic Image Collection/Bridgeman Art Library **376** ullstein bild/akg images **377** Chewton Mendip, Somerset, UK/Bridgeman Art Library **378** Galleria Doria Pamphilij/akg images **379** Bridgeman Art Library **380** Cambridge, Trinity College/Erich Lessing/akg images **381** Historical Museum, Hanover/akg images **382** Science & Society Picture Library/Getty Images **383** Universal Images Group/Getty Images **385** Museo del Prado, Madrid/Erich Lessing/akg images **386** State Hermitage Museum, St Petersburg/RIA Nowosti/akg images **387** Lebrecht Music & Arts **389** Private Collection/The Stapleton Collection/Bridgeman Art Library **390** Chartres, Cathedral, Treasury/Erich Lessing/akg images **391** Artist unknown 20th century/Private Collection/Archives Charmet/Bridgeman Art Library **392** Bible Land Pictures/akg images **393** Royal Astronomical Society/Science Photo Library **395** © INTERFOTO /alamy images **396** Hulton Archive/ Rischgitz/Getty Images **398** Erich Lessing/akg images **401** Science & Society Picture Library/Getty Images **404** © Hulton-Deutsch Collection/Corbis **405** © INTERFOTO/alamy images **406** Time & Life Pictures/Alfred Eisenstaedt/Getty Images **409** © David Bathgate/Corbis **410** Hamburger Kunsthalle/Electa/ Leemage/Lebrecht Music and Arts **413** akg images **414** Universal History Archive/UIG/Bridgeman Art Library **415** Geoff Caddick/AFP/Getty Images **416** Roger-Viollet/TopFoto.co.uk **419** John Massey Stewart Russian Collection/Mary Evans Picture Library **420** Chateau de Versailles, France/Giraudon/Bridgeman Art Library **421** IAM/akg images **423** Erich Lessing/akg images **424** Lebrecht Music and Arts **427** Photo by Werner Forman/Universal Images Group/Getty Images **428–429** Musée d'Orsay, Paris, France/Bridgeman Art Library **432** National Gallery, London, UK/Bridgeman Art Library **433** Mark Garlick/Science Photo Library **434** akg images **437** © 2008 Feng Wei Photography/Getty Images **438** © Wolfi Poelzer/alamy images **439** Bridgeman Art Library **440** Erich Lessing/akg images **442** © INTERFOTO/alamy images **445** Private Collection/Bridgeman Art Library **447** Photo by Universal History Archive/UIG/Getty Images **448** akg images **451** akg images **452** Getty Images **454** © Bettmann/Corbis **456** Omniphoto/UIG/Bridgeman Art Library **457** akg images **458** Quint & Lox/akg images **460** Bibliothèque Sainte-Genevieve, Paris/ Archives Charmet/Bridgeman Art Library **462** ullstein bild/akg images **463** Science & Society Picture Library/Getty Images **464** © Astronomy NASA Space/alamy images **465** Gary Hincks/Science Photo Library **466** Science Photo Library **468** Omniphoto/UIG/Bridgeman Art Library **469** NIBSC/Science Photo Library **470** Kean Collection/Getty Images **471** Corbis **472** akg images **475** Brady Handy Collection/LC-DIG-cwpbh-02561/ Library Of Congress **476** Interfoto/akg images **479** Mehau Kulyk/Science Photo Library **480** alamy images **482** De Agostini/Getty Images **483** Dr Jean Lorre/ Science Photo Library **484** ©2013, Punch Ltd **485** akg images **486** Library of Congress/Science Photo Library **488** De Agostini/G Dagli Orti/Getty Images **489** Private Collection/Photo © Christie's Images/Bridgeman Art Library **490** White Images/© Photo Scala, Florence **493** Private Collection/Bridgeman Art Library **494** Tate Gallery/Erich Lessing/akg images **495** Hulton Archive/Stringer/Getty Images **496** akg images **497** ullstein bild/akg images **499** Private Collection/ Bridgeman Art Library **501** © Hulton-Deutsch Collection/Corbis **502** akg images **503** British Library/akg images **504** The Bowes Museum, Barnard Castle, County Durham, UK/Bridgeman Art Library **506** Concordia Theological Seminary **507** Francis Frith Coll./akg images **509** © Ivy Press Images/alamy images **510** Bob Thomas/Popperfoto /Getty Images **512** Bibliothèque Nationalede France/akg images **513** Mondadori via Getty Images **514** Cliff Parnell /Getty Images **516** Painted tinned-iron. 12 5/8 X 9 7/8 X 7 1/4 (32 X 25.1 X 18.4cm). Gift of Paul F. Walter. Acc. num. 360.1993/Digital image, The Museum of Modern Art, New York/Photo ©Scala, Florence **518** Herve Conge, ISM/Science Photo Library **519** © Sites & Photos/alamy images **520** The Art Archive **521** Etienne Carjat/Getty Images **522** Musée d'Orsay, Paris, France/Giraudon/Bridgeman Art Library **524** David Haring/DUPC/Oxford Scientific/Getty Images **525** Sheila Terry/Science Photo Library **526** John Hemmingsen/FlickrVision/Getty Images **528** © Werner H. Müller/Corbis **531** J. Baylor Roberts/NGS Image Collection/The Art Archive **532** http://healthpsychologyconsultancy.wordpress.com **533** Science Photo Library **534** Private Collection/The Stapleton Collection/Bridgeman Art Library **535** © Mary Evans Picture Library/alamy images **536** Musée du Louvre Paris/Dagli Orti/The Art Archive **539** Three Lions/Hulton Archive/Getty Images **540** Steve McQueen in *Bullitt* directed by Peter Yates, Warner Bros 17 October 1968/ © AF Archive/alamy images **541** De Agostini/Getty Images **542** © INTERFOTO/alamy images **544** Patrice Loiez, Cern/Science Photo Library **545** Karl Marx Museum Trier/Gianni Dagli Orti/The Art Archive **546** Gamma-Keystone/Getty Images **547** Hulton Archive/Getty Images **548** Advertising Archives **550** © Ashmolean Museum/Mary Evans Picture Library **551** akg images **552** © INTERFOTO/alamy images **553** http://aima.cs.berkeley.edu/2nd-ed/cover.htm **555** © Pictorial Press Ltd/alamy images **556** © Bettmann/Corbis **557** RIA Novosti/Lebrecht Music and Arts **558** De Agostini/G Dagli Orti/Getty Images **560** 3D4medical.com/Science Photo Library **561** © The Art Archive/alamy images **562** © The Gallery Collection/ Corbis **565** Delaware Art Museum, Wilmington, USA/Bridgeman Art Library **566** akg images **568** © Hulton-Deutsch Collection/Corbis **570** De Agostini/G. Nimatallah/The Art Archive **571** Universal Images Group/Getty Images **572** © Pictorial Press Ltd/alamy images **574** Corbis **575** Corbis **576** culture-images/ Lebrecht Music and Arts **578** Apic/Hulton Archive/Getty Images **580** Private Collection/Bridgeman Art Library **581** © INTERFOTO/alamy images **582** © Glasshouse Images/alamy images **583** Museum of Fine Arts, Boston. All rights reserved/ © Photo Scala, Florence **585** Interfoto/akg images **587** Universal Images Group/Getty Images **588** Buyenlarge/Time & Life Pictures/Getty Images **590** Henning Dalhoff/Science Photo Library **591** Toru Yamanaka/AFP/Getty Images **592** Popperfoto/Getty Images **594** JosÃ © Fuste Raga/age fotostock/Getty Images/ © ARS, NY and DACS, London 2013 **596** Popperfoto/Getty Images **598** Culver Pictures/The Art Archive **600** © Old Visuals/alamy images **601** Paul Thompson FPG/Getty Images **602** Buyenlarge/Hulton Fine Art Collection/Getty Images **603** New York Public Library/Bridgeman Art Library © Bettmann/Corbis **606–607** Jon Williamson, http://www.vintascope.com **608** Bibliothèque des Arts Decoratifs, Paris, France/Archives Charmet/Bridgeman Art Library **610** Mondadori via Getty Images **612** © Everett Collection Historical/alamy images **614** The Granger Collection/TopFoto.co.uk **615** The Granger Collection/TopFoto.co.uk **616** © Pictorial Press/alamy images **618** Sofia Moro/Cover/Getty Images **619** TopFoto.co.uk **620** © ITAR-TASS Photo Agency/alamy images **621** © Michael Maslan Historic Photographs/Corbis **622** Topical press Agency/Hulton Archive/ Getty Images **623** Musée de Tesse, Le Mans, France/ Giraudon/Bridgeman Art Library **625** © Francois Werli/alamy images **626** © Hulton-Deutsch Collection/ Corbis **630** Museum of Modern Art, New York, USA/ Giraudon /Bridgeman Art Library/ © Succession Picasso/DACS, London 2013 **632** Hulton Archive/Getty Images **633** De Agostini/akg images **634** JP Jazz Archive/ Redferns/Getty Images **636** Louvre, Paris/ © Photo Scala, Florence **638** © Bettmann/Corbis

639 © Pictorial Press Ltd/alamy images **641** courtesy Dr. W. S. Maclay and the Guttmann-Maclay Collection © D. Bayes/Lebrecht Music and Arts **642** NBC NewsWire/Getty Images **645** Corbis/ © Succession Marcel Duchamp/ADAGP, Paris and DACS, London 2013 **646** Corbis **647** Julian Baum/Science Photo Library **648** Detlev van Ravenswaay/Science Photo Library **649** Anna Yu/Getty Images **651** akg images **652** Hulton Archive/Getty Images **653** © mugshot/alamy images **654** UIG via/Getty Images **656** Private Collection/Archives Charmet/ Bridgeman Art Library **657** © Bettmann/Corbis **659** Photo by Frank Driggs Collection/Getty Images **660** Tyler Stableford/Image Bank/Getty Images **662** RIA Novosti/Science Photo Library **663** © BBC/Corbis **665** © Pictorial Press Ltd/alamy images **666** Spencer Grant/Science Photo Library **667** © INTERFOTO/alamy images **669** © Bettmann/Corbis **671** Tarker/Lebrecht Music and Arts **673** © Bettmann/Corbis **674** akg images **675** Apic/Getty Images **677** Detlev van Ravenswaay/Science Photo Library **678** Popperfoto/Getty Images **679** American Institute of Physics/ Science Photo Library **681** Mortimer Rare Book Room, Smith College/ © Estate of Vanessa Bell, courtesy Henrietta Garnett **682** Moviestore Collection/Rex Features **683** © Bettmann/Corbis **684** © Hulton-Deutsch Collection/Corbis **687** Frank Driggs Collection/Getty Images **688** Photo by Margaret Bourke-White/ Time & Life Pictures/Getty Images **689** © Joshua Dalsimer/Corbis **692** University of Chicago/American Institute of Physics/Science Photo Library **694** Raul Gonzalez Perez/Science Photo Library **696** © Bettmann/Corbis **697** © World History Archive/alamy images **698** Corbis/ © FLC/ ADAGP, Paris and DACS, London 2013 **700** Imagno/akg images **701** Photo by Walter Nurnberg/SSPL/Getty Images **702** La Nausée, Jean Paul Sartre, cover of folio edition, 1977, Illustration by Gourmelin © Editions Gallimard **705** Image courtesy of the University of Minnesota **706** Photo by George Skadding/Time Life Pictures/Getty Images **707** Private Collection/Photo © Christie's Images/The Bridgeman Art Library **708** Kenneth Eward/Science Photo Library **709** Alan E. Cober/ © Images.com/Corbis **711** Photo by Galerie Bilderwelt/Getty Images **712** Amblin/Universal/Courtesy Kobal Collection **715** Photo by Paul Popper/Popperfoto/Getty Images **716** Photo by Thomas D. Mcavoy/Time Life Pictures/Getty Images **719** Photo by Bob Gomel/Time Life Pictures/Getty Images **720** Derek Bayes/Lebrecht Music and Arts/ © Trustees of the Paolozzi Foundation, Licensed by DACS 2013 **723** © Michael Weber/imagebroker/Corbis **724** © Bettmann/Corbis **726** Photo by Alfred Eisenstaedt/Pix Inc./ Time & Life Pictures/Getty Images **727** National Cancer Institute/Science Photo Library **729** Corbis **731** Getty Images **732** Design by Kurt Hilscher/akg images **734** Private Collection/Photo © Christie's Images/Bridgeman Art Library **735** Roger Viollet/Getty Images **737** © Tony Korody/Sygma/Corbis **738** Massimo Braga, The Lighthouse/Science Photo Library **741** Michael Urban/ © Reuters/Corbis **742** NASA/ESA/Getty Images **745** Photo by Herve GLOAGUEN/Gamma-Rapho/ Getty Images **746** Photo by Joan Adlen/Getty Images **747** © Keystone/Corbis **749** Prominent Features/Bellomo F/Courtesy Kobal Collection **750** Photo by Michael Ochs Archives/Getty Images **753** Photo by Keystone/Getty Images **754** AFP/Getty Images **757** A. Barrington Brown/Science Photo Library **760** © Ted Streshinsky/Corbis **763** © Bettmann/Corbis **764** Private Collection/Archives Charmet/Bridgeman Art Library **767** © JP Laffont/Sygma/Corbis **768** Photo by Alfred Eisenstaedt/Time Life Pictures/Getty Images **769** © Swim Ink 2, LLC/Corbis **771** Photo by Fred W. McDarrah/Getty Images **772** © Lucien Aigner/Corbis **773** Moviepix/Getty Images **774** Photo by John Dominis/Time Life Pictures/Getty Images **776** © Bettmann/Corbis **777** Corbis **779** Corbis **780** Photo: Arthur Ashatz/ Time Life/Getty Images **782** © Bettmann/Corbis **787** Fortean/ © 2006 TopFoto.co.uk **788** Photo by Bill Pierce/Time Life Pictures/Getty Images **789** David Nunnuk/Science Photo Library **790** Photo by Hulton Archive/Getty Images **792** Photo by Gjon Mili/Time & Life Pictures/Getty Images **793** Design Pics/The Irish Image Collection/Getty Images **795** Photo by Archive Photos/Getty Images **796** Photo by Bernard Gotfryd/Getty Images **798** Detini/F Bertola/Getty Images **799** Digital image, The Museum of Modern Art/ © Photo Scala, Florence/© ARS, NY and DACS, London 2013 **800** Atlas Collaboration/CERN/Science Photo Library **802** Popperfoto/Getty Images **803** © Bettmann/Corbis **805** Photo by Henry Groskinsky/Time Life Pictures/Getty Images **807** Bridgeman Art Library London **808** © Bettmann/Corbis **811** Popperfoto/Getty Images **812** Yoshikazuy Tsuno/AFP/Getty Images **814** © Sophie Bassouls/Sygma/Corbis **815** Photo by Louis MONIER/Gamma-Rapho/Getty Images **817** Michael Gilbert/Science Photo Library **818** © Michael Ochs Archives/Corbis **820** © Farrell Grehan/Corbis **821** © David Reed/Corbis **822** Photo by J. R. Eyerman/Time Life Pictures/Getty Images **824** Instituto da Biblioteca Nacional, Lisbon, Portugal/Giraudon/Bridgeman Art Library **825** Michael & Patricia Fogden/Getty Images **826** David Redfern/Getty Images **828** © Laguna Design/Science Photo Library/Corbis **829** Peter Menzel/Science Photo Library **832** Photo by Rolls Press/Popperfoto/Getty Images **834** Photo by Andrew Lepley/Redferns/Getty Images **836** © Michael Ochs Archives/Corbis **838** Margie Politzer/Getty Images **840** Anthony Howarth/Science Photo Library **841** Laguna Design/Science Photo Library **842** Louvre, Paris, France/Giraudon/ Bridgeman Art Library **843** Photo by John Scofield/National Geographic/Getty Images **847** Natural History Museum, London/Science Photo Library **848** © Mike Stewart/Sygma/Corbis **850** Photo by Alex Wong/Getty Images **851** Science Photo Library **852** Tim Flach/Getty Images **854** © Bettmann/Corbis **857** © Interfoto/ alamy images **858** Laguna Design/Science Photo Library **859** Fortean/TopFoto.co.uk **861** © Peter Dench/In Pictures/Corbis **863** Nemo Ramjet/Science Photo Library **865** © E. J. Camp/Corbis **866** Photo by David Corio/Michael Ochs Archives/Getty Images **869** Atelier Richter **870** James Cavallini/Science Photo Library **873** Photo by Andreas Feininger/Time & Life Pictures/Getty Images **874** David A. Hardy, Futures: 50 Years in Space Science Photo Library **876** Pete Souza/White House/Corbis **877** Odd Andersen/AFP/Getty Images **878** © EMPICS/TopFoto.co.uk **879** David Mack/Science Photo Library **880** Photo by NBC/NBCU Photo Bank/ Getty Images **882** © JP Laffont/Sygma/Corbis **885** © Joerg Boethling/alamy images **888** © Simon Rawles/alamy images **889** Daniel Schoenen/Getty Images **890** © Levi Bianco/Getty Images **893** Photo by SSPL/Getty Images **894** © Reuters/Corbis **896** Tim Sloan/AFP/Getty Images **897** © Claudia Daut/Reuters/Corbis **899** Mark Thomas/Science Photo Library **901** Asif Hassan/AFP/Getty Images **902** Sam Ogden/Science Photo Library **904** © 2005 Keystone/TopFoto.co.uk **905** © Dan Herrick/alamy images **907** © Nathaniel Welch/Corbis **909** © Robyn Twomey/Corbis **910** CNRI/Science Photo Library **911** Pasieka/Science Photo Library **913** Victor Habbick Visions/Getty Images **914** P. Plailly/E. Daynes/Science Photo Library **915** Karen Kasmauski/Getty Images **916** © George Hammerstein/Corbis **919** Mehau Kulyk/Science Photo Library **921** Sam Yeh/AFP/Getty Images **922** © Jeff Minton/Corbis **923** © Mike Ellison **924** Felix Pharand-Deschenes, Globaia/ Science Photo Library **925** © Topic Photo Agency/Corbis **926** JJP/Eurelios/Science Photo Library **928** Simon Dawson/Bloomberg/Getty Images **931** © RIA Novosti/TopFoto.co.uk **933** Bobby Henderson **935** Nicholas Roberts/AFP/Getty Images **936** Wellcome Library, London **939** © Jenny Matthews/In Pictures/Corbis **940** Photo by David McNew/Getty Images **941** Laguna Design/Science Photo Library

Remerciements

L'éditrice tient à remercier Étienne Klein qui a accepté de préfacer l'édition française de l'ouvrage.
Elle remercie également Sophie Berlin, Francine Brobeil, Mélanie Couturier, Jamil Nekrouf et Valentin Schmite, ainsi que les traducteurs et correcteurs, l'équipe éditoriale et en particulier David Fourré.